KB168186

인류의 위대한 지적유산

HANGIL
GREAT BOOKS
152

사회사상사

루이스 코저 지음 | 신용하 · 박명규 옮김

한길사

HANGIL
GREAT BOOKS
152

Lewis A. Coser
Masters of Sociological Thought:
Ideas in Historical and Social Context, Second Edition

Translated by Shin Yongha, Park Myoungkyu

Copyright © 1977, 1971 by Lewis A. Coser
2003 reissued by Waveland Press, Inc.
The English Language edition of this book is published by
Waveland Press, Inc.
4180 IL Route 83, Suite 101, Long Grove, Illinois 60047
United States of America
Korean Translation Copyright © 2016 by Hangilsa Publishing Co., Ltd.
All rights reserved.
This Korean edition is published by arrangement with Waveland Press, In

조상에게서 물려받은 것이 있거든
그것을 얻되 네 것이 되게 하라.

・괴테

사회사상사

오귀스트 콩트

카를 마르크스

허버트 스펜서

에밀 뒤르켐

게오르그 짐멜

조지 미드

로버트 파크

빌프레도 파레토

카를 만하임

피티림 소로킨

윌리엄 토머스, 플로리안 즈나니에츠키

미국사회학이론의 최근 동향

일러두기

1 이 책은 Lewis Coser의 *Masters of Sociological Thought: Ideas in Historical and Social Context*, Second Edition(Waveland Press, Inc., 2003)을 번역한 것이다.

2 독자의 이해를 돕기 위해 옮긴이주를 넣고 ── 옮긴이라고 표시했다.

3 원문의 이탤릭체는 고딕으로 표기했다.

4 이 책에서 [ ]로 묶은 부분은 문장의 흐름을 매끄럽게 하거나 지시관계를 분명히 하기 위해 지은이가 삽입한 것이다.

서문

　수세대에 걸쳐 학생들에게 지속적인 영향력을 행사하는 교과서는 매우 드물다. 의학 분야에서는 다음과 같은 유명한 예가 있다. 예컨대 헨리 그레이(Henry Gray)의 『그레이 인체 해부학』(*Henry Gray's Anatomy of the Human Body*), 스탈링(Ernest Starling)의 『생리학』(*Physiology*), 그리고 오슬러(William Osler)의 『원리와 실제』(*Principles and Practice*) 등이 그렇다. 사회과학 분야에서는 새뮤얼슨(Paul Samuelson)의 『경제학』(*Economics*), 크로버(Alfred Kroeber)의 『인류학』(*Anthropology*), 그리고 서덜랜드(*Edwin Sutherland*)의 『범죄학의 원리』(*Principles of Criminology*) 등을 들 수 있다. 내가 보기에 코저(Lewis Coser)의 『사회사상사』(*Masters of Sociological Thought*) 역시 오랫동안 필요한 모범적인 저서로서 앞서 언급한 드문 책들의 대열에 같이 서야 한다고 생각한다.

　복잡한 사상들을 깔끔하고 정확하게 요약할 수 있는 코저 교수의 뛰어난 능력으로 인해 우리는 각 사상가의 외양을 넘어 사상의 기본적 전제와 기대까지 깊이 이해할 수 있게 되었다. 고전사회학 대가들의 사상에 대한 코저 교수의 이 책은 그 어조는 비판적이고 범위는 포괄적이며 세심한 주의를 기울여 성실하게 쓰였다. 나는 광범위한 고전사회학이론의 핵심을 이만큼 철저하고 완벽하게 밝혀놓은 책을 그 어디서도 보지 못했다.

　『사회사상사』는 사상을 육체에서 분리된 정신의 소산으로 보고 시간, 장소, 역사, 사회, 그리고 문화적인 긴장이나 자극과도 무관한 것인 양 서술해온 지금까지의 사회학 사상사 저술 경향과는 크게 다르다. 코저 교수가 각각의 중요한 사회학사상의 지적 계보와 이후의 운명까지 어느 정도 살펴보고 있는 것이 사실이다. 그러나 사상의 계통을 파악하는 수준을 넘어, 그는 사상의 전개과정을 분석하고 해석하는 작업 자체에 사회학이란 학문의 시각을 적용하고 있다. 그는 각 이론가의 사상을 일생의 삶(사회적인 차원과 심리적인 차원 모두에서)과, 경력의 진퇴, 사회구조 내에서의 위치, 그리고 특별히 독특한 청중이나 준거집단과 효과적이면서도 설득력 있게 연결시켜 설명했다. 코저 교수는 베버(Max Weber), 뒤르켐(Emile Durkheim), 쿨리(Charles Cooley), 파레토(Vilfredo Pareto)의 사상들을 각자의 독특한 생애, 역사, 그리고 사회구조와 연결시킴으로써 그들의 사상에 대한 우리의 이해를 깊고 넓게 해주면서도 그들이 암암리에 내포하고 있던 가정이나 가치로의 몰입에 대해서는 거리감을 유지할 수 있게 했다.

또한 이 책을 서술하면서 오랫동안 지식사회학을 괴롭혀왔던 장황하고 모호한 문장과는 대조적으로 간결하고 명쾌한 문장을 사용했다. 또한 그의 비판적 분석은 학술적인 원칙에 철저하여, 지적 분석 대신 주로 오만한 편파적 공격을 퍼부음으로써 일급 사상가들을 모욕하거나 '폭로하는' 통속적인 '이데올로기 분석'과는 전혀 다른 학문적 수준을 달성했다.

이 책은 널리 알려진 사회학의 거장들을 다루기에 사회학자뿐만 아니라 다른 학자나 과학자에게도 훌륭한 지침이 되리라 생각되는 두 금언을 상기시킨다. 그 하나는 화이트헤드(Alfred Whitehead)가 말한 둔중한 경구, "그 창시자를 잊어버리는 데 주저하는 과학은 죽은 과학이다"이다. 다른 하나는 수학의 천재인 젊은 아벨(Niels Abel)이 한 말, "누구든지 수학의 발전을 원하는 사람은 제자보다 스승을 연구해야 한다"이다.

얼핏 볼 때 이 두 말은, 완전히 모순적이지는 않더라도, 다소 잘 조응하지는 않는 것처럼 느껴진다. 화이트헤드의 말은 마치 과거의 거장들은 관심대상이 아니고 그들의 저작은 무시되어야 하며 그들에 대한 기억은 더 이상 머릿속에 남겨둘 필요가 없다는 주장처럼 보이는 반면, 아벨은 그들의 저작들을 세밀히 연구해야 함을 강조하는 것처럼 보일지도 모른다. 그러나 이러한 피상적인 해석은 이 말들이 나온 맥락을 모르는 데서 나온 완전한 오해다. 바로 이런 종류의 오류를 범하지 말아야 한다는 점을 코저 교수는 가르쳐주고 있다. 어느 누가 실제로 사상사 연구에 깊이 몰두했던 화이트헤드가 그 역사에서 얻은 지식을 거절하리라 믿을 수 있는가? 오히려 그의 금언에서 나타난 직접적인 맥락을 살펴보면, 그는 우리에게 다음과 같은 경고를 하고 있다는 것을 알 수 있다. 즉 우리가 창시자들의 사상들을 계속 탐구하면서 그들의 사상을 발전시키려고 노력하지 않고 단지 그들에 대한 충실한 주석에만 매달린다면, 우리는 학문적으로 진보하기는커녕 고전주석학으로 퇴보하고 말 것이라는 경고다. 그리고 아벨이 말하려던 것은 거장들의 저작을 직접 연구하면 지적인 흥미와 스타일, 중요한 문제와 그 해결방법 등에 대한 도움 등을 얻을 수 있다는 것이었다.

코저 교수가 "조상으로부터 물려받은 것이 있거든 그것을 얻되 네 것이 되게 하라"는 괴테(Johann von Goethe)의 경구를 이 책의 첫머리 표어로 채택한 것은 실제로 화이트헤드와 아벨의 금언을 포괄한 것으로 매우 적절해 보인다. 이 책에서 코저 교수는 사회학의 거장들을 새로운 시각으로 읽어보도록 권하고 있다. 그는 그 거장들 스스로는 쉽사리 할 수 없었던 일, 즉 그들이 살고 활동하던 생활조건과 시대적 분위기가 그들의 사상의 본질과 특성에 어떤 영향을 주었는가 하는 점을 헤아려봄으로써 사회사상사의 유산을 획득하고 소유할 수 있도록 도와주었다.

사회학 발전의 현 단계에서 볼 때 '훈련된 절충주의'가 그 어느 때보다도 필요해 보인다. 다시 말해 무수한 사회학적 문제들을 모두 만족스럽게 다루어줄 어떤 단일한 통합이론을 찾아내려는 무의미한 시도 대신, 다원적인 이론적 시각들이 지닌 각각의 장단점을 보다 정확하게 파악하는 것이 매우 중요하다는 것이다. 이런 관점에서 학생들에게 이론적인 논의의 배열이 다양할수록 그것이 실현 가능하다는 것을 알려주는 것은 중요하다. 선택의 여지가 더 많이 제시되는 것이 학생이나 교수에게 더 좋다. 이 책에 세 장이 첨가됨으로써 초판에서 보여준 탁월한 가치가 실질적으로 더 강화되었다.

이 책으로 코저는 사회학자이자 사회학 이론사가로서 전보다 더욱 지도적인 위치에 서게 되었다.

로버트 머튼

감사의 말

나의 이전 스승이요 오랜 친구인 머튼은 이 책의 구상을 제시해주고 그 출발을 도와주었을 뿐만 아니라 책을 완성시키는 데도 큰 도움을 주었다. 그의 끊임없는 관심과 진지한 논의, 그리고 각 장에 대한 수고스러운 논평 등이 없었다면 이 책은 결코 이만큼 될 수 없었을 것이다.

나의 아내 로즈 코저(Rose Coser)도 나의 이전 저작에서 늘 그러했던 것처럼 이 책의 저술에 깊이 참여했다. 그녀는 나를 비판적으로 바라보는 초자아(super-ego)로서의 역할을 감당함으로써 내가 사상을 구성할 때나 표현하는 데서 논리적인 명료함과 표현상의 명쾌함을 지니도록 해주었다.

많은 동료가 각 장을 읽고 유익한 충고를 해주었다. 나는 그들 모두에게 감사를 드린다. 에인절(Robert Angell)은 쿨리, 블루머(Herbert Blumer)는 미드(George Mead), 휴스(Everett Hughes)는 파크(Ezra Park), 마누엘(Frank Manuel)은 콩트(Auguste Comte), 미츠만(Arthur Mitzman)은 베버에 관해 도움을 주었다. 고등행동과학연구소와 스토니브룩 뉴욕주립대학 대학원의 많은 동료도 여러 부분을 읽고 많은 도움말을 주었다.

이 책의 중요한 부분은 내가 고등행동과학연구소에 연구원으로 있는 동안(1968~69) 완성되었다. 나는 이 책을 만들 수 있도록 이상적인 환경을 제공해준 소장과 직원들에게 깊은 감사를 드린다. 또한 이 원고의 마지막 인쇄준비를 위한 자금을 제공해준 스토니브룩 뉴욕주립대학 대학원에 감사를 드린다.

루이스 코저

머리말

몇 년 전 한 학생이 나의 연구실에 찾아와 베버의 저작에 나오는 '가치 중립' 개념에 대해 논의했다. 내가 얼마간 설명을 했으나 마침내 그는 다소 경멸적인 몸짓을 보이면서 베버와 그의 사상에 대한 자기의 감정을 이렇게 요약했다. "아, 결국 그는 도망갈 길을 찾았던 것이군요."

이전부터 사회학이론의 역사에 대한 책을 하나 써보려는 생각을 막연하게나마 갖고 있긴 했지만 이 날의 면담은 그 구상을 명확히 하는 데 결정적인 역할을 했고 내가 쓰려는 책의 성격이 머릿속에 차츰 구체화되기 시작했다.

지금 미국 학생들에게 사회학이론의 역사를 이해하는 일은 형식적인 명제나 이론적인 구조를 아는 것보다 실제로 훨씬 더 요구되고 있다고 생각된다. 그 뜻을 파악하기 위해서는 이러한 이론들이 나타나게 된 사회적·지적 환경에 어느 정도 익숙해져야 한다. 물론 이 말은 사상의 사회적·역사적 원천을 아는 일이 곧 진리 여부나 타당성에 대한 평가를 보장해준다는 뜻은 아니다. 다만 특정 사상이 뿌리박고 있는 사회적 맥락을 이해하지 않고서는 사상을 정확히 평가한다는 것이, 전혀 불가능하다고는 할 수 없더라도, 어려운 일이라는 것을 의미한다. 이 책은 바로 이런 종류의 지식 ─사회학사상에 대한 사회생태학이라 불릴 만한 것에 도움이 될─ 을 제공하려는 것이다.

사회학사상의 역사에 대해서는 매우 훌륭한 책들이 나와 있다. 그중에는 독일사회학에 대한 아롱(Raymond Aron)의 초기 저작[1]과 최근에 간행된 그의 『사회학사상의 주류』(*Main Currents in Sociological Thought*)[2]가 아마도 가장 뛰어난 것으로 보인다. 이 책들은 몇몇 중요한 사상가의 사상에 대한 비판적 소개와 소개자나 해설자에 의해 변형된 논의들을 담고 있다. 비교적 중립적인 관점에서 사상들을 소개하려는 책도 있는가 하면 다른 유형의 책, 예컨대 소로킨(Pitirim Sorokin)의 사회학 사상사에 대한 두 저작[3]에서처럼, 논의되는 저작들에 대한 지속적인 논쟁을 싣고 있는 경우도 있다. 때로는 파슨스(Talcott Parsons)의 『사회적 행위의 구조』(*The Structure of Social Action*)에서처럼 일련의 상이한 접근방식들을 새로운 종합으로 통합시키려는 의도도 있다.[4] 그러나 각 사상을 그 사회적·역사적 맥락 속에서 조망하려는 노력은 거의 없었다. 우리는 마르크스(Karl Marx)나 베버, 파레토(Vilfredo Pareto)가 **실제로** 뜻했던 바를 설명하려는 책은 수없이 볼 수 있지만, 이들이 다양하게 위치하고 있던 사회구조 내에서 사회학 사상가들의 역할은 어떠했는가를 사회학자의 도구로 탐구해보려는 노력은 별로 없었을 뿐만 아니라 산만하게 흩어져 있었다. 한 이론가의 사회적 출신이나 사회적 지위, 사회적 관계망 또는 청중 등이 어떻게 그가 열중한 문제들과 그의 저작 속에 나타난 전체적 지향에 영향을 미쳤는가를 보여주려는 지속적 노력은 지금껏 없었다.

사실 머튼이 지적했듯이,[5] 과학사가들은 점차 그들의 연구에 사회학적 개념화나 방법론적 도구들을 사용하는 데 비해, 사회학사를 연구하는 사람들이 이 점을 간과하고 있다는 것은 사회학자들에 대한 진지한 사회학적 연구가 부족하다는 사실에 비추어 흥미로운 현상이다.[6] 사회학자들은 지위가 낮은 사람들, 예컨대 노동자나 학생, 지원병이나 도둑 등을 연구하는 데는 대부분 마음을 놓으면서도 지위가 높은 사람들, 예컨대 최고경영자나 대학 총장, 장성이나 상원의원들을 연구하는 것은 상당히 어려워한다는 인상이 널리 퍼져 있다. 그러나 사회학자들은 그들 스스로를 연구하는 것보다 지위가 높은 사람들을 연구하는 것이 그래도 훨씬 더 쉽다는 것을 발견한다. 콩트는 주장하기를, 인류는 제 자신을 연구할 수 있기 이전에 우선 수많은 단계와 과정, 즉 인지적 관심의 초점이 비인간적인 환경에 놓이는 여러 단계를 거쳐야 한다고 했다. 물론 내가 이러한 콩트의 '법칙'을 전체적으로 옹호하려는 것은 아니지만, 그럼에도 나는 나중에 사회학자에 대한 사회학이 출현하게 될 것과 관련하여 이와 똑같은 순서가 이루어지게 되리라는 생각이 든다. 우리는 우리에게 친숙한 집단이 아닌 다양한 아웃사이더에게 관심을 돌려본 이후에만 비로소 우리 자신을 연구의 대상으로 삼을 수 있을 것이기 때문이다.

그러나 이제는 바야흐로 과거의 이론에 대한 비판적 요약[7]이나 정교한 분류도식[8]을 넘어선 참된 사회학이론의 사회학적 역사를 구성할 때가 된 것 같다. 그러한 역사는 수많은 사람의 협력을 요구하며, 따라서 어느 한 책이 예비적 작업 이상의 무엇을 할 수 있으리라 기대하는 것은 무리일 것이다.[9] 이 책은 거장 15명의 사회학사상의 형태와 특징을 설명하는 데 도움이 될 당시의 사회적 상황과 학문적 분위기를 학생들에게 알려주려는 첫 번째 시도다. 이것은 각각의 거장이 미친 전반적 공헌뿐만 아니라 그 일생의 연구에 한 올 한 올을 구성하는 훨씬 구체적인 개념화들도 탐구했다.

이제 베버가 "도망쳤다"고 생각했던 학생에게로 되돌아가 내가 머릿속에서 구상하고 있는 것을 말해보려 한다. 만약 그 학생이 내 말을 경청할 만큼 인내심이 있었고 나도 그의 이데올로기적 확신과 편견의 갑옷을 뚫고 들어갈 수 있을 만큼 참을성이 있었다면 아마도 나는 이렇게 말했을 것이다. "네가 상상의 도약을 통해 베버가 그 글을 쓰던 당시의 지적·사회적 분위기에 들어가 보지 못하는 한, 그의 사상은 이해되기 어려울 것이다. 베버는 애국심이라는 이름으로 정부나 황제의 변명을 강의나 책 속에서 옹호해주어야 한다고 느끼는 사람들이 사회과학을 지배하고 있다는 사실에 놀라움을 금치 못했던 것이다. 그들은 조국의 영광을 높이는 것을 연구의 목적처럼 여겼다. 베버가 주된 노력을 경주했던 것은 바로 이러한 과학이란 직업의 매음행위에 대한 비판이었다. 가치중립에 대한 그의 요청은 당국의 무지한 간섭에서 사회과학을 해방시키려는 철저한 학문의 자유화 노력이었고, 탐구자들이 자신의 과제를 다루는 데서 그 결과가 국가의 어떤 일에 도움이 되든 방해가 되든 상관없이 자신의 결론을 추구할 수 있는 권리, 아니 실제로는 의무를 주장한 것이었다. 베버의 견해에 따르면, 규칙적이고 엄격한 탐구를 추구한다는 점에서 가치중립은 사회과학을 정책결정자의 무거운 손아귀에서 해방시켜주는 것이었다. 그것은 사회과학의 타율성을 종식시키고 그 자율적인 성장의 길을 닦아줄 것이라고 믿었던 것이다……."

이상이 내가 그 학생에게 들려주고 싶었던 내용의 일부다. 그러나 아직도 설명되어야 할 부분은 너무나 많다. 따라서 이 책에서는 베버를 위시하여 사회학 분야에서 중요한 인물로 간주되고 있는 이론가 15명에 대해 그들이 활동했던 지적·사회적 배경을 설명함으로써 그들의 관심의 초점은 무엇이었고, 그들의 문제는 어떻게 선택되었으며, 그들의 의향이 전반적으로 머물렀던 곳은 어디인지를 밝혀볼 것이다.

물론 여기서 논의된 사회학적 요인이나 지적 영향이 각 사상가들의 저작이 지니는 특수한 기질을 설명하는 유일한 것이라는 주장은 아니다. 예를 들어 개인적인 심리학적 성향도 확실히 어떤 역할을 한다는 사실을 역사학자들은 분명하게 인정하고 있다.[10] 내가 여기서 이 도구들을 사용한 것은, 그것이 사회학 사상사에 사용될 수 있는 유일한 것이어서가 아니라 사회학 업적을 지금의 상태로 만든 15명의 뛰어난 학자의 가장 파악하기 어려운 정신적 활동이나 행동을 연구하는 데 큰 도움이 되리라 보았기 때문이다.

14개 장은 모두 동일한 구성을 하고 있다. 첫 번째 부분은 그 사람의 업적 ─ 그의 주된 지향, 사상, 그리고 공헌 ─ 에 대한 포괄적인 요약이다. 여기서 나는 독자들이 그 사람의 사상이나 문체에 처음부터 익숙해지길 바라는 뜻으로 직접 인용을 많이 했다. 물론 어떠한 요약도 한 인간의 복잡한 사상 전체를 정당히 다룰 수는 없다. 이것은 단지 그 이후의 논의의 기초가 될 일종의 패러다임으로 생각하면 된다.

두 번째 부분에서는 그 이론가의 고투와 성공을 다루는 생애에 대한 간단한 묘사 ─ 그의 가족, 동료, 선배 등의 영향, 그리고 공동체의 일들에 관여한 정도 ─ 를 했다. 세 번째 부분에서는 그와 그의 사상을 지성사의 특정 순간과 관련시켜보았다. 그가 세상에 모습을 드러냈을 당시의 주된 학문적 경향은 무엇이었는가? 그가 대항하여 싸우던 주된 반대 조류에는 무엇이 있었는가? 이러한 몇몇 질문이 던져지고 있다.

각 장의 마지막에서는 특히 사회학적 질문에 관심을 쏟았다. 이 이론가의 사회적 출신배경은 어떠한가? 그의 부모가 놓여 있었던 계층구조상의 특수한 위치가 젊은 시절의 사상 형성과 이후의 관점에 영향을 주지는 않았는가? 어떤 역사적 사건의 영향으로 그와 비슷한 견해를 지니게 된 동일한 연령층과 독특한 세대적 유대를 맺고 있지 않았는가? 전쟁, 공황, 혁명 등의 위기적 사건들에 의해 그의 지향이 같은 세대의 다른 사람들의 지향과 비슷해지거나 달라지지는 않았는가? 이와 함께 사회적 지위가 이론가의 생활양식이나 학문적 지향에 미친 영향도 고찰되고 있다. 그는 당시의 지적 엘리트들 가운데 스스로 어떤 안식처를 이룩했는가 아니면 사회의 빈 틈바구니에 위치한 주변적 지위에서 그의 연구를 수행했는가? 그가 학계에 자리를 얻을 수 있었던가 아니면 학문적 아웃사이더였는가?

이러한 지위와 입장에 대한 논의와 밀접히 연관되어 있고 실제로 분리될 수 없는 측면이 있는데, 그것은 특정 사상가가 선택한 것이든 필연적으로 그에게 주어진 것이든 그가 자기 말을 전달하려고 했던 청중이나 대중에 대한 설명이다. 지식인의 사회적 역할[11]은, 경우에 따라서는 적합한 또는 부적합한 일단의 청중에 의해 이루어진다. 따라서 인정이나 평가를 부여하기도 하고 철회하기도 하는 청중을 연구하는 것은 그 사상가의 공헌을 사회학적으로 탐구하는 데 중요한 몫을 담당한다. 또한 우리는 그 이론가의 사회적 관계망, 즉 그의 중요한 친구나 적뿐만 아니라 그의 사상에 대해 기본적으로는 무관심하나 다소 관심을 나타내었던 사람들의 반응까지도 고려해야 한다.

청중 개념은 특수한 조직적 환경과 관련하여 좀더 깊이 살펴보아야 한다. 그 청중은 주로 학계 내부의 사람이었는가 아니면 학계와는 무관한 사람이었는가? 지식의 공급을 위해 어떤 특수한 수요구조가 나타났는가? 여기서는 각 이론가들에게 열려 있던 대중매체에 관심을 쏟았다. 그는 주로 학구적인 전문지에 발표했는가 아니면 훨씬 일반적인 간행물에 의존했는가? 그가 그의 가르침을 선전함에서 공식적인 학계의 청중들을 대상으로 했는가 아니면 학계를 벗어난 어떤 강의를 통했는가? 마지막으로, 아마도 가장 중요한 것이라 생각되는데, 그는 동료들에게서 환영을 받았는가 아니면 동료가 없는 상태에 놓여 있지 않을 수 없었던가?

그러나 특정 사회학자의 실질적 청중에만 관심을 국한하는 것으로는 충분치 못하다. 그의 가르침에 귀를 기울이던 사람들뿐 아니라 그가 실제로는 얻지 못했으나 그의 가르침을 전달하려고 희망했던 예기된 또는 기대된 청중들에 대해서도 살펴볼 필요가 있다. 한 작가의 저작은 실제로는 그의 가르침에 귀를 기울이거나 관심을 두려고 하지 않는 특정 부류의 독자들이나 청중들을 얻으려는 강렬한 갈망에 의해 이루어질 수도 있다.

이상이 내가 각 이론가들을 연구할 때 지침이 되었던 사회학적 관념들의 일부다. 나의 주된 관심은 역사적 '배경'을 골동품 모으듯 조사하는 데 있는 것이 아니고, 한 사람의 사상에 대한 이해를 증대시키려고 하는 일이다. 예컨대 어떤 사람의 저작에 나타나는 이상한 측면들이 사회구조 속에서 그가 점하고 있던 주변적인 지위로 설명될 수 있다면, 나는 이것을 사회학에 대한 사회학적 해석이 지니는 유용성과 힘을 보여주는 증거로 간주할 것이다.[12]

여러 친구와 동료의 요구에 따라 이 개정판에서는 사회학이론과 이론가들의 최신 정보를 다루었다. 마지막 장인 '미국 사회학이론의 최신 경향'은 1940년대부터 60년대까지 출현한 주요 이론적 지향들을 소개하고 있다. 여기에 다루어진 인물들이 대부분 다행스럽게도 여전히 살아 있기 때문에, 이 장의 내용은 전적으로 탐색적일 뿐이다. 나는 이들을 그에 앞선 인물들의 경우 사용했던 지식사회학적 접근과 똑같이 상세한 생애사적 배경 속에서 다루는 것은 적절치 못하다고 여겼다.

오귀스트 콩트

Isidore Marie Auguste François Xavier Comte, 1798~1857

주요 이론 사회정학과 사회동학, 실증주의, 사회발전 3단계 법칙
주요 저서 『실증철학강의』 『실증정치학체계』

콩트는 근대사회의 딜레마, 즉 진보를 향한 변화욕구와
안정된 사회질서가 어떻게 조화될 수 있을지를
깊이 탐구하고 그 해답으로 실증주의 정신을 강조한 학자다.
그는 사회에 대한 실증적 지식이 구축되면 조화로운 진보가
가능하리라 믿었고 이를 위해 사회학(Sociologie)이라는
학문을 창시했다. 그의 실증적 사회학은 과학적 분석방법을
사회현상에 적용하고 합법칙적 문제해결을 추구하는
근대 사회과학의 근간이 되었다.
말년에는 실증적 정신을 인류애와 결합시키려고
'인류교'를 창시했다.

"'사랑을 원리로, 질서를 기초로, 진보를 목적으로',
이것이 실증주의의 신성한 원칙이다."

_오귀스트 콩트

사상

콩트(Auguste Comte)는 인류의 발전과정을 설명하고 동시에 앞으로의 진행과정도 예견할 수 있는, 일종의 자연주의적 사회과학을 만드는 일을 자신의 목표로 삼았다. 그는 시대를 초월하여 인류를 지배해온 운동법칙을 설명할 수 있는 과학을 정립하려고 노력했다. 이와 함께 특정한 역사적 시기의 사회적 안정은 어떻게 가능한가를 설명할 여러 조건도 공식화해보려 노력했다. **사회운동**과 **사회정학** ─ 진보와 질서, 변동과 안정 ─ 은 그의 사고체계를 형성하는 두 핵심을 이룬다.

인간사회도 자연계를 연구하는 것과 똑같은 과학적 방법에 의해 연구되어야 한다고 콩트는 생각했다. 인간사회가 우주의 다른 영역보다 훨씬 복잡한 모습을 띠고 있긴 하지만, 기본법칙에 따라 움직인다는 점에서는 마찬가지라고 그는 주장했다. 콩트에 따르면, 자연과학은 이러한 자연현상의 법칙성을 밝혀내는 데 성공했다. 돌의 낙하부터 유성의 움직임에 이르기까지, 모든 자연현상은 일정한 전개논리를 따르고 있다는 것이 확인되었다. 과학은 자연계에서 명백히 무질서하고 종잡을 수 없는 우연한 것으로 보이던 영역을 축소시켜나가는 데 성공했고, 이제는 사회의 연구에서 이와 같은 노력을 경주할 때라고 콩트는 생각했다.

뉴턴(Isaac Newton)과 그 시대 사람들의 연구 이래로, 자연과학자들은 이전의 헛된 수고들, 즉 **제1원인** 또는 **궁극원인**에 대한 쓸모없는 탐구를 포기하고 그 대신 법칙, 즉 "연속성과 유사성의 불변적 관계"의 연구를 수행하는 설명도식을 발전시켰다.[1] 새로운 과학은 전통의 권위에 의존하기보다는 지식을 얻는 유일한 정당한 수단으로서 "적당히 결합된 추론과 관찰"[2]을 강조했고, 모든 과학적 이론은 관찰된 사실 위에 기초해야 한다고 보았다. 하지만 "일정한 이론적 도움 없이는 사실들이 관찰될 수 없다"는 것도 옳다고 콩트는 주장했다.[3]

콩트는 자신이 정립하려 했던 그 새로운 과학을 처음에는 '사회물리학'이라 불렀다. 후에 그는 이 용어가 벨기에의 사회통계학자 케틀레(Adolphe Quetelet)에게 '도용'되고 있다고 생각했고, 라틴어와 그리스어를 결합시켜 '사회학'(sociology)이란 용어를 만들어냈다. 이것은 그 경험적 방법과 인식론적 기반뿐만 아니라 인류에 대한 기능에서조차 전적으로 자연과학을 추종하여 만들어졌다. 그는 자연과학과 마찬가지로 사회과학도 단지 이론적 관심만을 갖는 데서 벗어나 인간에게 궁극적으로는 구체적인 유익을 가져다주어야 하며, 인간조건의 개선에 중대한 몫을 담당해야 한다고 생각했다.

인간이 자신의 비인간적 환경을 유익한 형태로 바꾸기 위해서는 자연계를 지배하는 법칙들을 알아야 한다. "왜냐하면 현상의 법칙을 알고 그리하여 그것을 예견할 수 있게 될 때 비로소 우리는……그것을 우리에게 유익하도록 하나하나 변경시킬 수 있기 때문이다. ……우리가 어떤 현상에 중대한 영향을 줄 수 있으려면, 그것은 언제나 자연법에 대한 지식을 통해서만 가능한 것이다. **과학에서 예측이, 예측에서 행동이 나온다**(Savoir pour prévoir et prévoir pour pouvoir)."[4] 이처럼 사회적 행위를 인류에게 유익한 것으로 만들기 위해서는 인류진보의 운동법칙을 정립하고, 그리하여 사회질서와 시민적 협조의 기반이 확립되어야 한다.

사회적 사건은 "인간이든 신이든 지배자의 자의적인 간섭 때문에 늘 교란되는 경우가 흔하다"고 사람들이 믿고 있는 한, "그것에 대한 과학적 예측은 이루어질 수 없다."[5] 사회적 행위는 아무런 법칙에도 종속되지 않는 자의적이고 우연적인 것이라고 사람들이 믿고 있는 한, 자신들의 운명을 개선시킬 일치된 행동을 할 수 없다. 이러한 상황에서 사람들은 자연히 각자의 이익을 추구하느라 서로 대립한다. 이런 경우라면 사회에 대한 홉스(Thomas Hobbes)의 생각, 즉 사회에는 권력과 권력을 얻으려는 의지만이 질서가 있는 것처럼 보일 뿐이라는 느낌이 적합하고 타당할 수도 있다. 그러나 일단 사회학이 인간사에서도 발전과 질서의 불변적 법칙이 있음을 알려주게 되면 사태는 달라질 수밖에 없다. 이제 사람들은 자신의 집합적 목적을 위해 이 법칙들을 이용할 줄 알게 된다. "사회현상을 불변의 자연적 법칙, 즉 각 시대에서 사회적 행위의 한계와 특성을 분명하게 규정해주는 법칙에 전적으로 복종시키는 것 외에는 어떤 질서나 합의도 있을 수 없음을 알게 될 것이다."[6]

사회의 기본법칙을 발견하게 되면 인간의 오만한 자부심을 고칠 수 있게 된다. 즉 사람들은 어떤 역사적 순간에서도 사회적 행위는 사회유기체의 적절한 기능을 위기에 빠뜨리지 않을 수준으로 제한되어 있다는 것을 알게 된다. 그러나 동시에 인간은 사회적 법칙들을 자신의 목적에 맞게 변경시킴으로써 주어진 한계 내에서 행동의 신중함을 얻을 수도 있다. 다른 영역에서와 마찬가지로 사회적 영역에서도 "과학의 임무는 현상을 지배하는 것이 아니라 변경시키는 것이며, 이것을 위해서는 그 법칙들을 이해해야만 한다."[7] 무엇보다 이 새로운 과학적 정신이 일단 어느 정도 확산되고 나면 사람들은 더 이상 절대적 개념들로 사고할 수 없고, 사회의 특수한 조건과 관련시켜 사고하게 될 것이다. 예를 들어 정치행위의 사회적·역사적 맥락을 고려하지 않은 채 정치적 목표를 말할 수는 없게 된다. 어떤 사회질서가 행위에 부과하는 구속조건들을 명확히 파악함으로써 인간은 필연성이 경계지어놓은 영역에서 그들 사회를 자유로이 개조할 수 있게 된다.

이 새로운 실증과학은 오래된 전통의 권위를 무너뜨렸다. 콩트가 자주 되풀이했던 주장, 즉 절대적인 것은 없으며 모든 것은 상대적이라는 주장은 그의 가르침의 핵심이었다. 그는 영원히 타당한 율법적 진리를 받아들이는 대신, 인간 이해의 끊임없는 발전과 과학적 작업의 자기수정적 성격을 강조했다. "존재의 본질과 그것의 최종적·궁극적 원인을 찾으려는 탐구는 늘 절대적인 성격을 드러낸다. 하지만 현상의 법칙들을 연구하는 것은 상대적이어야 한다. 왜냐하면 그것은 결코 완전히 파악할 수 없는 실체, 관찰의 점진적인 발전에 따르는 끊임없는 사색의 진전 등을 전제하고 있기 때문이다. ……과학적 개념의 상대성은 자연법을 신뢰하는 사상과 분리될 수 없는 것이다."[8]

그러나 콩트가 모든 권위를 부정한 것은 아니다. 일단 인간사의 향방에서 과학의 강한 권위를 인정하고 나면 사람들은 제멋대로의 "자유로운 탐구의 권리나 독단적인 무한한 양심의 자유 같은 것에 대한 환상적인 요구를 포기하게 될 것이다."[9] 오직 과학적 방법론의 엄격한 구속에 자신을 복종시키는 자와 과학적 명증성이란 계율에 따르는 자만이 인간사의 향방에 대해 말할 자격이 있다. 천문학이나 물리학에서 개인의 자유로운 의견이 아무런 의미가 없듯이, 앞으로의 사회과학에서도 그러한 자유는 부적합한 것이 될 것이다. 평범한 사람들이 과학적 사실에 대해서도 왈가왈부해야 한다고 생각하는 것은 어처구니없는 자만심에 불과하다. 지금 사회과학에 나타나기 시작한 지적 개혁은 "개인의 능력을 초월하는 부분에 대한 탐구의 권리를 포기할 것을 요구하고 있다."[10] 오늘날의 자연과학에서와 마찬가지로 앞으로의 사회학에서도 "자유로운 탐구의 권리란 자연적이고도 지속적인 어떤 한계 내에서만 허용될 것이다. 즉 사람들은 적절한 지식을 공유하는 상황에서 보편적으로 존중되는 기본법칙에 근거하여 여러 결과의 실제적인 상호연관성을 논의하게 될 것이다."[11] 과학적 논의가 지금 요구하고 있는 것은 헛된 사색이나 구속되지 않는 이상주의에 대해 강한 제한을 가하는 일이다.

탐구 방법

사회학이 질서와 진보의 법칙을 설명하는 것을 목표로 할 때, 그것을 가능케 해줄 기반은 무엇인가? 그것은 무엇보다 자연과학에서 그토록 성공적이었던 방법들, 즉 **관찰**과 **실험** 그리고 **비교**다.

관찰이란 잡다한 사실들을 무작정 찾는 것을 의미하지 않는다. "예비적 이론의 도움 없이는" 관찰자가 어떠한 사실을 관찰해야 할지 알기 어렵다.[12] 어떤 예비적 이론에 의해 "한 사회적 사실이 다른 사실과 관련을 맺게 될 때, 비로소 그 사회적 사실은 과학적 의미를 띠게 된다."[13] 따라서 관찰은 현상의 정적이거나 동적인 법칙들에 입각해 있을 때만 의미가 있는 것이다.[14] 물론 이러한 한계를 인정하더라도 관찰은 필수적이다.

두 번째 과학적 탐구방법인 **실험**은 사회과학에서는 부분적으로밖에 적용될 수 없다. 직관적 실험이란 인간세계에서는 불가능하다. 그러나 "현상의 규칙적인 과정이 명확한 방식으로 간섭을 당하는 곳에서는 언제나 실험이 이루어진다. ……병리적인 사례들은 순수한 실험과 과학적으로 똑같은 것이다."[15] 사회형태에서의 혼란은 "개인유기체에서의 질병에 비유될 수 있다."[16] 따라서 병리적 현상의 연구는 정상적 현상을 이해하는 데 유리한 방법일 수 있다.

　　과학적 탐구방법 중 사회학자에게 가장 중요한 것은 **비교**다. 왜냐하면 그것은 "[절대주의적인] 사고방식을 변화시키는 데 지대한 공헌을 하기 때문이다." 인간사회와 동물사회를 비교해보는 것으로도 우리는 "사회관계의 최초 형태"나 인간과 동물 간의 경계에 대한 훌륭한 실마리를 얻을 수 있다.[17] 그러나 인간집단 간의 비교가 사회학에서는 더욱 중요하다. 주된 방법은 "지구상의 여러 곳에 공존하고 있는 상이한 인간사회 ─ 서로 완전히 독립되어 존재하는 집단 ─ 를 서로 비교하는 것이다. 이 방법에 의해 진화의 상이한 단계들을 한눈에 관찰할 수 있다."[18] 비록 전체로서의 인류가 동일한 방식으로 발전해왔다 하더라도, 여러 종족은 아직 채 알려지지 않은 여러 요인에 의해 각기 상당히 "불균등한 발전 정도를 나타내고 있다."[19] 따라서 "[서구의] 문명사를 통해 파악해낼 수 없는" 특정 단계의 현상은 "이러한 비교의 방법을 통해서만 알 수 있다."[20] 즉 원시사회들에 대한 비교연구를 통해서 가능한 것이다. 또한 인종이나 기후가 인간사에 미친 영향을 연구하려 할 때, 비교의 방법은 핵심이 된다. 어떤 잘못된 생각, 예를 들면 "사회적인 차이를 그 실제의 원인인 진화의 불균등함에서 찾지 않고 기후가 정치에 미친 영향"에서 찾으려는 주장을 반박할 때, 비교의 방법은 필수적인 것이 된다.[21]

　　이상의 세 가지 전통적인 과학적 방법이 사회학에 사용되어야 함은 물론, 사회학에는 또 다른 네 번째 방법인 **역사적 방법**이 필요하다. "인류의 일관된 상태에 대한 역사적 비교는 새로운 정치철학을 가능케 하는 주요한 과학적 방안일 뿐만 아니라……그것은 그 본질에 관계없이 과학의 하부구조를 형성한다."[22] 인류가 진화해온 모든 시대를 역사적으로 비교하는 방법은 사회학적 탐구의 핵심을 이룬다. 사회학은 역사적 진화라는 관점에 뒷받침되지 않으면 제대로 발전할 수 없다.

인류의 진화법칙

1822년 초, 콩트가 생-시몽(Henri Saint-Simon)의 조수였을 때 그는 "인간이 어떤 지속적 변화과정을 통해 큰 원숭이에 지나지 않던 초기 모습에서 점차 오늘날 문명화된 유럽인의 모습으로 변화했는가를 설명하는 것"[23]을 그의 목표로 삼았다. 시대를 통한 과학적 비교라 생각한 방법을 적용함으로써, 콩트는 그의 중심 개념인 **인류의 진화법칙** 또는 **3단계 법칙**을 정립했다.

인류의 정신적 진화는 개인의 정신발달과 병행해왔다. 인간집단이나 전체 인류의 발전을 다루는 계통발생론은 개별적 인간유기체의 발전을 다루는 개체발생론에서 찾아질 수 있다. 우리 모두가 어릴 때는 열렬한 신자였다가 청년기에는 비판적 형이상학자가 되고 어른이 되어서는 자연철학자가 되는 것처럼, 인류도 성장해오면서 이러한 세 가지 주요 단계를 지나왔다.

> 우리의 모든 주요 개념, 즉 모든 분야의 지식은 세 가지 상이한 이론적 상태 ─신학적 또는 공상적·형이상학적 또는 추상적·과학적 또는 실증적─를 단계적으로 거쳤다. ……신학적 상태에서 인간정신은 존재의 근원과 모든 결과의 제1원인 또는 궁극원인을 찾고 있었고……모든 현상은 초자연적인 존재의 직접적 행동에 의해 나타나는 것이라 생각했다. 형이상학적 상태에서……정신은……모든 현상을 산출해낼 수 있는 추상적 힘, 확실한 실체(즉, 의인화된 추상물)들을 상정하고 있었다. ……최종적으로 실증적 상태에서 정신은 절대자, 우주의 기원과 종착지, 모든 현상의 원인 등에 대한 쓸모없는 탐구를 포기하고 대신 그것들의 법칙, 즉 그들의 연속성과 유사성의 불변적 관계들을 연구하는 데 몰두하게 된다.[24]

콩트에 따르면, 인간정신의 각 단계는 언제나 그 이전 단계에서 진화된 것이다. "새로운 체계의 구성은 낡은 것이 붕괴되어야만,"[25] 그 낡은 정신적 질서의 잠재성이 완전히 소멸되어야만 나타날 수 있다. "아무리 높은 수준의 정신이라도 그 이전 단계의 정신이 붕괴되기 전에는 다가오는 시기의 특성들을 알 수 없다."[26]

콩트가 인간지식의 발전과 점진적인 해방과정에 관해 특히 관심을 쏟았던 것은 사실이지만, 각 발전단계가 비정신적 측면의 발전, 예를 들면 사회조직, 사회질서, 사회적 단위, 인간생활의 물질적 조건 등의 발전단계와 대응되도록 연결되어 있음을 함께 강조했다. 그는 이러한 사회현상도 인간정신의 점진적 발전과 유사한 방식으로 진화한다고 생각했다.

콩트는 새로운 사회질서가 낡은 질서의 소멸이라는 진통에서 순조롭게 나타나는 것으로 생각하는 것은 잘못이라고 단언했다. "하나의 사회체계에서 다른 체계로 이행하는 것은 결코 지속적이거나 직선적이지 않다."[27] 인류 역사는 '유기적' 시기와 '위기적' 시기, 두 가지 모습으로 이루어진다. 유기적 시기에서는 사회적 안정과 정신적 조화가 폭넓게 이루어져 있고, 사회의 여러 부분이 균형 상태를 이루고 있다. 이와 반대로, 위기적 시기에는 기존의 확신이 무너지고 전통이 붕괴되며 사회가 근본적으로 불균형상태에 있게 된다. 이러한 위기적 시기 ─콩트는 자신이 살고 있던 시기를 명백한 위기적 시기라고 보았다─ 는 질서를 희구하는 인간을 뿌리째 흔들어놓고 혼란에 빠지게 만든다. 그러나 이런 현상은 새로운 유기적 상태가 오기 위한 필연적인 전주곡인 것이다. "적어도 몇 세대에 걸쳐 계속되는 무정부적 전환상태는 언제나 있었다. 기간이 길면 길수록, 이루어지는 혁신은 더욱 철저한 것이다."[28]

콩트의 3단계 법칙이 강한 정신주의적 또는 관념론적 편향성을 지니고 있다는 것은 두말할 필요조차 없다. 그러나 앞서도 지적했듯이, 그는 인류의 각 정신적 단계를 그에 대응하는 사회조직이나 정치적 지배유형의 특성들과 연결시키고 있다.[29] 신학적 단계는 사제와 군인에 의해 지배되었다(콩트는, 다른 것도 마찬가지지만, 이 단계를 다시 여러 하위단계로 나누었다. 그러나 이 부분은 그의 법칙을 이해하는 데 별로 중요하지 않다). 형이상학적 단계 — 대체로 중세와 르네상스기에 대응하는 — 에서는 성직자와 법률가들이 판을 쳤다. 지금 막 시작된 실증적 단계는 기업경영자들과 과학자의 도덕적 가르침에 의해 지배될 것이다. 비슷한 관점에서 첫째 단계에서는 가족이 전형적인 사회단위였고, 둘째 단계에서는 국가가 사회적으로 중요하게 부각되었으며, 셋째 단계에서는 전 인류가 실질적인 사회단위가 될 것이라고 콩트는 보았다.

콩트는 인류 진화를 설명함에서 "정신적 진화가 가장 중요한 원리"[30]라는 점을 거듭 주장하면서도 다른 요인의 중요성도 강조했다. 예를 들면 사회의 진화 정도를 결정하는 주요인 중 하나로 인구증가를 들기도 했다. '특히 초기단계에서 구성원의 밀도가 점점 커지면서' 다음과 같은 결과가 나타났다는 것이다.

> 소수가 모인 곳에서는 일어날 수 없는……고용의 분화 그리고 좀더 세련된 방식으로 생존하도록 개인의 능력을 자극하는…… [등의 결과를 가져왔다.]……새로운 욕구와 새로운 어려움을 만들어냄으로써, 이러한 인구의 점차적인 집중 현상은 육체적인 불균등을 없애고 인구가 적은 곳에서는 나타날 수 없었던 지적·도덕적 힘들이 점차로 강해질 수 있게 함으로써, 진보뿐만 아니라 질서에서의 새로운 수단을 발전시키게 되었다.[31]

콩트는 분업이 사회진화의 강력한 추진력이 된다고 보았다.

과학의 위계

잘 알려져 있는 콩트의 두 번째 이론인 과학의 위계론은 3단계 법칙과 밀접하게 연결되어 있다. 인류의 발전이 명백한 단계를 거치고 각 단계는 그 이전 단계의 완성에 기초하여 나타나는 것처럼, 과학적 지식도 이와 비슷한 발전단계를 거친다. 그러나 상이한 과학들의 발전 정도는 서로 다르다. "모든 지식은 실증적 단계에 도달하는 시간이 보편성과 단순성 그리고 다른 학문으로부터의 독립성 등에 비례하여 각기 다르다."[32] 따라서 자연 과학 중 가장 일반적이고 단순한 천문학이 제일 먼저 발달한다. 그리고 시간에 따라 물리학, 화학, 생물학, 마지막으로 사회학이 그 뒤를 따른다. 이 연결에서 각 단계는 앞 단계 과학의 발전이 이루어져야 나타나게 된다. 이렇게 이루어진 위계는 위로 갈수록 복잡성이 증대하고 일반성이 감소하는 것으로 특징지어진다.

가장 복잡하고 다른 모든 과학이 모두 발전해야만 나타날 수 있는 사회 과학은 이 위계상에서 가장 '꼭대기'에 위치한다. "사회과학은 실증적 방법의 완성이라는 속성을 지닌다. 다른 모든 과학은……이런 점에서 예비적인 것이다. 사회과학의 발전에서 가장 큰 난관이던 자의적 의지나 공상적 태도들을 완전히 제거함으로써 자연법의 일반적 의미가 확실하게 발전한다."[33] 사회과학은 "그 앞의 여러 과학이 발전시킨 모든 자원을 다 동원할"[34] 뿐만 아니라 "비교가 아닌 연속적 계통론에 의해 탐구되는"[35] 역사적 방법까지 사용한다. "사회학에서 중요한 현상인……지속적 세대 상호간의 영향은 역사적 분석이라는 필수적인 방법의 결여로 인해 그동안 간과되거나 무시되어왔다."[36]

비록 사회학이 위계상 그에 앞선 다른 과학들과 구분되는 특수한 방법론적 특성을 지녔다 하더라도, 역시 앞의 여러 과학에 의존하는 것이다. 특히 위계상 바로 아래에 있는 생물학에 매우 많이 의존한다. 생물학이 다른 자연과학 분야와 구분되는 점은 그것의 전체론적(holistic) 성격에 있다. 각 요소를 분리시킴으로써 발전되어온 물리학이나 화학과는 달리, 생물학은 유기적 전체를 연구함으로써 발달한 것이다. 그리고 사회학이 생물학과 공유하고 있는 점은 바로 이 유기적 측면과 유기적 단위에 대한 강조다. "사회를 각 부분으로 나누어서 따로따로 연구한다면 질서의 조건에 대해서든 운동에 대해서든 사회에 대한 과학적 연구는 불가능하다."[37] 사회학의 유일하고도 적실한 접근방식은 '각 요소를 전체 체계라는 관점에서 관찰하는 데' 있다. "비유기적 과학에서 각 요소는 그들이 구성하고 있는 전체보다 훨씬 많이 알려져 있다. 이러한 경우 우리는 단순한 데서 복잡한 데로 나아가게 된다. 그러나 인간과 사회를 연구하는 경우에는 이와 반대되는 방법이 필요하다. 즉 전체로서의 인간과 사회가 그것을 구성하는 각 부분보다 훨씬 잘 알려져 있고, 연구대상으로 잡기도 훨씬 쉬운 것이다."[38]

사회정학과 사회동학

생물학에서 해부학과 생리학을 구분하는 것이 유용한 것과 마찬가지로, 사회학도 정학(靜學)과 동학(動學)을 구분하는 것이 바람직하다. "이 구분은 두 가지 부류의 사실 간 구분이 아니라 이론의 두 측면 간 구분이다. 이것은 질서와 진보란 두 개념에 상응한다. 왜냐하면 질서는……사회적 존재의 여러 조건 간의 영속적인 조화에 기초하고 있고, 진보는 사회발전에 뿌리박고 있기 때문이다."[39] 따라서 질서와 진보, 정학과 동학은 늘 서로 연결되어 있는 것이다.

자신의 단계론을 뒷받침하기 위해 콩트는 사회적 안정의 기반을 탐구하기 시작했다. "사회학의 정태적 연구는 사회체계의 상이한 여러 부분 간의 작용-반작용 법칙을 탐구하는 것이다. 이 경우 사회체계의 변화를 초래하는 근본적인 운동은 고려하지 않는다."[40] 그것은 전체로서의 사회 내에서 각 요소 간 이루어지는 균형적인 상호관계를 연구하는 것이다. "전체로서의 사회 내에서 전체와 여러 부분 간에는 언제나 자생적인 조화"가 있어야 한다.[41] 그러한 조화가 결핍되었을 때 우리는 병리적 사례에 직면하게 된다.

콩트는 사회체계의 구성요소를 다루는 데서 개인을 기본적 요소로 보는 것을 강하게 거부했다. "과학적 정신을 갖고 있다면 우리는 사회를 개인들로 구성된 것으로 볼 수가 없다. 진정한 사회적 단위는 가족이다. 필요하다면 가족의 기반을 이루는 부부에게로 환원시킬 수는 있다. ……가족은 종족을 이루고, 종족은 국가를 형성한다."[42] 개인의 행위와 성향을 그 출발점으로 삼는 사회과학은 실패할 수밖에 없다. "이제 인간의 본성 속에 내재해 있는 것임이 밝혀진"[43] 인간의 사회성을 공리주의적인 관점에서 도출하려는 것은 특히 잘못된 것이다. 인류의 초기단계에서 개인이 공리적 이익을 위해 결속했으리라는 생각은 받아들이기 어렵다. "만약 사회상태가 효용에 대한 개인의 신념에 좌우된다면, 사회는 결코 출현할 수 없었음이 명백하다."[44]

기본적인 이기적 성향이 사회적 목표를 위해 다듬어지고 길들여지는 곳이 바로 가족이다. "개인이 타고난 개성에 기초하여 성장하고 강력한 본능에 순응해가면서 다른 사람과 함께 사는 것을 배우는 곳이 가족이다."[45] 가족은 기본적인 사회적 단위이며, 다른 모든 결합체의 원형이다. 다른 것들은 모두 가족과 혈연집단에서 파생된 것이다. "집합적 조직체는 기본적으로 가족이라는 요소, 계급과 신분이라는 조직, 그리고 도시나 촌락이라는 기관으로 구성되어 있다."[46]

콩트는 사회를 생물유기체에 비유하여 파악했지만, 그러한 비유적 사고가 초래하는 곤란함도 잘 알고 있었다. 말하자면 생물유기체는 피부로 둘러싸여 있어서 물리적 경계를 분명하게 갖고 있다. 그러나 사회적 단위체는 물리적인 수단으로 묶일 수 없고, 단지 정신적 결합에 의해서만 하나가 된다. 그리하여 콩트는 언어 그리고 무엇보다 종교에 핵심적인 중요성을 부여했다.

언어는 이전 세대의 사상과 선조의 문화가 저장되어온 그릇이다. 언어 세계에 참여함으로써 우리는 언어공동체의 일원이 된다. 언어는 우리를 동료와 결합시켜줄 뿐만 아니라 지금까지 존속해온 공동체를 먼 선조와 연계시켜주는 긴 밧줄에다가 우리를 연결시킨다. 인간사회에서는 지금 살아 있는 성원들보다 더 많은 사람이 죽어갔다. 공통의 언어가 없었다면 인간은 결코 연대성이나 합의를 얻지 못했을 것이다. 이 집합적 도구 없이는 어떠한 사회질서도 불가능하다.

공통의 언어는 인간공동체에 필수불가결한 것이다. 그러나 그것은 단지 행위의 매체일 뿐 실질적인 인도자는 되지 못한다. 여기서 또 하나 필요한 것이 공통의 종교적 신념이다. 종교는 통합된 원칙을 제공하며, 그것 없이는 개인들 간의 상이함 때문에 사회가 분열되고야 말 공통의 바탕을 제공한다. 종교는 인간의 이기적 성향을 극복하게 해주며, 동료에 대한 사랑으로 자신들을 초월할 수 있게 해준다. 이것은 사회를 공통의 의식과 신념 체계 속에 묶어두는 강력한 접착제와 같다. 종교는 사회질서의 근원이다.

이것은 정부의 요구를 정당한 것으로 만드는 데도 필수적이다. 어떠한 세속적 권력도 정신적 힘의 지지 없이는 존속할 수 없다. "모든 정부는 명령과 복종을 신성하게 하고 조절하기 위해 종교를 지지한다."[47]

언어와 종교 외에 사람들을 서로 결합시키는 제3의 요인이 있다. 그것은 바로 분업이다.

[사람들은] 직업이 분화되어 있기 때문에 서로 결속한다. 그리고 사회유기체의 복잡성이 점점 증대되어가는 것도 바로 이 분화에 기인한다. 사회유기체는 점점 개인의 다양성에 대한 정확한 평가를 필요로 한다. 각 개인을 그들의 성격, 교육, 지위 등 자질에 따라 가장 적합한 곳에 배치시킨다. 그럼으로써 개인 유기체들은 가장 악하고 불완전한 자들까지도 일반적 선을 위해 쓰이게 된다.[48]

콩트는, 원칙적으로 분업은 개인의 능력이나 재능의 발전을 도와주면서도 각 개인이 다른 사람들에 의존되어 있다는 생각을 갖게 함으로써 인간들 간의 연대성에도 공헌한다는 것을 믿었다. 그러나 이와 동시에 현대의 분업이 가져올지도 모르는 몇몇 부정적 측면을 염려했다.

설사 사회적 기능의 분화가 한편으로 유용하고 세밀한 정신을 발전시킨다 하더라도, 다른 한편으로 그것은 집합적 또는 일반적 정신이라 부를 수 있는 것을 소멸시키거나 제한하게 될 가능성이 많다. 마찬가지로 도덕적 관계에서도 각 개인은 대중에 밀접히 의존되어 있으나 자신이 대중에 연결되어 있음은 희미하게 잊고 개인적 이익의 추구에만 온갖 힘을 쏟게 됨으로써, 독자적 행위는 증대하고 대중에게서는 유리된다. ……기능의 분화는 특별한 이점과 함께 문제점도 증대시킨다.[49]

이러한 결과 콩트는 미래에서 "전체라는 사상과 공동의 연대감을 유지해가기 위해"[50] 세속적 권력과 정신적 힘이 통합되어야 한다는 희망을 강하게 표명했다.

콩트는 언어, 종교, 분업 등 사회제도를 고찰할 때 언제나 하나씩 분리시켜 파악하지 않고 이들 현상이 전체적인 사회질서에 어떤 공헌을 하는가라는 점에 주목했다. 이런 점에서 콩트는 기능주의적 사회분석을 행한 최초의 인물로 간주되어야 한다. 왜냐하면 그는 특정 사회현상이 사회체계에 미친 결과를 고찰했을 뿐만 아니라 이러한 현상들 간의 상호연관성도 강조했기 때문이다. "전체 사회체계와 부분 간에는 언제나 자생적인 조화가 있다. ……정치제도와 사회적 관습 그리고 예절과 사상들은 언제나 서로 연결되어 있다. 또한 이렇게 결합된 전체는 그 본질상 언제나 그에 상응하는 인류의 통합적 발전단계와 연결된다."[51]

콩트에 따르면 사회정학, 즉 사회질서의 조건과 전제요건들에 대한 연구는 필연적으로 사회동학의 연구와 인류의 발전과 진화에 대한 연구로 이어지지 않을 수 없다. 그는 비록 이 연결을 세분화하고 그 과정을 구체적으로 밝히는 데 실패했지만, 이 입장을 계속 고수했다. 방법론상으로도 발견적 목적을 위해 정학과 동학을 구분하는 것이 바람직해 보일지라도, 경험적 현실에서 그 둘은 구분될 수 없다. 기능적 분석과 진화론적 분석은 서로 모순되는 것이 아니며 실제로는 상보적인 것이다.

규범적 학설

앞서 살펴본 콩트의 과학적 저작에 대한 개관에 덧붙여, 초기 논문에서 구상했다가 **실증철학** 이후 줄곧 발전시켜온 그의 규범적 이론에 대해 살펴봐야겠다. 그는 앞으로 다가올 훌륭한 실증사회, 즉 새로운 실증적 종교 지도자의 정신적 힘과 은행과 기업 지배자들의 정신이 지배할 사회에 대한 복잡한 청사진을 그렸다. 과학적인 사회학자이자 설교자이기도 할 이들은, 마치 신학적 단계에서 가톨릭 신부들이 그랬던 것처럼, 자신들의 우월한 지식의 힘을 사용하여 사람들의 의무와 복종을 강조함으로써 도덕적 지도자가 되고 그 집단의 검열관이 될 것이다. 그들은 교육의 방향을 제시하는 자가 되며 사회의 각 성원의 능력을 판단하는 최고재판관이 된다. 미래의 실증적 사회학자 중심의 사회(sociocracy)에서는 선악에 대한 실증적 지식을 획득한 인류교의 성직자(동시에 과학자이기도 할 것이다)가 사람들을 집단적 의무에 단단히 묶고, 타고난 권리라는 파괴적인 사상을 어떤 형태로든 나타나지 못하게 할 것이다. 생-시몽은 미래사회에서 인간에 대한 지배는 사물에 대한 경영으로 대치될 것임을 주장한 바 있었다. 콩트는 경영의 대상이 되는 '사물'이 사실은 인간 개개인임을 주장했다. 이제 인간관계는 '물질화'될 것이다. 11세기에 교황 힐데브란트(Hildebrand, 그레고리우스 7세Gregorius VII — 옮긴이)가 잠시 동안 모든 세속 권력에 대해 정신적 힘을 휘둘렀던 것처럼, 이제는 당시의 교황이 지니지 못했던 과학적 지식으로 무장한 인류교의 최고사제가 조화와 정의, 진실과 평등으로 온 세상을 지배할 것이다. 콩트가 좋아하던 문구를 빌려 말하면, 새로운 실증적 질서는 사랑을 원리로, 질서를 기초로, 그리고 진보를 목표로 이루어질 것이다. 지금까지 인류가 줄곧 지녀왔던 이기적 성향은 **남을 위해 살라**는 명령에 의해 이타주의로 바뀔 것이다. 개인들은 동료에 대한 사랑으로 충만할 것이다. 또한 과거와 현재에 대한 지식과 법칙적으로 결정된 방향을 통해 미래에 대한 예측을 구체화할 수 있는 지혜를 지닌, 영혼을 다루는 실증적 공학자들이 따뜻한 존경을 받을 것이다.

콩트는 특히 말년 동안 자신을 사회과학자뿐만 아니라 인류를 모든 고뇌에서 구원할 수 있는 새로운 종교의 예언자 또는 창시자라고 자처했다. 이러한 콩트 사상의 규범적 측면은 사상사에서는 중요하겠지만 과학적 작업으로서의 사회학에 초점을 두는 이 책에서는 부차적인 것일 뿐이다. 그러나 콩트 저작의 이러한 측면들은 그 배경이 되는 그의 삶, 사회적이고 지적인 환경과 관련하여 마음속에 깊이 새겨두지 않으면 안 된다.

개인적 배경

콩트[52]는 1798년 1월 19일, 공화력(共和曆, 혁명기에 만들어져 잠시 사용되던 프랑스 혁명달력 — 옮긴이)으로 공화정 6년 5월 1일에 프랑스 남부의 도시 몽펠리에서 태어났다. 열렬한 가톨릭 신자이자 신중한 왕당파이던 그의 아버지는 하급 공무원이었는데, 부지런하고 엄격하며 곧은 사람이었다. 그리고 오락이라고는 정원을 가꾸는 일밖에 모른 채 직장과 종교 그리고 가족의 일에만 전심전력하는 사람이었다. 콩트의 아버지는 혁명을 경멸했고 그 속에서 야기된 가톨릭 박해를 비난했으나, 자신이 당시의 혼란한 시대에 그토록 자주 바뀌었던 정부의 형태나 구성에는 상관없이 정부의 도움을 받고 있음을 언제나 잊지 않고 있었다. 무엇보다 그는 질서에 애착을 지닌 사람이었다.

어렸을 때의 콩트는 조그맣고 섬세했으며 많은 병을 앓았다. 하지만 아홉 살 때 그 고장의 주립중고등학교에서 뛰어난 능력을 보여주었다. 그는 공부에 전념했다. 그러나 고집이 세고 저항적인 학생 중 하나이기도 했다. 학생 시절 초기부터 그는 부모에 대한 신뢰를 잃었고, 그 자리를 자유에 대한 열렬한 공화주의적 신념으로 메웠다. 그는 황제의 지배를 증오했고 혁명의 화려한 날이 다시 오기를 꿈꾸었다.

젊은 콩트에게 강한 영향을 준 스승 중에서 한 명은 앙콩트르(Daniel Encontre)라는 이름의 수학 교사인데, 개신교 목사였고 박식하며 폭넓은 관심을 지닌 사람이었다. 아마도 젊은 콩트에게 수학에 대한 흥미를 일깨워주고 콩트가 기대하고 있던 광범위한 지식에 대한 역할모델을 보여준 사람이 바로 이 교사였을 것이다.

1814년 8월에 콩트는 권위가 있는 국립기술연구소인 이공대학(École

Polytechnique)에 들어가기 위한 시험을 치렀는데, 4등으로 합격했다. 그는 10월에 등록을 하고 파리로 갔다. 그리고 이 도시를, 비교적 짧은 기간을 제외하고는, 결코 떠나지 않았다.

국민공회(convention)에 의해 과학학교로 만들어졌던 이 이공대학에서 나폴레옹 보나파르트(Napoléon Bonaparte)는 언제나 인기가 없었다. 그는 이 학교를 군대식으로 개조했고 군부지도자와 일반관료들이 지도하도록 만들었다. 황제는, 학교는 중요한 공익사업을 위한 기술자들도 배출해야 하지만 주로 관료들을 훈련시키는 곳이어야 한다고 생각했다. 그러나 아직은 이 학교 본래의 과학적 정신을 마음속 깊이 지니고 있는 학생들은 자신을 꽃봉오리 같은 과학자로 생각했고 나폴레옹의 실용적인 정책에 강한 불만을 표시했다.

1814년 초, 연합군이 파리를 공격했을 때 젊은 이공대생들은 파리 근교에서 적과 싸웠다. 그러나 11월, 학교는 다시 평상시 상태가 되었고, 콩트는 다소 싫증을 내긴 했지만 프랑스의 많은 저명한 과학자의 가르침을 받는 특권을 누릴 수 있었다. 그는 곧 이 학교를 '자신의' 학교로, 다시 말해 명예롭게 졸업하기를 희망할 뿐만 아니라 학업이 끝난 뒤에는 이곳에서 가르치고 싶다고 느끼게 되었다. 젊은 콩트는 이미 대부분의 동료에게 학급의 지도자로 간주되고 있었다. 하지만 몽펠리에에서 보낸 중고등학교 시절에 보여주었던 무질서하고 불규칙적인 행동을 계속했다. 나폴레옹 독재에 대한 극렬한 비판자였던 그는, 이제 부르봉 왕조의 부활은 자신의 구미에 더욱 맞지 않는다는 사실을 알았다. 그는 대부분의 급우와 더불어 공화주의적 신념을 키워나갔다. 복고된 왕정과 그 못난 추종자들 사이에서는 나폴레옹 제정까지도 아름다운 것으로 보일 정도였다.

나폴레옹이 돌아왔을 때 이 학교는 전체적으로 열렬히 그의 진영에 가담했고, 콩트는 혁명적 동료들의 지도자 중 한 명이 되었다. 그러나 백여일의 시간은 너무나 빨리 지나갔다. 워털루 패전과 파리 함락 이후 질서는 다시 정비되었고, 학교의 일상은 다시 시작되었다. 콩트는 그의 학업으로 돌아왔다. 그리고 학교당국에 대한 저항적이고 불손한 행동을 계속했다.

1816년 4월, 6명의 학생이 낡은 시험 방식을 고집하던 학교당국에 반기를 들었다. 이 6명이 처벌을 받게 되자 전체 학생들이 그에 동조할 뜻을 비쳤다. 학교 당국은 관계 장관에게 도움을 요청했고, 정부는 곧 학교 문을 닫아버릴 것을 공표했다. 학교는 재조직되었고, 행동에 참여했던 학생들은 한참 후에야 재입학 지원이 허용되었다. 끓어오르는 분노를 지닌 채 콩트는 집으로 돌아왔다. 그러나 몽펠리에는 그를 오랫동안 붙들어놓지 못했다. 파리에서 새로운 변화가 일어났던 것이다.

7월, 다시 수도로 돌아온 콩트는 가정교사로 생활하면서 부르봉 왕조의 압제자들이 조만간 무너질 것이라는 희망을 품으며 살고 있었다. 그는 미국과 많은 관련을 맺고 있는 한 장성을 만났는데, 그는 콩트에게 이제 곧 신설될 예정인 이공대학의 미국 분교에 자리를 얻어줄 것을 약속했다. 공화주의적인 열망에 가득 차 있던 콩트는 자유로운 땅으로 영원히 이주할 것을 꿈꾸었다. 그러나 이 계획은 완전히 좌절되고 말았다. 의회(congress)는 미국에 이공대학을 설립하는 것을 원칙적으로는 통과시켰으나 그 시기를 무한정 연기했던 것이다.

콩트는 수학 개인 강의를 계속 했고 영어로 된 기하학 서적의 번역에도 참여했으나 미래는 암담했다. 그는 다시 문을 연 이공대학에 재입학하려 들지도 않았다. 그때 그의 생애의 향방을 돌려놓은 **뜻하지 않은 일**(coup de foudre)이 일어났다.

생-시몽과의 만남

1817년 여름, 콩트는 당시 정기간행물이던 『산업』(*Industrie*)지의 편집자였던 생-시몽을 만나게 되었다. 생-시몽은 개성적이고 창의적이며 무질서하고 불같은 성미를 지닌 사람으로, 콩트의 생애와 저작에 중요하고도 지속적인 영향을 미쳤다. 생-시몽이 지니지 못한, 잘 훈련된 방법적 능력을 지닌 이 유능한 청년은 이때 벌써 예순이 다 된 생-시몽에게 매력을 느꼈다. 콩트는 그의 비서이자 가까운 협력자가 되었다.

얼마 동안 두 사람은 매우 가깝게 지냈다. 처음에 콩트는 월 300프랑을 받았으나 생-시몽이 전처럼 재정적인 곤경에 다시 처하게 되자, 콩트는 지적인 이유와 미래에 받을 보상에 대한 기대 때문에 한 푼도 받지 않으며 그의 곁에 계속 남아 있었다.

많은 학자가 콩트와 생-시몽 중 누가 더 많은 도움을 상대방에게서 얻었는가에 대해 논쟁했다. 이런 복잡비묘한 논란에서 어느 한 편을 들 필요는 없다. 콩트가 생-시몽과의 긴밀한 접촉을 통해 구체화시킨 사상은 이미 그전부터 콩트의 마음속에 싹터 있었지만, 어쨌든 콩트가 동반자에게서 중대한 영향을 받았다는 사실은 지적할 필요가 있다. 평등을 지지하던 젊은 공화주의자가 생-시몽을 만난 직후 엘리트적인 견해로 전향하게 되었다는 것은 확실하다. 1819년 7월에 쓰인 콩트의 첫 논문 중 하나가 이 사실을 말해준다. 엘리트적 관점은 그의 전 생애를 통해 줄곧 유지되었다.

콩트가 생-시몽과 가깝게 지내던 시기, 특히 1819~24년에 쓴 글이나 구상에는 콩트 후기의 주된 사상들의 핵심이 포함되어 있다. 이곳에서 우리는 그가 『실증철학강의』(*Cours de philosophie positive*, 전 6권)에서 발전시켰던 중요한 과학적 사상뿐만 아니라, 종종 간과되어오는 것이지만, 새로이 제도화된 정신적 힘에 기초하여 공동질서를 강화시켜야 할 필요성에 관한 후기의 개념들도 나타나고 있음을 알 수 있다.

1824년, 콩트는 마침내 스승과의 관계를 끊었다. 직접적인 원인은 콩트가 쓴 논문이 발표되는 형식에 관한 다소 복잡하고 유치한 싸움과 관련된 것이었다. 그 논문을 전처럼 생-시몽의 이름으로 발표할 것인가 아니면 콩트의 『실증정치학체계』(*Système de politique positive*, 전 4권)의 첫 권 첫 장으로 할 것인가 하는 문제였다. 결국 콩트는 자신의 이름으로 100부를 냈고 생-시몽은 앙리 드 생-시몽이라는 이름으로 『산업입문』(*Catechisme des industriels*)이란 제목의 책 1,000부를 발간했다. 그런데 생-시몽은 콩트의 논문을 실은 3차 배분 책자에 서명을 하지 않은 서문을 썼는데, 그 글에서 자기 제자를 비난했다. 콩트는 이후 계속 스승의 이름을 경멸하는 투로 대했다. 한 번 부인된 스승과의 관계는 이후로도 회복되지 못했다.

논란에는 물질적 원인 외에 지적 원인도 있었다. 콩트는 자기를 경쟁 동료 중 하나로 취급하지 않고 언제나 전처럼 말 잘 듣는 학생으로만 취급하려는 노인의 고집에 싫증나기 시작했음이 틀림없다. 콩트는 이미 자유로운 언론계와 뛰어난 과학자들 사이에서 스스로의 힘으로 명성을 얻고 있었다. 이제 이 두 협력자는 대중에게 동의나 영향력을 얻기 위한 전략에서도 나뉘게 되었다. 행동주의자였던 생-시몽은 언제나 당장의 개혁이 필요함을 강조하곤 했다. 무엇보다 자신을 후원하고 있던 자유주의적 기업가나 은행가들이 프랑스사회의 개혁을 위해 신속한 발걸음을 내딛는 것이 중요하다고 생각했다. 이와는 반대로 콩트는 개혁적인 행동에 앞서 이론적 작업이 선행되어야 할 것과 과학적 이론의 기초를 확립하는 것이 어떠한 실천적인 영향을 도모하는 것보다 우선적으로 중요한 일임을 강조했다. 또한, 흔히 역사의 아이러니가 그렇듯이, 훗날 인류교의 최고사제가 될 콩트는 이제 생-시몽이 그의 이론에다 부여하려는 종교적 성격을 열렬히 반대했던 것이다.

이제 콩트는 자신의 마지막 저작에 대해 많은 자유주의 논객이나 언론인 그리고 동물학자 퀴비에(Georges Cuvier)나 탐험가 훔볼트(Alexander von Humboldt) 같은 유명한 과학자에게서 칭찬과 격려의 편지를 받는 영광을 누리고 있었다. 그럼에도 콩트는 여전히 외로웠다. 그는 파리의 일부 문단이나 과학계와 약간의 관련을 맺고 있을 뿐인 외로운 지식인이었다. 이제 콩트식의 독창적 체계가 만들어졌지만, 정작 그는 지위나 직장이 없어 봉급조차도 받지 못하는 상태였다.

이러는 동안 콩트는 사생활에서의 안정이라도 가져야겠다고 생각했다. 1825년 2월, 그는 여러 해 동안 사귀어왔던, 전에는 왕궁 근처의 매춘부였고 최근에는 조그마한 서점을 차린 마생(Caroline Massin)이라는 젊은 여인과 결혼하기로 결심했다. 이 결혼은 안정적이지 못했으나 ― 그들은 여러 번 별거했고 결국엔 영원히 헤어지고 말았다 ― 전문적 인정과 사회적 지위를 얻으려고 떠돌아다니는 삶 속에서 콩트는 잠시나마 가정이라는 안식처를 가졌다고 생각했다.

콩트는 자신에게 주겠다는 화학기사 자리를 마다하고 계속 개인 강의로 근근이 생계를 이어나갔다. 이런 식으로 그는 실제적 문제가 아닌 이론적 문제에 몰두할 수 있었다. 때로는 지체 높은 집안의 아이를 가르침으로써 그들과 가까운 관계를 맺기도 했다. 당분간, 특히 생-시몽 사후 콩트는 제자들이 만든『생산자』(Le Producteur)라는 잡지를 비롯한 여러 곳에 기고함으로써 약간의 부수입을 얻을 수 있었다.

이 기간에 콩트의 주요 관심은 실증철학을 세련시키는 일에 집중되었다. 이 연구가 더 많은 독자에게 내놓아도 좋을 만큼 다듬어졌다고 생각되었을 때, 콩트는 독창적 이론을 내세울 수 있는 공식적 지위를 갖지 못했기 때문에 청강생들이 미리 신청을 하고 자신이 실증철학의 핵심을 가르치는 강좌를 개인적으로 열기로 작정했다. 이 강좌는 1826년 4월에 시작되었다. 유명인사 몇몇도 청중에 있었다. 훔볼트, 과학원의 여러 학자, 경제학자 뒤누아에(Charles Dunoyer), 몽테벨로(Napoléon de Montebello) 공작, 혁명군 조직가의 아들이자 위대한 과학자인 사디 카르노(Sadi Carnot)의 형제 이폴리트 카르노(Hippolyte Carnot), 그리고 이전에 있던 이공대학의 많은 학생이 강좌를 들었다.

콩트는 강의를 세 번 했다. 그러나 네 번째 강의를 들으러 왔던 사람들은 그의 강의실이 닫혀 있는 것을 보았다. 콩트는 심각한 정신쇠약으로 앓아누웠던 것이다. 그는 유명한 정신과의사인 에스키롤(Jean-Étienne Esquirol)의 병원에서 '우울증' 진단을 받았다.『우울증에 대한 논고』(Treatise on Mania)의 저자인 이 의사는 콩트를 냉수 요법과 방혈로 치료하려 했다. 콩트의 부인이 그를 집으로 데려가려 했을 때 에스키롤은 이를 반대했다. 퇴원 카드에는 에스키롤의 손으로 'N. G.'(Non Guéri, 미회복)라고 쓰여 있었지만, 부인은 그를 집으로 데려왔다.

집으로 돌아온 후 콩트는 깊은 우울증에 사로잡혀 있었다. 심지어 그는 센 강에 투신자살을 기도하기도 했다. 그러나 1827년을 지나면서, 그리고 고향 몽펠리에로의 긴 여행 이후 서서히 회복되기 시작했다. 1828년 8월, 그는『짜증과 어리석음』(Irritation and Folly)이라는 제목의 책에 대한 서평을 씀으로써 병을 이겨냈다는 것을 보여주었다.

1829년, 강의는 다시 시작되었다. 그리고 콩트는 청중들 속에서 여러 저명한 과학자와 문인을 발견하고 무척 기뻐했다. 그러나 그가 누리던 작은 명성은 오래 지속되지 못하게 되었다. 유명한 학자들 가운데 여전히 그를 옹호하는 사람도 있었으나, 시간이 흐름에 따라 그는 점점 과학자들의 모임에서 조롱의 대상이 되었다. 각 분야 전문가들은 그를 과학의 모든 업적을 자신의 백과전서식 학문체계에 포함시키려는, 프로메테우스 같은 야망을 가진 것으로 여기며 매우 경멸했다.

콩트는 무시와 고립 속에서 비참한 생활을 다시 시작했다. 주저『실증철학강의』를 집필하던 1830~42년에도 그는 학계의 가장자리에서 힘겨운 생활을 계속하고 있었다. 이공대학이나 과학원 또는 콜레주드프랑스(Collège de France) 등에 자리를 얻으려는 모든 노력이 수포로 돌아갔다. 1832년, 대학에서 겨우 '기계분석에 관한 복습교사' 자리를 얻을 수 있었다. 5년 뒤 그는 같은 학교의 대외시험관직도 맡게 되었다. 첫 번째 자리에선 겨우 2,000프랑을 받았고 그마저도 두 번째는 더 적었다. 그는 또한 사립학교에서 수학을 가르쳤다. 이 세 지위에서 얻는 수입에다 가끔 있는 대학 시험을 위한 출장비 등을 합하면 겨우 가난을 면할 수 있는 정도였다.

『실증철학강의』를 집필하면서 모든 정열을 기울이는 동안, 그는 재정적 어려움과 계속되는 학계의 비난뿐만 아니라 점점 심해져 가는 가정불화 때문에 더욱 고통을 받아야 했다. 콩트는 점점 더 자신의 내면으로 움츠러들기 시작했다. 자신이 꾸며놓은 체계가 그를 지배하기 시작했다. '정신건강'의 이유 때문에 그는 더 이상 관련 있는 각 분야에서 쏟아져 나오는 글들을 읽어낼 수 없었다. 1838년, 그는 더 이상 과학서적은 읽지 않고 단지 소설과 시만 읽기로 작정했다. 말년에 그가 되풀이해서 읽었던 단 한 권의 책은『그리스도를 본받아』(*Imitation of Christ*)였다.

이 모든 난관에도 불구하고 콩트는 조금씩 제자를 얻기 시작했다. 아마 프랑스의 유명한 학자인 리트레(Émile Littré) 같은 사람이 전향하여 그의 가까운 추종자가 되었다는 사실에 기뻤겠지만, 그를 더욱 기쁘게 만든 것은 그의 실증철학이 이제 영국해협을 건너가 그곳에서 상당한 주목을 끌게 되었다는 사실이었을 것이다. 유명한 물리학자인 브루스터(David Brewster) 경이 1838년『에든버러 리뷰』(*Edinburgh Review*)지에서 콩트를 찬양했고, 무엇보다 기쁜 일은 존 스튜어트 밀(John Sturt Mill)이 자신의 『논리학체계』(*A System of Logic*, 1834)에서 콩트를 '일급 사상가' 중 하나로 꼽고 그의 가까운 격려자가 되었다는 사실이다. 콩트와 밀은 정기적으로 편지를 주고받았고, 콩트는 답장에 과학적인 연구뿐만 아니라 그의 결혼 생활에서의 사소한 일이나 물질적인 어려움 등에 대해서도 썼다. 밀은 콩트를 지지하는 영국 학자들에게서 돈을 모아 상당한 액수의 돈을 보내주어 그의 재정적 어려움을 타개할 수 있도록 힘쓰기도 했다.

『실증철학강의』가 마침내 완성된 지 얼마 지나지 않아 콩트의 부인은 영원히 그를 떠나고 말았다. 외롭고 고독한 상태에서 그는 자기를 인정하지 않으려는 과학자들에게 계속 공격의 화살을 퍼부었다. 그는 장관을 욕했고 언론에 대해서는 돈키호테식 편지를 써서 보냈으며 그의 적들을 자극했고 몇 명 되지 않는 친구들의 인내를 비난했다. 1844년, 그는 대학에 너무 많은 적을 만들어놓은 대가로 시험관에 재임명되지 않았다. 그리하여 그는 수입의 절반을 잃어버렸다(그는 대학에서의 다른 직 하나도 1851년에 잃었다).

1844년은 그가 대학에 재임용되지 않음으로써 공개적인 굴욕감을 느낀 해이기도 하지만, 동시에 가장 의기양양한 해이기도 했다. 그는 아직 서른 살도 되지 않아 말단 공무원인 남편에게서 버림받은 상류층 부인 드 보(Clothilde de Vaux)와 깊은 사랑에 빠졌다. 그녀의 남편은 그녀와 파리에서의 도박 빚을 남겨둔 채 정부의 공금을 갖고 브뤼셀로 도망쳐버렸다. 콩트는 그녀를 한 젊은 제자의 집에서 만나 곧 열렬한 사랑에 빠지게 되었다. 이제껏 외부세계에 대해 취해오던 콩트의 차갑고 원칙적이던 외투가 갑작스레 벗겨지는 것 같았다. 사랑에 빠진 콩트는 변화된 콩트였다. 지금껏 억눌려왔던 그의 본성의 정열적 요소들이 이제 표면화되기 시작했다. 드 보와의 만남은, 비록 짧은 것이었지만, 청년 시절에 생-시몽을 만났던 것만큼이나 중년의 콩트에게는 중요한 것이었다.

이 **거대한 정열**도 육체적 만족을 가져오지는 못했다. 드 보는 그의 지속적인 청혼을 거절하고 단지 우아하고 플라토닉하며 낭만적인 관계만을 고집했다. 그들이 첫 연애편지를 교환한 지 불과 몇 개월 후에 드 보는 가장 낭만적인 병이라는 폐결핵으로 침대에 눕게 되었고 약 1년 후 죽고 말았다.

이제 콩트는 여생을 '나의 천사'를 그리는 데 바치기로 맹세했다. 그가

1844년에 구상하기 시작했던 『실증정치학체계』는 자신의 애인을 기념하는 작품이었다. 이 글 속에서 콩트는 지성에 대한 감성의 우위를, 정신에 대한 감정의 우월성을 강조했다. 그는 오랫동안 남성적 사유의 거친 성격이 지배해온 인류에 대한 따뜻한 여성적 힘의 치유력을 거듭 강조했다.

마침내 『실증정치학체계』가 1851~54년에 걸쳐 출간되자 콩트는 지금까지 15년에 걸쳐 그렇게도 어렵게 얻었던 합리주의적 추종자들을, 비록 전부는 아니라 하더라도, 상당수 잃게 되었다. 밀과 리트레는 보편적 사랑이 시대의 모든 어려움에 대한 해결책이란 주장을 인정하려 하지 않았다. 더구나 그들은 지금 콩트가 자신을 최고사제라고 주장하는 인류교라는 종교를 받아들이지 않았다. 다양한 의식의 존재, 특수한 역법, 이제는 다 밝혀진 제의에 대한 너저분한 장광설 따위는 이전에 내세웠던 주장들을 손상시키는 것으로 보였다. 마치 실증적 단계에 대한 예측이 신학적 단계의 어둠 속으로 되돌아가는 것처럼 여겨졌다. 그의 초기 저작에서 이미 나타나는, 다가올 일들에 대해 민감해져야 한다는 주장도 그들의 주의를 끌지 못했다.

콩트는 제자들을 잃었다 하여 좌절하지 않았다. "갈 테면 가라. 나는 다른 사람들을 새로운 교회의 품에 모을 것이다." 콩트는 앞으로는 자신이 보내는 모든 문서에 '보편종교의 창시자, 인류교의 대사제'라고 서명하기로 작정했다. 이 새로운 교황의 위치에서 세계의 권력자들 — 니콜라이 1세(Nicholai I), 오스만 튀르크의 수상, 제수이트 교단의 우두머리 — 에게 그들을 이 새로운 질서로 개종시키려는 편지들이 쏟아졌다. 이제 콩트는 자신의 집에서 다양한 청중, 특히 노동계급에게 강의를 했고, 그들을 새로운 신조로 개종시키려 노력했다. 그는 노동자들에게 「실증교리문답」(Positive Catechism)이나 「보수주의자들에게 바람」(Appeals to Conservatives) 같은 호소문을 썼다. 그리고 실제로 그의 얘기에 귀를 기울여줄 것 같은 사람이면 누구에게나 자신의 주장을 호소하곤 했다.

1848년, 2월혁명이 있은 지 며칠 후 그는 실증학회(Sociètè Positiviste)를 창설했는데, 이곳이 1850년대 초반 그의 가르침의 중심지가 되었다. 이 회원들은 스승의 생계를 위해 헌금했고, 그의 가르침을 전파하는 데 헌신했다. 이제 콩트는 매주 지방과 해외에 있는, 그가 성 바울(Saint Paul)의 제자에 비유한 그의 제자들에게 메시지를 보냈다. 전도사업은 스페인, 영국, 미국, 네덜란드 등지에서 행했다. 실증학회의 정기집회가 있는 수요일을 제외한 모든 요일의 저녁 7~9시, 콩트는 집에서 파리의 제자들을 접견했다. 전직 공예사, 미래의 정치인, 지식인, 노동자들이 여기서 그의 스승에 대한 큰 사랑 안에 뭉쳤다. 여태껏 그토록 많은 좌절을 겪었던 그는 마침내 다음과 같은 사실, 즉 적어도 이전의 잘못된 친구들과는 달리 자신의 지식만을 바라보고 모인 자들이 아니라 서로 주고받는 사랑에 감화되어 모인 제자들을 발견했다는 사실을 생각하고 평안을 얻을 수 있었다.

콩트는 젊었을 때 지녔던 공화주의와 자유주의에 대한 열망에서 이제 멀리 벗어났다. 몽펠리에의 저항적이었던 학생이 이제 복종의 미덕과 질서의 필연성을 설교하는 사람으로 변했다. 실증교회의 뗄 수 없는 두 표어는 질서와 진보였으나, 말년에 이르러 이 창시자의 눈에는 질서의 필요성이 훨씬 더 무거운 비중을 차지하는 것처럼 여겨졌다. 1848년 6월의 유혈 사태로 나타난 반동으로 마침내 콩트는 나폴레옹 3세(Napoleon III) 진영에 속하게 되었다. 그리고 이러한 질서에 대한 열망 때문에 그는 차르나 오스만 튀르크의 수상, 심지어 제수이트 교단의 우두머리조차도 따지고 보면 한 형제라고 생각하기에 이르렀다.

1857년 6월 17일, 콩트는 11년 만에 처음으로 페르 라셰즈 공원에 있는 드 보의 무덤을 찾아가지 못했다. 암의 초기 증상이 나타나 그를 집에서 꼼짝 못 하게 만들었던 것이다. 병은 급속히 악화되어 9월 5일에 그는 숨을 거두었다. 돌아온 화요일에 제자, 친구, 이웃 등 몇몇 조문객이 그의 운구를 따라 페르 라셰즈 공원까지 함께 갔다. 이곳에 그의 묘를 중심으로, 가까운 제자들이 그들의 충성 정도에 따라 스승의 옆자리에 묻힐 수 있는, 실증학회 회원들의 조그만 묘소가 만들어졌다.

지적 배경

콩트는 18세기 후반의 진보 철학, 특히 튀르고(Jacques Turgot)와 콩도르세(Marquis de Condorcet)에서 시작된 계몽주의의 아들이었다. 이것은 거의 논란의 여지가 없는 사실이다. 그러나 이것만 강조한다면 그의 사상 전반에 대해 중대한 오류를 범하게 된다.

콩트는 18세기 전반에 지배적이었던 개인주의적 사회이해 방식을 철저히 반대했던 보날드(Vicomte de Bonald)와 메스트르(Joseph de Maistre)의 전통을 이어받은 사상가였다. 당시 사회질서의 붕괴에 충격을 받아 그는 전통주의적 사상가들과 마찬가지로 도덕공동체를 강조했다. 그는 매일매일 '사회를 침식해 들어오는 무정부주의'에 공격을 당했으므로, 그의 책에는 사회질서에 대한 갈망과 요청이 가득 차 있었다. 이러한 점 역시 후대의 연구가들이 종종 간과하는 콩트 저작의 한 측면으로, 계몽주의 전통과의 연결만큼이나 분명하며 논란의 여지가 없는 것이다.

콩트는 자유주의자였다. 이는 앞의 두 가지 면보다 훨씬 논란이 많을 수 있으나, 훨씬 많은 진실성 또한 내포하고 있다. 그의 전 생애, 특히 그의 사상의 형성기 동안 그는 자유주의 사상가들, 그중에서도 애덤 스미스(Adam Smith)에서 세이(Jean Say)에 이르는 자유주의 정치경제학자들에게서 깊은 영향을 받았다.

콩트가 이모저모 관련을 가진 지적 전통들에는 다른 몇 가지를 더 들수 있다. 예를 들면 그는 칸트(Immanuel Kant)의 몇몇 저작, 특히 그중에서도 『세계시민적 견지에서 본 보편사의 이념』(*Idee zu einer allgemeinen Geschichte in weltbürgerlicher Absicht*)을 잘 알고 있었다. 콩트는 칸트를 "실증철학에 가장 근접한 형이상학자"로 간주했고, 1824년에는 칸트를 좀더 일

찍 읽었더라면 "훨씬 많은 노력을 절약할 수 있었을 것"이라고 썼다.[53]

콩트는 자신을 베이컨(Francis Bacon)과 데카르트(René Descartes)의 상이한 과학적 전통의 계승자로 자처했으나 보쉬에(Jacques Bossuet)의 가톨릭적 관점에도 많은 영향을 받았다. 뉴턴 시대부터 당시까지의 유명한 자연과학자들, 예를 들면 몽테스키외(Charles Montesquieu)와 흄(David Hume), 콩디야크(Etienne de Condillac)와 관념학파도 그의 사상에 심대한 영향을 미쳤다. 많은 전통의 도움을 받으면서도 어느 하나에 몰입하지 않은 채 여러 주장을 섭렵함으로써, 그에게 그토록 깊은 영향을 주었던 생-시몽의 저작과도 다른, 그 자신의 독자적인 종합을 이루었다. 젊은 시절부터 30대 중반에 이르기까지 그는 다른 사람들의 저작을 일체 읽지 않고 여러 실 가운데 그 자신의 최고급품 옷감을 짜는 데 쓰일 실만을 선택하는 데 열중했다. 여기서는 완전한 지성사를 시도하지는 않고, 다만 이러한 실들 가운데 몇 개를 좀더 자세히 고찰하려 한다.

진보의 전통

1750년, 나중에 루이 14세(Louis XIV)하에서 재상을 지낸 튀르고는 그때 불과 스물세 살의 나이로 소르본대학에서 두 개의 중요한 강의를 했는데, 마누엘(Frank Manuel)의 말을 빌리면, 그것은 "최초의 중요한 현대판 진보사상"[54]이었다. 자연질서와 인간세계를 비교하고 난 후 튀르고는 다음과 같이 말했다. "인류의 계승은 세기에서 세기로 변화하는 모습을 보여왔다. ……모든 시대는 현재의 상태가 그 이전의 상태와 연계되는 일련의 원인과 결과로 연결되어 있다." 언어와 문자는 인간이 그들의 문화를 전승시켜서 "조그마한 지식까지도 모두 하나의 공통적인 보고를 이루어 마치 각 세기의 발견들로 점점 불어가는 유산과도 같이 세대에서 세대로 전승되며, 그리하여 인류 전체가……유아에서 시작하여 단계적으로 발전하는 개인과 마찬가지로 진보하는 단위인 듯이 보이도록"[55] 한 도구였다. 튀르고는 진보의 불가피성을 확신하고 있었다. 인간의 지적 유산의 지속적인 증대는 쉼이 없다. 비록 과학, 도덕, 기술, 예술 등이 각각 발전하는 속도가 다르고, 그리하여 약간의 불균형이나 일시적 혼란이 초래되는 경우가 있다 해도, 과학 특히 수학적 과학은 언제나 진보의 첨단을 걷는다. 과학의 행진, 그에 따른 인류의 미래로의 도전은 중단될 수 없는 것이었다.

인류의 각 시기 간의 필연적인 연결성에 대한 강조, 문화적 유산의 끊임없는 증대에 대한 강조, 과학의 힘에 대한 믿음, 이런 것들이 다른 요소들과 더불어 콩트의 종합적 사상을 구성하는 요소가 되었고, 이것이 그를 튀르고에서 출발한 전통의 계승자로 만들었던 것이다.

콩트는 콩도르세에게 더 큰 빚을 지고 있다. 콩도르세가 로베스피에르 (Maximilien Robespierre)의 경찰을 피해 다니던 동안 쓴 『인간 이성의 진보에 관한 역사적 소론』(*Esquisse d'un tableau historique des progrès de l'esprit humain*)이라는 책에는 현대의 합리적 인간에게까지 도달하게 된 기나긴 진보의 역사에 대한 튀르고의 주장이 담겨 있다. "우리는 우리가 감지하지 못할 정도로 서서히 야만인에서 미개인으로, 미개인에서 오일러(Leonhard Euler)와 뉴턴으로 발전해왔다."[56] 그의 선배와 마찬가지로 콩도르세도 역사 속에서 진보의 작용을 증명할 수 있다고 믿었다. 그것이 미래의 무한한 완전가능성으로 투사되는 것은 그에게 당연한 결론이었던 것이다. 튀르고처럼 그도 과학과 기술 속에서 인류를 전진시키는 수단과 미래의 진보를 가져오는 추진력을 발견했다. 그러나 튀르고가 여전히 진보와 운동을 추진시킬 유능한 인물들의 정기적 출현을 근거로 하고 있는 데 반해, 콩도르세는 계몽 및 국가 주도의 대중교육과 더불어 생산적인 과학자 수가 계속 증대되고 그리하여 진보의 속도가 급격히 빨라지게 될 것을 강조했다. 베이컨의 『새로운 낙원』(*New Atlantis*)에서 실마리를 찾은 그는, 과학자들로 이루어진 엘리트가 힘을 모아 공동작업을 행하며 과학적 생산성을 증대시키는 미래의 새로운 과학적 사회에 대한 계획을 그리고 있었다. 과학자들이야말로 인류의 전위병이라 생각되었다.

인류의 일상적 진보는 과학적 훈련을 받은 사람들의 진보에 비해 느릴수밖에 없다. 그러나 보통 사람들도 결국은 더 나은 완전성을 얻기 위해 과학적 인도를 받아들이게 될 것이다. 물론 어떤 종류의 불평등은 계속 존속할 것이다. 그러나 일단 인류 전체가 높은 수준에 도달하게 된다면 이런 것들은 더 이상 고통스러운 것이 되지 않을 것이다. 역사의 열 번째 시기(콩도르세는 그때까지의 인류 역사를 9개 시기로 구분했다)에 인류는 완전한 왕국에 다다르게 될 것이다. 지나간 시대의 잔존물인 미신과 교권지배를 거부하고 과학의 권위와 지고한 사명을 확신함으로써 인간은 점점 발전하여 자유롭고 합리적인 시민이 될 것이다. 지적 발전과 도덕적 발전이 함께 이루어질 것이며 점점 그 속도가 빨라지는 과학적 발견과 혁신은 전반적인 발전 속도를 가속화시켜줄 것이다.[57]

콩트가 『인간 이성의 진보에 관한 역사적 소론』의 저자와 맺은 밀접한 관련은 명백하다. 그리고 그도 콩도르세에게 진 빚이 무척 크다는 사실을 거듭 인정했다. 그러나 그는 콩도르세의 두 가지 주요한 주장, 즉 개인주의에 대한 신념과 상대적 평등성에 대한 견해는 따르지 않았다. 콩트의 생각은 강한 위계적·반개인주의적·차등주의적 경향이 있었다. 이 점에서는 생-시몽의 영향이 결정적이었지만, 전통주의 사상가들의 영향도 그에 못지않게 컸다고 할 수 있다.

질서의 전통

콩트는 전통주의자들을 무척 찬양했다. 그는 그들을 가리켜서 "메스트르의 탁월한 지도하에서 시작되어 샤토브리앙(François-René de Chateaubriand)의 시적 도움을 받아 보날드에 의해 훌륭히 완성된……불멸의 학파"[58]라고 했다. 그가 이런 찬사를 보낸 것은 당연했다. 콩트는 계몽주의의 전제와 주장에 반대하던 이들에게 많은 빚을 ─ 적어도 그가 계몽주의 자체에 진 것만큼이나 ─ 지고 있었던 것이다.

중요한 전통주의자들은 모두가 국외망명자에 속했다. 그들 중 몇 명은 처음부터 혁명에 적대적이지는 않았다. 예를 들어 메스트르는 혁명 초기에는 자코뱅당에 가까운 사람으로 여겨지고 있었다. 그러나 계속된 과격한 변화의 시기를 겪으면서 이들은 모두 혁명에 등을 돌리고 말았다. 이들은 외국에서 글을 써서 동료 프랑스인들이 행하는 잘못된 방법을 혹평했다. 열렬한 가톨릭 신자이자 왕당파인 이들은, 혁명의 후반부는 악마가 날뛰고 있다고 간주했다. 이른바 개인주의와 세속주의 그리고 자연권 개념이라는 악마가 날뛰고 있는 것이었다.

그들은 도덕적 공동체의 연대감에 의해 결속되지 않은 사회는 고립된 원자들로 이루어진 모래산처럼 무너지고 말 것이라 생각했다. 정당한 권위에 의해 뒷받침되지 않고 위계가 없는 사회란 있을 수 없는 괴물에 불과하다. 사회는 하나의 유기적 전체이며, 그것이 아니라면 사회는 존재할 수 없다. 사회생활을 개인 간의 계약으로 기초지으려는 노력이나 사회를 개인의 자연권에 입각하여 재구성하려는 시도는 자기과신이나 정신이상 또는 그 둘 모두에 의해 나타난 것에 불과하다. 이들은 인간은 권리보다는 오히려 의무를 지니고 있는 존재라고 보았다.

루소(Jean-Jacques Rousseau)와 콩도르세는 전통주의자들에게 특별한 경멸의 대상이었다. 루소는 사회에 의해 더럽혀지지 않은 인간은 본래 선한 것이라 주장했다.『에밀』(Émile)은 "창조자의 손에서 나올 때는 모든 것이 선했으나 인간의 손에서 모든 것이 더럽혀진다"라는 말로 시작하고 있다. 여기에 대해 보날드는 사회의 우위성을 주장했다. 사회는 인간을 인간답게 만들고 인간을 창조해낸다. 그는 "우리는 원래 악하게 태어났으나 사회를 통해 선하게 된다"고 했다. "미개인은 인간이 아니다. 어리석은 인간도 아니다. 그는 단지 퇴화된 인간일 뿐이다."[59]

콩도르세는 인간사회의 완전성 — 전통주의자들 눈에는 어리석은 짓으로 보였던 — 을 꿈꾸었다. "콩도르세는 인간이 사회를 완성할 것을 바랐다. 그러나 내 견해는 이와 반대로, 지적인 면에서든 육체적인 면에서든 사회가 인간을 완성시킨다는 것이다"[60]라고 보날드는 말했다. 전통주의자들은, 계몽주의자들의 기본적인 잘못은 사회를 인간의 의도에 봉사하는 것으로 파악하는 데 있다고 생각했다. 보날드는 "인간은 사회를 위해 존재하는 것은 아니다"라는 말을 경멸했고, "사회가 그 자신의 의도에 따라 인간을 만들어낸다"[61]고 주장했다. 사회적 차원이 개인적 차원에 대해 논리적으로나 도덕적으로나 우위성을 지니고 있다고 생각했던 것이다.

합리주의자나 공리주의자들의 사회상, 즉 사적 목표를 추구하기 위해 모인 개인들의 집합체라는 상에 대해 전통주의자들은 사회집단의 개념으로 맞섰다. 그들은 지금까지 개인을 보호하고 그들의 목표를 구체화시키고 안정을 제공해주던 집단들을 혁명이 파괴시켰다고 주장했다. 그러한 중간적 집단 없이는 공동체가 있을 수 없다. 따라서 가족은 원시사회의 핵이었다고 보날드는 가르쳤다. 그는 "기본적인 사회는 본질상 부부의 결합이다"라는 키케로(Marcus Cicero)의 말을 인용했다. 한 국가사회는 좀더 큰 집단들로 구성된다. 이 모든 것은 서로 간의 위계적 관계로 이루어지며, 그 정점에는 교황의 정신적 힘과 황제의 세속적 권력이 있다. 개인의 성향과 충동을 규제하는 종교제도 없이는 어떠한 사회도 존속할 수 없다. 종교가 없이는 도덕적 공동체가 있을 수 없고, 도덕적 공동체가 없는 사회생활은 외로운 고통일 뿐이다. 상급자와 하급자에 대해 도덕적으로 규제하는 연대성이 없어지면 사회는 고립되고 원자화된, 그리고 탐욕적인 사람들의 단순한 모임으로 전락하고 만다. 계몽주의자들의 자유화된 개인이란 실제로는 사회적으로 소외된 개인들을 뜻하는 것이라고 전통주의자들은 주장했다.

사회는 그것을 구성하는 여러 상이한 질서가 조화 상태에 놓여 있을 때만 튼튼할 수 있다. 전통주의자들에게서 선한 사회란 중세 같은 다원적 사회를 말했다. (물론 다원주의자란 개념은 전통주의자들의 독점 용어가 아니었다는 것을 지적해두어야겠다. 즉 이 말은 자유주의자들에 의해서도 똑같이 쓰였던 것이다.) 가족, 신분, 길드, 지역공동체 등이 모두 제 나름의 정당한 권위의 영역을 지니며 더 높은 곳엔 교회와 국가가 있게 된다. 이러한 여러 제도와 집단이 서로 적합하게 연결되어 있을 때야 비로소 사회적 안정과 조화가 이루어진다. 사회질서란 인간이 오로지 그들의 운명과 더불어 만들어나가는 섬세하고도 곱게 맞추어진 균형에 존재한다. 전통주의자들은 다음과 같은 셰익스피어(William Shakespeare)의 글을 인용하고 싶어 했다. "아! 질서가 흔들리니 모든 일이 병드는구나!"[62]

질서, 위계, 도덕공동체, 정신적 힘, 개인에 대한 집단의 우위 등이 전통주의자들의 다른 많은 주장과 함께 콩트에게서도 나타난다. 사실 그의 사회정학에서는 이들의 영향이 보이지 않는 부분을 찾기가 힘들다. 그러나 콩트는 그들의 과거지향적 견해는 받아들이지 않았다. 그에게 선한 사회는 지나간 중세에서 발견되는 것이 아니라 다가오는 미래에서 이루어지는 것이다. 비록 그가 이들과 함께 중세의 교황권을 찬양하고 교회의 영광을 좋아했지만, 계몽주의에서 배운 낙관적이고 미래지향적인 관점을 포기하지 않았다. 비록 사회질서의 관점에 입각한 것이긴 하지만, 그는 진보사상을 고수했다. 그는 과거의 유기적 사회에 대한 전통주의자들의 견해를 받아들이고 찬양하기도 했다. 그러나 전통주의적 사상으로는 당대에 등장하기 시작하던 새로운 사회세력을 공정히 평가할 수 없다고 믿고 있었다.

산업혁명을 이해하기 위해 콩트는 가장 뛰어난 산업혁명 분석가나 옹호자들, 스미스부터 세이에 이르는 자유주의 경제학자, 그리고 프랑스의 자유주의적 정치사상가들 사이에서 맺어지는 연합 등에 관심을 기울이게 되었다.

자유주의의 전통

콩트는 스미스의 후예라 볼 수는 없으나 그를 상당히 찬양했다. 그는 스미스를 "빛나는 철학자"라고 불렀고, 그의 글을 "분업에 관한 탁월한 분석"[63]이라고도 했다. 그러나 스미스와 특히 그의 후계자들에 대한 비판가이기도 했다. 왜냐하면 그는 시장의 자기조정적 성격을 믿지 않았기 때문이다. 콩트는 **자유방임**이 "무정부 상태를 체계화한다"고 믿고 있었다. 정치경제학자들이 "어떤 형태의 조정적 간섭이라도 없애는 것을 일종의 교리로"[64] 내세우는 한, 콩트가 그들을 자신의 세계관에 대한 공존불가능한 적대자로 여기는 것은 당연했다.

분업의 유익한 결과에 대한 콩트의 신념은 직접적으로 스미스에게서 배워온 것이다. 그는 분업에 기초한 산업형태는 그 속에 특별히 사회적 협동의 잠재적 형태를 배태하며, 그리하여 사람들로 하여금 생산을 무한정 증대시킬 수 있게 한다는 스미스의 견해에 동의했다.

스미스의 견해에 따르면, 이것은 콩트도 동의한 바이지만, 국가라는 것은 모든 종류의 노동이 아무리 다양한 특성을 지니고 있다 하더라도 결국에는 모두의 부를 증대시켜주는, 일종의 광대한 작업장과도 같은 것이라

고 할 수 있다.[65]

    콩트가 분업의 유익한 결과와 함께 해로운 결과까지도 인식하고 있었다고 해서 그가 당시 팽배하던 자유주의적 이론에 비판적이었던 시스몽디(Jean Sismondi) 같은 경제학자들에게서 전적으로 이를 배운 것이라 말하는 것은 옳지 못하다. 이 점에서도 그는 스미스에게서 도움을 받았다. 대부분의 『국부론』(*Wealth of Nations*) 독자는 이 책의 처음 두세 권만 읽는다. 하지만 만약 제5권까지 읽어본다면 다음 글에서처럼 시스몽디 못지않게 분업에 대한 비판적 견해들을 발견할 수 있을 것이다.

> 분업이 진전됨에 따라 노동으로 생활하는 대부분의 사람, 다시 말해 민중 대다수의 고용이 한두 가지의 극히 단순한 작업에 한정된다. ……그러나 그 결과란 것이 거의 비슷한, 아니 거의 똑같은 것이나 다름없는 한두 가지의 단순작업을 수행하는 데 그의 전 생활을 보내야 하는 사람들은 그의 이해력을 마음껏 발휘하거나 독창력을 시험해볼 기회를 갖지 못한다. ……그리하여 그는 자연히 그러한 능력을 상실하게 되며, 그리하여 일반적으로 인간이 이를 수 있는 최대의 우둔함과 무지함의 상태에 이르게 된다.

    분업의 결과에 대한 이와 같은 비판적 견해는 나중에 사회주의자와 가톨릭 좌파 개혁가에 의해 더욱 확대되고 발전되었지만, 자유주의적 정치경제학자들의 저작에서는 무시되어왔다. 그러나 콩트는 산업의 분업화를 찬양할 때나 그것이 인류에게 가져올 결과에 대해 날카로운 비판을 가할 때나 여전히 스미스의 전통에 입각해 있었다.

    콩트가 자유주의 경제학자들에게 직접적으로 빚진 것이 또 하나 있다. 그것은 '산업가들' 또는 현대적 용어로 **기업가들**의 주된 창조적 기능을 그가 인정하고 있다는 점이다. 이 점에서 그는 스미스의 프랑스인 제자인 세이의 견해를 좇고 있다. 1803년, 처음 출간된 그의 『경제정치학논문』(*Le Traité d'économie politique*)은 본래는 해협을 건너온 사상에 대한 하나의 해설서였다. 그러나 적어도 한 측면에서 이 책은 스미스를 벗어나 있었다. 즉 스미스는 생산의 주요소로 노동과 토지 이외에 자본가를 강조한 데 반해, 세이는 자본가와 기업가를 구별했다. 그리고 그는 기업가정신의 특별하고도 명확한 기능을 강조했고 기업가의 역할을 자세히 기술했다. 생산과 분배를 조정하고 감독하는 것은 자본가가 아니라 기업가라고 보았다. 세이에게서 기업가는 지도적이고 인도적인 활동을 통한 새로운 산업체계의 진정한 핵심이었던 것이다.

스미스는 노동의 창조적 공헌에 대해 얘기한 적이 있다. 세이는 단순한 노동이 아니라 '산업', 다시 말해 노동과 자본을 창조적으로 결합시키는 것이라는 점을 지적함으로써 스미스의 주장을 정정했다. 그는 기업가란 생산요소들의 적합한 사용을 통해 가치를 창출해내는 데 능력을 지닌 사람이라고 주장했다. 산업생산은 기업가의 인도 아래 노동을 통해 원료들이 변환될 때야 비로소 나타나는 것이다.[66]

세이는 그가 '기업가'라고 부른 자들의 새로운 창조적 역할을 담담히 기술했을 뿐만 아니라 실제로 그들의 기능을 찬양하고 도래하고 있는 산업세계의 영웅으로 만들려고 기도했다. 그가 동시대인들, 특히 왕정복고기의 자유주의 정치사상가들에게 미친 영향은 지대한 것이었다. 예를 들면 콩스탕(Benjamin Constant) 같은 사람은 다음과 같이 언급할 수 있었다. "산업생산이 전체 사회의 개선과도 같은 것이 되었고, 그것을 인류의 입법자요 은인이라 부를 지경이었다."[67]

생-시몽과 생-시몽주의자들은 진취적인 기업가들의 창조적 기능을 더욱 확장시켰다. 아마도 콩트는 이 한때의 스승 밑에서 처음으로 세이의 저작을 완전히 이해하게 되었을 것이다. 어쨌든 콩트와 생-시몽의 저작에 나타나는 산업기업가들의 역할에 대한 찬양은 그 근원이 세이의 자유주의적 가르침에 놓여 있음이 명백한 사실이다. 콩트는 비록 확신에 찬 자유주의자는 아니었다 해도 그의 저작의 중요한 측면들에서는 여전히 스미스와 그의 프랑스인 제자의 영향 아래 놓여 있었다.

생-시몽의 영향

인간에 대한 실증적 과학이란 개념이나 과학의 위계에 대한 개념 등은, 비록 체계적이지 못하고 때로는 구체화되지 않은 형태이지만, 생-시몽의 저작에서 찾아볼 수 있다. 생-시몽의 자연과학에 대한 지식은 초보적인 것에 불과했다. 그러나 제정 시대에 쓰인 그의 저작들은 이미 놀랄 만큼 콩트적인 색채를 띠고 있다. 그는 "모든 과학은 추측에서 시작되나 사물의 질서가 점차 밝혀짐에 따라 실증적으로 되어간다"고 했다. 생-시몽의 주장에 따르면, 과학은 연속적으로 발전하는 것이며 또한 그것은 상대적으로 단순한 것에서 고도로 복잡한 것으로 발전하는 것이다. 이제 유럽의 제도를 변혁시킬 완전히 실증적인 인간과학이 출현할 시기가 도래했다. 이때는 "도덕학은 실증과학이 될 것이다. 정치학도 실증과학이 될 것이다. 그리고 철학도 실증과학이 될 것이다. 종교체계는 완전성을 얻을 것이다. 성직자들은 개혁되고 재구성될 것이다. 성직자 개혁이란 과학적 단체의 개혁을 의미할 뿐이다. 왜냐하면 성직자도 과학적 단체가 되어야 하기 때문이다."[68] 이와 같은 생각들은 얼마든지 볼 수 있으며 더 인용하려면 얼마든지 할 수 있다.

비단 일반적 실증철학에 대한 구상뿐만 아니라 콩트의 많은 특수한 개념도 생-시몽의 저작에서 발견할 수 있다. 예를 들면 사회의 여러 일을 수행함에서 기업가의 역할을 강조한 것, 과학자 엘리트들에 의해 정신적 힘을 재구성할 필요성에 대한 강조, 역사에서 유기적 시기와 위기적 시기 간의 구분, 계몽주의의 중요한 역할과 혁명 후에는 새로운 유기적 결합체를 위한 기초를 다져야 할 긴박한 필요성이 있다는 생각, 사회공학과 계획화, 무정부적 상태에서의 전환에 대한 강조, 위계질서의 필요성과 엘리트의 창조적 힘에 대한 강조 등이 여러 다른 콩트적 개념과 함께 생-시몽의 저작에서 발견된다.

그럼에도 생-시몽과 콩트는 그 접근방식에서 중대한 차이를 보이고 있다. 그중 하나를 들어보면, 귀족주의적인 생-시몽은 언제나 그의 이상향에 대한 꿈 중에서 개인의 자아실현이란 이상을 강조했다. 그의 추종자들은 이러한 생각을 발전시켜서 성 해방, '인간욕망의 부활' 등을 주장하기도 했다. 이와는 반대로, 말단 공무원의 아들이었던 콩트는 미래의 인간을 금욕적인 ─ 전적으로 전체를 위해 헌신하는 자기포기와 극기심이 있는 ─ 인간으로 그리고 있었다.[69]

지적 경쟁의 영향: 콩트와 케틀레에 대한 고찰

콩트는 자연과학적 개념을 확대시켜 '사회물리학'이란 용어를 고안했고, 그것을 1822년에 발표한 논문에서 명시적으로 사용했다. "이제 우리는 기계적인 또는 화학적인 천체물리학, 지구물리학, 식물물리학, 동물물리학 등을 갖게 되었다. 그러나 우리는 아직도 자연에 대한 우리의 지식을 완성시킬 최후의 것, 즉 사회물리학을 필요로 한다. 내가 사회물리학이라 하는 것은 사회현상의 연구를 그 대상으로 하는 과학을 말한다."[70] 이것은 용어학상(그리고 부분적으론 개념상)의 유추였다. 몇 년 후 콩트는 '사회물리학'이란 용어를 버리고 새로운 용어인 '사회학'을 사용했다. 이것은 그가 사회 연구에는 물리학적 유추보다는 유기체적 유추가 더욱 적합하다고 판단했기 때문이 아니다. 그가 이 용어를 포기한 것은 그 말이 벨기에의 통계학자 케틀레에 의해 사용되었기 때문이었다. 콩트가 이미 사용했던 것을 알지 못하고 케틀레는 1835년에 『인간과 인간능력의 발전에 관해: 사회물리학에 관한 소론』(*On Man and the Development of Human Faculties: An Essay on Social Physics*)이라는 책을 내놓았다. 콩트는 케틀레의 논리가 기초하고 있는 관점, 즉 사회현상의 정규분포곡선은 '평범한 인간'이 결정적으로 중요하다는 것을 보여준다는 주장이 자신의 위계질서적 관점과 대립되었기 때문에 대단히 분개했다.

콩트는 그의 체계를 케틀레의 체계와 구분하기 위해 사회학이란 합성어를 만들었다. 이 이야기는 언급할 가치가 충분히 있는데, 사상가들의 결정이 다른 학자들과의 관계에 얼마나 영향을 받는지와 자신의 독자적인 사상을 명확히 구분하려는 관심에 얼마나 큰 영향을 받는지를 보여준다. 그러나 여기에는 용어상의 측면 이상의 의미가 있다. 케틀레는 '사회물리학'이란 개념을 자신이 처음으로 강조했던 인간행위의 통계적 제일성을 보여주는 경험적 연구방법을 지칭하는 말로 사용했다. 그러나 콩트는 이와는 다른 방법, 즉 철학적인 유추방식으로 그 말을 사용했다. 이것은 당시의 여러 지적 조류상에서 두드러졌던 차이를 잘 보여준다. 케틀레와 콩트는 사회학사상에서 정반대의 축을 나타내고 있으며, 따라서 그들이 서로 다른 용어를 사용하게 되었다는 것은 다행스러운 일이다.

사회적 배경

콩트가 살았던 시대는 정권이 일곱 번이나 뒤바뀌고 수많은 폭동과 반란 그리고 대중봉기 등이 나타나던 때였다. 50년 이상이나 프랑스는 줄곧 극히 짧은 기간의 상대적인 평온을 겪고 나면 으레 나타나는 끊임없는 혼란의 연속으로 점철되었다. 큼직큼직한 혁명적 변화들이 정치적 요인뿐만 아니라 급격한 사회변동을 겪고 있는 시기에 나타나는 광범위하고도 격렬한 경제적·사회적 불안에 의해서도 야기되었다. 이러한 이유로 산업혁명은 뒤늦게 진행될 수밖에 없었다.

이 시기의 프랑스는 무질서와 혼란의 온상이기도 했지만, 유럽의 과학 발전의 독보적 중심지이기도 했다. 자연과학과 수학의 모든 분야에서 프랑스 학자들은 타의 추종을 불허했고, 장차 유럽 과학의 발전방향을 좌우할 중대한 공헌을 하고 있었다. 또한 이들 학자들은 지금까지 다양한 분야에서 분산적으로 이룩된 과학적 발견들을 통합하고 종합하려는 실용적인 사람들이기도 했다.

서빈(George Sabine)은 16세기 프랑스에서 보댕(Jean Bodin)이 발전시킨 '왕권신수설'을 논하면서, 보댕의 『공화국』(Republic)은 성 바돌로매(Saint Bartholomew) 축일의 학살(1572년 8월, 가톨릭 귀족과 시민들이 파리의 개신교 위그노들을 집단 살해한 사건 ─ 옮긴이)이 있은 지 불과 4년 후, 즉 프랑스사회를 갈기갈기 찢어놓은 불안과 종교전쟁의 포악함이 한창일 때 쓰였다는 사실에 대해 언급하고 있다. 서빈은 아마도 보댕이 왕의 역할과 권한을 찬양한 것은 끊임없는 내란의 소용돌이에 있는 사회에 질서와 안정을 가져다주기 위해서였을 것이라고 말했다.[71] 질서에 대한 콩트의 관심도 이러한 맥락에서 이해될 수 있다. 그러나 그는 과학이 장족의 발전을 하고 있던 시대에 살았으며, 이로 인해 그는 질서에 대한 전통주의자들의 강조를 과학적 진보라는 계몽주의적 전통과 접합시킬 수 있었다.

개관

콩트가 태어난 당시 프랑스는 로베스피에르의 공포 정치가 무너진 후 온건파 당원들에 의해 이루어졌던 집정내각의 지배하에 있었다. 2년 만에 나폴레옹 보나파르트는 쿠데타를 일으켜 자신이 제1집정이 되었다. 그리고 5년 뒤 그는 프랑스 황제가 되었다. 1814년, 나폴레옹의 패배 후 기요틴의 이슬로 사라졌던 왕의 동생이 프랑스로 돌아와 루이 18세(Louis XVIII)에 즉위했다. 1년 후 나폴레옹은 엘바 섬을 탈출하여 보통 백일천하라고 불리는 짧은 기간을 통치했다. 1815년 6월, 그는 두 번째로 실각했고 루이 18세가 다시 즉위했다. 그와 그를 계승한 동생 샤를 10세(Charles X)의 통치기간을 왕정복고기라 하는데, 이 시기는 1830년 오를레앙 공작 필립(Louis Philippe)이 이끈 7월혁명으로 붕괴될 때까지 지속되었다. 1848년의 2월혁명은 단명했던 제2공화국을 선포했다. 1851년 12월, 1848년 이후 줄곧 프랑스 공화국의 대통령이었던 루이 나폴레옹(Louis Napoléon)이 쿠데타를 일으켜 독재 권력을 장악했다. 1852년, 그는 제정이 다시 이루어지면서 그는 나폴레옹 3세로 황제에 즉위했다.

정치적 혁명과 대중봉기가 만연하던 이 시기는 프랑스에서 나폴레옹 보나파르트 시대 이후 꽃피기 시작한 산업혁명기이기도 했다. 1816~29년, 프랑스의 면직 산업은 그 생산액이 세 배로 늘어났다. 1817년 리옹에는 7,000개의 비단 직조기가 있었는데, 1832년에는 4만 2,000개로 늘어났다. 1818~28년 선철의 생산량은 두 배로 늘어났다.[72] 1832년에는 프랑스 전체에 525대밖에 없던 증기기관이(1818년 당시에는 겨우 200대 정도에 불과했다) 1841년에는 2,807대로, 6년 후에는 4,853대로 증가했다(영국에는 1826년에 이미 그와 같은 증기기관이 1만 5,000여 대나 있었다).[73]

19세기 초반을 지나는 동안 여태껏 주로 조그마한 기공이나 장인 또는 수공업 노동자였던 사람들에게서 현대의 프랑스 노동계급이 서서히 그리고 고통스럽게 나타나기 시작했다. 대부분의 노동자는 여전히 소규모 기업에 고용되어 있었으나 1840년대 중반에 이르러서는 10명 이상의 노동자를 고용하고 있는 산업체가 이미 100만 명 이상을 고용하고 있었다.[74] 임금은 지역과 장인, 공장 노동자에 따라, 시골에서는 농부와 기공에 따라 현저한 차이를 보였다. 일반적으로 임금은 매우 낮았는데, 특히 시골의 노동자들이 괴로움을 겪었다. 산업노동자들이 혹심한 가난 속에서 살아가고 있는 동안 도시의 기술노동자들은 일종의 노동귀족이 되었다. 새로운 공장의 노동조건과 위생상태는 끔찍했다. 가족노동에서는 견딜 수도 있었던 장시간 노동도 대규모 공장제 기업에서는 시련이었다.

1820년 이래로 임금은 계속 감소했다. 1830년, 리옹의 비단 직조공들은 그들이 1810년에 받던 임금의 3분의 1밖에 받지 못했다. 경제학자들이 추산한 바에 따르면, 왕정복고기 동안 3인 가족의 최저생활비가 약 900프랑인 데 반해 노동자들의 1년 평균임금은 400 내지 500프랑에 불과했다. 따라서 가족이 기아를 면하고 살아가기 위해서는 부인이나 아이들까지 빵을 구하러 나가야만 했다. 사회복지기금의 도움을 받아야 하는 비참한 가난에 처한 사람들의 수는 놀랄 만큼 증대했는데, 특히 산업생산이 본 궤도에 오르기 시작한 기간에 심했다. 1828년, 북부의 노동자 22만 4,000명 가운데 16만 3,000명이 복지기관의 도움을 받아야 했다.[75] 해고된 기공들의 상태도 똑같이 비참했다. 1833년, 복지기관이 도와준 사람의 숫자는 도합 70만 명이었고 14년 후에는 그 두 배로 증가했다.[76]

그러나 1830~48년의 혁명운동은 새로운 산업노동계급이 아니라 여전히 상업에 종사하고 있는 숙련된 장인과 수련인들에 의해 주도되었다. 그들은 종종 조직화되지 않은 폭동이나 기계파괴 등의 방법을 통해 불만을 표시했다. 그러나 적당한 때가 오면 그들은 리옹처럼 자본이나 중요산업이 밀집된 중심지에서 조직화된 정치운동의 선봉에 서곤 했다.[77]

부르봉 왕조는 정치적 위기와 함께 경제적 공황에 의해 야기된 대중의 동요로 무너지고 말았다. 바리케이드를 설치하던 '민중들' 또는 '가난한 노동자들'은 과거처럼 장인이나 수련인들로만 구성된 것이 아니었고 산업노동자도 포함되어 있었다.[78] 이 산업노동자들은 1848년만 해도 투쟁의 짐으로 여겨졌던 집단이었다.

혁명 후의 프랑스, 부분적으로는 왕정복고기도 이에 속하지만, 완전히
는 1830년 이후의 프랑스는 **신흥부자**(nouveaux riches)가 지배하는 부르주
아 사회였다. 그들의 강렬한 탐욕은 다른 지배계급들을 특징짓는 **노블레스
오블리주**(noblesse oblige, 신분이 높으면 의무도 많다)에 의해서도 길들여지
지 않았다. 그들은 대부분 가정 배경이나 교육의 도움을 전혀 받지 않은 하
층계급 출신으로, 자수성가한 사람들이었다. 세련됨과 지위상의 부족한
점들을 그들은 열광적인 정열과 자기확신으로 보상받았다. 일반적으로 그
들은 조악하고 밥맛없는 무리로 여겨졌다. 발자크(Honoréde Balzac)도『인
간희극』(Comédie humaine)에서 이들의 집단적 모습을 심한 메스꺼움과 혐
오감으로 그려냈다.

이 새로운 사람들은 낡은 지배자들과는 달리 점차 정형화된 생활양식
으로 정립되고 있던 성공에 대한 의지를 강하게 지니고 있었다. 그들은 새
로운 시대의 과감한 기업가들이 되었다. 그들은 모험적인 은행과 조직화
된 철도를 경영했고 새로운 공장들을 세워나갔다. 이들 새로운 사람들, 특
히 그중에서도 은행가들 대부분이 비상한 노력을 경주한 데는 또 다른 이
유가 있었다. 그들은 대부분 개신교나 유대인 출신이었기 때문에 부와 재
산을 축적하는 데 특별히 열심을 다함으로써 자신의 소수집단적 지위를
보상받으려 노력했다.

이상에서 광범위하게 살펴본 것들이 콩트가 지방의 한 청년으로서 이
공대학에 등록하고 파리의 한 지식인이 되던 시기의 몇몇 현저한 특성
이다.

콩트의 세대 - 세기병

왕정복고기 동안 태어난 사람들은 물질적으로나 정신적으로나 좌절을
겪어야 했다. 혁명도 불가능해졌고 나폴레옹 시대에 존재했던 출세의 기
회도 막히고 말았다. 많은 정치적·행정적 자리가 초기에 매우 젊은 사람
들로 채워졌기 때문에 이제는 더 이상 취직할 곳이 거의 없었다. 제정하에

서 임명되었던 젊은 사람들의 승진 때문에 자연히 뒤에 온 사람들의 임명이나 승진이 늦어졌다. 또한 망명생활에서 돌아온 외국 망명자들이 실제로는 더 젊은 사람들에게 돌아가야 할 많은 자리를 미리 차지해버렸다. 그 결과 공공기관의 피고용인 연령구조는 젊은 사람보다 중년의 사람들이 더 많게 되었다. 예를 들어 쉰 살이 넘은 지사의 비율이 1818년에는 15퍼센트였는데, 1830년에는 55퍼센트로 변화했다. 1828년 제네바의 문필가인 파지(James Fasy)는 『프랑스 정부의 노인 정치 또는 노인 지혜의 남용에 대해』(*On Gerontocracy, or the Abuse of the Wisdom of Old Men in the Government of France*)라는 소책자에서 젊은이들의 불만을 다음과 같이 표현했다. "그들은 프랑스를 7,000 또는 8,000명의 천식 환자, 통풍 환자, 중풍 환자, 쇠약한 능력밖에 없는 사람들에게 맡겨놓았다."[79]

새로운 산업 분야의 기업에서 활동영역을 다소 찾을 수 있었다. 그러나 그 발전 속도는 늦었고 실제로 7월왕정의 후반에 가서야 가능해졌다.

프랑스가 훌륭한 교육체제를 갖추고 있었다는 사실 때문에 수요보다 공급이 더 많았던 1820년의 교육받은 젊은이들은 암담한 미래에 직면하게 되었다. 왕정복고기의 프랑스는 환자 없는 의사, 소송인 없는 변호사, 그리고 지위가 높고 권세 있는 자리를 기다리면서 세월을 허송하는 젊은이로 가득했다.[80] 실제로 쓰일 곳이 없었기 때문에 이 젊은이들은 물질적 고통뿐만 아니라 **세기병**(Le mal du siècle)이라 불리게 된 깊은 정신적 불안감에 빠져 있었다. 그들은 자신의 운명에 대한 이념적인 확신도 갖지 못했고, 자기 존재를 인도해줄 강한 믿음이나 몰입할 대상도 없었다. 비록 교회가 다시 존경받는 자리에 놓이게 되고 제단은 왕관의 중요한 동맹자가 되었지만, 그럼에도 종교는 과거의 도덕적 권위를 회복하지 못했다. 혁명의 충격에서 회복되지 않았던 것이다. 샤토브리앙 등에 의해 지도된 로마 가톨릭의 부흥도 대부분 젊은이의 상상력을 사로잡는 데 실패했다. 빈 공간을 메워줄 수 있는 어떠한 가치관도 없었다. 뮈세(Alfred de Musset)는 『금세기 젊은이들의 고백』(*La Confession d'un enfant du siècle*)에서 그의 세대에 대해 다음과 같이 언급했다. "아, 아, 종교는 사라졌다. ……희망도, 기대도, 우리의 양손을 걸칠 조그만 두 조각의 검은 나무조차도 사라졌다. ……과

거의 모든 것이 지금은 없어졌다. 앞으로 올 것은 아직 오지 않았다." 왕정
복고기와 7월왕정의 공식적인 허례와 자만심에 불만을 느끼는 젊은 세대
들은 무의미한 것에 의미를 두고 고독과 좌절의 아픈 상처를 치료할 수 있
는 새로운 믿음을 갈구하고 있었다.

과학에 대한 기대

1794년에 설립된 이공대학은 당시 프랑스 제일의 과학학교였고, 프랑
스 역시 19세기 초반 유럽 과학발전의 독보적인 중심지였다. 이 대학에서
가르치던 유명한 과학자들의 명단은 무척 인상적이다. 라그랑주(Joseph
Lagrange), 몽주(Gaspard Monge), 장 푸리에(Jean Fourier), 그리고 푸앵소
(Louis Poinsot) 등은 초기에 수학과 물리학을 가르쳤다. 베르톨레(Claude
Berthollet)는 화학을 가르쳤다. 나폴레옹 치하의 후반기부터 교체되기 시
작한 다음 세대에는 푸아송(Siméon Poisson), 앙페르(AndréAmpére), 게이-
뤼삭(Joseph Gay-Lussac), 아라고(Francois Arago), 프레넬(Augustin Fresnel),
코시(Augustin Cauchy) 등이 있었다.

유명한 이론과학자들이 이 대학에서 강의를 하고 있었음에도, 이 학교
는 주로 응용과학에만 전심을 쏟고 있었다. 교과는 주로 원형기하학이나
청사진을 만드는 기술 등에 집중되어 있었는데, 이것은 같은 시기에 만들
어진 고등사범대학(Ecole Normale)과는 달리 이곳의 학생들이 주로 이론
과학자보다는 토목공학자나 군사공학자가 되려고 했기 때문이었다.[81]

대부분의 학생이 전문기술자나 응용수학자가 되었음에도 몇몇 뛰어
난 소수는 이러한 하잘것없는 직업을 거부했다. 그들은 이 대학에서 익
힌 실증주의적이고 과학적인 정신을 지닌 채 새로운 믿음과 새로운 질서
를 동경했고 과학적인 개혁가가 되기로 결심했다. 콩트만이 아니라 나중
에 생-시몽 교회의 교황이 된 앙팡탱(Barthélemy Enfantin), 나중에 초기
사회주의자 찰스 푸리에(Charles Fourier)의 대변인이 된 콩시데랑(Victor
Considérant), 그리고 가톨릭 사회학자이자 개혁가인 르 플레(Frédéric Le
Play) 등이 이 대학의 학생들이었고, 나중에 생-시몽주의자나 콩트의 제자

가 된 사람들도 많이 있었다.[82]

콩트가 이 대학에 들어갔을 때 그는 곧 자신의 사상과 이론을 함께 나눌 수 있을 일단의 젊은 공학도들을 발견했다. 콩트의 많은 급우의 경력을 추적해보았던 구이에(Henri Gouhier)는 그의 학급에 유난히 사회개혁가나 생-시몽주의자 같은 학생이 많이 있었다는 사실을 기록하고 있다. 시골의 풋내기인 콩트는 여기서 자신 같은 과학적 열정과 개혁가적인 열심을 지닌 프랑스 전역에서 모여든 청년 집단을 발견했다. 친절치 못한 논평가인 티보데(Albert Thibaudet)는 언젠가 지적하기를, 이 젊은 청년들은 "이 대학의 사람들은 다리 건설 방법과 똑같은 방법으로 종교를 창시할 수 있다"고 생각하고 있었다고 했다.[83] 이러한 설명은 잘못된 부분이 있지만 중요한 점을 지적하고 있다. 즉 이들은 사회공학—심지어 새로운 믿음의 공학에서조차—이 토목공학과 본질적으로 다를 바가 없는 것이라 생각했던 것이다. 사람들은 물리적 현상이든 사회적 현상이든 상관없이 과학적 법칙을 새로운 구조를 창조하는 데 적용시키기만 하면 되는 것이라 보았다.

이 대학에서 강의하던 저명한 사람들 중 대부분은 자신의 독자적 학문 분야에만 주로 기여하고 있었지만 동시에 자연과학과 사회과학 간의 간격을 연결시키려 하거나 과학의 일반화를 추구하려는 사람들도 있었다. 그들은 스스로를 디드로(Denis Diderot)와 달랑베르(Jean d'Alembert)의 『백과전서』(Encyclopédie)에서 주장된 적이 있었던 종합적 지식의 후계자로 생각했다. 그들 사이에는, 특히 프랑스의 과학계에서는 지금까지 제각기 행해져 왔던 이론화나 탐구를 종합하여 자연과학과 사회과학을 모두 포괄할 수 있는 통합된 과학체계를 이룩해야 할 때가 되었다는 느낌이 퍼져 있었다. 샤를레티(Sébastien Charléty)는 "이 세대의 과학자들은 사회이론가나 정치이론가의 개념과도 유사한, 세계에 관한 일반개념의 특성을 지니는 연구를 완수했거나 준비했다"[84]고 했다. 당시의 과학자들은 여태까지 분리된 것으로 여긴 현상들이 실제로는 연결되어 있음을 증명하려고 애썼다. 그들은 자연의 모든 힘이 본질적으로 통합되어 있다는 가정을 하기 시작했고 어떤 과학자들, 특히 확률론을 지지하는 사람들은 자연의 법칙과 인간생활을 지배하는 법칙 간의 기본적인 유사성을 가정하기도 했다.

이러한 때 젊은 공학도들이 연구와 강의를 통해 일반화와 종합화 접근 방식의 모델을 제공해주던 스승들을 존경했다는 것은 이상할 것이 없다. 또한 그들이 사회 법칙의 작용을 배울 수 있으리라는 희망에 세이와 같은 현대사회과학자들을 연구했다는 것도 당연한 일이다.[85]

세기병으로 고생하던 공학도들은 이런저런 방법으로 잃어버린 종교적 믿음을 과학의 권위에 기초한 새로운 믿음으로 대치하려 했다. 동시에 그들은 다양한 개혁적 학설을 지지했는데, 그것들은 모두 사회공학의 개념을 내포하고 있었다. 하이에크(Frederick Hayek)는 이것을 다음과 같이 요약했다.

독특한 조망과 야망 그리고 한계와 더불어 공학도라는 형태가 [이공대학에서] 만들어졌다. 정교하게 구성되지 않은 어떠한 것에 대해서도 의미를 부여하지 않으려는 종합적 정신, 군사 훈련과 공학 훈련이라는 두 쌍둥이적 원천에서 나타나는 조직에 대한 사랑, '지금 막 나타나는' 어떤 것보다 의식적으로 구성된 것들을 더 좋아하는 미적 편애성 등이 청년 공학도들의 혁명적 열정에 덧붙여진 — 시간이 흐름에 따라 이것으로 대체되기 시작했다 — 강한 새로운 요소였다.[86]

콩트는, 물론 그의 독자적인 공헌도 있지만, 당시 이공대학에 다니던 세대들의 완벽한 전형이었다. 이 대학에는 그가 매일 부드러운 마음을 지닌 동료들과의 관계를 통해 그의 독특한 견해를 발전시킬 수 있었던 지적 분위기와, 비록 그 젊은이들의 모든 정열에 다 공감하지는 않으나 강의를 통해 자극을 주는 선배들이 있었다. 콩트가 전 생애를 통해 지속했던 몇 안 되는 인간적 유대 중에는 그가 동료 학생들 그리고 몇몇 교수들과 맺었던 유대관계도 포함된다. 그가 처음에 자신의 혁신적 사상에 공감하는 청중을 찾으려고 했을 때 자신의 『실증정치학체계』의 초판(1824)을 이 대학의 이전 학생들과 교수들, 예를 들면 게이-뤼삭, 아셰트(Jean Hachette), 앙페르, 푸아송 등에게 보냈다.[87] 비록 졸업하지는 못하였지만, 전 생애를 통해 콩트는 그의 편지에 '콩트, 전 이공대학 학생'이라고 서명했다.

동료 없는 생활

콩트가 짧은 기간 학생으로서 롤모델이 될 사람과 부드러운 마음을 가진 친구들 그리고 그의 사상에 귀를 기울일 청중들을 찾을 수 있었다는 것은 행운이었다 하더라도, 이때는 계속되는 생활 속에서 비슷한 지적 교우 관계나 지지를 얻지 못했던, 상당히 비극적인 때이기도 했다.

그가 쓴 많은 편지를 살펴보면 생-시몽과 교제하고 있던 초기 동안 이 노인과의 밀접한 지적 교류를 통해 상당한 자신감을 경험했음을 알 수 있다. 그러나 콩트가 생-시몽을 스승으로 존경하던 기간은 길지 못했다. 최후의 결렬이 있기 이전부터 지적인 우월성에 대한 말없는 싸움이 그들의 관계를 차갑게 만들고 있었다. 상이한 세대에 속할 뿐만 아니라 사회적·지적 배경에서도 현저한 차이를 보이는 두 사람이 진정한 친구 관계를 맺는다는 것은 도저히 불가능한 일이었다.

생-시몽을 통해 콩트는 수많은 급진적이고 자유주의적인 언론인과 문인을 접촉할 수 있었고 또한 의심할 나위 없이 그들과의 지적 교류를 통해서 배웠다. 그러나 이런 관계의 대부분도 콩트가 스승과 헤어지면서 함께 깨져버렸다. 그때 이후로 줄곧 콩트는 지적으로 동등한 위치에서 대할 수 있는 친구를 거의 갖지 못했다. 몇 사람, 예를 들면 생리학자 블랑빌(Ducrotay de Blainville) 같은 사람은 사반세기 이상을 그와 가까운 관계를 유지했으나 이 관계마저도 나중에는 깨지고 말았다. 비교적 일찍부터 콩트는 몇몇 제자를 얻었다. 그러나 단지 그가 생-시몽에게서 벗어났다는 것만으로 그를 높이 칭찬했던 젊은 데시텔(Gustave d'Eichthel)을 위시한 대부분의 사람은 단지 잠시 동안만 가까운 관계를 유지했을 뿐이었다. 또한 그들 대부분은 콩트의 친구가 도저히 될 수 없었다.

콩트는 학계의 동료도 갖지 못했다. 앞서 보았듯이 그는 한 번도 학계에서 정규직을 얻지 못했고, 따라서 대부분의 학자가 누릴 수 있는 구조화된 동료관계의 도움을 전혀 받지 못했다. 대부분의 학자가 활동하는 지속적 수단, 즉 서로 간에 주고받는 비판적 자극과 칭찬 등이 콩트에게는 한 번도 허락되지 못했다.

그러나 콩트는 찰스 다윈(Charles Darwin)과 니체(Friedrich Nietzsche)가

대부분의 생애에서 그랬던 것만큼 전적으로 학계의 아웃사이더는 아니었다. 그는 학계의 주변으로 밀려나 보잘것없는 학문적인 일에 종사했다. 학계의 과학자들과 지속적으로 교제는 했지만 분명히 그들보다 낮은 지위에 위치하고 있었다. 그는 다른 교수가 강의한 것을 학생들이 얼마나 기억하고 있는가를 알아보는 시험을 담당하거나 복습교사로서 그의 스승의 가르침을 학생들에게 되풀이해줄 뿐이었다. 계속하여 학계의 정규직을 얻으려는 노력이 좌절되었기 때문에 그는 대부분의 생애를 자기보다 못하게 보이는 과학자의 하급 조수로서 생계를 꾸려나갔다.

수년 동안 계속하여 콩트는, 일종의 예비적 사회화과정을 겪었다. 그는 완전한 학문적 지위에 필요한 태도와 가치들을 미리 익히고 있었으나 상당한 노력을 들여 익힌 이 역할을 수행할 기회를 한 번도 갖지 못했던 것이다. 마침내 자신이 바라는 제도화된 역할을 결코 얻을 수 없다는 것을 알게 되자 그는 자신에게 새로운 역할, 즉 예언자의 역할을 부여하기로 마음먹었다. 그러나 예언자란 제자는 많으나 동등한 사람은 거의 없는 외로운 사람이다. 그의 후반기에 가서도 콩트는 정열적인 제자들에게 둘러싸여 있었으나 여전히 동료는 없었다. 때때로 그는 동료관계와 비슷한 관계를 맺기도 했는데, 그중에서도 수년간 긴밀한 서신 교환을 맺고 있던 밀과의 관계가 가장 두드러진 것이었다. 그러나 만약 밀이 영국이 아니라 콩트와 가까운 곳에 살았다면 이 관계는 훨씬 일찍 단절되었을 것이라는 추측도 얼마든지 가능하다.

친구들과의 지속적인 관계에서 점점 멀어져가고, 한때 그가 비판적인 논평을 요청하기도 했던 저명한 과학자들에게서 좌절감을 겪으면서, 콩트는 점차 당시의 지적 무대에서 움츠러들고 있었다. 그는 동급과학자들의 비판적 논평은 거의 받지 못한 채 점차 제자들의 아첨하는 듯한 칭찬에 의존하게 되었다. 그의 후기 사상 가운데 많은 괴상한 성격은 어느 정도 한편으로는 타의적이고 한편으로는 자의적인, 동료에게서 고립된 상태가 빚은 결과인 것이다.

청중을 찾아서

생-시몽과 함께 연구하던 기간에 콩트는 자유주의 문인과 언론인 그리고 재계나 정계의 실력자 속에서 자신의 청중을 발견했다. 그는 영향력 있는 출판물에 처음엔 생-시몽의 이름으로, 나중엔 자기 이름으로 글을 썼다. 지도적인 자유주의 정간물의 독자들은 점차 그에게 주목하기 시작했다. 또한 그가 이전에 대학에서 알게 되었던 과학자들이나 그 후에 만난 다른 사람들은 열심히 그의 주장에 귀를 기울였다. 그가 1824년 『실증정치학체계』의 초판을 냈을 때, 퀴비에는 과학원의 이름으로 그를 칭찬하는 편지를 써 보냈다. 프랑스의 유능한 과학자들, 예를 들면 푸앵소, 블랑빌, 브로이(Louis de Broglie), 플루랑스(Marie Flourens) 등도 이 저작을 칭찬했다. 독일의 과학자이자 탐험가인 훔볼트는 감격스런 반응을 보였다.

그러나 생-시몽과의 결별 이후 이 청중들은, 그것이 친구나 상대편을 화나게 만드는 콩트의 자기파괴적 성격 때문인지 또는 생-시몽과의 싸움이 그의 매력을 감소시켜서인지는 몰라도, 점차로 그에게서 사라졌다. 새로운 생-시몽주의자들의 간행물인 『생산자』와 맺은 간단한 협조관계를 제외하고는, 콩트는 어떠한 정규적인 언론상의 발표기회도 얻지 못했다. 학계에서도 청중은 발견할 수 없었다. 이제 콩트가 무엇을 가르치든, 그것이 사립학교에서든 사적 강의에서든 또는 이공대학의 지루한 하찮은 일에서든 그 어디에서도 그에게 자신의 사상을 시험해볼 기회를 얻지 못했다. 또한 그의 강의에 모인 청중들은 모두가 다른 사람, 특히 콩트가 점점 더 싫어하게 된 사람들의 사상을 듣기 위한 자들이었다.

콩트는 제도적 도움을 거의 받지 못했으므로 혼자 힘으로 뛰어난 사람들을 청중으로 끌어들이기 위해 공개강좌를 열기로 결심했다. 거기엔 그와 동등한 지위에 있거나 위에 있는 사람들도 청중으로 참석했고, 그리하여 한때는 수준 높은 청중을 얻기도 했다. 그러나, 아마도 그가 너무 오랫동안 청중이 없었기 때문이었으리라 여겨지는데, 그는 이 일을 감당할 수 없었다. 그러고는 앓아누웠다. 그가 단지 몇 번의 강좌를 하고 나서 드러눕고 만 것은 상황이 주는 긴장 때문이었다고 추측된다.

회복된 후 그는 강의를 다시 시작했고 수많은 뛰어난 사람을 다시 청중으로 불러올 수 있었는데, 그중에는 네 명의 과학원 회원들도 있었다. 그의 「서론」(Opening Discourse)은 곧 『백과전서 리뷰』(*Revue Encyclopédil*)에 발표되었고, 『실증철학강의』의 각 장이 뒤이어 몇 차례에 걸쳐 발표되었다. 그러나 이것은 계속되지 못했다. 『실증철학강의』의 첫 권이 나온 것은 혁명이 한창이던 1830년 7월이었는데, 이때는 별다른 주목을 끌지 못했다. 얼마 시나지 않아 출판사가 도산하고 말았다. 물론 이것은 일시적 불운이었으나 콩트가 제법 모았다고 생각했던 지적 청중들을 이제 영원히 잃고 말았다는 것이 곧 분명해졌다. 『실증철학강의』의 각 권이 계속 출판되자, 콩트가 처음에 높이 평가했던 대부분의 과학자가 그에게 등을 돌리게 되었다. 『실증철학강의』 제6권이 마침내 간행되었을 때는 전 프랑스 출판계를 통틀어 단 하나의 서평도 받지 못했다.

1840년대 중반에 새로이 발견한 제자인 리트레가 콩트 저작에 관한 중요한 논문 6개를 『민족』(*Le National*)지에다 발표하여 실증철학에 관한 얼마간의 관심을 불러일으켰다. 서서히 프랑스에서도 다른 제자들이 나타났다. 영국에서는 밀이나 루이스(George Lewes) 같은 사람들이 콩트의 주장에 민감한 반응을 나타냈다. 그러나 콩트가 인류교라는 종교로 관심을 돌리자 이들 추종자들은 다시 그를 떠나고 말았다. 지식인들은 콩트가 생각했던 대로 변하기 쉬운 청중이었던 것이다.

이제 콩트는 다른 대중에게로 돌아섰다. 1830년 12월 초, 그는 이공대학연합회(Association Polytechnique)에다 기초천문학에 관한 자유공개강좌를 신청했다. 이 강좌는 18년 동안이나 지속되었고 그가 학계의 청중을 잃게 되었을 때 그에게 더욱 중요한 것이 되었다. 여기에 모인 대중은 단지 부분적인 교육밖에 받지 못한 사람들로 구성되어 있었다. 그들은 학계의 동료나 높은 지위를 지닌 자들이 아니었다. 이제 콩트는 청중의 중요한 부분을 점하는 파리 노동자들의 미덕을 찬양하기에 이르렀다(그는 "[청중의] 나머지는 주로 노인들이 두드러지는 잡다한 사람들이다"라고 말했다).[88] 이 청중들에 대한 그의 좀더 자세한 묘사가 이 점을 잘 나타내고 있어 얼마간 인용해볼 가치가 있다.

그들 사이에 우둔한 학자적 문화가 다행히도 없었다는 것 때문에 그들은 문인들 사이에 가득한, 잘못 훈련받은 지식인들에겐 도달하기가 그토록 어렵고 힘들었던 철학적 혁신의 참된 정신을, 매우 혼합된 방식인 것은 어쩔 수 없지만, 직접적으로 파악할 수 있었다. 직업적인 철학적 사고를 지니지 않은 사람들이면서도 지금까지 변함없이……새로운 철학을 올바르게 받아들이는 사람들을 나는 참된 노동자(시계공, 기계공, 인쇄공 등)에게서 발견한다.[89]

지적 친구들이 사라진 후 이 철학자는 스스로 지적으로 열등한, 덜 비판적인 청중을 선택했다.

그의 발표 강의를 완결짓기 위해 콩트는 『민간천문학에 대한 철학적 논고』(*Philosophical Treatise of Popular Astronomy*)를 썼는데, 그 글의 서문이 곧 1844년의 그 유명한 『실증정신론』(*Discourse on the Positive Spirit*)이다. 이 글에서 이미 콩트의 문체는 중대한 변화를 보이기 시작했고 뒤이어 지속적인 변화를 나타낸다. 동료 지식인이나 과학자들을 대상으로 건조하고 무거우며 방법론적인 문체로 쓰였던 『실증철학강의』나 초기 저작들과는 반대로, 콩트의 새로운 문체는 화려하고 감정적이고 대담한 것이었다. 의식적이었든 무의식적이었든 그는 이제 적어도 청중의 정신을 사로잡는 만큼은 그들의 감정도 사로잡아보려고 노력했다. 그가 동료들을 청중으로 삼을 것을 포기하고 대신 그가 생각했던 대중을 교육받은 사람이나 못 받은 사람이나, 지식인이나 노동자나 할 것 없이 실제상의 인류 전체에게로 확대시키려고 노력하게 된 것과 때를 맞추어, 그의 문체와 사상도 점차 유연하고 화려한 것으로 되어갔다. 그가 강의를 하는 대상이 그의 정신 속에서 넓어지면 넓어질수록 그의 사상과 문체는 더욱 통제하기 어렵게 되어갔다. 동료들이 해줄 사회적 통제가 결핍되어 있어서 그는 자신의 사상에 대한 통제력을 잃게 된 것 같았다. 그의 초기 저작들은 잘 정돈된 프랑스식 정원의 데카르트적 질서와도 같았다. 하지만 이제 그의 글은 가꾸어지지 않은 열대의 삼림 같은 것이 되어갔다.

1849년 이후로 마침내 콩트는 자기가 만들어놓은 종파의 안전함 속으로 완전히 은퇴하고 말았다. 인류교라는 종교의 따뜻하고 심원하며 공동체적인 분위기가 이제 콩트에게 가해지던 불신자들의 적대감을 상쇄시켰다. 일요일이면 황궁에서 설교를 하고 집에서는 그의 사랑스런 제자들에게 강의를 하며 타지방의 새 교인이나 외국의 권력자들에게는 제자나 전도자들을 파견하면서 콩트의 말은 점차 이상하게 되어갔다. 그의 가르침을 따르지 않는 사람의 눈에는 그가 미친 사람으로 보였다는 것이 하등 이상할 것도 없다. 아마 그는 이 말년 동안 미쳐 있었던 것 같다. 어쨌든 그가 당시의 지적 조류에서 거의 완전하게 고립되어 있었다는 점(그가 '정신건강'을 핑계로 다른 사람들의 글을 읽지 않은 지가 오래되었다는 사실을 기억할 필요가 있다), 그리고 자신을 따르는 추종자들에게 의존하려 했다는 점들이 이러한 정신이상을 부분적으로 설명해준다. 이제 실증주의의 교황은 자신이 가르치기에 실패했던 지식인들을 향해서 통렬한 비난을 퍼부었다. "자신을 지식인이라 생각하는, 이른바 실증주의자들은 지식인 중에서 가장 열등한 자들에 불과하다."[90] 콩트는 이제 노동자야말로 "정신적 힘의 후원자가 될 본래적인 기질을 지니고 있다"[91]고 주장했다. 그는 정신의 단순함이 지니는 뒤틀리지 않은 감정, 그리고 한때 '단순하다'고 취급되었던 사람들을 신뢰했다. 이 말년 동안 교황과 한 자리에 앉아 있었던 제자들 중에는 자유주의자와 미래의 정치인들 그리고 과거 이공대학 학생들 외에도 기계공, 목수, 성공하지 못한 시인들이 있었다. 콩트의 말년에 그의 생활을 위한 기금모집 요청에는 다음과 같은 사람들이 서명했다. 먼저 수학 교수 쿤지유, 제화공 벨폼므, 기계공 필리, 철학도 파스칼, 의사 로빈, 목수 마냉, 『협회』(*Institut*)지 회원이던 리트레, 그다음으로 의학도 콩트르라, 시계공 프랑셀, 수학 교수 르블레, 법학도 리베 등이었다.[92] 이러한 잡다한 모임을 대상으로 설교할 때 콩트의 어투는 전에 합리적인 주장으로 그의 동료들을 확신시키려 했을 때 사용했던 꼼꼼하고 의도적인 것과는 전혀 다른, 권면하는 듯한 유창한 어투였다. 사실 콩트는 지식의 중심에서 너무 멀리 떨어져 있었고 당시 사회에서도 주변적인 위치를 점하고 있었기 때문에, 점차 그의 글이나 설교에서도 극단적인 괴벽이 나타나기 시작했다.

젊은 시절 동안 콩트는 자신이 그토록 형성하려고 노력했던 새로운 지적·도덕적 종합이 절실함을 깨닫게 되었을 것이다. 그리고 이것은 실제로 그랬다. 구이에가 지적한 대로, 이러한 요구에 대해서 생-시몽뿐만 아니라 그보다 못한 많은 사람도 제각기의 방법으로 지지했던 것이다.

그러나 그럼에도 콩트는 이러한 시대적 요구에 보조를 맞추지 못한 것으로 보인다. 세기병이 극도에 달했을 때 콩트는 도덕의 재건은 생-시몽과 다른 구원의 묘약을 팔러 다니는 사람들에게 맡겨둔 채 그 자신은 주로 철저히 과학적인 글만 쓰고 있었다. 마침내 그가 1848년 대혼란 이후 종교적 예언가라는 새로운 역할로 돌아섰을 때, 프랑스는 이미 나폴레옹 3세 제국의 노선에 적응하기 시작했고, 이전에 새로운 종교에 헌신했던 많은 사람은 이제 금융, 정치, 산업 등의 분야에서 편안한 지위에 도달해 있었다. 생-시몽이 젊은 프랑스의 꽃봉오리 같은 지식인을 불러 모으는 동안, 콩트는 교육받지 못하고 사회에 적응하지 못하는 자들에게 설교할 것을 결심했다. 그의 가르침은 자유주의 지식인들과 부상하는 부르주아 정치인들이 자신들의 목적을 위해 이용할 수 있을 라틴아메리카에서였다면 훨씬 더 성공적이었을 것이다. 그러나 그의 나라인 프랑스에서 수요와 공급은 한 번도 균형을 이루지 못했다. 비록 콩트가 이후 세대의 사회과학자나 역사가들 — 이 중에는 르낭(Ernest Renan), 텐(Hippolyte Taine), 레비-브륄(Lucien Lévy-Bruhl), 뒤르켐(Émile Durkheim) 등이 있다 — 에게 깊은 영향을 주었다 하더라도, 그리고 그의 가르침의 일부가 모라스(Charles Maurras) 같은 우익인물과 제3공화국의 많은 대표적 좌익 인물에 의해 채택되기는 했지만, 그럼에도 지적인 연속성을 갖는 콩트학파는 생겨나지 못했다. 그의 학설 가운데 계속 살아남은 것은 특별한 내용이 아니라 그의 방법이었다. 그의 영향은 비록 큰 것이었다 하더라도 여전히 잠재적인 상태에 머물러 있었다.[93]

요약

콩트는 대단히 독창적인 정신을 소유한 사람이었다. 사회학적 분석이 그러한 독창성의 근원까지 파고들어 갈 수 없지만, 이 독창적 지성의 독특한 모습과 연구 형태를 설명하는 데는 도움이 될 수 있다.

갑갑한 지방 환경에서 콩트는 모든 정치적·지적 활동의 중심인 파리로 도피할 수 있는 행운을 만났다. 당시의 가장 뛰어난 과학학교에서 훈련을 받고 유명한 교사들과 급우들을 만나는 동안 콩트는 다양한 지적 조류에 재빠르고도 완전히 흡수되었다. 교과와 강의뿐만 아니라 비공식적인 자유 토론까지도 형성기의 경험이 되었다. 이후 생-시몽과의 연합에서 이 청년의 지적 사고는 완성되었다.

믿음과 확신이 사라진 몰락과 무정부의 위기적 시대에 성장했기 때문에, 그는 일찍부터 전 인류를 당시 그토록 결핍되어 있었던 유기적 전체성으로 되돌려보낼 수 있는 철학체계를 수립할 생각을 지니게 되었다. 질서에 대한 요청과 갈망이 그의 전 저작을 꿰뚫고 있다. 그러나 이와 동시에 이 진보적 과학자는, 새로운 질서는 '앙시앵레짐'(Ancien régime, 구질서—옮긴이)으로의 후퇴에서가 아니라 미래에서만이 찾아질 수 있다고 굳게 믿었다. 생-시몽과 마찬가지로 그도 정신적으로는 메스트르와 콩도르세의 아들이었던 것이다.

콩트는 생애 대부분을 기성학계 주변에서 생활했다. 원칙적이고 방법적인 동료들에 의한 통제의 부족, 그리고 적어도 부분적으로는 그의 지적인 노력의 대담함과 뻔뻔스러움 등이 왜 후기에 이르러 그의 연구가 쇠퇴하게 되었는가를 설명해줄 수 있을 것이다. 콩트는 동료들에게서 멀리 떨어져 있으며 안정된 청중이 결핍되었다는 사실 때문에 학계가 요구하는 일반적인 원칙에 아랑곳없이 자신만의 외로운 밭을 경작할 수밖에 없었으나, 이후 이것 때문에 상당한 대가를 치러야만 했다.

이렇게 하여 우리는 한 사람에 대한 이중적인 이미지를 접하게 된다. 즉 콩트는 최초의 중요한 사회학적 종합을 이룩한 창시자인 동시에 인류교의 감상적인 교황이었다. 한편으로 후세가 그것을 무시하게 되면 그들 유산의 심각한 궁핍을 초래하게 될 사회학적 통찰의 시조인 동시에 목수이거나 지적으로 실패한 사람들을 대상으로 경건하게 설교하는 작은 노인이기도 했으며, 인류의 과거와 미래에 대한 통합적 전망을 제공하려는 불타는 정신의 소유자이자 파괴적인 사상의 출현을 방지하기 위해 검열을 더욱 철저히 할 것을 차르에게 권고하는 겁 많은 노인이기도 했던 것이다.[94]

아마도 지금까지 현대사회의 심각한 모호성을 분석하는 데 많은 기여를 해온 사회학이 그렇게도 모호하고 두 개의 얼굴을 지닌 인물에서 출발했다는 것은 피할 수 없는 것이었을지도 모른다. 그가 만약 질서와 진보라는 두 개의 뗄 수 없는 요구 사이에서 찢긴 것이라면, 오늘 우리도 그와 똑같은 모습을 보이고 있는 것이다.

카를 마르크스

Karl Heinrich Marx, 1818~83

주요 이론 계급론, 사회구성체론, 이데올로기론, 혁명이론
주요 저서 『자본론』 『경제철학논고』 『공산당 선언』 『프랑스의 계급투쟁』

마르크스는 사회의 질서가 물질적 생산을 둘러싼
상이한 계급들 간의 동적 균형에서 나온다고 보았다.
계급 간의 갈등과 투쟁은 불가피한 것이며, 이것이 기성질서를
변화시키고 새로운 질서를 창출하는 동력이 된다고 주장했다.
부르주아계급의 주도권이 제도화된 근대 자본주의사회에서는
자본과 노동의 갈등이 불가피함을 보여줌으로써 노동자 중심의
계급투쟁에 도덕적 규범성과 정치적 정당성을 부여하려 했다.
유럽 공산주의운동의 중심인물로 제1인터내셔널에서
핵심적인 역할을 담당했다.

"인간의 의식이 존재를 결정하는 것이 아니라
사회적 존재가 그들의 의식을 결정한다."

_카를 마르크스

사상

마르크스(Karl Marx)는 사회주의 이론가인 동시에 조직가이며 경제사와 철학사에서 매우 중요한 인물이다. 또한 그는 위대한 사회예언가이기도 했다. 그러나 여기서 우리가 살펴보려는 것은 사회학 이론가로서의 마르크스에 대해서다.

전반적인 사상체계

마르크스에 따르면, 사회란 긴장과 갈등을 통해 사회변동을 야기하는 대립된 세력들 간의 동적 균형을 의미한다. 마르크스의 견해는 진화론적 입장에서 출발하고 있다. 그에게 진보의 추진력은 평화로운 성장이 아니라 갈등이었다. 즉 긴장이 모든 것의 근원이며 사회적 갈등은 역사과정의 핵심이 되는 것이다. 이러한 생각은 대부분의 18세기 사상가의 견해와는 대립된다. 그러나 대부분의 19세기 사상과는 보조를 같이하고 있다.

마르크스에게 역사의 추진력이란 자연에서 생존에 필요한 것들을 얻어내려는 인간의 끊임없는 투쟁에서 나타나는 인간관계의 형태다. "최초의 역사적 행위는……물질적 생활 자체의 산출이다. 이것이 진정한 역사적 행위이며 모든 역사의 기본적 조건인 것이다."[1] 의식주를 충족하기 위한 노력은 인류가 나타난 이래 인간의 일차적 목표였고, 이러한 욕구는 현대사회의 복잡한 이상을 분석할 때도 여전히 중심적인 위치를 차지하는 문제다. 그러나 자연에 대한 인간의 투쟁은 이러한 욕구들이 충족되어졌다고 해서 끝나는 것이 아니다. 인간은 영원히 만족할 줄 모르는 동물이다. 일차적 욕구가 만족되고 나면 이것은 "새로운 욕구를 낳고, 이러한 새로운 욕구의 산출이 기초적인 역사 행위인 것이다."[2]

일차적·이차적 욕구들을 충족시키기 위해 인간은 원시공산발전단계를 벗어나자마자 적대적 협동관계를 맺게 되었다. 인류사회에 분업이 나타남과 동시에 분업은 역사라는 극의 주인공이라고 할 수 있는 적대적 계급들을 등장시켰다.

마르크스는 상대주의적 사상을 지닌 역사주의자였다. 그에 따르면, 모든 사상체계는 물론 인간 간의 모든 사회적 관계조차도 각 역사적 시기에 특수하게 뿌리박고 있는 것이다. "사상과 범주 그리고 그것들의 관계는 결코 영원한 것이 아니다. 그것들은 역사적이고 일시적인 산물이다."[3] 예를 들면 고전경제학자들이 지주, 자본가, 임금노동자의 삼분현상을 사물의 자연적 질서 속에 영구적으로 주어진 것으로 받아들인 데 반해, 마르크스는 그러한 범주들을 특수한 역사적 시기에서만 나타나는 특수한 현상으로서 역사적으로 일시적인 상황에 의해 만들어진 산물로 간주했다.

역사적 특수성은 마르크스 접근방식의 특징을 이룬다. 예를 들면 그가 지금까지의 모든 역사적 단계는 계급투쟁으로 특징지어진다고 말할 때도, 그는 곧 그런 투쟁들이 역사 단계에 따라 다르다는 사실을 덧붙인다. 그는 역사를 부자와 가난한 자 또는 힘센 자와 힘없는 자 사이의 단순한 투쟁의 연속으로 보려 했던 급진적인 그의 전(前) 시대인과는 분명하게 구별된다. 마르크스는 주장하기를, 비록 계급투쟁이 모든 역사를 특징짓고 있다 하더라도 투쟁에 참여해 싸우는 자는 시대에 따라 변하여왔다. 비록 독립장인층에 대항하여 투쟁했던 중세 말의 수련공과 자본가에 대항하는 현대 산업노동자 간에 어느 정도 유사점이 존재한다고 하더라도, 그들은 기능적으로 상이한 상황에 놓여 있는 것이다. 전체적인 사회구조의 성격이 그 속에 내포된 투쟁의 형태를 결정짓는다. 중세의 수련공과는 달리 현대의 공장노동자는 언제나 생산수단의 소유에서 벗어나 있고, 따라서 이러한 수단을 지배하는 자에게 그들의 노동력을 팔지 않을 수 없다는 사실 때문에 질적으로 다른 계급이 된다. 현대의 노동자들은 실제로는 노동력을 팔지 않을 수 없도록 강요당하면서도 형식적으론 그렇지 않을 자유를 갖고 있다는 사실 때문에, 그들이 처한 조건은 역사적으로 특수한, 초기의 피착취 계급과는 상이할 수밖에 없다.

마르크스의 사상은 인류의 진보가 주로 관념이나 인간정신의 진보에 의한 것이라고 생각하는 헤겔(Georg Hegel)이나 콩트의 사상과 날카롭게 대립된다. 마르크스가 출발점으로 삼은 것은 인간의 물질적 조건, 즉 생활수단을 얻기 위해 형성한 인간의 여러 형태의 결합방식이었다. "국가의 형태는 물론 법률관계도 그것 자체로 또는 이른바 인간정신의 일반적 발전으로 파악될 수 없다. 오히려 그것들은 헤겔이 **시민사회**란 이름 아래 포함시킨 모든 것, 즉 생활의 물질적 조건에 뿌리박고 있다. ……정치경제학은 시민사회를 해부해보지 않으면 안 된다."[4]

마르크스에 따르면, 사회체계의 변화는 지리나 기후 같은 비사회적 요인에 의해 설명될 수 없다. 이러한 요인들은 중요한 역사적 변화과정에서 상대적으로 불변하는 것이기 때문이다. 또한 이러한 변화는 새로운 사상의 출현과 관련하여 설명될 수도 없다. 사상의 발생과 수용은 사상 이외의 요인에 달려 있다. 사상은 주된 동인이 아니다. 그것은 인간관계에서 인간을 지배하는 물질적 이해의 직접적 또는 간접적 반영인 것이다.[5]

사회를 구조적으로 상호연결된 전체로 간주하는 마르크스의 전체적 접근방식은, 물론 몽테스키외에게서도 배운 바가 있지만, 주로 헤겔에게서 배운 것이다. 결과적으로 마르크스에게는 전체의 어떤 부분도—그것이 법조문이든 교육 제도든 종교나 예술이든—그 자체로서는 이해될 수 없다. 사회란 구조화된 전체일 뿐만 아니라 그 자체가 발전해나가는 총체이기도 하다. 마르크스의 공헌은 헤겔의 체계에서는 별로 중요시되지 않던 변수, 즉 경제적 생산양식을 독립변수로 확정시킨 데 있다.

역사적 이상이란 수많은 요인의 상호작용의 결과이기는 하지만 경제적 요인을 제외한 나머지 요인들은 궁극적으로는 종속변수에 불과하다. "정치, 법, 철학, 문학, 예술의 발전은 모두 경제에 달려 있다. 그러나 그들 모두는 서로 영향을 주고받으며 경제적 토대에 대해서도 영향을 줄 수 있다. 이 경우 경제현상만이 **유일한 능동적 원인**이며 다른 것은 단순한 수동적 결과에 지나지 않는다는 의미는 아니다. 오히려 **결국에 가서는** 그 자신을 관철시키고야 마는 경제적 필연성이란 영역 안에 상호작용이 존재한다는 것을 뜻한다."[6]

생산관계, 즉 생산목적을 달성하기 위해 기존의 원료나 기술을 이용할 때 인간들 사이에 맺어지는 관계의 총체가 그 위에 사회의 전체 문화적 **상부구조**가 형성되는 실질적 기반을 이룬다. 마르크스에게 생산관계라는 말은 단지 기술만을 의미하지 않는다. 비록 기술이 중요한 부분이기는 하지만 인간이 경제적 생활에 참여함으로써 맺게 되는 사회적 관계도 그 속에 포함된다. "쟁기를 끄는 소와 마찬가지로 기계 자체도 경제적 범주가 될 수는 없다. 기계의 사용에 기초한 현대의 작업현장이 곧 사회적 생산관계이자 경제적 범주다."[7]

경제적 생산양식은 인간관계에서 나타난다. 이러한 관계는 어떤 특수한 개인에게도 독립되어 있으며, 개인적인 의지나 목적에 종속되어 있는 것도 아니다.

인간이 수행하는 사회적 생산 속에서 그들은 필수불가결한, 그리고 그들의 의지와는 독립된 일정한 관계 속에 들어가게 된다. 이러한 생산관계는 그들의 물질적 생산력의 일정한 발전단계에 대응한다. 이러한 생산관계의 총체가 사회의 경제적 구조를 형성하며 이것이 거기로부터 법적·정치적 상부구조가 나타나는, 그리고 여러 형태의 사회적 의식이 대응하는 실질적 기반을 이룬다. 물질적 생활의 생산양식이 사회적·정치적·정신적 생활양식의 일반적 성격을 결정한다. 인간의 의식이 그들의 존재를 결정하는 것이 아니라 반대로, 사회적 존재가 그들의 의식을 결정한다.[8]

상기한 관찰의 기본을 이루고 있는 것은 인간이 소유관계가 이미 결정된 사회 속에서 태어난다는 점이다. 이러한 소유관계는 상이한 계급들을 낳는다. 인간은 자기 아버지를 선택할 수 없듯이 자신의 계급도 역시 선택할 수 없다. (마르크스는 사회적 이동을 인정했으나 그것은 분석에 실질적으로 아무런 영향을 주지 못하고 있다.) 일단 한 인간이 출생에 의해 특정 계급에 속하게 되면, 즉 봉건 영주나 농노 또는 산업노동자나 자본가 중 어느 것에 일단 속하고 나면 그가 취할 행동양식도 따라서 결정된다. "명백히 생산 활동에서 적극적인 결정력을 지닌 인간이……사회적·정치적 관계를……결정하게 된다."[9] 이 계급적 역할이 대부분 인간을 규정하고 있다. 『자본론』(Das Kapital)의 서문에서 마르크스는 "여기서 개인은 경제적 범주의 의인화, 다시 말해 특수한 계급관계와 계급이익을 대변하고 있을 경우에 한해 다루어지고 있다"고 말했다. 이렇게 말할 때 마르크스는 다른 변수의 작용을 부인한 것이라기보다는 가장 중요한 결정인으로서의 계급 역할에 관심을 집중시키고 있음을 보여준 것이다.

계급구조에서의 상이한 위치는 상이한 계급이해관계를 가져온다. 그러나 상이한 이해관계는 개인들 간에 계급의식이 형성되었거나 형성되지 못했기 때문에 나타나는 것이 아니라 생산과정과 관련된 객관적인 위치에서 생겨나는 것이다. 개개인은 그들의 계급이익을 의식하지 못하면서도 그들의 배후에 있는 계급이익에 의해 움직여질 수 있다.

마르크스는 인간행위의 계급 구속성이라는 객관적 결정인을 강조하면서도 개별 행위자를 희생시키면서까지 사회나 계급을 물화시키지는 않았다. "무엇보다 피해야 할 것은 사회를 계속해서 개인과 대치하고 있는 어떤 추상적인 것으로 가정하는 일이다. 개인은 **사회적 존재**다. 따라서 그의 생활이 표현하는 바는 — 비록 그것이 타자와의 결합에서 이루어지는 사회적 표현의 형태를 직접적으로 나타내고 있지는 않다 하더라도 — 사회적 생활을 표현하는 것이며 그 사회성에 대한 긍정을 나타내는 것이다."[10] 인간은 그의 행위를 구속하는 사회적 관계망에 필연적으로 몸을 담게 된다. 따라서 그러한 구속들을 없애려는 시도들은 실패하고야 만다. 인간은 사회 속에 있을 때만 인간이 된다. 그러나 특수한 역사적 전환기에 이르러 이러한 구속의 성격을 바꾸는 것은 가능하다.

계급들에 의한 사회의 분화현상은 현존의 계급관계를 나타내며, 동시에 지배계급의 권력과 권위를 강화하거나 손상시키려는 여러 견해, 정치적·윤리적·철학적·종교적 세계관을 나타내주고 있다. "어느 시대에서나 지배계급의 사상이 지배적 사상이 된다. 즉 사회 안에서 **물질적** 힘을 지배하는 계급은 동시에 **지적** 힘도 지배한다. 물질적 생산수단을 마음대로 소유하는 계급은 동시에 정신적 생산수단에 대한 지배력도 소유하게 되는 것이다."[11] 그러나 피억압계급도, 비록 억압자의 이데올로기 지배에 의해 방해를 받기는 하지만, 그들과 싸우기 위한 대항이데올로기를 생성시킨다. 혁명기 또는 혁명의 직전 시기에는 지배계급의 몇몇 대표자가 그들의 계급에 대한 충성을 다른 계급에게로 변경시키는 경우조차 있다. 그리하여 "전체로서의 역사적 움직임을 이론적으로 파악할 수 있는 수준에까지 자신을 고양시킨 몇몇 부르주아 사상가"[12]는 프롤레타리아로 전향하기도 하는 것이다.

모든 사회질서는 물질적 생산력, 다시 말해 적합한 기술과 숙련에 의해 이용될 수 있는 자연력의 계속적인 변화로 특징지어진다. 그 결과 "사회적 생산관계는 물질적 생산수단, 생산력의 변화와 발전에 따라 바뀌고 변형된다."[13] 어느 시점에 이르면 변화된 사회적 생산관계가 현존하는 소유관계, 즉 가진 자와 못 가진 자 간의 현존하는 분리 상태와 갈등을 일으키게 된다. 이 경우 상승하는 계급의 대표자들은 현재의 소유관계를 더 나은 발전을 방해하는 족쇄 같은 것으로 파악하게 된다. 소유관계의 변화에 의해 세력을 획득하려는 이러한 계급은 혁명적 계급이 된다.

새로운 사회관계는 낡은 사회구조 내에서 배태되고 그 구조 내의 모순과 긴장에 의해 나타나며 동시에 그 구조를 더욱 악화시킨다. 예를 들면 새로운 산업생산양식이 후기봉건사회 내에서 서서히 나타나서, 이러한 새로운 생산양식을 소유하는 부르주아로 하여금 봉건질서의 지배계급에 효과적으로 도전하도록 했다. 부르주아적 생산양식이 특수한 힘을 충분하게 지니게 되자 그것은 자신을 처음에 배태시켜준 봉건적 관계를 산산조각 내고 말았다. "자본주의사회의 경제구조는 봉건사회의 경제구조에서 나타났다. 후자의 붕괴가 전자의 요소들을 해방시켰다."[14] 이와 비슷하게 자본주의 생산양식은 공장 노동자의 프롤레타리아계급을 낳는다. 이들이 계급의식을 지니게 되면, 그들은 부르주아계급에 대한 근본적인 적대감을 발견하고 그들을 존재하게끔 해준 체제를 무너뜨리기 위해 결속하게 된다. "프롤레타리아는 사유재산제도가 프롤레타리아를 창조해냄으로써 그 자신에게 언도된 관결을 집행하는 것이다."[15] 새로운 사회적·경제적 형태는 그들의 이전 형태의 구조 속에서 형성된다.

계급론

마르크스의 계급론은 "지금까지 존재했던 모든 사회의 역사는 계급투쟁의 역사다"[16]라는 전제에 기초하고 있다. 이 견해에 따르면, 인류사회가 원시적이고 비교적 미분화된 상태였던 단계를 벗어난 이래, 사회는 계급이익의 추구를 위해 대치하고 있는 여러 계급으로 나뉘어 존속하여왔다. 예를 들면 자본주의세계에서 자본주의체제의 핵세포격인 공장은 기능적인 협동의 장소라기보다는 계급 간 ― 착취하는 자와 착취당하는 자 간, 노동력을 사는 자와 파는 자 간 ― 의 **대립**이 존재하는 일차적 장소인 것이다. 마르크스에게는 계급이익과 그것의 소용돌이 속에서 나타나는 권력의 대립이 사회적·역사적 과정의 중심적인 결정인이었다.

마르크스의 분석은 계속해서 생산수단과 관련된 사람들 간의 상대적 위치에 의해, 다시 말해 희소한 자원과 권력에 대한 그들의 상이한 소유에 의해 그들 간의 관계가 어떻게 형성되는가에 집중되어 있다. 그는 불평등한 소유는 언제 어느 조건하에서나 활발한 계급투쟁을 가져온다고 보지는 않았다. 그러나 그는 계급투쟁의 잠재력이 모든 분화된 사회에 내재한다는 생각을 자명한 것으로 여기고 있었다. 왜냐하면 그러한 사회는 사회구조 내에 상이하게 놓여 있는 개인 간, 집단 간 이익갈등, 특히 생산수단과 관련된 이익갈등을 체계적으로 생성시키기 때문이다. 마르크스는 사회구조 내에서의 특수한 위치에 의해 그 성원들의 사회적 경험이 형성되는 과정과 그들이 어떻게 하여 자신들의 집합적 운명을 개선시키는 방향으로 행동하게끔 되는가 하는 문제에 관심을 갖고 있다.

그러나 마르크스 사회학에서 계급이익이란 처음부터 주어져 있는 것은 아니다. 그것은 특별한 사회적 위치를 점한 사람들이 특별한 사회적 상황으로 확산되면서 나타나는 것이다. 따라서 초기의 산업적 기업에서는 자기들끼리의 경쟁 때문에 "서로를 알지 못하는 사람들의 개인적 이익들로 나뉘어 있었다. ……그러나 임금의 유지라는 사용주에 대한 공동의 이익에 의해 이들은 하나로 결속된다."[17] "분리된 개개인은 그들이 다른 계급과의 투쟁을 공동으로 수행하는 경우에만 계급을 형성한다. 그렇지 않으면 그들은 경쟁자로서 서로 대립하게 된다."[18]

계급이익은 공리주의학파나 영국 고전정치경제학에서 얘기하는 개인적 이익과는 본질적으로 다르며 여기에서 추출될 수도 없다. 특수계층성원들의 잠재적인 공동이익은 특수한 사회구조와 생산관계 내에서 그 계층이 점하는 위치로부터 얻어진다. 그러나 비슷한 위치에 속한 개개인이 공동의 투쟁에 참여하기 시작하면, 즉 대중적 의사소통망이 발달하고 그리하여 자기들의 공동운명을 의식하게 되면, 곧 이 잠재력은 현재화되고 **즉자적 계급**이 **대자적 계급**으로 변화된다. 그런 후에 그들의 공동이익을 의식적으로 명확히 하는 것은 결속된 계급의 성원이 된 개인들이다. 칼라일 (Thomas Calyle)의 말을 인용하면, "인간의 모인 목소리는 위대한 것이다." 비록 일단의 사람들이 생산과정 속에서 비슷한 위치를 점하고 그들의 생활이 객관적으로 비슷한 결정인을 갖고 있다 하더라도, 그들이 자의식적인 계급 그리고 역사 형성의 주체로서의 계급이 되기 위해서는 적대계급과의 투쟁을 통해 그들 이익의 동질성을 의식해야만 한다.

마르크스에게서 계층체계가 존재하게 되는 기반은 인간집단과 생산수단 간의 관계다. 가장 중요한 현대의 계급들은 "그들의 수입원이 각각 임금, 이자, 지대인, 단순 노동력만을 소유한 자, 자본소유자, 토지소유자들이다."[19] 계급은 생산조직 내에서 동일한 기능을 수행하는 사람들의 집합이다. 그러나 공동운명을 공유하는 사람들의 집합과는 구별되는 자의식적 계급은 상당한 조건이 갖추어져야만 한다. 그 조건 중에는 대중적 의사소통망, 다수의 집중, 공동의 적, 그리고 어떤 형태의 조직 등이 있다. 자의식적 계급은 뒤에 베버(Max Weber)가 '관념적 이익'과 '물질적 이익'이라 부른 것의 합치, 즉 경제적·정치적 요구와 도덕적·이데올로기적 요청과의 결합이 있을 때만 나타날 수 있다.

일정한 조건이 나타날 때 노동계급은 계급의식을 발전시키게 된다는 주장과 똑같은 논리전개로 부르주아는 자본가들 사이의 경쟁적 관계 때문에 자신들의 집합이익에 대한 전반적인 의식을 발전시킬 수가 없다고 마르크스는 주장했다.

고전경제학자들은 시장경제라는 경제체제를 각자가 자신의 이익에 따라서 행동하고 개인적 목표의 최대만족에만 관심을 집중해도 전체의 이익이나 조화에 공헌하게 되는 것으로 파악했다. 이와는 완전히 다르게 마르크스는, 아롱(Raymond Aron)이 말한 대로, "그 자신의 이익에 따라 행동하는 사람은 누구나 기존 체제에 필요한 기능과 그 체제의 궁극적 붕괴를 가져오는 속성, 양자를 다 지니게 된다"[20]고 주장했다.

자기이익추구를 조화로운 사회의 조정자로 생각한 공리주의자들과는 달리, 마르크스는 자본가들 사이의 개인적 이익추구를 자신들의 계급이익을 파괴하는 것으로, 그리고 궁극적으로는 자본주의 자체의 붕괴를 가져오는 요인으로 파악했다. 즉 각 자본가들은 그들 자신의 이익에 따라 합리적으로 행동하기 때문에 경제적 위기는 점점 심화되고 모든 사람의 공동이익은 파괴된다는 것이다.

노동계급에서는 노동조건과 노동자의 역할이 그들을 하나로 결속시켜주고 집합적 계급이익을 위한 단결된 행동을 위해 초기의 내적 갈등을 극복할 수 있는 힘을 제공한다. 그러나 자본가들은, 비록 시장에서의 경쟁에 구속되지만, 그들의 구조적 위치가 확고한 공동이익을 천명할 수 있게끔 허락하지 않는다. 자본주의의 특성인 시장과 경쟁적 생산양식은 개개 생산자들을 분리시키는 경향이 있다. 마르크스는 자본가들도 역시 눈앞의 자기이익을 초월할 수 있음을 인정했으나, 이러한 가능성이 경제적 영역보다는 오히려 정치적·사상적 영역에서 주로 나타나리라고 생각했다. 자본가들은 경제적 경쟁으로 서로 나뉘어 있으면서도 자신의 집합적 이익을 보호해주는 정당화 이데올로기와 정치적 지배체계를 발전시킨다. "국가는 지배계급 성원들이 그들의 공동이익을 주장할 수 있도록 형태지어져 있다."[21] "지배계급의 사상은……지배사상이다."[22] 따라서 정치권력과 이데올로기는 계급의식이 노동계급에 대해 하는 것과 똑같은 기능을 자본가에게 행한다. 그러나 그 차이점은 명백하다. 마르크스에게는 언제나 경제적 영역이 궁극적으로 결정적 영역이었다. 이 영역 내에서 부르주아는 언제나 그들의 경제적 존재양식에 내재해 있는 경쟁의 희생양이 된다. 그것은 의식을 발전시킬 수 있으나 언제나 허위의식, 즉 경제적으로 투쟁적 생산양식의 구속성을 초극하지 못한 의식일 뿐이다. 따라서 계급으로의 부르주아, 부르주아 국가, 부르주아 이데올로기, 그 어느 것도 부르주아에 의해 지지되고 있는 사적 이익추구를 초극하도록 해줄 수 없다. 경제적 조건이 성숙하고, 연대감에 의해 결속되고, 그들의 공동이익을 의식하며 적합한 사상체계에 의해 고무된 노동계급이 결속되지 않은 그들의 적에 대항하게 될 때, 부르주아 지배는 그 종말을 고하게 된다. 노동자가 생산과정에서의 자신의 소외를 의식하게 되면 자본주의 시대는 황혼기에 접어들게 되는 것이다.[23]

소외론

마르크스에게서 인류 역사는 양면적인 특성을 지닌다. 즉 그것은 자연에 대한 인간의 지배가 증대되어온 역사인 동시에 인간의 소외가 증대되어온 역사이기도 하다. 소외란 인간들 자신이 만든 것임에도 도리어 그들에게 독립된 힘으로서 부딪쳐오는 여러 힘에 의해 인간이 지배되고 있는 상태를 말하는 것이다. 이 개념은 마르크스 초기의 철학적 저작 전반에 중심을 이루고 있으며 그의 후기 저작에서까지도—여기서는 철학적 문제가 아니라 하나의 사회현상으로지만—이 개념은 여전히 중요한 위치를 차지하고 있다. 청년 마르크스는 다음과 같이 묻고 있다. "어떤 상황에서 인간은 자신들의 힘과 가치를 스스로 통제할 수 없는 대상에다 투사하게 되는가? 이러한 현상을 가져온 사회적 요인은 무엇인가?"

마르크스에게서 자본주의사회 내의 모든 중요한 제도, 예를 들면 종교, 국가, 정치경제 같은 제도들은 소외라는 상황에 의해 특징지어진다. 또한 소외의 이러한 여러 측면은 상호 관련을 맺고 있다. "객체화 (objectification)란 소외가 구체화된 것이다. 인간이 종교에 사로잡혀 있을 때는 자신의 본질을 **외부의** 환상적 존재를 통해서 객체화시켜볼 수 있을 뿐이다. 그와 마찬가지로 이기적 욕구가 지배하는 곳에서는 자신의 산물과 행위를 외부의 어떤 실체에 종속시킴으로써, 그리고 그것에 돈이라고 하는 중요성을 부여함으로써 그 자신을 확인하는 식으로 생산할 수 있을 뿐이다."[24] "돈이란 인간노동과 존재의 소외된 실체다. 이 실체가 인간을 지배하고 인간은 그것을 섬기게 된다."[25] "국가는 인간과 인간의 자유를 중재하는 자다. 예수가 모든 인간의 신성과 종교적 유대를 위임받은 중재자인 것처럼 국가도 인간이 자신의 모든 비신성과 자유를 위탁해놓은 중재자다."[26] 따라서 인간은 그가 속해 있는 제도의 모든 곳에서 소외에 직면하게 된다. 그러나 마르크스는 작업장에서의 소외를 가장 중요한 것으로 보았다. 왜냐하면 그에게서 인간은 무엇보다 **공작인**(Homo Faber)이었기 때문이다. "헤겔의 **정신현상학**이 이룩한 가장 두드러진 업적은……인간의 자기창조를 하나의 과정으로 파악했고……따라서 그가 **노동**의 본질을 간파했고 객관적 인간을……그 자신의 노동의 결과로 인식했다는 점에 있다."[27]

자본주의에서 경제적 소외는 다른 형태의 소외처럼 인간의 정신 속에만 있는 것이 아니라 그들의 일상적 활동 속에 내포되어 있다. "종교적 소외는 인간의 **의식**, 내적 삶의 영역에서만 일어난다. 그러나 경제적 소외는 **실제생활**의 소외다. ……따라서 그것은 양 측면에 모두 영향을 미친다."[28]

노동 영역에서의 소외는 네 가지 측면을 지닌다. 인간은 그가 생산한 대상에서, 생산과정에서, 그 자신에게서, 그리고 그의 동료들의 공동체에서 소외된다.

"노동에 의해 산출된 대상, 즉 생산물은 이제는 외부적 존재로서 생산자와는 독립된 힘으로 노동과 대치하게 된다. ……노동자가 노동을 통해 그 자신을 나타내면 나타낼수록 그가 창조한 대상의 세계는 그의 앞에서 더욱더 강해지고 내적 삶에서 그는 더욱 비참해지며 동시에 그 자신과는 더욱 멀어지게 된다."[29] "그러나 소외는 단지 결과로만 나타나는 것이 아니다. 그것은 **생산과정** 내에서, **생산행위** 그 자체 내에서도 나타난다. 만약 노동의 산물이 소외라면 생산 그 자체는 적극적인 소외임이 틀림없다. ……노동의 대상으로부터의 소외란 노동행위 그 자체에서의 소외를 뜻하고 있을 뿐이다."[30]

노동의 대상으로부터 소외되고 생산과정에서도 소외되면 인간은 그 자신에게서도 소외된다. 즉 그는 자기 개성의 다양한 측면을 완전히 발전시킬 수 없게 된다. "노동은 노동자에게 **외부적인** 것이 된다. ……그것은 그의 본성의 일부가 되지 못한다. 결과적으로 노동자는 노동에서 자신을 충족시키지 못하고 오히려 자신을 부정하게 된다. ……따라서 노동자는 노동을 하지 않을 때 편안함을 느끼고 노동에서는 불안을 느낀다."[31] "노동을 할 때 [노동자는] 그 자신에게 속해 있지 않고 다른 사람에게 속하게 된다."[32] "노동자와 그 자신의 행위와의 관계는 자기 행위가 그와 무관한 외부적인 어떤 것으로, 행위가 괴로운 것(수동적인 것)으로, 힘이 무력함으로, 창조가 나약함으로, 노동자의 **개인적인**, 육체적·정신적 힘과 개인적 삶 등이 그와는 독립적이고 무관한, 그리고 그에게 대적하는 행위로 나타나는 관계다."[33]

마지막으로, 소외된 인간은 인류공동체에서, 즉 그의 '종'(種)에서도 소외된다. "인간은 다른 **인간**에게서도 **소외**된다. 인간이 그 자신과 대치하게 되면, 그는 **다른** 사람과도 역시 대치하게 된다. 인간이 그의 노동과 그의 노동산물 그리고 그 자신과 맺은 관계에 적용되는 현상은 다른 사람과의 관계에도 똑같이 적용된다. ……모든 인간은 타인에게서 소외되고……그 타인들도 모두 똑같이 인간생활에서 소외된다."[34] 마르크스는 "내가 만들지 않은 세계 속에서 나는 한 사람의 방랑자, 두렵구나!"라는 하우스먼(Alfred Housman)의 시구를 알았다면 좋아했을 것이다. 물론 이 시에서 **나**를 **우리**로 바꾸어놓기는 했겠지만 말이다.

마르크스의 후기 저작에서 소외란 용어는 나타나지 않는다. 그러나 현대의 비평가들이 마르크스가 이 사상을 포기한 것으로 보는 것은 잘못이다. 이것은 그의 후기 저작, 특히『자본론』에 잘 나타나고 있다. 그의 경제분석에서 중심이 되는 '상품의 물신화'라는 개념에서, 마르크스는 계속해서 이 소외의 개념을 원용하고 있다. 상품은 인간 노동의 소외의 산물이며 구체화된 현현(顯顯)이다. 그것은 이제 괴물 같은 모습으로 그들의 창조자를 지배하고 있다. 마르크스는『자본론』에서 다음과 같이 언급했다.

상품의 형태와 상품으로 낙인찍힌 노동의 산물들 간의 가치관계는 그것들의 물리적 속성이나 그로부터 나타나는 물질적인 관계들과는 아무런 관련이 없다. 사람들의 눈에 사물 간의 관계라는 환상적 형태로 보이는 것은 단지 명백한 인간들 사이의 관계일 뿐이다. 예를 들자면, 종교세계라는 애매한 영역이 있다. 그 세계에서는 인간두뇌의 산물이 생명을 지닌 독립된 존재로 나타나서 그들끼리 관련을 맺고 또 인류와도 관련을 맺는다. 상품세계에서는 인간의 손의 산물이 이와 똑같은 모습을 띤다. 이것을 나는 노동산물이 상품으로 생산되자마자 그것에 부수되는 물신성이라 부른다.[35]

명백히 쓰였든 함축적으로 가정되었든 소외의 개념은 마르크스의 사회·경제 분석의 중심을 이룬다. 소외된 사회에서 인간의 전 정신 체계인 의식은 그 대부분이 그들이 처해 있는 조건과 그들이 여러 곳에 다르게 놓여 있는 생산과정에서의 위치를 반영한 것에 불과하다. 이것이 바로 지금 우리가 살펴보려는 지식사회학의 주제다.

지식사회학

마르크스는 초기의 청년 헤겔주의자 동료들의 '비판철학'과 초기의 스승이었던 헤겔의 범논리적 체계에서 벗어나기 위해 초기 저작의 부분 부분에서 사상 일반으로서의 철학과 그것이 나타난 구체적인 사회구조 사이의 관련성을 찾으려고 노력했다. 그는 "독일철학과 독일현실 간의 관계, 비판주의와 그 물질적 환경 간의 관계에 대한 탐구를 행한 철학자는 아무도 없었다"[36]고 언급했다. 이러한 계획적인 방향 설정이 이루어지자 마르크스는 사상체계가 지지자들의 사회적 위치 — 특히 계급적 위치 — 에 종속되어 나타나는 과정을 분석하기 시작했다.

당시의 지배적 사상과는 대립되게 마르크스는 사상들에 대한 철저한 상대화로 기울어졌다. 지배적 사상의 영원한 진리성이란 것도 자세히 살펴보면 그 사상의 지지자들의 계급이익이 직접적·간접적으로 표현된 것에 불과한 것이다. 마르크스는 사상을 그것의 기능이란 면에서 체계적으로 설명하려 했고, 개개인의 생각을 사회적 역할과 계급적 위치와 관련시키려 했다. 그는 "만약 우리가 지배계급의 사상을 지배계급 그 자체와 분리시켜 독립적인 존재로 파악한다면, 그 사상의 산출자와 생산조건을 고려하지 않은 채 어느 시대에는 이런 사상이, 어느 시대에는 저런 사상이 지배적이었다고 말하는 것으로 만족한다면, 그리하여 개인과 사상의 원천이 되는 전체 조건과의 관계를 무시한다면"[37] 결코 올바른 이해에 도달할 수 없다고 확신했다.

마르크스의 주장에 따르면, 사상은 그 사상을 지지하는 자들의 생활조건과 역사적 상황에 비춰보지 않으면 안 된다. 예를 들면 부르주아 작가의 사상은 부르주아의 것이라고 말하는 것으로는 불충분하다. 부르주아 시대 초기에 나타난 사상들과 그 시대의 최고 정점에서 나타난 사상 간의 구분이 이뤄져야 한다. 엘베시우스(Claude Helvétius)나 돌바흐(Paul d'Holbach)의 공리주의적 개념은 제임스 밀(James Mill)과 벤담(Jeremy Bentham)에게서 나타나는 그것과는 구별된다. "전자는 투쟁 중이면서 아직도 미성숙한 부르주아와 대응하며, 후자는 지배적이면서 성숙한 부르주아와 대응한다."[38]

보수적 사상뿐만 아니라 혁명적 사상에서도 마찬가지다. "어느 특정한 시기에 혁명적 사상이 존재한다는 것은 곧 혁명적 계급이 존재한다는 것을 뜻한다."[39] "각 시대의 지배적 사상은 언제나 지배계급의 사상이었다. 사람들이 사회를 혁명시킨 사상들에 관해 얘기할 때 그들은 그 이전 사회의 내부에서 그 새로운 사상의 요소가 창조되었다는 것, 그리고 낡은 사상의 붕괴는 낡은 존재적 조건의 붕괴와 늘 보조를 같이한다는 사실을 간과하고 있다."[40]

한 계급을 대표하는 사상가나 정치적 대표자는 꼭 그 계급의 모든 물질적 특성을 공유하는 것은 아니다. 그러나 그들은 비슷한 성품을 공유하고 나타낸다.

민주주의의 대표자가 모두 상점 주인이거나 그들의 열렬한 옹호자라고 생각해서는 안 된다. 교육과 개인적 지위에 따라 그들은 하늘과 땅만큼의 차이를 나타낼 수 있다. 그들을 프티부르주아의 대표자로 만드는 것은 다음과 같은 사실에 있다. 즉 그들의 정신은 프티부르주아가 지니는 생활에서의 한계를 벗어날 수 없고, 따라서 이론적으로 그들은 실제에서 물질적 이익과 사회적 지위에 의해 결정되는 프티부르주아의 문제나 해결 방법을 그대로 따르게 된다는 사실이다.[41]

또한 마르크스는 어떤 개인들은 꼭 계급이익에 따라서만 생각하지 않을 수도 있으며 "꼭 그가 속한 계급에 의해 모든 행동이 영향을 받지 않을 수 있음"[42]을 인정했다. 그러나 이러한 개인과는 구별된, 범주로서의 인간은 계급이익에 의해 영향을 받는다고 보았다.

훨씬 논쟁적인 저술 속에서 마르크스는 사상과 그 지지자들의 사회적 지위 간의 관계에 대한 기능적 분석을, 특정의 적과 특정 사상의 이면을 폭로하고 그 가면을 벗기는 수단으로 사용했다. 그러나 그의 목적은 이보다 훨씬 광범위한 것이었다. 만하임(Karl Mannheim)은 이것을 다음과 같이 파악하고 있다.

[마르크스의] 작업은 관념이 이익에 구속된다는 점, 또한 '사상'이 '존재'에 의존되어 있다는 점이 단순히 지배계급의 어떤 사상에서만 그런 것이 아니라, 전체적인 '이데올로기적 상부구조'가……사회학적 현실에 의존하고 있는 것으로 명백히 밝혀질 때 비로소 그 최종 목표에 도달하게 된다. 그가 하려고 한 것은 이런저런 개별적 사상이 아닌 전체적 **세계관**의 체계에 대한 존재구속성을 드러내는 것이었다.[43]

마르크스의 후기 저작, 특히 1890년대부터의 주목할 만한 엥겔스(Friedrich Engels)의 일련의 편지에서는 초기의 논쟁적인 저작에서 나타나는, 날카롭게 모난 측면들이 부드럽게 다듬어지고 있다. 이제 마르크스와 엥겔스는 경제적 '하부구조'가 전적으로 관념적 '상부구조'를 결정짓는다는 생각은 거부하기에 이르렀고, 단지 그것이 '궁극적인' 또는 '최종적인' 결정인이라고 주장하고 있을 뿐이다.

역사의 유물론적 파악에 따르면, 역사에서 **궁극적인** 결정인은 실제 생활의 생산과 재생산이다. ……따라서 누구든지 이것을 경제적 요인이 **유일한** 결정인이라고 바꾸어 말한다면, 그는 이 명제를 무의미하고 추상적이며 무감각한 말로 바꾸어놓는 것이 된다. 경제적 상황은 기본적인 것이다. 그러나 상부구조의 여러 요소도 역시 역사적 투쟁 과정에 영향을 미치며 많은 경우에서 그들의 **형태**를 결정하는 데 더 큰 역할을 행사할 수 있다.[44]

후기 저작에서 마르크스와 엥겔스는 법적·정치적·종교적·문학적·예술적 영역에 대해 어느 정도의 내재적 자율성을 인정하기에 이르렀다. 이제 그들은 수학과 자연과학은 사회적·경제적 하부구조의 직접적 영향을 받지 않음을 강조하고 상부구조는 단순한 하부구조의 반영만은 아니고 거꾸로 하부구조에 반응할 수도 있음을 인정했다. 이렇게 해석된 마르크스의 명제는 명쾌한 성질을 다소 잃기는 했어도 대신에 상당한 유연성을 얻게 되었다.[45]

사회변동의 동학

사회변동에 대한 마르크스의 관심은 그의 모든 저작을 특징지을 정도로 중심적인 사상이었다. 마르크스에게서 역사의 추진력은 그것이 '신의 뜻'이든 '객관적 정신'이든 어떤 초인간적 주체에게서 발견될 수 없다. 마르크스는 인간이 자신의 역사를 만든다고 주장했다. 인류 역사는 인간이 자연을 지배하기 위해 자연과 싸우면서 그들 자신을 변화시켜온 과정이다. 역사 속에서 인간은 점차적으로 자연을 그들의 목적에 더욱 잘 봉사하도록 변형시켜왔다. 자연을 변형시키는 과정 속에서 그들은 그들 자신도 함께 변형시켰다.

생존하고 번식할 수 있는 생태학적 질서 속에서 한 서식처를 찾음으로써 자연의 요구에 단지 수동적으로 적응할 수밖에 없는 동물들과는 달리, 인간은 그의 환경과의 관계에서 능동적이다. 인간은 자연적인 서식지를 변화시킬 도구를 만들었다. 인간은 "자신들의 생존수단을 생산하기 시작하면서부터 다른 동물과 구별되기 시작했다. ……생존수단을 만들어내면서 인간은 간접적으로 실제의 물질적 생활을 산출한다."[46]

생산과정 속에서 "매일매일 자신의 생활을 재창조하는"[47] 인간은 다른 사람과의 연합 속에서만 그렇게 할 수 있다. 이것이 인간을 **사회적 동물**로 만드는 것이다. 인간이 노동을 통해 자연과 맺는 관계는 그들의 사회적 관계 속에 반영된다.

> 노동에 의한 생활과 생식에 의한 새로운 생활의 산출은 두 가지 관계를 동시에 띠고 나타난다. 하나는 자연적 관계이고, 다른 하나는 사회적 관계다. 사회적이란 말은 어떤 조건에서 어떤 방법으로 어떤 목적을 향해서든지 형성되는 여러 인간 간의 협동을 뜻한다. 이러한 관점에서 특정한 생산양식이나 산업적 단계는 언제나 특정한 협동양식이나 사회적 단계와 밀접한 연관을 맺고 있으며 이러한 협동양식 그 자체가 **생산적 힘**이 된다.[48]

자연과의 투쟁 속에서, 그리고 연합된 노동을 통해서 그들의 생계를 꾸려나가기 위해 인간은 특수한 생산양식에 부합하는 특수한 형태의 사회조직을 만들어낸다. 이러한 모든 형태의 사회조직은 최초의 원시공산주의 단계에서 나타났던 형태를 제외하고는 모두 사회적 불평등으로 특징지어진다. 원래 미분화 상태였던 집단에서 사회가 출현하면서 분업은 계층현상을 가져왔고, 생산수단의 차등적 소유와 차등적 권력에 의해 구별되는 여러 계급의 인간들이 나타났다. 상대적인 희소성이 지배하는 상황에서는 어떤 형태의 경제적 잉여가 축적되었든 그것들은 생산수단을 독점함으로써 지배력을 획득한 사람들에게로 귀속되었다. 그러나 이러한 지배력은 불변의 상태로 계속되는 것은 아니다. 이것이 '지금까지 존재했던 모든 사회의 역사가 계급투쟁의 역사'인 이유다.

자유인과 노예, 귀족과 평민, 영주와 농노, 장인층과 수련공, 착취자와 피착취자 간의 대립은 역사의 시작부터 계속되어왔다. 그러나 마르크스는 역사적 특수성을 주장했다. 즉 그는 특수한 생산조건에 뿌리박은 특수한 계급들 간의 대립은 각 시대적 상황에 비춰서 분석되어야 한다고 주장했다. 역사의 각 단계는 그 자신의 독특한 생산양식을 지니고 착취자와 피착취자 간의 특수한 형태의 대립을 낳는 하나의 기능적 전체로 파악된다. 모든 피착취계급이 언제나 착취자와의 성공적인 투쟁을 통해 자신을 부각시킬 수 있는 기회를 가지는 것은 아니다. 고대 노예의 반란이나 종교개혁 당시의 독일 농민의 반란은 이 계급들이 앞으로 지배적인 것으로 될 생산양식을 내세우지 못했기 때문에 실패할 수밖에 없었다. 반면 봉건주의 말기에서의 시민계급과 현대에서의 노동계급은 그들이 미래의 생산양식과 사회조직을 내세우고 있기 때문에 승리하게끔 되어 있는 것이다.

마르크스가 역사적 진화론자라고 불릴 수 있다 하더라도 그를 단선적 진화론자로 생각하는 것은 잘못일 것이다. 그는 인류 역사 가운데 — 예를 들면 동양사회 — 상대적으로 정체되어 있던 시기가 있었음을 정확히 알고 있었고 사회계급 간 교착 상태나 잠정적인 균형상태로 특징지어지는 역사적 상황도 알고 있었다. 그의 나폴레옹 3세 정권에 대한 저술은, 구계급질서와 신계급질서 간의 세력균형이 너무나 잘 잡혀 있어서 어느 쪽도 우세하지 못하고 결국 나폴레옹 지지자들에 의한 교착 상태를 낳게 한 역사적 상황을 매우 훌륭한 형태로 보여주고 있다. 더구나 그의 전 생애를 통해 마르크스는 미래는 노동계급의 것이고 그들이 무계급사회를 출현시킬 것이라는 것을 굳게 믿고 있었지만, 그럼에도 그는 노동계급이 그들의 역사적 사명을 충분히 감당하지 못하여 인류가 새로운 형태의 미개상태로 후퇴하게 될 가능성도 충분히 생각하고 있었다.

마르크스는 최초의 원시공산주의사회 이후 인류 역사에 네 가지 중요한 생산양식이 계속적으로 나타난 것으로 보고 있다. 아시아적 생산양식, 고대적 생산양식, 봉건적 생산양식, 그리고 현대 부르주아 생산양식이 그것이다. 각각은 직전 질서 내에서 발전된 대립과 모순을 통해 나타난다. "어떠한 사회질서도 잠재력을 가진 모든 생산력이 완전히 발전되기 전에는 소멸되지 않는다. 또한 새로이 진전된 생산관계는 그들이 존재할 수 있는 물질적 조건이 구사회의 태내에서 성숙되기 전에는 결코 나타나지 않는다."[49]

각 특수한 생산양식에 대응하는 계급대립은 구질서의 체계 내에서는 자신의 이익을 더 이상 실현할 수 없는 계급들을 출현시킨다. 동시에 생산력이 증대하면서 이전의 생산관계가 강요한 틀이 한계점에 도달하게 된다. 이러한 현상이 나타나게 되면 새로운 생산원칙을 내세우는 새로운 계급이 구질서를 붕괴시키고, 구질서에서 발전되어온 새로운 생산력이 더 나은 발전을 위한 물질적 조건을 만들어낸다. 그러나 "부르주아적 생산관계는 적대적인 사회적 생산과정의 최후 형태다."[50]

그들이 장차 승리할 프롤레타리아에 의해 타도될 때 "인류사회의 전(前) 역사는 그 종말을 고하게"[51] 되고, 그때까지의 인류의 발전을 지배해오던 변증법적 원칙은 그 작동을 멈추며, 인간사에서 조화가 사회적 갈등을 대신하게 되리라 보았다.

사상의 존재적 근원에 대한 강조와 사고행위를 다른 사회적 행위들 가운데 하나로 보아야 할 필요성에 대한 강조는—그것이 어떤 형태의 질적 변화를 겪었든—마르크스 사상 중에서 아직까지도 그 타당성이 지속되는 한 부분이다. 인류의 역사과정에 대한 그의 경제적 해석과 함께 계급이론과 현대사회 내의 사회생활의 소외적 측면에 대한 그의 관심은 사회학적 업적 중 불멸의 것이 되었다.

개인적 배경

마르크스는 하인리히 마르크스(Heinrich Marx)와 헨리에타 마르크스 (Henrietta Marx)의 장남으로, 1818년 5월 5일 라인 강변의 도시 트리어에 서 태어났다. 그곳에서 그의 아버지는 변호사 일을 시작했는데, 후에 변호 업계의 대표적인 인물이 되었다.

그의 부모는 모두 오래된 유대 랍비 가문 출신이었는데, 아버지는 라인 란트 지방, 어머니는 네덜란드 지방의 가문 출신이었다.[52]

카를 마르크스의 아버지는 그가 받은 세속적 교육에 공감하여 처음 으로 유대인 세계와 관계를 끊고 라이프니츠(Gottfried Leibniz), 볼테르 (François Voltaire), 칸트, 레싱(Gotthold Lessing) 등 계몽주의자들의 제자가 되었다. 그가 태어난 트리어 지방은 한때 교황이 있던 곳이었지만, 19세기 초 프랑스에 의해 점령되었고 라인 협약에 의해 나폴레옹 보나파르트에게 병합되었다. 여태껏 시민적 권리를 얻지 못해 극심한 고통을 당해오던 유 대인들이 프랑스 통치하에서 시민으로서의 평등권을 획득했고, 지금까지 허용되지 않았던 무역활동이나 직업을 갖는 것이 허용되었다. 라인란트 의 유대인들은 이러한 해방이 나폴레옹 정권 덕분이었기 때문에 이 정권 을 열렬히 지지했다. 하지만 나폴레옹이 패배하자 그들은 중대한 위기를 맞게 되었다. 즉 빈회의에서 라인란트가 프러시아에 속하게 되었는데, 프 러시아에서는 아직도 유대인에게 시민권을 허용하지 않고 있었던 것이다. 법률가로서의 직업을 잃게 될 것을 염려하여 마르크스의 아버지는 1817 년 프러시아의 온건하고 자유주의적인 루터교로 개종하기로 결심했다. 그 는 막연한 이신론자였고 또 유대교회와의 어떤 관계도 없었기 때문에 자 신의 개종을 큰 도덕적 의미가 없는 편의적 행위로 간주했다.

마르크스는 소수민족적 지위에서 파생되는 긴장을 별로 겪지 않는 부르주아 가정에서 성장했다. 거의 교육을 받지 못했고 정확한 독일어를 쓸 줄도 모르고 사투리밖에 모르던 그의 어머니는 그에게 그다지 큰 영향을 준 것 같지 않다. 반면 아버지와의 밀접한 관계는, 약간의 갈등은 있었지만, 아버지가 살아 있을 동안 계속되었다. 마르크스의 아버지는 어린 아들에게 학문의 세계를 보여주었고, 계몽주의의 위대한 인물들과 그리스, 독일의 고전들을 소개해주었다. 어릴 때 마르크스는 정치권력과 정부고관들을 대하는 아버지의 비굴함에 대해 반감을 갖고 있었지만 부자간에 형성되었던 그 지적 유대는 아버지가 사망하던 해, 즉 마르크스가 베를린대학에서 청년 헤겔주의자가 된 바로 그해까지도 계속되었다.

어린 마르크스에게서 아버지 외에 이웃집에 살던 루트비히 폰 베스트팔렌(Ludwig von Westphalen)이란 또 다른 롤모델이 있었다는 것은 다행스러운 일이었다. 베스트팔렌은 사회적으로는 마르크스의 아버지보다 훨씬 높은 지위에 있었지만 진지하게 서로 교유관계를 유지하고 있었다. 대부분이 가톨릭교도인 도시에서 이들은 최소한 이름만은 개신교 신자였고, 둘 다 계몽주의와 자유주의 사상을 숭배했다. 남다른 교양을 지닌 베스트팔렌은 여러 나라의 언어를 할 줄 알았고 호메로스(Homeros)의 시를 암송했으며, 특히 고대와 현대의 철학과 문학을 즐겨 읽었다. 그는 곧 이웃의 아들에게 호감을 갖게 되었다. 그를 격려해주었고 책을 빌려주었으며 오랫동안 함께 걸으면서 셰익스피어나 세르반테스(Miguel de Cervantes)에 관한 얘기를 들려주었고 또한 사회이론, 특히 후에 파리에서 활약을 한 생-시몽의 이론에 관해 말해주었다. 이 둘 사이의 유대는 밀접했다. 상류층의 프러시아 정부관료가 미래의 프롤레타리아 사회주의 지도자가 될 사람의 정신적 스승이 되었다.

청년 헤겔주의자가 되다

트리어에서의 고등학교 생활을 별일 없이 끝내고 나서 청년 마르크스는 아버지의 충고를 따라 열일곱 살 되던 해에 본대학 법학부에 입학했다.

그리고 1836년에 그는 본대학에서 베를린대학으로 옮겼다. 이는 단지 지방을 벗어나 좀더 자극적이고 활동적인 수도의 공기를 마셔보려는 욕구로 학교를 옮긴 것처럼 보이지만, 청년 마르크스의 생애에서 결정적인 전환점이 되었다.

마르크스가 베를린대학에 입학했을 때는 이미 헤겔이 사망한 후였으나, 그의 정신은 여전히 그곳을 완전히 지배하고 있었다. 마르크스도 잠시동안의 반항기를 겪은 후 이 정신에 굴복했다.

법학부에서 스승이었던 법률학의 사비니(Friedrich Savigny)와 형법의 간스(Eduard Gans)는 청년 마르크스에게 약간의 영향을 주었다. 법률역사학파의 창시자인 사비니는 역사적 지식의 박학함과 논증력으로 마르크스에게 감명을 주었다. 간스는 역사철학적 관점에 비춰 이론적으로 비판하는 법을 가르쳐주었다. 그러나 청년 마르크스를 새로운 관점으로 변화시킨 사람은 이러한 노장 헤겔주의자나 헤겔주의자인 척하는 자들이 아니라, 가까운 동시대인들인 청년 헤겔주의자들이었다. 이 젊은 철학자들은 여러 면에서 그의 스승을 좇고 있었지만, 그의 가르침에서 벗어나 일종의 이단자 집단을 이루고 있었다. 이들을 통해 마르크스는 헤겔주의자들의 세계에 들어감과 동시에 불경스럽게도 그 위대한 인간이 이루어놓은 사상의 주요 부분들에 대해 비판적 문제들을 제기하기 시작하는 우상파괴자 집단의 일원이 되었다.

마르크스도 일원으로 참여했던 **독토르클럽**(Doktorklub, 헤겔주의자들의 술집 모임 — 옮긴이)은 급진적이고 다소 반종교적이며 꽤 보헤미안적인 성격을 지닌 젊은 주변적 학자들로 구성되어 있었다. 이들 가운데 뛰어난 사람들을 보면, 급진적이고 자유적인 사상을 지닌 헤겔좌파 브루노 바우어(Bruno Bauer)와 에드가 바우어(Edgar Bauer) 형제 그리고 나중에 극단적인 개인주의적 무정부주의의 제창자가 된 슈티르너(Max Stirner) 등이 있었다. 이러한 사람들의 영향으로 마르크스는 법학을 버리고 철학에 몰두하기 시작했다. 그는 맥줏집뿐만 아니라 수도의 고급 살롱에도 자주 드나들었는데, 그곳에서 청년 헤겔주의자들은 계속하여 헤겔 이론의 우수함을 몇 시간씩이고 토론했다.

이 학생 시절에 마르크스는 나중에 철학교수가 되겠다는 생각을 했다. 실제로 그때쯤 본대학의 교수로 임명된 브루노 바우어가 그에게 자리를 찾아보겠다고 약속했다. 그러나 얼마 못 가서 바우어 자신이 그의 반종교적이고 자유주의적인 견해 때문에 쫓겨나고 말았고, 마르크스는 학계에 자리를 얻으려는 희망을 영원히 포기했다. 1841년, 예나대학에 그의 논문 『데모크리토스와 에피쿠로스 자연철학의 차이』(*On the Differences between the Natural Philosophy of Democritus and Epicurus*)를 제출함으로써 그의 학생 생활은 끝이 났다. 이 논문은 친구들의 충고에 따라 학교 당국에는 제출하지 않은 열정적인 반종교적 서문을 제외하고는 상당히 관례적인 글이었다. 이즈음 마르크스의 미래는 매우 불확실한 상태였다. 즉 그는 스물세 살이 되었고 고급 살롱이나 보헤미안적인 모임들에서 강한 인상을 주는 아마추어 철학자였지만, 생계를 위한 전망이라곤 아무것도 없는 상태였다.

초기의 숭배자였던 사회주의 선동가 헤스(Moses Hess)가 쾰른에서 발행되는, 새로운 자유주의적·급진적 부르주아 신문 『라이니세 차이퉁』 (*Reinische Zeitung*)의 정식기고자가 되어줄 것을 요청했을 때, 마르크스가 그 기회를 놓치지 않은 것은 하등 이상할 것이 없다. 그는 수많은 뛰어난 글을 기고했고 10개월 후에 그 신문의 편집장이 되었다. 주도적인 급진주의 간행물의 편집장으로서 고향인 라인란트로 돌아온 마르크스는 처음으로 그 당시의 현실적인 싸움들에 직접적으로 참여하기 시작했다. 그는 사회적 조건에 대한 일련의 논문을 썼다. 그중에는 모젤 지방의 포도를 재배하는 농민의 비참함, 의당 그들의 자치권에 속하리라 생각한 산림에서의 재목 채취를 도둑이라 하여 가난한 자에게 부과하던 가혹한 처벌 등에 대한 글도 있었다. 이러한 논문들은 상당한 관심을 받았고 마르크스는 지도적인 급진주의 언론인으로 주목받기 시작했다. 그러나 그의 편집 활동은 금방 끝이 났다. 그는 계속하여 검열관과 싸워야 했으며, 얄팍하게 위장된 그의 민주적이고 공화주의적인 선전이 그들의 엄격한 검열에 통과되도록 하는 데 온갖 정열을 다 쏟아야만 했다. 그가 러시아 정부를 유럽에서의 반동의 아성이라고 신랄하게 표현했을 때, 정부는 더 이상 관용적일 수 없었다. 우연히 마르크스의 공격을 읽게 된 러시아 황제 니콜라이 1세는 프러시아 대사에게 불만을 표시했고, 결국 『라이니세 차이퉁』지는 탄압을 받게 되었다. 이 전반적인 모험은 겨우 반년을 지속하는 데 그쳤고 마르크스는 다시 무직자가 되었다.

얼마 지나지 않아 1843년 4월, 그는 어릴 적 애인이었던 제니 폰 베스트팔렌(Jenny von Westphalen)과 결혼했다. 별로 뛰어난 점도 없는, 사회적으로 낮은 신분의 여자와 결혼한다고 하여 그의 가족은 대부분 불평과 당혹감을 나타냈다.

결혼 후 이 젊은 부부는 바트크로이츠나흐에서 여러 날을 머물렀다. 이 젊은 사랑과 신혼의 목가적인 여러 달 동안 마르크스는 몽테스키외의 『법의 정신』(*Spirit of the Laws*)과 루소의 『사회계약론』(*Social Contract*)을 포함한 거의 백 권에 가까운 정치사와 사회사 그리고 이론 서적에서 발췌한 것들로 다섯 권의 큰 습작을 완성했다. 1843년 11월, 점점 고조되어가는 독일의 반동적 분위기 속에서 취직을 하려는 희망이 좌절되자 마르크스와 그의 부인은 파리로 이사했다.

파리에서의 생활: 사회주의자가 되다

1843~45년, 파리에서 보낸 시절은 베를린에서 청년 헤겔주의자들과 만나던 시절과 함께 마르크스의 지적 발달에서 결정적인 시기였다. 비교적 관대했던 7월왕정하에서 파리는 사회·정치·예술 활동의 중심지가 되었고, 전 유럽에서 모여든 급진주의자와 혁명주의자들의 집결지가 되었다.

파리 시절 동안 마르크스는 독일에서 허용되지 않던 여러 개혁론자나 사회주의자의 이론 연구에 몰두했다. 그는 블랑키(Louis Blanqui) 같은 바뵈프(François Babeuf)의 혁명주의적 제자뿐만 아니라 프루동(Pierre Proudhon), 블랑(Louis Blanc), 카베(Étienne Cabet), 푸리에, 생-시몽 등도 읽었다. 그는 스미스에서 리카도(David Ricardo)에 이르는 영국 정치경제학자들과 친숙해지기 시작했으며, 시스몽디 같은 급진적인 그들의 자유주의적 비판가들도 잘 알게 되었다.

파리에서 마르크스는 고상한 학문을 연구할 기회만 가진 것이 아니라 개인적으로 많은 급진주의자와 만날 수 있었다. 그는 망명자들 가운데 특히 러시아 혁명주의자 미하일 바쿠닌(Michael Bakunin)에 마음이 끌렸고 독일인 중에서 급진주의자인 시인 하이네(Heinrich Heine)와 프라일리 그라트(Ferdinand Freiligrath), 혁명주의자인 뜨내기 양복 직공 바이틀링(Wilhelm Weitling), 그리고 급진적 헤겔좌파 작가 루게(Arnold Ruge) 등과 자주 만났다. 마르크스가 개인적으로 만난 프랑스인 중에서 프루동이 가장 강한 인상을 주었다. 마르크스는 쾰른에서 이미 그의 『재산이란 무엇인가?』(*What Is Property?*)를 읽고 그것을 매우 높이 평가했다. 처음에는 이 둘이 서로 도움을 주는 것처럼 보였으나 얼마 가지 않아 이 교우관계는 깨지고 말았다. 수년 후 마르크스는 그의 『철학의 빈곤』(*The Misery of Philosophy*)에서 프루동의 『빈곤의 철학』(*Philosophy of Misery*)을 맹렬히 공격했다. 그는 프루동이 리카도의 경제적 개념을 잘못 사용하고 있으며 변증법적 모순의 힘을 무시하거나 중성화시킴으로써 역사에서 운동을 제거해버렸다고 공격했다.

무엇보다 일생 동안 두드러진 엥겔스와의 교우관계가 바로 이 파리에서 시작되었다. 엥겔스는 마르크스가 고향인 라인란트에서 목격했던 바와 똑같은 노동계급의 상태를 영국에서 목격한 결과 사회주의자로 전향했던 사람인데, 그는 직물제조업자의 아들로서 자기 아버지 소유의 공장을 하나 경영하고 있었다. 마르크스가 노동계급 생활의 비참함과 구체적인 상태를 알게 된 것은 엥겔스와 그의 저작을 통해서였다.

파리에서 만날 수 있었던 급진적 자유주의운동의 지도적 지식인 외에도, 마르크스는 지식인들과 더불어 사회주의 혁명운동의 강력한 지지자였던 독일과 프랑스의 여러 과격한 노동자를 처음으로 만나게 되었다. 거의 매일 이들과 만나면서 마르크스는 종종 그들의 단순한 사고와 지적 열등함을 경멸하면서도 지금까지 그가 접해오던, 학문적으로 훈련된 지식인과는 판이하게 다른 새로운 유형의 사람들에게서 깊은 감명을 받았다.

급진적 자유주의자였던 마르크스는 파리의 혼미한 분위기 속에서 사회주의자로 완전히 전향하게 되었다. 바로 이곳에서 그는 때로는 혼자, 때로는 엥겔스와 공동으로 그의 새로운 철학적·정치적 입장을 명확히 해준 초기 저작들을 집필했는데, 이 책으로 인해서 지금까지 그가 맺어오던 초기의 청년 헤겔주의자 동료들과의 유대는 끊어지게 되었다. 이 저작들 중 일부는 그가 루게와 함께 편집하던, 얼마 계속되지 못한 잡지 『독불연감』 (Deutsch-Franzoesische Jahrbuecher)에 논문으로 게재되었다. 그러나 지금의 유명한 『경제철학논고』(Economic and Philosophical Manuscripts)나 『독일 이데올로기』(The German Ideology, 이것은 브뤼셀에서 완성되었다) 같은 대부분의 저작은 그의 생전에 출간되지 않았고 주로 지적인 자기훈련의 수단으로 쓰였다. 청년 헤겔주의자 '집단'(family)의 중요한 인물들과의 논쟁에 대한 그의 마지막 답변인 『신성가족』(The Holy Family)은 1845년 프랑크푸르트에서 출간되었는데, 이 책은 당시 별로 주목 받지 못했다. 그것은 이 책이 대부분의 독자에게는 헤겔좌파 사람들 내부의 지루한 집안싸움처럼 보였기 때문인데, 이것은 일리가 있는 견해였다. 『철학의 빈곤』은 1847년 프랑스에서 출간되었다.

1845년 초에 마르크스는 기조(François Guizot) 정부에 의해 파리에서 추방당했다. 한때 러시아의 반발로 프러시아 정부가 마르크스의 편집활동을 그만두게 했던 것처럼 이제 프랑스도 프러시아의 진정에 따라 그를 쫓아낼 것을 결정한 것이다. 당시 프러시아는 그가 참여하고 있던 사회주의 잡지 『포어배르트』(Vorwaerts)의 반정부적인 글들에서 줄곧 공격을 받고 있었다. 마르크스는 브뤼셀로 옮겨서 그곳에 자리를 잡고 있던 독일인 망명자들과 관계를 맺었다. 특히 그는 앞서 언급한 바이틀링의 영향을 받은, 국제혁명조직이었으나 그때는 해체되고 없던 정의당의 잔류 당원들을 발견했다. 이제 마르크스는 그 자신을 국제혁명운동가의 일원으로 보게 되었고 독일인뿐만 아니라 벨기에인이나 다른 사회주의자 단체들과도 열렬히 관계를 맺었다. 그는 직업적 혁명주의자가 되었고 당시 새로이 알게 된 동료들과 마찬가지로 그도 곧 닥쳐올 것이라 생각했던 혁명을 위해 글을 쓰고 강연을 하고 여럿이 모여 모의를 하기도 했다. 벌린(Isaiah Berlin)이 말한 대로, "이전의 그의 개인사는 사적 활동의 일화들로 이루어졌다고 할 수 있지만, 이제부터는 전반적인 유럽 사회주의 역사와 분리시킬 수 없는 것이 되었다."[53]

독자적인 사상가가 되다

마르크스가 브뤼셀에서 접촉하고 있던 사회주의 단체 중 식자공, 구두수선공, 시계조립공 등에 의해 지도되던 독일노동자교육연맹이 있었다. 본부는 런던에 있었고 공산주의자연맹이라 불리던 연합체에 가입되어 있었다. 1847년에 이 단체는 마르크스에게 자신들의 목적과 신념들을 상세히 나타내는 글을 써달라고 부탁했다. 처음에 엥겔스가 쓴 초고를 수정하여 마르크스는 창조적인 힘이 가득 찬 『공산당 선언』(*The Communist Manifesto*)을 써서, 이것을 1848년 초에 런던으로 보냈다. 이것은 파리혁명이 일어나기 몇 주일 전에 출판되었는데, 그때는 별다른 영향을 미치지 못했다. 지금은 우리에게 낯익은, "지금까지 존재했던 모든 사회의 역사는 계급투쟁의 역사다"라는 그 첫 문장에는 마르크스의 그 후의 모든 저작에 나타나는 가장 독특한 측면이 어렴풋이 나타나고 있다. 실습생으로서의 생활은 이제 끝났다. 나중에 그의 글이 다듬어지고 더 세련되기도 하고 독특한 정치적 견해나 방향이 다소 변화를 겪기는 해도, 그의 지적 발달에서 주된 방향은 이미 확고히 결정되어 있었다.

1848년 독일에서 혁명이 일어났을 때, 마르크스는 혁명하의 파리에서 잠깐 머문 후 라인란트로 돌아왔다. 그리고 다시 급진적 신문인 『신(新)라이니셰 차이퉁』지의 편집을 맡게 되었다. 이제 그와 엥겔스는 반동적인 정부에 대항하여 일어난 초기의 노동계급운동과 자유주의적 부르주아를 연결시키려고 노력했다. 혁명이 실패하자 마르크스는 다시 추방당했다. 망명 상태에서 그는 새로운 혁명이 곧 일어나리라는 환상을 잠시 동안 품고 있었다. 자유주의자들의 비겁함과 혁명의 실패에 대해서 혹평을 하면서, 마르크스는 여전히 가까운 장래에 혁명의 불길이 다시 붙을 것을 기대하고 있었다.

1849년 8월, 프랑스 정부는 마르크스에게 멀리 지방으로 은퇴하든지 아니면 프랑스를 떠나든지 할 것을 명령했다. 그는 런던으로 가기로 결심하고 항구를 떠났다. 이후 그는 잠시도 런던을 떠나지 못했다.

처음 얼마 동안 마르크스는 이곳을 잠시만 머물다가 대륙에서 혁명이 다시 일어나면 곧 떠날 곳으로 여겼다. 이 처음 몇 년 동안 그는 그의 가장 뛰어난 역사책인 『프랑스의 계급투쟁』(The Class Struggles in France, 1850)과 『루이 보나파르트의 브뤼메르 18일』(The Eighteenth Brumaire of Louis Bonaparte, 1852)을 썼다. 이 책들은 뜨거운 혁명적 열정으로 채워져 있지만, 아마도 더욱 중요한 것은 이 책들에 뛰어난 사회사가로서의 마르크스라는 그의 새로운 역할이 가장 잘 나타나고 있다는 점이다.

런던에서의 생활이 계속되면서 마르크스는 새로운 혁명에 대한 기다림을 결코 포기하지는 않았지만, 1848년의 불길은 이미 꺼졌다는 것을 알았다. 마르크스와 엥겔스는 대륙의 혁명주의자들에 의해 지도되던 여러 폭동 모의에 참가하는 것을 거절하고 대부분의 동료 망명자와 접촉을 끊었다. 영국의 노동운동과 사회주의운동에 깊이 관계하고 있지 않았기 때문에 마르크스는 가족과 엥겔스 그리고 몇 명의 헌신적인 친구들이나 제자들만의 좁은 세계로 거의 완전히 은퇴했다. 그는 대부분의 생활을 고립된 상태에서 보냈다. 그가 엥겔스에게 보낸 편지에서 '우리 당'이라 표현한 것은 엥겔스와 자신을 가리키는 것이었다.

1852년 6월, 마르크스는 대영박물관 열람실에 출입할 수 있는 열람증을 얻었다. 거기서 그는 매일같이 오전 10시부터 오후 7시까지 공장 검열관의 청서(하원 또는 상원의 보고서 — 옮긴이)와 자본주의제도가 산출해내는 불평등에 대한 수많은 기록을 탐독하고 찾아내는 데 몰두했다. 이때의 자료들이 나중에 『자본론』의 중요한 부분이 되었다. 그의 노트가 하나둘 쌓이면서 그가 파리 시절 연구하기 시작했던 영국 정치경제학자들에 대한 지식이 점점 깊어졌다.

런던에서 생활하는 동안 마르크스는 거의 대부분 지독하고 비참한 가난 속에서 살았다. 꼭 한 번 그는 고정액을 받는 일자리(철도회사의 서기)를 얻으려 한 적이 있었으나 자신의 알아보기 어려운 글씨 때문에 좌절되고 말았다. 연구에 끊임없이 몰두하면서, 또한 지금 그가 하고 있는 자본주의 정치경제의 해부가 노동계급의 '필연적' 해방을 위한 불가결한 도구를 제공하리라는 것을 절대적으로 확신하면서, 그와 그의 가족이 화난 빚쟁이들에게 시달리고 있을 집조차 얻기 어려운 상태에 처하면서도 학문적 연구를 계속해나갔다. 그의 세 자녀가 영양실조와 적당한 간호를 받지 못해 죽었다. 한 자녀가 죽었을 때 그는 관을 살 돈조차 없었고 결국엔 동료 망명자가 도와주어야만 했다. 그와 그의 가족은 수많은 병으로 고생했는데, 그 병들 가운데 몇몇은 분명히 그들의 비참한 생활상태 때문에 발생한 것이었다. 그러나 마르크스는 끝까지 견뎠다. 헌신적인 엥겔스가 그의 재능을 철저하게 확신하고 그에게 베풀어준 경제적인 뒷받침이 없었다면 그의 가족은 완전히 없어지고 말았을 것이다.

한편 나중에 『자본론』이 될 부분에 대한 연구는 생각한 것보다 훨씬 더 시간이 소요되었다. 『정치경제학 비판에 대한 고찰』(A Contribution to the Critique of Political Economy)이란 제목이 붙은 첫 초고가 1859년 출간되었으나 별로 주목 받지 못했다. 『자본론』의 첫 권은 1867년에 나왔다. 마르크스는 이후 속권을 완성하지 못했다. 그것들은 마르크스가 죽은 후에야 엥겔스와 카우츠키(Karl Kautsky)에 의해 출간될 수 있었다.

아마 당시 세계 최대 잡지였고 과격한 입장을 띠고 있던 『뉴욕 데일리 트리뷴』(New York Daily Tribune)지의 해외 편집인이 마르크스에게 유럽의 사건들을 취재하는 정규적인 기자가 되어줄 것을 요청하고 한 기사당 1파운드를 줄 것을 약속했을 때, 마르크스의 고된 가난이 잠시 나아졌던 것 같다. 그는 10년 동안 매주 정기적으로 기사를 우송했다. 건강의 악화와 세부 지식의 부족 그리고 『자본론』 저술의 압박 등으로 기사를 쓰지 못하게 되자 그보다는 훨씬 가볍게 글을 쓰는 언론인인 엥겔스가 그 뒤를 이었다. 최근 이름이 없는 기사들 중에서 마르크스가 쓴 것과 엥겔스가 쓴 것을 가려내려는 노력이 마르크스 저작 연구가들에게 유익한 작업이 되고 있다. 어쨌든 이런 글들이 마르크스 정신의 추이를 파악하는 데 무척 좋은 자료를 제공한다. 이 기사들은 다양한 주제 ― 외교적 사건, 영국과 대륙의 사회사, 전쟁과 공황의 밝혀지지 않은 원인의 분석, 영국의 인도 지배가 가져온 결과에 대한 분석적 설명 ― 을 다루고 있다. 또한 이 글들은 그의 『편지』(Correspondence), 특히 엥겔스와의 편지 속에서만 찾아볼 수 있는 주위의 사건들에 대한 그의 반응을 보여준다.

1850년대를 통해 마르크스와 엥겔스는 새로운 혁명을 가능케 할 전면적인 경제 위기의 징후를 고대하며 찾고 있었다. 그러나 여러 해 동안 어떤 징조도 나타나지 않았다. 1857년에 마침내 심각한 물가의 폭락이 일어났지만 그것이 혁명적인 결과를 가져오지는 않았다. 그러자 마르크스는 경제적 붕괴에 집중했던 관심을 노동계급의 조직화로 옮기게 되었다. 그러나 여기서도 그는 오랫동안 실망할 수밖에 없었다. 독일 노동운동을 처음으로 일으킨 사람은 분명 사회주의의 낭만적 선동가인 라살레(Ferdinand Lassalle)였다. 하지만 마르크스는 독일 노동운동의 정치적 지향을 라살레의 배우 같은 행동보다도 더 비난했다. 이론적 무기를 대부분 마르크스에게서 가져간 라살레에 대한 질투심이 마르크스의 적대감을 형성하는 하나의 동기가 되었을지도 모른다. 그러나 거기에는 더 큰 객관적 이유가 있었다. 그는 비스마르크(Otto von Bismarck)와의, 또한 프러시아 정부와의 말 없는 결탁에 의존하여 사회주의운동을 진행시키려던 라살레의 의도를 신뢰할 수 없었던 것이다.

대륙의 다른 부분, 특히 프랑스에서 노동계급운동은 조용했고, 1848년의 재난에서 아직 완전히 회복되지 못하고 있었다. 또한 마르크스는 영국의 노동운동을 지도하고 있던 둔하고 이념이 없고 실용주의적인 노동운동 지도자들에게도 전혀 애착을 느끼지 못했다. 그는 그들 대부분을 심한 경멸로 대했고, 그들도 아는 사람을 제외하고는 마르크스의 인사에 답례조차 하지 않았다.

제1인터내셔널의 창설

중대한 변화가 1863년에 일어났다. 이 해에 프랑스 노동자대표가 산업의 발달상을 알아보고 영국 노동자들과의 접촉을 꾀하기 위해 영국에서 개막되는 런던 산업박람회에 참석하게 되었다. 영국과 프랑스의 노동운동 지도자들은 곧 지속적인 경제·정치 협력을 맺기로 하고, 대륙의 다른 나라들 대표도 초청하여 그들과 연합하게 하며, 현존 경제체제를 종식시키고 새로운 집단소유형태로 대치시킬 것을 선언한 노동자들로 국제적 연합체를 구성할 것을 결의했다. 일반적으로 **인터내셔널**(International)이라 불리는 이 모임은 다양한 구성원으로 이루어져 있었다. 프랑스인 중에서는 프루동 추종자와 블랑키 추종자들이 다수를 점하고 있었고, 이탈리아인 중에서는 사회주의자가 아니라 마치니(Giuseppe Mazzini)의 신념을 좇는 좌파도 있었다. 영국인 중에는 비정치적 노동조합주의자도 있었고 급진적 개혁론자들도 있었는데, 그들 중 일부는 콩트 추종자들로, 이들은 모두 함께 활동하고 있었다.

마르크스는 그 자신의 견해와 완전히 합치되지 않는 조직에는 관여하지 않던 이제까지의 태도와는 반대로, 이 모임의 중요성을 감지하고 거기에 참가할 뿐만 아니라 그 모임의 지도적인 인물이 되었다. 런던에서 살고 있던 독일 노동자들이 그를 자신들의 대표로 선출했고, 일차 회합이 끝난 후 마르크스는 확실한 지도권을 획득했다. 마르크스가 작성하고 이 조직이 받아들인 그의 「인터내셔널 취임 연설」(Inaugural Address of the International, 1864)은 마르크스주의자들의 행동강령에서 15년 전에 쓰인 『공산당 선언』 못지않게 중요한 역사적 문장이 되고 있다.

이후 10년 동안 마르크스는 대부분의 정력을 인터내셔널 업무에 쏟았다. 그는 자신의 이론적 지향 때문에 중간계층의 개혁론자나 바쿠닌을 추종하는 무정부주의자들과 싸우게 되었다. 그는 프랑스의 블랑키나 프루동의 제자들 그리고 독일의 라살레 추종자들과 끊임없는 논쟁을 했다. 이렇게 수년을 보내며 마르크스는 결속되지 않은 다양한 사상과 함께 시작했던 이 모임을 하나의 단결된 운동으로, 즉 그가 영국 망명 시절 동안 외롭게 수년에 걸쳐 구상했던 하나의 혁명사상에 의해 고무된 통합된 운동으로 바꾸려고 온 힘을 다했다.

인터내셔널은 곧 하나의 강력한 운동이 되었고, 기존질서의 옹호자들에게 두려움을 불러일으켰다. 인터내셔널 지부가 유럽 곳곳에 세워졌다. 이때부터 인터내셔널 총회의 의장으로서 마르크스는 이 운동에 강한 지도력을 행사했고, 그가 내세운 방침에 엄격히 따라줄 것을 주장했다. 마르크스가 1847년 유럽에서 나타난 것을 보았던 공산주의라는 유령은 1840년대보다 1860년대 말에 들어와 훨씬 현실적인 것으로 권력자들의 눈에 비치게 되었다.

대영박물관의 이름 없던 학자가, 이제는 반체제 활동에 관한 정보를 얻기 위해 런던의 혁명계를 샅샅이 찾아 헤매던 정보기관원들의 특별 주목 대상이 되었다.

1867년, 『자본론』 제1권이 출판될 때 마르크스는 벌써 인터내셔널의 지도자로 세상에 주목 받고 있었다. 이 책은 그가 의심 없이 기대하던 만큼의 즉각적인 주목을 받지는 못했지만 얼마 지나지 않아 독자들을 얻게 되는데, 특히 대륙의 사회주의자들 사이에 읽히게 되었다. 영국에서는 "이 책의 출현으로 인해 가장 무미건조한 경제적 문제들이 어떤 특별한 마력을 지니게 되었다"라는 한 번의 비평이 있었을 뿐이었다. 그러나 대륙에서는 훨씬 호의적인 반응이 나타났다. 많은 마르크스의 친구들이 이 책을 열렬히 선전했고, 독일에서의 동료였던 몇몇 사람은 그에게 찬사를 보냈다. 특히 러시아에서는 상당한 호평을 받았고 어디에서보다 더 많이 읽혔다. 일반적으로 이 책은 그 과학적 우수함은 차치하고, 인터내셔널 구성원들에 의해 널리 읽혔다. 마르크스의 이전 책들은 독일어를 사용하는 나라에서조차 거의 무시당해왔다. 그러나 『자본론』 제1권은 출판된 지 10년이 채 못 되어 러시아어, 프랑스어, 영어, 이탈리아어로 번역되었다.

1860년대 말에 이르러 인터내셔널의 대표이자 '현대사회의 경제적 운동법칙'을 밝히려는 책의 작가로서 마르크스는 그가 1847년 이래로 줄곧 꿈꾸어오던 사회주의이론과 혁명적 실천의 결합을 마침내 이룩했다는 느낌을 틀림없이 지녔던 것 같다. 그는 자신이 완전한 조직적 지배력을 행사하던 사회주의운동에 이론적 바탕을 제공했다.

아이러니하게도 노동계급이 권력을 장악함으로써 마르크스 견해의 정당함을 처음으로 입증해 보이는 것 같던 1871년 파리 **코뮌**(Commune)은 인터내셔널의 타락상 또한 보여주었다. 비록 파리 코뮌이 마르크스주의자에 의해서가 아니라 프루동 추종자들에 의해, 나중에는 자코뱅파들에 의해 지배되긴 했지만, 마르크스는 『프랑스에서의 시민전쟁』(*The Civil War in France*)이라는 제목으로 출판된 웅변적인 연설을 통해 그것을 옹호하고 나섰다. 그러나 얼마 가지 않아 코뮌은 유혈 상태에 빠지게 되었고, 인터내셔널의 지위를 둘러싸고 감추어져 있던 불화가 표면에 드러나게 되었다. 영국의 상업조합주의자들은 두려움을 느끼게 되었다. 그들은 평화로운 마음을 지닌 영국 노동자들이 '파리의 붉은 테러주의자'들과 연합하게 될 것을 두려워했다. 프랑스의 운동은 여러 갈래로 나뉘게 되었고, 추방당한 지도자들은 망명 정치가들이 으레 그러듯 자기들끼리 싸우기 시작했다. 바쿠닌 추종자들이 이제 마르크스에게서 지배권을 뺏을 기회를 노리고 있었다. 인터내셔널에 대한 그의 지속적인 지배를 확실히 하기 위해 마르크스는 애써 인터내셔널의 위치를 그의 추종자들이 완전히 주도하고 있는 미국으로 옮겨놓았다. 결과적으로는 이것이 결정적인 타격이었다. 인터내셔널은 1876년 필라델피아에서 마침내 해체되고 말았다.

병으로 고생하던 이후의 몇 년 동안 마르크스는 그 어떤 중요한 업적도 내지 못했다. 그의 추종자들과 라살레 추종자들이 연합하여 1875년 고타의 협의에서 단일사회주의정당을 만들게 되었을 때, 그는 그 계획에 대한 일련의 냉담하고도 극히 비판적인 글을 썼는데, 그 속에서 사회주의운동을 이끌어가야 할 이론과 실천에 관한 그의 생각을 마지막으로 정립해놓았다. 그의 사후에 출판된 이 『고타강령비판』(*Critique of the Gotha Program*)은 그의 중요한 마지막 업적이었다.

생애 마지막 시기에 이르러 마르크스는 비로소 꽤 편안한 생활을 할 수 있었다. 이제는 상당한 부자가 된 엥겔스가 그에게 연금을 보내주어 그가 마지막 몇 년을 비교적 편안히 지낼 수 있도록 해주었다. 그는 유명한 인물이 되었고 유럽 각지의 사회주의자들이 편지로 또는 직접 의견을 물어왔다. 게다가 이제는 통합된 독일사회민주주의운동의 젊은 지도자들 — 베벨(August Bebel), 베른슈타인(Eduard Bernstein), 카우츠키 — 이 그를 방문하여 모든 중요한 문제에 관해 의견을 물었다. 독일의 운동은 점점 활발해졌고 새로이 부활한 프랑스의 운동지도자 중 한 사람인 게드(Jules Guesde)는 이미 채택된 계획에 대해서조차 마르크스의 의견을 물었다. 서서히 이탈리아와 스위스에서도 바쿠닌의 영향이 쇠퇴하고 마르크스주의 지도자들이 득세하게 되었는데, 그들과도 마르크스는 오랫동안 편지를 주고받왔다.

점점 성장해가는 사회주의운동에서 존경받는 인물로서 마르크스는 드디어 추종자들을 얻었고 또 만족할 만한 역할도 지니게 되었다. 그러나 그의 창조력은 사라졌다. 여전히 그는 열심히 책을 읽었고 러시아어나 터키어 같은 새로운 말까지 배우기도 했지만, 엥겔스가 실망한 것처럼 그는 점점 아무것도 쓰지 않게 되었고 그 어느 때보다도 더욱 흐릿해져 갔다.

1881년에 그의 아내가 암으로 죽었다. 1년 후 프랑스 사회주의 지도자 롱게트(Jean Longuet)의 아내였던 그의 큰딸도 죽었다. 마르크스는 이 충격들에서 끝내 회복되지 못했다. 두세 명의 친구와 해외에서 온 사회주의자 대표들만이 하이게이트 공동묘지로 향하는 그의 관을 따라왔다. 그의 죽음은 일반대중에게 거의 알려지지 않았다.

지적 배경

흔히 마르크스는 세 가지 중요한 요소에서 그의 사상체계를 만들어냈다고 한다. 즉 독일관념론, 특히 헤겔적인 형태의 관념론과 프랑스의 사회주의적 전통 그리고 영국의 정치경제학이 그것이다. 이러한 설명은 틀린 것은 아니지만 그렇다고 완전히 옳다고 말할 수도 없다. 다른 사상의 조류, 특히 독일과 프랑스의 계몽주의도 그에게 똑같은 중요성을 지닌다. 다른 여러 사상체계를 접하기 전부터 마르크스는 그의 아버지와 루트비히 폰 베스트팔렌 덕택으로 계몽주의와 스피노자(Baruch de Spinoza)의 철학에 대한 깊은 애착을 지니고 있었다.

일생을 통해 닥치는 대로 수많은 책을 읽은 마르크스는 다양한 이전의 지적 전통을 그의 사상 속에 융합시켰다. 무엇보다 그는 종합의 재능을 지닌 사람이었다. 벌린의 말을 빌리면, "결국 그의 독창성이란 어떤 하나하나의 구성요소에 있는 것이 아니라 각 구성요소들이 서로 연결되는, 그리하여 하나의 체계적인 전체 속에서 각 부분이 서로 이어지고 보완되는 중심적인 가설에 있다."[54] 마르크스는 간혹 그를 잘 알지 못하는 사람들이 평하는 것 같은 서구문화의 모든 영역을 뒤헝클어놓은 서구 사상의 파괴자는 아니었다. 반대로 그의 저작들은 유럽 사상의 주류를 그대로 이어받은 것들이다. 그는 그 이전의 많은 사상체계는 물론, 그와 동시대의 사상가들에게서도 큰 도움을 얻었다.

그의 이전 사람들 저작에 나타난 중요한 주제들 가운데 마르크스를 이해하는 데 중요한 것으로 다음 네 가지를 꼽을 수 있다. 즉 평화로운 것이든 갈등적인 것이든 진보에 대한 사상, 소외에 대한 사상, 완전성에 대한 사상, 그리고 사회와 역사적 단계들에 대한 전체적인 관점이다.

진보에 대한 사상

성장, 발전, 생성 등과 같은 개념은 라이프니츠 이래 독일철학의 중심을 이루어온 전통적인 것이었다. 18세기 초, 라이프니츠는 모든 성장하는 실체는 발전단계를 거치며 "자연은 결코 도약하지 않는다"는 것, 그리고 매 순간마다 그것은 "과거에 의해 제약을 받는 동시에 자신의 내부에 미래를 배태시키고 있다"는 것을 강조했다. 그는 역사적인 글은 거의 쓰지 않았지만, 신정론에 관한 종교적인 글들과 과학의 발달에 대한 세속적인 고찰 등은 무엇보다도 과학의 발달에 의해 인류는 점점 더 행복과 완전에 도달할 것이라는 그의 견해를 잘 보여주고 있다.[55]

18세기를 거치면서 진보사상은 세속화되었다. 레싱은 『인류의 교육』(*The Education of the Human Race*)이란 책 속에 쓴 3단계론에서 인류는 도덕적으로 계속하여 발전하리라는 진보적인 견해를 표명하고 있는데, 이 이론은 기본적으로는 세속적인 형태를 띤 것이지만 여전히 기독교적 전통에서 벗어나지 못한 것이었다. 레싱에 따르면, 인류 역사는 3단계로 나뉘는데, 첫 번째 단계는 가혹한 형벌과 물질적인 보상으로 특징지어지는 전기독교적 세계이고, 두 번째 단계는 훨씬 정화된 정신적 도덕성이 중요시되던 기독교적 단계이며, 곧 도래할 세 번째 단계는 이미 도덕적으로 완전한 인간이 더 이상 외적인 형벌이나 내적인 죄의식으로 고통을 받지 않고 스스로 자유로이 이성에 입각한 도덕적 판단을 하게 되는 단계다. 미래에는 전체 인류가 합리적인 지배와 도덕적인 자율성이 가져오는 혜택을 누리게 될 것이라고 그는 주장했다.

인류의 점진적이고 다소 조화로운 진보를 강조한 계몽주의사상은 이 세기말에 나타난 훨씬 더 냉정한 철학과 대립되었다. 특히 칸트는 일면 인류의 진보를 믿으면서도 훨씬 비관적인 견해를 나타냈다. 그는 인간들 사이의 대립이 궁극적인 역사의 추진력이라고 주장했다. 사람들은 서로 조화롭게 결합하는 것이 아니다. 그들은 '사귀기 싫어하는 사교성'을 지니고 있다. 그는 주장하기를, 인간은 남과 결합함으로써만 그들이 지닌 천부의 능력을 발전시킬 수 있기 때문에 결합하려 하는 것이다. 그러나 그들은 모든 것을 자기 나름대로 다루어보려는 비사교적인 욕망을 지니고 있기 때문에 다른 사람들에게서 고립되려는 경향도 아울러 지니고 있다. 진보란 적대적인 협동에 의해 이루어진다. 인간은 조화를 원할 수 있으나, 자연은 항상 그들 간에 불화를 야기하여 그들이 양처럼 복종하는 것을 허용하지 않는다. 인류의 진보라는 것은 개인 간의 무수한 대립에서 나타나는 결과일 뿐이다.[56] 성장이나 완전이라는 본래적인 가능성은 개인에게서는 나타나지 않고 전체로서의 인류에게서만 현실적으로 나타나는 것이다.

갈등을 중시하는 칸트의 견해는 헤겔사상체계의 한 출발점을 이룬다. 헤겔에서는 잠재적인 것에서 현실적인 것으로의 순조로운 발전이라는 라이프니츠식 진보개념은 사라지게 된다. 인류의 역사는 정신의 점차적인 출현으로 특징지어지지만, 그것은 역시 피비린내 나는 전장과 전쟁, 혁명의 역사이며 대립적인 주장과 비극적인 사태의 분규들로 이루어진 역사이기도 하다. 인간의 역사는 절대정신이 점차적으로 자신을 실현하게 되는 필연적인 단계들로 특징지어진다. 인류는 서서히 참된 자기의식에 도달하게 되었지만, 역사 행위자들의 관점에서 보면 이 역사는 비극적인 것이다. 발전이란 것은 전체라는 편리한 위치에서 바라볼 때만 파악될 수 있다. "이것을 이성의 교지라고 부를 수 있다. 즉 이성은 자신이 활동할 정열을 스스로 결정하는데, 이런 힘을 통해 이성이 발전되려면 손실과 피해를 감수해야 한다. ……개별적인 것은 대부분 일반적인 것과 비교해볼 때 극히 사소한 것으로 평가된다. 그리하여 개인은 희생되거나 버려질 뿐이다."[57]

예를 들면 헤겔에게 자유의 문제는 개인의 욕망이나 성향이라는 맥락에서 답해질 수 있는 것이 아니다. 그것은 역사적인 문제다. 스피노자와 마찬가지로 헤겔에게도 자유란 단지 필연성의 인식일 뿐이다. 세계정신의 발전단계 중 이전의 단계에서는 소수의 사람만이 자유를 얻었고, 그것도 자유롭지 못한 수많은 사람의 희생을 대가로 얻은 것이었다. 프랑스혁명과 더불어 시작된 새로운 시대에 이르러 비로소 인간은 일반적인 자유의 가능성을 바로 볼 수 있게 되었다.

최소한 18세기 말 이후 독일의 진보사상은 앞장에서 논의된 동시대 프랑스의 사상보다 훨씬 비관적이고 복잡한 것이었다. 마르크스는 이 둘의 영향을 모두 받았다. 그러나 소외에 대한 사상에서 잘 나타나는 대로 독일

사상의 영향이 아마도 더욱 컸던 것 같다.

소외에 대한 사상

루소의 『제2논문』(Second Discourse)은 소외개념을 형성한 초기의 여러 중요한 원천 중 하나다. 인간의 본래적인 선함과 그것이 사회에 의해 붕괴된 현상에 대한 생생한 묘사, '자연상태에서의 인간의 평등'과 '인간이 만들어놓은 불평등'에 대한 강조, 그리고 사회가 야기한 인간성의 파괴에 대한 두려움과 경멸 — 이 모든 것은 이후 타락한 인간상태에 대한 비판적인 견해에 영향을 미쳤다.

그러나 루소의 영향은 사회가 만들어낸 억압적이고 불공평한 법에 의해 인간이 어떻게 자연상태에서 벗어나게 되었는가를 묘사한 『불평등론』(Discours sur l'inégalité)의 대담한 개인주의에만 국한되는 것은 아니다. 『사회계약론』에서는 개인들이 새로운 공동체를 형성함으로써 자신의 어려움을 극복해가는 방법, 다시 말해 개개인이 일반의지에 복종함으로써 자신들의 고통을 극복할 수 있는 새로운 유대를 자발적으로 형성하는 과정 또한 보여주었다. 『제2논문』이 개인주의를 강조한 데 비해, "『사회계약론』은 그에 못지않은 대담한 집단주의"[58]를 나타낸 것이었다. 루소의 저작은 인간의 죄와 구원이라는 오래된 이야기를 세속화해놓은 것으로 볼 수 있으며, 실제로 종종 그렇게 읽히기도 한다.

루소를 읽은 독일의 많은 독자는 야만상태를 동경하는 그의 목가적인 묘사에서 나쁜 인상을 받았다. 예를 들어 프리드리히 실러(Friedrich Schiller)는 이것을 '낙원에 대한 조용한 메스꺼움'이라 표현했다. 그러나 사회와 사회의 나쁜 영향에 대한 루소의 고발은 18세기 말과 19세기 초 많은 독일 사상가에게 공통된 주제가 되기 시작했다. 특히 이들은 루소가 찬양했던 완전한 야만생활에 대해서는 회의적이었지만 당시 사회에서 보이던 인간의 파괴된 상태에 대해서는 똑같이 개탄했다. 고대에는 자율적 통합과 완전한 개인성이 존재했다고 여겨졌고, 이것이 현대의 분열된 집단과 인간존재의 고립성과 대비되었다. 예를 들면 실러는 인간은 현대의 분업으로 인해 사분오열되고 말았다고 주장했다. 시계 장치의 한 특정 톱니 바퀴에 불과한 현대인은 더 이상 그의 완전한 잠재력을 발전시킬 수가 없다. "영원히 작은 개체로서 전체에 예속되어 인간 자신이 한 부품밖에 되질 않으며……자기 존재의 조화로운 발전을 도모할 수가 없다. 그 자신의 본성 속에 인류 전체를 나타내지 못하고 자신의 사업이나 자신의 과학이 만들어낸 한 모사품에 불과하게 되었다." "물론 개인이, 심지어 전체 계급조차도 점점 발전해가는 것을 확인할 수 있다. 그러나 그것은 그들의 재능 중 일부분이 발전하는 것에 불과하다. 나머지는 구부러진 나무처럼 실현되지 못한 그의 잠재력 속에 어렴풋이 엿보일 뿐이다." 현재처럼 타락한 상태에선 인간들 간의 개인적 조화만 파괴되는 것이 아니다. 사회도 똑같이 불구가 된다. "국가와 교회가 분리되어 법과 도덕이 나뉘었다. 성취감은 노동에서 사라졌고, 수단은 목적에서, 노동은 보상에서 분리되었다."[59]

독일관념론의 다른 철학자들에게서도 현대인의 소외에 대한 비슷한 고발이 공통적으로 나타난다. 예를 들면 피히테(Johann Fichte)는 현대의 특징을 '붕괴' '절대적인 죄악' '모든 긍정적인 것의 파괴' '무정부상태' 등으로 묘사했다. 그러나 이들 사상가들은 현존상태의 비판에서만 공통적이었던 것이 아니라 미래의 재통합과 긍정적 종합을 향한 공통된 추구에서도 보조를 같이하고 있었다. 인간과 사회는 완전히 파괴되었다. 그것들은 완전히 새로 만들어져야 한다. 그들은 인류는 미래를 합리적으로 구성하여 산산조각 나 있는 것들을 재결합시켜야 하며, 그리하여 개개인이 다시 전체가 되고 조화롭게 조직된 사회에서 그들의 위치를 찾을 수 있게 되어야 한다고 주장했다.

완전성에 대한 사상

프랑스 계몽주의와 영국 계몽주의는 각기 상이한 사상체계이지만 공통된 부분이 하나 있다. 이것이 바로 인간의 완전성에 대한 사상이다. 대부분의 프랑스 철학자 같은 합리주의자든 로크(John Locke)를 포함한 영국 철학자와 같은 방식의 감각론자든 또는 메스트르 같은 유물론자든 계몽주의 철학자들은 모두 공통된 하나의 신념을 지니고 있었는데, 그것은 인간의 능력을 더욱 완전하면서 전체적으로 발전시킬 수 있도록 환경을 바꿀수 있다는 신념이었다. 그들은 인간이 신과 같은 영혼을 소유한 것도 아니고 고작해야 자연에서의 한 객체에 불과하다는 것을 인정하면서도, 한편으로는 교육과 환경의 변화를 통해 자신을 발전시켜나가는 능력을 인간이소유하고 있다는 점에 의견을 같이했다. 인간의 정신이 미신과 비합리적신념의 올가미에서 해방되는 때, 그들이 교육을 통해 자신의 지능을 완전히 발휘할 수 있게 될 때, 인류는 자신을 완전하게 실현시킬 수 있을 것이다. 인간은 환경과 교육에 의해 만들어지는 피조물이다. 따라서 변화된 환경과 변화된 교육은 더 나은 인간을 낳게 될 것이라는 것이 그들의 주장이었다.

전체성에 대한 사상

개인주의적·원자론적 견해를 주장하는, 역사적 상상력이 빈약한 대부분의 당대 철학자와는 반대로, 헤겔은 문화적 전체성과 역사적 결정론을주장했다.

헤겔의 사상체계에서는 두 가지 차원, 즉 수직적·역사적 차원과 수평적·구조적 차원이 동시에 발견된다.[60] 먼저 역사란 일련의 필연적 단계들로, 시기적인 연속으로 파악된다. 모든 시대의 각 시점은 두 가지 측면, 즉과거에 의해 결정되는 측면과 미래의 씨앗을 품고 있는 측면의 두 차원으로 생각되어야 한다. 동시대적으로는 한 사회를 단일한 유형과 형태를 지닌 상호관련된 전체로서 파악하는 구조적 통합에 주목했다.

헤겔은 여태까지의 모든 사상가가 지녔던 오류는 문화의 여러 영역을비교적 서로 독립된 것으로 파악한 점에 있다고 생각했다. 그들은 전쟁연구를 예술연구와 분리시켰고, 철학을 일상생활에서 떼어놓았다. 역사가들은 하나의 전체에 속한 일부분으로 파악해야 이해할 수 있는 여러 현상을 하나하나 고립시켜버렸다. 이에 반대해 헤겔은 현대 역사가는 전체적인 지향을 가져야 한다고 주장했다. 벌린의 말을 빌리면, "그는 한 시대의 움직임에 대한 (전체적인 — 옮긴이) 모습을 그리려 노력해야 하며, 그 시대의 가장 특징적인 것을 수집하고 그 구성요소들을 구분하며, 낡은 것과 새로운 것, 곧 소멸될 전시대의 낡은 유물과 그 속에서 배태된 미래의 새로운 조짐을 구별해서 보도록 노력해야 한다."[61] 역사가들은 문화현상을 전적으로 그것이 속해 있는 역사적 맥락 속에서 살펴보아야 한다. 따라서 예술사나 철학사는 일반적인 문화사의 부분 요소로 취급되어야 하며, 과거의 역사연구에서 하찮은 것으로 취급되어오던 행동들, 예를 들면 무역이나 상업, 기술 등이 이제는 인류의 유기적인 제도사 속에서 기본적인 요소로 취급되어야 한다고 보았다.

진보와 완전성의 개념, 소외와 통합의 개념들이 복합되어 그의 전 사상을 형성하고 있는 바, 이것은 그의 동시대인이나 그와 가까운 시대의 사람들에게서 얻은 사상들과 더불어 그 자신의 종합적인 저술을 시작하기 이전부터 마르크스가 흡수했던 지적 유산의 모든 부분이었다.

동시대인의 영향

마르크스가 청년 헤겔주의자들 사이에서 접하게 되었던 헤겔 비판은 그의 사상에 깊은 영향을 주었다. 베를린에 머물고 있던 마지막 시기 동안 헤겔은 점점 더 보수적인 경향을 띠게 되었다. 청년 시절 프랑스혁명을 열광적으로 환영했던 헤겔은, 이제 늙었고 더 이상의 혁명이나 대부분의 개혁을 두려워할 뿐만 아니라 빌헬름 3세(Wilhelm III) 치하의 프러시아를 자유와 합리성의 구현 그 자체로, 인류의 제도가 가장 완전에 도달한 상태로 간주하는 상태였다. 이제 그는 "현실적인 것은 이성적인 것이요, 이성적인 것은 현실적인 것이다"라고 주장했다. 이 말은, 비록 헤겔 자신은 동의하지 않았지만, 일반적으로 존재하는 모든 것은 이성적인 것이고 따라서 지지될 가치가 있는 것이라는 뜻으로 이해되었다.

1830년대에 이르러 그의 초기 제자들이 옛 스승에 대해 반기를 들게 된 것은 바로 이러한 늙은 스승의 정치적·철학적 정적주의 때문이었다. 헤겔이 말년에 주장한 표현을 빌려 제자들은 진실로 이성적인 것은 완전히 관념적인 것이며, 그것을 얻으려는 노력은 여전히 역사의 과제라고 주장했다.[62] 헤겔은 인류의 전 역사를 통해 철학이 어떻게 기존질서를 비판해왔고, 그러한 철학의 지속적 비판이 어떻게 주어진 상태의 자기만족을 부정하고 새로운 문화적 가능성을 낳는 중요한 도구가 되어왔는지를 제자들에게 가르쳤던 것이다. 제자들은 기존질서를 공격하는 비판의 필요성은 현대라고 하여 없어진 것은 결코 아니라고 주장했다. 철학은 여전히 비판적이어야 할 필연성을 지니고 있다. 헤겔이 그토록 찬양했던 바로 그 왕의 치하에서 정신적인 억압은 가중되었고, 이 때문에 고통을 받던 제자들은 그들의 비판적 무기를 자기 시대를 조명하는 데 사용하기 시작했다.

청년 헤겔주의자들이 보기에 당시 독일 국가는 맹목적인 비이성과 정신적 혼란상으로 특징지어지며, 따라서 그것은 결코 형이상학적 의미에서의 '현실적인 것'이 될 수가 없었다. 특히 독일의 문화는 아직도 무지하고 억압적인 종교성에 의해 지배되고 있다고 보았기 때문에, 그들에게는 종교의 비판이 주된 철학적 과업이 되었다.

1835년, 청년 헤겔주의자의 한 사람인 슈트라우스(David Strauss)가 비판적인『예수전』(*Life of Jesus*)을 간행했다. 이 책 속에서 그는 헤겔의 역사적 방법을 사용하여, 복음의 일부분은 순전히 지어낸 것이고 나머지 부분은 원시기독교공동체에 공통적으로 존재하던 반신화적인 신념을 반영한 것에 불과하다는 것을 강조했다. 훨씬 더 과격한 청년 헤겔주의자인 바우어는 예수의 역사적 존재 자체를 완전히 부인하고 복음을 순전히 상상력의 산물로, 그 시대의 이데올로기를 반영한 것에 불과한 것으로 취급함으로써 슈트라우스의 뒤를 이었다. 마침내 포이어바흐(Ludwig Feuerbach)는 그의『기독교의 본질』(*Essence of Christianity*, 1841)이란 책과 그 외의 다른 여러 철학적 저술 속에서 종교적 신앙을 인간이 경험한 여러 요소를 경배의 대상으로 투사시킨 것에 불과한 것으로 정의했다.[63]

포이어바흐는 자신의 목적을 위해 헤겔의 개념을 사용하면서 종교현상을 '소외된 물화'(alienated reifications)로 묘사했는데, 이것은 특정한 현상이 비롯된 기원, 즉 사회적 관계라는 측면에서 분석될 수 있다. 포이어바흐에 따르면, 인류학이야말로 신학의 비밀이다. 종교가 존재한다는 사실은 곧 인간이 자신에게서 소외되어 있음을 나타내는 것이다. 종교를 통해 인간은 그들 자신이 무의식적으로 만들어놓은 창조물에 의해 규제나 억압을 받곤 한다. 포이어바흐는 사상사에서 참된 코페르니쿠스적 전환이 이루어질 시대가 도래했다고 주장했다. 인류의 과거와 미래를 이해하기 위해서는 신이나 헤겔의 절대정신 같은 것에서 인간, 즉 동료들과의 관계 속에서 행동하고 있는 인간에게로 초점이 옮겨져야 한다. 신 중심이었던 과거의 폐쇄된 세계는 인간이 중심이 되는 해방된 미래의 우주로 이행하지 않으면 안 된다. 이 해방이 일단 실현되고 나면 인간은 진실로 만물의 척도가 될 것이다.

종교적 신앙이라는 것을 단지 실제 사회현상의 반영으로밖에 보지 않던 청년 헤겔주의자들의 비판철학은 마르크스의 철학적 사고에 상당한 영향을 주었다. 마르크스가 특히 감명을 받은 것은 포이어바흐의 다음과 같은 주장, 즉 정신이나 신 중심의 세계로부터 실제 사회상황의 분석으로, 힘든 상황을 벗어나려고 자신들이 만들어낸 종교라는 세계에서 위안을 찾으려는 바로 불만족스러운 사회적 조건들에 대한 분석으로 전환되어야 한다는 주장이었다. 그 외의 다른 청년 헤겔주의자들의 철학, 예를 들면 루게의 행동적 급진주의나 슈티르너의 인습타파를 부르짖는 개인주의 같은 철학들도 여러 형태로 그에게 영향을 주었다. 이 밖에 또 다른 한 사람이 있는데, 그는 사회주의 폭동가인 헤스다. 그는 마르크스가 비판적 자유주의에서 사회의 여러 관계를 분석하는 급진적 사회주의자로 전향하는 데 지대한 공헌을 했다.

포이어바흐는 소외의 개념을 주로 종교를 비판하는 데 사용했다. 그러나 헤스는 이 개념을 현존하는 사회적·경제적 질서를 해체시키려는 비판에 사용했다. 헤스에 따르면, 돈과 사유재산의 지배현상은 계시종교의 존재만큼이나 인간의 소외상을 상징적으로 보여주고 있다. 그의 초기 저작에서 헤스는 다소 모호하고 추상적인 사회주의에 몰두했으나 1847년에 이르러 그는 실제 경제현상을 분석하기 시작했다. 후크(Sidney Hook)의 말대로, "[그의]「프롤레타리아 혁명의 결과」(The Consequences of the revolution of the Proletariat)라는 글 속에서 자본 집중에 대한 이론, 빈곤의 증대에 관한 이론, 주기적인 공황을 설명하기 위한 과잉생산이론, 자본주의의 필연적 붕괴에 관한 사상 등……몇 달 후 발표된『공산당 선언』에서 고전적으로 공식화된 여러 이론이 나타나고 있다."[64] 마르크스 자신은 별로 인정하지 않고 있지만, 헤스가 미친 영향은 실로 지대한 것이었다.

일반적으로 청년 헤겔주의자들, 특히 그중에서도 포이어바흐가 헤겔을 뒤집어놓을 수 있는 이론적인 장비와 요소들을 마르크스에게 제공했다. 그들은 마르크스가 사회구조 ─ 인간들이 서로 얽혀 있는 사회관계 ─ 의 연구에 관심을 집중시킬 수 있도록 도움을 주었다.

그러나 사회주의의 지도적 주창자들과의 접촉을 통해, 또한 그들의 저작들 ─ 예를 들면 헤스의 저작이나 슈타인(Lorenz von Stein)의『현대 프랑스의 사회주의와 공산주의』(Socialism and Communism in Contemporary France, 1842) 같은 책을 독일에서부터 탐독하고 있었다 ─ 을 통해 사회주의로 전향한 것은 마르크스가 파리에 머물게 되면서부터였다.

마르크스의 독특한 사회주의사상은 이러한 맥락과는 별 연관성이 없다. 관련이 있다면 그가 자신의 역사와 사회질서에 대한 관점을 형성하는 데 당시 프랑스 사회사상의 개념을 어느 정도 빌려 썼다는 점이다. 기조나 티에리(Jacques Thierry) 같은 '부르주아 역사가'뿐만 아니라 생-시몽이나 생-시몽주의자들에게서도 그의 계급투쟁이론의 요소들을 끄집어냈다. 대부분의 인류 역사는 계급 간 투쟁의 역사라는 생각은 특히 생-시몽에게서 영향을 받은 것이다. 마누엘의 말에 따르면, "계급이란 생-시몽의 역사철학을 푸는 열쇠다. 바로 이러한 구조 내에서 역사는 계급 간의 투쟁이 되고, 역사적 과정은 이러한 용어들에 의해 설명될 수 있는 것이다."[65]

생-시몽에게서 우리는 계급투쟁의 사상뿐만 아니라 역사이해의 핵심은 정부형태가 아니라 소유관계라는 사상까지도 찾아볼 수 있다. 그는 "정부는 단지 형태일 뿐이며, 소유관계는 기반이다. 따라서 소유관계야말로 사회조직의 실질적 기반이다"[66]라고 했다. 국가에 관심의 초점을 두었던 헤겔적 전통과는 달리 생-시몽은 사회관계에 초점을 맞추었다. 더욱이 생-시몽은 사회를 산업적 관계로 이루어진 하나의 거대한 작업장으로 본 최초의 한 사람이었음을 기억할 필요가 있다.

계급투쟁, 현대산업사회에서 노동계급의 절대적 중요성, 산업과 노동의 구심성에 대한 강조, 그리고 무엇보다 세계를 이해하는 데 만족하지 않고 세계의 변혁을 요구하는 실천적인 사회철학에 대한 강조 — 이러한 모든 요소를 마르크스는 프랑스 사회주의자나 사회주의와 비슷한 사상들, 특히 생-시몽 같은 사람들의 책을 읽음으로써 종합시키려는 충동을 느끼게 되었다. 후에 마르크스와 엥겔스는 이러한 사상의 전승을 가능한 한 부인하려고 애를 썼고 그리하여 프랑스 사회주의자를 '공상주의자'로 간주하고 이에 대비해 자신들의 사회주의를 '과학적'이라고 불렀다. 그러나 이런 대비는 공정치 못하며, 따라서 사상사가는 이들의 주장을 받아들일 필요가 없다. 그들은 자신들이 스스로 인정한 것보다 훨씬 더 이런 공상주의자들에게 지적인 빚을 지고 있는 것이다.

파리에 있는 동안 마르크스는 철학에 대한 이전부터의 관심에서 벗어나 시민사회 — 다시 말해 사회구조 내의 모순과 갈등들을 분석하는 데로 관심을 돌렸다. 그가 "시민사회의 분석은 정치경제에서 이루어져야 한다"는 사상을 갖게 된 것도 바로 파리 시절에서였다. 스미스부터 리카도와 맬서스(Thomas Malthus)에 이르는 고전경제학자와 시스몽디 같은 이단적인 비판자도 마르크스의 최종적인 종합에 약간의 영향을 미쳤다. 이 전통은 주로 그의 경제사상에 관련되는 부분이고, 또 슘페터(Joseph Schumpeter)를 위시한 여러 사람에 의해 종종 분석되어왔으므로 여기서는 자세한 설명을 하지 않겠다.[67]

이만하면 마르크스의 사상이 다양한 유럽의 사상적 흐름 — 프랑스와 독일의 계몽주의, 특히 헤겔에 의해 대표되는 독일관념론, 청년 헤겔주의자들의 비판적 전통과 포이어바흐의 인류학적인 관점, 프랑스 사회사상 특히 그중에서도 생-시몽의 사상, 그리고 영국의 고전경제학 등이 한곳으로 합쳐진 합류점에 위치하고 있다는 점이 충분히 말해졌으리라 생각된다.

사회적 배경

개관

마르크스의 청년 시절이었던 1830년대와 40년대 초는 독일의 지식인들에게 깊은 절망의 시기였다. 억압의 검은 구름이 조금이라도 독립적인 사고를 하려는 사람 모두를 뒤덮고 있었다. 나폴레옹을 패퇴시켰던 세력들에 의해, 자유주의적 혁명세력과 급진주의자, 인권론자들을 억압하기 위해 체결되었던 신성동맹하에서는 조그마한 자유주의운동조차도 질식될 것처럼 생각되었다.

이 억압적인 정권은 라인란트 주민들처럼 나폴레옹 치하에서 비교적 자유로운 공기를 호흡하던 자들에게는 특히 괴로운 것이었다. 독일의 다른 지방에서도 민족해방전쟁 과정에서 국민, 특히 지식층들을 반나폴레옹 전쟁에 참전시키려고 만든 개혁안에 대한 상당한 희망이 있었으나, 이러한 희망들은 다 깨지고 말았다. 나폴레옹의 패배 후 철저한 개혁을 꿈꾸었던 애국심 강한 자유주의자들은 오히려 이전보다 훨씬 효율적인 경찰국가가 만들어지는 것을 바라볼 수밖에 없었다. 특히 빌헬름 3세 치하의 프러시아에서는 정치적·경제적 개혁에 대한 모든 기대가 수포로 돌아가고 말았다. 애국심, 민주적 원칙, 입헌군주제 등을 지지하고 이에 관한 많은 발언으로 자유주의자들에게 최대의 희망이 되었던 낭만적인 황태자가 1840년에 왕위를 계승했지만, 자유주의자들의 열망은 여전히 실현 불가능하다는 것이 금방 명백해졌다. 그는 입헌주의를 통한 자유로운 결속을 추구하는 대신, 신에게서 부여받았다는 신성하고 신비적인 영광과 가부장적 왕권을 부활시켰다.

독일의 지성인들, 특히 학생들은 여러 단체를 조직했다. 그들은 1817년

바르트부르크 축제 때 엄청난 숫자가 함께 모여 반동정치의 상징물을 불태웠다. 1832년 함바흐 축제 때는 2만 5,000명이 모여 라파예트(Marquis de Lafayette)를 위한 축배를 들었고 통일된 독일공화국을 요구했다. 하지만 이러한 것 모두 아무런 효과가 없었다.

1819년 이후 독일연방의 군주들은 각자의 영토 내에 있는 대학들을 특별한 직권을 통해 통제할 것과 모든 출판물에 대한 엄격한 검열제도를 실시할 것을 서약했다. 1830년대에는 프랑스 7월혁명의 여파가 독일에까지 파급될 위험에 대비해 한층 억압적인 수단들이 고안되었는데, 그중에는 모든 정치적 회합의 금지, 의심스런 정치적 '선동가'의 감시, 그리고 대학에 대한 보다 엄격한 통제 등이 포함되어 있었다. 독일은 의회도 없었고 배심원에 의한 재판도 없었으며 자유로운 발언과 집회의 권리도 없었다. 일반적으로 독일, 특히 중추적인 국가인 프러시아가 자유주의적인 식자층들에게 반동의 최대 보루로 보였다는 것은 하등 이상할 것이 없다.

독일은 정치적 발전뿐만 아니라 경제적·사회적으로도 똑같이 영국이나 프랑스보다 뒤떨어졌다. 중간계급이 힘을 지니지 못했고 여러 전통적·지리적·종교적 이해에 의해 국가가 분열되어 있었기 때문에 통합된 중간계급운동이 나타날 수가 없었다. 독일은 여전히 농업이 주요 산업이었다. 자의식을 지닌 상공업자가 적었고 대부분, 특히 프러시아 지방에서는 반봉건적인 귀족들이 경제적 지배권을 행사하고 있었다. 나폴레옹 시기 이후로 공업과 광업 그리고 조선업 등이 급속히 발달하고 국가의 부가 증대해간 것은 사실이지만, 중간계급은 39개의 독일국가들 내에 조각조각 흩어진 채로 조그마한 지엽적인 문제에나 관심을 쏟을 뿐, 전반적으로 국가적 이익과 관련한 생각은 하지 않았다.

루르 지방의 크루프 회사가 1835년에 처음으로 증기기관을 설치했고, 루르 탄광 지대에 첫 수직갱이 1837년에 파졌다. 프러시아 바르멘과 크레펠트의 방직 마을 같은 새로운 산업지역도 나타났다. 교통망과 신속한 우편망도 새로이 개설되었고, 1824년 이후에는 베를린에서 마그데부르크까지 가는 데 걸리는 시간이 이틀 반에서 열다섯 시간으로 단축되었다. 그러나 이런 것들은 여전히 바다와도 같은 광대한 전통의 수면에서 몇 군데 솟아오른 근대화의 고도(孤島)들에 지나지 않았다. 생산량은 여전히 공장보다는 수공업자 상점에 집중되었다. 장인과 기능인 그리고 도제로 이루어진 전통적인 길드 체계가 상당히 존속했고, 그것이 노동의 이동과 기업적인 경제활동을 방해했다.

게다가 정부의 감독이 자유로운 자본주의의 성장을 방해했다. 1830년대까지 중상주의적 정부와 온정주의적 국가가 제각각 수출과 수입을 규제했다. 후에 국가 간의 관세동맹으로 독일 내 상업의 장벽은 제거되었지만, 여전히 개별 국가는 자국 영역 내의 생산활동을 통제하고 있었다. 예를 들면 프러시아 정부는 수공업 생산품의 질과 공정가격, 슐레지엔 지방의 가내직조 공업활동, 그리고 라인란트 지방의 광산소유자들의 계획을 통제했다. 광산을 열기 위해서는 정부의 사전허가가 필요했다. 소유자가 이미 사업을 벌인 뒤에 허가가 취소될 수도 있었다.[68]

이러한 사회경제적 조건에서 전문가, 경영자, 지식인의 중하층들, 다른 말로 하면 교육을 받은 사람들은 민족주의와 자유주의를 지지하게 되었다. 아직 책임이나 지위 때문에 구속을 받지 않아도 되는 젊은 사람들이 이 운동의 지도적 역할을 담당했다. 그러나 이러한 교육받은 사람들은 자유 일반에 대한 복잡하고도 장황한 추상적 이론에 사로잡혀 구체적인 자유를 가져올 어떤 실천적인 행동에도 몰두하지 못했다. 이러한 일반적 조건들이 마르크스의 독특한 환경을 평가할 배경을 형성한다.

가정환경과 초기의 동료들

만약 주변성의 개념에 완전하게 들어맞는 사람이 있을 수 있다면 마르크스가 바로 그러한 사람이었다. 앞서 보았듯이 마르크스의 가족은 타산적인 이유로 개신교로 개종했다. 그들은 루터교도가 되었다. 그러나 신교도는 비록 위세는 있었다 하더라도 마르크스의 가족이 살고 있던 트리어처럼 가톨릭이 우세한 지방에서는 조그마한 소집단에 불과했다. 더구나 당시는 유대인의 열등성에 대한 생각이 널리 퍼져 있던 때는 아니었지만, 개종한 유대인은 여전히 따돌림과 편견의 대상이 되었다. 그 결과 마르크스와 동시대이거나 가까운 시기에 살았던 유대 지식인들은 개종을 했든 안 했든 자신들이 유대인이라는 사실 때문에 언제나 불안을 느끼고 있었다. 예를 들면 뵈르네(Ludwig Börne), 하이네, 라살레 등 많은 유대인이 지적인 명성을 얻었음에도 사회적으로는 언제나 열등한 사람으로 취급되었다.[69] 이들 대부분은 그들의 지위불일치 때문에 심각한 고통을 겪고 있었고, 정도의 차이는 있지만 모두 유대인에 대한 자기혐오를 나타내게 되었다.

마르크스도 예외는 아니었다. 사실 그는 일생 동안 외부에서 가해져오는 유대인이라는 인상에서 벗어나려고 온갖 노력을 다했고, 그 결과 그는 유대인을 경멸하던 더럽고 추악한 성격과 행동을 지닌 사람으로 간주했다. 마르크스의 글 속에서 유대인은 전형적으로 고리대금업자나 환전상으로 나타나고 있다. 이스라엘의 자손은 영원히 금송아지 앞에서 춤추고 있는 모습으로 그려지고 있는 것이다. (아마도 마르크스가 평생 동안 돈 모으는 것을 싫어한 것은 이러한 유대적 성격에 대한 그의 반감과 관련이 있을 것이다.) 그의 편지 속에서 찾아볼 수 있는 유대인과 유대적 성격에 대한 수많은 비난은 마르크스의 모습 중 가장 이목을 끌지 못한 부분이었다. "여기에는 유대인과 벼룩이 많다"라는 표현이나 라살레에 관해 언급한 "유대인 검둥이"라는 글 등은 곤란할 정도로 많이 있다. 그의 생애 후반에 이르러 마르크스는 반유대주의적 욕설을 곳곳에 쓰고 있다. 그러나 그 훨씬 이전부터 유대인으로서의 주변적인 지위 때문에 심각한 고통을 겪었음이 분명하며, 끝까지 그로부터 벗어나지 못했다.

마르크스의 입장을 특징짓는 지위불일치는 롤모델에서의 불일치라고 할 수 있는 것과 복합되어 있다. 마르크스가 다른 이유로 존경했던 그의 아버지는 그가 마음속으로 유대인 특유의 결점이라 생각한 속성들, 예를 들면 나약함이나 비굴함 같은 속성들을 동시에 지니고 있었다. 반면 베스트팔렌은 찬양할 만한 시민적 용기를 지닌 것으로 보였지만, 그의 지위는 마르크스의 가족으로서는 꿈에서나 바라볼 수 있을 정도로 월등히 높은 것이었다.

마르크스의 아버지는 그의 생애 가운데 꼭 한 번 많은 사람 앞에서 용기 있는 입장을 취한 적이 있었다. 어떤 공식 만찬회에서 그는 개혁의 필요성에 대해 연설을 했던 것이다. 그러나 경찰이 다그쳐 묻자 그는 금방 위축되고 말았다. 이때의 비굴한 태도가 당시 열여섯 살이었던 아들에게 결정적인 인상을 남겨놓았다. 40년 후 그의 딸 중 하나가 "당신이 가장 싫어하는 악은 무엇입니까?"라는 고풍스런 질문을 그에게 가져왔을 때 그는 '노예근성'이라고 기입했다.

아마도 마르크스가 자신의 학위논문을 아버지에게 바치지 않고 베스트팔렌에게 바칠 정도로 베스트팔렌을 찬양한 것은 그가 자기 아버지에게는 너무나 결여되어 있었던 찬양할 만한 미덕들, 그중에서도 특히 용기를 지닌 사람이라는 마르크스의 느낌과 관련되어 있을지도 모른다. '노블레스 오블리주'라는 생각을 늘 지니고 있던 높은 지위의 베스트팔렌은 낮은 지위의 마르크스에게 롤모델이 되었으나, 그만큼 그의 주변인으로서의 감정은 더욱 증대해갔다.

자신이 모든 것의 주변부에 존재한다는 마르크스의 느낌은 베를린대학에서의 학생 시절 때 만난 친구들에 의해 한층 더 뚜렷해졌다. 여기서 그는 대학 내의 학문적 풍토와 융합하기를 거부한 사람들 그리고 자신들을 정권에 대한 철저한 반항자로 생각하던 사람들과만 접촉했다. 분명히 이들 중 일부는 학계에 지위를 얻을 생각이 있었고, 일시적으로나마 학계에 발판을 구축할 수 있었던 사람도 적지만 몇 명 있었다. 그러나 대체로 이들 관심의 초점은 대학이 아니었다. 이들은 전문가나 식자층 중 불만을 품고 있는 자유주의자나 혁명론자들의 세계에 관심이 있었는데, 이들은 이곳저곳에 흩어져 있거나 기껏해야 특정한 제도적 구조에 마지못해 몸담고 있는 자들이었다.

앞서 논의한 동시대의 프랑스인들처럼 이들도 고등교육을 받았으나 독일의 무의미한 환경 속에서 자신들이 '어리석게 성장'하도록 훈련되어왔다고 느끼는 젊은이들이었다. 그들은 커피를 마시거나 맥줏집에서 여러 시간을 앉아 보내거나 살롱에서 살롱으로 떠돌아 다녔다. 이런 곳에서 이들은 보다 착실한 자유주의자들에게서 **참으로 그것을 말할 수 있는** 용감한 젊은이들로 떠받들어졌다. 이러한 일들로부터 이들이 얼마간의 기쁨을 얻었던 것은 아마도 사실일 것이다. 그리고 그들 모임의 특징이었던 날렵한 지적 교류를 통해 자신들의 기지를 날카롭게 한 것도 분명하다. 그러나 이런 형태의 흥분하기 쉬운 지적 활동은 쉽사리 게으름으로 치닫게 하는 강한 힘이 되기도 했다.

마르크스는 베를린대학에서의 이러한 동년배 중에서 자신의 친구를 발견했고, 그가 고독 속에서 괴로워한 주변성을 공유하는 동료들을 얻게 되었다.

초기 저작 속에 나타난 마르크스의 문체는 그의 사상이 성숙해가던 배경을 잘 나타내고 있다. 그것은 **민중**에게 호소하려는 문체가 아니라 버림받은 소수의 은밀한 동료집단에게 호소하는 문체였다. 그것은 청년 헤겔주의자들 내부의 집안싸움에 관한 복잡한 언급들로 가득 차 있어 보통 사람이 읽어서 이해할 수 있기를 기대하기는 어려운 형편이었다. 그러나 거기에는 또한 뛰어난 변증법적 기술과 그 기술을 낳게끔 한 비공식적 토론을 연상시키는 단어들의 능란한 구사를 찾아볼 수 있다. 의심할 바 없이 이런 말들 중 어떤 것은 헤겔의 논지와 경쟁하려는 의도를 지닌 것이었지만, 대부분은 수사학적으로 능란한 친구나 동료들과의 분파적인 논의에서 사용되던 문체였다. 마르크스가 그 대부분을 출간하지 않으려 마음먹었던 것은 하등 이상할 것이 없다. 파리를 떠날 무렵에 이르러서 그는 이미 초기에 사귀던 대부분의 사람들과는 결별하고 있었다. 그는 이들을 자신의 청중으로 격하시키기 시작했지만, 사실은 그들과의 모임에서 얻은 철저한 변증법적 기술로 그들을 공격하는 과정에서 여전히 그들과 일종의 내면적 대화를 하고 있었던 셈이다.

그러나 이러한 초기 저작에서 우리는 마르크스가 이전 동료들과의 싸움에 사용했던 변증법적인 재치의 번뜩임과는 거리가 먼 것으로 보이는, 분석적이고 설명적인 구절들도 역시 찾아보게 된다. 우리는 그가 교육받은 다수의 대중에게 연설할 때 일간신문의 기자와 편집자로서의 짧은 경험이 그에게 상당한 도움을 주었으리라 추측할 수 있다. 그가 『라이니셰 차이퉁』지에 쓴 글의 묘사적인 문체는, 물론 고도의 변증법적 기술과는 다르지만, 다른 초기 저작들의 문체와는 현저히 다르다. 여기서 그는 자신이 지닌 지식을 훌륭히 무기화함으로써 자신의 적을 뒤엎으려하지 않고, 오히려 방법론적인 주장과 사실의 명백성을 밝힘으로써 상대방으로 하여금 깨닫게 하고 확신을 느끼게 하려고 노력했다.

완고한 베를린대학의 보헤미안적 분위기 속에서 한 사람의 젊은 반항인으로서 마르크스가 발전시켜온 사고양식과 논법 그리고 언론계에 참여한 데서 배운 또 다른 사고양식이나 서술방식, 이 모두가 이후의 성숙한 마르크스의 저작 속에 혼합되었다.

노동계급 청중

프랑스의 교육받은 중산계층은 프랑스 작가들에게 일정한 독자층을 제공했으나 독일의 중산계층은 그렇지 못했다. 하이네 같은 몇몇 문인을 제외하고는 망명 중인 독일작가들은 주로 자기들끼리의 힘에 의지하거나 아니면 검열관이 작가들의 활동이 가능하도록 허용해주는 연고지의 어떤 공적 지원이라도 의지해야만 했다. 이것이 왜 망명 작가들 대부분의 작품이 난해하고 한정되어 있으며 또한 질적으로 성장하지 못했는가를 부분적으로 설명해준다. 그러나 이들 중에서도 좌익작가들은 같은 지위의 망명동료 외에도 자신들의 얘기나 글을 직접 들어주거나 읽어주는 한 집단을 파리에서 발견했는데, 이는 곧 이 작가들과 똑같이 자신들의 행동이나 신념이 박해를 받던 조국에서 추방당한 숙련공과 수공업노동자들이었다.

마르크스는 거의 매일 이런 사람들과 접촉하면서, 또한 이런저런 방법으로 희망을 표현하거나 불완전한 생각들이나마 글로 나타내려는 사회주의 작가들과 점점 친해져 가면서 사회주의로 전향하게 되는데, 이때부터 거의 초인적인 그의 지적 정력은 혁명적 목표를 뒷받침하는 데 전적으로 쓰이게 되었다. 세상을 이해하려던 철학가로서의 목표는 세상을 변혁시키려는 혁명적 의지에 밀려나게 되었다.

파리와 브뤼셀에 있는 동안 마르크스는 하이네, 루게, 프루동, 바쿠닌 같은 여러 뛰어난 지식인과 동등한 위치에서 사귀었다. 이들은 마르크스가 베를린대학에서 사귄 비교적 동질적인 젊은 보헤미안 동료집단보다는 훨씬 다양한 배경과 기질을 지니고 있었다. 아는 친구들과 동료들이 많아짐에 따라 그의 독서 폭도 넓어지게 되었다. 더욱이 이제 그는 독일 내외의 노동자들과도 사귀게 되었는데, 그들은 비록 지식을 가진 다른 동료들의 박식함이나 교육상태를 따를 수는 없었지만, 마르크스가 그토록 찬양했던 도덕적인 꿋꿋한 정신과 강한 성격을 소유하고 있었다. 그는 파리에서 접촉했던 대부분의 지식인 동료와 결별했던 것처럼 이들과도 얼마 가지 않아서 의견이 맞지 않아 다투게 되었다. 그럼에도 노동자는 상상적으로나마 그의 얘기를 듣는 선택된 청중으로 남아 있었는데, 이것은 런던에서의 생활처럼 주변사람들과의 관계를 대부분 단절했던 거의 완전한 고립 상태에서도 여전히 유지되었다.

마르크스와 콩트(그의 생애의 말년에 이르러)가 똑같이 노동자를 대상으로 말하려고 했지만, 그들이 청중과 맺었던 관계의 성격은 기본적으로 판이했다. 콩트는 노동계급을 찬미하는 자들에게 훈시하는 투로 말했다. 그는, 노동자는 정신적으로 단순하므로 그들의 제한된 지적 능력에다 감정적으로 호소함으로써 복음을 가르쳐줄 수 있다고 보았다. 그러나 그와 반대로 마르크스는 노동자들에게 훈시하려 들지 않았다. 대신 그는 자신이 그들을 위해 발전시킨 새로운 과학의 열매를 그들도 함께 공유할 수 있게끔 그들을 교육시키려 했다. 그들에게 그들 자신의 비참함과 빼앗김에 대한 인식을 불어넣고 그들을 의식화시킴으로써 착취당하는 사회적 조건이 그들에게 지어준 한계를 그들이 뛰어넘기를 바랐다. 독일관념론 전통과 그리스의 관념적 사상이 개개인에게 가르치려 했던 것 — 즉 생각하지 않는 삶은 가치 없는 것이며, 인간은 의식을 통해서만 자신의 존엄성을 획득할 수 있다는 생각 — 을 마르크스는 모든 계급의 인간들에게 가르치려 노력했던 것이다.

마르크스의 글 속에서 우리는 선동적인 요소들을 찾아볼 수 있다. 이것은 후에 소렐(Georges Sorel)이 그의 유용한 신화(useful myth)라는 개념을 형성할 때 기초가 된 것이다. 그러나 마르크스 저작의 주된 내용은 그런 것이 아니다. 그는 합리적인 계몽과 과학적인 교육을 통해 노동계급에게 **실제로** 사물이 어떠한가를 보여주려 했다. 노동자는 헛된 도덕적 권유나 감정에의 호소에 의해서가 아니라 이데올로기적인 눈가리개를 벗겨야만 볼 수 있는 실재의 모습을 보여줌으로써 행동으로 활성화될 수 있는 것이다. 성숙한 마르크스의 모든 저작 밑바닥에는 **사회실재에 대한 탐구**가 깔려 있다. 이러한 이유로 우리는 노동계급을 위한 '과학적' 사상체계를 형성시키려는 노력 속에서 그가 남긴 유산을 찾아볼 수 있는데, 이 유산은 그의 사회적 열정에 대해 부분적으로밖에 동의하지 않는 사람들도 지구상에 있는 인간의 영고성쇠를 사회적으로 이해하려 할 때는 그에 찬동할 수밖에 없는 그런 것이다.

사람들은 글을 쓰거나 얘기를 할 때 자신의 말이나 글이 먹혀들어 가리라 생각하는 사람을 그 대상으로 찾는다. 이러한 의미에서 엄격히 말하자면, 사람들은 자기와 마음이 맞는 친절한 사람들을 찾는 것이다. 마르크스는 동정적인 좌익 지식인들과 노동자들 중에서 조그마한 세계를 발견한 후 청중을 창조해내려고 마음먹었다. 연설과 책자를 통해 노동자들을 교육시킴으로써 마르크스는 자기가 구성한 복잡한 체계를 그들이 이해할 수 있도록 도와주었고, 그런 과정을 통해 자신의 사상체계의 윤곽을 제시했다. 이것은 자신의 얘기를 들어주는 사람이 너무 없어서 청중을 얻으려는 결사적인 노력으로 마침내 자기 저작들을 값싸게 팔 수밖에 없었던 콩트와 좋은 대비가 된다.

동시에 마르크스는 당시 높은 수준에 달해 있었던 과학적 공동체에게도 인정받기를 늘 바랐다. 비록 그가 '부르주아'적 반대자들을 모욕하는 경멸적인 투로 쓰기는 했지만, 그렇다고 해서 이후의 제자들이 일반적으로 얘기하듯이 당시의 '부르주아 과학'은 무시해도 좋다는 식의 입장을 정당화했던 것은 결코 아니다. 이후의 제자들에게 마르크스주의는 공식적인 학문세계 속에서 스스로 살아갈 수 없는, 재능도 없고 과학자로서는 적당치도 않은 자들의 마지막 피난처가 되었다. 하지만 마르크스 자신은 이러한 자만과는 거리가 멀다. 그의 말년에 이르러 그의 정신이 점점 굳어져갔다는 것, 그래서 패링턴(Vernon Parrington)이 매더(Increase Mather)에 대해서 했던 말—"그는 새로운 사상의 바람이 들어올 수 없도록 마음의 창을 굳게 닫았다"—이 마르크스에게도 적용될 수 있으리라는 것은 아마도 사실일 것이다. 그러나 생애의 대부분에 걸쳐 마르크스는 중요한 '부르주아' 세계의 사상가들을 존경하듯 신중히 대했다. 다윈의 저작은 그에게 깊은 감명을 주었다. 그의 방대한 노트와 출간된 저작들 속에 나타나듯이, 그는 '부르주아 세계'에 속해 있는 반대자들과 끊임없이 철저한 싸움을 해왔으며, 그리하여 그들을 자신의 격한 논쟁의 중요한 대상으로 삼고 있었던 것이다.

파리와 브뤼셀에서의 생활 이후 마르크스는 자신에 대한 새로운 상, 즉 노동계급을 위해 사회실재에 대한 새로운 진리를 제시하는 자라는 새로운 자아상을 갖게 되었다. 그는 자신이 홀로 한 탐구와 당시와 그 이전 세대의 중요한 사회사상가들에 대한 철저하고도 비판적인 연구를 통해 얻은 메시지를 노동자들에게 전달하려고 했다. 이러한 것들을 엥겔스는 다음과 같이 요약했다. "우리는 이러한 새로운 과학적 결론들을 전문적으로 아는 체하는 사람들을 위해 장황한 책으로 써내려는 생각은 없었다. 그와는 반대로, 우리는 우리의 모든 것을 정치적 운동에 쏟아 넣었다. 우리는 교육을 받은 자들의 세계와도 어떤 관련을 맺고……동시에 조직화된 프롤레타리아와도 밀접한 관계를 맺고 있었다. 우리는 당연히 우리의 관점을 견고한 과학적 토대 위에 놓이도록 할 의무가 있었다. 그러나 유럽의 노동자들을 깨우치는 일도 그에 못지않게 중요한 우리의 사명이었다."[70]

고립과 이중적 주변성

파리와 브뤼셀에서 지내는 동안은 비교적 짧은 기간이나마 마음에 맞는 동료와 이해력 있는 노동계급 청중이 고루 갖추어져 있었다. 이런 조건에서 『공산당 선언』이 나타난 것이다. 그러나 1848년에 잠시 등장했던 혁명이 환멸적인 것이 되고, 마르크스가 런던으로 이주한 이후로는 대륙에 있을 때 즐거이 교제하던 자극적인 동료들이나 자신의 얘기를 들어주던 청중과의 행복한 결합 같은 것은 모두 사라지고 말았다.

마르크스는 런던에서의 망명 초기에 거의 완전히 고립되어 있었는데, 이것은 부분적으로는 그의 다투기 좋아하고 거만한 기질 때문이기도 하지만, 그것보다는 주로 객관적인 이유 때문이었다. 그는 동료 망명자들이 그리는 혁명이란 것이 중요한 현실적 기반을 갖지 못한 꿈에 불과하다는 것을 곧 깨닫게 되었다. 그리하여 그는 가능한 한 이러한 부류의 사람들과 결별하려고 애썼다. 그러나 그도 다른 망명 동료들과 마찬가지로 특이한 위치, 짐멜(Georg Simmel)의 용어를 빌리면, 한곳에 머무는 자가 아닌, 그래서 오늘은 이곳에 있지만 내일이면 다른 곳으로 가야 하는, 그러나 한 지방의 독특한 주위 환경과 유기적인 관계를 맺지 못하면서도 그곳에 머물지 않을 수 없는, 사회학적으로 말하자면 이방인으로서의 위치를 점하고 있었다. 에드먼드 윌슨(Edmund Wilson)의 뛰어난 문학적 상상력은 이러한 망명가들의 상태를 잘 그려주고 있다.

정치적 망명가의 생활은 조국을 가진 사람들로서는 상상할 수도 없는 독특한 마음 상태에 점점 사로잡히게 된다. 특히 평범한 시민을 뛰어넘는 어떤 원칙이나 관심을 지녔던 사람들은 이제는 바로 그 시민적 기반의 결핍과 사회와의 유기적 관계의 결핍으로 인해 자신들이 훨씬 열등한 어떤 것과 맺어져 있다는 느낌을 갖게 된다. 그리고, 그들이 낯선 망명국에서 직업을 얻거나 친구를 사귀려 할 때 부딪치게 되는 어려움은 차치하더라도, 그들이 그 낯선 곳에서 자신을 계속 지켜나가기도, 새로운 생활을 창조해나가기도 힘들다. 왜냐하면 그들은 언제나 자신을 추방시킨 정권이 무너지면 고향으로 돌아갈 수 있으리라는 희망 속에서 살고 있기 때문이다.[71]

런던에서의 처음 얼마 동안 마르크스는 이중적 망명생활을 보낸 셈이다. 즉 그는 독일이나 영국의 사상가들과 거의 접촉하지 않았고, 동시에 다른 망명자들 사이에서도 고립된 생활을 보냈던 것이다. 1851년 2월, 엥겔스는 마르크스에게 보낸 편지에서 "사람들은 망명이라는 것이 여기에서 벗어나지 못하는 사람은 누구나 바보가 되거나 깡패가 되는, 일종의 제도 같은 것임을 점점 더 확실히 이해하게 되었다"고 썼다. 그리고 마르크스는 답장에서 자기는 "우리 두 사람, 곧 당신과 나만이 우리를 형성하는 떳떳

하고도 자신 있는 고립"을 환영한다고 했다. 또한 그는 "이것은 우리 입장이나 우리의 원칙과도 합치되는 것"[72]이라고 했다. 이 편지에서 엥겔스도 마르크스에게 이제는 "핵심적인 책"을 써야 하며 그것을 쓰는 데 "망명세계 내의 거미 같은 자들은 고려할 필요가 없다"고 썼다. 이러한 고립과 주변성, 즉 이전의 친구나 동료들과의 모든 유대를 끊어버림으로써 마르크스는 매일매일의 세간사와 일정한 거리를 유지하면서 대영박물관의 차양막 속에서 주저인 『자본론』의 저술에만 온 힘을 기울일 수가 있었다.

이러한 시기에 마르크스에게는 단지 두세 명의 헌신적인 제자가 있었을 뿐이었으나 엥겔스는 마르크스에게 변함없이 또 하나의 마르크스처럼 남아 있었다. 마르크스의 생애에서 엥겔스의 중요성은 아무리 과대평가해도 지나치지 않을 것이다. 엥겔스는 마르크스의 모든 이론적 사상에 동의했다. 그렇다고 해서 그가 언제나 '예'만을 말하는 기계적인 사람이었던 것은 결코 아니다. 엥겔스 자신도 상당한 재능을 지닌 사람이었고 고도의 비판적 판단력을 소유한 사람이었다. 그는 마르크스를 너무도 숭배했기 때문에 비록 두 살밖에 차이가 나지 않지만 훌륭한 재능을 지닌 존경할 만한 이의 아들 역할을 담당하려 했다. 이것은 마르크스가 철저한 고립상태중에서도 완전히 혼자는 아니었다는 것, 그리고 자신의 짐을 끝까지 같이 져주려는, 적어도 한 사람의 뒷받침 덕분에 자신의 주변성이란 짐을 훨씬 가볍게 질 수 있었다는 것을 뜻한다.[73]

마르크스에 비해 엥겔스는 훨씬 세속적이고 구체적이며 차분한 사람이었다. 마르크스에게서 엥겔스는 현실에 자신을 붙들어 매놓는 폿대와도 같았다. 그의 도움이 없었다면 아마도 마르크스는 이 현실에서 멀리 떠나 추상의 세계로 빠져들었을지도 모른다. 윌슨은 이렇게 썼다. "엥겔스는 마르크스의 프롤레타리아에 대한 추상적인 형상이 지닌 빈틈을 메워주었고, 그가 현실의 집과 공장에 머물도록 해주었다."[74] 아마도 엥겔스가 없었더라면 마르크스는 대영박물관 안에서 홀로 연구하는 자가 기질상 빠져들기 쉬운 난해한 추상들에서 결코 빠져나올 수 없었을 것이다.

마르크스는 돈을 받고 기고한 『뉴욕 데일리 트리뷴』지의 기사를 제외하고는 사회주의적 내용을 담은 책들만을 언급했다. 그는 빅토리아 시대

영국의 유명한 주간, 월간 평론지들을 후원하고 있던 유식한 독자들에게서 자신의 청중을 찾을 생각은 없었다. 있다면 영국과 대륙에서 출간된 급진적 망명자들의 저작에 관해 간혹 기고하는 일뿐이었다. 1848년 혁명과 그 영향에 관한 두 역사적 저작들은 여전히 유럽의 급진주의자들을 위해 쓰인 것이었다. 이 저작들 속에서 마르크스는 혁명의 재발을 기대했으나 1850년대와 60년대 동안 그것이 실패하자 1848년 살아남았던 사람들과도 단절되면서 아무런 독자도 갖지 못한 사람이 되고 말았다. 이 시기는 마르크스에게서 육체적으로나 정신적으로나 비참한 시기였다. 그러나 그는 『자본론』을 통해 강조하려던 사회주의 노동자들을 상상의 청중으로 가정함으로써, 그리고 마르크스의 변함없는 독자였던 엥겔스의 도움을 받음으로써 이 시기를 견뎌낼 수 있었다.

설명적인 산문으로 쓰인 『자본론』과 관련된 여러 글은 각 장에 따라 상당히 다르게 쓰였다. 어떤 장, 예를 들어 유명한 '노동일'에 대한 장 같은 부분은 도덕적인 열정과 설득시키려는 의지가 담긴 명쾌한 문체로 쓰여 있다. 그러나 제1권의 몇몇 장 같은 부분은 난해하고 모호한 문체로 쓰여 있으며, 이것은 계속된 다른 권에서는 더욱 현저히 나타나고 있다. 이런 부분은 마르크스가 저술할 당시 앉아 있어야만 했던, 바람도 통하지 않고 담배연기만 자욱하던 방의 공기마냥 답답하고 조밀하다. 또한 우리는 상당히 많은 끔찍한 표현, 예를 들면 강탈, 억압, 단절, 대학살, 생매장, 주검들의 행진, 희생자의 피를 먹고사는 흡혈귀 등을 볼 수 있다. 이것들은 마르크스가 종종 세상을 보고 짓곤 하던, 거만하지만 조용한 그의 표정 뒤에 숨겨져 있던 말할 수 없는 정신적 희생과 가슴속의 분노를 나타내주고 있다.

마르크스의 위치가 그가 살던 사회의 제일 끝 가장자리였다는 사실은, 그가 머릿속에서의 상상적인 교제를 위해 현실적인 폭 넓은 교제를 거부했다는 사실과 함께 그의 견해의 명료성과 단점을 설명하는 데 중요한 것이다. 그는 아웃사이더였기 때문에 정착하여 살고 있는 주민들에겐 보이지 않는 틈바구니를 자본주의라는 당당한 구조 속에서 찾아낼 수가 있었다. 자본주의사회의 갈등과 내재하는 모순에 대한 마르크스의 날카로운 통찰은 그가 고독과 망명이라는 희생을 대가로 치르고서야 얻을 수 있었던 것이다. 마르크스가 그 자신의 경험 속에서 자본주의사회 내에서 겪는 대부분의 경험에 대한 열쇠를 발견했다는 윌슨의 말은 아마도 옳을 것이다. "『자본론』에서 그 자신의 고통은 산업주의 아래 있는 전 인류의 고통으로 나타나고 있다. 그리고 그의 정신이 너무나 고통과 분노에 싸여 있고 세상살이에 너무도 괴로움을 겪었기 때문에, 그는 이 거대한 이윤의 시대가 운명적으로 부딪치게 될 인간성의 완전한 파멸과 잔인한 싸움들 그리고 걷잡을 수 없는 혼란에 대한 원인들을 인식하고 포착할 수가 있었던 것이다."[75]

사회에 대한 분노와 다가올 더 나은 세상에 대한 꿈은 마르크스로 하여금 자본주의체계의 움직임을 더욱 철저하고 자세하게 조사하도록 한 원동력이 되었다. 이러한 것이 없었다면 『자본론』은 탄생할 수 없었을 것이다. 그의 개인적 상황, 고독과 주변성의 뼈아픈 고통이 그의 저작을 형성시킨 모멸감과 분노에 계속하여 불을 질렀다. 언제나 긴장과 갈등을 겪고 있던 그의 사생활 때문에 그는 갈등과 투쟁 속에서 모든 역사의 보이지 않는 궁극적 동인을 찾으려는 경향을 지니게 되었다.

마르크스의 날카로운 감각과 이상은 상당한 부분이 그의 사회적 위치에서 얻어진 것이었다. 그러나 그로 하여금 당시의 전통적 지식을 무시하고 지금까지 어느 학자에 의해서도 탐구되지 않았던 사회실재의 단계까지 꿰뚫어 볼 수 있게 해준 바로 그 고립이 그의 저작에 결점을 가져오게 하는 데도 역시 기여했다. 동료나 친구가 없었던 결과는 많은 그의 주장이 지니고 있는 독단이나 강직성에 나타나고 있다. 분명히 그는 그의 '부르주아' 적대자들과 마찬가지로 언제나 학문적인 명증성이란 계율에 맞도록 글을 쓰려 노력했다. 그럼에도 『자본론』 속에서 발견되는 수많은 논리적·실질적 오류 — 이후의 비판가들이 지적하기를 좋아하는 — 는 아마도 유능한 비판자가 없었다는 사실로 대부분 설명될 수 있을 것이다.

1863년, 인터내셔널이 만들어지기 이전에 마르크스는 누구를 위해 글을 써야 할지 확신하지 못하고 있었다. 그러나 인터내셔널이 만들어진 이후 그는 자신이 1840년대 말에 잠시 누렸던 정치적 역할과 학문적 역할의 행복한 결합을 다시 경험하게 되었다. 그가 일으킨 노동운동이 그의 저작도 필요로 하게 되었던 것이다. 인터내셔널은 오랫동안 존재하지 않았던 자신의 저작에 대한 수요구조를 창출했다. 그는 더 이상 엥겔스나 미래의 상상적 독자를 위해 글을 쓸 필요가 없어졌다. 이제 그는 자기를 과학적 사회주의의 원천으로 바라보기 시작한 현실의 구체적인 사람들을 위해 글을 쓸 수 있게 되었다. 만약 인터내셔널이 결성되기 이전에 『자본론』이 쓰였다면 그 책의 운명이 어떻게 되었을까를 상상해보기란 어려운 일이다. 그러나 전반적으로 학계나 출판업계에서 처음부터 환영했을 것인가 그렇지 않으면 냉담했을 것인가 하는 것으로 판단해볼 때, 그것이 리카도식 사회주의자인 호지킨(Thomas Hodgkin), 톰프슨(William Thompson), 존 그레이(John Gray), 또는 시스몽디 등이 쓴 급진적이고 날카로운 초기 글들의 운명과 다름이 없었으리라고 충분히 생각할 수 있다. 오늘날 이런 것들을 읽는 사람이 어디 있는가?

당시 『자본론』을 위시한 마르크스의 여러 저작은 얼마 가지 않아 노동운동, 특히 독일어를 사용하는 나라들에서의 노동운동에 거의 경전 같은 위력을 지니게 되었다. 그러나 이때는 이미 마르크스의 창의력이 거의 소멸되고 있었다. 1860년대와 70년대 초 인터내셔널의 이름으로 그가 쓴 연설들은 그의 수사력이나 분석력이 최고 수준에 이르렀음을 보여준다. 그의 중요한 적대자였던 바쿠닌과의 마지막 싸움과 인터내셔널의 붕괴 이후로 그는 거의 아무것도 쓰지 못했다. 이제야 그는 지금껏 갈망했던 세계를 발견했고 헌신적인 추종자들을 만나는 영광을 누리게 되었다. 그러나 이때 화산은 이미 탈 대로 다 타버린 상태였다.

요약

　억압적인 정부의 조치와 전반적인 후진성 때문에 야기된 정신적 불안으로 식자층이 극도의 고통을 겪고 있던 나라와 그러한 지방에서 성장하면서, 또한 자신은 현재 환경에 전혀 만족할 수 없는 주변인임을 느끼면서 마르크스는 기존질서에 대한 철저한 비판자가 될 준비를 하고 있었다. 그는 급진적 학파나 은밀한 철학적 파벌의 고집 센 분위기 속에서 자신의 비판적 무기를 더욱 날카롭게 다듬어갔다. 그의 변증법적 논리는 동료 파벌들 간에 주고받던 논쟁 속에서 발전된 것이다.

　마르크스는 현재 상황의 실제 움직임을 노동계급이 보지 못하도록 방해하는 이데올로기적인 장막을 벗겨내는 일에 몰두했다. 시민사회의 구조에 대한 묘사와 분석은 그가 일생 동안 계속한 작업이었다. 많은 그의 앞 세대 인물과 마찬가지로 그도 위대한 사상가 중 하나로 꼽을 수 있다. 그러나 그의 이상은 이에 한정되지 않고 영원한 아웃사이더로서의 위치 그리고 미래의 이상 — 노동계급 독자들이 필연적으로 나타나리라는 꿈 — 에 내린 깊은 확신이 함께 깔려 있다. 사회학자는 종종 예언과 분석을 구별하곤 한다. 그러나 마르크스의 경우 전자가 없이는 후자가 결코 나타날 수 없었을 것이라는 점을 늘 기억해둘 필요가 있다. 그리고 가장 아이러니한 것은 이 아웃사이더의 고통스런 노력이 그가 원한 대로 지구상의 버림받은 자들에게 도움을 주었을 뿐만 아니라 그가 생전에 늘 경멸하던 냉랭한 학자들에게도 도움을 주었다는 사실이다.

허버트 스펜서

Herbert Spencer, 1820~1903

주요 이론 사회진화론, 산업형 사회, 기능분석, 복합성
주요 저서 『사회학원리』 『제1원리』 『인간과 국가』 『사회정학』

스펜서는 구조적인 차원에서 진화의 일반이론을
체계화한 사회학자로, 근대화 과정에서 서구사회는 물론
비서구사회에까지 큰 영향을 미친 인물이다.
유기체 일반에서와 마찬가지로 규모의 확대, 이질성의 증대,
상호의존적 통합의 증대라는 구조적 변화가 사회에도 나타난다고
주장하고 동질적인 군사형 사회에서 복잡성과 이질성이 중시되는
산업형 사회로의 이행을 사회진보라며 환영했다.
그가 강조한 '적자생존' 원칙과 사회진화론은
20세기 초 조선의 지식인들에게 널리 받아들여진 바 있다.

"불확정적이고 응집성이 낮은 동질적 상태로부터
상대적으로 확정적이며 응집력이 강한
이질적 상태로의 변동이 곧 진화다."

_허버트 스펜서

사상

스펜서(Herbert Spencer)는 매우 뛰어난 통찰력을 갖고 있으면서도 때때로 부적합하고 추상적인 논리의 바다에 빠지곤 하던 이론가였다. 따라서 스펜서의 사상을 고찰할 때의 적합한 방법은, 호프스태터(Richard Hofstadter)가 조언했던 것처럼, 사상을 선택적으로 검토하는 것이다. 호프스태터는 프레더릭 터너(Frederick Turner)에게 다음과 같이 언급했다. "스펜서 같은 역사적 사상가를 다루는 데서 가장 타당한 절차는 그의 한계적 실수를 흥밋거리로 지적하는 것이 아니라, 오류임이 증명된 것은 절단해버리고, 과장되어 진술된 것은 축소하며, 산만하게 진술된 것은 압축하고, 전체를 적절한 장소에 배치함으로써 그의 사상을 유용한 전망 속에서 되살릴 수 있도록 구제의 노력을 다하는 일이다."[1] 스펜서의 사상에 대한 이런 식의 설명은 매우 선택적이 될 것이다. 여기서는, 다른 학자를 검토할 때와 마찬가지로, 오직 이 사상가의 사회학적 공헌, 그중에서도 특히 중심적인 것만을 고찰하려고 한다. 스펜서의 일반론적 형이상학과 반형이상학은 관련되는 한에서만 언급될 것이다. 현재 스펜서 비판자들에 따르면, 스펜서의 철학적 깊이는 그다지 깊지 않다고 생각되고 있으므로, 이런 작업은 비교적 용이한 일이라 하겠다.

일부 사회학사 연구자들은 스펜서를 콩트의 유기체론적 연구방법과 진화론적 연구방법의 계승자로 고찰하려는 경향이 있다. 비록 스펜서가 콩트의 사상에서 받은 심대한 영향을 스스로 부인하고 그에 대해 항변한 것이 지나쳐 보이기는 하지만, 스펜서의 전반적 지향이 콩트의 그것과 현저한 차이가 있다는 것은 사실이다. 스펜서는 콩트와 서로 다른 접근법을 다음과 같은 방식으로 설명했다.

콩트의 근본적 목적은 무엇인가? 그것은 **인간의 정신작용**(human conceptions)의 진보에 대해 조리 있는 설명을 하려는 것이다. 나의 목적은 무엇인가? **외부 세계**(external world)의 진보에 대한 조리 있는 설명을 하려는 것이다. 콩트는 **관념**(ideas)의 필연적이고 실제적인 계통관계에 대한 설명을 강조했다. 나는 **사물들**(things)의 필연적이고 실제적인 계통관계의 설명을 강조하려 한다. 콩트가 **자연에 대한 지식**의 발생을 설명하려 했다면, 나는 **자연을 구성하는 현상들**의 발생……을 설명하려 한다. 그가 주관적이라면, 나는 객관적이다.[2]

물론 콩트가 관념의 발전에만 관심을 가졌던 것은 아니다. 그는 사회조직과 관련된 변동에도 역시 관심을 가졌으며, 사회진보를 다룸과 동시에 사회질서도 다루었다. 그러나 스펜서는 그들 사이의 본질적인 차이점을 정확히 알고 있었다. 스펜서의 일차적인 관심은 부수적 현상인 정신상태의 진화보다는 사회구조와 사회질서의 진화에 놓여 있었다. 마르크스와 마찬가지로 스펜서에게도 관념은 부수적 현상으로 간주되었다. 스펜서는 "모든 시대와 나라에서의 보편적 의견은 그 시대와 나라의 사회구조와 함수관계에 있다"[3]고 했다.

스펜서에게 진화란 "상대적으로 불확정적이고 응집성이 없으며 동질적인 상태에서 상대적으로 확정적이며 응집력이 강한 이질적 상태로의 변동"[4]을 의미하는데, 이것은 보편적인 과정이라 여겨졌다. 진화라는 생각은 "크게는 우주가 최초에 겪었을 변동과……우리가 사회 속에서, 또한 사회생활의 결과들에서 경험하는 최근의 변동"[5] 양자를 다 함께 설명하는 것이다. 우주의 수수께끼에 대해 이 만능열쇠가 일단 적용되고 나면, 인간사회의 진화도 다른 진화현상과 전혀 다르지 않으며, 보편적으로 적용될 수 있는 자연법칙의 한 특수한 사례임이 명백하게 된다고 스펜서는 주장했다. 사회학은 오직 자연적·진화적 법칙이라는 생각에 기초를 둘 때야 비로소 과학이 될 수 있다. "사회질서가 자연법칙에 속하지 않는다는 신념이 존재하는 한, 사회학은 완전한 과학의 범주에 속할 수 없다."[6]

스펜서에게서 우주의 모든 현상은 유기체든 비유기체든, 사회적인 것이든 비사회적인 것이든 모두 궁극적으로는 진화의 법칙에 종속되는 것이었다. 그러나 그는 유기체적 진화와 사회적 진화에 존재하는 유사성에, 그리고 유기체적 단위와 사회적 단위의 구조와 진화에 나타나는 공통성에 사회학적 관심을 집중시켰다. 생물학적 유추가 스펜서의 모든 사회학적 추론에서 특권적 위치를 점유하고 있다. 물론 스펜서는 생물학적 유추의 한계성에도 주목하긴 했다. 스펜서는 급진적 개인주의자였기 때문에 생물학적 유추를 해나갈 때 집단주의적 철학을 지녔던 콩트는 부딪치지 않았던 사회학적·철학적 난점들에 직면하게 되었던 것이다.

스펜서의 생물학적 유추가 가져온 가장 유용한 결과는, 진화적 성장은 모든 단위의 구조와 기능에 변동을 가져온다는 생각과 양적 크기의 증가는 분화(differentiation)를 심화시킨다는 생각이었다. 여기서 그가 생각한 것은, 쉬운 예를 들면, 만일 인간이 갑자기 코끼리만 한 크기로 성장한다면 그의 신체구조에 중대한 수정이 있어야만 살아 있는 유기체로 존속할 수 있다는 생각이었다.

성장과 구조와 분화

스펜서에 따르면, 유기체적 집합체와 사회적 집합체는 모두 크기가 점차적으로 증대한다는 특징을 갖고 있다. "살아 있는 유기체와 마찬가지로 사회도 작은 종자에서 시작된다. ─ 궁극적으로 거대하게 성장하는 어떤 큰 덩어리도 처음에는 매우 작은 크기에서 기원하는 것이다."[7] 전체 사회의 성장은 두 과정을 통해, 즉 "때로는 분리의 과정으로, 때로는 통합의 과정으로 이루어진다."[8] 그것은 "단위들의 단순한 증식에 의한" 인구증가에서 결과하기도 하고 "집단의 통합과 집단과 집단 간의 결합"[9]이라는, 종래에는 서로 관련되지 않았던 단위들의 결합에서 결과하기도 하는 것이다.

단위의 크기가 증가하면 반드시 구조의 복합성(complexity)도 증가하게 된다.[10] 개념적으로 말하자면, 스펜서에게서 성장의 과정은 하나의 통합과정이다. 만일 유기체나 사회적 단위가 살아남으려고 한다면 ─ 즉, 그것이 만일 생존경쟁에서 살아남으려고 한다면, 통합은 반드시 구조와 기능의 진보적 분화를 수반해야 하는 것이다. 진화단계에서 낮은 수준에 있는 동물은 높은 진화단계에 속한 동물의 배아 상태와 마찬가지로 각 부분이 명료히 구분되지 않는다. 그들은 상대적으로 동질적이다. 이 점은 사회에 서도 마찬가지여서 "처음에는 각 단위 내 여러 집단 사이에는 비유사성이 없는 듯이 보일 정도다. 그러나 인구가 증가하게 되면 분화와 하위분화는 더욱 늘어나게 되고 더욱더 결정적으로 된다."[11]

유기체적 집합체와 마찬가지로, 사회적 집합체도 각 부분이 서로 유사한, 상대적으로 미분화된 상태에서 여러 부분이 서로 다른, 분화된 상태로 성장한다. 또한 일단 각 부분이 서로 달라지게 되면 그들은 상호의존하게 된다. 그러므로 분화가 진전되면 상호의존성과 통합이 진전된다. "원초적 단계의 사회에서는 모두가 전사인 동시에 사냥꾼이며, 모두가 집 짓는 목수이자 도구제조자다. 모든 구성원이 자신의 모든 필요를 스스로 자급했던 것이다."[12]

[사회가] 성장함에 따라서 각 부분은 서로 달라지고 구조는 점차 확대된다. 서로 다른 부분은 동시에 서로 다른 종류의 활동을 상정한다. 이러한 활동들은 단순히 다를 뿐만 아니라, 바로 그 상이성이 서로의 활동을 가능하게 할 정도로 깊이 관련되어 있다. 그리하여 상호 간의 도움은 각 부분의 상호의존성을 가져온다. 그리고 상호의존적인 부분들은, 다른 부분에 의해 또 다른 부분을 위해 존재하면서, 개인유기체에서 볼 수 있는 것과 같은 동일한 일반원리에 의거하여 구성된 하나의 집합체를 형성하게 된다.[13]

"분업은 정치경제학자들이 처음으로 사회현상으로 주목한 바 있고, 이후 생물학자들에 의해 생물체의 현상으로 인지되어 '생리학적 분업'이라고 불린 바 있다. 이러한 분업으로 인해 동물은 물론이고 사회도 하나의 살아 있는 전체를 이루게 된다."[14]

단순한 수렵사회에서 기능의 전문화는 별로 발전되지 못했다. 동일한 인간이 전형적으로 사냥꾼과 전사를 겸하고 있었다. 그러나 정착된 농경

사회가 발흥함에 따라 경작자와 전사의 역할은 점차 구분되어 별개의 것으로 된다. 마찬가지로 소규모 부족집단은 원초적 형태의 정부제도를 가질 뿐이지만 보다 대규모의 정치적 단위들이 발흥함에 따라 정치적 복합성과 분화의 증가가 나타나게 되어 추장, 통치자, 국왕 등이 출현하게 된다. 크기가 더욱 증가하게 되면 "추장을 산출한 것처럼 유사한 분화가 이제는 추장들의 추장을 산출하게 된다."[15]

사회 전체의 여러 부분이 더욱더 상이하게 되고, 결과적으로 개인이 수행하는 역할들이 더욱 분화됨에 따라서 그들의 상호의존성도 증가한다. "진화가 진전되면 여러 기능이 서로 결합된다. 낮은 수준의 집합체에서는, 개인적으로나 사회적으로나 각 부분의 활동이 거의 독자적으로 이루어진다. 한편 개인이나 사회의 발전된 집합체에서는 전체의 생활을 이루는 활동의 조합이 각 부분의 생활을 구성하는 구성요소적 활동을 가능케 한다."[16] 이로부터 필연적으로 다음과 같은 추론이 가능해진다. "여러 부분이 별로 분화되지 않은 곳에서는 각 부분이 쉽게 다른 기능을 수행할 수 있다. 그러나 분화가 많이 진전된 곳에서는 서로 다른 부분의 기능을 수행하는 것이 매우 불완전하거나 전혀 수행할 수 없게 된다."[17] 부분들이 본질적으로 동일한 단순사회(simple society)에서는 각 부분이 용이하게 서로 대체될 수 있다. 그러나 복합사회(compound society)에서는, "자기 기능에 실패한 부분의 활동은 다른 부분에 의해 수행될 수 없는 것으로 간주된다."[18] 그러므로 복합사회는 초기의 조야한 단순사회보다 구조에서 더욱 상처받기 쉽고 더욱 깨지기 쉽다. 현대의 예로 미국사회와 베트남의 단순한 농업사회를 대조해보면 이해가 될 것이다.

복합사회에서 상이한 여러 부분의 상호의존성이 증대함에 따라 나타나는 취약성을 해결하기 위해 각 부분의 활동을 통제하고 조정하는 '규제체계'가 반드시 출현하게 된다. "유기체와 마찬가지로 유기체적 정치에서도 불가피하게 규제체계가 나타난다. ……복합적 집합체가 형성됨에 따라서……최상위의 규제센터와 하위의 규제센터가 출현하며, 최상위의 규제센터는 더욱 확대되고 복잡하게 된다."[19] 사회진화의 초기에 규제센터는 '적과 전리품'에 관련하여 주로 외적 환경을 처리하기 위해 필요했다. 그러나 복합적인 기능 때문에 각 부분이 서로 자발적으로 적응할 수 없게 되는 후기에는 이들 규제체계가 내적 규제와 사회통제를 담당하기 위해 필요해지는 것이다.

스펜서에게 내적 규제의 엄격성과 범위는 사회의 형태를 분류하는 주요한 구분 지표가 되었다. 스펜서는 내적 통제의 범위와 관련하여 사회형태를 분류하려고 시도했다. 동시에 스펜서는 다른 하나의 분류 기준 — 즉, 진화적 복합성의 정도 — 도 사용했다. 사회형태를 설정하는 이 두 지표는 서로 관련되어 있으면서도 동시에 뚜렷이 독립되어 있어서 스펜서의 전반적 이론구성에 일부 난점을 가져오기도 했다.

사회형태: 군사형 사회와 산업형 사회

스펜서는 진화단계와 관련하여 사회의 형태를 분류하려고 시도하면서, 사회를 단순사회, 복합사회, 이중복합사회(doubly compound society), 삼중복합사회(trebly compound society) 등으로 구분했다. 용어는 불명료하지만 그가 시도한 것은 구조적 복합성의 정도에 의거한 분류였던 것이다. 스펜서는 좀더 세밀한 분류도 덧붙였는데, 예를 들면 단순사회는 추장이 없는 사회, 간헐적으로 추장이 있는 사회, 추장제가 불안정한 사회, 안정된 추장제가 있는 사회 등으로 구분했다. 복합사회와 이중복합사회도 마찬가지로 정치조직의 복합성에 따라 분류되었다. 이와 비슷하게 각 사회형태들도 정착양식의 진화에 따라 유목형, 반정착형, 정착형 등으로 서열화되었다. 사회는 보통 단순사회에서 복합사회와 이중복합사회로 각 단계를 거쳐 필연적으로 진화한다고 보았다. "복합상태와 이중복합상태는 단계적으로 통과할 수밖에 없는 것이다."[20]

복합성의 정도에 의한 사회 분류에 덧붙여, 스펜서는 사회형태 분류를 위한 또 하나의 기준을 내놓았다. 이 별도의 이론구성에서는 사회의 내적 규제 형식에 초점이 놓여 있었다. 그가 군사형 사회와 산업형 사회라고 부른 두 유형을 구분하면서, 스펜서는 사회규제의 형태로 나타나는 사회조직상의 차이점을 중시했다.[21] 중요한 점은 이 분류가 진화단계에 기초한 구분과는 일치하지 않는다는 사실이다. 이 분류는 한 사회의 주요 환경을 구성하는 다른 사회와의 관계에 따라 사회구조의 형태를 설명하려는 사회이론에 기초하고 있다. 이 관계가 평화적인가 군사적인가의 여부가 사회의 내적 구조와 그 규제체계에 영향을 준다. 평화적 관계는 상대적으로 약하고 분산된 내적 규제체계를 가져오며, 군사적 관계는 강제적이고 중앙집권적인 통제를 가져온다. 첫 번째 이론구성과는 달리 내적 구조는 더 이상 진화의 수준에 의존하지 않고, 도리어 인근사회와의 갈등의 존재 여부에 따라 달라지게 되는 것이다.

군사형 사회의 특징적 성격은 강제다.

군사적 구조를 일관해 특징짓는 성격은 각 단위들이 여러 결합된 행동으로 강제된다는 점이다. 병사 개인의 의지는 철저하게 부차화되고, 모든 일에서 장교의 의지를 대행하는 자가 된다. 마찬가지로 모든 사적·공적 거래에서 시민의 의지도 정부의 의지에 의해 지배된다. 군사형 사회를 유지시키는 협동은 **강제적** 협동이다. ……개인유기체와 마찬가지로 하위 기관들은 철저히 최고 신경센터에 종속된다.[22]

이와 대조적으로 산업형 사회는 자발적 협동과 개인적 자율에 기초한다.

산업형 사회는, 모든 상업적 거래가 그러하듯, 완전한 개인적 자유로 특징지어진다. 사회 내의 다양한 활동을 가능케 하는 협동은 **자발적**으로 이루어진다. 또한 사회유기체를 산업형으로 만드는 발전된 지원체계에서는, 동물에서와 마찬가지로, 분산되고 중앙집권화되지 않은 규제장치가 요구된다. 또한 산업형 사회에서는 많은 계급의 저항력을 통해 최상의 규제기구를 탈중앙집중화시키는 경향이 있다.[23]

스펜서는 사회적 복합성의 정도는 군사형-산업형의 양분법에서 독립된 것임을 강조했다. 스펜서가 의미한 바로는 상대적으로 미분화된 사회

군사형 사회와 산업형 사회의 비교

특징	군사형 사회	산업형 사회
지배적 기능 또는 활동	보존과 세력강화를 위한 집체적 방어와 공격의 활동	개인적 서비스의 평화적·상호적 수수(授受)
사회조정의 원리	강제적 협동, 질서의 강요에 의한 조직편성, 활동에 대한 긍정적·부정적 양면의 규제	자발적 협동, 계약과 정의의 원리에 의한 규제, 활동에 대한 제한이 거의 존재하지 않음
국가와 개인의 관계	개인은 국가의 이익을 위해 존재, 자유·재산·이동성에 대한 제한	국가가 개인의 이익을 위해 존재, 자유·재산·이동성에 대한 제한이 거의 존재하지 않음
국가와 기타 조직들과의 관계	모든 조직은 공공조직, 사적조직들은 배제됨	사적조직들은 고취됨
국가의 구조	집권적	분권적
사회적 계층구조	서열·직업·지역이 고정되어 있음, 지위가 상속됨	서열·직업·지역이 탄력적이고 개방적임, 지위 간의 이동이 존재
경제행위의 유형	경제적 자율성과 자족성, 외부와의 교역이 거의 없음, 보호주의	경제적 자율성의 상실, 상호의존적이고 평화로운 무역, 자유무역
가치 있다고 여겨지는 사회적·개인적 성격	애국심, 용기, 존경, 충성, 복종, 권위에 대한 믿음, 원칙	고립, 타인의 존경, 억압에 대한 반항, 개인중심주의, 진실성, 친절함

출처: Herbert Spencer, *The Principles of Sociology*, vol. I, Chapter 10 and vol. II, Chapter 17 and 18, by Neil J. Smelser, *Essays in Sociological Explanation* (Englewood Cliffs, New Jersey, Prentice -Hall, 1968), p. 246.

가 산업형 사회일 수도 있는 것이다(오늘날의 '산업사회' 용어와는 다르다). 또한 현대의 복합사회가 군사형일 수도 있다. 하나의 사회가 군사형인가 산업형인가를 결정하는 것은 복합성의 수준이 아니라 오히려 외부와의 갈등의 존재 여부인 것이다.

　진화적 복합성의 증가라는 관점에서 사회를 분류할 때 스펜서의 체계는 낙관주의적 경향을 보였던 반면 ─ 그가 후일 진화라는 용어를 사용했지만 처음에는 진보라는 용어를 사용했다 ─ 군사형-산업형으로 분류하면서 그는 인류의 미래에 대한 낙관주의적 견해를 축소시켰다. 19세기에서 20세기로의 전환기를 맞으면서 그는 다음과 같이 언급했다.

1815~50년과 1850년부터 현재를 비교할 때, 우리는 군사력의 증가와 더욱 빈번한 갈등, 군사적 정신의 부활을 뚜렷이 발견하게 된다. 강제적 규제는 더욱 심화되어왔다. ……개인의 자유는 여러 방법에 의해 실제로 감소되었다. ……이것은 전체 사회생활에서 군사적 유형이 지배적이 되는 강제 규율로의 복귀라는 것을 부인할 수 없다.[24]

스펜서는, 때때로 묘사된 것처럼, 연속적인 단선적 진보를 철저하게 믿었던 사람은 아니다. 이 점은 그의 진화의 일반이론 도식 속에서 더욱 명확히 나타난다.

진화 ─ 단선적인가 복선적인가

스펜서의 문장을 살펴보면 인류의 단선적 진화, 즉 인류 진화는 한 인간이 어린이에서 어른이 되는 진화과정과 똑같이 명확하게 결정된 단계에 따라 전개된다는 생각을 확신하고 있는 듯한 표현이 많이 보인다. "유아가 성인이 되는 과정에 자리한 성장단계를 뛰어넘을 수 있는 지름길이 있을 수 없는 것처럼, 낮은 수준의 사회생활에서 높은 수준의 사회생활로 변화하는 과정에도 점진적이고 지속적인 변화를 통하는 길이 있을 뿐이다. ……이 과정은 뛰어넘을 수 없으며 꾸준한 인내로 모두 거쳐야 하는 것이다."[25] 때때로 특히 그의 초기 저작에서 스펜서는 진화의 과정을 중단이 없고 냉혹하며 현재적인 것으로 묘사했다. "동질적인 것에서 이질적인 것으로의 변화는 개별 국가의 발전과정뿐만 아니라 문명의 발전과정에서도 나타난다. 이 변화는 점점 더 빠른 속도로 진행되고 있다."[26]

그러나 성숙기의 스펜서는, 아마도 19세기 말에 이르러 영국사회가 채택했던 '집단주의적' 변화에 대한 실망 때문으로 생각되는데, 전체로서의 인류 진화는 분명하지만 특정 사회는 진보할 수도 있고 퇴보할 수도 있다는 것을 인정했다. "여러 사회를 전체로 묶어 볼 때 진화는 필연적인 것으로 보이지만……그러나 이것이 각각의 특정 사회에서도 진화가 필연적이거나 가능하다는 의미는 아니다."[27] "현재의 퇴보이론은 물론 받아들일 수 없지만, 진보이론도 현재와 같은 방식으로는 동의할 수 없다. ……내가 생각하기에 퇴보도 진보가 나타나는 만큼이나 일어날 수 있는 것이다."[28] 스펜서는 "사회유기체도 개인유기체와 마찬가지로 외부 환경과 균형을 이루게 될 때까지는 변형을 거듭한다. 그 이후에는 더 이상의 구조적 변화를 지속하지 않는다"[29]고 주장했다. 일단 균형 상태에 도달하고 나면 진화는 "점점 더 단단하게 진전되는 통합과정 속에서만 그 모습을 나타낼 뿐 실질적으로는 중단되고 만다."[30]

물론 이와 반대되는 문장들도 인용할 수 있다. 하지만 대체로 스펜서는 사회가 아무런 퇴보도 없이 이미 결정된 단계를 지속적으로 통과해나간다고 생각하지는 않았다. 오히려 그의 일반적인 견해는 사회적·자연적 환경에 대한 반응을 거치면서 발전해나간다는 생각이었다.

다른 종류의 진화와 마찬가지로 사회진화도 단선적인 것이 아니라 분화하고 재분화하는 것이다. ……전 지구상에 흩어져 있는 사람들은 다양한 특성을 지닌 환경을 만나게 되며, 그 경우 사회생활은 부분적으로는 이전의 사회생활에 의해 결정되며, 부분적으로는 새로운 환경의 영향에 의해 결정된다. 그리하여 여러 집단은 언제나 차이점을 지니게 되며, 때로는 다수가 때로는 소수가 되기도 한다. 여기에 사회의 여러 종과 속이 나타나게 되는 것이다.[31]

스펜서는 콩트 같은 엄격한 단계론자의 사상과 자신의 사상을 구별하면서 다음과 같이 언급했다. "잘못된 선입견들이 많지만 그 가운데 가장 심각한 것은 전 세계의 문명인과 야만인에 의해 표현되는 여러 사회형태를 단순히 동일한 진화과정에서의 상이한 단계에 불과한 것으로 보려는 견해다. 여러 사회유형도 개인유기체와 마찬가지로 하나의 연속적 단계를 형성한다고 볼 수는 없고, 다만 다양한 집단으로 분류될 수 있을 뿐이다."[32]

침체와 퇴보라는 요소가 들어감으로써 스펜서의 이론이 유연성을 얻게 된 것은 사실이지만, 그로 말미암아 우주의 수수께끼에 대한 보편적인 해답으로서의 호소력은 다소 상실되었다. 웹(Beatrice Webb)은 그녀의 자서전『나의 견습생활』(My Apprenticeship)에서 성공적인 사업가였던 그녀의 아버지가 언젠가 자기에게 스펜서를 비난하면서 다음과 같이 말했다고 언급했다. "어떤 사업은 다양하고 복잡한 것으로 변하고, 어떤 사업은 더욱 단순하고 동질적인 것이 되며, 어떤 사업은 완전히 도산하여 없어진다. 결국엔 전체적으로 보아 특정한 변화과정을 다른 것보다 더 기대할 아무런 이유가 없는 것이 되어버렸다."

기능주의

스펜서가 기능의 변화 없이 구조의 변화는 있을 수 없으며, 사회 단위의 규모가 커지면 필연적으로 사회적 행위의 점진적인 분화가 야기된다는 점을 강조했다는 것은 이미 논의했다. 사실 사회제도와 그 변화에 대한 스펜서의 논의는 대부분 기능적 용어로 표현되어 있다. 이러한 분석에서 스펜서의 출발점은 언제나 분석하려는 특정 현상이 수행한 기능을 탐구하는 것이었다. "하나의 조직체가 어떻게 만들어졌고 발전했는가를 이해하려면 처음부터 지금까지 그것이 어떤 욕구를 충족시켜주었는가를 이해하는 것이 필수적이다."[33] 스펜서는 사회제도를 그것이 속해 있는 전체적 구조와 관련시켜 분석했다. 그는 "우리의 사고, 감정과 관련하여 극단적으로 나쁜 일들도 보다 나은 상황을 불가능하게 하는 조건들에 대한 적응의 결과다"[34]라고 믿었다. 그는 당시의 기준으로 보아 이상하고 불쾌한 것으로 보이는 관습들이 특정 사회에서도 전혀 무가치했을 것으로 파악하는 공통적인 오류에 대해 다음과 같이 경고하고 있다. "원시인의 미신도 단순히 쓸모없는 또는 어리석은 것으로 보는 대신에 그것이 사회발전에 어떤 역할을 했는가를 찾아보아야 한다."[35]

스펜서는 사회제도가 행위자들의 정교한 의도나 동기의 결과가 아니라―그는 인간행위의 예기치 않았던 결과에 대해 매우 날카로운 감각을 지니고 있었다―기능적·구조적 위기에서 나타난다는 것을 보여주느라 많은 애를 썼다. "의도가 아니라 상황이 결정한다. ……정치적 조직의 형태는 신중한 선택의 문제가 아니다."[36] 스펜서는 우리에게 제도를 연구함에서는 두 가지 측면, 즉 진화단계의 측면과 각 단계에서 수행하는 기능의 측면을 함께 연구할 것을 요구했던 것이다.

개인주의 대 유기체론

스펜서는 그의 철저한 개인주의를 그의 유기체론적 접근방식과 조화시킬 방법을 모색해야만 했다. 이 점에서 그는 앞서 본 콩트와 달랐다. 즉 콩트는 기본적으로 반개인주의적 철학을 지니고 있었고 개인이 완전히 사회에 복종해야 한다는 유기체론적 이론을 발전시켰으나, 스펜서는 반대로 사회의 기원을 개인주의적이고 공리주의적인 용어로 파악했을 뿐만 아니라 사회를 개인의 목표달성을 위한 도구로 파악했다.

스펜서에 따르면, 원래 인간이 함께 결속하는 것은 그렇게 하는 것이 유익하기 때문이다. "더불어 사는 현상이 나타나는 이유는 일반적으로 떨어져서 혼자 사는 것보다 더 유익하기 때문이다." 일단 사회가 나타나면 영원히 지속하게 된다. 왜냐하면 "[개인들 간의] 결속을 유지한다는 것은 곧……사람들이 결속하지 않았을 경우의 생활상태보다 훨씬 만족스런 상태를 유지한다는 것을 의미하기 때문이다."[37] 개인주의적 시각에 따라 그는 사회의 질이란 상당 정도 그것을 구성하는 개인들의 질에 의존한다고 보았다. "사회에 대한 참다운 이론은 그 구성원인 개인들의 본성을 탐구하는 것 이외의 방법으로 얻어질 수 없다. ……인간의 집합체가 나타내는 모든 현상은 인간 자신의 성질에서 유래하는 것이다."[38] 스펜서는 "단위들의 속성이 전체 모임의 속성을 결정한다"[39]는 일반 원칙을 주장했다.

이러한 철학상의 개인주의적 토대에도 불구하고, 스펜서가 발전시킨 전반적 체계는 유기체론적 유추를 콩트의 그것보다 훨씬 더 엄격하게 추구한 것이었다. 개인주의와 유기체론 간의 기본적인 대립을 극복하기 위한 스펜서의 탁월한 노력은 그 자신의 말 속에 가장 잘 묘사되어 있다. 그는 사회유기체와 생물유기체 간의 유사성을 밝힌 후, 그 차이점을 밝히는데 노력했다. 생물유기체는 피부에 의해 둘러싸여 있지만, 사회는 언어라는 매개체에 의해 결속되어 있다.

동물의 각 부분은 하나의 뚜렷한 전체를 구성하지만, 사회의 여러 부분은 느슨한 총체를 형성한다. 전자를 구성하는 부분 기관들은 서로 긴밀히 연관되어 있지만, 후자를 구성하는 단위들은 자유롭고 묶여 있지 않으며 다소 광범위하게 확산되어 있다. ……개인유기체의 생활이 이루어지기 위한 협동에는 각 부분 간의 결속이 필수적이고, 구체적인 전체를 구성하지 않는 사회유기체의 경우에도 한 부분에서 다른 부분으로 직접 전달되는 구체적인 연관 없이는 협동을 유지할 수 없는 것이 사실이지만, 그러나 그들은 다른 방식으로 협동을 유지할 수도 있고 실제로 유지하고 있기도 하다. 그들은 결속되어 있지는 않으나 감정의 언어와 말하는 언어 그리고 글로 쓰인 언어들에 의한 매개영역을 통해 서로 영향을 주고받는다. ……다시 말해 상호연결 기능이 육체적으로 전이되는 자극에 의해서가 아니라 언어에 의해 이루어진다는 것이다.[40]

사회는 고립된 단위들로 이루어져 있음에도 이 언어라는 매개물에 의해 구성 부분들 간에 일정한 관계가 나타나게 된다. 하지만 더 중요한 차이점이 존재한다.

[생물유기체에서] 의식은 집합체의 어느 특정 부위에 집중되어 있다. [사회유기체에서] 그것은 전 집합체에 확산되어 있다. 즉 모든 단위가 제각기 똑같은 정도는 아니라 하더라도 거의 유사한 정도로 행복과 불행을 감지할 능력을 지니고 있는 것이다. 사회의 정신이란 존재하지 않으며, 따라서 각 개체와 분리된 집합체의 복지는 탐구의 목표가 될 수 없다. 사회가 성원들의 이익을 위해 존재하는 것이지, 성원들이 사회의 이익을 위해 존재하는 것은 아니다.[41]

여기서 과연 스펜서가 그의 개인주의와 유기체론을 잘 융합시켰는가 하는 점을 판단하려는 것은 아니다(나는 오히려 그가 성공하지 못했다고 생각하는 편이다). 단지 스펜서는 집합적 정신을 소유한 사회적 실체는 존재하지 않음을 강조함으로써 이것을 이루었다고 생각했다는 것을 지적할 뿐이다. 그는 사람들 간에 기능적인 차이가 있음에도 모두가 여전히 크나큰 '행복'과 '만족'을 갈망하고 있다고 주장했던 것이다.

방임과 적자생존

스펜서는 자연을 지배하는 법칙과 마찬가지로 결정적인 사회적 법칙이 작용한다는 것을 굳게 믿고 있었다는 점에서 콩트와 일치한다.

"다른 가능성은 있을 수 없다. 사회가 법칙을 갖고 있든지 그렇지 않은지 둘 중 하나다. 만약 사회에 법칙이 없다면, 그 현상에는 질서도 확신도 체계도 있을 수 없다. 만약 법칙이 존재한다면, 그것은 다른 우주의 법칙과 비슷할—확실하고 불변적이며 언제나 작용하고 있고 예외가 없는—것이다."[42] 그러나 콩트가 사회의 법칙을 발견하려는 목적이 사람들이 사회 세계 안에서 집합적으로 행동하기 위함이라고 강조한 데 반해, 스펜서는 연구의 목적이 집합적으로 행동하지 **않기** 위함이라는 점을 강조했다. 종교 지도자 같은 정신적 힘을 통해 사회를 인도하려 했던 사회학자 콩트와는 달리, 스펜서는 사회학자는 사회가 정부나 개혁가들의 간섭에서 자유로워야 한다는 것을 대중에게 확신시켜야 한다고 정열적으로 주장했다. 스펜서는 다음과 같이 언급했다. "내가 유명한 교수에게서 들었던 것처럼 '일단 네가 자연의 질서를 방해하기 시작하면 그 결과가 어떠할지 알 수 없게 된다.' 그리고 만약 이 말이 인간외부의 자연적 질서에 타당한 것이라면, 이것은 인간들의 사회적 배열 속에 존재하는 자연적 질서에도 역시 타당한 것이다."[43] 사회 내에 작용하는 원인이 복잡하다는 사실과 인간행위는 예측될 수 없는 결과를 낳는다는 사실을 전제하면서, 스펜서는 모든 일이 스스로 이루어지도록 놓아두라고 주장했다.

스펜서가 국가가 지녀도 좋다고 생각한 유일한 힘은 개인의 권리를 보호하는 일과 외부의 적으로부터 집단을 보호하는 일이었다. 국가는 "이웃의 침해로부터 각 시민을 보호해야 할 의무뿐만이 아니라 외부의 침입으로부터 개인과 전체 집단을 방어할 의무도"[44] 있다. 이외의 모든 일은 계약을 맺거나 서로 간에 합의를 보는 개개인의 자유로운 판단에 맡겨져야 한다.

한 사회의 삶을 유지하고 도와주는 산업, 직장, 직업들이 건강하게 활동하고 적절한 비율로 존재하기 위해서는, 먼저 서로 간에 합의를 맺는 개인들의 자유가 제한되지 말아야 하며, 둘째로는 그들이 맺은 합의에 대한 강제가 있어야 한다. ……사람들이 연합하게 될 때 각자의 행위에 자연적으로 가해지는 규제는 단지 상호제약의 결과로 나타난 것일 뿐이다. 결국 사람들이 자발적으로 맺은 계약에 부가되어야 할 다른 규제는 있을 수 없다.[45]

스펜서의 견해에 따르면, 좋은 사회란 각자의 이익을 추구하는 개인들 간의 계약에 기초한 사회다. 국가가 사회복지의 이유나 다른 어떠한 이유에서 이 계약 협정을 방해하게 되면 이것은 사회질서를 붕괴시키거나 산업사회의 유익에서 전제적이고 군사적인 사회질서의 초기 형태로 퇴보하는 결과를 가져오게 된다.

스펜서의 이와 같은 극단적인 개인주의적 견해는 많은 과학 외적인 영향에 의한 것이라 볼 수 있지만, 그것은 또한 그가 다윈과 마찬가지로 맬서스에게서 배워온 적자생존의 원칙에 기초한 것이기도 하다. 그의 인구론은 우울한 목사였던 맬서스보다는 다소 낙관적이었다. 그에 따르면, 출산력의 증대는 활동을 더욱 자극할 것인데, 사람들이 많아질수록 살아남기 위해 더 많은 재능이 요청되기 때문이다. 지적으로 열등한 집단이나 개인은 소멸될 것이며, 전반적인 지식수준이 점차 높아질 것이다. "과다한 출산력으로 인해 점차 심화되는 생계유지의 어려움이야말로 생산증대―즉, 더 많은 정신적 활동―를 가져오는 자극임을 인정하지 못하는 사람들은 곧 소멸될 수밖에 없으며, 결국은 이러한 압력을 자극으로 받아들이는 사람들에 의해 대치되어야 한다."[46]

스펜서는 최고의 지식인들만 생존경쟁에서 살아남게 되는 정도까지 일반적인 지식 수준이 증가할 것이라 주장했다. 그러나 이러한 유익한 진화적 메커니즘도 일단 빈민법이나 기타 여러 사회복지라는 형태로 정부의 간섭이 개재되어 자연도태의 유익한 과정이 교란되면 치명적으로 뒤집어지고 말 것이라고 그는 주장했다.

일단 작용하면 게으른 사람에게 날카로운 자극이 되고, 제멋대로 생활하는 자에게는 강한 구속이 될 이 엄격한 필연성을 저 가난뱅이 친구들이 폐지시키려 한다. ……사물의 자연적 질서하에서 사회는 병들고 열등하며 느리고 우유부단한 신념 없는 자들을 끊임없이 배제시켜나간다는 사실을 알지 못한 채 마음은 좋으나 생각이 모자란 사람들이 (정부의 ─ 옮긴이) 간섭을 찬양하고 있다. 그러나 이러한 간섭은 정화과정을 중지시킬 뿐만 아니라 지금까지의 정화를 무효화시킬 가능성도 지니고 있다. 즉 그것은 잡다한 무모하고 열등한 사람들에게 완전한 대책을 제공함으로써 그들을 절대적으로 격려하는 반면, 많은 유능하고 똑똑한 사람들에게 가족을 부양하는 어려움을 증대시킴으로써 그들의 용기를 꺾는 것이다.[47]

스펜서는 사회의 모든 일에서 정부의 간섭은 환경에 대한 사회의 필요한 적응을 교란시킨다고 주장했다. 일단 정부가 간섭하면 인간의 자연에 대한 지배가 훨씬 효과적이고 지적인 것으로 나아가게 되어 있는 유익한 과정이 교란되며, 인류의 가치를 점차 저하시키고야 말 유해한 역과정을 가져오게 될 것이라고 보았다.

객관성의 장애물

콩트나 마르크스와는 아주 다르게 스펜서는 사회과학에서 객관성의 문제를 상당히 깊이 생각했다. 비록 콩트도 사회의 연구에서 과학적 기준이 필요하다는 것을 많이 언급했지만, 그는 자신에게 과학적 객관성이 결핍되어 있다는 생각으로 고민했던 적은 한 번도 없었고, 자신의 연구 속에 있을 수도 있을 편견의 여러 원천에 대해 고찰한 적도 없었다. 마르크스도 초연하고 객관적인 사회과학은 있을 수 없다고 주장했다. 그에게서 이론이란 궁극적으로 사회주의적 실천과 연결된 것이었다.

이와는 다르게 스펜서는 연구자 자신이 참여하고 있는 사회세계의 탐구에서 나타날 수 있는 특수한 객관성의 문제를 잘 알고 있었고, 여기서 자연현상의 연구에서는 나타나지 않는 하나의 차이점을 발견했다. 그는 주장하기를, 사회과학자는 편견이나 감정, 즉 시민으로 생활하는 데는 전적으로 적절하고 필수적이지만, 과학적인 연구에 사용할 경우에는 그 작업을 무효화시키게 되는 편견과 감정들에서 자유로워야 한다고 했다. 그는 다음과 같이 언급했다.

(사회과학 이외의 영역에서는— 옮긴이) 탐구자가 자신이 속해 있는 집합체의 속성을 연구해야 하는 경우란 없다. ……바로 여기에 다른 과학과는 판이하게 구별되는 상이함이 있는 것이다. 스스로를 자신의 인종적·국가적·시민적 관계로부터 단절시킨다는 것—그 자신의 시대와 그 자신의 사회 속에 살게 됨으로써 지니게 되는 온갖 이해와 편견, 애착과 미신을 제거한다는 것—사회가 지금까지 겪어왔고 또한 겪고 있는 변화들을 민족성이나 어떤 계율 또는 개인적 안녕과 전혀 관계없이 관찰한다는 것은 평범한 사람으로서는 도저히 할 수 없는 일이며 예외적인 사람만이 극히 불완전하게 수행할 수 있는 일인 것이다.[48]

스펜서의 『사회학연구』(*The Study of Sociology*)의 절반 이상이 편견의 원천과 사회과학자들이 그의 연구 속에서 부딪치게 되는 '지적이고 감정적인 어려움들'에 대한 세밀한 분석에 바쳐지고 있다. 각 장의 제목에는 '애국주의의 편견' '계급적 편견' '정치적 편견' '신학적 편견' 같은 것이 포함되어 있다. 여기서 스펜서는 사상적인 또는 물질적인 이익의 옹호가 어떻게 사회현실에 대한 인식을 결정하고 왜곡시키는지를 보여줌으로써, 일종의 초보적인 지식사회학을 발전시키고 있다. 분명히 스펜서는 그의 위대한 동포인 베이컨에서 시작되는 지식사회학을 발전시킨 여러 사람 가운데, 비록 적은 자리일망정, 한 자리를 차지할 충분한 자격이 있는 것이다.

스펜서의 주요 학설에 대한 이제까지의 논의는 주로 난점과 모순점을 강조한 것이다. 이러한 것들을 설명하지 않고 교묘히 회피하려는 것은 아마도 지적으로 무책임한 일이 될 것 같다. 스펜서가 활동했던 그의 생애와 사회적·지적 배경들을 살펴보면 이를 설명하는 데 도움이 될 것이다.

개인적 배경

조지 엘리엇(George Eliot, 본명: 에번스Mary Evans)은 언젠가 그녀가 잘 알고 있었던 스펜서에 대해 언급하면서 "이 철학가는 위대한 칸트와 마찬가지로 그의 생애를 이야기하려는 사람에게 별다른 자료를 남겨놓지 않았다"[49]고 했다. 그녀의 말은 사실이었다. 그의 생애 중에서 콩트나 마르크스의 삶에서 볼 수 있는 것과 같은 경험과 비극, 시도, 공헌 등으로 짜인 화려한 행적은 거의 없다.

스펜서는 1820년 4월 27일, 영국의 황량하고 암울한 중부의 산업 중심지인 더비에서 출생했다. 그는 아홉 자녀의 맏이이자 살아남은 유일한 아이였다. 그의 아버지 조지 스펜서(Geroge Spencer)를 위시한 그의 전 가족은 엄격한 비국교도 (非國敎徒, nonconformist Dissenter)였고, 대단히 개인주의적인 관점을 지니고 있었다. 퀘이커교도와 연결되어 있으며 약간 비정상적이었던 그는 벤담의 급진주의와 열렬한 반교권주의에 공감했던 사람인데, 더비의 한 학교에서 교편을 잡고 있었다. 그는 공격적이고 독립적인 사람이어서 누구에게도 인사를 하지 않았고, 편지의 수취인에게 '귀하'나 '목사님'이란 말을 결코 쓰지 않고 언제나 '씨'라고만 썼다. 과학과 정치학에 깊은 흥미를 느낀 그는 잠시 동안 지방 철학회의 명예서기를 맡았고, 지방의 비국교도의 한 주축이 되었다. 허버트 스펜서의 어머니 해리엇 스펜서(Harriet Spencer)는 참을성 있고 온순한 여인으로 묘사되고 있는데, 성미 급하고 참을성 없는 그의 아버지와의 결혼은 그다지 행복하지 못했던 것처럼 보인다.

어릴 때부터 약하고 병을 앓아 허버트 스펜서는 정규 학교를 다니지 못했다. 그의 아버지가 집에서 그를 가르쳤는데, 열세 살 때 바드 근방에 있는 목사 삼촌에게 보내졌고 거기서 계속 교육을 받았다. 역시 진보적인 사회개혁가였고 개신교에 동조하며 정열을 찬양했던 이 목사는 젊은 스펜서에게 비국교 개신교의 엄격한 계율뿐만 아니라 철학적 급진주의의 원칙들도 가르쳐주었다. 어느 날 한 모임에서 왜 젊은 스펜서가 춤을 추지 않느냐는 질문에 목사는 "스펜서 집안은 누구도 춤추지 않을 것"이라고 대답했다.

스펜서가 그의 아버지와 삼촌에게서 받은 교육은 다분히 과학적인 측면에 기울어져 있었다. 라틴어와 그리스어에 대한 기초는 약했고, 그의 문장력도 변변치 못한 것이었다. 그는 공식적인 영어교육을 받지 못했으며, 역사지식은 피상적인 수준에 머물렀을 뿐이다. 열여섯 살 때 그는 수학과 자연과학에 대한 튼튼한 기초를 지니게 되었지만 전반적으로 교양 있는 인간이 되지는 못했고, 평생 그랬다.

대학생활이 자기에겐 맞지 않을 것이라고 생각하여 스펜서는 그의 아버지의 예를 좇아 케임브리지대학에 입학하지 않고 자신의 과학적인 관심을 추구하기로 결심했고, 1837년에 런던-버밍엄 간 철도회사에 기사로 취직했다. 1년 뒤 그는 버밍엄-글로스터 간 철도회사에 도안사로 더 나은 자리를 얻었다. 여기서 스펜서는 정규적인 업무 이외에도 여러 가지 다양한 조그만 발명품에 정신을 몰두했는데, 생각은 상당히 했지만 별다른 성과는 없었다. 1841년 철도 건설이 끝나자 그는 해고되었고, 더비의 집으로 돌아오게 되었다.

뒤이은 몇 년간 스펜서는 급진적인 간행물에 여러 편의 논문을 발표했는데, 처음엔 공학에 관한 것이었다가 곧 사회학과 정치학에 관한 것도 발표했다. 비국교 신문인 『비국교도』(The Nonconformist)에 보낸 일련의 편지들을 보면 앞으로의 그의 방향을 짐작할 수 있다. '정부의 적정 영역'(The Proper Sphere of Government)이란 표제가 붙은 이 편지들은 정부의 영역을 철저히 제한할 것을 주장했다. 그는 정치행위를 제외한 인간활동의 모든 영역은 개인에게 맡겨야 한다고 주장했다. 빈민법이니 국가교육이니 영국 국교니 상거래의 제약이니 그리고 공장규제니 하는 것들은 있어서는 안 되는 것이라 보았다.

여러 해 동안 스펜서는 급진적 저널리즘과 급진적 정치학의 변두리에서 투쟁했다. 결국 글을 쓰는 것으로 생계를 이어나가는 것에 실망을 하고, 잠시 동안 버밍엄-글로스터 간 철도회사에 취직했다. 그로부터 2년 동안 그는 고정된 직업이 없이 취미 삼아 기계를 고안해본다든가 급진적 저널리즘을 흉내내본다든가 또는 잠시 동안은 뉴질랜드로 이민 갈 꿈을 꾼다든가 하면서 지냈다. 마침내 1848년, 그는 런던의『이코노미스트』(Economist)지의 부주필로서 안정된 지위와 수입을 갖게 되었다.

런던 시절

『이코노미스트』지에서 5년 동안 스펜서는 런던의 급진적 언론계와 관계를 맺게 되었다. 그는 발행인 채프먼(John Chapman)과 급진적 기자인 루이스 그리고 나중에 루이스의 배우자가 된 엘리엇 등과 만났다. 또한 얼마 지나지 않아 유명한 사회주의자인 토머스 헉슬리(Thomas Huxley)와 틴들(John Tyndall) 등도 만났는데, 그들은 그의 일생 동안 변함없이 가까운 친구로 지냈다.

『이코노미스트』지에서 일하고 있는 동안 스펜서는 그의 첫 번째 책인『사회정학』(Social Statics)을 완성했고 1851년에 출판되었다. '정부의 적정영역'에서 어렴풋이 나타났던 사상을 상세히 설명한 것으로, 이 책은 급진적인 대중에게 호평을 받았고, 그는 자유방임주의의 새로운 주창자로 환영을 받았다. 이제 스펜서는 벤담적인『웨스트민스터 리뷰』(Westminster Review)지부터 휘그당의『에든버러 리뷰』지에 이르는 다양한 잡지에 거의 정기적으로 기고했다. 다윈의『종의 기원』(Origin of Species)이 나오기 7년 전인 1852년의「발전단계」(The Developmental Hypothesis)에 관한 논문은 라마르크(Jean Lamarck)의 원칙 — 즉, 획득형질의 유전이란 관념을 강조한 다윈 이전의 진화론 — 에 기초한 진화론을 상술하면서 높이 평가했고, 그의 오랜 생애 동안 줄곧 지속되었던 진화에 대한 관심이 처음으로 나타나고 있다.

1853년에 삼촌이 죽으면서 스펜서에게 상당한 돈을 남겨주었다. 이로 인해, 또한 그가 맺은 여러 잡지와의 관계를 생각하면서 스펜서는『이코노미스트』지에서의 일자리를 포기할 용기를 얻었던 것 같다. 그 후로 그는 정규적인 일자리나 제도적인 얽매임 없이 개별적인 연구자의 생활을 계속했다. 더비의 비국교도적인 엄격한 절제 원칙 속에서 성장하고 평생을 독신으로 보낸 그는 런던에서의 하숙과 셋방살이 속에서 무척 검소하고 인색한 생활을 보냈다. 한때 엘리엇과의 우정이 결혼으로 발전할 것 같기도 했다. 스펜서가 평상시의 습관과는 매우 다르게 그녀를 오페라나 레스토랑으로 데리고 가곤 했던 것이다. 그러나 그녀는 마음이 있었던 것 같지만 스펜서가 끝내 물러서고 말았다. 이후로 그가 연애를 한 경험은 찾아볼 수 없다. 아무래도 스펜서는 독신이었을 뿐만 아니라 평생 이성과 성적 관계를 가진 적이 없었을 것이다.

1854년, 스펜서는 그의 두 번째 저작인『심리학원리』(*The Principles of Psychology*)를 집필하기 시작했다. 이 책은 그 이듬해 출판되었으나『사회정학』과는 달리 그다지 환영을 받지 못했다. 얼마 지나지 않아 그는 신경병으로 고생을 했는데, 그 원인은 분명하지가 않다(현대의 정신과의사들은 아마도 이 병을 극심한 신경착란으로 진단할 것이다). 하루 종일 그는 하릴없이 마을을 돌아다녔고, 집중하거나 글을 쓸 수 없었음은 물론 책을 읽지도 못했다. 의사도 명확한 근본적인 이유를 발견하지 못하고 긴장과다 또는 막연히 두뇌의 장애라고 말했다. 1년 반 동안 어쩔 수 없이 게으른 생활을 보내고 난 후 스펜서는 서서히 연구활동으로 되돌아오게 되었다. 그러나 이제부터는 계속 절반은 병자 같은 정신질환의 상태가 지속되었다. 때때로 상당량의 아편을 복용하여 회복을 꾀할 정도로 극심한 불면증으로 고생하면서, 스펜서는 하루에 두세 시간 이상을 공부할 수가 없었다. 조금만 더 공부하면 곧 심한 신경흥분과 그에 따른 불면증이 엄습했기 때문이었다.

스펜서가 병으로 움츠러들었던 것은 사회적 교제에서 물러남을 뜻하는 것이기도 했다. 온갖 방책을 다 동원해보면서, 또한 모든 증상을 하나하나 우울하게 바라보면서 그는 점차 반(半)은둔생활로 빠져들었다. 그는 비정상적인 행동을 많이 했는데, 특히 그중에서도 특이한 귀마개장치를 지니고 다니면서 필요할 때마다 그것으로 귀를 막아 남의 얘기를 듣지 않는 습성이 있었다. 그가 모임들에서 논문을 통독하거나 당구를 치고 있는 모습은 가끔 볼 수 있었으나 그 외에는 두세 명의 절친한 친구나 추종자 그리고 제자들을 제외하고는 거의 모든 동료로부터 차단되어 있었다. 최악의 시기에 그는 동료에게서 거의 떠나 있었고, 말년에 이르러서는 공개강좌라는 생각조차 참을 수 없는 지경이 되어 있었다.

성공적인 저작자

전 생애를 통해 그의 손에서는 여러 책이 꾸준히 쏟아져 나왔다. 그가 신경병으로 고생하던 와중에도 이 지적 과정은 영향을 받지 않았던 것 같다. (그의 『종합철학』Synthetic Philosophy의 개괄인) 『제1원리』(First Principles)는 1862년에 출판되었다. 여러 권에 달하는 『생물학원리』(Principles of Biology)는 1864~67년에 간행되었다. 『사회학연구』는 1873년에 나왔고, 여러 권으로 된 『윤리학원리』(The Principles of Ethics)와 『사회학원리』(Principles of Sociology)는 1870년대부터 90년대에 걸쳐 각각 출판되었다. 『인간과 국가』(The Man versus the State)는 1884년에, 『자서전』(An Autobiography)은 1904년에 각각 나왔다. 여기다 그는 수필과 단장(斷章)도 여러 권 출판했고, 주로 여러 비서와 협력자에 의해 쓰인 여러 권의 『기술적 사회학』(Descriptive Sociology)도 출간했다. 이 책들의 상당량은 일반에 출판되어 퍼지기 이전에 선택된 일단의 신청자에게 보내졌다.

스펜서의 『종합철학』의 처음 몇 권은 영국 언론으로부터 별다른 관심을 끌지 못했다. 대부분의 논평은 그의 불가지론 같은 지엽적인 문제만을 다루었을 뿐이다. 그러나 여러 급진적 사상가와 진보적 과학자, 예를 들면 존 스튜어트 밀, 헉슬리, 틴들 등이 스펜서를 높이 칭찬했고 그의 주장을 널리 퍼뜨리는 데 공헌했다. 이들 가운데 많은 사람은 스펜서가 그의 평상시 습관과는 달리 참여해 즐기고 있는 한 유명한 만찬 모임에 가입되어 있었다. 이 모임은 과학적으로나 대중적으로 큰 영향을 주었는데, 성원들 가운데 영국학사원의 원장이 된 사람이 셋, 영국과학발전협회의 회장이 된 사람이 다섯이나 있었고, 외과의학부의 학장과 화학회의 회장 등이 속해 있었기 때문이다.

『생물학원리』가 완성되었을 때 스펜서는 책을 집필하고 출판하는 데 약 1,100파운드의 돈을 소비했지만 별로 성공하지 못했다는 것을 알았다. 매년 유산을 물 쓰듯 하는 바람에 그는 『종합철학』을 신청한 수백 명의 사람들에게 취소 통지를 보내야만 했다. 광범위한 대중에게서 이 시리즈 신청을 받기 위한 모임이 밀, 헉슬리, 틴들 등에 의해 만들어졌다. 그의 아버지가 사망함으로써 스펜서는 또 다른 유산을 물려받게 되었고, 헌신적으로 그를 따르던 미국의 유먼스(Edward Youmans)는 스펜서를 존경하는 미국인들에게서 거액의 돈을 거두어주었다. 얼마 지나지 않아 그의 책도 잘 팔리기 시작했으므로 그는 더 이상 물질적인 어려움을 겪지 않게 되었다.

1870년대부터 계속 스펜서의 책은 성공적인 반응을 얻었다. 예를 들면 『사회학연구』는 영국과 미국에서 책뿐만 아니라 연재물로도 발행되었는데, 이것은 스펜서에게 1,500파운드 이상의 순이익을 가져다 주었다. 이후로 나온 많은 저작도 책으로 출판되었고, 영국의 『포트나이틀리 리뷰』(Fortnightly Review)지나 미국의 『월간 대중과학』(Popular Science Monthly)지에 연재되기도 했다. 그의 주저 이외에도 여러 중요한 잡지, 예를 들면 『컨템퍼러리 리뷰』(Contemporary Review)지나 『19세기』(Nineteenth Century)지 등에 계속 원고를 발표했다. 1870년대 이후로 그는 유명한 과학자가 되었고, 빅토리아 시대의 가장 유명한 인물 중 한 사람이 되었다.

생애 말년에 이르러 스펜서는 자신이 충실치 못한 책이라 생각한 『사회정학』이 다른 충실한 저작들보다 더 좋은 평판을 받았다는 것을 괴로운 듯 지적했다. 그러나 사실 그는 상당한 인정을 받고 있었다. 『생물학원리』는 옥스퍼드대학에서 교재로 사용되었다. 제임스(William James)는 『제1원리』와 『심리학원리』를 하버드대학 학생들에게 교재로 부과했다. 섬너(William Sumner)는 예일대학에서 미국식 스펜서주의를 강의했다. 또한 스펜서의 중요한 저작들이 널리 인쇄되었다는 것은 곧 그가 영국과 미국의 교육받은 대중에게 광범위하게 받아들여지고 있었음을 보여준다. 세기가 바뀔 무렵에 이르러서는 그의 저작 대부분이 프랑스어, 독일어, 스페인어, 이탈리아어, 러시아어 등으로 번역되어 나왔다.

전 생애를 통해 스펜서는 대학이나 정부 또는 과학 단체가 그에게 부여하는 모든 명예를 거부했다. 그는 공식적인 지위나 대학의 학위를 갖지 못했다. 그러나 이 세기의 마지막 사반세기 동안 그는 다윈의 그것과 맞먹을 만큼의 국제적인 명성과 영향력을 한 몸에 지니고 있었다.

그의 긴 생애의 말년에도 글을 쓰는 시간은 비록 짧았지만 보어전쟁에 대한 반대부터 영국에도 미터법을 받아들이자는 제안에 이르기까지 당시의 다양한 논쟁적 사건에 대해서 계속 글을 썼다. 당시의 정치적 경향과는 전적으로 달랐던 이 불행한 노인은 마지막 몇 년을 사람들 간의 교제에서 거의 완전히 벗어나 있었다. 1903년 12월 8일, 여든세 살의 나이로 사망했고, 그의 몸은 유언에 따라 화장되었다.[50]

지적 배경

이전의 사람들

스펜서는 철학이나 역사 또는 문학에 관해 광범위한 독서를 한 적이 없었다. 그는 콩트가 중년 시절에 채택했던 '정신건강' 요법을 그의 생애 초기부터 실천했던 것 같다.

1850년대 초반, 즉 그가 『전기적 철학사』(Biographical History of Philosophy)의 저자인 루이스와 친구 관계를 맺기 시작할 때까지 스펜서는 철학에 대해서 거의 알지 못했다. 그는 이 점을 『자서전』에서 차분하고도 솔직하게 시인했다. "그때까지 철학적 문제는 나의 주의를 끌지 못했다. …… 사실은……내가 1844년에 칸트의 『비판』(Critique) 복사판을 입수하여 그 첫 장을 읽어보고 그 학설이 맞지 않아 더 이상 읽지 않았었다. 하지만…… 내가 철학이나 심리학에 관한 책을 읽어본 적이 없지만 대화에서나 참고 서적들을 통해서 일반적인 쟁점들에 대한 개념적 논의들을 수집하고 있었던 것 또한 사실이다."[51]

루이스의 대중적인 저서를 읽고 난 후 스펜서는 "철학적 사고의 일반적 과정에 친숙"[52]해지게 되었다. 그러나 그는 이 친숙함을 결코 철저하게 파고들지 않았다는 명백한 인상을 받게 된다. 그의 비서 콜리어(John Collier)는 "그는 시지윅(Henry Sidgwick)의 일부분을 제외하고는 밀, 칸트, 휴얼 (William Whewell), 그 외 도덕학에 관한 권위자들의 책을 전혀 읽어보지 않은 채 그의 마지막 윤리학에 관한 논문을 썼다"[53]고 기록했다. 또한 콜리어는 스펜서의 서재에 대해 다음과 같이 언급했다.

[그의 서재에는] 그에게 배달되어온 것 외에 철학에 관한 책은 단 한

권도 없었다. 홉스, 로크, 레이드(Thomas Reid), 흄, 칸트, 윌리엄 해밀턴(William Hamilton) 등의 책은 하나도 없었다. 거기에는 과학에 관한 서적도 거의 없었다. 역사서적이나 전기도 없었고 순수한……문학에 속하는 것이라고는 무척 소중히 여기던 『트리스트럼 샌디』(*Tristram Shandy*) 단 한 권뿐이었다. ……사실 그는 일반적인 의미에서의 독서인은 전혀 아니었으며, 단지 단편적인 수집가에 지나지 않았다. 그는 해밀턴처럼 '책의 내부를 파헤치는' 것이 아니라 그것들 대부분을 그대로 내버려두었던 것이다.[54]

이러한 말은 많은 각주를 달고 있는 스펜서의 주요 저서를 읽어본 사람들에게는 이상하게 들릴지도 모른다. 그러나 이 점에 대해서도 콜리어는 다음과 같이 설명해주고 있다.

그는 사실들의 대부분을 **채집했다**고 할 수 있다. 매일 오후 오랜 시간을 애서니엄 클럽에서 흘려보내면서도, 그는 대부분의 정기간행물을 통독했고, 탐구하듯이 읽지는 않았으나 그에게 도움이 될 만한 사실들을 날카롭게 찾아냈다. ……바로 이 모임에서 그는 유명한 학자들을 만날 수 있었는데, 그들 중 많은 사람은 그와 가까운 관계를 맺고 있었다. 그가 알고 있던 것들은 모두 이들과 함께 어울려 자기 생각을 피력하고 질문도 하는 행복한 상황에서 얻어낸 것이었다. 집에서는 그가 참여하고 있던 두세 종의 비판적인 과학잡지를 읽었다. 그의 조수들은……그에게 풍부한 사회학적 자료를 제공해주었다.[55]

스펜서의 연구방법은 마치 예상된 도식에 따라 이에 부합하는 연관된 사실들을 찾아내는 (그의 이전 직업이었던) 기술자의 방법과도 같은 것이었음이 분명히 드러난다. 그 도식을 의심해보거나 다른 개념들에 비춰 개조한다는 것은 있을 수 없는 일이었다. 그러나 이것은 아직 완전한 것이 되지 못했다. 결국 스펜서는 그에 앞서 살았던 몇몇 사람에게 감사의 빚을 지지 않을 수 없었다.

이들 중에서도 맬서스의 『인구론』(*Essay on Population*)이 가장 높은 위치를 차지한다. 다윈이 자신의 보고에 기초하여 『종의 기원』을 저술하는 데 도움을 주었던 이 책은 스펜서의 『종합철학』이 나오는 데도 가장 큰 잠재적인 영향을 주었다. 『종의 기원』이 출판되기 10년 전에 스펜서가 '적자생존'의 원칙이 지니는 사회적 의미를 탐구한 것은 어디까지나 맬서스의 영향 때문이었다. 비록 그가 맬서스의 비관론적인 결론에 동조하지는 않았지만, 1852년에 발표한 「인구의 이론」(A Theory of Population)에서 스펜서는 그의 주제를 맬서스의 학설에 기초하여 "이름은 (자연계의 현상과 — 옮긴이) 다르나 실제로는 그와 똑같은, 인간존재 간의 자연도태로 말미암은 인구압력의 결과로 진보가 이뤄진다는 낙관적 결론을 낳기"[56]에 이르렀다.

스펜서가 맬서스를 찬양한 것에 못지않게 스미스를 높게 평가했다는 사실은 디킨스(Charles Dickens)의 냉정한 묘사 속에 나오는, 두 아들의 이름을 맬서스와 스미스라고 지었던 메마르고 실용적인 인물 그랫그라인드(Thomas Gradgrind)를 연상시킨다. 스펜서도 스미스를 맬서스 다음으로 높이 평가했다. 아마도 그의 자유방임적 철학은 이 『국부론』의 저자에게서 배웠을 것이다.

스펜서는 또 다른 스코틀랜드 학자인 해밀턴을 찬양했는데, 그것은 그가 철학적 방법의 "궁극적 문제"에 대한 자신의 사상을 명확히 했다는 점 때문이다.[57] 스펜서는 그의 친구인 밀의 『논리학체계』를 읽었고, 그 외 다른 급진적 공리주의자들의 저작도 몇 권 읽었던 것 같으나 지금까지 언급한 몇 사람이 그의 전반적인 사상에 약간이나마 영향을 주었던 사람의 전부인 것 같다.

진화 또는 발전이란 관념은 스펜서가 스무 살의 청년으로서 라이엘(Charles Lyell)의 『지리학원리』(*Principles of Geology*)를 읽고 "그의 다른 주장들을 거부하면서도……발전의 가설은 받아들이게 된"[58] 때 처음으로 나타났다. 그 이후로 그는 계속 라마르크식 진화론을 주장했다. 그는 라마르크와 이래즈머스 다윈(Erasmus Darwin)을 모두 언급하고 있으므로, 그가 이 두 사람의 저작에서 영향을 받았으리라는 추측은 틀림없을 것이다.

진화에 관한 그의 특수한 사상 가운데 어떤 측면은 다른 사람의 영향으로 볼 수 있다. 특히 스펜서가 지적했듯이 동질성에서 이질성으로의 변화라는 생각은 하비(William Harvey)의 탐구에서 그 싹이 보이고, 이후 "베어(Karl Baer)에 의해 명확한 형태를 갖추게 된"[59] 연구에서 도움을 받았다. 그는 또 이와 관련하여 "나는 우연히 콜리지(Samuel Coleridge)의 『생명에의 단상』(The Idea of Life)에 관한 논문을 접했는데, 거기에서 그는 삶이란 개별화의 경향이라는 셸링(Friedrich Schelling)의 생각을 마치 자신의 사상인 양 전개하고 있었다. 나는 이 논문에서도 큰 영향을 받았다"[60]고 했다. 유기적 부분들과 사회 전체의 상호의존성이라는 개념을 말하면서, 그는 "생리학적 분업"(the physiological division)[61]이라는 표현을 조어(造語)한, 생리학자 밀른-에드워즈(Henry Milne-Edwards)에게 진 빚을 언급하고 있다.

스펜서가 콩트와 맺은 관계에 대해서는 얼마 안 되는 관찰기록이 남아 있을 뿐이다. 콩트의 말년쯤 어느 땐가 그는 콩트를 만난 적이 있는데, 특별한 인상을 받지 못했다. 그러나 자신의 신경불안을 얘기하자 콩트는 "내게 결혼을 하라고 충고했다. 그러면서 아내의 정감적 협력이 병을 낫게 할 수 있다고 말했다"[62]고 쓴 기록이 있다. 그의 사상에 미친 콩트의 전반적인 영향에 관해서 스펜서는 수많은 인상적인 문장 속에서 단호하게 부인하고 있다. 그가 콩트의 실증철학의 제자라는 주장이 해협을 건너 전해지자 그는 밀과 그 외 다른 여러 사람을 찾아가 그것이 사실이 아님을 널리 말해줄 것을 요청하기도 했다. 1852년에 엘리엇이 그에게 『실증철학강의』 서문을 읽게 했고, 2년 뒤에는 그도 마티노(Harriet Martineau)의 번역본을 읽었다는 것이 대략 밝혀졌는데, 그것은 사실이었다. 그러나 이때는 이미 그가 그의 진화론적 접근방식의 윤곽을 발전시키고 있었던 때였고, 바로 이 점에서 그의 독창성을 주장할 근거가 나타나는 것이다.

그러나 그의 특별한 사회학적인 학설을 살펴보면, 이 문제는 결코 그렇게 명확한 것이 아님을 알 수 있다. 스펜서는 "[콩트에게서] 나는 사회적 합의라는 개념을 배웠다고 생각한다"[63]고 했다. 그는 "사회학"이니 "이타주의"니 하는 용어들을 콩트에게서 받아들였고,[64] 콩트가 "조직의 원리는 사

회나 동물이나 공통적인 것이며……구조의 진화는 일반적인 것에서 특수
한 것으로 이행한다"[65]는 점을 가르쳐주었다는 것을 인정했다. 그러나 이
것 이상으로 스펜서가 지녔던 사회학적인 일들에 대한 일반적 흥미는 어
느 정도 콩트를 읽음으로써 그리고 당시 이 프랑스 이론가를 무척 존경하
던 루이스나 엘리엇과의 많은 논쟁에 의해 타오르게 된 것이었다고 볼 수
있다. 이 정도로 스펜서에게 영향을 주었던 이전 학자들의 논의는 끝을 맺
기로 한다. 그의 책 색인에는 저자들의 이름이 거의 나오지 않는다. 지금까
지 논의된 이름들도 스펜서가 동의하든 동의하지 않든 어떤 특정 사실이
나 주장과 관련하여 한두 번 언급되고 있을 뿐이다. 사람들은 이러한 인용
문은 거의 스펜서 연구가들이 덧붙인 것이며, 실제 스펜서 자신은 작가의
원작을 완전히 읽지 않았으리라는 강한 의혹을 품지 않을 수 없다.

동시대인의 영향

스펜서에게 영향을 준 동시대의 인물들 가운데 대표적인 인물로, 그의
일생 동안의 친구였던 헉슬리를 들 수 있다. 후일 찰스 다윈의 '불독'이 되
어 그를 가장 잘 지지하고 보호해주었던 헉슬리가 아직 진화론적 가설의
진리성을 확신하지 못하고 있을 무렵인 1850년대 초반에 이 둘은 처음 만
났다. 여러 번의 오랜 논쟁을 통해 헉슬리는 스펜서로 하여금 주장을 세련
시키고 또 논리를 날카롭게 하도록 해주었다. 헉슬리의 반대는, 스펜서도
인정했듯이, "나(스펜서 — 옮긴이)보다 엄청나게 많은" 사실에 대한 지식
에 기초한 것이었다. 아마도 헉슬리는 스펜서에게 본질적인 영향을 준 것
은 아니나 그에게 많은 과학적 발견과 스펜서가 알지 못하고 있던 이러한
발견의 주창자들을 소개해주었던 것 같다.

다윈의 『종의 기원』이 1859년 세상에 나오자 스펜서는 그것을 열렬히
환영했다. 비록 여전히 "사용 여부에 따라 획득되는 유기적 변형의 유전이
진화의 요인이다"는 라마르크식 설명을 지지하고 있었지만 자연도태가
실질적으로 가장 중요한 메커니즘이라는 생각을 받아들였다.[66] 한편 다윈
도 『종의 기원』이 출판되기 이전부터 스펜서의 '진화론'에 대해 칭찬했다.

심지어 그는 스펜서를 가리켜 "나보다 몇 배나 나은 '선배'"라고 불렀을 정도였다.[67] 이후로 이 두 사람은 계속 편지를 주고받았고 피차 약간의 영향도 주고받았다. 그러나 스펜서를 '사회적 다윈주의자'라고 부르는 것은 분명한 잘못이다. 왜냐하면 그의 주된 학설은 다윈의 진화에 대한 글이 발표되기 이전에 이미 발전되었던 것이기 때문이다.

헉슬리를 통해 스펜서는 패러데이(Michael Faraday)의 동료이자 후계자인 틴들을 위시한 저명한 영국의 과학자를 많이 만났다. 헉슬리는 틴들에게 스펜서를 소개하면서 『파우스트』(Faust)의 일절을 따서 "생각이 많은 사람"(Ein Kerl der spekuliert)[68]이라 소개했다. 실제로 스펜서가 나중에 엑스클럽이나 그 외의 곳에서 만났던 많은 과학자가 스펜서를 자기들 같은, 엄격한 전문가들로서는 감히 모험하기 어려울 정도로 광범위한 사상들에 관심을 가진 사람으로 보았던 것은 사실일 것이다. 이들은 특정한 쟁점에 대한 비판적 주장을 통해 그리고 스펜서가 그의 이론을 구성할 때 무척 요긴하게 사용했던 과학적 사실들을 제공함으로써 스펜서에게 큰 도움을 주었을 것이다. 스펜서는 마치 삼투현상과도 같이 과학적 친구들이나 동료들과의 비판적인 논의나 의견교환을 통해 자신의 과학을 넓은 범위로 확장시켰다.

이와 비슷하게 스펜서는 철학자나 문학가들과의 교제에서도 도움을 받았다. 앞서도 보았듯이 스펜서는 철학에 관한 글을 쓰고 그것을 널리 대중화시키던 루이스와 루이스의 헌신적인 배우자가 된 엘리엇과 매우 가까운 사이였다. 거의 비슷할 정도로 그는 밀과도 가까웠다. 이들은 그에게 철학유산과 콩트 같은 당시 사상가들의 사상에 대해서 알려주었다. 엘리엇은 슈트라우스의 『예수전』과 포이어바흐의 『기독교의 본질』을 완역했다. 그러나 이 저작들이 논의되었던 흔적은 보이지 않는다. 이 문학적인 친구들은 비판적 주장을 통해, 그에게 도움을 주긴 했지만, 과학적 동료들과 마찬가지로 스펜서의 사상에 심각한 영향을 준 것 같지는 않다.

스펜서는 다른 고전적 사회진화론자들 ─ 타일러(Edward Tylor), 루이스모건(Lewis Morgan), 메인(Henry Maine), 매클레넌(John McLennan), 러벅(John Lubbock) ─ 의 저작 대부분에 대해서도 어느 정도 잘 알고 있었다.

그러나 그가 이들을 언급하는 예는 거의 없었고, 간혹 있을 때면 일반적으로 그들의 견해에 반대되는 입장을 나타냈다. 다른 사람들도 마찬가지지만 이들로부터도 그가 얻어온 것은 특정한 사실들이었지 어떤 새로운 사상은 아니었다.[69] 결국 스펜서의 정신은 상당히 젊은 시절에 형성되었고, 그 이후로는 근본적인 변화를 겪지 않았다는 결론을 내려야 할 것 같다.

벌린은 "여우는 많은 것을 알지만 고슴도치는 큰 것 하나만 안다"라는 어떤 그리스 시인의 구분에 따라 저작자와 사상가를 분류했다. 벌린이 여우라고 부른 사람은 "종종 상호 연결되지 못하는 많은 목표를 추구하는" 사상가를 말한다. 이와 반대로, 고슴도치는 "하나의 중심적인 단일 시각, 다소 응집되어 있거나 명확한 하나의 체계……하나의 단일한 보편적 조직 원리에 모든 것을 연결시키는" 사람인 것이다.[70] 분명히 스펜서는 고슴도치였다. 비록 그의 사상에 여러 모순된 측면이 나타나지만 일반적으로 하나의 단일한 중심 시각에 연결되어 있다. 친구들이나 동료들은 그로 하여금 세부적인 것들을 명확히 하고 그의 주장을 단단하게 하며 무엇보다 그의 틀에 맞는 새로운 사실들을 제공해줄 수는 있었을지 모르나, 그가 선택한 이론적인 진로에서 결코 그를 크게 이탈시킬 수는 없었다. 이러한 모든 점은 헉슬리의 다음과 같은 우스꽝스러운 지적에 잘 표현되어 있다. 즉 스펜서에게 비극이란 인상적인 추론이 명백한 하나의 사실로 인해 사멸되는 것으로 정의되었다고 그는 표현했던 것이다.

사회적 배경

개관

스펜서가 살던 빅토리아 시대의 상황은 콩트나 마르크스가 겪었던 투쟁과 파멸 그리고 동요의 사회상과는 상당히 달랐다. 비록 마르크스와 스펜서가 거의 비슷한 시대 사람으로서 오랜 기간 같은 도시에서 살기도 했지만, 그들의 저작을 살펴보면 당면한 환경에 대한 반응이라기보다는 오히려 유럽대륙과 영국이라는 매우 다른 사회적 상황에 대한 대응이었음을 알게 된다. 마르크스와 콩트가 지적으로 성숙해가던 사회적 환경은 혁명의 위협이 고도로 부각되던 대륙이었음에 반해, 빅토리아 시대의 한가운데 처했던 영국은 오늘날 이상으로 혁명의 위험이나 폭력적인 동요와는 거리가 먼 상태에 있었다.

빅토리아 시대 중기는 대략 스펜서의 첫 번째 책이 출간되었던 1851년, 즉 빅토리아 여왕이 수정궁을 개방하던 때부터라고 볼 수 있다. 이 시기는 신뢰와 만족의 시기였다. 산업혁명을 특징짓던 고통과 시련은 끝났고, 노동운동가들의 선동도 없어졌다. 신빈민법이 가져온 최악의 결과도 극복되어갔으며, 1840년대의 배고팠던 고난의 시절도 기억 속에서나 겨우 희미하게 남아 있을 뿐이었다. 대중적 급진주의는 매력을 점차 잃어버렸다. 당시 대부분의 사람 눈에는 이제 영국이 풍요함과 번영을 나날이 증대시켜 줄 길목에 확고히 자리를 잡았다고 생각되었다.

날로 늘어가는 영국의 물질적 번영과 산업주의 그리고 대외무역은 어떤 나라의 추종도 불허하는 것이었다. 영국은 세계의 공장지대가 되었다. 1848년에 영국은 전 세계 선철 생산량의 반을 생산했고, 이후 30년 동안 그 생산량은 세 배나 늘어났다. 1830년에 이 나라의 석탄 생산량은 3,000

만 톤이었는데, 이후 40년 동안 무려 1억 3,000만 톤에 다다랐다. 1870년
에 이르러 대영제국의 대외무역액은 프랑스, 독일, 이탈리아의 그것을 합
한 것보다도 더 많았고, 미국 대외무역액의 거의 네 배에 달하는 것이었다.
영국은 바다를 지배했고, 해군력의 막강함은 제지받는 일이 없었다. 대륙
의 여러 나라가 전쟁과 혁명에 휩싸였을 동안, 영국은 멀리서 차분한 평화
를 즐기고 있었다.

영국인의 전반적인 생활수준은 급격히 상승했다. 물론 여전히 가장 밑
바닥에는 극심한 비참함과 빈곤 속에 사는 '최하층계급'이 존재했다. 그리
고 기술도 없고 조직화되어 있지도 못한 노동자 대중은 영양부족과 저임
금에 시달리면서 최하층계급으로 경멸받던 자들보다 별로 나을 바 없는
생활을 하고 있었다. 그러나 기공과 농부 그리고 숙련노동자들은 전체적
으로 잘살게 되었다. 그리고 급속히 증대하던 중간계급이 이런 물질적 성
장을 적극 환영했고, 이런 분위기 속에서 팬글로스(Pangloss, 볼테르의『캉
디드 또는 낙관주의』*Candide ou l'optimosme*에 나오는 낭만적인 성격을 지닌
교사 ― 옮긴이)적 낙관주의가 등장했다. 또한 당시를 대변하던 인물이라
면 누구나 편안한 자기만족적 기분을 갖게 되었다.

이러한 자기만족적 기분이 수정궁 개방 이후 20년 동안 영국의 문학, 역
사, 철학 등에 확산되었다. 테니슨(Alfred Tennyson)은 이것을 평범한 시로
표현했다.

사람의 눈이 닿을 수 있는 한까지
깊이 미래를 바라볼 때면,
나는 이 세계의 꿈과
다가올 경이를 본다.
또한 나는 본다.
상품으로 가득 찬 하늘과
신비로운 돛을 단 상선을,
값비싼 물건과 함께 떨어져 내리는
진주빛 은은한 조종사들을.

진보사상은 빅토리아 시대 중기에 살았던 지식인 대부분의 의식 속에 완전하게 뿌리를 내렸다. 번영의 해를 뒤쫓아 더욱 큰 번영의 해가 도래하는 확실한 실례들에 의해 진보는 증명된 것처럼 보였다.

중간계급과 이들의 지적 대변인의 눈에는 이러한 발전이 각 개인들, 즉 힘겨운 노력으로 영국 번영의 기초를 이루는 산업 장치들을 만들어낸 개개인의 검소하고 엄격한 근면 덕분인 것처럼 보였다. 그들이 느끼기에 최상의 정부란 최소한의 지배를 행하는 정부였다. 그들은 시민들을 내외의 위협에서 보호하는 것 외에는 모든 것을 개인의 자유로운 판단에 맡겨두는 야경국가를 지지했다. 그들 중 아무도 자유기업이 최고도로 발달한 바로 이 시기에 빅토리아 시대 중기의 신사들이 두려워하던 권력의 집중 현상이 현대국가와 더불어 시작되었다는 것을 알지 못했다. 영국의 역사가인 조지 클라크(George Clark)는 이것을 다음과 같이 언급했다.

사실 19세기 한가운데 50년 동안, 즉 사기업은 거대한 힘을 지니게 되고 사람들은 자유의 이익과 정부간섭의 위험을 떠들던 바로 이 시기에, 미처 알지도 못했고 계획한 것도 아닌, 그리고 분명히 대부분의 사람이 절대적으로 원하지 않았던 현대국가, 다시 말해 그 위임받은 권력으로 공동체에다 전문가와 관리의 지배를 강요하는 현대국가가 형성되기 시작했다.[71]

이러한 국가의 새로운 역할은 번영이 지속되는 한, 평범한 중간계급 성원들에게는 인식되지 못했다. 그러나 영국이 세계무대에서 명성을 잃기 시작하고, 심각한 위기가 경제와 사회를 동요시키던 이 세기의 마지막 사반세기에 이르자 사태는 극적으로 변화했다.

빅토리아 시대 중기 말년에 이르러 영국은 이미 세계 열강의 일인자가 아니었다. 영국 농업의 황금시대는 1875년쯤을 고비로 끝나버렸다. 북미와 아르헨티나 같은 새로운 농장에서 거대한 수입의 영향으로 밀 값은 반으로 떨어졌고, 다른 농산물들도 비슷한 지경에 이르게 되자 영국의 농업은 황폐해져 갔다. 상황의 악화는 비단 공업과 상업에만 국한된 것이 아니었고, 위험은 복합적인 것이 될 징후를 보였다. 1870년에서 이 세기의 말까지 대외무역의 총액은 지속적으로 상당히 증가했지만, 독일이나 미국의 증가율은 이보다 훨씬 높았다. 1900년에 이르자 독일의 철강 생산량이 영국을 앞질렀고, 미국의 생산량은 독일과 영국을 합한 것과 거의 같아졌다. 이제 영국의 산업은 베블런(Thorstein Veblen)이 말한 '선두주자의 빌금' (the penalty for taking the lead)을 치르고 있었다. 다시 말해 영국이 여전히 다소 낡은 시설들을 사용하지 않을 수 없었던 시기에 독일과 미국은 현대적 기술을 최근에 설비하게 되었고, 그로 말미암아 영국은 계속 뒤로 처지게 되었던 것이다. 영국의 곤란은 초기의 성공이 완벽했다는 바로 그 사실 때문에 더욱 심화되었다. 1880년쯤에 이르기까지 모든 중요한 기술혁신이나 발명이 영국에서 이루어져 왔으나 이 이후로는 거의 없었고, 이제 영국은 외국인의 생각을 빌려 쓰지 않을 수 없게 되었다.[72]

이 세기의 마지막 사반세기에 이르기까지 '최하층계급'을 제외한 대부분의 노동계급은 물질적 복지라는 점에서 주목할 만한 개선을 이룩했다. 그러나 그들의 불평이 감소되기는커녕 토리당이 기대했던 것처럼 이 발전은 그들을 더욱 악화시켰다. 주로 숙련공들에게만 허용되었던 노동조합 활동이 반숙련공과 비숙련공 사이에서도 일어나기 시작했다. 1890년대의 공황 동안 영국은 전례 없던 파업의 물결에 휩싸이게 되는데, 거기에는 처음으로 모든 유형의 노동자가 다 참여했다. 아직 마르크스주의는 발전하지 못했으나 1893년에 만들어진 독일노동당이 전에는 비정치적이었던 노동조합원들의 관심을 불러 모으기 시작했다. 그리고 1884년에 창립된 페이비언 협회는 효과적인 사회계획에 대한 그들의 선전으로 중간계급의 지식인과 전문가의 주목을 끌었다.

이 세기의 마지막 사반세기에 이르러 영국의 남자들은, 비록 여자는 아직 그렇지 못했지만, 선거권을 갖게 되었다. 그 결과 약삭빠른 두 정당은 이제 1860년대까지만 해도 정치적 영역에서 배제되어왔던 노동계급의 표를 얻기 위해 열심히 경쟁하기 시작했다(1867년의 제2차 선거법 개정안에 의해 도시 노동자들이 선거권을 갖게 되었고, 그리하여 선거인 수가 배로 늘어났다). 노동계급은 무엇보다 입법을 통한 더 나은 사회적·경제적 안정을 원했다. 이러한 요구에 자유당은 조지(Lloyd George)의 영도하에 20세기 초에 가서야 대응하기 시작했으나 토리당(지금은 보수당이라 불린다)은 1870년대 이후부터 그 요구에 대처하고 있었다. 1874~80년의 디즈레일리(Benjamin Disraeli) 내각은 사회개혁에 중점을 두고 대중보건과 공장법 그리고 노동조합 등에 관한 법률을 통과시켰다. 1870년의 교육령은 일반교육을 제도화했고, 뒤이은 법률은 교육을 권리인 동시에 의무로 규정하기에 이르렀다.

지방정부의 기구는 완전히 개편되었다. 선거에 의해 선출된 주의회와 구의회가 임명직이었던 치안판사들을 대치했다. 런던이나 버밍엄 같은 큰시나 주에서는 주민 다수에 의해 선출된 지방 관리들이 시민들에게 다양한 사회봉사를 제공하기 시작했다. 비록 국민적 복지국가는 여전히 아득한 미래의 꿈에 불과했으나 적어도 중요한 도시 지역에서는 지방자치적 사회주의가 현실적인 방안 중 하나로 부각되기 시작했다.

사회봉사와 정부통제가 점점 팽창하면서 행정과 지방관리의 규모는 거대하게 증대했다. 1832년에 전체 행정에 고용된 인원은 2만 명을 조금 웃도는 것이었다. 1880년에 가서는 5만 명 이상, 1914년에 가서는 약 28만명에 이르렀다. 공무원 수는 현대국가가 마침내 제 기능을 발휘하기 시작한 1914년 이전의 한 세대 동안 다섯 배나 늘어났다.

근대적 정부가 국내의 관할 구역들(이전에는 사기업이나 신사들의 자발적 행위에 맡겨놓았던)에 대한 통제력을 넓혀감과 동시에 그것은 또한 대외적인 관계에서도 훨씬 적극적인 역할을 해나가기 시작했다. 사회보장의 개념이 나타나는 것을 보았던 사람들이 새로운 유형의 영국 제국주의도 함께 출현하고 있음을 보게 되었다. 프랑스, 독일과의 증대되는 경쟁에 자극되어 영국은 전례 없던 식민지 확장에 착수했다. 식민지는 국가적 위세의 구체적 표현일 뿐만 아니라 원료 시장과 기계제품 시장으로도 중요하게 여겨지게 되었다.

프랑스와 영국 간의 식민지 쟁탈전은 1880년대에 시작되었고, 독일은 조금 늦게 참가했다. 이 세기의 마지막 사반세기 동안 아프리카 대부분은 열강들에 의해 분할되었다. 1898년에 영국은 이집트에 대한 종래의 통치에 더해 수단에 대한 통치권도 획득했다. 1890년대에 케냐와 우간다가 영국의 보호령이 되었고, 남아프리카에서 이집트에 이르는 하나의 통합된 영국 지배령을 이룩하려던 로즈(Cecil Rhodes)의 원대한 계획은 마침내 손해가 컸던 보어전쟁을 1899년에 발발시켰다. 영국은 아시아로도 진출했고, 1876년에 인도 여왕의 칭호를 수락한 빅토리아 여왕은 1880년대에 영국령 뉴기니아, 북보르네오, 버마 상부 등을 대영제국에 병합했다.

19세기가 끝나갈 무렵에는 빅토리아 시대 중기의 비교적 조그맣던 영국이 엄청난 식민지 세력을 지니게 되었다. 영국은 비록 세계의 공장으로서의 지위는 잃어버렸으나 여전히 바다를 지배하고 있었다. 대영제국은 오대주의 중요한 구석구석까지 팽창했다. 국내적으로 영국은 빅토리아 시대 중기의 자유방임상태가 지속되지는 않았다. 비록 불충분한 상태나마 시민의 복지를 보호하려고 적극적인 통제와 조절을 행하는 국가의 모습은 19세기 초의 수동적인 야경국가와는 완전히 다른 것이었다.

오랜 생을 누렸던 스펜서는 이러한 변화의 전 과정을 목격했고, 그의 책들의 운명도 이런 변화를 나타내준다. 그는 빅토리아 시대 중기에 성숙한 단계에 도달했고, 이때 형성된 정치적 견해는 결코 변하지 않았다. 그는 후기에 나타난 여러 변화를 두려움과 놀람으로 바라보았다. 이 경쾌하고도 낙관적이던 진보의 예언자는 점차 현대 영국 역사의 전체적 흐름을 비극적으로 바라보는, 즉 밖으로는 제국주의적 팽창과 안으로는 군사적인 국가통제라는 새로운 야만상태로 전락해가는 것이라고 보는 우울한 노인이 되어갔다.[73]

배경

스펜서는 그의 어린 시절과 청년 시절을 비국교도들의 국교반대운동이 한창이던 분위기에서 성장했다. 영국의 비국교도는 새로운 하나의 종교적 분파는 아니었다. 19세기 초, 영국에서 비국교도는 차별대우를 받아 종교적 이유로 고통을 당할 뿐만 아니라 사회적으로도 열등한 자들로 취급되었다. 역사가 클라크는 "비국교도의 무능력은 강요된 것이었는데, 이런 차별은 부분적으로는 국가를 지배하는 자들이 실제보다 훨씬 더 낮은 계급으로 그들을 평가함으로써 지속될 수 있었다"[74]고 썼다. 선서령(관리가 취임할 때 충성과 국교신봉의 선서를 하도록 한 법 ─ 옮긴이)과 회사법에 의해 비국교도는 자치도시에서 관리가 될 수 없었다. 성공회에 속해 있는 자가 도시를 지배했고, 채플(비국교도의 교회 ─ 옮긴이)에 속한 사람들은 그들과 대립했다. 교구위원의 명령 하나로 비국교도들은 자기들이 속해 있지도 않은 교구의 교회 유지를 위해 세금을 바쳐야 했다. 그들은 종종 교구의 교회 마당에 묻힐 수 없도록 차별을 받았으나 대부분 결혼만큼은 교구 교회에서 하도록 강요받았다. 그들에게는 대학의 문도 닫혀 있었고, 따라서 옥스퍼드대학이나 케임브리지대학에 입학만 하면 출세의 기회가 주어지는 국교도의 중간계급 성원들과는 달리, 이들에게는 아무리 현명한 자라 해도 출세의 기회가 허용되지 않았다.

이러한 부당함을 고려해본다면 비국교도들 중에서 새로운 급진적 사상이 배양될 터전이 마련되었다는 것은 하등 놀랄 일이 아니다. 스펜서의 아버지를 포함하여 많은 비국교도는 응집된 종교적 믿음은 갖지 못했으나 세속적인 급진주의와 자유주의에 대해서는 불타는 정열로 지지했다. 회사법이나 선서령의 철폐를 위한 투쟁이나 반곡물법 선동 또는 형법의 원시적 잔인성을 완화시키려는 운동 등을 막론하고 비국교도들은 어디에서나 선봉에 섰다. 중간계급에 선거권을 부여한 국회의 제1차 선거권 개정안은 비국교도들의 선동 덕을 상당히 본 것이다.

비국교도들은 사회적인 해방과 정의를 위한 투쟁에 늘 앞장섰다. 그러나 그렇다고 해서 이들의 대표자가 '자유롭고' '자발적인' 성품을 지녔으리라 추측하는 사람은 역사의 미묘함을 모르는 사람에 불과하다. 사실은 완전히 그 반대였다. 자유를 위한 투쟁을 가장 훌륭하게 전개한 사람들은 오히려 엄격하고 억압된 '청교도적' 성품을 지닌 자들이었다. 비록 많은 사람이 그들의 독특한 종교적 믿음을 버리긴 했으나, 그들의 생활양식은 여전히 청교도인 선조들의 모든 특성을 그대로 나타내고 있었다. 이들은 '자신을 드러내는' 성품이 아니라 엄격한 금욕주의와 자기부정이 몸에 밴, 그리고 즐거움을 멀리하는 사람들이었고 자신들의 정열을 현재 하고 있는 일에 규칙적이고 질서 있게 적응시키도록 훈련된, 단순한 정신의 소유자들이었다.

이러한 비국교도적 분위기의 전형적인 산물인 스펜서는 언젠가 그러한 금욕적 양육의 결과를 다음과 같이 회고했다. "수세대를 걸쳐 금욕적으로 양육되었고 쾌락의 추구는 나쁜 것이라는 신념하에 행동하던 가정에서 자라 고통을 목격한 적은 많아도 즐거움을 목격한 적은 비교적 적다. ……결과적으로 즐거움에 공감하는 능력도 상대적으로 위축되었다. [이러한 환경에서] 즐거움에 대한 유혹이 보통의 경우보다 약할 수밖에 없다." 그는 계속하여 마티노 목사가 그의 누이인 해리엇 스펜서에 관해 쓴 글을 인용하면서 비국교도 가정의 감정의 메마름과 온정의 결핍을 언급했고, "청교도적 전통과 박해받은 종족의 과묵함이 자유에 익숙하지 못한 말과 행실에 강한 영향을 남겨놓았다"고 지적했다.[75]

내부지향적이고 양심적이며 금욕적인 비국교도들은 또한 무척이나 외로운 사람이기도 했는데, 그 양육방식 때문에 자신을 동료들과 하나로 묶어줄 이해와 동정의 연대를 형성하기가 곤란했다. 그들은 성장기 동안 자신을 둘러싸고 있는 어른들 — 부모, 선생, 목사 — 이 형성시켜놓았던 자기부정과 자기몰입의 껍질을 벗어나는 일이 어렵다는 것을 알고 있었다.

젊은 시절의 자기부정적 분위기는 스펜서에게 영원한 흔적을 남겨놓았다. 그는 (3개월을 제외하고는) 결코 학교에 다닌 적이 없었고, 친구나 동료와의 유대를 맺을 기회조차 없었다. 어느 무엇도 그를 자신의 껍질에서 끄집어낼 수 없었다. 그를 도와 엄격한 손윗사람들의 도덕적 지배에서 부분적으로나마 벗어나게 해줄 친구가 없었기 때문에, 그는 남은 생애 동안 줄곧 심리적으로 불구자가 되었다. 인과적 심리분석을 하는 위험을 무릅쓴다면, 긴 생애 동안 한 번도 의미 있는 애정관계를 형성할 수 없었던 스펜서의 무능력은 다른 사람과의 연대를 맺지 못하는 그의 일반적인 무능력과 연결된 것이라 추측할 수도 있다.

스펜서의 초기 배경은 아마도 후기의 심리적 좌절과 병약함도 설명해줄 것이다. 그에게는 사회질서에 반항할 수 있는 다른 길이 없었다. 그는 비국교도적 교육에 비춰 단지 관료적 사회의 명예를 거부하는 것과 같은,

사회에 대한 조그마한 경멸의 몸짓 정도를 자신에게 허용할 수 있을 뿐이었다. 그 결과 억압된 분노는 안에서 터졌고, 그는 병들기 시작했다. 그가 자신에게 허용할 수 있었던 단 하나의 사회에 대한 반항은 병과 괴벽으로의 움츠림을 통한 상징적인 반항이었던 것이다.

친구와 동료

런던에 살고 있던 동안 스펜서는 아버지가 죽을 때까지 그가 아이였을 때부터 그랬음직한 행동, 즉 일어난 모든 일을 낱낱이 아버지에게 보고하는 행동을 충실히 했다. 스펜서는 여전히 더비 지방의 사람이었다. 비록 그의 지적 지평은 넓어져 갔지만, 여전히 중부에서 배운 일반적인 지향에서 특별히 벗어나지 않았다. 그는 새로운 사실들은 언제나 받아들였으나, 자신의 고정된 틀을 교란시킬 수 있는 사상에 대해서는 눈을 감았다. 수도로 올라오면서부터 점차 세계적인 인물이 되어가는 보통의 시골 청년들과는 매우 달랐다. 또한 그는 『빌헬름 마이스터』(*Wilhelm Meister*) 이래 독일 '교양소설'이 묘사하기 좋아했던 '성장'하는 인간형과도 달랐다. 스펜서는 언제나 옛날 그대로였다. 그는 단지 나이를 먹을 뿐이었다.

런던에서의 인간관계에서 두드러진 모습은 특별한 목적을 위해 대부분의 동료를 이용했다는 점이다. 그는 당장의 목적에 도움이 되지 않을 책은 결코 읽지 않았고, 효용이 없는 사람은 찾지 않았다. 이런 의미에서 그는 자신이 부르짖던 공리주의적 도덕의 구현 그 자체였다. 그렇다고 그가 도덕적으로 냉정한 사람이었다는 것은 아니다. 따뜻한 인간적 친절을 베푼 경우도 분명히 있었다. 그러나 그러한 경우는, 그 자신도 인정하고 있듯이, 극히 드물었다. 그의 편지들을 살펴보면 그의 동료관계가 대부분 상대방에게서 그것이 정보든 인정이든 충고든 지지든, 무엇인가를 얻어내려는 욕구에 의해 맺어지고 있다는 인상을 받게 된다.

그의 개인주의와 자기몰입을 나타내주는 또 다른 측면은, 그가 자기 연구의 우월성에 대해 지나친 관심을 보였다는 점이다. 그는 자기가 발견했다고 생각하는 어떤 사실을 남도 찾아낼 수 있으리라는 주장에 대해 병적일 정도로 민감하게 반응했다. 그는 그러한 주장을 자기 연구에 대한 모독일 뿐만 아니라 자기 존재에 대한 모독처럼 받아들였다. 지적 영역에서 소유권을 부인당하는 것이 곧 그 지적 산물을 창조한 사람 자체를 파괴시키는 것으로 간주했다. 그는 마치 수전노가 돈에 대해 부여하는 것 같은 상징적 중요성을 지적 산물에도 부여했던, 소유권 중시형 개인주의자였다.

머튼(Robert Merton)이 분석한 대로, 자기 연구의 우위성을 쟁취하기 위해 스펜서는 많은 과학자가 추종하던 방식에 집착하지 않았다.[76] 머튼이 지적한 것처럼, 과학자들이 자신의 우위성을 싸워서 얻어야 할 경우에 과학자 자신이 항상 그 싸움을 감당하는 것은 아니다. 때로는 그들의 추종자나 제자들이 그 싸움을 대신한다. 이런 방법으로 그들은 과학적 규범에서 나오는 이중적인 요구, 즉 모든 발견은 과학자 개인에게 속하는 것이 아니라 과학공동체에 속해야 한다는 요구와 과학에 공헌한 바가 있는 사람에게는 응분의 감사가 있어야 한다는 상반된 과학적 규범 간의 괴리를 해결하려는 경향이 있다. 이러한 딜레마는 종종 제자들로 하여금 스승의 공적을 위해 싸우도록 함으로써, 스승이 공동체 전체의 소유물에 대한 '이기적인' 주장을 하지 않도록 함으로써 해결되는 것처럼 보인다. 이와 같은 구조적 환경에서는 스승도 제자도 모두 자신의 소유물을 위해 싸우는 것이 아니므로 과학공동체의 소유권에 대한 금기를 범하지 않을 수 있다. 그러나 스펜서는 제한된 과학공동체로의 귀속을 주장하지 않았다. 그는 스스로를 일종의 자유 작가처럼 생각했고, 자기 두뇌의 산물을 마치 기술자가 그의 발명품을 취급하듯 했다. 그는 당연한 자기 소유물에 대해 특허권을 획득하려는 것처럼 행동했다.

인정의 문제도 이와 비슷한 어려움을 불러일으켰다. 스펜서는 그의 긴 생애 마지막에 이르러 대단한 명성을 얻은 세계적 인물이 되었음에도, 계속해서 후기의 저작에 대해서 충분한 인정을 받지 못하고 있음을 불평했다. 『자서전』에서 쓰기를, 그의 첫 번째 저작인 『사회정학』이 "나의 후기 저작 그 어느 것보다도 더 호의적이고 광범위한 반응을 얻었다. 이 사실은 최근 비평의 수준을 잘 나타내준다"[77]고 했다. 1860년대부터 죽을 때까지 미국에서 그의 책이 36만 8,755권이나 팔렸고 철학과 사회학이란 어려운 분야에서 타의 추종을 불허하던 인물이 아직도 인정을 받지 못하고 있다는 불만을 털어놓고 있었던 것이다. 내적으로 공허했기 때문에 자아의 가치에 대한 그의 무력감을 메워줄 외부의 칭찬이 어느 다른 과학자보다도 절실했던 것이다.[78]

그의 생애 마지막 25년 동안 이전보다 훨씬 더 슬픔이 많고 자기중심적이며 참을성 없는 사람으로 된 데는 많은 객관적 요인이 있었음이 사실이다. 그는 생물학에서 지지했던 획득형질의 유전에 대한 이론이 점차 쇠퇴하는 것을 목격했다. 사회적 상황에서는 집단주의와 군사적 제국주의로 이행하려는 점차적인 경향이 자유방임을 찬양하는 그의 철학적 지향 전체를 가로막았다. 그러나 그렇다 하더라도 대중적 세계에 대한 경멸을 동반한 그의 극도의 이기주의와 자신에 대한 집착은 당시 상황과는 부분적으로밖에 연관되지 않는, 더 깊은 근원으로 설명되어야 한다. 그의 전기를 쓴 어떤 사람이 말하기를, 이 당시 "그는 감정이 메마르고" "그의 감정은 지지의 결핍으로 시들어버렸다"[79]고 했다. 어쨌든 이러한 모든 점은 장년기 동안 줄곧 그를 괴롭혔던 상황이었다. 말년에 이르러 후손을 위해 자신의 치아 상태까지 기록할 만큼 움츠러들었던 그는 언제나 붙어 다니던 '자아'에 대한 집착을 터무니없는 정도까지 몰아갔던 것이다.

사회적 환경

스펜서도 콩트처럼 그 행동이 괴팍스러웠던 것 같다. 그러나 콩트와는 달리 그는 지식인 세계의 주변인은 아니었다. 서로 비슷한 심리적 성향과 괴팍한 태도를 지닌 두 사람이 반드시 비슷한 사회적 결과를 가져오는 것은 아니다. 괴팍스러운 성격이 주변적인 성격과 연결되느냐 안 되느냐 하는 것은 상당 정도 자신의 위치가 규정되는 사회적 환경에 달린 것이다. 콩트가 배척을 당한 것은 단지 그가 호소력 없고 괴팍스러운 사람이었기 때문만이 아니라 그의 학설이 당시 대부분의 중요한 사상가에게 반감을 불러일으켰기 때문이기도 했다. 이와는 반대로 스펜서는 그의 개인적 괴벽에도 불구하고 환영을 받았는데, 그것은 그가 가르친 것이 적어도 중요한 두 계층인 일반 독자들과 동료 지식인들 사이에 반향을 일으켰기 때문이었다. 또한 영국에는 괴벽에 대한 관용의 전통이 오래 지속되어왔던 것이다.

그러나 또 다른 요인이 있다. 앞서 보았듯이 콩트는 그의 전 생애를 통해 학계에서의 지위를 갈망했고 자신의 노력으로 그것을 요구하기도 했다. 이런 노력이 좌절되어 그는 대부분의 생애를 학계 주변에 머물러 있었다. 스펜서는 학계의 인물도 아니었고 학계의 어떤 자리도 희망하지 않았다. 어느 쪽에 대해서도 간절히 바란 것이 없었기 때문에, 그는 실현되지 않았을 때 박탈감을 크게 느끼지 않을 수 있었다.

이러한 결과로 스펜서는 콩트와는 달리 학계의 전문가들과 싸운 적이 한 번도 없다. 또한 이 전문가들도 콩트의 동시대인들과는 달리 그를 경쟁자로 보지 않았다. 왜냐하면 그의 탐구방식이 훨씬 전문적인 자신들의 연구와 대립되는 것이 아니었기 때문이다. 스펜서는 그들의 충고나 비판을 자유로이 활용했고, 비록 교수 만찬회는 아니지만, 개인의 집이나 클럽 등에서 그들을 자유롭게 만날 수 있었다. 엄격한 의미에서 본다면 그는 동료가 없었다. 동료란 언제나 경쟁자이기 때문이다. 스펜서처럼 고도로 일반화된 이론가에게는 전문가들이 전혀 경쟁의식을 갖지 않은 채 필요한 정보나 비판을 제공할 수 있다. 스펜서가 메인이나 타일러 같은 동료 사회진화론자들과 지속적인 관계를 맺지 않았다는 사실은 중요하다. **그들이었다면** 경쟁자가 되었을 것이다.

헉슬리는 스펜서에게 일반적인 전문가적 비판을 해주었을 뿐만 아니라 『제1원리』와 『생물학원리』의 교정도 맡았다. 스펜서는 "생물학 저술은 [헉슬리의] 채찍 앞에"[80] 놓아두었다고 습관적으로 말했다. 생물학적 저술 이외의 영역에 한해서 볼 때, 헉슬리 같은 위치를 차지할 수 있는 사람은 없는 것처럼 보이나 스펜서가 수많은 전문가 친구의 충고나 비판의 도움을 받았다는 것은 사실이다.

출판에서도 스펜서의 상황은 콩트의 상황과 비교가 되질 않는다. 앞서 보았듯이 콩트는 생-시몽과의 유대가 끊어지고 나자 실제로 모든 정기간행물의 통로가 닫히고 말았다. 이와는 달리 스펜서는 전 생애를 통해 지도적인 자유주의적 정기간행물이나 당시의 과학잡지에 글을 발표할 기회를 가질 수 있었다. 그중에는 『웨스트민스터 리뷰』 『리더』(*Leader*), 『에든버러 리뷰』 『노스 브리티시 리뷰』(*North British Review*), 『내셔널 리뷰』(*National Review*), 『포트나이틀리 리뷰』(*Fortnightly Review*), 『브리티시 쿼털리 리뷰』(*British Quartely Review*), 『컨템퍼러리 리뷰』 등이 있다. 그는 또한 학술지 『자연』(*Nature*)과 『정신』(*Mind*), 미국의 『월간 대중과학』(*Popular Science Monthly*), 『린네학회 회보』(*Transaction of the Linnaen Society*), 그리고 런던의 『타임스』(*Times*) 등에도 기고했다.

청중과 그들의 요구

문장의 서술이나 배열 양식에서 스펜서는 독자층의 영향을 많이 받았다. 그의 서술은 유별나게 서투른 것이었지만(부분적으로는 그가 한 번 써 놓은 초고는 거의 다시 손대지 않았기 때문이었는데), 그것에는 그의 동료 지식인뿐만 아니라 다수 대중에게도 자기 사상의 열매를 전달하려는 갈망이 나타난다. 그는 밀과 헉슬리, 트리벨리언(Macauley Trevelyan)와 그로트(George Grote)만을 상대로 말한 것이 아니었다. 그는 그랫그라인드로 대표되는 청중 — 그가 기고하고 있던 여러 자유주의적 평론의 독자인 교육받은 중간계급 — 과도 대화하기를 희망했다. 이런 의미에서 그의 저작들은 콩트의 『실증철학강의』 중 한 권, 즉 아직도 자신의 사상을 동료들과 교육받은 대중에게 전달하는 데 열중하고 있을 때 쓰인 책을 연상시킨다. 그러나 그의 저작은 청중을 합리적으로 설득하려 하지 않고 감정의 흐름으로 압도하려 했던 콩트 후기의 문체와는 전적으로 상이한 것이다.

스펜서의 초기 논문이나 그의 첫 번째 계획된 연구였던 『사회정학』이 광범위한 성공을 얻었다는 사실을 보면, 그가 말하려고 했던 것에 대한 수요가 있었음을 알게 된다. 그의 진화론은 당시의 사상가들이 부딪쳤던 딜레마에 해결책을 제시해주었다. 그의 이론은 새로이 발견된 상이한 문화들 간에 나타나는 인간행동의 다양성과 인류는 정신적으로 하나라는 원칙을 연결시킬 수 있었다.

1840년대 말과 50년대 초에 교육받은 중간계급 중 많은 사람이 도덕적 방향감각을 상실했다. 1853년에 마티노는 콩트의『실증철학강의』번역판 서문에서 이것을 다음과 같이 잘 서술하고 있다. "국가나 인류의 선을 염려하는 사람들이 가장 무서워하는 것은 사람들이 확신하고 머무를 곳이 없어 표류하고 있다는 사실이다. 우리 국민의 거의 대부분이 지금 표류하고 있다는 것을 부인할 사람은 아무도 없으리라 믿는다. ……이러한 방황 상태의 도덕적 위험은……극도로 두려운 것이다."[81]

여기서 마티노는 1840년대에 널리 퍼졌던 믿음의 위기를 언급하고 있다. 교육받은 사람들은 점차로 전통적 종교가 제공해주던 종류의 확신을 잃게 되었다. 이 세기 초에는 믿음을 상실한 사람들도 벤담이나 밀의 공리주의적 도덕으로 지탱할 수 있었으나, 이후 세대에겐 그 대안조차도 힘이 없었다. 한 국가에 적합한 입법의 원리나 공통의 도덕은 몇 가지 기본적인 공리주의 원칙, 예를 들면 최대 다수의 최대 행복 같은 원칙에서 얻어질 수 있다고 주장하는 공리주의자들의 비역사적 논리를 이들은 더 이상 받아들일 수 없었다. 그들은 대륙에서 나타난, 상이한 역사적 시대의 독특한 특성을 강조하는 역사적 상대주의에 동조하기 시작했다. 대륙의 역사주의는 연상심리학의 몇몇 기본원리에서 연역된 인간 본성의 보편적 법칙이란 주장을 거부했다. 더욱 일반적으로 월러스(Graham Walles)의 말을 인용한다면, "벤담의 공리주의는 즐거움과 고통의 생각이 인간 동기의 유일한 원천이라는 것을 일반 사람들이 믿기를 거부함으로써 사멸되고 말았다."[82] 벤담의 공리주의는 그 기본 가정에서 너무 단순했던 것 같다. 그것은 역사적 연구에 의해 밝혀질 '인간본성'의 변화상을 강조하는 역사적 상대주의자들의 공격에 믿을 만한 대답을 할 수가 없었다.

그러나 공리주의의 확실성에 관한 의문은 비단 역사학이나 역사서술에서만 제기된 것은 아니었다. 이 시대의 식민지 팽창으로 인해 점차 친숙해진 원시인들의 행동양식과 영국인의 생활방식 사이에는 근본적인 차이점이 존재한다는 증거들이 축적되어갔다. 관찰자들은 즐거움의 추구와 고통의 회피라는 합리적인 관점으로는 도저히 원시사회의 행동들을 설명할 수가 없었다. 원시인들의 행동은 유용한 것도, 실질적인 것도, 또한 계산적인 것도 아닌 것처럼 보였고, 그리하여 합리주의적인 벤담식 도식이 제공하는 범주로는 파악할 수가 없었던 것이다.

원시인들이 현대인들과는 근본적으로 상이한 원칙에 따라 행동한다는 것을 일단 인정한다고 해서 전 인류에게 기본적인 통일성이 존재한다는 생각, 즉 어떤 지방 어느 환경에 처해 있는 사람도 본질적으로 동일하다는 생각을 포기해야만 하는가? 이것은 계몽주의의 모든 유산을 거부하는 것이 아닌가? 자유주의적 관점은 진보적 사상의 기본 전제에 대한 이와 같은 부정을 받아들일 준비가 전혀 되어 있지 못했다.

진화론적 학설은 그것이 스펜서의 옷을 입었든 다른 사람의 옷을 입었든 손쉽게 청중을 얻을 수 있었는데, 진화론이 이러한 딜레마에서 벗어날 길을 제시하는 것처럼 보였기 때문이었다. 그것은 인간의 다양성에 직면해서도 인류의 정신적 통일성에 대한 믿음을 유지할 수 있게 해주었다. 진화론적 학설에 따르면, 행동의 상이함은 그것이 과거의 것이든 원격지의 것이든 인류의 보편성이란 가정을 폐기시키는 것이 아니라 진화과정에 입각해서 설명될 수 있는 것이다. 인류도 다른 유기체와 마찬가지로 진화론적 성장법칙을 따른다. 어린이는 아직 모든 능력이 채 발달하지 못했다는 점에서 어른과 구별되기는 하지만 그들이 본질적으로 상이한 것이 아닌 것처럼, 야만인도 인간 이하의 존재가 아니라 단지 덜 진화된 인간에 불과하다고 진화론자들은 주장했다.

진화론적 학설은 인류의 통일성에 대한 믿음을 포기하거나 최대 다수의 최대 행복이라는 공리주의적 원칙을 단념할 것을 요구하지는 않았다. 그것이 주장하는 것은 오직 그러한 생각은 인간이 성숙해진 단계의 특성이므로 인류 진화의 초기에는 자연적으로 나타나지 않는다는 것이었다. 따라서 진화론은 자유로운 빅토리아 시대의 대중이 그들 생활양식의 우월성에 대한 믿음을 지속하면서, 동시에 지금까지 기존의 설명양식에 도전하는 것처럼 생각되어왔던 사실들에 대한 설명을 제공해주는 것이었다. 버로우(John Burrow)가 말한 대로, "진화론적 사회이론의 특수한 매력은 그것이 인류의 본성은 어느 곳에서나 본질적으로 동일하다는 낡은 이론에 대한 당시의 여러 반대에 동의하지 않으면서도 인류의 본질적인 통일성을 재구성할 수 있는 방법을 제공해준 점이다. 인류는 그것이 어디서나 동일하다는 이유에서가 아니라 그들 간의 상이함이 동일한 과정의 상이한 단계를 나타내는 것이란 이유에서 하나인 것이다."[83]

빅토리아 시대에서 진화론적 사상이 지녔던 이러한 일반적 매력 이외에 스펜서의 독특한 틀은 그 체계의 포괄성 때문에 대중에게 널리 받아들여졌다. 다른 사회진화론자들, 예를 들면 메인이나 타일러 같은 사람들은 스스로를 인류문화와 사회구조의 진화이론에 국한시킴으로써 비교적 그 범위가 넓지 않았는 데 비해, 스펜서는 인류의 성장뿐만 아니라 우주의 진화까지도 이해할 수 있는 보편적인 열쇠를 제공하려고 했다. 그의 이론은 인류의 역사와 운명뿐만 아니라 우주, 유기체, 비유기체의 전 영역을 지배하는 법칙을 설명하려는 것 같았다. 스펜서는 이전에는 오직 종교적 교리만이 제공해줄 수 있었던 확신을 추구하는 사람들에게 보편적인 설명 도식을 제시해주었다. 또한 다양한 현상을 하나의 설명원리에 입각하여 설명하려는 그의 시도는 이전에 뉴턴의 종합이 제공했던 것과 같은 심미적 만족을 많은 사람에게 주었다. 스펜서의 학설은 근년에 와서 놀랄 만한 진보를 이룩했던 지리학, 물리학, 생물학 등의 발견들과 잘 부합되는 것처럼 보였다.

스펜서의 이론은 보편적 원리에 입각한 설명이란 점을 만족시켜줌과 동시에 그것은 도덕적 우월성에 대한 독선적인 요구도 만족시켜주었다. 버로우가 날카롭게 관찰한 대로, "[진화적] 과정을 진보로 부르는 것에 동의하기만 하면 사회이론은 곧 도덕원리 또는 정치이론으로 변한다."[84] 이제 사회가 진화되면 될수록 그 사회는 도덕적으로도 우월한 것이라는 사실이 판명된 것처럼 보였다. 스펜서는 "진보란 우연이 아니라 필연이다. 분명히 악과 비도덕은 사라질 것이다. 분명 인간은 완전에 도달할 것이다"[85]고 썼다. 현대 영국인의 행동양식과 같은 상당히 발달된 행동양식은 지금까지 수많은 세대를 통해 인류가 무의식적으로 추구해오던 도덕적 우수성의 정수를 나타내고 있다는 생각이 '과학'의 권위를 빌어 주장될 수 있었다. 스펜서가 더욱 진화된 행동유형은 그 이전 유형보다 우월한 것임을 청중들에게 '증명'하면서 환경에 대한 인간의 적응력이 증대될 뿐만 아니라 개인에게는 더 큰 즐거움이, 전체 공동체에서는 더욱 적은 손실이 나타난다고 했을 때, 그는 빅토리아 시대에 그토록 널리 퍼져 있었던 점잖은 자기만족감을 다시 강조하고 있었던 것이다. 동시에 그는 종교적 믿음의 상실과 벤담 학설에 대한 회의에서 나타난 몇몇 근심을 조용히 무마시켰다.

스펜서의 학설이 널리 호응을 얻게 된 데는 또 다른 이유가 있었다. 산업혁명이 가져온 영국 생활양식의 기본적 변화는 빅토리아 시대 중기 사람들의 기억 속에 아직도 생생했다. 이 변화의 주된 측면 중 하나는, 다수의 비교적 단순한 수공업이 사라지고 산업적 생산형태에서 나타나게 된 '소외'를 수반한 훨씬 복잡한 분업이 출현했다는 사실이다. 변화를 점진적인 기능분화라는 관점에서 설명하는 스펜서의 설명은 당시 일반적인 공리주의적 설명도식에 불만을 느끼고 있던 사람들에게 환영을 받았으리라고 보인다. 진화적 필연성이란 생각은 도덕적으로 불안해 보이던 것들을 지적인 구미에 맞도록 만들었다. 그것은 이전의 사람들, 즉 현대 산업세계의 매력과 그것이 지금까지 환영받던 생활양식에 미친 파괴적 영향 사이에서 분열되어 있던 사람들의 인지적 불협화음을 감소시켜주었다.

스펜서의 가르침, 특히 적자생존에 대한 그의 학설은 이외에도 다른 정당화 기능을 수행했다. "지금까지 어떻게든 살아남은 사람은 그렇지 못한 사람보다 더욱 적합한 존재다"라는 이 학설은 이 시대의 소유권 중시형 개인주의를 정당화시켜주었고, 프로테스탄트 윤리가 교양 시민층에게 호소력을 상실해버렸던 이 시대에 성공을 향한 정력적 추구를 합리화시켜주었다. 스펜서주의는 벤담주의보다 탐욕적 개인주의의 정당화에 훨씬 더 봉사했던 것 같다. 벤담의 사상도 개인주의를 주장하지만, 그래도 그것은 사회계약에서 법률의 긍정적 측면을 강조하고 있었다. 그러나 스펜서주의는 어떤 형태의 법률적 간섭도 궁극적으로는 인류의 전체 복지와 환경에 대한 최적의 적응을 손상시킨다 하여 거부했다. 그는 열심히 '쾌락'을 극대화하기 위해 노력하는 사람은 그의 그러한 행위로 인해 의식적이지는 않더라도 인류 전체의 최대 행복과 그 진화적 발전에 공헌하게 된다는 것을 보여줌으로써 오로지 자신의 개인적 이익만을 추구하는 사람들에게 좋은 변명을 제공해주었다.

스펜서의 가르침에는 빅토리아 시대 중기에 널리 퍼져 있던, 전반적으로 낙관적인 사고 분위기가 그대로 받아들여지고 있다. 전반적으로 유익한 사회법칙의 작용을 나타내주는 그의 진화론은 최근의 또는 좀더 장기적인 사회변동을 설명하려는 갈망을 채워주었다. 이와 동시에 이 이론은 인류의 미래는 영원히 발전하는 것이며 지속적일 것이라는 확신을 제공해주었다.

그러나 1870년대의 경제 위기와 노동자의 동요가 시작되자 빅토리아 시대 중기의 낙관주의는 사라지게 되었고, 스펜서의 학설도 내리막길에 서게 되었다. 그가 『사회정학』으로 성공을 거둘 수 있었던 것은 그가 그 당시의 시대상황에 완벽하게 부합했기 때문이다. 그러나 이제 시대가 바뀌자 그는 새로운 시대상황을 따르기를 거부했고, 그리하여 대중에게서 멀어져 갔다. 1870년대와 그 이후로 영국의 여론은 사회복지를 비롯한 여러 분야에서 자유방임이 아닌 집단주의적 지향으로 점차 옮겨갔다. 이제 스펜서의 극단적 개인주의는 이상하고 케케묵은 것으로 보였다. 그것은 과거의 소리가 되고 말았다. 또한 기술진보와 도덕적 개선이 병행해나간다는 생각은 다른 논의, 예를 들면 기계의 영향과 도움을 엄청나게 받고 있는 이 시대에 인간이 얼마나 비참해져 있는가를 보여준 부스(Charles Booths)의 조사(런던시 빈민조사 — 옮긴이) 결과와 맞지 않는 것처럼 보였다. 심지어 스펜서의 오랜 친구였고 진화를 위해 함께 싸웠던 헉슬리조차도 도덕적 진보는 진화적 발전의 과정 속에서 자연적으로 따라오는 것이 아니라 자연의 영향을 통제함으로써만 획득될 수 있다는 것을 인정하기에 이르렀다. 그는 "사회진보란 보편적 과정을 매 단계마다 점검하고 그것을 윤리적 과정이라 불리는 다른 것으로 대치시키는 것을 의미한다"[86]고 했다.

앞서도 보았듯이 스펜서는 이 세기의 마지막 사반세기 동안 영국사회에서 나타난, 그에게는 달갑지 않았던 새로운 변화들을 설명하기 위해 자신의 진화론적 학설을 여러 모양으로 변형시켜서 융통성을 크게 했다. 그러나 여러 조건을 덧붙이게 됨으로써 그의 이론이 지닌 주된 매력 중 하나였던 이론의 통합적 기반이 붕괴되었다. 또한 그가 이전의 진화론적 분류를 무시하고 새로이 사회를 군사형-산업형으로 이분화한 분류방식은 반집단주의적 이데올로기에 너무 젖어 있는 것이어서 1880년대와 90년대의 집단주의적 자유주의자에게서 수많은 반발을 받게 되었다. 아직도 가장 확실한 자유방임과 자유기업이 발달하고 있던 미국에서만은 스펜서적 관점이 강력하게 유지되었고, 전혀 다른 스타일의 사람인 카네기(Andrew Carnegie)나 피스크(John Fiske) 같은 사람들조차도 부인하기 어려운 사상이 되었다. 이러한 사실은 호프스태터의 『미국사상에서의 사회적 다윈주의』(*Social Darwinism in American Thought*)에 잘 정리되어 있다.

요약

스펜서가 지적 활동을 시작할 즈음에는 이미 그에게 유리한 상황과 어려운 문제들에 대한 그의 답에 열심히 귀를 기울이려는 대중이 형성되어 있었다. 스펜서의 옷을 입은 사회진화론은 지구상에서 인간이 겪어온 고난과 역경들을 야만상태에서 출발하여 빅토리아 시대 중기의 문명상태라는 영광스러운 정상으로의 점진적 진화과정으로 설명하는 것으로 받아들였다. 전반적으로 볼 때 이 이론은 인류의 역사가 성공의 역사임을 증명하는 것으로 여겨졌다. 그것은 물질적 생활이 점점 편안해져 감과 아울러 도덕적·정신적 생활도 편안한 안정을 얻으려는 세대에 지적인 평안을 제공했다.

그의 이론에 대한 사회적 수요가 있었기 때문에, 스펜서는 개인적 특이성에도 불구하고 콩트가 프랑스에서 겪어야 했던 것처럼 영국 지성계의 가장자리로 쫓겨나지 않을 수 있었다. 그러나 지적 상황이 바뀌자 영국에서의 스펜서의 운명도 그에 따라 변화했다. 그는 여전히 높이 존경받는 과학자이긴 했지만 대부분의 청중을 잃었다. 그러나 영국인이 그에게 등을 돌리는 그 순간에 열심히 그의 가르침을 받아들이는 미국인들을 새로운 청중으로 얻게 되었다. 또한 서구 곳곳에서 그의 학설을 지지하는 자들이 나타났고, 그의 명성은 전 세계의 청중들에게 퍼져나갔다. 비록 그가 모국의 지적 분위기에 부합하지 못한 채 씁쓸히 실의에 빠진 상태에서 죽었지만, 그가 미친 영향은 너무나 커서 그의 체계가 지니는 이데올로기적 측면이 잊힌 지 오래인 오늘까지도 그는 사회학을 만든 주역의 한 사람으로 기억되고 있는 것이다.

스펜서에 대한 평판은 그가 죽은 후 내리막길을 달렸지만, 그의 저작들은 계속해서 영국의 사회사상에 큰 영향을 미쳤다. 홉하우스(Leonard Hobhouse)와 휠러(George Wheeler) 그리고 이후 세대인 긴즈버그(Morris Ginsberg) 등은 그의 반개혁주의적 개인주의는 거부하면서도 그의 진화론적 전통의 모든 체계는 받아들이고 있다. 미국에서는 사회학을 창시한 여러 사람 중에서 오직 섬너만이 충실한 스펜서의 제자였다고 말할 수 있을 것이다. 그렇지만 다른 학자들도 대부분 스펜서의 사상에 깊은 영향을 받았고, 워드(Lester Ward), 쿨리(Charles Cooley), 베블런, 기딩스(Franklin Giddings), 로스(Edward Ross), 파크(Robert Park) 등도 그들이 스펜서의 사상에 공감했든 그 사상을 새로운 도약의 발판으로 삼았든, 스펜서의 빚을 톡톡히 지고 있다.

스펜서 저작에 대한 관심이 지속되어왔다는 증거는 다소 있지만, 전반적으로 그는 양차대전 기간의 사회과학계에서 거의 잊힌 인물이 되어버렸다. 그러나 적합한 사회변동론을 추구하는 많은 현대사회학자는 최근 다시 스펜서를 읽기 시작했다. 예를 들면 파슨스(Talcott Parsons)는 그의 『사회적 행위의 구조』(The Structure of Social Action)의 첫 번째 중요한 논문을 "지금 스펜서를 읽는 사람이 어디 있는가?"라는 수사학적 질문으로 시작하고 있다. 이 말은 곧 아무도 그를 읽지 않고 있으며 그것은 당연한 일이라는 뜻을 내포하고 있다. 30년이 지난 후 다른 사람도 아닌 파슨스 자신이 스펜서의 『사회학연구』의 재판에 그를 찬양하는 서문을 썼다.[87] 진화론에 대한 보아스(Franz Boas)의 혹평으로 인해 인류학자들은 스펜서에 대해 장기간 무관심해왔지만, 얼마 전부터는 뿌리 깊은 진화론자인 레슬리 화이트(Leslie White)의 영향으로 인류학은 스펜서에 대해 재발견해왔다.

한 세기의 4분의 3이 더 지난 지금 세대의 사회과학자들은 뒤르켐이 그의 시대에 맺고 있던 만큼이나 밀접하게 스펜서 사상과의 관련을 다시 맺으려 하는 것 같다. 많은 유럽의 사회학자들과 마찬가지로 뒤르켐도 스펜서 저작과의 지속적인 비판적 대립을 통해서 자신의 이론체계를 만들었다. 그는 스펜서를 칭찬하려 하기보다 오히려 그의 주요 주장을 묻어버리려 했다. 그러나 그 결과 스펜서가 무시되던 시기에도 그의 핵심적인 통찰력이 유지될 수 있게 하는 데 뒤르켐이 도움을 주게 되었다.

이데올로기적 장식과 교만한 허식이 제거된 스펜서의 사상은 사회과학이 남긴 영원한 유산 가운데 중요한 부분을 이루고 있다. 그는 지금뿐만 아니라 앞으로도 계속 읽힐 것이다.

에밀 뒤르켐

David Émile Durkheim, 1858~1917

주요 이론 아노미론, 종교사회학, 집합의식, 유기적 연대론
주요 저서 『자살론』, 『사회분업론』, 『종교적 생활의 기초형태』

뒤르켐은 분업이 일상화되고 이질성이 확대되는 현대사회에서
어떻게 사회통합이 가능한지를 이론적으로 밝혀낸 사회학자다.
그는 개인의 속성으로 환원될 수 없는 사회적인 힘이
외재성과 강제성의 형태로 존재함을 밝혔다.
동시에 사회의 힘은 개인의 의식과 태도 속에 내면화되어
작동함을 강조함으로써 후일 시민종교론과 문화이론의 초석을 놓았다.
프랑스에서 최초로 사회학을 제도화하고 이를 학문적으로
발전시키는 데 큰 역할을 담당했으며, 그의 연대주의 사상은
프랑스의 공교육체계와 사회복지제도의 형성에 큰 영향을 미쳤다.

"사회적 사실은 개인의 외부에서 개인을 통제하는 힘을 가진
독특한 행위양식, 사고방식, 감정형태로 구성된다.
사회는 개개인의 합을 초월하는 집합표상이다."

_에밀 뒤르켐

사상

전반적인 시각

뒤르켐(Émile Durkheim)은 사회를 연구할 때 환원론을 피해야 하며, 사회현상을 **실체**(sui generis)로 간주해야 한다고 주장했다. 이런 생각은 그의 모든 이론체계의 핵심을 이루는데, 뒤르켐은 생물학적 해석이나 심리학적 해석을 거부하고 인류의 사회문제를 결정짓는 사회-구조적 인자에 관심을 집중했다.

뒤르켐은 사회적 행위를 환원론으로 설명하려는 방식에 대해선 명백히 비판적이었다. 사회현상은 '사회적 사실'(social fact)이며, 바로 이것이 사회학의 주된 연구대상이 되는 것이라 보았다. 뒤르켐에 따르면, 사회현상은 명백한 사회적 성격과 결정인자를 가지고 있으며, 따라서 생물학이나 심리학 차원에서 설명될 수 없다. 사회현상은 생물학적인 실체라 할 수 있을 개개인들을 초월하여 존재한다. 개인은 죽고 구성원은 계속 달라지지만, 사회현상은 오랫동안 존속한다. 게다가 사회현상은 개인의 바깥에 외재(外在)하며 "강제성도 있다. ……사회현상은 이러한 강제력을 사용하여 개개인의 의지와는 상관없이 자신의 의도를 개인에게 강요한다."[1] 이러한 사회적 요구를 위반하게 되면 법률이나 관습의 형태로 뚜렷한 제재가 가해지게 된다. 이런 제재는 개인에 대한 강제의 모습을 띠며, 개인의 욕구나 성향은 이에 맞추어 조절되거나 실현된다. 따라서 사회적 사실이란 "고정된 것이든 그렇지 않은 것이든, 개인에 대해 외적 구속력을 행사할 수 있는 모든 형태의 행위양식"[2]으로 정의될 수 있다.

그의 초기 저작에서 뒤르켐은 주로 법률체계의 작동에 관심을 집중하면서 사회적 사실을 외재성과 구속성으로 정의했다. 그러나 후에 그는 이러한 자신의 견해를 상당히 수정했다. 성숙기의 뒤르켐은 특히 도덕적 원칙 같은 사회적 사실은 개인과는 독립적으로 존재하지만, 그것이 개인의 의식 속에 내재화되어 있는 경우에만 개인의 행위를 효율적으로 통제하고 인도할 수 있음을 강조했다. 이러한 공식화에 따르면, 구속성이란 단순히 개인 의지에 대한 외부로부터의 강압이 아니라 오히려 규칙에 복종하려는, 일종의 도덕적 의무와 유사한 것이다. 이러한 의미에서 사회란 "우리를 초월해 있는 어떤 것이면서 동시에 우리에게 내재해 있는 어떤 것"[3]이다. 이 시기 뒤르켐은 사회적 사실을 사물의 세계 "바깥에 존재하는" 현상만이 아니라 행위자와 사회과학자가 의식을 통해 알게 되는 어떤 현상으로도 연구하려고 했다.[4]

뒤르켐에 따르면, 사회현상이란 상호작용하는 개인들이 모여 더 이상 개별 행위자의 속성으로는 설명될 수 없는 어떤 실체를 구성하게 될 때 나타나는 것이다. "하나의 사회적 사실을 결정하는 원인은 선행하는 다른 사회적 사실들 중에서 찾아야 하며 개인의 의식상태 같은 데서 찾아서는 안된다."[5] 예를 들어 정당은 여러 개인성원으로 구성되어 있지만 그러한 구성요소로 정당이란 것이 설명될 수는 없다. 정당이란 그것을 출현시키고 움직이게 하는 사회적인 힘이나 역사적인 힘으로 설명되어야 하는 구조적 전체다. 어떠한 사회적 구성물도 부분들과는 구별되는 것이며, 비록 그것이 각 부분보다 우월한 것은 아니더라도 그에 맞는 독특한 수준의 설명이 필요한 것이다.

뒤르켐은 개인적인 속성보다 오히려 집단이나 구조의 성격에 더욱 관심을 쏟았다. 그는 종교현상을 다룰 때도 종교를 믿는 신자들의 개인적 특성에 관심을 두지 않고 특정 종교집단의 응집력의 유무 같은 문제에 초점을 맞추었다. 그는 그러한 집단의 성격은 개인적인 특성과는 독립적인 것이며, 따라서 그것은 그 차원에서 연구되어야 한다는 것을 보여주었다. 그는 어떤 행동이 각 모집단들에서 나타나는 상이한 발생률을 조사하고, 특정 집단의 성격과 그 변화를 조사했다. 예를 들면 어떤 특정 집단에서 자살률이 증가한다는 것은 곧 그 집단의 사회적 응집력이 약화되었음을 나타내는 것이고, 따라서 그 성원들이 여러 현실적 위기에 대해 그 집단에서 더 이상 충분한 보호를 받지 못하게 되었음을 보여주는 것이다.

뒤르켐은 여러 종교집단 또는 직업집단 간의 자살률이 늘 일정한 차이를 보이는 현상을 설명하기 위해 이 집단들의 성격을 연구했고, 그 성원들 간에 응집력이나 연대감을 불러일으키는 집단 차원의 특징적인 방식들을 연구했다. 그는 이러한 다양성을 설명하기 위해 개개 성원의 심리적 특성이나 동기에 관심을 기울이지 않았다. 반대로 높은 자살률을 나타내는, 즉 모든 사람이 공통적으로 비교적 약한 응집력을 가지고 있거나 상대적으로 무규칙상태를 나타내고 있는 구조에 관심을 집중시켰다.

특정한 현상의 개별적 **사례**가 아닌 그것의 **발생률**에 관심을 모음으로써, 뒤르켐은 여러 구조를 비교분석할 수 있는 또 다른 이점을 갖게 되었다. 여러 집단 간의 자살률을 비교함으로써, 그는 특정 집단과 관련된 임기응변식 설명을 피하고 전체적인 일반화에 도달할 수 있었다. 이런 과정을 통해 그는 일반적인 응집이나 통합의 개념은 다양한 집단에서 나타나는 수많은 상이한 자살률로 설명할 수 있다는 결론에 도달하게 되었다. 각 집단들은 통합 정도에서 서로 다르다. 즉 어떤 집단은 성원들에 대해 강한 지배력을 행사하고 그들을 완전히 집단에 통합시킬 수 있는 반면, 어떤 집단은 그 구성원들에게 상당한 정도의 행동의 자유를 부여할 수 있다. 뒤르켐은 자살이 통합의 정도에 반비례한다는 것을 보여주었다. "사회가 강하게 통합되어 있을 때, 사회는 개개인을 자신의 통제하에 지배한다."[6] 집단에 잘 통합되어 있는 사람은 인간의 운명을 괴롭히는 좌절이나 비극에 대해 상당히 탄력적이다. 따라서 그들은 자살 같은 극단적 행위에 의존하는 일이 적다.

뒤르켐에게서 통합의 주된 요소 중 하나는 여러 성원 간의 상호작용 정도다. 예를 들어 종교적 의례에 참여하는 종교집단의 구성원들은 손쉽게 공통의 행위에 결속하게 된다. 또 다른 차원에서 본다면, 상호의존적으로 분화된 노동행위는 노동자들을 같은 노동집단에 결속시킨다. 유형화된 상호작용의 빈도는 가치통합의 정도, 즉 가치나 신념에 대한 성원들의 공유 정도와도 밀접하게 연관되어 있다. 고도의 합의가 존재하는 집합체는 합의 정도가 낮은 집합체보다 일탈적인 행동이 적다. 종교집단의 신조가 강하면 강할수록 더욱 통합되기 쉽고, 따라서 불안과 좌절의 경험에서 성원들을 효과적으로 격리시킬 환경을 더 잘 제공해줄 수 있다. 물론 뒤르켐은 개신교에서 아주 잘 드러나는 특수한 경우, 즉 그 집단의 신조가 개인주의와 자유로운 탐구에 대한 공통적인 신념을 강조하는 경우도 있음을 주의 깊게 지적하고 있다. 개신교는 "가톨릭에 비해 개인의 사고에 더 많은 자유를 부여한다. ……그것은 공통의 신념과 행동을 더욱 약화시킨다."[7] 이런 경우 자살 같은 일탈행동이 높게 나타나는 것은 집단적 합의가 부족하기 때문이 아니라 오히려 집단이 강조한 자율성에서 야기된 현상으로 설명되어야 한다.

가치합의와 구조적 통합 간의 차이는 뒤르켐 자신의 용어로 더욱 잘 설명될 수 있다. 그는 **기계적 연대**와 **유기적 연대**를 구분한다. 전자는 "그 사회의 모든 성원에게 공통된 사상이나 경향이 성원 개개인의 사상이나 경향보다 양적으로나 질적으로 훨씬 더 강한" 때 주로 나타난다. "이러한 연대는 개성과는 반비례해서만 강화될 수 있다."[8] 다른 말로 바꾸면, **기계적 연대**는 개별적 차이가 극소화되고 공통의 번영을 위해 모든 사회성원이 유사한 헌신을 나타내는 곳에서 우세한 것이다. "유사성에서 나타나는 연대는 집합의식이 구성원의 의식을 지배하고 모든 점에서 집단의식과 개별의식이 일치되는 때 가장 강하다."[9] 이와는 반대로, **유기적 연대**는 개인들 간의 유사성에서가 아니라 오히려 그들 간의 차이점에서 발전된다. 이것은 분업의 한 산물이다. 한 사회 내에서 기능의 분화가 증대됨에 따라 그 성원들 간의 차이점도 증대하기 때문이다.

분화된 사회에서의 개별 요소는 공통적인 집단적 원리에 결속되어 있는 정도가 약하다. 비록 유기적 연대의 체계를 특징짓는, 분화되고 전문화된 업무와 역할들에 비슷한 수준으로 연결되어 있다 하더라도 그 강도는 상대적으로 낮기 마련이다. 이러한 체계에서의 개별적 요소는 기계적 연대의 경우에 비해 공통점은 적으나, 그럼에도 각 요소들 간의 상호연관성은 훨씬 높다. 좀더 자세히 말하면, 이러한 요소들은 분화된 생활양식과 전문화된 활동들에 결합되어 있기 때문에 성원들 대부분은 서로 의존되어 있으며 그 사이에서 연대망이 발전된다. 이런 체계에서 외부적 통제는 다소 완화될 수 있다. 그러나 그러한 통제 완화는 개인들 상호 간에 높은 의존성을 유지하는 것과 갈등을 일으키지 않으며 오히려 조화롭게 공존할 수 있게 된다.

초기 저작에서 뒤르켐은 공통의 신념을 강하게 지닌 체계가 원시적 유형의 사회에 나타나는 기계적 연대를 특징짓는다는 것, 그리고 분업의 점진적인 증대로 상호의존성이 높아진 유기적 연대에서는 성원들을 사회에 매어두기 위한 공통의 신념을 그다지 필요로 하지 않는다는 것을 강조했다. 후에 그는 이러한 견해를 재검토하고 고도로 발달된 유기적 연대를 특징으로 하는 체계라 하더라도 단순히 상호적대적이고 자기이익만을 추구하는 개인들의 모임으로 분열되지 않기 위해서는 여전히 어떤 공통의 신념, 공통의 **집합의식**을 필요로 한다는 점을 강조했다.

성숙기의 뒤르켐은 다음과 같은 사실, 즉 사회의 모든 성원이 공통의 상징적 표상체계와 주변세계에 관한 공통의 가정을 공유할 경우에야 비로소 도덕적 통합이 존재할 수 있다는 사실을 깨달았다. 그러한 것들이 없이는 원시사회든 현대사회든 쇠퇴하고 붕괴하고 만다고 뒤르켐은 주장했다.

개인과 사회

뒤르켐에 따르면, 인간이란 무한한 욕망을 지닌 존재다. 다른 동물들과는 달리 그들은 그들의 생물적 욕구가 충족되었다고 하여 만족하지 않는다. "하나를 가지면 하나를 더 가지고 싶어 한다. 왜냐하면 하나의 만족이 욕구를 충족시켜주기보다는 또 다른 자극이 될 뿐이기 때문이다."[10] 바로 이러한 인간의 만족할 줄 모르는 본성 때문에 그들의 욕구는 외적 통제, 즉 사회적 통제에 의해서만 제한될 수 있는 것이다. 사회는 인간의 욕망에 제한을 가하여 "유기체가 육체적 욕구에 대해 행사하는 역할과 똑같은 역할을 도덕적 욕구에 대해 행사해야만 하는 하나의 규제력"을 구성한다.[11] 잘 규제되어 있는 사회에서는 사회통제에 의해 개인의 성향이 잘 제한되어 있어서 "각각 그의 영역에서 자신이 품을 수 있는 꿈의 한계를 어렴풋이 인식하고 있으며, 그 한계를 넘어서는 어떤 것도 꿈꾸지 않으려고 한다. ……그리하여 목표나 목적이 열정을 조절하게 된다."[12]

사회적 규제가 붕괴되면 개인의 성향에 대한 사회의 통제력이 그 효력을 잃게 되고, 개개인은 그들 자신의 욕망에 맡겨지게 된다. 이러한 상태를 뒤르켐은 **아노미**(anomie)라 불렀는데, 이 말은 전체사회나 구성집단들에서 상대적인 무규범상태를 가리키는 것이다. 아노미란 정신의 상태를 가리키는 것이 아니라 사회구조상의 어떤 속성을 가리키는 것이다. 이것은 개인의 욕구가 공동의 규범에 의해 규제되지 못하고 개개인이 목표를 추구함에서 도덕적인 지침을 갖지 못하게 된 상태를 말한다.

완전한 아노미나 전체적인 무규범상태라는 것은 경험적으로 볼 때 불가능하지만 규범적 규제력의 정도에서 여러 사회는 서로 다르다. 또한 한 사회에서도 여러 집단은 상이한 아노미 정도를 나타낼 수 있다. 사회변동이 전체 사회나 그 사회의 어떤 부분들에 아노미를 산출해낼 때도 있다. 예를 들면 사업상의 위기는 하층의 대중보다 사회적 피라미드의 상층에 있는 사람들에게 더욱 심각한 영향을 미친다. 경기 후퇴에 따라 갑자기 하향이동이 나타나게 되면, 그것에 의해 영향을 받는 사람들은 그들의 삶에서 일종의 무규범상태를 경험하게 된다. 즉 자신이 지금까지 속해 있던 집단에 의해 지지되어오던 도덕적 확신과 습관적인 기대 등이 상실되는 처지를 경험하게 되는 것이다. 이와 마찬가지로 생각지도 않았던 부의 획득에 의한 갑작스러운 상향이동도 그들의 새로운 생활양식에 필요한 사회적 지지를 앗아가 버린다. 어떠한 형태든 사회구조상의 급격한 변동에 의해 기존의 생활양식을 형태짓고 있던 틀이 붕괴되면 아노미의 가능성이 나타나게 된다.

뒤르켐의 주장에 따르면, 경제적 풍요는 인간의 욕구를 자극함으로써 아노미 상태를 가져올 위험을 내포하고 있다. 왜냐하면 "가난은 그 자체가 하나의 구속이기 때문에 자살로부터 개인을 보호"해주는 데 반해, 부유함은 "우리는 우리 자신에게만 의존한다는 그릇된 믿음을 우리에게 주려 하기 때문이다."[13] 인간 욕구의 실현은 그가 지닌 자원에 달려 있다. 따라서 가난한 자들은 욕구실현의 제한을 받게 되며, 자신들이 제한된 자원밖에 지니지 않았다는 바로 그 사실 때문에 그들은 아노미의 고통을 덜 겪게 된다. "사람이 가진 것이 적을수록 자신의 욕구를 무한정 확대시키려는 시도를 덜 하게 된다."[14]

사회과정이란 말 — 이 말은 개개인의 생물적인 특성보다 개개인 간의 관계를 일컫는다 — 로써 아노미를 받아들이는 상이한 수용 태도들을 설명하면서, 뒤르켐은 실제로 일탈행동에 대한 하나의 특수한 사회학이론을 제시하고 있다. 비록 그는 이 중요한 관찰이 지니는 일반적인 함축적 의미를 나타내주지는 못했지만, 최초로 이러한 측면에서 뒤르켐 사상의 전반적인 함축적 의미를 추출해내고 그것을 방법론적으로 발전시킨 머튼의 말을 빌리면, "사회구조는 그 사회 내의 어떤 사람들에게 동조행위보다는 비동조행위를 하도록 어떤 분명한 압력을 넣고 있다"는 것이다.[15]

뒤르켐의 연구 계획, 즉 그의 전 저작을 통해 일관되어 있는 문제는 사회질서와 무질서의 요인, 체계로서의 사회에서 규제력의 유무를 결정짓는 힘에 대한 것이다. 아노미에 대한 논의와 분석이 그 일부가 되어 있는 그의 자살에 대한 연구도 이러한 관점에서 읽혀야 한다. 어떤 유형의 자살은 아노미로 설명될 수 있다는 것을 발견하고 나자, 그는 다른 방법으로는 측정될 수 없는 사회통합의 정도를 측정하는 지표로 아노미적 자살을 사용할 수 있게 되었다. 이것은 순환론적이라 생각될 수도 있으나 그보다는 그의 분석방법을 더욱 넓게 적용시킨 것이다. 그는 다음과 같이 말한다. 자살이 일어나지 않는 사회란 없다. 그리고 오랫동안 대부분의 사회에서 발생되어온 자살률은 거의 일정하다. 이것은 곧 자살이란 현상이 '정상적인', 다시 말해 규칙적인 현상으로 간주될 수 있음을 나타내주는 것이다. 그러나 어떤 집단이나 전체 사회의 자살률이 갑자기 변화되는 것은 '비정상적인' 것이며, 이제까지 없었던 어떤 혼란이 일어남을 나타내준다. 어떤 집단이나 사회적 범주 또는 전체 사회의 자살률이 '비정상적으로' 높다는 것은 사회구조 내에서 작용하는, 붕괴시키려는 힘을 나타내는 지표로 사용될 수 있는 것이다. 뒤르켐은 행위자와 사회와의 관계에 따라서 자살의 유형을 구분했다. 사람들이 "사회에서 유리"[16]되어 이제껏 그들을 자기 동료들과 연결시켜주던 유대가 약화되고 자기들의 욕망에만 내맡겨질 때, 그들은 **이기적** 또는 개인적 자살을 일으키기 쉽다. 개인의 행위를 규정짓던 규범적 규제력이 약해지고, 따라서 인간의 성향을 억제하거나 인도해주지 못할 때 사람들은 **아노미적** 자살을 범하기가 쉬워진다. 다르게 표현한다면 유기적 연대가 일어나는 곳에서 나타나는 것과 같은 구조적 통합의 규제력이 소멸될 때 사람들은 이기적 자살을 일으키기 쉽다. 반면 집합의식이 약해질 때 사람들은 아노미적 자살의 희생양이 되기 쉬운 것이다.

이기적 자살과 아노미적 자살 외에 뒤르켐은 **이타적** 자살과 **숙명적** 자살에 대해 말하고 있다. 숙명적 자살에 대해서는 극히 간단하게만 그의 책(『자살론』*Le Suicide* ─ 옮긴이)에서 언급되고 있으나, 이타적 자살은 뒤르켐의 규제력의 결핍과는 반대로 개인에 대한 규제력이 지나치게 강함에서 야기된 자살을 말한다. 사실 뒤르켐은 자살률과 사회통합 간의 관계는 곡선적인 형태 ─ 지나친 개인화나 지나친 규제력 모두 높은 자살률을 지니는 ─ 를 띤다고 주장했다. 규제력이 지나치게 강한 경우는 사회의 요구가 너무 강하여 자살률은 통합의 정도와 반비례가 아니라 오히려 비례적으로 변하게 된다. 예를 들면 여자는 그의 남편이 죽으면 의례적인 자살을 해야 한다는 힌두교의 규범적 요구나 하라키리(腹切, 명예를 위해 자기 배를 가르는 일본 무사의 자결행위 ─ 옮긴이)의 경우처럼, 개인이 사회의 요구에 너무나 강하게 밀착되어 있어서 규범이 요구할 경우 기꺼이 그의 생명을 내어놓는 경우가 그것이다. 통계적인 자료를 통해 뒤르켐은 현대사회에서 군부 내의 높은 자살률은 계급이 낮은 데서 오는 군생활의 괴로움이나 박탈감 등으로 설명될 수는 없다는 것을 보여주었다. 왜냐하면 자살률은 사병보다는 장교에게서 더 높게 나타나고 있기 때문이다. 오히려 장교의 높은 자살률은 군대의 계율, 즉 장교들로 하여금 그들의 삶의 가치를 과소평가하게 만드는 요인인 수동적인 복종의 태도를 강요하는 존경의 계율로 설명될 수 있다. 이러한 경우 뒤르켐은 주요한 자살의 형태를 설명하는 것으로 지나친 개인화나 통합의 붕괴를 주장한 데 덧붙여 너무 약한 개인화를 또 다른 형태의 자살을 설명하는 것으로 언급하고 있는 것이다.

이타적 자살에 대한 뒤르켐의 논의는 그의 접근방식의 복잡한 측면을 이해하는 데 유리한 위치를 제공한다. 그는 종종 지나치게 반개인주의적 철학을 지닌, 주로 개인의 충동을 길들이고 개인의 정력을 사회의 목적을 위해 이용하는 데 관심을 쏟은 사람으로 비난되어왔다. 비록 그러한 경향이 그의 저작에서 발견되는 것은 부정할 수 없다 하더라도, 이타적 자살에 대한 뒤르켐의 논의를 보면 그는 개인의 생활을 억압하려 한 것이라기보다는 개인의 요구와 사회의 요구 간의 균형을 이루려고 시도하고 있었다는 것을 알 수 있다. 그는 사회질서의 붕괴가 가져오는 위험을 날카롭게 인식하고 있으면서 동시에 사회에 의한 사회성원들의 완전한 통제도 아노미나 통합의 와해만큼이나 해로운 것임을 잘 인식하고 있다. 일생을 통해 그는 사회의 요구와 개인의 요구 간에 균형을 이룩하려고 노력했던 것이다.

그가 대부분의 계몽주의 철학이 내세운 원자화의 물결에 반발하고 그의 사회학을 사회질서 유지에 대한 관심 위에 세운 것을 보면, 실제로 뒤르켐은 보수적인 전통을 지닌 사상가였다. 니스벳(Robert Nisbet)[17]이 확실하게 지적한 대로, **응집, 유대, 통합, 권위, 의식, 규제** 등의 주요 용어들을 보면 그의 사회학이 반원자론적인 일련의 전제에 기초하고 있음을 알 수 있다. 이런 점에서 보면 그는 앞선 다른 전통주의자들과 비슷하다. 그러나 뒤르켐을 전통주의적 사회사상가로 분류하는 것은 잘못이다. 정치적으로 그는 자유주의자였다. 그는 국가에 대해 개인의 권리를 보호하려는 자였던 것이다. 그의 주요한 주장들은 당시의 다른 사람들, 즉 사회질서의 요구를 이해하지 못해 아노미적 상태를 좋은 것으로 기대하려는 사람들과는 대립되지만, 그는 개인에 대한 지나친 규제에 대해서도 경고를 하고 있다. 아노미는 크게는 사회질서에 해로운 것처럼 개인들에게도 역시 해로운 것이라고 뒤르켐은 주장했다.

뒤르켐에 따르면, 사회적인 영역을 연구하는 데서 스펜서식의 접근법, 즉 사회적인 차원을 궁극적으로 개인 행복의 총합을 증대시키기 위한 그들의 욕구에서 나온 것으로 파악하는 방법은 증명과 이성의 법정에서는 그대로 인정될 수가 없다. 스펜서와 그 외의 다른 공리주의자들에 반대해, 그는 사회란 자신들의 행복을 극대화하기 위해 무엇을 교환하고 거래하는 개인들의 속성들에서 추출될 수 없다고 주장했다. 이러한 견해는 사람들이 상업을 하고 교환을 하는 데서 자기 멋대로 하는 것이 아니라 규범적인 어떤 유형을 따르고 있다는 사실을 설명하지 못한다. 사람들이 계약을 맺고 그것에 따라 생활하기 위해서는 계약이라는 것 그 자체의 의미에 대한 합의가 우선 이루어져야 한다. 이러한 기본적인 집합적 합의, 다시 말해 계약의 비계약적 요소 같은 것이 규범적 통제망을 구성한다. 사회적 규제와 어떤 긍정적인 또는 부정적인 제재체계가 없이는 어떠한 상업이나 교환도 일어날 수 없는 것이다.

뒤르켐 사상의 주된 축이 개인주의적 사회이론에 반대되는 것이긴 하지만, 그렇다고 스펜서의 사회철학에서 특히 강조되었던 과잉규제의 위험을 그가 전혀 모르고 있었던 것은 결코 아니다. 뒤르켐은 인간을 **이중인**(Homo duplex)──육체와 욕망 그리고 욕구를 지닌 인간과 사회화된 인격으로서의 인간──으로 보았다. 그러나 인간이 인간답게 되는 것은 오직 사회화된 인격을 지님으로써 사회를 통해서만 인간은 완전한 인간이 되는 것이다. 따라서 참된 도덕적 행위란 개인의 욕망들을 집단이나 사회를 위해 봉사하는 데서 이루어지는 것이다. 그러나 그 헌신은 결국엔 사회뿐만 아니라 개인에게도 유익한 것이 된다. 왜냐하면 제재 받지 않은 욕망은 만족과 행복을 가져다주기보다는 좌절과 불행을 가져오기 때문이다. 뒤르켐은 현대사회는 사회적인 규제 내에서 개인주의의 잠재성을 내포하고 있는 사회라고 주장했다.

고도의 획일성을 요구하는 기계적 연대에 기초했던 초기의 사회조직과는 반대로, 현대적인 유형의 조직은 자율적인 개인들의 기능적인 상호연관성에 의해 얻어지는 유기적 연대에 기초하고 있다. 뒤르켐은 현대사회에서의 대부분의 통합이 상이한 역할들 간의 결합과 상호의존에 의해 이루어진다 해도, 사회가 존속하기 위해서는 여전히 공통의 신념체계에 의한 어떤 공통의 통합이 필수적이라고 보았다. 기계적 연대에 입각해 있던 초기의 사회조직에서 그러한 공통의 신념은 그들이 공공생활에서 수행하던 규범들과 명백히 구분되지 않았다. 그러나 유기적인 연대의 경우에는 각각의 역할이 분화되고 이에 따라 그 요구하는 것이 서로 달라지므로 구체적인 규범들은 전반적인 신념으로부터 비교적 독립적인 것이 된다. 그래도 전반적인 일반적 신념체계는 여전히 존재하고 있어야 한다.[18] 뒤르켐은 그의 학문적인 생애의 마지막 부분에 이르러 이러한 공통의 신념체계를 이루는 기본적인 요소로서 종교현상을 연구하게 되었다.

종교사회학

사회적 규제에 대한 뒤르켐의 초기 관심은 주로 외적인 통제력, 특히 법률적인 규제에 집중되었다. 그래서 그는 이러한 것들은 법률서적을 연구하면 된다고 주장하고 개인들에게 관심을 두지 않았다. 점차로 그는 개인의 의식 속에 내재화된 통제력에 관심을 갖게 되었다. "사회는 개인 속에 나타나야만 한다"는 것을 확신하자 뒤르켐은 그 자신의 논리를 따라 개인의 내부에 사회의 요구에 부응하는 도덕적 의무감을 만들어내는 하나의 힘으로서 종교를 연구하기 시작했다.

뒤르켐이 종교의 기능을 연구하게 된 데는 또 다른 동기가 있다. 즉 위태로운 사회질서를 지탱해주는 메커니즘에 대한 관심이다. 이런 점에서 그는 근본적으로 비종교적인 시대에서 종교의 기능적 대치물이라고 불릴 수 있는 그 무엇을 추구하고 있었다고 볼 수 있는 것이다.

뒤르켐은 신념의 상실이란 문제를 심각히 생각하던 수많은 프랑스 사상가 계통에 속한다. 자코뱅당이 프랑스에서 가톨릭을 타파한 후 뒤이은 도덕의 결핍을 종합적인 이성의 종교로 메우려 했던 그때부터 생-시몽의 신기독교나 콩트의 인류교에 이르기까지, 프랑스의 비종교적인 사상가들은 어떻게 하면 종교적인 제재 없이 공·사의 도덕이 유지될 수 있을 것인가 하는 현대적인 문제와 씨름해왔다. 그들은 카라마조프(Ivan Karamazov)가 물었던 "신이 죽었다면 무슨 일을 못 할 것인가?"라는 물음을 다시 던졌다. 뒤르켐은 그 문제를 이런 식의 말로 표현하지는 않았지만 비슷한 문제에 관심을 두고 있었다. 그는 다음과 같이 주장한다. 과거에는 종교가 사회의 시멘트였다. 다시 말해 사람들로 하여금 그들이 다양하게 얽혀 있는 일상의 관심에서 벗어나 신성한 것에 대한 공동의 헌신으로 향할 수 있게 하는 수단이었다. 이렇게 일상생활의 공리적인 사고에서 인간을 격리시킴으로써, 종교는 개인의 목적을 초월하는 윤리적인 목표를 위한 공동의 헌신을 요구하는 강한 반개인주의적 힘이 되어왔던 것이다. 그러나 전통적인 종교적 교육이 지금 그 지배력을 상실했다면 무엇이 그 자리를 메울 수 있을 것인가? 전통적 종교의 종말은 곧 모든 도덕적 단체가 전반적인 붕괴와 아노미 상태로 해체되어갈 것을 말해주는 전주곡은 아닌가?

이러한 문제는 뒤르켐으로 하여금 그 자신의 체계의 내적 논리에 의해 지니고 있던 본래적인 관심 이외에 종교사회학에 대한 관심을 강하게 지니도록 했다. 그의 이론에 기본이 되는 것은 개인적 현상으로가 아닌 집합적 현상으로의 종교현상에 대한 강조다. "종교란 신성한 것, 다시 말해 구분되거나 금지된 것과 관련된 신념과 행위의 단일화된 체계─그것을 따르는 모든 사람을 교회라 불리는 단 하나의 도덕적 단체에 통합시키는 신념과 행위의 체계인 것이다."[19] 제임스와는 반대로, 뒤르켐은 개개인의 다양한 종교적 경험에 관심을 두지 않고 종교적 행위에 참여함으로써 나타나는 집합적 행위와 공동의 유대에 관심을 두었다.

뒤르켐은 어떠한 사회에서든지 세속적인 것의 영역─일상의 공리적 행위의 영역─과 신성한 것의 영역─영적인 것, 초월적인 것, 비범한 것 등의 영역─간의 구분이 이루어질 때 종교현상이 나타난다고 했다. 어떠한 대상도 본래적으로 신성하거나 세속적인 것은 아니다. 그것은 인간이 대상의 공리적 가치를 중시하느냐 아니면 그것의 도구적 가치와는 아무 관계가 없는 어떤 내재적 속성을 중시하느냐에 따라 세속적인 것 또는 신성한 것이 된다. 미사 때의 포도주는 신도들에 의해 그것이 예수의 피를 상징한다고 믿어지는 한해서만 신성한 의식적 중요성을 지니게 된다. 이러한 경우 그것은 단순한 음료가 아닌 것이다. 신성한 행위가 신도들의 단체에 의해 가치 있는 것으로 여겨지는 것은 그것이 목표를 위한 수단이기 때문이 아니라 종교적 단체가 그들의 의미를 부여함으로써 그것이 숭배의 한 부분이 되기 때문이다. 어떤 집단들이 하나의 의식과 함께 얽혀 있고 공동의 상징과 숭배의 대상에 의해 통합되어 있는 경우, 그곳에서는 언제나 신성한 영역과 세속적인 영역 간의 균열이 나타나게 된다. 종교란 "명백히 하나의 집합적인 사실이다."[20] 그것은 종교라는 말의 어원이 나타내는 것처럼(종교religion는 라틴어로 '다시 묶다' '연결하다' 등의 의미를 나타낸다─옮긴이) 인간들을 서로 결속시킨다.

그러나 이 거대한 결속력으로의 종교가 그 종말을 맞이한다면, 현대사회의 비극인 붕괴의 경향은 어떻게 치유될 수 있을 것인가? 여기서 뒤르켐은 그의 가장 대담한 분석상의 도약을 이룩했다. 그는 종교란 사회적 산물일 뿐만 아니라 그것이 신성화된 사회 자체이기도 하다고 주장했다. 포이어바흐에게 나타나던 방법처럼 뒤르켐도 사람들이 함께 섬기는 신이란 사회가 갖는 힘이 투영된 것에 불과하다고 말했다. 종교란 명백히 사회적인 것이다. 그것은 사회적 맥락 속에서 일어나며, 더욱 중요한 것은 사람들이 신성한 것을 찬양할 때 그들은 알지 못하는 사이에 그 사회가 갖는 힘을 찬양하게 된다는 것이다. 이 힘은 그들 자신의 실존으로부터 너무 초월해 있기 때문에 그것을 형상화해보기 위해서 그들은 이것에 신성한 의미를 부여할 수밖에 없는 것이다.

만약 종교가 그 본질에서 사회가 갖는 힘의 초월적 표상에 불과한 것이라면, 전통적 종교의 소멸이 꼭 사회의 와해를 뜻하는 것이 아닐 수 있다. 지금의 현대인에게 요구되는 것은 이전에는 종교적 표상이라는 중개를 통해서만 인지해오던 사회의 의존성을 이제는 직접적으로 인식해야 한다는 것뿐이다. "오랫동안 가장 본질적인 도덕적 사고의 전달자로 수고해온 종교적 관념들을 대신할 수 있는 합리적인 대치물을 발견해내야 한다."[21] 사회는 우리 모두의 아버지다. 따라서 이제껏 신에게 바쳐오던 감사의 큰 빚은 실제로는 사회에 진 빚인 것이다. 다음의 인용문은 그 수사가 뒤르켐의 평소의 분석적인 문체와는 다르지만 그의 내부의 가장 깊은 감정들을 잘 나타내준다.

사회란 종종 평가되는 것처럼 비논리적이거나 무논리적이며 부조리하고 환상적인 그러한 존재는 결코 아니다. 그와는 정반대로, 집합의식은 정신생활의 가장 높은 형태를 이룬다. 왜냐하면 그것은 의식에 대한 의식이기 때문이다. 개별적이고 지역적인 일시적 현상에 외재하여 초월해 있기 때문에 그것은 사물을 그 영원하고 본질적인 측면에서만 파악하며 그것들을 전달 가능한 사상들로 결정시킨다. 그것은 초월하여 관찰할 뿐만 아니라 멀리까지도 관찰한다. 어떠한 순간에도 그것은 모든 알려진 실체를 포용한다. 이것이 집합의식만이 전 사물들에 다 적용될 수 있고 그것들을 생각할 수 있도록 해주는 틀을 개개인의 정신에 제공할 수 있는 이유인 것이다.[22]

뒤르켐은 생-시몽이나 콩트 같은 새로운 어떤 인간적 의식을 만들려는 시도는 하지 않았다. 그러나 그들과 마찬가지로 붕괴되어가는 사회에 도덕적인 통합을 부여하려는 정열 때문에 그는 우리가 우리인 것은 오직 사회의 덕택이라는 인식에 입각한 시민적 도덕심으로 사람들을 통합시키려 노력했다. 사회는 우리를 향상시키려고 우리 속에서 활동하고 있다. 평범한 사람들을, 그들의 보잘것없는 자아의 한계를 초월한 어떤 존재로 변화시키기 위해 이전에 쓰던 신의 불꽃이란 말과 다를 바 없는 말을 사용하고 있는 것이다.

뒤르켐의 종교사회학은 비단 이러한 일반적 사고에 그치는 것이 아니다. 사실 이러한 고찰은 그의 기념할 만한 저작 『종교적 생활의 기초형태』(The Elementary Forms of Religious Life)의 극히 적은 부분에 실려 있을 뿐이다. 이 책의 대부분은 원시종교, 더 정확히 말하면 오스트레일리아의 원시신앙과 의식형태에 대한 세밀하고도 치밀한 분석에 할애하고 있다. 다른 곳에서처럼 여기서도 뒤르켐은 단순히 다양한 형태를 묘사하는 것보다는 종교의 특정 기능들을 밝혀내는 데 관심을 두었다. 뒤르켐 연구자인 앨퍼트(Harry Alpert)는 그의 유명한 저서에서[23] 뒤르켐의 종교 기능을 훈련, 응집, 활성화, 도취의 넷으로 유용하게 분류했다. 종교의식은 자기훈련과 어느 정도의 금욕주의를 강요함으로써 사람들의 사회생활을 준비시킨다. 종교적 의식은 사람들을 서로 결속시켜서 그들 간 공동의 유대를 재확인하게 하고 사회적 연대를 재강화시킨다. 종교적 계율은 그 집단의 사회적 유산을 유지하고 재활성화시키며 그것의 지속적 가치를 이후의 세대에게로 전승시켜준다. 마지막으로 종교는 신도의 기쁜 마음과 그들이 속한 도덕적 세계의 기본적인 정당성에 대한 생각을 재확립시켜줌으로써 좌절감 그리고 신념과 확신의 상실감에 대항할 수 있도록 해주는, 일종의 도취적인 기능을 지니고 있다. 죽음의 경우처럼 개인과 집단의 각 수준에서 똑같이 경험될 수 있는 상실감을 억누름으로써 종교는 공사(公私) 간의 신념의 균형을 재정립시켜준다. 가장 일반적인 수준에서 볼 때 사회제도로서의 종교는 개인을 초개인적인 영역, 본질적으로 그 사회에 기초하고 있는 초월적 가치의 영역에 연결시킴으로써 인간의 실존적인 어려움에 의미를 부여해주는 것이다.

지식사회학

뒤르켐의 지식사회학은 그의 종교사회학과 깊숙이 연관되어 있다. 종교사회학에서 그는 인간의 종교적 헌신이 궁극적으로 사회적 헌신에서 연유한다는 것을 보여주려 했다. (천국은 인간의 도시가 투영된 것에 불과하다.) 그의 지식사회학은 인간 사고의 범주 — 예를 들면 공간이나 시간을 인지하는 방식들 — 는 그의 사회생활의 양식에서 연유한다는 것을 가정하고 있다.

뒤르켐에 따르면, 공간적·시간적 사고뿐만 아니라 그 외의 다른 사고범주들도 그 기원은 사회적인 것이다. 그리고 이것은 원시인의 사회조직과 매우 유사하다. 최초의 '분류들'은 인간에 대한 분류였다. 그리고 자연계의 대상들의 분류는 이미 확립되어 있던 사회적 분류의 확장으로 이루어진다. 모든 동물과 자연물은 어느 한 씨족이나 종족에, 지역적 집단이나 친족집단의 어디에 속하게 된다. 그는 더 나아가 지금의 과학적 분류는 대부분 그 사회적 기원으로부터 멀리 떨어져 있지만, 아직도 사물을 여전히 '동일한 과에 속하는 것으로' 분류하는 방식은 분류하는 사고의 사회적 기원을 나타내주고 있다고 주장했다.

뒤르켐은 인간사고의 모든 기본적 범주, 특히 시간과 공간의 중심개념을 사회학적으로 설명하려고 시도했다. 그는 이러한 범주들은 사회에 의해 전승될 뿐만 아니라 그것들은 **지금도** 사회적으로 창조되는 것이라고 주장했다. 사회는 사고를 구성하는 개념들을 형성시킴으로써 논리적 사고를 낳는 데 결정적인 역할을 한다. 원시공동체의 사회조직은 주변 세계에 대한 원시인들의 공간적 조직의 모형이 된다. 이와 마찬가지로 하루, 일주일, 한 달, 일 년 등으로 구분하는 시간적 분류도 의식이나 축제, 예식 등의 정기적 발생과 대응되어 있다. "달력은 집합적 행위의 리듬을 나타내준다. 동시에 그것의 기능은 그것들의 규칙성을 확인시켜주는 것이다."[24]

이 부분에 관한 이후의 비판적 논의들에 비춰볼 때, 뒤르켐은 사고범주의 사회적 기원을 정립하는 데 실패했다고 말할 수 있다. 그러나 그럼에도 특수한 사고체계와 사회조직체계 간의 상호 연관성 연구에 대한 그의 선구자적인 공헌을 인식하는 것은 중요하다. 그의 저작에서 나타나는, 논의할 여지가 많은 인식론적 명제들보다도 오히려 이 부분의 공헌이 이후의 지식사회학의 발달에 영향을 미쳤다. 우리가 시간과 공간에 대한 개념은 그 기원이 사회적인 것이라는 명제에 동의하기를 거절할 경우에도, 역사상의 특정 시점에서 특정 사회 내의 특정한 시간과 공간 개념은 그 특수한 사회적·문화적 맥락 속에서 얻어진다는 것은 쉽게 알 수 있는 일이다. 종교의 연구에서와 마찬가지로 여기서도 뒤르켐은 신념과 사고의 체계와 기본적인 사회구조 간의 기능적 상호연관성에 관심을 쏟았다.

기능적 설명

기능적 설명이라 이름할 수 있는 설명은 스펜서의 접근방식 대부분을 차지하고 있고, 기능적인 사고의 특성들은 콩트의 저작에서도 이미 나타나고 있다. 그러나 사회현상을 연구하는 데서 기능적인 접근방식의 논리를 확립한 사람은 뒤르켐이다. 특히 뒤르켐은 역사적 탐구형태와 기능적 탐구형태를 그리고 기능적 결과와 개인적 동기를 명확히 구분했다.

어떤 사회현상을 설명하려 할 때 우리는 그것을 산출해낸 유효한 원인과 그것이 충족시키는 기능을 각각 찾아보아야 한다. 우리는 '목표'나 '목적'이라는 말 대신 '기능'이라는 단어를 사용하려 한다. 왜냐하면 사회현상은 일반적으로 그들이 산출해내는 유용한 결과를 위해 존재하는 것이 아니기 때문이다. 우리는 지금 고찰하고 있는 사실과 사회유기체의 일반적 욕구 간에 어떤 상응관계가 있는지의 여부를 연구해야 하며, 그것이 의도적인 것인지 그렇지 않은지에는 관심을 두지 않고 어디에 이 상응관계가 존재하는지를 살펴보아야 한다.[25]

"기능의 측정은……현상의 복잡한 설명에 필수적이다. ……한 사회적 사실을 설명하는 데는 그것이 의존되어 있는 원인을 보여주는 것으로는 불충분하다. 최소한 사회질서의 확립에서의 그것의 기능을 보여줘야 한다."[26]

뒤르켐은 기능적 분석을 다른 두 가지 분석과정, 즉 역사적인 기원이나 원인을 찾는 탐구와 개인적인 목적과 동기를 찾는 분석을 구분했다. 뒤르켐에게 개인적인 목적이나 동기는 사회학적 탐구에서 단지 지엽적인 중요성을 띨 뿐이었다. 왜냐하면 인간은 종종 그들이 결과를 기대할 수 없을 때 행동하는 경우가 많기 때문이다. 그러나 기원에 대한 탐구나 역사적 원인에 대한 탐구는 뒤르켐에게서 기능적 분석과 함께 사회학적 작업의 기본적이고 정당한 부분을 이룬다. 사실 그는 사회학적 현상을 완전하게 설명하기 위해서는 역사적 분석과 기능적 분석이 똑같이 필요하다는 것을 확신하고 있었다. 기능적 분석은 탐구 중인 특정 항목이 전체 체계 또는 그 구성 부분들의 작용에 어떤 결과를 가져왔는가를 보여줄 수 있다. 역사적 분석은 어째서 다른 것들이 아닌 바로 그 항목이 역사적으로 기능을 담당해왔는지를 분석자에게 보여줄 수 있다. 사회를 탐구하는 사람은 어떤 현상의 유효한 원인의 탐구와 기능적인 탐구를 결합시켜야 하는 것이다.

기능이란 개념은 『사회분업론』(*The Division of Labor in Society*)부터 『종교적 생활의 기초형태』에 이르는 뒤르켐의 모든 저작을 통해 중심된 역할을 담당해왔다. 『사회분업론』에서 그는 '분업의 기능, 즉 어떠한 사회적 욕구를 그것이 충족시키는가'에 주된 관심을 쏟았고, 『종교적 생활의 기초형태』에서는 사회에서 종교적인 의식, 계율, 신념 등을 통해 수행되는 다양한 기능의 발견에 노력했다. 뒤르켐의 기능적 접근방식을 나타내는 또 하나의 예는 범죄현상에 대한 그의 논의다.

일탈과 범죄를 논의하는 데서 뒤르켐은 전통적인 방식과는 완전히 다른 입장을 취했다. 범죄학자 대부분이 범죄를 병리적 현상으로 다루고 범죄인의 정신에서 심리적 요인을 찾아내려고 한 데 반해, 뒤르켐은 범죄를 발생이란 면에서 정상적인 것으로 보았을 뿐만 아니라 결과라는 측면에서 긍정적인 사회적 기능을 지닌 것으로까지 간주했다. 어떤 사회도 자신의 명령에 대한 완전한 동조를 강요할 수 없으며, 설사 그러한 사회가 있을 수 있다 하더라도 그 사회는 개인이 사회적으로 공헌할 여지를 조금도 주지 않는 억압적인 사회일 것이라는 점에서 범죄란 정상적인 것이다. 사회가 신축성이 있으며 변화와 새로운 적응에 개방적이려면 사회의 규범으로부터 일탈이 필요하다. "범죄가 존재하는 곳에서는 집합감정은 새로운 형태로 변화될 충분한 신축성을 지니고 있으며, 때때로 범죄가 그 새로운 형태를 결정짓는 데 도움을 주기도 한다. 사실 상당한 부분에서 그것은 미래의 도덕성을 예견 — 앞으로 있게 될 것을 향한 한 단계 — 하는 데 지나지 않는다."[27] 그러나 뒤르켐은 범죄의 이러한 직접적인 기능 외에, 이에 못지 않게 중요한 간접적 기능도 탐구했다. 뒤르켐의 논리에 따르면, 범죄행위는 규범의 위반에 대한 집합감정을 불러일으킴으로써 공동체 내에서 부정적인 제재를 자아낸다. 그리하여 공동의 복리를 위한 규범적 합의를 강화시키는, 기대치 않았던 결과를 가져온다. "범죄는 정직한 양심을 함께 모아 그들을 하나로 묶어놓는다."[28]

뒤르켐은 종교현상을 연구할 때나 범죄행위를 연구할 때나, 분업의 사회적 영향을 탐구할 때나 가족의 권위구조에서의 변화가 미친 사회적 영향을 탐구할 때나, 언제나 그는 기능적 분석의 대가임을 보여주었다. 그는 단순히 탐구하려는 현상의 역사적 기원을 찾아내는 데 만족하지 않고 — 물론 이러한 탐구도 그는 열심히 했다 — 유효한 원인의 탐구로부터 그것들이 다양하게 얽혀 있는 사회구조에 미친 그 현상의 결과까지도 탐구하려 했다. 뒤르켐은 언제나 원자적으로 사고하지 않고 전후관계를 중심으로 사고했다. 이런 점에서 그는 래드클리프-브라운(Alfred Radcliffe-Brown)과 말리노프스키(Bronislaw Malinowski)의 영향 아래 영국의 인류학계를 지배했고 후에는 파슨스와 머튼 중심의 미국사회학의 기능주의로 연결되는 기능적 분석의 직계 선조로 파악되어야 한다.

다음 절에서는 뒤르켐이라는 인간이자 응용과학자이면서 열렬한 개혁가인 그의 활동들에 대한 글을 쓸 것이다. 이번 절은 그의 논리적 사상에만 국한해 쓴 것이다. 그러나 이것으로 뒤르켐 같은 복잡한 사회이론가의 저작에 나타나는 모든 측면이 절대로 공정하게 평가될 수는 없다. 교육사회학에 대한 뒤르켐의 공헌도 괄목할 만한 것이지만, 지면이 허락되질 못했다. 모든 것을 포용하고 억압할 수 있는 국가권력과 개인을 연결해주는 중개자로서의 전문적인 학회의 중요성에 대한 고도로 사변적이나 흥미 있는 그의 연구도 여기서는 충분히 다루지 못했다. 법사회학에 미친 그의 중요한 공헌조차도 단지 지나가면서 한 번 언급했을 뿐이다.

사회이론가로서 그는, 그의 표현을 빌리면, "과학적 합리주의를 인간행위까지 확장시키는 것을……제1의 목표"[29]로 하고 있었다. 비록 특정 부분들에서는 많이 실패했다 하더라도 그의 노력이 모든 현대사회학이론에 기초가 되었다는 사실은 그가 전체적으로는 성공했음을 보여준다.

개인적 배경

뒤르켐은 프랑스 최초의 학문적인 사회학자였다. 그는 당시 전반적으로 프랑스사회의 여러 사건에 깊이 그리고 열정적으로 참여했지만, 그의 생애는 줄곧 학문적인 경력으로 점철되어 있다. 안정된 지위를 가지고 있었다는 점에서 지금까지 살펴본 사람들과는 구별된다. 동시에 그들과 비교해볼 때 그의 생애는 평온무사한 것처럼 보인다. 의심할 바 없이 그들은 모두가 이상한 길을 택할 만큼 개성적이었다는 공통점을 지닌다. 더구나 그들은 모두 당시 대학에서 아직 인정을 받지 못한 학문에 몰두했다. 사회학이라는 새로운 과학의 정당성을 주장함에서 그들은 수많은 난관에 부딪쳤고, 그것이 그들의 개인적인 결함을 가져오는 큰 요인이 되었다.

이후의 장들에서 다루어질 다른 이론가들과 마찬가지로, 뒤르켐도 일련의 어려운 상황에 직면하게 되었다. 그들은 모두 학자였지만 동료들로부터는 여전히 정당한 지위를 거의 주장할 수 없는 어떤 학문을 대표하는 학계의 침입자로 간주되었다. 그 결과 그들은 결코 편안한 길을 가지 못했다. 그럼에도 그들은 외부에서가 아니라 학계의 강당에서 싸워나갔고, 그들의 선배들보다는 덜 투쟁적인 생활을 영위할 수 있었다.

뒤르켐은 1858년 4월 15일 동부 프랑스 로렌 지방의 에피날에서 태어났다. 랍비의 아들이자 오랜 랍비 가문의 후손으로서 그는 일찍이 가족의 전통을 좇을 것을 마음먹었고, 그 자신도 랍비가 되었다. 그는 헤브라이어와 구약 그리고 탈무드를 공부했다. 동시에 그는 비종교적인 학교에서의 정규교육과정을 밟았다. 열세 살에 전통적인 유대교 견신례를 받은 후 얼마 지나지 않아 뒤르켐은 어떤 가톨릭 여선생의 영향으로 일시적인 신비로운 체험을 하게 되었고 가톨릭에 관심을 갖게 되었다. 그러나 곧 그는,

모든 종교현상에 대한 관심을 버린 것은 아니지만, 모든 종교적 참여에서 벗어나 불가지론자가 되었다.

뒤르켐은 에피날 중학교의 뛰어난 학생이었고, 많은 칭찬과 상을 받았다. 그의 야망은 커져갔고, 그는 프랑스의 가장 큰 고등학교 중 하나인 파리의 루이 르 그랑 고등학교로 전학했다. 여기서 그는 프랑스의 지적 엘리트를 교육하는 전통적인 교육기관인, 유명한 고등사범학교(Ecole Normale Superieure)에 들어가기 위한 어려운 입학시험을 준비했다.

힘든 입학시험에 두 번 실패하고 나서 1879년, 뒤르켐은 드디어 합격을 했다. 고등사범학교에서 그는 얼마 지나지 않아 프랑스의 지적 생활에 중요한 획을 그을 많은 청년을 만나게 되었다. 후에 생철학을 내세운 철학자가 된 베르그송(Henri Bergson)과 사회주의 지도자가 된 조레스(Jean Jaurés)가 한 해 먼저 들어와 있었다. 철학자인 로(Frederic Rauh)와 블롱델(Jacques Blondel)은 뒤르켐보다 2년 뒤에 들어왔다. 심리학자 자네(Pierre Janet)와 철학자 고블로(Edmond Goblot)는 뒤르켐과 같은 학급이었다. 제1공화국에 의해 창설된 고등사범학교는 이제 그 중흥기를 맞이했고, 제3공화국의 몇몇 지도적인 지성인과 정치적 인물을 교육하고 있었다.

고등사범학교에 입학했다는 것이 청년기에 해낸 성공이기는 하지만, 입학한 후 뒤르켐은 이 학교에서 그다지 행복하지 못했던 것으로 보인다. 그는 대단히 진지하고 헌신적인 젊은이였으며, 그의 동료들로부터 곧 '형이상학자'라는 별명을 얻게 되었다. 뒤르켐은 자신을 인도해줄 도덕적 원칙과 진지한 과학교육을 갈망했기 때문에 당시 아직도 학교를 지배하고 있던 문학과 미학 중심의 교육에 만족할 수가 없었다. 그는 그리스어와 라틴어 산문의 해독을 새로운 철학적 원칙이나 최근의 과학적 발견 등에 대한 이해보다 더 중요한 것으로 간주하는 교과과정에 반대했다. 그는 학교가 딜레탕티슴(어설픈 전문가주의적 행태 — 옮긴이)의 정신에 너무 많은 양보를 했고, 엄격하고 체계적인 교육보다는 표현의 '새로움'이나 '독창성'을 더 추구하고 우아한 장난을 가치 있게 여기고 있다고 생각했다.

비록 그가 이 학교에서 몇몇 친한 친구를 사귀기는 했으나 — 그중에는 조레스가 가장 가까웠다 — 그의 진지함과 헌신적인 태도 때문에 다른 학생들의 눈에는 고립된 이상한 인물로 보였고, 심지어는 잘난 체하는 놈으로까지 여겨졌다. 또한 그의 교수들도 자기들의 가르침에 명백한 불만을 나타내는 데 대한 대가로 1882년 졸업할 때 졸업 가능한 후보자의 명단 거의 끝에 그의 이름을 써넣었다.

이러한 것들이 뒤르켐이 3년 동안 고등사범학교에서의 생활에서 별 영향을 받지 않았다는 것을 의미하는 것은 아니다. 후에 그는 거의 감정적으로 이 3년 동안의 생활에 대해 말했는데, 많은 교수가 그를 싫증나게 하고 괴롭혔지만, 그가 깊이 빚을 진 사람도 몇 명 있었다고 했다. 이들 중에는 뒤르켐의 재학시 그 학교의 교장으로 있었던, 『고대도시』(*Ancient City*)의 저자이자 위대한 역사학자 드쿨랑주(Fustel de Coulanges)와 철학자 부트루(Émile Boutroux)가 있다. 후에 그는 그의 라틴어 논문을 드쿨랑주에게 바쳤고, 그의 프랑스어 논문인 『사회분업론』을 부트루에게 바쳤다. 그가 드쿨랑주에게서 배우고 또한 그를 칭찬한 것은 역사탐구에서 비판적이고 엄격한 방법을 사용하는 것이었다. 부트루에게서 그는 상이한 수준의 현상들 간의 기본적인 불연속성을 강조하는, 또 하나의 분석수준에서 다른 분석수준으로 이행할 때 발현되는 새로운 측면들을 강조하는 과학철학에 대한 접근법을 배웠다. 이러한 접근방식은 이후 뒤르켐 사회학의 주요한 특징이 되었다.

학문적 경력

졸업할 무렵 뒤르켐은 어떤 인생을 살 것인지 방향을 정했다. 그의 방향은 전통적인 철학자의 요구와는 다른 것이었다. 적어도 당시 가르쳐지던 철학은 뒤르켐에게는 일상의 문제들에서 너무 멀리 떨어져 있으며 이상하고 하찮은 것들을 까다롭게 따지는 데 너무 집착해 있는 것으로 보였다. 그는 당시 사회의 여러 일을 실질적으로 인도할 뿐만 아니라 그 시대를 흔들고 있는 거대한 도덕적 문제를 명확히 밝혀내줄 수 있는 학문에 몰두하기로 마음을 먹었다. 더 구체적으로 말하면, 뒤르켐은 당시 여전히 허약하고 투쟁적인 정치구조를 지니고 있던 제3공화국의 도덕적·정치적 통합에 기여할 수 있기를 희망했다. 그러나 그러한 도덕적인 인도는 엄격한 과학적 훈련을 쌓은 사람에 의해서만 제공될 수 있다고 뒤르켐은 확신했다. 그는 사회의 과학적 연구에 일생을 바칠 것을 결심했다. 그가 필수적이라고 생각한 것은 과학적인 사회학체계를 구성하는 일이었다. 그러나 그것 자체를 목적으로 여긴 것은 아니고, 사회를 도덕적으로 인도하기 위한 수단으로 여겼다. 이러한 의도에서 뒤르켐이 벗어난 적은 한 번도 없다.

그러나 사회학이 중고등학교나 대학의 정규과목이 아니었기 때문에, 뒤르켐은 철학교사로서 그의 학문생활을 시작했다. 1882~87년에 그가 학업을 위해 파리와 독일에 가 있었던 1년간을 제외하고는, 줄곧 파리 근교 여러 지방고등학교에서 교편을 잡고 있었다. 독일에 머무는 동안 그는 주로 교수법의 연구와 도덕철학, 사회과학의 탐구에 열중했다. 그는 대부분의 시일을 베를린과 라이프치히에서 보냈는데, 라이프치히에서 유명한 분트(Wilhelm Wundt)의 심리학 실험실을 보고 깊은 감명을 받았다. 후에 자신의 독일에서의 경험을 얘기하는 곳에서 분트의 실험실과 그 외 여러 곳에서 보았던 탐구의 정확성과 과학적 객관성에 관해 무척 강조했다. 이와 함께 프랑스도 독일처럼 사회나 국가의 목표를 위한 철학교육을 실시해야 한다고 주장했다. 그는 도덕적 의무의 사회적 근원을 강조하고 윤리학을 하나의 독자적이고 긍정적인 학문으로 만들려고 노력하던 독일의 여러 사회과학자와 철학자의 노력을 열렬히 지지했다.

독일의 학문생활에 대한 보고서를 출판함과 더불어 스물아홉 살의 뒤르켐은 사회과학과 사회철학 분야에서 유망한 인물로 인식되었다. 이 독일에서의 연구 외에도 이미 그는 독일어계 사회학자 굼플로비치(Ludwig Gumplowicz)와 셰플레(Albert Schäffle), 프랑스의 사회철학자 푸예(Alfred Fouillée)의 서평을 비롯한 중요한 논문을 많이 발표했다. 따라서 1887년 그가 보르도대학의 교수로 임명된 것은 하등 놀랄 일이 못 된다. 그러나 놀랄 만한 일은 국민교육성의 고등교육상인 리야르(Louis Liard)의 주선으로 그를 위해 대학의 문학부에 사회과학 교과과정이 만들어진 것이다. 여태껏 금기시되어오던 분야에 대해 프랑스의 대학이 문호를 개방한 것은 이 때가 처음이었다. 10년 전만 해도 파리 문학부의 엄격한 시험관은 나중에

보르도대학에서 뒤르켐의 동료가 된 사회학자 에스피나스(Alfred Espinas)가 그의 논문의 서문에서 콩트의 이름을 지우는 것을 거절했다 하여 그 서문을 전부 삭제해버릴 정도였던 것이다.

보르도대학에서 뒤르켐은 철학과에 소속되어 있었는데, 거기서 그는 사회학과 교육학을 맡고 있었다. 어떤 해설자들은 여기서의 교육학 강의는 뒤르켐이 억지로 맡지 않을 수 없었던 괴로운 학문생활 중 하나였으리라고 생각하고 있다. 그러나 사실은 그렇지 않았다. 그는 일생을 통해 교육학 분야를 강의했고, 자기가 좋아하는 교과과정을 스스로 택할 수 있을 만큼 자유로워졌을 때도 여전히 그러했다. 뒤에서 좀더 자세히 살펴보겠지만, 뒤르켐에게 교육이란 그가 그렇게도 열렬히 원하던 사회의 혁신을 위해 사회학이 가장 큰 공헌을 할 수 있는 유리한 응용분야였던 것이다.

보르도대학에서 학문생활을 시작할 무렵 뒤르켐은 루이 드레퓌스(Louise Dreyfus)와 결혼했다. 그들에겐 마리 뒤르켐(Marie Durkheim)과 앙드레 뒤르켐(André Durkheim)이라는 두 아이가 있었지만, 그들의 가정생활에 대해서는 알려진 것이 거의 없다. 아마도 그의 부인은 전적으로 그의 일에 헌신했던 것 같다. 그녀는 가사를 돌볼 뿐만 아니라 남편의 원고를 교정해주고 비서의 일을 맡아 하는 등 전통적인 유대가정의 유형을 따랐다. 그리하여 학자인 남편은 그의 모든 정열을 그의 학문적 목표를 위해 전적으로 쏟을 수 있었던 것이다.

보르도대학 시절은 에밀 뒤르켐에게 강렬한 생산활동의 시기였다. 그는 퇴니스(Ferdinand Tönnies)의 『공동사회와 이익사회』(*Gemeinschaft und Gesellschaft*)를 비롯한 여러 중요한 책의 비평을 계속 발표했고, 그의 초기 강의안도 논문 형식으로 출간되었다. 1893년에 프랑스어로 된 그의 학위 논문 『사회분업론』과 몽테스키외에 관한 라틴어 논문을 발표했다. 그리고 불과 2년 후 『사회학 방법론의 규칙들』(*The Rules of Sociological Method*)이 출간되었고, 다시 2년 만에 『자살론』이 간행되었다. 이 세 주요저작으로 뒤르켐은 학계의 선두에 서게 되었다. 그는 『자살론』의 서문에서 이제 사회학은 '유행'이 되었다고 썼다. 그것은 그의 저작이 널리 각광을 받았기 때문이 아니라 오히려 정반대로 그것이 수많은 유명한 논쟁과 격론을 불러일으켰기 때문이었다. 그러나 그렇게 많은 이론가가 뒤르켐을 그들의 특별한 적대자로 여기게 되었다는 사실은 그가 학계에 미친 영향이 어떠했는가를 보여준다. 이때부터 줄곧 뒤르켐은 논쟁과 격론에서 중심인물이 되었다.

하나의 흥미 있는 분야로서 사회학을 학계에 정립하고 나자 뒤르켐은 곧 이 새로운 학문을 위한 전문 학술잡지를 간행함으로써 이러한 수확을 더욱 공고히 할 필요성을 느꼈다. 그가 1898년에 창간한 『사회학연보』(L'Année Sociologique)는 곧 뛰어난 재능을 지닌 젊은 학자들의 중심이 되었고, 이들은 각기 특수한 학문적 관심에서는 다양했지만 모두 뒤르켐식의 사회학 접근방식을 공통적으로 따르고 있었다. 매년 『사회학연보』는 프랑스 내외에서 최근 발간된 사회학 서적들을 분석했다. 이 비판적인 논평들을 통해 프랑스인들은 처음으로 사회학이란 학문의 깊이와 폭을 알 수 있게 되었다. 『사회학연보』는 뒤르켐이나 그의 가까운 협조자들이 쓴 독자적인 주요한 업적들도 싣고 있었다. 이 논평들과 논문들은 모두 사회과학의 특수 분야와, 그와 연관된 사실적·구체적·방법론적 탐구의 필요성 간에 개념적인 연결을 맺을 필요성을 강조한다고 할 수 있다. 이 『사회학연보』는 처음부터 성공적으로 이루어졌다. 그리고 이 중심인물을 주축으로 한 지속적인 협동작업은 그들을 하나의 강한 '학파'로 결속시키는 역할을 했고, 뒤르켐식의 사회학 접근방식을 반대하는 모든 사람으로부터 그들을 보호하는 데 앞장섰다.

『사회학연보』가 창간되던 바로 그해, 뒤르켐은 그의 유명한 논문인 「개인과 집합표상」(Individual and Collective Representations)을 발표했는데, 이것은 사회학에서 뒤르켐학파의 독립을 선언한 선언서의 역할을 했다. 이후 15년간 일련의 생산적인 논문들이 『사회학연보』와 다른 곳에 나뉘어 발표되었다. 이 중에는 「도덕적 사실의 확정」(The Determination of Moral Facts), 「가치판단과 실체의 판단」(Value Judgments and Judgments of Reality), 「원시적 분류」(Primitive Classification, 모스Marcel Mauss와 공저), 「종교현상의 정의」(The Definition of Religious Phenomena) 등이 있다.[30]

보르도대학에서 교수로 재직한 지 9년 만에 뒤르켐은 프랑스 최초로 사회과학 분야의 정교수로 승진되었다. 그는 6년간 이 자리를 고수했다. 1902년, 이제는 널리 알려진 인물이 된 그는 소르본대학으로 초빙되었는데, 처음엔 강사였다가 1906년에 교육학 정교수가 되었다. 그리고 1913년에 특별법령에 따라 뒤르켐이 있던 자리의 이름이 '교육학과 사회학'으로 바뀌었다. 한 세기의 4분의 3이 경과되고 나서야 비로소 콩트의 후계자가 파리대학에서 자리를 얻을 수 있게 된 것이다.

파리에 있는 동안 뒤르켐은 『사회학연보』를 편집하는 한편, 윤리학, 교육학, 종교학, 실용주의 철학 그리고 생-시몽과 콩트의 강의 등 광범위한 교과를 가르쳤다. 그는 자기 강의를 듣는 모든 사람을 완전히 사로잡아버리는 뛰어난 강연자였던 것 같다. 그래서 그의 한 학생은 "그의 영향을 벗어나려는 사람은 그의 과목을 포기해야만 했다. 그의 강의를 듣는 사람에게 그는 좋든 싫든 자신의 지배력을 행사했다"고 했다.[31]

보르도대학에서의 마지막 2, 3년 동안 이미 뒤르켐은 종교현상의 연구에 흥미를 갖게 되었다. 적어도 부분적으로는 윌리엄 스미스(William Smith)와 영국 인류학의 영향을 받아, 그는 원시종교의 세밀한 연구로 관심을 돌리게 되었다. 그는 이 분야에 대한 초보적 논문을 많이 발표했는데, 이러한 일련의 연구를 통해 마침내 뒤르켐은 마지막 주요저작인 『종교적 생활의 기초형태』를 발간하게 되었다.

시민적 참여

파리 시절 동안 뒤르켐은 매우 열정적으로 학계의 일에 힘을 쏟았지만, 그것이 뒤르켐 활동의 전부는 결코 아니었다. 그는 대학뿐만 아니라 프랑스의 전반적인 지성인들의 생활에도 중요한 역할을 담당했다. 그는 드레퓌스 사건이 한창일 때 그의 열렬한 옹호자였으며 중도좌익계 출판인이자 언론인으로도 명성을 얻고 있었다. 뒤르켐은 대학체제의 개편작업에서도 주요한 인물로 활약했다. 그는 수많은 대학의 위원회에 참여했고, 교육성의 자문을 받기도 했으며, 학교의 교과과정에 사회학을 넣는 일과 사회학을 시민교육의 초석으로 삼도록 하는 일에 꾸준히 힘을 쏟았다. 이 시절 동안 그는 자신의 젊었을 때의 꿈, 즉 제3공화국의 도덕 재교육과 세속적 시민도덕의 계발에 똑같이 적용될 수 있는 과학적 사회학을 정립하려던 그의 포부를 실현하는 데 점점 가까워졌다.

전쟁이 일어났을 때 뒤르켐은 포위된 조국을 도와야 한다는 의무감을 느꼈다. 그는 전쟁에 대한 연구와 기록들을 간행하는 위원회의 비서가 되었다. 그리고 범독일주의와 특히 트라이치케(Heinrich von Treitschke)의 국민주의적 저술들을 공격하는 여러 책자를 발간했다.

1915년 크리스마스 직전, 뒤르켐은 아들 앙드레 뒤르켐이 전쟁에서 입은 부상으로 인해 불가리아의 한 병원에서 죽었다는 사실을 알았다. 앙드레 뒤르켐은 그의 아버지를 따라 고등사범학교에 입학했고, 사회학 용어학자로서 대단히 유망한 청년이었다. 그는 사회과학의 일선에서 자기를 지정된 후계자로 생각하고 있는 아버지에 대해 대단한 자부심과 희망을 품고 있었다. 그의 죽음은 도저히 회복할 수 없는 충격을 에밀 뒤르켐에게 던져주었다. 그는 여전히 오랫동안 준비작업을 해오던 윤리학에 대한 논문의 첫 문단을 그럭저럭 써나갈 수는 있었으나 정열은 사라지고 말았다. 그는 쉰아홉 살의 나이로 1917년 11월 15일에 숨을 거두었다.

헌신적인 유대인의 아들이면서 무신론자인 뒤르켐은 전 생애를 통해 과학적인 초연함과 강렬한 도덕적인 집착을 잘 조화시켜나갔다. 그는 진리와 지식의 공평한 탐구에 정열적으로 몰두했다. 그러면서도 그는 구약의 예언자들과 마찬가지로 동료들의 그릇된 길을 질책하고 그들이 도덕적 통합과 공의(公義)에 대한 공동의 봉사로 단결할 것을 권유하는 자이기도 했다. 비록 프랑스인이었지만, 그는 과학의 목표는 전체 인류를 계몽하고 인도하는 데 도움을 주는 것이라고 생각하던 세계주의적인 자유주의 문명에서 조금도 벗어나지 않았다. 전적으로 완벽한 인물로서 그는 여전히 특별한 지적·역사적 맥락에서 여러 가지 역할을 수행해나갈 수 있었다.

지적 배경

별로 책을 읽지 않은 스펜서와는 대조적으로 뒤르켐은 어떤 책이든 닥치는 대로 읽는, 다양한 지적 풍조에 개방적인 무척 교양 있는 사람이었다. 따라서 그의 사상에 미친 주요한 영향들을 말한다는 것은 어려운 일이다. 더구나 뒤르켐의 지적 전기가 아직 쓰이지 않았고 그의 개인적인 글들도 남아 있지 않아서 이 작업은 더욱 어렵다. 따라서 다음의 글들은 다분히 시험적인 것으로 간주되어야 할 것이다.

프랑스 지성사에 내린 뿌리

비록 뒤르켐이 독일과 영국의 사회사상으로부터 많은 영향을 받았지만, 파슨스가 정확히 지적한 대로, 그의 사상은 "프랑스 지성사에 놀랄 만큼" 뿌리박고 있다.[32] 그 역사 속에서도 뒤르켐의 주된 뿌리는 계몽주의 전통, 그중에서도 루소와 몽테스키외의 저작에 내려져 있다. 루소의 **일반의지**라는 개념은 뒤르켐의 사상에 가장 큰 영향을 준 것 중 하나일 것이다. 이 일반의지의 개념은 공리주의자들처럼 경제적 자기이익에 기초하거나 홉스처럼 정치적 주권에 대한 시민의 복종으로 이루어지는 것이 아닌 **사회적** 연대를 표현하는 사회를 말하는 것[33]으로 받아들여졌다. 또한 뒤르켐은 사회적 현상과 심리적 현상 간의 구분에서 루소에게 진 빚을 인정하면서, "루소는 사회질서의 특수성을 날카롭게 인식하고 있었다. 그는 그것이 순수한 개인적 사실과는 일반적으로 다른 사실들로 이루어진 질서임을 명확히 알고 있었다. 그것은 순전히 심리적인 세계를 초월하여 있는 새로운 세계다."[34]라고 했다.

이와 비슷하게 뒤르켐은 몽테스키외에게도 빚을 지고 있다. 그는 이 점을 그의 라틴어 논문에서 "사회현상의 상호연관성을 지적하는 데서 몽테스키외가 우리 과학의 통합을 예시해주었다"[35]고 명확하게 밝히고 있다. 마르크스가 주로 헤겔에서 배웠던 모든 사회·문화 현상의 연관성이라는 생각을 뒤르켐은 몽테스키외에게 배운 것이다. 그는 "몽테스키외는 이러한 모든 요소가 하나의 전체를 형성하고 있으며, 따라서 만약 다른 것과 연관시키지 않은 채 각각 분리시켜서 파악하려 하면 그것들은 결코 이해될 수 없다는 것을 명백히 인식하고 있었다. 그는 법률을 도덕이나 상업, 종교 등에서 분리시키지 않았으며, 그리고 무엇보다 그는 법률이 사회의 형태와는 독립적으로 존재하지 않는 것이며 다른 여러 가지 사회현상에 영향을 미치는 것으로 파악했다"[36]고 했다.

뒤르켐의 사회에 대한 전체적 관점이 몽테스키외의 영향을 상당히 받은 것이며, 그의 연대의 개념도 부분적으로는 『사회계약론』을 읽음으로써 발달한 것이긴 하지만, 콩트와 생-시몽에게 진 빚은 훨씬 더 큰 것이었다. 그는 언제나 자신을 그들이 시작해놓은 사상의 계승자로 생각했다. 그는 생-시몽에 대해 "비록 그가 사회학이 어떠해야 한다는 데 대한 명확한 관념을 지녔던 최초의 사람이기는 하나, 엄밀히 말하면 생-시몽이 사회학을 만들어낸 것은 아니다"라고 했다. 그 명예를 그는 콩트에게 주었다.

『사회분업론』에는 『실증철학강의』의 저자에 대해 적어도 열일곱 군데나, 그것도 대부분 무척 호의적으로 언급되고 있다. 또 뒤르켐은 "콩트는 분업이 연대의 한 근원이라는 것을 인식하고 있었다"는 것을 지적하는 데 힘을 쏟았다. 연대의 기반으로서 도덕적 신념의 결속력을 강조하고 분업이 독립적인 개인들 사이에 만들어놓은 통합을 강조한 점은 어느 정도는 콩트와 생-시몽에게서 배운 것이다.

전기 작가들은 뒤르켐이 콩트를 읽기 시작한 때는 이미 부트루와 르누비에(Charles Rencuvier) 같은 철학자에 대한 철저한 연구를 통해 사회과학에 대한 자기 나름대로의 접근방식을 확립하기 시작한 때였다는 것을 강조한다. 물론 그것은 옳다. 그러나 콩트와 뒤르켐의 저작들을 읽은 사람들은 그들의 사상이 보여주는 유사성에 놀라지 않을 수 없다. 분명히 뒤르켐은 콩트 후기의 '신학적' 저작이나 그의 형이상학에 사로잡혔던 적이 없었고, 또한 여러 가지 많은 점에서 콩트식의 접근방식에 동의하지 않았다. 그럼에도 그의 일반적인 방법론적 접근, 즉 자연법보다는 다소 복잡하긴 하지만 본질적으로는 다르지 않는 사회적 행위에 대한 실증적 법칙을 탐구하는 데서 그는 콩트와 일치한다. 또한 뒤르켐의 **집합의식**은 콩트의 **합의**의 변용이며, 사회현상들 간의 상호연관성에 대한 뒤르켐의 관심은 몽테스키외뿐만 아니라 콩트의 영향을 많이 받은 것이라는 점도 명백히 해야겠다.

비록 계몽주의의 어떤 전통, 특히 거의 대부분의 18세기 사상에 나타나는 원자론적 측면에 대해서 대단히 비판적이긴 하나, 콩트의 실증주의는 그것의 합리주의와 세속주의를 그대로 받아들이는 계몽주의의 직계 후예로 간주될 수 있다. 따라서 뒤르켐이 자신을 계몽주의와 실증주의 모두에 연결시켰다는 것은 전혀 놀랄 일이 아니다. 그러나 뒤르켐이 반계몽주의자였던 보날드와 메스트르 그리고 그 같은 입장에 선 여러 유명한 프랑스의 전통적 사상가에게서도 깊은 영향을 받았다는 주장을 접하게 될 때는 문제가 다소 복잡해진다. 니스벳은 그의 여러 저작 중에서 이것에 대한 납득할 만한 설명을 하고 있다.[37] 예를 들면 "견고한 과학의 개념들과 가치의 방법론으로 변환시킨 것은 뒤르켐의 위업이었으며, 이는 혁명이나 개혁만큼이나 이성과 합리주의를 반대하던 보날드, 메스트르, 할러를 비롯한 여러 사람과의 논쟁 가운데 최초로 등장한 것이다"[38]고 말한다. 이들의 사상은 개인은 사회와 그 사회의 법에 매여 있으며 또한 개인은 결코 자립적이거나 자아를 스스로 실현시킬 수 있는 존재가 아니라는 것을 강조하는 것으로, 대부분의 '철학자'(philosophes, 18세기 프랑스 계몽주의 시대에 나났던 일군의 철학자들 —옮긴이)의 글 속에 나타나고 있다. 그리고 권위와 구속력을 지닌 의무 등의 불가피성을 강조함으로써, 또한 종교, 가족, 지역공동체, 길드 등을 사회에 개인을 묶어두기 위한 필수적인 제도로 간주함으로써, 전통적 사상가들은 실제로 뒤르켐의 사고양식의 중심부를 이루는 사상들을 전개하고 있었던 것이다.

그러나 니스벳도 쉽게 동의하듯이,[39] 뒤르켐이 이들 사상가들 가운데 누구를 읽었다는 증거는 없다. 분명히 그는 콩트가 이들의 사상을 찬양하

면서 이들에 대해 언급한 부분을 잘 알고 있었을 것이다. 또한 가톨릭 사회
운동에 대한 글을 쓴 저자들을 통해 전통적 사상의 일부를 받아들였을 가
능성도 충분히 있다. 당시 이 운동은 상당한 영향력이 있었는데, 그것은 라
므네(Jean Lamennais)와 라코르데르(Henry Lacordaire) 같은 자유주의적 가
톨릭 사상가들의 가르침과 사회적 유대의 유기체적 성격에 대한 전통주의
자들의 해석을 서로 결합시키려고 시도했던 것이다. 그러나 이런 것들은
모두 추측에 불과하다. 우리는 뒤르켐의 사상과 전통주의자들의 사상 간
에 발견되는 놀랄 만한 유사성과 중요한 차이점을 지적해낼 수는 있으나
어떤 직접적인 영향이 있었는지는 증명할 길이 없다.

동시대의 영향

뒤르켐과 동시대에 활동하던 사상가들이 그에게 미친 직접적 영향을
찾아내기는 훨씬 쉽다. 앞서도 언급했듯이 고등사범학교에서 두 스승이
미친 영향은 말할 수 없을 만큼 크다. 그는 위대한 역사학자였던 드쿨랑
주에게서 주의 깊은 역사적 탐구방법의 거의 대부분을 배웠다. 이것은 특
히 『사회분업론』 중 역사적인 것을 다룬 장에서 명백히 나타난다. 드쿨랑
주의 고전인 『고대도시』에서 나타난 국내의 종교와 종교적 결사체의 주된
역할에 대한 강조는, 뒤르켐의 학생 시절에는 그렇지 않았다 하더라도, 그
가 종교현상에 흥미를 느끼게 된 후기에 가서 그에게 영향을 미쳤다.

또 다른 중요한 스승인 철학자 부트루에게서 뒤르켐은 상이한 수준의
실체들을 구분하는 방식과 과학철학에서 중요한 발현이라는 개념을 배웠
다. 부트루에 대한 최근의 논평자 중 한 명인 베르토치(Peter Bertocci)는 다
음과 같이 언급했다.

(부트루는─옮긴이) 상이한 수준의 존재자─물질적·본질적·사색
적─간에는 기본적인 불일치성이 존재하며, 그들 각각은 그 앞의 수준
에서는 나타나지 않고 거기로부터 연역될 수도 없는 어떤 요소를 나타
낸다는 것, 그리하여 어느 한 수준의 과학을 다른 수준의 과학으로 환원

하는 것은 불가능하다는 것을 강조했다. 생명이라는 상위의 형태는 그 것의 물리적·화학적 특성들에도 불구하고 물질을 지배하는 기계적 법칙으로는 완전히 설명될 수 없는 것이다.[40]

텐(Hippolyte Taine)학파의 물리화학적 물질주의와 날카로운 논쟁을 일으켰던 부트루의 반환원주의적 원칙은, 뒤르켐이 사회는 심리학이나 생물학에서 주장하는 환원주의자들의 방식으로는 설명될 수 없는, **그 자체로서 하나의 실체를 이룬다**는 것을 보여주려는 작업을 할 때, 분명히 그에게 큰 도움이 되었던 것이다.

뒤르켐의 사상에 중요한 영향을 미친 또 다른 프랑스인은 신칸트학파 철학자인 르누비에다. 르누비에의 긴 생애(1815~1903)는 콩트와 뒤르켐의 세계 간 간격을 연결시켜주고 있다. 이공대학에서 교육을 받은 르누비에는 1830년대 초 생-시몽의 영향을 받았고, 콩트가 학교에서 강사로 있을 때 그의 가르침을 받기도 했다. 그는 1848년 혁명이 일어났을 당시에는 열렬한 사회주의 선동가였지만, 제정 시대에는 활발한 정치활동에서 물러나 관직을 갖지 않은 학자로 지냈다. 나폴레옹 3세 치하의 마지막 몇 년과 제3공화국 초기 30년 동안 르누비에는 자신이 편집하고 있던 잡지 『비판적 철학』(*La Critique Philosophique*)과 『비판일반에 대한 고찰』(*Essais de Critique Générale*)을 비롯한 그의 여러 저서를 통해 프랑스의 사상계에 깊은 영향력을 행사했다. 르누비에의 일반적 입장은 신비판주의라 불리는데, 그것은 그 입장이 칸트의 결론들과는 종종 상이하지만 칸트의 방법에서 나온 것이기 때문이다.

르누비에의 비결정론과 역사법칙들에 대한 거부는 아마도 뒤르켐의 사상에 그다지 큰 영향을 미치지 못한 것 같다. 그러나 르누비에의 주장들 중에서 뒤르켐의 사상 속에 그 반향이 나타난 것들이 다소 있다. 그중에는 앨퍼트의 말을 빌리면, "윤리적·도덕적 고찰이 철학적 사고의 중심된 위치를 차지한다는 신념, 윤리의 과학이 필요하다는 신념, 철학은 사회적 행위들을 인도하는 지침이 되어야 한다는 신념, 철학은 특히 제3공화국의 도덕적 통합을 재건하는 데 공헌해야 한다는 신념, 현대사회의 기본적인 도덕적 개념 그 자체는 아니라 하더라도 하나의 기본이 되는 것은 인간의 존엄이라는 신념"[41] 등이 있다. 르누비에는 개인 간이나 집단 간의 갈등을 악한 것으로 생각했는데, 이러한 사상도 뒤르켐의 저작 속에 반사되었음직한 것이다.[42]

프랑스의 사회학자이자 사회철학자인 가브리엘 타르드(Gabriel Tarde)도 뒤르켐의 지적 발전에서 중요한 인물로 평가되어야 한다. 왜냐하면 타르드는 뒤르켐의 주된 적대자였기 때문이다. 그들 간에 오간 많은 논쟁 덕분에 뒤르켐은 그 자신의 견해를 선명히 하고 세련시킬 수 있었다. 따라서 그의 주된 적대자로서 타르드는 그가 직접적으로 여러 가지를 배웠던 여러 사람과 마찬가지로 그의 지적 발달에서 유효한 힘이 되어왔다고 말할 수 있다. 타르드는 학자가 아니라 한 지방의 치안판사였다. 그러나 그는 법률상의 경력 덕택에 충분한 재정적 뒷받침과 그의 정력 대부분을 하나의 사회이론체계를 발전시키는 데 쏟을 수 있을 만큼의 충분한 시간을 제공받을 수 있었다.[43] 1880~90년대에 타르드는 범죄학과 사회이론에 대한 수많은 저서를 출판했는데, 그중에서도 『모방의 법칙』(*The Laws of Imitation*)은 가장 주목할 만한 것이다. 그의 생애 마지막 수년 동안 타르드는 파리의 유명한 콜레주드프랑스에서 현대철학 강좌를 맡고 있었다. 그의 전체 이론은 다음과 같은 가정, 즉 새로운 관념이나 발명 등은 비록 처음에는 종종 비인격적인 전달을 통해 이루어지기도 하지만, 전체 사회로 전파되는 것은 모방의 과정을 통해서라는 가정에 집중되어 있다. 그의 주장에 따르면, 영향력은 전형적으로 사회적 우수자에게서 사회적 열등자에게로 흐르기 마련이다. 따라서 경제적·종교적·군사적 혁신은 자신들의 주위에 자신들의 행동을 모방하고 자신들의 사상을 대중에게 선전해주는 수많은 떠들썩한 지지자를 모아둔 엘리트 집단에 의해 나타나는 것이다. 타르드는 사회과정은 언제나 추종자들이 지도자의 행동을 모방하는 가운데 존재해 있다는 사상을 피력한 사회심리학자였다. 그에게 사회란 상호작용하는 개인들의 집합체였다. 그는 자신의 저작에서 뒤르켐과는 정반대인 방법론과 철학을 강조함으로써 비판적 반박을 위한 이상적인 표적이 되었다. 뒤르켐은 사회란 그 자체가 하나의 객관적인 실체이며, 따라서 인간 행동을 설명하는 데는 사회심리학적 관점보다는 구조적 관점에서 파악해야 한다는, 타르드와는 대립된 생각을 정의하고 세련시킬 기회를 가질 수 있었다.

뒤르켐에게 미친 프랑스의 지적 영향을 좀더 자세히 열거한다면 아직도 여러 사람을 더 언급할 수 있을 것이다. 그중에서도 우선 보르도대학에서의 동료였던 사회학자 에스피나스를 들 수 있는데, 책으로 출간된 그의 박사학위논문 『사회적 동물들』(*Des Sociétés animales*)은 『사회분업론』 속에서 뒤르켐의 전체적이고 구조적인 접근방식을 지지하는 데 여러 번 인용되고 있다.[44]

프랑스 외부의 영향

뒤르켐에게 미친 프랑스 외부의 영향은 프랑스의 전통에서 온 것만큼 심대하지는 않으나 그의 사상들의 방향에 종종 영향을 주었다. 그중에서 스펜서의 저작이 가장 중요한 영향을 미쳤다. 『사회분업론』 속에서는 스펜서에 대한 언급이 어느 다른 이론가보다도 많은 마흔 군데나 나타난다. 뒤르켐이 스펜서의 기본적 전제들 대부분에 동의하지는 않았지만, 언제나 그리고 특히 『사회분업론』을 저술하던 시기 동안은 그의 영향하에 매여 있었던 것이다.

뒤르켐은 스펜서의 개인주의적 전제들에 철저히 반대했다. 대신 그는 개인적인 자기이익과 행복의 추구라는 것으로는 사회질서가 설명될 수 없다는 것을 강조했다. 또한 뒤르켐은 행복의 추구라는 것이 인간의 사회성의 근원이기는커녕 그 자체가 어떤 특정한 역사적 시대에 특정 유형의 사회 내에서만 나타나는 사회적 산물이라고 주장했다. 아마도 뒤르켐은 프랑스혁명주의자 생쥐스트(Louis Saint-Just)가 그의 유명한 연설 속에서 "행복이란 유럽의 새로운 사상이다"라고 외쳤던 말에 동의했을 것이다. 뒤르켐은 개인들 간의 계약이 사회질서의 주춧돌이라는, 기본적으로 개인주의적인 스펜서의 사상에 반대하고 단체들 간의 계약상의 합의도 언제나 기존의 일반적 규범에 맞추어 이루어진다는 점을 강조했다.

그러나 다른 많은 측면에서 뒤르켐은 스펜서에게 깊은 영향을 받았다. 뒤르켐의 진화론적 견해의 대부분은 그에게서 배운 것이다. 예를 들면 기계적 연대의 체계에서 유기적 연대의 체계로의 이행이라는 뒤르켐의 진화개념은 스펜서처럼 모호한 것은 아니지만, 비응집적인 동질성에서 응집적인 이질성으로의 진화라는 스펜서의 관찰과 명백히 유사하다. 또한 인간사회의 점진적인 분화 그리고 모든 사람이 서로 비슷하던 사회에서 분업에 의해 사람들이 상호독립적이지는 않지만 상이해진 사회로의 역사적 이행에 대한 뒤르켐의 강조는, 일부는 스미스에게서 배운 것도 있지만 대부분은 스펜서의 저작에서 배워온 것이다. 기억하고 있을지 모르겠으나, 뒤르켐의 기능주의적 접근방식의 중요한 몇몇 요소는 이 영국인 선배의 저작에 이미 약하게나마 예시되어 있었다. 그는 스펜서와는 전적으로 다른 일련의 철학적·방법론적 전제를 지님으로써 그와는 상이한 입장에 서 있으나, 그럼에도 뒤르켐은 스펜서가 그 선구적인 공헌을 이룩해놓은 여러 가지 탐구방향을 새로운 방향으로 계속하여 탐구해나갔다고 말할 수 있다.

또 다른 영국 학자로서 『셈족의 종교에 대한 강의』(*Lectures on the Religion of the Semites*)의 저자인 인류학자 스미스도 뒤르켐의 말년에 중대한 영향을 준 사람이다. 뒤르켐의 후기 저작은, 초기 종교는 의식행위에 뿌리박고 있으므로 분석적 관심은 신념체계 자체보다는 오히려 신도들 간의 사회적 관계나 종교제도의 작용 등에 두어야 한다는 스미스의 생각에서 출발하고 있다. 특히 그가 '고대종교의 가장 중심적 문제'로 여기던 헌신에 관한 글에서, 스미스는 행위자의 의도는 상대적으로 덜 중요한 것으로 보고 회식(ceremonial eating)에 참여할 때 신도들의 공동체에 그의 관심을 집중시켰던 것이다. 의식적인 회식은 친족관계에서와 유사한 결합을 제공해준다. 따라서 종교현상의 연구에서 주된 대상이 되는 것은 신자의 종교적 동기가 아니라 사회적 행위 그 자체라고 주장했다. 스미스는 종교집단의 통합 속에서 종교의 핵심을 발견했고, 뒤르켐은 이러한 관념을 그 자신의 종교이론의 기본으로 삼았던 것이다.[45]

독일 사상가들에 관해 말하면, 뒤르켐과 가장 가까운 관계에 있는 철학자는 칸트였다. 뒤르켐은 칸트의 인식론이나 일반철학보다는 도덕적 의무에 대한 그의 엄격한 철학에 더욱 흥미를 가졌다. 뒤르켐은 시간과 공간 개념의 사회적 기원에 관한 그의 이론을 전개하면서, 그것을 인간정신에 내재하고 있는 범주로 보려는 칸트의 원칙을 반박했다. 그러나 그는, 도덕적 행위의 바람직함을 강조한 그의 도덕사회학은 의무와 도덕적 책임에 대한 칸트의 관념을 보완한 것이라는 것을 주의 깊게 지적하고 있다. "우리는 우리가 그것을 해야 한다고 명령을 받았다는 단순한 이유만으로 의미를 지니는……그러한 행위는 완수해낼 수가 없다. 우리에게 무관심한 목표를 추구한다는 것은 심리학적으로 불가능하다. 그러므로 도덕이란 의무적이어야 할 뿐만 아니라 바람직하고 희구되는 것이기도 해야 한다."[46] 칸트가 도덕적 행위의 분석에서 의무를 지나치게 강조했다고 생각되는 부분을 수정하려 했을 때조차도 뒤르켐은 이러한 관념에 깊이 사로잡혀 있었다. 젊었을 때 그토록 열심히 연구했던 구약의 예언자를 자신의 모델로 간주했음직한 한 인간이 칸트의 엄격함과 일치될 수 있었을 것은 분명했다.

앞서도 언급했듯이, 뒤르켐은 짐멜, 셰플레, 굼플로비치, 퇴니스 등 여러 사람의 저작들에 대해 긴 비판적 서평을 썼다. 의심할 바 없이 독일의 유기체적 사상도 스펜서식의 형태와 함께 얼마간 그를 사로잡았다. 『공동사회와 이익사회』의 저자인 퇴니스의 영향은 기계적 연대와 유기적 연대라는 뒤르켐의 비슷한 구분 속에서 잘 찾아볼 수 있다. 그러나 퇴니스의 저작에 깔린 분위기는 뒤르켐의 그것과는 상당히 다른 것이다. 적어도 헤르더(Johann Herder)에게까지 소급되는 독일적 전통을 좇는 퇴니스에게는 사회조직의 옛날 형태인 **공동사회**(Gemeinschaft)가 훨씬 유기적이고 바람직하며 훨씬 더 '자연적'인 것이었다. 이와는 반대로, 프랑스 계몽주의의 후계자로서 뒤르켐은 현대적 형태의 연대를 더욱 유기적이고 '진보적'이며 바람직한 것으로 간주했다. 대부분의 독일사상이 지나간 황금시대를 동경하고 있었던 데 반해, 프랑스사상은 주로 미래에 닥쳐올 황금시대를 고대하는 경향을 띠고 있었다.

마지막으로 뒤르켐이 개인적으로도 알고 있었던 독일인 분트를 좀더 상세히 기술해야겠다. 분트는 실험심리학의 아버지라고 불리고 있으나 다른 사회과학 분야에서도 일을 했다. 그는 논리학과 윤리학에 관해 강의도 하고 책도 썼으며『민족심리학』(Voelkerpsychologie)이란 이름의 열 권에 달하는 생생한 인간사 연구에 기고하여 언어, 신화, 도덕의 진화법칙을 분석하려고 노력하기도 했다. 헤겔의 훨씬 일반적인 개념인 **민족정신**(Volksgeist)을 대치한 분트의 **민족혼**(Volksseele)이란 개념은 뒤르켐이 **집합의지**(conscience collective)를 구상할 때 한 역할을 담당했을 것이다. 분트의 업적은 실로 놀랄 만큼 많다. 보링(Edwin Boring)이 지적했듯이, 분트는 그의 생산적인 생애의 약 70년 동안 5만 3,735쪽에 달하는 글을 쓰거나 수정했는데, 이것은 밤낮을 가리고 않고 거의 2분마다 한 단어를 썼다는 말이 된다.[47] 이것이 뒤르켐에 미친 영향이 얼마나 큰지는 알 수 없다. 그러나 뒤르켐이 라이프치히에 있던 분트의 유명한 심리학 연습실에서 보았던 엄격하고 과학적인 철두철미함에서 영향을 받은 것은 확실하다. 거기서 행해지고 있던 과학적 연구방법과 태도는 그에게 훌륭한 본보기가 되었고, 동시에 다른 사회과학 분야에서 과학적 탐구는 어떠해야 할 것인가에 대한 모델을 제공해주었다. 그는 그곳이야말로 그가 고등사범학교에 있을 때 그토록 그를 괴롭혔던 딜레탕티슴의 정신을 완전히 해소시켜줄 수 있는 곳이라고 느꼈다.

좀더 충분한 설명을 하기 위해서는 독일의 강단사회주의자들과 정부로 하여금 현대 산업사회에서 '사회문제'의 중요함을 인식시키려 노력하던 사회개혁가들의 저작들에 대한 뒤르켐의 해석 등도 논의되어야 할 것이다. 분명히 그는 이 전통에 속해 있는 여러 작자, 그중에서도 중심인물인 슈몰러(Gustav Schmoller)의 저작들에 정통했다. 그러나 이들이 응용사회학자이며 개혁가로서의 뒤르켐에게 구체적으로 어떤 영향을 주었는지는 알려져 있지 않다.

사회적 배경

개관

뒤르켐이 청년으로 성장하던 시기에 제3공화국은 아직 초기단계에 머물러 있었고, 심각한 무질서 상태로 고통받고 있었다. 프랑스는 독일과의 싸움에서 패배한 상처와 파리 코뮌의 충격으로부터의 회복이 너무나 느리게 진행되고 있었다. 1875년 헌법은 공화국이 곧 부르봉 왕조의 부활을 가져오리라 기대했던 군주제 옹호자들에 의해 만들어졌다. 헌법이 채택되고 나자 공화국은 또 하나의 새로운 위기에 빠져들게 되었다. 공화국의 대통령이던 마크마옹(Patrice de MacMahon)은 국회로부터는 거의 독립되고 마음대로 소환할 수 있는 허약한 내각을 지닌, 강력한 대통령 중심의 정부 체제를 만들려고 노력했다. 거기서 야기된 투쟁들을 겪는 가운데 대통령은 제3공화국 역사에서 처음이자 마지막으로 하원을 해산시켰다. 그의 행동은 교회, 지주, 상층 부르주아 등의 법과 질서를 옹호하는 세력들과 주로 하층 중간계급들, 교권반대 지식인, 그리고 코뮌에서의 유혈로 위축된 노동계급 등으로 구성된 좌익 공화주의자들 사이에 싸움을 불러일으켰다. 1879년, 마크마옹이 하원을 해산한 이후 공화주의자들은 그를 결정적으로 패배시켰고, 그리하여 그의 독재적 야망은 종지부를 찍게 되었다.

이러한 소란스러운 몇 해를 보내고 뒤르켐이 에피날 중학교와 파리의 루이 르 그랑 고등학교에 다닐 때까지도 공화국은 안정을 얻지 못했다. 그레비(Juels Grévy)가 지도하던 중도좌익 공화주의자들과 그들의 후계자들이 이후 20여 년간을 계속하여 지배했지만, 프랑스의 커다란 사회적 · 경제적 문제들에 혁신적으로 대처할 만한 충분한 힘을 모을 수는 없었다. 정부는 그 무원칙성과 우유부단함 때문에 기회주의적 공화국이라 불렸을 뿐,

정권을 안전한 기초에 뿌리박게 할 기회를 놓쳐버리고 말았다. 그러나 공화정에 대한 교회의 반대에 자극되어 정부는 적어도 세속교육만큼은 정열적으로 밀고 나갔다. 많은 과격한 반교권주의자는 학교에 대한 교회의 통제를 완전히 금지시키고, 교육에 대해서는 국가가 독점권을 행사하도록 할 것을 요구했다. 채택된 법안은 그다지 광범위한 것이 아니었으나 공립학교에서의 종교교육에 대한 법률을 폐지하고 그것을 시민교육으로 대치시켰다. 이제 가톨릭의 고등교육기관은 더 이상 대학으로 불리지 못하게 되었고, 잠시 동안의 잠정 기간이 지난 후에는 가톨릭 교리를 공립학교에서 가르칠 수 없게 되었다. 의회는 많은 새로운 학교, 특히 여자들을 위한 학교 설립에 필요한 자금을 제공했고, 이로 말미암아 새로운 세속적 체제에 급작스럽게 요구되는 많은 교사를 훈련시킬 방대한 수단을 확립할 수 있는 준비가 갖추어지게 되었다.

교육 문제를 둘러싼 교회 중심의 우파와 세속적 좌파 간의 날카로운 대립은 희비극적인 불랑제 사건에 의해 프랑스가 또 한 번 들썩했을 때도 가라앉을 줄 몰랐다. 1885년 선거에서 군주제주의자와 나폴레옹 지지자들의 우파와 급진좌파는 모두 놀랄 만한 지지를 얻었고, 중도적 기회주의자들은 이전에 얻었던 다수파로서의 지위를 상실하게 되었다. 이후 계속된 불안정한 시기 동안 이전에는 별로 알려져 있지 않았던 불랑제(Georges Boulanger)라는 인물이 갑작스럽게 인기를 끌게 되었다. 그는 좌파의 후보로서 육군성의 장관으로 재직 중이었으며, 좌파에서는 그를 공화정의 옹호자로 여기고 있었다. 고위층의 타락에 대한 민중의 불만이 점차 증대됨과 함께 광범위한 지지를 얻게 되자, 그는 나폴레옹 보나파르트와 나폴레옹 3세 모두와 다투기 시작했고 점차 독재자로 변모해갔다. 이때가 쿠데타가 일어날 가장 이상적인 때였다. 그러나 이 육군대장은 내무성 장관의 술책에 말려 정부가 자신의 반역 음모를 눈치 채고 있다고 믿게 되었고, 그는 곧 그 시도를 포기해버리고 말았다. 불랑제는 겁을 먹고 벨기에로 도피했으나 곧 브뤼셀에 있는 그의 부인 무덤 앞에서 자살하고 말았다. 돌이켜보면 이 이야기 전체는 희극 오페라의 느낌을 주고 있으나 공화국은 이로 말미암아 또 한 번의 위기를 맞이했던 것이다.

1890년대 초기에 정치 무대는 다소 평온했다. 거의 끊일 새 없이 혼란이 일어나던 시대를 살아낸 뒤르켐 세대의 젊은이들은, 결국 그들은 한곳에 정착해 자신의 직업적 이익에 몰두할 수 있을 뿐이라고 느꼈을지 모른다. 뒤르켐 자신도 이제는 보르도대학에서 교편을 잡고 자신의 논문에 열중했다. 그는 가장 예민한 그의 형성기 동안 사회적·정치적 혼란을 경험했고, 그 자신의 정체성을 스스로 정립하지 않을 수 없었다. 즉 그는 사회라는 무대가 그에게 안주할 곳을 제공하기는커녕 그 자체가 급격한 변화를 겪고 있을 때 정통적인 유대주의에서 합리주의적 철학으로 이행해갔던 것이다.

불랑제 위기 이후 중도 기회주의자들은 우파와 잠정적인 연합을 맺고자 했다. 이러한 연합은 이제 다소 손쉬운 것이 되었는데, 그 이유는 교황 레오 13세(Leo XIII)가 군주제주의자들과의 연합을 포기하고 공화정에 충실히 모여 있을 것을 권고했기 때문이다. 이것은 상당한 정도의 정치적 안정을 가져왔다. 그러나 중도파가 우파로 전향한 데는 닥쳐올 새로운 위기를 겨눈 또 다른 이유가 있었다. 1890년대 들어 노동운동이 서서히 다시 나타나기 시작했고, 이러한 부활 속에서 중도파들은 기존질서에 대한 위협을 느꼈던 것이다. 『사회분업론』이 출판되던 1893년에 뒤르켐의 친구였던 조레스를 포함한 사회주의자 의원 다수가 처음으로 의회에 선출되었다.

이제 시대는 다소 평화로워졌다 하더라도 사회질서는 여전히 불안정한 상태에 있었다. 1892년, 파나마 사건이 터졌다. 파나마 회사의 요원들이 프랑스의 국가적 영웅 중 한 명인 레셉스(Ferdinand de Lesseps)가 맡아 하는 어떤 기획에 필요한 새 자본을 유통시킬 목적으로 복권 공채의 발행을 인가해달라는 의도로 많은 정치인과 언론인에게 뇌물을 준 것이 밝혀졌다. 비록 이 사건에 대한 재판과정은 거의 완전히 결백하게 이루어졌다 해도, 정치지도자들에 대한 민중의 신뢰는 극도로 약화되었다. 또한 여러 지방에서는 파리를 부정부패의 온상으로 보았다. 그리고 대부분의 정치인에게 뇌물을 준 두 정보원이 우연히도 유대인이었던 관계로 유대인 배척 경향이 새로운 힘을 얻게 되기도 했다.

수년 후인 1896년, 드레퓌스 사건이 터지는 바람에 제3공화국이 잠시 동안 즐기던 휴식도 끝나고 말았다. 2년 전 프랑스군의 참모였던 에스테르하지(Charles Esterhazy) 소령이 독일 대사관에다 비밀 정보를 팔기 시작했다. 범인을 찾는 가운데 방첩부대는 다른 참모인 유대인 알프레드 드레퓌스(Alfred Dreyfus) 대위를 고발했다. 만일 전형적인 유대인 배척주의자이자 언론인이었던 드뤼몽(Édouard Drumont)이 이 사건을 공론화하지 않았더라면 그 고소는 취하되었을지 모른다. 드레퓌스는 군법회의에 회부되었고 튀니지로의 종신유배형에 처해졌다. 얼마 지나지 않아서 방첩부대의 신임 부대장인 대령 피카르(Georges Picquart)는 자료들을 재조사해보고 나서 드레퓌스가 무죄임을 결론지었으나, 그의 상관은 이 일을 다시 들추는 것을 거절했고 피카르는 튀니지로 쫓겨나게 되었다. 이러는 동안 몇몇 신문, 특히 클레망소(Georges Clemenceau)의 신문이 이 사실의 전모를 입수하고 드레퓌스의 무죄를 주장하고 나섰다. 뒤르켐은 드레퓌스를 위한 공개청원서에 최초로 서명한 사람 중 하나다.

1898년에 이르러서는 이 논란에서 프랑스의 교육받은 엘리트 가운데 어느 한 편에 가담하지 않은 사람은 하나도 없을 정도였다. 드레퓌스 사건은 프랑스사회를 그 기초부터 흔들어놓았다. 그것은 자유주의적이고 반교권주의적인 공화제 옹호자들과 교회 간에, 군부와 좌파지식인 그리고 민족주의자들 간에, 소르본대학과 전통적 사법부 간에, 지방학교의 선생과 그곳의 사제 간에 싸움을 붙여놓았다. 마침내 드레퓌스 옹호자들이 승리를 거두었고 공화정도 살아남게 되었다. 그러나 이제 기회주의의 시대는 끝났다. 이 사건이 그 소용돌이 속에서 가져온 정치세력들 간의 양극적 정부를 주로 클레망소와 그의 추종자들의 급진당에 의해 조정되는, 무척 호전적인 반교권주의 정부로 만들어버렸다. 이제는 종종 급진공화정이라고도 불리는(또는 그것의 지도자들이 종종 개혁주의자인 교수였다고 해서 교수공화정이라고도 불리는) 이 새로운 공화정은 제1차 세계대전 때까지 권력을 유지했다. 그러나 프랑스는 점차 우파와 좌파 간에, 앙시앵레짐의 정신적 후계자들과 프랑스혁명의 전통을 이어받은 자들 간에 이념적으로뿐만 아니라 정치적으로도 계속 분열해갔다.

역사가 라이트(Gordon Wright)는 "제3공화국은 귀족에 의해 만들어지

고, 상층 부르주아에 의해 경영되었으며, 하층 부르주아에 의해 움직여나
갔고, 농민에 의해 지배되었다"[48]고 했다. 제3공화국 초기 몇 년간 그 정치
적·행정적 엘리트는 대부분 상층 중간계급 ─ 필립의 오를레앙 왕조 때
권력을 장악했던 ─ 출신이었다. 물론 이들 중 많은 사람이 나중에 나폴레
옹 3세와 재결합하게 되지만, 이 지도층의 고귀하고 우아한 부르주아들
도 점차 제3공화국의 새로운 제도적 구조 속에 기반을 다지기 시작한 하
층 부르주아와 결합하게 되었다. 이제 소부르주아나 심지어는 극소부르주
아까지도 사회적 인정과 권력에 동참할 것을 요구했다. 이러한 '군소 프랑
스인들' ─ 상인, 관리직 피고용인, 학교의 선생, 파리나 지방의 하위공무
원 ─ 은 정치적으로는 반교권주의적 경향을, 일반적인 철학에서는 실증
주의적 경향을, 도덕적 견해에서는 평등주의적 경향을 띠고 있었다. 그들
은 기회주의적 공화정 동안, 드레퓌스 사건 이후 몇 년 동안은 더욱 두드러
지게 교회의 특권, 특히 교육 영역에서의 교회의 특권적 지위를 공격하는
기반을 제공했다. 이들 하층 부르주아는 급진적 운동의 대열에 들어 있었
다. 급진적인 교사나 지방의 숙련공 등이 득표공작원이나 지방의원 또는
시장이나 의회의 후보를 선출하는 선거위원 등으로 활동하던 지방의 정치
계에서 이들의 힘은 가장 막강했다. 그러나 그들의 지적인 그리고 이념적
인 무기는 주로 소르본대학에서 제공받았는데, 그곳에서 뒤르켐은 정치적
자유주의 세력을 대변하는 중요한 인물이 되어 있었다.

프랑스의 사회적·정치적 구조의 변화는 경제적인 사태의 주요한 변화
에 따라 일어났다. 1870년에 프랑스인 대부분은 농업으로 그들의 생계를
꾸려나갔으나, 1914년에 이르러 농업인구의 비율은 44퍼센트로 떨어졌
다. 반면 1870년에는 23퍼센트밖에 되지 않던 산업노동자나 수공업자의
비율이 1914년에는 39퍼센트로 증가했다. 세기가 새로 시작될 때도 영국
이나 독일에 비해 프랑스는 여전히 소규모 작업장이나 기공의 사업 등이
많이 남아 있었으나 이제는 현대산업노동자들이 수공업자나 기공의 수를
훨씬 능가했다. 그러나 그럼에도 제3공화국 초기에 이 도시노동자들은 여
전히 까맣게 잊힌 사람들로 남아 있었다. 1884년에 노동조합이 입법화되
고 얼마 후 몇몇 현대적 형태의 사회적 법안이 통과되었다. 그러나 사회정

책면에서 프랑스는 유럽의 다른 산업국가들에 비해 여전히 뒤떨어져 있었다. 고위 부르주아와 함께 국가권력을 지닌 자리에 있던 소부르주아들은 노동계급의 문제에 그다지 관심을 두지 않았다. 노동자가 사회에서 지위 상승을 꾀하기 위해서는 오로지 자기들의 힘에 의지할 수밖에 없다는 것을 강조하는 생디칼리스트(syndicaliste, 혁명적 노동조합운동 ― 옮긴이)나 반의회주의운동이 노동자들 사이에서 나타나게 된 것은 이해할 만하다. 이와 함께 새로운 사회주의운동이 일어났으나, 그것은 처음부터 다양한 개혁주의자의 조직으로 분열되어 있었고, 의회에 대표를 보내 의회식의 게임을 하고 있었다. 이러한 사회주의운동들이 조레스의 지도하에 하나로 통합된 것은 1905년의 일이었다. 그때까지 조레스의 동료들은 공화정을 옹호하는 급진주의자들과 게드에 의해 지도되던 운동, 즉 부르주아 당들과는 일체 타협하지 않고 엄격한 마르크스주의자 입장을 고수하던 운동을 하나로 합치시켰다. 따라서 그것은 정치적인 사태에 대해 그렇지 않았을 경우에 미칠 수 있었던 영향보다 훨씬 적은 영향을 미치게 되었다. 제3 공화국은 계속하여 중간계급에 의해 움직여갔고, 이에 반대하는 여러 성실한 주장에도 불구하고 그것은 여전히 중간계급의 목표와 이익을 증대시키는 데 공헌했다.

경제적 측면은 그들에게 무척 만족스러운 것이었다. 분명히 프랑스는 지금 '황금시대'(la belle époque)로 알려져 있는 이 시기에 경제적으로 부유한 상태에 있었다. 1870~90년대의 비교적 침체된 시기를 지나자 급속도의 성장기가 제1차 세계대전이 일어날 때까지 지속되었다. 그러나 생산과 무역에서의 수치상의 증가는, 사실은 프랑스가 세계 시장에서 다른 주요 경쟁자들에게 패배하고 있다는 것을 감추는 것에 불과했다. 새로운 그리고 훨씬 적극적인 다른 산업국가들과의 경쟁에서 성공할 수 없었던 것은, 부분적으로는 의욕적인 사업가 정신의 결핍으로 설명될 수 있다. 프랑스의 산업은 계속하여 가족기업이 지배하고 있었고, 그 경영자는 의욕적인 팽창을 도모할 모험을 가능한 한 피하고 가족의 유산을 그대로 다음 세대에 물려주는 데 더 관심을 기울였다. 기업들은 경제사가 란데스(David Landes)가 '유유자적한 기업경영'이라 불렀던 비전문적 형태에 머물러 있었고, 정부는 경제현실을 잘 알지도 못하고 관심도 갖지 않은 정치인들에 의해 지배되어 정부의 간섭을 통해서라도 경제성장을 추진시키려는 의지가 없었다.

근본적인 위험을 인식하지 못하고 있던 사람들에게 제3공화국의 황금시대는 경제적으로나 사회적으로 튼튼하고 완강하며 동시에 아무런 자극이 없는 모습으로 보였다. 그러나 다른 한편으로 이때는 지성인의 세상이기도 했다. 제3공화국 처음 20년 동안 텐과 르낭으로 대표되는, 과학적이고 실증적인 정신이 지성계를 지배하고 있었다. 콩트의 유산을 정제하고 그 환상적인 함정을 제거시킨 리트레도 공화국 초기에 중심적인 인물이었다. 드레퓌스 사건의 중심인물이면서 프랑스의 대표적 소설가였던 졸라(Émile Zola)는 문학으로 이 실증적이고 과학적인 전통을 표현했다. 그러나 이러한 전반적인 경향은 세기가 바뀌고 나자 위대한 철학자인 베르그송을 정점으로 한 새로운 반(反)과학적이고 반(反)합리적인 학파에 의해 도전받게 되었다. 이 **생명의 도약**(elan vital), 창조적 생활력의 예언자는 실증주의적 사상과 그것이 가져온 결정론을 공격하고, 생명력 있고 자발적인 반대적 입장의 길을 열어놓았다. 시에서는 상징주의자인 베를렌(Paul Verlaine)과 말라르메(Stéphane Mallarmé) 그리고 그의 추종자들이 그들이 스스로 과학적 정신의 메마른 영향이라고 판단한 것들에 반항하고, 새롭고 신선한 개별적인 감정을 배양하는 것을 찬양했다. 정치사상에서는 소렐이 지식인들의 이론에 앞서는 행위의 우선성을 널리 외쳤고, 유명한 소설가 바레스(Maurice Barrès)는, 그의 표현대로, 삶을 부여해주는 **조국**의 땅에 뿌리를 박지 못하는 지식인들에 대해 '통합적 민족주의'를 호소했다. 세기가 바뀔 무렵에는 과학과 합리주의의 힘은 실제로 모든 지적·예술적 노력에서 그 마지막 안간힘을 쓰고 있는 것 같았다. 그러나 단 하나 예외가 있었는데, 바로 교육제도였다. 여기에는 과학적 정신이 강하게 뿌리를 내리고 있었다. 1900년을 전후하여 뒤르켐이 그 주요한 인물로 재직해 있던 소르본대학은 반과학적인 반동에 대항해 싸우던 과학과 자유주의의 옹호자들의 중요한 보루로 발전했다.

뒤르켐의 배경

뒤르켐의 배경과 그의 가족에 대해서는 거의 알려진 것이 없으나 뒤르켐이 태어나고 자란 동부 유럽의 유대인 공동체에 대한 자료는 얻을 수 있다. 그 지방에 살던 유대인들은 유대교의 아시케나지파에 속해 있던 사람들이다. 그들은 스페인과 포르투갈 지방 유대인들의 세파르디파와는 상당히 달랐는데, 이 파는 16세기에 종교적 박해를 피해 프랑스의 남동부, 특히 보르도와 바욘 지방으로 이주했었다. 알자스-로렌 지방의 아시케나지파는 16세기 이래로 독일에서 이주한 사람들이었는데, 이들은 거의 모두가 이디시어(독일어에 슬라브어와 헤브라이어가 섞인 말로, 헤브라이 문자를 씀—옮긴이)와 헤브라이어를 사용하고 있었고, 혁명의 시대에 이르기까지도 프랑스어는 거의 완전히 모르고 있었다. 이와는 대조적으로, 원래 스페인어와 포루투갈어를 사용하던 세파르디파는 점차 프랑스어에 익숙해져갔다. 혁명 전 프랑스어로 쓰인 일반적인 주제에 대한 유대인 저술은 거의 대부분 세파르디파에 의해 쓰인 것이다. 또한 각 집단에 모두 분리된 자치적 권력이 있었는데, 세파르디파는 그들 성원에 대해 시민적 법률을 전혀 부과하지 않고 단지 종교적이고 자선적인 기능에 그들을 맡겨두었던 반면, 아시케나지파는 그들 나름의 법률과 법원이 있었고 자기들의 일에 대해서는 보통 왕권의 간섭을 최소한으로 줄이고 스스로 규제하려고 노력했다.[49]

혁명의 해방법령이 유대인에게 프랑스 시민권을 부여해주기 이전부터 아시케나지파는 큰 프랑스사회에 둘러싸인 고립된 공동체로 남아 있었고, 세파르디파는 상당한 정도로 프랑스사회에 동화되어가고 있었다. 혁명이 유대인의 자치정부에 종지부를 찍었으나 세파르디파와 아시케나지파 간의 차이는 19세기를 통해 계속 존속했다.

뒤르켐의 청년 시절에 동부 프랑스의 유대인들은 2세대 이상을 자유롭게 지내왔으나 세파르디파에게는 이미 오래전에 붕괴되었던 그들만의 문화적 동일성을 여전히 유지하고 있었다. 이 세기의 중반, 이 동부의 유대인 공동체가 붕괴할 조짐이 상당히 나타나기 시작했으나 그들은 여전히 내부적인 문제는 장로(parnassim)나 랍비에 의해 처리되며 '기계적 연대'가 아직도 주위의 세속사회의 '유기적 연대'에게 완전히 자리를 양보하지 않고 있던 중부 유럽 유대인 세계의 특징들을 상당히 지니고 있었다.

앞서 말했듯이 뒤르켐은 랍비의 아들이었고 그의 먼 조상들도 다 랍비였다. 따라서 그의 가정은 분명히 유대 지역공동체의 중심에 속해 있었을 것이며, 옛날 그들의 선조들이 향유하던 것과 같은 권력은 아닐지라도, 적어도 상당한 정도의 공동체적 위신을 그들에게 제공해주던 그 공동체적 생활 형태의 유지와는 특별한 이해관계를 가지고 있었을 것임에 틀림없다. 그러한 것을 통해 뒤르켐은 그 공동체의 엘리트에 속하게 되었다. 그가 아버지의 유대적 전통과 결별한 것은 결과적으로 그의 생애에서 충격적이고 결정적인 사건 — 그의 개인적·문화적 정체성의 근본을 캐내려는 결정 — 이 된 것이 분명하다. 만일 세파르디파의 소년이었다면 거의 아무도 모르게 프랑스의 세속적 문화세계에 발을 들여놓을 수 있었을 것이다. 그러나 뒤르켐 같은 아시케나지파의 소년은 그럴 수 없었다.

현대사회에서는 낭만적인 사랑이 자녀들에게 그들이 정열적으로 집착할 수 있는 또 다른 대상을 제공해줌으로써 그들을 어머니의 완전한 영향력에서 해방시키는 생동적인 기능을 수행한다고 흔히들 말하고 있다. 그와 비슷한 과정이 뒤르켐의 성장에 나타났음직하다. 세속적인 프랑스사회와 **프랑스 국가**(nation française)에 대한 강렬한 애착이 그가 어린 시절의 형성기 동안 그토록 깊이 개입했던 종교적 공동체에 연결된 탯줄을 끊게 했다. 프랑스의 공화주의자와 세속사회는 그에게 정열적인 애정의 대상이 되었고, 그것이 그의 고향의 종교적 공동체에 대한 애착을 대신하게 되었다. 그가 에피날의 유대인 세계의 기계적 연대에서 파리의 현대세계의 유기적 연대로 옮겨가면서 겪은 변화들을 그는 참된 해방으로 경험했다. 독일의 많은 이론가가 현대사회와 완전히 화해하지 못하고 언제나 지나간 촌락적 **공동사회**에 대한 향수를 버리지 못하던 것에 반해, 뒤르켐은 그러한 생각들에서 자유로울 수 있었다.

뒤르켐이 시민도덕을 위한 새로운 세속적 기반을 탐구한 데는, 프로이트(Sigmund Freud)의 개념을 빌리면, 복합적 요인이 있었던 것으로 보인다. 그는 대부분 세속화되고 부분적으로는 원자적인 사회에서 공동의 신념과 가치의 기반이 필요하다는 시민적 필요성에 응답한 것이었지만, 한편으로 그는 자신이 성장해오면서 지녔던 종교적 가치를 대치해줄 세속적 도덕을 형성시키지 않을 수 없었던 것으로 보인다.

프랑스사회에 대한 뒤르켐의 강렬한 '종교적' 헌신에서 보이는 신기한 추상적 성격도 그의 배경과 관련하여 설명될 수 있다. 프랑스의 애국적 저작들은 대부분 어떤 특별한 지역이나 지방, 특수한 역사적·언어적 전통에 매여 있는 것을 볼 수 있으나 뒤르켐은 그렇지 않았다. 누구든지 그의 글을 읽으면 극히 추상적이고 일반적인 **국가**에 대한 애착, 아마도 그의 혈통에서 기인한 것으로 보이는 조국에 대한 지성적인 관계를 발견하게 된다. 이 랍비의 아들이 파리에 와서 공화국의 한 지도적 인물이 되었을 때, 그는 어떠한 단체나 지역과의 관계도 다 끊어버렸다. 그의 충성은 해방된 프랑스에 바쳐졌고, 그것이 그에게는 **바로 그** 현대적 사회의 모형이었다. 그의 애착은 전통이나 역사에 의해 채색되지 않은, 직접적이고 현시적인 것이었다.[50]

이상은 뒤르켐이 그의 배경을 거부했다고 말하는 것은 아니다. 아렌트(Hannah Arendt)의 유명한 구절을 빌리면, 당시 프랑스 유대인들은 대부분 최하층민과 벼락부자 두 역할로 여전히 분열되어 있었다.[51] 뒤르켐은 그 어느 쪽도 받아들이지 않았다. 그는 자기 나라의 지적 엘리트 가운데 최선두에 위치한 것을 자랑스럽게 받아들이면서도 자신의 출신을 부인하지 않았다. 그리고 그의 생애 마지막에 가서 그가 종교의 집단적 원천에 대한 분석을 할 때도 그는 그가 이전에 그렇게 깊이 관여하고 있던 종교적 공동체에 대한 기억을 십분 활용하고 있다.[52]

제자와 추종자들을 얻다

진실로 뒤르켐은 현대사회학을 창시한 사람 중 하나로 간주되어야 할 것이다. 그는 사회학을 하나의 정규적인 학문으로 만들어놓았다. 그러나 이 작업은 초기의 창시자들 — 앞 장에서 논의되었던 사람들, 콩트, 마르크스, 스펜서 — 에 의해 그 분야의 힘든 기초작업이 이루어졌기 때문에 가능했던 것이다.

창시자들과 현대의 계승자들을 이렇게 구분한 것은 머튼에게서 따온 것이다. 그는 다음과 같이 언급했다. 처음에는 "사회학의 지적 정당성을 요구하고 그 요구를 지지한다." 그리고 일단 그 요구가 관철되고 나면 현대사회학의 진정한 창시자들은 "자신이 지식인들의 제도화된 지위판단, 즉 대학에 참여함으로써 [이] 요구가 제도적인 정당성을 갖도록 노력한다."[53] 콩트와 스펜서는 이 새로운 과학을 교육받은 사람들에게 들려줄 가치가 충분히 있다는 것을 대중에게 인식시키는 데 대부분의 정력을 소비했다. 그들의 후계자들은, 물론 아직도 그러한 싸움을 계속하고 있는 중이었지만, 사회학에다 학계의 내부에 제도화된 근거지를 부여하려는 새로운 임무를 맞이하게 되었다.

나라에 따라 그 형태는 다소 다르지만, 전반적으로 볼 때 뒤르켐과 짐멜 그리고 베버 이전 시대에는 "학자들은 사회학을 대학 정도의 사회 내에서 하나의 승인된 위치를 점할 근거가 별로 없는, 일종의 사생아격인 유행으로, 때로는 학계의 경쟁자로 간주했다."[54] 이러한 배타적인 장벽을 무너뜨리기 위해서 현대사회학의 창시자들은 수없이 다양한 방법을 동원했는데, 그들은 모두 한 가지 유사한 목적, 즉 학문적 정당성을 얻으려는 목적을 지니고 있었다. 그들은 애초부터 사회학은 여태껏 다른 학문들이 점유하지 못한 학문적 영역을 지닐 수 있다는 것을 나타내야 할 운명이었다.

사회적 상호작용의 기하학이란 개념을 강조함으로써 이 영역을 한정시키려던 짐멜의 노력도 바로 이러한 필요성에 의한 것이었다. 사회학 행위의 심리학적 해석에 대한 뒤르켐의 논쟁적인 공격도 이러한 것 중 하나다. 사실 뒤르켐 저작의 거의 대부분은 다음과 같은 사실, 사회학은 이전의 어떤 다른 학문도 다루지 않은 아주 중요한 주제를 다루며 그것은 학계 내에서 다른 사회과학들과 동등하게 취급되고 받아들여져야 한다는 사실을 대중, 그중에서도 특히 대학의 동료들에게 보여주려는 의식적인 노력으로 이해될 수 있다.

뒤르켐은 사회학을 정당한 것으로 만들기 위해 지적인 주장만을 내세운 것이 아니라 조직적인 전략을 쓰기도 했다. 그는 사상이 지닌 힘도 깊이 인식하고 있었지만, 사상이 대학이란 틀 속에서 퍼져나가기 위해서는 조직적인 대응물이 필요하며 그것이 그러한 정신을 잘 조직되고 제도적으로 모습을 갖춘 다른 학문들의 아성으로부터 보호해줄 수 있다는 것도 잘 알고 있었다.

『자살론』을 출판한 지 얼마 지나지 않아 10년 전만 해도 실제로 잘 알려져 있지 않던 사회학이 이제는 '유행'이 되었다고 생각한 뒤르켐은, 이 새로운 학문의 옹호자들을 한데 묶을 사회학 잡지를 만들 생각을 하게 되었다. 그들은 곧 조그마한 열심당(熱心黨)을 구성했고, 그 통합된 노력을 통해 아직 이 새로운 학문의 요구에 반대하는 사람들을 공격했다.

뒤르켐이 1898년 만들었던, 제1차 세계대전 때까지 『사회학연보』를 중심으로 모여 기고하곤 했던 사회학자들의 모임은 아마 이 학문의 역사에서 가장 찬란했던 모임이었을 것이다. 처음에는 마음 맞는 사람들끼리 대충 모였던 것이 곧 아주 강하게 밀착된 학파로 발전했다. 실제로 그것은 너무나 강하게 밀착되어 있어서 그 한 성원이었던 데이비(George Davy)는 그것을 가리켜 **하나의 조그만 사회 자체, 『사회학연보』 가족**이라 말했을 정도였다. 사회학에서 지금까지 나타났던 다른 두 개 학파 중 하나는 스몰(Albion Small)이 만들었고 파크, 토머스(William Thomas), 엘즈워스 패리스(Ellsworth Faris) 같은 주요한 인물로 구성되어 있던 시카고학파다. 다른 하나인 즈나니에츠키(Florian Znaniecki)가 창시한 폴란드학파는 그 범위가 상당히 제한되어 있었다.

『사회학연보』와 그것에 의해 이루어진 학파의 통합을 강조했다고 해서, 뒤르켐이 그것을 권위주의적으로 지배했다고 생각하는 것은 잘못이다. 그는 동료들로부터 그들 중 가장 뛰어난 자로 인정을 받고 있었고, 이러한 인정으로부터 상당한 권위를 얻을 수 있었다. 뒤르켐은 『사회학연보』의 협력자들 간에 불투명한 동조를 강요하지는 않았다. 그럼에도 이것은 현대의 사회학 잡지에서 현대의 독자들이 발견할 수 있는 것과 같은, 상이한 이론적 폭발점이나 상이한 방법론적 전제들로부터 쓰인 여러 논문이 모여 있는 절충적인 것은 아니었다. 이것은 하나의 관점, 하나의 목적, 하나의 임무를 지니고 있었다. 그러나 대부분이 이러한 공동의 접근방식을 따르고 있다 해도, 그 지면들은 창시자의 견해와는 어느 정도 상이한 입장들을 지닌 협력자들의 다양성에 맡겨져 있었다. 더구나 만약 『사회학연보』를 뒤르켐이 자신의 개인적 견해를 지적인 무대에 강요하려는 대변지에 불과한 것으로 파악했다고 하는 것은 잘못이 아닐 수 없다. 그의 제자들이 그에게서 배운 정도까지는 아니겠지만, 그래도 그가 제자들에게서 배운 것이 있었고, 뒤르켐이 자신의 뜻을 일방적으로 강요한 것이 아니라 그들 간 영향력의 상호성이 이 협동적 모임의 특징을 이루었다.[55]

뒤르켐이 『사회학연보』를 중심으로 모아들인 협력자들은 주요 인물만을 열거하려 해도 너무 많다. 프랑스 인류학은 뒤르켐의 여러 제자, 예를 들면 위베르(Henri Hubert)와 모스 그리고 여러 면에서 뒤르켐과 상이한 입장이었던 레비-브륄 등을 통해 전 세계적인 평가를 받게 되었다고 해도 과언이 아니다. 프랑스의 경제사회학은 거의 시미앙(François Simiand) 혼자의 힘으로 이루어졌다. 프랑스 법학파에게 많은 영향을 준 법사회학은 레비-브륄과 데이비 그리고 포콩느(Paul Fauconnet) 등이 중심인물이었다. 한때 『사회학연보』의 공동편집자였던 부글레(Célestin Bouglé)는 사회주의 학설사뿐만 아니라 일반사회학에도 중요한 공헌을 남겼다. (지나가는 이야기지만 뒤의 두 사람은 소르본대학에서 나의 스승이었다는 것을 지적하는 것도 연결성을 유지하기 위해 필요할지 모르겠다.) 이상 열거한 몇 사람의 이름은 뒤르켐이 그 자신의 관점으로 개종시키는 데 성공했던 뛰어난 기라성 같은 인물들의 자질을 잘 보여줄 것이다.

뒤르켐은 극히 성공적으로 재주 있는 젊은 학자들과 접촉했고, 동시에 사회학적 사상과 접근방식을 다른 학자나 학문분야에 '침투시키는' 수단으로 『사회학연보』를 사용하는 데는 더욱 성공적이었던 것 같다. 비교적 짧은 기간에 뒤르켐학파의 사람들은 여태껏 한 번도 동등하게 취급되지 않았던 프랑스의 사료편찬이나 프랑스 사회심리학 그리고 프랑스 언어학 등에 상당한 영향을 미쳤다. 뒤르켐과 그 추종자들이 다른 학문의 몇몇 뛰어난 학자에게서 인정을 받게 되었다는 충격이 그들을 근본적으로 변화시켰다. 예를 들면 프랑스 역사는 베르(Henri Berr), 페브르(Lucien Febvre), 블로크(Marc Bloch) 그리고 최근의 브로델(Ferdinand Braudel) 등의 저작을 특징짓고 있는 사회적 사실에 대한 강조의 결과로 심각한 변화를 겪었다.

앞서도 지적했듯이『사회학연보』의 각 호에는 뒤르켐을 비롯한 여러 사람의 독창적인 글들 외에도 전년도에 출판된 프랑스 내외의 사회과학 분야의 저서나 논문들에 대한 많은 평론도 실려 있었다. 예를 들면 제5권에는 이 분야의 40개 이상이나 되는 세부적 범주 외에도 일반사회학, 종교사회학, 법률 및 도덕사회학, 범죄사회학, 도덕통계학, 경제사회학, 사회유형학 등에 걸친, 무려 477개에 달하는 평론이 실려 있었다. 상당한 수준의 존경과 학식을 바탕으로 쓰인 이런 자세한 비평들이 독창적인 글과 함께 적어도『사회학연보』를 중심으로 한 모임을 결속시키고 그 주장을 전달하는 데 공헌했다고 하는 것은 아마도 정확한 판단일 것이다. 그것들을 도처에서 이루어진 연구들을 통해 비판적으로 평가함으로써 그들이 그들의 학문을 정의하는 데 도움을 주었다. 그것들은 또한 아직도 확신을 갖지 못한 아웃사이더들에게 뒤르켐식의 접근방식이 주장하는 것을 전달했는데, 이들도 이처럼 높은 수준의 비평을 접하고서 이 새로운 목소리에 귀를 기울이지 않을 수 없었다.

『사회학연보』는 현대의 독자들이 생각하기 어려운 지적 흥분 상태를 프랑스 학계에 던져주었다. 지금 미국의 역사가들이 열심히『미국사회학회보』(American Sociological Review)나『미국사회학회지』(American Journal of Sociology)의 다음 호가 나오길 기다리고 있다고 보기는 어렵다. 그러나 그 당시 사람들은『사회학연보』는 어느 호든지 모두 사회학자는 물론이거니와 역사학자나 사회심리학자들에게까지도 하나의 지적 사건이었다고 말하고 있다. 수년 만에 뒤르켐은 사회학을 위한 선한 싸움에 필요한 잠재적인 지적 무기를『사회학연보』와 이곳에 기고하는 일단의 사람들 속에 만들어놓은 것이다.

『사회학연보』의 발간은 어려운 사업이었으며, 아마도 유능한 출판인 알캉(Félix Alcan)이 없었다면 제대로 성장할 수 없었을 것이다. 알캉은 뒤르켐과 마찬가지로 고등사범학교 학생이었으며, 그와 함께 열렬한 공화국에 대한 사랑을 가득 지닌 사람이었다. 결과적으로 그의 출판 기획은 다분히 공화적인 시민재건에 기꺼이 공헌하려는 지식인이나 학자에게 기울어졌다. 특히 알캉은 새로이 구성된 소르본대학의 주된 요직을 차지하기 시작한, 새로운 과학적이고 민주적인 엘리트들의 중심적인 출판인이 되었다. 그는 뒤르켐의 『사회학연보』뿐만 아니라 레옹(Xavier Léon)이 주관하고 있으며 뒤르켐의 뜻과 아주 가깝고 또 종종 그가 거기에 발표도 했으며 공화적 시민도덕의 창조에 몰두했던 잡지 『도덕형이상학평론』(Revue de Métaphysique et de Morale)도 발간하고 있었다. 뒤르켐의 책 대부분은 물론, 레비-브륄이나 베르 같은 사회사가의 책도 알캉에 의해 출판되었다. 이 출판사는 "사회학적 신실증주의의 집합장"이 되었고, 알캉은 이곳의 위신과 신망을 이용해 "책이나 평론, 추천, 담화, 신뢰, 그리고 가장 뛰어난 역사가나 철학자들의 인용문, 사상, 방법, 주장들로 대중에게 파고들었다."[56] 언젠가는 쓰이리라 예상되지만, 이 출판사의 역사를 연구해보면 제3공화국에서 뒤르켐식의 사상이 급속하게 퍼져간 것을 이해하는 데 많은 실마리를 찾아낼 수 있다.

그러나 뒤르켐의 가르침이 성공한 데는 또 다른 이유가 있었다. 그의 협력자들은 소르본대학과 지방의 고등학교나 대학에서 주요한 학문적 지위를 점하게 됨과 동시에, 초등학교와 중학교의 요직은 물론 교육성의 주요한 자리까지 차지하게 되었다. 또한 『사회학연보』의 성원들이 제3공화국의 전 교육제도에 고루 퍼지게 되었다. 이런 측면에서 볼 때 그들은 영국 식자층에게 사상적 영향력이 강했던 페비안주의자(Fabian, 점진적 변화를 중시하던 영국 초기의 사회주의자 ─ 옮긴이)들과 비슷했다.

영향의 형태들

앞서 보았듯이 제3공화국 초기에는 초중등교육 분야에서 공립학교 체제를 세우고 강화하는 일이 중요한 과제였다. 이후 드레퓌스 사건이 터진 직후 수년 동안 반교권주의 행정가인 발데크-루소(Pierre Waldeck-Rousseau)와 콤브(Émile Combes)는 가톨릭계 학교에서 가르칠 때 가장 큰 짐이 되던 대부분의 종교적 서열을 없애버림으로써 가톨릭 교육을 더욱 약화시켰다. 20세기 초에 와서 교회와 국가가 완전히 분리되었을 때 가톨릭계 학교의 학생 수가 초등학교에서는 3분의 1, 중학교에서는 4분의 1까지 떨어졌다. 이것은 공화국이 평교사들을 훈련시켜 새로이 열린 공립학교의 참모들로 만들어야 할 주요한 과제에 부딪쳤다는 것을 말해준다. 그것은 또 단시간에 지금껏 가톨릭 학교에서 가르쳐오던 종교적 교육을 대신할 이데올로기나 시민도덕도 만들어내야만 했다.

뒤르켐은 이것을 그의 이론을 적용할 좋은 기회로 받아들였다. 뒤르켐의 원래 후원자 — 그를 위해 보르도대학에 자리를 얻어주기도 하고 독일의 철학교육과 도덕교육의 체제를 연구하기 위한 그의 독일 여행도 도와주었던 — 는 철학자 리야르였는데, 그는 1884년 공립교육성의 고등교육상이 되었다. 열렬한 공화주의자이며 사회생활에 대한 과학적 연구를 굳게 믿고 있던 리야르는 젊은 뒤르켐에게서 비슷한 정신을 발견했다. 그는 자기가 그랬듯이 뒤르켐도 오직 새로운 과학만이 제3공화국의 도덕재건에 기반을 제공해줄 수 있다는 믿음에 고무되고 있음을 알았다. 뒤르켐의 일생 동안 줄곧 프랑스 교육체제에서 주요한 행정적 지위를 점하고 있었던 리야르는 뒤르켐과 그 제자들에게 충실한 연분과 도움을 제공했다. 예리한 관찰자이자 당시의 경향에 대한 반동적 비판자였던 마시(Henri Massis)와 기욤 타르드(Guillaume de Tarde)는 1910년 당시 파리대학의 부총장으로 있던 리야르와 뒤르켐에 대해 다음과 같이 언급했다. "그는 [뒤르켐이] 전반적으로, 일종의 완벽한 연구를 하도록 해주었다. 그[리야르]는 그에게 자신의 모든 신뢰를 주었고, 그를 처음에는 파리대학 위원회의 위원으로 나중에는 자문위원회의 위원으로 임명했다. 이것으로 인해 뒤르켐 씨는 고등교육의 여러 지위에 대한 모든 임명을 두루 감독하게 되었다. 대학의 권위를 등에 업고 뒤르켐은 소르본대학의 섭정자가 되었고, 최고의 권력을 지닌 주인이 되었다."[57] 물론 이러한 설명은 뒤르켐의 중요성을 과장한 것이다. 그러나 우리와 같은 프랑스 속담인 **아니 땐 굴뚝에 연기 나랴**처럼, 비록 그가 통치자로 묘사되어 있지 않다 하더라도 리야르의 보호 밑에서 뒤르켐은 중앙통제적인 프랑스 중등교육체제에 대해 강력한 영향력을 지니고 있었던 것이다.

초등학교 수준의 교육에 대해서 뒤르켐은 훨씬 더 큰 영향을 미쳤다. 리야르는 『사회학연보』의 모임에 호의적이긴 했어도 가입하지는 않았던 데 반해, 초등교육상 라피(Paul Lapie)는 『사회학연보』의 공동협력자였다. 라피는 장차 초등학교 교사들을 교육하는 고등사범학교에 사회학을 소개시키는 데 성공했다. 1914년에 가서는 뒤르켐의 가르침이 초등학교의 시민도덕과정에서 기준격이 되었다는 것은 결코 과장이 아니다.

뒤르켐의 시민도덕의 정신은 초등학교를 지배했다. 이에 따라 가톨릭 우파나 마르크스좌파들은 모두 앞으로 그들에게 충원될 잠재적인 원천이 고갈되지 않을까 하는 우려를 갖게 되었다. 이것을 보면 다음과 같은 글을 쓸 때의 가톨릭 사회학자 이줄레(Jean Izoulet)의 감정을 이해할 수 있다. 그는 "200개의 고등사범학교에서 뒤르켐 씨의 사회학을 가르치는 것을 의무화한 것은 오랫동안 이 나라가 겪어보지 못했던 가장 심각한 국가적 위기다"[58]라고 썼던 것이다. 유능한 젊은 마르크스주의 철학자인 니장(Paul Nizan)도 이와 비슷한 반응을 보이면서 다음과 같이 언급했다.

실제로 프랑스 사회학의 창시자가 『사회분업론』을 쓴 것은 우둔한 행정관들이 초등학교 교사를 위한 교육과정을 짤 수 있도록 하기 위해서였던 것처럼 보인다. 고등사범학교에서 사회학을 가르치는 것은 관제 도덕의 행정적 승리를 미화시켰다. ……[뒤르켐의] 과학이라는 이름으로 초등학교 교사들은 **프랑스 국가**를 존경하고, 계급적 협동을 정당하게 생각하며 모든 것을 받아들이고 국기와 부르주아 민주주의 등의 유행 속에 함께 모일 것을 아이들에게 가르치고 있다. 뒤르켐의 승리는 지금까지 그가 만들어 제시할 수 있었던 도덕적 선전의 영향이었다.[59]

초중등교육뿐만 아니라 대학에서도 뒤르켐은 강력한 영향력을 행사했다. 이것은 세기가 바뀌어갈 무렵을 전후해 전체 대학의 체제가 재조직되어가는 과정에 놓여 있었기 때문에 가능한 것이었다. 혁명을 통해 대학은 그 중세적 성격이 박탈당했음에도, 제3공화국에서만은 학계가 여전히 그 명성을 누리는 것처럼 생각됐다. 1880년대와 90년대에 이르러 각 교수들과 전체 대학이 법적 지위를 획득하게 되었고, 처음으로 독립된 예산을 제공받게 되었다. 1896년에 가서야 통합된 학부들을 총칭해 대학이라는 이름을 붙일 수 있게 되었다.[60] 소르본대학의 전반적인 교과과정, 특히 지금까지 가르치고 연구하는 데서 나태하고 도락적(道樂的)인 분위기가 지배하고 있던 인문학과 사회과학의 교과과정은 세기말을 전후해 과학적 정신으로 개조되었다. 부분적으로 독일의 모델에서 영향을 받은 것이지만, 세뇨보(Charles Seignobos)와 라비스(Ernest Lavisse) 주도하의 역사학과 랑송(Gustave Lanson)과 그 외 다른 학자들 주도하의 문예학은 이제 과학적 방법의 원칙에 따라 가르쳐졌다. 1870~95년 고등교육에 대한 예산이 세 배나 증가했다.[61]

고등사범학교도 1914년 재조직되었다. 그것은 대부분의 자율성을 빼앗겼고 모든 학생은 이제부터 소르본대학에서 수강해야만 했다. 또한 뒤르켐 자신이 학생 시절 동안 그토록 고통을 받았던 우아한 수박 겉핥기식의 정신은 철저히 사라지게 되었다.

새로운 소르본대학은 이제 자유주의와 반교권주의의 보루가 되었다. 법률학교나 의학교에는 주로 그 비싼 학비를 감당할 수 있는, 정치적으로는 보수적인 부르주아의 자녀들이 다닌 데 반해, 수업료가 없는 소르본대학과 고등사범학교에는 프티부르주아의 자녀들에게 인기가 있었다. 고등사범학교생의 10분의 8 정도가 정부의 관비로 공부했다. 초등학교 교사들을 위한 고등사범학교의 문은 더 낮은 계층의 자녀들에게 훨씬 넓게 열려있었다. 제3공화국 때 이런 학교들에서 훈련받은 교사들은 그들의 정치적 경향이 전형적으로 좌파였다. 이렇게 보면 왜 드레퓌스 사건이 한창일 때 소르본대학과 고등사범학교들이 드레퓌스를 지지하는 중심세력이 되고 법률학교와 의학교가 대부분 반드레퓌스 진영에 머물렀는지를 이해할 수 있다.

1890~1914년에 소르본대학은 민주적·합리적 가치의 지적 옹호에서 그 중심이 되었고, 선두에 선 뒤르켐과 함께 많은 주요한 교수들이 이러한 자유주의적 물결의 지적 대변인 역할을 담당했다. 뒤르켐은 이 기회를 십분 활용했다. 그는 수많은 행정적인 모임과 위원회 등에 참가했다. 그는 교육성의 고위관리와 대학의 관료제 사이를 연결해주는 사람이 되었다. 그

는 많은 친구를 행정과 교육, 양 체제의 요직에 앉혀놓았다. 그는 소르본대학과 지방 모두 사회과학 분야의 빈자리를 채워 넣는 데 중심적인 인물이었다.

뒤르켐은 사회과학의 엄격한 과학적 연구 외에도 사회의 제반 문제에 관여해야 할 의무를 지니고 있다고 깊이 확신하고 있었다. 그는 "과학이 완선한 상태에 있지 못하다는 핑계하에, 사회과학자들에게 사건들의 흐름을 회피하고 그것에 대한 무관심한 방관자나 아니면 최소한 뒤로 물러서 구경꾼이 될 것을 권유하는 과학적 순수주의보다 더 무익하고 쓸모없는 것은 없다"[62]라고 했다. 그리고 그는 자신이 말한 것을 실천했다. 그 결과 그는 여러 가지 다양한 삶의 길을 걷고 있는 사람들과도 친밀한 관계를 맺고 있었고, 그는 이들이 모두 그가 종사하고 있는 도덕재건의 큰 사업을 더욱 발전시키는 데 도움이 될 수 있기를 희망했다. 그는 동료들의 귀에만 얘기한 것이 아니라 그의 주장을 널리 전달하려고 노력했고, 그 결과 그는 복잡한 모임들과 청중들을 얻게 되었다. 이들 중에는 교육성과 대학의 고위관리들도 있었는데, 뒤르켐은 이들을 통해 그의 주장이 프랑스의 전 교육체제 곳곳에 전달될 수 있기를 희망했다. 뒤르켐은 주로 『사회학연보』에다 글을 썼으나 더 많은 청중을 얻기 위해 다른 잡지나 학술지 등에도 약 75편의 논문을 기고했다.

이러한 목표를 달성하기 위해 그는 수도의 어떠한 형태의 사회생활도 그것이 그의 도덕적 목표를 위한 또 하나의 작업이 될 수 있는 한, 그 생활에 적극적으로 참여하기를 결코 싫어하지 않았다. 그는 많은 그의 해설가들이 그려왔던 상, 즉 그의 학문적 영역을 결코 떠나지 않은 것처럼 보이는 엄격하고 냉담한 사람이었던 것은 아니다. 그는 사회생활의 여러 부분에 활발히 참여했고, 여러 살롱에서 정치인, 사업가, 언론인, 그리고 심지어 군인까지도 만났다.[63] 그들은 그의 사상을 퍼뜨리는 또 하나의 방편이 되었다. 부르쟁(Hubert Bourgin)은 이러한 살롱의 한 손님으로서의 뒤르켐에 대해 명쾌하게 묘사하고 있다.

랑송이나 베르 그리고 무엇보다 『도덕형이상학평론』의 편집자인 레옹의 집에서 모이는, 반세속적이고 반학문적인 거대한 모임에서 우리는 야회복을 입고……모두에게서 조용히 그리고 친근하게 존경받는 그 위엄으로 우쭐해진 주인을 볼 수 있다. 레옹은 그의 초대에 응한 모든 사람, 소르본대학과 콜레주드프랑스 사람들과 철학, 사회학, 역사학, 수학, 그리고 자연과학의 대표자들을 자기 집으로 불러 모았다. 이것은 일종의 증명가치를 지닌 것이어서 늘 자랑거리가 되었다. 그의 집은 모인 사람들에게는 거의 대부분 과학적인 또는 대학의 문제들을 협상하는 곳이 되었다. 때로는 정신적인 소재가, 때로는 시대적·정치적 사건들이 토론되었다. 정치인이 된 유명한 대학인이나 정치인을 꿈꾸는 사람들은 정치학을 논했다. ……큰 살롱에서는 푸앵카레(Henri Poincaré), ……팽르베(Paul Painlevé), 보렐(Émile Borel), 페랭(Jean Perrin), 랑송, 레비-브륄 등을 위시해 처음에는 철학자로 출발했던 여러 세대의 교수들을 볼 수 있을 것이다. ……이러한 군중 속에서 뒤르켐은……이 사람 저 사람을 돌아다니며 멈추어서 얘기를 나누고 몇 마디의 말을 하면서 그의 사명을 아무런 꾸밈없이 계속해나갔다.[64]

뒤르켐은 제3공화국의 대학과 교육상의 일들에 대한 적극적인 참여에서 자칫하면 정치적 수행 때문에 그의 사회학적 연구가 가려질 위험이 내포되어 있음을 매우 잘 알고 있었던 것처럼 보인다. 그는 좌파에 속하는 인물로 알려졌으나 일생을 통해 특정 정당에 자신이 속하는 것은 거부했다. 몇몇 『사회학연보』의 협력자들은 사회주의당이나 급진사회주의당의 투쟁자가 되기도 했으나, 뒤르켐 자신은 이 둘과 긴밀한 관계를 유지하면서도 결코 어느 하나에 몰입하지는 않았다.

그러나 뒤르켐과 그의 사회학적 동료 몇몇은 하나의 지적 운동에 관여하게 되었는데, 그것은 세기말을 전후하여 특별히 급진적이지도 사회주의적이지도 않은 좌파 공화주의자들인 급진사회당에 의해 시작되었던 **연대주의**(solidarism)운동이었다. 그들 몇몇은 그들 자신을 사회주의자들이나 좀더 온건한 공화주의자들로부터 분리해내기 위한 이데올로기를 시급히 요청하고 있었고, 그에 따라 이미 얼마 전에 철학자 푸예에 의해 이루어졌던, 이른바 연대주의 철학을 받아들였다. 연대주의란 일종의 프랑스식 복지국가철학으로, 공화국의 모든 시민 간의 연대의 필요성을 강조하는 모호하고 탄력적인 주의를 말한다. 이것은 당시 영국의 자유주의자 조지에 의해 실행되고, 독일의 '강단사회학자'들에 의해 가르쳐지던 것들과 다소 유사하다. 수년 동안 연대주의는 대단히 널리 알려져 소르본대학 주변은 말할 것도 없고, 특히 약 10만 명의 초등학교 교사에게도 알려지게 되었다. 이 주의의 주된 노선은 유명한 선전가인 급진사회당 정치가 부르주아(Léon Bourgeois)의 "남을 생각하는 사람들의 정치학"[65]이란 연설에서 잘 요약되어 있다.

연대주의는 일련의 회합들을 통해 지식인들 사이에 퍼지게 되었다. 그 시작은 1900년 파리에서 정부의 후원하에 열린 만국박람회에 맞추어 열린 '사회교육에 대한 국제회의'(Conrès International de l'Education Sociale)였다. 여기서 연설한 주요 인물들 가운데 역사가 세뇨보와 공화주의자이자 교육가인 뷔송(Ferdinand Buisson) 그리고 경제학자 지드(Charles Gide) 등 새로운 소르본대학의 유명한 연설가뿐만 아니라 지도적인 급진사회주의 정치인들도 있었다. 뒤르켐도 뛰어난 연설자 중 하나였다. 이 회의의 내용은 연대주의적 정신에 입각하여 새로 건립된 고등사회교육학교의 후원하에 지드, 부르주아, 뷔송, 그 외 여러 사람에 의한 일련의 강의로 마무리되어 나왔다. 이 학교의 교장은 뒤르켐의 옛 스승인 부트루였고, 그 사회과학부는 지도적인 공화주의 역사학자나 철학자들, 예를 들면 베이유(Georges Weill)과 세아이유(Gabriel Séailles) 등이 맡고 있었다. 뒤르켐 자신과 부글레 같은 뒤르켐학파의 학자도 거기서 정규적으로 강의했다.[66]

뒤르켐은 연대주의 원칙에 대부분 공감했지만 직접 그 이데올로기에 밀착되는 것은 결코 원하지 않았다. 이는 직접적인 정치적 참여로 인해 그의 사회학이 손상되는 것을 원치 않았기 때문이기도 하지만, 그가 이 연대주의 원칙을 주장하는 주된 인물들이 속해 있는 급진사회주의당에 대해서만큼이나 조레스의 사회주의에 매력을 느꼈기 때문이기도 했다. 조레스는 학생 시절 때부터 그의 절친한 친구였다. 또한 뒤르켐은 조레스가 초기의 자유급진당과의 결속에서 벗어나는 데 도움을 주었고, 종종 조레스의 비마르크스주의적 사회주의에 대한 공감을 표현하곤 했다. 그러나 프랑스 사회주의의 계급적 성격과 계급갈등에 대한 강조 때문에 그 자신은 한 번도 사회주의자가 되지 못하고 늘 "그의 전 생애를 통해 중립노선을 견지했다. 그는……사회주의자들과 조레스 그리고 사회주의에 공감했다. 그러나 결코 그 자신을 거기에 몰입시키지는 않았다."[67] 급진사회주의자의 연대주의와 조레스의 사회주의 가운데서 조심스럽게 머물면서, 그들과 훌륭한 관계를 유지하면서도 그 어느 쪽에도 개입하지 않았다. 그는 사물에 대한 사회학적 관점과 함께 시민적 통합의 기반으로 도덕에 대한 새로운 과학이 필요하다는 그의 지속적인 주장을 이 당원들에게 널리 불어넣으려 노력했다.

요약

뒤르켐은, 에머슨(Ralph Emerson)이 묘사한 대로, "자기가 속해 있는 사회의 양심"이었고, 품격이 고결하게 완성된 사람이었다. 에머슨의 표현대로, "삶을 여론과 사건 그리고 환경 속에 반영된 것으로만 생각하던" 다른 사람들과 달리, 뒤르켐은 그가 희구하던 원칙을 실행에 옮기기 위해 현실을 만들어가려고 시도했다.

전 생애를 통해 뒤르켐은 자기 시대의 도덕적 문제에 정열적으로 관여했다. 그는 그가 그토록 깊은 애착을 느끼던 프랑스 국가의 도덕재건에 공헌하는 것을 자신의 일생의 과제로 여겼다. 그러나 그는 이러한 목적을 달성하기 위해 지름길을 걸으려 하지는 않았다. 그는 자신의 행위가 직접적인 정치적 행동이 될 때쯤엔, 스스로에게 일종의 자기부정적인 계율을 부과했다. 그의 엄격한 윤리적 규약에 따라서 이 사회과학자는 자신의 과학적 연구가 대중의 신뢰를 받을 수 있는 근거 있는 결과를 가져왔을 때만 사회의 여러 일에 간섭할 권한을 주장하곤 했다. 그는 대중행동의 기반으로 사용될 수 있을 사회과학을 이룩하려고 했으나 교육의 분야를 제외하고는 아직 사회학적 연구성과를 구체적인 법률제정에 적용할 만큼 연구가 진전되어 있지 못하다는 것을 잘 알고 있었다.

그러나 그는 수많은 개혁안을 주장했다. 그중에는 기회의 통로를 확대하기 위한 수단으로 상속권을 점차로 폐지할 것, 분업이 가져온 현상 중 그가 '병리적'이라 부른 측면들의 수정, 개인과 그 사회의 연결자로서 전문적인 협회를 재구성할 것 등이 있다. 그러나 이 모든 경우에서 그는 자기가 제시한 것들을 잠정적인 제안으로 생각했고, 콩트나 스펜서 또는 마르크스처럼 거창하게 명백한 '과학적' 결론이라고 내세우지는 않았다.

마르크스의 경우와 마찬가지로 뒤르켐의 경우도 그의 저작에서 가치가 개재되어 있거나 이데올로기적인 부분과 그렇지 않은 부분을 분석적으로 구분해볼 필요가 있다. 그의 도덕적 정열에 대부분 냉담한 사람조차도 그의 과학적 분석방식에 늘 도움을 받고 있다. 한 몸으로서의 사회의 질서와 통합을 갈망했기 때문에 뒤르켐의 저작에서는 보수적인 편견 그리고 그에 따른 갈등의 창조적 기능에 대한 무시를 볼 수 있다. 뒤르켐이 학문적 기존 질서에 너무 깊이 뿌리를 박고 있었고, 제3공화국의 기존 사상들에 너무 매여 있었기 때문에 반동적 경향과 싸워나가는 와중에서 이론적으로나마 눈앞의 현실을 초월할 수 없었다는 것은 분명한 사실이다. 그는 기존의 상황에 매여 있었기 때문에 서서히 자라나는 새로운 세력들의 힘과 완전히 발을 맞출 수 없었던 것이다.[68]

이러한 여러 한계에도 불구하고 뒤르켐의 업적은 탁월한 것이었다. 사회학에 구조적 · 기능적 분석의 근본 원칙들을 제시해줌으로써, 사회의 연구에서 심리학적 방법에 대한 매우 적절한 비판을 제공함으로써, 아노미, 사회통합, 유기적 연대 등의 주요한 개념들을 소개함으로써, 뒤르켐은 현대사회학에서 위대한 위치를 차지하고 있는 당시의 독일 학자 베버의 공헌에나 비교될 수 있을 지대한 공헌을 했다. 그의 도덕적 정열이 문제 삼았던 대상들이 퇴색한 이후에도 그의 관심으로부터 나타난 과학적인 업적은 그와는 분명히 다른 기준을 좇아야 한다고 느끼는 많은 사회학자의 저서들 속에 아직도 살아 있으며 그 반향을 나타내고 있다.

자식의 성공은 그들 조상의 덕이라 한다. 뒤르켐은 프랑스와 영국의 사상에서 가장 성공적인 조상이었다. 그의 접근방식은 『기억의 사회적 체계』(*The Social Framework of Memory*)라는 선구적인 저서를 쓴 알박스(Maurice Halbwachs)에게 영향을 주었고, 그의 방법은 『중국의 사상』(*La Pensée chinoise*)에 관한 그라네(Marcel Granet)의 연구의 기본이 되어 있다. 그의 저작은 해리슨(Jane Harrison)과 콘포드(Francis Cornford)의 이름을 연상시키는 종교의 비교연구에 르네상스를 가져오게 했고, 오늘날에 와서는 레비-스트로스(Claude Lévy-Strauss)의 새로운 인류학과 뒤메질(Georges Dumézil)의 비교신화학에 무척 강한 영향력을 행사하고 있는 것이다.[69] 미국에서 그의 사상은 파슨스와 머튼의 책을 통해 여과되어 사회과학의 공동의 소재가 되었다. 그는 우리를 낳은 직계 선조는 아닐지라도 우리 모두의 조상이라 할 수 있다.

게오르그 짐멜

Georg Simmel, 1858~1918

주요 이론 형식사회학, 사회적 유형, 미시사회학, 문화사회학
주요 저서 『사회학: 사회성의 여러 형식에 관한 탐구』
『돈의 철학』『사회학의 기본문제들』

짐멜은 개인들 사이에 형성되는 상호작용의
다양한 형식을 밝히는 데 힘을 쏟은 사회학자다.
지배와 복종, 갈등과 협동 같은 대립적인 속성들이
불가피할 뿐만 아니라 동전의 양면처럼 연결된 것임을
밝힘으로써 기능적 갈등이론의 초석을 놓았다.
또한 일상의 문화에 내포된 양면성을 변증법적으로
분석함으로써 현대문화이론의 선구자가 되었다.
독창적인 사회학자로서 베버와 함께
독일사회학회를 발족시키는 데 기여했다.
21세기 탈근대의 새로운 문화현상을 분석하는 데
그의 이론과 개념이 더욱 환영받고 있다.

"직접적 의미에서나 상징적 의미에서나 또는
물리적으로나 정신적으로나, 인간은 늘 연결된 것은 분리하고
분리된 것은 연결하려는 존재다."

_게오르그 짐멜

사상

짐멜(Georg Simmel)의 사회학에 대한 접근방식은 그가 살던 독일에서 널리 주장되던 두 가지 유형, 즉 일회적 사건을 역사학적으로 기술하는 방식과, 콩트와 스펜서가 주장한 유기체적 접근방식을 모두 거부하려는 의식적인 노력이었다고 이해하는 것이 가장 좋으리라 생각한다. 대신 짐멜은 유형화된 상호작용의 망으로 사회를 파악하고 다양한 역사적 시기와 문화적 환경 속에서 거듭 나타나는 이러한 상호작용들의 형식을 연구하는 것이 사회학의 임무라는 생각을 전개했다.

짐멜이 관심을 사회학으로 돌릴 즈음, 이 분야는 프랑스의 콩트나 영국의 스펜서, 독일의 셰플레의 저작에서 두드러지게 나타나는 유기체적 접근방식이 주류를 이루었다. 이 견해는 자연과 사회 간의 본질적인 연속성을 강조했다. 앞서 보았듯이 사회과정은 생물학적 과정보다 좀더 복잡하기는 하나 질적으로 유사한 것으로 여겨졌다. 삶이란 존재의 거대한 연쇄이며, 그것은 가장 단순한 자연현상부터 고도로 분화된 사회유기체까지에 걸쳐 있는 것이라 생각되었다. 따라서 자연과학에서 발달된 방법들이 사회과학의 특별한 과제에 적용되려면 다소의 응용이 필요하지만, 그럼에도 그 방법은 본질적으로 인간사회를 연구하는 데 적합한 것으로 여겨졌다. 사회학은 모든 사회의 발전을 지배하고 있는 법칙을 발견할 수 있는 최상위 과학으로 간주되고 있었다.

이러한 사회생활에 대한 유기체적 관점은 관념철학으로 대표되는 독일의 학문 전통과 완전히 대립되는 것이었다. 독일의 전통은 **자연과학**(Naturwissenschaft)과 **정신과학**(Geisteswissenchaft)이 질적으로 상이하다고 보는 것이었다. 이 전통에서 볼 때, 자연법이란 자유의 영역인 인간문화의 연구에는 존재할 틈이 없다. 인간현상의 연구에 적합한 방법은 일반법칙을 세우려는 **법칙정립적**(nomothetic) 방법보다는 일회적 사건을 다루는 **개성기술적**(idiographic) 방법이라 보았다. 인간사의 연구는 인간 역사의 일회적 사건을 묘사하고 기록할 수 있을 뿐이며, 인간문화의 영역에 법칙성을 수립하려는 어떠한 기도도 인간정신의 자율성 때문에 무너지고 말 것이라고 믿었다. **자연**과 **문화**는 본질적으로 상이한 존재영역이라 여겨져 왔던 것이다.

또한 독일 전통을 지지하는 자들은 사회학이 실질적인 연구대상을 갖고 있지 못하다고 주장했다. 사회란 말은 어떤 목적을 위해 편리하게 활용하는 단순한 명칭에 불과하며 본질이나 실체를 지닌 말이 아니라고 주장했다. 사회를 구성하는 개인들을 초월해 있는, 또는 그들 외의 어떤 것으로 이루어진 사회란 존재하지 않는다는 것이었다. 역사적으로 위치지어진 개인의 행위를 개별적으로 탐구하는 것 외에 사회과학이 다룰 주제는 없다고 보았다. **자연**과 **정신**을 구별하는 핵심인 인간의 자유와 역사적 사건들의 일회성 및 전도불가능성을 고려할 때, 사회학이란 과학을 세우겠다는 시도는 환상적인 ― 심지어는 불명예스럽기조차 한 ― 시도라는 것이다. 이들은 사회학을 과학의 여왕은커녕 과학이 전혀 아닌 것으로 여겼다.

짐멜은 유기체론자와 관념론자들의 주장을 모두 거부했다. 그는 콩트나 스펜서처럼 사회를 하나의 사물이나 유기체로 보지도 않았고, '실질적인' 존재가 없는 편의적 명칭에 불과한 것으로 보지도 않았다. 그의 견해에 따르면, 사회란 일정한 상호작용을 하고 있는 개인들 간의 복합적 관계로 이루어진 복잡한 관계망으로 구성된다. 즉 "**사회**는 상호작용으로 연결되어 있는 수많은 개인을 지칭하는 이름에 불과하다."[1] 더 큰 초개인적 구조들 ― 국가, 종족, 가족, 도시, 노동조합 등 ― 은 비록 그 나름대로의 자율성과 영속성을 지니며 외부에 존재하는 권력으로서 개인에게 나타나기는 하지만, 결국은 상호작용의 결과로 나타난 것에 불과하다. 따라서 사회를 연구하는 자들에게 가장 중요한 연구 영역은 **사회성**(sociation), 다시 말해 사람들이 서로 연합하고 상호작용하는 특수한 유형이나 형식을 다루는 일인 것이다.

짐멜은 사회학을 인간의 모든 측면을 다루는 지배적 과학으로 만들려는 사람들의 거창한 시도를 자기기만적인 것이라고 보았다. 법학과 철학 그리고 정치학과 심리학 등에서 이제껏 연구되어온 모든 현상을 한데 모아서 **사회학**이라 이름 붙인다고 해서 얻어지는 것은 아무것도 없다고 주장했다. **두 마리 토끼를 쫓는 자는 한 마리도 잡지 못한다.**

인간생활과 어떤 식으로든 관련된 현상이면 모두 다루려 하는 것은 허깨비를 추구하는 것이나 다름없다. 모든 물질을 다루는 '전체'의 과학이 없듯, 전체적 사회과학도 있을 수 없다. 과학은 **전반적인 총체성을 다루기보다는 현상의 여러 차원이나 어떤 한 측면**을 연구해야 한다. 사회학이 다루어야 할 정당한 대상은 인간 상호작용의 특수한 형식들과 그것들이 집합적으로 결정화된 특성들을 묘사하고 분석하는 데 있다. "사회학이 인간에게 어떤 일이 일어나며 그들은 어떠한 규칙에 따라 행동하는가를 묻는 것은 개별 존재를 그 전체성에서 이해할 수 있는, 어떤 법칙성을 찾는 것이 아니라 그들이 상호작용에 의해 집단을 형성하고 그 집단의 존재에 의해 결정지어진다는 것을 밝히는 일인 것이다."[2] 비록 모든 인간행동이 개인의 행동이기는 하지만, 그 많은 부분이 집단의 가입이나 특정한 상호작용의 형식에 의해 개인에게 부과되는 제재라는 관점에서 설명될 수 있다.

짐멜은 제도화된 거대한 구조도 사회학 탐구의 정당한 영역으로 간주했지만, 대부분의 연구를 자신이 "사회 원자들 간의 상호작용"[3]이라 부른 것에 국한시켰다. 대체로 그는 거대한 사회적 구성체의 바탕에 작용하는 개인들 간의 기본적인 상호작용의 유형(오늘날 '미시사회학'이라 불리는)에만 그의 관심을 제한했다. 그가 높이 평가하고 실제로 행했던 방법은 이러한 상호작용이 나타내는 영원한 그리고 제한된 수의 형식에 초점을 맞추는 방법이었다.

형식사회학

짐멜이 이해한 바에 따르면, 사회학은 경제학, 윤리학, 심리학, 역사기술학 등이 다루는 연구 영역을 강제로 침범해야 하는 것은 아니다. 오히려 그것은 정치적·경제적·종교적 행위와 성적 행위 등의 밑에 놓여 있는 상호작용의 형식에 초점을 맞춘다. 짐멜의 관점에서는 지금껏 명백히 서로 다른 것으로 보이던 인간현상이 동일한 형식의 개념으로 적절히 이해될 수 있다. 분명히 전쟁을 연구하는 자와 결혼을 연구하는 자는 질적으로 상이한 주제를 다루고 있다. 그러나 사회학자는 군사상 갈등과 결혼에서의 갈등에서 본질적으로 유사한 상호작용의 형식을 추출해낼 수가 있다. 루이 14세의 궁전에서 행해지던 행동과 미국 회사의 본점에서 이루어지는 행동 사이에는 별다른 유사성이 존재하지 않으나, 그 각각에서의 지배와 복종의 형식을 연구해보면 양자에 공통적인 내재적 유형을 발견해낼 수 있다. 구체적이고 기술적인 수준에서 본다면 빈에서 일어난 초기 정신분석 학운동과 초기 공산주의운동 사이에는 아무런 연결성이 보이지 않는다. 그러나 이 집단 성원들 간의 상호작용의 전형적인 형식에 초점을 맞추어 보면 양자가 모두 종파라는 구조적 특징을 지녔다는 유사성을 확인할 수 있다. 종파심이 강한 사람들의 행동 특징은 동료 종파주의자와 함께 어떤 비밀스러운 지식을 소유하고 있으며, 따라서 대중 세계와는 구별된다는 신념을 지닌다는 점이다. 이것에 의해 내부의 강렬하고도 배타적인 헌신과 '집단 외적인' 일들에 대한 소홀함이 나타나게 된다.

　짐멜이 사회학적 탐구의 독자 영역으로 사회적 상호작용의 형식을 강조한 것은 사회과학이 역사 현상의 새로움과 전도불가능성 그리고 일회성 등을 파악할 수 있다는 것을 부인하는 역사학자들과 인문과학자들에 대한 명백한 반발이었다. 짐멜은 특수한 역사적 사건들은 일회적임을 인정했다. 예를 들면 카이사르(Julius Caesar)의 암살, 헨리 8세(Henry VIII)의 계승, 워털루에서의 나폴레옹 보나파르트의 패배 등은 모두 역사의 특정 순간에 일어난 일회적 중요성을 지니는 사건들이다. 그러나 만약 사회학자의 특수한 렌즈를 통해 역사를 살펴보면, 누구든지 이 사건의 일회성에 관심을 쏟을 필요가 없으며 그들의 바탕에 깔려 있는 공통적 속성에 관심을 가지게 된다. 사회학자는 존 왕이나 루이 왕, 헨리 왕의 개인적 행위에 대한 지식에는 공헌하지 못한다. 그러나 이들이 모두 왕위라는 제도에 의해 그들의 행동이 제재되는 방식을 보여줄 수 있다. 사회학자는 존 '왕'에 관심을 갖는 것이지 '존' 왕에 관심을 갖는 것이 아니다. 좀더 추상적인 수준에서 보면 그는 왕위라는 제도에도 관심을 두지 않고 오히려 갈등과 협동, 지배와 복종, 중앙집권화와 지방분권화의 과정 같은 더 큰 제도적 구조를 구성하는 부분에 관심을 집중시킬 수 있다. 이런 식으로 짐멜은 사회생활에 대한 기하학을 발전시키려 했다. "기하학적 추상은 여러 가지 물체의 공간적 형식만을 탐구한다. 비록 경험적으로는 이러한 형식이 구체적 내용물의 형태로 주어지는 것이기는 하지만 말이다. 마찬가지로 만약 사회가 개인들 간의 상호작용으로 파악될 수 있다면, 이 상호작용의 형식을 가장 엄밀하고 본질적인 의미에서 묘사하는 것이 사회과학의 임무다."[4]

구체적 내용으로부터 추상화시킬 것과 사회생활의 여러 형식에 초점을 맞추어야 한다는 짐멜의 주장 때문에 그의 접근방식은 **형식**사회학이라 불리고 있다. 그러나 사회현상의 형식과 내용을 구분한 그의 분류는 언제나 그렇게 분명한 것은 아니었다. 그는 이 개념들에 대해 여러 가지 정의를 내렸으며, 그가 특별한 사건을 다룬 것들을 보아도 모호한 불일치성을 찾아볼 수 있다. 그럼에도 그의 사상의 본질은 분명하다. 형식사회학은 인간의 사회성의 이질적 내용에서 형식을 분리해내는 것이다. 이것은 사람들이 특정 연합체를 구성하게 되는 **이해**와 **의도**가 아무리 다양하다 하더라도, 이러한 이해와 의도가 실현되는 상호작용의 사회적 형식은 동일하다는 것을 보여주려 노력하는 것이다. 예를 들면 전쟁과 이익추구 모두 협동을 필요로 하는 것이다. 이와는 반대로, 동일한 이해와 의도가 상이한 형식들로 결정화될 수도 있다. 경제적 이익은 계획적인 협동뿐만 아니라 경쟁에 의해서도 실현될 수 있으며, 공격적인 충동은 갱의 싸움부터 법정투쟁에 이르는 여러 가지 갈등형식에서 만족될 수 있는 것이다.

형식적 분석이라는 관점이 적용되지 않으면 쉽사리 관찰될 수 없을 구체적 현상의 어떤 모습들이 이러한 분석을 통해 현실로부터 추출될 수 있다. 일단 이러한 것이 성공적으로 이루어지고 나면 구체적 내용에서는 상당히 상이하면서도 그 구조적 배열에서는 본질적으로 유사한 현상들의 비교가 가능해진다. 예를 들면 지도자-추종자의 관계는 일탈적인 청소년 갱단체나 합법적인 스카우트 단체나 구조적으로는 동일하다고 볼 수 있다.

이 점에서 짐멜은 종종 잘못 이해되어왔다. 즉 그는 형식을 독립적이고 나름대로의 존재성을 지니는 것으로 보지 않고, 오히려 형식은 내용 속에 내재해 있는 것이며 독자적 실체는 아닌 것으로 보고 있다. 이러한 짐멜의 견해는 본질에 관한 플라톤의 견해와 아주 다르다. 그는 구체적인 현상들은 다양한 관점에서 연구될 수 있으며 갈피를 못 잡을 정도로 복합적인 사회적 내용들로부터 추출될 수 있는 제한된 수의 형식을 분석하는 것은 구체적인 것의 기술에만 자신을 국한시키는 사람들이 지닐 수 없는 사회생활에의 통찰력을 제공할 수 있을 것임을 주장했다.

형식(form)이란 용어는 그다지 잘 선택된 말은 아닌 것 같다. 왜냐하면 그것은 때때로 이중적 성격을 띠는 것도 포함하여 많은 철학적 의미를 동반하고 있기 때문이다. 그것은 과학적 사회학을 건설하는 데 방해가 될 수 있는 모든 형이상학적 유령들을 쫓아낼 것을 주장하는 현대사회학자들이라면 피하고 싶은 어휘일지도 모른다. 만약 짐멜이 **사회구조**란 용어를 사용했다면 ― 어떤 의미에서 이 말은 그가 사용한 **형식**이란 말과 아주 유사하다 ― 그는 좀더 반발을 적게 받았을 것이다. 현대사회학에서 사용되는 용어들, 예를 들면 사회구조를 이루는 요소들로서 지위, 역할, 규범, 기대 등은 짐멜이 사용한 형식적 개념화와 유사하다.

또한 현대사회학이론을 구성하는 많은 부분이 짐멜이 내세운 시각의 도움을 입어 정밀하게 발전되었다. 예를 들어 『미국의 군인』(*The American Soldier*)[5]에 대한 어떤 자료를 재분석함에서 머튼과 로시(Alice Rossi)는 '특전사' 부대의 행동과 그와는 상이한 구조적 맥락에 있는 훈련부대와의 관계를 설명할 때 신참병이 고참병과 상호작용하게 되는 사회적 상황을 좀더 일반적으로 설명하기 위해 이 시각을 사용했다. 군대생활의 구체적 내용들을 추상화시킴으로써 그들은 신참자 ― 이민자부터 대학신입생까지 ― 의 행동의 어떤 측면을 기존 집단과 그들과의 관계라는 측면에서 설명했다. 이것은 신참자-고참자의 관계 또는 사회유형으로의 신참자 등이 하나의 특수한 형식으로 이해될 수 있음을 말하며, 이 과정은 관찰 가능한 구체적인 사회 상황들로부터의 추상을 통해 유리하게 연구될 수 있음을 의미하는 것이다. 이처럼 구체적인 사회적 내용들로부터의 추상을 통해서 이론구성이 가능해지는 것이다.

짐멜에 따르면, 사회현실 속에서 발견되는 여러 형식은 결코 순수한 것이 아니다. 즉 모든 사회현상에는 복합적인 형식적 요소들이 있다. 협동과 갈등, 지배와 복종, 친근함과 소원함 등은 전쟁관계에서도, 관료제 구조에서도 작용할 수 있다. 또한 구체적인 현상에서는 복합적인 여러 형식이 서로 간섭함으로써 어떤 것 하나도 순수하게 인식될 수 없다. 사회생활 속에는 '순수'한 협동이 없듯이 '순수'한 갈등도 없다. '순수'한 형식이란 구성물, 다시 말해 결코 완전하게 현실화되지 않는 전형적인 관계를 뜻한다. 짐멜이 말한 형식이란 현실의 여러 측면에 관한 일반화가 아니고 "현실의 밑바닥에 놓여 있으면서도 실제로 그 속에서 활성화되지는 않는 윤곽이나 관계들을 끄집어내기 위해"[6] 고양되거나 과장되는 것이다. 예술사가들은 어떤 건축물도 순수한 형태로 '고딕' 양식이나 '바로크' 양식의 모든 요소를 나타내주지 못함에도 '고딕' 양식이나 '바로크' 양식을 이야기한다. 이와 마찬가지로 사회학자도 비록 '순수'한 형식을 나타내는 과정을 경험적으로 찾을 수는 없으나 '순수'한 사회갈등의 형식을 구성할 수 있다. 베버의 이념형(Ideal Type)이 구체적인 현상과 이념형과의 격차를 재는 척도로 사용될 수 있는 것처럼 짐멜의 형식 — 말하자면 주위 세계로부터 '이방인'들의 관계를 구별시켜주는 친근함과 소원함의 전형적인 결합 같은 — 은 특정한 역사적 상황에서 살아가는 유대인이나 다른 하층민들의 '이방인됨'의 정도를 측정하는 데 도움이 될 수 있다.

사회적 유형

짐멜은 그가 창안한 사회적 형식을 보완하기 위해 사회적 유형이라는 개념을 구성했다. '이방인'을 비롯하여 '중개인' '빈곤층' '모험가' '중간자' '배교자' 같은 다양한 유형을 현상학적으로 자세히 묘사했다. 짐멜은 각각의 독특한 사회적 유형이 타자의 특수한 반응과 기대에 의해 구성된다고 보았다. 특정 유형은 개인에게 어떤 지위를 부여하고 특정 방식으로 행동할 것을 기대하는 타인들과의 관계 속에서 이루어진다. 개인의 특성은 사회구조의 속성이라고 볼 수 있는 것이다.

예를 들면 짐멜의 용어에서 '이방인'은 아무런 구조적 지위도 없이 '오늘 왔다가 내일 떠나는' 방랑자를 말하는 것이 아니다. 반대로, 그는 "오늘도 오고 내일도 머무는 자다. ……그는 공간적으로는 특수한 집단에 속해 있는데, ……그러나 그 지위는 처음부터 그 집단에 속하지 않았다는 사실 때문에……불완전하며," 그래서 또다시 떠나게 될지도 모르는 그런 사람을 뜻한다.[7] 이방인은 집단의 완전한 부분은 아닐지라도 '집단 자체의 한 요소'임은 분명하다. 따라서 그는 집단의 어떤 성원도 감당할 수 없는 특수한 역할을 지니게 된다. 이방인은 집단의 일에 부분적으로만 참여하기 때문에 다른 성원들이 도달할 수 없는 객관성을 획득할 수 있다. "그는 집단의 독특한 기질이나 특유한 경향에 완전히 포섭되지 않는다. 따라서 그것을 특수한 **객관적** 태도를 지니고 대하게 된다." 또한 가깝기도 하고 멀기도 하여 이방인은 종종 믿음직한 친구로 여겨지기도 한다. 보통 사람들이 그와 교제하기를 꺼려하기 때문에 가까운 사람들로부터의 격리를 요하는 비밀을 그에게 털어놓는 수가 있다. 이와 비슷하게 이방인은 서로 대립하는 단체들을 판단할 때 집단의 충실한 성원들보다 훨씬 나을 수가 있는데, 이들이 투쟁자의 어느 편에도 매여 있지 않기 때문이다. "자신의 시각이나 이해 그리고 주어진 평가에 편견을 야기시킬 만큼 한곳에 깊이 개입되어" 있지 않음으로써 그는 감정의 교환뿐만 아니라 상품의 교환에서도 이상적인 중개인이 된다.

이와 비슷하게 사회적 유형으로서의 빈곤층[8]은 사회가 가난을 특정한 지위로 보고 도움을 필요로 하는 특정한 사람들을 그 범주에 집어넣을 때 비로소 생겨난다. 이에 대해 짐멜은 다음과 같이 언급했다.

누가 가난하다고 하는 사실이 곧 그가 **가난**이라는 특수한 사회적 범주에 속한다는 것을 뜻하지 않는다. ……다만 [가난한 사람들이] 남에게 도움을 받는 그 순간부터 비로소 그들은 가난으로 특징지어지는 한 집단의 일부가 된다. 이 집단은 그 성원들 간의 상호작용에 의해 통합을 유지하는 것이 아니라 전체로서의 사회가 그것에 대해 채택한 집합적 태도에 의해 그 통합을 얻게 된다. ……가난이란 그 자체로, 즉 양적인 상태로 정의될 수 없다. 그것은 오직 특수한 상황에서 유래하는 사회적 반응이라는 측면에서만 정의될 수 있다. ……가난이란 하나의 독특한 사회학적 현상이다. 많은 사람이 전체 내에서 특수한 유기적 지위를 점하게 된다. 그러나 이 지위는 순전히 개인적인 운명이나 조건에 의해서 결정된다기보다는 오히려 다른 사람들이……그 조건을 바꾸려고 노력한다는 사실에 의해 한정지어진다.

가난한 사람들이 일단 도움을 필요로 하는 자로 인정되면 이전의 지위와는 다른 범주로 재분류되며, 그들의 개인적 고통은 하나의 공적인 문제로 부각된다. 빈곤층은 그들이 어떤 행동을 하는가 — 사회적 범주화에 보통 사용되는 기준 — 에 의해서가 아니라 남이 그들에게 어떤 행동을 하는가에 의해 규정된다. 사회는 빈곤층이라는 사회적 유형을 만들어놓고 실제로 그 지위 점유자는 소유하지도 않은 부정적인 속성 일변도의 특징을 지닌 독특한 지위를 그들에게 부여한다.

이방인, 빈곤층을 위시한 짐멜의 유형들은 모두 특수한 상호작용체계에 의해 그들의 지위를 부여받는다. 그들은 사회적 창조물이며 그들에게 부과된 역할을 수행하지 않을 수 없다. 그들은 자렐(Randall Jarrell)의 교양소설에 나오는 "지식인들이 지식인이라고 여긴 적은 한 번도 없으나 다른 사람들이 지식인이라고 생각하고 이와 같은 오해의 결과 때문에 고통을 겪는"[9] 한 인물과 그 성격이 비슷한 것이다.

짐멜 사회학의 변증법적 방법

짐멜의 사회학은 언제나 변증법적 접근방식으로 이루어져 있다. 그는 분석하는 사회 단위들 간의 동적인 상호연관성과 갈등을 보여주었다. 그는 자신의 글 속에서 개인과 사회 간의 연결과 긴장을 강조했다. 그는 개인을 사회의 산물로, 사회과정의 연결용 고리 같은 것으로 간주했다. 그러나 "생활의 전체 내용이 비록 사회적 선행요인과 상호작용 등으로 충분하게 설명될 수 있다 하더라도 똑같이 독자성의 측면에서, 즉 개별적 경험에 관련된 것으로도 논의되어야 한다"[10]고 주장했다. 짐멜에 따르면, 사회화된 개인은 언제나 사회와 이중적인 관계에 놓여 있다. 그는 그 속에 일원으로 참여하면서 동시에 그것에 대립한다. 개인은 사회의 내부와 외부에 동시적으로 존재한다. 그는 사회를 위해서, 또한 자신을 위해서 존재한다. "[사회적 인간은] 부분적으로는 사회적이고 부분적으로는 개인적인 것이 아니다. 오히려 그의 존재는 근본적인 통합에 의해 이루어지는데, 그것은 논리적으로 대립되는 두 개의 결정체의 종합 또는 동시발생의 방식으로밖에는 설명될 수가 없다. 즉 인간은 사회적 연결고리이면서 동시에 독자적 존재이며, 사회의 산물이자 동시에 자율적인 중심을 지닌 삶이기도 하다."[11] 개인은 결정되는 동시에 스스로가 결정하기도 한다. 개인은 남의 행동의 대상이 되기도 하고, 동시에 스스로 행동하는 자이기도 하다.

개인과 사회 간에 널리 존재하는 변증법적 관계의 강조는 짐멜의 사회학사상 전체에 흐르고 있다. 사회적 관계망에의 참여는 인간생활의 피할 수 없는 운명이지만, 그러나 그것은 또한 자아실현에 방해가 되는 것이기도 하다. 사회는 개성이나 자율성의 출현을 도와주기도 하고 방해하기도 한다. 사회생활의 여러 형식은 각 개인에게 자신을 강요하는 동시에 그들로 하여금 인간이 되도록 해준다. 그것은 자발적인 자유 활동을 억압함으로써 인간의 개성을 형태짓기도 하고 무력하게 하기도 한다. 제도적인 형식 속에서만, 또한 그것을 통해서만 인간은 자유를 얻을 수 있으나 그의 자유는 바로 이 제도적 형식 때문에 영원히 위협받게 된다.

짐멜에게서 사회성은 언제나 **조화와 갈등, 유인과 배척, 사랑과 증오**를 함께 지닌다. 그는 인간관계가 양면성에 의해 특징지어진다고 보았다. 서로 밀접한 관계를 맺고 있는 사람들도 자세히 보면 서로 간에 긍정적인 감정뿐만 아니라 부정적인 감정까지도 품고 있음을 알 수 있다. 예를 들어 사랑하는 관계는 "사랑과 존경 또는 무례함, ……사랑과 지배하려는 충동 또는 의존하려는 욕구 등이 한데 얽혀서 우리에게 나타난다. ……관찰자나 당사자 스스로 혼합된 두 개의 경향이라고 분리시켜 생각해왔던 것들은 실제에서는 하나일 뿐이다."[12]

짐멜은 전적으로 조화로운 집단이란 경험적으로 존재할 수 없다고 주장했다. 있다고 해도 그것은 어떠한 종류의 삶의 과정에도 참여하지 못하며, 변화나 발전이 있을 수 없는 것에 불과한 것이다. 또한 짐멜은 강조하기를, 갈등을 낳는 힘들은 부정적으로, 합의를 가져오는 힘들은 긍정적으로 파악하는 것은 피상적인 인식에 불과한 것으로 보았다. 예를 들어 당사자들로 하여금 '증기를 배출'하게 해주는 '안전 밸브'가 없이는 많은 사회적 관계가 지속될 수 없다. 사회성이란 언제나 두 범주의 상호작용이 가져오는 결과다. 다시 말해 둘 다 긍정적인 성분이며 모든 관계를 구조화시켜주고 그들에게 지속적 형태를 부여하는 힘인 것이다.

짐멜은 사회적 외형과 사회적 실체를 분명하게 구분했다. 어떤 갈등관계가 당사자나 외부관찰자에게 매우 부정적인 것으로 여겨지더라도 분석상으로는 긍정적 측면이 잠재적으로 존재할 수 있다. 관계를 철회하는 것만이 전적으로 부정적인 것으로 간주될 수 있다. 즉 갈등관계는 비록 하나 또는 몇몇 당사자에게 고통스러운 것일지라도, 그 불일치의 현장에서조차 상호 참여를 통해 그들을 사회적 틀에 연결시켜주는 역할을 할 수 있다. 짐멜은 사회갈등은 필연적으로 상호적인 행위를 수반하며, 따라서 그것은 일방적인 강요가 아닌 상호적인 관계에 기초해 있다는 것을 인식하는 것이 중요하다고 주장했다. 갈등은 부정적인 태도나 감정들의 배출구로 작용할 수 있으며, 앞으로의 관계를 계속적으로 가능케 해줄 수도 있다. 이것은 또한 관계를 맺고 있는 하나 또는 그 이상의 단체들의 지위를 강화시켜줄 수도 있고, 개인의 위신과 자존심을 증대시켜주기도 한다. 갈등도 기존의 유대를 강화하거나 새로운 유대를 만들어낼 수 있으므로 그것은 파괴적인 힘이라기보다는 창조적인 힘으로 간주될 수 있는 것이다.

짐멜은 마찰이 없는 사회세계, 개인이나 집단들 간의 충돌이나 싸움이 영원히 금지되어 있는 사회를 꿈꾸어본 적은 결코 없다. 그에게서 갈등은 사회생활의 본질이며, 사회적인 삶의 뿌리 깊은 구성요소였다. 훌륭한 사회란 결코 갈등이 없는 사회를 말하지 않는다. 반대로 그것은 그 구성 부분들 간의 다양한 상호모순적 갈등으로 "함께 짜인" 사회다.[13] 평화와 불화, 갈등과 질서는 상호연관적인 것이다. 습관을 강화하는 것이나 파괴하는 것이나 모두 사회생활의 영원한 변증법의 한 부분을 이룬다. 따라서 질서의 사회학과 무질서의 사회학, 조화모델과 갈등모델을 구분하는 것은 잘못된 것이다. 이들은 상이한 현실을 가리키는 것이 아니라 같은 현실의 상이한 형식적 측면들을 지칭하는 것일 뿐이다.

그의 글 속에서 짐멜은 개인의 사회적 행위를 그 자체로 파악하지 않고, 다른 개인의 행위나 특정 구조 또는 과정과의 관련을 중심으로 파악했다. '지배와 복종'에 대한 유명한 논의 속에서 그는 지배현상은 지배자의 의지를 피지배자에게 부과하는 일방적인 강요에 존재하는 것이 아니라 상호적인 행위를 수반하고 있음을 보여주었다. 몇몇 사람이 절대적인 권력을 행사하고 다른 사람은 이에 묵종한다는 생각은 잘못된 것이다. 권력은 "순수한 지배와 복종의 일방성을 **사회학적** 형식으로 변형시켜주는……상호작용과 교환 등을 내포하고 있다."[14] 따라서 지배자의 행위는 피지배자의 행위와 관련시키지 않고서는 이해될 수 없으며, 그 역도 마찬가지다. 한 사람의 행위는 다른 사람들의 행위와의 관련에 의해서만 분석될 수 있다. 왜냐하면 이 둘은 양자를 모두 구속하는 상호작용체계의 부분이기 때문이다. 이러한 관련을 고려하지 않고 사회적 행위를 분석하려는 시도는 아마도 짐멜에 의해 그가 **분리의 오류**라 부른 것의 예로 거부되었을 것이다.

짐멜은 단지 지배현상이 일차적인 외형과는 달리 특정한 상호작용의 형식이라는 것을 밝히는 것으로 만족하지 않았다. 그는 여러 유형의 집단 구조가 지배와 복종의 상이한 형식들 — 예를 들면 동등화와 등급화를 구분하는 — 과 연결되는 독특한 방식들을 계속하여 자세히 보여주었다. 만약 다수의 개인이 똑같이 한 개인에게 지배될 경우 피지배자들은 서로 동등하게 되는데, 이러한 동등화, 즉 만하임의 용어로 '부정적 민주화'는 전제적인 지배자를 좋아하고 지배자 역시 이것을 좋게 여긴다. 전제자들은 피치자들을 동등화시키려고 노력하며, 역으로 고도로 발달된 동등화는 쉽게 전제주의로 이행할 수 있다. 이와 반대로, 피치자들 간에 강한 중간단위의 등급이 있으면 그것이 지배자의 영향력을 완화시키고 그들에 대한 지배를 약하게 만든다. 중간적인 권력은, 비록 민중들 내부의 불평등을 증대시키지만, 개인을 지배자의 직접적인 권력으로부터 보호하는 역할도 한다.

피라미드 형태의 사회적 등급화는 그것이 지배자의 계획하에 발달된 것이든 피치자들이 그의 권력의 일부를 빼앗음으로써 나타난 것이든, 그 각 층에게 위계질서상의 인접단계보다 낮기도 하고 높기도 한 특정 지위를 부여한다. 이러한 방식으로 각 수준 ― 최고와 최저의 수준은 제외하고 ― 의 등급은 위의 권위에 복종하는 동시에 아래의 단계를 지배하게 된다. 어떤 인간에게로의 종속은 다른 사람들에 대한 권위로 보상되는 것이다.

사회생활에서 수의 중요성

사회적 행위의 구조적 결정인에 대한 짐멜의 강조는 그의 함축적인 논문 「집단의 양적 속성들」(Quantitative Aspects of the Group)[15]에 가장 잘 나타나고 있다. 여기서 그는 집단의 가장 추상적인 속성 중 하나인 단순한 참여자의 수를 고찰함으로써, 사회생활의 법칙을 기술하려는 그의 목표를 상당한 정도로 구현시킬 수 있었다. 그는 집단과정과 구조적 배열의 여러 형식을 순전히 양적인 관계에서 도출해 조사했다.

양자관계(dyad)는 참여자인 두 사람 모두가 어떤 집합체와 대면하는 것이 아니라 서로에 의해서만 접촉하게 된다는 점에서 다른 어떤 유형의 집단과도 질적으로 상이하다. 이 유형의 집단은 단지 두 참여자에게만 매여 있기 때문에 한 사람의 소멸은 곧 전체의 붕괴를 가져온다. 즉 "양자관계는 그것의 존속에서가 아니라 그것의 소멸에서 두 요소의 어느 하나만으로도 충분하다. 왜냐하면 존속에는 **양자**가 모두 필요하지만 붕괴에는 단지 하나만으로도 족하기 때문이다."[16]

따라서 양자관계는 다른 모든 집단에서처럼 성원들 간에 구속감을 불러일으키는 초개인적인 속성을 갖지 못한다. 하지만 초개인적 구조가 없기 때문에 양자관계는 당사자들의 강한 열정을 필요로 한다. 전체가 당사자 개인에게 매여 있다는 것은 명백하다. 즉 다른 집단에서는 의무나 책임이 남에게 위임될 수 있지만, 양자관계에서는 그럴 수 없고 각 당사자들이 직접적·즉각적으로 모든 집합행동에 책임을 져야 하는 것이다. 양자관계에서 각 당사자는 자기와 더불어 한 단위를 이루는 또 다른 한 사람하고만 접촉하기 때문에 둘 다 자기책임을 집단에게로 돌릴 수 없다. 즉 둘 중 어느 누구도 자신이 한 행동이나 하지 못한 바를 집단의 책임으로 돌릴 수 없는 것이다.

양자관계에서 삼자관계(triad)로 옮겨가게 되면, 보기에는 한 사람이 더 늘어난 것에 불과해 보이는 사실이 실제로는 중요한 질적 변화를 가져오게 된다. 삼자관계에서는 세 사람 이상으로 이루어진 모든 연합체에서와 마찬가지로 개개 참여자들이 다수에 의해 압도될 가능성에 직면하게 되는 것이다.

삼자관계는 전체로서의 집단이 그 성원들에 대해 지배력을 행사할 수 있는 가장 단순한 구조다. 즉 그것은 집합적 목적을 위해 개개 참여자들을 구속할 수 있는 사회적인 틀을 제공한다. 양자관계는 직접적인 상호성에 입각해 있으나 삼자관계는 두 사람의 연합을 통해 다른 한 성원에게 그 의지를 강요할 수가 있다. 따라서 삼자관계는 모든 사회생활을 형성하는 사회학적 드라마, 즉 자유와 구속, 자율과 타율의 변증법의 가장 단순한 형식을 보여준다.

삼자관계 집단에 제3자가 들어가게 되면 이전에는 일어날 수 없었던 여러 가지 과정이 일어날 수 있게 된다. 짐멜은 이러한 여러 가지 과정을 명확히 하도록 노력했는데, 특히 그중에서도 세 가지 과정을 대표적인 것으로 보여주었다.[17] 제3자는 공평무사한 입장을 내세워 집단을 파괴시킬 수도 있는 다른 두 사람 간의 감정을 부드럽게 함으로써 중개자의 역할을 할 수가 있다. 또한 그는 두 사람 간의 불화를 이용하여 자신의 이익을 찾으려 하는 **어부지리형 제3자**의 역할을 택할 수도 있다. 마지막으로 그는 지배권을 확보하거나 다른 목적을 달성하기 위해 **분할과 지배**의 방법을 통해 의도적으로 둘 사이에 갈등을 야기시키려는 태도를 지닐 수도 있다.

제3자에게 가능한 전략의 세 가지 유형 분석만을 간략하게 살펴보는 것으로 짐멜이 이 분석에서 보여준 풍부한 사상을 전부 논의할 수는 없다. 그는 수많은 예를 제시했는데, 그중에서는 한 여자에 대한 두 남자의 싸움 같은 가까운 인간들 사이의 관계를 유럽 단위의 세력균형과 정당들 간의 연합의 형성 같은 대규모 사건들과 자세히 비교하는 것도 있다. 그는 재혼한 가정에서 나타나는 계모의 행위방식을 그리스를 정복한 로마가 아테네와 스파르타를 다루던 방식과 비교하기도 했다.

이것은 훌륭한 업적 중 하나이며 사회학적 분석력이 지니는 훨씬 설득력 있는 예증 중 하나다. 짐멜은 한 집단에 제3자가 하나 더 늘어난다는, 별로 중요치 않아 보이는 사실이 어떻게 그 이전에는 나타날 수 없었던 행동과 과정들이 나타날 소지를 만들어주는가 하는 것을 보여줌으로써 심리학적 환원주의의 전체적인 무용성을 입증했다. 그는 개인들 간의 연합의 형식에서 나타나는 새로운 속성, 참여한 개인의 성격에서 찾아질 수 없는 속성을 발견해냈다. 삼자관계는 사회적 행위에 새로운 길을 열어주면서도 다른 기회, 예를 들면 양자집단에서는 가능했던 개성의 표현 같은 기회를 제한하기도 한다.

짐멜은 그의 수에 대한 분석을 양자관계와 삼자관계에만 국한시키지 않았다. 그는 비록 새로운 성원이 한 사람씩 늘어날 때마다 어떠한 특성의 사회학적 실체가 나타나는가를 보여주는 것은 불가능하다 하더라도, 소규모 집단과 대규모 집단 간에는 중대한 차이가 있다는 것을 보여주었다.

소규모 집단에서 성원들은 처음부터 서로 직접적으로 상호작용할 기회를 갖고 있다. 그러나 일단 집단이 비교적 한정된 크기 이상으로 커지면 이러한 상호작용은 공식적인 기구를 통해 매개되지 않을 수 없다. 다수 개인들 간의 증대되어가는 상호작용의 복잡성을 파악하기 위해 집단은 성원들 간의 상호작용을 정형화시킬 특수한 기관을 만들어내야 한다. 따라서 어떠한 대규모 집단도 직원의 구성, 지위의 분화, 업무와 책임을 맡는 대표의 선발 등이 없이는 기능할 수가 없다. 이것이 대규모 집단이 불평등한 구조로 되는 이유다. 그들 자신을 유지시키기 위해 그들은 구조적으로 분화되지 않으면 안 된다. 그러나 이것이 뜻하는 바는 대규모 집단에서는 "집단의 조직, 정치적 이념이나 사상 등에서 표현되는 집단의 통합을 얻기 위해 구조와 개인 사이에 상당한 거리를 생기게 하는 희생을 치르지 않을 수 없다"[18]는 것이다.

집단의 규모가 작을수록 성원들의 참여도가 높다. 왜냐하면 접촉의 빈도 때문에라도 사람들 소수 간의 상호작용이 다수 간의 상호작용보다 더 강력해지기 쉽기 때문이다. 역으로 집단의 규모가 클수록 그 성원들의 참여도는 약해진다. 즉 완전한 인간존재로서가 아니라 특정한 부분적 존재로 참여하게 될 경우가 많아진다. 대규모 집단은 그 성원들에게 많은 것을 요구하지 않으며, 그리고 또한 개인들을 초개인적인 권력으로 대면하는 "객관적" 구조를 만들어낸다. "개인적 요인을 마비시키고 일반적 요인을 마치 개인과는 상관없이 그 자체로서 존재할 수 있는 것처럼 보이게 하고, 실제로 개인에게 종종 적대적인 것으로 나타나게 만드는 것은 바로 이 다수라는 사실에서 기인하는 것이다."[19]

비록 공식적인 배치를 통해 대규모 집단은 개인에게 초개인적이고 소외된 권력으로 나타나지만, 그것은 성원들 간에 깊은 간격을 만들어놓음으로써 개인을 철저한 통제와 꼼꼼한 검열로부터 해방시켜주는 측면도 있다. 양자관계에서는 구조적인 구속이 개입되었다 해서 **우리**의 즉각성이 무너지지 않는다. 또한 앞서 보았듯이 삼자관계에서는 두 사람이 제3자를 구속하고 그들의 의지를 강요할 수도 있다. 그러나 소규모 집단에서는 연합이나 다수에 의해 개인의 행위가 구속되는 경우에도 참여의 직접성 때문에 그 구속력이 완화된다. 대규모 집단에서는 개인들이 전체적으로가 아니라 부분적으로만 포섭되기 때문에 자유를 확보할 수 있는 여지도 있지만 궁극적으로는 분화된 기관들의 '객관적' 권력에 개인들이 구속되지 않을 수 없다.

소규모 집단과 대규모 집단 ― 일차집단 내 개인들에게서 보이는 강한 참여와 대규모 집단에서 특징적인 개인들 간의 거리, 무관심, 분절화 ― 의 차이점에 관한 짐멜의 논의는 개인의 자유와 집단구조 간의 관계에 대한 그의 변증법적 접근방식을 나타내고 있다. 그의 자세한 사회학 분석은 현대사의 흐름에 대한 그의 전반적인 철학적 견해의 한 부분이기도 하다. 뒤르켐과 마찬가지로 짐멜도 역사발전의 주된 경향을 파악하고 평가하여 그의 시대를 진단해보려는 훨씬 일반적인 노력의 일환으로 집단관계와 사회적 연대의 유형과 속성을 이론화시켰던 것이다.

현대문화에 대한 짐멜의 양면적 견해

아마도 현대사의 전개에 관한 견해만큼 문화와 사회에 대한 짐멜의 양면적 태도를 명백히 나타내고 있는 것은 없을 것이다. 그의 견해는 스펜서의 저작에서 나타나는, 그리고 실러와 니체 이후의 독일관념론에서 보이는 것과 같은 자유주의적 진보주의와 문화적 비관주의에 대한, 명백히 모순적인 평가들이 복합된 것이었다.

짐멜이 보기에 현대사란 모순적인 두 과정, 즉 인간이 창조한 문화적 산물이 오히려 인간에 대한 지배력을 점차로 증대시켜가지만, 동시에 개인들은 철저한 속박과 종속으로부터 점진적으로 해방되어가는 과정이 공존하는 것이다. 짐멜은 주장하기를, 현대사회 이전에 인간은 주로 매우 제한된 수의 소규모 사회집단 속에서 생활했다. 친족집단이나 길드, 읍이나 촌락 같은 이런 집단들은 개인을 철저하게 포섭하면서 자기들 수중에 강하게 붙들어두었다. 개인의 전체 인격은 이 집단생활 속에 파묻히고 말았다. 따라서 중세적인 조직형태는 "전체 인간을 점유한다. 그것은 객관적으로 결정된 목표에 공헌할 뿐만 아니라 그 목표의 달성을 위해 모인 인간들을 묶어 하나로 결속시키는 통합의 한 형식을 이루기도 한다."[20] 현대 이전 사회의 연합체들은 명백한 목표와 관련하여 기능적으로 특수화되거나 제한되어 있지 않았다. 그들은 개인을 미분화된 속성과 충성을 통해 결속시켰다. 또한 현대 이전의 사회에서 지배란 전형적으로 피지배자의 전체 인격에 대한 지배를 내포했다. 장원의 영주는 농노에 대한 정치적 지배자만이 아니었다. 그는 농노라는 인간 전체를 경제적·법률적·사회적으로 지배했다. 따라서 종속이란 모든 것을 포괄하는 의미를 띤 것이었다.

그러한 현대 이전의 사회에서 개인들은 많은 연결된 동심원 형태로 조직되어 있었다. 한 사람은 어떤 길드의 성원이고 다시 그 길드는 더 포괄적인 길드 연합체의 한 부분일 수 있다. 한 공민은 특정 도시의 시민이며, 이 도시는 한자동맹 같은 더 큰 도시동맹에 속해 있는 식이다. 한 개인은 대규모의 사회적 모임 속에 직접 가입할 수 없고 소규모 모임의 성원이 됨으로써만 그것에 참여할 수 있게 된다. 원시부족은 개인 구성원들로 이루어진 것이 아니라 개인이 직접적으로 참여하고 있는 씨족이나 혈족 또는 그 외의 여러 집단으로 구성된 것이다.

현대사회의 조직원칙은 이와는 본질적으로 상이하다. 한 개인은 명확히 정의된 여러 모임에 가입할 수 있으며, 어떠한 모임도 그의 전체 인격을 대상으로 통제하지 않는다. "개인이 활동하고 있는 다양한 모임의 수는 문화 발전을 나타내주는 하나의 지표가 된다."[21] 현대인의 가족결합은 직업활동이나 종교활동과 구분된다. 이것은 각 개인이 많은 모임의 공통집합에서 특정한 위치를 점하고 있음을 의미한다. 성원으로 가입할 수 있는 가능한 단체의 수가 많을수록 그만큼 각 개인은 사회적 영역에서 독특한 위치를 점하게 되는 경향이 있다. 그는 하나 또는 몇몇 모임에 다른 개인들과 함께 가입되어 있을 수 있으나, 다른 사람과 전적으로 동일한 공통집합에 위치할 경우는 거의 없다.

하나의 모임 또는 두세 개의 모임의 성원자격으로부터 다양한 모임의 공통집합 내 사회적 위치로 그 지위가 옮겨갈 때 개성에도 변화가 나타나게 된다. 개인의 개성은 그러한 복합적인 참여를 통해 고도로 분절된다. 예를 들면 현대 이전의 사회에서는 충성이나 혈연이 종교적 참여를 결정했다. 다시 말해 종교 공동체가 지역 또는 혈연 공동체와 일치했으므로 누구든지 종교적 신념을 공유하지 않는 사람과는 공존할 수가 없었다. 그와 반대로, 현대사회에서는 이러한 합치가 분리되었다. 누구든지 자기 이웃과 어떤 유대로 매여져 있다고 하여 그들과 종교적 신념도 공유해야 할 필요는 없다. 그러나 이것이 종교가 그 힘을 잃었다는 것을 말하는 것은 아니다. 단지 그것은 더욱 특수화되었을 뿐이다. 종교적 관심이 다른 관심들로부터 분리되었고 더욱 개인적인 것이 되었다. 그것은 꼭 친족적인 또는 이웃 간의 유대와 합치될 필요가 없는 것으로 된 것일 뿐이다.

잡다한 모임들에 다양한 모습으로 참여하는 것은 자의식을 증대시키는 데 공헌한다. 개인의 인격을 완전히 통제하고 있던 소규모 모임의 지배로부터 벗어나게 되면 개인은 해방감을 의식하게 된다. 집단에의 참여가 분절화되면 독자성과 자유에 대한 희구를 불러일으키게 된다. 사회적 모임들의 공통부분은 개인주의의 출현을 위한 전제조건이 된다. 개인들은 더욱 달라져 갈 뿐만 아니라 아무런 어려움 없이 상이한 사회적 맥락으로 옮겨갈 기회도 제공받게 되었다.

　지배와 복종의 여러 형식 또한 현대사회에서 독특한 성격을 보여준다. 사람들은 이제 더 이상 다른 사람에 의해 전적으로 지배되지 않는다. 어떠한 지배든지 지속적으로 존재하는 것은 기능적으로 분화되고 특별한 시간과 장소에 제한된 것뿐이다. 장원의 영주와 비교할 때 현대의 고용주는 그의 공장 내의 노동자들을 전인격적으로 지배하지 못한다. 그들에 대한 그의 권한은 특수한 경제적인 맥락과 정해진 몇 시간에 제한되어 있다. 일단 노동자들이 공장 문을 나서고 나면 그들은 다른 사회적 모임에서 다른 형태의 사회적 관계에 '자유로이' 참여할 수 있다. 그들이 이러한 몇몇 관계에서 지배를 당하고 있다 하더라도 그들은 다른 곳에서는 지배력을 행사할 수도 있으며, 따라서 한 영역에서의 그들의 열등함은 다른 곳에서의 우수함에 의해 보상될 수 있는 것이다.

　짐멜은 본래, 스펜서와 뒤르켐 같은 상이한 사상가들에게서 발견되는 역사적 유형에 대한 자유주의적 견해를 똑같이 뒤따르고 있었음이 분명하다. 그의 견해에 따르면, 분화란 동질적인 것에서 이질적인 것으로, 균일적인 것에서 개인주의적인 것으로, 전통적인 조그만 세계의 일상적인 일에 대한 몰두에서 다양한 모습의 참여와 개방된 기회가 존재하는 넓은 세계로의 참여로 이행함을 뜻한다. 서구 역사의 흐름은 신분에서 계약으로, 기계적 연대에서 유기적 연대로, 관습이 너무나 강해 개성의 발달을 방해하는 사회에서 다양한 참여와 접촉이 독자성과 개인의 자율성을 출현시키는 사회로 옮겨가고 있는 것이다.

　이상은 과거와 현재의 문화적 상황을 고찰할 때 짐멜이 사용한 두 가지 관점 중 하나에 불과하다. 그의 다른 한 관점은 영국의 낙관주의나 프랑스의 진보사상보다도 마르크스와 독일의 문화적 비관주의에 더욱 큰 영향을 받은 것이다. 이러한 관점에서 짐멜은 개인과 객관적인 문화적 가치 사이에 내재하는 근절할 수 없는 이중성을 발견했다. 개인은 그를 둘러싸고 있는 문화적 가치를 완전히 습득함으로써만 세련될 수 있다. 그러나 이러한 가치들은 개인을 매몰시키고 억압할 위험을 안고 있다. 더욱 구체적으로, 분업은 그것이 분화된 문화적 생활의 원천인 동시에 그 과정 속에서 개인을 억압하고 구속할 수도 있는 것이다.

인간의 정신은 그것을 받아들이는 자나 거절하는 자를 막론하고, 심지어 그것을 만든 자와도 무관하게 독자적으로 존재하는 다양한 산물을 만들어낸다. 개인은 종교에서 도덕, 관습, 과학에 이르기까지, 비록 내면화되어지기는 하지만 여전히 소외된 권력으로 남아 있는 문화적인 대상의 세계에 끊임없이 직면하게 된다. 그것들은 고정되고 응고된 형태를 지니게 되며, 개인에게는 '타자성'으로 나타나곤 한다. "불안하고 제한되며 시간에 구속되는 주관적 생활과, 일단 만들어지고 나면 영원히 유효한 것이 되고 마는 내용" 간에는 끊임없는 대립이 존재하게 된다.[22]

개인은 자율성을 획득하고 그 자신의 목표를 실현하기 위해 예술, 과학, 종교, 법률 등을 필요로 한다. 그는 이것들을 자신의 일부로 만들기 위해 이러한 문화적 가치들을 내면화할 필요가 있다. 개인적인 우위성은 외적인 가치의 수용을 통해서만 얻어질 수 있다. 마르크스가 상품생산 시대에서 경제적인 영역에 대해 이름 붙였던 물신적 성격은 문화적 내용이 지니는 일반적인 운명의 한 특수한 부분에 불과한 것이다. 특히 더욱 발달된 문화적 시간에서 이러한 내용들은 독특한 모순을 내포한다. 즉 그것들은 애당초 인간에 의해, 인간을 위해 만들어진 것이었으나, 그럼에도 그것들은 이제 객관적 형태를 지니게 되며 내적인 발전논리를 따라 그들의 근원이나 목적으로부터 점점 소외되어가는 것이다.[23]

분석적인 이해보다는 정열적인 표현을 더욱 구사했던 어떤 글에서 짐멜은 현대인을 욕구나 욕망을 구속하고 지배하는 대상 세계에 포위당하고 있는 것으로 보았다. 기술은 '인위적인' 결핍을 충족시키기 위해 '불필요한' 생산물을 만들어내고 있으며, 과학은 '불필요한' 지식, 다시 말해 아무런 특별한 가치도 없고 다만 과학 행위의 자동적인 확장에 의한 부산물에 불과한 지식을 만들고 있다는 것이다.

이러한 결과로 인해 현대인은 문제 상황에 깊숙이 놓인 자신을 발견하게 된다. 현대인을 둘러싸고 있는 많은 문화 요소는 무의미한 것은 아니지만 그렇다고 근본적으로 의미 있는 것도 아니다. 개인은 이들에 완전히 동화될 수 없는 상황에서 이들로부터 억압을 받지만 이를 피할 수 없다. 왜냐하면 적어도 잠정적으로는 자신의 문화적 발전을 위해 이들을 필요로 하기 때문이다.[24] "주관적인 정신이나 욕망 또는 감각과의 접촉이 점점 약해지는 자족적 세계 내에서 문화적 대상들도 자기들끼리 점점 상호의존적이 된다."[25] 마르크스와 마찬가지로 짐멜도 이 과정을 분업과 관련시켜 관찰하고 있다. 일단 분업이 고도로 발달하게 되면, "생산자의 발전을 희생으로 생산물 자체가 완벽성을 얻게 된다. 일면적 행위만을 강조하는 물리적 힘이나 정신적 기술이 증대한다는 것은 전체 인격에는 그다지 유익한 것이 아니다. 사실 그것은 오히려 인간을 위축시킬 때가 종종 있는데, 그러한 힘이 완전한 인격의 조화로운 발달에 필요한 힘을 모두 없애버리기 때문이다."[26] 분업은 피조물과 창조자를 단절시키고 피조물에게 독자적인 자율성을 부여한다. 분업이 직접 초래한 것은 아니지만 촉진시킨다고 할 수 있는 문화산물의 이러한 물화과정은 인간과 그의 생산물 간의 소외를 더욱 증대시키는 요인이 된다. 예술가와는 달리 생산자는 이제 더 이상 자신이 만든 생산물에서 자신을 발견하지 못한다. 그는 생산물 속에서 자신을 잃어버렸다.

문화세계는 인간이 만든 것이다. 그러나 인간은 그것을 자신이 만든 것으로 전혀 인식하지 않는다. 객관적인 문화산물이 발전하는 과정은 개인의 창조성의 빈곤화를 초래하게 된다. 객관적 문화의 생산자와 소비자 모두 이런 변화로 세련되기는 하지만 점점 개인적인 능력에서는 위축되는 경향을 보여준다.

비록 짐멜은 어떤 측면에서 그에게 깊은 영향을 주었던 프랑스와 영국 사상가들의 진보적·자유주의적 관점을 수용했지만 문화에 대한 비관적 관점도 함께 받아들였다. 그는 비록 완전히 성공한 것은 아니지만 독창적인 방법으로 인간의 완전가능성에 대한 콩도르세의 단순한 진화론적 신념과 실러나 니체의 형이상학적 정열을 결합시키려고 했다. 전통의 구속과 속박에서 개인이 점차 해방되어간다는 견해를 버리지 않으면서도 짐멜은 어떤 절박한 감정으로 개인이 사회구조 속에서 위축되고 세계의 객관적 완성의 대가로 인간의 정신이 마비될지도 모르는 "미래의 감옥"(베버의 용어)을 예고했던 것이다.[27]

『돈의 철학』에 관한 소고

짐멜의 『돈의 철학』(*The Philosophy of Money*)은 상당히 무시되어온 고전이다. 그의 사회학 저술들이 대부분 영어로 번역되었으나 이 함축적 저술만큼은 아직도 옮겨지지 않고 있다(이 책의 초판이 쓰인 이후 짐멜의 『돈의 철학』 영역본이 1978년 출간되었다 — 옮긴이). 이것이 무시되는 이유 중 하나는 그 제목 때문일 수 있는데, 많은 사람에게 책이 매우 형이상학적일 것이라는 생각을 갖게 했다. 일찍이 짐멜의 저작을 번역했던 미국의 스파이크만(Nicholas Spykman)도 이와 같은 생각을 했다.[28] 이 방대한 책은 분명 뚜렷한 철학적 성격이 있지만 주로 문화사회학과, 경제활동과 관계된 넓은 사회영역에 대한 분석에 공헌한 책이었다.

짐멜은 주장하기를, 경제적 교환행위는 하나의 사회적 상호작용으로 파악할 때 가장 잘 이해될 수 있다. 금전거래가 이전의 거래형식을 대신하게 되면 사회 행위자들 간의 상호작용형식에 중요한 변화가 생긴다. 돈은 잘 나눌 수 있을 뿐만 아니라 조작하기도 쉽고 물건의 값을 정확히 계산할 수 있게 한다. 그것은 교환에 사용되는 다른 물건들, 예를 들면 정교하게 만들어진 악기나 수집된 조개껍질과는 비교도 할 수 없을 만큼 그 방식에서 비인간적이다. 돈은 인간사에서 합리적 계산을 증대시키고 현대사회의 특징인 합리화를 더욱 촉진시켰다. 돈이 사람들을 연결시켜주는 일반적인 매개물이 되면 다양한 감정에 기초했던 인간적인 유대가 특별한 목적에 국한된 비인간적인 관계로 바뀐다. 마침내 이전에는 양적으로보다는 질적으로 평가되던 영역, 예를 들면 친족관계나 미적 인식 같은 사회생활의 영역들에서조차 이러한 추상적인 계산이 침투하게 된다.

돈은 교환행위를 손쉬운 목적에 국한시킬 수 있게 해주기 때문에 그것은 인간의 자유를 증대시키고 사회분화를 촉진시키는 역할을 하기도 한다. 즉 자발적인 모임들로 이루어진 '자연적' 집단들을 특별한 합리적 목적에 입각해 설립된 집단들로 대치되도록 하는 것이 바로 돈인 것이다. 어디든지 현금거래가 침투하게 되면 혈연이나 친족 또는 충성에 입각해 이루어졌던 유대관계는 붕괴되고 만다. 현대세계에서 돈은 가치의 표준이나 교환의 수단 이상의 의미를 지닌다. 그 경제적 기능을 훨씬 능가하도록 그것은 합리성, 계산성, 비인간성 같은 현대의 정신을 상징화하고 형상화하고 있는 것이다. 이것은 **공동사회**에서 **이익사회**(Gesellschaft)로 가는 길을 포장하는 가장 중요한 메커니즘이다. 이것의 후원 아래, 계산성과 추상성 같은 현대의 정신이 감정과 상상에 우위를 두던 이전의 세계관을 압도하고 말았다.

『돈의 철학』은 짐멜이 다른 곳에서 다루었던 여러 주제를 다듬어놓은 것이고, 그 일부는 앞서 고찰한 바 있다. 그러나 이 책은 다른 어떤 책에서보다 이러한 주제들을 더욱 철저하게 다루고 있기 때문에 그의 문화분석과 문화비판을 이해하는 데 없어서는 안 될 중요한 책이다.

개인적 배경

짐멜은 1858년 3월 1일, 베를린 중심에 있는 라이프치히가와 프리드리히가의 한 모퉁이에서 태어났다. 이곳은 아주 묘한 출생지였지만——아마도 이곳은 뉴욕의 타임스스퀘어와 비교될 수 있을 것이다——상징적으로 볼 때 일생을 통해 여러 가지 지적 흐름과 다양한 도덕적 향방 등에 강하게 영향을 받으면서 많은 운동에 참여했던 한 인물에 잘 들어맞는 곳처럼 보인다. 짐멜은 전통적인 민속문화에 뿌리를 내리지 못한 현대적 도시인이었다. 짐멜의 첫 저작을 읽고 나서 퇴니스는 한 친구에게 "이 책은 날카롭다. 그러나 거대도시를 선망하게 한다"[29]고 썼다. 그의 뛰어난 글 「이방인」(The Stranger)에서 묘사된 '이방인'과 비슷하게, 그는 '잠재적 방랑자, 즉 비록 이곳저곳 옮겨 다니지는 않[았]지만, 오고가는 자유를 도저히 참아낼 수 없[었]던' 사람이었다. 세기말을 전후해 독일철학과 사회과학의 중요한 이론가의 한 사람으로서 그는 자신보다 훨씬 안정되어 있던 동시대인들에게 불규칙하고 어지러우면서도 매력 있는 인물로 여겨졌다.

짐멜은 일곱 형제의 막내였다. 부유한 유대인 사업가이며 기독교로 개종했던 그의 아버지는 짐멜이 어렸을 때 죽었다. 그의 가족을 잘 아는 친구이며 악보출판소를 경영하던 사람이 이 소년의 후견인으로 지명되었다. 난폭한 기질을 가졌던 어머니와 짐멜과의 관계는 다소 소원했다. 짐멜은 안정된 가족적 분위기에 뿌리를 내리지 못했고, 주변인이 겪는 불안감이 어릴 때부터 생겼던 것처럼 보인다.

고등학교를 졸업한 후 짐멜은 베를린대학에서 당시 가장 중요했던 학자들, 예를 들면 역사가 몸젠(Theodor Mommsen), 트라이치케, 지벨

(Heinrich von Sybel), 드로이젠(Johann Droysen), 철학자 하름스(Claus Harms)와 젤러(Eduard Zeller), 예술사가 그림(Hermann Grimm), 인류학자이자 민족심리학의 창시자 라자루스(Moritz Lazarus)와 슈타인탈(Heymann Steinthal), 심리학자 바스티안(Adolf Bastian) 등과 함께 역사와 철학을 연구했다. 1881년에 철학박사학위를 받을 때까지(학위논문 제목은 「칸트의 물리단자론에 따른 물질의 본성」The Nature of Matter According to Kant's Physical Monadology이었다) 짐멜은 역사학에서 철학, 심리학에서 사회과학에 이르는 광범위한 지식의 영역에 정통해 있었다. 이러한 넓은 관심과 흥미는 이후 그의 전 생애를 관통하는 특징이다.

짐멜은 베를린대학 안팎의 지적 분위기에 깊이 파묻혀 있었기 때문에 학업 중 또는 그 후를 막론하고 이 대학에서 저 대학으로 옮겨다니는 것이 보통이던 독일의 다른 학자들과는 달랐다. 그는 베를린대학에 계속 머물기로 작정했고, 거기서 1885년 사강사(Privatdozent, 학생들의 수강료에 의존하는 무보수 강사)가 되었다. 그의 과목은 논리학과 역사철학부터 윤리학과 사회심리학 그리고 사회학에 이르는 광범위한 것이었다. 그는 칸트, 쇼펜하우어(Arthur Schopenhauer), 다윈, 니체, 그 외 다른 사람들에 대해 강의했다. 종종 그는 한 학년을 형이상학과 사회학의 새로운 경향들을 추적하는 데 바치곤 했다. 그는 매우 인기 있는 강사였고, 그의 강의는 곧 학생들뿐만 아니라 베를린의 문화 엘리트들에게도 흥미 있는 지적 사건이 되었다. 그러나 그의 이러한 열광적인 인기에도 불구하고 학문적 생애는 불행한, 심지어 비극적이기조차 한 것이었다.

학문적 아웃사이더

짐멜은 15년 동안 사강사 생활을 해야 했다. 1901년, 그가 마흔세 살이 되던 해, 학교당국은 마침내 그를 객원교수(Ausserordentlicher Professor)로 받아들일 것을 결정했는데, 이 자리는 학계의 주요 결정에 참여할 수도 없고 아웃사이더라는 오명을 씻어버릴 수도 없는, 순전한 명예직에 불과한 것이었다. 짐멜은 위대한 저명인사가 되었고, 그의 명성은 미국과 기타 유럼의 여러 나라에 널리 퍼졌다. 그는 여섯 권의 책과 70편 이상의 논문을 썼고, 그 많은 것이 영어, 프랑스어, 폴란드어, 러시아어로 번역되었다. 그럼에도 짐멜은 학계의 승진을 꾀할 때마다 좌절을 겪어야 했다. 독일의 어느 대학에 조금 나은 자리가 생길 때마다 짐멜은 그것을 얻으려 싸우다시피 했다. 베버를 포함한 당시의 지도적 학자들이 짐멜을 추천하고 지지했지만 그들도 그의 승진을 성공시킬 수 없었다.

제1차 세계대전 전의 독일 학계를 풍미하던 유대인 배척주의가 학계로부터 짐멜이 받은 인색한 대우를 설명해주는 한 요인이 된다. 그러나 이것이 유일한 요인이었던 것은 아니다. 짐멜의 지식과 관심의 영역이 광범위했고, 또한 그는 기존의 학문영역에 자신을 국한시킬 것을 거부했는데, 그것이 고정관념에 사로잡혀 있던 당시 학자들을 자극했던 것이다. 그의 독창성, 예리한 지식, 아무런 어려움 없이 이 문제에서 저 문제로 옮겨갈 수 있는 능력 등은 특수한 문제에 대한 지속적인 전념만이 학자의 소명에 적합한 것이라고 여기던 그의 동료나 선배 교수들과 마찰을 겪게 했다. 한 학기는 칸트 인식론에 관한 심오한 강의를 하다가 다음 학기에는 냄새의 사회학, 음식의 사회학 또는 교태와 유행의 사회학에 대한 소론을 발간하는 이런 사람을 어떻게 채용할 수 있을 것인가라고 동료들은 반문했다.

짐멜이 학계 동료들로부터 상당한 좌절을 겪었음은 사실이지만, 그렇다고 그를 분노에 가득 차 있던 아웃사이더로 보는 것은 잘못이다. 그는 많은 상류층의 살롱과 문화 모임을 드나들면서 수도의 지적·문화적 생활에 적극적으로 참여했다. 그는 철학자와 사회학자들의 모임에 참가했고, 베버, 퇴니스와 함께 독일사회학회를 창설한 사람 중 하나가 되었다. 그는 예술과 문학 분야에서도 많은 친구를 사귀었는데, 독일의 대표적인 두 시인인 릴케(Reiner Rilke)와 게오르게(Stefan George)는 그의 절친한 친구였다. 특별한 직업이 없는 고등룸펜으로서 짐멜은 많은 지적 모임에 참여했고, 다양한 청중에게 연설했으며, 틈바구니에 끼어 있는 것 같은 지위의 구속으로부터 해방된 자유를 즐길 수 있었다.

그가 비교적 평안한 감정을 지닐 수 있었던 것은 경제적인 염려로부터 완전히 자유로울 수 있었기 때문임이 거의 확실하다. 짐멜의 후견인이 많은 유산을 남겨주었기 때문에 독일의 대학에서 사강사와 객원교수로 있던 그 오랜 기간에도 경제적인 문제 때문에 괴로움을 당하진 않았다. 1890년 베를린대학 시절 짐멜과 결혼했던 그의 아내 키넬(Gertrud Kinel)은 편안하고 유복한 부르주아적 생활을 보낼 수 있었다. 그의 아내는 혼자서 엔켄도르프(Marie-Luise Enckendorf)라는 필명으로 종교철학에서 성철학에 이르는 다양한 주제를 다룬 책을 출간한 철학자였다. 그녀 덕택에 짐멜의 집은 짐멜이 그렇게도 예민하게 논했던 사회성이 그 완전한 모습을 찾을 수 있는 교양 있는 사람들의 집합장이 되었다.

비록 짐멜은 대학의 임용위원회로부터 계속 퇴짜를 맞아 괴로워했지만, 많은 뛰어난 학자의 지지를 얻었고 또 그들과의 친교를 즐길 수 있었다. 베버, 리케르트(Heinrich Rickert), 후설(Edmund Husserl), 하르나크(Adolf von Harnack) 등은 계속해서 그가 충분히 받을 만한 학문적 인정을 그에게 주려고 노력했다. 의심할 여지없이 짐멜은 자신이 가장 높이 평가했던 뛰어난 학자들이 자신의 우수함을 인정해주는 데 만족했다.

교단에서의 대가

짐멜의 엉뚱한 재기는 많은 동료나 선배, 특히 약간 지적 수준이 떨어지는 사람들에게 불안감과 의구심을 불러일으켰으나, 학생들과 강의에 매료된 광범위한 비학문적 청중들은 그를 철저하게 존경했다. 짐멜은 다소 쇼맨십을 가진 사람이었다. 그의 강의에 대해 언급한 바 있는 많은 동시대인은, 짐멜은 강의하는 과정 속에서 독창적인 사고를 수행하는 것 같았다는 점을 강조한다. 그는 강의의 대가였다. 갑작스런 몸짓과 험담을 하다가 극적으로 멈추어서는 눈부신 사상들을 쏟아놓곤 했다. 위대한 독일 비평가인 베냐민(Walter Benjamin)이 프루스트(Marcel Proust)에 대해 했던 평, 즉 "가장 정확하고 가장 설득력 있는 통찰력이 마치 곤충이 나뭇잎에 달라붙어 있는 것처럼 그 대상들에게 밀착되어 있다"[30]는 말이 짐멜에게도 똑같이 적용될 수 있다. 루트비히(Emil Ludwig)는, 비록 거칠게 표현했지만, 그를 잘 묘사하고 있다. 그는 "짐멜은 강의할 때 마치 완벽한 치과의사와 같왔다. 가장 정교한 드릴(그 자신이 날카롭게 첨예화시켰던)을 이용하여 사물의 구강을 뚫고 들어갔다. 그는 고도로 정밀하게 뿌리신경을 집어서 천천히 밖으로 끌어냈다. 우리 학생들은 탁자 주위에 모여서 그 드릴 주위에 곱슬머리 모양을 한 정교한 대상을 볼 수 있었다"고 썼다.[31] 당시 영어의 새로운 간결체를 실험해보던 산타야나(George Santayana)는 덜 비유적인 방식으로 이를 표현했다. 그가 제임스에게 "짐멜이라는 한 사강사를 발견했는데, 그의 강의는 나를 무척 흥미롭게 했다"[32]고 썼을 때, 분명히 그는 이 간결한 문체 속에서 루트비히가 경험했던 것과 유사한 황홀경을 전달하려고 했던 것이 틀림없다.

강의자로서의 빛나는 성공에 비춰볼 때, 짐멜이 마침내 학계의 자리를 얻자마자, 즉 슈트라스부르크대학의 정교수가 되자마자 학생들에게 강의할 모든 기회를 상실하게 되었다는 것은 그에게 특히 괴로운 일이었음에 틀림없다.[33] 그가 독일과 프랑스의 접경에 있는 슈트라스부르크대학에 도착한 때는 1914년 전쟁발발로 인해 대학의 모든 정규 활동이 파괴되기 직전이었다. 대부분의 강의실은 군대 병원으로 개조되었다. 짐멜만큼 인간 운명의 부조화를 겪으며 산 사람이라면 이와 같은 지독한 아이러니에 쓴 웃음을 짓지 않을 수 없을 것이다. 1915년, 빈델반트(Wilhelm Windelband)와 라스크(Emil Lask)의 죽음으로 두 자리가 빈 하이델베르크대학에 직을 얻으려던 그의 마지막 노력도 이전의 노력들처럼 실패로 돌아가고 말았다. 전쟁이 끝나기 직전인 1918년 9월 28일, 짐멜은 간암으로 죽었다.

짐멜의 저작 경력

짐멜은 지금까지 논의해온 사회과학자들과 대조적으로, 시사적인 일이나 사회적·정치적 문제들에 대해 아주 적은 관심을 보였다. 가끔 그는 신문의 논설에 시사적인 문제들 — 사회의학, 여성의 지위, 범죄적 정신이상 등에 관해 언급하곤 했지만, 이러한 문제들에 대한 관심은 그에게는 분명히 주변적인 것에 지나지 않았다. 그러나 한 번의 예외가 있었다. 전쟁이 발발하자 짐멜은 정열적으로 전쟁을 독려하는 데 뛰어들었다. 그는 다음과 같이 언급했다. "나는 독일을 사랑한다. 그리고 독일이 영속하기를 원한다. 이러한 의지를 문화, 윤리, 역사 또는 신만이 아는 그 어떤 것으로 써 '객관적으로' 정당화시키려는 노력들은 불필요하다."[34] 전쟁 중 쓰인 짐멜의 몇몇 글은 읽기 거북하다. 그의 이전의 초연한 입장과는 너무나 멀리 떨어진 격렬한 국가지상주의를 표방하고 있기 때문이다. 그것들은 언제나 '이방인'이라고 느끼던 자가 애국적 공동체 속에 뛰어들려는 결사적인 노력을 보여준다. 그의 젊은 친구 블로흐(Ernst Bloch)는 "너는 네 일생을 통해 결단을 회피하여 왔으나 ─ 테르티움 다투(Tertium datur, 제3의 대안이 있다 ─ 옮긴이) ─ 이제 참호 속에서 절대적인 것을 찾았구나"[35]라고 말했다. 일생을 통해 짐멜은 초연함을 견지했고, 그것이 그로 하여금 사건들을 냉정하고 합리적으로 관찰할 수 있게 해주었으나, 생애 말년에 이르러 그는 애착과 친근함에 대한 갈망에 무릎 꿇고 말았다. 아마도 이것은 용기가 빚어낸 실수일지도 모른다. 짐멜은 상당히 많은 글을 쓴 사람이었다. 생전에 여러 가지 학술지, 신문, 잡지 등에 200편이 넘는 논문이 실렸고, 사후에도 여러 가지 저술이 출판되었다. 그는 철학, 윤리학, 사회학, 문화비평 등의 분야에 열다섯 권의 중요한 저작을 남겼고, 그보다 조금 덜 중요한 대여섯 권의 책이 있다. 그의 학위논문 이후의 첫 출판은『사회분화에 대해』(On Social Differentiation, 1890)라는 제목이 붙은 사회학 쟁점에 대한 것이었으나, 그 후로 오랫동안 주로 윤리학과 역사철학의 분야에 관한 글들을 출판했고, 말년에 이르러서야 다시 사회학으로 돌아왔다. 그의 초기 중요한 두 저작인『역사철학의 문제들』(The Problems of the Philosophy of History)과 두 권으로 된『윤리학서설』(Introduction to the Science of Ethics)이 1892~93년 출판되었다. 이것들에 이어 1900년 철학과 사회학의 접경에 있는 그의 다의적인 저작『돈의 철학』이 나왔다. 칸트, 괴테(Johann von Goethe), 니체, 쇼펜하우어 등과 종교에 대한 조그마한 몇 권의 책이 나온 후, 1908년 짐멜은 그의 주요한 사회학 저작인『사회학: 사회성의 여러 형식에 관한 탐구』(Sociology: Investigations on the Forms of Sociation)를 출판했다. 이 책의 내용 중 대부분은 이미 학술지들에 논문으로 발표되었던 것들이다. 그 후 근 10년 동안 사회학적 문제들에서 벗어나 있다가 다시 1917년 『사회학의 기본문제들』(*Fundamental Questions of Sociology*) 이란 조그만 책을 냈다. 생애 말년에 쓰인 다른 책들은 문화비평(『철학적 문화』*Philosophische Kultur*, 1911), 문학과 예술비평(『괴테』*Goethe*; 1913 『렘브란트』*Rembrandt*, 1916), 철학사(『철학의 주요문제들』*Hauptprobleme der Philosophie*, 1910) 등을 다루고 있다. 그의 마지막 출판물인 『인생관』(*Lebensanschauung*, 1918)은 그가 말년에 이르러 애써서 다듬은 생철학을 전개하고 있다.

짐멜은 일관된 사회학체계나 철학체계를 발전시키지 못했으므로, 그가 학파를 구성하지 못한 것이나 그의 직계 제자가 별로 없었다는 것이 하등 놀랄 일은 못 된다. 그는 죽기 얼마 전 일기에 짤막하게 평소 때의 명료함과 자의식적인 문체로 다음과 같이 썼다. "나는 내가 지적 상속자 없이 죽을 것이라는 것, 그리고 그래야만 한다는 것을 안다. 말하자면 나의 유산은 많은 상속자에게 현금으로 배분될 것이며, 그들은 각각 그 몫을 **그 자신**의 성격에 맞도록 바꾸어 더 이상 유산에 의존하지 않는 형태로 사용하게 될 것이다."[36] 이러한 그의 말은 그대로 이루어졌다. 철학과 사회학의 계속적인 발전에 미친 짐멜의 영향은 그의 명성이 사라진 후에도 알려진 것이든 알려지지 않은 것이든 여러 곳에서 광범위하게 계속되었다. 머튼은 언젠가 그를 가리켜 "셀 수 없이 많은 생산적인 아이디어를 지닌 사람"[37]이라 했고, 가세트(José Gasset)는 그를 일종의 철학적 다람쥐, 즉 이 열매에서 저 열매로 뛰어다니면서 지식을 갉아먹는데, 지치지도 않으며 이 가지에서 저 가지로 넘나들며 순수한 우아함을 즐기는 데 관심을 쏟는 철학적 다람쥐에 비유했다. 짐멜은 자기 생애 동안 그에게 매료된 청중들을 불러 모았지만, 그 자신을 그의 제자라 부른 사람은 하나도 없었다.

미국인 중에서 그의 가르침을 받은 사람으로 파크를 들 수 있다. 파크의 책을 읽는 사람은 누구나 짐멜이 남긴 심대한 영향을 간과할 수 없다. 그의 강의로부터 중요한 영감을 얻었던 유럽인들 중에는 그와는 상이한 인물들, 예를 들면 마르크스주의 철학자 루카치(Georg Lukács), 블로흐, 실존철학자이자 신학자인 부버(Martin Buber), 철학자이자 사회학자인 셸러(Max Scheler), 사회사가 그뢰튀젠(Bernhard Groethuysen) 등이 있다. 독일

사회학자인 만하임, 피어칸트(Alfred Vierkandt), 프라이어(Hans Freyer), 비제(Leopold von Wiese) 등도 짐멜로부터 영향을 받았다. 아도르노(Theodor Adorno), 호르크하이머(Max Horkheimer)와 그 외의 신마르크스주의 사회학인 프랑크푸르트학파의 대표자들도 그에게 많은 도움을 입었는데, 특히 대중문화와 대중사회에 대한 그들의 비판에서 그러했다. 하르트만(Nicolai Hartmann)에서 하이데거(Martin Heidegger)에 이르는 현대 독일철학자들도 역시 그에게 빚진 자들이다. 1890년대부터 제1차 세계대전까지, 또한 그 후의 독일 지성은 강력한 짐멜의 수사학적이고 변증법적인 기술의 손아귀에서 거의 벗어날 수가 없었다고 말한다 해도 결코 과장이 아니다.[38]

지적 배경

짐멜의 포괄적 정신을 형성시키는 데 도움을 준 모든 영향을 살펴보려면 아마도 서구사상의 모든 역사를 써야 할 것이다. 왜냐하면 짐멜이 그의 생애에서 어떤 측면에서든지 관심을 가져보지 않았던 주의나 사상은 거의 없기 때문이다. 상이한 사상가들, 예를 들면 후설과 마르크스, 베버와 쇼펜하우어 등도 짐멜의 책 속에 그 족적을 남기고 있다. 그러나 이런 영향들은 종종 확인하기가 어렵다. 왜냐하면 그의 가벼운 글쓰기 방식에서 짐멜은 각주를 늘 무시했고, 학계의 관행을 제대로 따르지 않았기 때문이다. 또한 그가 자신의 『철학개론』(*Introduction to Philosophy*)에서 밝힌 것처럼, 철학체계에서 그 창안자들의 '개인적 태도'가 반영된 것만을 고찰하고, 태도 외의 체계에 관해서는 훨씬 주의를 기울이지 않았다. 그러나 다소 도식적이 될 위험을 감수한다면, 짐멜의 사상이 세 개의 ─다소 중복되기도 하지만─ 명확한 단계를 거쳐 발전했다고 말할 수 있다. 그는 프랑스와 영국의 실증주의사상과 다윈과 스펜서의 진화론의 영향하에서 학문생활을 시작했다. 그가 가장 중요한 사회학 저작들을 쓰던 중기에는 칸트와 신칸트주의자들에게 관심을 쏟았다. 생애 마지막 몇 년 동안 그는 니체와 베르그송으로부터 얻은 초석들로 일반 생철학을 구성하려고 시도했다.

다윈과 스펜서를 좇아서

짐멜의 1890년대 저작들, 그중에서도 『사회분화에 대해』와 『윤리학서설』 속에서 스펜서와 다윈의 영향이 뚜렷이 나타나고 있다. 분화란 개념 자체는 다른 사상가들에게서도 물론 찾아볼 수 있지만, 대부분 스펜서의

298

진화론 개념에서 얻어낸 것으로 보인다. 짐멜은 여기서 분화는 유기체와 그 환경 간의 관계에서 에너지를 축적시켜주는 진화적인 이점을 지닌다고 주장했다.[39]

짐멜이 진화론을 모두 받아들인 것은 아니다. 그는 당시 좌파, 우파를 막론하고 특별한 정치적 주장을 지지하기 위해 다윈의 학설을 사용하려는 빈번한 시도에 늘 회의적인 태도를 나타냈다. 그의 초기 저작에서도 개인이나 종족이 지배를 위해 끊임없는 투쟁을 벌이게 된다는 식으로 생존경쟁을 해석해서는 안 된다고 주장했다. 그럼에도 우리는 초기 저작들에서 당시의 문제들을 다루면서 스펜서나 다윈식의 논리를 적용하고 있는 곳을 많이 발견할 수 있다. 예를 들면 짐멜은 돈 때문에 하게 되는 결혼은 유전학상의 혼합을 초래하는데, 이는 "인종적 퇴화의 직접적인 원인이 생물학적인 것임을 나타내준다"고 했다.[40] 초기에 짐멜은 범죄성향도 유전적인 것이라 주장했고, 심지어는 자신의 열등성을 다음 세대에 물려주게 될 허약자들을 보호해주는 것에 반대해 싸우기도 했다.[41]

물론 짐멜은 진화적 발전이란 소박한 교의를 그대로 신봉하는 자는 아니었지만, 초기에는 인류는 개인이 집단 속에 매몰되었던 원시적 상태로부터 현대사회 같은 자율적 개인이 성장한 상태로 점차적으로 발전한다는 스펜서식의 믿음과 비슷한 입장을 지니고 있었다. 이러한 관념은 한때 짐멜의 스승이었던 바스티안을 중심으로, 독일에서 나타난 인류학이론에 의해 더욱 강화되었다. 그에 따르면, 모든 원시집단은 독립적이고 자율적으로 동일한 단계의 집단의식과 발전단계를 통과하게 된다. 이러한 형태의 진화론 또는 발전의 '병행론'은 19세기 후반 독일의 지배적인 인종학 교의가 되었다. 특히 이 이론을 대중화시키는 데 공헌한 리페르트(Julius Lippert)의 영향하에 짐멜도 부분적으로는 미래의 완전가능성에 대한 낙관적이고도 평온한 신념을 지니게 되었다. 이때 그는 도덕적 미숙함과 죄악 그리고 원시인의 파괴적 욕망 등을 어린이의 유사한 성향과 비교하면서, 어린이가 성장함에 따라 이러한 동물적인 특성들을 극복하게 되는 것처럼 인류도 점차로 이러한 유아적인 무질서로부터 벗어날 것이라는 신념을 표현했다.[42]

칸트의 영향

훨씬 일반적인 의미에서 볼 때 짐멜은 상호작용과 기능적 연관성 그리고 상호의존성 등에 대한 분석에 초점을 맞추는 그의 사회학적 방법의 대부분을 다윈과 스펜서 그리고 그들의 이론을 따르고 널리 대중화시킨 독일 학자들의 책에서 도출해냈다. 그러나 다윈과 스펜서의 사상은 짐멜이 그의 성숙기에 이르러 칸트의 가르침, 그중에서도 특히 칸트의 인식론의 영향을 받으면서부터 배경으로 밀려나게 되었다. 칸트의 인식에 대한 비판철학의 핵심 주제는, 자연계와 감각적 세계는 어떤 선험적 인식원리에 따른 인간 이해에 의해 조직된다는 생각이었다. 흄의 경험주의를 거부하며 칸트는 인간은 결코 사물 그 자체에 대한 직접적 인식을 얻을 수 없으며 단지 어떤 선험적인 정신 범주, 예를 들면 시간과 공간 같은 것에 의해 매개된 인식을 얻을 수 있을 뿐이라고 주장했다.

짐멜이 특히 그의 『역사철학의 문제들』에서 역사적 지식의 성격에 관해 언급할 때, 그는 이전에 지지했던 모든 형태의 무비판적 경험주의를 포기하고 칸트에 동조하여 단순한 구체적 경험은 무질서하고 인지될 수 없는 것이라 주장했다. 주어진 어떤 경험세계 안에서 어떻게 지식이 가능한가를 곰곰이 생각해보면 정신이 스스로의 활동을 통해 그 지식을 만들어낸다는 것을 알게 된다.[43] 지식은 그것이 범주적 장치를 통과할 때만 사용가능한 것이 된다. 따라서 짐멜에게 역사적 지식은 칸트의 자연에 대한 지식과 마찬가지로 선택적이고 범주화된 사고의 구성적 산물인 것이다. 그것은 결코 주어진 것이 아니며 창조된 것이다. 따라서 역사서술은 결코 여러 사실의 수집으로 가능한 것이 아니다. 그것은 특정 시기에 발생한 모든 일에 대한 단순한 열람표가 아니라 지식대상을, 그것을 탐구하는 정신의 여러 문제와 범주에 입각해 인지하게 되는 인식과정을 내포해야 한다.[44]

짐멜이 역사철학을 구성하는 데 큰 도움을 주었던 칸트의 접근방식은 그의 사회학 저작들 중에서도 뚜렷이 드러나고 있다. 그의 사회학에서 중심적인 위치를 점하는 형식과 내용의 명확한 구분은 명백히 칸트적인 것이며, "추상만이 실체의 복잡성이나 단일성으로부터 과학을 산출해낼 수 있다"[45]는 그의 주장도 역시 그렇다. 짐멜이 그의 유명한 글에서 "사회는 어떻게 가능한가?"[46]를 자문했을 때도 그는 칸트의 "자연은 어떻게 가능한가?"를 출발점으로 삼고 있었던 것이다.

그렇다고 짐멜이 신칸트학파의 일부 사람들처럼 사회학의 영역에다 단순히 칸트의 원칙을 적용한 것에 지나지 않았다는 말은 아니다. 그는 사회학적 탐구는 칸트가 주로 관심을 가졌던 자연과학에서는 보지 못할 수도 있는 여러 문제를 만나게 된다는 것을 알고 있었다. 예를 들면 그는 칸트의 자연은 비응집적이고 비구성적인 세계의 단편적인 것들을 종합하는 관찰의 정신을 통해서만 존재할 수 있는 데 반해, 사회적 연결이란 관념은 사회의 일부를 구성하고 있는 개인들에게 직접적으로 주어지는 것이라 강조했다.[47] 그럼에도 사회생활에 관한 기하학, 순수한 형식사회학을 구성하려는 짐멜의 노력은 칸트철학에 깊이 몰두했던 정신에서만 나타날 수 있었으리라는 것은 엄연한 사실이다. 칸트가 자연에 대한 모든 경험은 선험적인 형식적 범주들에 의해 형태 지어진다고 주장한 것처럼, 이제 짐멜은 변화를 본질로 하는 사회생활의 내용은 그 다양한 내용을 결정화시키고 포괄하는 지속적인 사회적 형식 또는 범주들의 분석을 통해서 유리하게 탐구될 수 있다는 것을 보여주려 했다.

마지막 단계: 생철학

형식과 내용의 구분은 짐멜의 후기에서도 여전히 중요한 위치를 점한다. 그가 칸트의 영향하에 있던 시기에는 주로 사회 내에서 개인의 의도나 힘을 성취시켜주고 인도해주는 비교적 지속적인 여러 형식에 대해 분석적 관심을 집중시켰던 데 반해, 이제는 베르그송과 니체의 영향하에 그가 어떠한 형식적 틀 밑에도 깔려 있다고 주장한 생명력 있는 힘, 늘 새롭게 하는 흐름을 찬양하는 데로 기울어졌다. 특히 말년에 죽음의 그림자를 바라보면서 집필한 마지막 책인 『인생관』에서 짐멜은 삶과 생명력 있는 힘의 끊임없는 흐름에 대해 일종의 서사시 같은 찬양에 열중했다. 삶은 결국엔 '더 나은 삶, 더더욱 나은 삶'을 창조하기 위해 형식의 둑을 넘쳐흐르리라는 것이 그의 신념이었다.

짐멜의 사상을 이렇게 3단계로 대략 살펴본 것을 너무 글자 그대로 받아들여서는 안 된다. 시기는 서로 중첩되기도 한다. 아마도 그의 책들 중에서 가장 칸트적인 『사회학』(*Soziologie*)의 첫머리는 베이컨-스펜서적인 문장으로 쓰여 있다. "진리를 아는 것은 생존경쟁—자연과의 싸움뿐만 아니라 인간 간의 싸움에서도—의 무기다."[48] 『인생관』보다 훨씬 이전의 책들에서도 생명력 있는 진술을 찾아볼 수 있다. 그러나 짐멜은 실증주의와 진화론이라는 '비공식적인 베를린 문화'에서 출발해 "반합리주의운동 쪽으로 가까이 가서 마침내는 그가 자신의 마지막 책을 바쳤던 [반합리주의 시인] 게오르게와 같은 편에 서게 되었다"[49]고 쓴 호닉스하임(Paul Honigsheim)의 판단은 정확한 것이었다. 이런 변화를 좀더 이해하기 위한 실마리는 짐멜이 활동했던 사회의 맥락을 살펴봄으로써 얻을 수 있을 것이다.

사회적 배경

개관

짐멜이 성년이 되던 시기는 황제 빌헬름 1세(Wilhelm I)하의 '철혈재상' 비스마르크가 1870년 프랑스와의 전쟁을 승리로 이끈 후 성립시킨 통일된 독일연방공화국이 나타난 지 얼마 되지 않은 때였다. 그 후로 독일연방공화국과 그 수도는 놀랄 만한 속도로 발전했다. 이제까지는 다소 조용한 지방 마을이었던 베를린이 갑자기 세계적인 도시가 되었다. 이 도시는 1848년에는 40만 명의 주민밖에 살지 않았다. 그러나 1914년에는 400만 명이 되었다. 그 외 다른 독일의 도시들 — 함부르크, 쾰른, 뮌헨, 라이프치히, 프랑크푸르트 — 도 급속히 발전했다. 1830년에는 독일 인구의 5분의 4가 농촌에 살고 있었으나 1895년에는 이 비율이 5분의 1로 줄어들었다.

경제발전은 도시화보다도 더 빠른 속도로 진행되었다. 1871~74년에는 40억 마르크 이상의 자본을 가진 857개나 되는 새 회사들이 실업계에 나타났다. 더욱 확장되고 중앙집권화된 은행체제도 동시에 나타났다. 베를린의 은행장들은 그들의 새로운 대리석 궁전들 속에 깊숙이 앉아 독일 전역에서 나타나기 시작한 새로운 회사를 지배하기 시작했다. 독일의 산업은 영국이나 프랑스에 비교해볼 때 후진적이었으나, 이제 그들은 뒤늦은 출발을 놀랄 만큼 급격한 발전으로 보상받으려 했다. 1870년대에 독일의 산업생산은 프랑스를 앞지르게 되었고, 1900년대에 이르러서는 영국의 생산액에 도달하게 되었다. 제1차 세계대전 직전 독일은 미국을 제외하고는 단연 선두로 나서게 되었다. 1875년에 독일은 3,400만 톤의 석탄을 생산했다. 20년 후에는 7,400만 톤으로 증가했고, 다시 1910년에는 그 배인 1억 5,000만 톤을 생산했다. 이 시기에 독일은 고도로 산업화된 국가로 성장했다.

19세기 마지막 사반세기 동안 독일 자본주의는 급격한 성장을 보였지만, 정치영역에서는 기본적으로 아무런 변화가 없었다. 경제영역에서는 돈과 공장을 소유한 새로운 사람들의 출현이 강하게 나타났다. 자신만만하고 엄청난 야망과 의지력을 지닌 이들은 독일이 자신들의 것이며 이 나라의 경제적 성취를 이룩한 자기들이야말로 새로운 질서의 중추로 평가되어야 할 것이라 생각했다. 그러나 돈과 공장 그리고 회사를 소유한 이들은 시장에서는 상당한 힘을 얻었으나 정치영역에는 별 힘을 갖지 못했다. 군부, 외교정책, 고급 공무원직 등은 여전히 동부 엘베 지역의 소토지 귀족인 융커들과 전부터 옛 프러시아의 모든 일을 처리해오던 구엘리트들에 의해 지배되고 있었다. 새로운 자본가계급이 쉽게 진출할 수 있었던 국회는 그 영향력이 제한되어 있었다. 대법원과 황실 재판소에서 모든 일에 대해 큰 소리치고 결정권을 행사하는 사람들은 모두 대지주나 비자본가계급에서 충원되었다. 독일은 반(半)봉건적인 정치체제에 의해 유지되는 자본주의 경제를 지니고 있었다. 자유를 얻은 부르주아는 경제적으로 마음껏 팽창할 수 있었고, 이윤을 높일 수 있는 한 정치세력에 대한 후견인 노릇을 충실히 했다. 중요한 중간계급의 당파들도 비스마르크와 보조를 같이 했으며, 한때 열렬한 자유민주주의자들이었던 사람들조차 대부분 기존 상태를 지지하는 국가자유주의자들로 바뀌었다. 단지 갑자기 성장한 사회민주당과 가톨릭중앙당만이 이전 모습의 자유민주주의자의 잔존세력들과 더불어 비스마르크체제에 영합하는 것에 반항했다.

산업화에 의해 출현한 새로운 노동계급은 정부의 박해와 불법화시키려는 많은 시도에도 불구하고 사회민주당의 근간을 이루었다. 비스마르크는 여러 가지 진보적인 복지제도나 사회보장법 등을 통해 노동자들을 매수하고 통제하려 했다. 그러나 노동자들은 자신의 시민적 권리를 박탈하고 정치적 활동을 제한하는 정치체제 — 프러시아에서처럼 중간계급에 속한 사람의 표가 노동자의 표보다 훨씬 중요하게 취급되던 체제 — 에 근본적으로 적대적인 입장을 견지했다. 자유주의적 중간계급이 무척 약했기 때문에, 프랑스나 영국에서는 오랫동안 기존의 중간계급 정당들이 자신들 계획 중 하나로 실현시켜왔던 민주적 요구를 위한 투쟁의 임무를 노동계급의 정당이 떠맡아야 했다.

경제영역에서의 근대성과 사회적·정치적 부문에서의 낙후성이 묘하게 결합된 독일의 이러한 상황은 중대한 정치적 결과를 초래했다. 다렌도르프(Ralf Dahrendorf)는 이에 대해 다음과 같이 기술했다.

대의정부는 부르주아들이 권력을 요구하는 데서 필수적인 도구였다. 평등한 대의제를 통해서만 그들은 자신들의 주장을 관철시킬 수 있었다. ……그러나 독일의 부르주아들은 정치권력을 요구하지 않았다. 오히려 그들은 산업화를 존속시키기 위해 독재국가, 즉 그들의 피치자들의 '이익을 잘 이해'하고 특유의 통찰력을 지니고 있는 몇몇 사람에게 모든 정치적 결정이 위임되는 그러한 국가를 허용했다.[50]

새로 황제가 된 빌헬름 2세(Wilhelm II)는 1890년 늙은 비스마르크를 해임한 이후에도 대부분의 정책을 그대로 답습했으나 비스마르크 같은 섬세함과 교묘한 술책을 구사하지는 못했다. 황제는 곧 국외로의 팽창 정책과 군비확장 정책을 채택했고, 이것은 더 오래된 제국주의 국가들에게 독일을 가장 큰 위협으로 부각시켰으며, 마침내 더 넓은 식민지를 얻으려는 이 권력에 굶주린 신참자에 대항하는 동맹이 결성되는 결과를 가져왔다.

이 시기에 지적 생활은 활짝 꽃이 피었다. 독일의 학계는 탄압을 받지 않았다. 시에서는 릴리엔크론(Detlev von Liliencron), 데멜(Richard Dehmel) 그리고 좀더 후에 나타난 릴케, 게오르게 같은 중요한 인물들이 나타나 시의 르네상스를 가져왔다. 하웁트만(Gerhart Hauptmann)의 희곡에서 특히 볼 수 있는 자연주의는 그 시대에 대한 날카로운 비판을 묘사했고, 노동계급의 비참함과 중간계급의 증대해가는 자기만족 간의 대비를 잘 드러냈다. 미술에서는 인상파가, 비록 파리 화단에 종속되어 있긴 했지만, 리베르만(Max Liebermann) 같은 대가를 배출했다. 그러나 ― 그리고 이것이 이 시대를 이해하는 데 가장 중요한 것인데 ― 골로 만(Golo Mann)이 말한 대로, "정신과 국가는 제각기 따로 놀았다."[51] 지식인들의 세계는 비록 고전시대 이래 가장 풍성했지만 정치적으로는 무능했다. 제3공화국하의 프랑스와는 달리 독일의 예술가들이나 지식인들은 시민으로서의 역할이나 정치적 사건들에 대해 무관심했고, 오로지 자신들의 연구 속으로 움츠러들어 있었다. 한마디로 그들은 독일 역사의 초기에서처럼 정치적으로 적극적인 사람이 되기보다는 유순한 복종자가 되는 것에 만족했다.

지식인 중에서도 교수는 존경을 받고 있었다. 프랑스나 영국 같은 자유로운 사회에서는 18세기 이래 학계에 매여 있지 않은 지식인들이 적극적으로 사상의 시장에 뛰어들어 비판적 분석이나 이데올로기 대변자 또는 권력의 비판자로서 중요한 역할을 담당했다. 그들은 중간계급에게 도덕적·정치적 문제뿐만 아니라 기호의 문제에 이르기까지 없어서는 안 될 인도자가 되었다. 그러나 독일에서는 그렇지 못했고, 오히려 그 나라의 정치적·사회적 후진성을 뒷받침하는 데 공헌했다. 무관심한 중간계급은 사상의 자유로운 활동을 거의 좋아하지 않았고 교수들은 원칙적이고 서열화된, 세분화된 가르침 앞에 위축되어 있었다. 독일의 교수들은 계속하여 높은 사회적 지위와 그에 따른 물질적 보상을 향유하고 있었다. 대학의 위계 중 최하위인 사강사는 종종 기아선상에서 헤맸지만, 정교수들은 경제적으로 거의 걱정하지 않아도 되었다. "그들의 존재양식은 열심히 일하고 즐기는 것이었다. 맥주와 포도주를 마시는 일이나 알프스에서의 휴가와 이탈리아로의 순례 여행 등은 즐겁기도 하고 생산적이기도 한 것처럼 보이는 그들의 생활 속에서 큰 몫을 담당하고 있었다."[52]

자기들의 특권적 지위에 안주함으로써 독일 교수들은 있는 그대로의 현상에 만족했고, 비판적인 정치사상에 가담하기를 꺼렸다. 그들 중에서도 특히 슈몰러와 그의 사회정치학회(Verein für Sozialpolitik)를 중심으로 한 '강단사회주의자들'은 정부에 대한 충성을 강조하면서도 한편으로는 사회의 부정의를 완화시킬 개혁을 단행하고 제반 사회문제에 더욱 적극적으로 개입할 것을 정부에 요구했다. 그러나 교수 대부분은 이러한 제한된 비판활동조차 하기를 꺼려했다. 트라이치케 같은 역사가는 프러시아 국가를 찬양하고 조국의 영광을 노래했다. 다른 교수들은 학문 영역의 미시적 과제에 몰두했다. 만이 기술한 대로, "진리와 아름다움을 찾는 것과 인류 역사의 기원이나 인간 영혼의 신비로운 내부에 대한 탐구 — 이런 것이 모로코의 정치적 위기나 의원의 선출 같은 것보다 훨씬 더 중요한 것으로 보였다."[53] 사회민주당과 보조를 함께 하는 몇몇 터키 청년당원의 경우처럼 학계의 자족적인 평안을 교란시킬 우려가 있는 학자는 사회학자 좀바르트(Werner Sombart)처럼 지방대학으로 쫓겨나거나 그의 동료 미헬스(Robert Michels)처럼 학계에 자리를 전혀 얻지 못했다. 유대인들은 적어도 잠정적으로나마 지적인 평화를 깨뜨릴 수 있는 자들이라 여겨졌기 때문에, 교수되기가 무척 어려웠을 뿐만 아니라 된다 하더라도 대부분 학자로서의 생산적인 기간을 학계의 주변적인 위치에서 보내면서 충성심이 확인된 후에야 비로소 정당한 대우를 받을 수 있었다.[54] 대학은 폐쇄적인 단체는 아니었다 하더라도 **황제에 대한 충성**과 보수적 기준들을 지지하는 태도를 보인 사람들만 교수라는 내부 체제에 들어갈 수 있는 일종의 거름망을 지니고 있었다.

이러한 교수들이 지성계를 주로 지배했지만 큰 도시, 특히 베를린에서는 교수보다 훨씬 활발하고 생동적이며 엉뚱한 자유주의 지식인들이 성장하고 있었다. 이들도 물론 정치적·사회적 참여로부터는 여전히 동떨어져 있었다. 이러한 분위기에서 비판적 언론인들, 희곡 작가들, 문필가들, 그리고 보헤미아 예술인들은 부분적으로는 서로 중복되는 모임에 참가하면서 평소 학계에서는 볼 수 없는 대담한 사상들을 교환하곤 했다. 예를 들어 베를린의 비공식적인 '반(反)문화' 속에는 그때까지도 대학 당국에서 꺼리던 유물론과 사회적 다원주의의 신봉자들도 있었고, 졸라, 입센(Henrik Ibsen), 스트린드베리(August Strindberg), 비에른손(Bjørnstjerne Bjørnson) 등 사실주의 소설이나 극들의 선전자들도 있었다. 여기서 부르주아적 퇴폐성에 대한 니체의 공격과 그보다 조금 후의 게오르게의 지식인 엘리트 찬양은 많은 청중과 추종자를 얻게 되었다.[55]

전체적으로 이 반문화는 대학 문화에 비춰볼 때 정치적으로 훨씬 활동적이었다. 예를 들어 사회주의사상은 많은 성원에게서 호감을 얻었다. 그럼에도 이것은 거의 전적으로 정치적 영향력을 갖지 못했다. 어떤 성원들은 페미니즘이나 성해방, 형법의 인도주의적 개혁 같은 여러 가지 주장을 내세우기도 했으나, 대체적으로 정치적 조류를 좌우하는 데서 무력감을 느꼈고 정치 과정 속에 적극적으로 뛰어들기를 꺼려했다. 대부분은 정치적으로 엘리트적인 태도를 지닌 채 한쪽 옆으로 비켜서 있거나 아니면 미학주의로 움츠러들고 말았다. 교수들이 초연함을 가장한 사회적 동조자로 존재하는 것처럼, 자유주의적 지식인들도 똑같이 사회적·문화적 비판으로부터 초연하려는 경향을 나타냈다.

이상 살펴본 것처럼 짐멜은 대학 문화와 베를린의 반문화에 똑같이 참여하고 있었다. 그 두 문화의 주변부에 위치하고 있었기 때문에 이러한 위태로운 사회적 위치 속에서 그는 제도적인 틀에 구애됨이 없이 자신의 분석기술을 적용할 수 있는 지적 초연함을 얻을 수 있었던 것이다.

짐멜의 두 청중

짐멜은 당시의 세속적 일들에는 거의 완전하게 무관심했다. 이 점에서 그는 사회에 대한 객관적 연구를 가능케 하는 기초를 구축하려고 일생 동안 노력한 뒤르켐과 상당한 차이를 보인다. 뒤르켐은 이데올로기적인 선입견이나 정치적 정열로부터는 떨어져 있었지만 정치도덕가로는 열심히 활동했다. 초연함과 참여의 대위법적 관계가 뒤르켐의 전 생애와 저작을 특징짓고 있다. 이와는 반대로, 짐멜은 전쟁이 나던 몇 년간을 제외하고는 사회생활이나 정치생활에 의해 전혀 좌우되지 않았다. 그의 이러한 객관성 —그의 일생을 통해 다소 현실과는 거리감이 있는 문제들에 대한 친숙함을 지닐 수 있었던— 은 그가 관계를 맺는 모든 종류의 모임 어느 하나에도 몰입하지 않고 언제나 주변에 머무르고 있었다는 사실 때문에 더욱 강화되었다.

학생 시절 때부터 학문생활에 뜻을 두기는 했지만, 짐멜은 학계의 동료나 선배들하고만 관계를 맺은 것이 아니라 베를린의 비학문적인 반문화의 성원들과도 교제를 맺었다. 일찍부터 그는 당시 "학습을 가로막는 제1방어부대"[56]라는 별명을 얻고 있던 베를린대학 내 고지식한 학자들의 원칙과 생활방식을 매우 싫어했던 것 같다. 기질상 그는 비학문적인 모임들에서 볼 수 있는 생동적인 자유 토론, 문예비평계나 반(半)보헤미아적인 살롱 등에 매력을 느끼고 있었다. 그러나 그는 인기 있는 베를린의 수필가와 이야기꾼 그리고 사교가가 되는 것만으로 만족하지 않았다. 그는 자신의 존재를 학계에까지 알리고 싶어 했다. 이처럼 상이한 두 청중을 대상으로 생활하려 했다는 사실이 짐멜의 독특한 문체를 적어도 부분적으로 설명해 준다. 일반적으로 이러한 문체의 특징을 그의 개인적 성격 탓으로 설명해 왔다. 물론 이것도 부분적으로는 사실이다. 그러나 짐멜의 학계와 베를린의 반문화 그리고 일반적인 지식공동체에서의 사회적 역할을 자세히 살펴보면, 애초에 순전히 심리적인 문제로만 보이던 것에 대한 중요한 시사점들을 발견할 수 있다.

짐멜의 동시대인들은 종종 다른 중요한 사회학자들과는 판이하게 다른 그의 문체의 독특함에 관해 언급했다. 그들은 짐멜 저작의 섬세한 우아함이나 눈부신 재기를 강조했으나, 동시에 그의 체계적 배열의 결핍과 거의 고의적이라 여겨질 정도의 방법상의 무질서함 등도 지적하곤 했다.

더욱 최근에는 볼프(Kurt Wolff)가 "짐멜은 종종 그의 저작에서 마치 어떤 사상이나 사상들의 폭발적 출현에 당황한 듯이, 그리고 자신을 억제하지 않고 닥치는 대로 가능한 모든 사상을 소화하고 결합시키려는 듯이 보인다"[57]고 말했다.

이러한 짐멜 문체의 특이함은 부분적으로 그의 특이한 학문적 경력에 의해 설명이 가능하다. 짐멜이 베를린대학과 독일 학계에서 전반적으로 가장 인색한 대우를 받았다는 사실은 앞서 살펴본 바와 같다. 심지어 그가 당시의 대표적인 지식인으로 간주되었을 때조차 그는 학계의 인정을 받지 못했다. 사강사로서, 그리고 후에는 객원교수로서 그는 대학에서 완전한 지위를 얻지 못했고, 대학의 정규교원으로서 학문적인 결정에 한 번도 참석하지 못했다. 그는 계속 예비적이고 주변적인 지위에 머물러 있었다.

앞서 간단히 살펴본 대로, 유대인 배척주의와 학계의 질서가 짐멜을 받아들이지 않는 부분적인 역할을 담당했다.[58] 뛰어난 역사가였던 셰퍼(Dietrich Schäfer)는 하이델베르크대학에 교수직을 얻으려는 짐멜의 자질을 평가하면서 바덴 주 문화부에 다음과 같은 글을 써 보냈다. "그는……

외모나 태도 그리고 사고방식에서조차 철저한 유대민족주의자다. ······그는 재치 있는 말들로 자기 글을 꾸민다. 그리고 가르치는 청중들도 이런 특징에 따라 구성되는데, 부인들이 상당 부분을 차지한다. ······또한 [그의 강의에는] 특히 많은 동양인이 참석하고 있다."[59] 이러한 반유대인적 거부감에다가 셰퍼는 다른 두 가지 결점을 추가하고 있다. 즉 짐멜이 그의 강의에 비학문적인 사람과 하층 사람들을 많이 모았다는 것과 그의 '영리함'을 결점으로 지적했다.

많은 동료는 짐멜이 너무 명석해서 그의 비판 능력은 '건설적' 행위로 연결되기보다 오히려 '파괴적' 행위로 귀착될 것이라 생각했다. 당시 독일 학자들의 편지나 자서전 등에서 짐멜의 명석함과 불안정성 그리고 건설적인 지적 원칙의 결핍 등에 관한 정중한 언급들이 자주 보인다. 한 예를 들면 마이네케(Friedrich Meinecke)는 그의 『회상』(Erinnerungen) 중에서 짐멜이 언젠가 그를 방문했을 때, 그가 의자를 내어놓자 거기에 앉는 대신 "의자와 의자를 제공하는 철학"에 관해 강의를 하면서 몇 가지 "기막힌" 생각들을 피력했다고 정중하게 언급했다.[60]

짐멜의 학계 내 지위가 낮았던 것은 그의 독특한 문체 때문이었다고 주장할 수도 있을지 모른다. 그러나 설사 짐멜의 초기 저작의 문체가 종종 상위 전문가들에게서 불리한 판단을 받게 했다는 것이 증명된다 해도 여전히 다음과 같은 의문이 남는다. 즉 그렇다면 왜 그는 초기 저작의 문체와 비슷한 글들을 계속 발표했는가? 왜 그는 학계 선배들의 기대에 좀더 가깝도록 그의 문체를 고치려 하질 않았는가? 왜 그는 나쁜 결과를 가져오리라 예상되는 특징들을 계속 강조했는가?

학계에서 동료나 선배의 기대에 맞추어 산다는 것 — 다른 말로 하면 학문적 게임의 규칙을 지킨다는 것 — 은 낮은 지위에 있는 교직자에게 가해지는 전형적인 압력이다. 이러한 규칙들은 무엇보다 지적인 원칙과 학자라는 고정된 기준에 대한 복종과 여러 가지 세분화된 영역 간 경계의 존중 그리고 선배의 공헌에 대한 주의 등을 요구한다.[61] 순전히 독창적인 작업을 하려는 사람은 '믿을 수 없는 아웃사이더'로 취급되어 마침내 불신당하기 십상이다. 플레스너(Helmuth Plessner)가 지적한 대로, "낡은 것을 바탕으로 새로운 것을 발전시킬 수 있는 사람만이 학자의 틀에 들어맞는다."[62] 짐멜의 글을 읽는 사람은 누구나 그의 저작이 이러한 규범을 거의 무시하고 있음을 알 것이다. 따라서 그의 생애 극히 초기부터 그가 학계의 대표적인 역할수행자들 사이에서 강한 반발에 부딪쳤다는 사실은 그렇게 놀랄 만한 것이 아니다.

그러나 짐멜이 학계에 받아들여지기를 갈망하면서도 이러한 기대에 동조하지 않았다고 할 때 다음과 같은 의문, 즉 학계의 구조 자체가 그에게 다른 대체적 행동유형의 기회를 제공할 수도 있지 않았겠는가 하는 의문에 부딪치게 된다. 머튼이 사용한 **역할집합**이란 개념이 여기서 유용할 것 같다. 머튼은 하나의 사회적 지위는 하나의 단일역할을 지니는 것이 아니라 관련된 여러 역할이 배열되어 있는 것이라 주장했다. 머튼은 사회구조 내에서 상이하게 위치해 있는 역할동반자들은 특정한 지위를 점한 개인의 행위에 대해 상이한 기대를 지닌다는 사실에 주목했다.[63] 이것은 짐멜 당시의 교수들의 지위에 적용됨직한 것이다. 이 지위는, 그들이 그런 경향을 지녔기 때문이기도 한데, 순수한 학자의 역할과는 현저하게 다른 일련의 역할을 수반하고 있었다. 독일의 교수들에게 지속적으로 학문에 공헌할 것과 그의 동료들에게 자신을 나타낼 것이 기대되었을 뿐만 아니라 학생들에게 강의를 할 것도 기대되고 있었다. 사람들은 그들의 강의를 최소한으로 유지시키거나 선택된 몇몇 학생과의 조그마한 세미나로 그것을 한정시키는 것을 더 좋아했다. 다른 사람들은, 물론 짐멜도 여기에 포함되지만, 오히려 강의자로서의 행위에 훨씬 큰 비중을 두었다. 그러나 학계의 동료나 선배들은 종종 강의하는 데 과도한 시간을 소비하는 교수들에 대해 다소 이중적인 태도를 나타냈다. 로건 윌슨(Logan Wilson)이 독일 대학에서보다는 강의가 훨씬 더 중요하고도 귀한 것으로 여겨지고 있는 미국 학계에 대해 했던 다음의 말은 독일 대학에 더 잘 들어맞는다. "교수에 대한 최고의 갈채는 밑으로부터 오는 것이다. 그러나 이것은 교수의 지위를 높여주는 수단으로서는 중요하지 않다. 동료들에게서 평가를 받으려면 종종 가르치는 것에 지나치게 치중하는 것을 거부하고 인기 교수를 단순한 쇼맨으로 격하하는 태도를 가져야 한다."[64]

인기 교수는 동료들의 불만을 살 수 있지만 다른 역할동반자 — 그의 강의를 듣는 대중이나 청중 — 들에게는 인정을 받을 수도 있다.[65] 사실 그는 동료나 선배들의 기대와는 다른 기대에 맞춰 살았다. 이것이 인기를 얻을 능력을 지닌 교수들의 안정된 역할집합이 깨지는 주요한 구조적 요인이다. 청중들은 강의자를 반드시 체계적인 증거 수집이나 훈련된 수고스러운 조사과정 등에 의해 판단하는 것이 아니라 오히려 빛나는 업적이나 사상의 고매함 그리고 매혹시키는 능력 등에 입각해 판단하는 것이다.

당시의 설명들을 보면 짐멜이 특히 이러한 기대에 따라 생활했다는 것을 알 수 있다. 그는 당시 유일한 최고강의자는 아니라 하더라도 유명한 강의자 중 하나로 간주되고 있었다. 그는 다양한 학문분야, 외국인 방문객, 출판계, 언론계, 예술계의 자유로운 지식인, 그리고 지적 자극을 추구하는 '학회'의 수많은 회원을 그의 학생으로 끌어들였다. 짐멜의 많은 강의가 그 자체로서 사회적 사건이었다는 것, 또한 종종 신문에 그렇게 묘사되었다는 것은 결코 과장이 아니다.[66]

그의 강의 전달 방법은 청중들을 매혹시키기에 충분했던 것 같다. 당시 한 사람은 다음과 같이 말했다.

누구든지 자세히 살펴보면 [짐멜의] 사상의 흐름이 어떻게 모든 사람을 사로잡는지, 또한 이 강단 위의 여윈 한 인물이 어떻게 말뿐만 아니라 몸짓, 움직임, 행동에서까지 정열적으로 자신의 지식을 전달할 수 있는지를 알 수 있을 것이다. 사상의 핵심을 청중들에게 전달하려고 할 때 짐멜은 단순히 그것을 공식화하는 것에 그치지 않고, 그것을 손으로 집어 올려 손가락을 폈다 굽혔다 하면서 그 들어 올린 손 밑에서 그의 전신을 비틀거나 흔들곤 했다. ……그의 말의 강도는 사상의 치열함을 나타냈다. 그는 추상적으로 얘기했으나 이 추상적인 생각들이 삶에 대한 관심에서 우러나온 것이었고, 따라서 그것은 청중에게 살아 있는 것으로 전달되었다.[67]

또한 당시의 다른 관찰자 한 명도 이와 비슷한 관점에서 다음과 같이 기록했다.

누군가는 그가 "큰 소리로 생각한다"고 말했다. 여기다 하나를 덧붙여 다음과 같이 말할 수도 있다. 그는 눈에 보이게 생각한다. 즉 어떤 생각이 그에게 어떻게 떠오르게 되는가를 우리가 눈으로 보고 있다고 상상할 수 있다. ……그의 두뇌가 어떻게 작용하며 그가 어떻게 목수가 나무를 맞추듯 그의 사상들을 짜 맞추는가 하는 것을 볼 수 있다. ……이러한 구성 속에 우리가 참여할 수도 있었다. 정말이지 우리는 듣고 있는 것이 아니라 그의 사고과정 속에 함께 참여했던 것이다.[68]

여기서 우리는 다음과 같은 가정을 뒷받침하는 몇 가지 근거를 발견할 수 있지 않은가? 즉 학계에서 오랫동안 인정을 받지 못해서 상처받고 좌절한 짐멜은 점점 그의 강의를 듣는 청중들의 칭찬에 의존하게 되었으며, 그의 말뿐만 아니라 글 쓰는 형식에서조차 칭찬을 불러일으킬 특성을 강조하게 되지 않았나 하는 가정이다. 이와 관련하여 다음과 같은 점이 흥미롭다. 즉 비록 그의 동시대인들의 회고에서 짐멜의 청중들은 그가 "큰 소리로 생각한다"는 인상을 받았으며 짐멜을 지지하고 있다고 생각했음이 지적되고 있지만, 사실은 어떤 강의는 조금도 고치지 않은 채 그대로 몇 번이나 거듭하곤 했다.[69] 짐멜은 당시 청중의 반응에 대단한 관심을 쏟았고, 이후 처칠(Winston Churchill)이 그랬던 것처럼 청중들 앞에서 자신의 사상을 정립할 때 그 사상들과 투쟁하지 않을 수 없다는 인상을 교묘히 심어주었던 것 같다.

짐멜의 강의뿐만 아니라 그의 많은 저작에서도 그의 강의를 듣던 청중들이 칭찬했던 특징들이 나타나고 있다. 비길 데 없이 뛰어난 몇몇 논문은 명백히 그의 언변의 탁월함과 연결되어 있다. 사실 그의 논문들은 전부 다는 아니라 하더라도 대부분 처음에 강의 형식으로 나타났던 것들이었다.

출판된 논문들에서 짐멜은 전보다 훨씬 자주 학계 외부의 청중들, 특히 베를린의 반문화 주창자들을 향해 자신의 주장을 이야기했다. 로즌솔(Erich Rosenthal)과 오베르랜더(Kurt Oberlaender)[70]가 편찬한 서적 해제에

잡지 유형에 따른 짐멜 논문의 발표 시대별 분류

잡지 유형	1900년 이전		1900년 이후		
	논문 수	비율	논문 수	비율	전체논문수
학술지	31	50%	33	28%	64
비학술지	31	50%	85	72%	116
합계	62	100%	118	100%	180

따르면, 짐멜이 생전에 여러 가지 잡지, 신문, 평론지 등에 발표했던 180개의 논문 중 단지 64개만이 학문적인 학술지에 발표되었을 뿐, 나머지 116개는 훨씬 광범위한 식자층을 위한 출판물, 예를 들면 자유주의적 신문이나 예술잡지, 문학잡지 등의 비학문적 출판물에 발표되었다.[71]

이것이 그의 독자층이 어떠했는지를 보여주고 있긴 하지만, 이것만으로 학계의 부정적인 제재 때문에 그가 아무 데서나 인정을 받으려 노력했다는 주장을 뒷받침하기에는 부족하다. 결국 그의 비학문적 지향은 그의 학계에 대한 관심이 이차적이었음을 나타내는 지표라고 할 수 있다.

짐멜의 발전은 그가 두 부류의 청중 ― 학문적 동료와 열심히 그의 말을 듣는 비전문적인 청중 ― 에게 말하는 사회적 과정의 일부였다. 그가 후자에서 더욱 성공을 거두자 바로 그 성공이 동료들로부터의 부정적 제재를 더욱 강화시켰고, 그것은 다시 그로 하여금 더욱 비학문적인 청중과의 성공을 추구하게끔 했다. 이것은 시간에 따른 짐멜의 다음과 같은 변화에서도 볼 수 있다. 여러 평론지나 신문에 발표되었던 그의 글들을 발표가 된 날짜 순으로 비교해보기만 해도 그의 이중적인 지향성이 연속되는 것을 알 수 있다.[72]

짐멜이 사강사로 있을 동안, 학계에 인정받으려는 그의 희망은 나중에 그 인정이 실현되지 않았을 때보다도 더 강렬했다. 세기말을 중심으로 그 이전에 (그가 사강사로 있을 동안) 발표된 글들과 그 이후에 발표된 글들을 비교해보면, 전기에는 그의 글 절반이 학술지에 발표되었으나 후기에는 극히 적은 수의 글만이 학술지에 발표된 것을 알 수 있다.

학문생활 초기부터 짐멜은 학문적인 청중과 비학문적인 청중을 모두 접하고 있었던 것이 분명하다. 후기에 가서 그는 점점 더 비학술적인 출판물에 발표하는 경향을 띠게 되었다. 비록 증명할 길은 없으나 짐멜 강의의 청중들은 그가 비학술적인 잡지에 발표한 여러 글에서 다루는 사람들과 같은 부류의 사람들, 때로는 바로 그 사람들로 구성되어 있었다는 것임을 짐작케 하는 예는 많다. 후기에 학계에는 관심을 두지 않게 되면서 그는 더 이상 이런 기대에 맞추면서 살려고 애쓰지 않았다. 비학문적 청중의 중요성이 그에게 점점 더 크게 부각되었던 것이다.

짐멜이 점차 학계에 있는 사람들보다 그 바깥에 있는 사람들에게 더 잘 알려지고 좋은 평판을 받게 되자 비전문적인 정기간행물 출판자들이 그에게 원고 청탁을 많이 하게 되었을 가능성도 있다. 한마디로 이것은 다른 청중을 찾으려는 짐멜의 노력에 의한 것일 뿐만 아니라 그가 대상으로 하는 그 청중의 대리인들의 이해관계에 의한 것이기도 했던 것이다. 이것은 출판인을 매개로 한 짐멜과 비전문적 청중 간의 상호작용 과정으로 파악할 수 있다.

적어도 짐멜의 자아상은 상당한 정도로 그를 따르던 특별한 청중에 의해 형성되었으며, 그의 지적인 생산활동도 이러한 비학문적인 역할동반자가 그에게 강요한 독특한 요구에 의해 영향을 받았다고 보는 것은 그럴듯한 판단이다. 이 역할동반자들이 그의 역할집합에 부과한 강압은 자아 정의와 역할 행동에 적절한 변형을 가져왔다. 학계에서의 형편없는 지위 때문에 그는 학계 주변에서 자신을 지지해줄 청중을 찾아야만 했고, 그가 불러 모은 이들의 기대에 맞춰 생활하려는 노력은 학계의 요구에서 소외되는 결과를 가져왔다. 그가 그토록 민감하고 감동적으로 묘사했던 '이방인'의 경우처럼,[73] 그와 학계의 관계는 친근함과 소원함이 복합되어 있는 것이었다. 그는 학계에 유기적으로 결속되어 있지 않았으나 그 집단의 유기적 구성원이었다. 그는 비학문적인 청중에게서 지지와 후원을 받고 있었기 때문에 이와 같은 어려운 주변적 역할을 지속할 수 있었다. 짐멜이 어느 정도 영향을 미쳤던 학계에서는 한 사람의 제자도 얻지 못했으나, 문학적 지식인들 사이에서는 많은 추종자를 얻었다는 사실은 흥미롭다.

주변인이자 이방인으로서 짐멜은 학계 동료들의 눈에 방법론적으로 훈련되고 잘 정리된 체계를 갖춘 사람이 아니라 종종 무질서한 일련의 통찰과 놀랄 만한 지각력을 지닌 사람으로 보였다. 그러나 독창성에 대한 짐멜의 추구는 부분적으로는 학자라는 자아상에서 나타난 것이었다. 물론 학계가 순전히 관례적인 연구만을 장려하는 것은 아니며 종종 구성원들의 독창적인 업적을 요구한다.[74] 그러나 그러한 업적은 학문적으로 인정된 수단을 통해서, 학계의 게임 규칙 내에서 이루어져야 하는 것이다. 짐멜은 학계의 목표에는 동조했으나 그것을 달성하기 위한 수단과 방법을 지배하고 있는 규범은 거부했다.[75] 이러한 그의 혁신적 성격은 적어도 부분적으로는 학계라는 사회구조가 부과한 모순적인 강압으로 설명될 수 있다. 그 구조는 그를 비동조적 행위로 인도하는 동시에 독창성의 발전과 계발을 장려했던 것이다.[76]

학계의 친구들, 예를 들면 베버, 리케르트, 후설 등의 인정과 셸러, 블로흐 같은 젊은 학자들의 칭찬을 갈망하면서도 그의 강의를 듣는 많은 비학문적 청중의 요구에 맞춰 살려는 동기를 지니고 있었기 때문에, 짐멜은 두 집단 사이에 위태롭게 걸쳐 있었고, 마치 위대한 요술쟁이와도 같이 언제나 여러 개의 공을 공중에 던져두고 있었다. 이렇게 잡다한 일련의 역할동반자 앞에서 다양한 역할을 수행해야 하는 복잡성 때문에 그의 생활과 연구에는 일종의 게임 같은 특질이 부가되었다. 언제나 재치와 명석함을 보여주는 배우이자 강사일 것을 요구하는 청중에게 굴복하면서도, 때때로 그러한 모습 뒤에는 루오(Georges Rouault)가 그린 광대와 서커스 단원들의 초상화에서 엿볼 수 있는 근원적인 슬픔이 배어 있기도 했다.

니스벳은 '명석함'에 관한 생각이 특히 현대적인 것임을 지적한 적이 있다. 그는 다음과 같이 언급했다.

[심오함이 철학자에게 요구되듯이] 깊이와 철저함은 학자에게, 명석함은 지식인, 특히 현대의 지식인에게 필요한 것이다. ……오늘날의 지식인은, 만약 자신의 성품 가운데 명석함이 존재한다고 확신할 수만 있다면, 자신만만하게 다른 칭찬들, 예를 들면 통달, 깊이, 본질, 정확성 등과

관련된 칭찬들보다 훨씬 앞서 나갈 수 있으리라고 말하는 것은 결코 과장이 아니다. 이것을 추구하기 위해 그는 전형적으로 그러한 속성들, 즉 탐구하고 증명해내는 통찰, 번뜩이는 재치 있는 즉답 등에 그의 연구방식을 맞추어나간다.[77]

한 가지 덧붙인다면, 짐멜이 할 수 있었던 그러한 명석한 작업은 지식인들이 특정 집단에 유기적으로 연결되어 있지 않고 여러 집단을 오갈 수 있는 자유와 부담을 동시에 지니고 있을 때만 가능하다고 볼 수도 있다. 그들이 지불하는 대가는 짐멜에게서 두드러지게 보이듯 값비싼 것이기 쉽다. 오늘날 이러한 대가를 기꺼이 지불하려는 사람들은 거의 없다. 그들은 갈등 때문에 고생하는 조건을 좋아하지 않고, 반대로 충성이나 위임은 기꺼이 행한다. 하지만 이렇게 되면, 아마도 바로 그 이유 때문이리라 생각되는데, 우리 대부분은 짐멜에게서 두드러졌던 만큼의 정확하고 분석적인 기술을 발전시킬 수 없게 될 것이다.

요약

　짐멜 저작에서 나타나는 비체계적이고 때로는 의도적인 역설적 성격에도 불구하고, 그것들을 사회학 영역에 관한 일관된 접근방식으로 재구성하고 순서 지을 수는 있다. 짐멜의 사회학적 방법과 연구 계획은 학문적인 중요성에 비춰볼 때 뒤르켐의 업적과 비견될 수 있다. 뒤르켐은 그의 초점을 사회구조 — 거대한 제도적 구조, 여러 사회를 결속시키고 개인들 간의 연대를 만들어내는 종교적·교육적 또는 기타 모든 형태의 가치 — 에 맞추었다. 이와는 반대로, 짐멜은 주로 미시사회학적인 작업을 수행했다. 즉 그의 주된 관심은 사회적 과정이었다. 그는 개개 행위자들이 상호작용하는 복잡한 유형과 그것을 통해 상호작용이 사회세계를 구조화하고 재구조화하는 복잡한 유형을 보여주었다. 그의 형식사회학 또는 사회공간의 기하학은 이후의 탐구자들로 하여금 집단관계의 망에 사로잡혀 있으면서도, 그것을 초월하려는 사회적 행위자들의 움직임을 위치짓고 때로는 예견까지도 할 수 있는 기본 지도를 제공해주었다.

　오늘날의 사회학은 짐멜의 시대보다 훨씬 우수한 기술적 수단과 개념적 기재들을 지니고 있다. 그러나 그렇다고 해서 그를 시대에 뒤떨어진 사람으로 간주하는 것은 어리석은 일일 뿐이다. 우리가 그의 글을 직접 읽든, 파크, 워스(Louis Wirth), 에버렛 휴스(Everett Hughes), 카플로(Theodore Caplow), 시어도어 밀스(Theodore Mills), 그리고 머튼의 생각을 통해 채색된 그의 사상을 접하든,[78] 언제나 그는 뒤르켐이나 베버만큼이나 강하게 사회학적 상상력을 자극한다.

막스 베버

Maximilian Carl Emil Weber, 1864~1920

주요 이론 이해사회학, 이념형, 관료제론, 권위유형론, 법사회학, 합리화
주요 저서 『프로테스탄티즘 윤리와 자본주의 정신』 『직업으로서의 학문』 『경제와 사회』

마르크스, 뒤르켐과 함께 사회학의 3대 거장으로 일컬어지는 베버는
이념형과 가치중립으로 대표되는 사회과학방법론, 관료제론,
권위유형론, 종교사회학, 역사사회학, 법사회학 등 다양한 영역에
큰 업적을 남긴 사회학자다. 그는 행위자들의 내적 동기를 이해하고
기계적 인과성 대신 선택적 친화성을 강조함으로써
질적 분석과 역사문화적 연구의 중요성을 보여주었다.
자본주의 정신과 프로테스탄티즘 윤리와의
선택적 친화성을 발견한 것이 그 대표적 사례다.
일찍부터 교수가 되었고 말년에는 독일을 대표하는
지식인이 되어 1919년 바이마르헌법의 기초작업에 참여했으며,
베르사유 조약의 독일 측 대표단의 자문을 맡기도 했다.

"우리 시대의 운명은 합리화와 지성화,
　그리고 무엇보다도
'세계의 탈주술화'로 특징지어진다."

　_막스 베버

사상

베버(Max Weber)는 사회학을 사회적 행위에 대한 종합적인 과학으로 파악했다.[1] 그는 분석의 초점을 개별 인간행위자에게 두었다는 점에서 사회학을 사회구조적인 학문으로 생각했던 이전의 학자들과는 달랐다. 스펜서는 유기체에 비유할 수 있는 **사회체**(body social)의 진화에 관심을 두었다. 뒤르켐의 주된 관심은 사회구조의 **통합**(cohesion)을 유지시키는 제도적 장치에 있었다. 사회를 보는 마르크스의 전망은 변화하는 사회구조와 생산관계 속에서 나타나는 **사회적 계급** 간의 갈등으로 이루어져 있었다. 이들과는 반대로, 베버의 주된 관심은 인간행위자가 특정한 사회적·역사적 맥락에서 상호작용하는 동안 자신의 행위에 부여하는 주관적 의미에 놓여 있었다. 의미가 없는 행동은 사회학의 탐구대상이 될 수 없다고 베버는 주장했다.

베버의 사회학에서는 사회적 행위가 크게 네 가지 형태로 구분되고 있다. 인간은 의도적인 또는 목적지향적인 합리적 행위를 할 수도 있고(목적합리적 행위zweckrational), 합리적이긴 하지만 가치지향적인 행위를 할 수도 있다(가치합리적 행위wertrational). 정감적이거나 정서적인 동기에서 행위할 수도 있고, 전통적인 행위방식을 따를 수도 있다. 목적이나 수단이 모두 합리적으로 선택되는 의도적 합리성은, 목적과 수단에 대한 가장 효과적인 기술을 사용하여 다리를 건설하는 기술자의 행위에서 잘 드러난다. 가치지향적 합리성은 주관적 목표의 추구, 즉 그 자체는 합리적이지 않으나 — 예를 들면 구원의 성취 — 그럼에도 합리적 수단을 추구하는 행동 — 예를 들면 성의 추구를 위한 금욕적인 자기부정 같은 것 — 으로 특징지어진다. 정서적 행위는 근본주의자들의 종교적 헌신과 마찬가지로 목적과 수단을 합리적으로 따지기보다는 행위자가 감정적 상태에 속해 있는 것을 말한다. 마지막으로 전통적 행위는 일상적인 사고습관에 의해, 즉 '영원한 어제'에 대한 신념에 근거하여 이루어지는 것이다. 정통 유대교 집회에 참석한 사람들의 행동이 이러한 행위유형에 속한다.

행위를 여러 형태로 분류함으로써 베버는 두 가지 이점을 갖게 되었다. 권위유형론의 예에서 보듯 체계적이고 유형적인 구분을 가능케 함과 동시에 서구의 역사발전과정을 탐구하는 기틀을 얻을 수 있었다. 아롱이 베버의 저작을 "역사적이면서 동시에 체계적인 사회학 패러다임"[2]이라 한 것은 옳은 판단이었다.

베버는 주로 현대 서구사회에 관심을 쏟았다. 그는 과거에는 전통이나 감정 또는 가치지향적 합리성에 의해 동기지어지던 행동이 점차로 목적지향적 합리성에 의해 지배되어가고 있음을 발견했다. 비서구사회에 대한 그의 연구는 주로 이러한 서구사회 발전의 특징을 명확히 하려는 것이었다. 만하임이 이 점을 잘 지적하고 있다. "베버의 모든 저작은 결국 다음과 같은 문제, 즉 '서구문명의 합리화를 가져온 사회적 요인이 무엇인가?'로 향해 있다"는 것이다.[3] 현대사회의 정치, 경제, 법률, 심지어 개별적인 인간관계에서조차 목적에 대한 유효한 수단을 사용하는 행위유형이 다른 요인들을 대치해가면서 지배적으로 되어가고 있다고 베버는 주장했다.

초기의 이론가들은 서구사회의 주된 역사변화 또는 진화경향을 구조적인 개념으로 파악하려 했다. 예를 들면 퇴니스는 **공동사회**에서 **이익사회**로의 이행이라 개념화했다. 메인은 신분에서 계약으로, 뒤르켐은 기계적 연대에서 유기적 연대로의 이행으로 설명했다. 베버도 이와 비슷한 관심이 있었는데, 그는 현대 서구인의 특징은 사회적·역사적 상황의 변화에 따른 인간행위의 성격 변화라는 측면에서 가장 잘 이해될 수 있다고 주장했다. 베버는 역사의 '유물론적' 해석이나 '관념적' 해석에 몰입하지 않은 채 구체적으로 궁극적인 분석단위를 활동하는 개인으로 삼았다.

해석적 사회학은 개인과 그의 행위를 기본 단위로, 그 '원자'로 간주한다. ……개인은……유의미한 행동의 상한(上限)이자 유일한 전달자다. ……'국가' '결사체' '봉건제도' 등의 개념은 인간 상호작용의 어떤 범주를 가리키는 것에 불과하다. 따라서 이러한 개념들을 '이해가능한' 행위로, 다시 말해 참여하고 있는 개인의 행위로 예외 없이 환원시키는 것이 사회학의 과제인 것이다.[4]

사회적 행위자의 상호지향과 그들 행위의 '이해가능한' 동기를 강조하는 베버의 시각은 방법론적인 근거가 있으므로 그것을 살펴봄으로써 그의 접근방식의 특징을 좀더 정확히 알 수 있다.

자연과학과 사회과학 그리고 가치연관

베버는 자연과학이든 사회과학이든 인지하려는 목표는 동일하다고 보는 실증주의자의 주장이나, 반대로 인간행위가 자연계를 지배하는 규칙성에 따르는 것이 아니기 때문에 **문화**나 **정신**의 영역(즉 역사의 영역)에서는 정당한 일반화가 불가능하다는 독일 역사주의자의 주장을 모두 거부했다. 역사주의자들에 반대하며 베버는 과학의 방법은 그 대상이 사물이든 인간이든 언제나 추상화와 일반화로 이루어진다고 주장했다. 실증주의자들에 대해서는 인간은 사물과 달리 외적 표상, 즉 행동으로만 이해되는 것이 아니라 그 밑에 깔려 있는 동기에 의해서도 이해될 수 있다는 것을 주장했다. 그리고 이 두 방법에 모두 반대해 탐구자의 가치연관적 문제선택과 가치중립적 사회탐구방법을 강조했다.

베버에 따르면, 자연과학과 사회과학의 차이는 탐구자의 연구의도의 차이에서 나타나는 것이지 인간행위에 대해 과학적인 일반화 방법을 적용할 수 있느냐 없느냐의 문제에서 비롯되는 것은 아니다. 자연과학과 사회과학을 구분하는 것은 탐구방법에서의 본질적인 차이가 아니라 과학자의 관심과 목적의 차이다. 두 형태의 과학 모두 추상화 방법을 사용한다. 자연현상이나 인간역사나 구체적인 사실은 너무 많고 다양하기 때문에 모든 것을 다 설명하려는 노력은 실패하기 마련이다. 물리학에서조차 앞으로 진행될 과정을 완벽하게 구체적으로 예견할 수는 없다. 예를 들면 폭탄이 터질 때 파편이 어떻게 확산될지는 누구도 미리 계산할 수가 없다. 예견이란 추상화의 그물에 걸리지 않는 구체적인 사실들에 대한 관심을 배제해 버린 개념체계 속에서만 가능하다. 자연과학에서나 사회과학에서나 추상화는 실체의 여러 측면을 기반으로 두어야 한다. 즉 그들은 언제나 선택을 내포하기 마련이다.

자연과학자는 주로 추상적 법칙에 의해 공식화될 수 있는 자연현상의 여러 측면에 관심을 갖는다. 사회과학자는 인간행위에 대해서 이와 같은 법칙적인 추상적 일반화를 추구할 수도 있고, 행위자들의 특별한 특질이나 자기 행위에 부여하는 의미에 관심을 가질 수도 있다. 어떠한 과학적 방법이든 무한히 다양한 경험적 실체에서 선택을 해야 한다. 사회과학자가 일반화 방법을 사용할 때 그는 자기가 고찰하려는 실체의 임의적이고 특유한 여러 측면을 기반으로 두고 추상화를 행한다. 즉 구체적인 개별 행위들은 이론적 일반화에 포괄되는 '사례'나 '경우'로 간주된다. 이와 반대로, 개별화 방법은 일반적 요소들은 무시하고 특별한 현상 또는 구체적인 역사적 행위자에 초점을 맞춘다. 이 두 가지 방법 모두 그것이 현상을 전체적으로 포괄했다고 주장하지만 않는다면 사용할 수 있다. 어떠한 방법도 특권이 있거나 원래부터 다른 방법보다 나은 것이 아니다.

학자가 어떠한 문제에 관심을 가지는가 그리고 어느 정도의 설명 수준을 택할 것인가 하는 것은 탐구자의 가치와 관심에 달려 있다고 베버는 주장했다. 문제의 선택은 언제나 '가치연관적'이다. "사회현상들을 설명하기 위해 선택하고 분석하고 조직화하는 기준이 되는—명백히 언급된 것이든 아니든, 의식적이든 무의식적이든—특수하고도 '일면적'인 관점에서 독립된 문화 또는……'사회현상'에 대해 절대적으로 '객관적'인 과학적 분석이란 있을 수 없다."[5] 무엇이 '알려질 가치가 있는' 것인가 하는 것은 탐구하는 학자의 시각에 달린 것이다. 그렇다고 자연과학자와 사회과학자 사이에 넘을 수 없는 차이가 있는 것은 아니다. 다만 그들은 탐구의도와 설명전략에서 차이가 있을 뿐이다.

이와는 다른 견해, 즉 인간계는 예측할 수도 없고 비합리적이기 때문에 자연계에서 얻을 수 있는 합리적인 인과적 지식이 사용될 수 없다는 주장에 대해 베버는 다음과 같이 반박한다. 자연에 대한 우리의 지식은 언제나 외부에서 온다. 우리는 단지 사건들의 외적 과정을 관찰하고 그 일관성을 기록할 뿐이다. 그러나 인간행위에서는 사건들의 계속적인 반복에 대한 기록문을 작성하는 것 이상의 작업을 할 수 있다. 인간의 행위와 말을 해석함으로써 그 동기를 찾을 수 있기 때문이다. 같은 방법으로 그는 실증주의도 반대했다. "사회적 사실은 결국 **이해가능한** 현상이다." 우리는 행위자들이 자신의 행위나 남의 행위에 부여하는 주관적 의미를 깊이 관찰함으로써 인간행위를 이해할 수 있다. 양계장에 관한 사회학은 닭의 행동의 일관성 —즉 모이를 쪼아 먹는 행동의 규칙성을 설명할 수 있을 뿐이다. 하지만 인간집단에 대한 사회학은 행위의 주관적 측면인 의미와 동기의 영역까지 접근할 수 있다는 커다란 이점이 있다. 따라서 베버는 사회학을 "사회적 행위의 원인과 과정 그리고 그 결과를 설명하기 위해 사회적 행위에 대한 **해석적 이해**(Verstehen)를 추구하는 과학"이라고 정의했다.[6]

해석적 이해란 개념을 베버가 처음 사용한 것은 아니다. 이것은 역사학자 드로이젠에 의해 처음 나타났고, 딜타이(Wilhelm Dilthey) 같은 학자에 의해 널리 사용되었다. 그들에게 이 개념은 합리적-인과적 설명보다도 직관을 더 찬양하는 것을 의미했다. 이와는 반대로, 베버는 이 개념 속에서 인과적 관계 확립의 첫 단계를 발견했다. 베버의 주장에 따르면, 어떤 행위의 주관적 의미는 분석대상에 대한 감정이입(Einfuehlung)과 추체험(Nacherleben)을 통해 더욱 잘 파악될 수 있다. 그러나 어떠한 해석적 설명(verstehende Erklaerung)도 그것이 과학적 명제라는 위엄 있는 단계에 도달하기 위해서는 반드시 인과적 설명이 되어야 한다. 사회과학에서 **해석적 이해**와 인과적 설명은 서로 대립되는 것이 아니라 긴밀한 관계에 놓여 있는 것이다. 의미에 대한 즉각적 직관이 타당한 지식이 되기 위해서는 반드시 인과적 설명을 목표로 한 이론적 구조 속에 결합될 수 있어야 한다.

이런 식의 해석은 탐구자가 지닌 개인적인 가치들에 의해 오염될 위험이 있다는 반대 의견에 대해 베버는 해석도 검증될 수 있다고 반박했다. 검증은 주제의 선택 —해석의 선택과는 구별되는— 이 탐구자의 가치지향에 의해 이루어진다는 사실과는 별개의 것이며, 그것은 자연과학자의 경우도 마찬가지일 것이라고 주장했다.

베버는 탐구자가 연구대상을 선택할 때 불가피하게 가치요소가 개입된다고 주장했다. 대상을 선택하는 데 적용되는 원칙적인 과학 기준이란 있을 수 없다. 누구나 자신의 신, 자신의 도덕적 입장을 따를 수밖에 없다. 그러나 이것이 사회과학의 객관성을 무효화시키는 것은 결코 아니다. 어떤 진술이 옳은가 그른가 하는 문제는 그것이 가치에 어떻게 연관되어 있는가 하는 문제와 논리적으로 별개의 것이다. **가치연관**(Wertbeziehung)은 문제의 선택에 작용하는 것이지 현상의 해석에는 개입하지 않는다. 파슨스가 말한 대로, "일단 어떤 현상이 주어졌을 때, 그 현상과 전후의 다른 조건 간에 인과적 관련을 맺는 일은 과학적 증명이라는 가치에만 의존하는 형식적 설명도식을 명시적으로든 묵시적으로든 적용함으로써 가능하다."[7] 따라서 상이한 판단과 선택을 초래하는 가치지향의 다양성은 과학적 타당성과는 무관한 것이다. 상대성이란 발견과정에서가 아니라 문제의 선택에서 나타나는 것일 뿐이다.

이런 점에서 '가치중립'(Wertfreiheit)은 가치연관과는 다른 사고방식을 언급하는 것으로 구별되어야 한다. 가치중립성, 즉 윤리적 중립성이란 말이 의미하는 것은 일단 사회과학자가 자신의 가치에 입각하여 특정 문제를 선택한 후에는 어떠한 가치도 — 그것이 그 자신의 것이든 다른 사람의 것이든 — 자료가 나타내는 것을 좇아야 한다는 것이다. 연구자는 자신의 가치를 자료에 강요해서는 안 되며, 연구결과가 자신이 바라는 것과 일치하는지의 여부와 관계없이 탐구의 과정을 지속해야 한다. 예를 들면 자유주의 신념을 지닌 유전학자라 하더라도 연구 결과에서 지능의 차이는 생물학적 특성과 관련이 있다는 것을 확인하게 되었다면, 이 사실을 그대로 받아들여야 한다. 가치중립이란 말의 첫 번째 의미는, 일종의 규범적 명령, 즉 과학자는 과학자로서의 역할에 입각한 과학적 정신을 좇아야지 결코 시민으로서의 역할에 지배되어서는 안 된다는 명령에 관한 것이다.

가치중립이 뜻하는 것에서 이에 못지않게 중요한 것이 또 하나 있다. 그것은 사실의 세계와 가치의 세계를 분리시켜야 한다는 것, 다시 말해 '존재에 대한 진술'로부터 '당위적인 진술'을 끌어낼 수 없다는 뜻이다. 베버의 주장에 따르면, 경험과학은 사람들에게 무엇을 할 수 있으며 또 하려 하는가는 명확히 해줄 수 있으나 무엇을 **해야** 하는가는 가르쳐주지 못한다.

가치판단을 과학적으로 검토하면 그 속에 깔려 있는 목표나 이상을 이해하고 적절히 분석할 수 있다. 또한 그것들을 비판적으로 '판단'할 수도 있다. 이러한 분석은……역사적으로 주어진 가치판단이나 이상을 형식논리적으로 판단하거나 희구되는 목표가 내적 **일관성**을 가지고 있으리라는 가정에 따라 여러 가지를 검토하는 작업이다. ……이런 분석은 [개인이] 확실히 의식하지 못하고 있거나 미리 상정하고 있던 궁극적 가치기준을 보다 명확히 알도록 도와줄 수 있다. ……하지만 이러한 가치판단을 지닌 사람이 이러한 기준을 **반드시 따라야** 하느냐는 문제는 전적으로 개인적인 문제다. 그것은 의지나 양심의 문제지 경험적 지식의 문제는 아니다.[8]

베버는 과학에 입각한 도덕을 주장하는 사람들과는 근본적으로 입장을 달리했다. 이 점에서 그는 뒤르켐과는 반대되는 입장을 나타냈다. 아마도 오늘날의 정신분석학자들, 즉 환자들에게 '적응'이나 '자아실현'을 위한 과학적 상담을 할 수 있다고 주장하는 사람들에게도 베버는 반대입장을 피력했을 것이다.

베버가 확신했던 것은, 과학자는 어떤 행위가 초래할 가능한 결과를 평가할 수는 있어도 결코 과학자의 이름으로 가치판단을 할 수 없다는 것이다. 베버는 과학에 대해 매우 엄격한 태도를 지니고 있었다. 그의 표현을 빌리면, "오늘날의 과학은 자기명증성과 사실들의 연관성에 대한 지식을 제공해주는, 일종의 '직업'이다. 과학은 신성한 가치나 구원을 선포하는 환상가나 예언가의 은혜로운 선물도 아니고, 그렇다고 우주의 의미를 논하는 현자나 철학자의 직관 같은 것을 말하는 것도 아니다."[9] 상호 모순적인 여러 윤리적 태도 중 어느 것을 선택할 것인가라는 문제는 도덕적 차원의 문제로서 대립적인 신들이 다투는 별개의 영역이라고 베버는 확신했다. 과학자는 과학자의 이름으로 "우리는 무엇을 해야 하는가?"라는 톨스토이(Leo Tolstoy)의 물음에 어떤 답도 줄 수 없다. "학문적 예언은……단지 광신적인 종파를 만들어낼 뿐 결코 진정한 의미에서 과학공동체를 이루는데 도움이 되지 못한다"[10]고 베버는 믿고 있었다. 과학자는 인간을 인도하려는 생각을 가져서는 안 된다. 그는 진리를 탐구하는 것에서 자신의 위엄과 만족을 찾아야 한다. 언젠가 무엇 때문에 그렇게 광범위한 탐구를 하느냐는 질문을 받았을 때 베버는 "나는 내가 얼마나 알아볼 수 있는가를 알고 싶다"고 대답했을 뿐이다.

이념형

독일의 **정신과학**과 역사주의가 주장하던 개별적이고 특수한 접근방식에서 벗어나기 위해 베버는 **이념형**(ideal type)이라는 중요한 개념 도구를 발전시켰다. 앞서 보았듯이 베버는 어떠한 과학도 구체적인 현실 모두를 재현할 수 없으며, 어떠한 개념 장치도 특수한 현상들이 지니는 무한한 다양성을 완전히 다룰 수 없다고 주장했다. 모든 과학은 선택과 추상화를 행하지 않을 수 없다. 그런데 사회과학자는 자신의 개념 장치를 선택함에서 곧잘 하나의 곤경에 처하게 된다. 개념이 너무 일반적일 경우 — 예를 들면 자본주의를 경제라는 개념으로, 프로테스탄티즘을 종교라는 개념으로 일반화시키는 것처럼 — 각 현상이 지니는 독특한 특징들을 포착할 수 없게 된다. 반대로 역사학자들이 사용하는 매우 구체적인 개념을 사용하여 연구대상을 특수화시켜버리면 그와 연관된 다른 현상과의 비교가 불가능해진다. 이념형은 바로 이러한 곤경에서 벗어나기 위한 것이다.

이념형이란 분석적 구성물로서, 연구자가 구체적인 사례들 간의 유사성과 차이를 확인하기 위한 척도의 구실을 하는 것이다. 그것은 비교연구를 위한 기본적 개념틀을 제공해준다. "이념형은 하나 이상의 여러 관점 가운데 어느 일면을 특히 강조함으로써 그리고 이리저리 분산되어 있고 흩어져 있을 뿐만 아니라 때때로 나타나기도 하고 안 나타나기도 하는 수많은 **구체적인 개별** 현상을 종합해 일면적으로 강조된 관점에 따라 하나의 **통합된 분석적** 구성물을 만들어냄으로써 이루어진다."[11] 이념형은 도덕적인 이상과는 아무런 관계가 없다. 교회에 대한 이념형이 있을 수 있듯이 매춘행위에 대한 이념형도 있을 수 있다. 또한 베버의 이념형은 통계적 평균치를 의미하는 것이 아니다. 특정 시기, 특정 장소에서 보이는 개신교도의 평균적인 모습과 이념형에서의 개신교도는 완전히 다를 수 있다. 이념형은 전형적인 행위양식을 강조한다. 베버의 이념형은 대부분 개인의 행위보다는 집합체의 속성과 관련된 것이지만, 집합체 내의 사회관계는 언제나 어떤 가능성, 즉 구성원들이 기대되는 사회적 행위에 참여할 것이라는 가능성에 기초하고 있다. 이념형은 구체적인 현실과는 들어맞지 않는다. 이것은 현실의 특정 요소들에 기초하여 논리적으로 구성되어 명확하고 통합된 하나의 개념을 형성하지만, 현실에서 그 예를 찾아볼 수는 없다. 프로테스탄트 윤리나 '카리스마적 지도자' 또는 '모범적 예언가' 같은 이념형이 그대로 완전하게 현실에서 구현된 적은 한 번도 없다.

이념형은 특정한 현상이나 사건을, 이를 낳게 한 조건이나 그것으로 야기된 결과와 연결시킴으로써 가설(hypothesis)을 구성하는 데 도움을 준다. 예를 들면 현대 자본주의의 종교적 기원을 연구하려 할 때, 우선 종교개혁 당시 존재하던 열렬한 신앙인의 특성에 기초해 프로테스탄트의 이념형을 구성하는 것이 도움이 된다. 그런 다음 구체적인 모습, 예를 들면 17세기 영국 프로테스탄트 신자들의 실제 행동이 이 이념형과 얼마나 유사했고 어떤 측면에서 얼마나 달랐는가를 경험적으로 확인할 수 있다. 다음으로는 이념형을 사용하여 가톨릭에 속한 사람의 행동과 프로테스탄트에 속한 사람의 행동을 구분할 수 있다. 이런 과정을 통해 프로테스탄티즘의 출현과 현대 자본주의의 출현 — 이 둘 모두 이념형으로 이해되는 것인데 — 간의 상호관계와 인과적 의미를 탐구할 수 있게 된다. 프뢴드(Julien Freund)가 지적한 대로, 이념형은 "그것이 비현실적인 것이기 때문에 경험적 현실의 가장 중요한 요소들을 명확히 하고 그 실제 과정을 측정할 수 있는 개념적 도구를 제공해줄 수 있다는 이점이 있다."[12]

베버는 추상화의 정도에 따라 이념형의 종류를 세 가지로 구분했다. 첫째는 역사적인 특수성에 기초한 이념형으로, '서구도시'나 '프로테스탄트 윤리' 또는 '현대 자본주의' 등 역사적으로 특정 시기, 특정 지역에서만 나타나는 현상과 관련된 것이다. 두 번째 유형은 여러 가지 다양한 역사적·

문화적 맥락에서 발견되는 사회현상 — 예를 들면 '관료제'나 '봉건주의' 개념 — 과 관련된 것이다. 마지막으로 세 번째 유형의 이념형이 있는데, 아롱은 이를 가리켜 "특정 행위유형의 합리적 재구성"[13]이라 불렀다. 베버에 따르면, 경제이론의 명제는 모두 이 부류에 속하는 것이다. 인간이 순수한 경제적 동기에 의해 행동할 경우나 인간이 순수한 경제적 인간일 경우 어떻게 행동할 것인가 하는 행동방식에 관한 추상적 명제들을 의미한다.

인과성과 개연성

독일의 관념주의 전통이 그랬던 것처럼 베버 역시 인간현상에 인과성이란 개념을 적용할 수 없다고 주장한 것으로 알고 있는 사람들이 있다.[14] 그러나 전혀 그렇지 않았다. 베버는 역사적 인과성과 사회학적 인과성을 모두 확신했다. 다만 — 그리고 이것 때문에 그런 오해가 나타나기도 하는데 — 인과성이란 말 대신 개연성이란 말을 사용했다. 하지만 우연이나 개연성을 강조했다고 해서 인간행위의 예측불가능성이나 자유의지론을 주장한 것은 결코 아니다. 베버는 인간의 행위를 예측할 수 없는 경우란 행위자가 미쳐 있을 경우뿐이며 "대부분의 경우 우리는 '자유롭다는 느낌'을 우리가 합리적으로 행동하고 있다고 의식하는 행위들과 결합시키고 있다"[15]고 주장했다. 이처럼 자유롭다는 주관적 감정은 예측불가능성이나 비합리성에 근거하고 있는 것이 아니라 면밀히 살펴보면 합리적으로 예측될 수 있고 통제할 수도 있는 상황에서 존재하는 것이다. 따라서 개연성이나 우연이라는 베버의 개념은 자유의지론 같은, 일종의 형이상학에 기초한 것이 아니다. 그것은 완벽한 인과적 연관을 설정하기가 극히 어렵다는 점을 표현한 것에 불과하다. 그는 사회탐구에서 객관적이고도 경험적인 확실성을 얻는 일은 거의 불가능하다고 보았다. 할 수 있는 최선의 방법은 탐구대상이 된 현상을 결정짓는 데 참여한 다양한 인과적 연쇄를 추적해보는 것이라고 그는 결론지었다.

베버가 어떤 현상을 정의하는 논술에서 개연성이라는 개념을 사용할 때도 — 예를 들면 관계(relationship)를 정의함에서 특정한 행동규범이 수반될 '개연성이 존재할 때' 비로소 어떤 관계가 존재한다고 말하는 방식 — 비슷한 생각을 하고 있는 것이다. 여기서 개연성이란 말이 뜻하는 것은 동일한 환경적 맥락에 놓여 있는 사람들은 십중팔구 규범적 기대(normative expectation)에 맞추어 그들의 행동을 지향해나갈 것이라는 사실이다. 그렇지만 이것이 반드시 그렇게 되도록 결정되어 있지는 않다. 왜냐하면 어떤 행위자들은 자기 나름대로의 독특한 사회적 관계에서 나타나는 특수한 인과성 때문에 기대한 개연성에서 벗어날 수도 있음을 인정해야 하기 때문이다.

인과성에 대한 베버의 견해는 두 가지 방향 — 역사적인 것과 사회학적인 것 — 으로 구분해보는 것이 편리하다. 역사적 인과성은 특정 사건을 야기한 특수한 환경을 결정짓는 것이다. 사회학적 인과성은 두 현상 간에 일정한 관계가 이루어져 있음을 추정하는 것인데, 여기서 **A는 반드시 B를 가져 온다**라는 형식을 취할 필요는 없고 **A는 다소간 B의 원인이 된다**[16]라는 형태를 띠어도 된다. 역사적 인과성을 탐구할 때 제기되는 물음은 볼셰비키 혁명의 원인은 어떤 것인가와 같은 것이다. 반면 사회학적 인과성을 탐구할 때는 모든 혁명 또는 특수한 **이념형**적 혁명을 야기하는 경제적·인구학적 또는 사회적으로 독특한 원인들을 찾아보는 것이다.

역사적 원인의 탐구에서 베버는 이른바 정신적 실험에서 많은 도움을 받을 수 있다고 주장했다. 1848년 베를린에서 터진 두 발의 총격이 1848년의 혁명을 발발시켰다는 사실을 배울 때, 우리는 만약 이러한 총격 사건이 나타나지 않았다면 이 혁명이 일어났을까 하는 물음을 던져보아야 한다. 만약 이 사건이 없었더라도 혁명이 터졌으리라고 결론지을 수 있다면, 이 혁명을 가져온 원인에 총격 사건을 포함시키지 않아도 된다. 그리스 문명의 역사에 마라톤전쟁이 과연 중요한 선행 사건일까를 판단하려 할 때, 우리는 페르시아에게 정복된 그리스를 상상해보는 정신적 실험을 해볼 필요가 있다. 이러한 실험을 통해 만약 아테네가 이 전쟁에 져서 페르시아의 지배를 받았다면 그리스는 본질적으로 상이한 사회가 되었으리라는 것을 확신할 수 있다. 이런 과정을 거친 후에 우리는 이 마라톤전쟁의 결과가 도시국가의 독립을 보호해줌으로써 이후 그리스 문명의 계속적인 발전을 가져오게 한 명백히 중요한 원인이 되었으리라는 결론을 내릴 수 있는 것이다.

어떤 역사적 사실의 역사적 중요성을 확인하는 일은 다음과 같은 물음을 제기함으로써 시작된다. 선행변인(co-determinants)으로 함께 고려되고 있는 여러 복잡한 요인 중에서 바로 그 사실을 제기했을 경우 또는 일정 방향으로 변형시켜 보았을 경우, 일반적인 경험적 법칙에 비춰 보았을 때 제반 사건의 진행 방향이 우리의 관심을 **결정적으로 끌 만큼** 그 모습이나 방향에 변화를 가져올 것인가 하는 물음이다.[17]

한편 사회학적 인과성을 결정하는 데도 개연적 틀 안에서의 조작이 필요하다고 베버는 주장했다. 이러한 유형의 일반화는, 예를 들면 자본주의 출현은 특정 유형의 개성, 즉 주로 칼뱅주의 신학자들의 가르침에 의해 형성된 것과 같은 개성을 요구한다는 것을 확인하려는 시도 같은 것이다. 정신적 실험을 통하거나 다른 문화와의 비교연구를 통해 현대 자본주의는 이러한 개성 없이 발전할 수 없었으리라는 점이 확인될 때, 칼뱅주의는 자본주의 출현의 **유일한** 원인은 아니라 할지라도 **하나의** 요인으로는 간주되어야 한다는 점이 증명되는 것이다.

이러한 예는 실제 탐구에서 베버의 방법론적 성찰이 도구 역할을 해주었다는 사실을 환기시켜준다. 그렇지만 그는 방법론 자체에는 관심을 갖지 않았으며, 다른 많은 과학자와 마찬가지로 자신의 방법론적 원칙을 언제나 지켰던 것도 아니었다. 행위하는 인간을 분석단위로 해야 한다는 명목상의 강조와는 달리, 그는 계층이론을 발전시키면서 주관적 계급분류이론보다 주로 구조적인 설명에 입각한 이론을 전개하기도 했던 것이다.

그는 로마제국의 멸망을 설명하면서 로마 농업의 구조 변화에 초점을 맞추었다. 이보다 더욱 중요한 것은 베버가 일생 동안 염두에 두었던 문제, 즉 현대세계에서 합리성이 증대하는 현상이나 경제합리화에 선행하여 가계와 기업의 분리가 나타난 사실 등은 모두 구조적인 관찰에 근거한 것이다. 베버는 역사적 행위자의 심리상 변화를 주목한 경우도 없지 않지만, 그 비중에서 구조가 동기보다 더 중요하게 취급되었다.

베버가 자신의 방법론적 계명을 적용하지 않은 예는 이외에도 많이 들 수 있다. 그럼에도 그의 연구의 많은 부분에서 자신의 방법론을 유용하게 사용했음을 볼 수 있다.

권위의 유형

권위관계에 대한 베버의 논의 — 왜 사람들은 권위를 요구하며, 자기들이 내린 명령에 기꺼이 복종할 것을 기대할 수 있는 정당한 권리를 스스로 갖고 있다고 느끼게 되는가 — 는 이념형을 분석적 도구로, 그리고 사회적 행위를 유형화하는 데 사용한 하나의 예다.

베버는 정당성을 주장하는 세 가지 주된 양식을 구분했다. 권위는 합리적인 기초, 즉 법률로 법제화되어 있거나 계약으로 맺어져 있는 비인격적 규칙에 근거할 수 있다. 이러한 유형을 **합리적-법적 권위**(rational-legal authority)라 하는데, 이러한 유형이 점점 현대사회의 위계관계를 특징짓게 되었다. 반면 **전통적 권위**(traditional authority)는 과거사회를 지배한 유형으로서 전통의 신성함, '영원한 어제'에 대한 신념에 기초한 것이다. 이것은 비인격적 규칙으로 법제화되어 있지 않고, 그 힘을 상속받았거나 높은 권위로부터 부여받은 특정 개인에게 내재화되어 있다. 마지막으로 **카리스마적 권위**(charismatic authority)란 비범한 지도자, 즉 윤리적이거나 초인적인 또는 종교적인 면에서 탁월한 판단력을 가진 까닭에 복종을 얻어내는 지도자의 힘에 근거한다.

이 경우에도 베버는 순수한 이념형을 서술하고 있다는 점을 잊어서는 안 된다. 즉 그는 경험적 현실에서는 권위를 정당화하는 다양한 혼합형이 존재함을 알고 있었다. 히틀러의 지배도 주로 그의 카리스마에 근거한 것이기는 하지만, 독일의 법률구조에 바탕을 둔 합리적-법적 요소와 게르만 민족의 전통과 관련된 여러 측면도 국가사회주의의 호소력을 강화시키는 중요한 요소였던 것이다.

권위관계를 여러 형태로 나누어 검토하는 유형화는 여러 면에서 중요하다. 많은 정치이론가와 달리 베버는 모든 형태의 권위관계를 지도자만의 속성으로 보지 않고 지도자와 추종자 간의 관계의 성격으로 파악했다는 점이 사회학적으로 큰 공헌이다. 베버의 카리스마 개념은, 비록 엄격한 정의를 결여하고 있긴 하지만, 다음과 같은 생각, 즉 지도자는 추종자들이 그의 사명에 대해 갖는 믿음으로부터 자신의 역할을 도출해낸다는 생각을 베버가 전개시켜나가는 데 중요한 위치를 점하고 있다.

관념의 기능

행위자들이 자신의 관계에 부여하는 의미분석을 통해 베버는 사회적 행위 유형을 연구하는 데 그치지 않았다. 그는 사회적 행위의 유형화를 역사적 변화를 이해하는 데 활용했다. 앞서 보았듯이 베버는 현대문명이 낳은 여러 문제에 관심이 있었는데, 이와 관련하여 전통적 행위에서 합리적 행위로의 이행이 매우 중요하다고 파악했던 것이다. 그는 합리적-법적 권위체계 내의 합리적 행동이 현대의 합리화된 경제, 즉 자본주의 체계의 핵심을 이루고 있다고 보았다. 합리화된 경제체제 안에서 활동하는 개인들만이 효용과 비용을 합리적 방법으로 계산할 수 있다. 베버는 주장하기를, 경제적 행위에서 적정가격이나 적정임금에 관한 전통적인 생각이 사라지고 자기이익의 극대화를 목표로 삼는 이익추구행위가 윤리적으로 정당화될 때, 비로소 경제행위의 합리화가 실현될 수 있다고 했다. 그러한 윤리적 재가는 프로테스탄트 윤리가 제공했는데, 엄격한 자기수양 정신을 강조한 개신교가 사람들에게 직업적 세계에서 '부름을 받은' 독특한 업무에 합리적이고 질서 있게 몰입할 것을 장려함으로써 경제적 행위의 영역에서 전통주의의 속박을 깨뜨려버렸다는 것이다.

현대 자본주의의 출현에 미친 종교적 관념의 영향을 강조함으로써, 베버는 마르크스의 논지와 계속적으로 논쟁을 하게 되었다. 그는 마르크스의 공헌을 매우 높게 평가했으나 그 자신의 방법론에 비춰볼 때, 마르크스는 하나의 특수한 인과적 연쇄, 즉 경제적 하부구조에서 문화적 상부구조에 이르는 한 가지 요인만을 부당하게 강조했다고 믿었다. 베버는, 마르크스는 지나치게 단순화된 도식을 제시함으로써 경제와 사회구조를 문화적 산물이나 인간행위에 연결시키는 여러 인과적 영향의 복잡한 망을 적절히 다룰 수 없게 되었다고 주장했다. 베버는 관념을 단순히 물질적 이익의 반영으로 보는 것을 반대했다. 대신 그는 지적·심리적·과학적·정치적 그리고 종교적인 여러 영역의 발전은 비록 그들 간에 서로 영향을 주고받기는 하지만 상대적인 자율성을 지닌다고 주장했다. 관념의 내용과 그것의 지배자가 되는 물질적 이익 간에 예정된 조화가 존재하는 것이 아니다. 다만 그 둘 간에 '선택적 친화력'(elective affinity)이 생겨날 수 있는 것이다. 이런 점을 보여주기 위해 베버가 든 예는 여러 가지다. 17세기에서 칼뱅주의 신학자들의 관념과 잉글랜드, 스코틀랜드, 롤런즈의 시민층(부르주아층) 및 소시민층의 경제적 이해 사이에 이러한 선택적 친화력이 발전했다. 유교윤리가 꼭 중국 향신층의 '욕구를 대변한' 것은 아니지만, 그 관념이 그들의 생활양식과 합치되는 한, 그들은 유교사상의 주된 전달자가 되었던 것이다. 또 다른 예를 보자. 토지를 소유하고 있는 무사계급은 어떠한 형태든지 감정적인 종교성이나 구원에 관한 종교적 가르침에 대해서 혐오감을 느낀다. 대신 그들은 다른 종교체계, 즉 강하고 정열적인 신들이 서로 투쟁하고 희생을 통한 아첨이나 마술적인 조작에 의한 강제에 취약한 그런 종교체계에 매력을 느낀다. 도시 시민층이 기독교적인 경건에 마음을 쏟는 데 반해, 농민들은 자연숭배에 매력을 느끼게 되는 것이다.

베버도 사회변동의 동학을 설명하는 데 관심이 있었지만, 마르크스가 제시했던 것보다는 훨씬 융통성 있는 설명체계를 구성하려고 노력했다. 그는 관념체계와 사회구조 간의 관계는 여러 형태의 다양한 모습을 띠고 있으며, 그들 간의 인과적 관련도 하부구조에서 상부구조에 이르는 일방적인 것만 있는 것이 아니라 상호적인, 즉 서로 영향을 주고받는 것임을 보여주려 했다. 마르크스의 도식을 변형시키고 정교하게 만들려는 베버의 의도는 그의 계층이론에서도 똑같이 나타나고 있다.

계급과 지위 그리고 권력

베버는 계급(class)을 정의함에서 마르크스와 별반 차이를 보이고 있지 않다. 그는 "(1) 자신들의 삶의 기회(life chance)를 결정하는 특수한 원인적 요소를 공유하고, (2) 이 성분이 재화의 소유나 소득의 기회처럼 순전한 경제적 이해관계로 표현되며, (3) 이것이 상품 또는 노동시장이라는 조건 하에서 나타나게 되는"[18] 동일범주의 사람들을 계급으로 정의했다. 계급적 위치가 반드시 모든 경제적·정치적 행위를 결정하는 것은 아니라는 베버의 주장은 후기마르크스주의자들과는 다소 다르지만, 마르크스의 견해와는 대단히 가까운 것이다. 그는 자발적인 계급 행동이 나타나려면 반드시 "'계급적 상황'의 원인과 결과 간의 관계가" **명백하게** 나타나야 한다고 주장했다.[19] 아마도 마르크스라면 계급이 자신의 계급이익을 의식하게 될 때, 즉 계급으로서 다른 계급과의 관계를 의식하게 될 때 계급행동이 나타난다고 말했을 것이다. 그러나 베버의 계급이론은 그가 다른 구조적 범주, 즉 '지위집단'(status group)이라는 것을 제시한 데서 마르크스 이론과 차이가 나타난다.

지위집단이라는 개념은 사람들이 시장이나 생산과정에서 접하는 위치보다는 오히려 그들의 소비유형에 입각하여 이루어진 것이다. 베버에 따르면, 마르크스는 생산의 영역에만 지나친 관심을 쏟았기 때문에 이러한 범주화의 중요성을 간과하고 말았다. 자발적으로 집단화가 될 수도 있고 안 될 수도 있는 계급과는 달리, 지위집단은 보통 공동체로서 적절한 생활양식을 공유하고 있다는 생각과 다른 사람으로부터 받는 사회적 존경이나 명예 등에 의해 하나로 결속되어 있다. 또한 같은 부류에 속해 있지 않은 사람들과의 사회적 교제를 금지하려는 태도와 낮은 부류에 대해 느끼는 사회적 거리감 등도 나타난다. 이러한 유형화에서도 우리는 사회적 범주에 대한 베버의 생각, 즉 사회적 범주는 사람들이 그 사회적 관계에 어떤 정의를 부여하는가에 달려 있다는 사회학적 사고를 발견할 수 있다. 특정 지위집단은 다른 사람들이 그 집단성원들에게 어떤 위신이나 모욕을 줌으로써 다른 사회적 행위자들과는 구분되고 '그들'과 '우리' 간에 필요한 사회적 거리가 만들어지는 경우에 존재하는 것이다.

경험적으로 볼 때 계급 위치와 지위 서열 간에는 꽤 높은 상관관계가 존재한다. 특히 자본주의사회에서 경제적으로 상승하는 계급은 시간의 흐름에 따라 점차 높은 지위도 얻게 될 것이다. 그러나 원칙적으로는 부자와 가난한 자가 똑같은 지위집단에 속할 수 있다. 어떤 시기에는 독일 동부 엘베 지방의 대지주처럼 경제적으로는 힘이 약하면서도 두드러진 사회적 지위 때문에 막강한 영향력을 행사할 수도 있다. 베버 이후에 행해진 미국 정치에 대한 많은 분석이 보여주듯이, 일반적으로 정치행위는 때때로 자신의 지위를 잃을까 두려워하는 사람들 또는 스스로 생각하기에 응당 받아야 마땅한 지위를 얻지 못해 투덜대는 사람들에 의해 영향을 받기도 한다. 이러한 영향은 정치행위양식에 미치는 계급요인의 힘만큼 강한 것일 수 있다.

베버의 견해에 따르면, 모든 사회는 상이한 계급들로 나뉘는 것과 마찬가지로 명백히 서로 다른 생활양식과 세계관을 지니는 집단이나 층으로도 나뉜다. 계급집단뿐만 아니라 지위집단도 때로는 갈등을 일으키고 때로는 각 성원이 비교적 안정된 지배-복종의 유형을 받아들이기도 한다.

이처럼 사회계층을 두 가지로 분류함으로써 베버는 현대사회에서 나타나는 사회적 갈등의 다양한 형태를 이해할 수 있는 기초를 제공했고, 왜 '유산자'와 '무산자'의 적대적인 두 진영으로 양극화되는 사회가 극히 드문가 하는 점을 설명하는 데 도움을 주었다. 그는 완전히 계급중심적인 마르크스의 도식이 왜 현대와 같은 다원사회에서 나타나는 사태들을 정확히 예견하지 못하는가를 설명하는 데 많은 힘을 쏟았다.

사회 내의 권력을 분석하는 데서도 베버는 다원적인 사고를 전개했다. 그는 핵심적인 면에서는 마르크스를 따르면서도 마르크스의 분석도식을 더 세련시키고 확장시켰다. 마르크스에 따르면, 권력이란 언제나 '결국에 가서는' 경제적 관계에 근거하게 된다. 생산수단을 소유한 사람은 직접적이든 간접적이든 정치적 권력도 행사한다고 본 것이다. 베버도 이에 동조하여 현대 자본주의 세계 내에서는 주로 경제적인 힘이 지배적인 권력이 된다고 보았다. 하지만 "경제적 권력 자체가 다른 기반에 바탕을 둔 권력의 결과로 나타날 수도 있다"[20]고도 주장했다. 예를 들면 대규모 관료조직을 움직일 수 있는 사람은 비록 그가 봉급을 받는 피고용인일지라도 상당한 정도의 경제적 권력을 행사할 수 있다는 것이다.

베버는 한 사람이든 다수의 사람이든 "공동행위에서 다른 사람의 반대에도 불구하고 자신의 의지를 실현시킬 수 있는" 기회를 권력이라 정의했다.[21] 그는 이러한 권력이 사용될 수 있는 기반이 사회적 맥락, 즉 역사구조적인 환경에 따라 상당히 다르다는 것을 보여주었다. 따라서 권력의 원천이 어디인가 하는 문제는 경험적 질문인 것이지 마르크스의 경우처럼 특정한 원천만을 독단적으로 강조함으로써 답해질 수 있는 것은 아니라고 생각했다. 또한 사람들이 권력을 추구하는 것은 꼭 부자가 되기 위해서만이 아니라고 주장했다. "권력은 경제적 권력까지 포함해 '그 자체로서' 가치를 지닐 수 있다. 또한 권력의 추구가 그것에 수반되는 사회적 '존경'에 의해서 제약받는 경우도 흔히 있는 것이다."[22]

관료제

현대의 합리화 경향에 대해 깊이 몰두하면서, 또한 권력과 권위의 본질을 탐구해가면서 베버는 정치·경영·경제의 모든 영역에 나타나는 대규모 조직의 작동을 연구하게 되었다. 다양한 행위가 관료적인 방식으로 조정되는 것이야말로 현대를 나타내는 명확한 지표 중 하나라고 그는 주장했다. 관료제는 합리적 원칙에 따라 조직된다. 관료들은 단일한 위계질서 속에 서열화되며, 그들의 행동은 비인격적인 규칙에 의해 규제된다. 각 직책수행자는 권한의 범위와 의무의 영역이 엄격히 분화되어 있다. 관료의 임명은 귀속적인 기준보다는 전문화된 자질에 따라 이루어진다. 많은 사람의 행위에 대한 이와 같은 관료제적 조정은 현대의 조직형태를 구성하는 주된 구조적 특징이다. 이렇게 조직화된 기구를 통해서만 현대국가나 현대경제의 대규모 계획이 가능할 수 있다. 국가의 지도자들이 봉건시대에만 해도 여러 곳에 흩어져 있던 정치권력의 여러 자원을 활용하고 집중시킬 수 있게 된 것도 관료제 때문이다. 관료제의 도움을 통해서만 과거에는 묵혀 두고 있었던 경제적 자원을 활용할 수 있게 된다. 베버에 따르면, 관료조직은 현대정치, 현대경제, 현대기술을 형성시킨 기본적인 수단이다. 기계생산이 수공업보다 나은 것과 마찬가지로, 관료제적 조직유형은

어느 다른 경영형태보다 기술적으로 우위를 점한다.[23]

그러나 베버는 관료제의 역기능 또한 지적했다. 결과의 예측가능성은 주요한 장점 중 하나지만, 개별 사례를 다루는 데는 거추장스럽거나 심지어는 무용지물이 되고 만다. 현대의 합리화되고 관료화된 법률체계는 이전의 재판 양식이 잘 다루어왔던 개별적인 특수성을 다루는 데 오히려 부적합한 것이 되어버렸다. 베버는 "현대의 재판관은 돈과 함께 변론을 집어넣으면 법전으로부터 기계적으로 논리와 판결이 나오게 되는, 일종의 자동판매기다"[24]라고 대륙의 법률체계에 관한 글에서 말했다.

베버는 현대세계의 관료제화가 이 세계에 비인간화를 초래할 것이라고 주장했다.

[의사결정의 예측가능성과] 자본주의의 적합성은 관료제가 그 자신을 더욱 비인간화시킬수록, 다시 말해 그것이 공적인 업무 수행에서 사랑, 미움 같은 순전히 인간적인 모든 요소, 특히 비합리적이고 예측 불가능한 감정들을 제거하는 데 완벽히 성공하면 할수록 더 완전하게 실현된다. 동정, 호감, 은혜, 감사 등에 의해 움직이던 이전 형태의 지도자 대신 현대문화는 그 영원한 기구를 유지하기 위해 감정으로부터 초연한, 따라서 완벽히 '직업적인' 전문가를 요구하고 있다.[25]

관료제화와 합리화의 발전은 베버에게 거의 피할 수 없는 운명처럼 여겨졌다.

오늘날 이미 그 실현을 향해 다가가고 있는 관료제화와 합리화가 완벽하게 이루어졌을 경우 그것이 가져올 결과를 상상해보라. 지금도 벌써……모든 경제기업은 현대적 노선을 따르고 어느 곳에서나 합리적 계산이 나타나고 있다. 이것에 의해 개개 노동자의 업무량이 수학적으로 측정되고, 모든 사람은 기계의 한 조그만 부품이 되어버리며, 설사 이것을 안다 해도 그 자신의 노력은 좀더 큰 부품이 될 수 없는가 하는 것뿐이다. ……오늘날 우리가 어떤 진화를 겪어가고 있음은 분명한데, 이

방향은 그것이 다른 기반, 즉 기술적으로 더 완벽하고 더 합리화되고 따라서 훨씬 기계화된 기반에 기초하고 있다는 점을 제외하고는 모든 면에서 [고대 이집트 왕국]을 닮아가는 것이다. 지금 우리에게 주어진 문제는 '어떻게 이 진화를 변경시킬 수 있을까?'가 아니라 — 왜냐하면 그것은 불가능하기 때문에 — '그로부터 어떤 현상이 나타날 것인가?' 하는 것이다.[26]

이 세계의 불가피한 합리화와 관료제화에 대한 베버의 견해는 마르크스의 소외개념과 명백한 유사성을 보이고 있다. 이들은 현대적 조직방식이 생산의 효율성과 능률성을 놀랄 만큼 증대시켰고, 인간에게 전례 없을 정도로 자연에 대한 통제력을 부여했다는 데 의견의 일치를 보이고 있다. 또한 이들은 합리화된 효율성을 지닌 이 새로운 세계가 그 창조자를 비인간화시키려 드는 무서운 괴물로 변해버렸다는 점에서도 의견을 같이하고 있다. 그러나 마르크스가 소외를 인간의 진정한 해방으로 가는 과도기적 단계에서 나타나는 것으로 파악한 데 대해 베버는 의견을 달리했다. 베버는 필연의 영역에서 자유의 세계로의 도약이 있을 것을 믿지 않았다. 비록 그가 다음과 같은 희망, 즉 어떤 카리스마적인 지도자가 나타나 인류를 그 자신의 창조물의 손아귀에서 구원해주리라는 희망을 지니고 있긴 했지만, 그에게 미래의 세계는 에덴동산이라기보다는 '철창'(iron cage)이 될 가능성이 훨씬 많은 것으로 여겨졌다.

베버가 마르크스와 다른, 좀더 마르크스를 확대시킨 점이 또 하나 있다. 마르크스는 경제적 생산영역에 대한 관심 때문에 다음과 같은 점들을 자세히 기술했다. 즉 어떻게 자본주의적 산업조직이 노동자들로부터 생산수단을 빼앗게 되는가? 왜 수공업시대의 장인과는 달리 현대의 산업노동자들은 자신의 도구를 소유하지 못하고 자기를 지배하는 사람에게 그의 노동력을 팔지 않을 수 없게 되는가? 이런 분석의 대부분을 베버도 지지했으나 자신의 논리에 입각하여 생산수단의 박탈은 자본주의의 결과라기보다는 모든 합리화되고 중앙집권화된 생산체계의 피할 수 없는 결과라는 상이한 의견을 제시했다. 이러한 박탈은 자본주의체제뿐만 아니라 사회주의 생산체계에서도 특징적으로 나타난다는 것이다. 또한 마르크스는 생산 영역에만 거의 전적으로 관심을 쏟았기 때문에 노동자의 생산수단 상실이 현대사회의 보편적인 현상, 즉 과학자들은 탐구수단을, 경영자는 경영수단을, 군인은 폭력수단을 각각 박탈당하는 훨씬 일반적인 현상 중 하나의 특수한 경우에 지나지 않는다는 사실을 간과했다고 주장했다. 한 걸음 더 나아가, 현대사회의 모든 중요한 영역에서 인간이 대규모 조직에 참여하지 않고서는 사회적으로 의미 있는 행위를 더 이상 할 수 없는 상태가 되었다고 했다. 사람들에게 특정한 업무를 부여하고 인간적 욕구나 성향들을 비인격적인 전체 목표나 과정을 위해 희생시킬 것을 요구하는 것이 바로 대규모 조직인 것이다.

합리화와 각성

현대세계는 더 이상 신들의 세계가 아니라는 점을 베버는 거듭 강조했다. 인간은 신들을 추방해버렸고 이전 시대에는 우연 또는 감정·정열·몰입 등에 의해, 인간적인 호소나 신의에 의해, 그리고 카리스마적 영웅 윤리에 의해 지배되는 것처럼 보이던 것들을 합리화시키고 계산과 예측이 가능하도록 만들어놓았다.

베버는 여러 제도적 영역에서 이러한 변화를 찾아내려 했다. 그의 종교사회학 연구는 점진적인 '종교생활의 합리화'가 인간이 신적인 것과 맺는 관계를 **가치합리적**으로 체계화시킴으로써 마술적인 절차를 대치해나가는 복잡미묘한 과정을 추적한 것이다. 그는 예언자의 카리스마적 호소가 어떻게 전통에 기반을 둔 사제적 권위를 파괴하는지를 설명했다. 또한 '경전종교'(book religion)의 출현과 함께 종교영역의 체계화와 합리화가 어떻게 프로테스탄트 윤리 같은 형태로 진전되었는지를 보여주려 했다.

법의 영역에서도 베버는 이와 비슷한 과정, 즉 현명한 지도자나 연장자가 인간적으로 정의를 분배하던 '카디의 판결에 의한 정의'(Kadi Justiz, 카디는 아랍 부족의 장로로서 재판에 의하지 않고 카디장로회의에서 사건을 판결했다 ─ 옮긴이)에서 현대세계의 조문화되고 합리화된 비인격적 정의로의 이행을 지적했다. 그는 정치적 권위의 발전 속에서도 천부의 카리스마를 부여받은 왕의 권위가 어떻게 합리적으로 제정된 법률과 규칙의 엄격한 한도 내에서만 지배력을 행사하는 냉정한 권위로 변화하는지를 추적했다. 음악처럼 사적 경험의 세계에서도 이와 같은 합리적 경향은 예외 없이 나타난다고 베버는 주장했다. 음악사회학에 관한 글 속에서 베버는 현대음악의 간결한 기보법(記譜法)과 잘 조화된 음계 ─ 현대 교향악단을 지배하고 있는 엄격한 표준화와 조성체계 ─ 를 아시아나 기타 문자가 없는 종족들의 자생적이고 특유한 음률체계와 대비시켜 설명했다.

앞서 보았듯이 베버는 그의 방법론적 서술에서 어떤 불가항력적인 힘에 인류역사를 종속시키려는 역사해석은 어떤 것이든 철저하게 반대했다. 그는 사회는 여러 가지 대립된 세력 간의 미묘한 균형으로 파악되어야 하며, 따라서 특정한 전쟁이나 혁명, 심지어 한 사람의 영웅만으로도 전체의 균형이 붕괴될 수 있다고 주장했다. 이것이 베버가 어떠한 진술에서도 개연적인 용어를 사용한 이유였다. 물론 현대사회의 합리화와 관료제화 경향을 논의할 때, 베버는 평소 자신의 분석적 경고를 무시하고 미래에는 인류가 스스로 만든 철창에 갇혀버리게 될 가능성이 크다고 확신하는 경향이 있었다. 그의 가르침은 19세기의 다른 사상가들과는 근본적으로 달랐다. 그는 다가올 기쁨의 소식을 전하는 예언자였다기보다는 파멸과 불행을 예고하는 사람이었던 것이다.

연구의 다양성과 폭넓음에 대해 놀라고 경탄하지 않을 수 없는 사람의 업적을 요약하려는 시도는 별 의미가 없다. 이미 명백해진 사실이지만 다음과 같은 말을 확실히 하는 것으로 충분할 것이다. 즉 "베버의 업적은 사회과학의 역사 속에서 중요한 이정표다."

사회학은 베버 이전과 이후로 나눌 수 있을 정도다. 당대의 사회학은 물론 현대사회학도 모두 그의 재능에 도움을 받고 있다. 그의 비관적 예측이나 카리스마적 영웅의 구원행위와 같은 낭만적인 신념을 따르지 않는 사람일지라도, 그의 탁월한 분석 작업의 결실에서 도움을 얻을 수 있다.

개인적 배경

베버[27]는 평생 정신적 고통에 시달렸다. 그의 지적 생산활동에 내재한 내면적 갈등을 고려하지 않고는 그의 저작을 이해할 수 없다. 물론 여기서 베버의 정신적 고통의 모든 부분을 자세히 살필 필요는 없고, 선택적으로 고려하면 될 것이다. 그렇지 않으면 헤겔이 말한 '노예의 심리학', 즉 역사적으로나 지적으로 아무런 의미를 띠지 않은 자질구레한 인간사들을 자세히 분석하게 될 수도 있다.

베버의 내적 갈등은 주로 가족과의 복잡한 관계와 그가 살고 활동하던 독일제국의 무능한 정치 분위기에서 벗어나려는 노력에서 나타난 것이었다. 개인생활에서 나타난 권위에 대한 양면적 태도, 글을 쓰면서 논제에 홀려버리는 경향, 합리성과 책임윤리에 대한 이중적 관심, 현세적 금욕주의에 대한 매력, 그리고 카리스마적 지도자의 영웅적 생활양식에 대한 부분적 동일시 ─ 이러한 모든 연구 주제가 그의 전기적 생애 속에서 얻어진 것이었다.

아버지 집에서 보낸 시절

베버는 1864년 4월 21일 아버지 막스 베버(Max Weber Sr.)와 그의 부인 헬레네 팔렌슈타인(Helene Fallenstein)의 일곱 아들 가운데 맏이로 태어났다. 아버지와 어머니 모두 오래전에 가톨릭의 박해를 피해 이주하여 기업가로 성공한 개신교 집안의 후손이었다. 할아버지는 빌레펠트 지방에서 묘목상을 경영한 부유한 사람이었는데, 이 지방은 개신교에 대한 박해를 피해 베버 가족이 가톨릭이 득세하던 잘츠부르크 지방을 떠나 정착한 곳이었다. 그의 한 아들이 가업을 이어받아 확장시켜나가는 동안 다른 아들인 베버의 아버지는 베를린 주정부에서 잠시 동안 근무했고, 나중에 에르푸르트(이곳에서 베버가 태어났다) 지방의 지사를 지내기도 한 사람으로서, 주로 수도에서 정치적 활동을 했다. 그는 처음에 베를린 시의회 의원이었다가 나중에 프러시아 하원 및 독일 의회의 의원이 되었다. 그는 국민자유낭, 즉 비스마르크의 정책을 지지하던 자유주의자들의 정당에서 정치적으로 중요한 인물이었다. 아버지 베버는 '정치계'에서 매우 중요한 자리를 차지한 채 자신감이 가득하고 쾌락을 즐기는 가벼운 삶을 살고 있었다. 그는 매우 전형적인 독일 부르주아 정치인으로, 집에서는 정치적 사안에 대해 마음대로 자신의 의견을 피력하면서도 기존 권력과 맺은 그의 견고한 유대를 붕괴시킬지도 모르는 '이상적' 모험에는 조금도 개입하지 않는 사람이었다.

베버의 어머니 팔렌슈타인은 출신 배경은 비슷하지만 전혀 다른 기질을 소유한 사람이었다. 그녀의 아버지는 교사집안 출신으로, 그 자신이 교사이자 번역가이며 낭만적인 기질의 지성인이었다. 나폴레옹 해방전쟁에 참전한 이후 그는 프러시아의 공무원으로 평범한 생활을 보내고 있었다. 첫 부인이 죽고 나자 그는 프랑크푸르트의 한 부유한 상인의 딸인 수쉐이 (Amilie Souchay)와 결혼했다. 그는 재정적 기반이 확고해지면서 하이델베르크로 와서 은퇴한 후 그 지방 학술계를 돕는 후견인이 되려고 한 인물이었다. 수쉐이는 루이 14세가 프랑스 개신교를 불법화한 후 본국인 프랑스에서 추방당한 위그노의 후손이었다. 위그노는 독일에서 매우 부유해졌으나 여전히 강한 칼뱅주의적 종교성을 지니고 있는 개신교도였다.

베버는 어려서부터 교양 있는 부르주아 가정에서 성장했다. 그의 집에 자주 드나드는 손님 중에는 지도적인 정치가들뿐만 아니라 지도적인 학자들도 있었다. 여기서 베버는 역사가 트라이치케, 지벨, 딜타이, 몸젠 등을 만났다. 그러나 처음에는 행복해 보이던 부모의 결혼이 얼마 지나지 않아 점차 긴장의 징후를 보이기 시작했고, 그러한 긴장이 그 자녀들에게도 거의 숨길 수 없을 정도가 되었다. 강렬한 종교적 헌신과 타고난 칼뱅주의적 의무감을 지닌 어머니와, 개신교적이라기보다는 오히려 영웅적인 개인윤리를 지니고 있던 그녀의 남편 사이에 공통점이라곤 거의 없었던 것이다.

베버는 조숙했으나 병약하고 부끄럼이 많으며 소극적인 아이였다. 베버를 가르쳤던 교사는 그가 선생님의 권위를 존경할 줄 모르며 훈련이 덜된 아이였다고 평가한 적도 있다. 그러나 베버는 어릴 적부터 무척 책을 많이 읽었다. 열네 살 때 호메로스, 베르길리우스(Publius Vergilius), 키케로, 리비우스(Titus Livius) 등을 인용한 편지를 썼으며, 대학에 들어가기 전에 괴테, 스피노자, 칸트, 쇼펜하우어까지 지식을 확대시켜나갔다.

베버의 가정은 아버지의 강력한 권위주의가 지배했다. 아마도 그의 아버지는 정치영역에서의 무원칙함을 가정에서 완고한 원칙론자가 됨으로써 보상하려 했을지도 모른다. 어머니는 베버를 자신의 품으로 이끌어 그녀가 매우 중시했던 기독교적 경건성을 심어주려 노력했다. 하지만 젊은 시절 베버는 어머니보다는 오히려 아버지를 더욱 자신과 동일시했다. 이러한 동일시의 결과, 매우 수줍고 소극적이던 어린 베버는 열여덟 살에 하이델베르크대학에 들어가자마자 금방 유명한 '문제학생 중 하나'가 되었다. 그는 아버지가 그랬듯이 결투 클럽에 가입했고, 전공으로 아버지의 전공이었던 법학을 선택했다. 그는 결투시합이나 술자리에서 매우 적극적인 사람이 되었다. 클럽 동료들과 함께 마셔 없애던 엄청난 양의 맥주는 곧 이여리고 병약해 보이던 젊은이를 결투에서 얻은 칼자국을 자랑스럽게 내보이는 한 사람의 튼튼한 독일 술꾼으로 만들어놓았다.

하지만 이러한 열정도 베버의 공부를 방해하지는 못했다. 법학은 물론이고 크니스(Karl Knies)의 경제학 강의, 에르트만스되르퍼(Bernhard Erdmannsdörffer)의 중세사, 피셔(Kuno Fischer)의 철학도 공부했다. 임마누엘 베커(Immanuel Bekker)에게는 로마법과 로마제도를 배웠다. 또한 베버는 사촌형인 신학자 오토 바움가르텐(Otto Baumgarten)과 함께 신학에 관한 책도 많이 읽었다. 세 학기를 마치고 베버는 병역을 위해 하이델베르크대학을 떠나 슈트라스부르크로 갔다. 여기서 그는 이모부인 역사가 헤르만 바움가르텐(Hermann Baumgarten)과 그의 부인이자 이모인 이다 팔렌슈타인(Ida Fallenstein)의 영향을 받게 되었다.

바움가르텐 부부는 곧 베버에게 제2의 부모가 되었다. 그들이 베버가 성장하는 데서 준 영향은 대단한 것이었다. 바움가르텐은 베버의 아버지와 마찬가지로 자유주의자였으나 비스마르크 정부와는 결코 타협하지 않고 젊은 시절의 순수한 자유주의를 견지하고 있었던 점에서 달랐다. 그는 베버의 아버지에게 출세를 가능케 해준 정치적 타협을 싫어했다. 바움가르텐은 타협하지 않는, 1848년의 자유주의자로서 시대의 대세를 거슬러 독일의 예레미아(Jeremia, 유대민족의 각성을 촉구했던 선지자 — 옮긴이) 역할을 수행하려는 이단자로 살았다. 그의 부인 팔렌슈타인은 언니인 베버의 어머니와 여러 면에서 비슷했고 깊은 칼뱅주의적 경건성과 종교적 가르침에 대한 헌신성을 공유하고 있었다. 그러나 그녀는 소극적이지 않았고, 정열적이고 심지어 지배적이기까지 한 점에서 베버의 어머니와 달랐다.

젊은 베버를 늘 권위주의적으로 대했던 아버지와는 달리 이모부는 조카를 지식인 동료처럼 취급했다. 베버의 편지에서 뚜렷하게 나타나고 있지만, 슈트라스부르크 시절부터 1893년 바움가르텐이 사망한 해에 이르기까지 이모부는 정치적·지성적 면에서 베버의 훌륭한 스승이자 절친한 친구였다. 이모의 영향도 못지않게 강했다. 종교에 대한 관심을 깨우쳐주지 못했던 어머니와는 달리 이모는 베버로 하여금 종교서적들, 예를 들면 그녀가 좋아하는 뉴잉글랜드의 목사 채닝(William Channing)의 글을 탐독하도록 만들었다. 특히 베버는 팔렌슈타인의 강한 개성, 즉 남편과 충돌하면서라도 자신의 원칙을 지키려는 타협할 줄 모르는 종교적 기준과 많은 시간을 자선사업에 쓰도록 만드는 깊은 사회적 책임감에 큰 감명을 받았다. 그는 이모를 통해 어머니의 가치와 지향이 행동화되는 것을 보았고 어머니의 참 면모를 이해할 수 있게 되었다. 베버가 기독교 신앙을 지니진 않았으면서도 평생 개신교의 미덕을 경외하는 마음을 지니게 된 것은 아마도 이 슈트라스부르크 시절 때문이었을 것이다. 그는 채닝 같은 믿음을 소유한 사람뿐만 아니라 실제로 자신의 도덕철학을 지키는 사람에 대해서 한 번도 존경하는 자세를 갖지 않은 적이 없다.

슈트라스부르크 시절 동안 베버는 아버지를 비도덕적 쾌락주의자라고 생각하게 되면서 그 영향력에서 조금씩 벗어나게 되었다. 이제 그는 이모와 이모부에게서 서로 다르게, 부분적으로는 상호 모순되게 나타난 도덕적 엄격성에, 비록 완전히는 아니지만, 자신을 동일시하기 시작했다. 하지만 이로 인해 그는 이후 오랫동안 정신적 고통을 겪어야 했다.

베버는 사촌인 바움가르텐의 딸 에미 바움가르텐(Emmy Baumgarten)과 첫사랑을 했다. 그녀와 약혼한 후 6년 동안이나 교제가 계속되었으나 모든 기간에 그 관계는 긴장을 동반한 위태로운 상태였다. 바움가르텐은 정신적으로나 육체적으로나 매우 쇠약해 있었다. 괴로운 번민과 죄의식으로 수년을 보낸 후 베버는 마침내 그 시기의 대부분을 요양소에 격리된 채 보내야 했던 바움가르텐과의 약혼을 파기해버렸다.

1884년 말, 군복무가 끝나자 베버는 베를린대학에서 공부하기 위해 부모의 집으로 돌아왔다. 그의 부모는 다소 자유분방한 베버의 태도를 억제할 뿐만 아니라 헤르만 바움가르텐의 영향을 차단함으로써 그를 옛날의 상태로 되돌리려 했다. 이후 8년 동안은, 괴팅겐대학에서 보낸 한 학기와 보충군사훈련을 받던 짧은 기간을 제외하고는 줄곧 부모의 집에서 보냈다. 처음엔 학생으로, 나중에는 베를린 법원의 견습 변호사로, 그리고 마지막에는 베를린대학의 사강사로 지냈다. 이 시기 동안 베버는 자신이 점점 더 싫어하게 된 아버지에게 경제적으로 의존하고 있었다. 그는 이모의 집에 있을 동안 어머니의 성품과 종교적 가치를 깊이 이해하게 되었거니와, 이제 어머니를 권위적으로 위압하는 아버지의 행위에 대해서도 분개하기 시작했다.

초기의 학문적 생애

베를린대학 학생 시절, 베버는 트라이치케의 애국적인 주장이나 호언장담에 대해서는 강한 반감을 표했으나 성실한 학자적 자세, 예를 들면 그의 논문 지도자였던 골트슈미트(Jacob Goldschmidt)나 그와 함께 로마법을 연구했던 역사가 몸젠의 연구태도에 대해서는 차차 인정하게 되었다. 베버는 스승과 절친해서, 몸젠은 1889년 그의 박사학위논문인 『중세상업사회사』(History of Commercial Societies in the Middle Ages)에 관한 논문을 칭찬하면서 그에게 다음과 같이 말했다. "내가 죽게 되었을 때 '아들아, 이 창 (槍)이 내게는 너무 무겁구나. 이제 네가 이것을 맡아라' 하고 말할 수 있는 사람으로 너보다 더 나은 사람은 없다."

베를린대학 시절 동안 베버는 놀랄 만큼 많은 글을 썼다. 아마도 그의 미친 듯한 연구 속도는 여전히 전적으로 의존하고 있던 아버지에 대한 점증하는 적대감을 다른 곳으로 전환시켜보려는 방편이었을 것이다. 최우수 (summa cum laude)를 획득했던 박사학위논문에 이어 1891년 『로마중세사』(Roman Agrarian History)에 관한 중요한 연구가 이루어졌는데, 이것은 그의 교수자격논문(Habilitationsschrift), 즉 박사학위논문 이후 대학에서 강사 자격을 얻기 위해 필요한 논문이 되었다. 이후 사회정치학회와 기독교사회연맹(Evangelisch-soziale Verein)의 부탁으로 동부 엘베 지방 농업노동자들에 대한 여러 연구가 이루어졌다. 동부 엘베 지방에 관한 이 연구들 중에서 중요한 한 연구는 거의 900쪽에 달하는 것으로, 1년의 시일이 소요되었다. 이 기간에 베버는 그의 이전 스승인 골트슈미트의 후임으로 베를린대학에서 강의를 맡는 동시에 법정에 전임직을 갖고 있었다. 이 수년간의 생활 동안 베버는 스스로 규칙적인 생활을 했을 뿐만 아니라 일상적인 활동에서도 성직자처럼 엄격하고 금욕적인 원칙에 자신을 복종시켜나갔다.

베버가 이러한 정신적 괴로움에서 마침내 벗어나게 된 것은 1893년 어느 내과의사(아버지 쪽으로 사촌간이 되는 사람인데)의 스물두 살 난 딸인 슈니트거(Marianne Schnitger)와 결혼을 하고 프라이부르크대학의 경제학부 교수로 임명을 받게 된 때였다. 이후로 줄곧 슈니트거와 베버는 지적으로나 도덕적으로나 매우 가까운 동료 같은 관계를 유지했지만—독일인이 흔히 말하는 이상적 결혼(Musterehe)과 같았다—완전한 것은 아니었다. 베버가 성적 만족을 얻을 수 있었던 때는 제1차 세계대전 직전이었던 40대 후반, 그것도 부부관계가 아닌 형태에서였다.[28]

1895년, 베버는 『민족국가와 경제정책』(The National State and Economic Policy)에 대한 첫 번째 강연을 했는데, 이것은 강한 민족주의와 뛰어난 학자적 능력이 결합된 것으로, 그때까지의 연구로서는 얻지 못했던 광범위한 인기를 학계나 정치계에서 얻게 되었다. 이렇듯 새로운 명성을 얻게 되자 그는 1896년 하이델베르크대학의 경제학부 교수로 옛 스승인 크니스의 뒤를 이어 초빙을 받게 되었다. 하이델베르크대학에서 베버는 옛 스승인 베커, 에르트만스되르퍼, 피셔 등과 새로운 교제를 하게 되었을 뿐만 아니라 법학자 옐리네크(Georg Jellinek)와 신학자 트뢸치(Ernst Troeltsch) 같은 새로운 친구와 동료들을 사귀게 되었다. 베버의 집은 곧 하이델베르크대학의 대표적인 지성인들이 모여드는 곳이 되었고, 베버는 젊은 나이에도 불구하고 동료들이나 같은 정신을 소유한 학자들 사이에서 중심적인 인물로 부각되었다.

학문에 대한 관심 외에 베버는 정치적 관심도 추구해나갔는데, 그는 기독교사회당 모임에서 중대한 역할을 담당했고, 시사적인 문제에 관해 많은 논문과 시평을 발표했다. 그는 학계와 정치계에 똑같이 적극적이고 독창적으로 참여함으로써 독일의 지적 활동에 중요한 인물이 되었다.

이러한 전도양양한 미래가 갑자기 중단될 뻔한 일이 일어났다. 1897년 7월, 그의 아버지가 하이델베르크대학을 방문했다. 베버의 어머니가 남편 없이 자녀들과 함께 몇 주일을 더 보내려고 했으나, 아버지는 그녀에게 함께 갈 것을 강요했다. 이때 아버지와 아들이 격렬하게 충돌하게 되었다. 아들은 어머니를 일방적으로 난폭하게 다루는 아버지를 비방했고, 마침내 아버지에게 자기 집에서 나가라고 말했다. 이후 아버지는 불과 한 달도 채 못 되어 죽고 말았다. 베버는 혹심한 신경쇠약에 시달려야 했고, 5년이 지나도록 회복되지 못했다.

베버가 끝내 자기동일시의 문제를 해결할 수 없었던 어려움인 아버지와 어머니 그리고 이모와 이모부의 가치에 대해 느끼던 내면의 갈등 등이 베버의 신경쇠약증을 부분적으로 설명해준다. 또한 정신적인 짐이 되었던 사촌과의 파혼과 가까운 친구의 구애자였던 다른 사촌을 가로채 결혼하게 된 사실 등에서 또 다른 긴장과 죄의식을 느끼게 되었을지도 모른다. 자신의 내적 긴장을 벗어나기 위한 수단이었을지도 모르는 그의 습관적인 과로도 새 부인과의 성적인 불만만큼이나(이것이 다시 그의 다른 갈등과도 관련되었을 것이다) 영향을 주었을 것이다. 베버가 담당 의사를 위해 준비했던 상세한 자기분석이 없어져서 그의 신경쇠약의 구체적인 원인들을 완전히 밝혀내기는 어렵다.

이후 수년 동안 베버는 거의 아무 일도 하지 못했다. 책을 읽을 정도의 정신집중도 할 수 없는 때가 종종 있었다. 그는 여러 곳을 여행했는데, 특히 스위스와 이탈리아를 자주 갔다. 간혹 회복된 듯 보일 때도 있었으나 곧 또 다른 병이 재발되곤 했다. 더 이상 학생들에게 강의를 할 수 있을 것 같지 않다고 판단되자 그는 하이델베르크대학의 교수직을 떠났다. 요양소에서 시간을 보내고 여러 가지 전문가의 치료를 받았으나 만사가 소용없는 일만 같았다. 그러다 1903년 기적적으로 그의 지적인 힘이 회복되기 시작했다. 그는 그해에 『사회과학』(*Archiv für Sozialwissenschaft*)이라는 독일의 대표적인 사회과학 잡지를 좀바르트, 야페(Edger Jaffé)와 더불어 그럭저럭 편집해나갈 수 있었다. 이 편집일 때문에 그는 병으로 수년간 잃고 있었던 친구나 학계 동료들과의 관계를 다시 맺을 수 있게 되었다.

1904년, 괴팅겐대학에서의 동료였던 하버드대학의 뮌스터버그(Hugo Münsterberg)가 세인트루이스에서 열리는 예술과학협의회에 논문을 발표해줄 것을 베버에게 요청했다. 그가 거기서 발표한 독일사회구조에 관한 논문은 6년 반 동안 처음으로 발표된 것이었다. 이후 베버는 3개월에 걸쳐 미국 전역을 여행했는데, 이때 미국문명의 특성에 깊은 감명을 받았다. 이후 나타난 많은 개념, 특히 자본주의 출현에서 개신교 종파가 행한 역할, 정치기구의 조직화와 관료제, 그리고 미국정치구조에서 대통령의 역할 등에 관한 개념은 그가 미국에 체류하면서 얻어진 것이라 볼 수 있다.

성숙의 시기

하이델베르크대학으로 돌아온 이후 베버는 완벽한 저술 활동을 다시 시작했으나 강의를 할 수 있게 된 것은 그의 생애 마지막 2, 3년뿐이었다. 이제 그의 지적 저작은 다시 엄청나게 많아졌다. 『베버의 사회과학방법론』(*Max Weber on the Methodology of the Social Sciences*)에서 가장 중요한 부분인 그의 방법론 저술도 이 시기에 쓰인 것이다. 『프로테스탄트 윤리와 자본주의 정신』(*The Protestant Ethic and the Spirit of Capitalism*)은 1905년 처음 출판되었다. 이어 1906년에는 1905년 혁명 이후 러시아의 정치 발전에 관한 중요한 연구가 나왔다. 1908년과 1909년에 그는 산업노동과 공장 노동자들의 사회심리학에 관한 중요한 경험적 연구를 했다. 이 기간에 그는 학계의 여러 회의에도 적극적으로 참여했고, 정치적 회합에서 강연도 했다. 1910년에 그는 퇴니스, 짐멜과 함께 독일사회학회를 창설했다. 그는 수년간 이 학회의 간사를 맡았고, 초기의 연구 계획을 수립하는 데 결정적인 영향을 미쳤다.

제1차 세계대전 이전 하이델베르크에 있는 베버의 집은 풍부한 자극과 다양성을 지닌 지성인들의 집합소였다. 한동안 베버 부부는 트뢸치와 집을 함께 사용했다. 사회학자 짐멜, 미헬스, 좀바르트, 그리고 젊은 세대 중에서 호니스하임, 뢰벤슈타인(Kurt Löwenstein) 등은 철학자 라스크, 빈델반트, 리케르트, 문예비평가이자 역사가이던 군돌프(Friedrich Gundolf), 정신과의사이자 철학자였던 야스퍼스(Karl Jaspers) 등과 함께 이 집의 단골손님이었다. 블로흐 같은 젊은 급진적 철학자들도 전쟁 전에는 잠시 동안 이 모임에 참석했다.

제1차 세계대전이 발발하자 베버는 그의 민족주의적 신념에 따라 군복무를 자원했다. 예비역 장교로서 그는 하이델베르크 지방에 9개의 야전병원을 세우고 감독할 것을 명령받았다. 그는 1915년 말 이 직책에서 물러났다.

전쟁 직후, "어찌되었든 이것은 위대하고 훌륭한 전쟁이다"라고 말했던 베버는 점점 그의 꿈을 상실했다. 그는, 일종의 운명에 대한 예언자 역할을 자청했다고 할 수 있는데, 많은 시간을 들여 비망록을 기록하거나 정부 관리들에게 영향을 주려고 노력했다. 그는 이제 전쟁 행위를 비난했고 독일 지도자들의 어리석음을 공격했다. 특히 전쟁에서 잠수함에 점점 더 의존하는 것에 대해 분개했는데, 이러한 행동은 미국을 전쟁에 개입시킴으로써 마침내 패배를 자초하고 말 것이라고 예측했다. 그는 원칙적인 전쟁반대론자는 아니었으나 전쟁의 목적을 제한할 것과, 전 지구를 대상으로 제국주의적인 야망을 실현시키려 드는 기업가들과 우익 융커 세력들을 제재할 것을 주장했다. 그는 평화의 사자를 영국 쪽으로 내보낼 것을 주장했다.

당시의 정치권력자들은 베버의 주장을 듣지 않았고, 그는 지도자들의 역량에 대해 발작적으로 혐오감과 절망감을 느끼게 되었다. 독일의 전반적 정치구조의 변화와 책임 있는 의회제 정부의 발전 그리고 황제와 각료들의 권력의 제한을 주장하는 그의 논문 때문에 정부는 베버를 반역죄(lèse majesté)로 기소할 것을 고려할 정도였다. 어제의 믿음직스럽던 민족주의자가 이제는 위험스럽게도 전쟁반대론자나 패배주의자 좌파의 입장을 따르는 반역자(Vaterlandslosen Gesellen), 즉 조국의 적이 될 상황에 처하게 되었다.

1918년 11월 3일, 킬 지방의 선원들이 폭동을 일으킴으로써 독일에도 혁명이 일어날 징후가 나타났을 때 베버의 첫 반응은 부정적인 것이었다. 그는 혁명을 가리켜 피의 축제라 불렀다. 그러나 곧 그는 혁명을 지지하게 되었으며 독일의 자유로운 정치기반을 발전시키려는 노력을 계속했다.

1918년 초, 몇 년 만에 처음으로 베버는 빈대학에서 한 학기의 강의를 완전히 끝낼 수 있었다. 1년 후 그는 뮌헨대학의 초청을 수락했고, 그해 중반부터 강연을 하기 시작했다. 그의 유명한 강연인 『직업으로서의 학문』(Science as a Vocation)과 『직업으로서의 정치』(Politics as a Vocation)는 처음에 뮌헨대학 학생들을 상대로 1919년에 한 것이었는데, 그 속에는 혁명의 소용돌이가 한창이던 시기에 정치와 학문에 대한 자신의 지향을 정의하려는 온갖 노력이 담겨져 있다.

생애 마지막 3년이었던 1918~20년에 베버는 놀랄 만한 정치활동을 수행했다. 그는 수많은 중요 신문의 기사와 메모 그리고 현실 정치에 관한 글을 썼다. 그는 새로 조직된 독일민주당의 창당 멤버이자 핵심적인 운동가였다. 그는 베르사유 평화회의에 참석한 독일 대표의 자문역을 맡기도 했다. 또한 새로운 독일헌법을 작성하기 위한 기초 작업에도 적극적으로 참여했다. 그는 학생집회나 학회 등에서 강연도 했고, 당시 혁명의 소용돌이 속에서 우익의 과격함이나 젊은 좌익 친구들의 혁명적 천년왕국설을 똑같이 반대하고 합리적-민주적 지향을 확립해보려고 노력했다. 그는 사회민주당 운동과 긴밀한 관계를 맺으려 했지만, 한때 신성한 혁명을 피의 축제로 모독했던 그를 좌익 정치인 대부분이 쉽게 받아들이지 않았다. 그 결과 그를 정부에 입각시키려는 제안이나 공화국의 대통령 후보로 내세우려는 시도가 모두 수포로 돌아가고 말았다. 비록 군주제에서 공화국으로 충성의 대상이 바뀌기는 했지만, 여전히 정당기구를 강하게 비판하고 범인의 통치에 종지부를 찍게 할 결정적인 카리스마의 출현을 공개적으로 동경하는 베버를 정당의 간부들은 의심하지 않을 수 없었던 것이다.

전쟁 기간에 베버는 종교사회학에 관한 그의 연구를 마지막으로 손질했다. 『중국의 종교』(*The Religion of China*)와 『인도의 종교』(*The Religion of India*)는 1916년에 출판되었고, 『고대 유대교』(*Ancient Judaism*)는 1년 뒤나왔다.[29] 이 기간과 전쟁이 끝난 직후의 몇 년 동안 베버는 그의 최대작인 『경제와 사회』(*Wirtschaft und Gesellschaft*) 집필에도 노력했다. 그는 이 책을 완성할 수는 없었지만 그가 탈고한 부분들은 뮌헨대학에서의 마지막 강연 몇 개와 함께 『일반경제사』(*General Economic History*)란 이름으로 사후에 출판되었다.

모범적인 도덕가

1920년 6월 초, 베버는 고열을 앓았는데 처음엔 그것이 독감인 줄로만 알았다. 얼마 후 이것이 폐렴인 것이 판명되었으나 이미 때는 늦었다. 그는 그해 6월 14일에 죽었다.

그 모습이 마치 뒤러(Albrecht Dürer)의 그림에 나오는 무섭게 야윈 기사와도 같았던 이 사람이 남긴 마지막 말은 "진리는 진리다"라는 것이었다. 사실 베버는 독일의 다른 문화 영웅들과 마찬가지로 스스로 정의 또는 진리라고 생각한 것을 위해 투쟁해왔으며, 정신적으로 저열한 사람들이 중요하게 여기는 사리사욕에는 전혀 관심이 없었다. 그는 때때로 동시대인들의 눈에 돈키호테 같은 모습으로 비치기도 했으나 루터의 전통, 즉 "내가 여기 섰나이다. 더 이상 다른 길을 찾을 수 없나이다"라는 루터의 정신을 지닌 사람이었다.

어떠한 경우에도 베버는 특정한 정치적 입장에 매이는 것을 단호히 배격했으며, 어떤 이데올로기적 노선에 따라 자신을 굽히는 것을 허락하지 않았다. 그는 패전 후 단치히 시에 발을 들여놓는 첫 번째 폴란드 관리는 사살해야 한다고 주장해 마치 우익의 정책을 지지하는 듯 보였다가도 바이에른 혁명정부의 사회주의 지도자 아이스너(Kurt Eisner)를 암살한 우익의 자객을 사형시킬 것을 주장하기도 한 사람이었다. 그는 참모들 중에서 우두머리인 루덴도르프(Erich Ludendorff)를 무척 미워했으나, 전후 그의 생각에 부당한 것으로 여겨지는 어떤 비난으로부터 그를 옹호해주려는 생각을 품기도 했고, 그를 개심시켜 국민투표에 입각한 민주정치론으로 전향시키려는 생각을 하기도 했다.

베버는 불의를 보면 마치 동료들의 도덕적인 나태함이나 신념의 결핍 그리고 분명치 못한 정의감 등에 대해 질책하던 화난 예언자처럼 행동했다. 학계의 권력자들이 좀바르트나 짐멜, 미헬스 같은 사람들의 능력을 인정하려 들지 않을 때나, 어떤 동료가 유대인이나 정치적으로 급진주의자라는 이유 때문에 정당한 사람에게 교수직을 주지 않으려는 편법을 좇을 때, 베버는 오랜 친구 관계를 깨뜨릴 각오를 하고서라도 그들의 편을 들었다. 러시아인, 폴란드인, 동부 유대인 등 외국인들이 존경할 만한 독일인 교수에게서 차별을 받을 때, 베버는 그들을 자기 주위로 불러 모아 집으로 초대하곤 했다. 전쟁 기간에 전쟁반대론자나 시인 톨러(Ernst Toller) 같은 정치적 급진주의자들이 박해를 받을 때도 그는 자신이 주도하는 유명한 일요일 모임에 그들을 초대했다. 후에 톨러가 체포되었을 때 베버는 군사재판에서 그를 위해 증언을 해주었고, 그를 석방시키는 데 성공했다. 뮌헨대학에서 유대인 배척주의자인 우익 학생들이 어떤 유대인을 모욕했을 때 베버는 학생대표를 붙잡아 그 자리에서 사과하도록 만들었다. 그의 친구 프리다 그로스(Frieda Gross)가 어떤 스위스 무정부주의자와 사랑에 빠졌을 때 자신의 아이들에 대한 보호권을 잃게 될 것을 염려하자, 베버는 법정에서 1년 동안이나 그녀의 모권을 옹호하기 위해 싸웠다. 트뢸치가 전쟁 중 야전병원에 원장으로 있으면서 프랑스 환자의 독일인 면회를 허용해주지 않자 베버는 이것을 '비열한 국수주의의 소행'이라고 욕하고 그의 옛 친구와 관계를 끊고 말았다.

언제 어디서나 베버는 오로지 자기 영혼의 명령에만 순종했고, 정치적 편의 때문에 얽매이는 것을 거부했다. 그는 누구보다도 자신에게 충직한 사람이었다. 비록 여러 차례 정치권에 발을 들여놓았지만 진정한 의미에서 정치인은 아니었다. 정치인을 (베버 자신이 정의한 대로) 자기 목적 달성을 위해 타협할 줄 아는 사람으로 정의할 때, 베버는 이와는 매우 달랐다. 베버에 따르면, 진정한 정치가는 "하나의 신, 즉 신이든 악마든 힘이 센 자에게 정열적으로 헌신"[30]하려는 열정을 지닌다고 했다. 그는 이런 열정을 완벽하게 지닌 사람이었다. 그러나 그의 학술저작에 잘 드러나는 "사물과 사람들에 대한 거리감"이 그의 정치활동에서는 거의 나타나지 않았다. 그 결과 베버는 정치행위에서 고립되었다. 그는 한 번도 "훌륭한 정당인"으로 평가받은 적이 없다.[31] 프라이부르크대학 시절 주장했던 공개적인 민족주의 때문에 자유주의자 친구들과 관계가 나빠졌고, 프러시아 융커들에 대한 공격 때문에 그는 보수주의자들의 최대 적이 되었다. 독일 숙련노동자들의 건실한 미덕을 찬양하고 노동조합을 지지했음에도 불구하고 무서운 예언, 즉 사회주의는 필연에서 자유로의 약속된 상태를 가져오기보다는 관료제화의 경향을 더욱 증대시켜나가리라는 예언 때문에 사회민주당에서도 소외되었다. 빌헬름 1세와 그의 측근들에 대한 맹렬한 공격 그리고 전쟁을 수행하는 지도층에 대한 거친 반발 등은 베버로 하여금 전쟁반대론자나 급진좌파들의 지지를 얻게 했으나, 그가 혁명을 피의 축제라 부른 뒤에는 그들의 신뢰도 얻지 못하게 되었다.

'각성'과 '책임윤리'의 전형적인 대표자로서, 또한 독일에 대한 애국자이자 프로테스탄트 윤리의 현세적 금욕주의를 평생 찬양해온 사람으로서 베버가 어떻게 반란이나 폭동에 공감을 표시할 수 있었는가? 『직업으로서의 학문』을 쓴, 감정에 흔들리지 않는 원칙적인 사람이 왜 정열적인 보헤미안이나 톨스토이의 신화에 대해서 공감을 나타내지 않을 수 없었는가? 이러한 물음들은 그가 살던 독일의 상황을 좀더 밝혀보고 그의 정치활동을 좀더 충분하게 살펴본 후에야 밝혀질 수 있을 것이다.

지적 배경

베버의 정신은 놀랄 만큼 포괄적이다. 그의 사상에 미친 영향들은 여러 가지이며 또한 다양하다. 그는 철학자는 아니었지만 대학생이었을 때 이미 대부분의 고전철학체계에 정통해 있었다. 그는 또한 신학자는 아니었으나 그의 책을 읽어보면 신학에 대한 광범위한 식견을 발견할 수 있다. 경제사가로서 그는 이 분야와 경제이론 분야에 관해 쓰인 모든 것을 실제로 탐독했다. 그는 최고수준의 법률지식이 있었고, 법제사와 법철학에 관해 상당한 식견이 있었다. 그는 고대사와 현대사뿐만 아니라 동양의 역사에 대해서도 백과사전식 지식이 있었다. 당시의 중요한 사회학적 연구들에 대해서도 정통해 있었고, 당시에는 잘 알려져 있지 않았던 프로이트의 저작까지도 알고 있었던 것으로 보인다. 베버는 만물박사의 마지막 한 사람이었다.

베버의 사상에 영향을 준 많은 지적 흐름 중에서 그를 동시대인이나 가까운 전후 시대와 연결시켜주는 뚜렷한 흐름이 몇 가지 있다. 사회과학에 대한 베버의 전반적인 접근방식은 자연과학과 인문과학 간의 차이에 대한 방법론적 논의에서 심대한 영향을 받았다. 독일에서 칸트 세대에 시작된 이러한 논의는 헤겔과 낭만주의자들에 의해 더욱 확대되었고, 19세기의 마지막 10년 동안 다시 재연되었던 것이다.

베버와 관념론의 유산

칸트 이래로 독일관념론은 인문계와 자연계 간을 엄격하게 구분지어 논의해왔다. 칸트에 따르면, 비록 인간이 현상계에 육체를 가진 객체로 참여하지만, 그의 특수한 면모는 육체에 있는 것이 아니라 정신에 있다. 정신적인 존재로서 인간은 육체적으로는 부자유한 객체이지만 사상의 영역에서는 자유로운 주체로 여겨졌다. 파슨스가 말한 대로, "따라서 칸트의 도식은 인간의 모든 현상적 측면, 특히 생물학적인 특성을 '유물론적'인 바탕으로 환원시키고 이 측면과 정신생활 간에는 깊은 단절이 생겨나는 것이다."[32]

이러한 칸트적 구분은 베버에 이르는 모든 독일철학에 다양한 영향을 미쳤다. 문화와 역사 영역에서 활동적이고 목적을 지향하며 자유롭게 행위하는 인간을, 자연계를 탐구하는 데 적합한 분석적이고 일반적인 방법으로 다룰 수는 없다고 주장했다. 인간의 정신과 그 정신의 산물은 자연계의 법을 따르지 않는다고 보았기 때문이다. 인간을 다루는 과학에 적합한 분석방법은 일반화의 방법보다는 특수화의 방법이어야 한다. 과학자는 개개 역사행위자를 감정이입을 통해 이해하거나 문화에 대한 전체상을 직관적으로 파악(gestalten)하는 것으로 만족해야 한다. 이러한 전체상을 '원자'처럼 여러 개로 쪼개어 분석하려는 시도나 독특한 구조에서 나타난 개별 행위자의 행위를 일반화된 범주나 법칙 아래 묶으려는 시도는 모두 부당한 것으로 여겨졌다. 다시 파슨스의 말을 인용하면, "과학적 이해의 일반적인 분석이 **선험적으로** 배제되어 있었기 때문에, 인간사는 오로지 특수한 역사적 사례나 구체적인 개별성으로만 이해될 수 있었다."[33]

베버의 연구는 바로 이러한 독일적 전통을 배경으로 나타난 것이다. 그는 전부는 아니라 하더라도 대부분의 전통적 주장을 파괴했다. 동시대인으로서 그의 사상에 영향을 미친 중요한 인물이 세 사람 있다. 신칸트주의자로서 이른바 마르부르크학파 또는 서남학파라고 불리는 학계의 대표적 인물인 철학자 빈델반트(1848~1915)와 리케르트(1863~1936) 그리고 베를린에서 가르쳤던 철학자이자 문화사가인 딜타이(1833~1911) 등이다. 이들은 베버에게 칸트의 고전적인 원칙들을 새로운 형태로 가르쳐주었고, 그들의 가르침에 일부는 수긍을 하고 일부는 반대하면서 자신의 방법론을 정립시켜나갈 수 있는 기회를 제공해주었다. 신칸트주의자들처럼 딜타이도 인문과학에서 자연주의와 유물주의를 배척하고 실증주의적 유산으로 판단되는 것들에 반대하면서 인문과학의 독특성을 옹호하려 노력했다. 그러나 이들은 접근방식이나 제안된 해결방안에서 서로 달랐다.

딜타이의 평생의 목표는 이성적 역사관에 대한 비판서를 쓰는 것이었는데, 이것은 칸트가 자연과학의 인식론과 윤리학에 대해 해놓은 것과 유사한 작업을 역사에서 이루어보려는 시도였다. 그는 이 계획을 실현시키지는 못했으나, 수많은 때로는 상호 모순적이기도 한 단상을 남겨놓았다. 딜타이는 실증주의에 반대해 인류의 문화와 역사에 다른 접근방식, 즉 자연과학의 접근방식과는 전적으로 상이한 독특한 접근방식을 정립해보려 했다. 인간계에 대한 지식은 단순한 외현적 지식보다는 내적인 과정, 즉 경험이나 이해를 통해서만 얻어질 수 있다고 딜타이는 주장했다. 인간행위자와 그들의 문화적 창조물들은 의미를 지니고 있기 때문에, 인간을 연구하는 학자는 이러한 의미를 이해하는 데 관심을 두어야 하며, 이러한 과정을 완수할 수 있는 유일한 방법은 역사적 행위자들이나 문화적 대상들이 지녔던 의미를 추체험해보는 것뿐이다. 딜타이는 이런 작업은 일종의 새로운 유형의 심리학과 유사한 것이 될 것으로 보았지만, 낡은 원자론적이고 분석적인 심리학은 아무 쓸모가 없다고 생각했다. 필요한 것은 감정이입적인 이해를 통해 주체의 모든 경험을 고스란히 파악해낼 수 있는 종합적이고 기술적인 심리학이다. 자연과학은 관찰된 사실들을 자연적인 법칙에다 연결시킴으로써 그것을 설명(erklären)할 수밖에 없다. 인문학 분야인 **정신과학**의 지식은 겉으로 드러난 것이 아니라 내면적인 것이다. 인간은 그 독특성과 독자성에 의해 비로소 알 수 있게 되는 것이다.[34]

신칸트주의자로서 리케르트와 빈델반트는 자연과학적 방법과 인간현상을 연구하는 데 적합한 방법을 구분하려는 딜타이의 노력과 많은 공통점을 지니고 있으나, 한편으로는 분석의 초점이나 특별한 주장에서 다른 점도 많았다. 이들은 딜타이의 **자연과학-정신과학** 이분법을 받아들이지 않았다. 이 둘의 구분은 주제보다는 방법에 입각해 이루어져야 한다고 주장했다. 인간행위의 어떤 측면은 전통적 심리학처럼 자연과학적 방법에 의해 연구될 수 있으므로, 모든 인간행위는 **정신과학적**이라고 주장할 수 없다. 리케르트와 빈델반트에 따르면, 진정한 구분은 개별화적 사고와 일반화적 사고 간의 차이에 따른 것이어야 한다. 과학적 접근법에는 두 가지 상호대립적인 방식이 있다. 즉 보편적인 법칙이나 통일성을 확립하려는 **법칙정립적** 과학과, 역사나 문화과학처럼 특정한 역사적 상황구성이나 개별 역사행위자를 기술적으로 설명하려는 **개성기술적** 과학이 그것이다. 역사의 영역에는 일반화 논리가 적용될 수 없다고 이들은 주장했다.

역사적 지식을 다루는 데서 리케르트는 칸트적인 전통을 따라 인식행위가 인식대상을 변형시킨다고 주장했다. "그러한 변형은 언제나 지식을 얻으려는 의도 뒤에 숨겨져 있는 이론적 목적(Erkenntniszweck)에 의해 결정된다."[35] 역사적 지식의 특징은 일반적인 것보다는 개별적인 것에 대한 관심이다. 그것은 구체성과 독특성을 파악하려는 시도다.

역사적 지식은 일반법칙보다는 역사적 독특성을 이해하려는 것이라는 점이 인정된다 하더라도 여전히 다음과 같은 의문은 제기될 수 있다. 왜 어떤 역사가는 연구대상으로 이 현상이 아닌 저 현상을 선택하게 되었는가? 여기서 리케르트는 가치연관이라는 개념을 도입했다. 그의 이 개념은 이후 베버가 정의한 것과는 달랐다. 리케르트에 따르면, 어떤 행위자가 역사적인 인물이 되는 것은 특정 연구자가 그에게 어떤 가치를 부여해서가 아니라 보편적으로 인식되어 있는 문화적 가치와 어떤 연관성이 있기 때문이다. 리케르트는, 나중에 베버도 그를 그대로 추종했는데, 역사가들은 역사를 탐구해나갈 때 늘 선택을 해야 한다는 점을 강조했다. 즉 그들은 역사의 어느 한 측면을 선택해 그것을 이해하려는 것이다. 그러나 탐구자 자신의 가치가 이 선택에 영향을 준다는 사실을 불가피한 것으로 생각한 베버와는 달리, 리케르트는 모든 인류가 똑같이 공유하고 있는 문화적 가치에 대한 어떤 정상적 의식이 존재한다고 믿고 있었다. 그는 기본적인 역사적 대상은 일반적으로 인식되고 있는 문화적 가치를 독특하게 구현하고 있는 역사적 개인이라고 주장함으로써 역사적 상대주의에 빠졌다는 비난에서 벗어나려고 노력했다.

베버의 **해석적 이해** 개념은 설명과 이해를 구분하려고 했던, 그의 가까운 친구였고 정신과의사이자 철학자인 야스퍼스와 딜타이로부터 주로 빌려온 것이다. 야스퍼스는 주장하기를, 돌멩이의 낙하는 물리법칙으로 설명할 수 있지만, 어린 시절의 특정 경험과 이후의 정신병과의 관계는 정신의 작용에 대한 감정이입적 이해를 통해서만 설명될 수 있다고 했다. 그러나 베버는 이 개념에 내포되어 있는 생각, 즉 직관적 지식과 인과적 지식은 양립불가라는 생각을 부정했다. 이와는 달리 **이해**는 인과적 연관을 찾는 첫걸음이 되어야 한다고 그는 주장했다. 베버는 가치연관이라는 신칸트주의 개념에서 많은 것을 빌려왔지만, 보편적으로 인식된 가치가 존재한다는 형이상학적 기반을 제거시켜버렸다. 그도 **자연과학**과 **정신과학** 또는 **문화과학**과의 구분을 인정하고 있었지만, 이러한 구분은 방법이나 주제상의 본래적인 차이점에 의한 것이 아니라 탐구자의 인식목적에 따라 구분된 것이라고 주장했다. 어디서나 그는 독일의 관념론적 입장을 경험적 증명과 인과적 요인탐구를 요구하는 실증주의 전통에 좀더 밀접히 연결시키려고 노력했다. 그러나 그는 자기가 독일적 전통이 가져온 명백한 성과라고 판단한 것, 즉 역사행위자들의 행위를 추진시키는 주관적 의미에 대한 탐구를 언제나 존중했다.

베버와 독일역사주의 그리고 사회학

베버의 실질적인 관심에 심대한 영향을 미친 사람들은 경제사가이자 역사주의적 경제학자인 로셔(Wilhelm Roscher)와 크니스(Karl Knies) 그리고 좀더 젊은 층으로 슈몰러, 바그너(Adolph Wagner), 브렌타노(Runo Brentano) 등과 이들의 동료들이었다. 크니스는 베버의 스승이었고 다른 사람들은 대부분 사회정치학회에서 주도적인 역할을 맡았던 사람들로, 베버가 이 학회에 관여하면서부터 줄곧 관계를 맺었다.

역사학파 경제학에서 19세기 중반까지 소급될 수 있는 이른바 '구파'와 1870년대 슈몰러에 의해 만들어진 '신파'는 많은 점에서 상이했지만 고전경제학을 배격한다는 점에서는 거의 일치하고 있었다. 그들은 어떠한 조건에서도 적용될 수 있는 경제법칙을 두세 개의 공리적 명제에서 도출해낼 수 있다는 생각에 반대했다. 대신 그들은 주장하기를, 한 국가의 경제생활은 그 나라의 특수한 문화적 발전에 입각해서야 비로소 이해될 수 있다고 했다. 어떤 가정된 개념, 즉 '경제인'의 행위를 상정하고 거기에서 연역적으로 논리를 전개하는 것을 반대하고, 경제학은 어디까지나 특정한 사회적 상황에 존재하는 특정 개인들의 구체적인 경제행위를 연구하는 귀납적인 과학이 되어야 한다고 주장했다. 이로부터 그들은 제도를 중요시하고 경제생활에 미치는 경제 외적 상황구조의 중요성을 강조하게 되었다.

1872년에 슈몰러, 바그너, 브렌타노 등은 사회정치학회를 창설하고 관심의 범위를 순수한 학문적 관심에서 사회정치문제까지 넓혀 나갔다. 이 학회는 여론을 조성하고 행정부로 하여금 사회문제나 사회개혁에 더 큰 관심을 갖도록 하는 역할을 했다. 이 학회의 지도자는 곧 '강단사회주의자'로 알려졌는데, 이들은 사회보험제도의 개선, 노동자들에 대한 더 나은 건강진단, 제한적인 공공사업계획, 그리고 모든 철로의 국유화 등을 주장했다. 이 집단의 성원들이 정치적으로 늘 같은 입장이었던 것은 아니다. 예를 들면 슈몰러는 '국가사회주의자'였는 데 반해, 브렌타노는 훨씬 더 고전적 자유주의자에 가까웠다. 그러나 그들은 모두 공통된 관심을 갖고 있었는데, 그것은 현대산업사회의 불평등현상을 다소나마 감소시키고 소외당한 노동계급을 재결합하는 데 기여할 수 있는 '윤리적인 지향을 지닌' 사회 및 경제정책에 대한 관심이었다.[36]

베버는 고전경제학에 대해 역사학파처럼 적대적이지는 않았지만 그의 경제사와 사회학을 정립하는 데 이들의 도움을 많이 받았다. 이들과는 달리 그는 사회과학도 자연과학처럼 일반화된 이론적 범주를 필요로 할 뿐만 아니라 역사주의자들의 반(反)이론적인 입장은 사회과학을 쓸모없는 다량의 사실수집으로 전락시킬 우려가 있다고 주장했다. 그러면서도 역사주의자들에 동조하여 경제행위는 사회적이고 제도적인 맥락에서 개념화되어야 한다는 점을 주장했던 것이다.

그러나 사회정치학회의 회원들과 베버가 일치를 보지 못한 보다 중요한 내용은 다른 데 있었다. 베버는 그들이 사실과 가치를 구분하지 못했다고 맹렬히 비판했다. 예를 들면 크니스는 베버의 스승이었을 뿐만 아니라 그에게 심대한 영향을 준 사람이었음에도, 베버는 그의 생각, 예를 들면 '민족정신' 같은 낭만적인 생각과는 거리가 멀었다. 그러한 개념은 "로셔의 경건한 신념, 즉 민족의 정신은 신으로부터 직접 부여받았다는 신념을 형이상학적으로 더 모호하게 해놓은 것"[37]에 불과하다고 로셔와 크니스에 대한 논문에서 말했다. 베버는 슈몰러를 중심으로 한 젊은 새로운 학파의 성원들에 대해서는 더 비판적이었다. 그는 그들이 과학적 연구의 권위를 손상시키고 의식적이든 무의식적이든 공평무사한 학자의 역할 대신 기존 정부의 아첨꾼 노릇을 한 것을 비판했다. 예를 들면 국민국가의 번영이니 호엔촐레른(Hohenzollern, 독일의 왕족 — 옮긴이) 가의 번영이니 하는 주장을 내세우는 것에 반대했다. 그는 그들과 더불어 사회정책에도 관심을 쏟았고 그 학회의 계획에 맞추어 특정한 연구를 직접 수행하기도 했지만, 이들이 매우 중요한 원칙, 즉 가치중립의 원칙을 무시하고 있다고 계속하여 비난했다.

동시대 사회학자들 중에서는 짐멜과 퇴니스가 베버에게 가장 큰 영향을 주었다. 『경제와 사회』의 서문에서 그는 『공동사회와 이익사회』의 저자인 퇴니스의 "탁월한 업적"에 특히 주목하고 있는데,[38] 베버가 공동체 관계(Vergemeinschaftung)와 결사체 관계(Vergesellschaftung)를 구분할 때는 그의 영향을 많이 받았다. 베버의 절친한 친구였던 짐멜의 영향은 더욱 손쉽게 확인할 수 있다. 예를 들면 짐멜의 사회적 '형식'은 베버의 이념형과 유사한 점이 많다. 합리화된 경제체계의 출현에서 돈이 절대적인 중요성을 갖는다는 사실을 지적한 것은 짐멜의 『돈의 철학』에서 많은 영향을 받은 것이다. 역사적 탐구나 사회학적 탐구에서 의미를 파악하려는 것의 기능에 대한 베버의 방법론적 성찰도 부분적으로는 짐멜의 초기 저작인 『역사철학의 문제들』에서 영향을 받은 것이다. 그러나 이 마지막 측면에 관해 베버는 짐멜과 매우 중요한 차이를 나타내고 있는데, 그는 직접 이렇게 말했다. "짐멜이 구분하지 못하고 종종 같은 것으로 취급하고 말았던 두 가지의 상이한 '의미', 즉 주관적으로 의도된 '의미'와 객관적으로 가치 있는 '의미' 간의 날카로운 구별"을 베버 자신은 해냈다는 것이다.[39]

두 사람의 결정적 영향: 니체와 마르크스

지금까지 살펴본 것 외에도 좀더 완전한 설명이 되려면 베버와 다른 사람들이 서로 주고받은 영향, 예를 들면 사회경제사가인 좀바르트, 교회사가이자 사회사가인 트뢸치, 사회학자인 미헬스, 법학자 옐리네크, 그 외 베버가 하이델베르크대학이나 그 외의 지방에서 연구할 때 여러 시간씩 얘기를 나누던 가까운 친구나 동료들 그리고 사회정치학회 회원으로『사회과학』지를 편집하면서 또는 독일사회학회의 초대간사를 지내면서 접했던 많은 동료가 서로 주고받은 영향을 살펴보아야 한다. 이러한 논의는 베버가 일생 동안 몰입했던 두 지적 거장, 니체와 마르크스와의 관계에 집중될 것이다.

이 두 사람이 베버에게 미친 영향은 특히 관념과 이해관계에 대한 사회학에서 두드러지게 나타난다. 베버는 "인간의 행위를 직접 지배하는 것은 관념이 아니라 물질적 또는 이념적 이해관계다. 그러나 '관념'에 의해 만들어진 '세계상'이 이해관계에 의해 추진된 행위의 경로를 마치 전철수처럼 바꾸어놓는 경우도 흔히 볼 수 있다"[40]고 했다. 이 인용문에서도 알 수 있듯이, 베버는 관념의 자율성을 니체나 마르크스보다 더 많이 인정해야 한다고 주장하고 있지만, 관념은 집단이익의 표현이며 계급이나 정당 간의 투쟁에 무기의 구실을 하는 것이라는 마르크스의 생각에 큰 영향을 받았다. 그는 또한 관념이 사적인 권력욕이나 지배욕을 위해 봉사하게 되는 심리학적 합리화 기제에 대한 니체의 분석에도 대단히 큰 영향을 받았다. 베버는, 셸러도 이와 거의 비슷한 시기에 그랬던 것처럼, 특히 니체의 **르상티망**(원한, Ressentiment)이란 개념, 즉 사회적으로 차별을 당하고 있는 집단들의 억압된 증오나 질투의 표현을 나타내는 이 개념에 영향을 받았다.[41] 마르크스와 니체 모두에게 반대하면서 베버는 관념이 정신적인 또는 사회적인 이해관계의 단순한 반영이 아니라는 점을 주장했고, 이런 식의 관념 분석은 종종 조잡한 폭로에 불과한 것이 되어버린다고 주장했다. 그러나 베버의 글을 읽는 독자는 누구라도 관념에 대한 사회학에서 베버가 이들에게 진 빚을 부인할 수 없을 것이다.

'각성' '카리스마' 등의 개념도, 비록 직접적으로 니체에게 연결되는 것은 아니지만,『선악의 피안』(*Beyond Good and Evil*)을 저술한 니체의 도움을 바탕으로 베버가 정립한 개념이란 것을 밝혀내기가 어렵지 않다. 영웅적 금욕주의라는 베버의 개인윤리도 상당 부분 니체의 영향을 받았다. 베버에게는 수많은 **차라투스트라**(Zarathustra)가 있었다고 할 수 있다.

관념에 대한 사회학뿐만 아니라 베버 연구의 대부분이 마르크스와의 지속적인 의견교환으로 파악할 때 가장 잘 이해될 수 있다는 사실은 이미 여러 곳에서 밝혀졌다. 예를 들면 그의 계층이론이나 경제행위이론은 마르크스 경제학과 사회학에 그 뿌리를 두고 있다. 더 일반적인 경우를 보면, 베버는 마르크스의 빈틈없고 실제적인 학자적 소양과 독일철학의 전통인 애매한 '관념론적' 신비화를 경멸하는 그의 태도 등을 높이 찬양했다. 그는 구체화되지 못한 **문화**(Kultur)니 **정신**(Geist)이니 또는 **민족**(Volk)이니 하는 개념으로 사고하는 것을 반대하고, 구체적인 인간행위자들의 행위에 주의를 집중시키려는 공통된 정신을 마르크스에게서 발견했다. 그는 마르크스의 지나치게 단순화된 유물론적 역사해석을 비판할 때도 마르크스의 지적 탁월함에는 늘 존경을 표시했다.

베버는 언젠가 뮌헨대학의 한 학생에게 다음과 같이 말했다. "현대의 학자, 특히 현대 철학자들의 정직성 여부는 니체와 마르크스에 대한 각자의 입장에 의해 쉽게 판별해낼 수 있다. 이 두 사람의 공헌에 힘입지 않고서는 자기 연구의 중요한 부분들을 도저히 해낼 수 없다는 사실을 인정하지 않는 사람은 자신과 남을 속이는 것이라 해도 좋다. 지적인 측면에서 우리가 살고 있는 이 세계는 상당 부분 마르크스와 니체에 의해 형성된 것이다."[42] 베버는 그 자신이나 학생들을 속이지 않았다. 그의 연구 대부분은 이 두 인물의 그늘 아래서 이루어진 것들이었기 때문이다.

사회적 배경

짐멜이 그러했듯이 베버도 사회를 가장 객관적으로 분석할 수 있는 전략적 지점을 찾아내려고 노력했다. 그러나 이들은 추구한 전략에서 상이했는데, 주로 그들이 처한 실제 상황의 차이에 기인한 것이었다. 짐멜은 가능한 한 당시의 정치적·사회적 갈등과 거리를 두었고, 대학 내에서도 유대인이자 아웃사이더라는 이중의 주변성을 이용함으로써 객관성을 획득하려 했다. '독실한' 개신교 신자의 아들인 베버는 당시의 시사문제나 정치에 적극적으로 개입하고 몰입함으로써 같은 목적을 이룰 수 있었다. 그는 자신이 그토록 경외와 찬양을 아끼지 않았던 초기 칼뱅주의의 '현세적 금욕주의자'처럼, 사회적·정치적 세계의 소용돌이에서 '타계적'으로 도피하지 않고 그 투쟁에 깊이 개입함으로써 지적 자율성을 획득했다.

이러한 전략상의 차이를 가져온 요인 중 일부는 짐멜과 베버의 가족 환경의 차이일 것이다. 앞서 보았듯이 짐멜은 어린 시절에 아버지를 여의었고, 어머니와도 상당히 냉랭한 관계를 맺고 있었다. 그는 직계가족 중 누구하고도 친근하고 감정적으로 푸근한 관계를 경험해보지 못했을 뿐만 아니라 어린 시절부터 아웃사이더였던 것처럼 보인다. 이와는 대조적으로 베버는 가족관계에 깊이 휩싸여 있었는데, 그는 부모뿐만 아니라 다른 친척들, 특히 슈트라스부르크의 친척들과도 다양한 감정 및 동일시의 유대를 맺고 있었다. 상이한 충성심과 상이한 방향성에 이끌리면서, 베버는 짐멜처럼 움츠러들지 않고 대신 초연한 관심을 적절히 유지함으로써 자신의 감정을 명확히 하고 실천적인 참여를 지속할 수 있었다.[43] 그러나 이러한 전략은 정신적으로 대단한 에너지 소모를 필요로 했다. 아버지가 죽기 직전 부자간의 마지막 대립에서 오랫동안 눌려오던 적대감이 터져 나왔을 때, 마침내 그는 파멸적인 신경쇠약 이르게 되었던 것이다.

정치영역에 참여하는 데도 베버는 비슷한 과정을 밟았다. 정치계는 최소한 그가 집에서 본 것만큼이나 상호 대립적이고 적대적인 세력들이 존재하는 곳이었다. 여기서도 그는 헌신적 참여를 통해 초연함을 얻었다. 그는 환상에 빠지지 않는 분석적 명료성을 추구함으로써 자기에게 영향을 미치는 여러 세력을 통제하는 주체가 되었다. 이 점에서는 그가 학계에 몸담고 있었다는 사실이 큰 도움이 되었다. 비록 많은 학자가 객관성이란 이상에 맞추어 살지 못했지만, 그래도 학계는 여전히 학문적 초연함을 얻을 수 있는 휴식처의 구실을 하고 있었기 때문이다.

가정환경

전기 작가 에두아르트 바움가르텐(Eduard Baumgarten)은 "베버의 가정은 친족 간의 유대가 특별히 강한 하나의 망을 형성하고 있었고, 그 속에서 어린 시절과 성장기를 보낸 베버는 감정이입과 자기보호의 능력을 발달시킬 수 있었다. 일생을 통해 그는 이 망을 벗어나지 않은 채 생활했으나 어린 시절부터 이러한 좁은 그물을 뚫고 더 넓은 모험과 경이의 세계로 도망갈 수 있는 방법을 배워나갔다"[44]고 했다.

앞서 보았듯이 젊은 시절 베버는 공부에만 전념함으로써 아버지와 어머니 간의 줄다리기에서 벗어나려고 노력했다. 그는 아버지 외의 권위적 인물, 특히 교사에 대해서 총체적인 거부감을 보였다. 얼마 후 학생 시절 그는 아버지의 권위에 자신을 동일시함으로써, 그리고 아버지가 지닌 독특한 양식, 예를 들면 술을 마시거나 결투시합을 하는 등의 생활양식을 그대로 받아들임으로써 그의 긴장을 극복하려 했다. 이러한 아버지와 동일시하려던 그의 노력이 표면적인 것에 그치고 말았다는 사실은 베버가 슈트라스부르크로 옮겨간 후 이모의 적극적인 기독교적 경건과 이모부의 엄격하고 타협할 줄 모르는 원칙적 자유주의에 금방 자신을 동일시하게 되었다는 사실로 입증이 된다. 베버에게 긴장의 원천이었던 가족 간의 삼각관계는 이제 이 중요한 두 사람이 끼어들게 됨으로써 더욱 복잡해졌다. 비록 나중에 부분적으로는 다시 아버지와 동일시하게 되지만, 이모부와의 접촉을 통해 아버지의 자기중심적이고 타협적인 권위주의에 대한 새로운 시각을 지니게 되었다. 베버는 아버지가 나타내는 이미지를 대부분 거부하고 어머니에 대한 새로운 이해와 사랑을 깨닫게 되었다. 이후 베버는 이모부를 따르는 사람이 되었다. 이모부는 베버가 아버지의 권위와 권위주의에 대항해 싸울 때 의지할 수 있는, 강하면서도 높은 지위를 지닌 친구가 되어주었다.[45]

아버지에게 전적으로 의지하던 기간에 베버는 점점 더 아버지를 싫어하게 되고 오히려 어머니와 더욱 가까워지게 되었다. 어머니가 자기 남편에게 받았던 쓰라린 경멸을 아들에게 털어놓고 얘기한 적도 있었다. 결혼을 하고 프라이부르크대학과 하이델베르크대학에 자리를 얻게 되면서, 처음으로 그는 독립감에서 연유한 초연함을 가지고 부모의 상황을 관찰해볼 수 있었다. 그러나 어머니의 불만, 즉 그녀가 받은 아버지의 권위주의적이고 거친 취급에 대한 불평은 언제나 아들의 마음을 사로잡았고 급기야는 최후의 파멸에까지 이르고 말았다. 얼마 지나지 않아 아버지가 죽었을 때 베버가 받은 죄책감은 그의 이후의 신경쇠약증을 초래하는 요인이었을 것이다. 그는 부모의 싸움에 가능한 한 비켜선 채 몰래 어머니 편을 들려 했으나 실패하고 말았다. 아마도 그는 중립을 지킬 수 없었던 무능력이 파국으로 가게 만든 요인 중 하나였다고 느꼈을지 모른다.

베버가 병을 앓는 과정에서 점차 상대적인 감정상의 균형을 얻게 되었다는 사실로 미루어볼 때, 그가 조금씩 혼란스럽게 뒤엉켜 있던 인간관계나 감정들, 가족과의 동일시 및 충성의 혼란 등을 내면적으로 정리해갈 수 있었던 것으로 보인다. 회복 후의 시기에도 그는 자신만만한 현대인들이 말하는 이른바 '적응 잘하는' 사람은 아니어서, 조용한 생활 속에서도 종종 엉뚱한 감정 폭발이나 정열적인 강한 몸부림이 나타나곤 했다. 그러나 전반적으로 볼 때 그는 자신의 개성 속에 존재하는 상충된 감정들의 균형을 대체로 잘 이루어나갔다. 그의 저작들이 보여주듯이, 그는 칼뱅주의의 금욕적 자기수련에 대한 찬양에서 점차 귀족적 영웅주의의 카리스마적 장점을 높이 평가하는 데로 바뀌어갔다. 그러나 전반적으로 볼 때 그는 학문

연구에서의 가치중립을 스스로에게 명령하는 엄격한 자기부정적 계율을 통해 이러한 여러 개인적 성향을 통제해나갈 수 있었다.

회복된 후 베버는 어머니와 매우 가까이 지냈는데, 그녀는 모든 문제를 아들과 상의했고, 베버 역시 어머니를 마치 '누이'처럼 대했다고 그녀는 말한 적이 있다. 부인과의 관계도 비록 완전한 것은 아니었지만, 그럼에도 완전한 신뢰와 헌신으로 맺어져 있었다. 또한 베버는 여전히 그의 형제자매들과 많은 친척에게 깊은 애착이 있었다. 이러한 가족관계의 친밀함은 베버와 그의 친척 간에 오간 수많은 장문의 사적인 편지에서 잘 나타나고 있으나, 이 편지들은 아직 일부를 제외하고는 출판되지 않았다. 현대 미국인 독자들은 어떻게 자신 및 타인의 행위의 윤리적 준거를 논의하는 데서, 또한 누가 옳고 누가 그른가를 따지는 문제에서 이토록 정력을 쏟을 수 있을까 이해하기 어려울지 모르겠다. 도덕적 행위의 동기와 결과를 가늠해보는 이 끊임없는 과정은 도덕적 의무에 관한 루터와 칸트의 문화에 비춰볼 때야 이해할 수 있다. 이러한 문화는 타협과 편의의 윤리에 지배되고 있는 듯한 현대의 영미(英美)권 문화에 상당히 낯선 것이다. 베버 당시의 루터적 문화는 여전히 마태복음의 "네가 온전하고자 할진대……"(19장 21절) 하는 말에 지배되고 있었다.

어머니에 대한 베버의 충성은 대체로 '예정되었던' 것이다. 오이디푸스적인 설명은 차치하고라도, 베버가 장남이었다는 사실을 고려해야 한다. 독일 상류계급의 전통에 따르면 — 예를 들면 토마스 만(Thomas Mann)의 『부덴브로크 집안』(Buddenbrooks)에서 보듯이 — 장남은 부모의 전통을 지속시키고 그 아버지의 발자취를 따라가도록 되어 있었다. 즉 그는 어머니를 포함한 모든 가족을 보호해야 했다. 따라서 베버로 하여금 아버지로부터 어머니를 보호하도록 추동한 것은 단순히 정의감에 의한 것만이 아니라 그녀에 대한 오이디푸스적 애착과 존경이 결합된 것이었다. 즉 그것은 책임성 있는 독일 부르주아의 아들로서 부여받은, 문화적으로 정당화된 자아상이었던 것이다.

장남으로서 당연히 가정을 이끌어야 한다는 베버의 확신은 동생들과 다른 친척들에 대해 지도자 내지 상담자로서의 역할을 하려고 한 그의 행동에서 잘 나타나고 있다. 그는 그들의 개인적인 일, 결혼이나 직업에 관한 문제 등 모든 문제에 관여했고 참으로 현명한 상담자의 자질인 공평함을 지니려고 노력했다.

공적 활동무대

공적인 무대에서의 베버의 활동에는 사생활에서의 행위와 놀랄 만한 유사성이 나타난다. 여기서도 그는 짐멜처럼 은둔하려 하지 않고 오히려 사회문제에 깊이 참여함으로써 그의 객관적 이해도 극대화시키려고 노력했다. 가족과의 관계에서와 마찬가지로 초연함과 객관성을 얻으려는 그의 노력은 여기서도 완전한 성공을 거두지는 못했다. 사실 그는 두 가지 역할, 즉 정치행위자로서의 역할과 가치중립적 관찰자로서의 역할을 동시에 강조함으로써 어떤 균형을 유지시켜나가려 노력했지만 종종 모순에 봉착하곤 했다.

베버 당시의 독일은 경제적으로는 산업이 급속히 발달했으나, 정치적으로는 프러시아 보수주의의 반(半)봉건적 가치가 지배하고 있었다.[46] 이 정치체계는 "고도로 발달된 형식적 법률주의와 가부장적 형태의 권위주의가 결합된 것"이었다.[47] 엄격하게 훈련된 공무원들은 칸트적 의무감과 더불어 강한 특권의식과 권위의식에 물들어 있었는데, 이들은 국가의 사무를 행함에서 주로 동부 엘베 지방의 융커나 그들과 비슷한 생활양식을 지닌 사람들로 구성된 일단의 관리들과 긴밀한 유대관계를 맺고 있었다. 중간계급은 경제적으로는 성장했으나 정치적으로는 여전히 종속적이었다. 노동계급은 때때로 사회복지정책을 통해 경제적으로 만족을 얻기도 했으나 정치적인 정책 결정에는 참여하지 못하고 있었다. 교수들 가운데 지적 엘리트들은 현대의 미국 사상사가 링어(Karl Ringer)가 말한 '만다린' (mandarin, 전통관직자)식 생활양식들을 지니고 있었다. 그들은 사상계에 미친 자신들의 공헌을 자랑하면서 새로운 산업적 계급사회의 '물질적'인 이해관계를 경멸했으며 자기들의 지위에 부수된 위세를 즐겼다. 이들 대부분은 스스로 '더러운 정치'라고 간주해버린 세계에 몸담기를 싫어했다.

당시 사회의 여러 갈등을 도외시함으로써 그들은 실질적으로 빌헬름 치하의 **기존질서**(status quo)를 지지해주고 있었던 것이다.[48]

베버는 대부분의 대학 동료 교수와는 달리 정치에 대단히 관심이 있었다. 베버도 정열적인 민족주의자였던 점에서는 그들 대부분과 마찬가지였지만, 그가 새로운 산업사회의 '물질주의'보다 프러시아 보수주의에 대해 더욱 심한 반감을 갖고 있었다는 점에서는 그들과 달랐다. 그는 융커와 공무원들의 계속된 정치적 지배를 반대했는데, 그것은 어떤 민주적 가치에 대한 신념 때문이 아니라 그러한 계속적인 지배가 독일 국가의 사명에 해를 끼칠지도 모른다는 두려움 때문이었다. 그의 일생 동안의 사회개혁에 대한 관심은 단지 산업사회에서 노동계급이 겪을 운명에 대한 관심에서 나타난 것만은 아니었다. 그것은 적어도 다음과 같은 그의 신념, 즉 만약 이 국가가 내부적으로 분열되거나 노동계급이 사회로부터 소외된 상태가 영원히 지속된다면 독일 국가의 사명이 손상을 입게 되리라는 신념에 의해서도 똑같이 영향을 받았던 것이다.

현대의 베버 전기 작가 미츠만(Arthur Mitzman)이 보여준 대로, 동부 엘베 지방의 농업상황에 관한 베버의 초기 저작들은 수많은 내적인 불일치점이 있음에도 모두 하나의 생각, 즉 동부에 대한 융커의 계속적 지배는 독일 국가의 힘을 손상시킬 뿐만 아니라 경제적 퇴폐풍조와 문화적으로 동화할 수 없는 폴란드의 영향을 증대시키게 될 것이라는 그의 판단으로 통합되어 있다. 그가 융커에 반대한 이유는 그들이 '비민주적'이어서라기보다는 오히려 독일의 강력한 산업국가로의 정치경제적 발전에 방해가 된다는 이유 때문이었다. 그에게서 융커는 진정한 현대 부르주아 정치의 출현을 방해하는 가부장적이고 봉건적인 전통을 소유한 자들이었다. 베버는 고루하고 반봉건적인 계층과 지배욕에 사로잡혀 있는 비창조적이고 편협한 공무원들로부터 정권을 빼앗을 준비와 열성을 지닌 '계급의식이 있는 부르주아'의 성장을 희망했다.

경제적 이익집단이 아니라 민족이 지배권을 가졌던 낭만적인 전(全) 산업사회를 여전히 동경하고 있던 대부분의 동료와는 달리, 베버는 절대적으로 현대를 옹호했고 이전의 좋은 시절이 지나가버렸음을 안타까워하고 불평하는 사람들에 대해 반대했다.

그럼에도 베버는 현대 속에서 순수한 진보의 증좌만을 보고 떠벌리는 자유주의자들과는 달랐다. 그도 자본주의 정신의 근저를 이루고 있는 합리적이고 규칙적인 직업윤리의 장점과 합리화된 자본주의가 가져온 경제적 기적 등을 중시했다. 그러나 그는 현대의 국가나 경제가 점점 더 의존하지 않을 수 없는 합리적-법적 관료제적 관리방식이 그 적용 범위를 넓혀감에 따라 부수적으로 나타나기 쉬운 독창력이나 창조력의 소멸도 지적했다.

베버는 합리화와 관료제화의 증대를 피할 수 없는 현상으로 보았다. 이것이 그가 왜 관료제의 지배로부터 벗어나려고 애썼는가를 설명해준다. 그의 생애 마지막 몇 년 동안, 즉 의회의 종속적 위상을 바꾸려는 정치개혁을 위한 싸움에서 의회가 승리를 거두었을 때, 그는 민주주의 가치에 대한 원론적인 찬양을 표현하기보다는 오히려 의회가 관료제의 확대를 통제할 수 있으리라는 희망을 나타냈다. 강력한 지도자에 의해 영도되는 대중민주주의를 찬양하는 그의 입장은 오늘날 드골(Charles de Gaulle)의 입장과 비슷하며, 그것은 주로 강력한 현대 국민국가를 유지시키려는 그의 관심에 기초한 것이다. 이것은 융커의 지배에 의한 후진성이나 프러시아 공무원들의 계속적인 지배에서 초래될 경직화를 도저히 용납할 수 없는 것이다.

이상의 논의들이 베버의 전반적인 정치사상을 특징짓는 것들이다. 그러나 그의 구체적인 정치적 태도는 시기에 따라 많이 변했다. 그는 처음 투표했을 때 보수당을 지지했고 몇 년 동안 반동적이고 호전적인 '전 독일연맹'(Alldeutscher Verband)에 가입해 있었다. '국민국가의 경제정책'에 관한 그의 유명한 프라이부르크대학에서의 취임 강연에서 그는 청중들에게 단 하나의 기준, 즉 '국가의 영원한 권력적-정치적 이익'에 따라서만 행동할 것을 주장했는데, 이때 이미 그는 보수당에 대한 희망을 상실했고, 그들을 융커 이익을 옹호하는 대변자로 보기 시작했다. 이제 그는 일종의 자유주의적 전제주의를 선택했는데, 이것을 통해 새로운 산업국가의 힘을 증대시키고 독일을 세계무대에서 더욱 강하고 지배적인 국가로 만들려고 했다. 몇 년 후 그는 가까운 친구인 나우만(Joseph Naumann)이 지도하는 기독교사회운동에 깊이 관여하게 되었는데, 이것은 대내적으로는 사회개혁과 자유주의를 위해, 대외적으로는 절대적이고 확고한 국가정치를 위해 투쟁하려 한 운동이었다.

전쟁 기간에 국가지도층의 무능력에 대한 증오 — 공무원, 융커, 법관, 군대 등이 전쟁을 지게 만들고 독일의 세계로의 진출을 영원히 봉쇄하고야 말 것이라는 그의 절망적인 판단 — 때문에, 그는 전쟁에 대한 열렬한 반대자가 되어갔다. 전쟁이 끝난 후 그는 집권당이 된 사회민주당 지도자들과 가까워졌을 뿐만 아니라 톨러와 같은 극좌파 인물에게조차 호감을 갖기에 이르렀다. 그는 독일민주당 창당에 산파 역할을 했다. 이 당은 기꺼이 대중민주주의의 기반이 되려고 하며 우익의 전통주의적 보수주의나 좌익의 혁명적 천년왕국설에 똑같이 반대하면서 새로운 체제를 지지하던 중간계급 세력을 대변하는 것으로 알려지게 되었다.

베버는 여러 가지 이데올로기적 공약이 지닌 매력에 잘 빠져들고 상이한 충성대상 간의 대립적인 줄다리기에 잘 휩쓸리면서도, 한 번도 특정한 대상에 아첨하듯 전적으로 매달려 있지는 않았고 늘 어느 정도 정치적인 거리와 지적인 거리를 유지했다. 그가 정치계에 몸담았을 때도 결코 정당인은 아니었으나 그렇다고 짐멜의 경우처럼 방관자의 역할에 만족하려 들지도 않았다.

학자로서의 인간

베버는 학계에도 참여하고 있었기 때문에 가치중립적 분석을 통해 사회에 만연해 있던 시끄러운 불협화음에서 벗어날 수 있었고, 사회학에 대한 그의 공헌을 특징짓는 "이데올로기적 비신비화" — 이것은 토피치(Ernst Topitsch)의 용어다 — 를 증진시킬 수 있었다.[49]

학계의 아웃사이더였던 짐멜과는 달리 베버는 학계에서 중추적인 역할을 담당했다. 물론 학계 내부에서 그는 대단히 날카로운 비판자였다. 서열화된 대학에서 짐멜은 가혹하다 할 만큼 승진이 어려웠던 데 반해 — 그는 말년에 이르러서야 비로소 조그만 대학의 정교수가 되었다―베버는 일찍 권위 있는 프라이부르크대학의 정교수가 되었다. 서른두 살 되던 해 그는 베를린대학 다음으로 큰 하이델베르크대학에 초빙되어 유명 교수 중 한 명이 되었다. 베버는 인정을 받기 위해 애쓸 필요가 전혀 없었다. 일찍부터 그의 업적은 최고수준으로 평가되었고, 선배나 동료를 막론하고 중요한 학계의 인물들로부터 관심의 대상이 되었다. 학문 연구에서 그가 취한 날카로운 논박이나 타협을 모르는 태도 때문에 많은 적을 만든 것도 사실이다. 정치에 개입하는 태도 때문에 만다린식 학자들은 **체면을 손상시킨다**(infra dignitatum)고 여기기도 했다. 그러나 그의 입장에 동조하든 안 하든 관계없이 그의 재능을 인정치 않는 사람은 거의 없었다. 베버가 신경쇠약으로 움츠러들기 이전이나 이후나 늘 그는 학계의 두드러진 인물이었다.

그가 이룩한 성과를 높이 평가한 것은 비단 스스로를 사회학자라 부르던 몇몇 소수만이 아니었다. 베버의 저술을 읽을 때마다 우리는 그가 얼마나 광범위한 사람들과 지적 교제를 가졌으며 학계 내에서 분과학문들의 경계를 뛰어넘어 맺었던 관계망이 얼마나 넓은가를 인상 깊이 느낄 수 있다. 다시 말하면 그의 학문적 역할조합, 즉 대학에서의 역할 때문에 맺게 된 사람들과의 관계는 대단히 다양하고 복잡했다. 그것은 그의 공헌이 경제학자, 철학자, 법학자 및 역사학자의 관심과 연결되었기 때문이었다.

역할배우자들이 이토록 다양했기 때문에 베버는 학계 내의 청중이나 특정한 방식으로 훈련된 집단에 한정되어 있던 다른 사람들보다 훨씬 손쉽게 초연함을 얻을 수 있었다. 로즈 코저(Rose Coser)가 성인 일반의 특징으로 논의했던 다음과 같은 성격이 베버 같은 사람, 즉 복잡하고도 때로는 갈등적이기까지 한 역할조합을 객관성과 창의성을 얻기 위한 독특한 자원으로 바꾸어놓은 사람에게 특히 잘 적용될 수 있을 것이다. 그녀는 다음과 같이 언급했다.

여러 역할배우자가 부여하는 기대와의 갈등을 해소해나가는 지속적인 과정을 통해 발전되는 내적 자원의 사용능력은 프로이트가 승화

(sublimation)라 부른 것의 사회학적 대응물이다. 이것은 강한 자아를 가진 인간이 여러 모양으로 유형화된 역할관계 속에서⋯⋯그리고 그의 다양한 역할을 수행하면서 발전되는 집적된 자원을 사용하는 능력이다. 다양한 역할관계는 가끔 구속의 원천이 되기도 하지만, 그보다는 사회적으로 독창적인 행동을 할 기회를 제공해준다.[50]

베버가 많은 학술모임 및 청중들과 맺은 유대와, 학생과 동료 교수들과 맺은 관계 등은 여러 전통적 학문분야에서 발휘한 그의 놀랄 만한 창의성의 원인이자 결과이기도 했다. 많은 모임에 가입하고 있었던 것 때문에 오히려 그는 지적 자율성을 획득할 수 있었다.

베버가 학술적인 청중에게 가장 깊은 관심을 보였다는 사실은 대부분의 저작이 일반대중독자가 읽기 쉬운 형태가 아닌, 학술적 책자로 발표되었다는 점에서 입증된다. 미국인 독자들에게 단행본 형태로 번역되어 잘 알려진 그의 글들은 대부분 학술지에 처음 발표된 것들이다. (그의 대표작 『경제와 사회』는 방대한 책으로 출간되었지만, 그 자신은 그것을 완성시키지 못했다.) 이와 같은 학술적 청중으로의 지향은 왜 그의 글이 대부분 복잡하고 난해한 문체로 쓰였는가를 설명해준다. 힘들여서 한 표현, 제한, 문장 속의 문장, 기나긴 주석 등은 최대한 정확성과 명증성을 얻기 위한 그의 고통스런 노력의 결과였고 '효과'를 얻으려 애쓰는 청중들로부터 거리를 두려는 태도의 소산이었다.

분명히 베버의 학술저작에 보이는 지리한 문체는 간명히 쓸 능력이 없었기 때문에 나타난 것은 아니었다. 왜냐하면 그가 비학술적 청중에게 얘기할 때는 완전히 다른 방식으로 쓰고 말했기 때문이다. 예를 들면 그의 위대한 공개 강연인 『직업으로서의 정치』와 『직업으로서의 학문』은 명쾌하고 힘찬 문체 ─ 니체나 하이네의 글에서나 볼 수 있는 맑은 산문체 ─ 로 쓰여 있다. 정책결정자들에게 쓴 비망록이나 일반잡지에 쓴 논문들은 공개 강연에서와 같은 정열적인 강도는 다소 부족하지만 똑같이 명쾌하고 간결하며 힘찬 표현으로 쓰여 있다.

베버의 전반적인 문체에 대한 이러한 관찰은 그의 어휘에도 적용될 수 있다. 즉 베버가 사용하는 어휘도 청중에 따라 달랐다. 정책결정자들의 귀에 들려주고 싶을 때 베버는 그들이 이해할 수 있는 언어를 사용했다. 그는 이들에게 예언자나 혁명가에 의해서나 주장될 수 있는, 즉 실천적 정치인으로서는 생각하기 어려운 절대 윤리를 외쳐봐야 헛수고라고 생각했다. 정치적 청중은 이익추구에 바탕을 둔 정치적 언어를 바란다고 베버는 믿었다. 이와는 달리 학계의 청중은 최소한 원칙적으로라도 관념적이든 물질적이든 이익추구보다는 진리의 탐구에 주력하는 사람들이 주가 된다. 따라서 이러한 청중이 요구하는 것은 꾸밈없는 명증성과 최대한의 자기확인이다. 이들에게는 깊이 탐구되지 않은 인생은 당연히 전혀 가치가 없는 것으로 간주된다고 그는 생각했다. 합리적 명료성과 애매하지 않고 엄격한 분석만이 이러한 청중에 적합한 것으로 그는 믿었다.

베버가 학문적 소명을 얼마나 높이 평가했는가를 보면 그가 왜 과학적 초연함을 지니지 못했거나 추구하려는 노력조차 않는 교수들에 대해 그토록 비판적이었는가를 알 수 있다. 그는 과학의 에토스, 다시 말해 과학과 가치의 혼합을 방지해야 한다는 정신에 투철하려 했다. 그는 과학 강의에서 가치를 배제시킴으로써만 학술 작업의 안전이 보장될 수 있다고 굳게 믿었다. 사회를 뒤흔들고 이성적 대화를 거의 불가능하게 만드는 적대적이고 독선적인 여러 주장의 아수라장으로부터 과학을 구원할 수 있는 것은 오직 가치중립적 태도뿐이라고 보았다. 베버 역시 특수한 정치적·도덕적 가치를 지니고 있었지만, 또는 지니고 있었기 때문에 그는 객관성이란 학계의 지속적인 비호 속에서만 보장될 수 있다고 확신했다. 그럼으로써 학자들은 상이한 가치에 따라 스스로 선택한 상이한 문제에 관심을 쏟으면서도 합리적 대화가 가능하고 늘 불명확한 진리의 추구를 공통적으로 할 수 있는 것이다.

베버는 그의 학문 연구에서나 가정생활 및 정치적 행위에서 언제나 초연함과 관심 사이의 균형을 지니려 노력했다. 학자의 지위를 갖고 초연함을 지니지 못한 학자는 특권을 남용하거나 젊은이를 현혹하는 마술사 또는 나쁜 인도자가 된다고 생각했다. 동시에 일상생활에서 지나치게 초연한 사람은 의도적이든 아니든 정계나 학계의 권력에 참여하는 자들을 경멸하게 된다고 그는 믿었다. 이들에게는 '시민적 용기'가 부족하기 때문에 공무원이나 학계관료들의 반계몽주의적 구상에 사용되는 일개 도구로 전락하기 쉽다.

베버 역시 이렇듯 미묘한 입장이 산출해내는 엇갈린 두 힘을 완전히 피할 수는 없었다. 이 사실이 그가 왜 때때로 명백히 모순적인 말들을 했는가를 설명해준다. 사회사상은 언제나 "국가의 영원한 정치-권력적 이익"에 구속된다고 말했던 베버가, 후일 국가에 대한 사랑을 의무라고 주장하는 사람에게 "뭐요? 내가 괴물까지도 사랑해야 한다고요?"[51]라고 말하기도 했다.

그의 정치사상의 발전과는 아주 다르게, 특히 병으로 고생한 이후 베버는 정치적 관심과 함께 과학적 초연성에 대한 에토스를 균형 있게 지니고 있었다. 이 사실을 고려하면 그의 명백한 모순점이 전부는 아니더라도 대부분 해소된다. 생애 말년에 이르러 그는 수많은 적대적인 국가로 이루어진 세계 속에서 국민국가의 실체성은 엄연한 사실이라고 말했을 것이다. 제아무리 도덕을 신장시킨다 해도 세계무대에서 국가권력 간의 다툼이 없어지길 바랄 수는 없는 것이다. 책임 있는 정치인으로서 효율적인 역할을 하려면 정치적 필요와 강제성에 대해 사실주의적인 평가를 내려야 한다. 학자는 정치가나 정객들의 목표를 좋아하지 않더라도 정치영역에서의 전형적 행위과정을 명확히 밝히고 그것을 '이해'하며 어떤 행위 과정이 가져올 수 있는 가능한 결과까지 판단할 수 있어야 한다. 이런 입장을 취하면서도 베버는 유혈의 역사과정을 생각할 때 권력과 정치의 세계는 총체적으로 악마의 영역에 속한다는 도덕적 판단을 지니고 있었다.

요약

　베버의 탁월한 식견은 끊임없는 투쟁이란 값을 치르고서 얻어진 것이다. 그는 이전의 어느 누구도 다다를 수 없었던 깊은 곳에 몸을 던졌다. 그는 많은 곳에 참여했고 때로는 상처를 입은 채, 때로는 지친 몸으로 싸움을 끝냈다. 그러나 그는 이러한 투쟁으로부터 수세대에 걸친 학자와 정치가들에게 풍부한 자산을 제공했던 통찰, 인간본성과 사회에 대한 이해를 얻어냈다. 사회적 행위의 다양한 모습, 비극, 특별한 성공 등에 대한 그의 **초연한 관심**은 그를 사회분석이라는 예술과 과학에서 아직 넘을 수 없는 거봉(巨峰)으로 만들어놓았다.

소스타인 베블런

Thorstein Bunde Veblen, 1857~1929

주요 이론 경쟁이론, 유한계급론, 기술변동론, 과시적 소비론
주요 저서 『유한계급론』『기업의 이론』『평화의 본질에 대한 탐구』『미국의 고등교육』

베블런은 합리적인 계산행위로 설명할 수 없는 인간행위의
본질을 밝히려고 경제학에서 사회학으로 전환한 학자다.
타인으로부터 높은 평가를 얻기 위해 늘 경쟁하고 위신을 얻기 위해
비합리적인 행동도 불사하는 인간행동의 특질을 밝히고,
상층계급의 특성은 주로 이러한 과시적 유한을
소비할 수 있는 능력에 기초함을 강조했다.
현대사회가 산업사회 본래의 건강함을 잃어가고 있음을
비판한 베블런은, 뛰어난 사회비평가로 인정을 받았지만
자본주의의 약탈성에 대한 냉소적인 비판과 신랄한 대학비판
그리고 전쟁반대론 등으로 논란의 대상이 되기도 했다.

"값비싼 상품의 과시적 소비는
유한계급들이 존경을 얻기 위해 선택하는 수단이다."

_소스타인 베블런

사상

베블런(Thorstein Veblen)은 적어도 세 가지 얼굴을 지니고 있다. 첫째, 사회비평의 선두에 서서 당시 미국사회에 널리 퍼져 있던 경건성에 대해 인습타파의 화살을 쏘아대던, 진지하게 진지하지 않고, 공손하게 오만했던 비도덕적인 도덕가[1]의 모습이다. 둘째, 경제학자로서의 얼굴로, 그의 제도경제학과 미국의 막대한 재정 및 기업에 대한 세밀한 분석은 여러 세대를 통해 뛰어난 제자들을 낳았고 정치경제학의 거장들 가운데 영원한 이름을 남기게 했다. 마지막으로, 우리가 여러 가지 빚을 지고 있는 사회학자의 모습인데, 그는 사회적으로 유발된 동기에 대한 이론, 지식의 사회결정론, 사회변동론 등에 큰 영향을 주었다. 여기서는 주로 세 번째 모습의 베블런을 다루게 될 것이다.

베블런 사상의 주된 측면들을 요약한다는 것은 어려운 일이다. 그것은 그의 문체가 매우 난해하고 환상적이며 다음절적이기 때문만이 아니라, 체계적인 서술도 갖추지 못했고 사실과 함께 극히 비난하는 듯한 가치판단까지 독자에게 전해주려고 노력하고 있기 때문이다.

마르크스 같은 작가의 글에서 예견과 분석, 규범적 판단과 과학적 판단을 서로 구분해내기란 비교적 쉽다. 그러나 베블런은 그렇지 않다. 비록 그가 늘 학생들에게 "우리는 무엇이 어떠한가(what is)에 관심을 갖는 것이지 무엇이 어떠해야 하는가(what ought to be)와는 상관이 없다"[2]고 되풀이하여 말하곤 했지만, 그의 책을 대충만 훑어보아도 금방 과학적 입장 뒤에 강한 도덕적 충동이 숨겨져 있음을 알아차릴 수 있다. 예를 들면 그가 '낭비'라는 말을 중립적인 의미로 사용할 때, "그것은 물질이나 시간이 온당치 못하게 지출되었다는 식의 나쁜 의미로 해석되어서는 안 된다"[3]고 주장할 경우, 우리는 베블런의 진면목을 알아보기 어렵다. 버크(Keneth Burke)가 말한 불일치를 통한 시각을 사용하는 경우에도 그것은 도덕적 의미를 함축하고 있는데, 이를테면 그가 하인의 제복(制服)과 목사의 제복(祭服)을 비교하면서, "하인은 그가 입고 있는 제복의 소유주와 그의 신성함을 위해 봉사한다"[4]고 했을 때도 마찬가지다. 베블런이 존경의 의미를 담은 단어들과 경멸의 의미를 담은 단어들을 교묘히 연결시킬 때, 예를 들면 '훈련된 무능력' '기업적 태업' '부끄럼 없는 탐욕' '양심적인 효율성 억제' '공모한 근실' '현명한 생산제한' 등의 말을 사용하면서 이러한 대립적 의미의 균형을 통해 도덕적 판단을 초연한 표현의 보호색으로 가렸던 것이다.[5] 베블런은 마르크스의 동반자이면서 스위프트(Jonathan Swift, 『걸리버 여행기』Gulliver's Travels의 작가—옮긴이)의 동반자에 속했다.

이러한 것들은 베블런의 윤리적 표피로부터 그의 사상의 핵심내용을 구분하는 데 어려움을 제기한다. 비록 베블런 자신은 이 작업을 거의 시행해보지 못했지만, 이 장벽은 극복할 수 없는 것은 아니다.

전반적인 시각

베블런의 출발점은 진화론적인 또는 사회학적인 논리전개에 입각해 고전경제학의 여러 주장을 비판적으로 해부해보는 일이었다. 그는 고전경제학이 구성해놓은 '법칙'이란 개념은 시간성이 없는 일반화에 지나지 않는다고 배격하고, 대신 인간의 경제행위도 다른 행위와 마찬가지로 그것이 형성된 사회적 맥락에 입각해 분석되어야 한다고 주장했다. 한 걸음 더 나아가 그는 경제행위가 모든 인류의 타고난 성향, 즉 공리주의적이고 쾌락주의적인 성향에서 나타난다고 보는 입장을 거부했다. 그의 주장에 따르면, 고전경제학의 여러 범주는 특수한 역사적 상황의 매우 제한된 맥락에서만 적용될 수 있는 것이다. 원시적 경제행위는 리카도식 개념으로 이해될 수 없다. 베블런은 "해변가에서 조개를 잡기 위해 마술적인 주문을 외우면서 해초와 파도를 쇠고랑으로 긁어모으고 있는 일단의 알류산 열도 주민들도 분류상으로는 지대나 임금이나 이자 같은 쾌락적 작업에 종사하고 있는 것으로 주장되고 있다"[6]고 조롱하듯 언급했다.

베블런은 "쾌락주의적으로 파악된 인간은 즐거움과 고통을 명료하게 저울질하면서 행복을 극대화하기 위해 끊임없이 움직이는 욕망의 덩어리다. 이들을 둘러싼 환경은 장소에 따라 다르면서도 동질적인 자극의 체계에 불과하다"고 날카롭게 지적했다. "이 인간에게는 지나간 역사도 향후의 결과도 없는 셈이다. 그는 하나의 고립되고 한정된 인간 자료······에 불과하다. 그는 주어진 공간 안에 자아도취된 채 자신의 정신적 축을 중심으로 균형 있게 돌고 있다. ······인간의 쾌락지향성이 삶의 원동력은 아니다. 쾌락주의적 인간은 삶의 과정에 자리하지 않는 존재다."[7]

초역사적 일반법칙과 공리주의적 또는 쾌락주의적 계산을 중시하는 진부한 경제학과는 달리, 베블런은 새로운 경제학, 즉 역사적인 또는 그의 용어대로 진화적인, 그리고 적극적인 인간개념에 기초한 경제학을 주장했다. "무엇인가를 하고 있다는 것이 인간의 특징이다. ······인간은 단순히 충족되기를 원하는 욕망의 다발이 아니라 자신이 수행하는 행위 속에서 어떤 목표를 실현하거나 표현하려는 특정한 성향이나 행동방식이 응축되어 있는 어떤 총체다."[8] 개인에게 경제생활이란 "자신이 원하는 목표에 수단들을 적응시켜가는 누적적 과정이다." 개인에게 진리인 것은 집단에도 타당하게 적용된다. 집단 역시 끊임없이 경제적 목표에 경제적 수단을 적응시키려는 일련의 과정에 참여한다. "진화적 경제학은 경제적 이익에 의해 결정되는 것 이상으로 문화의 성장과정에 관한 이론이 되어야 하며, 동시에 경제제도의 누적적 연계에 관한 이론이 되어야 한다."[9]

베블런은 인류의 진화를 스펜서나 뒤르켐과 같은 의미로, 즉 환경에 대한 선택적 적응과정으로 파악했다. 그에 따르면, 역사적 진화는 헤겔주의자나 마르크스주의자들이 주장하는 것처럼 어떤 목표를 향해 가는 것이 아니라 오히려 "어떠한 방향도, 어떠한 최종단계도, 어떠한 완성도 있을 수 없는 맹목적인 누적적 인과관계의 체계"[10]인 것이다.

인류의 진화는 무엇보다 더욱 효율적인 기술의 사용과 발명에 의한 것이라고 베블런은 주장했다. "누적적 변동과정은 일을 하는 방법 ─ 물질적인 생활수단을 다루는 방법 ─ 에서 일어난 변화의 결과로 설명되어야 한다."[11] 따라서 '제조기술의 수준'이 궁극적으로 자연환경에 대한 인간의 적응 상태를 결정한다. 포괄적인 테크놀로지 수준은 사회적 환경에 대한 인간의 적응을 결정짓는 요소다.

기술적이고 경제적인 영역에서 개인이 점하는 위치가 그의 관점과 사고방식을 결정한다고 베블런은 주장했다. 이와 마찬가지로 집단 내에서 형성되는 행위양식이나 사고양식, 즉 관습이나 습관 등도 자연으로부터 생활에 필요한 것을 얻어내려는 투쟁 속에 참여하면서 성장해온 것이다. 시간이 흐름에 따라 이러한 관습이나 태도는 제도적인 형태로 결정되는데, 집단은 그 구성원들을 이 제도 속으로 밀어 넣으려 한다. 제도란 집단에 의해 규율되는 관습이나 태도의 덩어리다. 제도는 "습관화되고 일반적으로 받아들여짐으로써 자명하고도 불가결한 것이 되어버린 관례를 그 본질로 한다."[12] 베블런은 인간사회의 진화는 "여러 제도의 자연도태 과정"[13]으로 이해되어야 한다고 주장했다. "제도는 그 자체가 과정의 산물, 즉 보편적이고 지배적인 유형의 정신적 태도와 경향을 형태짓는 선택적이고 적응적인 과정의 결과다. 또한 인간의 삶과 상호관계를 연구할 때 사용될 독특한 방법론적 틀이기도 하다."[14]

따라서 베블런에게서 인간사회의 진화란 본질적으로 산업기술의 발전에 기초한 제도적 변화의 형태를 의미한다. 진화는 네 개의 중요한 단계로 구분될 수 있다. 신석기시대의 평화로운 미개경제, 전쟁과 사유재산과 남성적 위력이 제도화되고 유한계급이 출현하게 되는 약탈적인 야만경제, 현대 이전 시기의 수공업경제, 그리고 마지막으로 기계가 지배적인 현대경제가 그것이다. 이런 단계구분의 대부분, 특히 미개 상태와 야만 상태의 구분은 과거역사에 대한 상상적인 유추에 근거하고 있다. 베블런은 때때로 그러한 역사해석을 신랄하게 비판하기도 했으나 기본적으로 받아들였다. 언젠가 한 학생이 그에게 실제의 역사와 상상의 역사 간 차이가 무엇인가를 물어보았을 때, 그는 말(horse)과 작업의자(sawhorse)의 관계(horse와 sawhorse라는 단어가 발음은 유사하나 의미는 전혀 다름을 활용한, 일종의 언

어유희적 표현이다 — 옮긴이)와 마찬가지라고 대답했다.[15]

베블런의 진화단계론은 고대박물관에나 보내야 적합할 정도로 낡은 것일지 모른다. 그러나 그의 일반적인 기술결정론은, 종종 마르크스주의의 어느 한 형태와 뒤섞여 이해되기도 하지만, 여전히 현대의 사회과학자들 사이에 영향을 미치고 있다. 현대 인류학의 여러 연구는 여전히 그의 견해, 예를 들면 "원시문화……연구는 특정 민족의 물질적(기술적·금전적)인 생활상태와 그들의 의례적·종족적·종교적 생활방식 간에 밀접한 상관관계가 있음을 보여준다. 신화나 종교의식은 이러한 다른 — 특히 물질적이고 수공업적인 — 제도의 특징을 여실히, 있는 그대로 반영한다"[16]는 주장에 동의하고 있다. 하지만 베블런 저작의 백미는 이러한 인류학적 연구에서가 아니라 현대사회 및 현대와 가까운 사회에 대한 논의에서 찾아야 한다. 여기서 그가 직업을 제조형과 금융형으로 구분한 것이 중요하다.

현대에 관한 베블런의 핵심 사상은 현대 자본주의가 피할 수 없는 대립, 즉 기업과 공장, 소유권과 기술, 금융형 직업과 제조형 직업 — 돈을 버는 자와 상품을 만드는 자, 판매기술과 제조기술 간의 대립에 기초하고 있다는 점이다. 베블런은 이 구분을 당시 미국에 널리 퍼져 있던 사고방식이나 진화론적 견해를 공격하는 주무기로 사용했다. 그의 동료 진화론자, 예를 들면 이전 스승인 섬너 같은 사람은 성공한 기업가나 대기업은 경쟁적인 투쟁에서 '최적자'임이 판명된 자들이므로 현대문명의 꽃으로 취급되어야 한다고 주장했다. 베블런은 금융형 직업에 종사하는 사람은 진화과정에서 적자생존한 사람이기는커녕 다른 사람이 수고한 기술과 혁신 위에서 자기 살을 찌운 기생충에 불과하다고 주장했다. "유한계급은 산업조직 내부에서 살아가는 자가 아니라 그것에 빌붙어서 살아가고 있다."[17] '산업계의 지도층'은 실제 산업활동에 아무런 기여를 하지 못하며, 따라서 진화과정에서도 별다른 진보적 기능을 수행하지 못한다. 오히려 이들은 진화를 지연시키고 왜곡시키는 것이라 보았다.

베블런은 군사형 사회와 산업형 사회를 구분한 스펜서의 분류를 자기식으로 차용했다. 스펜서는 기업가를 높이 평가하며 군사적인 방식 대신 평화로운 방식으로 경쟁을 주도하는 자로 보았다. 이에 반해 베블런은 이

'산업계의 지도층'이 이전의 군사적 약탈방식을 단지 새로운 상황에 맞추어 추구한다고 보았다. 그에 따르면, 미국의 약탈적인 귀족은 그들의 중세 선조와 마찬가지로 하층민을 수탈하기에 혈안이 되어 있다. 기업가와 투기자들이 개입된 시장의 가격체제는 산업기술의 발전을 방해하거나 훼방할 뿐이며 인류의 진화적 발전도 지연시킨다. 기업가들이 가격체제 내의 우월한 지위를 통해 얻는 차등적 수입은 창조적인 기업가정신에 대한 보수로 주어지는 것은 결코 아니며 하층 생산담당자의 몫을 갈취한 것에 불과하다. 부재소유권 제도나 가치의 현대적 방식은 모두 생산의 실질적 발전보다는 '태업상태'에 이르게 할 공황과 경쟁적 무정부 상태를 조장할 것이다.

사상도 기술에 의해 결정된다는 전반적 시각에 따라 베블런은 제조형 직업에 종사하는 자와 금융형 직업에 참여한 자 사이에는 매우 다른 정신적 경향과 사고습관이 나타나게 된다고 주장했다. 금융형 직업에 참여한 자는 '미신적 경향'(animistic bent)을 띠게 되고 대체로 마술적인 방식으로 사고하는 경향이 있다. 반면 제조형 직업에 참여한 사람은 합리적인 사실에 근거한 사고를 하도록 강요당한다. 마술적이고 미신적인 사고방식은 현대 산업사회에서 요구되는 것과는 전혀 다르다. 이것은 부분적으로는 초기의 야만적 생활단계의 잔존물이고 부분적으로는 투기적인 행운에 의존하려는 자들의 실제 상태에 대한 반응이기도 하다. 현대의 산업은 합리성에 기초하고 있으며 동시에 그것을 권장한다. "현대의 산업공동체에서 산업은 그것이 지속적으로 증대해나가는 과정에서 서로 연결되고 서로 견제하는 여러 기관과 기능이 하나의 복잡한 체계로 조직되어 있다. 따라서 현상에 대한 인과적 이해에서 모든 편견을 벗어나는 것은 산업과 관련 있는 사람들의 효율성에 더욱 필수적인 것이 되고 있다."[18]

베블런은 현대사회를 규율하는 기본 주체는 생산의 기계적 과정이라고 믿었다. 그는 "기계적 기술은 비인간적이고 물질적인 인과관계에 관한 지식에 기초하고 있다. ……이러한 기계주도형 작업이 이루어지고 기계적 과정이 지배력을 확대하는 현대의 생활영역 내에서는 사건의 원인이 기계적이고 비인간적으로 주어지게 마련이다. 학문 역시 기계적 결과라는 비인간적 요인들을 다루는 작업이 된다. 그 결과 불투명하고 비인간적인 기계적 인과관계에 입각한 사고를 장려하고 관습이나 관용에 의해 이루어지던 재래적 기준의 타당성을 무시해버린다"[19]고 주장했다. 한 걸음 더 나아가 베블런은 이 경우 인류의 더 나은 진화는 산업기술이나 기계적 과정에 참여함으로써 훈련된 정신을 소유한 자들에게 의존하게 된다고 보았다. 기계의 냉정한 결과에 복종하는 습관이 금융적 직업에 종사하는 자들의 약탈적인 생활방식과 마술적이고 미신적인 사고방식을 누르고 보편적이 될 때야 비로소 더 나은 진화적 발전을 기대할 수 있는 것이다.

경쟁의 해부

베블런의 저작, 특히 그가 사회행위자들 간 경쟁적 관계의 기초를 이루는 사고습관이나 행동양식을 분석하고 해부한 부분은 매우 인상적이다. 그는 인간사에서 경쟁의 사회적 원천에 대한 복잡한 이론을 발전시켰다. 자존심은 동료에 의해 부여되는 평가의 반영에 불과하지만 경쟁의 원천으로 주목해야 한다고 그는 주장했다. 중요한 경쟁에서 상대방을 능가하지 못하여 원하는 평가를 얻지 못할 때면 누구나 자존심의 상실로 고민하게 된다. 경쟁적 문화 속에서 언제나 갱신하려고 노력하는 주된 이유는 자존심을 상실할 수도 있다는 두려움에 근거한다고 그는 보았다.

공동체 내에서 정상적이라고 받아들여지는 정도의 용맹성이나 재산을 지니지 못한 구성원은 동료들로부터의 낮은 평가 때문에 고통을 당한다. 결과적으로 그들은 자존심에도 상처를 입는데, 자기존중이란 것이 일반적으로 이웃으로부터 주어지는 존경에 기초하고 있기 때문이다. 다소 특이한 기질을 지닌 사람만이 동료들의 냉대 앞에서도 자신의 자존심을 오래 지니고 있을 수 있다. ……재산의 소유가 보편적인 평가의 기초가 되면 재산은 이른바 자존심이라 일컫는 자기만족을 위해서도 필수적인 것이 된다.[20]

자기 동료들과의 비교를 통해 자신의 가치를 평가하는 경쟁 문화 안에서는 누구나 영원히 돌고 도는 익시온(Ixion)의 수레바퀴(그리스 신화에 나오는 익시온은 라티파이의 왕으로, 제우스의 노여움을 사서 지옥에 떨어져 영원히 멈추지 않는 수레바퀴에 매달리게 된 인물이다 — 옮긴이)에 매이지 않을 수 없게 된다. 왜냐하면 그들은 언제나 자기 이웃을 능가하려고 노력하기 때문이다.

누구나 새로운 재산을 얻어도 부에 대한 새로운 기준에 익숙해지면 이 추가적 재산도 이전의 기준이 제공하던 수준 이상의 만족을 주지 못하게 된다. ……재산의 축적을 통해 얻으려는 것은 금전적인 측면에서 그 공동체의 다른 사람보다 높은 평가를 받는 일이다. 이 비교가 명백히 자신에게 불리한 한, 보통의 인간은 그의 현재 운명에 대한 만성적인 불만을 지니고 살아가게 된다. 그리고 자신의 공동체 또는 공동체에서 그가 속한 계급의 이른바 정상적 소득수준에 도달하게 되면 이 만성적 불만은 쉴 새 없는 긴장, 즉 자신과 그 평균적 기준과의 재화상 간격을 더욱 넓히려는 끊임없는 긴장으로 대치된다.[21]

베블런은 그의 탁월한 재능을 발휘해 사람들이 지속적인 경쟁과정에서 자신들이 독점한 높은 지위를 상징화시킴으로써 이익을 얻는 여러 수단을 분석했다. 과시적 소비, 과시적 유한, 높은 신분을 나타내는 상징의 과시적 표현 등은 사람들이 그들의 이웃을 능가하여 그들로부터 높은 자기평가를 얻어내려는 대표적인 수단이라고 베블런은 보았다. "명문귀족의 생활 태도나 양식은 과시적 유한과 과시적 소비의 규범에 동조하는 것들이다. ……값비싼 상품의 과시적 소비는 유한신사들에 대해 존경을 일으키려는 수단이다."[22] "상류계급 지위를 물려받을 때는 그와 함께 놀고먹는 유한적 태도도 전수받아야 한다."[23] 과시적 소비나 과시적 유한은 반드시 경쟁을 통해 높은 지위를 얻으려는 사람들에 의해 직접적으로 행해져야 할 필요는 없다. 오히려 그러한 독특한 생활양식은 가장에 의존하고 있는 사람들 — 예를 들면 부인이나 하인 같은 — 이 그 주인의 지위를 높이기 위해 대신 행할 수도 있다. 현대세계에서 중산계급 가정의 가장은 직업을 통해 생계를 유지해야 한다는 어려움에 시달린다. "그러나 그 중산계급의 부인은 여전히 남편과 주인의 이름을 빛내기 위해 대리적 유한의 일을 수행하고 있다."[24] 제복을 입은 하인은 예속을 나타내는 여러 빛깔의 외투를 자신에 대한 이미지를 위해서가 아니라 그의 주인의 이미지를 상징화하기 위해 입고 있는 것이다.

'야만적 시대'인 귀족사회시대에는 이러한 경쟁적 표현의 독특한 '낭비적' 양식이 사회적 피라미드의 맨 꼭대기층인 유한계급에만 국한되어 있었다. 이제 이러한 양식은 전 사회구조에 스며들고 있다고 베블런은 주장했다. 각 계급은 그들의 능력이 허락하는 한까지 자기보다 나은 지배계급의 생활양식을 본받는다. "그 결과 각 계층의 성원들은 바로 위 계층의 생활방식을 우아함의 이상적 형태로 간주하고 그 이상에 도달하려고 온갖 힘을 다 기울이게 된다."[25] "존경을 받으려는 법칙"[26]은 경제 상황이나 각 계급의 전통에 따라 변하게 마련이다. 그러나 그것은 이미 크고 작은 정도로 모든 사회에 스며들고 있다. 그것은 유한계급에서 출현한 것이지만 전체 문화를 특징짓고 있으며 그 나름의 독특한 생활양식을 형성했다. 이것이 현대의 가난한 자들이 물질적으로는 이전 선조들보다 더 향상되었음에도 불구하고 더 많은 고통을 느끼게 되는 이유다. "절대적으로 평가할 때 기존체제 내에서 부지런한 빈자가 더 가난해지는 것은 아니다. ……그러나 그들 자신의 눈에는 상대적으로 자신들이 더욱 가난하게 되고 있다. ……중요한 것은 바로 이 점이다."[27] 분명히 베블런은 그를 전후한 다른 학자와 유사하게 사실상 '상대적 박탈'이라는 생각에 도달했던 것이다.

베블런의 견해에 따르면, 고전경제학이 기초하고 있는 인간 동기에 대한 단순한 개념으로는 현대의 금전문화 속에서의 인간행동의 출현을 설명할 수가 없다. 현대세계에서 인간을 활동하게 하는 것은 저축 성향이나 교환거래의 성향이 아니라 그의 이웃을 능가하려는 성향이다. 현대의 경제 행위의 제도적 틀을 이해하려 할 때 이 경쟁적 지위를 위한 투쟁은 기본적인 자료가 된다.

베블런은 그의 전 저작을 통해 사고습관이 생활습관의 결과로 나타나게 되는 과정을 중점적으로 탐구했고 모든 사고방식은 공동체 조직에 구속된다는 점을 역설했다. "사고나 지식의 틀은 상당 부분 생활의 틀이 반영된 것이다"[28]라고 그는 말했다.

그의 인류학 분야 저작 중에서 베블런은 미개시대의 평화적 촌락공동체와 유목민족의 약탈적 생활과를 세밀하게 구분했다. 그는 이 상이한 생활양식을 각기 다른 종교적 지향과 특별히 연결시키고 있다. 농경사회에서는 자연의 여러 힘을 반영하는 다신론이 주로 발견된다. "신과 인간의 관계는 혈연관계를 반영하는 경우가 많다. 그리고 사물의 신적 질서가 평화적이고 비강압적인 성격을 띤다고 보며 신은 주로 여성일 경우가 많다. 우주적 질서를 설명하는 이론에서 다루어지는 관심사도 주로 그 민족의 생존문제에 관한 것이다."[29] 이와는 달리 중앙집권적인 구조와 호전적인 지도자를 갖고 있는 약탈적 문화에서는 일신론적 종교체계가 지배적이다. 그리고 신정(神政)의 자의적 성격이 강조되어 나타나는 경향이 있다. "이러한 민족에서는 남성적인 신이 부각되는데, 그 신은 강압적이고 전제적이며 자의적인 결정권과 대단한 위력을 지닌다."[30]

베블런은 인류 진화에서 초기단계와 후기단계, 즉 전체 공동체가 동질적인 사고습관을 공유하던 단계와 여러 신분, 직업, 계층으로 분화되는 후기단계를 구분했다. 이때 상이한 형태의 사고습관들이 함께 나타나게 되고 계급구조나 직업구조 상의 위치와 결합하게 된다. "금융형 직업은 주로 [겁 없는] 태도와 성향을 요구하고 그것을 보존시키기 위해 선택적으로 행동한다. 반면 제조형 직업은 주로 [신중한 또는 경제적 태도를] 조장하고 그것을 보존하려고 노력한다."[31] 금융형 직업은 행운에 대한 마술적인 믿음을 권장하나 제조형 직업은 합리성을 권장한다.

인간이 사회적·직업적 서열 내에서 점하는 위치에 따라 달라지는 사고습관은 그 사람의 지식의 유형뿐만 아니라 행동 유형에도 반향을 남긴다고 베블런은 주장했다. "산업의 위기적 상황하에서 부득이 채택하지 않을 수 없었던 생활의 틀이 그들의 사고나 행동의 습관을 형성한다. ······각 개인은 복잡한 사고습관들로 이루어진 하나의 단일체다. 한편으로는 행동을 통해 자신을 드러내려는 그 심리적 메커니즘이, 다른 한편으로는 지식을 통해 자신을 부각시키기도 하는 것이다."[32]

　물론 이런 시각은 다분히 일반적인 것이며 베블런도 이를 어떤 체계적인 방식으로 검증하려 하지는 않았다. 그러나 그의 전 저작을 통해 베블런은 눈부신 실례들을 제시하고 있다. 예를 들면 베블런은 사고습관과 직업적·기술적 배경 간의 불일치에서 발생되는 부적응 ── 현대사회학자들은 이것을 역기능이라고 표현하겠지만 ── 의 실례들을 너무나도 날카롭게 파악하고 있었다. 그의 '숙련된 무능력' 개념은 이러한 부적응의 한 예를 나타낸다. 이 개념은 하나의 직업 환경에 너무나 완벽하게 숙련되어 있어서 상이한 환경 속에서는 효과적인 일을 하지 못하는 사람에게 적용되는 것이다. 과거의 숙련된 효율성 그 자체가 현재의 부적합한 행동을 가져오게 된다.

　베블런은 어떻게 사회적·직업적 위치로부터 사고습관이 나타나게 되는가를 탐구하는 데 그친 것이 아니다. 그는 인지적 관심의 사회적 결정요인에 관한 이론도 발전시켰다. 그는 유한계급이 자연과학보다는 고전연구나 법률 또는 정치 쪽으로 관심이 기우는 경향을 그 성원들의 실용적 관심으로 설명했다. "어떤 학문의 접근방식을 결정짓는 관심은 단순히 지적 또는 인지적 관심만이 아니다. 특정한 계급 성원들이 처해 있는 지배관계 내에서의 필요성에 의해 실천적으로 주어지는 관심이 훨씬 더 중요하다."[33] 베블런에게서 과학과 과학적 태도는 모두 물질적 필요에 근거하고 있다. 산업적 기술에 몸담고 있는 집단의 성원은 자신의 필요에 따라 과학적 연구를 중시하게 되는 것이다.

　이러한 점들을 살펴보면 베블런은 이미 여러 형태의 행동유형이나 사고습관이 갖는 실제적 기능과 잠재적 기능 모두를 주목했다는 사실을 알게 된다. 머튼은 그의 잠재적 기능과 현재적 기능의 개념을 정립하면서 베블런을 위시한 많은 이전 이론가들의 도움을 받았다. 머튼 자신도 사회생활의 일견 모순적이고 부조리하며 풍자적인 측면들에 대한 베블런의 설명을 통해 잠재적 기능에 관심을 집중하게 되었다고 언급한 적이 있다.[34]

기능적 분석

베블런은 과시적 소비유형의 여러 현상을 묘사할 때마다 그 잠재적 기능까지 찾아내려고 노력했다. 현상적으로 볼 때 촛불은 빛을 발하는 것이고 자동차는 교통수단에 불과하다. 그러나 금융적 문화의 틀 안에서 보면 이것들은 지위를 나타내거나 높여주는 잠재적 기능을 가진다. 저녁 만찬에 켜놓은 촛불은 그 집주인이 상류계급에게 특유의 우아한 생활양식을 영위하고 있음을 나타낸다. 캐딜락을 타고 다니는 사람은 그것으로 시보레를 가진 사람보다 높은 계층에 소속되어 있음을 나타내려 하고, 신사의 표시인 미각의 세련됨을 나타내기 위해 캐비어를 식탁에 내놓기도 한다. 일반적으로 소비 유형이나 행동 유형은 그 현재적 기능만으로 설명되어서는 안 되며, 지위를 높여주는 잠재적 기능을 지니고 있는 것으로 파악되어야 한다.[35] 실제로 어떤 경우에는 현재적 기능은 전혀 설명에 도움이 되지 않고 전적으로 지위상승이라는 잠재적 기능으로 설명해야 하는 수도 있다. 중국의 관료들에게 왜 손톱을 길게 기르는가를 물으면 '그것은 하나의 습관'이라고 대답할 것이다. 그러나 분석가는 손톱을 길게 기르는 사람은 그 손으로 일을 할 수 없으며, 따라서 존경받는 지위를 점한 사람임에 틀림없으리라고 결론지을 것이다.

예를 하나만 더 들어보자. 베블런은 당시의 행상인쇄공(journeyman printers)들 사이에 널리 퍼져 있었던 습관, 즉 공적인 장소에서 조금씩 술을 마시거나 대포를 '대접'하거나 담배를 피우는 행위를 얘기하면서 이런 사람들의 생활상태를 기능적인 관점에서 설명한다. 이런 직업에 종사하고 있는 사람은 다른 사람보다 지리적으로나 직업적으로나 이동률이 훨씬 심하다. 그 결과 "이들은 언제나 새로운 집단의 사람들과 접촉하게 되는데, 그들과 맺는 관계는 비록 잠정적이고 일시적인 것이기는 하나 그 상황에서는 그들로부터 좋은 의견을 얻는 것이 중요하다."[36] 따라서 공장 내에서 보란 듯이 먹고 마시며 동료를 대접할 줄 아는 행상공들의 능력은 곧 다른 사람과 긴밀한 유대를 맺거나 그들의 눈에 비친 자신의 지위를 높여주는 능력으로 이해될 수 있다. 잠시 지나가는 곳에서도 남에게 무엇인가를 '베푸는' 능력은, 주거지역에서처럼 높은 지위를 나타내는 여러 지위의 상징화가 불가능한 곳에서 남으로부터 경의와 찬사를 불러일으키는 데 유용하다.

사회변동론

베블런의 사회변동론은 본질적으로 역사에 대한 기술주도적 설명이다. 그는 궁극적으로는 '산업기술의 수준', 즉 사회에 적용 가능한 기술이 그 문화의 성격을 결정짓는다고 확신하고 있었다. 발명은 필요의 어머니다. 그러나 이 기술의 영향은 비록 결정적이긴 하나 즉각적이거나 직접적인 것은 아니라고 베블런은 보았다. 새로운 기술이 나타났다고 하여 자동적으로 새로운 법률체계, 새로운 도덕적 태도, 새로운 교육의 유형이 나타나는 것은 아니다. 오히려 그것은 기존의 제도에 도전함으로써 저항을 야기한다. "제도란 것은 역사적 과정의 산물이며 지나간 환경에 적응하여 이루어진 것이다. 따라서 그것은 결코 현재의 요구를 완전히 충족시키지 못한다."[37] 기존의 제도 내에서 '기득권'을 지닌 사람들은 그들이 더 이상 기술 발달에 보조를 맞추지 못하게 될 때도 여전히 낡은 제도를 유지하는 데 전력을 쏟는다. 이러한 현상예찬론자 특유의 태도는 "다음과 같은 명제, 즉 '존재하는 것은 무엇이나 옳다'라는 말 속에 요약될 수 있다. 반면 자연도태의 법칙이 인간의 제도에 적용되면 '존재하는 것은 무엇이나 잘못된 것이다'라는 명제를 낳는다."[38] 결국 베블런은 새로운 기술이 기존의 사상을 부식시키고 기득권을 붕괴시키며 그 자신의 필요에 따라 제도를 다시 만들어낸다는 것을 믿고 있었던 것이다. 이러한 과정은 상당한 시간을 요하는데, 이러한 시간적 지체 속에서 — 예를 들면 산업사회가 여전히 수공업 시대에 만들어진 법률적·도덕적 규칙에 지배되는 경우처럼 — 그 사회는 제도와 기술 간의 불일치로 야기되는 낭비로 고통을 당하게 된다.

낡은 질서로부터 새로운 질서가 움터 나오려는 과도기에는 사회적 갈등이 심화되기 쉽다. 마르크스와는 달리 베블런은 계급투쟁을 역사의 추진력으로 간주하지 않았다. 그는 역사를 형성하는 힘으로 앞선 기술과 낡은 제도 간의 충돌을 들었다. 이러한 충돌이 특별히 날카롭게 일어나는 시기에서만이 금융형 직업에 종사하는, 현재상태에서 기득권을 가진 자들과 시대의 기술적 요청에 부응하여 제조형 직업에 종사하는 자들 간에 계급적 적대감이 격화될 수 있는 것이다.

비록 베블런이 일반적인 진화론적 주장들의 도움을 받긴 했지만 단선적 진화론을 신봉하지는 않았다. 그는 후세의 이론가들이 말한 이른바 '진화단계의 도약'을 정확하게 알고 있었다. 따라서 그는 "일국적 성장에 의한 발전보다는 기술적 기능을 도입하는 것의 이점"[39]에 초점을 맞추었다. 다른 사회로부터 기술을 도입해올 경우, 베블런은 "그것이 발전하고 사용되는 과정 속에서 그 주위를 에워싸고 형성되었던 다른 주변적인 문화요소들은 배제할 수 있다"[40]고 주장했다. 기술적 요소는 기성품으로 얻을 수 있으며 그 기술수출국에서 기술과 함께 보낸 제도적 요소들은 따로 분리할 수 있다. 실제로 독일은 영국의 기계기술을 "아무런 결점도 지니지 않은 요소"로 도입할 수 있었다.[41] 영국에서는 낡은 제도가 여전히 이 기술을 방해하며 억압했고, 그래서 기술적인 기법과 과정에 낡은 것과 새로운 것이 병존했는 데 반해, 독일은 훨씬 발전된 기술을 도입해 기득권과 마찰을 일으키지 않고 그 상황에 완전하게 적용할 수 있었던 것이다. 이러한 관찰은 특히 오늘날 발전하고 있는 여러 사회가 당면하고 있는 문제점들에 비춰볼 때 매우 적확한 관찰인 것 같다.

기술도입은 수혜국의 진화적 성장을 촉진시켜주는 반면, 그 기술을 발전시켰던 기원국의 경쟁적 지위를 상대적으로 떨어뜨리게 한다. 이것이 바로 '선두주자의 벌금'이다. "오랫동안 개선, 확장, 혁신, 전문화 등의 과정을 겪어온 영국 같은 산업체제는……적당한 범위의 기구와 과정상의 계획에 도달할 때까지 성장해갈 것이다."[42] 그러나 그러한 제도적 확립은 산업과정이 진행되어감에 따라 낡은 것이 되어버릴 것이다. 따라서 사라져가는 기술이 새로운 장비와 함께 공존하게 된다. 이곳에는 개선과 적응 그리고 개조도 계속되겠지만, 그와 함께 "곳곳에 편재해 있는, 소멸에 의한 가치하락을 극복할 수 없는 운명적 혐오감이나 무능력"[43]도 존재한다. 예를 들면 영국의 철도는 너무 좁은 협궤로 이루어져 있으며 "정류장 시설, 궤도, 전철 시설, 화물수송수단 등이 모두 꼬리가 잘린 구식 객차에 적합하게 만들어져 있다."[44] 대체로 공동체적 관점에서 볼 때 이러한 시설은 모두 내버려야 할 것들이지만, 여전히 그것은 기득권을 지닌 철도산업 운영자들에게 이익을 가져다주는 것이며, 따라서 영국의 산업적 침체를 가져오는 데 기여하게 된다. "이러한 모든 주장은 영국이 기술의 법규를 어긴 죄를 지었다는 뜻은 아니다. 이것은 단지 그들이 선두를 달렸고 갈 길을 보여준 데 대한 벌금을 치르는 것일 뿐이다."[45]

베블런이 이 글을 썼을 당시 영국은 로이드조지(David Lloyd George)가, 독일은 황제가 각각 통치하고 있었다. 그러나 50년이 지난 오늘, 영국 수상 히스(Edward Heath)와 독일 수상 브란트(Willy Brandt)는 똑같은 세력들에 여전히 종속되어 있는 듯이 보인다. 그리고 오늘날의 일본의 발전은 베블런의 탁월한 통찰력에 대한 더욱 확실한 증거를 제공해준다.

지금까지의 논의에서 수많은 베블런의 개념, 특히 그의 '본능'에 관한 이론은 언급되지 않았다. 이것은 의도적으로 생략한 것이다. '작업자 본능' '어버이 기질' '나태한 호기심' 등 ― 베블런이 각각 일을 잘 수행하려는 관심, 자손에 대한 배려, 과학적 호기심을 가져오는 동인 등을 '설명'하기 위해 사용했던 개념들 ― 은 모호하고 바람직하지 못하다. 베블런은 비록 자기가 말하는 '본능'은 불변의 생물학적 충동을 의미하는 것이 아니라 문화적 상황과 변화에 적응해가는 매우 강한 성향을 나타낸다고 말했지만, 실은 그가 지속되기를 바라던 실천이나 행동의 유형을 옹호하기 위해 내세운 임기응변의 신(deus ex machina)에 불과하다. 베블런도 다른 본능론자들과 마찬가지로 관찰된 행동으로부터 본능의 활동을 추론해내고, 그런 다음 그 본능으로 설명을 하려는 입장을 취하고 있다. 이러한 방식은 아무런 과학적 유용성이 없는 것이다.

베블런의 사회학적 저술 중에서 고려해보아야 할 부분은 본능론보다는 오히려 경쟁적 행동에서 사회적으로 유인된 동기에 관한 이론, 잠재적 기능에 대한 날카로운 파악, 역사의 기술론적 해석에서의 몇 가지 요소, 그리고 기술발전과 제도적 발전 간의 지체이론 등이다. 그의 본능에 관한 이론이 완전히 잊힌 후에라도 '근대화' 과정을 분석하는 사람은 여전히 '도입의 이점'이나 '선두주자의 벌금' 같은 그의 개념을 사용할 수 있을 것이다.

개인적 배경

베블런은 그의 생애 말년에 쓴 「현대 유럽에서의 유대인의 지적 우월성」(The Intellectual Preeminence of Jews in Modern Europe)이라는 논문에서 훌륭한 자화상을 그려놓았다. 여기서 그는 유대인 사상가들은 "그가 태어난 곳의 관례적인 틀 속에서 안정된 자리를 얻지 못하고……던져서 그 이방인의 풍습 중에서도 비슷한 안식처를 얻지 못한 대가로" 지적으로 수동적인 존재를 뛰어넘을 수 있었다고 했다. 그 결과 "그는 지적인 평화를 교란시키는 자가 되었고 그 대가로 어딘가 지평선 저 너머 또 다른 안식처를 찾기 위해 먼길을 재촉하는 지적인 여행, 지적인 무인고도를 찾아 헤매는 방랑자가 되어야 했다. [이러한 유대인은] 한 번도 편안한 자기만족의 상태를 갖지 못하고 불안한 발자국을 재촉해야 한다."[46] 베블런의 생애를 특징지어주는 설명으로 이보다 나은 것은 없다. 의도적이든 아니었든, 그는 이 구절 속에다 일생에 걸친 자신의 희생과 영광을 요약해놓았던 것이다.

주변적인 노르웨이인

베블런은 1857년 7월 30일 위스콘신의 변경 지방에 있는 한 농장에서 태어났다.[47] 그는 중부 변경 지역의 아들이었는데, 이곳은 그와 더불어 당시의 지적 환경, 즉 이미 체제가 잡혀 있던 동부 지역의 지적 환경에 대해 공격을 퍼붓던 여러 사람, 예를 들면 워드, 터너, 패링턴, 비어드(Charles Beard) 등이 출생한 곳이기도 했다. 그러나 이들과는 달리 베블런은 그가 동부의 문화만큼이나 중서부의 문화에 대해서도 이질적인 감정을 지니고 있었다.

베블런은 한 노르웨이 이주민의 열두 아들 중 여섯째였는데, 그의 부모인 토머스 베블런(Thomas Veblen)과 카리 베블런(Kari Veblen)은 그가 태어나기 10년 전 미국으로 건너왔다. 그들은 노르웨이의 오랜 농사꾼 집안이었으나 그 나라에서 소작농의 아들로 무척 힘든 생활을 겪었다. 소스타인 베블런의 할아버지는 남에게 속아 가족 소유의 농장을 빼앗기고 존경받던 농장 주인의 신분에서 경멸받던 소작농 신분으로 떨어지고 말았다. 그의 외할아버지도 이와 비슷하게 되어 변호사 비용을 대기 위해 농장을 팔지 않을 수 없었고, 마침내 이 소송에서 패하자 베블런의 어머니와 다섯 살짜리 고아를 남겨둔 채 젊은 나이로 세상을 뜨고 말았다.

　베블런의 부모가 미국으로 건너온 후 처음엔 위스콘신에, 나중에는 미네소타에 정착하려 했을 때 그들은 그들의 부모가 노르웨이에서 봉착했던 것과 비슷한 어려움에 부딪치게 되었다. 토지 투기꾼들이 그들을 처음의 땅에서 몰아내 버렸다. 두 번째 모험에서 그들은 고리대 이자를 갚기 위해 토지의 절반을 팔지 않을 수 없었다. 사기꾼, 투기꾼, 엉터리 변호사나 변론인에 대한 증오가 이 가족의 전통 속에 깊숙이 박혀갔는데, 베블런의 후기 저작의 수많은 곳에서 그 특유의 표현을 찾아볼 수 있다.

　이러한 장애에도 불구하고 베블런의 가족은 캐나다 매니토바나 그의 출생지인 위스콘신 등지에서 생계에 지장이 없을 정도의 농장을 얻기 위해 고된 노동과 절약 그리고 오로지 한마음으로 농사일에만 전념했다. 그가 여덟 살이 되었을 때 이 가족은 미네소타의 휠링 타운십 지방의 초원지대에 있는 좀더 넓은 농장으로 이주했다. 이곳에서 그의 아버지는 외부 세계와는 거의 단절되어 살아가는 비슷한 노르웨이 농촌공동체에서 지도자격인 농부가 되었다. 노르웨이 이주민들은 사업상의 이유나 정치적 회합을 제외하고는 미국인을 거의 만나지 않았다. 루터의 종교적 계율을 경건히 좇는, 검소하고 부지런하며 다소 엄격한 이들은 양키 미국인의 방만한 생활태도를 경멸했고 이들의 생활을 얄팍하고 쾌락추구적이며 불경건한 문화를 드러내는 것이라고 생각했다. 노르웨이인의 눈에 양키 미국인은 모두 도무지 신뢰할 수 없는 투기꾼 아니면 권모술수가인 것처럼 보였고, 그들의 생활태도는 단순히 이방적인 것만이 아니라 견디기 어려운 꼴불

견이었다. 이러한 감정들도 이후 베블런의 저작에 여러 형태로 표현되고 있다.

비록 베블런의 부모는 노르웨이인 공동체와 그 전통적 생활양식에 깊이 뿌리를 박고 있었지만 그 전형적인 인물은 아니었다. 그들도 경건함을 좋아했으나 공동체를 분열시키려던 신학이나 교회정치에 관한 종파적 논쟁에는 참가하지 않았다. 토머스 베블런은 오로지 자신의 일에만 충실했으며 공동체 내에서 특유의 독자적 행동을 취하면서도 판단력과 지성을 지닌 인물로 존경을 받고 있었다.

이 아들은 매우 일찍부터 아버지를 닮았다. 형이나 동생들은 모두 그의 조숙한 지능에 감탄했지만 그의 거의 강박에 가까운 독자적 방식을 보면서 일말의 불만을 발견해내곤 했다. 유년 시절 그는 소년들과 싸움을 즐기고 여자아이를 놀려대거나 늙은이를 괴롭히기를 좋아했다. 장년이 되어 그는 이러한 공격성을 풍자나 독설적인 기지, 냉소주의 등으로 승화시켰다. 그가 견신례를 받을 때가 되었을 때 그는 그 의례를 그대로 좇았다. 그러나 이때는 이미 신앙을 상실한 때였음이 분명하다. 한마디로 말하면, 소스타인 베블런은 노르웨이인 공동체에도 적응하지 못하고 그 생활양식에도 낯설어하며 나중에는 미국사회의 분위기에도 안주하지 못하는 사람이었던 것이다.

주변적인 학생

만약 베블런이 노르웨이인 거주지에 그대로 머물러 있었다면 어떻게 되었을까를 말하기는 어렵다. 이제 비교적 부유하게 된 그의 아버지는, 자기발전은 깊은 교육을 통해야 한다고 확신하게 되었다. 그는 당시 공동체의 관습처럼 그의 아들을 전적으로 농장에서 살도록 하는 대신 낯선 미국의 고등교육기관에 보냈다. 1874년, 이 지방의 목사가 그의 아들을 적합한 목사 후보자로 손꼽고 있음을 알았을 때, 그는 이 아이를 칼턴대학 근방에 입학시켜야겠다고 결심했다. 베블런의 개인적 견해는 전혀 고려하지 않았다. 그는 밭에서 부름을 받았고 이미 꾸려진 그의 짐가방과 함께 가정용 마차에 올라 앉혔다. 그가 칼턴대학에 입학하게 될 것이라는 사실을 알게 된 것은 그곳에 도착한 후였다. 거기서 그는 앞으로 이미 아버지가 아들을 위해 지어놓은 대학 주변의 통나무 오두막에서 살아야 한다는 것을 알았다. 17년 동안 베블런은 영어를 거의 해보지도 않은 채 문화적인 고도(孤島)에서 살아왔었다. 이제 갑자기 그는 지금껏 거의 완전하게 담을 쌓고 살아왔던 주위의 미국문화 속으로 던져졌던 것이다.

칼턴대학은 베블런이 입학하기 불과 몇 해 전, 미네소타의 대초원에 새로운 영국 상류사회를 건설하려던 여러 조합교회 신자들에 의해 건립되었다. 이 학교는 완전한 기독교 학교였고 무절제, 흡연, 신성모독, 그리고 '안식일과 저녁시간에는 특별한 경우를 제외하고는 이성 간의 교제'조차도 엄격히 금지되어 있는 열렬한 복음주의적 학교였다. 교육에서도 고전학, 도덕철학, 종교학 등이 강조되었고 자연과학은 경시되었다. 영문학은 4학년 한 학기 동안만 가르쳤고 미국사는 전혀 가르치지 않았다. 실제로 중요한 과정은 도덕철학 과목이었다. 지배적인 학설은 레이드에 의해 처음 발표되고 해밀턴에 의해 발전한 스코틀랜드 상식론이었다. 이 안일한 철학은 성경과 종교적 교리를 문자 그대로 해석하는 것에 아무런 회의도 나타내지 않았고 흄과 그의 학파의 회의주의를 반대했다. 레이드는 기본적이고 자명한 진리는 인류의 상식 속에 모셔져 있으며 "이들과 대립되어 나타나는 모든 것은 이른바 불합리인 것이다"라고 가르쳤다.

충분히 예견할 수 있듯이, 이미 가정과 마을에서부터 회의적이었던 베블런은 이러한 칼턴대학의 정신에 강한 반감을 품고 있었다. 그는 여기서 6년을 보냈으나 그가 받은 교육은 스승에게서 배운 것보다는 주로 그 나름대로 닥치는 대로 읽은 책을 통해 얻은 것이었다. 그에게 인상을 남긴 듯한 단 한 명의 교수는 존 클라크(John Clark)였다. 그는 후에 컬럼비아대학 경제학부의 중요한 인물이 되었지만, 그때는 영작문부터 도덕철학 및 정치경제까지 온갖 것을 다 가르치는 변변찮은 교수였다. 사회개량론과 온화한 사회주의사상을 지니고 베블런에게 영향을 미쳤던 클라크는, 아마도 그 동료 교수가 표현한 대로, '냉소적인 유머로 채색된 정신'을 소유한 이 젊은이를 사랑한 유일한 교수였을 것이다. 옹기전에 뛰어든 황소처럼 뉴잉글랜드 문화 속에 뛰어든 이 노르웨이인은 무던히도 윗사람들을 괴롭혔다. 그는 열심히 좇아야 했던 모든 경건성을 거부하고 신랄한 기지와 독설적인 풍자 그리고 일상적인 괴벽 등으로 자신을 보호해나갔다.

1880년, 베블런이 칼턴대학을 졸업하게 되자 의심할 여지 없이 이 대학의 고고함은 새로이 복원되었다. 칼턴대학을 졸업한 동창들 중에서 아마도 베블런이 가장 유명한 사람일 텐데도 오늘까지 이 대학 구내에 그를 기념해 세워진 강당이나 건물은커녕 그를 기념하는 현판 하나도 세워지지 않았다. 베블런도 역시 칼턴대학 시절이 끝나게 된 것을 기뻐했다. 그가 이 신앙심 없는 학생의 개심을 열렬히 간구하고 있는 교수나 학생 앞에다 '축제청원서'를 내보이며 즐거워할 때나 분개한 절대금주자들 앞에서 '술고래의 변명'을 낭독할 때, 이러한 심술궂은 장난은 곧 비위에 안 맞는 주위환경에 대한 필사적인 저항이었던 것이다. 그는 매우 즐겁고 당당하게 그리고 한 동료, 즉 수년 후 그의 아내가 된 총장의 조카 롤프(Ellen Rolfe)와의 오랜 사랑을 가슴에 품은 채 칼턴대학을 떠났다.

주변적인 학문생활

졸업 후 베블런은 위스콘신 주 메디슨 시에 있는 모노나대학에 교직을 얻으려 했다. 그러나 이 노르웨이인 학교의 분위기도 칼턴대학만큼이나 억압적인 것이었다. 베블런과는 전혀 맞지 않는 주제인 예정론과 선택론 그리고 막강한 교회의 권위 등에 대한 신학적 논쟁으로 이 학교는 사분오열되어 있었고, 마침내 그해 말에 영원히 문을 닫고야 말았다. 그의 동생이자 후에 유명한 수학자가 된 오즈월드 베블런(Oswald Veblen)이 존스홉킨스대학에서 수학을 공부하겠다고 결심했을 때 소스타인 베블런도 철학을 공부할 셈으로 그와 함께 볼티모어로 옮겨갔다. 여기서부터 로젠버그(Bernard Rosenberg)가 말한, 이른바 "학계에의 부적응 속에서 겪어야 했던 뒤틀린 도제살이(apprenticeship)"[48]가 시작되었던 것이다.

베블런이 동부로 옮겨왔을 무렵에는 이미 그의 사상이 남북전쟁 후 중서부의 모든 곳을 휩쓸고 있던 농촌의 동요와 급진주의에 물들어 있었다.

게다가 1848년의 혁명으로 망명하게 된 한 독일인이 그의 서재를 열어주어서, 베블런은 칸트, 밀, 흄, 루소, 스펜서, 헉슬리, 틴들 등 칼턴대학의 강의실에서는 논의조차 되지 않았던 위대한 인물들과 친숙하게 되었다. 평등주의적이고 급진적인 견해를 지니고 있던 베블런은 당시 볼티모어대학과 존스홉킨스대학에 퍼져 있던 유한적 남부문화에 또 한 번 이질감을 느껴야 했다. 외롭고 배고픈 채 향수를 달래야 했던 베블런은 더욱더 이 학교가 부과하는 철학에 반감을 느끼게 되었다. 그는 조지 모리스(George Morris)에게 세 강좌를 들었으나, 이 헤겔주의 철학자는 당시의 주된 조류였던 스코틀랜드 상식론보다 헤겔에 의해서 전통적인 태도나 도덕이 훨씬 잘 옹호될 수 있다고 느끼던 사람으로서, 베블런에게는 별다른 인상을 남기지 못했다. 베블런은 일리(Richard Ely)라는 젊은 교수에게 정치경제학 강의를 들었는데, 그는 나중에 새로운 개혁지향적 경제학의 대표적 인물이 되었다. 그러나 이 두 사람은 서로에게 관심 있지 않았다. 베블런의 후기 저작을 통해 짐작해보건대, 그에게 다소 영향을 남긴 사람은 피어스(Charles Peirce)라는 논리학 시간강사였던 것 같다. 그는 이미 "사고의 전 기능은 행위습관을 만들어내는 것이다"라는 점을 강조하는 일련의 논문을 발표했던 사람이었다.

베블런은 존스홉킨스대학에서 장학금을 받지 못하게 되자, 예일대학으로 옮겨 총장인 포터(Noah Porter) 목사에게 철학을 배우기로 결심했다. 다른 곳에서와 마찬가지로 예일대학에서도 여전히 철학은 신학의 하녀로 취급되었고, 불가지론자인 베블런의 주위엔 복음을 전파하려는 사명감에 사로잡힌 많은 신성한 학생이 있었다. 하나의 방어 수단으로 베블런은 냉소적 태도와 쉽사리 친숙해질 수 없는 거리감을 키워나갔고, 철저한 냉담함과 세속적 성격의 회의주의를 몸에 익혔다. 힘들여 친구가 된 사람들조차도 그를 자극적이기는 하지만 몹시 피곤한 사람이라고 말했다.

당시 예일대학의 지적 분위기는 여전히 뉴잉글랜드의 초월론적 신앙에 깊이 뿌리박고 있던 포터 총장과 스펜서의 가르침을 전파하는 사회학자 섬너 간에 일어난 거대한 논쟁으로 떠들썩해 있었다. 섬너는 다윈과 스펜서의 이름으로 그리고 과학과 진화의 이름으로 이 학교의 신학적 성격을 가차 없이 공격했다. 베블런이 예일대학을 떠나기 한 달 전, 마침내 섬너가 승리했고 예일대학의 전 교과과정이 개편되기에 이르렀다. 과학이 종교를 이겼던 것이다.

베블런은 섬너에게서 이전의 어떤 스승에게도 느껴볼 수 없었던 매력을 느꼈다. 후에 그가 강의에서 섬너의 보수적 경제학을 비난하기도 했지만, 도프먼(Joseph Dorfman)의 말대로, 섬너는 "그가……진지하고도 절대적인 찬양을 표현했던 유일한 사람"[49]이었다. 그가 매력을 느낀 것은 섬너의 스펜서적이고 진화적인 사상뿐만 아니라 그의 독립적인 정신, 대중과 더불어 타협하기를 거부하는 단호함, 그리고 그의 투쟁적인 개인주의 등에도 매력을 느꼈다. 분명히 기업 우두머리들의 약탈적 성격에 대한 신랄한 공격을 쓴 사람이 그들을 문명의 꽃이라 보던 이 스승의 견해에 영향을 받았을 리는 만무하다. 베블런은 섬너의 주장을 받아들일 수 없었다. 그러나 그는 이 사람을 사랑했고 어느 정도는 이 사람에 대한 상에 자신을 맞추어가기도 했다. 그는 또한 포터 목사의 강의도 훌륭히 끝낼 수 있었는데, 이 사람 밑에서 대부분의 연구를 수행했고 박사학위논문도 지도받았다. 부분적으로 그는 '포터의 제자'로 알려졌다. 포터는 존경심이라고는 거의 없는 베블런에게 불안을 느끼기도 했겠지만 그의 탁월한 재능을 높이 평가했다.

베블런은 칸트와 후기칸트학파를 전공으로 삼았고, 그의 첫 학술논문도 칸트의 『판단력비판』(Critique of Judgement)에 관한 것이었다. 그는 포터를 위시한 스승들로부터 독특하기는 하지만 고도의 지능과 교양을 지닌 젊은 철학자로 취급받았다. 그러나 막상 박사학위를 받고 나자 아무도 그에게 교수직을 주려고 하지 않았다. 교수들, 특히 철학교수들은 주로 신학교에서 인원을 보충했다. 어떤 교수도 '노르웨이놈', 특히 암울한 불가지론이나 그보다 더한 상태에서 방황하고 있는 자를 좋아하지 않았다. 예일대학에서 2년 반을 보낸 후 베블런은 실의와 좌절에 쌓인 채 고향으로 돌아갔다. 그는 이제 박사였지만 아무런 수입도, 취직의 희망도 갖지 못한 상태였던 것이다.

농장으로 돌아온 후 베블런은 병을 핑계로 특별한 대우를 요청했다. 시간이 감에 따라 형제들은 점차 그가 무위도식하고 있다고 믿게 되었는데, 이것은 노르웨이인의 농촌 풍습에서는 결코 가볍지 않은, 일종의 죄악이었다. 그동안 베블런은 손에 잡히는 대로 마구 책을 읽었고, 숲속을 배회하면서 엉뚱한 식물 연구에 몰두하기도 했고, 동부의 글을 써주는 삼류 품팔이작가 노릇도 하면서 영원한 딜레탕티슴에 몸을 던져버린 듯한 삶을 살아가고 있었다.

1888년, 베블런은 중서부에서 지도적인 한 가문의 딸 롤프와 결혼했다. 곡물창고업과 철도계의 거물인 그녀의 아버지는 이 무능하고 무신론적인 노르웨이 이주민의 아들과의 결혼에 충격을 받았다. 그러나 그는 최선을 다해 젊은 부부가 아이오와 지방에 있는 그의 한 농장에 자리를 잡는 것을 도와주었다. 다시금 베블런은 교직을 얻기 위해 내키지 않는 시도를 몇 차례 해보았으나 모두가 허사였다. 그러는 동안 그와 그의 부인은 당시 중서부를 휩쓸고 있던 급진적 농민운동에 대한 소식을 열렬한 관심 속에서 지켜보고 있었다. 이 둘은 함께 이제 막 출판된 벨러미(Edward Bellamy)의 사회주의적 유토피아를 그린 『회고』(Looking Backward)를 읽었다. 롤프는 나중에 "이것이 우리 생애에 전환점이 되었다"[50]고 썼다. 아이오와에 은둔해 있는 동안 베블런은 정통적인 학설과 이설(異說)을 막론하고 경제학 연구에 깊이 몰두했다. 당장 눈앞에 나타난 농촌과 노동의 동요 그리고 농민과 노동자의 점점 더해가는 과격화를 지켜보면서, 그는 경제학이 이 위기에 해답을 제시할 수 있으리라 생각하게 되었다. 10년에 걸친 좌절과 헛된 방랑을 겪은 후, 베블런은 마침내 경제학을 공부하기 위해 동부로 돌아가기로 마음먹었고, 1891년 코넬대학의 겨울 학기에 등록을 마쳤다.

코넬대학 경제학부 교수였던 로린(James Laughlin)은 조용히 앉아 공부에 열중하고 있었는데, 갑자기 너구리털 모자를 쓰고 골덴 바지를 입은 얼굴이 하얀 한 사람이 들어와 "저는 소스타인 베블런입니다"라고 고함을 쳤다. 로린은 베블런에게서 무척 강한 인상을 받았으므로 대학원의 정원이 이미 다 찼음에도 불구하고 특별연구생의 자리를 확보해주었다. 이 따뜻한 격려에 힘입어 이제 베블런은 뛰어난 글들을 써내려가기 시작했다. 그의 첫 경제학논문인 「사회주의 이론이 무시했던 측면들」(Some

Neglected Points in the Theory of Socialism)에서는 후기의 관심이 어렴풋이 드러나고 있다. 이것은 스펜서의 진화론적 방법을 사용하면서도 그와 달리 사유재산과 자유경쟁제도가 폐지되지 않고서는 결코 현대산업질서의 위기가 극복될 수 없다는 점을 주장하는 것이었다. 곧이어 다분히 기술적인 몇 편의 논문이 『경제학계간지』(The Quarterly Journal of Economics)에 발표되었다. 베블런의 스승인 로린은 이 논문들을 무척 높이 평가했고 새로 설립되어 이제 막 그가 경제학과장으로 임명된 시카고대학에 교직을 주선해주었다. 베블런이 1892~1906년에 재직했던 시카고대학은 지금까지 그가 보아온 어느 곳보다 마음에 맞는 학문적 환경을 제공해주었다. 의욕적인 총장 하퍼(William Harper)는 몇 년 사이 가장 뛰어난 교수들을 끌어들였고, 베블런은 함께 활발한 교류를 가질 수 있는 많은 동료를 얻게 되었다. 몇 사람만 들자면 철학에서의 듀이(John Dewey), 사회학의 토머스, 심리학의 러브(Jacques Loeb) 등인데, 이들은 그에게 깊은 영향을 주었고 한편으로는 영향을 받기도 했다. 후에 베블런은 하퍼를 독설적으로 묘사했는데, 그는 학계에서의 경쟁적 지위를 얻기 위해 순수한 학문을 팔아넘기는 '학문장사의 우두머리'의 예로 그를 들었던 것이다. 베블런의 이러한 지적에는 많은 진실이 담겨 있다. 하퍼는 귀족적으로 학사를 경영했고, 이 대학의 설립자인 록펠러(John Rockefeller)로부터 더 많은 돈을 얻어내려 했다. 그러나 그가 어떠한 방법을 사용했든, 어쨌든 일급의 교수들을 시카고대학으로 모아들였으며, 베블런으로 하여금 그가 진심으로 존경할 수 있는 일단의 동료와 친구를 만나 즐길 수 있게 해주었다는 사실은 알아둘 필요가 있다.

그렇다고 시카고대학에서의 베블런의 생활이 전혀 어려움이 없었던 것은 아니다. 베블런은 곧 그들이 도착한 직후 로린이 창설했던 『정치경제학』(The Journal of Political Economy)지의 편집책임을 맡게 되었지만, 그는 애초에 정규교수가 아니라 조교에 불과했던 것이다. 대학에 온 지 3년이 지나 서른여덟 살이 되어서야 그는 강사로 승진할 수 있었다. 조교수로의 승진은 다시 5년을 기다려야 했다. 이러한 학계의 푸대접에는 수많은 이유가 있었다. 베블런은 그의 사고에서나 강의에서나, 그리고 그의 연애생활에서나 모두 비관례적이었던 것이다.

이제 베블런도 수많은 글을 썼다. 그러나 『정치경제학』지에 대한 그의 눈부신 공헌에도 불구하고, 독자들 가운데 매우 고루한 사람들을 기쁘게 해주는 것이 되지는 못했다. 실제로 그것들은 당시 널리 퍼져 있던 공리적이고 고전적인 경제원칙에 대해 맹렬한 공격을 퍼붓고 미국을 위시한 곳곳에 자본주의적 기업이 나타나고 행세함을 비난하는 것들이었다. 역사학, 인류학, 사회학, 경제학 등에 걸친 광범위한 분야에서 베블런은 신랄한 기지와 독설로, 일반적으로 받아들여지던 경제이론을 잠식해갔다. 좀바르트나 슈몰러의 책에 대한 서평을 쓸 때나, 「왜 경제학은 진화적 과학이 아닌가?」(Why Is Economics Not an Evolutionary Science?) 같은 기초적인 논문을 쓸 때나 한결같이 베블런은 경제학을 위시한 사회과학 전반에 깔려 있는 전통적 사상을 파괴시키는 우상파괴적 작업에 전념했던 것이다.

베블런의 강의방법은 그의 글보다 더 비관례적인 것이었다. 그는 마치 그의 강의를 통해 학생들의 용기를 꺾어버리려고 열심히 노력하는 것 같았다. 그의 강의는 넓은 범위에 걸쳐 있었고 소재는 체계도 없이 제멋대로 사용했다. 그래서 그의 강의를 듣는 사람은 이 다음엔 무엇이 나올까를 전혀 예측할 수 없었다. 그의 이전 학생이었던 어떤 이는 그의 강의를 다음과 같이 묘사했다.

그는 예닐곱 권의 책을 한 아름 안은 채 강의실로 들어와서는 수줍은 듯 탁자 뒤에 앉아 그의 구레나룻 사이로 몸에 밴 특유의 경제학에 관한 욕설을 중얼거리듯 쏟아놓곤 했다. 그의 도무지 흉내 낼 수 없는 기지가 온 강의실을 뒤덮었고, 꽤나 따분했을 시간을 웃으며 즐거워하는 시간으로 만들었다. 전통적인 기준에 입각해서 본다면, 그는 이 세상에서 가장 형편없는 선생이었다. 그는 수업이 언제 시작되는지 그리고 무엇을 말하고 어디에서 그칠지를 도무지 알지 못했다. ……내가 느끼기에 이렇듯 중얼거리는 강의는 그에게도 상당히 따분한 것임에 틀림없었고, 따라서 그는 이러한 강의 속에서 번득이는 기지나 독설의 기회를 찾아낼 뿐 강의 중에 학생들이 책을 읽든 다른 일을 하든 전혀 관심을 갖지 않았다.[51]

베블런은 학생들을 평가하거나 점수를 매기는 일 등은 극히 싫어했으므로 보통 전체 학급을 통틀어 기분 내키는 대로 C나 B학점을 주곤 했다. 학생들이 그에게 그 수수께끼 같고 환상적인 말들을 좀더 평범한 말로 표현해주기를 요청할 때면, 으레 그는 비꼬는 듯한 웃음과 기지에 찬 말 한마디로 그들을 면박했다. 그래도 계속 심하게 졸라대면 그는 다음과 같이 내뱉기 일쑤였다. "좋아, 잘 들어둬. 사실 나는 내 자신도 그것을 완전하게 이해하고 있다고는 생각하지 않아."

학생들의 관심을 퇴짜 놓기 위한 이러한 여러 가지 계산된 행동에도 불구하고, 시카고대학 시절 동안 베블런은 몇몇 탁월한 추종자 ― 미첼(Wesley Mitchell), 혹시(Robert Hoxie), 대븐포트(Herbert Davenport) 등 ― 를 얻었다. 이들을 위시한 몇몇 사람은 괴팍스러운 태도에 실망하지 않는 법을 배웠고, 그의 심오한 가르침의 핵심을 간취할 수 있었다. 그러나 대부분의 학생은 그의 강의를 이해할 수 없었고, 특히 확실성을 요구하는 그들이 베블런의 유식한 모호함과 부딪칠 때는 더욱 그랬다. 미첼에 따르면, 베블런은 "사람들을 궁지에 몰아넣는 악취미를 갖고 있었다." 그 결과 그의 강의는 처음 닷새 동안은 만원이었다가 곧 몇 명만 남게 되곤 했다. 학생들은 베블런의 가치를 파악할 만한 청중이 못 되었던 것이다.

베블런은 그의 강의나 글에서도 관례적이지 않았지만, 대학 당국이나 많은 고참 교수들에게 특히 심각한 충격을 준 것은 그의 비관례적인 연애 행각이었다. 여러 여자가 그를 무척 따랐고, 그의 엉뚱한 짓이나 행동들은 곧 분개한 교수들의 모임에서 중심적인 얘깃거리가 되었다. 베블런의 부인은 이러한 사람들로 인해 무척 고통당했고, 이혼하겠다고 엄포를 놓기도 했다. 특히 그가 여성 팬들로부터 받은 편지들을 주머니에 넣어두고 다니는 습관 때문에 일은 더욱 난감하게 되어갔다. 이러한 모든 사건에서 베블런은 쫓는 사람이라기보다는 오히려 쫓기는 사람이었다. "여자가 품에 안겨오는데, 당신은 어쩔 수 있소?" 하고 언젠가 그는 투덜댔다. 얼마 뒤에 그는 "총장은 내가 집에만 매여 있는 것을 좋아하지 않았다. 나도 그랬고" 라고 말했다. 그럼에도 그의 연애 행각은 그가 대학의 내부적 모임에서 소외되고 마침내는 영원히 대학에서 쫓겨나게 되는 데 그의 학문적 비관례성이나 엉뚱한 강의보다도 더욱 큰 영향을 미쳤다.

시카고대학 시절 동안 베블런은 일종의 이중적인 전략을 추구했다. 즉 그는 대부분의 학생이나 교수에게서는 떨어져 있었지만, 한편으로는 선택된 일단의 뜻이 맞는 동료들과는 긴밀한 지적 교제를 맺고 있었다. 그의 첫 저작이자 지금도 널리 읽히고 있는 『유한계급론』(*The Theory of the Leisure Class*)이 1899년 출간되었을 때, 이러한 시카고대학의 몇몇 동료, 예를 들면 러브, 보아스, 토머스 등의 영향이 실제로 페이지마다 나타나고 있는 것이다.

『유한계급론』이 출간되고 나자 베블런은 지금까지 받아보지 못한 관심을 광범위한 대중으로부터 받게 되었다. 이 책 때문에 그는 획기적인 업적을 남긴 저자로서 일단의 존경받는 사람들의 무리에 끼게 되었다. 미국사회학회 학회장 워드와 미국문학회 학회장 하우얼스(William Howells)는 이 책을 높이 칭찬했다. 베블런은 이제 무시할 수 없는 지식계의 스타가 되었다. 아마 미국 기업에 대한 그의 가장 체계적인 비판인 『기업의 이론』(*The Theory of Business Enterprise*, 1914)은 처음만큼의 열광적인 반응은 얻지 못했다. 보수적 비평가들은 그의 파괴성과 비도덕성 그리고 자유기업의 장점에 대한 정확한 인식의 결여 등을 비판했다. 많은 급진주의자들은 자본주의에 대한 그의 비판은 환영하면서도 그가 마르크스주의를 거부했다는 사실에 불만을 표시했다. 또 다른 사람들은 그의 복잡하고 알아보기 어려운 문체를 불평했다. 그러나 비평가들이나 숭배자들은 똑같이 베블런의 주장이 이제 지적 무대에서 중요한 위치를 점하게 되었다고 생각하는 것 같았다.

대학 외부에서의 명성이 높아져 갈수록 대학 내부에서의 생활은 거의 불가능하게 되어갔다. 1904년 베블런이 유럽 여행에서 돌아왔을 때, 그의 앞에는 이제 더 이상 여자와의 관계를 맺지 않겠다는 것을 천명하는 각서를 쓰라는 명령이 대학 당국으로부터 내려졌는데, 사실 그는 유럽 여행 동안 부인이 아닌 한 여성을 동반하고 다녔던 것이다. 이에 대해 그는 몸에 배지 않는 행동을 하지 않겠다고 새삼스레 약속하는 버릇은 없다고 대답했다. 이로써 시카고대학에서의 시절은 끝장이 났다. 그는 여러 곳에 직장을 얻으려 노력했고 심지어 국회도서관에까지 손을 뻗어보았으나 모두 허사였다. 마침내 스탠포드대학에서 비교적 높은 봉급의 조교수 자리를 제의했고, 그는 1906년 이 대학에 몸담게 되었다.

베블런은 스탠포드대학에 3년 남짓 있었다. 그의 생활방식과 도덕성 그리고 말투 등은 시카고대학에서와 마찬가지로 여전히 비관례적이었다. 한동안 별거 중이던 그의 아내는 팰로앨토로 다시 돌아왔으나 이 부부관계는 평탄치 못했다. 시카고대학에 있는 그의 한 추종자가 편지를 써서 그녀는 위대한 인물의 아이를 갖고 싶어 한다고 말했을 때 사태는 더욱 악화되었다. 베블런의 부인은 다시 그를 떠났다. 그의 여성 편력이 더 이상 덮어둘 수 없게끔 되자 1909년 12월 학교당국은 그를 권고사직시키고 말았다.

베블런은 시카고대학에서와는 달리 스탠포드대학에서는 긴밀한 지적 동료들을 사귀지 못했다. 이런 표현이 가능할지 모르겠으나, 그의 '체계'의 주된 요소들은 시카고대학 시절에 형성된 것이다. 뒤이어 나온 책 『작업의 본능』(The Instinct of Workmanship, 1914)은 스탠포드대학에서 집필된 것인데, 한 가지를 제외하고는 모두가 이전의 사상을 좀더 다듬어놓은 것에 지나지 않는다. 이렇게 볼 때 베블런은 아마도 이전보다는 지적인 자극을 덜 찾고 있었던 것 같다. 시카고대학에서와 마찬가지로 스탠포드대학에서도 소원하게 떨어져 있는 생활을 했으나 자기 주위에 선택된 소수의 지적 동료를 불러 모으려는 노력은 훨씬 적었다.

스탠포드대학에서 할 수 없이 쫓겨난 후 베블런은 여러 대학에 직장을 요청했다. 그러나 그가 스탠포드대학에서 쫓겨난 사정을 알고서는 모든 학교 당국이 거절했다. 베블런은 요주의 인물이었던 것이다. 잇달아 두 번씩이나 학문적 관례를 위반했다는 사실이 너무나 큰 영향을 남기고 있었다. 마침내 이전에 가르쳤던 학생이었고 지금은 미주리대학의 상과대학 학장을 맡고 있던 대븐포트가 총장을 설득해 이 대학에 베블런을 받아들임으로써 일단 구원을 받았다. 롤프는 이제 이혼을 확약받고, 그 결과 스탠포드대학의 총장은 미주리대학의 총장에게 임시직을 영구직으로 하는 추천서에서, 자기는 베블런이 이제 결혼문제도 명확히 처리했는데 어째서 계속 임명되지 않아야 하는지 그 이유를 모르겠다고 했다. 1914년, 베블런은 시카고대학과 스탠포드대학에서부터 알고 지내던 이혼녀인 브래들리(Anne Bradly)와 재혼했다. 이 새로운 베블런 부인은 첫 번째 부인보다 교육은 훨씬 덜 받았으나 그의 모든 글을 타이핑하는 일과 자신이 데려온 두 딸의 세탁과 바느질까지도 열심히 했다. 그녀는 베블런을 위해 전적으로 희생하는 듯했고, 그와 같은 급진주의자로서 진심으로 '운동'을 찬양했으며, 늘 관례적인 교수 부인들과 함께 사회주의의 장점을 토론하곤 했다. 그녀는 또한 가사의 의무에 관한 남편의 다소 특이한 생각에 전적으로 동의했다. 예를 들면 잠자리를 펴는 것은 쓸데없는 의식으로 간주되었다. 이불은 침대 아래쪽에 개어놓기만 하여 밤에 손쉽게 끌어 덮을 수 있게 했다. 접시는 있는 것을 다 쓰고 난 뒤에야 닦았다. 접시를 닦을 때면 그들은 하나의 통 속에 접시들을 포개 넣은 후 수도꼭지를 그 위에 틀어놓고 물로 씻은 다음 저절로 마르도록 내버려두었다. 베블런은 또한, 실행할 수가 없어서 중단하기는 했지만, 버려진 종이로 옷을 만들 것을 주장했다.

비록 베블런이 지금은 미주리대학의 교수가 된 이전 제자들로부터 존경과 숭앙을 받았지만, 시카고대학은 말할 것도 없고 스탠포드대학만큼의 폭넓은 지적 교제도 갖지 못했다. 미주리대학의 교수나 학생이나 모두 베블런이 지금껏 접해오던 사람들만 한 자질을 갖추지 못했다. 그 결과 그는 이전보다 더욱 움츠러든 생활을 했다. 건강이 점차 나빠지고 나이의 무게를 느껴감에 따라 그의 강의는 전보다 더욱 산만해져 갔고 학생들에 대한 경멸감도 더욱 깊어갔다. 대학 당국은 처음에는 이토록 뛰어난 사람을 모셔오게 되었음을 자랑했으나 점차 그가 기대를 충족시켜주지 못함을 알았다. 그 결과 그는 한 번도 영구직을 얻지 못한 채 매년 재임용을 받아야 하는 강사로서 이곳에서 7년을 보내야 했다. 스탠포드대학에서의 봉급은 3,000달러였다. 미주리대학에서 그는 처음 몇 년간은 2,000달러 미만의 봉급을 받았고 떠나기 직전인 1917년에 가서야 겨우 2,400달러를 받았다.

미주리대학에 있는 동안 베블런은 그의 세 번째 저작인『작업의 본능』을 완성했다. 그리고 제1차 세계대전이 발발한 직후 그의 가장 중요한 저작 중 하나인『제정독일과 산업혁명』(*Imperial Germany and the Industrial Revolution*)을 출간했다. 얼마 지나지 않아 다른 책보다는 별로 중요하지도 않고 단명했던『평화의 본질에 대한 탐구』(*An Inquiry into the Nature of the Peace*, 1918)가 나왔다. 같은 해 그는 마지막으로 미국 대학의 구조와 속성에 대한 신랄한 공격을 담은『미국의 고등교육』(*The Higher Learning in America*)을 출간했다. 이 책의 대부분은 시카고대학 시절에 기록된 것들이었다. 이후로 나온 책들은 이전에 발표된 논문들을 모은 논문집이거나 전에 주장하던 것을 좀더 야심적인 언어로 표현한 것에 지나지 않았다. 이러한 책 중에는『기득권과 평민』(*The Vested Interests and the Common Man*, 1919),『현대문명 속에서의 과학의 위치』(*The Place of Science in Modern Civilization*, 1919),『기술자와 가격체계』(*The Engineers and the Price System*, 1921),『현대의 부재자 소유권과 기업』(*Absentee Ownership and Business Enterprise in Recent Times*, 1923) 등이 있다.

주변적인 자유기고가

1917년 전쟁이냐 평화냐 하는 문제가 많은 미국 지성인에게 가장 중요한 것으로 인식되고 있을 무렵, 베블런은 사건의 핵심에 좀더 가까이 가고자 워싱턴으로 이주할 것을 결심했다. 1917년 가을, 우드로 윌슨(Woodrow Wilson) 대통령은 평화를 정착시킬 수 있는 방법을 논의하기 위한 학문적 연구집단을 구성할 것을 에드워드 하우스(Edward House) 대령에게 요청했다. 베블런은 이 연구를 위해 여러 문안을 준비했으나 그다지 주목을 받지는 못한 것처럼 보였다. 그러나 곧 그는 행정에 참여할 또 다른 기회를 갖게 되었다. 미주리대학에서 휴직이 허용되자 그는 특별연구원 자격으로 식량성에 들어갔다. 그러나 그가 행정에 참여했던 시간은 길지 않았고 극히 성가신 것이었다. 즉 그는 마치 학교에서 학생들을 대하듯 정부관료들의 비위는 전혀 개의치 않았던 것이다. 베블런이 맡은 연구는 중서부에서 나타난 곡물수확을 하지 못할 정도의 인력감소 현상을 막는 방법에 대한 것이었다. 그는 지금까지 정부가 탄압해온 반전 노동조합주의자들과 급진주의자들의 조직인 세계산업노동자회(Industrial Workers of the World)를 추수에 투입할 것을 건의했다. 그는 이 모임의 회원들을 각자의 선택에 따라 여러 부로 나누어 기재하고 집단노동력의 일원이 되게 하자고 제안했다. 이런 방법을 통해 농업생산성은 향상되고 이 모임에 대한 탄압도 없어질 것이라 했다. 예상했던 대로 이 제안은, 소매상점의 판매원부족 현상에 대한 대비책을 제시한 다른 하나의 제안과 마찬가지로, 적의와 무관심이 뒤섞인 반응을 불러일으켰다. 당국으로서는 과도한 소매판매로의 확장으로 인한 낭비를 피하기 위해 농산물 판매시장과 소매 배분체계를 우체국의 소포우편물 취급소 분포에 포함되도록 하기만 하면 되었다. 자신의 계획대로 하면 각 지방의 기생적 존재들을 열에 아홉은 감할 수 있으며, 그 결과 유효한 노동력의 공급이 증대할 것이라는 이 사람의 주장이 정책입안자들이 보는 정치적 현실과 꼭 들어맞는 것은 아니었음이 분명하다. 베블런이 워싱턴의 관료들 사이에서 보낸 기간은 다섯 달을 채 넘기지 못한 채 갑작스레 중단되고 말았다.

전쟁 동안 소수의 좌파 지식인과 진보적인 학자들 사이에는 베블런의 영향이 점차 증대되어갔다. 『신공화국』(*The New Republic*)지의 편집인 해킷(Francis Hackett)은 기회가 있을 때마다 그의 저작을 칭찬했다. 『제정독일과 산업혁명』에 대한 서평에서 월러스는 저자를 천재라 불렀다. 베버와 좀바르트도 전에 그의 저작을 칭송했었다. 하버드대학 타우시그(Frederick Taussig) 교수는 그의 『작업의 본능』을 가리켜 "그의 손에 의해 쓰인 모든 것이 그러하듯 이 책도 매우 우수하고 독창적인 책"이라 했고, 앨빈 존슨(Alvin Johnson)은 "저자의 완벽한 지적 능력"을 말했다. 델(Floyed Dell) 같은 급진주의자들은 『평화의 본질에 대한 탐구』에 대해 "그를 대통령의 군사고문으로 임명하든지 그렇지 않으면 반역의 죄목으로 감옥에 처넣든지 해야 할" 책이라고 했다.

델이 농담처럼 한 이 말은 사실과 그다지 벗어난 말이 아니었음이 밝혀졌다. 베블런 입장의 모호성 때문에 뉴욕의 우체국장은 『제정독일과 산업혁명』이 간첩행위 조목에 해당되므로 우송될 수 없다고 결론지은 데 반해, 공식적인 정부의 홍보기관인 대중정보위원회에서는 이것을 훌륭한 전쟁선전물로 간주했다. 어떤 정부관료는 이 책이 미국에 유해하다고 생각했는가 하면 또 다른 사람들은 이것이 독일에 해를 끼치는 것이라 생각했다.

1918년 가을, 베블런은 뉴욕으로 옮겨 『다이알』(The Dial)지의 중요한 기고자인 동시에 편집인이 되었다. 에머슨이 창간한 이 잡지는 이제 전적으로 국제적 재건사업과 산업 및 교육의 개혁을 위해 노력하고 있었다. 물론 편집인에는 그 외에도 여러 사람, 예를 들면 듀이나 본(Randolph Bourne) 등도 있었지만 이 잡지는 곧 '베블런의 『다이알』'로 알려지게 되었다. 이일이 년 동안 베블런은 그의 개인적인 불행에도 불구하고 ─ 그의 아내는 정신병으로 쓰러져 요양소로 옮겨야 했다 ─ 처음으로 지적인 명성을 한껏 즐길 수 있었다. 오랫동안 그를 떠나 있었던 명성이 이제 예순이 다 된 노인에게 찾아왔던 것이다.

그의 초기 글보다 훨씬 더 신랄하고 격렬한, 『다이알』지에 실린 그의 논문들은 윌슨주의(미국 28대 대통령 윌슨이 제창한 이상주의적인 자유민주적 국제관계 이념 ─ 옮긴이)의 실패 이후 자유세계를 사로잡았던 환멸감과 완전히 일치했다. 게다가 지금까지 줄곧 객관적 관찰자라는 가면을 쓰고 있었던 베블런이 이제는 미국사회의 전 구조를 샅샅이 개혁할 것을 주장했다. 『다이알』지에 실린 그의 글은 이전의 글보다 세밀함은 모자라지만 열정적인 설득력으로 이것을 충분히 보상할 수 있었다. 또한 언제나 마르크스와는 일정한 거리를 두고 있던 그가 이제는 러시아혁명을 찬양하기 시작했다. 그는 "볼셰비키의 사상체계는 평범한 사람에게도 손쉽게 이해된다"고 썼다. 그는 약탈적 자본주의의 혼란한 무정부상태는 사실에 입각한 기술자들의 전문성에 의해서 구원될 수 있으리라 생각했다. 다소 경멸적인 투로 말한 것이겠지만, 그는 기술자들의 소비에트를 요청했던 것이다.

기존의 질서에 대한 이와 같은 맹렬한 공격 때문에 베블런은 새로운 추종자들을 다수 얻는 한편, 오랜 몇몇 친구를 불안에 몰아넣기도 했다. 월턴 해밀턴(Walton Hamilton)은 베블런이 '인정을 받는 경제학자'로 돌아오는 편이 훨씬 나으리라고 한 반면, 본과 맥스웰 앤더슨(Maxwell Anderson)은 베블런의 사상이 확산 도중에 있으며 모든 지적 분위기에 스며들고 있다고 느꼈다. 대단히 인색한 미국문학가이자 문화비평에서의 급진론만큼이나 보수적인 정치적 견해를 지니고 있던 멩켄(Henry Mencken)이 베블런을 다음과 같이 맹렬히 공격했을 때 그의 명성은 마지막 절정에 달했다. 멩켄은 "불과 두세 달 만에, 아니 거의 이삼 일 만에 그는 『국가』(The Nation), 『다이알』『신공화국』 등을 위시한 잡지들을 완전히 메웠고, 그의 저서나 팸플릿 등이 홍수처럼 쏟아져 나왔다. ……지적으로 아는 체하려는 사람은 누구나 그의 책을 읽었다. ……이 세상의 모든 슬픔을 위한 베블런주의자, 베블런클럽, 베블런치료법 등이 나타났다. 심지어 시카고에 베블런 여자조차 생겼다 — 아마도 깁슨(Charles Gibson)의 여자(깁슨이 그린 1890년대 유행복을 입은 미국 미인의 전형 — 옮긴이)는 이제 중년에 접어들어 실의에 빠져 있을 것이다"라고 했다. 그는 이러한 베블런에 대한 존경은 모두가 아첨에 지나지 않는 것이라 보았다. 베블런의 저작을 도무지 참을 수 없을 만큼 해악한 것으로 여겼고, 그의 사상은 "희미하고 정연하지 못하며 독단적이고 터무니없는 것"[52]이라 생각했다.

1년 후 『다이알』이 문예지로 바뀌자 베블런의 이곳 경력도 끝나게 되었다. 새로 만들어진 신사회조사연구소에서 그에게 안식처를 제공했다. 이곳은 뛰어난 교수들이 있음을 자랑했는데, 그중에는 비어드, 제임스 로빈슨(James Robinson), 미첼, 래스키(Harold Laski), 골든와이저(Alexander Goldenweiser), 칼런(Horace Kallen) 등이 있었고, 앞으로의 미국교육에서 혁명적인 출발을 가져오는 분수령이 되려고 했다. 베블런은 여기서 상당히 안락한 지위를 누리고 있었다. 그의 봉급 6,000달러는 주로 그를 높이 찬양하는 시카고대학 시절의 제자들로부터 기부된 것이었다. 그는 지금까지도 유명한 「문명에서의 경제적 요인」(Economic Factors in Civilization)에 관한 강의를 다시 하기 시작했다. 그는 또한 계속해서 『다이알』지에도 기고했고, 이제 새로 창간된 또 다른 급진적 간행물인 『자유인』(The Freeman)지에도 기고하는 한편, 그의 마지막 책인 『현대의 부재자 소유권과 기업』을 준비했다. 그러나 그는 점점 쇠퇴해갔다. 이제 그는 60대 중반에 와 있었고 그 나이를 속일 수 없게 되었다.

이 마지막 생애 동안 일어난 두 가지 기묘한 사건을 살펴볼 필요가 있다. 지도적인 어느 유대인 잡지의 편집자가 베블런을 찾아와서 묻기를, 만약 유대인들이 그들 자신의 땅을 갖게 되고 그리하여 이방인이 세계에서 겪어야만 했던 여러 금기나 제한으로부터 해방된다면 과연 유대인의 지적 생산력은 증대할 것인가 하는 문제에 대한 논문을 부탁했다. 베블런은 이것을 응낙하고 「현대 유럽에서의 유대인의 지적 우월성」이라는 논문을 써 주었는데, 여기에서 그는 유대인들의 지적 업적은 그들이 이 소외된 세상에서 차지하는 주변적 지위와 피억압자의 역할에 의한 것이며, 따라서 이들이 조국을 갖게 되어 다른 민족과 마찬가지로 되는 날에는 그들의 독창성도 고갈되고 말 것이라고 주장했다. 말할 필요도 없이 이 논문은 그것을 청탁했던 편집자에 의해 발표되지 못했다. 그러나 대신에 이 논문은 컬럼비아대학의 『정치학계간지』(*The Political Science Quarterly*)에 발표되었다.

몇 년 후 베블런의 몇몇 추종자는 그를 미국경제학회 학회장직에 앉히려고 노력했다. 낡은 학파의 보수적 회원들은 이를 반대했다. 오랜 학문적 논쟁 끝에 그가 이 학회의 회원이 될 것을 동의한다는 조건하에 그를 회장에 지명하는 것이 결의되었다. 베블런은 이를 거부했다. 그는 "그들은 내가 필요할 때 그 자리를 내주지 않았다"고 말했다.

1920년대 중반에 이르러 베블런은 계속하여 새로운 추종자들과 제자들을 얻었지만 점점 뉴욕에서 외로움을 느끼게 되었다. 그는 단명했던 기술주의운동(1923년쯤 미국에서 제창된, 한 나라의 산업자원의 지배·통제를 전문기술자에게 일임하자는 운동 — 옮긴이)의 지도자들과 꽤 독특한 관계를 맺고 있었지만 그것도 그를 만족시켜주지는 못한 것 같다. 친구나 외국인 방문객을 접했을 때, 그는 종종 아무 말 없이 묵묵히 앉아 있곤 했다. 도프먼은 "침묵이라는 방위기제가 그를 지배하게 되었다"고 말했다. 그는 실제적인 여러 일에서 점점 무기력해져 갔고 친구들의 보호에 거의 전적으로 의존했다. 롤프는 1926년 5월에 죽었다. 1927년, 베블런은 그의 의붓딸 베키(Becky Meyers)와 함께 캘리포니아로 돌아갈 것을 결심했다. 그는 이것이 단지 일시적인 방문에 불과하다고 생각하려 했으나 이제는 다시 돌아갈 곳이 없다는 사실도 아마 알고 있었을 것이다.

팰로앨토로 돌아온 후, 베블런은 스탠포드대학 시절 이후로 줄곧 지녀왔던 마을의 낡은 통나무집에서 1년을 살았다. 이후 그는 가까운 언덕 위에 있는 그의 산장으로 옮겼고, 거기서 거의 완전한 고립 속에서 생활했다. 말벗을 무척이나 그리워하면서 늘 외로움과 소외감을 느꼈다. 그가 가르쳤던 사람 중 그를 생각하는 사람은 아무도 없었다. 그는 그의 재산 상태가 염려되어 도산해버린 건포도 공장에 투자한 금액을 다시 회수하려 했다. 그러나 실패했다. 부재자 소유권은 그에게 아무런 이윤을 가져다주지 않았다.

1929년 여름, 베블런은 동부로 돌아갈 계획을 세웠으나 친척들이 건강이 좋지 않으므로 지금은 불가능하다고 그를 설득했다. 1929년 8월 3일, 그는 심장병으로 사망했다.

베블런이 죽은 해 경제대공황이 미국을 엄습하자 갑자기 그가 다시 부각되기 시작했다. 그를 따르던 몇몇 추종자와 제자들, 예를 들면 터그웰 (Rexford Tugwell), 벌(Adolf Berle), 아널드(Thurman Arnold), 프랭크퍼터 (Felix Frankfurter) 등은 루즈벨트의 고문위원이나 뉴딜정책의 지적 대변인이 되었다. 이들은 모두 베블런의 주장을 사회적·경제적 재건에 적용시키려 했고, 이제는 이것이 그 시대의 질서가 되었다. 지도적인 좌파 언론인과 출판인들, 예를 들면 체이스(Stuart Chase), 체임벌린(John Chamberlain), 러너(Max Lerner) 등은 베블런의 가르침을 널리 전파했다. 오그번(William Ogburn)과 린드(Robert Lynd)는 그의 사상을 자기들의 사회학적 탐구에 결합시켰다. 1938년, 『신공화국』지의 편집인이 미국 지성인들을 상대로 '[그들의] 마음을 감동시킨 책'을 물어보았을 때 베블런의 이름이 가장 많이 나왔다.[53] 그가 죽을 때까지 쓴 책 열 권의 총 판매부수는 약 4만 부가량이었다. 이 중 절반 이상이 당시까지 그를 사람들의 기억에 남게 해준 유일한 책 『유한계급론』이었다. 1930년 2월부터 1934년 9월까지 그의 책이 약 4,000부나 팔렸다. 오늘날 대부분의 책은 문고본으로 구입할 수 있으며 『유한계급론』은 여러 가지의 값싼 판으로도 나온 베스트셀러가 되어 있다. 베블런은 20년을 너무 일찍 앞서갔으므로 그 선두주자로서 벌금을 톡톡히 치렀던 것이다.

지적 배경

다소 지나친 단순화가 될지도 모르지만, 베블런의 저작은 한편으로는
마르크스에게서 강한 영향을 받고 있으면서도 다른 한편으로는 잘 어울리
지 않는 두 인물, 즉 스펜서와 벨러미의 영향 아래 놓여 있다고 볼 수 있다.
스펜서에게서, 물론 다윈에게서도 마찬가지지만, 베블런은 사회과학에 진
화론적 접근방식을 도입하는 것을 배웠다. 벨러미에게는, 어쩌면 마르크
스를 위시한 다른 사회주의 이론가들에게서 더 큰 도움을 받았을지도 모
르지만, 그가 말한 자본주의적 생산의 보편적인 무정부상태에 대한 비판
적인 거부와 계획적이고 합리적으로 조직화된 사회에 대한 전망 등을 배
웠다.

벨러미, 마르크스, 진화론의 영향

앞서 보았듯이 베블런 부부는 벨러미의 사회주의적 유토피아를 그린
『회고』를 그 책이 출판되자마자 대단한 정열적 관심을 지닌 채 읽었다. 롤
프에 따르면, 이 책은 그들의 삶의 전환점이 되었다. 아마도 베블런은 전
에도 다른 유토피아적인 글들을 읽은 적이 있었을 것이다. 그러나 특히 벨
러미에게 그가 끌린 점은, 도프먼의 말대로, "다른 대부분의 공상주의자나
사회개혁가와는 달리 벨러미는 기계화과정에 대해……적대적인 태도를
보이기보다는 그것을 사회주의국가를 가져오는 수단으로 만들어야 한다
고 믿고 있었던 점이다."[54] 베블런은 이 책에서 고대적인 농촌적 생존양식
으로의 후퇴를 바라지 않고 오히려 기계를 받아들이고 환영하는 진취적인
전망을 발견했다. 벨러미는 "끊임없는 대립과 서로를 파괴하려는 음모가

횡행하는 현재의 경쟁적 양식의 무익한 투쟁을, 조직화되고 통합된 산업체계의 과학적 방법으로 대치시킬 것"[55]을 주장했다. 이러한 목표가 젊은 베블런의 마음에 강한 반향을 불러일으켰고 그의 후기 저작들에서 계속적으로 나타나고 있는 것이다.

벨러미의 책은 주기적으로 산업상의 공황과 침체, 경제생활의 파탄을 가져올 뿐만 아니라 대량실업과 다수 대중의 궁핍을 초래하는 체계에 대한 통렬한 공격을 담고 있었다. 그는 "19세기 생산자들의 백일몽은 몇몇 생활필수품의 공급에 대한 절대적인 지배권을 획득함으로써 대중의 생활상태를 기아선상으로 유지시키며 그들이 공급하는 물품에 대해서는 언제나 품귀가격이 형성되도록 하는 것이었다. ……이것이 이른바 생산체계다. [그러나 어떤 측면에서 볼 때 이것은 오히려] 생산을 방해하는 체계와 더 유사한 것처럼 보인다"[56]고 썼다. 이러한 착취적 체계에 반대해, 벨러미는 '상식의 승리'로서 산업의 국유화를 중심으로 하는 전망을 제시했다. 그의 유토피아 내에는 부유한 유한계급이나 경쟁적인 싸움 그리고 게으른 자본과 노동으로 인한 만성적인 침체 등 그 어느 것도 존재하지 않는다. '모든 바퀴와 모든 손을 완전하게 한데 묶어 일함으로써' 모든 산업상의 과정이 서로 연결되고, 산업은 마침내 하나의 거대하고 잘 훈련되었으며 고도의 효율성을 지닌 산업군대에 의해 수행될 것이다.

벨러미가 제안한 이러한 유토피아는 특히 오늘날 우리의 경험에 비춰볼 때 다분히 위험한 요소를 지니고 있다. 그러나 당시에는 이것이 경제적 공황과 산업상의 싸움과 갈등으로 야기된 무정부상태와 대중의 몰락으로부터 벗어날 수 있는 길을 제시하는 것으로 여겨졌다. 『회고』는 1888년 출판되어 나온 지 불과 2년 만에 37만 부라는 엄청난 수가 팔려나갔고, 1900년에는 100만 부를 웃돌 정도였다. 평화주의와 페미니즘의 신봉자였던 볼치(Emily Balch)의 아버지는 이 책을 읽은 후 이렇게 소리쳤다. "이것은 노예제다. 그러나 생각해볼 가치는 있다." 이것은 놀랄 만큼 현대적인 반응이지만 당시에 이러한 관점은 분명 소수였다.[57] 점차 밝혀지겠지만, 베블런은 그러한 환상이 내포하는 내재적 모호성을 알지 못했고, 다른 수천의 벨러미 독자와 더불어 그가 『회고』에서 대부분 형상화시켜 놓았던 '좋은 사회'에 대한 상과 기존의 제도적 구조에 대한 거부감을 공유하고 있었다.

'좋은 사회'에 대한 베블런의 견해는, 비록 그것이 오늘날 베블런 비판의 주종을 이루고 있지만, 그의 주된 연구 중에서 일부분에 불과하다. 그가 이것을 공개적으로 발표한 것은 『다이알』지와 『자유인』지에 기고한 후기 논문뿐이었다. 반면 그의 진화론은 그의 모든 저작을 통해 면면히 중심적인 것으로 지속되고 있다.

스펜서와 다윈의 진화론은 베블런에게 모턴 화이트(Morton White)가 말한 '형식주의에 대한 반발'을 위한 수단을 제공해주었다. 이 점에서는 베블런만 그러한 것이 아니었다. 많은 미국의 지도적 지성인 — 듀이, 비어드, 홈스(Justice Holmes), 로빈슨 — 도 모두 형식주의, 즉 사회과학에서 논리, 추상, 환원, 그리고 형식화에 지나치게 의존하는 것에 대한 1890년대의 반발과 어깨를 나란히 했다. 그들은 이러한 형식주의는 "사회적인 삶의 풍부하고 역동적이며 살아 있는 흐름을 파악할 수 없다"[58]고 주장했다. 비록 세부적으로는 다소 차이가 있지만, 피어스나 제임스의 실용주의와 듀이의 도구주의 그리고 베블런의 제도주의 등은 철학적으로 놀랄 만큼 긴밀한 관계가 있다. "그들은 모두 지나치게 형식적인 접근방식에 대해 회의적이었다. 또한 그들은 모두 현실을 파악하려는 자신들의 욕구와, 사회생활의 역동성과 생명성에 근접하려는 태도를 옹호했던 것이다."[59]

베블런이 반항했던 특별한 형식론적 사고체계는 두말할 필요도 없이 방법론상으로 합리적 행위와 '경제인'에 대한 과장에 근거한 고전경제학뿐이었다. 베블런은 고전경제학자들의 추상과 "만약 완전경쟁이 실현된다면"[60]과 같은 표현에서 나타나는 가정적 조건의 사용을 강력히 반대했다. 이러한 추상은 현실을 왜곡시킬 뿐만 아니라 인간 동기의 구체적인 다양성과 역사적인 다양성을 파악할 수 없게 한다고 그는 주장했다. 이러한 접근방식에 반대해 베블런은 인간을 쾌락적 만족에 대한 합리적인 계산자로서가 아니라 무엇인가 열중하고 있는 적극적인, 그리고 여러 측면을 함께 지닌 행위자로 파악할 것을 주장했다. 베블런은 고전경제학의 비역사적 범주들을 제거하기 위해 다윈과 스펜서의 진화론적 과학을 사용했다. 그에게서 경제학은 하나의 진화론적 과학 — 인간을 좀더 효율적인 적응을 위해 언제나 자연환경과 진화적인 투쟁을 해나가고 있는 자로 파악하는 과학—이었다.

다윈과 스펜서의 진화론적 주장은 베블런에게 인류사에 대한 전반적인 관점뿐만 아니라 일반적인 방법까지도 제공해주었다. 그러나 미국의 초기 사회진화론자들, 예를 들면 베블런의 스승인 섬너 같은 사람들이 스펜서의 자유방임원칙을 그 진화론적 접근방식과 함께 받아들이는 데 반해, 베블런은 스펜서의 방법을 받아들이면서도 그의 개인주의적 결론을 배격했다.

벨러미와 진화론자들 다음으로 베블런에게 영향을 미친 인물은 마르크스였다. 비록 그가 마르크스주의, 특히 그가 마르크스의 비과학적 헤겔주의 및 신학적 낙관론이라 부른 것에 대해서는 반대했지만, 베블런의 경제분야 저술 대부분이 마르크스의 접근방식에 깊은 영향을 받았음은 부인할수 없다. 사실 그의 사상과 마르크스의 사상 간에는 너무도 뚜렷한 유사성과 병행성이 존재하고 있어, 유럽의 사상가들에게는 종종 베블런의 독창성을 인정하지 않고 그의 사상은 마르크스주의에다 미국적이고 기술적인 옷을 입힌 것에 불과하다고 주장하려는 경향조차 있는 것이다. 베블런의 저작 중에서 마르크스에 관한 장절(章節)이나 그의 여러 부분을 살펴보면 결코 그렇지 않다는 것은 명확히 밝혀진다. 그러나 진화에 대한 베블런의 기술론적 설명의 주요한 요소들은 인류 역사에 대한 마르크스의 경제적 해석 및 경제적 하부구조와 문화적 상부구조를 나눈 마르크스의 구분에 근거하고 있다. 자본주의에서는 작업본능이 방해를 받는다는 베블런의 설명도 어떤 면에서는 마르크스의 소외개념에 빚진 점이 있다고 볼 수 있다.

베블런은 엥겔스, 카우츠키, 라브리올라(Antonio Labriola)를 위시한 마르크스주의자 및 젊은 좀바르트 같은 준마르크스주의자뿐만 아니라 독일의 역사학파 경제학, 특히 그중에서도 '강단사회주의자'의 지도자 슈몰러에게서도 영향을 받았다. 이들과 마찬가지로 베블런은 고전경제학자들의 추상적 접근을 배격하고, 슈몰러와 그의 동료들을 경제적 행위의 발전에서 역사적이고 제도적인 요인을 중시한다는 점에서 받아들였다. 그러나 이들을 전적으로 받아들인 것은 아니었다. 그는 이들이 아직도 기술, 분류,

관찰 등의 초보적 단계에 머물러 있을 뿐 그 제일성이나 법칙의 발견까지는 발전하지 못하고 있다고 비난했다. 이들은 경제적 현상을 인과적으로 설명하지 못하고 있는데, 그 이유는 마르크스 경제학자들과 마찬가지로 이들이 여전히 다윈 이전의 설명들을 고수하고 있기 때문이라고 베블런은 주장했다. 그러나 이러한 반대에도 불구하고 베블런의 제도론적 경제학이 독일 역사학파 경제학과 대단히 유사하다는 사실은 분명하며, 그의 서평을 근거로 판단해볼 때, 그가 독일역사학파를 대단히 잘 알고 있었다는 점도 사실인 것 같다.[61]

베블런의 뛰어나고도 대단히 박식한 정신에 이모저모로 흔적을 남긴 사람들은 많다. 예를 들면 그는 애덤 스미스부터 밀까지, 오스트리아 한계효용학파부터 마셜(Alfred Marshall)에 이르는 모든 중요한 경제학자의 저작에 정통했고, 심지어 케인즈(John Keynes)의 초기 저작까지도 알고 있었다. 또한 타일러부터 모건에 이르는 대부분의 진화론적 인류학자의 저작도 알고 있었다. 그의 초기 훈련 덕택에 그는 훌륭한 철학적 기반을 지니고 있었고, 특히 칸트철학에 대해서는 어느 정도 전문가적인 경지에까지 이르렀다. 그러나 이러한 영향보다 더욱 중요한 것은 그가 개별적으로 접촉하고 있던 동시대인들이 그에게 남긴 영향이다.

실용주의의 도움

인간에 대한 베블런의 행동주의적 관념화는 당시 그가 주기적으로 참여했던 지적 모임을 지배하고 있던 미국의 실용주의와 밀접히 관련되어 있다. 앞서 보았듯이 그는 존스홉킨스대학에서 피어스의 강의를 들었다. 듀이와 미드(George Mead)는 시카고대학에서 동료였다. 비록 그가 제임스를 개인적으로 알고 있었다는 증거는 없지만, 자존심과 자애심의 사회적 원천에 관한 그의 개념은 분명히 미드와 듀이 및 제임스의 영향을 받은 것이다.

그의 시카고대학 동료 중 실용주의 철학자 외에 베블런의 사상에 영향을 준 중요한 인물로 생리학자 러브를 들지 않을 수 없다. 러브의 본능론과 굴성(屈性, 식물이 외부자극에 반응하는 것 — 옮긴이)에 관한 이론 및 생물학적이고 심리학적인 여러 현상에 대한 엄격한 기계론적 해석 등은 베블런의 본능론의 근저를 이루었음이 분명하다. 시카고대학 사회학과 교수이자 베블런의 친구였던 토머스도 러브의 굴동성이론에 영향을 받았다. 베블런이 시카고에 재직해 있는 동안 토머스는 원시종족의 비교제도론과 비교기술론 그리고 정령신앙 등을 강의했다. 베블런이 그의 인류학적이고 비교적인 연구를 행함에서 토머스의 저작에서 도움과 자극을 받았음은 분명하다. 마지막으로 베블런의 시카고대학 시절 중 얼마 동안 시카고 민속박물관의 관장을 지냈던 보아스는 "브리티시 컬럼비아 지방의 콰키우틀 인디언(Kwakiutl Indians)에 대한 인종학적 연구에서 과시적 낭비의 법칙을……예시해주었다."[62] 보아스의 저작이나 베니딕트(Ruth Benedict)의 『문화의 유형』(*Patterns of Culture*)에 나오는 그 **고급 통속화**에 관한 부분을 읽어본 사람이면 누구나 콰키우틀인들이 재산만을 위해 서로 대립하고 싸우는 경쟁성에 대한 보아스의 묘사와 베블런의 『유한계급론』에서 쓴 과시적 소비와 낭비에 관한 묘사 간에 매우 뚜렷한 유사성이 있음을 보고 놀라지 않을 수 없다.

베블런의 동료들이 미친 영향은 그가 참여했던 사회적 맥락을 통해 좀 더 자세하게 살펴볼 수 있다.

사회적 배경

개관

베블런이 성장하고 독창적 연구활동 대부분을 수행하던 때는 이른바 호황시대 또는 반항의 시대라고도 알려져 있던 때였다. 이때는 또한 전통적으로 농촌을 기반으로 두었던 이 나라에 불과 이삼십 년 만에 '하층민중'을 착취함으로써 자신을 살찌우고 놀랄 만한 공업단지를 건립하려던 착취기업가(Robber Barons, 저임금·자원독점·정치적 결탁 등 착취를 통해 부를 축적하던 19세기 후반 미국 자본가 — 옮긴이)들의 세상이기도 했다. 남북전쟁이 끝난 지 불과 반세기 만에 미국은 세계 제일의 공업대국이 되었다. 1860년대 말부터 19세기 말까지 공장 수는 네 배, 노동자 수는 다섯 배나 증가했다. 공업제품의 값은 일곱 배나 뛰었고 가용자본의 총량은 아홉 배나 증가했다. 선철의 연간 생산량은 열여섯 배, 1860년대까지만 해도 그다지 드러나지 않았던 철강생산량은 연간 1,000만 톤 이상 증대되었다.

이토록 엄청난 기업확장을 이끌어가던 사람들은 빈틈없고 세속적이며 결심이 굳은 신흥부유층이었다. 패링턴이 평가한 대로, 그들은 "원시적인 영혼을 소유한, 무자비하고 약탈적이며 유능한, 그러면서 오로지 한 가지에만 전념하는 자, 때로는 사기를 치거나 비열한 행동도 서슴지 않으나 조그만 장애로는 결코 나약해지거나 흔들리지 않으며 어떠한 일에도 눈물을 보이지 않는 — 자본주의의 해적이 될 인종적 소질을 충분히 지닌자"들이었다. 그들은 열심히 일하고 또 열심히 활동했다. 그들 중 아직까지 조상의 청교도적인 근엄한 준칙에 매여 있는 자도 몇 있었으나, 대부분 자기들이 새로이 벌어들인 부를 마음껏 천박하게 과시했고, 때로는 돈을 벌자마자 곧 대연회를 개최해 물 쓰듯 낭비하기도 했다. 그들은 스스로 타지마할의 건축양식과 고딕 사원의 양식을 종합한, 환상적이면서도 멋없는 호화주택을 건립했다. 이들은 자기 집을 장식하기 위해 유럽의 미술관을 찾아 헤맸고, 자신의 가문을 장식하려고 유럽의 귀족 아들을 미국으로 유혹해 그들의 딸과 혼인시키려고 했다. 이것이 바로 베블런이 그의 야만에 대한 묘사 속에서 매도했던 '유한계급'의 모습이었다.

석유와 철강 그리고 철도회사가 산업계를 지배했고, 이런 회사들을 경영하던 록펠러, 카네기, 밴더빌트(Cornelius Vanderbilt) 등의 가문은 건국 당시의 단순한 농촌사회 미국에서는 대통령조차 누려보지 못하던 힘이 있었다. 그러나 이러한 기업이나 철도의 창시자들의 힘이 최고조에 달하게 되자 그와 더불어 강력한 반발이 나타났다. 중서부 농부들이 처음으로 '극악한 업자'와 채무계급을 파멸로 몰아넣은 디플레이션 정책에 대항해 정치적 투쟁을 선언하고 결속했다. 1870년대 이르러 농민공제조합이 대평원에서 힘을 얻기 시작했고, 농민의 희생 위에 군림하고 있던 철도업자와 곡물 창고업자 그리고 동부의 은행업자들에 대항해 맹렬한 반격을 개시했다. 곧 이들은 그린베이커(Greenbacker, 남북전쟁 후 통용 중이던 지폐의 감축에 반대해 결성된 정당의 당원 —옮긴이)와 결합하게 되었는데, 이들은 주화를 주장하는 동부인들에 대항해 농민들 중 채무자들을 한데 모아 조직을 이루고 이 극단적인 상태에 처한 농민들에게 좀더 손쉬운 신용대부를 해줄 것을 주장했다. 미네소타의 열광적인 선동가 도널리(Ignatius Donnelly)의 지도하에 이들은 소리쳤다. 과연 일반적인 사람들이 "경제적 독립을 유지해갈 수 있을 것인가, [그렇지 않으면] 거대한 부를 소유한 자들의 임금노예가 되어야 할 것인가?"

농민들의 어려움은 1880년대 말 90년대 초에 걸쳐 대평원 지방을 휩쓸었던 5년 동안의 가뭄으로 더욱 심해졌는데, 마침 이때 베블런과 롤프는 아이오와 농장에서 경제학에 관한 글을 읽고 있었다. 1890~94년에 캔자스 지방에서만도 저당잡혔던 1만 1,000개 이상의 저당농장이 처분되었다. 이제 희망을 가득 품고 서부로 떠났던 많은 개척민이 되돌아왔고, 돌아오는 마차 위에서 그들은 이런 낙서를 쓰곤 했다. "신에게서는 신앙을, 캔자스에서는 파멸을." 마침내 밀 값이 1부셸 당 5센트 이하로 떨어지자 수많은 중서부 촌락이 도산했고 학교와 교회까지도 문을 닫기에 이르렀다.

그러는 동안 농민지도자들은 하나의 통합된 개혁자들의 전선을 형성하려고 노력했다. 미네소타의 도널리, 조지아의 톰 왓슨(Tom Watson), 아이오와의 위버(James Weaver) 등의 지도하에 이들은 1892년 인민당(Populist Party)으로 더 잘 알려진 '미국인민당'(People's Party of America)을 창당했다. 그 정망(政網)은 농민과 노동자의 공통된 이익을 주장했고, 철도와 전화 및 전신업의 국유화와 국가관리를 부르짖었으며, 화폐공급을 충분히 하기 위해 은화의 무제한 자유주조를 요구했다. 그것은 또한 소득에 대한 누진세, 국민발의권, 투표권, 상원의원의 직선과 대통령 및 부통령에 대한 단일 명칭 등을 주장했다. 집산주의자(集産主義者)들은 곧 몇 개의 주 헌법을 지배하게 되었다. 1896년, 대통령 선거를 앞두고 공화당이 긴축금융과 금본위제 그리고 재정상의 관행에 대한 철저한 옹호론자 매킨리(William McKinley)를 후보로 지명하자 민주당은 집산주의자 정망의 상당 부분을 지지하고 나섰다. 이들이 내세운 브라이언(William Bryan)은 동부 채권자와 은행업자들에 대항하는 서부의 채무자 및 농민의 열렬한 대변인이 되었다. 베블런이 대학에 재직하고 있던 시카고에서 열린 민주당 전당대회에서 한 그의 유명한 연설인 '황금의 십자가'는 다음과 같은 수사학적 절정에 이르면서 서부와 중서부 전역에 걸쳐 즉각적인 반응을 불러일으켰다. "당신들은 이 가시관을 노동자의 이마에 덮어 씌워서는 안 됩니다. 여러분은 인류를 황금의 십자가에 매달아서는 안 됩니다." 그러나 결국 선거에서는 매킨리가 승리를 거두었다.

산업의 불안은 농민의 불만만큼이나 명백해져 갔다. 미국 노동사에서 가장 과격하고 유혈적이었던 몇몇 파업도 이 시기에 일어났다. 그때까지만 해도 계급갈등이란 전적으로 유럽의 일이라 믿고 있던 미국인들은 뒤늦게 깜짝 놀랐다.

결국에는 다섯 명의 이름난 무정부주의자의 사형집행으로 끝이 난 1886년의 매코믹 추수회사의 파업과 그에 따른 헤이마켓 폭동 그리고 1892년의 유혈적인 홈스테드 파업, 1894년의 거대한 풀맨 파업과 콜로라도 광산의 광부들 간에 일어난 치열한 산업전쟁 ― 이 모든 것이 미국 노동관계에서 폭력의 시대라는 새로운 장을 특징짓고 있다.

1890년대까지만 해도 사회주의는 국외에서 일어나는 어떤 운동 또는 기껏해야 최근에 이주한 이민자들 사이에서 나타나고 있는 것에 불과하다고 여겨졌다. 이제는 토박이 본토 출신 지도자 데브스(Eugene Debs)의 지휘 아래 사회주의는 유대인 섬유노동자뿐만 아니라 숙련된 독일인 장인 및 서부의 광부들 사이에도 뿌리를 내리기 시작했다. 1899년, 베블런이 그의 『유한계급론』을 출판할 무렵 미국사회주의자당이 조직되었고 그 본부를 시카고에 두었다.

19세기 마지막 이삼십 년은 여러 정치적·사회적 세력 간의 양극화로 특징지어지는데, 이런 현상은 미국과 같은 나라로서는 남북전쟁을 제외한다면 지금껏 도무지 상상도 할 수 없는 일이었다. 그때까지 미국정치는 주로 연합―필요할 때마다 동맹을 맺고 또 맺은 지역적·경제적·정치적 집단 간의 연합―에 의한 정치였다. 이것은, 후에도 다시 그렇게 된 적이 있지만, 계속해서 파트너를 바꾸는 일종의 버지니아의 춤 같은 것이었다. 그러나 이 세기의 마지막 10년에 이르러 날카로운 틈바구니가 벌어지게 되었다. 즉 농민의 이해와 금융인들의 이해가, 채무자와 채권자가, 경영인과 노동자가 서로 대립하게 되었고, 이것은 영원히 양극화되어 있을 것처럼 보였다. 또한 이러한 모든 갈등이 마치 단일축을 중심으로 결합되어 있는 것 같았다. 서부의 농민은 이들의 소유물을 저당잡고 있는 동부의 금융인들에게 빚을 지고 있었다. 그때까지는 모든 사회적 갈등이 다양한 비영합 게임을 포용하고 있었으나, 이제는 전체 국가가 기본적으로 상이한 이해관계로 쪼개질 듯이 보였고, 지배권을 위한 필사적인 영합투쟁을 벌이고 있는 것 같았다.

이와 같은 갈등의 양극화를 생각해보면, 왜 베블런이 두 개의 상반된 입장을 대립시키는 사고방식을 전개하고 모든 사회를 기본적으로 적대적인 두 진영으로 나누어 보려 했던가를 대부분 알 수 있게 된다. 어떤 중서부의 농민은 꼭 그와 같은 확신을 공식화할 수 없을지도 모르지만, 어쨌든 그는 '산업지도자'와 '하층민중', '제작인기질'과 '상인기질', '기득권'과 '산업 기예' 간의 대비를 통해 사고를 전개하려 했다. 코머저(Henri Commager)

는 "기술자와 기업인을 나눈 베블런의 구분은 아마도 대륙횡단철도를 건설하는 건설적인 작업과 반대로 그들을 수탈하는 파괴적인 작업, 다시 말해 도지(Grenville Dodge) 장군과 제이슨 굴드(Jason Gould, 미국의 금융업자 ─ 옮긴이)를 서로 비교한 캔자스의 집산주의자에 이루어진 것일지 모른다"고 했다.[63]

베블런 사상의 이원적 구조는 19세기 말 미국사회를 특징짓고 있던 사회적 이원성에 근거하고 있는 것이다.

주변적인 인간

베블런의 생애와 경력을 잠시만 살펴보면 그가 주변인이었다는 사실을 알 수 있다.

미국이란 토양에 깊이 뿌리박고 있으면서도 베블런은 그 미국사회에 있던 여러 주장을 한 가지도 공유하지 않았다. 호황시대의 미국사회를 바라보는 그의 눈은 마치 사기꾼들이 우글거리는 도시의 세계를 경멸과 증오로 바라보는 한 시골 소년의 눈과도 같았다. 미국사회 전체가 그에게는 바빌론의 창녀와 같았다. 비록 그가 매우 어린 시절에 노르웨이의 농촌 환경에서 벗어났지만, 여전히 그는 그 환경의 기본적인 입장을 엄격히 고수하고 있었다. 열심히 일하는 것, 검소한 생활, 맡은 임무에 정열적으로 헌신하는 것 ─ 이러한 것들은 미국 도시문명의 여러 해악, 즉 방탕함, 사기와 낭비, 무원칙성 등에 반하는 기본적인 선으로 베블런은 받아들였다. 이것은 마치 마술지팡이에 의해 프랭클린(Benjamin Franklin) 시대의 후예가 『위대한 개츠비』(*The Great Gatsby*) 시대에 갑작스레 튀어나온 것과 같았다.

베블런은 또한 그의 고향인 노르웨이 공동체와도 일치하지 않았다. 그의 고향 환경을 지배하던 제도화된 경건성을 집어던져 버린 후 베블런은 자신이 태어난 환경에 적응할 수 없음을 일찍부터 느꼈고, 이것은 점차 다른 사람에게도 인식되었다. 심지어 그가 후기 저작에서 한 인간의 자존심은 그의 동료로부터 주어지는 평가에 근거하는 것이라 주장했음에도, 실제로는 이 주장을 경멸했고 오히려 공동체의 일상적인 관습을 공격함으로써 동시대 노르웨이인으로부터 불신을 불러일으켜 자존심을 얻으려 노력했다. 이 점에서 그는 공동체의 규준을 다소 무시하고 자녀들의 교육과 그들의 사회적 이동을 주장했던 아버지에게서 힘입은 바가 크다. 동료들의 생활태도에서 스스로를 격리시키려 노력하는 가운데, 베블런은 그들을 독설적인 비판과 분석으로 휘저어놓았고, 아웃사이더의 초연함을 지닌 채 그들의 생활양식을 전망할 수 있는 유리한 고지를 점하려고 노력했다.

칼턴대학의 학생에서 대학원생과 강사로 그리고 교수로 베블런의 경력이 쌓여감과 동시에 그의 주변성도 배가되어갔다. 그는 미국 학계를 지배하고 있던 예의치레 문화에 도무지 적응할 수도, 심지어 그냥 묵인할 수조차도 없었으나, 이 속에서 두각을 나타내려고 이 문화를 충실히 이용했다. 자신이 노르웨이인임을 철저히 의식하면서 그는 늘 자신이 이방인, 일종의 무단 밀입국자와 같다고 느꼈다. 베블런은 또한 속으로는 반대하면서도 겉으로는 타협하는 일상적 생활태도도 경멸했다. 그는 완전한 자유를 얻기 위해 지방의 예의와 관습의 울타리를 넘어 생활하려 했다. 그는 어떤 위원회에도 위원으로 선출되려 하지는 않았으나, 학계의 관습을 경멸하려는 무의식적 욕구를 충족시킬 만큼 충분히 위원회 가입의 유혹을 받았음이 틀림없다. 또한 이러한 속에서 그는 자신이 기존의 질서에 영합하지 않고 있음을 확인하곤 했다. 학계를 놀라게 하려는 그의 끊임없는 노력도 곧 그곳으로부터 초월하려는 몸부림으로 보아야 한다. 사람이란 적대감을 느낄 가치가 있다고 여겨지는 대상에 한해 충격과 공격을 퍼붓는 것이다.

그러나 베블런의 학문적 주변성 — 그를 곤경으로 몰아넣은 몇 번에 걸친 배척과 냉담함 — 이 그의 심리적 양면성에서 기인한 정도는 극히 일부에 지나지 않는다. 제1차 세계대전 전의 대학에서는, 그 후에 나타난 대학과는 달리 학문의 자유라는 개념이 극히 취약하게 제도화되어 있을 뿐이었다. 물론 베블런은 그렇지 않았지만, 관례에 따라 개인생활을 무척 착실히 했던 유명한 학자들도 독창적인 의견 때문에 수없이 대학에서 쫓겨나갔다. 급진적 견해를 내놓는 교수는 로스, 일리, 니어링(Scott Nearing)처럼 그가 집산주의자든 기독교 개혁자든 또는 마르크스주의자든 모두 그 자리를 잃고 말았다. 오늘날에는 여러 학문소설이 흥미 있게 지적하고 있듯이 비관례적으로 행동하는 몇몇 교수가 경탄의 대상이 되고 있고, 따라서 전혀 두각을 나타낼 만한 자질이 없는 사람들이 위선적으로 엉뚱한 행동을 하는 경우도 때로는 있다. 그러나 베블런 당시에는 대학 당국이나 교수진이 예의범절에 너무나 깊이 매여 있었기 때문에 학자로서 기대되는 법도에 조금이라도 위배되는 일을 한 사람은 그가 아무리 특출한 사람이라 해도 매장되고 말았다. 시카고대학에서 베블런의 동료였던 토머스는 관례를 전혀 경멸하는 자가 아니었음에도 당시의 기준에 비춰볼 때 다소 무분별하다는 이유로 해고되었던 것이다.

베블런은 그의 전 학문생활을 통해 학문적 행정가들의 요구에 굴복하려 들지 않았다. 그러나 다른 학문적 반골인과는 달리 그는 동료 교수들에 대해서도 대부분 공격의 화살을 퍼부었다. 그는 거대한 행정권력과 싸우면서도 교수들에게서 지지를 얻으려 하지 않았다. 그는 '학문장사의 우두머리'들뿐만 아니라 그의 동료들에 대해서조차 주변적인 관계를 넘어서지 않았다.

그가 세대적 의미에서도 역시 주변인이었다는 사실은 곧잘 간과되어왔다. 그가 경제학을 공부하러 코넬대학에 들어왔을 때가 서른네 살 되던 해였으며, 이러한 사실이 아마도 다른 대학원생들과 격리된 생활을 하도록 했을 것이다. 또한 시카고대학 시절 동안 겪은 그의 연대기적 나이와 학문적 지위 간의 불일치 때문에도 불구하고, 그는 그렇지 않았더라면 좀더 공통점을 많이 찾아낼 수도 있었을 사람들로부터 스스로 고립되어 있었다. 그는 서른여덟 살에 강사가 되었고 40대 초반에 이르러서야 비로소 조교수가 될 수 있었다. 따라서 구조적 의미에서 볼 때 그는 일종의 무인도에 살고 있었던 것이다. 그와 동년배인 사람들 대부분은 그보다 높은 지위를 갖고 있었고, 그와 비슷한 지위를 지닌 사람들은 모두가 그보다 어린 사람이었다. 이런 속에서 설사 그가 친밀한 관계를 원했다고 하더라도 높은 지위의 동년배나 같은 지위의 손아랫사람들과 친밀한 관계를 맺기란 어려웠을 것이다.

베블런이 시카고대학으로 왔을 때 그는 조교였다. 그보다 두 살이나 아래이며 같은 해에 박사학위를 받은 듀이는 철학과 주임교수였고, 존스홉킨스대학에서 동급생이던 엘긴 굴드(Elgin Gould)는 경제학과 통계학 교수였다. 이처럼 다른 사람들이 빠르게 승진하고 그에 따라 베블런과 그들 간의 지위 거리가 점점 더 멀어질수록 베블런의 눈에는 세상의 모든 일이 더욱 악화일로에 놓인 것으로 비쳐져 갔다. 자신의 지위와 동년배들의 지위 간 격차가 시간이 흐름과 함께 더욱 커져가면서, 재빠른 승진을 하지 못한 계속된 실패는 그의 상대적 박탈감을 더욱 증대시켰다.

만약 당시 시카고대학이 학부 중심의 조직체제였다면 이러한 어려움들이 다소 줄어들었을지도 모른다. 베블런이 좀더 민주적인 경제학과에서 여러 일에 적극적으로 참여할 수 있는 기회를 가질 수 있었더라면 그의 지위불일치가 좀더 완화되었을 것이다. 그러나 하퍼 시절의 시카고대학은 두드러지게 독재적 분위기였다. 각 학과는 '주임교수'의 재량에 맡겨져 있었고, 주임교수는 그 밑의 다른 교수들로부터 거의 제재를 받지 않았다. 학과의 방침을 결정하기 위해 동료들끼리 주고받는 대화에서 서열 간 거리감을 해소시킬 기회가 전혀 없었다. 이러한 독재적 분위기에서는 아래 지위에 속한 사람들이 모두 똑같이 의사결정권을 박탈당하여, 일종의 부정적 민주화 과정을 통해 이들 간의 유대는 더욱 공고해지리라 생각될 수도 있다. 분명 그것은 가능한 일이다. 그러나 이런 경우 그와 같은 집단 내의 유대는 아마도 베블런 같은 사람들의 희생에서 얻어지는 것이기 쉽다. 즉 아웃사이더는 속죄양이 되고 마는 것이다. 베블런이 마치 원시인을 바라보는 인류학자처럼 초연함을 즐기면서 그의 동료나 선배의 결점들을 경멸하는 수동적인 외톨이로 소외되었던 것도 부분적으로는 이와 같은 사실에 연유한 것이다.

많은 사람에게서 대학이란 그들 스스로가 어떤 이질감을 느끼는 사회의 생존경쟁으로부터 도피할 곳, 일종의 피난처나 천국 같은 곳이다. 베블런도, 그의 주변성에도 불구하고, 어느 정도는 그러했다. 그는 원래 자신의 『미국의 고등교육』에 '완전한 부패에 대한 연구'라는 부제를 달려고 했을 만큼 대학의 제도에 몹시 비판적이었으나, 그럼에도 당시의 거대한 문화나 사회에서보다는 훨씬 더 강하고 지속적인 유대를 대학의 공동체와 맺고 있었다.

베블런은 마치 다른 나라 또는 다른 시대에 태어난 아이처럼 미국사회에 무척 낯설어한 사람이었다. 이와 같은 이방인으로서의 위치 때문에 그는 정상적인 미국 시민이 쉽사리 발견할 수 없었던 미국의 생활양식과 관습의 특성을 찾아낼 수 있었다. 주변성이 그의 관찰력을 날카롭게 했다. 관례적인 틀에 너무 쉽게 안주함으로써 그 문제점들을 깨닫지 못하기 쉬운 사람들과는 달리 이방인은, 짐멜의 표현대로, "실제상으로나 이론상으로나 자유로운 인간이다. 그는 자신과 다른 사람과의 관계를 훨씬 냉철하게 파악한다. 그는 이러한 것들을 좀더 일반적이고 객관적인 기준에 종속시키며 관습이나 신앙 또는 관례 등에 자신의 행동을 묶어두지 않는다." 사회분석가로서의 이방인은 남들이 신성하다고 여기는 것을 세속적인 것으로 파악한다. 그의 분석은 공동체의 관습에 뿌리박고 있으면서 순전히 무의식적으로 주어진 역할만을 수행해가고 있는 사람들에게는 나타나지 않는, 공동체 성원들 간에 깔려 있는 동기의 잠재적 원천들을 낱낱이 드러내 보여준다. 분석가로서의 이방인은 거대한 환상의 파괴를 통해 단순한 신앙인의 세계를 위협하게 된다. 베블런의 표현을 빌리면, 그는 "지적 평화를 교란시키는 자"이다. 이러한 사람들은 또 다른 불만에 차 있는 사람들 속에서 청중을 얻을 수 있을지 모르나 사회에서는 전반적으로 환영받지 못하는 경우가 많다.

베블런의 청중과 동료

베블런은 짐멜과는 다른 태도를 취했다. 즉 앞서 보았듯이 짐멜은 그가 윗사람과 동료들로부터 배척을 당하자 점차 청중들에게로 가까이 다가가 때로는 학문적인, 때로는 비학문적인 강연을 주로 했던 데 반해, 베블런은 학생을 자신에게로 끌어들이려 하기는커녕 그들을 떼어버리고 자기 강의에서 쫓아내려고 온갖 힘을 다했다. 그의 표현방식은 대부분의 학생에게 짜증을 일으킬 만큼 조리가 없는 것이었고, 학생을 매혹시킨 짐멜의 현란한 수사력에 비춰 그의 괴상한 전달 방식은 학생들을 쫓아내기에 충분했다.

베블런은 또한 그의 책을 읽는 독자들에게도 불친절했다. 그의 난삽한 문체, 뒤엉킨 문장, 다음절적인 용어 등은 마치 독자들을 쫓아내려는 계획 하에 쓰인 것 같았다. 만약 이것이 그의 무의식적인 의도였다면 그는 유감스럽게도 너무 쉽게 성공을 거두었다. 그의 모든 책 중에서 『유한계급론』만이 그가 살아있는 동안 비교적 잘 팔렸다. 도프먼이 지적한 대로, 출판업자들이 베블런 저작의 시장성을 너무나 경시했기 때문에, 베블런은 이미 많은 책을 저술했음에도 『평화의 본질에 대한 탐구』를 출판하기 위해 맥밀리안사에 700달러를 도리어 지불하지 않으면 안 되었다.

베블런이 책을 쓰면서 염두에 두었던 사람들은 학교 밖에 있는 급진주의자들과 학교 안의 몇몇 선택된 자였다. 도프먼은 『유한계급론』의 출판에 대해 "베블런은 모든 급진주의자들의 신이 되었다. ……겐트(William Ghent)는 뉴욕의 급진적 지성인들의 모임에서는 언제나 그의 말이 적절히 인용되고 있었다고 회상했다. ……[그의] 날카로운 풍자는, 특히 인기가 있었다"[64]고 말했다. 베블런의 모든 후기 저작은 전부 급진주의자들과 사회주의자들의 간행물에 소개되었다. 지적으로 다소 뒤떨어진 서평자들이 마르크스에 대해 그다지 경의를 표하지 않는 베블런의 태도로부터 마르크스주의를 보호해야겠다는 느낌을 표현하기도 했지만, 오늘날의 제자들 대부분은 미국자본주의와의 투쟁에 오랫동안 결핍되어 있던 무기를 베블런이 제공해주었다는 점을 인정하고 있다. 베블런의 이전 학생이던 월링(William Walling) 같은 사람들은 한 걸음 더 나아가 베블런이 미국사회주의운동에 철학적 기초를 제공해주었다고 주장하기도 했다.[65]

도프먼이 지적한 대로, 베블런은 대부분의 급진주의자에 대해서도 경멸적인 태도를 지니고 있었으나, 그럼에도 이들 급진적 청중들을 소중히 생각했던 것 같다. 그는 정치적 선동이나 선전 또는 많은 급진적 운동이 지니고 있던 경박한 낙관주의 등에는 아무런 흥미도 없었음에도, 미국사회의 기본적인 가치전제들에 대한 그의 비판은 그를 미국 급진주의 진영에 가담시키기에 충분했다. 따라서 어떠한 급진주의자와 가까이 지내고 있을 동안에도 그는 다른 데서와 마찬가지로 급진주의적 운동에 대해 언제나 주변적인 위치를 점하고 있었다. 베블런은 급진주의자 청중을 불러 모으려 하기도 했으나 이것은 그가 의도했던 핵심 청중은 아니었다. 뉴욕에 살던 마지막 시기를 제외하고는 그는 한 번도 급진주의 간행물은 물론 대중적 간행물에도 글을 쓴 적이 없었고, 거의 전적으로 학술적 간행물에만 기고했다. 그의 주된 논문들은 자신이 편집하던 『정치경제학지』(*Journal of Political Economy*), 『경제학계간지』『미국사회학회지』『정치학계간지』 등에 발표되었다.

비록 그의 학문적 지위가 주변적이었고 대학의 조직방식에 대해 통렬한 비판을 가하기도 했지만, 베블런이 몸담고 있던 환경은 여전히 대학이었다. 그는 한편으로 이제 대학이 더 이상 진리탐구에 종사하지 않고 실제로 속물과 '부패한 우두머리'들에 의해 좌우되고 있다고 주장하면서도, 대학을 '게으른 호기심'을 충족시키는 특권적인 장소로 사랑하고 있었다. 비록 그가 전통적인 학자상을 우습게 여기고 상아탑의 성스러운 무리들을 매도하긴 했으나, 자신의 모든 저술 중에서 박식함과 학자적 기질을 통해 스스로 그것에 깊은 찬사를 보냈다. 그는 자신이 선동가로서가 아니라 학자로서 알려지기를 바랐다. 그는, 아론(Daniel Aaron)의 말을 빌리면, "신성한 기초 위에 불경한 사고와 학자 전유의 예의범절을……완전한 파괴를 목표로 [사용하곤] 했다."[66] 그러나 그는 이런 것을 사용함으로써 더불어 함께 지내던 ─비록 불편해하기는 했지만─ 동료학자들에게 경의를 보냈다. 베블런은 학자들이란 보통 바보나 건달들로 이루어져 있다고 거의 확신했던 것 같다. 그러나 그는 그의 다양한 모습을 꿰뚫고, 그의 장난스럽고 폭로적이며 조롱과 냉소를 담은 태도 뒤에서 번득이는 참으로 진지한 도덕주의자이자 헌신적인 사회분석가의 모습을 발견해낼 줄 아는 몇몇 뛰어난 동료 교수와 탁월한 청중들에게는 마음이 끌림을 느낄 수 있었다. 거의 모든 제도화된 행위에는 주변적이었으면서도 베블런은 적어도 시카고대학 시절 동안만은 동료를 갈구했고 마음에 맞는 동료 및 청중들의 지적 자극을 그리워했다.

베블런을 언급하는 많은 사람이 그의 주변성을 너무 강조하려고 해서 시카고대학 시절 ─이때가 그의 생애 중에서 가장 생산적이었던 때다─ 동안 베블런은 전적으로 고립되어 있지 않았고 오히려 여러 분야의 많은 탁월한 사람과 교제를 즐기고 있었다는 사실을 무시해버리는 것 같다. 시카고대학에서 가르치던 철학자 듀이, 미드, 사회학자이자 인류학자인 토머스와 보아스, 심리학자 러브 등의 사상이 미친 영향은 이미 언급했다. 심리학자 콘위 모건(Conwy Morgan), 듀이와 함께 『윤리학』(*Ethics*)지를 편집하던 철학자 터프츠(James Tufts) 등도 역시, 도프먼과 다른 여러 사람이 지적한 대로, 베블런의 사상에 영향을 주었다. 또한 시카고대학에서의 베블런의 몇몇 동료에게서 발견되듯이 이러한 영향은 상호적이었다. 터프츠는 그가 기업윤리를 파악할 어떤 시각을 모색하려고 했을 때, "기업을 실제적으로 행해지는 경영으로 파악하려는 베블런의 말들은 이 세기 기업의 이론과 실제적인 실행을 정립하는 데 대단히 중요한 어떤 빛을 던져주는 것 같았다"[67]고 썼다. 베블런의 본능론 중 상당 부분을 제공해준 러브는 다시 베블런의 '작업의 본능'을 받아들였다. 그는 그의 『두뇌의 비교생리학 및 심리학』(*Comparative Physiology and Psychology of the Brain*) 중에서 "가장 중요한 본능 중 하나는, 보통은 이런 명칭으로 알려져 있지는 않으나, 표현하자면 작업의 본능이라고 할 수 있는 것이다"라고 썼다. 그는 여기에 각주를 달고 쓰기를, "나는 이러한 명칭을 베블런의 『유한계급론』에서 얻었다"[68]고 했다.

베블런이 그의 '체계'를 완성시킨 시카고대학 시절 동안 그는 여러 분야의 수많은 학자와 지적인 접촉을 지속했고, 그 속에서 그들로부터 자극을 받고 그들에게 자극을 주기도 했다. 우리가 추측할 수 있는 것은 베블런이 학자의 정도에서 너무나 멀리 이탈하려고 할 때마다 이들이 그의 글을 비판하고 갑작스런 상상으로의 논리전개 등을 조정해 다정한 후견인으로서의 역할을 충실히 했다는 것이다.

뉴욕 시절의 후기 저작과 시카고대학 시절의 저작들을 비교해보면 베블런의 문체가 변하고 있음을 알 수 있다. 이제 그에게는 더 이상 다정한 동료 비판자들이 없었다. 전후 시절 동안 그의 명성은 퍼져나갔고 좁은 동료들만의 범위를 넘어 넓은 청중들과 관계를 맺게 되었지만, 그를 비판적으로 인도해줄 수 있는 것은 아무것도 없었다. 비어드는 컬럼비아대학 학생들에게 베블런의 저작은 정부구조의 경제적 기반에 대한 가장 독창적인 작품이라고 했다. 이전에 그의 학생이었던 미첼(Wesley Mitchell)은 그를 가리켜 '고도의 통찰력을 지닌 이론가'라고 불렀다. 프랭크퍼터도 그를 찬양했다. 마침내 베블런은, 비록 여전히 제한된 것이기는 했으나, 이제껏 그가 받아온 것보다 훨씬 대단한 명성과 청중을 얻기에 이르렀다. 그러나 이제 그는 주로 감탄을 연발하는 제자들에 둘러싸여 있을 뿐 동등한 자질을 갖춘 일단의 동료들로부터 얻던 도움은 더 이상 바랄 수 없었다. 그 결과 그의 후기 저작은 초기의 저작에서는 그다지 드러나지 않던 조잡한 어조로 표현되고 있다. 뉴욕에서의 베블런은 주변인이라기보다는 친구나 추종자들로부터의 만족과 아부에 둘러싸인, 일종의 사회적 진공 상태에 살고 있었고, 시카고대학 시절에 만끽했던 그의 저작에 관한 활기찬 지적 토론의 도움은 이제 끝이 나고 말았다.

요약

베블런은 앞서 논의된 몇몇 위대한 사회사상가에 비춰볼 때 최상급의 사상가는 아니었다. 그러나 그의 확장력 있는 정신은 이후의 사회이론에 오랫동안 영향을 주었다. 그가 원한에 사무칠 만큼 싫어했던 미국 농촌의 여러 측면이 사라진 지 오래인 지금도, 사회과학자들은 수세대에 걸쳐 그가 종종 구체적인 주장에서 묻어버렸던 일반화된 전제들을 발견하고 도움을 받곤 했다. 예를 들면 그가 막연히 사용했던 상대적 박탈감의 개념을 들 수 있다. 그는 베버 같은 과학적인 사회학자보다는 몽테뉴(Michel de Montaigne) 같은 사회학자에 더 가까웠다. 현재 사회사상사의 흐름에서 그의 위치는 상당 부분 이후 세대의 학자들에 의해 소급적으로 결정된 것이다.

경쟁적 생활양식을 가져오는 동기의 사회심리학적 근원에 관한 베블런의 분석은 사람들 간의 경쟁이 더 이상 사치품의 과시적 소비를 통해 이루어지지 않고, 지금까지는 박탈을 나타내던 어떤 것의 과시적 표현을 통해 경쟁하는 때가 온다 하더라도 여전히 유용성을 지니게 될 것이다. 사람의 사고양식을 그가 점한 사회적·직업적 위치의 영향으로 연결시키려는 그의 노력은, 공학자들이 합리성보다도 행위를 더 신뢰하는 때가 온다 해도 여전히 앞으로의 탐구를 격려해줄 것이다. 근대화나 발전을 연구하는 사람은 그들의 관심이 더 이상 일본이나 독일이 아닌 나이지리아나 말레이시아에 집중되는 때가 오더라도 그의 저작들에서 도움을 받을 수 있을 것이다. 베블런은 또한 장난기 어린 냉소주의의 껍질 속에 진지한 학자적 기질을 숨겨두고 있는, 이토록 진지하고 열렬한 도덕주의자를 뒤쫓아 자신을 정립하려는 자나 그가 처한 사회질서를 허물어뜨림으로써 자신의 독자를 즐겁게 해주려는 사람들에게 끊임없이 읽힐 것이다.

찰스 쿨리

Charles Horton Cooley, 1864~1929

주요 이론 거울자아이론, 일차집단, 사회과정이론
주요 저서 『인간본성과 사회질서』 『사회조직론』 『사회과정론』

쿨리는 개성(personality)의 형성을 사회학적으로
이론화함으로써 고립된 개인관이 아닌, 사회학적 인간관을
정초하는 데 크게 기여한 사회학자다.
쿨리는 개인의 자아의식이 타자와의 상호작용을 통해 구성되는
거울영상과 같은 것임을 지적하고 그런 점에서
개인과 사회가 밀접하게 연결되는 메커니즘을 밝혔다.
쿨리는 개인의 자아 형성에 큰 역할을 하는
친밀한 일차집단을 중시하고 이런 특성이 가족에서
지역, 국가, 세계로 확장될 것을 기대했다.
좋은 집안에서 태어난 쿨리는 일생 동안 조용하면서도
미국식 진보주의와 민주주의를 옹호한 학자의 삶을 살았다.

"나는 내가 생각하는 '나'가 아니며 남들이 생각하는 '나'도 아니다.
나는 내가 생각하는 남들이 생각하고 있는 '나'이다."

_찰스 쿨리

사상

쿨리(Charles Cooley)는 "자아와 사회는 쌍둥이다"[1]라고 썼다. 자아와 사회가 유기적으로 연결되어 불가분의 관계를 맺고 있다는 주장은 쿨리 저작의 핵심 주제가 되어 있으며 그가 현대사회심리학과 사회학에 미친 중요한 공헌으로 평가되고 있다.

거울자아

제임스의 저작에 근거를 두고 쿨리는 데카르트적 전통, 즉 인식하고 사고하는 주체와 외부세계를 엄격히 구분해오던 견해에 반대했다. 쿨리는 사회세계의 대상이 주체의 정신과 자아를 형성하는 구성요소가 된다고 보았다. 쿨리는 데카르트적 사고가 만들어놓은 개인과 사회 간의 개념적 장벽을 제거하고 대신 양자의 상호교류를 강조하려고 했다. 그는 다음과 같이 언급했다.

고립된 개인이란 경험적으로 알 수 없는 추상적인 것이다. 개인과 분리된 사회라는 것도 마찬가지다. …… '사회'와 '개인'은 상이한 현상을 가리키는 것이 아니고 동일한 것에 대한 집합적 측면과 분산적 측면을 가리키는 것에 지나지 않는다. ……우리가 사회라는 말을 사용할 때 또는 다른 어떤 집합적 용어를 사용할 때, 우리는 그와 관련된 사람들에 대한 일반적 인식을 마음속에 떠올리게 된다. 그러나 개인을 말할 때는 이러한 일반적 측면을 무시하고 마치 고립된 개인인 양 취급하고 있다.[2]

쿨리는 개인의 자아는 타자와의 교제 속에서 나타난다고 주장했다. "개인 생활의 사회적 기원은 다른 사람과의 상호교제에 있다."[3] 쿨리에게서 자아는 처음에는 개인적이었다가 나중에 사회적인 것으로 되는 것이 아니다. 그것은 교제를 통해 변증법적으로 성장하는 것이다. 자신에 대한 사람들의 의식은 그가 다른 사람들의 정신에다 귀속시키는 자신에 대한 반영과 관련되어 있다. 따라서 고립된 자아라는 것이 있을 여지가 없다. "당신, 그, 그들에 대한 의식과 관련되지 않은……'나' 의식은 존재하지 않는다."[4] 이와 같은 자아의 반영적 성격을 나타내기 위해서 쿨리는 이를 거울에 비유했다.

우리 모두는 서로를 비추는
상대방에 대한 하나의 거울.

"우리가 거울 속에서 얼굴과 몸매나 옷 모양을 보면서 그것이 우리 자신의 모습이기 때문에 관심을 갖기도 하고 즐거워하기도 하는 것처럼, 상상 속에서 우리는 다른 사람들의 마음속에 우리의 모습, 태도, 목적, 행위, 성격, 친구 등이 어떻게 나타날지를 떠올리고 그것에 여러모로 영향을 받는다."[5]

거울자아(looking-glass self)란 개념은 세 종류의 기본 요소로 이루어져 있다. "다른 사람에 비춰진 자신의 모습에 대한 상상, 그 모습에 대해 타인이 어떻게 판단할 것인가에 대한 상상, 그리고 자부심이나 굴욕 같은 일종의 자기감정"[6]이 그것이다. 자아는 의사소통적 상호교환의 사회과정이 한 개인의 의식 속에 반영됨으로써 나타난다. 이 점에 대해서 미드는 쿨리의 공헌을 논하면서 다음과 같이 말한 적이 있다. "이러한 사회과정의 양측면을 동일한 의식 속에 위치시킴으로써, 자아를 다른 사람들에 의한 자아의 관념으로, 타자는 자아에 의한 그들의 관념으로 간주함으로써 자아에 대한 타자의 행위와 타자에 대한 자아의 행위가 명백히 서로의 마음속에서 일어나는 관념의 상호작용으로 간주될 수 있었다."[7]

이러한 다소 추상적인 생각은 쿨리가 제시한 멋진 예, 즉 새 모자를 산앨리스와 이제 막 새 옷을 산 안젤라가 만났다고 상상하고 그것에 쿨리 자신이 한 설명으로 예시되어 있다. 그는 다음과 같이 주장했다.

(1) 앨리스의 진짜 모습은 신밖에 모른다. (2) 그녀는 스스로 "내게는 이 모자가 잘 어울려"라고 생각한다. (3) 그녀는 다시 안젤라가 자기를 어떻게 생각할지를 떠올리면서 "안젤라는 이 모자가 내게 잘 어울린다고 생각하겠지"라고 생각한다. (4) 이렇게 스스로 생각하고 있는 것에 대해 안젤라가 어떤 생각을 품고 있을지를 떠올리며 "안젤라는 내가 이 모자를 쓴 내 모습을 뽐내고 있다고 생각하겠지"라고 생각한다. (5) 앨리스의 자신에 대한 생각에 대해 안젤라는 "엘리스는 저 모자를 쓴 자기 모습이 굉장히 멋질 것이라 생각하는구나"라고 생각한다. 이와 똑같은 6단계가 안젤라와 그녀의 옷에 대해서도 나타난다.[8]

쿨리는 여기에 덧붙여서 "사회는 정신적 자아들이 서로 얽혀 짜인 것이며, 그들의 상호작용을 가리키는 것이다. 나는 너의 마음을 상상하는데, 특히 너의 마음이 내 마음에 관해 생각하는 바를 상상한다. 나는 너의 마음 앞에서 내 마음에 옷을 입히며, 너도 내 앞에서 치장을 하리라 기대한다. 이러한 묘기를 수행할 수 없거나 하려고 하지 않는 사람은 그 누구도 게임에 제대로 참여할 수 없다"[9]고 썼다. 여러 가지로 색다른 시각들이 나의 마음과 타자의 마음 간에 일어나는 감정들과 평가들의 끊임없는 다변적 교환을 통해 하나가 된다. 사회는 개인의 정신 속에 내재화한다. 그것은 많은 개인의 상호작용을 통해 개인의 자아의 일부가 되며, 그들을 하나의 유기적 전체에 연결, 융합시킨다.

유기적 사회관

쿨리의 사회학은 완전히 전체론적이다. 그가 사회를 하나의 유기체라고 말할 때 그것은 스펜서식의 생물학적 유추를 하려고 한 것이 아니라 모든 사회과정의 체계적 상호관련성을 강조하기 위한 수단이었다. "……사회가 하나의 유기체라 말할 경우 우리가 뜻하는 것은……여러 형태의 과정이 연결된 하나의 복합체이고, 그 각각의 과정은 상호작용을 통해 생명을 얻고 성장할 뿐만 아니라 이 전체가 너무 잘 통합되어 있어서 어느 한 부분에서 일어난 일이 전체에 영향을 미치게 된다는 점이다. 사회는 상호적 행위로 짜인 거대한 직물이다."[10]

이러한 유기적 사회관은 쿨리로 하여금 고전경제학과 스펜서 사회학의 기초를 이루고 있던 공리주의적 개인주의에 대해 기본적으로 반대하도록 했다.

미국과 영국에는 개인주의 전통이 너무나 강해 이상적인 사회를 직접 논의하는 경우는 거의 없고 개별화된 공식, 예를 들면 '최대 다수의 최대 행복' 같은 것으로 접근할 수밖에 없다는 생각이 지배적이다. 이러한 공식은 인간본성에는 적절한 것이 되지 못한다. ……이상적인 사회는 직접적으로 파악될 수 있는 유기적 전체여야 한다. 그렇게 파악될 때 우리의 실감과 일치될 수 있을 것이다.[11]

계속해서 쿨리는 "우리의 생활은 모두가 하나의 인간적 통합체이며 그렇게 다룰 때야 비로소 그에 대한 실질적 지식을 얻을 수 있다. 만약 이를 세부적인 요소들로 잘게 나누면 소멸되고 말 것이다"[12]라고 했다.

일차집단

사회생활의 전체성에 대한 이러한 강조는 쿨리로 하여금 주로 인간과 사회를 연결시키고 개인을 사회적 틀 속에 통합시키는 데 기본적인 것이라 여긴 인간집단에 분석의 초점을 맞추도록 했다. 그는 다음과 같이 언급했다.

내가 말하는 일차집단이란 친밀한 대면이 이루어지는 모임이나 협동으로 특징지어지는 집단이다. 그것이 일차적인 이유에는 여러 측면이 있

442

지만, 특히 그것이 개인의 사회적 성격과 이상을 형성하는 기초가 된다는 점에서 중요하다. 심리학적으로 볼 때 친밀한 모임이 가져다주는 결과는 개개인을 하나의 공통된 전체에 융합시키는 것이며, 따라서 개인의 자아 자체가 최소한 어떤 목적을 달성하기 위해서라도 집단의 공동생활과 목표가 되는 것이다. 이러한 전체성을 묘사하는 가장 단순한 방식으로 '우리'라는 말을 사용하는 것이다.[13]

종종 생각되어온 것과 달리 쿨리는 일차집단의 통합이 오직 조화와 애정에 기초한다고 주장하지 않았다. 그는 보통 일차집단이 자기 주장이나 열정적인 논쟁을 허용하는 경쟁적 단위라는 점을 강조했다. 그러나 그는 "이러한 정열은 동정적인 사회화로 인해 공통적 정신이라는 원칙의 영향을 강하게 받는 경향이 있다. 개인은 야망을 지닐 수도 있으나 그 야망의 주된 목표는 타자의 사고 속에서 바람직하다고 여겨진 어떤 위치인 것이다"[14]라고 주장했다.

일차집단의 친밀한 모임의 성격이 완전하게 발전될 수 있는 가장 중요한 사례는 가족, 아이들의 놀이집단, 이웃 등이다. 쿨리는 이런 모임들이 실질적으로 인간적 협동이나 친교를 생성시키는 보편적인 기반이라고 믿었다. 이러한 집단 속에서 사람들은 자신의 이익만을 극대화시키려는 개인주의적 성향을 떠나 동정과 사랑으로 동료들과 영원한 결속을 맺게 된다. 다른 형태의 모임(비록 쿨리 자신은 어떤 이름을 붙이지 않았지만 지금은 이차집단으로 지칭되고 있는)에서는 사람들이 관계를 맺는 이유가 그들 간의 상호교환과 상호작용을 통해 어떤 개인적 이익을 얻기 때문이다. 이러한 집단에서 타자란 오로지 자아의 이익의 원천으로서 수단적인 평가를 받을 뿐이다. 이와는 달리 일차집단 내의 유대는 타자를 한 인간으로 보는 내면적인 평가에 입각해 있으며, 타자의 인식이 그나 그녀로부터 얻을 수 있을 어떤 특별한 이익의 기대에서 이루어지지 않는다. 일차집단은 특별한 용역이나 이익의 교환이 아니라 그 성원들 간의 확산된 연대성에 기초하고 있다. 또한 그것은 다른 유형의 관계에서 보는 형식적인 차가움, 비인간성, 감정적 거리 등과는 대조적인 인간적 따뜻함이나 동정이 발달하는 온상인 것이다.

이 구분을 명확히 하기 위해 몇 가지 예를 들어보자. 가족의 구성원, 예를 들면 어머니가 가족이라는 맥락 안에서 개인적으로는 아무 보수도 없는 일을 기쁘게 해나가는 것을 볼 수 있는데, 이것은 어머니가 자신의 일을 가족 전체, 즉 공동체에게 주는 공헌으로 평가하기 때문이다. 직장에서라면 말썽 많을 착취라고 충분히 간주될 수 있는 일도 가족 안에서는 받아들여지는데, 그 이유는 그녀가 그 일을 공동체에 대한 봉사라고 여기기 때문이다. 남편과 아내, 부모와 자녀, 친척과 친구 등은 그들의 자기이익이 자기가 속한 일차집단에 대한 의무를 저해하는 것이 될 때는 기꺼이 그것을 희생시킨다. 그들은 서로를 도구적인 각도에서가 아니라 내면적인 특성에 기초해서 보고 있는 것이다. 만약 어떤 학생에게 왜 그 사람이 너의 친구냐고 물었을 때 그의 대답이 "내 수학시험을 도와주어 합격하게 해주었기 때문"이라고 했다면, 그러한 답변은 가장 잘못된 것이다. 그 학생은 친구 집단의 일차적 성격과 다른 형태의 모임(association)을 지배하는 도구적 목적을 혼동하고 있는 것이다. 다른 말로 바꾸면 일차집단은 홉스적 인간이 지배하지 않고 전체 및 완전한 인간으로서의 타자에 대한 헌신이 자기이익의 극대화를 압도하고 있는 영역을 말한다.

쿨리의 사상에서는 거울자아의 개념과 일차집단의 관념이 밀접하게 서로 얽혀 있다. 타자의 사상에 대한 민감성 ─ 쿨리가 성숙한 인간을 나타내는 지표로 간주했던 타자의 태도, 가치, 판단 등에 대한 감응성 ─ 은 일차집단의 가깝고 친밀한 상호작용 속에서만 배양되고 자라날 수가 있다. 따라서 이 집단은 특별히 인간적인 성장이 일어나는 산실이다. 성숙하지 못하고 자기중심적이던 사람이 일차집단 내에서 점차 타인의 요구나 바람에 물들어가면서 성숙한 사회생활의 상호작용에 자신을 맞추어 나가게 된다. 일차집단은 개개인에게 사회생활에 필수적인 타자에 대한 민감성을 불어넣어줌으로써 이기적 고립에서 벗어나게 하고 그들로 하여금 타자의 입장에 설 수 있는 능력을 얻도록 해준다. "이러한 [일차집단] 내에서 인간성이 형성된다. 사람은 인간성을 갖고 태어나지 않는다. 친구 없이는 결코 인간성이 나타날 수 없고 고립 속에서는 인간성이 존재할 수 없다."[15]

쿨리의 사회철학적 관점에 따르면, 인류의 진보는 인간적인 동정이 광범위하게 확대됨으로써 일차집단의 이상이 가족에서 지역공동체로, 국가로, 마침내는 세계공동체로 퍼져나가는 것을 포함한다. 사실 그의 사상은 리프(Philip Rieff)의 말대로, "인간성에 대한 소도시주의"(small-town doctrine)[16]라 할 만하다. 미드는 쿨리의 사회사상에 대해, "어떤 의미에서 그가 속해 있던 미국 공동체에 대한 설명이며 그것의 정상적이고 건강한 과정을 전제하고 있다"[17]고 했다. 그의 친절한 낙관주의나 다소 낭만적인 이상주의는 앤아버의 현인(쿨리 — 옮긴이)이 눈감아버렸던 참혹한 역사적 현실을 통해 세상을 바라보는 오늘의 관찰자들에겐 다분히 낡은 것으로 보이기 쉽다. 그러나 그의 저작에서 알량한 자선행위와 같은 것을 지나치게 강조하는 듯한 결점이 있는 부분에서조차 대단히 귀중하고도 엄격한 사회학적 통찰들을 발견할 수 있다.

예를 들면 쿨리가 쌍둥이 악으로 보았던 두 현상, 즉 형식주의와 해체에 대한 논의를 고찰해보자. 그는 전자를 "패권의 기제"로, 후자를 "분열의 기제"로 단언했다.[18] "형식주의가 개성에 미치는 영향은 고귀한 생활을 메마르게 하여 무관심과 자기만족의 희생물로 만들어버린다……."[19] 반면 해체는 "전체에 대한 지속적 충성이나 생기가 개인에게 없을 때, 그리고 행동의 대원칙이 나타나지 않는 충성 정신에서 나타난다."[20] 현대의 사회학 독자들은 뒤르켐의 훨씬 포괄적이고 자세한 '아노미' 현상의 분석을 잘 알고 있기 때문에 쿨리의 저작에 있는 이와 같은 구절에 크게 주목하지 않을지도 모른다. 그러나 한 가지 분명히 밝혀두어야 할 것은 그의 전반적인 낙관론에도 불구하고, 쿨리는 뒤르켐의 사회학에서 어렴풋이 나타난 초기의 위기 상황에 영향을 받았다는 사실이다. 현대인의 병 치료를 기술하는 곳에서 쿨리는 종종 뚜렷하게 뒤르켐적인 입장을 취하고 있다. "국가의 이상화, 사람들의 마음속에 전통, 시, 음악, 건축, 국민적 축제나 의식 등을 통해 하나의 통합적 생활을 심어주는 것, 그리고 종교나 철학 등을 통해 개개인에게 각자가 헌신을 바치는 위대한 전체의 한 구성원임을 가르쳐주는 일 등은 그것들이 반동적인 목적에 의해 제아무리 현실 속에서 평가절하당한다 하더라도 인간본성과 합치되는 일이다."[21]

쿨리의 명성은 뒤르켐과 유사한 통찰을 지니고 있다는 점에서가 아니라 그가 내면화(internalization)의 문제에 미친 핵심적 공헌에서 유래한 것이다. "뒤르켐은 사회를 외부세계에 존재하는 객체로 파악한 반면 쿨리는 개인 자아의 한 부분으로 파악했다"[22]라는 파슨스의 지적은 다소 과장된 것이다. 하지만 뒤르켐과는 달리 쿨리는 사회란 독특한 하나의 정신적 현상이었다는 사실을 강조한다는 점에서, 파슨스는 기본적으로 옳았다. 쿨리의 표현에 따르면, "사람들이 서로 타자에 대해 갖는 상상 자체가 사회를 이루는 견고한 사실 자체다." "사회는……사람들 간의 관념적 연관인 것이다."[23]

이후의 비판가들, 특히 미드는 자아의 구성에 대한 쿨리의 지나친 정신적 견해를 비판했으나, 마음과 외부세계와의 데카르트적 분리를 극복하는 데 성공한 사람으로서 쿨리는 제임스, 프로이트, 뒤르켐, 미드 등과 같은 평가를 받아야 한다는 사실을 부정한 사람은 아무도 없다. 쿨리가 확신하면서 정립하려고 했던 것은 인간과 사회, 자아와 타자는 뗄 수 없이 하나로 결합되어 있어서 개인의 사회생활의 특질이나 친구와의 관계의 특질 등이 그의 개성을 구성하는 요소가 된다는 생각이었다.

사회학적 방법

이러한 실질적 관심 외에도 쿨리는 토머스나 미드의 경우처럼 사회학 방법론에 매우 중요한 공헌을 남겼다. 베버와 관련성은 없지만 거의 동시대에 살면서 그는 인간행위에 대한 연구는 행위자들이 주변 상황에 부여하는 의미에 관심을 가져야 하며 그렇게 함으로써 단순한 행동묘사는 넘어서야 한다고 주장했다.

쿨리와 그에 동조하는 사상가들의 주장에 따르면, 양계장을 연구하는 사회학은 닭의 행동에 대한 묘사만으로도 만족할 수 있다. 왜냐하면 우리는 결코 닭들이 자기 행위에 부여하는 의미를 이해할 수 없기 때문이다. 그러나 인간을 연구하는 사회학은 이와는 다른 전략을 추구할 수 있다. 그 이유는 행동의 외양을 넘어 행위하는 개인의 주관적 의미까지 추적할 수 있기 때문이다. 쿨리는 만약 사회과학이 일종의 자기부정적 원칙으로써 인간행위의 동기구조에 대한 탐구를 금하게 되면, 그것은 자신에게서 가장 훌륭한 도구를 빼앗는 격이 된다고 주장했다. 동기를 중시하는 쿨리의 접근이 너무 사변적임을 인정한다 하더라도 그의 생각은 올바른 방향이었다고 할 것이다.

쿨리는 '공간적 또는 물질적 지식'과 '개인적 또는 사회적 지식'을 구분하면서 후자에 대해 다음과 같이 언급했다.

(개인적 또는 사회적 지식은 ― 옮긴이) 타자의 마음과의 접촉에서 발전하는데, 그것은 개인의 사상이나 감정이 타자와 비슷하게 되고 그들의 마음 상태를 공유함으로써 그들을 이해할 수 있게 되는 과정인 의사전달을 통해 형성된다. ……이 과정은 공감적 또는 좀더 강하게 표현하면 연극적이라고도 할 수 있을 것이다. 왜냐하면 행동에 뒤따르는 상상적인 정신과정이 구체적으로 가시화되는 경우가 많기 때문이다.[24]

쿨리는 말이나 개에 대한 지식과 인간에 대한 지식의 차이는 인간의 동기와 행동의 유발을 공감적으로 이해할 능력이 우리에게 있다는 점에 기인한다고 주장했다.

여러분이 인간에 대해 알고 있는 것은 부분적으로 그가 특별한 상황에서 무엇을 했고 어떻게 보고 말하고 움직였는가 하는 점에 관해 순간적으로 떠오른 견해들로 이루어져 있다. 여러분이 그가 용감한지 겁쟁이인지, 성급한지 차분한지, 정직한지 거짓말쟁이인지, 친절한지 잔인한지를 판단하는 것은 바로 이러한 직관에 의해서다. ……그것은 또한 여러분 자신이 이러이러한 상황에 놓여 있는 그를 생각해보고 그 상황을 그에게 부과해보면서 느끼는 어느 정도의 내적 감정으로도 구성되어 있다. ……사람에 대한 우리의 지식이 비록 행동주의적이라 하더라도 그것이 공감적이지 않는 한, 어떤 직관이나 인간적인 통찰도 있을 수 없다.[25]

쿨리가 강조했던 공감적 이해(Sympathetic understanding)의 방법은, 특히 미드가 지적한 대로, 지나치게 정신주의적이고 내성적인 측면을 강조했다는 점, 그리고 사람들이 상호작용의 교제 속에서 행하는 의미부여와 사회과학자들의 원칙적이고 통제된 의미화를 구분하지 못했다는 점 등으로 인해 비판되기도 한다. 그렇지만 그는 선구적인 사회학 방법론 연구자임에 틀림없다. 베버나 그와 생각을 같이한 독일인들처럼, 쿨리도 인간적 사회세계에 대한 연구는 인간행위자들이 그들의 행위에 부여하는 주관적 의미를 밝혀내는 데 초점이 맞추어져야 한다는 점을 강조했고, 그러한 의미는 전적으로 행동을 보고하는 방식에만 의존해서는 안 되며 부분적으로는 '이해'를 통해서 연구되어야 한다는 점을 강조했던 것이다.

사회과정

쿨리가 사회구조에 대해 말한 것은 많지 않다. 그의 유기적 견해 속에서 사회생활은 하나의 이음매 없는 망으로 간주되었고, 구조적 변수에 대해서는 별다른 언급이 없었다. 그러나 사회과정에 대해서는 매우 날카로운 관찰자이자 분석가였다.

쿨리의 견해에 따르면, 사회는 행위자들과 하위집단 간의 의사전달망으로 이루어져 있다. 의사전달과정, 특히 여론 속에서의 의사전달구현은 사회적 유대를 공고히 하고 합의를 뒷받침해준다. 쿨리는 여론을 '유기적 과정'으로 보았고 단순히 시사적인 특정 문제에 대한 동의상태로 보지 않았다.[26] 여론은 "분리된 개인적 판단의 단순한 집합체가 아니라 하나의 조직이며 의사전달과 상호영향의 협동적 산물이다. 그것은 마치 백 명이 함께 건조한 한 척의 배와 백 명이 따로 만든 백 척의 배가 서로 다르듯 개개인들이 분리된 채로 생각할 수 있는 것들의 총합과는 다른 것이다."[27] 바꿔 말하면, 여론은 동의를 전제하고서 나타나는 것이 아니라 개별적 의견들 간의 상호작용 — 의사전달과정 속에서 일어나는 여러 생각 간의 충돌 — 에서 나타나는 것이다. "반드시 동의가 있어야 할 필요는 전혀 없다. 본질적인 것은 주의와 토론에서 나타나는 사고의 원숙함과 안전성이다."[28] '대중적 인상'과 구별되는 '성숙한 여론'은 논쟁 속에서 나타난다. 여론이란 "평균적인 또는 평준화된 정신을 뜻하는 것이 아니다. 이것은 집단을 구성하고 있는 고급 지성과 낮은 지성 간의, 일종의 평균치가 [아니다.]"[29] 이것은 대립된 사상경향들 간의 교환을 통해 창조되는 것이다. "잡종교배가 자연 군집체의 생명인 것처럼, 차이의 상호소통은 의사전달의 생명이다."[30] "집단성원들 간에 상호이해나 영향이 가능할 정도의 기본적인 정신적 유사성이 존재하지 않으면"[31] 함께 행동할 수 없는 것도 분명한 사실이다. 그러나 일단 하나의 공통된 준거 틀이 주어진 후의 여론은 논쟁이나 지적 대립을 통해 세련화되는, 불일치하는 의견들의 상호소통이 만들어낸 산물로 얻어지는 것이다.

여론에 적용되는 것은 다른 유형의 상호작용에도 적용된다. 사회과정에 대한 강조와 발맞추어 쿨리는 사회갈등도 필요한 것이며 없앨 수 없는 것으로 파악했다.

생각을 거듭하면 할수록 우리는 갈등과 협동이 서로 다른 것이 아니라 언제나 두 가지 면을 지니고 있는 동일 과정의 양측면임을 알게 된다. ……사회질서를 분해해보면 각각의 내부에 갈등적 요소를 지니고 있으면서도 갈등이란 점 때문에 오히려 조화를 스스로에게 강요하게 되는 여러 종류의 수많은 협동적 전체로 구성되어 있음을 볼 수 있다.[32]

쿨리의 견해에 따르면, 갈등은 기본적 문제에 대한 기초적 합의가 이루어진 바탕 위에서 나타나는 한, 건강하고 정상적인 것이다. 그는 특히 민주주의의 장점에 대한 열렬한 옹호자였는데, 그 이유는 그가 민주주의를 차이에 대한 탄압이 아니라 여론 광장에서의 과정을 통해 도덕적 통합체에 도달하게 하는 지배형태로 생각했기 때문이었다.

제도분석

쿨리는 베블런과 마찬가지로 경제적 가치, 특히 금전적 가치는 본질상

제도적인 것이라 주장하고 "인간본성과의 간접적 관련이 어떠하든 그 직접적 원천은 사회적 메커니즘이다"[33]라고 주장했다. 쿨리에게 시장은 교회나 학교와 마찬가지로 하나의 제도였다. 따라서 그는 경제적 가치를 그 제도적 맥락이나 선행제도와의 관계를 고려하지 않고 논의하는 것은 무의미하다고 주장했다. 특히 금전적 가치를 연구하는 데서 지배계급에 의해 시상제도가 어떻게 주형되는가를 정확히 파악하는 작업이 필요하다고 주장했다. 쿨리는 베블런의 의견에 동조하고 고전경제학적 접근에 반대하면서, 학생들에게 산업체계란 자족적 메커니즘이 아니라 습관, 관습, 법률 등에 의해 주형되고 "그 작동을 주로 통제하게 될 계급에 의해 다스려지는"[34] 하나의 제도복합체임을 인식하도록 촉구했다.

제도경제학사의 초기 연구자들은[35] 경제이론분야에 중요한 공헌을 한 사람으로 쿨리의 이름을 베블런의 이름 옆에 기재하곤 했다. 오늘날에는 이 분야에서 그의 이름이 크게 언급될 여지가 없다. 사실 그는 『국제사회과학대사전』(*International Encyclopedia of the Social Sciences*) 속의 제도경제학 관련 논문에서조차 언급되지 않고 있다. 그 이유는 그가 제도주의적 용어와 접근방식을 취하긴 했지만 그 제도분석에서 베블런을 뛰어넘지 못했고, 이 주제에 대한 그의 공헌도 주로 일반론적인 것들이라는 평가 때문이었다. 아마도 쿨리는 앞으로 경제학사의 각주에나 언급될 것이다. 그러나 사회학 사상사를 쓰는 사람이 우리에게 **거울자아**와 **일차집단**이라는 두 쌍둥이 개념을 제공해준 사람을 간과할 가능성은 거의 없을 것이다.

개인적 배경

쿨리는 미시간대학의 앤아버 캠퍼스 근처에서 태어나 거의 전 생애를 그곳에서 보냈다.[36] 쿨리의 집안은 원래 뉴잉글랜드 출신이었으며, 1640년 이전에 매사추세츠 스프링필드 근처에 정착했던 벤저민 쿨리(Benjamin Cooley)의 직계 후손이었다. 찰스 쿨리의 아버지인 토머스 쿨리(Thomas Cooley)는 서부 뉴욕에서 미시간으로 이주했다. 궁핍한 대가족 농가에서 태어난 그는 자신이 교육을 받고 사회적으로 입신할 수 있는 유일한 기회는 서부로 가는 것이라고 느꼈다. 그는 미시간에 정착하자 우선 편집자, 큰 장원의 경영자, 변호사로서 경력을 쌓아갔다. 야망이 크고 열정적이며 정력적인 사람이었던 그의 출발은 불안정했지만, 그는 점차 미시간의 법률적·사회적 엘리트 사이에서 특권과 명예가 있는 신분의 일원으로 상승해 갔다. 그는 그의 법률적 사고 능력에 힘입어 인정을 받게 되었고, 1859년에는 새로 조직된 미시간대학의 세 명의 전임교수 중 하나로 임명받았다. 1864년 찰스 쿨리가 태어나던 해에 아버지는 미시간 최고법원의 판사로 선출되었다. 그는 여러 해 동안 최고법원 법관이자 교수로 재직했고, 많은 법률 논문으로 그리고 주간통상위원회(Interstate Commerce Commission)의 초대 의장으로 전국적인 명사가 되었다.

여섯 형제 중 넷째였던 쿨리는 가족이 이미 확고한 지위를 차지하고 앤아버에서 안락한 생활을 하고 있던 때에 태어났다. 매우 적극적이며 성공 지향적인 아버지에게서 다소 위압당하고 소외되었던 어린 쿨리는, 차후 그의 생활양식을 특징지어주었던 소극적이고 수동적이며 퇴행적인 성격이 일찍부터 몸에 배게 되었다. 15년 동안 그는 여러 질병에 시달렸는데, 그중에는 명백한 정신질환도 있었다. 언어장애로 고통받는, 수줍고 병약했던 그는 친구가 거의 없었고 공상에 잠기거나 혼자서 책을 읽기를 좋아했다. 매우 민감했던 그는 스스로를 굉장한 달변가이자 사람들의 리더로 상상함으로써 자신의 불안정성을 보상받았다. 아버지가 인생에서 실제로 구현했던 성공욕을 그는 단지 상상 속에서나 되풀이할 수 있을 뿐이었다. 격렬한 승마, 조각, 목공 같은 그의 취미는 아마도 육체적 허약함과 사회적 부조리를 보상하려는 전형적인 알프레드 아들러(Alfred Adler)적 시도로 설명될 수 있을 것이다.

쿨리의 대학생활은 7년 동안이나 계속되었는데, 질병과 유럽여행 그리고 간간이 설계나 통계업무에 종사하면서 중단되었기 때문이었다. 그는 몇 개의 역사학 강좌와 철학과 경제학 강좌를 하나씩 듣기도 했지만, 별로 좋아하지 않았던 공학과정을 졸업했다. 대학 시절과 그 이후에도 쿨리는 손에 닿는 대로 독서를 계속했다. 형식적인 강의보다는 이러한 자유로운 독서가 그의 인생에서 최종적인 경력을 결정짓게 되었다.

다윈과 스펜서 그리고 독일의 유기체론 사회학자였던 셰플레의 저작을 정독하고, 1890년 쿨리는 정치경제학과 사회학의 대학원 과정을 위해 미시간대학으로 가기로 결심했다. 그는 「수송의 이론」(The Theory of Transportation)이라는 제목의 논문을 써서 1894년 박사학위를 받았는데, 그것은 인간생태학 분야의 선구적 연구였다. 미시간대학에는 사회학 분야의 공식적인 강의가 없었으므로, 그는 컬럼비아대학의 기딩스가 보낸 문제로 시험을 치러야 했다.

쿨리가 수련기간과 준비기간을 특별히 오래 가졌던 것은, 한편으로는 나쁜 건강으로도 설명이 되겠으나 다른 한편으로는 그가 아들에게 자기 인생을 결정할 시간을 허용해줄 수 있는 유복한 부모를 가졌다는 사실에도 기인한다. 쿨리는 유명한 아버지의 그늘 밑에 있다는 사실을 괴로워하기도 했다. 그는 한때 어머니에게 다음과 같은 편지를 보낸 적이 있다. "나는 아버지의 목소리가 전혀 들리지 않는 곳으로 가서 나 자신을 위해 누가 걱정을 해주는지를 한번 겪어보고 싶습니다."[37] 쿨리는 근본적으로 소원하던 아버지에 대한 감정적 의존으로 오래 고통을 받았으면서도, 한편으로는 가문에 영예를 가져다줄 삶을 살아야 한다는 의무감을 의식하고 있었던 것으로 보인다.

쿨리가 1890년 미국경제학회의 회합에서 낭독했던, 초기 저작인 「도시철도의 사회적 중요성」(Social Significance of Street Railways)에 관한 보고서와 앞서 말한 그의 논문은 모두가 워싱턴에서 두 해 동안 작업한 산물이었는데, 전자는 주간통상위원회의 프로젝트였고 후자는 국세조사국의 프로젝트였다. 둘 다 그의 아버지가 만족했을 만한, 굳건하고 '현실적'인 시각을 보여주고 있었다. 그의 본성에 어울리는 부드럽고 성찰적인 접근을 특징으로 하는 그의 저작의 성숙한 모습은 미시간대학에서 강의를 시작하여 자신의 아버지로부터 독립을 성취한 직후에야 비로소 모습을 나타내기 시작했다.

1892년에 시작된 미시간대학에서의 강의를 통해 쿨리는 많은 사회문제와 일상의 쟁점들에 관심을 기울였다. 하지만 자아 ─ 자신의 자아 ─ 에 대한 집착이 그에게는 가장 큰 과제였다. 스스로 독립하자마자 쿨리는 대부분의 시간을 자기탐구와 가까운 사람들, 특히 자기 아이들에 관한 관찰과 연구에 헌신함으로써 아버지의 격렬한 야망과는 다른 자신의 수줍음과 무능력을 자산으로 삼아보기로 결심했다.

1890년, 미시간대학 약학교수의 딸인 존스(Elsie Jones)와의 결혼은 쿨리로 하여금 학문연구와 무엇보다 중시하던 사색적인 생활에 전념할 수 있도록 해주었다. 높은 교양을 갖추었던 존스는 남편과는 달리 사교적이고 정열적이었는데, 따라서 세속적 근심들이 남편에게 부담이 되지 않도록 일상을 이끌어갈 수 있었다. 그들은 1남 2녀를 두었으며 대학에 가까운 집에서 조용한 은둔가적인 생활을 했다. 쿨리가 자아의 기원과 성장을 연구하는 데서 아이들이 사는 집 자체가 실험실이 되었다. 따라서 자아가 아닌 타인들을 관찰하기를 원할 때조차도 그는 집 주위를 떠날 필요가 없었다.

앤아버의 현인

쿨리는 매우 빠르게 학문적 지위를 높여갔다. 그는 1899년에 조교수가 되었고, 1904년에는 부교수, 3년 뒤에는 정교수가 되었다. 그에게는 학생들에게 인기를 끌 만한 재치도 격정도 전혀 없었다. 이 야위고 신경질적이며 다소 병약해 보이는 교수가 높은 음조로 하는 강의는 반향을 불러일으키지 못했고 학부생의 인기를 끌지 못했다. 그러나 그는 날카롭고 탐구적인 지성에 고무된 많은 대학원생에게 호소력을 가질 수 있었다. 많은 대학원생이 그의 세미나에 참석해 그가 천천히 띄엄띄엄 자기 사상의 줄기를 존재의 바닥으로부터 이끌어내는 것을 보는 것을 커다란 특권으로 느끼고 있었다. 쿨리는 행정적인 일에는 전적으로 무능했으며 학과의 사회적·정치적 활동에 참여하는 것을 견디지 못했다. 학생들의 공부를 지도하거나 학과의 조사과제를 맡을 때는 자신이 매우 무능력하다고 생각하기까지 했다. 그러나 그의 많은 제자가 증명했듯이 세미나와 강의에서 그의 복잡한 심성에 접할 특혜를 가질 수 있었던 사람들은 일생을 통해 그의 접근방식으로부터 영향을 받았다.

쿨리의 생활양식은 이제는 찾아볼 수 없는 유형의 학문적 관습을 동반한 것이었다. 당시의 학계 분위기는 여전히 귀족적이고 점잖은 정적이 교리처럼 지배하고 있었다. 금전적인 걱정이 없고 출판 아니면 자멸(publish-or-perish)이라는 철학이 아직은 기세를 떨치지 않았던 시대에 살았으므로, 쿨리는 서두를 것 없는 명상과 한가한 연구에 전념할 수 있었다. 그의 책들은 오랜 기간에 걸쳐 작성했던 노트로부터 서서히 체계적으로 만들어져 갔다. 『인간본성과 사회질서』(*Human Nature and the Social Order*)는 1902년에 출간되었으며, 7년 후 그 자매편인 『사회조직론』(*Social Organization*)이 뒤따랐다. 그의 세 번째 주저인 『사회과정론』(*Social Process*)은 9년의 간격을 두고 1918년에 출간됐다. 이 세 권의 책은 그가 일생을 두고 계속했던 잡지에서 발췌하여 만든 『삶과 학생』(*Life and the Student*, 1927)과 함께 그의 지적인 산물 거의 모두를 나타내주고 있다. 사회생태학 분야의 그의 초기논문들과 말년에 쓰인 몇 개의 다른 글은 사후에 출간된 『사회이론과 사회조사』(*Social Theory and Social Research*, 1930)에 모아져 있다.

쿨리의 일생은 극히 조용했다. 그는 논쟁을 피했다. 갈등이라면 어떤 종류든 그를 혼란시켰고, 그는 휴식을 취하지 않으면 안 되었다. 그는 1905

년 미국사회학회 창립에 참여했고 이후 대부분의 회합에 참석했지만, 그 회합들의 소란스러움과 혼잡함을 싫어했다. 1918년 학회의 회장이 된 후, 그는 모임을 약간 좋아하게 되었지만, 아마도 그때는 어느 정도의 성공을 성취했으므로 동료들을 만날 때 나타나던 이전의 불안감을 극복할 수 있었기 때문일 것이다. 자신의 책이 잘 팔리고 동료들과 제자들 사이에서 부러운 평판을 얻고 있었다는 사실이 아마 그의 자신감을 증가시켜주었을 것이다. 그의 전기를 쓴 저자는 다음과 같이 주를 달았다. "1918년부터 생애 마지막 무렵까지가 아마도 쿨리에게는 가장 행복한 시간이었을 것이다."[38]

미시간대학에 재직했던 여러 해 동안 쿨리는 동료와의 접촉이 거의 없었다. 그는 학과의 다음 서열인 우드(Arthur Wood)보다도 훨씬 연상이어서 동료의식을 거의 느낄 수 없었다. 쿨리 부부는 여흥을 즐기지 않았고 파티에도 거의 가지 않았다. 그들은 단순하고 비공식적인 접촉을 좋아했다. 쿨리는 종종 몇몇 동료와 오랫동안 산책을 했고 그들과 장기간의 캐나다 야영여행을 가기도 했다. 그들은 즐거이 계획을 세우고 부인들을 위한 야외요리를 장만했다.[39] 쿨리 부부는 여름의 대부분을 북미시간의 크리스탈 호에서 보내곤 했는데, 호수 근처에 가족을 위한 자그마한 집을 짓고 부인, 자녀들과 함께 수영과 보트타기, 산책을 즐겼다. 그는 훌륭한 아마추어 식물학자이자 조류관찰가이기도 했다. 여름 동안, 특히 말년에 이르러 쿨리는 젊은 시절 그렇게 오랫동안 얻지 못했던 평정과 만족을 얻은 것 같았다. 그는 어느 잡지에 "나는 이곳 생활에 기뻐하고 있다. 공기와 음식과 호수에 기뻐하고 내 손으로 만든 작품에 즐거워하며 나의 가족을 좋아하고 매년 여름 이곳에 올 수 있다는 사실에 기뻐하고 나의 책과 생각들, 희망들에 만족하고 있다"[40]고 썼다.

기딩스가 컬럼비아대학으로 초청했던 것을 비롯하여, 쿨리는 여러 이름 있는 대학의 사회학과로부터 여러 차례 초빙을 받았다. 그러나 그는 그러한 제안을 한 번도 진지하게 생각해보지 않았다. 그는 앤아버에 매여 있다고 느꼈고 아버지와 장인이 가르치던, 그리고 그가 학생 시절의 대부분을 보냈던 이 대학을 떠날 수 없다고 생각했다. 그는 컬럼비아대학 같은 큰 대학의 흥분되고 경쟁적인 분위기를 바라지 않았다.

쿨리는 생애 마지막 10년 동안 미시간대학의 여러 제도에 잘 적응해나갔다. 비록 그는 학문 활동에 따르는 부수적인 것들을 고려하기 싫어했고 형편없는 학사 위원이었으며 그보다도 더 형편없는 학과장이긴 했지만, 대학에서 가장 호의적인 반응을 불러일으킨 일련의 업적들을 열심히 산출했다.

쿨리의 생애를 요약하는 데서 다음과 같은 쿨리 자신의 말보다 더 적절한 것은 없을 것이다. "우리 대학에서는 모든 면에서 무능력하다고 알려지는 것이 지적인 성취에 도움이 된다. 형편없는 말투와 더듬거리는 강연, 혼란스럽고 퇴행적인 기질과 학자로서는 곤란해 보이는 어떤 요소들에 대해서 감사해야 할 것이다. 그것은 승진을 방해할지는 모르나 장기적으로 볼 때 무엇인가를 할 수 있는 기회를 준다."[41] 주저 없이 '저 사람은 원래 그런 사람'이라는 편리한 꼬리표를 붙이고 일상적인 관습과 습관을 무시하는 학자의 태도를 용인해주는 이 대학의 쾌적한 분위기에 휩싸인 채, 쿨리는 그러한 제도적 이점을 현명하게 이용했다. 외부세계의 충격으로부터 방해되지 않도록 보호를 받으면서, 쿨리는 긴 생애 동안 애초의 약점들—수줍음, 민감성, 퇴행적 성격, 자기중심적 성격—을 자산으로 바꾸고 한가한 명상과 성찰적 관찰을 통해 완숙한 결실인 그의 업적을 낳을 수 있었다.

1928년 말, 쿨리는 건강이 악화되기 시작했고 이듬해 3월 암 진단을 받았다. 그리고 1929년 5월 7일 숨을 거두었다.[42]

지적 배경

사상사의 관점에서 볼 때 파슨스의 다음과 같은 말은 분명 정확한 평가다. "쿨리의 주된 이론적 준거점은 제임스의 저작이었다. ……철학과 심리학에서 나타난 제임스의 지적 열매를 거두어들인 사람이 바로 쿨리와 미드였다."[43] 그러나 연대기적으로 볼 때 제임스가 쿨리에게 영향을 미친 것은 비교적 후반기였다. 쿨리의 전반적인 접근방식은 그가 이 위대한 하버드대학의 철학자를 접하기 전에 이미 형성되어 있었다.

매콜리(Thomas Macaulay)의 저작에 열중했던 초기를 지나고 나자 젊은 쿨리는 그의 관심을 에머슨, 괴테, 다윈 등에게로 돌렸다. 그는 "다윈에게서 나는……자연의 일반적 과정에 관한 가장 만족스러운 생각을 얻었고 그것을 연구하는 방법을 배웠다. 한편 인간세계를 이해하려는 나의 노력을 인도해주고 함께해줄 사람으로, 젊은 시절에는 체계는 없으나 위대한 지혜를 소유한 에머슨에게, 나중에는 괴테에게 의지했다"[44]고 썼다. 인간의 자유와 창조성에 대한 에머슨의 낭만적인 찬양과 인간중심적 철학 그리고 초월적 관념론 등은 쿨리의 일생에서 중요한 영향을 남겼다. "인간을 제외한 그 어떤 대상도 우리의 관심을 끌지 못한다. ……비록 우리가 완벽하게 자연의 법칙을 알고 있다 하더라도 그것은 인간과의 관련하에서만 또는 정신사와 관련을 맺음으로써만 우리의 관심 대상이 된다"[45]고 썼던 이 뉴잉글랜드 철학자의 영향이 그의 전 저작의 밑바탕에 깔려 있다. 에머슨 다음으로 쿨리에게 큰 영향을 준 사람은 괴테였다(물론 괴테는 에머슨에게도 중대한 영향을 미치고 있었다). 쿨리가 괴테에게서 배운 것은 유기적 전체성과 삶의 통합성이었다. 쿨리는 "나는 종종 괴테야말로 천부의, 거의 이상에 가까운 사회학자라고 생각했다. 그의 포용력과 욕심없음 그리고 유기적 통합성과 움직임에 대한 감각 등을……소유한 사람이라면 아마도 거의 모든 일을 완수해낼 수 있을 것이라 생각했다"[46]고 했다. 쿨리의 여러 책에는 어떤 사회과학자의 이름보다도 괴테에 대한 언급이 많다.

쿨리는 일찍이 다윈을 읽으면서 진화론적 관점으로 옮겨갔는데, 다윈이 생물학적 자연계를 지배하는 복잡한 상호연관성을 감지했다는 점에서 그를 높이 평가했다. 쿨리의 전체론적 철학, 상호작용과 상호연관성에 대한 강조, 인간을 연구하는 데 어떠한 형태의 원자론적 해석도 배격한 그의 입장 등은 다윈을 읽고 이에 깊은 영향을 받은 것이다. 물론 뉴잉글랜드의 초월적 사상에 채색된 독일관념론도 강한 영향을 미쳤다.

그러나 쿨리는 '사회적 다윈주의'의 진화론 사상가, 특히 스펜서에 대해서는 그다지 열정적인 반응을 보이지 않았다. 그는 "내가 [스펜서에게] 끌린 점은 도무지 공감할 수 없는 그의 특별한 사회관이 아니라 생활의 진보적 조직에 대한 그의 일반적 논의였다"[47]고 했다. 쿨리는 "1870~90년에 사회학을 공부한 사람은 거의 모두 스펜서 열풍에 휩싸였다"는 점을 솔직히 인정했다.[48] 그러나 그를 스펜서에게서 멀어지게 한 것은 그의 '동정심 결여' '개성의 무시' '문학적·역사적 교양의 부족', 그리고 독단적 논리전개 등이었다. 쿨리는 엄격한 비국교도 사회철학자였던 스펜서가 "인간생활의 구조와 움직임에 대한 직접적이고 확실한 인식이 부족했다.……[그는] 이러한 현상들을 거의 전적으로 유추에 의해 파악했다. 사회질서의 유기적 전체성은 사실로서, 개성과 마찬가지로 정신적인 특성을 지니며 그것을 파악하기 위해서는 똑같은 종류의 공감적 상상이 요구된다. 이런 자질을 스펜서는 지니지 못했고 따라서 그의 개념들은……내가 보기에 전혀 사회학적인 것이 아니다"[49]라고 불평했다. 괴테를 이상적 사회학자라고 했던 쿨리가 인간의 정신을 이해하지 못한 우둔함을 이유로 스펜서를 사회학자가 전혀 아니라고 생각했다는 것은 크게 놀랄 일은 아니다.

또한 바로 이러한 이유 때문에 사회개혁가이자 진보주의자였던 쿨리는 스펜서의 강한 공리주의적 개인주의를 매우 못마땅하게 여겼고 오히려 유기체론을 주장하면서 『사회적 인간의 삶과 그 근원』(Bau und Leben des sozialen Koerpers)을 저술한 독일사회학자 셰플레에게 더욱 호감을 갖게 되었을지도 모른다. 쿨리에 따르면, 셰플레는 스펜서식의 유추에 입각한 논리를 따르지 않았고 사회성원을 결합시키는 유기적 유대는 본질적으로 정신적인 것이라는 견해를 강조했다.[50]

볼드윈과 제임스에게 진 빚

자아의 본성에 대한 쿨리의 독특한 견해와 거울자아의 개념을 발전시킨 데 대해 사회심리학자 볼드윈(James Baldwin)과 심리학자이자 철학자인 제임스의 영향을 언급하지 않을 수 없다.[51] 1890년대 쿨리가 개인적 관념의 기원과 그 발달에 대한 발생론적 설명을 제시하기 시작했을 때, 볼드윈과 제임스를 면밀히 연구했고 스탠리 홀(Stanley Hall) 같은 아동심리학자에게도 관심을 갖고 있었다. 볼드윈이 『어린이와 종족에서의 정신발달』(*Mental Development in the Child and the Race*, 1895)이란 제목으로 출판했던 실험과 연구들은 『인간본성과 사회질서』를 저술할 때 뚜렷한 영향을 남겼다. 자신의 주장을 요약하면서 볼드윈은 다음과 같이 언급했다.

아이의 개성을 사회적 개념 이외의 용어로 어떻게 표현할 수 있을지……나는 모르겠다. 또한 사회적 용어도 발달과정에 있는 개인을 이해하지 못하는 것이라면 무슨 가치가 있을 것인가. 물론 이것은 정의를 어떻게 내리는가와 관련된 것이지만 분명한 내 입장이다. 한편으로 우리는 '친족'의 심리학에 도달함으로써만 사회에 대한 인식을 얻을 수 있다. 다른 한편으로 우리는 개인의 정상적 삶이 영위되는 사회적 조건들을 탐구해야만, 다시 말해 여러 가지 사회적 조건이 개인에게 미치는 작용과 반작용의 역사를 고찰해야만 비로소 '친족'에 대한 올바른 관점을 얻을 수 있는 것이다.[52]

볼드윈의 문체가 쿨리의 섬세함을 지니지 못했기에 망정이지 그렇지 않았다면 이 문장은 쿨리의 것이라 생각하기 쉬울 정도다.

쿨리가 볼드윈의 사례연구나 일반사회심리학 연구에서 많은 것을 빌리긴 했지만, 제임스에게 진 빚은 더욱 크다. 그는 제임스에게서 마음(mind)과 자아의 본질에 대한 그의 일반이론의 토대를 빚졌다. 당시 독일 심리학에서 유행하던 원자론적 입장에 반대한 제임스에 따르면, 의식이란 관념들의 조각을 모아놓음으로써 구성되는 것이 아니라 물줄기와도 같이 흘러가는 것이며, 모든 의식 상태는 전반적인 정신적·물리적 맥락의 함수라는 것이다. 마음은 누적적이며 끊임없이 변화하는 어떤 것이다. 제임스에게서 마음이란 경직되어 있는 확정된 구조가 아니라 새로운 경험과 맞물려 끊임없이 확장되고 변화하는 것이다. 쿨리가 "우리의 내적 경험을 확장하는 것은 타인들과의 교류에 의해서다"[53]라고 했을 때 그는 제임스의 견해를 충실히 쫓고 있었던 것이다.

자아의 개념에서 쿨리가 제임스에게 진 빚은 더욱 뚜렷하다. '외부세계'뿐만 아니라 자아조차도 하나의 대상으로 보고 자아의 다원성이란 개념을 도입한 것이 제임스의 혁신적 견해였다.[54] 그는 인식주체로서의 자아인 'I'와 인식대상, 즉 다른 사람들이 **나의 것**이라고 지칭할 수 있는 모든 것의 총화로서의 자아인 'me'를 구분하는 데서 출발한다. 따라서 **물질적 나**(material me)에는 개인의 신체, 복장, 직계가족, 재산 등이 포함된다. 'me'의 두 번째 구성요소인 **사회적 나**(social me)는 개인이 친구들에게서 받는 평가에 의해 만들어지는 것이기 때문에 "개개인은 그를 인정하고 그에 대한 이미지를 마음속에 간직하고 있는 사람의 숫자만큼의 사회적 자아를 갖는다."[55] 사람들은 자신이 동조하는 서로 다른 집단의 수만큼이나 많은 사회적 자아를 갖고 있다고 말할 수 있다. 'me'의 세 번째 구성요소인 **정신적 나**(spiritual me)는 개인의 의식상태와 정신적 기능의 전체 집합이라고 제임스는 주장했다. 단일한 데카르트적 주체를 다양한 주체로 분해시킴으로써(그 모든 자아는 외부세계와의 다양한 교류를 통해 존재한다), 그리고 외부 세계와 마찬가지로 이 다양한 자아도 객체일 수 있음을 강조함으로써 제임스는 쿨리와 미드의 사회심리학, 나아가 이후의 많은 사회학적·사회심리학적 역할이론의 기초를 마련했다.

쿨리는 볼드윈과 제임스의 도움을 솔직히 인정하면서 다음과 같이 언급했다. "사회적 개인들이 상호배타적인 존재가 아니라 대개는 공통적인 요소들을 공유하고 있다는 생각은 제임스 교수의 사회적 자아에 관한 학설 속에 함축되어 있으며, 볼드윈 교수의 『정신발달의 사회적·윤리적 해석』(Social and Ethical Interpretations of Mental Development) 속에 더 자세하게 나타나 있다. ……나는 후자의 탁월하고 독창적인 업적에서 많은 교훈과 유익한 자극을 얻었다. 제임스 교수에게 진 빚은 아마 이보다 더 클 것이다."[56] 그러나 제임스에게 진 이러한 빚에도 불구하고 쿨리는 이 하버드대학 철학자의 해석은 충분히 사회학적인 것이 되지 못했다고 믿었다. 그는 어떤 논문에서 다음과 같이 언급했다.

> 제임스가 비록 자아의 사회적 특성을 통찰하긴 했지만, 그는 이것을 개인과 사회의 관계에 대한 유기적 개념으로 더 발전시키지 못했다. 그의 개념은 극히 개인적이고, 이런 말을 써도 좋을지 모르겠으나, 모호하게 사회적일 뿐 유기적이지도 명료하지도 않다. ……그는 인간을 분리된 개인으로 보았을 뿐……서로가 같은 성원임을 고려하지 않았다. 사회적 또는 **사회학적 실용주의라고 할 만한 부분이 더욱 검토되어야 할 영역으로 남아 있다.**[57]

지금까지에서 명백히 알 수 있듯이, 쿨리는 사회학자들보다 역사학자, 심리학자, 철학자, 문학가 등에게서 더 깊은 영향을 받았다. 이미 언급했던 사람들 외에도 소로(Henry Thoreau), 파스칼(Blaise Pascal), 단테(Alighieri Dante), 켐피스(Thomas à Kempis), 배젓(Walter Bagehot)을 위시해 미국에 관해서는 토크빌(Alexis de Tocqueville)과 브라이스(Lord Bryce) 등이 사회과학자 — 예를 들면 영국의 사회적 진화론자나 콩트 같은 — 보다 오히려 더 큰 영향을 쿨리에게 주었던 것 같다. 쿨리와 동시대 사회학자 중에서는 프랑스의 가브리엘 타르드와 미국의 워드, 기딩스가 그의 성향에 가장 가까웠던 것으로 보인다. 워드와 기딩스는 초기에 그를 친절히 도와주었다. 쿨리는 타르드의 저작과 마찬가지로 이들의 저작은 단지 사회의 심리학적 기초를 강조했다는 정도로만 이해하고 있었다. "인간의 사회생활은 그것과 나눌 수 없도록 얽혀 있는 마음의 과정을 이해 못 하면 결코 파악될 수 없다"[58]고 느끼고 있던 쿨리가 워드의 전반적인 철학에 동조할 수는 없었다 하더라도, 문명에서 심적 요소의 중요성을 강조하는 그의 입장에는 공감했다. 또한 기딩스의 통계학 저작의 많은 부분이 미시간대학 동료들에게는 호소력을 얻지 못하고 있었지만, 쿨리는 종의식(consciousness of kind)에 대한 컬럼비아대학 사회학자들의 강조를 경청했다. 진보의 개념이라는 또 하나의 요소가 쿨리를 당시의 많은 학자, 특히 워드, 스몰, 섬너, 기딩스 등과 연결시켜준다. 이들 모두와 마찬가지로 그도 인간본성은 유동적이며 수정 가능한 것임을, 그리고 인간은 교육 가능한 존재임을 믿었다. 따라서 인간의 장래를 낙관적으로 보는 것은 정당하다고 보았다. 그는 "우리는 인간본성의 변화 없이도, 이미 부여받고 있는 독특한 구조를 통해 인간성의 진보가 가능할 만큼 행복하게 만들어져 있다"[59]고 썼다. 워드나 섬너, 스몰을 위시한 당대 많은 학자와 마찬가지로 쿨리도 "사회변동은 자연적으로 천천히, 점진적이고 지속적으로, 그리고 정도를 달리해 발생한다"고 확신했다. (그러나 그들과 달리 계급론을 지지하지는 않았다.)[60] 그는 또한 이들과 함께 경쟁, 갈등, 투쟁의 현실을 인식하고 있었으나 이것이 타협이나 도태를 통해 해소됨으로써 협동의 새로운 토대를 제공해줄 새로운 종합이 생성되리라고 믿고 있었다.[61] 인류의 진보를 묘사하면서 워드와 쿨리는 모두 포도덩굴의 생장특성과도 같은 식물학적 모델에 의존했다. 이러한 온건한 낙관론의 근저는 쿨리 사상의 사회적 배경을 검토해보면 더욱 명백해질 것이다.

사회적 배경

잉게(Dean Inge)는 시대의 정신과 결혼한 사람은 얼마 지나지 않아 홀아비가 되어 있는 자신을 발견하게 된다고 말한 적이 있다. 쿨리는 그의 전 생애를 통해 독단의 희생물이 되지 않으려고 노력했다. 쿨리는 자신의 저작을 시대와 장소를 초월하는 보편적 인간주의의 가치에 묶어두려 했다. 그럼에도 역설적이라 할 만큼 그의 저작 대부분은 본질적으로 미국 중서부를 배경으로 세기가 바뀌는 전환기 미국의 진보주의사상을 반영한다. 쿨리의 사상은 그가 당시의 지적 경향과 유행을 초월하여 도출해낸 것이기 때문에 상당히 영속적인 것이다. 그러나 그의 사상의 배경을 알지 않고는 이해가 쉽지 않을 것이다.

우리는 터너, 패링턴, 비어드 등을 진보적 역사가라고 부르는 것과 같은 의미에서 쿨리를 진보적 사회학자라고 부를 수 있다.[62] 이들 역사가들처럼 쿨리는 자기 시대의 일상적 정치에는 관여하지 않았으나, 당시의 대중적·진보적 개혁가들이 주도했던 1890~1915년의 지적·정치적 혼란들에서 많은 시사를 얻었다. 당시의 진보사상은 동부 대학 대부분을 지배하고 있는 정신을 지적 형식주의라고 보고, 이에 반대하는 저항을 주도한 중서부 학자 세대들에 의해 이루어졌다. 진보적 지식인들은 자기 시대의 요청에 구체적으로 부응하기를 원했으며, 자기들의 저작을 중부 국경 지대의 문화인 열렬한 민주주의적 반엘리트주의 정신과 융합시킬 것을 원했다. 그들은 미국 학문을 늙어빠진 브라만과 특권 계급의 손에서 빼앗아 평민의 투쟁과 이익에 더욱 가깝게 연결시킬 것을 원했다. 헨리 애덤스(Henry Adams)나 그의 형제인 브룩스 애덤스(Brooks Adams) 같은 동부 엘리트의 대변인들이 제시한 비관주의적 미국관으로부터 배척을 당하면서도, 진보주의자들은 중서부에서 싹터 점차 팽창하던 문화, 즉 생동력, 희망, 미국 민주주의의 미래에 대한 낙관적 견해를 의도적으로 찬양했다. 그들은 민주주의의 장점을 강조했고, 미국이라는 나라가 필요로 하는 것은 동부 엘리트 사상가들이 선언한, 같은 민주주의 과정에 대한 제한이 아니라 도리어 민주주의 과정의 확대라고 느꼈다.

에머슨 방식으로 글을 쓰면서, 쿨리는 뉴잉글랜드 초월론자들의 관념론과 프런티어 정신 속에 구현되어 있다고 여긴 평민의 민주주의적 덕성에 대한 신뢰를 융합시켜보려고 애썼다. 뉴잉글랜드 지방을 지배하던 연방공화국의 옛 청교도 사상, 즉 '이상적 도시 건설'을 중서부의 소도시 문화 현실에 접목시키려 시도하면서, 쿨리는 모든 개인이 서로 완전한 의사소통을 하고 공동의 이익을 극대화하기 위한 공동 과제에 다 함께 참여하는 이상적인 공동체를 꿈꾸었다. 쿨리가 사회 각 부분의 유기적 상호의존성을 계속적으로 강조하는 한편 미국의 공리주의적 개인주의에 대해서는 집요하게 반대했던 까닭도, 당시 진보적인 동료지식인들과 공유했던 공동사회의 선함과 성실성에 대한 변함없는 신뢰 때문이었다. **일차집단**에 대한 찬양과 일차집단에서 배양된 덕성들을 전체 사회로 확산시킬 것을 강조한 쿨리의 주장은 당시 수많은 개혁가가 깊이 확신하고 있던 신념에 비춰 이해해야 할 것으로 생각된다. 이 신념이란 인간은 서로를 사랑하지 않으면 안 되며 그것도 자기 가족을 사랑하는 것과 똑같아야 한다는 믿음이었다.

자본가의 이익은 철도부호에 의해 대표되든 산업재벌에 의해 대표되든 동부은행가에 의해 대표되든, 그것이 민주주의적 과정을 붕괴시켜가고 공동의 우애감과 공동의 참여의식을 좀먹는 상태까지 이르게 되면 진보사상과 갈등을 일으키게 된다. 그러므로 그의 동료 사상가들과 논조를 같이하여 쿨리는 억제받지 않는 자유방임주의의 약탈적 결과로부터 개인을 보호하기 위한 최소한의 조건들의 설정을 의미하는 여러 대책을 요구했다. 쿨리는 경영자와 노동자 사이의 분쟁해결의 절차, 재해보험과 노년보험, 직업안정성과 고용안내소, 사람들로 하여금 자신의 노동에 일체감을 갖도록 하기 위한 노동조건의 통제 등을 옹호했다. 일단 사람들이 자유방임주의의 비인간적·억압적 결과에서 해방되면, 그리고 일단 계급제도가 참으로 개방되어 모든 사람에게 기회가 보장되면, 모든 사람은 각각 민주주의적 공화국의 시민임을 충분히 인식하도록 자유롭게 발전할 것이라고 보았다. 복지와 통제 그리고 계획 수단들을 통해 쿨리와 그의 동료 진보주의자들은 자기-신뢰적 농부들이 자신의 개체성을 자각하고 동료들의 요구를 알고 있으며 공동의 번영에 대해 인지하는 뉴잉글랜드 마을의, 좀더 확대되고 보다 다양화된 모델(replica)을 평원 위에 건설하기를 희망했다.

쿨리와 베블런은 동시대인이었으며, 두 사람은 모두 중서부의 인민주의와 진보주의에 뿌리를 두고 있었다. 그러나 두 사람은 지적 스타일에서 매우 큰 차이가 있어서 우리는 과연 그들에게 공통의 배경이 있는지 의문을 갖기 쉽다. 자본주의 문명의 사악성과 낭비성에 통렬히 반대하는 미네소타의 노르웨이인의 어조 높고 통렬한 목소리와 민주주의사회의 행복을 환기시키는 미시간대학 사회학자의 부드러운 온건함 사이에 어떠한 공통점이 존재할 수 있겠는가? 그럼에도, 그들 두 사람의 목소리가 현저하게 대조적이라 할지라도, 그들은 근본적으로 서로 다른 메시지를 전달했다기보다는 공통의 주제를 서로 다르게 전달한 것이었다. 비록 한 사람은 급진적 사회비평가의 격렬한 분노를 표현하여 글을 썼고 다른 한 사람은 균형 잡히고 신사적인 표현 양식에서 벗어나지 않았지만, 그들 두 사람은 평민의 덕성에 대한 신뢰를 공유했고 기본적으로 민주주의적·반귀족적 관점을 공유했다. 두 사람의 차이는 두 사람이 그 속에서 연구작업을 행한 사회적 배경을 비교함으로써 이해될 수 있다.

쿨리의 학문적 입장과 청중

주변적인 노르웨이인 농부의 아들이며 학계의 변방에 놓인 횃대에 불안정하게 앉아 있었던 베블런과는 대조적으로, 쿨리는 높이 존경받는 상류계급 가정의 귀공자였고 그 대학을 잠깐이라도 떠나본 적이 없는, 미시간대학의 유기적인 한 부분과도 같은 사람이었다. 이것이 비록 두 사람이 인민주의사상과 진보사상의 **시대정신**(Zeitgeist)을 표현했으면서도 그 요청에 대한 두 사람의 반응의 개인적 방법이 현저하게 다르게 된 사실을 설명하는 데 도움을 주는 것이다.

쿨리는 그가 미시간대학에서 사회학의 '급진적' 주제에 대한 강의를 시작했을 때, 가정의 보수주의적 배경이 그를 굳건하게 버틸 수 있도록 해주었음을 잘 알고 있었다. 쿨리는 "나는 사회학이 언제나 '급진적' 주제를 싫어하는 것이라고는 생각하지 않는다. 그러나 이 점에 관한 한 내가 보수적 가문 출신으로 알려진 것이 아마도 나에게 도움을 준 것 같다. 나의 아버지는 미시간대학 법과대학의 초대학장이었다"[63]라고 썼다. 이러한 이른바 결함이 없는 배경 때문에, 미시간대학에서 쿨리는 "논쟁적인" 진화론을 설명할 때나 "자본가계급, 사회주의, 노동운동, 언론에 대한 계급적 통제 등등의 주제를 다루면서"[64] 전혀 곤란을 당하지 않았다. 쿨리는 "[그에게] 진실이라고 보이는 것을 정확하게 말했으며 [그는] 다르게 말하도록 강요하는 어떠한 압력도 결코 신경쓴 적이 없다"[65]고 자랑스럽게 진술했다. 당시 미국의 수많은 대학에서 학문적 자유가 매우 빈번하게 침해된 것을 고려할 때, 우리는 쿨리의 배경이 그와 같은 경향을 가졌던 다른 사람들이 고통을 받았던 것의 간섭으로부터 그를 구제해준 것이라고 결론을 지을 수 있다. 쿨리의 다음 글에서 당시의 급진적 사상가들에 대한 그러한 압력을 스스로 알고 있었음이 나타나고 있다. "학과장은 (자신의 견해는 여하간에) 의견이나 의견을 표현하는 양식이 학과나 일반 대학 행정부를 불신하는 것처럼 보이는 사람은 거의 뽑지 않았다. 전술적으로 뛰어난 급진주의자들이 진출하는 경우는 간혹 있었다. 그러나 그들의 급진주의가 성공하여 살아남는 일은 거의 없었다."[66]

쿨리가 미시간대학에서 대학 당국으로부터 받은, 공정하고 이해력 있는 대우는 온건하고 균형 잡힌 격조의 목소리를 채택한 쿨리의 성향을 강화시켜주었다. 이것은 마치 베블런의 학문적 경력을 특징짓는 거절과 추방이 그의 본래의 반항성을 강화한 것과 같은 논리인 것이다. 앞서 보았듯이 쿨리는 전형적인 학계 인사가 결코 아니었다. 그는 행정적 과제들을 기피했으며, 행정적 잡무를 최소화하기 위해 사회학과를 경제학과와 통합시키는 데 만족했다. 그의 학계에 대한 개인적 관점은 『미국의 고등교육』의 저자의 그것만큼이나 거의 부정적이었다. 말년에 쿨리는 "대부분의 학문

활동이 공격적 기업과 닮은 것이……미국 대학의 특징이다"[67]라고 쓸 정도였다. 쿨리는 대학 행정가에 대해 다음과 같이 지적했다. "마치 관광용 차를 쓸 만한 화물차로 만들 수 있는 것과 마찬가지로 학자를 쓸 만한 행정가로 만드는 것은 보통 가능한 일이다. 그렇려면 부정기적이고 끊임없는 마음의 유람을 억누르고 그렇게 해서 절약된 정력을 체제와 안정을 위해 사용하는 것이 중요하다. 당신들은 기어를 낮추고 차체를 딱딱하게 만드는 것이다."[68] 그럼에도 쿨리는 원칙적으로 결코 학계의 협정이나 예의 범절과 다투지 않았으며 오직 개인적 부적합성 때문에 그러한 것들을 기피한 것 같은 인상을 언제나 준 것으로 보였다. 쿨리의 딸은 어느 날 한 학생이 빳빳한 칼라를 입고 교실에 나타나자 학생신문에서 그를 순응주의적이라고 비난했을 때의 쿨리의 반응을 회상하고 있다. 쿨리는 이것은 어리석은 짓이라고, 우리는 작고 중요하지 않은 문제에는 순응하고, 크고 중요한 일에 대해서는 순응하지 않기 위해서 힘을 아껴야 한다고 말했다고 한다.[69] 이것은 학계의 관행과 습관에 대한 베블런의 허세 섞인 조롱과는 매우 다른 것이다. 대학 행정가들이 쿨리의 행정적 세부 사항에 대한 소홀함에 대해 약간의 소문을 퍼뜨리는 경우에도, 쿨리는 베블런이 자주 했던 것과 같은 적극적 적의를 결코 불러일으키지 않았다. 또한 쿨리의 사생활은 행동의 품위 있는 표준에 결함이 없이 잘 조화되었다. 그러므로 쿨리는 베블런이 한 자리에서 다른 자리로 쫓겨나고 있을 때, 거의 노력을 들이지 않고 미시간대학의 가장 존경받는 교수 중 하나가 되었던 것이다.

미시간대학은 쿨리에게 보호적 환경을 제공했으며, 만일 이것이 없었다면 쿨리는 결코 생산적인 학자가 될 수 없었을 것이다. 쿨리의 소극적 성격, 거의 병적인 수줍음, 사회적 교제를 부드럽게 하는 사교적 접촉을 하지 못하는 그의 무능력 ― 이러한 모든 요인은 만일 그가 존경받는 교수에게 허용된 제도적 장치와 특권 그리고 불간섭의 이점을 활용할 수 없었다면 쿨리로 하여금 사람과의 교제를 싫어하는 부적합한 인간으로 만들어버렸을 것이다. 쿨리의 시대에는 아직까지 학계 인사란 학자와 신사가 동일시되는 것을 전제하고 있었다. 특유의 신사 ― 교수는 영국인들이 귀족들의 결점에 대해 보여준 관용과 대체로 비슷한 것이었다.

쿨리는 학계에 속함으로써 그가 얻는 이익을 잘 알고 있었다. 쿨리의 관찰 일부는 자전적인 것처럼 보인다. 그는 "가수의 목소리가 오케스트라에 의해 떠받쳐지는 것처럼, 교사는 고상한 제도에 의해 지탱된다"[70]고 말했으며, 다음과 같이 언급하기도 했다. "제도와 천재는 사물의 본질상 반(反) 명제적이다. 만일 하나의 천재적 인간이 대학 안에서 만족하며 살고 있는 것이 발견된다면, 그것은 양자에게 특히 칭찬할 만한 일이다.[71]

미시간대학은 또한 쿨리의 사상을 시험해볼 청중을 공급했다. 쿨리는 교수들 사이에서 오직 가까운 친구 소수만을 갖고 있었다. 그러나 그는 완전한 외톨이는 아니었다. 쿨리와 듀이, 두 사람은 사모바르 클럽(Samovar Club)이라고 부르는 소집단의 회원이었는데, 이 클럽은 뜨거운 초콜릿차를 마시면서 러시아문학을 토론하는 모임이었다.[72] 미드가 미시간대학에서 가르치고 있었을 때 쿨리가 미드와 얼마나 가까웠는지는 알려져 있지 않다. 그러나 분명히 쿨리가 미드와 동일한 범주의 사상을 공유할 만큼 충분히 가까웠다는 것은 명백하다. 쿨리의 주말 여행이나 일요일의 산책에 그와 동반하여 견해를 교환할 철학, 심리학, 역사학 분야에서의 개인적 친구는 별로 없었던 것 같다. 쿨리는 후기에 경제학과와 사회학과에 들어온 젊은이들과 거의 긴밀한 접촉을 갖지 않았으며, 또한 그는 동업자를 열심히 구하거나 지적 교환의 생동성을 추구한 사람도 아니었지만, 그럼에도 때때로 그는 동료들의 지식과 비판적 논평에서 많은 이득을 얻을 수 있음을 발견했다.

베블런은 의도적으로 자신의 학생들을 거절했음을 상기할 필요가 있다. 쿨리는 '훌륭한 강사'로 간주되지 않았음에도 언제나 많은 학생이 있었다. 초기에는 쿨리의 강의실에 50~125명이 수강했다.『인간본성과 사회질서』의 간행이 그를 더 유명하게 만든 후기에는 120~150명의 학생이 수강했으며, 때로는 450명까지 수강한 경우도 있었다. 또한 쿨리가 긴장된 강의를 필요로 하지 않고 그의 비판적 지성과 성숙한 지혜를 조용히 발휘할 수 있는 자리인 대학원생들을 위한 세미나는 높이 평가되었다. 쿨리의 이전 학생들 중에서 해밀턴(그는 베블런의 학생이기도 했다), 베인(Read Bain), 에인절(Robert Angell) 등은 쿨리가 문자 그대로 그들을 사로잡았다

고 증언하고 있다.[73]

쿨리는 학생 청중의 중요성을 잘 알고 있었다. 그는 "사상의 새로운 구조의 창건과 관련해서, 교수는 홀로 연구하는 학자에 비해 큰 장점을 갖고 있다. 즉 교수는 사상의 생산과정 동안 자신의 연구작업을 환영하고 확인하며 교정할 지성적 청중을 셈에 넣을 수 있다는 사실이 그것이다. 내게는 언제나 그러한 청중이 있었으며, 열성적 학생들의 소집단들과 토론을 했던 기억보다 더 즐거운 기억은 없다"[74]고 썼다. 쿨리에게 "강의는 공중연설처럼 하나의 모험이었다."[75] 자신의 이론들과 조화하여 쿨리는 자기 청중의 각 성원과 활발한 대화를 하려고 시도했다. 그는 "내가 교실의 문에서서 학생들이 교실 안으로 들어올 때 각 학생의 눈을 찾아보면, 나는 그들과의 인간적 친밀감을 갖게 되며 그것은 그들에게 강의하는 것을 더 쉽게 만든다. 낯선 청중을 면전에서 대하는 일은 가혹하다"[76]라고 언급했다. 비록 수줍어하고 소극적이었지만, 쿨리는 학자가 학생 청중에게 강의할 때 얻는 이익을 예리하게 알고 있었다. 그는 "강의를 준비할 때 청중에 대한 더욱 집중된 느낌 때문에 글로 서술할 때는 결코 얻을 수 없는 구어체의 명료함을 떠올리게 된다. 그럴 때 모든 사고가 선명하게 되어야 하며 모든 언어가 서로 맞아떨어져야 함을 느낀다"[77]고 썼다.

쿨리의 수줍음 대부분은 자기가 당연히 받아야 할 인정을 받지 못하게 되지 않을까 하는 두려움에 뿌리를 두고 있는 것처럼 보인다. 그러한 인정이 점차 확인되면, 그의 수줍음은 비록 결코 완전히 사라지지는 않을지라도 크게 감소했다. 이와 관련해서 그가 25년간 충실히 참석했던 미국사회학회 대회들에 대한 쿨리의 일기 중 여러 기록을 비교해보는 것이 시사적일 것이다.

그는 그가 창립을 도왔던 학회의 제1차 대회에서 돌아온 후 다음과 같이 지적했다. "나는 그 활동에 큰 기대를 갖고 있지 않다. 심지어 나는 이러한 조직이 나에게는, 특히 개인적으로 도움보다는 오히려 장애가 되지 않을까 의심된다. 조직은 범용성을 조장한다."[78] 수년 후 애틀랜틱 시에서 열린 대회에서 돌아온 후에는 다음과 같이 언급했다. "이런 일들은 그전처럼 많이 나를 피곤케 만들지 않는다. 나는 약간 더 자신이 생겼다."[79] 1918년

학회의 회장으로 봉사한 후에는 다음과 같이 언급했다. "이틀 동안의 대회는 분주했다. 그러나 내가 책임을 맡지 않았던 그 이전의 대회보다 긴장은 덜하다. ……나의 최근 경험에서 보건대 정신적 긴장에서 내 자신을 해방하고 생활의 여력을 축적한다면, 나는 다른 사람들과 마찬가지로 잘해낼 수 있고, 모든 사람을 불쾌하게 만들지 않으면서 청중들과 대화하고 강연할 수 있을 것 같다."[80] 쿨리는 자신의 저작에 대한 다른 사람들의 반응이 호의적임을 알게 되자 더욱 자신감을 키워갔다. 또한 사회학 동료들로 이루어진 호의적 청중과 친지들은 쿨리가 후기에 획득한 것으로 보이는 자신감을 세우고 유지하는 데 그를 지속적으로 도와주었다. 또한 그의 활기찬 청중에 더해서, 쿨리는 그의 저작이 꾸준히 더 잘 팔린다는 사실로 고취되기도 했다. 제1차 세계대전 후 그의 『사회조직론』단 한 저작의 판매 실적만 해도 100퍼센트나 비약적으로 상승했다. 1925년까지 그의 세 저작 판매부수는 총 3만 3,000부 이상에 달하게 되었다. 『사회조직론』은 꾸준히 『인간본성과 사회질서』보다 두 배 더 판매되었으며, 『사회과정론』보다 네 배 더 팔렸다.[81] 이러한 모든 사실은 그의 책이 비단 그의 가까운 동료들뿐만 아니라 젊은 세대들에게도 읽혔다는 증거가 되었으며, 쿨리의 전언내용에 대한 호의적 반응이 있었음을 증명해주었다.

쿨리는 그가 청중에 관심이 없었기 때문이 아니라 그가 지나치게 '청중의식적'이었기 때문에 퇴직하여 은퇴생활을 했다. 거울자아의 개념은 자전적 성격이 강한 것이었다. 쿨리는 자기가 다른 사람에게 미친 영향에 깊은 관심을 갖고 있었고, 자기에 대한 반응이 상대적으로 예측 가능한 그러한 청중만을 찾아내려는 경향이 있었으며, 따라서 용이하게 그의 자아개념에 맞출 수 있게 되었다. 그는 구조화된 학문적 청중을 높이 평가했으며, 반면 상대적으로 구조화되지 않는, 우연히 만난 사람들은 회피했다. 쿨리는 전반적으로 일상인의 결사체를 기피했으며, 대학사회 밖의 사회생활에는 최소한만 관여했다. 비학문적 조우자의 예측불가능성에 대한 쿨리의 공포는 쿨리로 하여금 사회를 지배하는 사회과정에 대한 그의 지식을 행동적 참여가 아니라 주로 서적과 내부적 성찰에서 도출하도록 유도했다.

이것은 사회적 상호작용의 여러 형태에 대한 쿨리의 강한 정신주의적 해석을 설명하는 데 도움을 줄 것이다. 쿨리는 미드가 표현한 "심리적 측면에 대해 구분하는 경험의 객관적 측면"[82]에 속하는 대신에, 본질적으로 마음(mind) 내에서의 상호작용에 남아 있으려는 경향이 있었다. 사회생활의 교환 속에서의 객관적 경험으로부터 가능한 한 자신을 분리시킴으로써, 쿨리는 마음을 모든 상호작용이 나타나는 극장처럼 보게 되었다. 에인절은 이 점을 다음과 같이 잘 설명하고 있다. "그는 사회를 자신의 마음속에 포함하려고 했고, 다른 사람들도 동일한 일을 했다고 믿었으며, 이러한 활동을 과학적 원리로 만들었다."[83] 보다 외향적이고 사회적으로 실천지향적 사상가인 미드는 의사소통의 과정 속에서 물질적 세계의 수준과 동일한 수준의 자아의 사회적 세계가 출현한다고 주장했다. 미드에게서 내적 경험은 이 사회적 세계로부터 발생하는 것이다. 이와 대조적으로 쿨리는 상대적으로 분리되어 자신의 마음의 과정에 고착된 채 남아 있었다. 그는 자아분석(self-analysis)과 내적 성찰을 통해 마음을 이해하는 것을 희망했고, 객관적 실재의 주장을 경시했으며, 전체로서의 "상상력은……넓은 의미에서 사회의 궤적(locus)"[84]이라는 점을 확인할 것을 원했다.

쿨리의 유산

자아의 사회적·반영적 성격의 개념은, 그것이 비록 쿨리의 해석보다는 보통 미드의 해석을 따르는 것이라 할지라도, 이제는 현대사회학이론 중 하나의 핵심이 되었다. 자아를 논하지 않는 사회학 교과서나 사회심리학 교과서는 거의 없다. 그러나 일차집단의 개념과 관련해서는 문제가 약간 다르다.

비록 1930년대, 특히 버나드(Luther Bernard)와 패리스[85]에 의해 일차집단의 사상에 대한 토론들이 충분한 수만큼 있었다 할지라도, 일반적으로 1940년대 후반기에 그것이 갑자기 '재발견'될 때까지는 일차집단의 사상은 소홀히 다루어졌다. 이미 이보다 앞서 레빈(Kurt Lewin)과 그의 제자들은 소집단의 내적 구조에 대한 고도로 의미 있는 실험적 연구를 수행했으며, 메이오(Elton Mayo)와 그의 추종자들은 산업노동자들의 태도와 행동을 결정하는 데서 자발적으로 형성된 일차집단의 중요성을 강조했다.[86] 일차집단 개념의 진정한 재발견은 두 개의 매우 다른 경험적 조사연구자들에게 소급될 수 있다. 그 하나는 스타우퍼(Samuel Stauffer) 등이 저술한 『미국의 군인』[87]이고, 다른 하나는 라자스펠드(Paul Lazarsfeld)와 기타의 투표행위와 소비자선택에 관한 연구들, 특히 『국민의 선택, 투표, 그리고 개인적 영향』(*The People's Choice, Voting, and Personal Influence*)[88]이다. 이 모든 연구가 공통적으로 갖고 있는 것은 일차집단의 매우 큰 중요성에 대한 인정이다. 공중생활에서의 여러 변수의 영향 — 예를 들면 종교, 계급, 주거, 연령, 또는 대중매체의 영향 등 — 은 일차집단의 여러 관계의 영향을 통해 중간에서 알선된다는 사실을 이 연구들은 지적하고 있다. 이러한 연구들 대부분은 처음에는 쿨리의 이론적 개념들에 의해 지도되지 않았다. 오히려 이러한 연구들은 머튼이 말한 '우연적 발견의 유형'(serendipity pattern) 속에서 그러한 개념의 재발견이 나왔다. 즉 그것은 "기존의 이론을……확대하는 경우가 된, 예측하지 않은 변칙적·전략적 자료에 대한 관찰의 경험"[89]에서 나온 것이었다. 그 후 쿨리의 업적은 자기의식적으로 사용되어오다가, 이론적 작업의 설정이나 확대, 특히 준거집단 행동의 이론[90] 또는 여러 가지 경험적 연구, 특히 소집단에 대한 실험적 연구[91] 등에서 쿨리의 이론적 개념들이 의식적으로 사용되기에 이르렀다.

요약

쿨리의 겸손하고 절제되어 있는 저작들은 전반적인 이론체계를 건설하겠다고 호언장담하던 동시대의 야심적인 시도보다 미래의 사회학이 성장하는 데 훨씬 더 큰 영향을 주었음이 분명하다. 이제 누가 워드나 기딩스를 읽는가? 쿨리는 중범위이론(theories of the middle range)들을 위한 주요한 초석들을 공급하는 데 기여했다. 사회학의 다른 선구자들의 거대한 비잔틴식 건축물이 이제는 오직 관광유물이 되어버린 반면, 쿨리의 이론적 개념들은 아직도 영속하고 있다.

쿨리는 오늘날 때때로 조롱하는 투로 불려지는 '안락의자 속의 사회학자'(armchair sociologist)의 전형이었다. 그러므로 사실수집가들의 노동이 오래전에 잊혔음에도 쿨리의 해석의 성과들과 자기성찰적(introsyective) 분석은 여전히 현대 사회학적 사고의 필수불가결한 요소로 남아 있음은 언급할 가치가 있다. 기질적으로 대규모의 경험연구에 취미가 맞지 않는 사회학자들은 다음과 같은 점을 마음속에 간직할 수 있을 것이다. 즉 자신의 안락의자 속에 앉아서 사회과학의 프런티어를 개척하여 전진하는 것이 **가능하다**는 사실이다. 만일 우리가 "사회학은 인간들의 세계 속에서 우리를 더욱 집 안에 있게 만든다"[92]는 말을 쿨리와 더불어 취할 수 있다면, 그렇다면 그 목적에 이바지할 수 있는 어떠한 학문연구방법도 환영할 수 있는 것이다.

조지 미드

George Herbert Mead, 1863~1931

주요 이론 상징적 상호작용론, 일반화된 타자, 역할취득,
주요 저서 『마음과 자아와 사회』 『행동의 철학』 『19세기의 사상운동』

미드는 상징을 매개로 이루어지는 상호작용을 통해
사회의 작동원리를 이론화한 학자다.
미드는 언어의 사용, 역할의 취득, 법칙의 이해를 통해
'일반화된 타자'가 사회적으로 구성되는 맥락과
그것이 자아의 내면에 사회화하는 과정을 이론적으로 밝혔다.
동시에 주관적 자아와 객관적 자아 사이의 긴장을
놓치지 않음으로써 1920년대 미국에서 확장되던
행동주의 심리학과는 다른 주체적 의사소통 가능성을 열어놓았다.
미드는 겸손한 학자로 많은 저술을 남기지 않았으나
그 독창적 사고가 학계 안팎에 지속적인 영향을 미쳤다.

"정신이란 유의미한 상징을 사용하는
몸짓의 내적 대화다."

_조지 미드

사상

미드(George Mead)에 대해 듀이는 "지난 세대의 미국 철학에서 가장 창조적인 심성을 가지고 있었다"[1]고 말했다. 이 말은 약간 과장이 있다 할지라도, 미드가 미국 실용주의(Pragmatism) 학자의 선두에 위치한다는 사실에 대해서는 철학도들 사이에 의견이 일치할 것으로 보인다.

매우 겸손한 사람이었던 미드는 상대적으로 조금밖에 논문을 발표하지 않았다. 듀이는 "그는 창조적 사상가였으나 자기가 창조적이라는 감정을 갖지 않았다"[2]고 언급했다. 이 점이 그의 생존 기간에 그의 스승인 제임스나 그의 절친한 벗이었던 듀이와 동일한 수준의 중요한 인물로 인식되지 않았던 이유를 설명해줄 수 있을지 모른다. 그러나 사후 그의 강의들에 대한 다수의 출판과 그의 저작에 대한 끊임없이 커다란 관심은, 미드가 제임스와 피어스에 의해 처음으로 윤곽이 밝혀진 주제와 듀이, 화이트헤드(Alfred Whitehead), 베르그송, 산타야나 등이 먼저 주목했던 주제를 연결시킴으로써 철학사상에서 중심적 위치를 점하고 있다는 사실을 아주 명백하게 보여주었다.

여기서의 설명은 주로 미드의 사후 출판물인 『마음과 자아와 사회』(Mind, Self and Society)[3]에 의존하고 있으며, 대부분을 이제는 그의 『선집』(Selected Writings)[4]에서 찾아볼 수 있는 사회심리학에 관한 그의 초기 논문들에 의존하고 있다. 즉 여기서는 사회심리학에서의 공헌이라는 미드의 업적만을 논급할 것이다. 그의 광범위한 철학적 관심 — 예를 들면 『현존의 철학』(The Philosophy of the Present)[5]에서 시간의 본성, 『행동의 철학』(The Philosophy of the Act)[6]에서 실용주의에 대한 그의 설명, 『19세기의 사상운동』(Movement of Thought in the Nineteenth Century)[7]에 대한 그의 역사 서술

등 — 에 대해서는 꼭 필요한 정도만 다룰 것이다.

사회 속에서의 자아

미드에게 사회심리학은 "사회과정 내에 놓여 있는 개인의 활동(activity)과 행동(behavior)을 연구하는 학문이다. 한 개인의 행위는 오직 그가 구성원으로 되어 있는 전체 사회집단의 행위와 관련해서만 이해될 수 있다. 왜냐하면 그의 개인적 행위는 그 자신을 초월하고 그 집단의 다른 구성원을 의미하는 보다 광범위한 사회적 행위 속에 포함되기 때문이다."[8] 초기 사회심리학이 개인심리학적 견지로부터 사회적 경험을 고찰했던 반면, 미드는 개인적 경험이 "사회의 견지에서, 적어도 사회질서에 불가결한 의사소통(communication)의 견지에서"[9] 다루어져야 한다고 시사했다. 미드의 사회심리학은 '개인의 견지로부터 경험에로의 접근'을 전제 조건으로 했으며, 따라서 존 왓슨(John Watson)의 행동주의(behaviorism)와는 일치하지 않는 것이었다. 그러나 그의 사회심리학은 "무엇이 이 경험에 속하는 것인가를 특별히 규정하려고 기도했다. 왜냐하면 개인 그 자신이 하나의 사회구조, 하나의 사회질서에 속하고 있기 때문이다."[10]

미드는 자아는 사회로부터 분리되어서는 존재할 수 없으며, 자아의 의식이나 의사소통도 존재할 수 없다고 주장했다. 한편 사회는 의사소통하는 사회적 행위의 지속적 과정을 통해 나오는 하나의 구조, 다시 말해 서로 다른 사람을 향해 지향된 사람들 사이의 교류를 통해 나오는 하나의 구조로 이해되어야 한다고 주장했다.[11]

미드는 몸짓(gesture)에서 사회적 행위가 실현되는 핵심적 메커니즘을 보았다. 그러나 미드는 동물적 수준에서 발견되는 것처럼 **무의미한**(nonsignificant, 비자의식적인unself-conscious) 몸짓과 인간 상호교섭의 대부분을 특징짓는 **유의미한**(significant, 자의식적인self-conscious) 몸짓을 엄격하게 준별했다. 동물적 수준에서 몸짓은 자극에 대한 즉각적 반응을 수반하는 것이다. 짖으며 덤비는 개 A는 개 B에 하나의 자극이 되고, 개 B는 경우에 따라 공격이나 후퇴의 반응을 하게 되는 것이다. 이와 대조적으로 인간수준의 의사소통에서는 **유의미한** 몸짓이 작용하게 된다. 이러한 몸짓은 "개인 그 자신의 반응에 의존하는 것인데, 그 반응이란 다른 개인에게 그가 요구하는 것으로서, 다른 사람의 역할을 취득하는 것이고, 다른 사람이 행위하는 것처럼 행위하는 것이다."[12]

유의미한 몸짓은 서로 다른 개인들에게 대체로 동일한 내용을 전달하는 언어의 상징에 기초를 두고 있으며, 따라서 그들 모두에게 동일한 의미를 지닌다. 동물들은 "저 동물은 저러한 방법으로 행동할 것이고, 나는 이러한 방법으로 행동할 것이다"라고 예측해서 다른 동물의 위치에 자기를 두고 볼 수 없다. 동물들은 '사고'한다고 볼 수 없다. 반면, 인간의 사상은 "일반적으로 상징과 음성적 몸짓이 존재할 때 일어나는 것이며, 그러한 것들은 그가 다른 사람에게 요구하는 반응으로서 개인의 내면에서 일어난 것이고, 그러한 반응의 관점으로부터 자신의 그 후의 행위를 지도할 수 있는 것이다."[13] 상징의 사용을 포함하는 유의미한 몸짓은 의사소통과정에서 각 참가자에게 다른 사람의 견지에서 자신의 행위수행을 볼 수 있고, 다른 사람의 역할을 취득할 수 있는 각 참가자의 능력을 항상 전제하고 있는 것이다. 비상징적 상호작용에서는 인간도 동물과 마찬가지로 다른 사람에게 직접적으로 반응한다. 상징적 상호작용에서 인간은 유의미한 몸짓을 사용하고, 상호 간에 서로의 태도를 해석하며, 그러한 해석에 의해 산출된 의미에 기초해 행동한다. 블루머(Herbert Blumer)가 설명하고 있는 것처럼, "상징적 상호작용은 **해석**(interpretation), 즉 행위의 의미의 획득이나 다른 사람에 대한 언급을 포함하고 정의(definition), 즉 다른 사람에게 그가 어떻게 행위해야 할 것인가의 지시 전달을 포함하는 것이다."[14] 인간의 의사소통과정은, 정의와 재정의, 해석과 재해석을 통한 행위 노선의 반복된 결합으로서, 행위자의 다른 사람의 행위에 대한 끊임없는 자아의식적 적응을 포함하는 것이다.

제임스를 따라서 미드는 의식은 인간과 그의 환경, 특히 그의 사회적 환경 사이의 동태적 관계에서 일어나는 사고의 흐름으로 이해되어야 한다고 주장했다. 미드는 행동주의자들이 주장하는 것처럼 "정신현상은 조건화된 반영물과 그에 유사한 심리학적 메커니즘"[15]으로 환원될 수 없으며, 또한 데카르트 학파의 고립된 에고(ego) 개념과 관련하여 이해할 수도 없는 것이라고 추론했다. 경험은 처음에는 개인적이다가 다음에 사회적인 것이 되는 게 아니다. 각 개인은 다른 사람들과 더불어 일련의 공동의 사업들에 끊임없이 참여되며, 이것이 개인의 마음을 형성시키고 형태짓는 것이다. 의식은 주어진 것이 아니다. 의식은 발생하는 것이다.

자아의 발생

미드의 가장 주목할 만한 업적 중 하나는 의식(consciousness)과 자아(self)의 발생에 대한 설명이다. 미드는 다른 사람의 역할을 취득하고 다른 사람의 관점으로부터 자신의 행위수행을 보는 능력을 유년기에 점차적으로 발전시킴으로써 의식과 자아가 발생한다고 설명했다. 이러한 관점에서는, 인간의 의사소통은 오직 "다른 개인에게서 일어나는 상징이 자신 안에서 [일어날] 때"[16]만이 가능한 것이다. 아직 아이들은 유의미한 상징을 사용하는 능력을 갖고 있지 못하다. 그러므로 아이들이 놀 때는 그들의 행동은 함께 노는 강아지의 행동과 여러 방식에서 비슷하다. 그러나 아이들이 자람에 따라서 그들은 놀이(play)를 통해 다른 사람의 역할을 취득하는 것을 점차적으로 배운다. "한 아이는 어머니도 되어보고, 선생님도 되어보고, 경찰관도 되어본다. 즉 놀이를 통해 서로 다른 역할을 취득하고 있는 것이다."[17] 그렇게 함으로써 놀이 삼아 이러한 역할들을 가정하는 아이들은 자라면서 자기에게 의미를 가진 타자의 입장에 자기를 두는 능력을 자신 안에 배양한다. 그가 성숙해감에 따라 그는 단지 이 역할들을 행위해 봄으로써만 취득하는 것이 아니라 그의 상상 속에서 그 역할들을 가정해 봄으로써 그 역할들을 **상상**할 수 있게 될 것이다. 아이의 사회적 발전에서 하나의 중요한 이정표는, 그에게 어떤 그림을 보여줄 때 그것을 자기에게로 가져가지 않고 다른 사람도 자기처럼 볼 수 있도록 떼어놓게 되는 순간이다.

단순한 역할취득의 수준에서 놀이를 하는 아이는 몸짓을 통한 간단한 대화 — 예를 들면 쫓길 때의 한 아이의 단순한 도망 — 으로부터 다른 여러 사람과의 상호작용 속에서 유의미한 상징을 사용할 수 있는 성숙한 능력으로 전환하는 제1단계에 있는 것이다. 비록 아이가 상상력으로 자신을 상대자의 위치에 세우는 것을 학습했다 할지라도, 그 아이는 아직도 자신의 외부에서 서로 놀이를 하는 다른 여러 사람의 역할들을 자기 마음속에 연결시키지 못한다. 아이는 어머니나 아버지와 자신의 관계는 이해하지만, 그의 어머니가 그의 아버지의 어머니가 아니라는 사실은 이해하지 못하는 것이다. 아이의 개념정립에 변혁이 일어나는 것은, 다른 사람들의 모든 역할을 마음속에 상상력으로 생각할 수 있게 되고 상호 간에 서로의 잠재적인 미래의 반응들을 상상력으로 평가할 수 있게 되는, 복잡하게 조직화된 게임(game)을 할 때다. 이러한 게임은 숨바꼭질 같은 단순한 게임과는 구분되어야 한다. 숨바꼭질 같은 단순한 게임에서는 오직 두 가지 형태의 역할 배우자와 놀이동무를 가질 뿐이고, 행위자는 상호 간의 놀이를 변화시키지 않으며, 따라서 제3의 다른 파트너의 반응을 예측할 필요가 없게 된다. 숨바꼭질에서는 "숨는 사람을 제외하고는 모두가 찾는 사람이다."[18] 그러나 예를 들면 야구에서처럼, 다수의 개인이 서로 다른 역할을 수행해야 하는 게임에서는 "하나의 역할을 취득한 아이는 다른 사람의 모든 역할을 취득할 준비를 하고 있지 않으면 안 된다."[19] 이것은 비단 역할이 둘뿐인 게임과는 다른 것일 뿐만 아니라, 미드가 '놀이'(play)라고 부른 것과도 다른 것이고, 쟈크놀이(공을 튀겨 공깃돌을 무너뜨리는 놀이 — 옮긴이)와 같은 상호역할취득을 포함하지 않는 게임들과도 다른 것이다.

[복잡한] 게임(game)과 놀이(play)의 근본적 차이는 게임에서는 아이가 그 게임에 포함되어 있는 다른 사람의 모든 태도를 숙지해야 한다는 점에 있다. 참가자들이 가정하고 있는 다른 모든 게임 수행자의 태도는 일종의 단위(unit)로 조직되며, 바로 이 조직(organization)이 개인의 반응을 통제하는 것이다. ……자기 행동의 각각은 게임을 수행하는 다른 사람들의 행동에 대한 자신의 가정에 의해 결정된다. 자기가 무엇을 할 것인가는, 적어도 다른 사람들의 태도가 자신의 특정 반응에 영향을 미치는 한, 그 팀에서 다른 모든 사람이 그에게 하기를 요구하는 것에 의해

통제된다. 그렇게 되면 우리는 동일한 과정에 포함된 사람들의 태도가 하나로 조직된 것으로서의 '타자'(other)를 얻게 된다.[20]

놀이와 게임의 차이는 참가자 수와 규칙의 존재여부에 있다. 한 아이가 하는 놀이에는 규칙이 없다. 게임은 규칙을 가지고 있으나 참가자의 수에 따라 다르다. 두 사람이 하는 게임은 오직 단순한 역할취득만을 필요로 한다. 다수의 사람들이 하는 게임은 '일반화된 타자'(generalized others)의 역할취득을 필요로 한다. '일반화된 타자'란 말하자면 타자들 서로와 자신에 대한 다른 참가자들의 행위에 대해 각 참가자가 하나의 사상을 갖는 것이다. 아이는 게임을 지배하는 규칙의 도움을 받아서 다른 모든 참가자의 위치를 대치할 능력과 다른 참가자의 반응들을 규정할 능력을 발전시킨다. 이러한 "규칙들은 특정 태도가 요구하는 것에 대한 여러 반응의 묶음이다."[21] 아이의 성숙과정의 최종 단계는 개인이 '일반화된 타자'—즉 전체 사회의 태도—의 역할을 취득할 때 일어난다고 미드는 주장하는 것이다.

미드에 따르면, 충분히 성숙한 개인은 자신과 다른 개인들 그리고 '중요한 타자'와의 서로에 대한 태도만을 계산하는 것이 아니라 "그들이 모두 성원들로 참가하고 있는 조직화된 사회 또는 사회집단에서의……공통적인 사회적 활동의 여러 측면과 양상에 대한 다른 사람들의 태도 또한 반드시 계산하는 것이다."[22] 나탄슨(Mark Natanson)이 설명한 것처럼, "게임의 여러 규칙은……단순한 역할취득으로부터 특정한 표집적 질서의 역할에 참가하는 것으로의 이행을 지정해준다. 규칙을 통해 아이는 사회적 통제와 더욱 성숙한 성년 현실의 연마된 조직 속으로 인도된다."[23] "오직 그가 속한 조직화된 사회집단, 그 집단이 관련된 조직화되고 협동적인 사회적 활동 내지 그러한 종류의 활동에 대한 태도들을 그가 취득할 때야 비로소 그는 하나의 완전한 자아(a complete self)를 발전시키게 되는 것이다."[24] 그러므로 성숙한 자아는 '일반화된 타자'가 내면화될 때 발생하는 것이며, 그렇게 하여 "사회는 그 개인성원의 행동에 대한 통제력을 행사하는 것이다."[25]

역할취득 능력의 출현에 대한 미드의 견해는, 인간의 참여 범위의 점차적 확대를 통해 발생하는 자아는 결코 하나의 단순한 육체(body)로 간주되어서는 안 된다는 것이다. 그것은 오히려 단순한 몸짓의 대화로부터 '일반화된 타자'와의 동일시화 과정으로 발전하는 사회적 과정 속에서 출현하는 하나의 사회적 실체(a social entity)인 것이다. 듀이는 "의식적 자아(the conscious self)는 미드에게는 사회관계에 처음으로 집어넣은 자연계이고, 이후 하나의 새로운 자아(a new self)를 형성하기 위해 해체되며, 그런 다음에야 이 새로운 자아가 자연계와 사회제도의 재창조를 위해 나아가는 것이다"[26]라고 미드의 개념에 대해 논급했다.

미드에 따르면, 자아의 본질은 그의 성찰성(reflexivity)인 것이다. 개인적 자아는 오직 그의 타자와의 관련 때문에 개인적인 것이다. 상상력으로 타자의 태도를 취득할 수 있는 능력을 통해 개인의 자아는 자신의 성찰 대상이 되는 것이다. 주체임과 동시에 객체인 자아는 사회적인 것의 본질이다. 각 자아의 특수한 개인성은 일반화된 타자를 형성하는 타자들의 태도의, 결코 두 사람에게 동일하지 않은 특수한 조합의 결과다. 그러므로 개인성이 사회성에 뿌리를 박고 있다고 할지라도, 각자는 사회적 과정에 대해 개별적 공헌을 하게 되는 것이다.

주체적 자아와 객체적 자아

미드는 주체적 자아인 'I'와 객체적 자아인 'me' 사이의 구분을 도입함으로써, 자아의 사회적 기초에 대한 자신의 견해와 "자아는 단순히 사회적 태도들의 단순한 조직 속에 존재하는 것이 아니다"라는, 그에 수반하는 자기 신념을 명료화하려고 시도했다. 'I'와 'me'의 양자는 반드시 사회적 경험과 관련을 가진다. 그러나 "'I'는 타자의 태도에 대한 유기체의 반응이고, 'me'는 그 유기체가 가정하는 타자의 태도들의 조직화된 생김새다. 타자의 태도들이 조직화된 'me'를 구성하고, 다음에 유기체는 그 'me'에 대해 'I'로서 반응하는 것이다."[27] 사람은 하나의 'me'로서는, 사람은 자신을 하나의 객체로서 알고 있다. 그는 타자의 자기에 대한 태도와 관련하여 자신에게 반응하거나 대응한다. 그의 자기평가는 타자에 의해 평가될 것이라고 그가 가정한 것의 결과다. 'me'는 유의미한 타자의 관점과 크게는 사회의 관점과 관련해서 생각되고 이해된 자아다. 'me'는 그 사회의 법률과 관습과 조직화된 규약과 기대를 반영한다.[28] "반면 'I'는 그가 타자의 태도들에 대해 하나의 태도를 갖는다고 전제할 때 자기에게 대해 취하는 타자의 태도에 대한 응답인 것이다. …… 'I'는 자유의 감정과 주도성의 감정을 준다."[29] "의식에 나타나는 것은 언제나 하나의 객체로서의 자아(self as an object), 'me'로서의 자아이다. 그러나 'me'는 독특한 주체로서 'I' 없이는 생각될 수 없으며, 'I'가 있기 때문에 'me'가 하나의 객체가 될 수 있는 것이다. 'I'와 'me'는 일치하지 않는다. 왜냐하면 "'I'는 결코 전체적으로는 측정할 수 없는 어떤 것이기 때문이다. …… 'I'는 상황 그 자체가 요구하는 것과는 언제나 다른 어떤 것이다."[30]

미드는 "우리들은 특정 민족 안에서 태어난 개인들이고, 지리적으로 특정 지점에 위치하고 있으며, 이러저러한 가족관계가 있고, 이러저러한 정치적 관계가 있다. 이 모든 것은 'me'를 구성하는 특정 상황을 나타낸다. 그러나 이것은 'me'를 향한 지속적인 유기체적 행위를 반드시 포함한다"[31]고 했다. 사람들은 그들이 창조하지 않는 사회구조 속에서 태어난다. 사람들은 그들이 만든 바 없는 제도적·사회적 질서 속에서 생활한다. 또한 사람들은 언어, 규약, 관습, 법률의 제한에 의해 속박된다. 이러한 모든 것이 구성요소가 되어 'me' 속으로 들어간다. 그러나 'I'는 만들어진 상황에 대해 하나의 독특한 방식으로, "마치 라이프니츠의 우주의 모든 단자가 각각 그 우주를 다른 관점에서 비추고 그 우주 중 하나의 다른 측면이나 전망을 비추는 것처럼"[32] 언제나 독특한 방식으로 반응하는 것이다. 미드에게서 마음(mind)은 "사회적 과정의 개인적 수용"[33]이다. 그러나 동시에 "개인은……사회에 대해 끊임없이 다시 반응하는 것이다."[34]

사회적 경험 속에서 나타나는 것처럼, 전체로서의 자아는 일반화된 타자의 안정성 있는 반영물인 'me'와 측정할 수 없는 자발성의 'I'의 복합체이다. 이것이 왜 전체로서의 자아가 하나의 개방된 자아인지에 대한 이유다. "만일 자아가 이 양면을 갖지 않았다면 의식적 책임감은 있을 수 없으며, 경험에서 새로운 것은 전혀 없을 것이다."[35] 미드는 개인적 자율성을 가치있게 평가했다. 그러나 그는 그것이 타자로부터의 격리 시도에서보다는 타자와의 피드백(feedback)에서 나타나는 것이라고 보았다. 인간행위자는 불가피하게 사회적 세계 속으로 빠뜨려진다. 그러나 성숙한 자아는 이 세계를, 그것이 자아에 반응할지라도, 변혁시키는 것이다.

미드는 사회적 행위의 개념 규정에서 약간 애매모호했다. 때로는 그는 사회적 행위가 반드시 행위자들 사이의 협동을 포함하는 것처럼 보이도록 개념 규정을 하고 있다. 다른 곳에서 그는 경쟁적·갈등적 상호작용을 가리킬 때 사회적 행위라는 말을 쓰고 있다.[36] 한곳에서만은 다음과 같이 구체적으로 언급하고 있다. "나는……사회적 행위를 하나의 개인 이상의 협동을 포함하는 그러한 종류의 행위로 제한하고 싶다."[37] 그러나 다른 곳에서는, 예를 들면 동물들 사이의 투쟁을 사회적 행위와 같은 것으로 쓰고 있다. 모든 것을 고려해보면, 결국 그가 마음에 생각했던 것은 사회적 행위가 협동에만 제한된다는 것이 아니었으며, 오직 사회적 행위는 언제나 "그에 포함되는 모든 개인의 공동의 이익 대상"[38]을 기초로 둔다고 생각했던 것으로 보인다. 이러한 정식화에서는 행위자의 상호적 지향을 포함하는 한, 갈등과 경쟁도 협동적 행위와 마찬가지로, 동일하게 사회적 행위로 간주되는 것이다. 오직 이러한 방식으로 보아야만 사회적 갈등의 중요한 여러 기능을 반복하여 자주 주장하는 미드의 사회적 행위의 성격에 대한 해석이 명료하게 될 수 있는 것이다. 미드에게는, 짐멜에서와 마찬가지로, 갈등과 협동은 상관적이며 어떠한 사회도 이 갈등과 협동의 양자 없이는 존재할 수 없는 것이다.

고도로 발전되고 조직화된 인간사회는 상이하고 얽힌 복잡한 방법들의 다양성 속에서 개인성원들이 상호 관련되어 있는 사회이며, 그에 의해서 개인 성원들 모두가 다수의 공통의 이익을 함께 나누어 갖는 사회다. ……그러나 다른 한편으로 그들은 그들이 오직 개인적으로만 가진 수많은 다른 이해와 관련하여 많든 적든 갈등 속에 있거나, 오직 소수의 제한된 집단들 사이에서만 서로 소유하는 이해와 관련하여 다소간의 갈등 속에 있다.[39]

선험적 개척자로서의 미드

미드의 업적은 지식사회학에 대한 풍부한 시사로 충만하다. 미드는 사회과정과 사상과정 사이의 구체적인 사회학적 연계의 고찰을 위한 기초를 준비했다. 미드는 그의 실용주의자 동료들과 함께 각 사고작용을 인간행동에 연결시키고, 여러 가지 상호적 관계에 연결시키는 유기적 과정을 강조했으며, 대부분의 고전철학에 충만한 사고(thinking)와 행위(acting) 사이의 예리한 구분을 배격했다. 미드가 의식은 공공수단에 의해 운반된 내적 담론이라는 사상을 진전시켰을 때 — 즉 개인적 경험은 유의미한 사회적 상징의 사용에 의해 만들어질 수 있으며, 따라서 '일반화된 타자'의 관점으로부터 조직화된다는 생각을 진전시켰을 때 — 그는 사상형태와 사회구조의 관계에 대한 정밀한 연구를 위해서 길을 닦아놓은 것이다. 미드는 담론의 개인적 양식을 전 시대의 '담론의 우주'(universe of discourse)에 연결시키거나 특정 사회 내에서의 특정 계층이나 특정 집단의 담론에 연결시키려는 데 대한 미래의 연구를 위해 가치 있는 지침들을 제공했다. 미드는 사상이 그것을 낳은 사회적 상황에 구속되어 있다고 강조함으로써, 사상가와 그의 청중 사이의 관계를 알려는 노력에 새로운 단계를 열어주었다.

지식사회학에서처럼 사회학 연구의 다른 영역에서도 미드는, 비록 가설과 설명을 통해서이긴 하지만, 미래의 학문 연구를 위한 많은 가르침을 주었다. 미드의 역할취득(role-taking) 개념, 즉 자기에 대한 타자의 태도의 취득이란 개념은 현대사회학자들이 말하는 역할수행(role-performance)과 혼동해서는 안 되며, 특정 지위에 의해 부과된 기대(expectation)에 부응하는 생활과 혼동해서도 안 된다. 그러나 린턴(Ralph Linton)과 파슨스로부터 뉴컴(Theodore Newcomb)과 머튼에 이르는 현대역할이론(modern role theory)이 미드로부터의 자유로운 차용에 의해 풍부하게 되었다는 사실은 논란의 여지가 없다. 물론 준거집단이론(reference-group theory)은 한 사람이 속한 집단뿐만 아니라 그가 희구하는 집단이나 그가 성원이 되기를 바라지 않으면서도 준거점으로 취득한 집단을 고찰함으로써 미드를 넘어섰다 할지라도, 준거집단이론이 개인들은 언제나 그들의 유의미한 타자 집단과 관련된 관점에서 고찰되어야 한다는 미드의 주장에 큰 빚을 지고 있

음은 틀림없는 사실인 것이다.[40]

더욱 일반적으로 미드의 업적은 적어도 사회학 내에서는, 짐멜이 '분리의 오류'라고 부른, 즉 행위자들을 그들이 여러 가지로 참여하고 있는 상호작용을 참고하지 않고 고찰하려는 견해에 마지막 종지부를 찍었다. 미드에게 사회적 세계에서 창문이 없는 단자란 존재한 적이 없는 것이다. 부버의 용어를 사용하면, '그대'(thou)가 없는 '나'(I)란 결코 존재하지 않는 것이다. 타자(alter) 없는 에고(ego)란 생각할 수 없으며, 자아는 사회적 상호작용의 영역에서 하나의 매듭점으로서 가장 눈에 잘 보일 수 있는 것이다. 인간행동에 대한 이러한 관점은 현재 사회학적이라고 불리기를 바라는 모든 사고의 본질적 특징이 되기에 이르렀다. 물론 미드가 이 모든 것을 혼자서 준비한 것은 아니지만, 그가 그 주요한 기원 중 하나였음은 명백한 것이다.

미드의 사회과학방법론에 대한 공헌에 관해서는 그 중요한 점들을 쿨리에 대한 앞의 장에서 이미 설명했으므로 더 말할 필요가 없을 것이다. 미드는 행위자의 관점으로부터 언제나 상황을 고찰할 필요성을 강조하는 데 기여함으로써, 쿨리와 기타 실용주의자들과 함께 높이 평가되어야 할 것이다. 미드에게는, 바로 베버와 마찬가지로, 사회학자가 의미를 가리킬 때 그것은 행위자가 행위에 전가하는 주관적 의미를 가리키는 것이었다.

쿨리의 이론이 주관주의와 유아론적 사회관에 접근하도록 파멸적으로 방향을 바꾼 반면, 미드는 사회적 객관주의를 끝까지 견지했다. 미드에게서 조직화된 사회관계의 세계는 상호주관적 증거 속에서 물리적 세계와 마찬가지로 확고하게 주어진 것이었다. 미드는 쿨리의 방법이었던 내적 성찰(introspection)을 통해 세계를 재건하려고 시도하지 않았다. 미드는 '사회의 객관적 생활'이 존재한다는 것을 기본적 논거로 삼았으며, 과학자는 그것을 마땅히 연구해야 한다고 생각했다. 미드에게 사회는 하나의 정신현상이 아니라 하나의 '경험의 객관적 국면'[41]에 속한 것이었다. 다른 면에서 밀접하게 관련되는 이들 두 사상가의 상이성에 대해서는, 이 장의 뒷부분에서 명백하게 밝혀질 이들의 서로 다른 생활상황과 여러 가지 존재적 조건에 의해 설명될 수 있을 것이다.

개인적 배경

미드는 1863년 2월 27일 미국 매사추세츠 주의 사우스 해들리에서 태어났다. 그의 아버지 하이럼 미드(Hiram Mead)는 유서 깊은 뉴잉글랜드 청교도 농부와 성직자 가문의 계통을 잇는 목사였다. 어머니 빌링스(Elizabeth Billings)는 남편과 마찬가지로 지적 업적을 높이 평가받아온 가문 출신이었다.[42]

조지 미드가 일곱 살 때, 그의 아버지는 새로 창설된 신학 세미나에서 설교학(설교의 기술) 강의를 담당하기 위해 오벌린대학에 초청되었다. 미드는 오벌린에서 성장했으며, 그곳 대학에 진학했다. 비록 미드가 그곳의 신앙에 대한 독실한 분위기에 반발하지 않을 수 없었던 측면이 있지만, 그가 오벌린대학에서 뉴잉글랜드 청교도윤리와 그 대학을 지배하고 있던 중서부의 진보적 사상에 의해 결정적 영향을 받았음이 틀림없다.

오벌린대학은 전투적 조합교회 개혁자 시퍼드(John Shipherd) 목사에 의해 1833년 창건되었다. 이 대학의 초대 총장인 머핸(Asa Mahan)은 후에 노예스(John Noyes)의 오나이다 유토피아 공동체(1841년 설립된 종교공동체로, 일부일처제는 거부하고 성적 합일을 강조했다 — 옮긴이)의 공산주의적 성해방 실험에서 크게 번영하게 된 완전론의 교리를 약간 약화시킨 형태의 설교를 했다. 오벌린대학은 미국에서 최초로 흑인을 입학시킨 대학 중 하나였고, 미국에서 최초로 남녀공학을 실시하고 여성에게 학사학위를 수여한 최초의 대학이었다. 남북전쟁 이전 시기에 오벌린대학은 북부와 캐나다로 도망가는 수많은 남부 흑인을 도와주었던 '언더그라운드 레일로드'(Underground Railroad, 흑인노예제도폐지운동 지하단체 — 옮긴이)의 주요 거점 중 하나였다. 또 다른 주요한 사회운동, 즉 금주운동 역시 오벌린대학에 큰 빚을 지고 있다. 반주점연맹(Anti-Saloon League)이 이 대학에서 나타난 것이다.

오벌린대학이 기독교에 기반을 둔 사회적 양심을 매우 강조했지만, 이 대학의 교과과정은 뉴잉글랜드가 후원하는 프로테스탄트파 대학을 특징짓는 편협성을 닮아 있었다. 이러한 특징은 19세기 전체를 통해 중북부에서 강화되어왔던 것이었다. 미드의 아들은 오벌린대학에서 그의 아버지의 교육이 주로 "고전, 수사학, 문학, 도덕철학, 수학, 그리고 약간의 기초과학으로 구성되어 있었다. 질문은 억제되어 환영받지 못했으며, 독단 속에서 공부를 한 학자에 의해 규정된 궁극적 가치가 그 보급을 위해 도덕철학자들에게 전달되었다"고 회상하고 있다. 이런 점에서 오벌린대학은 베블런이 그의 스승들의 편협한 신학적 독단론에 맞서면서 그의 거친 개성을 형성했던 칼턴대학과 유사했다고 볼 수 있다. 미드는 오벌린대학에 대해 유사한 반응을 보였으며, 그의 건장한 지성은 과도한 신학적 요구에 반발했다. 수세대에 걸친 청교도신학자의 아들이 교회의 독단에 신앙을 잃은 것이었다. 그럼에도 미드는 그의 전 생애를 통해서 그가 자기 아버지의 집과 오벌린대학에서 흡수한 기독교의 동포애적 윤리와 사회적 양심을 계속해서 깊이 간직했다.

미드의 아버지가 1881년에 아무런 유산도 남기지 않은 채 별세했으므로 가족들은 집을 팔고 셋집으로 이사했다. 젊은 미드는 밥벌이를 위해 학교 구내식당에서 웨이터로 일했고, 그의 어머니는 가계 지출의 부족을 메우기 위해 대학에 강사로 나갔다. (미드의 어머니는 후에 마운트홀리요크대학의 학장이 되었다.) 미드는 1883년에 오벌린대학을 졸업하고, 그다음의 반년 동안을 기이한 동시대의 집단을 가진 고등학교에서 교사로 일했다. 몇몇 교사로는 학우와 교사들을 위협한 깡패학생 집단에 대처할 수 없었기 때문에 학교를 사직했다. 미드는 깡패학생들을 퇴학시켰다. 그러나 이 때문에 그는 모든 아이는 하나님이 주신 교육받을 권리를 가졌다고 믿는 이사회에 의해 파면되었다.

뉴욕에서 문학논문을 써서 사회생활을 출발하려고 했던 초기의 꿈을 포기하고, 미드는 북서부에서 그 후 3년간을 가정교사와 철도 부설을 위한 조사사업에 번갈아 종사하면서 생활했다. 미드는 미네아폴리스부터 무스조까지 이어지는 1번 선로를 놓는 팀에 배정되었는데, 그것은 무스조에서 캐나디안퍼시픽 철도와 연결되도록 되어 있었다. 미드는 조사가 불가능한 겨울철에는 가정교사로 생계를 유지하면서 여러 책을 광범위하게 탐독했다. 이 시기에 미드는 다음에는 어디에 가서 무엇을 해야 할지 모르는 약간 불안정한 상태에 있었던 것으로 보인다. 이 불안은 미드가 1887년 가을에 그의 절친한 대학 친구인 헨리 캐슬(Henry Castle)을 따라 하버드대학으로 가서 철학을 더 공부하려고 결정함으로써 해결되었다.

하버드대학에서 미드는 주로 로이스(Josiah Royce)와 제임스 밑에서 공부했으며, 이 두 스승은 미드의 생애와 견해에 뚜렷한 영향을 남겼다. 미드는 다윈과 기타 '선진사상가들'을 읽음으로써 아버지의 청교도주의와 오벌린대학의 기독교 신앙으로부터 해방되었으며, 제임스에 의해 실용주의 철학으로 개종하게 되었다. 미드의 제임스와의 교제는 꽤 친밀했던 것으로 보인다. 그것은 그가 제임스 밑에서 많이 공부했을 뿐만 아니라 그가 제임스의 자녀들의 가정교사를 했기 때문이었다.

하버드대학에서 공부한 후 미드는 그 세대에는 매우 흔히 있었던 것처럼 철학에 대한 고급 연구를 하기 위해 독일에 가기로 결정했다. 미드는 처음에는 분트 밑에서 연구하기 위해 라이프치히로 갔으며, 분트의 '몸짓'(gesture) 개념은 미드의 후기 저작에 깊은 영향을 미쳤다. 미드가 유명한 미국의 생리심리학자이자 이 분야에 그의 관심을 고취한 것으로 보이는 그랜빌 홀(Granville Hall)을 만난 것 또한 라이프치히에서였다. 그 후 1889년 미드는 심리학과 철학을 더 연구하기 위해 베를린으로 갔다. (나는 베를린에서 미드가 누구의 강의를 들었는지에 대한 기록을 발견할 수 없었다. 그러나 미드가 당시 이미 유명한 강사였던 짐멜의 강의를 들었을 것으로 본다. 짐멜은 미드가 도착하기 수년 전부터 베를린대학에서 가르치기 시작했다.)

미드는 1891년 10월 1일에 친구 캐슬의 누이동생인 헬렌 캐슬(Helen Castle)과 결혼했고 미시간대학 철학 및 심리학과의 강사로 지명되면서, 이 젊은 부부는 앤아버를 향해 떠났다. 쿨리와 듀이, 터프츠 등은 모두 당시 이 미시간대학에서 가르치고 있었으며 그들은 곧 절친한 지적 동반자가 되었다. 홀에 따르면, 미드는 처음 시사받은 생리심리학의 연구에 종사했으며, 당시 듀이가 연구하고 있던 목적론적 이론과 유사한 감정(emotion)의 심리학적 이론의 정교화 작업을 시작했다.

미드의 외아들인 헨리 미드(Henry Mead)는 1892년 앤아버에서 태어났다. 그리고 1년 후 조지 미드는 새로 설립된 시카고대학에서 듀이의 초청을 받고 그와 합류하기 위해 시카고로 갔으며, 후에 시카고대학 철학과 주임교수가 되었다. 미드는 1931년 4월 26일 죽을 때까지 시카고대학에서 재직했다.

시카고에서의 미드

시카고는 1833년만 해도 하나의 조그만 소도시에 불과했는데, 불과 60년 만에 주요 도시 중 하나가 되었다.[43] 거칠고 세련되지 않았으나 활력과 정력에 찬 이 도시는 한 세대 안에 이룬 공업과 상업의 눈부신 발전을 뽐내고 있었다. 이 도시는 '세계의 돼지고기 푸줏간'(Hog Butcher for the World)이라고 알려진 육류식료품공업의 중심지였다. 남부 시카고와 그에 이웃한 게리와 인디애나는 중요한 철강공업의 중심지가 되었으며, 이곳에서 미시간 호수를 통해 수송된 슈피리어 호수의 철광석이 일리노이 탄광에서부터 철도로 수송된 석탄과 합쳐지고 있었다. 이 철강의 주요 사용자 중에는 시카고에 본사를 둔 펄만 회사가 있었다. 이 회사는 아메리칸 철도를 위해 침대차를 제작했으며, 미국에서 가장 유명한 노동쟁의가 일어난 곳 중 하나였다.

시카고는 미국 도시들 중 뚜렷하게 명성이 올라가는 것을 의식하고, 그 실적에 걸맞는 사업을 추진했다. 최초의 강철제 마천루가 이 도시에 건축되었고, 시카고 강의 흐름을 인공적으로 바꾸어 놓았다. 토지 가격은 미친 듯한 속도로 뛰어올랐고, 급속한 이민과 그에 수반하여 많은 빈민가가 해체되면서 나타난 그 부분적인 결과로서 범죄율도 급속히 상승했다. 곧 이 도시는 조직 범죄로는 세계 챔피언 자리를 받아놓은 정도가 되었다.

록펠러의 기부금에 의해 새로 세워진 시카고대학은 1892년 하퍼를 총장으로 하여 그 유사 고딕식 건물의 문을 열었다. 시작부터 그 건물들은 시카고의 볼거리 중 하나가 될 수밖에 없었다. 하퍼는 무자비하게 동부의 대학 캠퍼스들을 공략했으며, 그가 끌어들이고 싶은 학자들에게 그들이 종래 받아왔던 봉급의 약 두 배를 약속했을 뿐만 아니라, 시카고대학이 곧 세계에서 가장 위대한 대학이 될 것이라 하고, 그곳에서의 연구에 밝은 전망이 있을 것임을 약속했다. 그는 훌륭히 성공했다. 몇 년 안에 시카고대학은 미국 내 1급 대학에 들게 되었다. 초기의 시카고대학 교수들 중 적어도 8명 이상이 시카고대학 교수로 오기 위해 이전의 대학 학장직을 포기했다고 자랑했다. 원래의 정교수 31명 중 10명이 신학을 가르쳤고, 아직도 성직자의 훈련에 대한 미국 대학의 전통적 강조를 지속하고 있었다 할지라도, 이 대학은 얼마 후 세속적 학문에서도 주요한 중심지 중 하나가 되었다.

하퍼 총장의 가장 자랑스러운 대성공 중 하나가 젊은 듀이였다. 듀이는 주임교수의 책임을 맡은 직후, 그의 친구들인 터프츠와 미드를 자기에게 합류하도록 끌어들이고, 오래된 대학들의 발전을 가로막고 있던 전통적 철학자들의 방해를 받지 않고 새로운 실용주의 철학이 번영할 수 있는 철학과를 만들었다. **"진정한 학파**와 **진정한 사상**, 또한 중요한 사상" — 이것이 1900년대 초기 시카고대학에 듀이를 중심으로 모인 철학자집단에 대해서 언급한 제임스의 반응이었다.[44]

대학 창건자의 개혁적 행동주의와 보조를 같이해서, 철학과도 단지 학문적 연구에만 한정하지 않고 시카고의 복잡한 사회문제를 해결하는 데 참가하기를 원했다. 교육적 실험, 세틀먼트운동(settlement movement, 시카고 빈민들과 부유층이 모여서 살며 상호부조를 실천하는 실험주택 캠페인 — 옮긴이), 산업교육, 일반적 사회개혁 등의 모든 것이 듀이와 그 동료들의 매우 큰 관심사였다. 그들은 최선의 행동을 함으로써 학습하기를 원했고, 자기들의 실용주의 철학을 진지하게 활용했다.

진보적 교육이 듀이의 최고 관심사였으며, 미드는 비록 그의 동료만큼 적극적은 아니었지만 수많은 듀이의 교육적 모험에 함께 참가했다. 듀이는 논문 집필을 많이 하지 않는 편이었다. 그럼에도 미드는 그의 시카고대학 교수 취임부터 제1차 세계대전까지의 기간에 교육문제에 대한 여덟 편의 논문을 써냈다. 미드는 듀이가 창건한 실험학교에 대해 처음부터 적극적이었다. 미드는 교육학교학부모협회의 회장이었으며, 한때 대학의 주요 교육잡지 중 하나였던 『초등학교 교사』(The Elementary School Teacher)의 편집인이었다. 미드는 한 사람의 관찰자, 비평가, 신교육정책의 옹호자로서 발언했으며, 교육 문제를 다루는 수많은 위원회의 회원으로서, 때로는 회장으로서 봉사했다.

미드의 개혁에 관한 관심은 교육에 한정되지 않았다. 미드는 제인 애덤스(Jane Adams)의 '헐 하우스'(Hull Hause, 1889년에 세워진, 유럽 이민자들을 위한 공동주택으로, 세틀먼트운동의 대표적 사례다 — 옮긴이)와 그의 세틀먼트운동의 선구적 활동에 관여했다. 또한 미드는 수년간 개혁적 실업가와 전문가의 결사체인 '시카고 클럽'(City Club of Chicago)에 적극적으로 참가했다. 한동안 그는 이 클럽의 회장으로 봉사했다.[45]

이 모든 외부 활동에도 불구하고 미드는 수업의 의무를 소홀히 하지 않았다. 미드는 비상하게 강인한 사람으로, 듀이의 견해에 따르면, "그는 일종의 정력, 활력, 그리고 외향적이면서 사교적인 통합된 열정"[46]을 지니고 있었다. 그래서 미드는 강의 수강생들에게도 개혁활동에서 발휘한 것과 같은 동일한 정력적 헌신을 했다. 미드는 강의를 치밀하게 준비했으며, 언제나 많은 수강생이 참석했다. 그의 강연은 명쾌하고 논리정연했다. 비록 그는 자신의 사상을 글로 쓰는 데는 큰 어려움을 느끼고 있었으나, 구두 강연일 때는 이와 같은 장애가 없었다.

특히 미드의 사회심리학 강의는 다른 학과, 특히 사회학과 심리학에서 많은 학생을 끌어들였다. 블루머는 미드의 강의에 대한 반응이 변함없이 양분되는 것을 언제나 흥미롭게 생각했다고 말하고 있다. 블루머 자신을 포함한 일부 학생들은 미드에게 깊은 인상을 받아서 미드가 자기들의 전체 관점을 변화시켜버리는 것을 느꼈다. 다른 일부 학생들은, 결코 그들이 앞의 학생들보다 덜 영리한 학생들이 아닌데도, 그의 과목이 도대체 무엇을 의미하는지 이해하지 못했다.[47] 첫 번째 집단에는 미드의 명성을 퍼뜨리고 그에게 주요한 학생들의 계속적인 공급을 보장할 수 있는 중요한 사람들이 포함되어 있었다. 예를 들면 철학에서는 토머스 스미스(Thomas

Smith)와 찰스 모리스(Charles Morris), 사회학에서는 패리스와 블루머 등이 있었다.

하나의 신화 같은 것이 최근에 유포되고 있는 것 같다. 즉 시카고대학 사회학과 성원들이 당시 미드를 중심으로 하나의 통합된 사회심리학 시카고학파를 형성했다는 것이다. 그러나 이것은 사실이 아니다. 예를 들면 토머스와 파크는 미드를 높이 평가했으나, 토머스는 미드를 이해하지 못하는 체했으며, 파크는 미드 저작의 대부분을 읽지 않았다고 주장했다.[48] 미드가 사회학자들에게 특별한 호소력을 갖고 있었음이 틀림없다는 사실을 회고적으로 결론짓기는 싫지만, 실제로는 미드와 사회학과의 유일한 주요 연결자는 미드의 이전 문하생이었으며 당시 사회학과에서 교수하고 있던 패리스였다. 미드의 사상은 듀이의 그것과 마찬가지로 시카고대학에서 사회학에 널리 퍼졌으며, 토머스가 실용주의 철학자들의 영향을 받아서 자신의 초기 본능에 대한 강조를 포기하고 보다 사회적–심리적 방향을 지지했다는 것까지도 사실일 수 있다. 그러나 이것은 미드에 의해 하나의 통합된 사회심리학 시카고학파가 창조되었다고 하는 신화와는 거리가 먼 것이다. 파크와 버지스(Ernest Burgess)는 그들의 유명한 교과서에서 미드의 저작을 하나도 포함시키지 않았다. 미드는 결코 자신을 어떤 한 '학파'의 지도자로 간주한 적이 없다. 또한 '사회적 상호작용론'(social interactionism)이라는 용어는 미드가 생존해 있던 기간의 시카고대학에서는 결코 알려지지 않은 용어였다는 사실을 주목할 필요가 있을 것이다.

미드는 시카고대학 초기에 보다 활동적이고 외향적인 듀이에 의해 가려져 있었다. 듀이가 자신의 교육실험들이 시카고대학에서 충분히 지원을 받지 못하고 있다고 느꼈기 때문에 컬럼비아대학으로 떠난 후에도, 미드는 동료가 대학의 학사에서 점유했던 중요한 지위를 맡지 않았다. 그 이유 중 하나는 미드의 간행물이 수적으로 부족했기 때문이었다.

미드는 자신의 사상을 글로 쓰는 데 많은 곤란을 겪었다. 그는 자기 사상의 빠른 흐름을 적절히 표현하지 못하는 사실에 절망하면서 때로는 거의 눈물을 흘리다시피 하며 책상 앞에서 괴로운 시간을 보냈다. 듀이는 "그 결과 미드는 언제나 그가 쓴 것에 불만족했다. 언제나 그의 사상이 그의 이

전 표현을 앞질러 발전하고 있었다. 결과적으로 미드는 자신의 사상을 인쇄된 용어로 고정시키는 것을 매우 주저했으므로, 그의 철학적 심성의 어마어마한 범위와 힘을 알고 있던 사람은 오랫동안 [오직] 그의 제자나 그의 가까운 동료들뿐이었다"[49]고 썼다.

미드가 좋아했던 글쓰기 방식은 구술용어이지 저술용어가 아니었다. 그의 다음과 같은 글은 명백하고 매우 자전적인 것이다. "우리는 말하기의 형태로서 사고를 하며, 우리의 사고는 의미를 위한 용어들의 상에 의존한다."[50] "말하기는 미드에게 최선의 매체였고, 저술은 빈약한 차선의 것이었다." "미드가 무엇인가(something)를 썼을 때 '거인의 분노의 발생이나 지구의 내적 압력의 적응 같은 어떤 일이 진행되고 있었다.' 독자가 얻은 것은 확실히 '진짜 경험이 아니다'라는 그의 설명처럼 그것은 그에게도 진실이었다."[51] 그러한 경험은 오직 구두적(verbal) 교환의 흐름과 유의미한 몸짓들의 흐름 가운데서 전달되고 표현될 수 있었다.

미드 간행물의 수적 빈약성이라는 객관적 사실을 떠나 미드 역시 듀이의 역할과 유사한 공공적 역할을 맡을 어떠한 필요성도 주관적으로 느끼지 못했다. 가장 겸손하고 균형 잡혀 있으며 조화로운 사람이었던 미드는 중요한 사람들의 인정을 받는 것에 대해 전혀 매력을 느끼지 못했으며, 자신을 오직 일터에서의 상대적으로 작은 일꾼으로 간주했다. 1920년대 버트런트 러셀(Bertrand Russell)이 시카고대학에서 강연하게 되었고 미드가 러셀을 소개하기로 되었을 때 거의 예순 살이었던 미드는 자신의 학문분야에서 대가 한 분을 맞이하는 젊은 강사처럼 신경을 썼다고 블루머는 회상하고 있다.

미드의 겸손과 특이성은 성격의 유약성으로 해석되어서는 안 된다. 그는 원칙을 가진 사람이었으며, 필요한 경우에는 단호하게 행동할 수 있는 사람이었다. 후에 당시 시카고대학 신임 총장인 허친스(Robert Hutchins)가 자신의 동료인 신토머스주의(아퀴나스Thomas Aguinas의 영향을 크게 받은 신고전주의 — 옮긴이) 철학자 모티머 아들러(Motimer Adler)를 철학과 교수로 억지로 추가하려고 했을 때, 그리고 미드의 반대가 무용한 것처럼 보였을 때, 미드는 사표를 제출했으며 컬럼비아대학으로 듀이를 다시

찾아갈 준비를 했다. 오직 불시에 닥친 그의 죽음이 이를 중단시켰을 뿐이다.[52]

미드는 자신의 생애 최종기를 특징짓겠다는 듯이 다음과 같이 언급했다. "독립된 자아의 가장 자랑스러운 확신은 오직 특정한 사회적 역할을 수행할 만한 독특한 역량을 확인하는 것이다."[53] 미드는 그의 상냥하고 유연한 성격 때문에 자신을 백열등처럼 번쩍이게 하는 것을 원하지 않았다. 미드는 자신을 사회적·지적 개혁의 전장의 평범한 사병 중 하나로 간주했으며, 군대의 지휘관이 되기를 바라지 않았다. 그의 과학적 연구에 대한 깊은 헌신은 인류의 개선을 위한 자신의 몫을 다하는 데 공헌하려는 그의 욕구에 의해 제한되었다. 미드는 그의 죽음 직전에 다음과 같이 언급했다. "우리가 세계를 더 개선된 상태로 만들기 위한 수단을 얼마나 탐구했는가에 따라 세계가 어떠한 상태로 존재하는가가 결정된다."[54] 미드의 아들은 그의 아버지와 함께 사회문제에 대해 토론할 때 그에게 가장 친숙한 아버지의 말은 "어떻게든 가능하게 되도록 해야 한다"[55]는 것이었다고 듀이에게 말했다.

미드는 그가 후세에 알려지는 경우에도 단지 몇 개의 기술적 논문 집필자로서일 것이라고 믿고 숨을 거두었다. 미드는 그의 업적의 영향이 수십 년간 시간이 가면 갈수록 자라서 이제는 현대사회과학의 특성을 형태짓는 데 기여한 소수의 미국 사상가 중 하나로 잘 인식되리라는 사실을 짐작조차 하지 못했던 것으로 보인다.

지적 배경

    미드는 엄청난 범위의 지적 관심을 갖고 백과사전적 지식을 갖추었던 사람이었다. 그는 철학과 철학사가 포함하는 모든 하위분야에 대해 완전히 통달했으며, 사회과학뿐만 아니라 물리학과 생물학의 발전에 대해서도 뒤떨어지지 않고 학습해나갔다. 그는 수학과 수리논리에 친숙하고 밝았으며, 음악과 시를 사랑했다. 듀이는 다음과 같이 기록하고 있다.

    미드는 밀턴의 많은 문장을 외우다시피 알고 있었으며, 그것을 막힘 없이 두 시간 동안이나 반복할 수 있는 것으로 알려져 있다. 워즈워스 (William Wordsworth), 키츠(John Keats), 셰익스피어, 그리고 특히 소네트들도 미드에게 익숙한 것이었다. ……정확하고 거의 사진을 찍은 것 같은 기억력은 다른 많은 부문에서처럼 이 부문에서도 탁월해서, 모방하고 요약하고 재구성하는 사람들은 거의 추종할 수 없는 것이었다. 미드는 매우 드문 보배였기 때문에 그의 개성은 분석과 분류 같은 일에는 어울리지 않았다.[56]

    이 문장은 왜 미드의 지적 배경에 대한 어떠한 설명도 개략적이고 불완전한 것이 되는 모험일 수밖에 없는가를 설명해준다.

    미드의 지적 배경에는 네 개의 주요 흐름이 뚜렷하게 부각된다. 첫째는 자주적인 지적 탐구를 강조하고 사회에 대한 도덕적 의무를 중시하는 뉴잉글랜드 조합교회의 전통이다. 둘째는 실행을 강조하는 프런티어 전통이다. 이 전통은 비록 실용주의 철학이 하버드대학 출신 사이에서 기원했다 할지라도 실용주의 철학과 잘 맞는 것이었다. 셋째는 변동을 강조하고 어떠한 것도 영원한 것은 없으며 과정 그 자체임을 주장하는 다윈주의적 진화론사상이다. 넷째는 칸트에서 셸링에 이르는 철학에서의 독일관념론의 전통이다. 이 독일관념론의 전통은 과정과 변환을 동시에 강조했으며, 인간세계의 창조자로서의 자유롭고 책임 있는 주체, 절대자아(the Absolute Self), 초월적인 'I'에 주요 관심을 가진 것이었다.

프로테스탄트교와 프런티어의 유산

미드는 엄격한 청교도적 분위기 속에서 양육되었으나 주로 다윈 학설의 영향을 받고 신학적 한계를 스스로 벗어나 자유를 찾은 대부분의 초기 사회학자를 포함하고 있는, 미국 사상가 세대의 분신이었다. 비록 미드가 청교도적 전통을 사회윤리에 대한 세속적 관심으로 변환시키고 그리스도 안에서의 인간의 동포성에 대한 기독교적 강조를 범인류적 우애에 대한 인도주의적 강조로 변환시켰다고 할지라도, 그의 세대의 다른 사상가들과 마찬가지로 미드 역시 청교도적 배경에 밀착되어 있었다. 미드가 오벌린 대학에서 필수과목이 요구하는 것 이상으로 신학에 관한 책을 읽었는지는 의문이다. 또한 청교도적 전통은 그의 저작에는 표면적으로는 명증하게 드러나지 않는다. 그럼에도 우리는 실용주의라는 이 세속철학이 청교도적 기독교 안에 강하고 끈질긴 뿌리를 박고 있다는 사실에 놀라지 않을 수 없다.

진화론

다윈의 전통에 미드가 진 빚을 서술하는 것은 쉬운 일이다. 미드는 청년기에 신학적 멍에로부터 자신을 해방시키는 데서 다윈에게 빚을 졌을 뿐만 아니라 자신의 실용주의 철학을 발전시키는 주요 자극으로서도 다윈의 도움을 받았다. 실제로 다윈의 생물학적 진화론은 미드와 그의 동료사상가들의 실용주의(pragmatism)의 기초였다. 다윈의 진화론은 생물유기체가 환경을 지배하기 위한 끊임없는 투쟁에 놓여 있는 것으로 보았다. 그 이론은 마음(mind)의 자연주의적 관념에 기초를 둔 것이며, 지능(intelligence)

의 본질에 대한 전통적 견해와는 전혀 다른 것이었다. 일단 다윈의 개념이 받아들여지면, 마음은 유기체의 생존을 보장하기 위한 하나의 정교한 도구적 과정에 종사하는 것으로 간주되는 것이다. 사고(thinking)는, 이제는 세계를 포착해서 그것을 행동(conduct)에 유리하게 되도록 하는 것을 목적으로 한 활동(activity)으로 고찰될 수 있다. "지능의 검증은 행동 속에서 발견된다."[57] 지능은 문제해결 활동(problem-solving activity)이다. "진리란……문제의 해결과 동의어다."[58] 과학은 "자기의식이 성장한 진화적 과정에 불과하다."[59] "동물은 과학자가 하는 것과 같은 일을 하고 있다."[60]

다윈은 미드와 그의 동료들에게 고정된 형태 대신에 과정과 관련하여 생각할 것을 가르쳐주었다. 미드는 "진화의 요점은 과정이 형태를 규정할 것이라는 점을 인식하는 것이다"[61]라고 언급했다. "과정은 그것이 진행하는 조건에 따라서 이러한 형태를 취하거나 저러한 형태를 취하는 것이다."[62]

미드는 다윈의 저작을 자세히 연구함으로써 다수의 다른 아이디어를 도출해냈다. 미드의 과학적 방법의 개념은 다윈의 관찰절차를 직접적 모형으로 하여 만든 것이며, 미드의 '몸짓' 개념의 기원 일부는 『인간과 동물에서의 감정의 표현』(*The Expression of Emotion in Man and Animal*)에서 발견된다. 그러나 미드의 진화론사상에 대한 주요한 빚은, 그것이 라마르크의 형태든 다윈의 형태든, 특속적(特續的) 과정을 통해 고정된 구조가 변동하는 형태로 해체됨을 강조한 데 있었다.

독일관념론

미드는 독일관념론의 전통에서도 그와 유사한 아이디어를 얻었다. 미드가 '낭만주의 철학자들'이라고 부른 피히테, 셸링, 헤겔 등과 부분적으로 칸트에게서 영향을 받은 것은, 그들이 생활과정(life process) 개념의 철학적 학설을 만들어내고 일반화했다는 사실이었다. "'낭만주의적 관념론자'들은 이 과정을 무엇보다 먼저 경험에서의 '자아-비자아'(self-not-self) 과정과 일체화시켰으며, 다음에 이 '자아-비자아' 과정을 '주체-객체'(subject-object) 과정과 일체화시켰다."[63] 칸트 이전의 철학에 대해 미드는 "세계는 이미 그렇게 존재했다고 가정하고 그 후에 인간이 세계에 들어왔다고 가정했다. ……그러나 낭만주의 관념론자들이 주장한 것은 주체가 없이는 객체가 있을 수 없다는 것이었다"[64]고 언급했다. 한편 어떤 사물에 대한 의식이 아닌 의식이란 존재할 수 없다. 그러므로 주체와 객체는 불가피하게 교직되어 있는 것이다. 미드가 독일관념론의 전통에서 배운 것은 지식획득과정과 자아정립에서의 주체와 객체의 상호작용에 대한 주장이었다. "낭만주의 관념론자의 자아과정(self process)은 ─ 경험에 대한 두 국면의 융합, 즉 자아경험(self experience)과 주체-객체경험(subject-object experience)의 융합 ─ 그들로 하여금 주체는 객체를 포함할 뿐만 아니라 객체도 주체를 포함한다고 주장할 수 있게 해주는 것임을 알 수 있게 했다."[65]

미드가 독일관념론자들의 저작을 읽고 지적한 것처럼, 그들은 모두 자아와 객체의 관련성에 몰두하고 있었다. 피히테는 주로 도덕적 경험과 관련된 문제들에 관심을 갖고 있었고, 셸링과 헤겔은 각각 심미적 경험과 사상의 경험에 주의를 집중하고 있었다고 미드는 보았다. 그들의 공통의 문제는 "자아로부터 독립되어 있는 것처럼 보이는 세계를 자아의 경험 속으로 가져오는 것이었다."[66] 이것은 특히 피히테의 저작에서 명백했다. "개인에게서 세계는 언제나 수행해야 할 하나의 과제가 된다. ……개인이 그것을 축조하거나 개인의 행동을 위해 그것을 조직하는 정도로, 그것은 하나의 세계이며 하나의 실제 사물이다."[67] 미드는 낭만주의 철학은 과정의 철학이며 진화론의 발전을 위한 배경이라고 자신의 낭만주의 철학에 관한 견해를 요약하면서 다음과 같이 언급했다.

낭만주의 철학은 다음과 같은 사실을 지적했다. 즉 자아(self)는 사회적 경험으로부터 나오는 한편, 사회를 성립케 하여 세계를 성립 가능케 하는, 바로 그 단위(unit)를 동반한다. 세계를 조직하는 것은 자아다. 그러나 자아가 세계를 조직할 때, 자아는 자신과 일치하는 세계를 실제로 조직한 것이며, 자아는 그 자신의 경험을 조직한 것이다. 그 본질의 한 면

에서 자아는 다른 국면에서의 자아의 존재양식을 발견하는 것이다.[68]

피히테와 셸링은 그들 학설의 이러한 해석에 거의 동의하지 않을 것이며, 그들의 추종자들도 그들이 자랑스러워하는 관념론적 형이상학이 다윈의 '끔찍한 유물론'(horrid materialism)에 기초를 둔 과학적 철학을 위해 초석을 쌓는 데 봉사했다는 사실을 알면 전율할 것임은 분명하다. 문제는 이것이 미드가 독일낭만주의 철학자들의 저작을 읽고 도출한 내용이며, 미드는 이것을 각기 자신의 견해에 통합시켰다는 점이다.

그 후의 독일사상가 중에서는 분트가 미드에게 가장 큰 영향을 주었다. 미드는 한 학기 동안 분트 밑에서 연구한 적이 있다는 사실을 기억할 필요가 있다. 이 점은 몸짓의 개념에 대한 미드의 취급 속에서 가장 명백하게 나타나고 있다. 분트는 몸짓을 사회적 행위의 한 부분으로서 발전의 초기 단계에 볼 수 있는 것이며, 후에는 상징이 되는 것이라고 정의했다. 그것은 미래의 행동에 하나의 자극으로서 작용하는 사회적 행위의 일부인 것이다.[69] 다윈에게 몸짓은 동물의 감정을 표현하는 것이었다. 그러나 분트는 이것이 몸짓의 기능의 전부가 아니라고 하며 그의 견해에 반대했다. 분트에게 몸짓은 복합적 행동의 최초의 불완전한 부분이었다. 미드는 언어의 몸짓에 대한 관계의 정식화는 "분트에 의해 현저하게 발전되었다"고 자주 강조했다. 그러나 분트가 "이 불완전한 행동이 억제된 운동의 시작, 이 몸짓의 가치, 즉 다른 개인의 행동에 대한 적절한 자극으로서의 가치"[70]를 충분히 강조하지 않았다는 점도 함께 언급했다. 분트는 심리학적인 측면을 너무 강조한 탓에 의사소통(communication)의 개념을 놓쳤던 것이다. 어쨌든 미드는 유의미한 몸짓의 본질을 탐구할 때 자기가 직접적으로 분트의 전통에 따라 연구하고 있는 것으로 간주했다.

때때로 스미스의 '공정한 관찰자'(impartial spectator) 개념이, 쿨리의 '거울자아'에 대한 것처럼, 미드의 '일반화된 타자'(generalized other)와 매우 강한 유사성을 가진 것으로 간주되어왔다. 미드의 제자 중 한 명인 스미스가 미드에 대해 다음과 같이 쓴 글 속에서 이 문제가 정당하게 설명되어 있다.

나는 언젠가 한번 짓궂게 미드를 "스미스의 것을 가로챘다"고 비난한 적이 있다. 그는 온화하게 대답하기를, 자기가 하버드대학에서 공부할 때 스미스의 영향을 받았으며 스미스에 대한 한 편의 논문을 하버드대학에서 썼다고 말했다. ……그러나 그가 스미스에게서 무엇을 빌려왔든, 그의 '일반화된 타자'는 그가 빌려온 것보다 훨씬 더 풍부한 것이다. 스미스의 '흉중의 인간'(man in the breast)이 존경을 받을 목적으로 이기적 집안에 거주하는 이타적 손님이라면, 미드의 '일반화된 타자'는 손님이 아니다. '일반화된 타자'는 집주인 그 자신이다.[71]

미드는 그와 동시대인 중에서 미국의 실용주의자들 다음으로 프랑스 철학자 베르그송의 저작에 가장 깊은 인상을 받은 것으로 보인다. 그에게 경험의 흐름에 대한 베르그송의 강조는 호소력이 있었다. 그는 베르그송에게 "생활이란 경험된 세계 속의 지속적 재건의 과정이다"[72]라고 만족스러운 듯이 썼다. 그러나 베르그송이 그의 활력론적 철학에 반합리주의적·반지성적 성향을 부여하자 미드는 베르그송을 따르지 않았다. 미드는 "베르그송은 그가 그렇게 중요시한 유동성, 자유, 신성성, 상호침투성, 창조성이 반드시 의식의 내적 흐름의 상호침투에만 국한되지 않는다는 사실을 보는 데 실패했다. 그러한 것들은 객관적 진술 속에서도 확인될 수 있는 것이다"[73]라고 주장했다. 미드는 과학적 객관주의에 대한 그의 확고한 주장을 결코 포기하려 하지 않았다. 그러나 미드는 경험적 세계와의 교류에서 나타나는 의식의 유동성과 흐름에 대한 그의 견해를 정립함에서, 비록 미드가 보다 일찍이 제임스에게 영향을 받았다 할지라도, 베르그송에게 상당한 빚을 지고 있는 것이다.

실용주의자들과의 교우

수많은 복잡한 상호적 영향이 미드를 제임스, 볼드윈, 쿨리, 그리고 특히 듀이에게 연결시키고 있으므로 오직 정밀하고 전문적인 연구만이 그 연결선들을 정확하게 추적할 수 있다. 사회적인 것으로서의 행동개념은 쿨리나 듀이에게서처럼 미드에게도 기본적 은유였다. 듀이는 사회심리학에서의 미드의 사상이 듀이 자신의 사고에 "하나의 혁명을 일으켰다"고 증언했다.[74] 또한 반대로 미드의 많은 구절이 듀이의 영향임을 추적할 수 있다는 사실은 책을 읽은 독자에게는 분명한 것이다. 모리스는 이 두 사람의 철학자가 "공통의 과제에 자연스러운 분업"을 했다고 말함으로써 문제를 잘 설명했다. 그는 "두 사람은 누구도 상대방에 대해 스승과 제자의 관계에 서지 않는다. ……그 둘은 상이한 지적 능력에도 불구하고 동등했다. 그들은 자신의 특수한 재능에 따라 상호 간에 주고받는 영향을 공유했다. 듀이가 폭과 관점을 주었다면, 미드는 분석적 깊이와 과학적 정확성을 주었다"[75]고 했다.

우리는 마찬가지로 미드의 사상과 쿨리와 듀이의 사상 사이의 큰 유사성에서 깊은 인상을 받는다. 그러나 미드가 자아의 성격에 대한 그의 사상의 정립에서 제임스와 쿨리에게 큰 빚을 졌다 할지라도, 미드는 자아를 객관적 사회과정에서 발생하는 것으로 보는 견해를 취하고 자아의 내면성찰적·정신주의적 설명을 배격함으로써 그들과는 다른 입장에 있었다. 이러한 차이의 많은 부분이 그들이 생활하고 연구했던 사회적 배경의 차이와 관련되어 있음은 의심의 여지가 없는 것이다.

사회적 배경

미드와 쿨리는 서로 친밀하게 연결될 수 있었을 텐데도 그 활동경력이 서로 달랐다. 그런 차이가 나타나게 된 사회적 기원을 드러내기 위해 두 사람을 대조해보는 것도 도움이 될 것이다.

미드의 젊은 시절은 쿨리의 그것보다 훨씬 더 다양한 사회경험과 참여에 의해 특징지어져 있다. 쿨리는 질병과 싸웠으며 그의 거의 병적인 수줍음을 상상의 날개로 보상받았다. 이와 대조적으로 미드는 언제나 적극적이었고 활동적이었다. 그는 대학 시절에 웨이터 일을 했으며, 그 후 탐사측량 업무를 맡는 한편 변경의 드라마에도 몰입했다. 상류계급의 아들이며 자유롭고 부유한 엘리트층의 성원이었던 쿨리는 '자신을 알기 위해'(to find himself) 반 정도는 게을리 보내는 생활을 장기간 할 수 있었다. 미드는 가난한 신학교수의 아들로서 아직 대학생이었을 때 아버지가 미망인과 자녀들을 궁핍 속에 남겨놓은 채 돌아가서서 그러한 여가를 가질 수 없었다. 만약 미드가 '자신을 알기 위해서'였다면, 그것은 그의 연구 사생활에서가 아니라 일반적으로 마음(mind)의 존재(life)에 대해서는 거의 알지 못하는 거친 동료들 사이, 즉 측량 작업자의 힘든(demanding) 환경에서였을 것이다.

두 사람은 그들의 경력 후기 때 유럽으로 건너갔다. 쿨리는 질병과 잦은 귀향으로 말미암아 유럽의 경험으로부터 부분적으로 격리되어 있었다. 반면 미드는 독일 대학생활에 깊이 참여했을 뿐만 아니라 독일과 유럽의 여러 나라의 사회문제에 대해서도 깊이 관여했다. 미드의 부인은 남편과 함께 여행했을 때를 그의 아들에게 다음과 같이 일러주었다.

프랑스와 독일에 대해서라면, [나는……(미드의 부인—옮긴이)] 기차여행을 하는 대부분의 동료여행자의 어려움에 대해 자세히 이야기할 수 있었다. 한편 그이(미드—옮긴이)는 사람들의 자리를 잡아주는 것을 어려워하면서도 그들이 통과하는 지방의 정치적·사회적·역사적 문제들을 명료하게 설명할 수 있었다. 그는 그 지방의 뛰어난 인물들의 목적과 야망에 대해서도 풍부하게 토론할 수 있었다.[76]

쿨리는 지리적으로는 디트로이트와 매우 가깝지만 사회적으로는 이 산업도시에서 멀리 떨어진 조용하고 사회적으로 격리된 대학촌에서 그의 전생애를 교수직에 봉사했다. 미드는 앤아버에서의 짧은 기간 이후 새로움, 거침, 산업적 생동성, 그리고 사회문제까지도 첫째가는 도시인 시카고에서 교수직에 있었다. 쿨리는 외부 문제로부터 보호되고 그 자체가 하나의 관념의 세계였던, 나무 그늘이 우거진 캠퍼스를 산책할 수 있었다. 미드가 시카고대학 건물들의 네모꼴로 된 안뜰을 가로질러 걸을 때는 시카고 남부의 가축 저장소와 게리의 철강공장의 코를 찌르는 냄새가 언제나 하늘에 가득 차 있었다. 번쩍이는 미드웨이를 조금만 넘어서면 나타나는 흑인 빈민가가 당시에는 없었다 할지라도, 심지어 미드가 있던 당시에도 시카고대학은 물건을 제조하고 돈을 버는 데 몰두하고 있는 도시 속에서 유일하게 작은 오아시스에 불과했을지라도, 고급문화 개발에 몰두하기에는 거의 불가능한 곳이었다는 것을 고려해야 한다.

만일 미드가 시카고가 아닌 다른 곳에서의 삶을 선택했다면 미드의 생활 경력이 어떻게 되었을지를 상상해보는 것은 무익한 일이다. 사실은 미드가 시카고에 머물기로 결정했으며, 듀이가 철학과에 삼투시킨 행동주의적·개혁적 정신을 그가 공유했다. 보호된 환경 속에서 쿨리는 급속히 사라지고 있는 미국의 농촌공동체에 아직도 뿌리를 박은 사상을 계속하여 배양할 수 있었다. 미드는 어떤 의미에서 그가 모른 체할 수 없는 도시적·산업적 미국과 대결했던 것이다. 미드는 그 도전에 응했으며, 시카고대학에서 방출되어 시카고 전체로 번져나간 개혁운동에 열정적으로 참여했다. 앤아버의 현인과는 달리, 시카고의 개혁적 시티 클럽(City Club)의 한때의 회장(미드 — 옮긴이)은 격리된 관찰자의 입장을 취할 수 없었으며 미국 도시문제에 깊숙이 들어가 관여하게 되었다.

미드는 다방면의 개혁 활동을 하면서 그가 알고 싶었던, 도시의 정치에서 벌어지는 게임의 규칙, 도시의 교육, 도시의 산업적 관계 등의 분야에서 다른 사람이 해야 할 역할을 자신이 끊임없이 대신하지 않으면 안 되었다. 블루머와 기타 몇 사람은 미드가 사회적 현실에 대한 예리한 관찰자였으며, 미드의 이론도식의 많은 부분이 그의 주위에서 진행되었던 사실에 대한 구체적 관찰에 뿌리를 두고 있다는 사실을 증언했다. 미드는 시카고를, 롱(Norton Long)의 개념을 빌리면, 하나의 게임들의 복합생태(a complex ecology of games)로 간주한 것으로 보이며, 참여관찰자가 될 때 이 게임을 지배하는 여러 규칙을 가장 잘 배울 수 있다고 느낀 것으로 보인다. 물론 모든 것은 쿨리의 격리된 상황과는 매우 다른 것이다.

쿨리에게 사회적 실재란 인간의 마음 안에 있는 어떤 것에 대한 분석 속에 존재하는 것이다. 반면 미드에게 사회적 실재는 객관적·외적 과정인 것이다. 또한 전체적으로 쿨리는 사회를 설명하고 분석할 때 다정다감했다. 비록 그가 사회적 갈등과 경쟁의 추악한 면을 모르지는 않았다 할지라도, 쿨리는 이 모든 오점은 일시적이며 장기적으로 보았을 때 전 세계가 더욱더 하나의 협동적이고 확대된 일차집단과 닮아가면서 소멸될 운명에 있는 것으로 간주한 것처럼 보인다. 미드는 쿨리, 듀이와 함께 진보적 운동과 인도주의적 전진에 대한 신념을 공유하고 있으면서도 그들보다 덜 감상적인 사상가였다. 예를 들면 쿨리와는 대조적으로 미드는 다음과 같이 주장했다. "융합력을……위해 동포애의 기본적 충동을 고취시키는 것은 인간사회의 역사에서 존재한 적이 없으며 오늘날의 경험에서도 마찬가지다. 이웃에 대한 사랑은 같이 향유할 공통의 열정이 될 수 없다."[77] 미드는 섬너가 내집단(in-group)의 연대성은 보통 외집단(out-group)에 대한 적대에서 일어난다고 추론했을 때, 부드러운 성격의 쿨리보다도 강한 성격의 예일대학 사회학자 섬너에게 동의했다. 이와 비슷하게, 뒤르켐과 마찬가지로, 미드는 법을 법으로서 준수하는 것은 '형벌적 정의라는 심성'(the psychology of punitive justice)에 뿌리를 두고 있으며, 그 속에서 내집단의 연대성은 범법자에 대한 낙인을 대가로 하여 유지되는 것이라고 힘주어 주장했다. "범죄에 대한 배척은 그 자체가 어떤 의미에서 집단과의 연대감으로 나타난다. 즉 시민이 된다는 감정이 한편으로는 집단의 법률을 위반한 자를 배격하는 것이며, 다른 한편으로는 시민 그 자신의 범죄적 행동을 금지시키는 것이다."[78]

쿨리와 미드 사이의 대조선을 너무 날카롭게 그을 필요는 없다. 넓은 의미에서 두 사람은 개혁시대(the Age of Reform)를 특징짓는 낙관주의적·희망적 분위기에 함께 참여했다. 그들의 차이는 궁극적 본질의 차이가 아니라 지적 양식의 차이였다. 미드가 사회과정의 성격에 관한 그의 모호성을 충분히 해결하지 못했다는 사실은 아마도 사회적 행위를 정의하려는 그의 시도에서 가장 잘 나타난다고 볼 수 있다. 미드는 사회적 행위의 개념규정과 그 사용에서 혼란을 일으켰다. 그는 때로는 사회적 행위는 반드시 협동적이어야 한다고 가정하는가 하면, 때로는 사회적 갈등도 협동과 마찬가지의 정도로 사회적 행위가 된다는 보다 현실주의적 관점을 취했다. 미드에게는 온화한 마음과 거친 마음의 압박이 있었다. 그러나 시카고에서의 그의 위치와 종종 험하고 불편한 사회 투쟁들에 대한 그의 참여는 '현실적인' 시각이 우세하도록 만들었다. 이러한 현실적인 시각은 쿨리의 자기성찰적 분석의 성과에서는 훨씬 더 침묵된 표현으로 나타난다.

미드의 청중과 동료들

시카고대학에서 여러 해 동안 미드는 듀이라는 당당한 인물의 그늘 밑에 있었다는 사실을 상기할 필요가 있다. 미드보다 단지 네 살 위였던 듀이는 젊은 시절부터 경탄할 만큼 생산적인 학자였다. 반면 미드는 마흔 살이 되어서야 비로소 최초의 주요 논문을 발표했다. 듀이는 겨우 스물일곱살 때인 1886년에 최초의 저작을 간행했다. 듀이의 그다음 저서는 2년 후에 나왔으며, 1894년에는 또 다른 저서가 간행되었다. 실험논리에 대한 듀이의 유명한 책은 그가 마흔세 살 때 간행되었다. 듀이는 계속하여 엄청난 저술을 했으며, 그의 업적은 영역과 범위에서 참으로 인상적이었다. 이와 대조적으로 미드의 저작은 근소하며, 주로 전문학술지에 실린 철학문제와 심리학문제에 관한 논문들로 구성되어 있다. 물론 미드는 교육개혁과 사회개혁에 관한 논문들도 발표했으나, 그것은 극히 간헐적이었으며 광범위한 주목을 끌 수 없는 양식으로 쓰였다.

듀이는 이미 1890년대에 교육개혁의 주요 인물로 공중에게 알려졌다. 그러나 미드는 아마도 지방개혁가들을 제외하고는 공중의 주목을 거의 받지 못했다. 미드는 자유주의 주창의 전국적 대변인이 결코 되지 못했으며, 아마도 그렇게 되려는 욕망도 없었을 것이다. 미드는 1910년(듀이보다 약 7년 후)에야 겨우 미국인명사전에 올랐으며, 그것도 오직 그가 정교수가 되었기 때문이었다.[79]

모든 증거는 듀이와 미드가 절친한 친구요 동반자라는 사실을 가르쳐 주며, 어떠한 공공연한 경쟁도 그들의 관계를 검은 구름으로 가리지 못했다. 그러나 미드는 때때로 듀이 업적의 풍부성을 약간 비꼬아 지적했으며 듀이의 정확성을 결여하고 실속이 적은 글을 쓰는 경향을 약간 풍자적으로 지적했다는 블루머의 말은 주목할 만큼 흥미롭다. 그럼에도 시카고에서 그들의 장기간의 교제와 듀이가 컬럼비아대학으로 옮겨간 후까지도, 미드는 듀이의 소리 높은 제1바이올린 뒤에서 제2바이올린을 연주하는 것으로 만족했다.

비록 증명하기는 어렵지만, 우리는 다음과 같은 인상을 받는다. 즉 미드가 자신의 성과물에 만족하지 못하고 자기 사상을 계속하여 재구성하려는 일반적 경향을 지녔던 것이 그와 반대의 경향을 가졌던 듀이와 자신을 비교하도록 억지로 강요받음으로써 더욱 뚜렷하게 강화되지 않았는가 하는 것이다. 그 결과 듀이는 명성을 얻고, 그보다 나이 어린 동료였던 미드는 그렇지 못한 것이 아닌가 하는 것이다. 경탄할 만큼 생산적인 듀이를 준거점으로 택함으로써, 미드는 그의 본래의 집필장애를 더욱 강화시켰는지도 모른다.

요약

미드는 듀이와의 관계뿐만 아니라 그의 존경받는 다른 동료들과의 관계에서도 자기를 내세우려는 시도를 결코 하지 않았음이 분명하다. 미드는 우수한 제자들을 가진 것을 자랑하고 행복하게 생각했으며, 그가 변함없이 매력을 느낀 학생 청중을 높이 평가했다. 미드는 많은 시간을 그의 제자들을 고무하고 지도하며 자신의 생동하는 관점을 제자들에게 나누어주는 데 소비했다. 그러나 그는 결코 자기를 중심으로 한 하나의 학파를 만들려고는 의도하지 않았다. 미드가 생존한 기간에는, 다른 사람에게 미친 영향은 오직 그가 학생들과 동료들에게 했던 강의와 대화에서만 발견된다. 미드의 보다 광범위한 영향은 사후 그의 저작들을 출판한 후에야 나타났다. 미드가 그의 청중에게 영향을 받게 되면, 그 영향을 친구들이나 학생들과 가졌던 강의와 생생한 대화를 통해 다시 되돌려주었다(미드는 이것을 아마 '유의미한 몸짓'이라고 표현했을 것이다). 이러한 점에서 미드는 글은 결코 쓰지 않았으나 그들의 말의 내용에 감명을 받고 변화를 겪은 제자들의 마음속에 계속하여 살아 있는, 고대 철학자 같은 성격의 사람이었다고 볼 수 있다.

로버트 파크

Robert Ezra Park, 1864~1944

주요 이론 집합행동론, 인간생태학, 도시사회학, 동화이론,
주요 저서 『사회학개론』

파크는 공간과 환경의 조건을 중시하는
생태학적 원리를 사회학이론으로 발전시킨 학자다.
파크는 다양한 인종들이 함께 살게 되면서 상이한 문화가
공간적으로 분리되고 경쟁하며 재배치되는 상황을
사회적 거리, 사회적 통제, 동화모델을 통해 이론화했다.
또한 우점도, 천이, 군집 등의 생태학적 원리가 생활공간에서
출현함을 밝히는 도시사회학을 정립했다.
신문기자로 출발한 그는 현장연구를 강조했고
이후 시카고학파의 전통으로 자리잡았다.
인종문제 해결과 문화통합을 위한 실천적 활동에도 적극 참여했다.

"상호작용의 네 가지 근본유형, 즉 경쟁, 갈등, 수용,
동화 가운데 가장 보편적이고 근본적인 것은 경쟁이다.
경쟁은 접촉을 동반하지 않는 상호작용이다."

_로버트 파크

사상

　파크(Robert Park)는 시카고학파의 가장 영향력 있는 인물로서, 그에 친숙한 독자라면 왜 내가 사회학이론을 다루는 저술인 이 책에서 이론보다는 조사(research)에 훨씬 깊이 관련되어 있는 사람에게 한 장을 할애했는지에 대해 의심을 품을지도 모르겠다. 하지만 사실 파크 스스로는, 비록 정확한 사회적 조사보고와 기술에 많은 관심을 쏟기는 했지만, 사회적 자료의 체계적 분류와 분석에 사용되는 여러 개념의 집합을 발전시킨 것을 자신의 중요한 공헌이라 생각했다.

　파크의 업적에 대한 오늘날의 평가는 그가 스스로에 대해 내린 다음과 같은 자찬과 대략 일치한다.

　우리의 사회학은 이론은 많으나 작업개념은 없다. 학생들이 자기 논문의 주제를 제출할 때면 나는 으레 다음과 같은 물음을 스스로에게 던져보곤 한다. 네가 연구하려는 이것이 무엇인가? 갱이란 무엇이며 공중(公衆)이란 무엇인가? 합리성이란 무엇인가?……등등의 물음이다. 나는 우리가 탐구하려는 것을 가려내고 일반적 용어로 기술할 수 있게 해주는 하나의 분류체계와 준거 틀 없이 어떻게 과학적 탐구가 가능할지를 알지 못한다. 나와 버지스의 『사회학개론』(*An Introduction to the Science of Sciology*)은 그런 분류와 준거 틀을 거칠게나마 설명한 최초의 시도였다. 따라서 사회학에 미친 나의 공헌은 내가 애초에 의도했던, 내 원래의 관심이 지향했던 것이 아니라 내가 몸담았던 사회사업의 체계적 설명을 위해 필요로 했던 것이다. 내가 관심을 기울였던 문제는 언제나 실천적인 것이라기보다 이론적인 것이었다.[1]

파크 스스로가 적절하게 말한 것처럼, 그는 단지 분류만으로 그친 것은 아니었다. 그는 분류된 여러 변수 간의 관계를 탐구했고, 단순한 기술적 보고가 아닌 이론적 배경을 지닌 조사에 열중했다. 휴스가 말한 대로, "[파크는] 하나의 체계를 구성하려는 욕망은 없었으나 기본적으로는 체계론적 사회학자였다."[2] 바로 이런 점이 우리의 주목을 끈다.

집합행동과 사회적 통제

파크는 사회학을 "집합행동의 과학"[3]이라 정의했는데, 이런 정의는 그가 사회구조 분석의 필요성을 잊지 않고 있었고 훨씬 유동적인 사회적 과정에 주된 관심을 기울였다는 데 이미 암시되어 있다.[4] 파크의 견해에 따르면, 사회는 상호작용의 과정 속에서 나타나는 전통과 규범의 체계에 의해 통제되는 개인이라는 구성요소들 간의 상호작용의 산물로 이해되는 것이 가장 좋다. 사회적 통제는 "사회의 핵심적 사실이자 핵심적 문제인 것이다."[5] "어디가 되었든 사회라는 것은 하나의 통제조직이다. 그것의 기능은 사회를 구성하는 개인들에게 존재하는 에너지를 조직하고 통합하며 지도하는 것이다."[6] 따라서 사회학이란 "개인들이 우리가 이른바 사회라 부르고 있는, 일종의 집단적인 존재 속으로 유도되고 또한 거기에 참여하도록 권유를 받게 되는 과정을 탐구하는 시각과 방법"[7]을 말한다.

사회적 통제란 집합행동을 조직하고 억누르며 전환하는 다양한 메커니즘을 일컫는다. 사회적 과정은 적대, 갈등, 투쟁 등의 형식을 포함하며, 사회적 통제는 이런 과정들을 질서짓는 데 이바지한다. 사회적 통제가 군중의 성원들 사이에서 나타나는 것처럼, 보다 기초적인 형태를 취하든 여론이나 법률로 구체화된 보다 세련된 형태를 취하든, 사회적 통제는 언제나 경쟁을 조정하고 갈등을 타협짓게 하며 개인들을 사회질서의 필요한 요청에 응하도록 하는 작용을 한다. 하지만 사회적 통제는 결코 사회의 항구적 균형상태를 이루어내지는 못한다. 적대적 관계가 통제 메커니즘에 의해 조절된다고 하는 사실은 그것들이 근절될 수 있다는 뜻이 아니고 단지 잠재적인 것이 된다는, 즉 사회적으로 용인된 통로를 통하게 된다는 의미일 뿐이다. "모든 사회는 서로 어느 정도 적대적이지만 일시적으로 통합되어 있는 요소들로 조직되어 있다. 이런 일시적 통합은 각자의 활동에서 고유의 영역과 호혜적인 관계를 규정짓는 일련의 협정(arrangement)에 의해 이루어진다. 이런 식의 화해, 이러한 잠정협정(modus vivendi)은 카스트로 구성된 사회에서는 비교적 영구적일 수 있으나 개방적인 계급들로 구성된 사회에서는 지극히 잠정적인 것이다."[8]

파크에게서 비교적 안정된 사회질서란, 적대적인 세력들이 사회통제의 메커니즘을 통해 서로 간에 화해에 도달하는 방식으로, 한동안 억제된 상태를 말한다. 그러나 파크에 따르면, 특정 집단이나 개인들 간에 화해가 잠정적이나마 이루어졌을 경우라 해도, 전반적인 화해란 적어도 현대사회에서는 결코 영속적일 수 없는 것이다. 왜냐하면 새로운 집단이나 개인들이 등장하여 희소자원에 대한 자기네 몫을 주장하고 이전의 화해상태에서 형성된 사물의 질서에 대한 의문을 제기하는 수가 많기 때문이다.

네 가지의 주된 사회적 과정

파크는 네 가지의 주된 사회적 과정을 구분했는데, 경쟁, 갈등, 화해, 동화가 그것이다. 경쟁에 대해서 파크는 "생물학자들에 의해 처음으로 분명하게 인식되고 적절하게 묘사된……보편적 현상"이며 "'생존경쟁'이라는 진화론적 공식 속에서 정의된"[9] 것이라고 했다. "경쟁"은 사회적 상호작용의 "원초적이고 보편적이며 기본적인 형태"[10]다. 이것은 "접촉이 없는 상호작용"[11]이다. 다시 말해 그 경쟁이 양지를 찾아 서로 다투는 식물서식지 내부에서 일어난 것이든 훌륭한 상품이나 가치 있는 것을 둘러싸고 맞서는 인간들 사이에서 일어난 것이든, 개체 단위에서는 그 경쟁자를 알지 못한다. "사람들의 마음이 서로 만날 때, 다시 말해 한 사람의 마음속에 담겨 있는 의미가 다른 사람의 마음에도 전달될 때, 그 마음들이 서로 영향을 주고받을 때만 비로소 정확한 의미에서의 사회적 접촉이 존재한다고 할 수 있다."[12] 이런 접촉이 생겨날 때 무의식적 경쟁이 의식적 갈등으로 되고 "경쟁자들은 서로를 경합자 또는 적으로 간주하게 된다."[13] 경쟁이란 자연질서에서와 마찬가지로 인류사회에서도 보편적이고 지속적인 것이다. 그것은 생태질서뿐만 아니라 노동분업에서도 개인이 점할 위치를 부여해준다. 한편 갈등은 간헐적이며 개별적(personal)이다. 경쟁이 생태학적 또는 경제학적 질서에서의 지위 다툼을 뜻하는 반면, "사회질서 내에서 한 개인 또는 한 집단이 차지하는 지위는……경합이나 전쟁 또는 미묘한 형태의 갈등에 의해 결정된다."[14] "경쟁이 [생태학적] 공동체 내에서 개인의 지위를 결정한다면, 갈등은 사회 속에서 그가 점할 위치를 결정해준다. 장소, 위치, 생태학적 상호의존성 — 이런 것들이 [생태학적] 공동체의 특성이다. 지위, 복종, 지배, 통제 — 이런 것들은 사회의 독특한 징표인 것이다."[15]

화해란 갈등의 중단을 의미하는데, 그것은 지위나 권력의 분배체계와 지배-복종 관계가 잠정적으로 고정되어 있고 법률이나 규범을 통해 통제되는 경우에 나타난다. "화해의 상황에서는 대립적 요소들 간의 적대관계가 잠정적이나마 통제되고, 밖으로 드러나는 갈등은 그것이 잠재적으로 여전히 남아 있다 해도 일단은 사라지게 된다. 상황이 변하면 지금까지 성공리에 적대세력들을 통제해오던 조절이 실패를 겪게 된다."[16] 일반적인 사회적 통제와 마찬가지로 화해도 부서지기 쉽고 쉽사리 깨진다. 파크에게 화해와 사회질서는 전혀 '자연적'인 것이 아닌 일시적 조절에 불과한 것이었고, 구속력을 지닌 현존질서를 붕괴시키려는 내재적인 잠재적 갈등으로 인해 언제라도 무너질 수 있는 것이었다.

화해와는 반대로 동화란 "개인이나 집단이 다른 사람 또는 다른 집단의 기억, 감정, 태도 등을 획득하면서 얻게 되는, 또한 그들의 경험과 역사를 얻음으로써 그들과 함께 공통의 문화에 참여하게 되는, 일종의 상호침투나 병합의 과정이다."[17] 파크는 다른 세 가지 기본적인 사회적 과정은 매우 폭넓은 다양한 사회적 상호작용의 영역에서 작용하는 것으로 보았는 데 반해, 동화에 대한 논의는 특히 문화사회학 분야와 인종집단 및 종족이 공통적인 문화유산을 확인해냄으로써 점차로 더 큰 전체에 통합되는 과정을 위해 남겨놓았다. 동화가 이루어졌다고 할 때, 이 말은 개인적 차이가 소멸되었다거나 경쟁이나 갈등이 종식되었다는 말이 아니라 단지 충분한 경험의 통합과 상징적 지향의 공통성이 존재하여 '공동체적 목표와 행위'가 나타날 수 있다는 것을 뜻하는 데 지나지 않는다.

사회적 거리

비록 파크가 궁극적으로는 완전한 동화를 통해 인종적 차이가 없어질 것을 희망하긴 했지만, 그럼에도 그것을 미국의 인종관계 분석과 밀접히 관련된 과정으로 생각하지는 않았다. 파크는 그가 짐멜에게서 빌려온 '사회적 거리'(social distance)란 개념이 오늘날 인종관계를 분석하는 데 훨씬 더 중요하다고 보았다. 이 개념은 집단과 개인 간에 퍼져 있는 친밀성(intimacy)의 정도를 가리킨다. "친밀성의……정도는 한 사람이 다른 사람에게 미치는 영향으로 측정된다."[18] 개인이나 집단 간에 사회적 거리가 크면 클수록 그들의 상호 간 영향력은 작아진다. 파크는 인종의식이니 계급의식이니 하는 말은 집단들 간의 사회적 거리를 가리키는 것이라고 주장했다. 이런 말은 "잘 이해되지 않는 계급이나 인종으로부터 우리를 갈라놓는—또는 그렇게 보이게 하는—거리를……우리가 의식하게 되었을 때의 정신상태를 묘사한 것이다."[19] 특히 미국의 인종관계에서 고정적이고 전통적인 사회적 거리는, 흑인은 "제 처지만 알면 족하다"는 태도를 뒷받침해왔다. 그가 자신의 처지와 거리를 지키는 한, 지배자와 복종자 간에는 상당한 온정이 오갈 수 있다. 한 가족의 여주인은 그 집의 요리사와 가장 가까운 관계일 경우가 많으나, 이 관계도 요리사가 그 주인과 '적당한 거리'를 유지할 때만 지속될 수 있는 것이다. 마찬가지로 흑인과 백인 간의 대인관계는 북부보다 남부에서 훨씬 인간적일 수 있는데, 그 이유는 남부의 백인은 과거의 예로 보아 흑인들이 적당한 거리를 유지해나가는 법을 정확히 알고 있다고 확신할 수 있었기 때문이다.

파크가 생각하기에, 일상적으로 편견이라 부르는 것은 "사회적 거리를 유지하기 위한 다소간의 본능적이고 자발적인 성향을……의미하는 것으로 보인다."[20] 이런 의미의 편견은 파크에겐 결코 병리적인 것이 아니었다. 즉 하나의 보편적인 인간현상인 것이다. 인간은 태어날 때부터 이미 특정한 경향을 지니고 있으며 그 후 살아가면서 또 다른 경향들을 얻게 된다. "편견 없는 인간은 확신이 없는 인간이며 궁극적으로는 아무런 특징이 없는 인간이다."[21] 친구와 적은 상호 관련되어 있다. "친구 없는 세상을 생각할 수 없는 것과 마찬가지로 이런 세상에서 적 없이 산다는 것은 불가능한 일인 것 같다. 왜냐하면 친구와 적은 어떤 의미에서 어느 정도로 상호 관련되어 있으며, 따라서 우리가 친구의 자질을 평가하는 바로 그 선입견 때문에라도 우리 적의 미덕을 공정히 판단하는 일은, 불가능하진 않다 하더라도, 어렵게 되기 때문이다."[22] 따라서 편견과 사회적 거리는 인간들 사이의 교제에서 근절될 수 없는 측면들인 것이다.

신분적 편견이나 계급적 편견과 마찬가지로, 인종적 편견도 이런 관점에서 보면 "같은 종에서 보이는 다양성에 불과하다."[23] 이는 "지위라는 현상"[24]에서도 관찰될 수 있다. "우리가 불가피하게 만나야 하는 모든 사람은 우리 마음속에서 이미 정형화된 범주 중 하나로 자리 잡는다."[25] 우리가 만나는 모든 사람은 기존질서 안에서의 지위에 따라 범주화되고 평가된다. 이처럼 미국사회를 극단적으로 양분해볼 때 흑인은 열등한 지위를 부여받았고 지배적 지위에 있는 사람들과 적당한 거리를 유지하도록 요구되고 있다.

파크는 인종적 편견과 사회적 거리는 인종적 적대 및 갈등과 구분되어야 함을 강하게 주장했다. 전자는 피지배자가 자신의 열등한 지위를 받아들일 때 나타나며, 후자는 피지배자가 더 이상 그런 태도를 보이려 하지 않을 때 나타난다. 1928년에 쓴 어떤 글에서 파크는 이 점을 예언자적 언어로 표현했다. "아마도 미국에는 다른 어느 곳보다 인종적 편견이 적을 것이다. 그러나 인종적 갈등이나 인종적 적대는 훨씬 많다. 갈등이 더 많은 이유는 변화와 진보가 더 많기 때문이다. 미국에서 흑인은 상승하고 있으며, 또 실제적인 의미에서 볼 때 흑인이 맞닥뜨리게 되는 적대는 곧 그가 상승하고 있음을 가늠하는 척도가 된다."[26] 인종적 편견이란 각 개인을 전통적 질서 내에서 자신이 점하는 위치에 따라 범주화하는 정상적인 과정을 지칭한다. "편견은 전혀 공격적(aggressive)이지 않고, 오히려 신중한(conservative) 힘이다."[27] 다른 한편으로 인종적 갈등이나 적대는 전통적 질서가 약해졌음을, 따라서 이제까지의 화해방식이 더 이상 효력을 지니지 못하고 사회적 거리도 더 이상 효율적으로 유지되지 못함을 나타낸다. 인종적 갈등은 인종적 지위질서가 변하고 있음을 알리는 징조다. 적대와 갈등의 충격으로 이전의 화해가 붕괴되면 대립하는 인종적 지위집단 간에 새로운 화해의 길이 열리며, 이 와중에 여태껏 열등한 지위에 있던 집단이 훨씬 평등한 지위를 얻게 된다. 일단 이것이 완전히 이루어지게 되면 이제까지 서로 구분되었던 집단들이 이들 간의 인종적 동화나 사회적 거리의 소멸로 인해 상호 융합되는 기반이 조성될 수도 있다. 하와이의 인종적 상황이 바로 이런 경우다. 이런 인종적 관계의 주기, 즉 화해에서 갈등으로, 그리고 또다시 새로운 화해나 동화의 가능성으로 이행하는 주기는 파크에게는 전반적인 사회변동의 과정에서 하나의 특별한 사례에 지나지 않는다.

사회변동

파크는 사회변동의 과정을 세 가지 단계의 연속, 즉 일종의 '발달사'로 이해했다. 이런 발달사는 불만에서 출발하여 소동이나 사회적 불안을 낳고, 이는 대중운동으로 이어지며, 마침내 새롭게 재구성된 제도적 질서 내에서 새로운 화해로 끝나게 된다. 사회적 불안은 "기존방식의 붕괴를 나타냄과 동시에 새로운 집합행동의 준비를 나타낸다."[28] 불안의 수행자인 군중은 파크가 프랑스 사회심리학자 르봉(Gustave Le Bon)에 대한 논의에서 말한 대로, "어떤 사건 때문에 일어난 우연한 흥분 때문에 모이게 된 단순한 집단이 아니다."[29] 이들은 "낡은 질서에 대한 충성이 무너져버린 해방된 대중"인 것이다.[30] 파크의 관점에서 보면, 군중이란 하나의 기본적이고 초보적인 사회적 형성체(social formation)인 것이다. 군중에겐 "전통이 없다. ……따라서 이들은 상징이나 의식, 격식이나 의례 같은 것은 전혀 가지지 않는다. 군중은 어떠한 의무도 강요하지 않으며, 어떤 것에 대한 충성심도 만들어내지 않는다."[31] 그런데 종파나 사회운동은 이런 군중의 흥분에 뿌리를 두고 있다. 지금까지 정형을 갖추지 않았던 군중 속에서 지도자가 출현하면서, 일시적이고 무분별한 행위들은 보다 안정적이고 영구적인 조직에 자리를 내어주게 된다. 막 나타나는 사회운동이나 종파 조직의 지도자는, 지금까지는 제멋대로이던 군중의 집합행동에 사회적 통제를 가하게 되고, 이로써 군중은 일종의 청중(audience)으로 바뀌게 된다. "군중은 토론하지 않으며, 따라서 아무것도 곰곰이 따져보지 않는다. 단지 '치고 받을' 뿐이다."[32] 이와는 달리 "공중(public)에게 상호작용은 토론의 형태를 띤다. 개개인은 상호 간에 비판적으로 행동하려고 한다. 쟁점이 제기되고 당파가 형성된다. 의견 충돌이 일어나며 그것 때문에 서로 변화되고 조정된다."[33] 아무런 생각이 없던 군중이 반성적인 공중으로 변화하게 되면 거기서 새로운 사회적 실체가 나타나는데, 그것은 조건만 갖추어지면 관습의 굴레를 깨뜨리고 새로운 사회질서에 특징을 부여하는 새로운 화해의 길을 준비하는 데 성공할 수도 있다.

단계의 연속이란 의미에서 채택한 '발달사'라는 개념은 비단 사회운동의 출현에 관한 파크의 설명뿐만 아니라 그의 다른 대부분의 분석에서도 핵심적 역할을 한다. 그는 언론의 발달사, 즉 "개별 신문의 성쇠의 기록이 아니라 사회제도로서의 신문의 발달에 대한 설명"[34]을 쓰려고 했다. 파크는 자신의 학생인 에드워즈(Lyford Edwards)에게 혁명의 단계—각 단계는 필연적으로 그다음 단계를 촉발시키는—에 관한 발달사를 쓰도록 독려했다. 무엇보다 그의 도시사회학은, 이러저러한 집단들이 도시적 환경 속에서 자신의 생태학적 주거지와 자연적 지역을 개척해나가는 데서 포착되는 침략과 계승 과정의 여러 단계를 개념화한 데 바탕을 두고 있다.

생물학적 질서와 사회적 질서

다윈의 개념인 '생활망'(web of life)에서 출발하여, 파크는 생물학적 질서를 동물과 식물에 공통적인 것으로 파악하고 거기에다 '커뮤니티' (community)라는 용어를 부여했다. 그는 "커뮤니티의 본질적 특성은 (1) 지역적으로 조직화된 개체군이 있고, (2) 그것이 점유하고 있는 토지에 거의 완전히 뿌리박고 있으며, (3) 그 개개 단위는 공생적인 상호작용의 관계

속에서 살아간다는 점이다"[35]라고 썼다. "이런 공생적 사회는 어쩌다가 같은 서식지에 살게 된 동물이나 식물들의 조직화되지 않은 단순한 모임이 아니다. 그와는 반대로, 그들은 상당히 복잡한 방식으로 상호관계를 맺는다."[36] 공생적 커뮤니티의 테두리 안에서 개체군의 상이한 개개 단위는 복잡한 형태의 경쟁적 협동에 참여하게 되는데, 이런 경쟁적 협동은 개개 단위가 각자의 지배력에 따라 환경 속에서 특정 주거지를 부여받는 그런 공간적 질서로 이어진다. 경쟁은 두 가지 중요한 생태학적 원칙, 즉 우점도(優占度, dominance)와 천이(遷移, succession)를 낳는다. "모든 커뮤니티에서 이 우점도는 통상 양지를 향한 상이한 종(種)들 간의 투쟁의 결과다."[37] 한편 천이는 여러 단계, 즉 "규칙적인 변화의 연속을 가리키며, 이를 통해 생물 커뮤니티는 나름의 발전과정을 밟아나가는 것"[38]을 가리킨다.

파크는 식물이나 동물 커뮤니티의 성장과 발전을 특징짓는 과정은 인간 커뮤니티에도 마찬가지로 적용될 수 있음을 단언했다. 도시 내 여러 집단의 공간적 위치는 동물 커뮤니티의 공간적 질서만큼이나 생태학적 과정을 나타내고 있다. 그런데 이것은 종종 간과되어왔던 점인데, 파크는 한편으로 인간적 커뮤니티가 비인간적 커뮤니티와 거의 비슷한 생태학적·공생적 질서를 나타낸다고 주장하면서도, 다른 한편으로 인간적 커뮤니티에는 비인간적 커뮤니티가 지니지 못한 사회적이거나 도덕적인 질서 또한 지니고 있다고 주장했다. 파크는 인간의 도덕적 질서를 더욱 잘 이해하기 위해 생태학적 질서를 연구했던 것이다.[39]

파크에 따르면, 경제적 이익을 둘러싼 사람들 간의 경쟁적 투쟁은 동물들 간의 생존을 위한 비인간적 투쟁과 많은 유사성을 지니고 있다. "우점도의 원리는 식물이나 동물 커뮤니티뿐만 아니라 인간 커뮤니티에도 작용한다. 이른바 대도시 커뮤니티의 자연적인 또는 기능적인 여러 지역은……직접적으로는 우점도라는 요인에 의해, 간접적으로는 경쟁에 의해 존재한다."[40] 이와 비슷하게 도시의 '자연지역'(natural areas)에 사는 이주민 집단의 지역적 천이는 동물과 식물 커뮤니티 발달에서의 천이와 비교해보면 가장 잘 이해될 수 있다. 파크는 "지금까지의 관찰에 따르면, 이주해온 사람들은 통상 도시의 중심부나 그 주변, 즉 이른바 전이지역(area of transition)으로 불리는 지역에 먼저 자리를 잡는다. ……거기서 이들은 정착지를 제1지역에서 제2지역, 제3지역으로 단계적으로 옮겨가는데, 그 방향은 일반적으로 도시의 외곽지대로, 마침내는 교외지역으로 이행해간다. ……이런 움직임 속에서 발견되는 도시공동체 생활에서의 자연적 경향의 효과에 대해 '천이'란 용어를 적용해도 좋다"[41]고 썼다.

파크의 주장에 따르면, 인간집단들은 자신이 생물학적 커뮤니티에 참여하고 하나의 명백한 생태학적 질서를 이루고 있는 한, 비인간적 커뮤니티를 연구하는 생물학자들로부터 차용한 방법을 통해 연구될 수 있다. 하지만 단지 그 방법만을 활용한다면 명백히 인간적인 것, 도덕적 질서라는 창조물을 제대로 파악할 수 있을지를 기대할 수 없다. 인간사회는 이중적인 측면이 있다. 즉 인간사회는, 한편으로는 경제적·지역적 지배와 생태학적 거주지를 둘러싸고 상호 경합을 벌이면서도, 다른 한편으로는 공통의 집합행위에도 참여하는 독립된 개인들로 구성되어 있는 것이다.

[사회는] 상호 독립적으로 행동할 뿐만 아니라 단순히 생존을 위해 서로 싸우고 투쟁하면서 가능한 한 서로를 효용 위주로 대하는 개인들로 구성되어 있다. 그와 동시에 남자나 여자나 모두 감정과 공통의 목적에 의해 결속되어 있다는 점 또한 명백히 사실이다. 그들은 결코 자기 소유가 아닌 전통이나 야망, 이상 등을 품고 있으며, 어기고 싶은 본능적 충동에도 불구하고 우리가 일반적으로 자연이라 부르는 것을 초월할 수 있게 해주는 원칙이나 도덕적 질서를 유지해나간다. 또한 그들은 자신의 집합행위를 통해서 이 세상을 자기네의 집합적 야망과 공통된 의지의 상에 따라 새로이 재창조하기도 한다. ……사회는……언제나 경쟁적 협동이나 그 결과인 경제적 상호의존성 이상의 무엇을 지니고 있다. 사회가 존재한다는 것은 곧 일정 정도의 연대와 합의 그리고 공통의 목표를 전제로 하는 것이며……[사회는] 집합적으로 행동하려는 개인들의 노력 속에서 성장해간다.[42]

생태학적 질서와는 구분되는 도덕적 또는 사회적 질서 안에서 사람들은 자의식을 가진 개인들로 상호 의사를 전달하며, 그럼으로써 집합적 행위에 참여할 수 있게 된다. 사회적 질서는 사회적 통제와 공통목표로의 몰입을 통해 경쟁적인 생존 투쟁의 충격을 완화시킨다.

자아와 사회적 역할

파크의 자아(self) 개념은 주로 앞 장에서 논의한 바 있는 제임스와 그의 추종자들에게서 유래한 것이다. 하지만 파크의 접근이 가진 독특성은 그가 자아개념을 사회적 역할의 개념과 연결시킨 것이다. 파크는 **사람**(person)이란 말은 어원적 의미로 보면 가면(mask)이라는 뜻이 있음을 지적했다. 이는 곧 "모든 사람은 언제 어디서나 어느 정도는 의식적으로 어떤 역할을 수행한다. 우리는 부모나 자녀, 주인이나 종, 학생이나 선생 아니면 전문인 또는 기독교인이나 유대인일 수도 있다. 우리가 우리 자신에 대해 아는 것은 바로 이런 역할 때문인 것이다."[43]

파크의 주장에 따르면, 자의식은 사회라는 무대에서 우리가 차지하는 지위와 수행하는 역할에 바탕을 두고 있다. 개인이 가진 스스로에 대한 생각들은 분업에, 나아가서는 지위 질서에 기초하고 있는 것이다.

사람들이 자신에 관해 만들어낸 생각은 자기 직업에, 일반적으로는 자기가 생활하는 공동체와 사회적 집단 내에서 수행하려는 역할에만 달려 있는 것이 아니라, 사회가 이런 역할을 통해 부여해주는 인정과 지위에도 달려 있는 것처럼 보인다. 공동체가 부여해준 지위와 보답이야말로 개인에게 한 사람으로서의 개성을 부여하는 것이다. 왜냐하면 사람이란, 반드시 법적 지위일 필요는 없더라도, 사회적인 지위를 갖추는 개인을 말하기 때문이다.[44]

파크에게 자아는 개인의 자기 역할에 대한 개념으로 구성되며, 이 역할은 다시 사회 내의 다른 성원이 이 역할의 근저를 이루는 지위를 인정해주는 것을 바탕으로 한다. "개인이 가지는 자신에 대한 개념은⋯⋯자기가 속한 사회적 집단이나 집단들 속에서 그가 차지하고 있는 지위에 기초한다. 자신에 대한 개념이 자기 지위와 일치하지 않는 사람은 고립된 개인인 것이다. 완전히 고립된 사람, 즉 자신에 대한 개념이 자기 지위 속에 조금도 적절히 반영되지 않는 사람은 아마도 비정상적인 사람일 것이다."[45]

잘 알려진 파크의 주변인(marginal man)이라는 개념은 자아개념(self-conception)을 한 개인이 집단 속에서 차지하고 있는 지위를 반영한 것으로 파악하는 그의 견해에서 직접 도출된 것이다. 아메리카의 물라토나 아시아의 혼혈족 또는 유럽의 유대인들처럼 주변인은 두 개의 서로 다른 집단에 몸담고 있으면서도 그 어느 곳에도 완전히 속해 있지 못한다. 그 결과 그들의 자아개념은 상당한 불일치와 양면성을 띠기 쉽다. 주변인은 "두 개의 세계에서 살고 있지만 그 어느 곳에서도, 정도의 차이는 있겠지만, 이방인이다."[46] 그러나 짐멜이나 베블런과 마찬가지로 파크도 이러한 극단적 주변성은 고통과 함께 이익도 가져온다고 주장했다. "어쩔 수 없이 그는 자기와 같은 문화적 환경에 사는 다른 사람과 견주어보았을 때 상대적으로 더 넓은 시야와 날카로운 지성, 더 초연하고 합리적인 관점을 지니게 된다. 주변인은 언제나 상대적으로 더 개화된 인간이다."[47] "바로 이 주변인의 정신에서야말로 새로운 문화적 접촉이 야기한 도덕적 동요가 가장 명백한 형태로 표출된다. 우리가 문명과 진보의 과정을 가장 훌륭히 연구할 수 있는 길은 이런 주변인의 정신 ― 문화의 변화와 융합이 진행되고 있는 ― 을 통하는 것이다."[48]

주변인의 사회학을 위시한 그의 모든 사회학 속에서 파크의 관심은, 언제나 기왕의 낡은 조정과 화해를 무용지물로 만드는 새로운 형태의 조정과 화해가 어떠한 과정과 상황에서 출현하는지에 대해 분석적으로 초점을 맞추고 있다. 뒤르켐은 사회를 예측 가능한 형태로 이끌어가는 구속력을 강조했다. 이와는 대조적으로 파크는, 비록 사회질서의 필요성을 잊어버리진 않았으나, 그러한 구속력을 깨뜨리고 새로운 것을 창조해내는 힘을 우리에게 밝혀주었다.

개인적 배경

파크[49]는 1864년 2월 14일 펜실베이니아 주 하비빌에서 태어났다. 그가 태어난 직후 그의 가족은 미네소타 주 레드윙으로 이주했고, 그곳 미시시피 강변에서 어린 파크는 부유한 기업가의 아들로 성장했다. 베블런, 쿨리, 미드 등과 마찬가지로 그도 중부국경지역(Middle Border) 출신이었다. 지방의 고등학교를 졸업한 후 파크는 아버지의 반대를 무릅쓰고 미네소타대학으로 진학했다. 그곳에서 1년을 보낸 후 그는 미시간대학으로 전학했다.

앤아버에서 파크는 영감에 가득 찬 젊은 스승인 듀이를 만나는 행운을 얻었고, 당시 중서부를 풍미하던 개혁사상의 정신에 발맞추어 당시의 사회적 쟁점들을 토론하던, 비슷한 정신을 소유한 학생집단의 일원이 되었다. 듀이는 파크를 이후 그의 생애에 결정적 영향을 미치게 될, 유명한 포드(Franklin Ford)에게 소개해주었다. 포드는 신문기자였는데, 주식시장의 변동과 뉴스가 시장에 미치는 영향에 대해 상세히 보도해왔다. 그는 주가를 뉴스에 의해 형성된 여론의 반영물로 보게 되었고, 따라서 좀더 정확한 보고만 있으면 일반 여론도 주식시장만큼이나 정확하게 시사적 사건들에 대처할 수 있으리라 추론하게 되었다. 이후의 몇몇 여론조사나 조사분석가와 흡사하게, 포드는 여론의 변화가 정밀하게 측정될 수만 있으면 "역사적 과정은 눈에 띄게 진전될 것이며, 진보는 침체나 폭력적인 중단이나 무질서가 없이도 빠른 속도로 꾸준히 이루어질 것"[50]이라고 믿었다.

포드와 파크는 이른바 『사상신문』(*Thought News*)이라는 새로운 신문을 기획했는데, 이 신문은 보다 정확한 뉴스의 전달을 통해 여론의 움직임을 기록할 뿐만 아니라 거기에 영향을 주려고 했다. 이 신문은 발행되지는 않았지만, 뉴스가 지닌 결정적인 중요성과 대중전달매체 그리고 여론의 영향에 관한 파크의 견해는 주로 포드와의 대화를 통해 형성된 것이었다.

신문기자이자 철학도로서의 파크

미시간대학의 진보적 분위기에 깊이 몰입해 있었던 파크는 1887년 미시간대학을 졸업한 후, 아버지의 기업을 잇는 대신 자신의 개혁적 관심을 표현할 수 있는 직업을 찾기로 결심했다. 그러나 그는 곧 자신이 다른 미시간대학의 동료들과 달리 개혁에 관한 유토피아적 이상과 청사진에 탐닉하지 않는다는 점을 깨닫게 되었다. 그는 변화를 위한 계획이 아무리 의도가 좋다 하더라도, 그 배후에 놓여 있는 사회적 현실에 관해 매우 불충분한 지식에 근거하고 있는 한, 아무런 쓸모가 없다고 믿은 것으로 보인다. 개혁 이전에 오늘날의 사회에서는 지금껏 획득된 것보다 훨씬 더 많은 지식이 필요하다. 사회문제를 해결하려는 시도 이전에 이 문제에 대해 정밀하게 파악하는 것이 선행조건인 것이다. 직접 관찰의 기회를 제공해주는 직업 중 하나가 신문기자였고, 그래서 파크는 신문기자가 되었다.

1887~98년, 파크는 미네소타, 디트로이트, 덴버, 뉴욕, 시카고 등에서 일간신문에 종사했다. 곧 그는 도시 정세를 담당하는 특별임무를 맡았고, 일련의 심층적인 기사를 종종 작성했다. 파크는 기계적으로 작동하는 도시 기구와 그 와중에 생겨나는 부패에 관한 글을 발표했다. 그는 도시 이주민지역의 열악한 환경과 그곳에 감춰진 범죄세계를 묘사했다. 끊임없이 도시문제에 관한 뉴스나 특집기사를 추적해가면서, 파크는 도시가 산업사회가 만들어낸 새로운 도시인을 연구하기 위한 천혜의 자연적 실험장임을 알게 되었다. 파크 후기의 저작이나 연구 관심의 대부분은 신문기자를 하며 얻은 경험에서 유기적으로 나타난 것이었다.

1894년, 파크는 미시간대학에서도 손꼽히는 법률가의 딸이었던 케이힐 (Clara Cahill)과 결혼했다. 이 부부는 네 자녀를 두었다. 결혼한 지 4년 후, 파크는 뉴스가 만들어지는 과정에 관한 자신의 경험적 지식을 넓히기 위해 좀더 학문적인 연구를 계속하기로 작정했다. 그는 하버드대학으로 가서 철학을 공부했는데, 이것은 "우리가 뉴스라 부르는 그런 종류의 지식이 가진 성격과 기능에 관해 통찰을 얻으려고 했기 때문이었다." 게다가 그는 "뉴스의 영향 아래에 있는 사회의 행위들을 설명하는 데서 과학이라는 정밀하고 보편적인 언어를 사용할 수 있다는 기본적인 관점을 얻으려고 했다."[51]

하버드대학에서 파크는 뮌스터버그와 함께 심리학을 그리고 로이스, 제임스와 함께 철학을 연구했다. 1899년, 석사학위를 획득한 후에는 보다 심화된 연구를 하기 위해 독일 유학을 결행했다. 그는 먼저 베를린대학에 갔는데, 거기서 짐멜의 강의를 듣고 깊은 감명을 받았다. 이 짐멜의 강의를 제외하고는, 파크는 사회학과 관련하여 어떠한 정식 교육도 받지 않았다.

베를린대학에 있는 동안 파크는 러시아의 사회학자 키스티아콥스키 (Bogdan Kystiakovsky)가 쓴 사회과학의 논리에 대한 논고인 『사회와 개인』 (*Gesellschaft und Einzelwesen*, 1899)을 우연히 접하게 되었다. 그는 "이 글은 지금까지 보아온 것 중에서 내가 관심을 갖던 문제를 내가 생각하고 있던 용어로 다루어놓은 최초의 것이었다"고 썼다. 소로킨(Pitirim Sorokin)에 따르면, 키스티아콥스키는 자신의 책에서 현대사회의 특징적 경향에 관한 일련의 견해를 표현하고 있는데, 여러모로 짐멜의 논의나 『공동사회와 이익사회』에서의 퇴니스의 논의와 유사한 점이 있었다.[52] 키스티아콥스키가 빈델반트의 제자였기 때문에 파크도 스트라스부르로, 나중에는 하이델베르크로 가서 신칸트주의 철학을 연구했다. 그는 빈델반트 밑에서 『대중과 공중』(*Masse und Publikum*)이란 제목의 박사학위논문을 썼다. 1903년, 하버드대학으로 돌아온 후 그는 이 논문에 마지막 손질을 가했고, 여러 해동안 철학조교로 재직했다.

활동가로서의 파크

파크는 곧 강단에 서려던 여태까지의 희망을 포기했는데, "학계의 생리에 식상하고 지쳐서 사람들이 살아 숨쉬는 세계로 다시 돌아가고 싶었기 때문"이었다. 한참이 지난 후 그는 "[자신의] 사회학에 대한 흥미는 괴테의 파우스트 박사의 독서에 비춰볼 수 있다"고 썼다. "다들 알겠지만, 파우스트는 책에 지쳐 세상을 직접 보고 싶어 하지 않았습니까?"[53]라고 그는 말했다.

한번은 제임스가 강의에서 자기 논문인 「인간의 특정한 맹목성에 관해」(On a Certain Blindness in Human Beings)를 강독했다. 이 논문은 파크에게 큰 인상을 남겼다. "제임스가 말한 '맹목성'이란, 다른 사람들의 삶의 의미에 대해 우리 각자가 가지게 마련인 맹목성이다. ……사회학자가 최우선적으로 알고 싶어 하는 일은 사람들의 표정 뒤에서 무엇이 일어나는가, 우리 각자의 생활을 지루하게도 신나게도 만드는 것이 무엇인지에 대한 것이다."[54] 제임스는 '개인적 비밀'(personal secret)을 얘기했는데, 그것은 삶을 어떤 이에게는 따분하게, 어떤 이에게는 흥미에 가득 차게 만들어준다고 했다. 제임스의 강의를 듣고 난 후 파크는 결론짓기를, 파크 스스로가 가진 '비밀'은 자신의 욕망이 사회에 대한 객관적 분석 및 서술과 사회문제에 대한 적극적 개입 사이에서 왔다 갔다 한다는 것이었다. 학교에 6년을 머문 후 파크는 마침내 신문사 시절 그를 사로잡았던 사회세계의 사람 사는 모습들(give-and-take)로 돌아가고 말았다.

파크의 눈에는 당시 미국에서 가장 시급한 문제 중 하나가 흑인을 둘러싼 사회적 문제였다. 터스키기대학의 총장 워싱턴(Booker Washington)을 만남으로써 이후 자신의 생애를 통틀어 줄곧 초점을 이루어온 인종문제에 대한 관심에 박차가 가해졌다. 곧 파크는 워싱턴과 합심하여 그의 여행에 비공식적인 비서로 동행했다. 그는 계속 조사차 유럽을 여행했고 그 결과 워싱턴의 『밑바닥 사람들』(The Man Farthest Down)이 출간되었다. 전문가들은 대체로 유럽 하층계급의 비참한 상태에 관한 이 책의 설명이 거의 대부분 파크의 손으로 쓰였으리라는 데 동의하고 있다. 파크는 워싱턴과 함께 9년 동안 일했고 그를 무척 존경했다. 언젠가 그는 버지스에게 다른 어떤 선생보다 워싱턴에게 배운 바가 많다고 말한 적이 있다.[55] 파크는 특히 워싱턴이 가진 사회적 행위의 전략과 전술에 대한 완벽한 기술에 깊은 인상을 받았던 것처럼 보인다.

파크가 워싱턴을 만난 당시는, 그가 콩고개혁협회(Congo Reform Association)라는 단체, 즉 콩고에서 자행된 벨기에 식민정부의 탄압과 부패 및 타락을 공중에게 알리려고 모인 개혁자들의 집단에 비서 겸 언론 담당자로 초빙되었던 때였다. 그는 상황을 직접 살펴보기 위해 막 아프리카로 떠날 계획이었는데, 바로 이때 워싱턴이 그를 터스키기대학으로 초빙해 아프리카 연구는 남부에서 하는 것이 가장 좋으리라는 확신을 넣어주었다. 이 결과 파크는 7년간을 때로는 터스키기대학에서, 때로는 남부를 떠돌아다니면서 "흑인들의 생활과 관습 그리고 상태를 눈여겨보았다."[56] 이 기간에도 그는 콩고에서 자행된 벨기에 식민정부의 잔학함을 폭로하는 폭로 특집을 『에브리데이스 매거진』(*Everyday's Magazine*)에 게재했다.

파크의 학문적 생애

쉰 살이 되던 1914년, 파크의 생애에는 또 다른 전환점이 다가왔다. 그가 학계에 종사하게 된 것이다. 토머스의 제의를 받은 파크는 시카고대학 사회학과에서 500달러의 강사료를 받고 '미국의 흑인'에 대한 여름강좌 개설을 수락했다. 얼마 지나지 않아 그는 이 학과의 전임교수가 되었고 1936년까지 강의를 계속했다.

시카고에서 거둔 파크의 성공은 곧장 이루어진 것은 아니었다. 그가 시카고대학 사회학과에 합류했을 당시에는 학과의 창설자이자 **정신적 지도자**였던 스몰이 여전히 지배권을 지니고 있었고, 1896년 교수진에 합류한 토머스는 그중 가장 독창적이고 강력한 멤버였다. 그런데 학생들이 전쟁을 마치고 귀환할 무렵인 1920년대에 이르면, 스몰은 거의 은퇴 직전이었고 토머스는 사임 압력에 시달리고 있었다. 파크는 이 학과의 두드러진 멤버가 되었다.

파크의 강의도 훌륭했지만, 그의 명성은 강의에 기반을 두었던 것은 아니었다. 그는 학생들을 개별적으로 알려 했고 그들과 함께 수업과 인터뷰를 진행하려 했다. 이런 사적인 방식으로 각 학생들의 배경과 관심을 파악한 후, 파크는 학생들 각자가 조사영역과 특수한 조사문제를 계획할 수 있도록 도와주었다. 이것은 상당한 시간을 요하는 것이었지만, 그는 이런 방법을 좋아했다.

파크는 도시에 대한 자신의 관심을 대학에다 쏟아부었다. 그는 자신이 "실제로 어느 누구보다도 더 많이 이 세상의 곳곳에 흩어져 있는 도시들을 돌아다녔고 많은 땅을 밟아보았다"고 썼다. 여기에서 그는 "도시, 공동체, 지역 등을 지리학적 현상이 아닌, 일종의 사회조직체로 파악하는 개념"[57]을 얻었다. 그가 이제 학생들에게 독려했던 것은 바로 이런 조직에 대한 세밀한 연구였다. 시카고라는 도시는 도시인과 자연적 습관을 조사하는 데 매우 훌륭한 자연적 실험실이 되었다.

9년 동안을 파크는 시카고대학에서 고정적인 정규 봉급을 받는 전임강사로 지냈다. 그러나 자신이 가진 학생들에 대한 정열과 타고난 독립적인 기질 때문에, 파크는 정규 강좌 이상의 강의를 해나갔다. 하루는 그가 '파크 박사가 무보수로 겨울학기 강좌를 개설하는 것을 인정하는' 공식 서한을 받게 되었다. 학교당국은 비로소 현재 상태를 인식하고 비정규적인 것을 정규적인 것으로 만들려 했던 것이다. 파크는 1923년, 쉰아홉 살이 되어서야 비로소 정교수에 임명되었다.

파크는 외모부터가 다채로운 사람이었다. 대학에서 늘 책상머리 생활을 하는 동안 뚱뚱하고 땅딸막한 모양이 되었다. 그의 흰머리는 통상 길게 늘어져 있었는데, 아마도 제때 이발을 하지 않았기 때문이었을 것이다. 넋 빠진 교수의 빤한 생활을 살아가면서 그는 때때로 면도한 후의 비누거품을 귓가에 묻히고 옷맵시는 엉망인 채 강의실에 나타나곤 했다. 종종 책을 어디다 두었는지 잊어버리기도 했고, 읽기로 계획한 논문의 복사물을 잊고 나오는 일은 하나의 습관처럼 되어버렸다. 한번은 한 학생이 강단 앞까지 걸어 나와 옷깃에 풀어진 채로 매달려 있던 넥타이를 바로잡아준 적이 있었는데, 파크는 그 와중에도 아랑곳없이 진지하게 강의를 계속해나갔다.

강의실에서 파크의 말투는 퉁명스러웠고 태도는 무뚝뚝했다. 그래서 종종 그는 자신의 무례한 말투가 기분 상하게 하려는 게 아니라, 자기가 생각에 빠져 있을 때면 의례히 나타나는 태도라는 사실을 설명할 필요를 느낄 정도였다. 그럼에도 학생에게 그(학생)의 생각은 형편없다고 말하여 눈물을 흘리게 하곤 했다. 당시 학과장이었던 패리스는 새로 입학하는 대학원생들에게 파크는 위대한 사회학자이며, 따라서 그의 퉁명스러움을 혐오한 나머지 학생 스스로가 누릴 수 있는 이 예외적인 기회를 놓치지 말라는 점을 알릴 필요가 있다고 생각했다.[58] 일단 학생들이 파크를 알게 되면, 그리고 겉으로 드러난 그의 퉁명스러운 가면 뒤에 있는 따뜻하고 인정 많은 인간을 발견하게 되면 그에게 열렬히 빠져들게 되었다. 아마도 그만큼 깊은 관계와 감사로 맺어진 제자들을 가진 사람은 거의 없을 것이다.

파크는 많은 글을 쓰는 학자는 아니었다. 패리스는 그를 가리켜 "스스로 한 권의 책을 쓰는 대신 오히려 다른 사람들로 하여금 열 권의 책을 쓰게끔 권유한다"고 말했다. 그는 박사논문 외에는 오로지 한 권의 책 『이주민압력과 그 통제』(*The Immigrant Press and Its Control*, 1922)밖에 쓰지 않았다.[59] 그의 주된 공헌은 일련의 영향력 있는 논문과 제자들의 책에 쓴 서문들에 있는데, 이런 글들은 최근 세 권으로 된 『전집』(*Collected Papers*)으로 간행되었다.[60] 파크의 저서 중 가장 영향력이 있었던 것은 1921년 후배 학자인 버지스와 함께 펴낸 선구적인 『사회학개론』[61]일 것이다. 이 책은 미국사회학 초창기에 가장 많이 읽힌 교과서다. 파크의 이름으로 나온 책 중 하나인 『이식된 구세계의 속성』(*Old World Traits Transplanted*)[62]은 후배 학자와의 공저로 출간되어 있는데, 토머스와의 공동연구의 결과였다. 이런 식으로 출판된 이유는 간행인과 후견인이 토머스의 이름으로 책이 나오는 것을 거부했기 때문이다. 당시 토머스는 성적 문란으로 추정되는 어떤 일 때문에 막 대학에서 쫓겨나게 된 상태였다.

파크는 일생 동안 두루 전문가들의 인정을 받았다. 그는 미국사회학회의 회장을 지냈고(1925), 태평양관계연구소(Institute of Pacific Relations)의 대표, 태평양연안의 인종관계조사를 책임진 책임자, 카네기재단의 이민관계서적 시리즈 편집자, 여러 학술지의 보조편집자, 그리고 사회과학조사협의회(Social Science Research Council)를 위시한 많은 학회의 회원을 지냈다. 그는 또한 시카고도시연맹의 초대 회장을 지냈다.

타고난 여행가였던 파크는 시카고대학에 임명되기 전이나 재직 중, 재직후를 막론하고 전 세계를 돌아다니면서 인종문제가 첨예한 지역을 조사하고 도시를 연구했다. 그는 독일을 방문해 지도적 사회학자들과 친분을 맺었고 하와이대학에서 꼬박 1년을 보내기도 했다. 또한 베이징에서 강의를 하기도 했고 인도, 남아프리카, 브라질 등지를 방문했다.

시카고대학 교수직을 그만둔 후, 파크는 자신이 가진 지식을 학생들과 나누려고 피스크대학으로 자리를 옮겼고, 거기서 80대를 맞이할 때까지 학생들을 가르치고 그들의 조사활동을 지도했다. 파크는 1944년 2월 7일 그의 여든 번째 생일을 꼭 일주일 남겨둔 채 테네시의 내슈빌에서 운명했다.

파크는 인종 분규든 도시의 냉혹함이든 언제나 새로운 경험에 대해 호기심을 품었고 열린 마음을 가졌다. 또한 그는 무엇보다 세밀함과 객관성을 가지고 사회세계를 그려낼 수 있도록 사람들을 훈련시키는 일에 온 힘을 쏟았다. 그는 인간 조건의 개혁과 개선에 깊숙이 참여하고 있으면서도, 이런 상황에서 필요한 것은 당면한 과제를 포착하는 훈련된 학문적인 관찰자라고 생각했다. 인종관계에 흥미를 느끼는 학생들은 대개 인종차별 반대운동과 흑인의 인권을 지지하는 경향이 있다. 파크도 그들과 같은 생각이었다. 하지만 파크는, 버지스의 말처럼, "학생들에게 세상에는 십자군이 넘쳐난다고 단호하게 말했다. 학생들은 십자군 노릇을 하기보다 마치 동물학자가 감자벌레를 관찰할 때와 같은 객관성과 공평성을 가지고 인종관계를 탐구하는 냉정하고 공평한 과학자여야 한다고 말했던 것이다."[63]

파크에 따르면, "사회학자는 『포춘』(Fortune)지 기고자처럼 일종의 고급보도자다. 그는 일반 사람들보다 조금 더 정확하게, 그리고 조금 더 공정한 태도로…… '빅뉴스'를 보도하는 것이다."[64] 그러나 파크에 따르면, 사회학자는 단순한 사실수집가가 아니다. 휴스의 말을 빌리면, 그는 학생들에게 "스스로를 포착하는 관점과 자신의 호기심을 충족시킬 시각"을 제공해주었다. "이런 시각은 사람들의 상호작용의 모든 형태를 포괄할 수 있을 만큼 충분히 추상적인 개념체계인 것이다."[65]

파크는 인류학자들이 원시종족을 묘사하는 것처럼 도시생활과 도시문화를 꼼꼼하고도 정확하게 세밀한 것에도 주의를 기울이면서 연구를 수행했다. 그 와중에 파크는 이런 분야의 어떠한 연구도 중요한 것과 비본질적인 것을 구분할 수 있는 개념체계의 인도를 받지 못하는 한 아무 소용이 없다고 확신했다. 그가 학생들에게 이처럼 이론의 중요성을 전수해왔다는 점에서, 언제나 성공했던 것은 아니지만, 파크는 그들을 단순한 경험주의를 넘어서서 참된 사회학자가 될 수 있게 해주었다.

파크의 가르침이 미친 영향력을 파악하는 데서 그의 제자들을 열거하는 것보다 더 좋은 방법은 없다. 휴스, 블루머, 퀸(Stuart Queen), 코트렐(Leonard Cottrell), 로이터(Edward Reuter), 로버트 패리스(Robert Faris), 워스, 프레이저(Edward Frazier) 등은 모두가 미국사회학회 학회장을 역임했다. 헬렌 휴스(Helen Hughes), 달라드(John Dollard), 레드필드(Robert Redfield), 힐러(Ernest Hiller), 쇼(Clifford Show), 월러(Willard Waller), 레크레스(Walter Reckless), 로먼(Joseph Lohman) 등을 비롯한 수많은 파크의 제자는 지도적인 사회과학자가 되었다. 파크가 시카고대학에서 훈련시킨 일단의 재능 있는 사람들이 남긴 공헌을 제외하고서는 사회학 분야를 상상하기조차 어렵다. 이보다 더한 스승에 대한 찬사가 있겠는가?

지적 배경

무엇보다 파크는 종합적 정신의 소유자였고, 다양한 때로는 모순적인 수많은 사상의 흐름을 자기 것으로 만드는 능력을 가졌다. 그의 흡수 능력은 대단해서 폭넓은 독서로 많은 것을 얻어냈고 많은 사상가로부터 얻은 생각을 자기 것으로 활용할 수 있었다. 학생이었던 파크가 성장하는 데 큰 영향을 미친 사람들을 나열해보기 위해서는, 그가 학위논문『대중과 공중』[66]에 부록으로 첨부해놓은 짧막한 지적 전기를 살펴보는 것이 좋다.

미시간대학 학부 시절을 말하면서 파크는 학자로서는 단 한 사람, 듀이만을 언급했다. (물론 포드도 미시간대학에서 파크에게 중대한 영향을 주었지만 그는 학자가 아니었다.) 확실히 듀이의 가르침은 젊은 파크가 전반적인 세계관을 정립해가는 데서 동기가 되었음은 틀림없어 보인다. 듀이는 파크에게 진보적 사회개량론(meliorism)과 민주적 열정, 실용주의 철학 등을 소개했는데, 이 모든 것이 후일 파크의 사상이 접목되는 그루터기를 이루었다. 비록 특별히 철학적 주제를 다룬 글을 쓴 적은 없지만, 파크는 그의 전체 저작을 통해 추론해볼 때, 앞 장에서 상세히 설명했던 전반적인 실용주의적 사상운동에 속해 있었던 것이 분명하다.

신문기자로 12년을 보낸 후 간 하버드대학에서는, 파크는 주로 로이스와 제임스처럼 일했다. 이미 쿨리나 미드와도 관련되어 논의했던 제임스의 자아이론은 파크에게 대단한 영향을 미쳤고, 이 주제에 관한 파크의 저작은 대부분 제임스적인 주제를 교훈적으로 변용한 것이라 할 수 있다. 파크가 로이스의 절대적 관념론으로부터 배운 것은, 비록 파크가 제임스만큼이나 로이스에게서도 "큰 영향을 입었다"고 쓰고 있지만, 확인하기 쉽지 않다. 파크는 (버지스와 공저인)『사회학개론』에서 '사회적 상호작용과 사회적 의식' '의사전달과 상호작용' '모방과 암시'란 제목으로 참고문헌에서 라이스의 여러 공헌을 열거하고 있다. 따라서 우리는 라이스가 이 시기에 그의 사상에 자극을 주었으리라 간주해도 좋을 것이다. 파크가 그의 지적 전기에서 세 번째로 언급한 하버드대학 사람은 심리학자 뮌스터버그다. 파크는 자신의 학위논문의 '관점'이 논문 지도교수였던 빈델반트와 함께 뮌스터버그의 영향을 받았다고 말했다. 분트의 제자였던 뮌스터버그는 제임스의 초청으로 하버드대학에 왔을 당시에는 새로운 실험심리학의 지지자였지만, 얼마 지나지 않아 관심이 바뀌어 미국에서 초창기에 응용심리학을 지지했던 사람 중 하나가 되었다. 뮌스터버그는 파크의 『사회학개론』에 자주 언급되고 있으며, 지배-복종의 관점에서 암시, 모방, 동정을 다루고 있는 '지배와 복종의 심리학'에 관한 뮌스터버그의 글들이 이 책에 포함되어 있다.

독일사회학에 진 빚

파크에겐 미시간대학과 하버드대학에서의 연구가 전반적 철학의 기초를 다지는 데 중요했던 것은 분명하지만, 이후 그가 강의와 저술 속에 사용한 사회학적 사상의 대부분은 독일에서 연구하는 동안 이루어진 것이다. 파크가 짐멜의 강의실에서 보낸 한 학기는 아마도 그의 일생을 통해 가장 중요한 시기였을 것이다. 사회를 하나의 상호작용체계로 보는 파크의 전반적 접근방식과 사회적 갈등, 주변인, 도시 거주민들의 특성, 사회적 거리 같은 파크의 보다 구체적인 사상은 모두 짐멜에게서 자극받은 것이다. 더욱이 파크가 사회학을 하나의 과학으로, 즉 복잡한 현실로부터 구체적인 변수들 간의 관계를 설정하는 일련의 개념을 추상해내는 데 관심을 두는 과학으로 강조한 점은 상당 부분 짐멜의 정신을 받아들인 것이다. 파크가 사회를 사회적 통제를 통해 조직된 집합행동이라고 보았을 때, 그는 짐멜이 나누었던 구분, 다시 말해 사회적 삶의 자발적인 흐름이라는 것과 사회적 삶에 대한 통제(다양한 인간 충동을 고정적인 유형으로 돌려놓음으로써 상호작용 형태를 확립시키는 통제)라는 것의 구분을 미국식 용어로 옮겨놓은 셈이다. 사회적 과정을 새로움의 원천으로 보아야 한다는 파크의 주장—과정적 관점을 옹호하고 정태적 구조주의를 배격한 그의 입장—도 이 위대한 독일사회학자의 저작에서 얻은 것이 있다. 파크는 짐멜의 사도라고까지는 할 수 없겠지만 분명 짐멜의 정신에 깊은 영향을 받은 사람이었다. 『사회학개론』의 색인을 보면, 짐멜이 최소 마흔세 번 이상 언급되고 있으며, 이는 다른 누구보다 빈번한 것이었다. 또 이 책에는 열 군데 이상에서 짐멜을 인용하고 있으며, 이 또한 다른 누구보다 많은 것이었다. 파크는 짐멜의 눈부시게 뛰어난 관찰들을 좀더 사실적인 표현으로 전환시켰고, 이 독일인의 박식함을 중서부의 진보적 사상과 결합시켰다.

파크가 언급한 베를린대학 시절의 스승으로 짐멜 외에 다른 사람은 철학자 파울젠(Friedrich Paulsen)이 유일했다. 파크가 파울젠의 형이상학에 지대한 관심을 가졌다는 점에 의문을 품는 사람이 있을지 모르겠지만, 파크가 퇴니스의 『공동사회와 이익사회』를 접하게 된 데는 분명 퇴니스의 절친한 친구였던 파울젠을 통해서였다. 이 저작은 확실히 파크에게 충격을 주었고, 짐멜과 또 다른 독일철학자 슈펭글러(Oswald Spengler)와 더불어, 이후에 파크가 메트로폴리스의 도시적 문명과 소박한 문화를 구별하는 데서 가장 중요한 지적 받침대가 되었다. 파크의 제자이자 사위였던 레드필드가 퇴니스의 저작을 읽고 독창적으로 활용하여 멕시코 민속문화와 그 변화에 관한 유명한 연구를 해낼 수 있었던 것도 아마 파크를 통해서였을 것이다.

짐멜과 퇴니스가 파크의 정신에 미친 영향력은 키스티아콥스키[67]의 저작을 우연히 접하면서 더욱 강해졌다. 별로 알려지지 않았던 이 러시아의 사회과학자에 대해서는 앞서 언급했다. 키스티아콥스키의 저작인 『사회와 개인』은 인간사회를 연구하는 데서 '동적 상호작용'(dynamic interaction)을 중점적으로 강조하고 있는데, 이것은 리케르트, 빈델반트에서 유래하는 신칸트주의 과학철학과 더불어 짐멜로부터 유래한 개념이었다. 키스티아콥스키의 책을 읽고 난 후, 파크는 빈델반트 밑에서 연구하기 위해 슈트라스부르크로, 나중에는 하이델베르크로 떠날 생각을 하게 되었다.

파크가 빈델반트에게 배운 것은, 슈트라스부르크대학 총장 취임 연설이었던 빈델반트의 유명한 강연제목을 빌려 표현하면, **역사학과 자연과학**(Geschichte und Naturwissenschaft)의 구분이었다. 우리가 앞서 베버의 장에서 살펴본 것처럼, 여기서 빈델반트는 자연과학은 법칙정립을 추구한다고 주장했다. 즉 법칙정립적(nomothetic) 과학인 것이다. 반면 역사는 특수하고 일회적인 사건을 다루고 있으며, 개성기술적(idiographic) 학문이다. 빈델반트는 '역사학을 자연과학으로 만들려는' 일련의 시도에 대해 지극히 회의적이었고, 이런 실증주의자들의 시도는 단지 '몇 개의 천박한 일반화'만을 가져올 뿐이라 주장했다.[68] 파크는『사회학개론』에서 빈델반트의 핵심 주장을 소개한 후, 계속해서 바로 다음 페이지에 "사회학은……시간과 공간을 초월하여 인간 본성과 사회에 관한 자연적 법칙과 일반화에 이르려고 노력한다"[69]고 주장했는데, 이것이야말로 파크의 사고방식이 가진 특징적 측면이었다. 다시 말하면, 파크는 비록 빈델반트에게서 역사학의 개성기술적 방법과 자연 연구에 적합한 법칙정립적 방법의 구별을 배우기는 했지만, 그럼에도 인간세상에서 보편적 법칙을 발견할 가능성을 부정하는 빈델반트의 회의주의를 공유하지는 않았다. '발달사'와 관련된 그의 모든 개념 — 제도들의 진화에서 '자연적' 단계와 주기에 초점을 맞추기 위해 특수한 사례를 무시해버리는 역사에 관한 개념들 — 이 실은 상당 부분 빈델반트의 영향 때문이었던 것이다. 물론 아마도 빈델반트는 이런 개념을 철저하게 인정하지 않으려 했겠지만 말이다.

진화론과 대륙의 사회심리학에 진 빚

다윈주의가 미국사회학에 미친 영향은 이미 다른 장에서 다루었지만, 파크도 전반적으로는 다윈 저작의 영향 아래 있었다. 특히 파크의 생태학적인 사고방식과 관련해서는 더욱 그렇다고 할 수 있다. 『사회학개론』의 색인에는 다윈이 서른 군데서 언급되고 있으며, 다윈의 책에서 인용한 글도 네 군데나 된다. 헤켈(Ernst Haeckel)이나 토머스, 줄리안 헉슬리(Julian Huxley)를 포함하여 다른 진화론자들의 이름도 파크 저작의 색인에는 자주 등장한다.

파크는 학위논문에서 스펜서의 분화(differentiation) 원리를 인용하고 있으며, 『사회학개론』의 색인에 있는 수많은 표제어와 더불어 다른 맥락에서도 스펜서를 자주 인용하고 있다. 하지만 파크가 생물학적 진화론자들만큼이나 사회적 진화론자들의 영향을 받지는 않은 것 같다. 그가 저술활동을 시작할 무렵에는 이미 스펜서 유행은 한물갔고, 대부분의 동시대인과 마찬가지로 스펜서의 단선적 진화론에 염증을 느끼고 있었던 것 같다. 파크는 콩트를 더 높게 평가했던 것으로 보인다. 『사회학개론』의 첫 페이지는 다음과 같은 문장으로 시작된다. "사회학이 독립된 과학으로 인정받게 된 것은……콩트의 『실증철학강의』가 출간되고 나서부터였다. 확실히 콩트가 사회학을 창건한 것은 아니었다. 그는 사회학에 명칭과 프로그램 그리고 다른 과학들 사이에서의 위치를 부여해준 것이다." 파크는 결코 콩트의 변덕스런 교의를 쫓지는 않았으나, 그를 사회에 대한 자연과학을 만들려던 ─ 파크 자신이 콩트와 마찬가지로 공헌하려던 기획 ─ 최초의 모험가로 인정했다.

계급과 파벌의 집합행동에 대한 파크의 견해와 관련해서는 그의 학위논문에서 탁월하게 논의되었던 세 사람이 두드러진다. 이탈리아의 범죄학자이자 『파벌의 심리학』(*Psychologie des sectes*) 저자인 시겔레(Scipio Sighele)와 프랑스 사회심리학자 르봉, 타르드가 그들이다. 『사회학개론』에는 이들에 관한 수많은 참고문헌이 실려 있으며, 이들의 글에서 인용한 것도 여러 개가 곳곳에 있다. 군중, 파벌, 경합, 광기, 일시적 유행, 패션 등에 대한 파크의 수년간에 걸친 관심은, 일차적으로는 흥밋거리가 될 수 있는 사회무대 내의 일들에 대한 파크의 지칠 줄 모르는 지적 흥미에서 나온 것이지만, 부분적으로는 자신의 학위논문이 분명히 말해주듯, 이들의 저작을 독해함으로써 얻은 것도 있다. 에버렛 휴스가 최근에 한 지적에 따르면, 파크는 타르드를 단순히 모방에 관한 저술의 저자, 대중과 공중에 관한 책의 저자로서만 관심을 가졌던 것은 아니다. 파크는 "모든 사회는 신념에 따른 행위의 결과"라는 사상, 다시 말해 우리가 자신의 소망과 욕망을 상대방에게 털어놓았을 때 나타나리라 예상되는 반응에 대한 믿음과 기대를 바탕

으로 행동한 결과가 바로 사회라는 사상을 전개한 사회심리학자로서 타르드에게 관심을 가졌던 것이다.[70]

파크의 시카고대학 시절 동료들과 그 외의 동시대인들에 대해서는 그의 저작이 가지는 사회적 배경을 분석하는 다음 절에서 논의하도록 하겠다.

사회적 배경

비록 파크는 1940년대까지 살았지만 그의 성장기였던 1880~90년대는 대략적으로는 베블런, 쿨리, 미드의 시대였다. 이들은 모두 지적 형식주의에 맞섰던 실용주의와 중서부 진보주의의 산물이었다. 경력 초반에 파크는 자신의 진보적 관점을 실행하는 데 중요하다고 여긴 활동들에 주로 몰입했다. 파크가 사회학자가 된 것은 경력 후반의 일로, 시카고대학 사회학과에 합류했을 때였다.

파크의 이중적 경력, 즉 처음엔 신문기자로 나중엔 학자의 일원으로 보낸 경력을 살펴보면 한 사람의 지적 산물은 그가 얘기하려던 청중에 따라 만들어진다는 주장이 타당함을 알 수 있다. 파크의 두 경력은 각기 다른 사고방식으로 특징지어진다.

젊은 시절 내내 파크는 줄곧 뉴스 보고가 더 정확하면 할수록 미국의 민주주의에 유익할 것이라는 생각에 지배되어왔다. 그는 사실에 대한 지식이 나아질수록 미국의 삶의 질과 민주적 과정이 크게 개선되리라는 신념을 지니고 있었다. 이런 이유 때문에 그는 신문기자로서의 자기 직분에 열성적으로 헌신했다. 파크의 직업 선택을 이해하려면 이런 이상주의적 동기를 고려해야 한다. 왜냐하면 당시의 신문기자, 특히 범죄, 부패상, 도시 빈민가지대 등을 보고하는 기자의 지위는 그다지 높지 않았기 때문이다. 비록 그때 당시에는 추문 폭로가 하나의 유행처럼 되어 있었지만, 이런 추문 폭로자들이 공동체 지도자들의 눈에는 그다지 좋게 보일 리 없었다. 파크의 아버지는 아들의 대학 진학을 반대하면서 가족의 기업에 종사할 것을 요구하던 부유한 기업가였는데, 아들의 직업 선택을 보고 가슴이 덜컹 내려앉을 지경이었다. 또한 당시에 신문기자는 장래성이 없는 직업이어서 극히 짧은 기간의 전성기가 지나면 기회는 계속 사라져갔다. 기자는 기사취재를 위해 돌아다니던 일에서 편집사무로 옮겨 앉거나 그렇지 않으면 계속 보수가 적은 탐방기자 노릇을 해야 했다. 파크는 이 사실을 알고 있었다. "당시 신문기자의 평균 수명은 대략 8년 남짓했다. 그 후에도 계속 그 직업에 머물러 있으면 그의 가치는 지속적으로 떨어진다."[71] 부유한 집안의 아들이 이런 일을 하기에는 분명 보통 이상의 이상주의와 헌신이 필요했을 것이다.

파크는 광범위한 공중을 대상으로 글을 쓰기로 결심했다. 그가 잡지가 아닌 신문을 택했다는 점은 중요한 사실이다. 그는 시민들을 정치과정 속에 좀더 적극적으로 참여하게 하고 그 길을 제시해주는 일이 무척 시급하다는 듀이의 일반인들에 대한 신념을 공유하고 있었다. 파크는 분명 높은 교육을 받은 훨씬 제한된 독자를 대상으로 하는 잡지보다는 대중전달매체를 더 선호했던 것으로 보인다.

스테펀스(Lincoln Steffens)와 매우 유사하게, 하지만 그의 밑에 깔려 있는 냉소적 태도는 없이, 파크는 공중이 부정, 부패, 범죄, 비참함 등에 대하여 비상한 관심을 가지고 관찰하고 있고, 이를 개혁하려는 노력에 협조할 것이라고 믿었다. 이런 점이 인간을 자유롭게 한다는 생각은 줄곧 그의 신조가 되어왔다. 파크가 원해왔던 것처럼 공중들이 항상 의분(義憤)에 휩싸이지는 않았다. 하지만 확실히 이들은 더 많은 사실, 특히 파크와 그의 동료들이 끊임없이 신문에다 폭로해놓는 추한 면에 대해 더 많은 것을 알려는 갈망을 지니고 있었다.

파크는 퓰리처(Joseph Pulitzer)와 허스트(William Hearst)가 대량 유통되는 현대적 신문을 만들어놓았던 시기에 신문기자로 활약했다. 그들이 만든 신문은 수백만의 현대 도시 주민들을 대상으로 했고, 그들은 뉴스 특히 고위층과 권력층들의 생활과 작태를 폭로하는 기사들에 굶주려 있었다. 언젠가 리프먼(Walter Lippmann)은 신문 독자는 두 가지 종류가 있다고 언급했다. "자신들의 삶에 관심을 가진 사람들과 자기 삶에 대해 답답함을 느끼고 좀더 스릴 있는 삶을 원하는 사람들이 있다."[72] 현대 도시에는 분명 자신의 삶에 답답함을 느끼는 사람들이 훨씬 많았고, 때문에 '추문 폭로를 개척'한 퓰리처는 착실한 신문이었던『뉴욕월드』(New York World)를 6년이 채 안 되어 뉴욕에서 가장 많이 회자되는 신문으로 바꿔놓았고, 허스트는 당시 거의 파산 직전이었던 신문『샌프란시스코 이그재미너』(San Francisco Examiner)를 태평양 연안에서 가장 많은 독자를 거느린 신문으로 탈바꿈 시켰다.[73]

물론 파크는 이런 신문의 새로운 소유주들이 현대적인 대중신문을 만 든 것이 무슨 박애적 동기에 의한 것이 아님을 잘 알고 있었다. 이들 대부 분은 민주적 신문을 만들려 하기보다는 돈벌이를 할 속셈이었다. 하지만 이와 같은 상황에서도 파크는 신문의 기능에 관한 이상주의적 관점 — 이 상화되어버린 관점이 아니라 — 을 고수하고 있었다. 신문에서 손을 뗀 지 40년이 지난 후에도 파크는 여전히 다음과 같이 언급할 수 있었다.

뉴스는 지각(perception)이 개별 인간에게 하는 역할 같은 기능을 공중 들에게 한다. 즉 뉴스는 모든 사람에게 지금 무엇이 일어나고 있는가를 알려줌으로써 공중에게 정보를 알려주는 이상으로 그들을 인도하는 것 이다. ……뉴스를 접한 개인이 취하는 최초의 전형적 반응은 다른 사람 에게도 반복될 가능성이 높다. 이것이 대화를 가능케 하고 한 걸음 더 나 아가 논평을 가하게 하며 토론까지도 낳게 한다. ……토론이 불가피하 게 수반하는 의견과 감정의 충돌은 통상 합의나 집합적 의견으로 결말 이 난다.[74]

신문기자로서 파크는 기자의 숭고한 사명을 스스로가 느끼고 있어서 가능한 한 많은 관련 자료를 보고하는 일에 온 힘을 쏟았다. 그는 사실을 수집하는 것이 공중을 교육하는 역할도 하고 있음을 알았다. 즉 이것은 사 회적·정치적 무대의 현실에 좀더 가까이 개입함으로써 수백만의 평범한 독자들을 정책을 결정하는 권력에 좀더 밀착시킬 수 있는 것이다. 파크에 게서 사실의 수집이란 사사로운 정열이 아닌 하나의 공적 의무였다.

파크가 워싱턴의 일을 거들고 있는 동안에는 신문에 정규 기사를 쓰는 일을 그만두었다. 그러나 그는 대량 부수의 잡지들에다 식민주의의 죄과와, 특히 벨기에 식민주의의 죄악성을 폭로하는 글을 썼다. 비록 이제 새로운 직업에 종사하고 있지만 여전히 파크 자신은 고도로 숙련된 사실수집가이자 하이델베르크대학 학위를 가진 추문폭로자로 자임했다. 1911년 어느 날, 터스키기대학에서 토머스를 만나면서 파크의 경력은 일대 전환기를 맞게 되었다. 토머스가 파크의 어떤 점에 매력을 느꼈는지를 살펴볼 필요가 있다. 그가 인종관계 일반, 특히 미국의 흑인에 대한 파크의 해박한 지식에 영향을 받은 것은 거의 확실하다. 그러나 그 당시에도 지금과 마찬가지로 이름 있는 신문기자는 많았다. 토머스는 제임스와 빈델반트의 제자인 파크가 리포터 이상의 무언가를 해낼 사람, 다시 말해 적당히 자극적인 환경만 주어지면 개념적으로 사고할 수 있는 능력을 갖춘 사람이라고 보았던 것 같다. 토머스가 이런 파크의 잠재적 능력에 인상을 받았고, 그를 자기가 속해 있는 전도유망한 학과에서도 유용한 사람이라고 판단했을 가능성이 높다.

일반적인 오해와는 달리, 시카고대학 사회학과는 결코 사실수집에만 관심이 있었던 것은 아니었다. 처음부터 이곳은 사회학을 한편으로는 응용사회사업으로부터, 다른 한편으로는 단순한 사회조사보고로부터 구분시킬 수 있는 개념적이고 이론적인 공식을 추구해왔다. 시카고대학에서 파크는 새롭고 귀중한 분위기를 맛보았고, 그의 시카고대학 동료들, 그중에서도 특히 토머스는 그의 사고에 강한 영향을 남겼다.[75]

세기 초 시카고대학의 사회학

시카고대학 사회학과는 막 신설된 시카고대학의 총장이 메인 주의 콜비대학 총장이던 스몰을 사회학 주임교수로 초빙함으로써 생겨나게 되었고, 이로써 미국 최초로 사회학과가 설립되었다.[76] 스몰은 독일철학, 역사학, 정치학 등에 정통했고, 전반적인 관점은 강력한 개혁주의적·사회개량주의적 성향에 물들어 있었다. 스몰의 이런 점은 두 번째로 사회학 교수가 된 찰스 헨더슨(Charles Henderson)과도 일치하는 것이었다. 전직 목사였던 헨더슨을 대학총장은 스몰과 상의도 없이 임명했는데, 아마도 이런 점 때문에 특유의 기독교적인 지향이 학과에서 무시되지는 않았던 것으로 보인다. 이런 신학적 관심은 학과 초기의 몇몇 석사논문에서도 명백히 드러난다. 요즘 학생들이라면 아마도 '루터 신학의 발전단계'라는 제목으로 시카고대학에서 사회학 학위를 얻을 수 있었다는 사실을 알게 되면 놀랄 것이다. 요즘이라면 루터의 정신발생학적 단계에 관한 연구로나 사회학 분야의 학위를 취득할 수 있을 것이다. 하지만 석사논문이나 박사논문을 막론하고 이런 종교 지향적인 주제, 예를 들면 '기독교인으로서의 바울의 초기 3년간의 생애'라든지 '시카고 교회의 사회정책' 같은 내용이 계속 나타나고 있었지만, 반면 '미국 여성을 위한 공장법' '시카고의 쓰레기 문제' 등과 유사한 종류의 주제가 점차 많아지고 있었다. 시카고대학 사회학과의 관심사는 신학적인 껍질을 벗어버리고, 점차 현대 미국이 안고 있는 문제들이 무엇이며 어떻게 해결할 것인가로 바뀌어갔다. 이런 점은 1901년 발표된 박사논문 중 하나의 제목인 '시카고의 가축수용공동체에 관한 연구 및 건설적 제안: 현대 산업이 민주주의에 대해 지니는 의미의 전형적 사례'에서도 잘 나타난다.

하지만 도시 및 광범위한 공동체의 문제에 대한 관심이 늘어가고, 이 학과의 인도주의적 · 개혁적 관점이 커져간다고 해서 비이론적인 경향이 강해진 것은 아니었다. 오히려 스몰이 창간하여 수년간 편집인을 맡았던 『미국사회학회지』에서 명백히 드러나듯이, 스몰 자신은 체계-형성이나 '방법론 논쟁'처럼 다소 난해한 독일적 성향을 나타냈다. 예를 들면 초창기 『미국사회학회지』는 짐멜의 주요 업적들이 스몰의 건조한 번역으로 소개되어 있고, 또한 사회학을 전문적 학문으로 규정짓기 위한 고도의 추상적 시도들에 대해서도 결코 반대하지 않았음을 드러내고 있다.

시카고대학의 양대 관심, 즉 조사와 이론에 대한 관심은 토머스라는 인물을 통해 상징적으로 드러난다. 그는 1895년 아직 박사과정 중에 있었던 상황에서 시카고대학 사회학과의 네 번째이자 가장 젊은 교수로 부임했다. (세 번째로 시카고대학 사회학과에 부임한 교수는 빈센트George Vincent였다. 그는 셔터쿼대학 설립자의 아들이며 아버지와 마찬가지로 대중과 일반교육의 열렬한 옹호자였다. 하지만 상대적으로 학과에는 거의 아무런 영향력도 미치지 못했다. 비록 그가 스몰과 책을 공동으로 저술하긴 했지만, 그는 1911년 시카고대학을 떠나 미네소타대학의 총장이 되었고 나중에는 록펠러 재단 이사장이 되었다.)

유난히 정력적이고 지적 모험심이 강했으며 생산적인 사고를 했던 토머스는 곧 이 학과에서 가장 두드러진 인물이 되었다. 남부의 기독교적이고 농촌적인 배경 속에서 성장했던 토머스는, 처음에는 테네시대학에서 영문학과 현대 언어를 연구했으나 박사학위를 받은 후에는 괴팅겐대학과 베를린대학에서 연구하기 위해 독일로 가기로 결심했다. 여기서 그는 민속학의 새로운 영역, 특히 라자루스와 슈타인탈의 '민족심리학'(folk psychology)을 접하게 되었다. 오벌린대학의 영어 교수가 될 셈으로 미국으로 돌아왔지만, '스펜서 사회학에 강한 영향을 받게 되자' 곧 오벌린대학을 떠나기로 결심하고 1893~94년에 시카고대학 사회학과 최초의 대학원생 중 한 명이 되었다. 이후 그는 오벌린대학의 교수직을 포기하고 시카고대학의 사회학 강사가 되었으며 곧 지적인 면에서 시카고대학 사회학과를 지배하게 되었다.

토머스는 정밀하고 객관적으로 관찰하고 꼼꼼하게 조사보고를 하는 독일의 민족민속학적 전통에 강한 영향을 받았고, 다른 한편으로는 강력한 이론적 지향성이 있었지만, 점차 전통적인 민속학적인 조사보고나 경험적 사회심리학에서 벗어나 사회심리학과 사회학 양자에 걸쳐 이론과 경험적 자료를 융합하는 데 관심을 표명하게 되었다. 토머스가 유명한 『사회학 기원에 대한 원전』(*Source Book for Social Origins*, 1908)을 출간할 무렵에는 사회조직과 사회현실의 주관적 측면 간의 상호작용을 강조하면서 하나의 이론적 접근방식을 고안하게 되었다. 이런 접근방식은 토머스의 후기 거작인 『유럽과 미국의 폴란드 농민』(*The Polish Peasant in Europe and America*, 이하 『폴란드 농민』)의 지침이 되었다. 이 책은 1918~20년에 폴란드 사회학자 즈나니에츠키와의 공동연구를 책으로 출간한 것이다. 이 기념비적 저작은 미국의 경험적 사회학에서 최초의 위대한 고전이다. 이 저서, 특히 장문의 「방법론적 노트」(The Methodological Note)는 이전의 어떤 사회조사연구에서도 볼 수 없던 이론적 정교함을 갖추고 있다. 이 저서에 대한 후

세 비평가들의 지적, 즉 이 저서의 이론적 부분과 경험적 부분이 저자가 확신했던 만큼 확실히 결합되지 못하고 있다는 비판은 아마도 옳을 것이다. 일부 이론적 개념화는, 가령 저 유명한 기본적인 '네 가지 소망' 같은 것은 면밀한 비판을 견뎌내기 어려운 것들이었다.[77] 하지만 이런 약점에도 불구하고 이 책은 경험적 조사와 정교한 이론의 독창적인 결합이라는 점에서 기념비적인 저서로 남아 있으며, 심지어 오늘날의 사회학조차도 이런 경지에 도달한 것은 드물다. 토머스와 즈나니에츠키는 모든 과학이 단순한 사실들의 집적으로 이루어진다는 잘못된 생각을 의식적으로 거부했다. "사실이라는 것 그 자체가 이미 하나의 추상체다. 우리는 구체적인 생성과정 중 제한된 특정 측면만을 추출해내며, 모든 것이 무한히 복잡하다는 사실을 최소한 부분적으로는 거부한다. 따라서 질문은 단지 다음과 같이 구성된다. 이런 식의 추상화를 방법론적으로 수행할 것인지 말 것인지에 대한 질문 또는 우리가 무엇을 왜 받아들이고 거부하는지를 알 것인지 아니면 '상식'이라는 낡은 추상화를 무비판적으로 받아들인 것인지의 여부에 대한 질문이 그것이다."[78]

『폴란드 농민』에 대한 보다 자세한 논의는 토머스와 즈나니에츠키를 다루는 장의 도입부(723쪽)를 보라.

대학에서의 경력

듀이는 본능이 제도를 만들어내는 것이 아니라 제도가 본능을 만들어낸다는 말을 했다고 한다. 이 명제가 이런 범주적 형태 그대로 타당한 것인지 여부는 '본능'이란 단어를 '개성'이라는 말로 대체해보았을 때 분명해 보인다. 파크의 생애를 보면 제도가 개성을 만들어낸다는 것이 타당한 것으로 보인다. 파크는 학문에 투신하기로 결정한 후에는 여러 면에서 남다른 지적 풍모를 지닌 매우 유별난 사람이 되었다. 물론 이는 파크의 초기 관심과 후기 관심 사이에 단절이 있었다는 말은 아니다. 전혀 그렇지 않았다는 점은 파크의 학술적 저작을 대충 훑어만 보아도 분명해진다. 파크는 끊임없이 도시, 뉴스, 인종관계, 그리고 이와 유사한 문제들에 대해 대단한 관심을 보였다. 사실 그는 이런 주제들을 대학의 교과과정에 도입했고, 이를 학문적 대상으로 격상시켰다. 파크는 이런 주제에 대한 관심을 거두어들이지는 않았지만, 이런 주제를 다루는 개념 틀과 마음자세는 달리했다. 학문에 뜻을 두기 이전에 파크는 구체적으로 사고했지만, 이제는 추상적이고 개념적으로 사고했다. 이런 변화는 자신의 박사논문과 학문적 청중들을 대상으로 쓴 초기 저술들에서도 이미 나타나고 있었다.

파크가 어느 자전적 단편에서 시카고에 오자마자 자신이 애초에 기대했던 순수 경험적 조사문제보다는 오히려 이론적 분류체계의 정교화에 더 열중하고 있음을 깨달았다고 말하고 있음을 상기해볼 필요가 있다. "사회학에 미친 나의 공헌은……내가 애초에 의도했던 것, 내 본래의 관심이 지향했던 것이 아니라 내가 몸담았던 사회사업의 체계적 설명을 위해 필요로 했던 것이다. 내가 관심을 기울였던 문제는 언제나 [즉, 시카고대학에 있던 전 기간] 실천적인 것이라기보다는 이론적인 것이었다." 이 말은 곧 대학이라는 주변 환경을 통해 종전의 관심사였던 조사보고에서 벗어나 그 결과 사회적 이론가로 변모하게 된 과정을 파크 스스로도 잘 알고 있었음을 나타내준다. 파크가 이처럼 관심의 초점이 바뀌고 사고방식이 변화하게 된 이유는 분명 그가 시카고대학에서 만난 학생이라는 새로운 청중들과 학계 동료들 때문이었다.

파크 자신이 관찰한 대로 그가 개념적이고 이론적인 명료화를 하지 않을 수 없었던 것은 순전히 이것이 그의 대학원생들에게 필요했기 때문이다. 파크에게 학생들은 종종 어떤 구체적인 사회적 이슈에 관한 '사실들'을 연구하겠다는 매우 정교하지 못한 의도를 피력했고, 이때마다 파크는 복잡한 사회적 현상의 세계에서 어떤 것을 연구하려고 할 때는 먼저 연구와 관련된 사실들을 취합하기 위한 자신만의 개념적 틀을 고안해내야 한다는 점을 학생들에게 설명해야 했다. 파크가 추상적으로 사유하게 된 것은 무엇보다 자신뿐만 아니라 자신의 학생이 가졌던 구체적 조사의 필요성 때문이었다. 위대한 프랑스의 이론물리학자 뒤앙(Pierre Duhem)이 언젠가 자신의 학설에 대해 했던 다음과 같은 말은, 파크가 자신의 이론에 대해서도 말할 수 있었을 것이다. "그것은 구체적 탐사와는 대립되는, 일종의 명상을 통해 구성된 것이 아니라 매일매일의 과학적 작업 속에서 배태되고 성숙된 것이다."[79]

수많은 파크의 개념화 ─ 예를 들면 사회적 질서와 생태학적 질서 간의 관계에 관한 것이라든지 사회적 거리나 편견의 개념과 관련된 것 ─ 는 그의 정신 속에서 끊임없이 수정되고 발전해갔다. 종종 파크의 공식화는 초기의 것과 후기의 것이 상당한 차이를 보이는데, 이는 파크가 처음부터 세밀한 이론적인 글을 쓰려고 한 적이 거의 없었다는 사실로 설명이 된다. 오히려 파크는 구체적인 조사 문제와 관련하여 제기되는 개념적 쟁점들을 사유하는 데 익숙해져 있었다. 여러 학기 동안 파크는 학생들이 제기한 구체적 조사와 관련하여 조사영역을 구상해주었고, 이들이 조사작업을 완수할 수 있도록 이론적 도구의 고안을 도왔다. 따라서 파크의 작업은 파크와 그의 정신을 자극했던 열성적인 학생 청중 사이의 상호작용 속에서, 창의적 방식으로 학생들에게 답변해주기를 강요받았던 질문들을 통해서 거의 글자 그대로 진전되었다. 학생 청중들 덕분에 ─ 그렇게 보인 것에 지나지 않을지도 모르지만 ─ 현실적 조사문제가 독창적 개념화를 통해서만 극복될 수 있는 장벽에 부딪칠 때마다 파크는 자신의 사상을 정말 실용주의적 방식으로 발전시킬 수 있었던 것이다.

학생들은 파크가 자기 머릿속에 있는, 여태껏 사실의 나열에 불과했던 것들을 개념화할 수 있도록 압박했던, 그런 단순한 청중에 불과했던 것은 아니었다. 지금도 그렇지만 당시의 시카고대학은 다른 학교에 대항해 자기 학교의 학문적 우월성을 열렬히 수호하는 지적 탐구의 장이었다. 미국의 과학과 문학 분야에서 최고의 인사들이 이곳 강단에 섰다. 전체 학부 중에서 사회학과가 나름의 위상을 차지하기를 바란다면, 이론도 없는 단순 경험조사보다 그 이상의 무엇으로 자신의 존재가치를 입증해야 했다. 시카고대학 사회학과가 발전하게 된 것은 현명하게도 미숙한 교조적 폐쇄성이 사회학의 성장을 방해한다는 사실을 스몰이 깨달았기 때문이었다. 워드가 주도했던 브라운대학 사회학과나 섬너가 주도했던 예일대학 사회학과는 이들 창설자들이 만든 이론체계를 정교화하는 데 지나친 노력을 기울임으로써 결과적으로 학과의 쇠퇴를 낳고 말았던 것이다. 스몰이 학부

학생들에게 밖으로 나가 사회조사라는 복잡한 세계를 모험하도록 용기를 주었을 때, 그는 결정적으로 중요한 판단을 내렸던 것이다. 하지만 강력한 인근 학과나 학문의 관점으로 보았을 때는, 단순한 사실수집 때문에 시카고대학 사회학과의 성장이 감소되고 있는 것처럼 보인 것도 사실이었다. 듀이와 미드가 학생들에게 복잡한 실용주의적 진리론을 전수하고 있던 철학과나 매리엄(Charles Marriam)과 이후 라스웰(Harold Lasswell)이 오랫동안 정치학 분야를 지배하게 될 정치이론을 발전시킨 정치학과를 돌아보았을 때, 사회학자들은 단순한 사실수집 이상의 무엇인가를 제시해야 한다고 명확하게 인식하게 되었음이 분명하다. 별것 아닌 상식 밖의 흥밋거리를 찾기 위해 시카고대학의 도서관 주위를 뒤지는 기술이나 가르쳐주는 것만으로는 충분치 않다. 이제 막 학문적 명망을 겨우 얻어낸 이 사회학이라는 학문분야를 시카고대학의 사회학자들이 대변한다고 하기 위해서는 자기네들의 조사관심을 다른 분야의 동료들도 충분히 인정할 수 있는 좀 더 추상적인 관념의 틀로 뒷받침해야 했다. 따라서 사회학의 초점에 관한 기대 — 언제나 대외적으로 표명되었던 것은 아니지만 동료들 사이의 논의 속에 분명히 암시되어 있었던 기대 — 는 파크의 사고방식에서 학생들의 요구 못지않게 강한 영향을 주었을 가능성이 크다. 이런 두 가지 기대가 그의 정신 속에 융합됨으로써 파크는 개념적 틀을 개발할 수 있었고, 이를 통해 파크는 다혈질의 뛰어난 학생들을 훈련시켰고, 앞으로의 미국사회학 발전에 계속 직간접적으로 영향을 미칠 수 있었다.

요약

시카고대학에서 가르치던 시절과 그 이후에도 파크는 대학 밖의 여러 사회조사 프로젝트에 참여했고 수많은 사회과학과 관계된 회의나 협의회에서 활동했다. 파크의 발언은 재단과 조사기업계에서도 상당한 주목을 받았다. 이처럼 그의 청중은 대학을 넘어 광범위했다. 하지만 파크의 발표물 대부분은 주로 학문적 독자를 위한 책이나 학술지에서나 볼 수 있었다. 파크는 글을 쓰면서 단지 시카고대학의 동료들뿐만 아니라 미시간대학의 쿨리나 컬럼비아대학의 기딩스 같은 이들로부터도 인정을 받으려 했고, 때로는 교육정책을 결정하는 사람들에게도 읽히기를 원했다. 그가 경력을 막 시작했을 때는 폭넓은 대중에게 뉴스를 전달하고 이들을 시민으로 교화시키는 것이 목표였지만, 학계에 몸담은 이후에는 거의 전적으로 학문적 청중을 신뢰하기로 결정했다. 터스키기대학에서 토머스를 만난 이후 파크의 생애에서 일어난 변화는, 비록 시민들에게는 손실이었을지는 몰라도 사회학이라는 학문에서는 행운이었다고 할 수 있을 것이다.

빌프레도 파레토

Vilfredo Federico Damaso Pareto, 1848~1923

주요 이론 비합리적 행위론, 엘리트 유형론, 잔기와 파생체이론, 파레토법칙
주요 저서 『정치경제학강의』『사회주의체계』『정신과 사회』
『일반사회학에 관한 논문』

파레토는 계몽사상의 기대와는 달리 비합리적인 감정에
추동되는 인간행위의 특질을 이론화하려고 노력한 학자다.
논리적 설명이 어려운 '잔기'의 유형을 확인하고
이것이 사회적 동력으로 작동하는 다양한 사례들을 탐구했다.
파레토는 또한 감정과 잔기의 차이에 따른
독특한 엘리트 유형론을 발전시켰고 이를 기초로
엘리트의 순환이론을 체계화했다.
파레토는 로마 철도회사의 공학기사로 출발해,
철강회사 경영자, 정치인 등을 거쳐 경제학자가 된 후
말년에 사회학에 관한 책을 저술했다.
파시즘의 대두에도 일정한 영향을 미친 것으로 평가된다.

"사람들은 감정과 이해관계를 따라 행동하면서도
 자신이 이성을 좇는다고 상상한다.
 그리고 자신의 행동을 논리적으로 보이게 만들 이론을 찾아낸다."

 _빌프레도 파레토

사상[1]

파레토(Vilfredo Pareto)는 그의 생애 마지막 무렵에 이르러 다음과 같이 언급했다.

나는 정치경제학 연구에 필수적이면서도 아직 제대로 다루어지지 않은 영역들을 보완하려는 욕망과 자연과학의 모습에 자극되어 나의 『일반사회학에 관한 논문』(*The Treatise on General Sociology*)을 쓰겠다고 결심했다. 그 논문의 유일한 목적 — 나는 유일한 것이었다는 점을 강조한다 — 은 물리학, 화학, 생물학, 천문학, 그리고 이와 유사한 다른 과학에서 그 우수성이 입증된 방법을 사회과학에 적용함으로써 실험에 의거해 현실을 파악하려는 것이었다.[2]

이 말에서 파레토는 그가 자신의 중요한 사회학 저서인 『일반사회학에 관한 논문』[3]을 저술한 목적을 요약하고 있다.

파레토의 포부는 깁스(Josiah Gibbs)가 그의 『열역학』(*Thermodynamics*)에서 정립해놓은 일반화된 물리-화학체계와 본질적인 점에서 유사한 사회학체계를 구성하는 것이었다.[4] 물리-화학체계는 물이나 알코올처럼 개별적인 요소들이 모인 하나의 독립된 집합체. 이 체계를 특징짓는 요인들은 상호의존되어 있기 때문에 체계의 한 부분이 변하면 다른 부분들에도 그에 적응하는 변화가 일어난다. 파레토는 사회체계를 이와 비슷한 개념으로 파악하고 "자연계에서 발견되는 혼합된 화학적 합성물들과 마찬가지로" 이해관심, 충동, 감정 등이 뒤엉켜 있는 개인을 "분자"로 간주했다.[5] 파레토의 일반사회학은 인간행위를 결정하는 수많은 변수 간의 상호의존적 변화상을 분석하는 틀로서 사회체계라는 개념을 내세우고 거기서 모든 것이 출발하고 있다.

그 논문은 사회체계를 구성하는 모든 변수를 취급하지는 않았다. 행위의 비합리적 측면들만이 특히 자세히 언급되고 있다. 사회학에 대한 파레토의 관심은 그의 경제학에 대한 이전의 관심에서 유래한 것이었고, 경제학을 이루고 있는 변수들로서는 인간행위의 대부분은 아니라 하더라도 상당 부분을 설명할 수 없다는 그의 판단에서 나타난 것이었다. 그는 판단하기를, 경제학 특히 현대경제학은 인간행위의 특정한 하나의 측면에만 국한되어 있다고 보았다. 즉 그것은 희소 자원을 얻기 위한 합리적이거나 논리적인 행위만을 다루고 있다. 파레토는 인간행위의 상당 부분이 경제학자들의 관심 밖에 있는 비논리적이고 비합리적인 행위로 이루어지고 있음을 확신하게 되었을 때 사회학으로 전향했다. 이러한 이유 때문에 그는 그의 『일반사회학에 관한 논문』에서 인간행위의 비합리적 측면들을 이해하려고 노력했고, 자신의 경제학 저술 속에서 적절히 다루어졌다고 생각된 합리적 측면들은 거의 완전히 생략해버렸다.

파레토는 인간에게 비합리성이 널리 행해지는 현상을 합리적으로 설명하려 했다. 그는 베블런과는 달리 경제학이론을 무시하려 하지 않았고 경제학적 분석으로는 다루기 힘든 것으로 판명된 인간행위의 여러 측면을 이해하는 데 도움이 될 사회학적 또는 사회심리학적 개념들로 그것의 추상성을 보완하려고 했다. 파레토가 목표한 것은 이와 같은 합리적 요소와 비합리적 요소 간의 분석적 구분이었지 구체적인 행위를 분류하려던 것은 아니었다. 즉 그는 "우리가 분류하려는 것은 구체적으로 발견되는 행위가 아니라 그것들을 구성하고 있는 요소들이다"[6]라고 말했다.

논리적 행위와 비논리적 행위

파레토는 논리적 행위를 정의하기를, "목표에 적합한 수단을 사용하고 목표와 수단을 논리적으로 연결시키는" 행위라 했다.[7] 수단과 목표 간의 이와 같은 논리적 결합은 그것을 수행하는 주체에서만이 아니라 "훨씬 폭넓은 지식을 지닌 제3자의 관점에서도"8 확인되어야 한다. 논리적 행위는 주관적으로도 객관적으로도 논리적인 행위를 말한다. 비논리적 행위란 논리적 행위에 대한 파레토의 이와 같은 엄격한 정의에 속하지 않는 모든 행위를 뜻하는 것으로 사용되고 있다. 즉 이것은 하나의 잔여범주다.

파레토는 인간행위의 비논리적 요소들을 분석하는 개념적 틀을 발전시키는 데서 스스로 귀납적 과정이라 생각한 과정을 따르고 있다. 과거의 역사와 현재의 역사에 나타난 수많은 사례를 폭넓게 검토하고 난 후 많은 종류의 이데올로기 ─ 인간의 행동을 지배했다고 간주되어온 신념이나 신조들 ─ 를 증거로 삼아 결론짓기를, 이와 같은 비과학적 신념체계와 이론체계는 행위를 결정할 능력이 거의 없으며 보통의 경우 이것들은 인간 내부에 깊숙이 자리 잡은 여러 감정의 표출에 불과하다고 판단했다. 파레토는 사람이란 종종 논리적 행위를 하지 못하는 경우가 많음에도 자신의 행위를 '논리화'하려는, 다시 말해 일련의 관념체계의 논리적 결과로 보이게 하려는 강한 경향을 지니고 있다고 주장했다. 사실 대부분의 행위를 설명해주는 것은 그것을 합리화하거나 '논리화'하는 데 사용되는 신념체계가 아니라 오히려 기존의 마음 상태, 기본적인 인간의 감정인 것이다. 예를 들어 어떤 사람이 살인에 대한 공포를 느낀다고 하자. 따라서 그는 살인을 저지르지 않을 것이다. 그러나 그는 자신에게 "신은 살인자를 멸하신다"고 말했는데, 이것이 그가 살인을 하지 않는 이유라고 생각하는 것이다.9 만약 우리가 인간의 감정, 즉 비합리적 행위의 기본적인 원천을 A로 표시하고 행위와 관련된 이론을 B로 표시하고 행위 자체를 C로 표시하면, 우리는 다음의 사실을 확인할 수 있다. 즉 비록 A, B, C가 모두 상호 연결되어 있다 하더라도 A가 독자적으로 B, C에 영향을 미치는 것이 B가 C에 미치는 영향보다 훨씬 크다는 사실이다. 파레토는 이와 다른 생각을 전개하는 것은 이제까지의 대부분의 사회이론에 해악을 끼쳐온 합리화의 오류에 빠지는 것이라고 주장했다.

B와 C, 즉 비논리적 이론과 드러난 행위는 모두 직접적으로 관찰이 가능하지만 인간의 감정이나 마음 상태는 단지 추론으로 알아낼 수밖에 없다. 파레토는 이러한 기본적 감정들은 분석하려 하지 않았고, 이를 심리학

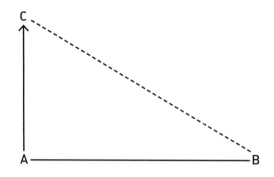

자에게 위임했다. "비논리적 행위는 주로 일정한 심리적 상태, 감정, 무의식적 느낌 등과 같은 것에서 발생한다. 여기서는 이 정도 이상은 분석하지 않고 이것들을 자료로서의 사실로 간주한 채 논의를 진행해나갈 것이다."[10]

파레토는 이와 같은 심리적 상태, 그리고 특히 비논리적 행위를 정당화시키고 합리화시켜주는 이론이나 신념체계에 관심을 집중시켰다. 그의 주된 관심 중 하나는 행위와 관련된 비과학적 이론에 대한 철저한 비판이었다. 그는 형이상학적·종교적·도덕적 체계들을 낱낱이 부수어 분석했고, 그 결과 이 모든 것이 그들의 주장과는 달리 과학적 이론과는 전혀 무관한 것임을 보여주었다. '자유'니 '평등'이니 '진보'니 '신의'니 하는 개념들은 모두가 야만인들이 자신의 행위를 합리화하는 데 사용하던 신화나 주술적 마법만큼 해로운 것이라 했다. 그 어떤 것도 검증될 수 없으며 모두가 인간의 행위에 옷을 입히고 그것을 존경스럽게 꾸미는 데 봉사하는 허구라 주장했다. 물론 이와 같은 신화가 때로는 인간의 행위에 영향을 줄 수도 있다는 점을 파레토도 부정하지 않고 있으나, 그는 주로 이것들이 단순한 겉치장에 불과한 경우를 관심 대상으로 삼았다. 그는 폭로하는 일이 사회분석가의 중요한 임무 중 하나라고 생각했다. "우리는 사상을 표현한 저서들에서 찾아볼 수 있는 현실에 대한 묘사나 이론이 어느 정도 현실을 왜곡시키는가를 알아내야 한다. 우리가 지니고 있는 상은 표면이 굽은 거울에 비춰진 것이다. 따라서 문제는 반영에 의해 그토록 왜곡된 대상의 참모습을 찾아내는 일이다."[11] 차차 분명해지겠지만, 이러한 폭로작업은 파레토에게서 과학적 목표뿐만 아니라 이데올로기적인 의도에까지 사용되고 있다.

잔기와 파생체

비과학적 이론이나 신념체계를 폭로하려는 의도에 따라 파레토는 그가 **파생체**라 부른 것, 즉 그러한 비과학적 이론이나 신념체계를 설명하고 있는 항변하는 요소들과, 그가 **잔기**(殘期)라 이름 지은 기초적이고 비교적 항구적인 요소들을 서로 구분했다. 종종 이 잔기의 개념은 앞서 논의한 여러 기본적 감정을 가리키는 것으로, 그리고 본능을 나타내는 허구적인 용어에 불과한 것으로 잘못 이해되어 왔다. 파레토 자신이 때때로 잔기를 본능으로 언급함으로써 이러한 오해를 불러일으켰다. 그러나 그는 잔기를 감정의 **표출** 또는 감정에 대응하는 것으로 파악했고, 잔기와 감정을 동일어로 보지는 않았던 것 같다.

잔기는 우리가 직접 파악할 수 없는 감정들과 직접 알 수도 있고 분석할 수도 있는 신념체계나 행위를 연결하는 매개적인 것이다. 또한 잔기는 인간의 본능과도 연결되어 있으나 그것을 완전히 포괄하지는 못한다. 왜냐하면 우리는 여러 본능 중에서 오직 이론 가운데 합리화를 가져오는 본능들만 발견할 수 있을 뿐 나머지는 여전히 알 수 없기 때문이다.[12]

요소 a[잔기]는……인간의 어떤 본능과 대응된다. ……그리고 아마도 이와 같은 본능과의 대응성 때문에 이것은 실제 사회현상 속에 고정적인 것으로 나타난다. 요소 b[파생체]는 a를 설명하려는 정신활동을 나타낸다. 이 때문에 b는 훨씬 더 가변적이고 상상의 반영일 경우가 많다. 그러나 요소 a가 어떤 본능들과 대응된다 하더라도 그것은 모든 본능을 다 반영하지는 않는다. ……우리는 고정된 요소들에 대한 조망을 토대로 사고의 표본을 분석할 수 있다. 따라서 우리는 오로지 이러한 논리전개 밑에 깔려 있는 본능만을 찾아낼 수 있다. 이처럼 논리화되어 있지 않은 본능을 파악할 길은 없다. 아직도 설명되지 않은 것들은 단순한 기호, 취미, 성향, 그리고 중요한 계급의 '이익'이라 불리는 사회적 관계 등이다.[13]

인간의 기호나 취미, 예를 들면 돼지고기를 좋아하는 것 따위는 파레토의 잔기의 범주에 안 들어간다. 그러나 만약 어떤 사람이 중국음식이 미국음식보다 더 낫다고 주장하는 이론을 구성하려고 한다면 그때는 이와 같은 이론적 정당화의 노력 밑에 깔린 잔기를 탐구할 수 있는 것이다.[14]

파레토는 다음과 같은 절차를 통해 잔기와 파생체를 구분했다. 즉 그는 어떤 행위와 결합된 주의, 예를 들면 기독교적 종교교리나 자유방임 정치이론 같은 것을 조사했다. 이러한 이론들에서 논리-실험적 과학의 기준에 부합하는 요소들을 분리해냈다. 그런 다음 그는 남아 있는 과학 외적 요소들을 고정적인 것(잔기)과 가변적인 것(파생체)으로 구분했다.[15] 파생체는 논리전개나 주장 또는 이데올로기적 정당화가 시도되는 곳에서만 나타난다. 이러한 것들 속에서 파레토는 내재해 있는 비교적 고정적인 요소들(잔기)을 분석해냈다.

예를 들면 우리는 여러 연령층에서 성적인 측면과 관련된 대단히 많은 여러 가지 어투와 주장을 찾아볼 수 있다. 이것들은 외설적인 말투를 띨 수도 있고 성적인 방종에 대한 위협조의 말투를 띨 수도 있다. 적절한 성행위에 대해서 엄격한 이론과 관용적인 이론이 있다. 금욕적인 가르침은 쾌락주의적 가르침이 찬양하는 것을 경멸한다. 그러나 이러한 모든 다양한 파생체를 꿰뚫고 흐르는 하나의 공통된 성적 잔기가 있는데, 이것은 어느 때를 막론하고 항상 눈에 띄도록 안정된 상태를 취하고 있다. (성적 문제에 관한 어투, 태도, 감정, 그리고 윤리적 이론 등은 상당한 차이를 보이나 이러한 다양한 주의, 주장의 껍데기 속에서 언제나 하나의 단일한 성에 관한 핵심이 나타난다.)

다소 길지만 『일반사회학에 관한 논문』에서 인용한 다음의 글은 파레토의 분석과정의 특징과 함께 그의 정치적 정열이 과학적 문장에서 얼마나 많이 투영되고 있는가를 보여줄 것이다.

인간주의 종교의 약점은 그 파생체의 논리-실험성의 결핍에 있지 않다. 그 점에서는 다른 종교들의 파생체보다 낫지도 못하지도 않다. 그러나 몇몇 종교가 개인과 사회에 유익이 되는 잔기들을 포함하고 있는 데 반해, 인간주의 종교에는 그러한 잔기가 거의 없다. 그러나 인간성이란 선을 오로지 가슴속에만 지니고 있는 종교에 어떻게……사회복지와 관련된 잔기가 그토록 없을 수 있는가?……인간주의적 교리가 논리적으로 도출되는 원칙은 사실과는 전혀 일치하지 않는다. 그것은 주관적인 금욕주의의 감정을 객관적 형태로 표현한 것에 불과하다. 진실한 인간주의자의 의도가 사회에 미치는 선이란 마치 너무 꼭 쥐어 새를 죽게 만든 어린이의 의도가 그 새에게 행한 선과 마찬가지다. 우리는……인간주의도 어떤 사회적으로 가치 있는 결과를 가져옴을 잊어서는 안 된다. ……그러나……논리-실험의 관점에서 볼 때 인간주의란 아무 쓸모가 없다. ……민주적 종교 일반이 전부 이와 마찬가지다. 수많은 형태의 사회주의, 급진주의, 노동조합주의, 톨스토이즘, 파시즘, 인간주의, 연대주의 등이 마치 기독교 초기에 수없이 많은 종파가 하나의 통합을 이룬 것처럼 민주적 종교에 속한다고 할 수 있을 하나의 합을 이루고 있다. 우리 연대의 첫 세기를 살던 사람들이 기독교의 성장과 그 지배를 목격했던 것처럼, 오늘 우리는 민주적 종교의 성장과 지배를 목격하고 있다. 이 두 현상은 많은 중요한 유추를 제공해준다. 그 본질에 접근하기 위해서는 파생체들을 제거해버리고 잔기까지 도달하지 않으면 안 된다. 이 두 종파의 사회적 가치는 최소한 이들 각각의 신학에 있지 않고 그들이 표현하고 있는 감정에 있다. 마르크스주의의 사회적 가치를 결정하기 위해 마르크스의 '잉여가치설'의 사실 여부를 알아보는 것은 마치 기독교의 사회적 가치를 확정하기 위해 세례가 어떻게 죄를 씻어주는가 또는 과연 씻어줄 수 있는가를 알려는 것과 마찬가지다 ― 이것은 전혀 중요치 않은 것들이다.[16]

파레토가 『일반사회학에 관한 논문』 곳곳에서 깊이 못 박아 놓았던 말은 이것이다. 사상은 결코 액면가 그대로 받아들이지 마라. 사람들의 입을 보지 말고 그들 행위의 참된 원천까지 깊이 살펴보도록 하라.

정치인은 흔히 돈, 권력, 위신 등을 얻으려는 욕망에서 '연대성' 이론의

주창자가 되는 경향이 있다. ……만약 정치인이 "연대성을 믿으시오. 왜
냐하면 당신들이 단결하면 내게 돈이 생기기 때문이오"라고 말한다면,
그는 웃음거리가 됨과 동시에 거의 표를 얻지 못할 것이다. 따라서 그는
장차의 투표권자들에게 받아들여질 원칙을 빌리지 않을 수 없다. ……
종종 남을 설득시키려는 사람은 먼저 자신을 설득시킴으로써 그 일을
시작한다. 그리고 처음부터 개인적 이익을 생각하고 움직이는 경우에도
그는 실제로 자신의 이익이 타인의 복지라고 믿게 되는 것이다.[17]

사람들이 그들의 행동을 정당화하고 합리화하기 위해 사용하는 파생체
는 수없이 많고 다양하나, 파레토는 서구의 오랜 역사를 통해 거의 변함없
이 지속되어온 잔기로 여섯 가지를 내세웠다. 이러한 이유로 그는 주된 잔
기들은 인간의 어떤 '본능'이나 성향과 밀접히 대응한다고 추측했다. 잔기
의 여섯 가지 범주는 다음과 같다.

I. 결합본능
II. 집단유지(집합체의 유지)
III. 외부적 행동으로 감정을 표출하려는 욕구(행위, 자아표출)
IV. 사회성과 관련된 잔기
V. 개인과 그의 부속물과의 통합
VI. 성적 잔기

파레토는 동일한 잔기가 수많은 다양한 신념체계나 파생체를 가져올
수 있다는 것을 보여주려 했다. 또한 그는 어쩌다가 믿게 된 특정 이론에
기초해 그들의 전체 행위를 이끌어간다고 주장하는 사람이 있다면 그는
자신을 속이는 것이라 했다. 예를 들면 "중국인, 회교도, 가톨릭교도, 칼뱅
주의자, 칸트학파의 학자, 헤겔주의자, 유물론자 등은 모두가 도적질을 금
하고 있다. 그러나 그러한 데 대한 설명은 제각기 다르다."[18] 하나의 변함
없는 특성에 대한 이토록 많은 설명을 고찰해보고 난 후 파레토는 결론짓
기를, 행동의 진정한 원인은 상이한 파생체들의 밑바닥에 깔려 있는 잔기

의 고정성에서 찾아야 한다고 했다. 그는 이러한 상이한 사상을 주장하는 사람들도 모두 그들 인격의 통일과 자존심을 보호하려는 욕구를 공통으로 소유하고 있다고 보았다. 따라서 범주 V의 잔기가 이들의 행위를 설명해준다고 했다.

때와 장소를 불문하고 인간은 늘 신이나 정신, '진보' '자유' '정의'의 객관적 실체에 대한 신념을 지녀왔다. 이러한 실체의 이름과 모습은 그러한 신념을 설명하는 종교적·철학적·도덕적 이론들에 따라 각기 다르다. 그러나 그것이 어떻게 표현되었든지 간에 그러한 실체에 대한 공통의 신념은 하나의 안정된 공통적 요소, 이 경우에는 잔기 II, 즉 집단유지나 사회적 통합을 향한 '보수적' 경향에 뿌리박고 있음이 밝혀질 것이다.

파레토는 거듭 주장하기를, 어떤 주의의 진리성을 그 주의에 매인 채 논의하는 것은 무익할 뿐만 아니라 시간낭비에 불과하다고까지 했다. 기독교는 예수의 역사적 현실성을 왈가왈부함으로써 파괴되지 않으며, 프랑스의 가톨릭 애국주의는 잔 다르크(Jeanne d'Arc)가 신경성 병자였다는 주장 때문에 손상되지 않는다.[19] 수많은 신념체계와 주의의 밑바닥에 깔려 있는 공통의 기본적 잔기까지 파악할 수 있게 해주는 과학적 작업을 통해서만 과학의 발전이 가능하고 계몽의 역할도 담당할 수 있다.

이 같은 파레토의 설명이 의사(pseudo)설명에 지나지 않는가는 문제 삼아 볼 수 있다. 나는 이러한 설명들이 몰리에르(Molière)의 극 속에 나오는 아편의 영향을 그 본래적인 힘으로 설명하는 엉터리 내과의의 설명과 많은 공통점이 있다고 믿는 아롱의 말에 동감한다. 아롱이 그의 독특한 기지로 말했던 대로, "그 누구도 [파레토의] 결론이 허구라 말할 수 없다. 그러나 그것은 그다지 유익한 것이 되지 못한다."[20] 그러나 어떤 판단을 내리기 전에 우리는 파레토의 잔기이론이 그에게는 이론 및 신념체계를 설명해주는 방식이었을 뿐만 아니라 사회운동과 사회변동 그리고 역사의 동학을 설명하는 도구이기도 했다는 사실을 인식해야 한다. 이러한 문제에 접하기 이전에 파레토의 다른 두 가지 개념, 비합리적 이론의 여러 유형 간의 구분과 행위의 주관적 의도와 객관적 결과 간의 구분을 살펴볼 필요가 있다.

비합리적 이론의 두 가지 유형

논평자들은 종종 파레토의 체계 내의 모든 비합리적 이론을 내재적 성향의 반영이나 표출에 불과한 것으로 잘못 이해하여 왔다. 그러나 그렇지 않다. 그는 (1) 유사과학적 이론과 (2) "경험을 초월하는 이론"[21]을 조심스럽게 구분했다.

우선 파레토의 수장에 따르면, 우리가 다루고 있는 이론들은 과학적인 척하지만 실제로는 과학적 명증성이란 조건을 확실히 갖추지 못한 것들이다. 이러한 이론들은 궁극적으로 생물적 욕구와 충동 또는 성향 등에 근거하고 있으며, 그 밑에 깔려 있는 잔기를 통해 직접 설명될 수 있다고 그는 믿었다. 그런데 '경험을 초월하는 이론', 예를 들면 종교적 이론에 대해 파레토는 다른 주장을 내세웠다. 이들은 과학적 지위를 지니고 있는 척하지 않는다. 따라서 그들이 과학적 기준에 미달한다는 점을 지적한다는 것은 완전히 무의미하다. 대신 이러한 이론들은 인간행위에서의 문화적 가치와 문화적 차원을 나타낸다. 이것들은 가치를 전제한 태도다. 파레토가 유사과학적 이론 속에서 잔기가 '표출'된다고 말할 때 그는 아마도 이 이론이 그러한 잔기의 존재를 나타내주며 그것의 가장능력을 증거해준다는 것을 의미하려고 한 것 같다. 그러나 그가 초경험적 이론 속에 나타나는 잔기의 표출을 말할 때 그것은 잔기들이 상징적인 의식행위 가운데 '표출'되거나 표현된다는 것을 의미하는 것 같다.

파레토는 과학적 방법이 그 자체로는 인간행위의 목표를 결정짓지 못함을 잘 알고 있었다. "전적으로 '이성'에 의해 결정되는 사회란 존재하지도 존재할 수도 없다. ……왜냐하면 논리-실험적 이성의 활동으로 해결될 수 있으리라 생각하는 문제의 소재들은 전혀 알려지지 않기 때문이다."[22] 따라서 수단과 구분되는 것으로서의 인간행위의 목표는 '경험을 초월하는 이론' 중에서 표현된다. 분명히 이것들은 궁극적으로 잔기의 활동으로, 마침내는 기본적인 인간감정으로 연결될 수 있다. 그러나 파레토는 '경험을 초월하는 이론' 속에 나타난 '의미'에 대한 인간의 추구는 어떠한 사회체계의 분석에도 불구하고 기본적 소재가 되어야 함을 인식하고 있었던 것 같다. 물론 그는 이러한 탐구를 내재적 요인들로 '환원'시키려는 경향을 강하게 지니고 있었으나, 한편으로 사회체계를 유지하고 인간행위의 목표를 인도하는 데서 상징적 요소들이 필수불가결하다는 점도 지적하려고 노력했다. 비록 그의 저작 중 많은 부분이 '폭로'하려는 경향으로 채워져 있지만, 그렇다고 그가 규범적 영역의 중심적인 중요성을 잊고 있었던 것은 아니다. 그가 자신의 『일반사회학에 관한 논문』이 꼭 필요한 도덕적 가치를 붕괴시킬지도 모른다는 생각으로 그것이 너무 널리 읽히지 않기를 희망했다는 말이 나오게 된 것도 아마 이러한 이유 때문이었을 것이다.

주관적 의미와 객관적 결과

『일반사회학에 관한 논문』에 실려 있는 파레토의 대부분의 구체적 분석은 개개 행위자의 행위가 어떻게 발생하는가에 집중되어 있다. 그는 거의 전적으로 합리적 행위에만 관심을 두었던 경제학에서 떠나, 행위의 비합리적 충동을 강조하는 사회학체계를 고찰함으로써 경제학의 추상적인 체계를 보완하려 했다. 그러나 상당한 시간을 행위자의 동기에 몰두하면서도 파레토는 행동의 객관적 결과를 분석하려는 욕구에도 민감했다. 주관적 의도와 객관적 결과가 언제나 일치하는 것은 아니라고 그는 강조했다.

파레토는 특히 다음과 같은 경우, 즉 사람들이 자신은 논리적 행위라 생각했으나 외부에서 볼 때는 전혀 논리적 목표가 없는 그러한 행위에 참여하는 경우나, 아마도 이것이 훨씬 더 중요하게 취급된 것 같은데, 행위자 자신이 추구한 것과는 다른 어떤 결과에 도달해버린 경우에 초점을 맞추었다. 어떤 사람들은 어떤 의식이나 관행을 통해 폭풍우를 진압하거나 비를 불러올 수 있으리라고 믿는다. 객관적으로 자연현상이 이렇게 되지 않는다는 것을 우리는 알고 있다. 그러나 이러한 관행에 참여함으로써 그것을 믿는 사람들은 현재 당하고 있는 실존적 고난과 재난을 더 잘 감당할 수 있게 하는, 일종의 도취적인 힘이 생겨남을 경험할 수 있고, 그들이 참여하고 있는 사회체계의 유대를 더욱 강화시킬 수 있다는 것은 사실이다. 이런 경우 명백히 허구적인 신념체계도 고도의 개인적·사회적 유용성을 지니게 된다. 더 일반적으로 말하면, "한 이론의 실험적 진리성과 그것의 사회적 유용성은 별개의 것이다. 실험적으로 진리임이 밝혀진 이론도 사회에 대해서 때로는 유익이, 때로는 해가 되기도 한다. 그리고 이것은 실험적으로 허구인 이론도 마찬가지다."[23] "경험과 합치되는 이론이 사회에 해로울 수 있고 경험과 맞지 않는 이론도 사회에 유익할 수 있다."[24] 한 이론의 사회적 유용성은 그것의 논리적 지위 및 개별 행위자의 주관적 의도에 대한 탐구와는 별도로 평가되어야 한다.

사자형 인간과 여우형 인간

그의 『일반사회학에 관한 논문』 마지막 부분에서 파레토는 한 집단 내의 잔기의 분포가 어떻게 그 신념체계와 지적 생활뿐만 아니라 가장 중요한 정치경제적 영역까지 연결되어 있는가를 보여주려 했다. 여기서 파레토는 처음의 두 잔기, 즉 '결합'의 잔기와 '유지'의 잔기만을 다루고 있다. 첫 번째 형의 잔기는 사람으로 하여금 체계형성, 즉 여러 생각을 의사논리적으로 결합시키려는 노력을 지니게 한다. 범주 I의 잔기는 경험 속에 발견되는 많은 요소를 조작할 수 있게 한다. 이러한 근거에 입각해서 날씨나 질병 또는 처녀의 사랑을 통제할 수 있다는 마술적 관행이 나타난다. 더 복잡한 수준에서 보면 범주 I의 잔기는 사람들로 하여금 대규모의 금융적 조작 — 기업을 창설하고 병합하며 재병합하는 것 — 에 참여하도록 한다. 이보다 더 복잡한 수준에 이르면, 이것들을 통해서 왜 정객이나 정치가들이 정치권력을 얻으려고 애쓰며 정책을 구상하고 정치적 제국을 형성하려고 하는지를 설명할 수 있다. 주로 범주 I의 잔기에 의해 행동하는 사람은 마치 마키아벨리(Niccolo Machiavelli)가 말한 '여우', 즉 일상적인 방식으로부터의 일탈, 실험과 혁신을 즐겨 하나 안정성을 보장해주는 원칙과 보수적 미덕에 대한 충성은 부족한 사람과 비슷하다.

'사회적 관행'의 보수적 힘은 두 번째 분류의 잔기(집합체 유지)가 우세한 사람에게서 잘 나타난다. 이런 사람들은 그의 가족, 종족, 도시, 국가 등에 대한 강한 충성심을 지니고 있다. 이들은 계급적 연대와 애국심 그리고 종교적 열의 등을 나타내며, 필요할 때는 강제력을 사용하는 것도 두려워하지 않는다. 이들은 마키아벨리가 말한 '사자'들이다.

파레토는 자신이 살던 당시, 특히 이탈리아와 프랑스에는 여우형 사람들이 세력을 얻고 있다고 믿었다. 정치와 경제의 영역을 정치적 권모술수에 능한 자들과 파렴치한 법률가 또는 지적 궤변가들 그리고 투기자나 대중을 조작하는 자들이 지배하고 있었다. 파레토가 관심을 쏟은 것은 만약 이와 같은 상황이 규제되지 않은 채 방임된다면, 사회적 균형은 밑바닥부터 흔들리게 되고 사회질서는 불안정해질 것이라는 점이었다. 그러나 그는 과거에도 누차 그랬던 대로 보수적이며 유지를 좋아하는 자들이 성장해 마침내 여우형 인간을 몰아내고 안정을 되찾게 될 가능성이 아주 높다고 보았다. 신앙, 애국심, 국민적 명예 등의 외침 앞에 모이라는 주장이 다시 나타나게 된다.

일정 기간이 지나고 나면 여우형 인간들은 다시 정부의 요직에 침투하기 시작하는데, 이것은 그들의 지적 기술과 도움 없이는 정부가 오래갈 수 없기 때문이다. 차차로 이들은 사자형 인간들이 구축해놓은 안정을 좀먹고, 그들의 파괴적 지능은 용감한 사자형 인간들의 단순한 신념을 무너뜨리게 될 것이다. 그 결과 세상의 모습은 이전과 똑같은 상태로 돌아가게 되며 거짓과 조작의 새로운 시대가 도래하게 된다.

파레토에게는 진보나 발전에 대한 어떠한 신념도 터무니없는 것에 불과했다. 인류사회는 영원히 사자형의 지배에서 여우형의 지배로, 그리고 다시 사자형의 지배로 순환하는 것이다. 그것은 끊임없이 변화하면서도 궁극적으로는 변하지 않는 균형을 특징으로 한다. 역사에 새로운 것이라고는 아무것도 없다. 그것은 인간의 어리석음의 기록 외에 아무것도 아니다. 유토피아란 글자 그대로 어떤 곳에도 없다.

엘리트 이론과 엘리트 순환이론

사람은 신체뿐만 아니라 지적으로나 도덕적으로도 동등하지 않다는 주장은 파레토의 기본적 명제 중 하나다. 전체 사회를 보든 어떤 특정 계층이나 집단에 국한시켜 보든, 그 속에는 다른 사람보다 더 많은 재능을 부여받은 사람들이 있다. 어떤 특정 집단 내에서 가장 능력 있는 자들을 일컬어 엘리트라 한다.

인간이 활동하는 모든 분야에서 각 개인에게는 그의 능력을 나타내는 지표가 마치 학교의 시험성적과도 같이……주어진다고 가정해보자. 예를 들면 가장 훌륭한 법률가에게는 10점을, 한 사람의 소송인도 얻지 못한 자에게는 1점을 부여하고—0점은 완전한 바보를 위해 남겨두도록 한다—백만금을 벌어들인 사람—정직하게 번 것일 수도 있고 그렇지 않을 수도 있겠지만—에게는 10점을 주자. 그리고 천금을 번 사람에겐 6점을 준다. 그리고 구빈원에 들어가야 할 사람을 위해 0점은 남겨두고 근근이 구빈원 신세를 면한 사람에게 1점을 주도록 하자. '정치에서' 권력자를 녹여 그의 생애에 영향을 미친 여자들에게 8점이나 9점의 높은 점수를 주자. 그러나 단순히 그러한 사람들의 감각을 맛보는 데 만족해 버리고 공적인 일에는 아무런 영향을 주지 못한 창녀들에게는 0점을 준다. 사람들을 어떻게 속이면 되는지를 알면서도 결코 형무소에는 드나들지 않는 영리한 사기꾼에게는 그가 훔친 거위의 숫자에 따라 8점, 9점 또는 10점도 줄 수 있지만……음식점 탁자에서 한 조각의 은을 훔치다가 경찰에 잡힌 좀도둑에게는 1점밖에 줄 수 없다.[25]

파레토가 쓰는 엘리트란 말에는 도덕적 의미나 존경의 뜻은 전혀 내포되어 있지 않다. 그것은 단순히 "그들의 활동분야에서 가장 높은 점수를 따는 일군의 사람들"[26]을 가리킨다. 파레토는 "[엘리트를] 두 가지 부류로 세분하는 것이 편하다. 즉 정부에서 직접적으로든 간접적으로든 어떤 중요한 역할을 수행하는 사람들로 구성된 **지배 엘리트**와 그렇지 못한 사람들로 구성된 **비지배 엘리트**가 그것이다."[27] 그의 주된 논의는 지배 엘리트에 집중되어 있다.

파레토가 엘리트 개념을 사용하는 데는 기본적인 모호성이 있다. 앞서 인용한 글에서도 그렇듯이, 엘리트의 지위를 점하고 있는 사람들은 정의상 가장 자질이 뛰어난 자들이라고 보는 듯한 문구가 있다. 그러나 다른 한편으로 엘리트란 그가 엘리트라는 이름을 얻었기 때문에 엘리트의 지위를 부여받게 된 것이라 주장하는 곳도 많이 있다. 즉 엘리트의 지위를 점하고 있으면서도 거기에 적합한 재능을 지니지 못한 자들도 있으며, 반대로 엘리트의 이름을 얻지 못했으나 자질은 지니고 있는 자들도 있다.

'법률가'란 이름은 법에 관해 무엇인가 알고 있다고 생각되는 사람들에게 주어진다. 그러나 종종, 그는 단지 아는 체할 뿐인 무식쟁이일 때가 있다. 마찬가지로 지배 엘리트란 높은 정치적 지위에 적합한 이름들 — 각료, 상원의원, 하원의원 등 — 을 걸친 자들을 포함하는데, 그중에는 그들이 받은 이름과 부합하는 자질을 갖추지 못한 채 이 존경받는 집단 속으로 들어온 자들도 있다. ……부와 가문 또는 사회적 관계 등도 많은 경우 그것 외에는 다른 자질이 없는 사람으로 하여금 일반적인 엘리트 또는 특별한 지배 엘리트의 이름을 얻게 해줄 수도 있다.[28]

파레토는 완전한 개방사회, 완전한 사회이동이 보장되어 있는 사회에서만이 엘리트의 지위와 탁월한 능력이 완전하게 연결될 수 있다고 생각한 것 같다. 지배 엘리트는 이러한 상황에서만 지배능력이 가장 뛰어난 자들로 구성된다. 실제 사회에서는 상속된 부나 가족관계 등과 같은 장애물 때문에 사회 곳곳에 있는 모든 개개인의 자유로운 순환이 어렵게 되고, 따라서 엘리트의 이름을 가진 자와 가장 뛰어난 능력을 지닌 자는 다소 분리되는 경향이 있다.

파레토는 귀속적인 엘리트의 지위와 실제적인 업적 및 능력 간에는 언제나 불일치가 존재할 가능성이 있음을 인정하면서 최대의 사회적 이동과 만인에게 개방되는 기회의 균등을 열렬히 지지했다. 그는 처음에는 참된 재능을 지닌 자들이 점했던 엘리트 지위가 시간이 흐름에 따라 그러한 재능을 갖지 못한 자들로 채워지게 되는 위험을 정확히 보고 있었다.

처음에는 군사, 종교, 상업 등의 분야에서 귀족이나 재벌들이 지배 엘리트의 대부분을, 때로는 그 전체를 구성하고 있었다. 승전한 무사, 성공한 상인, 부유한 재벌 등이 그러한 부류이며, 이들은 제각기 자기 영역에서는 일반 사람들보다 뛰어난 자들이었다. 이러한 상황에서는 이름과 실제 능력이 일치한다. 그러나 시간이 흐름에 따라 능력과 이름 간의 차이는 점점 심화되어간다. ……귀족은 계속되지 않는다. ……역사는 귀족들의 무덤이다. ……그들은 수적으로만 감소하는 것이 아니다. 그들은 자신의 힘을 잃고 그 힘을 뒷받침해주던 잔기의 비율도 감소해간다는 의미에서 질적으로도 쇠퇴한다. 지배계급은 그 수뿐만 아니라……질에서도 하층계급에서 성장한 자들로 대치되며 그와 함께 그들에게 권력을 안겨주는 활력과 잔기의 비율이 증대한다. ……균형을 깨뜨리는 교란의 잠재적 요인은 이러한 하층계급 내에 우수한 요소들이 축적되는 현상과, 그 반대로 상층계급 내에 열등한 요소들이 쌓여가는 현상이다.[29]

지배 엘리트든 비지배 엘리트든 엘리트가 하층 민중들에게서 솟구쳐 올라오는 새롭고 더 유능한 성원들을 받아들이지 않으려 할 때, 즉 엘리트의 순환이 방해될 때 사회의 균형은 깨지고 사회질서는 파괴된다. 파레토는 주장하기를, 만약 지배 엘리트가 "피지배계급 내에서 성장한 특출한 인물들을 흡수해 들이는 길을 찾지 못했을 때"[30] 정치체계나 사회체계에 불균형이 나타나고, 이러한 상황은 새로운 이동의 통로를 마련함으로써 해소되거나 그렇지 않으면 지배능력을 지닌 새로운 엘리트가 낡은 무능력한 지배 엘리트를 폭력으로 무너뜨림으로써 해소된다.

사회의 각 성원에게는 지능이나 성격뿐만 아니라 잔기도 불평등하게 배분되고 있다. 일반적인 상황에서의 대중에게는 범주의 '보수적' 잔기가 우세하고, 따라서 그들은 복종적이다. 그러나 지배 엘리트는 그들이 유능하려면 반드시 범주I과 범주II의 요소들이 강하게 결합되어 있는 자로 구성되어야 한다.

주로 산업적 또는 상업적 이익이 지배하는 경우, 지배계급은 민첩하고 정확하며 결합의 본능이 강한 사람들로 채워진다. 그리고 강인한 추진력을 지닌 사람들은 배제된다. ……이처럼 교활하고 영리하며 결합력이 강한 자들이 정부를 완전히 장악하게 되면 범주I의 잔기가 강한 계급이 대단히 오랜 기간을 지속적으로 지배하게 되리라 생각할 수 있다. ……그러나 지배란 것도 역시 힘의 문제이므로 범주I의 잔기가 점점 강해지고 범주II의 잔기가 약해져감에 따라 권력을 지닌 개인들이 점차 힘을 사용할 능력을 잃게 되며 균형상태의 불안정을 초래하거나 혁명을 가져오게 된다. ……범주II의 잔기가 강한 대중은 점진적인 유입이나 혁명을 통한 갑작스런 도약을 통해 지배계급으로 상승하게 된다.[31]

이상적인 지배계급의 유형은 사자형과 여우형이 적당히 혼합된 인물, 즉 과단성 있고 강한 행동력이 있으면서도 또 다른 한편으로 상상력이 풍부하고 혁신적이면서 뻔뻔스러운 성격을 조심스레 지니고 있는 자들이다. 지배 엘리트의 순환이 완전치 못하여 지배계급 내에 이와 같은 적당한 혼합이 이루어지지 못할 경우, 그 정치체제는 혁신이나 적응을 하지 못하는 편협하고 화석화된 관료제로 영락하거나 과단성과 강력한 행동력을 상실해버린, 말만 많은 법률가나 수사학자들의 취약한 정부로 전락하게 된다. 이러한 현상이 나타날 때 피지배자들은 그들의 지배자를 뒤엎어버리고 새로운 엘리트로 하여금 더욱 효율적인 정부를 구성토록 할 수 있다.

정치적인 체제에 관한 이러한 논의는 경제적 영역에도 똑같이 적용될 수 있다. 이 영역에서 '투기자'들은 여우형과, '금리생활자'들은 사자형과 비슷하다. 투기자와 금리생활자는 각기 상이한 이해관계를 가질 뿐만 아니라 그 기질이나 잔기의 측면에서도 서로 다르다. 이 두 유형은 어느 쪽도 힘을 사용하는 데는 익숙지 못하나, 그 외의 측면에서는 둘 다 정치적 불안정을 설명하면서 나누었던 계급의 양분화에 그대로 들어맞는다.

투기자 집단에는 범주I의 잔기가, 금리생활자 집단에는 범주II의 잔기가 지배적이다. ……이 두 집단은 사회 내에서 서로 다른 기능과 효용을 나타낸다. [투기자] 집단은 주로 변동 또는 경제적·사회적 진보를 담당한다. 대신에 [금리생활자] 집단은 안정을 유지하는 강한 요소가 되며,

대개의 경우 [투기자]들의 노력에 동참하는 위험을 무릅쓰려고 하지 않는다. [금리생활자]들이 지배력을 거의 완전히 장악하고 있는 사회는 늘 정태적이며 굳어버린 사회다. [투기자]들이 지배하는 사회는 안정성이 없으며 그 사회 안팎에서 일어나는 조그만 사건에 의해서도 붕괴될 수 있는 위태로운 균형상태를 나타낸다.[32]

정치적 지배 엘리트에게 범주I과 II의 잔기가 고루 갖추어졌을 때 만사가 잘되는 것처럼, 경제적 영역에서도 금리생활자와 투기자가 공존하면서 서로 다른 편의 극단성을 규제함으로써 균형을 이루고 있을 때 최대의 효율성이 달성될 수 있다. 파레토는 시종일관 가장 안정된 경제구조와 지속적인 정치구조를 가져오는 조건으로 최상의 엘리트에게 범주I과 II의 잔기가 적합하게 섞여 있어야 함을 암시했다.

공동체 '자체의' 효용과 공동체 '구성원을 위한' 효용

사회체계의 여러 측면 중 경제학적 탐구로서 다룰 수 없고, 따라서 특별히 사회학적인 보완분석이 필요한 측면들을 밝혀내려는 노력 중 하나로, 파레토는 공동체 **자체의** 최대효용과 공동체 **구성원을 위한** 최대효용을 구분했다. 후자는 각 개인이 가능한 최대의 개인적 만족을 얻을 때를 가리킨다. 전자는 개개인이 아닌 전체 집단 또는 전체로서의 사회의 최대효용을 말한다. 경제학자는 이 두 번째 유형만을 다룰 수 있다. 그가 다룰 것은 오직 개인들, 즉 각각의 원하는 바가 서로 다르고 따라서 그들의 욕구 충족이 전체 사회나 집단의 최대효용을 가져오는 데는 전혀 도움이 되지 못하는 개인들의 욕망이다. 파레토는 "순수경제학에서는 공동체가 한 인간으로 다루어질 수 없다."[33] 이와는 달리 사회학에서는 "[공동체가] 비록 한 인간으로는 아니라 하더라도 최소한 한 단위로 분석될 수 있다"[34]고 주장했다. 한 사회의 최대효용은 사회학적으로 분석 가능하며, 그것은 개개 성원의 욕구의 최대충족과 반드시 일치하지 않을 수도 있다. 또한 전체 사회체계의 효용과 사회계급 같은 하위집단의 최대만족 간에는 종종 불일치가 존재한다. 예를 들면 인구의 증가와 관련하여 공동체 **자체**의 효용과 공동체 **구성원을 위한** 효용은 다음과 같이 서로 달라진다.

만약 우리가 공동체 **자체**의 효용을 위신과 군사력으로 간주한다면 국가가 소멸하지 않고 그 혈통이 사라지지 않는 범위 내에서 최대로 인구가 증가하는 것이 바람직해 보일 것이다. 그러나 만약 공동체 **구성원을 위한** 최대효용을 생각한다면 그 한계는 훨씬 낮아진다. 한 걸음 더 나아가 우리는 여러 가지 다양한 사회계급이 그 위신과 군사력에서 얼마큼 증대했으며 그들이 지불한 독특한 희생의 비율이 각기 얼마나 다른가를 살펴보아야 한다.[35]

파레토에 따르면, 공동체 **자체**의 효용과 공동체 **구성원을 위한** 효용 간의 구분은 종종 지배집단이 조작하려는 목적 때문에 교묘하게 간과되고 있는데, 이들은 사실은 전혀 그렇지 않음에도 불구하고 지배를 받고 있는 개인이나 하위집단이 어느 정도 이득을 얻고 있는 듯이 꾸미려 한다.

지배계급은 종종 공동체 **자체**의 최대효용 문제와 공동체 **구성원을 위한** 최대효용 문제를 혼동한다. 그들은 '피지배'계급들로 하여금, 곰곰이 잘 생각해보면 그들이 지불하는 희생이 어떤 이득을 가져오는 간접적 효용이 있으리라는 것을 믿게 하려고 [애쓴다.] ……사실 이와 같은 경우에서는 피지배계급들로 하여금 개인적 최대효용은 잊어버리고 공동체 **자체**의 최대효용 또는 단순한 지배계급 **자신**의 효용을 위해 일하도록 권유하려는 비합리적 충동이 작용한 것이다.[36]

이와 다른 또 하나의 예를 들어보자. 부의 극대화는 전체로서의 사회에서 주요 목표일 수 있다. 그러나 그것은 어떤 성원의 욕망충족과는 일치하지 않을 수도 있으며, 사회의 불평등을 심화시키거나 거대한 빈민지대를 만들어낼 수도 있다. 역으로 최대 다수의 개인이 최대의 만족을 영위하는 상태가 사회적 몰락과 국가적 쇠퇴를 가져올 수도 있다.

공동체 **구성원을 위한** 효용과 공동체 **자체의** 효용을 구분함으로써 파레토는 공동체의 전체 이익은 각 개개 성원의 이익의 단순한 합에 불과하다('최대 다수의 최대 행복')고 생각하던 고전적 자유주의 경제학의 입장을 떠나 사회학적 관점, 즉 사회란 하나의 전체적인 단위로 취급되며, 하위집단이나 개인들은 그들이 지닌 각각의 독특한 욕망과 욕구뿐만 아니라 그들이 전체 체계에 기여하는 것을 통해서도 분석되어야 한다는 사회학적 입장을 취하게 되었다. 체계의 욕구와 개인 또는 하위집단의 욕구는 구분되는 것이다.

전체 사회에 최대효용을 가져온다고 간주되는 것들도 실상은 객관적 확증이 아니라 주관적 판단일 경우가 많다는 사실은 강조해둘 필요가 있다. 전체 사회의 욕구를 무엇이 충족시켜줄 것인가는 사회의 제반 일들을 지휘하는 지배 엘리트가 결정하게 되는데, 이들은 보통 그들 자신의 이익과 욕망, 가치와 신념에 따라 이것을 결정하는 것이다.

파레토의 사상은 뒤르켐의 사상과 일맥상통한다. 이들은 둘 다 공리주의적·개인주의적 관점을 배격하고 체계로서의 사회체계가 요구하는 것을 연구할 필요성을 강조했다. 그러나 뒤르켐은 체계의 욕구가 객관적·과학적으로 확정될 수 있다고 본 데 반해, 파레토는 그러한 욕구에 대한 판단은 권력을 지닌 자들의 가치, 규범, 욕구, 성향에 의해 결정된다고 본 점에서 서로 달랐다.

요약과 평가

비록 파레토 자신은 그의 잔기와 파생체이론이 사회학사상에 대한 그의 중요한 공헌이라고 생각한 것 같으나, 그러한 자찬을 그대로 받아들이기는 어려울 것 같다. 프로이트에 깊은 영향을 받은 시대의 눈으로 쓰인 것이기 때문에 현대 분석가들의 눈에는 잔기와 파생체이론이 심리학적 깊이를 결여하고 있다고 보인다. 이것은 19세기와 20세기 초에 걸쳐 숱하게 나타났던 기본적인 인간의 충동과 성향을 분류하려던 노력에서 크게 벗어난 것이 아니다. 돌이켜 보건대, 그때 주장되던 설명들은 모두 동어반복이거나 단순한 유사-설명에 지나지 않음이 분명하다. 기껏해야 그것들은 훨씬 최근에 와서 프롬(Erich Fromm)이나 리스먼(David Riesman)에 의해 발전된 성격유형의 분류로 연결될 수 있을 뿐이다.

파레토의 지속적인 중요성은 다른 곳에 있다. 우리는 그를 통해 처음으로 사회체계의 개념에 대한 자세한 언급을 접하게 되는 바, 이것은 구성 부분들 간의 상호관계와 상호의존성에 입각해 분석될 수 있는 것이다.

우리는 또한 그에게서 엘리트와 엘리트 순환이론을 배웠는데, 이것은 지금도 계속하여 정부와의 관련성 여부에 관계없이 모든 단위의 상부계층이 지니는 기능에 대한 구체적인 탐구를 뒷받침해주며, 그러한 상부계층의 기원과 충원방식에 대한 연구를 자극하는 주된 이론이 되고 있다. 엘리트 분석은 계급적 요인의 분석과 더불어 하나의 생명력 있는 짝을 이루는 것으로 평가되기에 이르렀고, 계급분석에 대한 대치물로는 여겨지지 않고 있다. 기술관료, 군사전문가, 최상의 법률집행자 등으로서의 엘리트 집단이 지니는 이데올로기와 성향 그리고 이해가 무시된 계급이론은 대단히 나쁜 결과를 가져올 수 있다. 비합리적 이론의 유형을 구분한 것이나 공동체 **자체의** 효용과 공동체 **구성원을 위한** 효용의 구분도 풍부한 분석력을 제공해준다.

파레토가 쓴 글의 많은 부분은 시대가 자신을 파멸시키고 있다고 느끼던 고통과 환영, 회한을 가득 지닌 한 인간의 노력의 열매일 뿐이다. 그러나 그의 이데올로기적 입장을 배격하는 사람들도 그의 재능에서 도움을 받고 그의 많은 사상을 인용하곤 한다.

개인적 배경

파레토는 1848년 7월 15일 파리에서 태어났다.[37] 그의 아버지 라파엘 파레토(Raphael Pareto) 후작은 18세기에 작위를 받은, 오래된 제노바 가문 출신이었다. 1830년대 파레토는 젊은 나이에 이탈리아를 떠나 프랑스로 이주했다. 그는 공화주의적 견해를 지니고 있었고 마치니의 자유주의 운동을 열렬히 지지했으므로, 1815년 제노바를 병탄한 사보이아(Savoia) 가로부터 줄곧 박해를 받았다. 망명해 있는 동안 그는 프랑스인 메테니에(Marie Métenier)와 결혼했고 그의 자녀 모두를, 즉 두 딸과 아들 파레토를 프랑스에서 낳았다. 파리에서 파레토는 토목기사 노릇을 했는데, 아들이 태어나기 얼마 전에 프랑스 시민으로 귀화하기 위한 제반 절차에 착수했다. 그러나 1855년 그는 이탈리아로 돌아오기로 결심했고, 그 아들도 2개 언어를 사용했지만 이탈리아에서 교육을 받았다.

빌프레도 파레토는 매우 엄격한 이탈리아 중등학교에서 딱딱한 고전교육을 받았고, 그 후 당시 피에몬테 주의 고위공무원이었던 아버지를 따라 토목기사가 되기 위해 토리노공예학교에 들어갔다. 토목공학을 공부한 5년 동안의 과정 중 처음 2년은 수학을 집중적으로 공부했는데, 이는 파레토의 그 후 지적관점에 깊은 영향을 미쳤다. 1870년, 그는 「고체에서 균형의 기본원리」(The Fundamental Principles of Equilibrium in Solid Bodies)란 논문을 쓰고 졸업했다. 그가 이후 경제학과 사회학에 적용했던 균형분석의 첫 모습이 여기서 나타나고 있다.

사업가이자 쫓겨난 정치인

학교를 졸업한 후 파레토는 사업에 종사하기로 마음먹었다. 오랫동안 그는 로마 철도회사의 감독으로 근무했고, 그 후에는 플로렌스 지방의 철 강생산공장의 전무이사가 되었다. 이 시절 동안 파레토는 귀족적인 살롱에 드나들면서 상층 부르주아들의 세계에 가담했으나 아버지의 뒤를 따라 열광적으로 민주적·공화적, 심지어 파시즘적 감정을 나타냈다. 이러한 감정들은 얼마 가지 않아 바뀌게 되었는데, 이 아들은 후에 그 아버지를 사로 잡고 있던 이상들을 격렬하게 거부했다.

1876년, 그때까지 이탈리아를 지배해오던 자유무역 지향적 우익 정부가 권좌에서 물러났다. 이후 이탈리아 정치계는 오랫동안 중도좌파가 지배했다. 그들은 자유무역을 지양하며 경제적 보호주의정책을 추구했고, 군사적인 대외 모험을 시작했다. 곧 파레토는 이른바 변형주의(transformism)라 알려진 정치권력에 대한 격렬한 반대자가 되었고, 신문을 통해 일련의 맹공격을 퍼부었다. 그의 이와 같은 도전지향성은 그가 자유무역을 주장하고 정부의 간섭에 반대했다는 원칙적 입장과 함께 회사를 경영하는 데서 쓸모없이 유력한 의원이나 정부파견인들을 '대접'해야 하는 메스꺼움으로 설명될 수 있다. 1882년, 그는 플로렌스 선거구에서 야당으로 출마했으나 정부의 도움을 받은 여당 후보에게 패했다. 세상 돌아가는 모습에 대한 혐오감이 점점 커져갔고, 이제는 이탈리아의 새로운 지배 엘리트 가운데 정치권력을 이용해 사욕을 채우고 부정선거와 경제적인 힘을 통해 정치적 성공을 거두는 일단의 부패하고 야비하며 자기 뱃속만 채울 줄 아는 출세주의자들이 있음을 보았다.

1882년, 아버지가 죽고 몇 년 후 어머니마저 죽자 파레토는 그의 생활양식을 모두 바꾸기로 결심했다. 1889년에 그는 이사직을 그만두고 알렉산드리나 바쿠닌(Alessandrina Bakunin)이라는 젊고 가난한 베니스 태생의 러시아 소녀와 결혼했고, 플로렌스를 떠나 피에솔레에 있는 교외 주택으로 옮겨 반은둔생활에 들어갔다. 거기서 그는 고전 번역과 6, 7개 언어로 된 책들을 탐독하는 데 온힘을 쏟았고, 경제학을 철저히 연구하기 시작했다. 더 이상 경영의 짐에 매이지 않게 되자 파레토는 정부의 대내외정책에 대해 자유무역과 낡은 자유주의의 이름으로 맹렬한 싸움을 계속했다. 1889~93년에 그는 167편이나 되는 논문을 발표했는데, 이것들은 가장 격렬하고 악담을 담은 반정치논쟁들이었으나 그중 몇 편은 꽤 학문적인 모습을 띠었다.

이제 파레토는 아버지가 지녔던 마치니적 이상을 반대하고 나섰다. 대중을 위한 민주적 신념은 부서졌고 이제껏 그의 견해를 특징짓고 있던 인도주의, 공화주의, 진보 등에 대한 냉소적인 경멸만이 그의 생애 마지막까지 커져갔다. 실연한 구애자와도 같이 그는 자신의 외침을 거부한 채 부패의 늪 속에 빠져 있다고 생각한 이탈리아 정치체제에 등을 돌렸다.

반은둔생활을 하는 동안 파레토는 자기와 더불어 자유무역과 맨체스터 학파의 원칙을 따르는 많은 경제학자와 자유적 신념을 지닌 출판인을 사귀게 되었다. 이에 조금 앞서 그는 플로렌스의 스미스학회에도 관여하고 있었는데, 이 학회는 페라라(Francesco Ferrara)가 창립했고 요한니스(A. J. de Johannis)나 마르텔로(Tullio Martello) 같은 자유주의 경제학자들이 가입하고 있던 학회였다.[38] 이 학회의 회원이었던 지도적 자유주의 경제학자 판탈레오니(Maffeo Pantaleoni)는 그의 가까운 친구가 되었고, 당시 로잔대학 정치경제학 교수였던 왈라스(Léon Walras)가 정립한 경제학의 수리적 균형체계론을 그에게 소개해주었다. 이후로 계속하여 파레토는 왈라스의 견해를 반영하는 경제학이론에 관한 논문을 이탈리아와 프랑스의 많은 저명한 학술지에 발표했다.

때늦은 학문생활

1891년 6월, 판탈레오니는 왈라스에게 파레토를 소개하면서 "그는 당신 같은 기술자이지만 당신 같은 경제학자는 아니다. 그러나 당신이 그를 도와준다면 당신처럼 되기를 원하고 있다"[39]고 했다. 이 만남 이후 얼마 지나지 않아 왈라스는 심하게 앓아누웠는데, 마침내 그가 교단을 떠나지 않으면 안 되게 되었을 때 판탈레오니는 그의 후임자로 파레토를 뽑는 것을 제안했다. 1893년 4월, 파레토는 로잔대학의 정치경제학 '특별교수'로 초빙되었다. 1년 뒤 그의 임명은 영구적인 것으로 보장되었다. 이때 그의 나이는 40대 중반이었다.

로잔대학에서 파레토는 처음에 『경제학논집』(*Giornale degli Economisti*)에다 비판적인 월례 연대기를 계속적으로 기고했는데, 여기에서 그는 증오의 대상인 이탈리아 정부와 아직도 정치의 뒤켠에 존재하는 권모술수가들에 대해 그의 반간섭주의적이고 반보호주의적인 비판을 펴나갔다. 그러나 이제 그의 이론적 저작은 점점 더 중요성을 띠어갔다. 대학에서의 강의를 기초로 한 두 권의 『정치경제학강의』(*Cours d'économie poitique*)는 그가 이곳에 부임한 지 불과 3년 만에 나왔고, 그는 명실공히 왈라스의 후계자이자 현대경제학의 중요한 인물로 평가되었다.

로잔대학 초기 시절 동안 파레토는 여전히 자신을 자유주의 좌파로 간주했다. 그는 1898년 밀란에서의 5월 폭동 이후 도망가지 않을 수 없었던 많은 사회주의자와 좌파 도피자들에게 은닉처를 제공해주었고, 이웃한 프랑스에서 드레퓌스 사건이 터지자 그를 열렬히 옹호하기도 했다. 그러나 1898년 이후 파레토의 견해는 분명하고 결정적으로 변화했다. 그는 이탈리아의 경제 사태를 자유주의적으로 재구성하려던 희망을 포기했고, 어떠한 형태의 민주적 사상에 대해서도 격렬하게 반대했다. 좌익사상에 대한 이와 같은 거의 병적인 증오 때문에 그의 이후 모든 저작은 망치다시피 했다. 1900년, 그는 판탈레오니에게 보낸 편지에서 그가 한때는 휴식의 악덕을 고치기를 원했으나 이제는 그 유약함을 경멸한다고 썼다.[40] 그는 어떠한 형태의 개혁적 노력에도 등을 돌렸고, 거리감과 증오로 인해 나타나는 초연함으로 눈앞의 일들을 평하곤 했다. 1891년, 이미 그는 왈라스에게 보낸 편지에 "나는 이탈리아에서 [자유주의] 경제이론을 옹호하기 위한 싸움을 포기했습니다. 내 친구들이나 나나 모두가 얻은 것 없이 시간만 헛되이 보냈습니다. 이제는 결실 있는 과학적 연구에 더 많은 노력을 기울여야겠습니다"[41]라고 썼다. 파레토는 지배적인 시대풍조와는 달리 시대의 여러 경향을 차별 없이 증오하면서 점차 냉소적이고 환멸과 원한을 품은 고독한 인간이 되어갔다.

이러한 파레토의 염세적인 선입견과 인간성에 대한 불신은 그가 파리

여행을 마치고 돌아와 그의 아내가 요리사와 함께 값진 물건을 30꾸러미나 지닌 채 도망가버린 것을 알고 나서 더욱 심해졌다. 비록 몸은 지금 스위스에 살고 있지만 여전히 이탈리아 국민이었기 때문에 파레토는 종교적 법률에서 이혼할 수가 없었다. 할 수 있는 일이라고는 별거생활을 하는 것뿐이었다.

1898년, 삼촌의 사망 후 받게 된 대단히 많은 액수의 유산 덕분에 파레토는 재정적으로 독립을 하게 되었고, 학교의 월급과는 상관없이 자기 생활을 방해받지 않고 꾸려갈 수 있었다. 그는 로잔대학 가까이 있는 첼리니에 직접 집을 지었는데, 로잔대학보다는 제노바 주가 세금 부담이 더 적었다. 여기서 그는 레기스(Jane Régis)라는 새 여자 친구를 사귀었는데, 언제나 주위에 고양이를 키우고 있던 그는 파레토와 대단히 많은 앙고라 고양이를 늘 보살펴주었다. 은둔하고 있는 동안 다소 도시적 생활을 익히고 최고급 술과 음식만을 먹으면서 파레토는 그의 과학적 작업을 계속해나갔다. 1902년, 그는 사회주의 교리와 국가의 간섭주의에 대한 꼼꼼한 분석이자 비판서인『사회주의체계』(Les Systèmes socialistes)를 출판했다. 그는 여전히 자유무역주의자였으나 이제는 정치적 사안에 영향을 미치려던 모든 희망을 포기하고, 다만 그가 사회주의정책의 논리적 오류이자 끔찍한 결과라 생각한 점들을 지적하는 일에만 몰두하기로 마음먹었다. 이 책은 비록 저자가 과학적 분석에 의한 것이라고 주장하고 있지만 아이러니와 끓어오르는 분노가 그 속에서 타고 있는 내용이었다.

『사회주의체계』를 쓰기 전부터 이미 파레토는 대부분의 인간행위는 합리적 사고에 의해 이루어지는 것이 아니라 감정, 느낌, 미신 또는 기타 비논리적 결정인에 의해 지배되고 있다는 생각이 있었다. 이제 그는 바로 이러한 이유 때문에 경제적 자유주의를 위한 그의 오랜 노력이 실패로 돌아갔다고 생각했다. 합리적인 외침만으로는 비합리적 신념에 의해 지배되고 있는 대중을 결코 움직일 수 없는 것이다. 이러한 새로운 견해는 1900년 『이탈리아사회학』(Rivista Italiana di Sociologica)지에 발표한 장편의 논문에 처음 나타났다. 이것은 1906년의 『정치경제학입문』(Manual of Political Economy)에서 발전되었다가 그를 불후의 사회학자로 만든 기념비적 주저

이자『정신과 사회』(*The Mind and Society*)란 제목으로 영역된, 방대한『일반사회학에 관한 논문』(1916)에서 완전히 정립되었다.

생애 마지막 기간에 파레토는 열병으로 고생했고 앙고라 고양이들과 별장에서 쓸쓸한 나날을 보냈다. 그는 1907년 이후 부정기적인 사회학강의는 계속했으나 대학에서의 정규강의에서는 물러나 있었다. 고양이들로 둘러싸여 유럽 최고의 포도주와 전 세계 곳곳의 향료를 담은 화려한 찬장을 자랑하면서 파레토는 그의 과학적 작업 — 그리고 그의 증오의 깊이를 더해갔다. 불면증으로 고생하면서 그는 식도락의 즐거움을 만끽하고 나서 밤늦도록 그의 백과전서식 서재에 꽂아 있는 책들을 마음 내키는 대로 꺼내 읽으며 생활했다.

파레토의 생애 마지막 즈음 무솔리니(Benito Mussolini)가 권좌에 올랐을 때, 그는 스스로를 파레토의 제자라 칭하고 그에게 찬사를 보냈다(스위스에 망명생활을 하고 있던 때 무솔리니는 로잔대학에서 파레토의 강의를 두 강좌 신청했다. 그러나 그가 빠지지 않고 그 강의를 경청했는지는 의심스럽다). 파레토는 이탈리아 왕국의 원로원 의원이 되었고, 제네바에서 열린 군축회담에 이탈리아 대표로 참가했으며, 무솔리니의 개인 간행물인『게라치아』(*Gerarchia*)에 기고자가 될 것을 요청받았다. 파레토는 비록 제한적이긴 하지만 파시즘을 환영했다. 그러나 그는 건강이 좋지 않다는 이유로 한 번도 협조하지는 않았다. 무솔리니는 권좌에 오른 첫해에 파레토가 그토록 오랫동안 주장해왔던 프로그램을 실제로 시행하는 듯 보였다. 그는 자유주의와 노동운동은 탄압했지만 때때로 국가가 경영하던 것들을 사기업으로 대치시킴으로써 자유주의 경제정책을 추구하기도 했다. 볼케노(Franz Borkenau)가 말한 것처럼, 그는 "자기 스스로는 믿지 않는 도그마에 대한 종교적 교육"[42]을 주장했다.

많은 파시스트 대변자들은 후에 파레토를 자기네 이데올로기의 주된 원천으로 간주했다. 무솔리니는 파레토의 엘리트 이론을 "아마 현대에 대한 가장 뛰어난 사회학적 개념"[43]이라고 평했다. 파시스트들이 파레토의 저작들에서 많은 것을 얻어낸 사실은 부인할 수 없다. 그러나 무솔리니가 이탈리아 전 대학에 함구령을 내리고 자유로운 의사 표명을 제한하자 파레토는 격렬히 대항했다. 그가 살아 있었다면 무솔리니 정권의 후기에 있었던 완전한 자유의 탄압을 그대로 받아들이지 않았을 것이며 완전히 커버린 파시스트 정부의 국가간섭적 노선을 지지하지도 않았을 것이다.

파레토는 무솔리니 통치의 첫 시작만을 보았다. 1923년 초, 그의 임종이 가까워옴을 느끼게 될 무렵 그는 이혼이 합법화되어 있던 자유도시 피우메의 시민이 됨으로써 레기스와 결혼할 수 있었다. 1923년 8월 19일, 잠시 동안의 투병 끝에 그는 일흔다섯 살의 나이로 죽었다. 그는 첼리니의 묘지에 묻혔는데, 그의 묘에는 '빌프레도 파레토(1848~1923)'라는 간단한 비명이 쓰였다. 그는 위대한 자유주의혁명의 해였던 1848년에 태어나 무솔리니의 로마 진군이 있던 다음 해 눈을 감았던 것이다.

지적 배경

파레토의 이론적 야망은 이탈리아의 '마키아벨리적' 사회이론의 전통을 콩트나 생-시몽의 19세기 실증주의와 사회적 다원주의 형태에 연결시키려는 노력으로 이해하는 것이 가장 좋을 것이다. 이러한 노력의 밑바닥에는 파레토의 젊은 시절부터 그의 사상의 형성에 영향을 미친 두 개의 지적 전통, 즉 고전에 대한 튼튼한 기초와 현대수학에 관한 기반이 깔려 있다. 고전에 대한 지식은 중등학교 시절에 닦았고, 수학과 자연과학은 그가 다니던 토리노공예학교의 주된 교육과목이었다. 그가 『일반사회학에 관한 논문』에서 인용한 역사적 실례도 많았는데, 그 대부분은 그리스와 로마 역사에서 얻은 것이었고, 여기에서 그의 일생 동안 지속된 고전과의 친근함을 보여주고 있다. 동시에 그의 『일반사회학에 관한 논문』을 대충만 훑어보아도 대뜸 그것의 전체 방법론이나 표현방식이 전적으로 수학에 깊은 조예를 가진 정신의 소산임을 명확히 알 수 있다. 파레토의 두 쌍의 개념, 즉 '체계'와 '균형'은 자연과학에서 따온 것이다.

파레토의 사상에 주된 영향을 미친 세 번째 사상은 로잔대학의 위대한 선배 왈라스가 발전시킨 현대수리경제학이었다.

처음 두 영향은 그의 전 저작을 통해 너무나 강하고 전반적이었기 때문에 그 점에 관해서는 재론의 여지가 없다. 세 번째는 주로 파레토의 경제학 저작 속에 뚜렷이 나타나고 있다.

마키아벨리의 후계자

파레토의 사회학사상에 영향을 미친 것으로, 위에서 언급한 것 외에도 좀더 특수한 것들이 있다. 파레토는 코스모폴리탄적 교육을 받았고 다소 프랑스적 배경을 지니고 있었음에도 이탈리아의 지적 전통에 깊이 뿌리를 내리고 있었는데, 이러한 사실이 그의 사회학에 대한 독특한 접근방식을 일부 설명해준다. 18세기에 이르러 사회란 것을 특수한 제 나름의 법칙에 따르는 하나의 사회질서로 파악하는 견해는, 프랑스와 영국에서는 이미 많은 추종자를 얻고 있었으나 이탈리아에서는 전혀 받아들여지지 않고 있었다. 이탈리아 사회사상 중에서 인간행위를 객관적인 사회적 힘과 관련시켜 설명하려는 사상은 거의 없었다. 철학자이자 법학자인 비코(Giovanni Vico)를 제외하고는, 사회가 인지할 수 있는 제 나름의 법칙을 따르는 객관적 실체란 생각을 이탈리아 전통은 거의 받아들이지 않고 있었다. 마키아벨리 이후 사회사상에서 이탈리아 전통의 출발점은 여러 관계의 망에 얽혀 있고 제도에 의해 만들어지는 사회화된 인간이 아니었다. 그것은 인간의 본성에서 출발했다. 이탈리아 사상가들은, 인간은 어떤 불변의 속성을 지니고 있으며 사회사상가란 바로 이러한 속성이 여러 가지 상이한 환경 속에서 인간행위를 어떻게 결정짓는가를 이해하기 위해 그 인간본능을 밝혀내고 면밀히 탐구하는 일에 주로 종사해야 한다고 생각했다. 마키아벨리는 『군주론』(Il Principe)에서 인간이란 "배은망덕하고 변덕스러우며 게으르고 위선적이며 겁 많고 욕심 많은" 피조물이라고 썼다. 사회적 행위를 연구하는 이론가들은, 마치 기사가 다리를 세울 때 그가 사용할 재료의 특성을 잘 알아야 하는 것처럼, 이러한 인간의 속성들을 충분히 고려해야 한다. 마키아벨리와 그의 추종자들에게서 합리적 지식이란 안정과 변동을 지배하는 사회법칙을 발견하려는 것이 아니었다. 그 목적은 사회라는 조직을 이루고 있는 재료의 본질을 구명하려는 것이었다. 또한 사회질서도 체계로서의 사회 내부에서 작용하는 법칙에 의해 저절로 형성되는 것이 아니라 고집 센 인간본성에 대해 위로부터 강요되는 어떤 것으로 이해되었다. 따라서 일부 사람이 다른 사람에 대해 지니는 권력이라든지, 다수에게 자신의 의지를 강요할 수 있는 소수의 능력이라든지 하는 것이 마키아벨리에서 파레토까지의 이탈리아 사회사상의 중심적인 이론적 초점을 이루고 있었다.

결과적으로 이탈리아 사회사상은 주로 사회보다 국가에 관심을 가졌다. 사회질서란 국가의 부속물 또는 여러 개인이나 신분이 지배권과 국가권력을 얻기 위해 투쟁하는 곳으로 여겨졌다. 마키아벨리적 전통에서 사회분석가란 인간본성의 주요 동기를 꿰뚫어보는 냉정하고 의심 많은 투시력을 배양시키는 것이다. 만약 이러한 능력이 있다면, 그는 강력하고 특출한 개인들에게 시민 개개인의 고집불통인 개별적 성향을 통제할 수 있는 강력한 국가기구를 만들기 위해 사람들을 어떻게 이용해야 할 것인가를 가르쳐줄 수 있을 것이다. **사회적 인간**(uomo sociale)이란 개념은 이 전통에는 낯선 것이다. 사회통합이란 개념은 말하자면 **군주**나 **지배계급**에 의해 외부로부터 나타나는 것이며, 그것은 인간본성에 관한 경험적 지식과 고집센 다수 대중에 대한 그 의지의 강압적 강요를 통해 명령되는 규칙에 따라 사회구조를 구성한다.[44]

파레토는 비록 영국과 프랑스의 실증주의에서 얻은 요소들로 마키아벨리적 전통을 보완하긴 했어도, 일차적으로는 마키아벨리의 충실한 후계자였다. 마키아벨리와 마찬가지로 그도 인간의 기본적 본성에 뿌리박은 인간행위의 원천을 밝혀내는 과학, 소수가 어떻게 다수를 지배할 수 있는가를 설명해주는 과학을 구성하려고 했던 것이다.

진화론과 실증주의의 영향

파레토의 초기 저작을 보면 그가 사회적 다윈주의와 스펜서에게 큰 매력을 느끼고 있었음을 알 수 있다. 그가 『정치경제학강의』(1896)를 저술할 즈음 그는 여전히 여러 면에서 볼 때 전통적인 19세기 자유주의자였고, 국가의 간섭에 반대하고 자유무역과 개인적 자유를 위해 투쟁할 뿐만 아니라 진보에 대한 믿음도 투철했다. 특히 『정치경제학강의』의 '사회진화'에 관한 장은 스펜서적인 것이다. 그는 시종일관 스펜서의 분석개념을 사용했고, 사회란 미분화된 동질적 상태에서 이질적 상태로 이행해간다고 주장했으며, 로마 시대부터 현대에 이르기까지 줄곧 사회분화의 정도가 누적적으로 증대되어왔다고 주장했다.[45]

파레토가『일반사회학에 관한 논문』을 쓰게 될 무렵, 그는 진보에 대한 신념을 내버리고 순환론적인 마키아벨리적 역사이론과 본질적인 인간속성은 상대적으로 고정되어 있다는 믿음으로 옮겨갔다. 이제 그는 사회적 다윈주의자들과 스펜서에 대한 비판자가 되었다.[46] 그는 "만약 — 일시적인 동요를 제외하고 — 한 사회의 제도는 언제나 그 사회가 처한 상황에 가장 잘 들어맞는 것이고 그와 같은 제도를 지니지 못한 사회는 필경 멸망하게 된다는 것을 인정할 수만 있다면 우리는 어떤 원칙, ……즉 과학을 구성하는 데 도움이 될 원칙을 얻을 수 있다"는 점을 인정했다. 그러나 그는 이러한 최초의 희망이 그가 바란 대로 결실을 가져오지 못했다고 주장했다. "어떤 형태의 사회조직이나 생명도 [다윈주의 이론에서는] 그 효용성으로 설명되어야 하고, 그러한 목적을 달성하기 위해서는 자의적이고 상징적인 효용성이 사용되지 않을 수 없다. 부지불식간에 이 이론은 궁극원인에 관한 이론으로 돌아가고 말았다."[47] 이제 그는 사회적 다윈주의는 대폭적인 수정을 필요로 한다고 보았고, 그것이 설명할 수 있는 것은 "제도의 형식이 아니라 제도가 참아낼 수 있는 단순한 어떤 한계"[48]일 뿐이라고 느꼈다. 환경은 사회적 형식들을 결정하고 강요하는 것이 아니라 생존 가능한 변화의 한계를 지어놓은 것뿐이다. 따라서 사회적 행위는 환경으로 설명될 수 없고 인간행위자의 속성에 대한 분석을 필요로 하는 것이다.

비록 파레토가 사회진화와 진보에 관한 쌍둥이적 개념을 거부했고, 환경의 변화로 변화하는 제도적 모습을 설명할 수 있다는 사회적 다윈주의에 대해 매우 비판적이었지만, 여전히 그는 모든 사회현상은 상호의존적이라는 다윈과 스펜서의 사상에 빚을 지고 있었다. 그는 물리적 체계에 대한 나름의 연구를 통해 이 개념을 준비하고 있기도 했지만, 다윈과 스펜서를 읽음으로써 인간사회에 이 개념이 적용 가능함을 알게 되었던 것 같다. 그와 동시대의 미국인인 쿨리나 미드와 거의 마찬가지로 파레토도 다윈과 스펜서의 연구를 통해 사회체계 내의 여러 부분 간 상호연관성 개념을 도출해냈다.

사회학자 중에서 파레토가 스펜서 다음으로 열심히 읽은 사람은 아마도 콩트일 것이다.『일반사회학에 관한 논문』의 색인 속에는 그의 이름 밑에 30개에 달하는 기재 사항이 붙어 있다. 그는 콩트의 일반체계에 경멸밖에 보내지 않았다. 파레토는 "그의 사회학은 보쉬에의 『보편사에 관한 논의』(Discourse on Universal History)만큼이나 독단적이다. 그것은 두 개의 상이한 종교의 사례이지만 어쨌든 종교적인 것이다"[49]라고 생각했다. 그러나 그는 콩트가 『실증정치학체계』에서 사상보다는 감정이 파레토는 사회적 결속을 더욱 잘 설명해준다고 주장한 데서 영향을 받은 듯이 보인다. 파레토는 콩트가 '감정의 보편적인 우월성'을 주장한 『실증정치학체계』에서 꽤 긴 문장을 인용하고 나서, "만약 콩트가 철저한 과학자로 남아 있는 것에 만족했더라면 그는 종교의 가치에 관한 매우 훌륭한 책을 썼을 것이고 많은 것을 우리에게 가르쳐줄 수 있었을 것이다"[50]라고 썼다. 그러나 이 선두자에 대한 감사의 말은 한마디도 하지 않고 곧바로 콩트가 새로운 종교의 예언자로 되어버린 사실을 비난했다. "역사적인 또는 현존하는 숭배의 여러 형태가 미친 영향을 연구하는 대신, 그는 새로운 숭배의 한 형태를 만들어내려 했다. ……그는 실제에 적용해보려는 열광적인 성향 때문에 과학에 해로운 결과를 미친 또 하나의 실례를 보여주었다."[51] 그럼에도 파레토가, 비록 그가 인류교의 예언자와 『실증철학강의』를 지배하고 있는 사상의 힘에 관한 낙관적인 믿음에 대해서는 적대적이었지만, 콩트의 『실증정치학체계』에서 배웠다는 것은 명백해 보인다.

파레토는 『일반사회학에 관한 논문』에서 스펜서와 콩트를 수없이 인용했다. 그러나 생-시몽에 관해서는 — 생-시몽 종교에 관한 몇몇 신랄한 지적을 제외하고는 — 단 한 줄의 언급도 없다(다른 곳에서 파레토는 생-시몽을 "윤리적-종교적 개념에다 과학의 옷"을 입힌 "어릿광대"라 불렀다).[52] 이토록 언급이 적은 사실은 놀랄 만한 일이다. 왜냐하면 엘리트 순환이라는 개념이 콩트의 초기 스승에게서 얻어진 것임이 분명해 보이기 때문이다. 파레토의 호적수 모스카(Gaetano Mosca)는 생-시몽이 자신의 이론의 탁월한 선험자라는 사실을 드러내느라 애를 썼는 데 반해, 파레토에게는 이와 같은 인정이 겉으로 드러나지 않고 있다. 인간은 그들의 능력에서 불평등하게 태어났으며 따라서 사회가 위계적으로, 즉 최고의 능력을 지닌 자들이 지배력을 획득하는 위계적 질서로 조직될 필요성이 있음을 주장한 이 프랑스인의 이론과 파레토의 이론 간에는 고도의 유사성이 존재한다. 사회이동기회의 극대화와 재능만 있으면 성공할 수 있는 개방성에 대한 파레토의 강조는 생-시몽의 사상, 즉 사랑하는 제자들에게 자신의 일생에 걸친 노력이 "사회의 모든 성원에게 그들의 능력을 계발시킬 수 있는 가능한 최대의 기회를 제공하려는 것"[53]이었다는 말로 마지막을 장식했던 생-시몽의 사상과 놀랄 만큼 유사한 것이다.

생-시몽뿐만 아니라 다른 사상가들에 대해서도 파레토는 지적인 빚을 갚는 데 인색했다. 그가 존경했던 미국인 편집자 리빙스턴(Arthur Livingston)조차 다음과 같은 글로 이 사실을 지적하지 않을 수 없었다.

적지 않은 독백과 과거와 현재의 위대한 저자들에 대한 적지 않은 혹평을 지닌 방대한 저서 속에서, 파레토가 특히 빚지고 있는 것을 수백 마디의 말로 기술한다고 해서 기분 나빠할 이유가 없다. 왜냐하면 그의 전반적인 방법은 콩트에게, 파생체의 이론은 벤담에게(그의 어떤 범주는 파레토가 글자 그대로 받아들였다), 계급순환론은 모스카에게, 잔기의 이론은 프레이저와 몇몇 사람에게, 그리고 수많은 문장이나 자세한 부분 등은 헤겔이나 제임스를 위시한 많은 사람에게 빚진 것이기 때문이다.[54]

모스카와 마르크스에게 진 빚

파레토가 그의 사상과 자극에 영향을 미친 사람들을 얼마나 인색하게 다루었는가는 그와 동시대인 모스카의 경우만큼 뚜렷이 나타나는 곳도 없다. 모스카와 파레토의 학문적 파벌 싸움은 지금도 각자 나름대로의 주장을 낳고 있지만, 제3자로서 이러한 문제에 어떠한 명백한 판단을 내릴 필요는 조금도 없다. 그러나 이 두 사람이 여러 면에서 다른 점이 많은 것도 사실이지만 엘리트 이론을 구상함에서 모스카가 파레토보다 상당한 햇수를 앞서 있었음은 재론할 여지가 없다.

1884년, 파레토가 이 문제에 관한 글을 쓰기 훨씬 전에 모스카는 그의 책『지배계급』(*The Ruling Class*)에서 "지배계급 또는 공적인 힘을 장악하고 사용할 수 있는 자들은 언제나 소수이며, 그들 밑에는 참된 의미에서 단 한 번도 정치에 참여하지 못하고 단지 복종밖에 할 수 없는 하나의 거대한 수의 계급을 발견할 수 있다. 이것을 가리켜 피지배계급이라 한다"[55]고 말했다. 모스카는 불과 스물다섯 살 때 이러한 **중심관념**을 포착했으며, 이후 그는 일생 동안 이 관념을 정립해나갔다. 그는 "모든 조직화된 사회의 권력은 두 개의 질서로 나뉜다. 하나는 정신적이고 도덕적인 것을 지배하며, 다른 하나는 물질적 힘을 지배한다. 이러한 두 가지 권력은 함께 지배계급을 형성하고 있는 두 개의 조직화된 권위에 의해 사용된다"[56]고 말했던 생-시몽에게서 스스로 빚고 있음을 인정했다. 모스카는 자신의 영감의 원천을 확인하는 데서 너무도 양심적이었기 때문에, 파레토가 자신의 사상을 '착복'했음을 알고 나자 더욱더 분개했다. 그는 그 사상의 창안자가 자신임을 주장한 그의 탄원을 파레토가 건방지게도 무시했을 뿐만 아니라 이미 발간된 책의 신판에서 모스카에 관한 인용문까지도 빼버렸음을 알고 더욱 격분했다.[57] 물론 이러한 것들이 파레토가 모스카를 넘어서지 못했다는 것을 말하는 것은 아니다. 스튜어트 휴스(Stuart Hughes)는 다음과 같은 말로 균형 있는 평가를 꾀했다.

모스카의 공식화는 최초이자 가장 일반적인 것이다. 그러나 그것은 특히 정치적 맥락과 관계된 것이어서 사회 전체에까지 그 주장을 확장시키는 데는 촉발제 이상이 되지 못했다. ……그의 첫 저서에서 [모스카는] 주장하기를, 모든 정치적 계급은 각자 자신의 지배를 전통적인 '정치적 공식' ― 현대사회에서 명백한 예를 들면 자유주의·민주주의·사회주의 등 ― 으로 합리화하려 한다고 했다. 모스카는 이러한 발견을 더 이상 추구하려 들지 않았다. 그는 파레토처럼 정치적 공식이란 훨씬 포괄적인 합리화 범주 중에서 하나에 지나지 않는다는 사실을 밝혀내지 못했다.[58]

마르크스에 대해서는, 파레토는 그와 동시대인인 모스카에게보다는 훨씬 관대하게 처우했다. 그는 계급이익의 부조화에 대해 강한 관심을 쏟은 최초의 사람이 마르크스였음을 거듭 시인했고, 그의『정치경제학강의』에서는 다음과 같이 언급하기도 했다. "계급투쟁의 핵심적 중요성을 강조함에서 또한 그것이 역사의 거대한 지배적 사실임을 선언함에서, 사회주의자들은 전적으로 옳다. 이런 점에서 마르크스와 로리아(Achille Loria)의 업적은 최대의 관심을 충분히 끌 만하다."[59] 파레토는 비록 "마치 모든 인간지식의 보물상자인 양 마르크스와 엥겔스의 말을 맹신하고 있는 사회주의자"[60]에 경멸을 보냈으나, 여전히 계급투쟁의 개념이 역사를 보는 그의 눈에 중대한 영향을 미쳤음을 기꺼이 시인했다. 무계급사회 예언자로서 마르크스는 파레토에게서 또 하나의 신화를 만들어내는 사람에 불과했다. 사회 내에서 지배와 권력을 얻기 위해 격돌하는 계급투쟁에 대한 냉정한 분석가로서의 마르크스가 파레토의 마키아벨리적 심성에 가까운 사람이었던 것이다.

파레토의 전기를 쓴 부스케(Georges-Henri Bousquet)는 파레토가 타르드와 르봉의 사회심리학에 정통해 있었으며 일상적 인간의 감응성과 감정주의에 관한 이들의 글이 그의 마음에 들었다고 지적하고 있다.[61] 그는 원시인의 전(全) 논리적 사상에 대한 레비-브릴의 저작도 알고 있었다. 그는 일생 동안 벨(Pierre Bayle, 1640~1706)을 찬양했는데, 회의적인 철학과 기성종교에 대한 파괴적인 비판을 높이 평가했다. 그는 볼테르를 위시해 신화나 미신 또는 독단에 대한 '교화된' 적들의 책을 읽기 좋아했다.

무엇보다 파레토는 계몽주의의 회의적이고 '폭로적인' 전통에 깊이 뿌리박은 사람이었다. 그러나 그럼에도 그는 진보나 이성의 힘에 대한 18세기의 신념을 갖지 않고 있었다. 그는 사회학을 콩트나 스펜서의 방법대로 실증과학으로 만들려고 했다. 그러나 그는 진보나 진화에 관한 그들의 신념을 거부했고, 그들이 과학의 한계를 뛰어넘어 반형이상학의 이름 아래 새로운 형이상학을 만들어냈다고 비난했다. 어떠한 형이상학적 전제도 없이 논리-실험적 원칙에 엄격히 입각한 사회에 대한 과학을 정립하는 것이 그의 꿈이었다. 그는 자신의 논리체계 내에 논리적 이성과 사실관계만이 작용하기를 바랐다. 그러나 그는 그 시대의 사회적·정치적 정열 때문에 그 자신의 방법론적 원칙에서 빗나가지 않을 수 없었다.

사회적 배경

개관

파레토는 1870년에 학교를 졸업했다. 그는 아버지와 아버지 친구들의 자유주의적 사상에 영향을 받으며 자랐으나, 성인이 되자 곧 꿈속에서 그리던 이탈리아와 지금 그에게 어른으로서의 책임을 요구하는 나라는 닮은 점이 거의 없다는 사실을 알게 되었다.

1871년 로마가 이탈리아 왕국의 수도로 되던 해, 이탈리아의 해방과 통일을 위한 오랜 투쟁이 마침내 승리로 끝났다. 이탈리아에는 기쁨이 넘쳤으나 한편으로는 이탈리아 역사의 우아하고 멋있던 한 시대가 그 막을 내렸다는 우울한 자각도 있었다. 크로체(Benedetto Croce)는 이 시대의 정신을 다음과 같이 아름답게 포착했다.

역사의 한 시대가 끝날 때면 그 시대의 종말이 열심히 추구되고 갈망되어왔다 하더라도 그 종말과 더불어 죽음을 맞아야 하는 무엇인가가 있으며……모든 종류의 죽음과 마찬가지로 이것도 섭섭하고 우울한 분위기에 사로잡히게 된다. 당장은 새롭고 숭고하나 실현이 먼 사상에 대한, 패기에 찬 추구와 불타는 정열 이상은 보이지 않는다. 1848년이나 1859년(이탈리아 통일운동의 중요 분기점 — 옮긴이)처럼 꿈과 바다 같은 무한함, 빛나는 아름다움과 매혹……가슴 떨리는 희망 등이 있을 뿐이다. 공통의 목표로 뭉치기 위해 적수에 대한 관용과 개인적 사상의 포기만이 존재한다. 말로 표현되었든 안 되었든 공화주의자와 군주제주의자, 가톨릭교도와 자유사상가, 관리와 혁명가, 왕과 음모자들, 그 모두가 애국이란 대의명분에 헌신하려는 감정에 고무되고, 서로 간에는 이해만

이 있을 뿐이다.[62]

이제 애국적 열기와 찬양은 끝이 났고, 이탈리아인들은 단조롭고 세속적인 정치생활에 적응해야만 했다. 이 당시 많은 프랑스인이 "제국의 지배하에 있는 공화국이라면 얼마나 아름다울까!"라고 느꼈던 것처럼 환멸을 느낀 많은 이탈리아인도 "해방된 이탈리아가 차라리 외국의 억압의 굴레에 매여 있다면 얼마나 좋겠는가"라고 느끼고 있었다.

지금까지 수세대에 걸친 이탈리아 애국자들이 바라마지 않았던 이탈리아의 통일은 이제 하나의 엄연한 사실로 나타났다. 그러나 행정적 통합의 근저에는 북부와 남부 간에 심각한 간격이 가로놓여 있음이 곧 명백해졌다. 북부는 사보이아 가의 지배를 받던 피에몬테나 오스트리아의 지배를 받던 롬바르도-베네토나 할 것 없이 경제적으로 상당히 발전했고, 그 통치방식이 훌륭했으며 경제적으로나 정치적으로 근대화의 길을 걷고 있었다. 그러나 남부의 사정은 전혀 달랐다. 이곳은 현대 유럽 문명의 한쪽 가장자리에 불과했다. 남부의 대부분, 특히 시칠리아 왕국과 교황령(Papal States)은 그 통치자들로부터 가혹할 만큼 수탈을 당했고, 그 주민들은 말할 수 없는 가난과 곤핍 속에서 생활하고 있었다. 남부는 대부분 농촌이었고 남부의 농민은 거의가 문맹이었다. 1918년에 이르러서도 남부의 문맹률은 여전히 높아서, 피에몬테 지방이 11퍼센트인 데 반해 남부는 지역에 따라 50 내지 70퍼센트에 달하고 있었다. 비록 이름으로는 통일이 되었다 해도 남부와 북부는 사실상 상이한, 서로가 가까이 하기 어려운 두 개의 국가였다.

통일 후 몇 년간 이탈리아의 운명을 손에 쥐었던 우익주의자 집단은 카보우르(Conte di Cavour)와 그 추종자들 지배하의 피에몬테처럼 이탈리아의 피에몬테화 정책을 추구했다. 우익 정당은 국가 전체에 북부에서 성공을 거두고 있는 개화된 발전정책을 시행하려 했고, 피에몬테를 일사불란한 근대화된 국가로 이끌었던 카보우르의 자유주의 전통을 지속하려 했다. 우익 정당은 전국에 무거운 조세부담을 강요했고, 고도로 중앙집권화된 행정구조를 도입했으며, 자유무역을 옹호하고 균형예산과 신중한 대외정책을 시행했다. 이것은 높은 지적 두뇌를 가진 전문가들과 중산계급의 성원들로 이루어진 본질적으로 개화된 엘리트 정부였다. 주로 피에몬테인, 토스카나인, 롬바르드인 등으로 구성되어 있었으며, 이들 엘리트는 낙후된 남부에 대한 경멸적 태도를 거의 감추지 않았다. 또한 이들은 불과 2퍼센트의 주민만이 참정권을 지니고 있는 현실에 대해서는 관심을 갖지 않았다.

1876년 3월, 우익의 오랜 통치는 마침내 의회에서의 패배로 그 종언을 고했다. 좌익의 지도자 데프레티스(Agostino Depretis)는 완전한 좌파 내각을 조직했고 좌익의 권력장악을 안전하게 하기 위해 새로운 선거를 실시했다. 이러한 문제에 대한 이탈리아인의 낮은 수준을 감안한다 하더라도, 이 선거는 정부의 뻔뻔스럽고 타락한 행태로 악명이 높았다. 지방장관들에게는 그들을 정부의 선거대리인으로 만들기 위해 위협과 협박 그리고 뇌물이 주어졌다. 정부에 호의적인 주에는 우체국, 학교, 공공사업 등이 약속되었다. 그렇지 못한 주에 대해서는 그 결과에 따라 국가공무원에게까지 제재가 가해지리라고 전달되었다. 좌익은 만족할 만한 결과를 얻었다. 우익이 90석의 의석을 차지한 데 반해, 좌익은 408석이나 차지했던 것이다.

좌익의 승리는 반드시 부정선거 때문만은 아니었다. 온 나라가 우익에게 밑바닥부터 진저리가 나 있었고 그들의 추상적 이상주의와 긴축정책 그리고 이들의 요구에 지쳐 있었다. 환멸과 과잉 긴장에 사로잡힌 납세자들은 과중하고 불평등한 세금과 빈약한 공공사업, 과도한 행정적 중앙집권화, 공공안정의 결여 등에 대한 '배상'을 요구했다. 좌익 대부분을 점하고 있는 남부인들은 그들의 낙후된 지역 개발을 위한 원조를 기대했고, 남부인들의 공적 사업으로의 손쉬운 접근을 요청했다. 거의 모든 사람이 좌익의 지배가 번영과 빛나는 진보를 가져오리라 믿고 있었다.

그러나 그 당시의 한 사람이 기지 있게 말했던 대로, "좌익 정부도 그다지 좋지 않았다는 점에서는 우익과 하등 다름이 없었다." 이제 고위층의 부패는 당연한 기술이 되었다. 데프레티스와 그의 측근들은 권력의 지렛대를 조작하는 데는 능숙했으나 시급히 요청되는 개혁을 단행할 능력은 갖추지 못했다. 정부는 온갖 종류의 개혁을 약속했으나 실행한 것은 거의 없었다. 정당의 구조는 극히 취약했고, 정치인들은 앞을 다투어 의회 내에서 자신들의 배를 채우기에 여념이 없었으며, 자신의 추종자와 권력을 확장시키는 데는 수단 방법을 가리지 않았으나 질서 있는 통치는 거의 불가능했다. 좌익은 유권자 수를 확대하는 데는 반대하지 않았다. 1882년 선거권이 전 국민의 약 7퍼센트까지 확대됐다. 그러나 선거권의 신장이 곧 대중의 정치참여기회의 신장을 의미하지는 않았다. 그것은 주로 조작의 규모를 더 크게 하고 **공모**(combinazioni)와 부정한 뒷거래를 더욱 성행시켰다. 그 결과, 특히 남부에서는 전통적인 이탈리아인들이 지녀오던 국가에 대한 불신이 더욱 심해졌다. 마치니의 애국적 정신이나 카보우르의 애국심은 자취도 없었다. 민중 대부분의 눈에 비친 국가란 역진세를 통해 국민의 부를 빼앗아 부패한 지배층의 주머니에 넣어주는 거대한 기구였다. 심지어 의원들이 자기를 뽑아준 선거구민들에게 지역적 이익을 보장해주었을 경우에도 그들은 감사를 표할 아무런 필요성을 느끼지 않았다. 그들은 이것 역시 또 하나의 부정거래로 생각했다.

좌익의 지도자들은 1876년부터 제1차 세계대전 때까지 정부를 장악했다. 데프레티스가 10년을 통치했고 뒤이어 크리스피(Francesco Crispi)가 10년을 지배했다. 그러고선 잠시 동안의 공백을 거친 후 세 번째 '민주적 독재자' 졸리티(Giovanni Giolitti)가 전쟁이 발발할 때까지 계속 집권했다. 이들은 각기 그 개성과 정치적 스타일이 서로 달랐으나 기본적으로 동일한 정책을 추구했다. 타락한 정치적 술수는 바뀌었지만 그렇다고 혁신적인 정치로 대치된 것은 아니었던 것이다.

크리스피는 취임하면서 대담한 식민지 확대정책을 내세움으로써 내부적 긴장이 주는 압력을 피해보려 했다. 이것은 에티오피아와의 끔찍한 전쟁과 아두아 전투를 낳았고, 이곳에서 2만 5,000명의 '현대' 이탈리아군이 메넬리크 2세(Menelik II) 휘하의 약 10만에 달하는 '원시' 에티오피아군에게 완전히 참패했다. 이 때문에 결국 굴욕적인 아디스아바바 조약을 맺게 되었는데, 이로 인해 이탈리아는 에티오피아의 독립을 인정하고 식민지는 에리트레아의 좁은 땅만으로 만족해야 했다. 이탈리아의 제국주의적 모험은 국내의 일들과 똑같이 완전한 실패로 돌아가고 말았다.

이들 연속된 정부들이 고도의 효율성을 나타냈던 유일한 분야는 공공 질서 분야였다. 1894년, 시칠리아에서의 심각한 농민소요가 일어났을 때 크리스피는 군부의 도움으로 이들을 무자비하게 진압했다. 다음 해 사회주의와 무정부주의의 단체조직을 금하고 언론과 집회의 자유를 극도로 제한하는 법률이 통과되었다. 1898년에 전국 곳곳에서 빵 폭동이 일어나고 5월에는 밀라노의 군대와 백주의 대치상태까지 벌어지자 크리스피의 후계자는 계엄령을 발포했다. 다시 질서가 회복될 때까지 400명이 넘는 시민이 죽거나 심한 부상을 당했다. 특히 사회주의자에게는 군법회의에서 무거운 판결이 내려졌고 스위스를 위시한 망명지로 망명하는 호전적 사회주의자들이 잇달아 대량으로 속출했다.

1894년, 이 나라는 유달리 교육적이지 못한 사건에 말려들었다. 금융 위기가 한창일 즈음 졸리티는 로마 은행의 경영 책임자인 탄롱고(Bernardo Tanlongo)를 상원의원에 임명했다. 상원은 이 임명의 동의를 거부했다. 결국 조사가 실시되고 그 결과 탄롱고를 위시한 수많은 고위관리와 저명한 정치인이 구속되었다. 이 조사에서 탄롱고는 거액의 은행권을 이중으로 발행했고, 전직 두 고위관리는 이 사실을 알고 있었으며, 그 돈은 많은 하원의원과 그 외 관리들에게 '대출'되었음이 밝혀졌다. 졸리티 정부는 무너졌으나 그나 그의 전임자 크리스피나 정치적으로 아무런 지속적인 손해를 입지 않았고 얼마 지나지 않아 졸리티는 권좌에 다시 앉았다. 그의 정권은 **지옥의 내각**(Il ministro della mala vita)으로 알려지기 시작했다.

그의 치하에서 선거권은 계속 확장되었지만, 이전의 선거제 개혁이 늘 그랬듯이 이번에도 대중참여를 실제로 확대한 것이 아니었고, 오히려 이 방면의 기술에는 노련한 대가인 졸리티에게 선거를 '만들어내는' 솜씨를 마음껏 발휘할 기회를 제공하는 데 불과했다.

실정과 부패에도 불구하고 이탈리아는 제1차 세계대전이 일어나기 반세기 전부터 경제적 발전을 이루었다. 그것은 특히 방직공업의 발달을 가져왔다. 밀라노는 프랑스의 리옹을 능가하는 비단 직조의 중심지가 되기에 이르렀다. 제노아 항구는 점차 프랑스의 최대 항구 마르세유를 넘보기 시작했고, 반도 전체에 철도망이 퍼져나갔다. 그러나 유럽의 전반적인 경제발전에 비춰볼 때 이탈리아는 여전히 낙후되어 있었다. 1890년대 이탈리아 1인당 개인소득은, 영국이 155달러, 프랑스가 130달러였는 데 반해 40달러에 불과했다. 세기가 바뀔 무렵 이탈리아의 수출량은 벨기에보다도 적었다. 여러 가지 상반된 평가가 있긴 하지만, 북부와 남부 간의 경제적 간격은 계속 벌어졌다. 남부의 농민들은 극단적인 궁핍 상태에서 생활했다. 이 나라의 가장 시급한 과제였던 농지개혁은 농촌지역의 정치·경제 등 여러 분야를 지배하고 있는 거대한 지주들을 공격할 만큼 용기 있는 정치인이 없었던 관계로 계속적으로 연기되었다. 이들이 토지소유자의 이익을 보호해주지 않고서 어떻게 선거를 '꾸며낼 수' 있었겠는가? 초등교육의 의무화 법안이 1877년에 통과되었으나 거의 시행되지 않았다. 의회는 필요한 경비를 아까워했고, 충분히 노동할 수 있는 어린이들을 의무적으로 교육함으로써 나타날 값싼 노동력의 상실에 대한 지주들의 반발을 생각하고 있었다. 또한 의회는 선거인들이 교육을 받음으로써 잘 되어가고 있는 선거의 조작이 계속되기 어려워질 것을 두려워했다. 이탈리아의 거대해진 행정기구를 움직이게 해주던 조잡하고 불공평한 세제의 개선을 위해서 아무런 조치도 따르지 않았다.

1886년, 크리스피는 모처럼의 솔직함으로 "1878년 이후 이탈리아에는 정당은 없고 정치인만 있었다"[63]고 말했다. 이와 같은 정당체제의 붕괴와 조그만 파당들로의 분열은 일시적으로 지도자를 중심으로 하여 불안한 연합을 맺기도 했지만 장기적인 계획은 물론 단기적인 행정처리조차 극히 어렵게 만들었다. 전체 정치체제의 과감한 개혁만이 해결책이 될 수 있었지만, 정치 엘리트 중 그 누구도 자신의 지위를 위태롭게 할지도 모르는 개혁을 기꺼이 지지하려고 하지는 않았다. 선거권의 점차적인 확대는 새로운 투표를 통해 엘리트의 지위를 재확인하고 인정해주는 것에 불과했다. 그것은 정치과정의 재구성은 아니었던 것이다.

이와 같은 정치사의 한심한 상태는 지식인들로 하여금 비관주의나 냉소주의로 돌아가게 했다. 1870년대까지만 해도 지배적 분위기는 사회와 물질의 진보, 인간의 완전가능성, 그리고 인류해방을 가져올 과학의 힘 등에 대한 신념이 복합된 것이었다. 합의된 사상은 민주주의, 합리주의, 자유무역, 시장경제를 옹호했다. 지배적 사회사상은 세계개량론적이고 낙관적인 것이었다. 그러나 70년대 이후 세론(世論)의 분위기는 달라졌다. 진보, 실증주의, 완전가능성 등은 점점 많은 공격을 받아야 했고, 전통적인 마키아벨리적 사상이 다시 고개를 들기 시작했다. 의회제도에 대한 환멸이 급격히 퍼져나갔다. 자유무역과 자유시장을 옹호하는 사람은 이제 거의 없어졌다. 관세보호와 정부보조에 대단히 만족하고 있던 고용주와 그 대변인들 그리고 사회복지의 편의를 얻어내려고 싸우던 노동계급의 대표자들은 그들 선조의 자유주의적 습관을 답습할 수가 없었다. 최후까지 자유시장과 자유무역을 옹호하던 자유주의적 출판인이나 경제학자들은 이미 지나간 시대의 무정부적 부활을 꾀하는 자들로 여겨졌다. 국가의 부강이란 환상을 좇아서 정치적 지배자들은 농업을 보호했고, 하층 대중의 생계비를 올렸고, 프랑스와 끔찍할 정도의 관세전쟁을 해나갔다.[64] 이들은 막대한 무기확충계획과 값비싼 식민지전쟁에 착수했다. 1894년과 1898년 그리고 다시 1904년에 대중의 절망이 폭동으로 나타났을 때 정부는 그들을 잔인하게 탄압했다. 잇따른 재정상의 스캔들이 정치사회구조의 부패를 나타냈을 때 정부는 계속적인 엄포만 일삼았을 뿐 아무런 조치도 취하지 않았다. 의심할 바 없이 대부분의 이탈리아 지식인은 소외되고 남을 믿지 못하는 비관론자가 되었다. 자유와 민주주의에 대한 마치니의 관념적이고 낭만적인 신념이 지배했던 한 세대가 지난 후, 뒤이은 세대들은 모두 환멸에 찬 냉소주의자와 퇴폐적인 비합리주의자들이었다. 단눈치오(Gabriele D'Annunzio)의 에로티시즘이나 허세적 영웅주의, 프란체스코 수도원이나 불교의 신비주의, 접신학(接神學), '미래주의', 지적 데카당티즘 등이 이 시대의 표적이었다. 단지 크로체(Benedetto Croce)를 중심으로 모인 합리적이고 자유주의적인 잔존 철학자들과 라브리올라를 중심으로 점점 그 동지가 늘어나던 마르크스주의 지식인들만이 자유주의적 이상을 지니고 있었고 합리적 준거를 고수했다. 전반적으로 세기말의 이탈리아 지성계는 마치 정치 영역이 부패했던 만큼이나 비생산적이었다. 이탈리아에 메뚜기의 시대가 도래했다고 믿는 사람은 비단 파레토만이 아니었다. "팟종이가 남긴 것을 메뚜기가 먹고, 메뚜기가 남긴 것을 느치가 먹고, 느치가 남긴 것

을 황충이 먹었도다."(요엘 1장 4절)

1922년 10월 28일, 무솔리니는 이러한 혼란에 종지부를 찍을 것을 약속하고 로마로 진격했고, 그로부터 사흘 후 유럽 최초의 파시스트 정권이 권력을 장악하게 되었다.

파레토의 동료와 청중

자유주의 잡지의 공동편집자이면서 특별기고자로서 시작된 경력 초기에 파레토는 상당히 적극적인 사회적 관계망에 속해 있었다. 특히 플로렌스에 머무는 동안 그는 수많은 친구를 사귀었는데, 그중에는 『중세에서의 버질』(*Virgil in the Middle Ages*)의 저자 콤파레티(Domenico Comparetti), 박학한 고전학자 린나처(Arthuro Linnacher), 지도적인 자유주의 정치인 손니오(Sidney Sonnio), 브루노(Giordano Bruno)의 전기 작가 포르투나토(Giustino Fortunato) 등이 있었다. 이들은 뛰어난 정신의 소유자들로 한 모임을 이루고 있었고, 플로렌스의 지도적 마담 중 하나였던 토스카넬리-페루치(Emilia Toscanelli-Peruzzi)의 살롱에 정기적으로 모였다.[65] 추측컨대 이 기간에 파레토는, 비록 그가 마치니의 신념을 고수했고 반귀족적인 이 모임을 지배하고 있던 온건한 견해들과 다소 차이를 보이긴 했어도, 여전히 이탈리아에서 평온을 찾았다.

1880년대에 이르러 이탈리아가 집권파인 좌익 정권 때문에 파멸에 이르고 있다고 확신하게 되자 파레토는 그토록 오랫동안 생활해오던 모임에서 조용히 떠나 피에솔레의 별장에서 상징적인 반은둔생활을 보냈다. 그는 시대의 주된 경향에 도무지 보조를 같이할 수가 없음을 느꼈고, 정부의 대내외 정책에 반대하는 개혁운동을 시작하는 것을 자신의 사명으로 느꼈다. 이제 그는 열심히 언론자유를 위해 글을 썼고 국가적 간섭주의의 흐름을 막으려 노력했다. 이때 이후로 그의 저작을 특징짓고 있는 독설과 원망 그리고 신랄함을 지닌 문체는, 부분적으로 당시 그가 궁지에 몰린 어떤 긴박감을 느끼고 있었고 대중을 지배할 수 있는 실질적 권력의 결핍을 독설로 보상하려던 것으로 생각할 수 있다. 그러나 대중신문에 글을 쓰는 데 그토록 많은 정력을 쏟았다는 사실을 보면, 그가 이 시기에도 여전히 모든 것을 다 잃어버리지는 않았다는 것, 그리고 아직도 지적·정치적 엘리트들에게 스스로의 잘못을 깨우쳐줄 기회가 존재한다는 것을 믿고 있었던 것이다.

그의 생애에서 이 시기에 파레토는, 한때 자신도 일원으로 참가하던 폭넓은 교제들로부터는 비록 물러나 있었지만, 자유주의 경제학자들이 모인 한 조그만 집단과 가까운 지적 관계를 맺고 있었다. 이 집단은 판탈레오니(Maffeo Pantaleoni)가 이끌고 있었는데, 그는 파레토와 함께 좌익 지배하의 이탈리아가 걷는 노선에 대해 좋지 못한 견해를 공유하고 있었다.

여전히 그는 폭넓은 공중을 대상으로 말했지만, 1880년대 말에서 90년대 초에 걸쳐서는 이론경제학을 공부한 제한된 청중을 위해 학술지에 발표를 시작했다. 점차로 그는 비교적 선택된 일군의 **아는 사람**만이 독자로서의 자격이 있다고 생각하게 된 것 같다. 그는 사회적 교제의 폭을 좁힘과 함께 그의 글 대상의 폭도 좁혀나갔다.

이탈리아와 이탈리아의 문제점 그리고 평범한 청중 등으로부터 점차 벗어나려는 파레토의 태도는 그가 마침내 스위스로 영원히 이주하기로 마음먹었을 때, 그리고 신문에 쓰던 많은 글을 중단하고 순수이론경제학에 몰두하겠다고 결심했을 때 최고조에 달했다. 마흔다섯 살의 나이로 로잔대학에 임명된 덕분에 그는 당시의 온갖 싸움에서 자신을 완전히 격리시킬 수 있었고 그 자신도 이것을 알았다. 얼마 지나지 않아 파레토는 유럽의 지도적 이론경제학자 중 한 명으로 존경을 받았고 로잔대학에 있는 교수 중 두세 명의 가장 뛰어난 정신의 소유자에 확실히 꼽히는 영광을 누렸다. 그러나 그럼에도 그가 학문적 청중에 전적으로 의지한 적은 한 번도 없었다. 그는 비록 전보다 훨씬 덜 규칙적이긴 했지만 여전히 광범위한 대중을 자신의 정치적 견해로 개종시키려 노력했다. 그가 유럽의 큰 대학에서 강의를 했더라면 학계 동료들의 기대를 참작하기가 더 쉬웠을지도 모른다. 그러나 로잔대학은, 비록 파레토의 전임자인 왈라스 같은 자랑할 만한 인물이 몇 명 있기는 했지만, 지방의 후미진 곳이었다. 로잔대학에 도착한 직후부터 파레토는 그곳의 조건에 대해 불평하기 시작했다. 그는 한 편지에

"이곳의 도서관에 있는 정치경제학 분야의 가장 최근 서적은 고작 밀의 책이다"[66]라고 썼다. 파레토는 때때로 로잔대학에서 마치 처칠이 룩셈부르크의 수상이었더라면 느꼈을 그런 감정을 느낀 듯하다.

로잔대학에서 파레토를 불편하게 한 것은 비단 지방적인 분위기만이 아니었다. 그는 그곳을 지배하던 주의의 바람과도 상당한 차이를 나타냈다. 비록 왈라스와 파레토가 수리경제학의 발달에 대해 공통의 관심을 지니고 있긴 했지만, 이데올로기적으로 그들은 서로 달랐다. 왈라스는 진화와 사회진보에 대한 확고한 믿음을 소유하고 있었고, 파레토가 그 대학에 부임할 때는 이미 그곳에 없었음에도 그곳은 여전히 그의 정신에 지배되고 있었다. 또한 당시 로잔대학에서 체계적으로 가르치던 사회과학은 정치경제학이 유일한 것이었다. 예를 들면 사회심리학은 정치경제학을 가르치는 법학부보다 의학부나 신학부에 더 적합한 주변적 영역으로 간주되었던 것이다. 이것은 파레토의 입장, 특히 그가 사회학이론을 발전시킴으로써 경제적 탐구를 보완하려는 작업을 자신의 목표로 설정하게 되었을 때 또 다른 어려움이 된 것이다. 많은 교수가 파레토의 실증주의적 사상에 공감했지만, 그와 어울릴 수 있는 동료는 거의 없었다. 단지 두세 사람만이 그의 비관주의와 인간본성에 대한 편벽된 견해에 공감했다. 또한 그는 많은 법학교수가 들끓는 법학부에서 자신이 무척 외로운 사람임을 느꼈다. 1896년, 그는 법학부의 학장으로 선출되었으나 사회과학의 교과목을 개편하려던 그의 의도는 동료교수들의 반발로 무산되고 말았다. 또한 그의 두 이탈리아 친구를 범죄사회학과 형법학 교수로 채용하려던 제안도 승인을 얻는 데 실패했다. 곧 그는 결론짓기를, 자신 같은 세계주의자가 지역적인 일들 또는 그의 표현대로 '스위스 교수들 그리고 특히 칸톤 드 보(Canton de Vaud, 스위스의 주Canton —옮긴이) 출신들'에게는 관여하지 않는 편이 더 현명하리라 생각했다.

파레토는 또한 가르침에서도 곤란을 당했다. 그는 초학자(初學者)에게 강의하는 것을 무척 싫어했다. 그는 이것은 마치 앵무새가 되는 듯한 느낌을 준다고 말했다. "나의 다윈주의적 선조들 중 앵무새가 하나 있었던 것 같다. 아마 이것이 나의 기계적 언어사용을 설명해줄 것이다." 파레토의 강의는 결코 잘 정리된 것이라고는 볼 수 없으나, 한 전기작가의 말대로 '풍부한 직관의 표출'과도 같았다. 따라서 그것은 평범한 학생보다는 사회주의자에게 더욱 호소력이 있었다. 그의 지도를 받고 그의 정신을 반영한 논문을 쓴 사람이 왜 둘밖에 되지 않는가 — 보벤(Pierre Boven, 『일반사회학에 관한 논문』의 영역자)의 『정치경제학에의 수학적 적용』(*Mathematical Applications in Political Economy*)과 코라빈스카(Marie Kolabinska)의 『프랑스에서의 엘리트 순환』(*The Circulation of the Elite in France*) — 하는 것은 아마도 이 점 때문이었으리라 생각된다.

성공적인 강의를 하지 못한 관계로 파레토는 곧 그의 강의부담을 줄이려 했다. 이 문제에 관한 열쇠를 쥐고 있던 주 정부 당국은 강한 의혹으로 이를 지켜보았고, 그의 강의 일부를 대신할 조교를 고용할 권한을 그에게 부여하기를 망설이고 있었다. 이 문제는 파레토의 후임으로 그의 한 친구가 법학부 학장으로 임명된 후에야 비로소 그의 뜻대로 해결되었다. 학장의 비망록을 보면 이 조그만 마을 대학을 존립시키기 위해 학문적 균형을 맞추는 행위가 얼마나 필요했던가가 여실히 드러난다.

파레토의 이상한 행위에 대해 주 정부 당국이 취한 민감한 반응에는 분명 어떤 정당성이 있긴 하지만, 그리고 그러한 일의 전례가 만족스럽지 못한 것이긴 했지만, 나는 대학과 주 정부의 주된 관심이 그가 교수로 계속 머무는 것과 그의 조건을 수락하는 데 호의적인 반응을 보이리라 믿는다. ……사실 **위대한** 업적들로 그가 속한 대학의 생명을 불사의 것으로 만드는 **위대한** 학자를 위해서 강의부담의 일부 또는 그 전부까지도 할애하는 것은 전통적인 것이다.

이후 파레토는 명예직으로 그의 자리를 지켜가면서 일주일에 단 한 시간만 정치사회학과 경제사 그리고 사회정책에 관해 강의했다. 몇 년이 지난 1907년, 그는 정치경제학 자리를 포기하고 정치학과 사회과학 교수가 되었다. 이제 그는 1년에 3개월만 강의하면 되었다. 2년 후 그는 정규강의는 완전히 포기했고, 그의 표현대로 '껍질 속에 숨은 달팽이'처럼 첼리니의 별장으로 은퇴해버려 로잔대학에서는 거의 볼 수 없게 되었다.

　1909년 이후 파레토는 여전히 종종 열리는 학사위원회에는 참여했지만 동료교수들과의 접촉은 거의 대부분 단절되어 있었다. 이 대학에 있는 몇몇 개인적 친구가 계속 그의 집을 방문했고 다른 대학의 친구들, 예를 들면 미헬스 같은 사람은 정기적인 손님이 되어 있었지만 교제범위는 해가 갈수록 위축되어갔다. 이전에 절친했던 사람 중 파레토의 풍자적인 공격의 표적이 된 사람이 생겨났다. 한 친구가 그것은 온당치 못한 처사라고 부드럽게 귀띔해주었을 때 그는 쓸쓸히 다음처럼 몰아붙였다. "아이러니야말로 분명 소수의 무기다. 대부분의 사람은 바보가 아니면 깡패다. 따라서 그들을 질서 있게 유지하려면 힘을 통해야 한다. 그러나 이것이 불가능한 전환기에서는 바보나 깡패들에 대해 조소를 보낼 길밖에 없는 것이다."

　생애의 마지막 시기에서 파레토가 자기와 의견을 달리하는 사람들에 대해 쏟은 논쟁이 가끔 너무나 과격하고 독설적이었기 때문에 몇 명 남지 않은 친구들까지 당황하게 만들었다. 과학의 망토를 장엄하게 걸친 채 파레토는 자신의 가르침에 동조하지 않는 사람에게는 과학적 입장을 취하지 않았다. 와일드(Oscar Wilde)가 한때 "그는 예술(art)을 대문자 I로 쓴다"고 했던 휘슬러(James Whistler)처럼, 파레토는 과학을 그런 식으로 썼다. 따라서 그의 눈에는 그의 접근방식에 본질적으로 동조하는 동료, 특히 미헬스와 소렐 등만이 참된 과학적 정신으로 연구하고 있다고 생각되었다.

　파레토가 그의 『일반사회학에 관한 논문』을 쓴 1907~12년은 그가 사실상 강의로부터 물러나 대학과의 관계를 거의 끊고 이제까지의 동료들과의 접촉도 대부분 포기했던 때였다. 이러한 고립을 아는 것이 그의 저작이 지니는 불연속적이고 방만하며 제멋대로인 특성을 이해하는 데 도움이 된다. 대부분 그의 강의에서 이루어진 초기의 학술서적은 대단히 잘 짜이고 조직적이었는 데 반해, 그의 후기 저작은 학생이나 동료들과의 접촉이 거의 없이 외로운 연구에서 이루어진 것이었다. 아마도 그의 초기 저작에서는 파레토의 동료나 친구들의 비판이 그의 편견을 다소나마 줄일 수 있었을 것이다. 이제 이러한 접촉이 더 이상 주어지지 않게 되자 그는 자유로이 자신의 편견과 열정에 얽매이게 되었다. 특히 민주주의나 인간주의 등에 대한 그의 독기어린 비웃음이 이제 학계의 모든 예의범절을 뒤엎고 있다. 또한 그 책의 전체 구조가 혼란과 무질서함을 나타내고 있다. 첫 페이지에서 강조되었던 주장이 중간에는 거의 사라졌다가 한참만에야 다시 나타나곤 한다. 별것 아닌 점이 지리할 만큼 자세히 상술되는가 하면 충분한 고려를 필요로 하는 중요점이 단지 지나가는 말로 언급되고 있다. 『일반사회학에 관한 논문』은 추측컨대 논리적 진술로 설복시키려던, 구체적인 머릿속 청중 없이 쓰인 것 같다. 파레토의 문체는 그의 자아도취를 반영하고 있다. 그는 무작정 되는대로 그의 사상을 쏟아놓았고, 자신 외에는 누구에게도 감사할 줄 몰랐다. 『일반사회학에 관한 논문』은 방대한 **잡탕요리**(olla podrida)이며 그 속엔 성미 급한 관찰과 더불어 천재의 번득임이 곳곳에 담겨 있다. 울프(Thomas Wolfe)는 그의 들쑥날쑥한 단어의 밀림에 어떤 질서를 부여해준 퍼킨스(Maxwell Perkins) 같은 편집자를 만나는 행운이 있었다. 파레토는 그러한 편집자를 만나지 못했다. 설사 있었다 해도 자기 글에 손을 대는 것을 파레토 자신이 거부했을 가능성이 짙다.

청중도 없고 이전의 동료나 사고의 협력자들로부터 대부분 소외된 채, 파레토는 그의 특유한 방법으로 외로운 밭을 갈고 있었다. 앞서 콩트가 그랬던 것처럼 파레토의 사상도 그가 지적 생활의 중심에서 멀어지면서 점점 더 이상한 것이 되어갔다. 그가 만약 동료들과 가까이 있었더라면 『일반사회학에 관한 논문』이 쓰일 당시 대부분의 주저가 이미 나와 있던 프로이트의 저작에 충분히 주의를 쏟을 수 있었을 것이다. 말하자면 파레토는 프로이트를 완전히 무시했기 때문에 그가 말하지 않을 수 없었던 대부분의 것이 필연적으로 독자들에게는 시대착오적인 것으로 보였다. 이와 비슷한 이유로 파레토는 베버의 저작을 무시했을 뿐만 아니라 사회과학의 독일적 전통 전체를 무시했다. 이 점에서도 만약 파레토에게 동료가 있고 로잔대학보다는 덜 구석진 곳에서 강의할 기회가 주어졌더라면, 설사 그가 이러한 저작들에 대해 충분히 실증주의적 지향을 갖지 않았다고 배격했더라도 그것에 관심을 기울이지 않을 수 없었을 것이다. 무엇보다 그 자신이 스스로 택한 현대세계로부터의 도피와 강렬한 증오 그리고 독기 있는 편견 등이 파레토의 시야를 극히 좁게 만들었고 그의 발견을 왜곡시켰던 것이다.

따라서『일반사회학에 관한 논문』이 출간되었을 때 별다른 영향을 미치지 못했다는 사실은 하등 놀랄 일이 못 된다. 이것은 1912년 탈고되었음에도 제1차 세계대전이 한창이던 1916년에야 빛을 보았다. 이 책이 만약 영국에서 출간되었더라면 좀더 나은 대접을 받았을지 모른다. 그러나 뒤르켐학파가 지배하고 있던 프랑스에서 파레토의 전혀 다른 사회학적 접근이 받아들여질 리 만무했고, 이탈리아에서는 사회학을 아는 사람도 극히 적었다. 이후 파시스트들이 파레토를 자기네의 일원이라 주장했고, 이것이 파레토 사후 그의 책이 팔리도록 해주었지만, 애초에 매매실적은 프랑스나 이탈리아나 형편없었다. 파레토의 이름이 경제학자 중에서 높이 취급된 사실만 없었더라면 그의 책은 거의 주목을 끌지 못한 채 사라졌을 것이다. 파레토의 전기 작가이자 그의 제자였던 부스케는 1928년 어느 글에서 파레토의 이름 주위에 '묵살시키려는 음모'가 꾸며지고 있다고 했다. 물론 이것이 생애의 말년 파시즘과의 관계 때문에 그의 이름이 더럽혀진 데 일조한 것은 아니었다.

미국에 미친 파레토의 영향

파레토의 진가는 그가 죽은 지 10년이 지난 후에야 미국에서 드러났다. 그의 걸작이 영어판으로 미국에 처음 도착한 해는 1935년이었는데, 30년대에는 '파레토 유행'이라 할 만한 것이 나타나 전쟁 중에만 가라앉았을 뿐 그 후 여러 해 동안 지속되었다. 미국의 일부에서 파레토가 이토록 열렬한 환영을 받은 배경은 이미 '신역사'의 아버지 하비 로빈슨(Harvey Robinson)이 1921년 파레토의 잔기와 파생체이론을 "수백 년간에 걸친 학생들로부터 우리 시대의 가장 위대한 발견 중 하나로 손꼽힐 것"[67]이라고 주장한 글에서 준비되어 있었다.『일반사회학에 관한 논문』의 미국인 편집자 리빙스턴(Arthur Livingston)은 이미 1920년대 중반부터 파레토의 사회학 저서들을 선전하기 시작했다. 1927년, 하버드대학의 저명한 생화학자이자 사회과학자인 로런스 헨더슨(Lawrence Henderson)은『일반사회학에 관한 논문』에 대해 "이 책은……사상사의 새로운 시대를 선언하는 것이라 볼 수 있다. ……이 이론을 가리켜 뛰어나고……독창적이라 부르는데 주저할 필요가 전혀 없다"[68]고 했다. 이러한 찬사를 쓴 지 몇 년 후 헨더슨은 그가 사회를 보는, 파레토 사상에 관한 유명한 하버드대학 세미나를 개최했는데, 이 모임에는 파슨스, 머튼, 호먼스(George Homans), 머리(Henry Murray), 클럭혼(Clyde Kluckhohn) 등이 참가했다. 미국의 사회과학자와 지성인들에게 파레토에 대한 관심을 불러일으키려는 온갖 노력은 파레토의 이름이 광범위한 미국 지성계에 갑작스레 터지듯 만발했던 1930년대 이전까지는 비교적 성공적이지 못했음이 드러났다.

공황에 처한 미국이 파레토의 사상에 민감했다는 사실은 놀랄 것이 못된다. 이 시대에 비슷한 인기를 구가했던 마르크스주의와 거의 비슷하게 그의 저작도 1930년대 지적 분위기의 주된 조류로부터 호응을 얻었는데, 그것은 과학의 구체적 권위에 대한 믿음과 전통의 권위에 대한 믿음의 상실이었다. 그의 실증주의는 오로지 과학이 주장하는 것만이 아직도 도전을 받지 않고 있던 당시의 지적 분위기에 잘 들어맞았다. 또한 그의 폭로적 입장은 1929년 주식시장으로부터 그 근저가 흔들린 이후 자신들의 근거가 심각하게 흔들리고 있던 지식인들과 잘 합치되었다. 파레토는 마르크스에 대한 일종의 부르주아적 대답으로 또는 그에 필적하는 보수적·기능적 대응물로 주로 읽혔다. 이 점은 호먼스가 잘 말해주고 있다. "상당히 부유한 가문을 거부하지 않은 보스턴의 한 공화주의자로서 나는 30년대에 줄곧 개인적인 공격, 특히 마르크스주의자들에게서 공격을 받았다. 이때 나는 파레토라면 무엇이든 믿는 상태였다. 왜냐하면 그가 나를 옹호하고 보호해주었기 때문이었다."[69]

1930년대에 파레토를 옹호한 최초의 사람들은 주로 문학평론가와 신문기자들이었고, 그 뒤를 사회과학자들이 따랐다. 특히 헨더슨에게 파레토를 배운 문학사가이자 비평가인 디보토(Bernard de Voto)는 『토요문학논평』(Saturday Review of Literature)과 『하퍼』(Harper's)지에서 파레토를 찬양하기에 여념이 없었다. 『신공화국』 같은 중도좌파지에서조차 파레토에 관한 열렬한 논평을 게재했다. 『신공화국』의 기고자 중 한 명인 포먼(Claude

Foreman)은 1933년 파레토의 사상이 "이탈리아의 파시스트운동뿐만 아니라 러시아에서의 볼셰비키혁명의 성공까지도 설명"[70]할 수 있다고 생각했다.

파레토에 대한 학계에서의 환영이란 점에서 볼 때 그의 주된 영향이 하버드대학에 미치게 되었다는 사실은 주목할 만하다. 그 외의 다른 학자들, 특히 중서부의 학자들은 그를 무시해버리거나 맹렬히 공격을 퍼부었다. 앨즈워스 패리스는 그를 가리켜 "중산계급의 마키아벨리가 되려고 획책하는 늙은이"[71]라고 비난했다. 맥두걸(William McDougall, 당시 듀크대학 교수)은 그를 "파시즘의 마르크스"[72]라 불렀고, "파레토 사상과 지식에서 시대에 뒤떨어진 낡은 특성들"[73]을 지적했다. 보가더스(Emory Bogardus)와 플로이드 하우스(Floyd House)는 긴 반박문을 썼는데, 그 속에서 파레토에게 쓸 만한 것들은 이미 오래전에 다윈, 제임스, 섬너 등을 위시한 영국인과 미국인들에게 더 잘 나타나 있다는 것과 그 외의 저작들은 하등 쓸모없는 것임을 보여주려 했다.[74] 아마도 중서부 대학에 아직까지도 남아 있던 강한 '진보주의적' 경향과 일상인들의 미덕에 대한 강한 신념이 중서부의 학자들로 하여금 파레토 사상을 배격하게 만들었을 것이다. 당시 하버드대학에서는 이와 같은 제약은 없었다.

1930년대에 걸쳐 하버드대학의 수많은 젊은 사회과학자에게 매우 강한 영향을 미쳤던 헨더슨은 이미 이전부터 그곳에 파레토를 호의적으로 받아들일 준비를 갖추어놓았다. 그의 과학적 훈련과 관심에 따라 그는 파레토의 과학적 방법론과 특히 사회체계의 모델 및 균형개념을 대단히 강조했다. 많은 하버드대학 교수와 가까운 개인적인 친분관계를 맺고 있던 디보토는 그곳에 개종자들을 만들어냈다. 지금은 스탠포드대학 도서관에 있는 호먼스와 커티스(Charles Curtis)의 『파레토 입문』(An Introduction to Pareto) 원고는 디보토의 서재에서 발견되었고, 그곳에 호먼스가 쓴 "나를 파레토주의자로 만든 베니(Benny, 무솔리니의 애칭 — 옮긴이)에게"라는 구절이 붙어 있었다. 호먼스에게, 디보토에게도 마찬가지지만, 『일반사회학에 관한 논문』의 가장 큰 중요성은 "그것이 비논리적 행위에 대한 잘 발달된 이론을 담고 있다"[75]는 점이었다. 파슨스는, 비록 자신이 파레토의 제자가 되지는 않았지만, 파레토의 사상으로부터 너무나 깊은 영향을 받았기 때문에 그의 『사회적 행위의 구조』(1937)에서 다음과 같이 언급했다. "『일반사회학에 관한 논문』에서 방법론적 수준이나 이론적 수준에서……폐기되어야 할 것은 아무것도 없다."[76] 파레토의 사회체계론적 접근이나 그의 방법론의 여러 측면 그리고 다소 그 정도는 덜하지만 다른 그의 중심 견해들이 파슨스 자신의 이론적 종합 속에 녹아져 있다. 파슨스는 언제나 파레토를 사회과학에서 가장 위대한 거장 중 한 사람으로 생각했다.[77] 그러나 하버드대학의 모든 사회과학자가 전부 헨더슨이나 호먼스 또는 파슨스처럼 열광적인 태도를 나타낸 것은 아니었다. 하버드대학의 역사학자와 경제학자 중에서는 브린턴(Clarence Brinton)과 슘페터만이 파레토를 높이 평가했다. 소로킨은 언제나의 버릇대로 『일반사회학에 관한 논문』을 꼼꼼히 비판적으로 분석했다. 또한 머튼은 비록 파레토가 제시해준 단서를 쫓아 그 자신의 사고를 발전시킨 부분이 분명 있지만, 이 이탈리아인에게 그렇게 매료되지는 않았다.

미국의 경험적 사회과학에 파레토의 사상이 미친 가장 큰 영향은 하버드대학의 다른 한 집단에서 나타났는데, 그것은 1927~32년 하버드대학 경영학회(Harvard Business School) 회원들이 행한 유명한 호손공장 연구의 참가자들이었다.[78] 이 연구를 통해 조사자들은 노동자란 그들의 보수를 극대화해주는 가장 좋은 방법을 합리적으로 계산하는 '경제인'이 아님을 발견했다. 또한 그들은 환경의 변화, 예를 들면 물리적인 작업조건의 변화에 단순히 반응하는 자가 아님도 알았다. 이러한 발견은 처음에 조사자들에게는 하나의 수수께끼였다. 그러나 그들이 헨더슨과 같은 모임의 일원이던 메이오를 통해 파레토 사상을 알게 되자 이 수수께끼는 풀리기 시작했다. 이제 그들은 경제학이나 생리학으로 설명될 수 없는 노동자들의 행위의 이와 같은 측면은 파레토의 잔기로 이해될 수 있다고 결론지었다. 생산의 제한은 노동집단의 연대감(집단유지)의 표출로 해석될 수 있다. 많은 노동자의 불평은 그들의 심정 속에 깔려 있는 지위에 대한 걱정과 심리적 불안이 말로 표면화된 것이다. 더욱 일반적으로 노동자들의 '감정의 논리'는 경영인들의 '비용과 효율의 논리'와 대치되며, 따라서 그들 간의 투쟁은 합리적·경제적 적대가 아니라 감정의 충돌에 뿌리박고 있는 것으로 이해될 수 있다. 말할 것도 없이 이러한 모든 설명은, 비록 파레토 자신은 경영자의 행위가 합리적이라고 성급히 결론짓지 않았지만, 파레토의 분석 모델을 적용한 것이다. 만약 파레토였더라면 노동자뿐만 아니라 경영자의 행위의 밑바닥에도 깔려 있는 신화, 이데올로기, 비과학적 이론, 그리고 비논리적 신념 등을 밝혀냈을 것이다.[79]

요약

파레토 유행은 나타나자마자 곧 사그라졌다. 비록 파슨스가 파레토의 사상에 계속 높은 평가를 보내고는 있었지만, 그의 후기 저작은 베버와 뒤르켐 그리고 프로이트로부터 더욱 깊은 영향을 받았다. 호먼스는 비합리적 행위에 쏟았던 열의를 스키너(Burrhus Skinner)의 행동주의 심리학과 고전경제학 사상에 따른 교환이론으로 옮겼다. 정치학자 중에서는 라스웰이 끝까지 파레토의 측근으로 남아 있었다. 그는 미국에서 파레토를 옹호했던 최초의 한 사람으로서 계속하여 주로 파레토의 엘리트 형성론과 순환론에 힘입은 저작들을 발표했다.[80]

찰스 밀스(Charles Mills)의 『권력 엘리트』(*The Power Elite*, 1956)[81]가 출간된 이래 미국에서는 파레토에 대한 관심이 다시 일고 있다. 켈러(Suzanne Keller)의 『지배계급을 넘어서』(*Beyond the Ruling Class*)[82]와 보토모어(Thomas Bottomore)의 『엘리트와 사회』(*Elites and Society*)[83] 그리고 파이너(Samuel Finer)[84]와 로프리토(Joseph Lopreato)가 펴낸 그의 선집[85] 등이 이를 증명해준다. 유럽에서도 프랑스의 아롱[86]이나 독일의 예기(Urg Jaeggi)[87], 아이젤만(Gottfried Eisermann)[88] 등에서 보듯이 파레토에 대한 관심이 다시 일고 있다.

지금 파레토의 이데올로기적 장광설은 시간의 흐름에 따라 거의 중화되었지만, 그의 사상은 아마도 사회과학에 지속적인 영향을 미칠 것이다.

카를 만하임

Karl Mannheim, 1893~1947

주요 이론 지식사회학, 사회재건의 사회학, 인텔리겐치아론
주요 저서 『이데올로기와 유토피아』

헝가리의 개혁적 사회학자인 만하임은 지식과
지식인의 문제를 깊이 탐구했다.
마르크스주의의 독단론을 비판하고 타당한 지식의 존재형태를
탐구한 책 『이데올로기와 유토피아』로 일찍이 주목받았다.
그는 파당적인 이해로부터 초연한 지식인의 역할을 중시했고
지식의 존재구속성을 분석하는 지식사회학을 정립하려 했다.
역사적 경험을 공유하는 세대범주의 중요성을 강조함으로써
세대연구, 문화연구에도 큰 영향을 미쳤다.
나치를 피해 1930년대에 영국으로 건너갔고,
그곳에서 계획과 교육을 통해 민주적 사회를 만들기 위한
다양한 활동에 전념했다. 유네스코 유럽 부장으로 종사했다.

"진보주의자들에게 현재는 미래의 시작이고,
보수주의자들에게 현재는 과거의 끝이다."

_카를 만하임

사상

지식사회학

만하임(Karl Mannheim)의 끊임없는 노력은 사회학 연구의 여러 분야에 많은 공헌을 했지만, 특히 그의 지식사회학이 그의 업적 중 가장 가치 있고 불후의 것이라는 점이 현재 일반적으로 받아들여지고 있다. 이러한 지식사회학이라는 사회학의 한 영역은 사상과 사회 사이의 관계를 연구하며 지식의 여러 가지 사회적·존재적 조건을 탐구하는 것이다.

지식과 사회 사이의 상호의존성이 만하임에 의해 명백하게 완전히 밝혀진 것은 아니지만, 만하임은 그의 연구의 모든 부분에 걸쳐서 여러 사상을 그것이 뿌리박고 있는 여러 구조와 관련시켜 고찰했다. 구조의 개념과 상호관련성의 개념이 그의 모든 사상의 중심을 이루고 있으며, 그의 모든 저작에 지침을 주고 있다. 사상에 대한 원자론적·고립적 접근법을 배격하면서, 만하임은 사고란 것도 구조적 틀 내의 다른 사회적 활동과 반드시 관련되는 하나의 활동임을 강조했다. 만하임에게 사회학적 관점이란 "처음부터 모든 영역의 개인적 활동을 집단적 경험의 맥락 안에서 해석하려고 추구하는 것이다."[1] 사고는 결코 집단생활의 영향에서 자유로운 특권적 활동이 아니다. 그러므로 사고는 반드시 집단생활의 맥락 안에서 이해되고 해석되어야 하는 것이다. 어떠한 특정 개인도 "세계와 맞서지 않으며, 진실을 추구함에서 자신이 경험한 자료 밖에서 세계관을 정립하지 않는다. ……지식은 처음부터 집단활동의 협동적 과정이라고 보는 것이 더욱더 정확한 것이며, 집단생활의 협동적 과정 속에서 공통의 운명과 공통의 활동 그리고 공통의 곤경을 극복하는 과정에서 각 개인은 자신의 지식을 전개한다고 보는 것이 더욱 정확한 것이다."[2]

만하임으로부터 지식과 사회의 관련에 대한 통합적이고 일관된 이론과 방법을 배우려는 사람은 반드시 실망하게 된다. 만하임은 여러 흐름의 사상과 여러 학설, 관점에 매우 민감한 사람이었다. 이 점이 그의 저작에서 나타나는 여러 모순을 설명해준다. 만하임의 독자들은 이 모순들로 인해 불안해하지만, 만하임 자신은 스스로 이 점을 잘 알고 있었다. 그의 만년에 만하임은 지식사회학 세미나 회원에게 다음과 같이 썼다.

만일 나의 논문에 모순점과 불일치성이 있다면, 그것은 내가 그것을 간과했기 때문이 아니라 그것이 다른 서술과 모순이 있음에도 불구하고 내가 주제를 끝까지 탐구하려고 했기 때문이라고 생각한다. 나는 인간 지식의 이 한계적 영역에서 구태여 모순들을 감출 필요가 없다고 생각한다. 즉 상처를 감출 필요가 없으며 오히려 우리의 의무는 현 단계의 인간사고의 취약점을 드러내 보이는 것이라고 생각하기 때문에, 나는 이 방법을 사용한다. ……이러한 모순들은 생선 속의 가시 같은 것으로, 우리는 여기서부터 출발해야 한다.[3]

자신의 한 논문에 대한 위와 같은 만하임의 언급은 지식사회학에 대한 만하임의 저작 전체에 대해서도 적용된다. 만하임은 자신의 전 생애를 통해 여러 가지 전망적 관점을 통합하려고 시도했으며, 하나의 새로운 종합을 창출해내려고 시도했다. 그러나 그러한 통합은 언제나 쉽지 않았다. 앞서 인용한 편지에서 만하임은 다음과 같이 쓰고 있다. "나는 낡은 인식론을 파격적으로 깨뜨리려고 했지만 아직 충분히 성공하지 못했다."[4]

만하임 저작의 모색적·임시적 성격 때문에 그의 주요 사상을 간명하게 설명하기란 매우 어렵다. 그의 특징적인 관점을 보여주는 서술을 한 곳에서 골라내더라도 다른 곳에서의 주장과 모순되며, 때로는 같은 저작 안에서도 모순된 부분이 나타난다. 칸트의 비판이론 이전과 이후를 용이하게 구분할 수 있는 것처럼, 만하임 사상의 초기관점과 후기관점을 구분하는 것은 불가능하다. 만하임 후기의 정식화(체계적 서술)는 초기의 사상에서 유래하지만, 그가 중기에 피력한 정식화와는 크게 모순되기 때문이다.

만하임은 많은 신중한 사상가가 피하려 한 지식의 프런티어를 향해 모험을 전개한 선구자였다. 그는 찬란한 출발점과 연구방법을 제공하고 보다 깊은 연구를 인도했지만 이런 과감한 시도 때문에 치른 비용도 많다. 그는 자기 노력의 충분한 과실을 거둬들이지 못했으며, 그 자신은 오직 모호하게 인식했던 것의 전도유망한 영역에 들어가는 특권을 그의 후계자들에게 남겨주었다.

만하임은 문화적 대상 내지 지적 현상을 다루는 두 가지 방법을 구분했다. 즉 하나는 이들을 '안으로부터'(from the inside) 이해하는 것인데, 이것은 그 내재적 의미를 연구자가 파악하는 것이다. 다른 하나는 지식사회학의 방법으로, 사상가가 불가피하게 가담하게 되는 사회적 과정의 한 성찰로서 '밖으로부터'(from the outside) 이해하는 것이다. 이러한 관점에서는, 지식은 존재구속적(seinsverbunden)이며 실존적으로 결정되는 것이라고 생각되는 것이다.

만하임은 "철학을……실재와의……관련 속에서 연구한다"[5]는 마르크스의 실용주의적 연구 방향을 일반화하려고 시도했으며, 사상의 체계가 그 제안자의 사회적 위치 — 특히 그 계급적 위치 — 에 의존하는 방법을 분석하려고 했다. 만하임은 마르크스가 그의 부르주아 적대자에 대한 논쟁적 공격의 도구로 주로 사용했던 것을 마르크스주의의 연구에도 효율적으로 적용될 수 있는 일반적 분석도구로 전환시켰다.

마르크스의 정식화에서는, 계급적 특권의 옹호를 위한 이데올로기의 기능과 부르주아 사상가들의 특권적 위치로부터 도출되는 사상의 왜곡과 변조에 관심이 집중되었다. 이러한 부르주아 이데올로기 해석과는 대조적으로, 마르크스의 사상은 특권적 이해관계를 갖지 않는 계급 — 프롤레타리아 — 의 표현이기 때문에 진실이며 편견이 없는 것이라고 마르크스주의자들은 주장했다. 만하임은 상이한 사상체계들 간의 이러한 구분을 받아들이지 않았다. 만하임은 모든 사상은, 심지어 '진리'까지도, 그것이 나온 사회적·역사적 상황과 관련되어 있으며 그 사회적·역사적 상황에 영향을 받음을 인정했다. 각 사상가가 사회 내의 특정 집단에 포함되고 있다는 바로 그 사실이 — 각 사상가가 특정한 지위를 점유하고 특정한 역할을 수행한다는 바로 그 사실이 ─ 그 사상가의 지적 양상을 채색하는 것이다. 인간은 "추상적 수준에서 관조하는 정신으로 세계의 사물과 마주하는 것이 아니다. 또한 인간은 단독자로서 세계의 사물과 부딪치지 않는다. 오히려 인간은 여러 형태로 조직화된 집단 내에서 서로 협력하거나 배척하며, 그렇게 하는 과정에서 상호 간에 동의하거나 반대하는 생각을 발전시키는 것이다."[6]

만하임은 지식사회학을 사상의 사회적·존재적 조건화의 이론이라고 정의했다. 만하임에 따르면, 모든 지식과 사상은 사회구조와 역사적 과정 내에서 정도의 차이는 있을지라도 '어떤 위치에 구속되는'(bound to a location) 것이다. 때로 특정 집단이 다른 집단들보다 사회현상의 이해에 좀더 접근할 수는 있지만 어떠한 집단도 사회현상의 이해에 완전히 접근할 수는 없는 것이다. 사상은 그 제안자의 역사적 시간과 사회구조 내에서 차지하는 상이한 위치에 뿌리를 두고 있기 때문에 불가피하게 전망적일 수밖에 없는 것이다.

만하임의 견해는 다음과 같다.

전망(perspective)은……사고의 단순한 공식적 규정 이상의 어떤 것이다. 그것은 인간이 대상을 보는 방식을 나타내고, 인간이 그것에서 무엇을 인지하는가를 드러내며, 그것을 그의 사고 속에서 어떻게 해석하는가를 보여주는 것이다. [전망은] 순전한 형식논리에서는 필연적으로 간과되는 요소, 즉 사상의 구조 내부의 질적 요소를 가리키는 것이다. 두 사람이 비록 동일한 형식논리의 규칙을 적용하면서도 동일한 대상을 매우 다르게 판단할 수 있는 사실도 바로 이런 요인 때문이다.[7]

속담에 나오는, 한 마리 코끼리의 특성을 설명하려는 일곱 명의 장님처럼 서로 다른 사회적 위치에 뿌리를 둔 상이한 시각으로부터 공통의 대상을 보는 사람들은 서로 다른 인지적 결론과 서로 다른 가치판단에 도달한다. 인간의 사상은 '상황 제한적'(situations gebunden)인 것이다.

지식의 존재구속성이란 개념은 만하임 학설의 주춧돌을 이루고 있다.

이러한 지식의 존재구속성은 "지식 획득의 과정이 실제로 내재적 법칙에 따라 역사적으로 전개되지 않고, '사물의 본질'이나 '순전한 논리적 가능성'에 따르지 않으며, '내적 변증법'에 의해 추구되지도 않음"[8]이 확인될 때 확립되는 것이다. 다시 말해 지식이 이론 외적인 요인, 즉 존재적인 요인들에 의해 결정적으로 영향을 받는다는 점이 분명해질 때 확립되는 것이라고 만하임은 주장했다. 만하임의 주장에 따르면, 지식의 존재구속성이란 명제는 이러한 존재적 요인들이 "사상의 발생에만 관련될 뿐만 아니라 사상의 형태와 내용에도 침투해 들어가서 우리의 경험과 관찰의 범위와 강도, 즉……주체의 '전망'을 결정적으로 규정한다는 사실"[9]을 나타낼 수 있을 때 더욱 명확해지는 것이다.

"달라지는 것은 단지 기본적 지향과 평가, 사상의 내용뿐만이 아니다. 문제를 설명하는 방식과 접근방식, 경험을 수집하고 서열짓는 범주까지도 관찰자의 사회적 위치에 따라서 다르게 된다"[10]고 하는 것이 만하임의 중요한 주장이었다. 다시 말하면, 특정한 측면만이 편견으로 채워질 가능성에 대한 '이데올로기의 특수적 개념'으로부터, 사상의 전체 양식과 전체 형태, 전체 내용이 모두 그 제안자의 사회적 위치에 구속되는 것으로 생각하는 '이데올로기의 전체적 개념'으로 이행한 것이다. 만하임 자신이 든 다음의 예문이 이 점을 설명하는 데 도움을 줄 것이다.

> 19세기 초기의 한 구식 보수주의자가 '자유'(freedom)를 말했을 때, 그는 이 개념에 의해 그 특권(여러 가지 자유)에 따라서 생활하는 신분적 권리를 의미했다. 만일 그가 낭만주의적 보수주의자이거나 프로테스탄트운동에 속한 사람이었다면, 그는 이 개념을 '내적 자유', 즉 자신의 개성에 따라서 생활하는 각 개인의 권리로 이해했을 것이다. ……같은 시대의 자유주의자가 자유라는 용어를 사용했을 때는, 그는 구식 보수주의자가 자유의 기초라고 제시한 바로 그 특권들**로부터의** 자유를 생각했을 것이다. ……요컨대 개념의 정립단계에서부터 관찰자의 이해관계에 의해 시각이 결정된다. 사상은 특정 사회집단이 무엇을 기대하는가에 따라서 방향이 설정되는 것이다.[11]

만하임은 사회구조와 지식 사이의 관계의 여러 유형을 명확히 하는 것을 꺼렸다. 그는 '존재구속성'이라는 용어는 기계적 인과관계를 의미하는 것이 아니라고 했으며, 오직 경험적 조사연구만이 구체적 사례들 속에서 그 관계의 정확한 성격을 설명할 것이라고 강조했다. 그러나 머튼이 지적한 것처럼,[12] 만하임은 사고와 사회구조 사이의 관계를 지적하기 위해 다양한 용어를 사용했다. 만하임은 때로는 사회세력이 지적 산물의 직접적 원인임을 암시했다. 때로는 특수한 사상형태의 출현을 그 주체자의 '이해관계'에 귀속시켰다. 또한 때로는 주체가 주목하는 초점에 따라 특정한 사상으로 인도되거나 인도되지 않는다고 주장했다. 또한 특수한 사회적·역사적 상황과 지적 산물 사이에 일종의 '선택적 친화력'(elective affinity), '적합성'(compatibility), '일치성'(congruity)을 설정하는 구절들도 있다. 결론적으로 말해 만하임의 저작에서 사상과 사회 사이의 여러 관계에 대한 정식화는 취약하다. 그는 여러 가지 사회적 요인 중 하나의 직접적 영향을 주장하는 대신, 단지 특정 사상의 출현이 그 사상의 운반자가 될 특정 집단의 출현을 전제조건으로 갖고 있다고 주장하기도 한다. 바꾸어 말하면, 마르크스의 용어로 '하부구조와 상부구조'의 관련을 설정하는 데서 만하임은 매우 광범위한 관점을 드러낸다. 때로는 사회세력이 특정 사상의 출현에 필요하고도 충분한 조건이라고 주장하는가 하면, 때로는 오직 매개적인 사회요인들, 즉 특정 사상을 표현하고 청취자를 모으도록 돕는 요인들을 확인하는 데 그치고 있다.

만하임의 방대한 저작에서는 사상 운반자의 서로 다른 사회적 위치가 주로 계급적 요인들과 관련하여 고찰되고 있다. 유산자(beati possedentes)의 사상이 무산자(the dispossessed)의 사상과 대조되고, 중간계급의 사상이 봉건계급의 이데올로기와 대조되고 있다. 또한 비특권계급의 미래지향적 유토피아사상이 기존질서로부터 이익을 얻는 사람들의 현 질서를 옹호하려는 이데올로기적 사상과 대조되고 있다. 그러나 만하임은 자신을 마르크스의 계급분석에서 유래하는 연구방식에 한정시키지 않았다. 만하임은 사상의 존재적 규정 요인으로서 지위집단과 직업범주 같은 다른 다양한 사회적 요인을 포함했다. 예를 들면 19세기 초 독일 보수주의사상의 사회적 기원에 대한 훌륭한 설명 속에서, 만하임은 "신분적 봉건사회의 계급 사회로의 이행이 아직 초기단계에 있던" 프러시아에서는 프랑스대혁명에 대한 적극적 반응이 "자신들의 역사와 사회질서에 정치적으로 효율적이 기를 바라는 귀족과 관료층으로부터 나왔다"[13]고 설명하고 있다. 즉 프랑스의 경우, 사상의 사회적 규정이 프랑스사회의 잘 발달된 계급구조에 집중되어야 한다고 보았지만 독일에서는 사상의 사회적 기원의 분석이 주로 봉건사회의 신분질서에 초점을 두어야 한다고 주장했다.

지금의 시점에서는 만하임이 상당한 주의를 기울였던 부가적 요인인 세대차 요인을 특히 주목할 필요가 있다. 실제로 만하임 세대의 사회학이 그동안 상대적으로 등한시되었다기보다는 지금에 와서 '재발견'되는 현상 자체가 지식의 존재적 규정성을 드러내는 중요한 예로 간주할 수 있다. 만하임은 다음과 같이 주장했다.

동일한 계급에 속한다는 사실과 동일한 세대 내지 연령집단에 속한다는 사실은 개인들로 하여금 사회적·역사적 과정 속에서 공통의 위치를 점하도록 하고 잠재적 경험의 범위를 한정하며 특징적 기질과 사고방식 그리고 역사적으로 적합한 행동의 형태를 공유하게 만든다.[14]

또한 동일한 역사적 문제를 경험한 청년들은 동일한 실제 세대의 한 부분이 된다고 말할 수 있는 반면, "동일한 실질적 세대 안에서 서로 다른 방식으로 자신들의 공통적 존재에 필요한 작업을 하는 여러 집단은 각각 별개의 세대단위를 구성할 수 있다."[15] 혁명 후의 프랑스에서 낭만주의적·보수주의적 청년층과 자유주의적·합리주의적 청년층은 그들의 이데올로기에서는 서로 다르지만, "공통으로 경험한 하나의 역사적 충격에 대한 단순히 상반된 형태의 지적·사회적 반응인 셈이다."[16] 그들은 동일한 실질적 세대에 속하는 상이한 세대단위들이었다. 동일한 방법으로 오늘날에도, 히피와 신좌익 행동파는 그들 모두 공통으로 경험한 역사적 충격에 대해 상이한 방식으로 반응하는 상이한 세대단위들이라고 볼 수 있을 것이다. 그들은 관찰의 영역을 공유하고 있으나, 서로 다르게 보고 있는 것이다.

만하임은 지식사회학에 대한 자신의 이론적 공헌이 두 부분으로 나뉘어 이해되기를 바랐다. 그 한 부분은 "사회관계가 실제로 사상에 영향을 미치는 방식들의 구조적 분석과 설명을 통한 순수한 경험적 연구"이고, 다른 한 부분은 "타당성 문제와 관련하여 상호관계의 의미에 대한 인식론적 연구"[17]였다. 만하임은 두 번째 부분보다 첫 번째 부분에서 훨씬 더 성공한 것으로 보인다. 진실가치 내지 명제의 타당성에 관한 인식론적 문제들에 대해 만하임은 자주 혼란에 빠졌으며, 그로 인해 손쉬운 비판의 대상이 되곤 했다. 그러나 이러한 인식론적 문제에 대한 관심이 지식사회학에 대한 그의 저작 전부에서 지속되었고 때로는 그것이 경험적 연구보다 더 중요한 것으로 그가 내심 생각했던 것처럼 보이기도 한다.

만하임은 지식사회학이 명제의 진실가치의 정립에 공헌할 수 있는가의 문제에 직면했을 때 크게 동요했다. 중년기에 만하임은 하나의 지식사회학이론, 사회학적 인식론을 발전시킬 것을 원했으며, 설명의 진실성이 그 저자의 사회적 위치에 대한 조사연구를 통해서만 확인될 수 있다고 생각했다. 여러 가지 불충분한 설명 속에서 만하임은 위험하게도 보편적인 인식론적 상대주의에 가까워졌는데, 이것은 비평가들이 "자가당착적인 것이다. 왜냐하면 그것은 그 자체의 절대성을 전제하지 않으면 안 되기 때문이다"[18]라고 비판하는 데 대해 만하임이 제대로 방어할 수 없게 만들었다. 그러나 1921년 이후의 초기 저작들의 일부에서 만하임은 지식의 문제에 대해 전혀 다른 해법을 제시했다. 그는 이렇게 썼다. "한 명제의 진위나 전체 이론구성의 진위는 사회학적 설명이나 다른 어떠한 기원론적 설명의 방법으로는 지지될 수도 없고 비판될 수도 없다. ……어떻게 하여 어떤 현상이 존재하게 되었는가의 문제는……타당성의 내재적 성격과는 전적으로 관련이 없다."[19] 그리고 이 주제에 대한 최후의 체계적 서술(1936)— 끝이 곧 시작이다 — 에서 만하임은 그의 청년기의 정식화로 되돌아갔다. "물론, 사회과학에서는 다른 학문에서와 마찬가지로 진리와 허위의 궁극적 기준은 대상에 대한 탐구에서 발견되어야 할 것이며, 지식사회학이 이를 대체할 수 있는 것은 아니다."[20]

만하임은 지식사회학에 대한 그의 작업의 중년기에 모든 사고는 필연적으로 하나의 이데올로기적 성격을 갖는다고 의도적으로 주장했다. 비평가들은 곧 그러한 입장은 자가당착일 뿐만 아니라 총체적 상대주의와 허무주의로 귀결될 것이라고 지적했다. 이러한 비판을 받고 만하임은 비평가들로부터 자신의 주장을 살리기 위한 몇 가지 시도를 했다. 때때로 그는 특수한 역사적 상황의 요청에 대한 실용주의적 적응이론을 내세웠다. 일련의 사상은 만일 그것이 특정한 역사적 단계에서의 사회의 적응에 기여함을 나타낼 수 있을 때는 유효하고, 다른 일련의 사상이 그러한 적응에 기여하지 못할 때는 효력이 없다고 보는 것이다. 이러한 방식의 해법은 매우 큰 취약점을 가진다. 적응에 기여하는가 기여하지 않는가에 의거한 판단은 너무 규범적일 뿐만 아니라 최선의 경우에도 사후적인 판단이 되기 쉽기 때문이다. 많은 경우 사건이 일어난 후에 어떠한 사상이 역사적 적응에 공헌했는가를 판정할 수는 있을 것이다. 그러나 당대의 사상에 대해 그러한 평가를 내리는 것은 불가능할 것으로 보인다.

만하임은 실용주의적 기준이 불만족스럽다는 사실이 판명되자, 딜레마에 대한 또 다른 해법을 모색했다. 그의 스승인 알프레드 베버(Alfred Weber)에 의해 처음 제시된 개념을 빌려, 만하임은 다음과 같이 주장했다. 즉 모든 계층과 집단이 만든 사상들이 그 지지자들의 사회적 위치로 말미암아 타당성에 문제가 생긴다 할지라도, '사회적으로 자유부동한 인텔리겐치아'(die sozial freischwebende Intelligenz)라는 인간집단은 왜곡되지 않고 타당성 있는 사상을 산출할 수 있다는 것이다. 만하임은 지식인은 그들의 본래의 뿌리를 비교적 쉽게 단절할 수 있고, 상호 간에 대화와 상호 비판을 통해서 본래의 편견을 벗어버릴 수 있으므로, 지식인은 속세적 연루의 세속적 과정으로부터 고고(高孤)하고 초연한 위치에 도달할 수 있다고 주장했다. 여기서 만하임은 일종의 **임기응변의 신**(deus ex machina)을 창조해내는 작업을 했음이 매우 명백해 보이며, 이것은 경험적 실제라기보다는 마르크스의 순수하고 오염되지 않은 프롤레타리아의 신화나 헤겔의 절대정신과 더욱 친화력을 가진 것으로 보인다. 다음 절의 만하임 자신의 지적 생애를 보면 그가 초연한 지식인의 자질을 회복하려는 신념을 얼마나 강하게 지녔는지를 알 수 있다. 여기서는 '하나의 관점을 또 다른 용어들로 번역함'에 의해 모든 사상을 포괄하고 매우 타당성 높은 지식을 획득할 수 있는 한 범주의 인간들(사회적으로 자유부동한 인텔리겐치아 intelligentsia — 옮긴이)에 대한 신념은 거의 꿈같은 희망에 불과하다는 것을 지적하는 것으로 충분하리라고 생각한다. 때때로 사상가들이 군중을 오염시킨 특정의 편견과 선입견으로부터 스스로 벗어날 수 있음을 인정한다 할지라도, 지식인들이 결코 자기 시대의 열정과 유혹과 부패로부터 면역되지 않는다는 사실을 알기 위해서는 역사를 점철해온 수많은 '지식인의 반역'(방다Julien Benda의 용어)을 지적하는 것으로 족하다. 개인으로의 지식인은 때때로 **혼탁한 세속을 초월할**(au dessus de la mêlée) 수 있으나, 범주로서의 지식인은 그렇지 않다. 교육과 지적 노력은 지식인들을 비판적 초연의 영역으로 인도할 수 있으나, 그들을 순수이성의 관리자로 만들기에 충분한 것은 아니다.

실용주의적 적응이나 자유부동하는 인텔리겐치아로 상대주의적 허무주의라는 비판을 피하려 한 만하임의 시도는 성공하지 못했다는 것이 학계의 일치된 의견인 것 같다. 어느 정도까지는 만하임 자신도 이것을 느꼈던 것 같다. 만하임의 후기 저작들에서는 인식론에 혁명을 가져왔다는 그 자신의 주장이 현저히 약화되었다. 모든 사상은 반드시 이데올로기적이며, 따라서 타당성이 없다는 종래의 주장을 하기보다 후기의 만하임은 전망적 사상은 반드시 틀린 것은 아니지만 그 지지자들의 사회적 위치로 인해 부분적이 된다고 하는, 훨씬 덜 논쟁적인 주장을 하게 되었다. 모든 설명은 필연적으로 이데올로기적이라고 주장하는 대신 전망적 사상은 '단지 부분적인 관점을 표현할 뿐'이라는 단순한 경고를 주는 것이다. 이처럼 약화된 자신의 주장을 만하임은 '상관주의'(relationism)라고 불렀다. 한 사상가의 사회적 위치는 "설명의 진실성 규정과 결코 무관하지 않다"[21]고 한 그의 주장과 함께, 상관주의의 학설은 만하임으로 하여금 그보다 훨씬 앞서 신칸트학파와 베버에 의해 정밀히 탐구된 가치연관의 입장에 현저히 접근하도록 했다. 인식론의 혁명은 종언을 고했다. 그것은 요란스러운 소리를 내지 않고 조용히 종언을 고한 것으로 보인다.

만하임이 지식사회학을 중요한 연구분야의 구체적 도구로 사용했을 때는, 모호한 인식론의 전장에 뛰어들었을 때보다 훨씬 성공적이었다. 예를 들면 만하임의 논문들인 「보수주의사상」(Conservative Thought), 「세대의 문제」(The Problem of Generations), 「문화현상으로서의 경쟁」(Competition as a Culture Phenomenon), 「문화의 민주화」(The Democratization of Culture), 「인텔리겐치아의 문제」(The Problem of the Intelligentsia)[22] 등은 만하임의 인식론 비판이 오직 소수의 과학철학자에게만 관심을 얻었을 때도 널리 읽혔다. 이런 글에서도 사상과 표현에 대한 만하임의 모호한 성향, 예를 들면 정치적 신념이나 윤리적 판단 또는 사상의 범주나 경험적 관찰 같은 전혀 동일하지 않은 요소들을 '지식'이라고 하는 담요로 함께 묶어버리는 만하임의 성향이 관찰의 가치를 떨어뜨리곤 한다. 그럼에도 만하임은 사상가들이 어떻게 그가 존재적으로 위치한 역사적·구조적 상황에 깊이 빠지게 되는가를 구체적으로 자세하게 보여줌으로써 사회학적 연구의 전혀 새로운 영역을 개방하는 데 공헌했다. 만하임은 우리들에게 지식을 가진 사람들도 자기 동료들이 사는 세계의 수많은 사슬로 묶여 있음을 가르쳐주었다. 또한 그는 우리들에게 이러한 사슬들이 왜 존재하는가를 아는 것이 그 사슬들을 꽃으로 장식하는 것보다 더 낫다고 한 루소의 금언에 다시 한 번 감사해야 함을 가르쳐주었다.

벌린은 "회의주의는 극단에 이르러 자기부정을 하면서 스스로를 파괴한다"[23]고 썼다. 그러나 적당한 회의주의는 그것이 선입견과 편견과 왜곡의 잠재적 원천에 대한 연구에 인도될 때 자신을 좀더 잘 알려고 하는 인간의 영원한 탐색에 공헌하는 충실한 개방적 시도가 될 수 있다.

계획적 재건의 사회학

나치가 권력을 장악한 후 만하임이 영국에 부득이하게 이주하자, 그의 모든 지적 지향과 연구 계획은 고통스러운 대변화를 겪게 되었다. 그는 지식사회학 분야에서 계속하던 연구작업을 사실상 포기하고, 그의 여생을 『우리 시대의 진단』(Diagnosis of Our Time)과 사회계획 및 사회재건의 사회학에 대한 정밀한 연구에 몰두했다.

영문으로 쓴 그의 저작들은 (이주 직전에 쓴 저작 일부와 마찬가지로) 그의 초기 업적과는 현저히 다르다. 암묵적으로 다소 좌파에 동정적이면서 매우 초연한 학자였던 그가 이제 한 사람의 **참여사회학자**(a sociologue engagé)가 되었다. 만하임은 이제 막다른 골목에 몰린 사람처럼 썼다. 파시즘의 상승세가 전 유럽을 집어삼키려고 위협했기 때문에, 만하임은 모든 문명이 파시즘의 심연 속으로 굴러 떨어지는 위험에 처해 있을 때 학자가 자신의 상아탑 속에 머물러 있는 것은 옳지 않다고 느꼈다.

만하임의 진단은 문명의 현대적 위기가 '근본적 민주화'(fundamental democratization) 과정까지 소급하여 추적될 수 있다는 주장과 더불어 출발한다. 과거에는 엘리트들이 정치문제에 영향을 주는 대중(mass)의 발언을 금지할 수 있었으나, 이제는 엘리트들의 정치적·문화적 독점이 붕괴되었다. "오늘날 점증하는 사회집단들이 사회적·정치적 통제의 공동 참여를 위해 투쟁하고 있으며 그들 자신의 이익이 표현될 것을 요구하고 있다. 이러한 사회집단들이 지적으로 뒤떨어진 대중에서 출현했다는 사실이 대중을 낮은 지적 수준에 머물도록 억제해온 엘리트들을 위협하고 있다."[24] 그러나 대중의 출현은 엘리트들에게만 위협이 되는 것은 아니다. 정치적 영역에서의 발언을 요구하는 이러한 대중이 비합리적 주장과 감정에 의해 충동되는 정도만큼 대중은 전 사회를 위협하게 된다. 합리적 사고 관습이 불평등하게 분배되어 있는 사회는 불안정할 수밖에 없는 것이다.[25] 대중사회의 심층에서 나오는 불합리성의 물결을 제한하고 통로를 만들어주기 위한 새로운 장치를 고안해낼 수 없는 한, 사회는 비조직적·비합리적 대중운동의 폭동에 집어삼켜지기 쉽다. 낡은 엘리트들은 그들의 위력을 상실했으며 더 이상 사회를 이끌어나갈 수 없는데, 이와 동시에 사회는 더욱더 상호의존적으로 되고 합리화·조직화되었으므로, 사회는 리더십을 열망하고 있다고 보았다.

대중사회의 조직 내에서 "기능합리성(functional rationality)—즉 고도로 계산적이고 능률적인 방법으로의 행동을 조직화하는—은 장족의 진보를 이루었다. 그러나 바로 이 진보가 실질합리성(substantial rationality),

즉 사건들의 상호 관련성 속에서 지성적 통찰력을 드러내는 사상의 작용"[26]의 쇠퇴를 가져왔다. "한 사회가 더욱 산업화되고 분업과 조직화가 진전되면 될수록, 기능적으로 합리적이고 미리 예측할 수 있는 인간행동의 영역도 더욱 커질 것이다."[27] 그러나 이러한 조직화의 증가와 더불어 조직화되고 합리화된 생활의 구속적 리듬에서 도피하기를 바라는 사람들에 의한 비합리적인 행동의 기회도 배가된다. 현대의 기능합리성의 복잡한 세계는 평범한 사람에게는 생소하고 이해할 수 없는 것으로 보인다. 특히 "사회생활의 합리화된 메커니즘이 붕괴된"[28] 때인 위기의 시대에는 그러하다. 이렇게 되면 사람들은 "공포에 질린 고립무원의 느낌을 경험한다. ……마치 자연을 이해하지 못한 미개인이 자연의 힘의 불계측성으로 인해 깊은 불안감을 느꼈던 것처럼, 현대의 산업화된 인간에게는 그가 사는 사회체계 안에서 작용하고 있는 경제적 위기, 인플레이션……등과 같은 여러 힘의 예측불가능성이 깊은 불안의 정서를 가져오는 원천이 된다."[29]

낡은 엘리트들이 제시해왔던 고식적 수단은 대중의 불안과 공포를 더 이상 완화시킬 수 없다. 그러므로 시장의 힘에 함께 지배되면서도 조정될 수 없는 개인의 행동에 더 이상 의존하지 않고 목적의식적 계획에 의존해 전체적으로 재건된 사회체계만이 서구문명을 구제할 수 있다. 현재의 위기는 실질합리성이 인간사를 지배하게 할 새로운 사회사상의 발전을 요구하고 있다. 사회는 오직 '계획적 사고'에서만 민주정치의 질서 있는 관리 밑에 놓일 수 있다. 인간사상과 인간의지의 전면적 재구성보다 더 절실히 요청되는 것은 없다. 신의 보이지 않는 손이 실패하여 우리들에게 현재의 곤경을 가져다 주었다면, 이제 민주주의적 계획(democratic planning)으로 이를 대체해야 한다. "우리들 모두는 이번 전쟁을 통해 사회가 자유방임주의적 질서로 되돌아갈 방도가 없음을 알게 되었으며, 이 전쟁이 새로운 계획적 질서로 가는 길을 준비함으로써 일종의 조용한 혁명을 이루게 됨을 깨닫게 되었다."[30]

만하임에게 민주주의적 계획은 경제계획을 포함하지만 결코 그것에 한정되는 것은 아니었다. 계획은 전반적인 사회재건으로 이어져야 한다. 예를 들면 사람들을 유의미한 집단들로 재통합시키는 계획이 필요하다.

"미래의 심리학적·사회학적으로 중요한 문제는……조율되지 않는 대중(masses)과 군중(crowds)을 여러 형태의 집단(groups)으로 어떻게 조직화하는가이다."[31] 미래 시민의 물질적 복지만이 계획의 대상이 아니며 그들의 정신적 복지까지도 더 이상 우연에만 맡겨둘 수 없다. 이것이 본래 자유주의자였던 만하임이 왜 해체에 대한 하나의 방파제로서 종교의 부흥까지도 옹호하게 되었는지에 대한 답이다. 또한 왜 만하임이 자유방임사회의 부산물인 도덕적 가치의 약화를 극복할 사명을 기독교회에 기대했는가를 설명해준다. 사회학자들은 "여러 가지 이유로 인간을 통합하기 위한 정신적 힘이 필요하다"[32]는 사실을 알지 않으면 안 된다. "과거에 종교는 하나의 안전장치였다. 지금 우리는 변혁의 조수로서 다시 종교에 기대를 갖는다."[33]

인간을 재통합시키고 붕괴된 질서를 재건하는 데 도움을 줄 수 있다면 무엇이나 소생시킬 필요가 있는 것으로 보였다. "교육, 성인교육, 소년재판소, 유아지도병원, 부모교육 등 오래되었거나 새로이 나타난 제도 모두를 활용할 수 있다. ……종교집단, 지역집단, 이익집단, 직업집단, 연령집단 등은 그 필요성에 대하여 다양한 평가가 가능하겠지만, 집합적으로 합의된 가치정책으로 집약된 하나의 조정 메커니즘과 가치조화에 의해 분산성이 보완될 필요가 절실하다. 왜냐하면 이것 없이는 사회가 존속할 수 없기 때문이다."[34]

만하임은 미래의 계획적 사회에서는 지도자의 선택을 우연에 맡겨둘 수 없다고 생각했다.

집단과 개인의 경쟁이 핵심인 비계획적 사회에서 계획적 사회로 변환하게 되는 최근의 경향은 점차 지도자 선출에서도 체계적 방법을 가져올 것이다. 자유경쟁이 자동적으로 적절한 인물을 최고 지위에 올려놓으리라는 생각을 당연한 것으로 받아들이는 대신……과학적 선택이 능력과 업적에 따라 보다 엄격한 선발방법을 제공해줄 것이다. ……아직은 실험적인 이 방법이 지도자 선택의 효율적 도구가 될 것임은 의심할 여지가 없다.[35]

만하임은 선택된 과학적 엘리트인 사회계획가들과 새로운 유형의 사회학자들 및 도덕적 지도자들이 항상 사회의 다른 성원들을 배려하고 자신의 의지를 공동체에 부과하려는 유혹에 빠져서는 안 된다는 점을 되풀이했다. 그러나 엘리트에 의한 사회계획과 민주적 과정이 모순되지 않는다는, 자주 되풀이된 바로 그 주장에 상당한 모호함이 있다. 만하임은 감독자들을 누가 감독하며 계획자들을 누가 계획하는가의 문제에 대해서 정면으로 진지하게 고민하지 않은 것처럼 보인다. 그 대신 그는 중요한 문제들을 가려버리는 모호한 정식화에 의존하여 문제를 회피하곤 했다. 만하임은 자의적 권력과 기능적 권력을 구분했다. 그는 미래의 좋은 사회에서 자의적 권력은 소멸될 것이라고 주장했다. "우리들의 문제는 자의적 권력의 여러 거점을 통제할 방법과 그것을 조정하여 보다 포괄적인 유형으로 결합시키는 방법 그리고 그것들을 공동체에 봉사하는 기능을 하도록 훈련하는 방법에 관한 것이다."[36] 그러나 일부 사람들에 대해 기능적 권력이 되는 것이 다른 사람들에 대해서는 자의적 권력이 될 수 있다. 그것은 전적으로 참여자의 이해관계에 따라 달라지는 문제다.

만하임은 민주주의적 가치를 깊이 신뢰했다. 그러나 민주주의를 소생시키기 위해 만하임이 계획자들에게 추천했던 일부 조치들이 환자를 죽일 가능성이 있지 않은가 하는 의문을 억누를 수 없다. 만하임은 "개인을 대중의 감정에 의존하지 않도록 교육하기를"[37] 원했다. 그러나 그는 이 목적이 성공하기 위해서 다음과 같은 노력이 필요하다고 믿었다.

공동체의 재조직과 해체된 개성의 재적응을 위한 의식적 노력이 필요하다. 그러한 의식적 재통합의 초기 과정에서는 선전이 유용한 역할을 수행할 것이다. 왜냐하면 선전은 정당하게 이해되기만 하면 잘못된 신조를 강요하는 것이 아니라 오히려 우리가 살고 있는 집단 내에서 아직 구체적 형태를 부여받지 못한 충동과 욕망을 다루는 가장 성공적인 방법이 될 수 있기 때문이다. 그것은 당장 가장 단순하고 가장 표면적인 형태의 재통합인 것이다.[38]

영국에 체재한 시기에 쓰인 만하임의 저작들은 그것들이 너무 시의적절했다는 이유만으로 시간의 검증에 합격했다고 볼 수는 없다.[39] 만하임은 민주적 권리와 시민적 특권들을 보장하는 계획적 사회를 만들기를 원하는 우리들 중 일부를 괴롭히고 있는 수많은 문제와 지속적으로 대결했다. 그러나 그의 정식화는 글을 쓴 시기의 절박함 때문에 무기력한 것이 되고 말았다. 계획과 민주주의의 이념의 종합, 조자과 책임의 종합, 과학적 지도력과 자기규율의 종합 등은 언어상의 결합에 그치고 말았던 것이 분명하다. 이러한 문제들은 아직도 우리들에게 해결되지 않고 남아 있다. 현대사회 딜레마의 원천에 대한 만하임의 통찰이 부분적으로 오늘날의 독자들에게 커다란 유익함을 제공하고, 그의 기능합리성과 실질합리성의 훌륭한 구분이 독자들의 사회학적 상상력을 고취시킨다 할지라도, 그가 다룬 문제들의 크기에 비해 그 해법에는 실망을 느끼지 않을 수 없는 것이다.

당시의 무질서와 불안이 과감한 재건을 요청했음은 충분히 인정된다. 그러나 만하임의 영국 체제 기간에 그를 고취시킨 질서에 대한 열망은 그를 콩트의 유령에 위험스럽게 근접시켰다고 볼 수 있다. 이 참여사회학자는 생-시몽의 정신적 아들이 처음 끌어들였던 그 망령에 별로 저항하지 않았다.

개인적 배경

　만하임은 1893년 3월 27일 부다페스트에서 헝가리계 유대인 아버지와 독일계 유대인 어머니 사이의 외아들로 태어났다. 그의 부모는 부유하지는 않았지만 견실한 중산층에 속해 있었다. 청년 만하임은 부다페스트 인문중학교를 졸업하고 지방대학에서 철학을 공부했다. 얼마 후 그는 독일로 가서 1912~13년에 베를린대학에서 1년간 짐멜 문하에서 공부했다. 그러나 만하임의 문화적·정치적·지적 발전에 결정적 작용을 한 것은 그의 고향인 부다페스트의 시대상황이었다.[40]

　젊은 청년기에 이미 조숙했던 만하임은 자의식이 매우 강한 소규모 부다페스트 지식인 집단의 적극적 참가자였다. 이 지식인 집단의 성원 다수가 만하임과 마찬가지로 유대계 사람들이었다. 이들 지식인들은 어떤 면에서 이전 세기의 러시아 인텔리겐치아와 닮아 있었다. 러시아 인텔리겐치아와 마찬가지로 그들도 자기 사회의 어떠한 주요 신분이나 계급에 종속되지 않은 사람들이 대부분이었다. 그들은 자기들의 고립을 의식하고 있었으며, 자기들의 주변성을 불행하게든지 자랑스럽게든지 알고 있었다.

부다페스트의 지적 분위기

　1848년 혁명의 실패와 1867년 오스트리아-헝가리 제국의 성립으로 외견상 번영하고 안정된 듯하던 헝가리의 사회와 정치는 깊은 내적 분열로 고통받게 되었다. 헝가리 국가는 세계주의적 귀족신분의 엘리트층에 의해 통치되고 있었는데, 그들은 대토지소유에서 얻어지는 수입에 의해서만 가능한 세련된 궁정 스타일의 교양을 지녔고, 지방적인 분위기가 있는 부다페스트보다는 제국의 수도 빈을 더욱 지향하는 경향이 있었다. 정부기관은 편협하고 국수주의적이며, 주로 정신적으로 불모인 지방귀족의 손에 장악되어 있었는데, 그들은 현대사상과 진보적 혁신을 극도로 싫어했으며 교회와 동맹을 맺어 농민들을 지배하고 있었다. 인구의 대부분을 차지하는 농민층은 경제적으로 억압당하고 문맹 상태에 있었으며 정치적으로 선거권을 갖지 못하고 유순했다. 심지어 1913년 선거제도 개혁 후에도 남성 유권자의 3분의 1 이하만 투표에 참가했다. 인구의 약 절반이 헝가리 민족 계통이 아니었으며, 그들은 마자르 민족의 문화를 흡수하고 융합하여 헝가리 '민족국가'로 통합하려는 지배계급의 모든 노력에 대해 소극적이지만 저항하고 있었다. 산업노동계급은 세기가 바뀔 무렵 성장하고 있었지만 아직 상대적으로 소수였다. 1900년쯤 1,800만 명의 인구 중 30만 명만이 산업노동자였으며, 이 중에서 7만 명만이 1905년까지 노동조합에 가입되어 있었다.

상층계급은 농민층과 거의 접촉이 없었으며, 수도의 정치적·사회적 생활은 그를 둘러싸고 있는 농촌과의 접촉에서 거의 완전히 단절되어 있었다. 부다페스트는 자산이 있고 상대적으로 교양을 갖춘 중간계급이 발전했던 유일한 도시였다. 그러나 이러한 중상층은 그 뿌리가 주로 유대인들이었다. 제1차 세계대전 이전까지 토착 헝가리 부르주아는 발전하지 못했다. 부다페스트의 유대인 중간계급은 1860년대에 와서야 겨우 법적으로 무자격자의 신분에서 벗어났다. 다른 계층들로부터 고립되고 스스로 비부르주아계급의 바닷속 하나의 섬으로 느낀 그들은 강한 정치의식을 발전시키지 않았다. 부다페스트 유대인 중간계급은 지배층인 귀족층과 지방귀족층을 자극하지 않으려 했고, 그들이 주로 관리하는 신문과 기타 통신매체를 통해 마자르 국수주의를 강화하려는 데 대해 반대하지 않았다. 금융과 상업을 관리하고 소유하는 데 만족하며, 그들은 기존의 권력자에게 언제나 충성을 바쳤다.

1890년대까지 수도의 소수 인텔리겐치아들은 대체로 기존의 지배구조를 받아들이고 있었다. 특히 학계의 인사들은 자신을 기성 상류층의 일부로 강하게 느끼고 있었으며, 그들의 문화적 특권을 옹호했다. 그러나 대체로 세기가 바뀔 무렵 문화계는 급격히 변화했다. 모든 종류의 새로운 사조가 동시에 출현했으며, 반체제적 성격의 다양한 지적 학설이 나타나기 시작했다. 자연과학, 음악, 미술, 문학, 사회과학 등에서 현대주의적·개혁적 사상이 문화계를 휩쓸었으며 전통의 착실한 수호자들을 압도했다. 젊은 지식인들은 일부 몰락한 지방귀족층의 허약한 자유파로부터 나왔고, 다른 일부는 개혁지향적 성직자와 평신도의 '사회적 가톨릭' 운동에서 배출되었다. 그러나 그들의 대부분은 유대인 중산층의 자녀들이었다.

정치와 사회과학에 관한 한, 새로운 청년 인텔리겐치아의 주요 집합거점은 **사회과학협회**(Society for Social Sciences)와 그 기관지인 『20세기』(*The Twentieth Century*)였다.

사회과학협회는 특히 스펜서, 워드, 키드(Benjamin Kidd), 카우츠키, 라첸호퍼(Gustav Ratzenhofer) 등의 저작 번역을 후원했다. 협회는 콩트와 스펜서의 사상에 깊은 영향을 받아 여러 면에서 영국 페비안협회나 미국 진보당운동을 모방했다. 협회는 합리적·과학적 정치를 주창했다. 강령으로는 민주주의를 표방했지만 협회는 아직 농민층이나 서서히 대두하는 노동계급과 사회민주당(Social Democratic Party) 내의 대표자들과 정치적 접촉을 거의 갖지 않았다. 또한 새로이 참가한 유대인 지식인들과 마자르 지식인들 사이에 강렬한 헝가리 민족감정이 공유되었기 때문에 다른 소수민족들과의 접촉은 거의 불가능했다. 그 결과 이들 지식인들은 고립되고, 약간 엘리트주의 성향을 가지며, 정치적으로 무기력하다는 비난을 받고 있었다. 이 집단에 속한 역사가 호바스(Zoltan Horvath)는 다음과 같이 언급했다. "진보적 지식인 운동에서 우리는 언제나 동일한 이름들과 마주쳤다. 운동은 언제나 같은 인물의 얇은 층에 한정되어 있었다. 급진적 사회학을 중심으로 모여든 지식인들은 거의 없었다."[41]

여러 가지 이데올로기적·개인적 연결에 의해 사회과학협회의 진보적 지식인들은 몇 년 뒤에 일어난 프리메이슨(Freemasons, 18세기 초 영국에서 시작된, 전 세계의 인도주의적 우애를 목표로 한 비밀단체—옮긴이)의 특별지부와 결합했다. 이 지부는 헝가리 혁명가 머르티노비치(Ignác Martinovics)의 이름을 따서 명명되었으며, 그 회원은 다수의 지도적 사회개혁가들과 사회민주당의 지적 지도자 일부를 포함하고 있었다. 이 지부는 학생회인 **갈릴레오 서클**(Galileo Circle)의 설립을 뒷받침했다. 이곳에서 젊은 개혁주의자 학생들은 처음으로 진보적 문학을 섭취하고 제임스의 **선진** 철학과 아베나리우스(Richard Avenarius)와 마흐(Ernst Mach)의 실증주의에 친숙하게 되었다. 젊은 만하임이 1912년 독일을 향하여 출발하기 이전과 제1차 세계대전 발발 직전에 귀국한 후에 자신의 지적 전망을 발전시킨 것은 이러한 지적 분위기 속에서였다.

제1차 세계대전 초기에 부다페스트의 여러 조건은 그다지 변화하지 않았다. 대부분의 부유하고 교육받은 청년은 병역에서 면제되었다. 사회과학협회의 강의와 토론과 학문적 활동도 그전처럼 계속되었다. 지식인 다수의 정치적 관심은 엄격하게 제한된 채로 머물다가 러시아혁명 후에야 다시 발흥하게 되었다.

1918년, 헝가리혁명 이전 사회과학협회를 중심으로 한 지식인들보다는 크지 않지만, 그 후의 문화사와 만하임의 성장에 결정적 영향을 미친 다른 하나의 지식인집단이 나타났다. 이 집단은 1915년 하이델베르크에서 부다페스트로 귀환한 루카치(Gorg Lukács)에 의해 지도된 토론집단이었다. 당시 루카치는 겨우 서른한 살밖에 되지 않았으나 문학비평가로서 명성을 떨치고 있었고 헝가리어와 독일어로 쓴 미학에 관한 저서의 저자였다. 루카치는 베버와 친밀했으며 짐멜에 의해 높이 평가되어 발탁됐다. 비록 루카치는 독일신비주의와 생철학도 널리 읽었지만, 철학적 지향은 주로 독일관념론과 역사주의에 있었다. 당시 루카치에게 정치적 관심은 크지 않았다. 루카치는 하나의 주 토론회를 조직했다. 이 토론회는 그 후 3년 동안 매주 일요일에 루카치의 동료이며 그를 높이 평가한 작가 벌라즈(Bela Balázs)의 집에서 모임을 가졌다. 만하임과 예술사가 하우저(Arnold Hauser), 기타 20대 및 30대 청년지식인들이 정규회원이 되었다. 이들은 모두 '좌경'한 것으로 간주되었지만, 실제로는 어떠한 종류의 정치에도 거의 관련하지 않았다. 만일 그들이 자본주의 문명에 반대했다면 그것은 사회주의의 이름으로서가 아니라 **정신**(Geist)과 관념론(idealism)의 이름으로였을 것이다. 1917년, 이 집단은 사회과학협회의 실증주의와는 정반대로 관념론적 독일철학을 강조하면서 **인문과학자유학교**(Free School for the Humanities)라는 이름하에 강좌와 세미나를 조직하기 시작했다.

루카치 집단의 전반적 지향은 1917년 가을에 행해진 '정신과 문화' (Soul and Culture)라는 제목의 만하임의 강연에서 명백히 나타났으며, 만하임의 강연과 함께 1918년 간행된 이 집단의 강령 속에 잘 설명되어 있다. 그 서론은 '영성의 재각성'을 위한 시기가 도래했으며, "유럽 문화는 이제 19세기의 실증주의에서 형이상학적 관념론으로 전환할 것이다"라고 주장했다. 만하임의 강연은 마르크스주의 사회학과 자연과학주의가 **낡은 것**(passé)이 되었음을 강조했고, 칸트와 에카르트(Meister Eckart)로 돌아갈 것과 함께 도스토옙스키(Fyodor Dostoevskii)와 키르케고르(Sören Kierkegaard)로 돌아갈 것을 요청했다. 짐멜의 철학과 특히 그의 '문화의 비극'(Tragedy of Culture)이 만하임의 설명에 압도적 영향을 미쳤다. 만하임은 그의 선배들의 사회과학과 그 낙관론적 진보주의와 실증주의에는 더 이상 만족할 수 없는 신세대의 대변자로서 강연했고, 새로운 정신적 자양을 추구했다. 신세대는 인간문화를 혁신하고, 인간정신의 존엄성을 재확인하며, 인간영혼을 물질주의적·실증주의적·과학주의적 사슬로부터 구제해야 한다고 확신했다.

사회과학협회에 모인 개혁주의 사회학자들과 루카치를 중심으로 정신과 관념론을 옹호하는 젊은 지식인들 사이의 대립은 과장되어서는 안 된다. 어느 정도까지 이것은 자신의 소수자로서의 위치와 자신의 주변성을 의식한 지식인들 사이의 일종의 집안 말다툼이었으며, 따라서 학설의 차이와 관계없이 이들은 서로 가까워졌다. 한 예로 만하임은 사회과학협회의 회의에 계속하여 참석했으며, 머르티노비치 지부(Martinovics Lodge)의 회원 자격도 갖고 있었다. 새로운 루카치 집단의 강연과 세미나는 사회과학협회의 회의장에서 광고되었으며, 루카치 집단의 지도적 회원 중 한 명인 시인 레즈나이(Anna Leznai) 또한 진보적 사회과학자인 야시(Oszkár Jászi)의 부인이 되었다.

결별은 헝가리혁명이 발발했을 때 찾아왔다. 사회과학협회 회원들은 1918년 10월 31일의 혁명 후에 권력을 장악한 공화주의자 및 중도파 사회주의자 카로이(Mihály Károlyi) 정권의 중심세력이 되었다. 반면 루카치 서클의 회원들은 혁명의 초기단계에서 오직 매우 작은 역할만 수행했다. 그러나 1918년 12월, 그의 친구들에게는 매우 충격적으로, 루카치는 새로이 창설된 공산당에 갑자기 입당했고 곧 루카치 집단의 다른 성원들이 그의 뒤를 따랐다.

사회과학협회 회원들이 혁명적 중도파의 중추세력이었던 데 반해, 1919년 3월 21일 '헝가리 소비에트 공화국'이 선포되었을 때 이전에 비정치적이었던 루카치 집단이 갑자기 소비에트 정권을 위한 지적 대변자가 되었다. 인문과학자유학교의 상당수 강사들이 이제는 정신에서 혁명으로 전향했으며, 한때 이곳의 청중이었던 약 50명 정도의 사람들이 한꺼번에 또는 개별적으로 공산당에 가입했다.

소비에트 정권이 1919년 4월 부다페스트대학을 재조직할 때, 인문과학자유학교에서 활동적이었던 거의 모든 인사가 대학에서 교수직을 부여받게 되었다. 만하임과 하우저는 그들의 정신적 지도자인 루카치처럼 공산당에 입당하지는 않았다. 그러나 두 사람은 재조직화된 대학에서 철학과 문학이론을 각각 강의했다. 그럼에도 만하임과 레즈나이는 루카치가 창건했다가 이제는 방치한 루카치 집단을 계속 하려고 시도했다.

단명한 공산주의 정권은 1919년 7월 초에 붕괴되었다. 그 정권은 농민층의 지지를 전혀 획득하지 못했으며 농촌을 구제하지도 못했다. 또한 그 정권은 지방도시와 수도에서 산업노동자들과 상인들을 재조직하는 데도 성공하지 못했다. 연합국들은 공산주의 정권을 붕괴시키기로 결의했으며 구지배층은 쿤(Bela Kun)과 그 혁명적 전위들에 의해 통치되는 헝가리보다 차라리 굴욕과 간섭으로 상처입은 헝가리를 더 원했다. 아무리 잠깐일지라도, 소비에트 정권에 참가했던 만하임과 그 외 다른 지식인들은 백색테러를 피해 부득이 망명하게 되었다.

그 후 독일에서 학문 연구에 종사하는 동안, 만하임은 의식적으로 정치참여를 피했던 것으로 보인다. 그럼에도 만하임이 독일 학계의 공석에 처음 모습을 나타낸 작품이 그의 동료이며 이전의 지도자였던 루카치의 저서에 대한 서평이었다는 사실은 주목할 가치가 있다.[42] 만하임은 계속하여 자신을 좌파 인사로 생각했다. 그는 독일노동운동에 상당한 동정을 표시했으며, 틸리히(Paul Tillich)와 레더러(Emil Lederer)를 포함하여 사회주의 지식인들과 우정을 맺었다.[43] 그러나 다음 약 10년 동안 만하임은 학문적인 친교에 힘을 쏟았고 거의 학자적 역할을 수행하는 데만 열중했다. 그는 하이데거의 강의를 들었던 프라이부르크대학과 하이델베르크대학에서 연구를 계속했다. 만하임이 이전에 베를린대학에서 공부할 때 짐멜이 그의 사상에 영향을 주었던 것처럼, 하이델베르크대학에서는 베버가 만하임에게 가장 강력한 영향을 주었다고 볼 수 있다. 만하임은 이제 독립적인 개인연구자(Privatgelehrte)로서 그의 가족이 보내오는 수입으로 생활했다. 이 무렵 만하임은 1920년대의 독일 지성계를 지배하려고 서로 다투는 다양한 사고의 조류의 영향을 받았다. 그는 신칸트학파, 특히 리케르트의 영향을 받았으며, 또한 후설의 현상학에서도 영향을 받았다. 때때로 만하임은 '생철학'과 기타 반합리주의사상 조류에도 친밀히 접촉했다. 그러나 대부분 만하임은 리케르트 같은 냉철한 비판적 입장을 택하는 것과 헤겔과 마르크스의 방법처럼 하나의 포괄적인 새로운 통합을 수립하려고 시도하는 것 사이에서 동요했다.

제1차 세계대전 후 독일 체재 초기에 만하임은 스스로를 사회과학자보다는 철학자로 생각하고 있었다. 1922년에 간행된 그의 박사학위논문인 『인식론의 구조적 분석』(Structural Analysis of Epistemology)[44]은 제목이 가리키는 것처럼 지식의 철학적 분석에 공헌한 것으로 간주되었다. 그러나 부분적으로 베버와 셸러의 영향 때문에 곧 사회학적 관심이 만하임의 사상을 지배하기 시작했다. 5년 후 출간된 그의 교수자격논문인 「보수주의사상」(Conservative Thought)[45]은 사회학 논문이었다.

1925년, 만하임은 하이델베르크대학의 사강사에 지명되었다. 그는 2년 후 오펜하이머(Franz Oppenheimer)의 후계자로서 프랑크푸르트대학의 사회학 및 경제학 교수로 임명되었다. 1925년, 만하임은 심리학자 랑(Juliska Lang)과 결혼했는데, 이 여성은 부다페스트대학과 하이델베르크대학에서 만하임의 동료 학생이었으며 만하임 자신과 매우 유사한 헝가리배경을 가진 여인이었다. 특히 만하임의 후기에 그의 심리학과 정신분석에 대한 관심은 그와 매우 밀접히 협동연구를 했던 그의 부인에 의해 주로 고취된 것이었다.

만하임이 1933년에 강제로 영국에 이주할 때까지 교수로 있었던 프랑크푸르트대학은 독일에서 자유주의의 중심지 중 하나였다. 본래 민간재단에 의거하여 설립되었기 때문에 정부의 지원에 별로 의존하고 있지 않던 프랑크푸르트대학은, 1920년대와 30년대의 자유주의사상과 급진사상의 정박 항구였다. (만하임이 이 대학에 도착한 몇 년 후 호르크하이머가 이 대학에 사회조사연구소Institute for Social Research를 설립했다.) 프랑크푸르트대학에서의 만하임에 대해서는 그가 학생들에게 매력적이고 인기가 있는 인상적인 교수였다는 사실 외에는 별로 알려진 것이 없다. 만하임의 지적 산물 — 그의 걸작인 『이데올로기와 유토피아』(*Ideology and Utopia*)와 프랑크푸르트대학에서 쓰인 지식사회학에 대한 그의 다른 주요 업적 — 에 의거해 판단해보면, 비록 나치즘의 발흥에 의해 종국에는 그 평안이 깨졌을지라도, 이 시기가 만하임에게는 비교적 평온한 시기였음이 틀림없다.

영국에서 보낸 시절

1933년 영국으로의 이주, 런던경제대학에서의 강사 생활, 이후 런던대학의 교육학 교수로 봉사한 이주 생활은 만하임의 생애에 전적으로 새로운 장을 열었다고 할 수 있다. 헝가리에서 독일로의 이주는 그에게 상대적으로 고통스럽지 않았다. 언어문제가 없었고 만하임은 독일로 가기 전에도 이미 독일식 문화 활동에 깊이 참여했었다. 그러나 영국에의 이주는 이와는 매우 다른 것이었다. 만하임은 이제 그가 거의 알지 못하는 나라의 문화와 사회에서 피난민이 된 자신을 보게 되었다. 전적으로 새로운 청중을 발견하고 자기변환의 노력을 수행해야 하는 근본적인 적응이 필요한 것이었다.

실제로 만하임 사상의 변화가 매우 깊고 결정적이어서 '독일적' 만하임과 '영국적' 만하임 사이에는 명백한 차이가 있다. 만하임이 일하게 된 영국의 새로운 지적 분위기는 그로 하여금 관심의 초점과 전반적 관심을 변환시키도록 만들었다. 그는 지식사회학 연구를 거의 완전히 포기했으며, 사회계획과 사회재건의 사회학을 발전시키는 데 전적으로 몰두했다. 단순화의 모험을 무릅쓰고 말하면, 만하임의 독일에서의 연구는 헤겔과 마르크스의 그늘 아래 있었으며, 사회적·지적 변화에 문제의 초점이 두어져 있었던 반면, 만하임의 영국에서의 연구는 뒤르켐의 그늘 아래 있었다고 말할 수 있을 것이다. 플루(Jean Floud)가 영국에서의 만하임에 대해 다음처럼 쓰고 있는 것은 전적으로 정확한 것으로 보인다. 만하임은 이제 "우파 유토피아주의자 중 한 명이 되었다. 그는 교육을 통해 배양된 공통의 도덕성에 기초한 통합된 사회의 안전을 추구했다. 만하임은 급진주의자였다. 그러나 그의 급진주의는 깊은 보수주의에서 태어난 것이었다. 그는 안정을 열망했다. 그는 자유를 원했다. ……그러나 자유는 무질서한 사회에서는 불가능한 것이므로 변동, 사회재건은 불가피했다."[46] 또한 플루가 지적한 것처럼, 1947년 죽기 직전 만하임은 뒤르켐을 뛰어넘어 뒤르켐의 위대한 프랑스 선배에게까지 도달했다고 믿을 만한 이유가 있다. 플루는 다음과 같이 언급했다. "어떤 의미에서는 콩트를 상기시킬 정도로 만하임은 사회학이 민주주의라는 새로운 사회적 종교 신학을 제공할 가능성을 생각하고 있었다."[47]

만하임의 새로운 관심과 흥미는 그가 런던으로 이주한 후에 바로 얻은 일련의 새로운 친교와 동료들에 의해 매우 강화되었다. 그는 런던경제대학에서 기존의 사회학 관련자들로부터 따뜻한 환영을 받은 것 같지는 않다. 그 대신 그는 주로 종교적으로 고취되고 기본적으로 보수주의자들인 호기심 강한 한 집단과 밀접하게 관련되었는데, 그들은 계절마다 무트(the Moot)라는 이름으로 모여서 종교적 신앙의 문제와 미래의 계획적 사회에서 종교의 가능한 역할을 토론했다. 이 집단의 유명한 인사 중에는 T. S. 엘리엇(T. S. Eliot), 머리(Middleton Murry), 유명한 영국 국교회의 신학자이며 사학자로서 당시 윈저교회(Windsor Chapel)의 사제장으로 있던 비들러(Alex Vidler), 활동적인 영국 국교회의 사회개혁가 올덤(Joseph Oldham), 기타 다수의 고급공무원, 신학자, 문인, 학자들이 포함되어 있었다.[48] 만하임이 장문의 논문인 「새로운 사회철학을 향하여: 한 사회학자의 기독교사상가들에게 보내는 도전」(Toward a New Social Philosophy: A Challenge to Christian Thinkers by a Sociologist)을 읽은 것은 바로 이 집단 앞에서였다.[49]

만하임은 사회재건을 이루기 위한 수단으로서의 교육에 대한 관심을 증가시키면서 여러 교육개혁가와 관련을 맺게 되었다. 런던대학 교육연구소의 소장인 클라크(Fred Clark)의 격려를 받아, 만하임은 교육개혁에 관심을 가진 다양한 집단에게 광범위한 강의를 했다. 뒤에 『우리 시대의 진단』이라는 책으로 모아진 이 강의들은 원래 공통점이 없는 여러 청중에게 행한 것이다. 그중에서 몇몇을 예로 들면 '국제친선봉사위원회'(International Gathering of Friends Service Council), '옥스퍼드대학 과외벽화연구대표자 주말하계집회'(Weekend Summer Meeting of the Delegacy for Extramural Studies at the University of Oxford), 옥스퍼드대학의 '연합학생회의'(Conference of Federal Union), 옥스퍼드대학의 '신교육협회'(New Education Fellowship), 교육성이 준비해준 옥스퍼드대학의 '청년지도자회의'(Youth Leaders' Conference) 등이다. 특히 전쟁 기간에 만하임은 그가 독일에서 항상 대상으로 삼았던 학술적 청중을 이제는 의식적으로 넘어서려 했다. 만하임은 그가 이루려고 노력하는 계획적 사회를 창조하는 데 도움이 되리라고 믿은 교육계 지도자 및 행정당국과 접촉하기를 원했다. 전문적 사회학자들로 된 청중보다 더 광범위한 청중을 얻으려고 한 만하임의 노력은 그가 『사회학과 사회재건의 국제총서』(International Library of Sociology and Social Reconstruction)라는 독특한 이름으로, 중요한 영국 출판사들인 케간 폴(Kegan Paul), 트렌치(Trench), 트러브너(Trubner and Co., 루트리지 앤드 케간 폴Routledge and Kegan Paul의 전신) 등을 설득하여 간행하도록 한 총서들에 의해 가장 잘 확인된다. 이 총서는 '종교사회학' '법사회학' '예술사회학' '교육사회학' '가족사회학' '일반사회학' 등 전통적 영역에서의 수많은 중요한 연구 저서를 출간했다. 그러나 이 총서는 '경제계획' '도시·농촌계획' '국제관계-그 사회적 정치적 경제적 기초' '이민과 정착' '인류학과 식민정책' '현대에서의 위기의 사회학과 심리학' 등의 내용도 포함하고 있다. 사회학 분야에서의 매우 훌륭한 연구물에 더해서, 다수의 미국과 유럽 저서들의 번역서도 간행했다. 이 총서는 또한 『재건을 위한 계획』(*Plan for Reconstruction*), 『신경제통제의 위험성』(*Danger Spots in New Economic Controls*), 『평화창조의 유형들』(*Patterns of Peacemaking*), 『창조적 동원해제』(*Creative Demobilization*) 등 중요하고 시기적절한 문제들에 대한 책자도 간행했다. 만하임의 총서는 영국의 국민들에게 과거에는 접촉할 수 없었던 사회학의 많은 저작을 소개하는 데 크게 기여했으며, 그렇게 함으로써 편협한 영국의 사회학 연구자들의 시야를 넓혀주는 데도 도움을 주었다. 그러나 총서의 계획을 보면 만하임은 그 이상의 것을 하려고 의도했음이 명백하다. 만하임은 보다 광범위한 공중들에게 사회과학이 사회재건과 사회문제의 질서 있는 계획에 결정적으로 공헌할 수 있다는 것을 알려주고 싶었던 것이다.

만하임은 전쟁이 끝난 조금 후인 1947년 1월 9일에 숨을 거두었다. 국제적 상황에서 촉발된 직접적 압력이 없었다면, 만하임이 그의 행동주의자의 입장을 포기하고 처방보다는 분석과 진단에 그의 연구를 다시 집중시켰을 것인지를 상상해보는 것은 쓸데없는 일일 것이다. 실제로는, 만하임은 영국 시기에 자신의 풍부하고 창조적인 정력의 거의 전부를 쏟아부어 전후복지국가가 적어도 부분적으로 제도화한 생활양식을 자신을 받아준 영국이 준비하도록 정열적으로 헌신했다. 영국 시기 만하임의 사회학 연구가 독일 시기 그의 업적에 비교할 수 없는 것이라 할지라도, 만하임은 그 후 영국에서 시작하여 대부분의 서구문명권에 전파된 전후 자본주의사회의 설계자 중 하나로 기억될 것이다.

지적 배경

만하임의 사상은 수많은 지적 사조가 합류하여 이루어졌다. 만하임 자신의 사상적 특징은 서서히 확립되었다 할지라도 그가 영향을 받은 수많은 사조 모두가 영향을 고루 미쳤다. 19세기 말에서 바이마르공화국 시기와 1930년대 영미권에 이르기까지, 만하임의 사고의 어떤 측면에 영향을 남기지 않은 학설이나 지적·정신적·도덕적 경향은 거의 없다. 만하임은 철학적·문화적·사회학적 문제와 질문에 대한 여러 모순된 접근법을 자신의 방법으로 전환시켜 사용할 수 있는 경탄할 만한 지적 흡수력을 지닌 사람이었다.

만하임의 고향인 부다페스트는 거의 독일의 문화적 영향에 지배되어 있었다. 따라서 만하임이 청년기에 흡수한 사상들은 독일문화가 닿는 모든 곳에서 청년지식인들이 마주쳤던 사상들과 다소 유사한 것이었다. 부다페스트 생활의 구조와 형태는 베를린이나 빈의 그것과 매우 달랐다고 할지라도, 부다페스트의 싹트는 지식인을 둘러싸고 있던 사상의 내용은 독일문화의 다른 중심지의 동시대인들이 경험한 것과 조금밖에 다르지 않았다.

만하임은 그의 중학교 시절과 부다페스트대학 첫 학기에, 당시 부다페스트에서는 '선진' 사상이었던 실증주의적·낙관주의적·개혁지향적 사조에 상당히 몰입되었던 것 같다. 비록 그가 그 뒤에 이러한 사상의 주요 내용에 반대해 날선 비판을 했지만, 만하임이 이러한 사상을 결코 완전히 포기하지 못했음은 너무나 명백하다. 문화비평의 형식 너머에 난해한 **정신과학**과 추상적 헤겔의 정식화가 있음을 만하임의 거의 모든 저작에서 확인할 수 있으며, 전쟁 전 부다페스트의 개혁주의적 지식인 엘리트와 함께 만하임이 처음으로 자기를 드러낸 실증주의와 낙관주의적 사회개량주의의 요소들을 식별할 수 있다.

만하임이 외국유학을 위해 처음으로 베를린대학에 갔을 때, 그는 짐멜에게 깊은 인상을 받았던 것 같다. 만하임의 초기 간행물에서 짐멜의 영향이 직접적으로, 얼마 후에는 그의 동료인 루카치를 통해 변형된 형태로 그의 사상을 지배하고 있었음을 쉽게 볼 수 있다. 만하임에게 깊은 영향을 준 것은 짐멜의 형식사회학이 아니라 그의 철학적 사상이었다. 만하임과 루카치 두 사람이 짐멜이라는 베를린대학의 철학자·사회학자를 알게 되었을 때, 짐멜은 사회학적 관심에서 떠나 주로 그의 '[현대] 문화의 비극'의 비판적·비관주의적 분석의 정교화에 몰두하고 있었다. 만하임이 스물네 살 때 부다페스트대학에서 전쟁 기간에 강연한 「정신과 문화」(Soul and Culture)[50]라는 주제에 기초해서 쓴 그의 최초의 논문은 명백히 짐멜의 그늘 아래 있다. 특히 객관적 문화와 주관적 문화 사이의 구분, 각 역사적 행위자 및 개인의 사상으로 전이된 문화와 이 행위자가 실현하려고 노력하는 이념 사이의 구분 등은 순전히 짐멜적인 것이다. 짐멜과 마찬가지로 여기서 만하임은 개인의 정신과 그것이 포함된 객관적 문화 사이의 비극적 불일치를 강조했다. 창조를 원하는 사람은 객관적 문화의 지시에 반드시 복종하지 않으면 안 된다. 그러나 그러한 복종은 진정성의 훼손을 가져오고, "기생충과 숙주의 관계와 유사하게"[51] 독립적인 객관적 문화의 외부적 힘이 정신의 붕괴를 조장하는 결과를 낳을 것이다.

부다페스트대학의 강연들이 짐멜적 의미의 문화적 위기감 — 전쟁 직전 시기에 광범위하게 공유된 분위기 — 으로 채색되어 있었으나, 그것이 당시에 짐멜이 표명했던 근본적 체념을 가리키는 것은 아니었다. 짐멜의 젊은 제자인 만하임은 이 위기에 공감하면서 어떤 출구, 새로운 출발점을 찾아내려고 했다. 만하임은 객관적 문화가 "마치 하나의 자율적인 괴물처럼 우리를 포위한다"[52]는 점을 인정하면서도 객관적 문화는 개인의 헌신과 협동 없이는 발전할 수 없고 지속될 수 없다고 썼다. 젊은 세대의 사명은, 개인의 주장이 외부의 문화적 대상물의 무게에 의해 부서지지 않을 일종의 문화적 갱신을 미래에 이룩하는 것이다.

만하임의 부다페스트대학 강연에 강한 영향을 미친 것은 전쟁이 가져온 지적 흥분과 동요의 감각이었다. 대부분의 유럽 지식인과 마찬가지로, 만하임은 제1차 세계대전을 새로운 상으로의 전환이 절실히 요청되는 엄청난 규모의 재난으로 경험했다. 낡은 낙관주의적 실증주의는 부적합한 것으로 보였으며, 그것은 결국 제1차 세계대전이 초래한 서구문명의 붕괴를 설명하는 데도 실패했고 막아내는 데도 실패한 것으로 보였다.

마르크스주의와 역사주의

헝가리의 소비에트혁명이 끝나고 독일로 돌아간 후 얼마 지나지 않아 만하임은 그의 관심을 마르크스의 사상으로 돌렸다. 그러나 이것은 전쟁 전 부다페스트에서 만하임이 처음 알게 되었던 카우츠키 형태의 착실하고 점진적이며 실증주의적인 마르크스주의가 더 이상 아니었다. 새로운 마르크스주의는, 루카치에 의해 설명되었던 대로, 행동주의적이고 의식적으로 혁명적이며 **실천**(Praxis)적 변혁의 촉진에 전념하는 것이었다. 러시아혁명과 레닌(Vladimir Lenin)의 마르크스주의에 대한 주의주의적 해석에 영향을 받고, 신세대의 젊은 마르크스주의 지식인들은 자신들이 참호 속에서 환상을 잃어버린 '전선세대'에 속해 있으며, 이제는 철학자의 과제가 세계를 단지 해석하는 것만이 아니라 그것을 변혁시키는 것이라고 한 마르크스의 옛 훈시를 진지하게 받아들이기를 원했다. 개혁주의적 형태의 마르크스주의 학설에 회의를 가졌던 만하임은 혁명적 마르크스주의에 깊은 인상을 받았다. 약간 편차가 있었지만 공산당의 공인받은 철학자가 되어가는 루카치를 만하임은 결코 추종할 수 없었으나, 그럼에도 당시의 소란이 부르주아시대의 종언과 역사 창조의 결정적 힘으로서의 프롤레타리아의 부상을 예고한다는 견해를 대체로 받아들이게 되었다.

만하임은 루카치의 주장인 오직 프롤레타리아사상만이 실재를 '적합하게' 반영하며 다른 계급의 모든 관점은 필연적으로 이데올로기적 왜곡에 종속된다는 견해를 받아들일 것을 거부했다. 하지만 만하임은 프롤레타리아의 계급의식 속에서 하나의 '전망'(perspective)을 보았으며, 그것이 가진 미래지향성 때문에 과거와 현상에 안주하는 부르주아사상보다 더 '적절한' 것 같다고 보는 쪽으로 기울어졌다. 그러나 마르크스주의의 이러한 강력한 호소력과 만하임의 사상에 이것이 미친 깊은 영향에도 불구하고, 만하임은 결코 정통파 마르크스주의자가 되지 않았다. 이렇게 된 주요 이유는 만하임이 마르크스주의의 영향 아래 있는 동안에도 그는 독일역사주의의 전통 내의 여러 가지 상대주의적 학설에 깊은 인상을 받았으며, 이것이 마르크스주의자 집단에서 나오는 절대주의적 주장들에 의문을 갖게 했기 때문이었다.[53]

독일역사주의는 어떠한 인간문화의 산물이나 어떠한 인류사의 유의미한 사건도 초시간적으로 일반화된 틀 속에서 이해될 수 없다는 점을 강조했다. 이러한 관점에서는, 인간정신과 인간행위는 시간적 속박으로 제한되어 있으며, 오직 그 맥락에서만 이해될 수 있는 것이다. 역사주의는 역사적 상대주의를 매우 중요시했으며, 각 사상과 인간행위는 그의 문화적 패턴과 관련해서만 이해되고 판단될 수 있다는 사실을 강조했다. 역사주의는 헤겔의 전체론적 문화철학으로부터의 이탈을 출발점으로 했는데, 헤겔의 견해에 따르면, 과거의 문화적 산물은 역사의 특정 시점에 도달한 객관적 정신의 전진적 자기실현의 특정 단계와 관련하여 이해되어야 하는 것이다. 그러나 예컨대 딜타이와 트뢸치로 대표되는 역사주의는 인류사를 통한 절대정신의 자기이행을 확인하려는 헤겔의 고정된 시각을 배격하고, 역사의 각 시기는 본질적으로 다른 시기보다 열등하거나 우월한 것이 아니며, 관찰자의 기준보다 각 시기 자체의 기준과 가치에 의해 판단되어야 한다고 주장했다. 일단 역사가가 상상력으로 자신을 역사적 행위자와 문화창조자의 위치에 공감하는 능력을 개발하고 '해석적 이해'를 위해 노력한다면, 그는 지나간 시기의 중요성과 의미를 깨달을 수 있고, 역사적 행위자와 문화창조자의 특수한 위대성과 공헌을 드러낼 수 있으며, 과거의 문화적 업적의 유물로 보존할 수 있다고 보았다.

만하임은 역사주의자의 유산을 상당 부분 받아들였다. 만하임의 지식사회학은 역사주의적 상대주의의 파생물이라고 볼 수 있는데, 동시에 그것은 실천을 강조하는 마르크스주의자의 영향을 받고 모든 사상체계는 자동적 · 내재적 발전과 관련해서만이 아니라 그것이 사회구조 내에 착근하는 방식과도 관련해서 이해되어야 한다는 실용주의적 주장에 의해 보충된 것이었다. 만하임은 "아테네에서 소크라테스가 궤변론자들(the Sophists)에 대립하여 자신의 입장을 명확히 했던 것과 마찬가지로"[54] 현대 사상가들은 지적인 힘으로서의 역사주의와 씨름해야 한다고 확신했다. 그는 다음과 같이 믿고 있었다.

> 역사주의는 대단히 중요한 지적인 힘으로 발전했다. ……역사주의의 원리는 보이지 않는 손처럼 비단 **정신과학**의 연구작업을 조직화할 뿐만 아니라 일상의 사고에도 배어들고 있다. ……그러므로 역사주의는 단순한 일시적 유행이나 경향이 아니다. 그것은 지적 조류라고까지는 말할 수 없더라도 사회문화적 실재에 대한 우리의 관찰을 가능하게 하는 바로 그 기초인 것이다.[55]

이러한 대단한 찬사에도 불구하고, 만하임은 역사주의가 획득한 위치를 더 넘어갔다. 그는 사고방식과 행동방식은 연결된다는 마르크스주의 위에 자기 학설을 세웠으며, 구체적 사회구조 내에 위치하는 인간들이 자신의 실천과 사상체계를 연결하는 여러 연결고리를 특정하려 했다. 만하임은 사상을 단순히 '내부로부터'(from the inside) 관찰하는 방법으로부터 사상을 사상가들이 여러 형태로 참여하는 사회구조에서 나온 결정인자들에 대한 반응으로 보는 방법으로 옮겨갔다.

게슈탈트심리학, 신칸트주의, 현상학

만하임은 사상을 사회적 조건에서 분리시켜 해석하는 역사주의자의 관점에 반대하고, 사상을 사회세계에 기능적으로 결합된 것으로 보는 마르크스주의를 하나의 도구로서 활용하는 한편, 자신의 전체론적 · 구조적 접근을 강화하기 위해 다른 개념화를 보충적으로 활용했다. 그는 종래 심리학의 원자론적 결합주의를 배격하는 게슈탈트심리학의 발전에서 많은 도움을 받았으며, 심리적 사실의 전체 윤곽과 구조적 측면에 대한 이 새로운 심리학에서 큰 도움을 받았다. 부분들은 그것들을 포함하는 전체와 관련해서 이해되어야 하고, 전체의 형태는 그 구성 부분의 개별적 인지와는 다른 방식으로 이루어진다는 게슈탈트심리학자들의 주장은, 만하임이 역사적 사건과 문화적 산물을 그것들이 뿌리를 둔 역사적 · 구조적 기초와 관련해서 탐구하는 데 크게 기여했다.

게슈탈트심리학에서 만하임이 환영했던 종합적 · 반원자론적 경향은 당시 대두하고 있던 신예술사 분야에서도 나타났고 그의 관심 역시 끌었다. 예를 들면 리글(Alois Riegl)과 드보르자크(Max Dvorák)는 실증주의적 접근을 배격하고, 예술 작품을 한 시대의 생활내용과 그 문화와 관련된 종합적 해석을 통해 포괄적으로 이해하려고 시도했다. 고립된 '영향'과 '동기' 대신 이 신예술사는 예술작품의 의미를 문화적 상징과 대상의 복합체 속에 배태된 바탕에까지 천착하려 했다. 예술사의 이 새로운 경향에 대한 만하임의 많은 지적과 다수의 구체적 조사연구에서의 만하임의 방법을 보면 신예술비평의 만하임 사상에 미친 영향이 확인된다.

이미 지적한 것처럼 만하임은 그의 스승인 베버의 영향을 받았는데, 특히 베버의 문화사회학과 지식인의 역할에 관한 논의의 영향을 많이 받았다. 1920년대 독일을 지배했던 철학 학파들과 관련해서 보면, 만하임은 많은 학파들에 조금씩 빚을 지면서도 어떠한 학파에게도 전적인 은덕을 입지 않았다. 만하임은 마르부르크의 신칸트주의자들에게 약간의 빚을 지고 있는데, 특히 이전에 막스 베버의 사상에 영향력을 발휘했던 리케르트와 빈델반트에게 도움을 받았다. 만하임은 문화현상의 연구에 대한 자연과학의 방법을 배격함에서 그들을 추종했는데, 그들이 **자연과학**과 **문화과학**(Kulturwissenschaft)은 각각 다른 **이론적 목적**(Erkenntniszwecke)을 가졌으므로 다른 방법에 의해 연구되어야 한다는 사실을 명확하게 밝혔다고 믿었기 때문이다. 특히 리케르트의 가치연관의 개념, 즉 역사가는 연구 대상을 문화적 가치에 대한 자신의 관계와 관련하여 선택하는 경향이 있다는 사실에 대한 리케르트의 강조는, 만하임에게 깊은 인상을 주었으며 전망주의적 사고에 대한 만하임의 모든 저작에 영향을 미쳤다. 마르부르크의 신칸트주의자들은 베버의 가치연관 개념과 함께 '전망주의적 사상' (perspectivistic thought)의 가장 중요한 대부였다고 볼 수 있다.

만하임은 후설의 현상학에도 적지 않은 빚을 지고 있다. 비록 후설이 오랫동안 독일 아카데미 철학을 장악해온 칸트사상의 요새를 부수려고 의도했지만 말이다. 후설의 현상학에서 만하임이 깊은 인상을 받은 것은 순수한 본질에 대한 지식(예를 들면 이상적·수학적 대상)에 파고들어가려는 후설의 시도가 아니라, 오히려 인간사고의 '의도성'(intentionality)에 대한 후설의 강조였다. 후설은 대부분의 현대철학에서 '지식의 주체'(Knower)와 '지식의 객체'(Known) 사이를 단절시키려는 경향과 지식획득행위를 소극적으로 평가하는 태도는 극복되어야 한다고 주장했다. 대신 후설은 주체가 '의도적'(intentional) 행위를 통해 지식의 대상을 적극적으로 전유하는 것으로 보아야 한다는 지식의 행동주의적 개념화를 주장했다. 마르크스주의에서 도출된 행동주의적 입장과 여러 가지로 결합되어, 지식의 주체와 객체 사이의 적극적 관계에 대한 현상학적 강조는 만하임의 사회학에 많은 시사를 주었다.

수리철학을 중심으로 한 후설의 근엄한 철학은 후설의 제자 중 가장 유능하지만 가장 엉뚱하기도 한 셸러의 저작보다는 만하임에게 더 적은 영향을 미쳤다. 셸러는 가치의 세계가 또한 현상학적으로도 접근될 수 있으며 현상학적 분석이 영원하고 불변하는 본질가치의 존재를 설명할 수 있다고 주장함으로써 후설의 수학적 정수에 대한 관심을 확대하려고 시도했다. 만하임은 이러한 플라톤주의적 시도를 배격했으나, 외견상으로는 관련이 없어 보이는 셸러 저작의 다른 부분에서 도움을 받았다. 셸러는 1924년 『지식사회학의 문제들』(*Problems of Sociology of Knowledge*)이라는 논문을 출간했고, 이를 1926년 『지식형태와 사회』(*Die Wissensformen und die Gesellschaft*)로 확대했다. 이 저작들에서 셸러는 본질가치의 불변성에 대한 플라톤식 학설을 포괄적 상대주의와 종합하려고 시도했다. 그는 어떻게 서로 다른 집단의 사람들이 각각 사회적·역사적으로 제한된 방법으로 본질가치의 항구적 영역을 포착하기 위해 노력했는가를 설명하려 했다. 주관적 선험성의 무한한 다양성, 즉 상이한 집단들과 시대들 그리고 개인적 형태들이 자신의 지식형태를 정교하게 만든다는 사실은, 셸러에게는 본질 가치의 불변성이 의심스러운 것이라기보다는 인간이 상이한 시대에 상이 한 방법으로 본질가치를 획득하려고 노력하고 있는 것을 의미했다. **실질적 요구들**(예를 들면 생물학적·정치적·경제적 구조)은 **관념적 요구들**(예를 들면 여러 가지 도덕적·종교적 가치)의 현실화에 도움이 되거나 장애가 된다. 그 러나 그것이 내용을 결정할 수는 없다. 그들은 오직 '정신이 흐르는 수문' 을 조작하는 것에 불과하다.

비록 만하임의 정식화에서 최고조에 달했던 지식사회학의 맹아적 사상 이 이미 1922년 박사논문인 『인식론의 구조적 분석』[56]과 셸러의 지식사 회학에 대한 저작의 간행 이전에 나온 다른 논문들에서 발견된다 하더라 도, 만하임이 셸러의 영향을 크게 받았다는 것은 의심의 여지가 없다. 만 하임은 셸러의 저작이 간행된 직후 1925년 출판된 자신의 『지식사회학의 문제』(*The Problem of a Sociology of Knowledge*)에서 셸러의 영향을 매우 자 세하게 논의하면서 시작했다. 셸러의 '영원성의 학설'(doctrine of eternity) 을 "오늘날의 역사의식"[57]의 이름으로 배격하면서도 만하임은 셸러를 지 식사회학을 위한 '포괄적 계획'을 정교화한 첫 인물로서, 그리고 "사상을 그 논리적 구조와 관련하여 '내부로부터'(from within), 그리고 그의 사회 적 기능 및 조건과 관련하여 '외부로부터'(from without)의 양면에서 관찰 할 수 있는 능력"[58]을 가진 첫 인물로서 높이 평가했다. 만하임의 지식사회 학은 신플라톤적 사상의 배경에서, 헤겔과 마르크스의 깊은 영향에서, 사 상의 역할에 대한 행동주의적 개념에서 셸러의 지식사회학과 다르다. 그 럼에도 지식사회학에 대한 셸러 저작의 간행이 만하임의 성숙한 사상의 정교화를 유도한 '유효한 원인'들 중 하나였음은 논란의 여지가 없어 보 인다.

만하임 사상의 주요 원천 — 마르크스주의에서 역사주의까지, 게슈탈 트심리학 및 신예술사에서 신칸트주의 및 현상학까지 — 에 약간 덧붙여 서, 다른 영향들도 만하임에게 인상을 남겼다. 여기에는 문화현상의 동태 적·전체적 성격을 강조하고, 따라서 자연과학방법의 정태적 성격과 실증 주의적 관점에 반대하는 다양한 다른 조류의 사상과 함께 생물학에서의 활력론(vitalism)이 포함된다.

헤겔에게 진 빚

마르크스주의와 역사주의 양자의 기원을 이루고 있는 헤겔의 거대한 사상체계 또한 만하임 저작의 배경을 이루고 있다. 비록 만하임이 "역사철학에서의 헤겔의 모험과……그가 전제했던 가정들은 내용과 방법에서 다같이 미숙한 것임이 증명되었다"[59]고 판단했다 하더라도, 만하임 역시 명백한 헤겔적 특성을 갖고 있다. 헤겔이 강조했던 내용들, 즉 철학사상의 역사주의화, 인간정신의 역사적 조건화, 여러 역사현상 사이의 변증법적 관계, '과정사상'(process thought) 등이 모두 만하임의 지적 구성요소들이 되었다. 콩트를 떠나 뒤르켐을 이해할 수 없는 것처럼, 헤겔을 참고하지 않고는 만하임을 이해할 수 없다.

만하임은 그의 생애 말년에 청년기의 다소 개혁지향적인 사상으로 다시 전환했다. 만하임은 영국 체류시기 이전의 행동주의적 마르크스주의를 '괄호 속에 넣어두고', 계급지향적 사고를 초월해서 국가계획을 지지하려는 시도에 몰두했다. 일찍이 바이마르공화국의 독일에서, 만하임은 대립되는 계급과 계층들이 서로 투쟁하면서 자의적으로 스스로를 정당화시키는 이데올로기들을 만드는 혼돈의 상황에 반발했었다. 이후 영미권 세계에서 만하임이 깊은 인상을 받은 것은 영국사회와 미국사회에서는 다양한 갈등에도 불구하고 내재적인 합의와 질서가 유지된다는 점이었다. 영국과 미국에서도 대륙에서와 마찬가지로 다양한 이해관계가 서로 대립했지만 영미권사회에서는 포괄적 이데올로기들을 훨씬 덜 불러내고 그 대신 정책 입안자들 사이에서나 사상의 시장에서 다양한 실용주의적 조정으로 귀결되고 있었던 것이다.[60]

실용주의로의 전환

만하임은 영미권 국가들과 유럽대륙 사이의 이 예리한 차이를 설명해

보려고 실용주의와 그 선행자인 영국경험주의 연구로 이행했다. 만하임의 독일 시대에 많은 영향을 받았던 사회적 실재에 대한 역사지향적 구조분석은, 이제 보다 구체적이고 실용주의적인 접근으로 대부분 대치되었다. 전체주의의 가공할 출현에 의해 역사의 마력이 일단 파괴된 후, 만하임은 사회재건과 인간공학의 구체적인 과학 연구에 도움을 얻기 위해 듀이, 미드, 쿨리에게로 향했다. 만하임은 이제 사회계획과 상호의존적 사고에 대한 공헌이란 점에서 실용주의의 긍정적 의미를 높이 평가했다. 만하임은 실용주의에 대해 "사상과 행동 사이의 추상적 장벽을 더 이상 설정하지 않는다. ……[그것은] 모든 사상의 활동이 본질적으로 행동의 한 부분으로 연결되는 유기적 과정을 잘 알고 있다"[61]고 썼다. 대체로 같은 시기의 후크와 마찬가지로, 만하임은 실용주의사상에서 마르크스주의의 **실천**과의 유사성을 발견했다. 그러나 만하임은 마르크스주의의 천년평화설적 요소가 제거되고 영미권적 실질성과 인간적응의 새로운 방법을 발견할 가능성에 대한 낙관주의적 신념이 융합된 사상을 실용주의에서 발견했다. 만하임은 후기 저작에서 듀이와 미드를 종종 언급할 때 변함없이 호의적이었다. 쿨리의 일차집단과 자아(Self)의 심리학에 대한 저작은 만하임 후기 저작에서 칭찬과 존경의 의미로 역시 자주 인용되고 있다. 만하임은 '고립적 경험주의'(isolating empiricism)와 포괄적·구조적 사고의 부족을 이유로 전통적 미국사회학을 비판하는 경향이 있었으나, 특수성으로부터 일반성으로의 이행과 개인적 업무의 세부조사연구로부터 철학과 사회의 전반적 재건계획으로의 이행 능력 때문에 듀이와 그 동료사상가들에게 깊은 인상을 받았다.

만하임은 영국으로 이주한 후에도 구조적 시각을 계속 견지했으나, 이제는 구조의 개념을 더욱 포괄적으로 생각하게 되었다. 그는 사회적 과정의 기초가 되고 있는 심리학적 요소에 정밀한 주의를 기울였다. 역사의 영역에서 출현했던 병리학적·파괴적 힘의 대두를 설명하려고 노력하면서, 만하임은 정신분석학으로 향했다. 정신분석학을 공부한 그의 부인의 영향을 부분적으로 받아, 만하임은 프로이트와 그의 유럽 및 미국 추종자들의 저작들을 열심히 읽었다. 만하임은 파시즘과 전쟁은 적어도 부분적으로는 정신병리학의 문제로 보아야 한다는 관점에서 새로운 견해를 모색했다. 만하임은 라스웰의 저작과 다수의 미국 사회심리학자의 영향을 받고 '집합적 불안'(collective insecurity), 즉 현대인을 엄습하는 심층의 불안은 동시에 그러한 불안의 제도적 원천에 대한 분석을 수반해야 할지라도 심리학적 분석 역시 필요하다고 믿게 되었다. 만하임은 이제는 제도적으로 형성된 개인행동을 설명하기 위해, 그리고 '병리'를 '건강'으로 대치하고 '비이성'을 '이성'으로 대치할 것을 목적으로 하는 사회공학을 유도하기 위해, 심리학의 다른 학파들과 마찬가지로 정신분석학의 자원을 활용할 수 있는 '사회심리학'을 요청했다.

영국 체류 시기의 만하임에 대한 또 다른 영향을 마지막으로 언급해야겠다. 우리는 그것이 매우 중요하다는 분명한 인상을 가지면서도 그것을 상세히 설명할 수 없다. 엘리엇과 기타 영국 국교회 사상가들 및 신학자들과의 밀접한 친교는 만하임으로 하여금 이전의 반종교적 합리주의를 수정하는 데 영향을 미쳤다. 행동 지침으로서의 종교의 중요성에 대한 만하임의 새로운 강조와 종교적 신념, 실천의 집단결합력에 대한 그의 새로운 강조는 거의 틀림없이 엘리엇과 머리를 중심으로 한 사상가들과의 친교에 의해 고취된 것이다. 만하임은 간행된 자신의 저작들에서 그들에 대해 거의 언급하고 있지 않으며, 내가 아는 한 만하임과 이 사상가들과의 관계에 대한 자세한 연구도 없다. 만하임 자신은 결코 기독교신자가 된 적이 없었다 할지라도, 만하임 생애 말년에는 영국 국교회의 기독교사상이 만하임의 사상 속에서 하나의 중요한 요소가 되었다는 강한 인상을 갖게 된다.

사회적 배경

헝가리의 배경

만하임은 중요한 사회세력들이 교착상태를 이루어 정치적·사회적 분야에서의 창조적 혁신을 효율적으로 저지하고 있던 헝가리에서 그의 형성기를 보냈다. 교회와 지주 양자에 의해 지배되는, 본질적으로 전통주의적인 농민층에게 새로운 사상은 침투할 여지가 없는 것처럼 보였다. 노동자는 헝가리의 전근대사회에서 아직도 거의 비중이 없었으며, 노동조합과 사회민주당의 조직 활동은 포괄적 개혁보다 당장의 빵 문제에 더욱 관심을 보였다. 지배귀족신분과 국가행정기관에서 귀족의 궂은 심부름을 하던 허약한 지방세력들은 기존질서를 유지하는 데 집착했다. 사회변동은 그들의 지배를 붕괴시킬 것으로 보았기 때문이었다. 농촌의 압박 받는 소수민족은 마자르의 멍에 밑에서 고통을 받을 뿐 아니라 서로 고립되어 있었으며, 도시 중심지로부터 분리되어 권력에 대한 생각을 가질 수 없었다. 대부분의 유대인 중산층은 핵심 권력자에 대한 동조자였으며, 금융과 상업에 대한 그들의 독점을 뒤엎어버릴지도 모르는 어떠한 변혁도 두려워하고 있었다.

이런 사회상태를 고려하면, 세기의 전환기에 부다페스트에 모여든 예리하고 행동주의적인 소수의 지식인층이 스스로를 민족의 유일한 소리와 양심이라고 생각하게 된 점을 충분히 이해할 수 있다. 그들이 이론적으로는 민주주의를 목표로 피력하고 있었다 해도 여러 가지 사회적 조건은 그들을 불가피하게 엘리트주의의 입장에 서도록 몰아붙였다. 그 모순적 위치 때문에 그들은 스스로를 '탁월한' 개혁자들이라고 간주하게 되었다. 그들의 개량주의적 사상에 공감하는 청중이 거의 또는 전혀 없었기 때문에,

만일 변혁의 시기가 온다면 그들만이 그 원천이 될 것이라고 생각했다. 지배계급은 견제되지 않는 권력으로 부패되어 있고, 낡은 습관에 영원히 집착하고 있는 것으로 보였다. 지식인들은 자신들이 정태적 사회관행과 관습에 결박되지 않은 유일한 계층이기 때문에 공공업무의 합리성 강화, 즉 근본적 변혁을 위한 새로운 계획의 인위적 개척은 자기들의 손으로 수행할 수밖에 없다고 결론지었다. 인텔리겐치아는 사회의 진정한 이익을 대변하는 데 실패한 정당제도에 자신을 종속시킬 수 없었다. 인텔리겐치아는 정당의 행동 방식을 받아들이기도 어려웠다. 훗날 만하임이 자주 회고했듯이, 이 시기의 부다페스트 지식인들은 전체 사회의 이익으로 간주되는 것을 지키는 인도자로서의 사명을 자임했다.

　위의 마지막 문장은 만하임의 많은 저작에서 그가 자주 회상하고 있는 구절이다. 만하임은 그의 생활 경력에 따라 정치적·사회학적 견해를 많이 바꾸었으나, '자유부동하는 지식인'의 장점에 대한 그의 신념은 결코 변한 적이 없다. 사상가들을 타락한 세계를 구할 운명을 지닌 구세자라고 보는 견해는 다른 곳에서도 발견되지만, 만하임의 학설은 그의 사상 형성기의 헝가리 경험에 뿌리를 둔 것이었다. 후에 만하임이 지식인은 "그렇지 않으면 캄캄한 밤이 되어버릴 세계의 파수병 역할을 수행할 수 있다"[62]고 썼을 때, 그는 고향인 헝가리를 마음속에 생각하고 있었을 것이다. 이후 그는 이 초기 견해를 서구문명 전체로 확대시켰다. 만하임이 어느 곳을 염두에 두었든지 간에, 1920년대의 독일이었든 1930년대의 영국이었든, 그는 헝가리의 경험을 더 깊이 마주했던 것 같다. 전체 서구문명의 혼란, 붕괴, 권태, 궁지 속에서 서로 다투는 집단투쟁으로부터 분리된 지식인만이 이성과 박식한 덕성으로 스스로 자임한 파수꾼 역할을 담당할 엘리트층을 구성할 수 있는 것이다. 지식인 중에서도 사회학자들은 사회제력의 분석과 지도에서 그들의 특수한 능력 때문에 특별한 자부심을 반드시 가질 필요가 있다. 개혁가로서의 사회학자들은, 침착한 과학적 정치의 대변자들과 마찬가지로, 대중의 감정적 호소에 굴복하지 않으면서도 기득권자들의 특수한 요구에 반대해 전체 복지를 수호할 수 있는 사람들이기 때문에 특별한 경의와 존경을 주장할 수 있다고 보았다.

1920년대 독일사회

만하임이 헝가리에서 이주한 후 살 곳으로 선택한 1920년대의 독일은 정태적인 사회가 아니었다. 투쟁하는 이데올로기적 집단들과 함께 적대계층 사이에 계속하여 충돌이 일어나고 있었다. 그러나 끊임없는 운동이 사실은 독일이 헝가리와 마찬가지로 여러 세력 사이의 교착상태에 있다는 사실을 감추고 있었다. 1918년의 혁명은 빌헬름 2세 체제의 주요 기둥인 지주들을 공격하지 않았다. 카이저(Kaiser, 빌헬름 2세) 정권을 뒤이은 국가 관료, 사법부, 군대 등이 과거의 권위주의적 질서를 유지하고 있었고, 공화국에 의해 분출된 새로운 힘들을 억누르고 있었다. 바이마르공화국은 인플레이션과 실업의 위기에 시달리고 우익과 좌익의 극단주의자들의 공격에 위협당하면서 결코 한 번도 안정성을 획득하지 못했다. 지성적 문화는 그 이전에 그처럼 번영한 적이 거의 없을 만큼 번영했다. 그러나 예술가와 문인 그리고 지식인들은 일반적으로 언제 폭발할지 모르는 활화산의 가장자리에서 열광적인 춤을 추고 있었을 뿐이었다.

헝가리와 대조적으로, 독일은 강력한 노동운동이 있었다. 그러나 노동운동이 아무리 강력했다 할지라도, 대부분의 좌익 지식인이 동의한 것처럼, 다수파인 사회민주주의파나 열정적이고 급진적인 공산주의파나 그 누구도 기존질서에 근본적으로 도전할 능력은 없었다. 빌헬름 2세 시대에 실효 없이 열망했던 국가권력의 일부를 이제 획득하게 된 사회민주당원들은 자기 처지에 만족하여 관직과 지위의 이익을 즐기고 있었다. 이전의 혁명적 사회주의자들은, 여러 결점에도 불구하고 결국 바이마르공화국이 모든 가능한 것 중에서 최선의 세계라고 믿음으로써 긴장이 풀려 있었다. 그들에게는 열정적이고 유토피아적인, 근본적인 재조직 계획은 관심의 대상이 아니었다. 공산주의자들은 급진적 열정에 충만해 있었다. 그러나 1923년, 혁명적 희망이 마침내 붕괴된 후에는, 공산주의자들은 점점 더 코민테른의 도구가 되었고 크렘린이 두는 장기의 졸병으로 조종되고 동원되었다. 이러한 이유 때문에 좌익 지식인들은 공산주의자 집단과 사회민주당 집단 양자를 모두 기피하고 정치비평과 문화비평으로 향하는 경향이 있었다. 이러한 지식인들의 주요 기관지인 『세계논단』(*Weltbuehne*)과 『매일시보』

(*Tagebuch*)[63]는 이 두 노동자 집단을 맹렬히 비난했으며, 자기들의 독립성을 스스로 자랑했다. 1920년대 중반에 베를린이나 뮌헨의 지식인들과 함께 다방에 자주 가게 된 한 헝가리인 방문자(만하임 ― 옮긴이)는 10년 전 부다페스트 모임의 분위기를 용이하게 회상할 수 있었을 것이다.

학계는 베버와 짐멜의 분노를 불러일으켰던 '만다린'에 의해 계속해서 지배되고 있었지만 전쟁 전부터 변화는 뚜렷하게 나타났다. 역사학자 게이(Peter Gay)는 바이마르 시대에 "외부인들"(outsiders)이 갑자기 "내부인들"(insiders)로 되었다[64]고 과장되게 표현하기도 했는데, 이전 변두리 인물 다수가 이제는 학계의 내부에 들어오게 되었음은 사실이었다. 특히 카이저 정권 시대에는 거부되었던 유대인 지식인들이 일부 학계에서 인정받을 수 있게 되었다. 그 결과 다수의 좌익 지식인들이 대학을 하나의 피난처, 즉 진행되는 현실을 감정이나 편향 없이 연구할 수 있는 상대적으로 평온한 집단적 거처로 보게 되었다.

만하임의 1920년대 저작들은 그가 계속하여 공공문제와 정계의 소란스러운 사건들에 정력적인 관심을 갖고 있었음을 보여준다. 그러나 아마도 헝가리 소비에트 공화국 시기의 불행한 경험에 대한 반작용으로 인해 만하임 직접적인 정치활동 참여로부터는 단호하게 떨어져 있었음도 분명하다. 독일 체류 시기 만하임의 주요 업적들은 학문적 청중을 위한 학문적 저술들로 나타났다. 만하임은 주로 신칸트학파의 기관지인 『로고스』(*Logos*), 『예술사연보』(*Yearbook for Art History*), 『사회학연보』(*Yearbook for Sociology*), 『쾰른 계간사회학』(*The Cologne Quarterly for Sociology*) 등에 그의 논문을 발표했다. 만하임의 주요 논문 중 몇 편은 베버가 편집했던 가장 권위 있는 사회과학 학술지인 『사회과학과 사회정책시보』(*Archiv für Sozialwissenschaft und Sozialpolitik*)에 게재되었다. 『이데올로기와 유토피아』는 주로 학문적 청중을 대상으로 하던 프리드리히 코헨(Friedrich Cohen)이라는 조그만 출판사에서 간행되었다. 만하임의 다른 저작들은 페르디난트 엔케(Ferdinand Enke)와 베버의 저작을 간행한 J. C. B. 모오르(J. C. B. Mohr 또는 Paul Siebeck)라는, 역시 학술서적을 전문으로 하는 두 개의 출판사에서 간행되었다. 내가 아는 한, 덜 전문적인 잡지에 쓴 논문은 스위스의

『신스위스 평론』(*Neue Schweizer Rundschau*)에 실린 「독일에서의 사회학의 문제점에 대해」(On the Problematics of Sociology in Germany)라는 단 한 편의 논문뿐이다.

만하임이 논문을 기고한 학술지와 그의 저서를 간행한 전문적 출판사뿐만 아니라 그의 서술 양식 자체도, 이 시기에 만하임이 스스로 학계인사로 간주되기를 원했음을 보여준다. 비록 만하임이 글을 독일인 교수들보다 더 명료하고 분명하게 썼다 할지라도, 그의 서술방식은 독자들을 어렵게 만들었고 그 자신도 자신의 사상을 결코 대중화시키려 하지 않았다. 그의 저작들은 각주로 꽉 찼으며, 박식함은 제쳐두고라도 독자들에게 많은 양의 사전적 문헌지식을 요구했다. 만하임은 학자가 자신의 동료에게 강의하는 것처럼 글을 썼다.

1929년 간행된 『이데올로기와 유토피아』는 만하임의 간행물 중에서 처음으로 학계 바깥 사람들의 주목을 끈 간행물이다. 이 책은 좌익 잡지들에서 널리 서평으로 언급되었으나 매우 상반된 반응을 받았다. 케츠케메티(Paul Kecskemeti)는 그것은 사회민주당의 공식 대변인에게는 '너무 강한 작품'이었다고 회상하고 있다. 또한 공산주의자들과 그들의 측근 지식인들에게는 혁명성이 부족하다고 판단되었다. 마르쿠제(Herbert Marcuse)와 아도르노 같은 사람에게는 전투를 넘어서자는 과학적 정치에 대한 만하임의 열망이 마르크스주의적 **실천**의 포기로 보였다. '정규적' 학계의 서평자들은 사회민주당의 당원보다도 오히려 더 미온적이었으며, 레더러 같은 소수의 젊은 좌파 지식인들만이 열정적으로 이를 환영했다. 나치즘의 부상과 공황의 엄습은 곧 공중의 관심을 보다 직접적 문제로 돌렸고, 만하임의 저서에 대한 논평은 가라앉았다. 다른 환경이었다면 만하임의 이 저서가 독일의 독자에게 더 광범위한 영향을 주었을지 불명확하다. 실제로 히틀러가 권력을 장악한 직후 이 책의 저자는 교수직을 포기하고 영국으로 이주하지 않으면 안 되었다.

1930년대 영국사회

만하임에게 영국사회는 독일사회를 특징짓는 극심한 이데올로기 투쟁이 없는 것처럼 보였다. 독일인은 과거를 서로 다른 말로 이야기하는 바벨탑과 같은 데 비해, 영국인은 여러 차이에도 불구하고 공통의 사상적 틀과 담화를 구성하는 공유된 상징 때문에 보편적인 대화를 할 수 있는 것으로 보였다. 독일에서 만하임은 다양한 관점들을 조화시키고 한 집단의 시각을 다른 집단의 용어로 번역하는 것이 지식인의 과제라고 느꼈지만 영국에서는 그럴 필요가 없음을 보았다. 이것이 적어도 만하임이 지식사회학에 대한 그의 연구작업을 중단한 이유 중 하나였다. 대신 만하임은 나치즘의 재난 이래 그의 마음속에 항상 떠올랐던 사회계획과 사회재건의 문제에 몰두하기로 마음먹었다.

변화하는 시대상황에 대한 만하임의 지향이 영국에서 급격하게 변화했음에도, 그가 집요하게 세상을 구원하기 위해 남은 지식인상에 집착한 것은 매우 놀라운 일이다. 만하임은 분명히 '자유부동하는 지식인'이라는 용어를 더 이상 사용하지 않았다. 그러나 만하임이 새로이 요청하고 존재케 하려 했던 계획가와 교육자들의 새로운 엘리트는 분명히 다른 이름의 동일한 지적 아방가르드였다. 지식인의 구체적 과제는 이제 달라졌지만, 전체 이익의 대변자로서 지식인의 사회적 기능은 동일하게 남아 있었다. 전쟁 이전 부다페스트의 개혁주의적 사회과학자들의 논쟁에 참가했던 사람이라도 런던에서의 만하임의 설명을 이해하는 데 그다지 어려움이 없을 정도다. 공동사회에 헌신하는 합리적 인간에 의한 사회의 관리라는 부다페스트 인텔리겐치아의 꿈은, 비버리지 계획(Beveridge plan, 아동수당·보건서비스·고용유지를 전제로 영국이 구상한 사회보장제도 —옮긴이)이 출현한 나라에서의 지식인에 대한 관심으로 이어졌다. 전쟁 전 헝가리 개혁주의사상과 계획에 대한 새로운 영미권의 관심 사이에는 분명 적합성이 있다.

그의 정치적 행동주의와 더불어 만하임은 이제 상아탑을 주위의 세계로 진출할 수 있는 중간거점으로 간주했다. 영국에서는 학자들의 이러한 행동을 독일보다 훨씬 덜 모욕적인 것으로 여기기에 이런 태도는 강화되었다. 옥스퍼드대학이나 케임브리지대학의 교수들보다도 만하임이 교수를 했던 런던대학의 교수들이 더욱 이러한 입장을 취했는데, 영국의 교수들은 신문기자나 신문비평가들과 어울리는 데 친숙해 있었으며, 고관이나 권력자들과 함께 살롱에 가고 런던의 클럽이나 대학의 책상에서 정치가들과 대화하는 데 친숙해 있었다. 영국에서의 학자생활은 독일에서보다 훨씬 덜 폐쇄적이었고, 영국의 관료나 석학은 BBC 방송을 듣거나 『선데이』(Sunday)지나 주간지에 기고하는 것을 싫어하지 않았다.

엄격한 학문적 연구작업에서 비학문적 청중에게 연설하는 것으로 관심을 넓힌 만하임의 능력은 그가 런던대학에서 사회학뿐만 아니라 교육학도 가르쳤다는 사실에 의해 강화되었다. 응용학문으로서 교육학은 사회학보다 훨씬 더 많은 교사, 교육행정가 조직들과 관계를 맺고 있었다. 당시 영국에서 사회학은 거의 전적으로 학문적인 주제였으며, 영국의 전문가나 문외한 모두에게서 큰 주목을 받지 못했다. 만하임은 교육과 성인교육 분야에서 수많은 다양한 청중에게 강연했다. 공중의 다양성과 포괄성에 대한 그의 인상이 그의 간행물 목록에도 동일하게 나타난다. 만하임은 독일에서는 오직 엄격한 학술지에 논문을 발표했지만, 영국에서는 거의 반대였다. 나는 오직 두 개의 만하임의 논문을 학술지인 『정치학』(Politica)과 『사회학평론』(Sociological Review)에서 발견할 수 있었는데, 두 개의 논문이 모두 그의 영국 체류 초창기에 게재된 것이었다. 만하임의 거의 모든 다른 업적이 『민주주의를 위한 교육』(Educating for Democracy), 『변동하는 세계』(This Changing World), 『평화적 변동』(Peaceful Change) 등의 잡지에 게재된 것이었다. 그가 논문을 쓴 잡지 중에는 『성인교육을 위한 교사회보』(Tutor's Bulletin for Adult Education), 『기독교도 소식』(Christian News Letter), 『주간 신영국』(The New English Weekly), 그리고 그의 정신분석에 대한 새로운 관심과 조화된 『정신분석국제잡지』(International Journal of Psychoanalysis) 등이 있다. 심지어 그의 출판사인 루트리지 앤드 케간 폴은, 비록 존경받는 학술서적 출판사였으나, 그 이전 시기의 엄격한 독일의 학술서적 출판사에 비하면 훨씬 더 폭넓은 공중을 대상으로 했다. 루트리지 출판사를 위해 만하임이 기획한 『사회학과 사회재건의 국제총서』는 적어도 그것이 학문적 주목을 끌기를 바랐던 정도만큼 행동주의적 개혁자들로 이루어진 공중에게 도달할 수 있도록 계획한 것이었다.

영국 체류 시기의 만하임의 문체도 그의 청중과 관심이 변한 만큼이나 변했다. 그의 독일어 저작을 특징짓는 초연한 추상성은 사라졌다. 그의 영어 저작들은 거의 자폐적이라 할 정도의 독일어 저작들보다 훨씬 더 읽기 좋고 접근하기 쉬웠다. 그러나 보다 폭넓은 공중에게 도달하기 위한 만하임의 노력은 비싼 대가를 치렀다. 그의 문체는 초기의 논리적 엄격성을 부분적으로 잃어버렸고, 자주 훈계조로 되었으며, 당위적 언명을 위해 분석적인 논증을 포기하는 정도까지 되었다. 그는 지성적 난점들을 때때로 웅변적 명구에 의존하여 회피하기도 했다. 만하임의 후기 저작들을 읽고 그 속에서 그 훈계의 열정을 보면, 뒤르켐의 다음과 같은 '군중을 향해 연설하는 사람'의 고전적 묘사가 떠오른다.

그의 언어는 일상적 환경 속에서라면 우스꽝스러울 정도로 호언장담으로 가득 찼다. 그의 몸짓은 청중을 압도할 것처럼 보인다. 그의 사상은 어떤 규칙에도 따르지 않으며 온갖 종류의 과잉으로 쉽게 빠져간다. ⋯⋯때때로 그는 자신보다 위대한 어떤 도덕적 힘에 지배되고 있으며, 자기는 오직 그 통역자일 뿐이라는 느낌을 갖기도 한다. ⋯⋯자신의 말에 고취된 감정이 확대되고 확충되어 자신에게 되돌아오며, 다시 자신의 말이 자신의 감정을 강화한다. 그가 발산한 열정적 에너지가 자기 안에서 다시 메아리치며 그의 힘찬 어조를 더욱 빠르게 한다.[65]

요약

만하임은 잘 균형 잡힌 심성과 개성을 갖고 있었으므로, 그를 종교적 열정을 가지고 파리의 자기 청중에게 연설했던 광적인 인류교의 대사제(콩트 ―옮긴이)와 비교할 수는 없다. 그럼에도 어떤 의미에서 만하임의 후기 저작과 콩트의 후기 저작 사이에는 심층에서 어떤 유사성이 있다. 두 사람 모두 냉정한 진단에서 이교도에 대한 설교나 예언으로 옮겨갈 때 냉정성을 상당히 잃었다.

만하임이 영국에서 지내면서 쓴 저작 전부가 광범위한 청중을 염두에 두고 쓰인 것은 아니다. 『재건기의 인간과 사회』(*Man and Society in an Age of Reconstruction*, 이 책은 부분적으로는 독일에서 집필되었다)와 이후 간행된 『사회학과 사회심리학 논문집』(*Essays on Sociology and Social Psychology*)의 제3부와 제4부는 그가 독일 체류 시기에 쓴 다른 저작과 마찬가지로 만하임의 예리한 진단능력을 보여주고 있다. 그러나 만하임의 저작이 위기가 고조되는 전란의 시기에 민주주의적 제도의 지지를 위해 아무리 중요한 것이었다 할지라도, 또한 아무리 그의 업적이 현대복지국가의 출현에 공헌했다 할지라도, 후기 만하임 업적의 과학적 위상은 그의 방대한 독일어 저작에 비해 열등한 것으로 평가될 것이다.

만하임은 사회학의 위대한 인물들 중에서 가장 호소력이 있는 인물 중 하나다. 매우 인간적이고 인정 많은 사람으로서, 만하임은 분석적 연구작업과 개혁주의적 열정이라는 쌍둥이 같은 두 개의 요구를 하고 있다. 그 하나는 살아 있는 인간의 변화무쌍함을 자의식적으로 이해해야 한다는 요청이고, 다른 하나는 대부분의 사회학자의 정보가 되는 공공의 일들에 다양하고 적극적으로 관여할 것을 권고하는 요청이다. 만일 만하임이 그러한 관여를 완전한 균형으로 해내지 못했다면, 그의 이전과 이후에 그것을 더 잘해내지 못했던 다수의 다른 사회학자와 별로 다를 바가 없는 사회학자였다고 해도 좋을 것이다.

피티림 소로킨

Pitirim Alexandrovich Sorokin, 1889~1968

주요 이론 문화사회학, 사회계층론, 사회이동,
주요 저서 『사회이동』『사회문화적 동학』『사회문화적 인과성, 공간, 시간』

러시아 출신의 사회학자로 문화에 관심이 많았던
소로킨은 감각적 문화, 정신적 문화, 이상적 문화로 명명된
문화유형이 시대별로 나타나고 교대하는 과정을 깊이 탐구했다.
문화, 지식, 기술이 상호연관되는 기제에 대해서도 탁월한
사회학적 분석을 시도했다. 또한 사회계층 연구를 통해
불평등의 개방성과 폐쇄성을 분석하고 사회이동이 수행하는
사회적 선택 메커니즘을 밝히려 했다. 하버드대학 사회학과의
초대 학과장이었으나 고립적인 기질로 인해 동료들로부터
소외되었고 파슨스의 그늘에 가려 학문적 영향은 제한적이었다.

"모든 조직화된 사회집단은 계층화되어 있다.
구성원이 항구적으로 평등한 집단은 존재한 적이 없다."

_피티림 소로킨

사상

소로킨(Pitirim Sorokin)의 사회학이론은 잘 알려지다시피 '사회정학' (그의 용어에 따르면 '구조사회학')과 '사회동학'으로 구분된다. 하지만 사회정학에 대한 그의 논의는 사회학적 분석에 별다른 영향을 주지 못했기 때문에 여기서는 간략하게 다룰 것이다. 반면 그가 제시하는 사회와 문화 '동학'은 독창적이고 풍부하다. 따라서 이 부분에 대해서는 보다 구체적으로 논의하도록 할 것이다.

전반적인 사항

소로킨은 인간의 상호작용과정이 다음과 같은 세 가지 핵심 요소를 포함한다고 보았다. (1) 상호작용의 대상인 행위자로서의 인간, (2) 인간의 품행과 행동을 지도하는 의미, 가치, 규범, (3) 의미와 가치들을 일련의 행동으로 객관화시키고 통합시키는, 견인차이자 지휘자 역할을 담당하는 '물질현상' 등이 그것이다. 소로킨은 (초기 견습 사회학자 시절을 제외하고) 베버와 마찬가지로 의미, 가치, 규범에 대한 이해 없이 인간의 행동을 설명하려는 시도에 대해 비판적이었다. 그는 이렇게 말했다. "의미 맥락을 제거한 인간의 상호작용에 관한 모든 현상은 단순히 생물물리학적 현상에 불과하다. 즉 흔히 말하는 생물물리학적 학문의 적절한 대상일 뿐이다."[1]

그러므로 소로킨은 사회학적 사고에서 문화의 중요성을 강조했다. 그는 문화가 사회적 행동을 결정하는 초개인적 요소들로 구성되어 있다고 보았다. 상호작용하는 사람(**인격**)들과 이들로 구성된 총체적인 **사회**를 이해하기 위해서는 그들이 문화에 기반을 두고 있다는 점을 인식해야 한다고 보았다. 구체적으로 그 문화란 상호작용하는 개인들이 가지고 있는 의미, 가치, 규범의 총체다. 또한 소로킨은 문화는 (이러한 의미를 전달하고 객관화시키는) 제의적 대상이나 예술작품 같은 물리적 매개물에 의해 전달될 수 있다고 주장했다.[2]

소로킨은 사회적 상호작용의 요소들을 조직되지 않은(unorganized) 형태, 조직된(organized) 형태, 분열된(disorganized) 형태로 구분했다. 그는 다양한 형태의 법적·도덕적 통제에 대해 논의했고 사회적 연대와 적대적 행위, 사회적 상호작용의 혼합체계에 대해서도 이야기했다. 또한 가족적인 상호작용, 강압적인 상호작용, 그리고 혼합된(계약적인) 형태의 사회 유대에 대해서도 언급했다.

소로킨은 다양한 종류의 사회적 상호작용에 대해 서술하면서 기능과 의미에 따라 '조직된 그룹'을 분류했다. 여기서 그는 '집단 상호작용'의 상이한 강도와 조직 구성원들 사이의 친밀함 및 느슨함에 대해 이야기했다. 또한 이러한 조직들은 한 가지 주된 가치에 기반을 두고 있을 가능성(예를 들어 종교적·직업적 또는 친족그룹에서)과 여러 가지 다양한 가치의 유대를 통해서 통합할 수 있는 가능성(국가나 사회계급을 예로 들 수 있다)에 대해서도 언급했다. 게다가 단일가치에 기반을 둔 연대와 다양한 가치에 기반을 둔 집단들을 또다시 열린 형태와 닫힌 형태로 재구분할 수 있다고 주장한다.[3]

여기서 이러한 분류기준을 상세하게 언급할 필요는 없다. 왜냐하면 대체로 소로킨 자신의 실증적 연구에서도 별다른 성과를 거두지 못했기 때문이다. 반면 사회변동에 대한 그의 이론은 사회동학과 사회계층이론처럼 주목할 가치가 있다.

사회와 문화에 대한 개관

소로킨의 기념비적 저작인 『사회문화적 동학』(Social and Cultural Dynamics)[4]에서 그는 사회와 문화의 변동을 완전하게 설명할 수 있는 체계(정교한 통계적 주장에 의해 뒷받침되었다)를 구축하려고 시도했다. 이는 그가 사회변화를 어떻게 보았는지 평가할 수 있는 훌륭한 증거가 된다. 슈나이더(Louis Schneider)가 평가하듯이 대부분의 소로킨 저작은 일면 낭만적인 형태를 띠고 있었다.[5] 비록 그의 저서가 풍부한 아이디어와 대담한 가설을 설정하고 있지만, 균형과 명료함 그리고 고전의 특징이라고 할 수 있는 주장들의 세심한 수집은 다소 부족한 실정이다. 그의 저서들은 세부적인 특징들을 포착해내기보다는 전체적인 메시지와 핵심주장에 비중을 두고 있다.

이 저서에서 소로킨은 인간사회와 문화를 전반적으로 탐구하는 것 이상으로 일련의 일반 명제들을 통해서 사회문화적 구조 속에 존재하는 역사적 다양성을 조명하려고 시도했다. 하지만 소로킨은 인간의 진화에 대한 단선적 설명에 비판적이었기 때문에 슈펭글러처럼 반(牛)생물학적 유추를 통해 문화에 일정한 주기가 있다는 주장에는 반대했다. 대신 그는 사회문화적 현상이 비교적 일관성 있고 통합적인 총체로서의 문화적 세계관 — 그가 **문화심성**(mentalities)이라 부른 — 에 기반을 두고 있으며, 이것이 전반적인 인류 역사에서 특정 기간에 그 의미를 제공해준다고 보았다. 그의 말에 따르면, 그가 찾으려던 것은 문화의 "모든 요소를 관통하는 핵심[원리]"다. 이 핵심원리는 "파편들의 혼돈을 질서 있게 만들고 의미를 부여한다."[6] 소로킨은 어떠한 문화도 완벽하게 통합될 수 있다고 주장하지 않았다. 그는 문화란 언제나 완전히 조화될 수 없는 요소들을 가지고 있다는 것을 알고 있었다. 그는 계속해서 사회문화 현상이 제멋대로 확산되는 것이 아니라고 주장했다. 오히려 그의 특별한 시각에서 보았을 때 사회문화 현상들은 그 전반적인 특징을 형성하는 몇 가지 **대전제**가 작동하는 것을 보여주게 될 것이라고 보았다.

소로킨에 따르면, 현실의 속성을 인식하고 파악하기 위한 세 가지 기본 물음이 있다. 현실이 감각을 통해 직접적으로 접근가능한가(**감각적 문화**Sensate Culture), 아니면 플라톤의 이상주의에서 보이듯 감각계를 넘어서는 시각이나 영원함에 대한 초월적 관점을 통해서만 현실이 드러나는가(**관념적 문화**Ideational Culture), 그렇지 않으면 앞의 두 대립적 원칙을 변증법적 균형으로 종합하고 통합하는 매개 형태를 요구하는가(**이상주의적 문**

화Idealistic Culture)의 문제다.

따라서 결코 환원될 수 없는 세 가지 진실이 존재한다. 그것은 감각적 진실, 정신적 진실, 합리적 진실이다. 역사의 다양한 단계에 따라 이 세 가지 원리 중 하나가 그 시대의 사고방식과 감각 그리고 경험에 주된 형태를 결정한다. 사회의 핵심제도(법, 예술, 철학, 과학, 종교)들은 특정 시기의 확고한 성신적 세계관을 보여준다. 이러한 세계관은 세 가지 전제 중 어떤 것이 우세한지를 반영하고 있다. 예를 들면 **감각적** 시기에 과학은 그 방법과 절차에서 엄격하게 경험적이고, 예술 역시 초월적인 비전을 전달하기보다는 리얼리즘을 선호한다. 종교의 경우에도 이성이나 신앙의 진리보다는 구체적인 도덕적 경험을 추구한다.

저자는 자신이 직접 조사한 세계사의 사례들에 근거하여 인류 역사에 등장했던 모든 다양한 문화의 배열들을 세 가지 **문화심성**으로 환원시켜 설명할 수 있다고 보았다. 이를 근거로 모든 주요한 사회적 변화가 반복되는 이유를 설명하려 했다. 그는 끊임없이 요동치는 역사의 파도는 무작위적이거나 신들의 변덕이 아니라 특징적인 리듬을 지니고 있다고 보았다. 주요한 요인에 의해 결정되는 어떤 문화도 실상은 이런 내적 필연성을 따르고 있는 것이다. 그리고 이것은 특정한 운명에 종속된다. 하지만 사회를 지배하고 있는 근본적인 **문화심성**의 사고유형은 자신의 전제를 스스로 파괴시킬 수도 있다. 이것이 바로 소로킨이 명명한 **내적 변화**의 원리인데, 사회변동이 외부의 요인에 의해 발생하는 것이 아니라 내부의 요인에 의해 촉발된다는 것이다. 소로킨은 "특정한 문화심성이 만개(滿開)한 상태에 도달하면 그것은 '적응의 도구'로서 작동하는 데 점점 부적합해진다. 즉 사회 구성원들과 전반적인 사회와 문화생활에 진정한 만족감을 전달해주지 못하는 것이다"7라고 서술했다. 문화체계는 이 지점에서 자신을 탄생시킨 전제에 제한당하며 문화의 관성을 넘어선다. 편파적인 강조를 통해 한때 진실했던 부분을 왜곡시켜버리고 만다. 이 과정을 통해서 옛 문화는 스스로 사멸의 길로 들어서며 새로운 문화체계가 생겨난다. 헤겔의 논의와 매우 유사성이 높은 변증법은 모든 사회문화 현상의 주기성을 설명하려는 소로킨의 **한계의 원리**(principle of limits)의 핵심이다. 헤겔과 마찬가지로 소로킨

에게 변화란 새로운 생명의 등장인 동시에 이전 생명들의 종말을 의미했다.[8]

소로킨은 이 세 가지의 **문화심성**은 각각 정해진 순서에 따라 진행된다고 주장했다. '**감각적 형태**'의 문화는 '**관념적 문화**'로 이어지며, 다시 이상적인 형태의 문화통합으로 귀결된다. 이러한 순환구조가 완결되면 새로운 **감각적** 문화가 새로운 문화를 추동시킨다. 초기 그리스의 **감각적** 문화 이후 서구문명은 두 번이나 이러한 순환을 거쳤다. 현재의 인류는 지난 수백 년간 지속되어온 감각적 단계의 끝자락에 살고 있다. 이 단계는 이미 성숙했고 한계에 도달했으며, 현재의 인류는 우리의 인생에 어떠한 의미와 중요성을 제공해주지 못한 채 분열된 문화의 끝에 놓여 있다. 우리를 지배하고 우리의 삶을 구성했던 사상들은 그 의미를 잃어버렸으며 완전히 몰락해 버리고 말았다. 이미 우리는 차가운 눈 밑에서 싹을 틔우는 씨앗처럼 새로운 '**관념적 문화**'의 선구자를 기대하고 있다. 우리의 세계는 삶을 지탱해줄 수 있는 중심을 상실했으며 가장 좋은 것조차 설득력을 잃어가고 있다. 하지만 선구자는 '감각의 폭정'으로부터 인류를 구원할 수 있는 기쁜 소식을 가져올 것이다.

여기서 소로킨의 방대한 통계적 작업을 언급할 필요는 없다. 예술사조의 흐름, 철학, 윤리, 법률, 가치, 평화 시기·전쟁 시기·혁명 시기의 사회적 관계에 대한 자세한 설명들은 그의 훌륭한 대작(『사회문화적 동학』— 옮긴이)의 제1~3권에 기록되어 있다. 하지만 이 분야의 전문가들은 종종 소로킨의 노작의 부족함을 지적한다. 여러 비판 중 스피어(Hans Speier)의 비판이 가장 설득력 있다. 그는 "소로킨은 자신의 핵심 주장에 지나치게 매몰된 나머지 역사를 억지로 끼워 맞췄다"고 주장했다.[9] 왜냐하면 소로킨이 감각문화와 경험문화의 비영속성을 수립하기 위해 사용했던 방법 자체가 매우 경험적이었기 때문이다. 아마도 소로킨은 이러한 지적에 대해 당시의 어떤 학자도 이러한 문제에서 벗어날 수 없다고 대답했을 것이며, 심지어 그가 살고 있던 시기에는 '감각적 경험주의' 그 자체가 연구를 위한 유의미한 도구의 기능을 수행했을 것이라고 여겼을 것이다. 위에서 제기된 문제점에도 불구하고, 소로킨의 다소 낭만적인 연구에 대한 평가는 연구조사과정과 결과의 문제점이 아니라 그가 후속학자들에게 영향을 미친 풍부한 이론의 모범에 기초하여 이루어져야 한다. 이러한 관점에서 볼 때, 비록 상당수의 그의 주장들은 받아들이기 어렵더라도 몇 가지 주장은 받아들일 수 있다. 더욱이 그의 논의들이 잘못되었다 하더라도, 1930년대 소로킨의 예측은 분명 선구자적 특징을 지니고 있었다. 버튼 하나로 인류 전체가 멸망할 수 있는 위험 속에 살고 있거나 하드코어 포르노에 심취하는 현상들은 우리가 결코 부정할 수 없는 1970년대의 모습이다.

사회학자들이 근대화와 저개발에 대한 논쟁들의 영향권 아래에 있었을 때, 이들은 사회와 문화 변동 동력의 근본적인 원리에 대해 다시 논의하기 시작했다. 이때 외부에서 추동시키는 변화와 구분되는, 소로킨이 강조한 문화의 '내적 변화'가 재조명을 받았다. 점점 더 많은 학자는 어째서 서구 문화라는 외적 충격이 제3세계에서 상이하게 나타났는지에 대해 의문을 가졌다. 소로킨의 관점에서 비춰보았을 때, 제3세계 국가가 **이상적** 또는 **관념적** 문화의 단계에 있을수록 서구식의 **감각적** 문화의 수입에 대해 보다 저항적이었다. 반면 일본이나 한국의 경우에는 이미 감각의 문화를 경험하고 있었기에 그 저항성이 다른 제3세계 국가들만큼 치열하지 못했다. 예를 들어 왜 근대적 산아제한이 일본과 한국에서 손쉽게 받아들여진 반면 인도나 이집트에서는 실패했는가? 인도나 이집트는 이 단계에서 이탈하고 한국이나 일본은 그렇지 않다고 할 수 있을까?

소로킨이 주장한 **한계의 원리**라는 관점을 지금 돌이켜보면, 만약 처음부터 교조적이고 거창하게 제시되지만 않았더라면 훨씬 더 흥미롭게 그 가설이 수용되었을 것이다. 사실 이것은 레비-스트로스의 분석방법들 중 하나였다. 레비-스트로스가 소로킨의 저작을 접했는지는 알 수 없지만 이 둘 사이의 유사성은 매우 높다. 예를 들어 레비-스트로스는 "……사회적인 일을 도모할 때 인류는 좁고 제한된 한계 안에서만 다루어갈 수 있다. 사회의 유형은 완전히 독립적인 고립의 산물도, 각각 독창적인 개체도 아니다. 오히려 사회는 동일한 근본적인 원리들을 조정하면서, 어쩌면 동일한 문제의 해결을 모색하기 위한 끊임없는 결합 과정 속에서 형성된 결과물이다"[10]라고 언급했다.

이미 명확하게 드러난 것처럼, 소로킨의 종합적인 관점은 그의 '지식사회학'과 밀접하게 연결되어 있다. 이 분야에 대한 소로킨의 지대한 공헌은 의심할 여지가 없다.

지식사회학

소로킨의 지식사회학은 사상가들과 그 청중들의 존재조건에 이념적 근거를 두려는 어떤 시도도 거부하고 있다. 소로킨의 이러한 관점은 사상의 흥망을 사회구조와의 관계 속에서 파악하려는 여타의 사회학자와는 다른 것이었다. 특히 이 책의 앞부분에서 다룬 마르크스와 베버 그리고 만하임과는 분명 다른 입장이었다. 비록 소로킨이 사회와의 관계를 중시하는 시도들이 무의미하다고 여기지는 않았지만, 그는 분명 이러한 접근법을 수용하지 않았다. 대신 그의 지식사회학은 철학, 종교, 예술, 과학사상, 그리고 이러한 문화들이 꽃필 수 있는 전체적인 **문화심성**과의 연관성에 주목했다. 이미 논의한 것처럼 이 **감각적** 시기의 과학적 사고는 감각의 경험과 경험적 증명 및 타당성에 주로 의존한다. 반면 **관념**이 우세한 시기에는 경험적 과학은 발전하지 못하며, 우주의 원리를 이해하기 위한 직관적 통찰을 얻으려는 다양한 **자연철학**으로 대체된다.

이념체계를 거대한 체계에 연결시키려는 시도와 다양한 '문화심성'으로부터 모든 지성적인 산물을 추출하려는 소로킨의 시도는 목적론적 중복추론(tautological reasoning)이라는 비판을 받았다. 머튼은 소로킨이 "감각적인 사회와 문화에서는 감각기관의 증명을 거친 감각적 진실시스템이 우세해야 한다"[11]고 주장할 때 이미 "감각적 문화심성은 감각기관에 의해 표출된 것만으로 **정의됨으로써** 순환논법에 빠진다"[12]고 지적했다. 이러한 비판에 대해 소로킨은 설득력 있는 대답을 하지 못했다. 비록 전반적으로 관념적이고 유출설 같은 그의 설명은 많은 비판을 받을 수 있겠지만, 그렇다고 소로킨의 지식사회학이 전적으로 쓸모없다고 비판해서는 안 될 것이다. 소로킨이 말하는 문화에 대한 웅대한 묘사를 살짝 들춰보기만 해도 영향력 있고 가치 있는 구체적 사상들을 발견할 수 있다.

다음 질문에 대한 소로킨의 논의를 예로 들어보자. 어떤 문화적 가치가 외국문화에 수입될 때보다 더 쉽게 확산되고 전파되는가. 이러한 질문에 답하기 위해서 그는 전파자와 수용자 사이의 전반적인 문화의 호환성만을 강조하지는 않는다. 물론 소로킨은 이러한 연구도 실시했지만 오히려 그는 가장 먼저 문화를 전파하는 행위자의 특징에 주목했다. 그는 "처음 침투하는 이러한 종류의 가치는 주로 다른 문화와 가장 먼저 접촉하는 행위자들에게 달려 있다. 그들이 상인이라면 다양한 상품이 먼저 들어갈 것이다. 그들이 선교사라면 '이데올로기적 가치'가 가장 먼저 침투할 것이다. 그들이 정복자나 군인이라면 물질적이고 비물질적인 가치들이 동시에 전파될 것이다. 전파자들이 사회과학이나 철학을 공부하는 학생이라면 그들이 학습한 이론이나 이데올로기들을 전파시킬 것이다"라고 언급했다.[13] 여기서 그가 제시한 중요한 통찰에 대해 추가 설명이 필요하다. 그는 문화를 전달시키는 물질적 현상과 사상을 연결시켰다. 이러한 지식사회학에서 이를 모든 유출설을 배제해야 하는 중복추론이라고 함부로 폄훼해서는 안 된다.

소로킨이 했던 과학적 발견과 기술적 발명에 대한 사회학적 이론의 첫 번째 묘사를 생각해보자. "자연과학에서 중요하고 새로운 발명이나……발견은……오랜 과정의 결과다. 조그만 발견들이 모여서 점차적으로 형성되었기 [때문에] 어쩌면 새로운 발명과 발견은 비교적 일상적이고 일반적이라고 할 수 있다."[14] 이때 소로킨은 과학적 사고의 물질적인 기초에 대해서 확실히 언급하지 않았다. 그는 구체적인 사상을 전반적인 문화심성과 연결시키려는 계획적이고 체계적인 시도를 실시하지는 못했다. 그렇지만 그는 과학계에서 축적되는 트렌드를 추적하고 과학적 전통 안에서 작동하는 개별적 도입자를 연결시키는 작업에 매료되어 있었다.

소로킨의 지식사회학에서 유용하고 의미 있는 사상과 주장들은 그의 훌륭한 대작에 포함되어 있지 않았다. 오히려 몇 년 후에 출판된 좀더 일반적이고 안내서 같은 저서로 평가되는『사회문화적 인과성, 공간, 시간』(Sociocultural Causality, Space, Time)[15]에서 다루어졌다. 이 책에서 뒤르켐과 그의 학파들의 주장을 연상시키는 의견들이 등장한다. 소로킨은 각 문화가 인과관계, 공간, 시간을 인식하는 방식은 자연과학의 개념들과 동일하지 않기 때문에 구체적인 사회문화적 맥락 속에서 이해되어야 한다고 보았다. 또한 뒤르켐학파의 논지들을 충실하게 따르면서, "심지어 기하학자들의 공간개념마저도 사회문화의 영향을 받는다. 거리를 측정하는 척도들은 '피트' '야드' '미터' '사젠' '손가락' '막대기' 등으로 다양한데, 이것들은 다양한 사회문화의 흔적을 반영하고 있는 것이다"[16]라고 언급했다. 더욱이 소로킨은 지역사회와 보다 넓은 세상 사이에 점차적으로 증대되고 있는 커뮤니케이션과 더불어 공간에 대한 보편적 표현이 늘어나면서 지방적인 사고가 얼마나 줄어들고 있는지를 밝히고 있다. "'존의 집에서 오른쪽으로 약 20막대기쯤 가면'이라는 표현은 모든 사람이 존의 집이 어디에 있는지 알고 있는 마을 단위에서는 적절하다. 하지만 모든 사람에게 이러한 공간좌표는 정의될 수 없으며 따라서 부적절하다."[17] 현대에 번스타인(Basil Bernstein)[18]과 기타 학자들이 강조하고 있는 보편적 소통코드와 개별적 소통코드의 차이점을 이미(in nuce) 소로킨의 저작에서 발견할 수 있다.

다음과 같은 소로킨의 지적인 발견은 언급할 가치가 있다. "독자적 측량체계를 동반한 고전역학의 획일적 공간개념 출현 그 자체가 세계보편주의와 국제적 사회문화가 성장하는 과정에 의해 영향을 받았다."[19] 또 다른 그의 논의 역시 살펴볼 가치가 충분하다. "서로 다른 사회문화적 활동리듬과 시간표기방식을 지닌 다양한 집단들 사이의 교제가 확대될수록, 구체적이고 지방적인 시간계측방식으로서는 더 이상 그들의 활동을 조율하고 동기화할 수 없게 된다. 따라서 표준화된 시간계측체계를 새롭게 수립하여……그들의 행위를 조율하고 동조화할 수 있도록 획일적 준거점을 모든 집단에게 제공해줄 필요성이 절실해진다."[20] 소로킨은 시간과 공간의 개념이 단순히 전체적인 '문화심성'에서 나온 것이 아니라 인류 공동체의 구체적인 요구에 기인하고 있다는 것을 설득력 있는 세부사항을 예로 들어 설명하는 데 성공했다. 유출론자인 소로킨에게는 매우 미안한 말이지만, 그러한 개념들은 실존적으로 결정된 것이다.

소로킨의 사회학적 상상력이 얼마나 탁월한지 또 다른 인용을 보면 분명해진다. 소로킨은 근대의 보편적인 계시(計時) 방법이 마을공동체 수준에서의 공동체의 시간개념을 변화시켰다는 것을 보여주었다. 하지만, 동시에 그는 근대적 양적 시간이 이전의 질적 시간 측정방식을 완전하게 대체하지 못했다는 것을 예리하게 관찰했다. 미술사학자 핀더(Wilhelm Pinder)와 만하임이 '비동시성의 동시성'을 주장한 것과 같은 논리에서 소로킨은 다음과 같이 언급했다. "같은 영토에 존재하는 다양한 종교, 직업, 경제, 국가, 문화 집단은 상이한 주기와 삶의 패턴을 가지고 있다. 그러므로 이들 집단들이 사용하고 있는 상이한 역법(曆法)은 이 집단들이 상이한 사회문화적 시간개념을 지니고 있다는 사실을 반증해준다. 이와 비교해서……하버드대학에서 사용되는 역법, 공장 노동자들이 사용하는 역법, 보스턴의 로마-가톨릭 성당에서 사용하는 역법은 ─부분적으로, 최소한으로─ 보스턴 개신교의 것과는 다르다. ……양적인 시간(그 자체가 일종의 사회적 합의다)과 함께 완벽한 사회문화적 시간이 존재하기도 한다. 이것은 질적이며 무한히 분할되지 않는다. ……이는 또한 평평하게 흐르지 않는다. ……이것은 사회적 조건에 의해 결정되며 특정 집단의 사회생활 양식의 리듬과 맥박을 고스란히 반영한다."[21]

어떤 사람은 이러한 관찰들이 수많은 박사학위논문의 실마리가 될 수 있을 것이라고 대담하게 생각한다. 프랑스 뒤르켐학파의 거장 알박스는 아마도 소로킨의 저작을 접하지는 못했을 테지만, 그는 독창적인 저서 『기억의 사회적 구성』(*The Social Framework of Memory*)과 다른 글에서 소로킨의 관점을 보다 구체화시켰다. 그의 야심찬 계획들이 사회학계 전반에 큰 영향을 주지 못했고 여러모로 부족했음에도, 소로킨이 주요한 사상가이며 학자였음은 분명하다. 그래서 아마 최근 미국사회학회에 열성적으로 참가하는 별난 대학원생 중에서 누군가는 "소로킨은 살아있다!"고 외칠지도 모를 일이다.

사회계층화와 사회이동

소로킨은 사회계층과 사회이동 연구에 매우 훌륭한 업적을 남겼다. 현재 이 분야에서 우리가 표준으로 여기는 정의와 개념의 상당수는 소로킨의 업적이라고 할 수 있다. 또한 우리는 소로킨으로부터 사회이동을 연구할 때 무엇을 고려해야 하는지를 배울 수 있다. 소로킨은 기존의 연구처럼 사회적 위계질서에서의 개인적 수직·수평 이동 여부에 초점을 맞춘 것이 아니었다. 오히려 그는 집단과 집단 사이의 인구변동과 교환의 과정 및 그 결과들에 주목했다.

소로킨은 '사회이동'을 사회공간 속에 존재하는 사람들의 이동이라는 다소 광범위한 개념으로 정의했다. 그러나 그는 개인들의 움직임보다는 사회적 신진대사에 관심을 두었다. 즉 사회구조 속에 상이하게 위치한 사회집단들과 그들의 움직임의 결과에 주목했다.

"사회공간 속에서 인간의 위치나 어떤 사회현상을 찾으려면" 소로킨은 먼저 "그와 다른 사람들 사이의 관계 또는 다른 사회적 현상을 '평가기준'으로 삼아야 한다"고 했다.[22] 사회변동 연구에 필요한 적절한 방법은 기하학 공간에서 물체의 위치를 찾는 좌표계를 연상시킨다. 하지만 분석 작업은 어떤 사람이 특정 집단과의 인간관계를 확립시키기 전까지 완성되지 않는다. "한 인구집단 내 여러 집단의 관계, 그리고 이 인구집단과 다른 인구집단의 관계"[23]까지 추가적으로 분석되어야 한다. 사회변동연구는 개인들의 움직임 그 자체를 고려해야 하지만 동시에 사회운동의 결과들과 사회집단과 이러한 개인들을 움직이는 전체 구조에 관심을 두고 연구를 진행해야 한다. 다시 말하면, 사회변동을 연구하기 이전에 사회운동이 발생하는 사회계층구조에 대한 정확한 이해가 필요한 것이다.

소로킨에 따르면, 사회계층화는 "특정 인구집단을 위계적인 계급들로 분화시키는 것이다."[24] 계층화는 조직화된 사회집단이 지니는 보편적이고 확고한 특징이다. 이러한 계층은 주로 **경제적** 기준(보통 부자와 가난한 자의 차이를 기준으로 한다)에 의해 결정된다. 하지만 계급이 권력과 힘에 따라 위계적으로 구조화될 때 사회와 집단은 **정치적 층화**가 이루어지기도 한다. 그러나 만일 어떤 사회 구성원이 다양한 직업집단으로 분류되고 몇몇 직업군이 명령을 내리고 다른 직업군이 명령을 받는다면, 우리는 이것을 **직업의 계층화**로 다룰 수 있는 것이다.[25] 비록 사회에는 여러 가지 다른 형태의 계층이 존재하지만, 사회학에서 중요하게 여기는 것은 경제적·정치적·직업적 계층이다.

사회학적 조사는 계층 피라미드의 **높이**와 **개요**에 대해서 관심을 지니는 방향으로 진행되어야 한다. 예를 들면 얼마나 많은 층으로 구성되어 있는가, 피라미드의 경사는 가파른가 아니면 완만한가 등이다.

소로킨은 경제와 정치 또는 직업계층 중 그 무엇을 연구하더라도 반드시 두 가지 현상에 주의해야 한다고 주장한다. 하나는 특정 집단 자체의 상승과 하강이며, 또 하나는 그 집단 내 계층의 증가 또는 감소다. 우리가 귀족정치의 영향력 감소와 부르주아의 등장을 이야기할 때 종종 이야기하는 것처럼 어떤 사회집단의 부와 권력 또는 직업적 위신의 증가를 전자의 예로 들 수 있다. 두 번째는 한 집단 내에서 부, 권력, 직업적 위신과 관련하여 계층 피라미드의 높이와 경사가 높아졌는지 낮아졌는지에 대한 고려다. 예를 들어 미국의 흑인인구집단의 경우는 그 위상이 지난 20세기 초반보다 지금 더 높다는 것이다.

인간의 역사과정에 대한 소로킨의 전반적인 관점은 진화적이거나 '진보적인' 생각과는 대조적이었다. 그에 따르면, 사회계층의 피라미드가 높아지거나 평평해지는 데는 일정한 규칙이 없다. 대신에 발견할 수 있는 것은 이것이 끊임없이 요동친다는 것이다. 때로는 평등주의적인 힘에 의해 빈부격차가 감소할 수도 있으며, 불평등주의적인 경향이 다시 사회에 영향을 끼칠 수 있다. 또는 특정 시점에는 민주적인 참여가 정치권력의 차이를 감소시킬 수 있으며, 또 다른 시점에는 귀족정치나 독재정치가 사회가 정치에 개입하지 못하도록 높은 장벽을 칠 수도 있다. 마찬가지로 특정 집단은 하락하고 다른 집단은 상승하는 끊임없는 변동이 발생한다.

사회구조라는 건축물의 외적 특징을 묘사한 후, 소로킨은 이어서 내적 구조에 대해서도 재치 있게 언급했다. 내적 구조는 건물 각 층의 특징과 배치, 한 층과 다른 층을 연결시켜주는 엘리베이터와 계단들, 층에서 층으로 오르내리는 사다리와 수용시설처럼 보이기도 한다.[26] 이러한 묘사는 사회이동연구에 구체적인 사항을 연구할 수 있도록 도와준다.

사회이동은 사람들이 특정한 사회지위에서 다른 지위로 이동하는 것이다. 사회이동은 크게 **수평이동**과 **수직이동**으로 구분할 수 있다. 수평이동이란 한 사람의 사회적 지위가 동일한 수준에 위치하고 있는 다른 위치로 변화하는 것을 의미한다. 예를 들어 침례교에서 감리교로 개종하는 것, 포드회사의 현장관리인에서 크라이슬러 회사의 비슷한 지위로 옮기는 것 등이다. 수직이동은 한 사람이 기존에 속한 사회계층에서 상향 또는 하향으로 이동하는 것이다. 가난뱅이가 백만장자로 벼락출세하는 것이나 유능한 부모를 둔 방탕한 자식들이 재산을 잃고 추락하는 것을 예로 들 수 있을 것이다.

상승과 하강 운동 모두는 두 가지 형태로 일어난다. 하층의 개인들이 기존 사회의 상층으로 침투해서 올라오는 것과 높은 사회적 지위를 지니고 있던 사람들이 좀더 낮은 곳으로 내려가게 되는 것이 한 형태이고, 사회계층 피라미드에서 어떠한 특정 집단이 단체로 상승 또는 하강하는 경우가 또 다른 형태다. 그러나 그는 개인적이 아니라 집단적인 현상에 초점을 맞추었다. (어쩌면 이것이야말로 사회계층과 이동을 연구하는 다른 동시대 학자들과 구별되는 소로킨만의 독특한 접근법이라고 할 수 있다.) 그는 다음과 같이 언급했다. "개인들이 현존하고 있는 사회의 상위층으로 침투하거나 높은 계층에서 추락하는 것은 상대적으로 흔하고 이해할 수 있는 일이기 때문에 구체적인 설명이 필요하지 않다. 하지만 사회집단의 상승과 하강의 경우는 조금 더 면밀하게 분석되어야 한다."[27]

소로킨에 따르면, 집단과 사회는 사회이동의 강도와 보편성의 차이에 따라 구분될 수 있다. 사회의 **수직이동**이 사실상 차단되어 있는 계층사회도 있고, 수직이동이 매우 빈번하게 이루어지는 사회도 있다. 그러므로 우리는 사회계층구조의 높이와 윤곽을 주의 깊게 구분해야 하며, 사회이동이 빈번한지 부재한지에 대해서도 살펴야 한다. 계층 사이의 분리막이 얇은 사회에서는 사회이동이 매우 빈번하게 이루어진다. 반면 다양한 계층의 모양과 높이를 가진 사회이면서도 한 층에서 다른 층으로 이동할 수 있는 층계나 엘리베이터가 거의 없는 경우가 있다. 이러한 사회는 매우 폐쇄적이고, 엄격하게 구분되어 있으며, 이동성이 낮아 사실상 상향적인 침투가 불가능하다. 소로킨이 은유적으로 지적한 것처럼, 완벽하게 폐쇄적이거나 사회적 이동에 어떠한 장애물도 없는 사회는 존재하지 않는다. 그럼에도 그의 모델은 발견적 가치가 크다.

개방성과 폐쇄성에 대해서 소로킨은 일관된 입장을 보인다. 그에 따르면, 인류 역사의 과정에서 사회수직이동의 증가와 감소에 대한 영구적인 성향은 존재하지 않는다. 다만 지리적 공간과 역사적 시간의 변동에 따른 다양한 모습이 나타날 뿐이다.

소로킨은 **사회적 수직이동의 통로들**과 다른 사회적 계층 내부의 사회적 선택 메커니즘을 확인하면서 군대, 교회, 학교, 정치, 전문직, 경제 조직을 수직적 사회 순환의 핵심적인 도관(導管)으로 여겼다. 그것들은 다른 사회적 계층과 지위에 가까이 가려는 개인들을 걸러내는 여과기다. 이러한 모든 제도에는 사회적 선택과 사회구성원의 배치방식이 내재되어 있다. 그것들은 "어떤 사람들이 상승하고 추락할 것인가"를 결정한다. 그것들은 개인들을 다양한 사회계층에 위치시킨다. 또한 개인들이 흘러갈 수 있도록 통로를 열어주기도 하며, 그들의 움직임에 방해물을 만들기도 한다.[28]

소로킨이 이러한 제도들의 작동에 관해 제시한 많은 방법을 꼼꼼하게 살펴보지 않는다 해도, 또는 왜 특정 시기에 어떤 계층 윤곽들이 특정한 선택 메커니즘을 요구했는지를 설명하는 방식을 살펴보지 않는다 해도, 우리는 소로킨이 생각한 직업계층의 '영구적이고 보편적인' 근거가 무엇인지 숙고할 필요가 있다. 그것은 집단 전체의 생존과 실존을 위한 직업의 중요성이다. 소로킨에 의하면, 한 사회 내에 연속적으로 배열되어 있는 직업군들은 "조직의 기능과 집단의 통제에 연결되어 있다."[29]

사회이동의 실제 비율뿐만 아니라 현대사회에서 사회이동에 대한 이데올로기의 영향을 고려할 때, 소로킨이 당시 신선한 접근법을 제시했다는 것을 알 수 있다. 높은 수준의 사회이동에 대한 순진한 열정에 빠지지 않고, 소로킨은 뒤르켐처럼 이것의 역기능과 순기능적인 부분을 밝히기 위해 분투했다. 그는 다른 무엇보다 정신적 긴장, 정신병, 냉소주의, 사회적 고립, 그리고 사회에서 소외된 개인들의 외로움에 충당되는 높은 비용을 강조했다. 또한 그는 관용의 증가와 지식사회(발견과 혁신의 결과로서)의 촉진은 보다 역동적인 사회에서 이루어진다고 보았다.

사회계층 및 사회이동과 관련된 분야의 연구자들은 그들의 편의에 따라 소로킨의 저작에 무관심할 수 있다. 하지만 소로킨의 연구는 귀중한 사상의 보고로 남아 있다. 사회이동을 일종의 사회적 교환으로 여겨야 한다는 소로킨의 충고는 새겨들어야 한다. 레비-스트로스가 친족연구(결혼은 기초 가족단위의 교환이라는 점을 강조했음)를 통해 혁명을 가져온 것처럼 소로킨의 아이디어 역시 혁신적으로 받아들여져야 한다. 사회이동이 단순한 개인들의 위치 변화가 아니라 사회집단 간의 변화로 이해되어야 한다는 점은 분명 새로운 시각이었다. 사회공간 속에서 개인들의 순환이 진행되면서, 이러한 교환은 그들이 이동하는 집단과 계층의 개별적 권력과 영향력을 증가 또는 감소시킨다. 이 부분의 연구를 보다 심화시킨다면, 이 핵심사상은 사회계층연구에 큰 지적 자극을 줄 수 있을 것이다.

사회사상

사회학이론의 역사에서 소로킨의 '통합' 철학은 여전히 주변적으로 논의될 뿐이다. 심지어 이 관점은 소로킨의 후반부에서 특히 중요한 이론으로 여겨졌음에도 그러하다.

발표된 소로킨의 모든 소책자 안에는 광범위한 냉소가 스며들어 있다. 어떤 면에서는 그가 근대의 도시문화가 나타내는 모든 것을 혐오한다고 볼 수도 있을 것이다. 도시 정글의 **감각** 세계와 전체로서의 모더니티 세계는 소로킨에게 완전한 타락으로 여겨졌다. 그는 구약의 선지자나 러시아 순회설교자의 어조로 이러한 사회를 비판했다. 그의 자서전의 마지막 장을 살펴보면 다음과 같은 구절이 나온다. "나를 둘러싼 인간세계는 사나운 폭풍이 휘몰아치고 있다. 인류의 운명은 삶과 죽음의 갈림길에 놓여 있다. 죽어가는 감각 질서들이 그 길목에 있는 모든 것을 파괴하고 집어삼키고 있다. 그들은 '신' '진보' '문명' '사회주의' '민주주의' '자유' '자본주의' '인간의 품위'와는 다른, 쉽볼렛(shibboleths, 길르앗 사람이 에브라임 사람과 구별하기 위해 사용한 단어, 『성경』「사사기」12: 4-6절 — 옮긴이)의 이름으로 이러한 가치를 망가뜨리고 있다. 또한 수백만의 인류를 학살하고 인

간의 생존을 위협하면서 이 아름다운 지구를 '혐오스럽고 황폐한 땅'으로 변질시키고 있다.[30]

소로킨의 시각은 다소 종말론적이었다. 그는 한 시대의 끝이 올 것을 기대했다. 소로킨은 인간사가 순환된다는 사상에 기반을 둔 역사철학에 사로잡혀 있기 때문에 서구의 **감각적** 문화가 무너진 이후에 새로운 세계가 다시 태어날 것이라는 믿음을 가졌다. 소로킨은 그의 통합적 철학에 기초하여 새로운 **관념적** 문화를 기대했다. 그는 "이 시기가 도래하면 현재의 사막 같은 사랑은 새로운 이타적인 사랑에 기반을 둔 조화로운 문명으로 대체될 것이다. 이것이 그가 주로 인생 후반부에 연구했던 주제다. 이타적 사랑은 경쟁적이고 분투적인 감각적 문화심성을 극복할 것이다. 이때 사람들은 다시 부활한 공동체 속에서 동료들과 함께 삶의 발판을 마련할 수 있을 것이다. 진리와 선과 미의 삼위일체는 감각적 문화심성에 의해 잘못 분리되었지만 새로운 시대에서는 이것들이 조화롭게 하나로 통합될 것이다"[31]라고 말했다. 또한 현재 절망의 구렁텅이에 빠진 당대의 남자와 여자들은 다시 한 번 진실된 인간의 형상으로 다시 성장할 것으로 보았다. 소로킨은 사멸해가는 **감각**세계가 '신들의 황혼기'(Götterdämmerung)를 거친 다음 인류는 다시 한 번 진리의 왕국으로 들어갈 것이라고 열정적으로 믿었다. 그는 "번쩍이는 공허함과 짧은 **감각적** 문화의 '성공'으로부터 의식적으로 벗어나" "천박한 가치와 거짓된 진실 그리고 화려한 허세에서 [스스로를] 소외시켰다"[32]라고 말하면서 자신을 약속의 땅에 들어가지 못한 모세라고 여겼다. 하지만 그는 자신의 문화소외 덕분에 자신의 통합철학에서 주요한 특징들을 예견할 수 있었다고 믿었다. 구원의 유토피아를 한 번도 꿈꾸지 않았던 그가 미래의 초석을 놓는 역할을 자임한 것이다.

개인적 배경

1917년 2월 27일 러시아혁명의 전조가 되었던 대중봉기의 첫날, 차르에게 저항한 혁명 활동혐의로 두 차례 감옥에 갇혔던 반항적인 젊은 지식인은 다음과 같은 일기를 썼다. "마지막이 결국 오고 말았다. 새벽 두 시에……오늘 내 마음을 흔든 사건을 생각해본다. 기분도 절로 좋지 않고 오늘 학교에서의 강의가 사실상 중지되었기 때문에, 나는 집에서 파레토의 새 저작 『일반사회학에 관한 논문』을 읽었다."[33] 만일 저자의 삶에 대한 다른 기록이 없었다면, 이 일기는 지식인과 혁명가 그리고 이론과 **실천** 사이에서 나타난 잔인한 사랑 이야기의 전형적인 예가 되었을 것이다. 이 일기의 작가는 소로킨이었다.

성상페인터에서 전문혁명가로

소로킨은 1889년 1월 21일 러시아 북부 볼로그다 주의 외딴 마을에서 태어났다. 이 지역에는 주로 비러시아 계통인 우그로-핀란드 혈통인 코미족(Komi)이 살고 있었다. 이곳은 원시림이 사방으로 수백 마일 우거져 있었는데, 이 때문에 조그만 코미족 마을은 웅장한 숲속의 작은 섬과 같았다. 코미족은 자신들의 모국어를 사용했지만 러시아어도 유창하게 할 수 있었다. 산업화와 도시화는 아직 이루어지지 않았으며 그들은 주로 농업, 어업, 사냥, 임업과 포획을 통해 생계를 유지했다. 다른 대부분의 러시아인이 수 세기 동안 경험했던 농노제는 존재하지 않았다. 코미족은 자신들의 지역사회를 러시아의 **미르**(mir) 촌락 농촌공동체 같은 마을자치제를 통해 독립적으로 운영했다. 토지는 공동으로 소유되었고, 시간이 지나면서 토지는 개별 가족의 필요와 규모에 따라 분배 또는 재분배되었다. 마을의 지도자와 어른들, 성직자, 교사, 의사, 상점주인과 마을 경찰관들은 일반 주민보다 조금 더 여유 있고 편안한 삶을 누릴 수 있었지만 일반 주민들은 대체적으로 평등한 삶을 살았다. 미래의 사회계층 분석자인 소로킨은 수년 후 미네소타 주에 거주하면서 이곳과 완전히 다른 삶을 경험하게 된다.

소로킨은 세 살 때 어머니를 여의었다. 어머니의 장례식은 그가 기억을 더듬을 수 있는 나이가 되었을 때 받은 첫 번째 상처였다. 소로킨의 아버지는 러시아 태생으로 예술과 공예의 중심지였던 벨리키우스튜크에서 태어났다. 그는 장인 길드에서 도제 시절을 보냈으며, '금, 은, 성상 장식의 전문기술자'라는 자격을 취득했다. 이후 코미 마을로 이사했으며, 그곳에서 젊은 여성과 결혼해 바실리(Vassily), 소로킨, 프로코피(Prokopiy), 세 아들을 얻었다.

어머니를 여읜 후 바실리와 소로킨은 아버지와 함께 살았고, 막내는 홀로 떨어져 이모 집에서 거주했다. 아버지는 때때로 자신의 예술적 기교에 자부심을 가질 수 있는 일을 찾기 위해 노력한, 성실하고 애정이 넘치며 가부장적인 인물이었다. 하지만 종종 술에 취해 있었고, 성질이 폭발하면 화를 내며 두 아들을 폭력적으로 다루었다. 심지어 아버지는 망치를 집어 들어 형제들을 때리기도 했다. 이 때문에 소로킨의 윗입술은 수년 동안 제 모습을 유지할 수 없었다. 이러한 충격 때문에 열네 살의 바실리와 열 살의 소로킨은 아버지의 집을 떠나 다시 돌아가지 않았다. 두 소년은 아버지의 기술을 물려받아 독립적인 수공업자가 되었고 손님을 찾아 이 마을들을 돌아다니는 순회 장인이 되었다. 아버지가 죽었다는 사실을 수년 후 전해 듣기 전까지 이들은 아버지를 만나지 않았다.

이 두 소년은 어렸음에도 불구하고 그림, 교회 장식, 심지어는 대성당의 금박·은박작업, 성상, 촛대, 그리고 동과 금박 재질의 성상들을 솜씨 좋게 만들면서 돈을 벌 수 있었다. 이들은 오로지 초등교육만 틈틈이 받을 수 있었다. 그럼에도 몇 년간의 유목민적인 삶 이후 소로킨이 열네 살 때, 크레노보 사범신학교에 장학생으로 선발되었다. 증기선과 철도를 타고 신학교로 향하는 길에, 시골 아이는 생전 처음으로 도시와 산업지역을 보았다.

그는 농촌문화의 세계, 농촌의 풍습, 종교관습과 반(半)이단적인 풍습들을 뒤로하고 떠났다. 소로킨은 이후 아주 잠시 동안만 이곳으로 돌아왔지만, 항상 이곳에 대한 상상과 추억을 마음에 담아 두었다. 비록 그는 급속히 도시화, 산업화되어가는 러시아의 **이익사회**에서 살았고 후에는 미국의 도시에서 거주했지만, 그의 어린 시절 북부 숲에 살고 있었던 코미 마을 사람들의 **공동사회**에 대한 기억들은 그의 저서에 상당한 영향을 주었다.

도시 사람들과 크레노보 사범신학교의 학생들은 소로킨을 처음 보았을 때 그를 도시적인 우아함과 섬세함이 없는 촌놈으로 여겼다. 사람들의 경멸에 고통 받으면서도, 그 어린 소년은 자신이 세련된 옷을 입고 있지 않았기에 사람들의 평가에 전반적으로 수긍했다. 하지만 그는 결코 도시적 생활방식이나 매너를 익히려고 하지 않았고, 좋은 양복을 사 입는 것을 바라지 않았다. 그는 이전의 유목민적 삶과 학업을 제대로 해내지 못했음에도 불구하고 학급의 지도자가 되었다. 러시아 정교회에 의해 운영되었던 신학교는 교회의 초등학교 교사를 육성하는 데 주된 목표가 있었다. 그러나 이 신학교가 도시와 산업중심지에 위치했기 때문에(따라서 새로운 사상의 바람에도 좀더 열려 있었다) 다른 신학교보다는 훨씬 우수한 질의 교육을 제공할 수 있었다. 교사들과 학생들은 자유롭게 도시 사람들, 예를 들면 지역의 지식인, 왕정주의자부터 사회민주주의자와 사회혁명가에 이르는 모든 색채의 정치지도자와 폭넓게 교류할 수 있었다. 소로킨은 다양하고 새로운 책과 논문, 신문에 빠져들었고 새로 사귄 친구들과 지인들은 그에게 계속 새로운 사상을 강요했다. 따라서 얼마 지나지 않아 소로킨은 정교회의 종교적·철학적 믿음을 버리고 말았다. 그가 접한 새로운 사상은 비참한 사회와 러시아 왕정의 정치 상황을 자각하도록 만들었다. 이 때문에 농촌의 젊은 청년은 도시의 불가지론자, 진화론의 지지자, 그리고 열렬한 혁명가(1904년 러일전쟁과 1905년 혁명의 선구자들은 이러한 변화에 큰 영향을 주었다)로 변모했다. 그럼에도 그는 젊은 시절 지녔던 자립과 개인주의 정신을 여전히 신봉했다. 따라서 그는 사회민주주의의 마르크스적 결정론에서 벗어나 있었다. 대신에 청년 소로킨은 대중사회혁명당의 열렬한 성원으로 활동했다. 그는 당시에 도시인이 되었다 해도, 당시 학생과 공장노동자 그리고 농촌의 농부들이 지지했던 나로드니키(Narodniki, 농민계몽을 통한 사회변혁을 주장한 인민주의자들을 지칭 — 옮긴이)의 대중적 공동사회론에 깊이 매료되어 있었다.

1906년 크리스마스 방학 전야에 소로킨은 노동자와 농부들을 향해 연설을 할 예정이었다. 그가 회당에 들어선 순간 경찰은 그를 체포했다. 경찰은 그를 말과 썰매로 지방의 감옥으로 송치시켰다. 차르 통치 말기의 감옥은 더 이상 예전처럼 가혹하고 비인간적인 장소는 아니었다. 감옥은 사실상 혁명가들에게 '대학원 교육기관' 같은 곳이었는데, 이곳에서는 혁명이론에 대한 끊임없는 토의가 이루어졌다. 그들은 강제로 부여된 휴식시간을 마르크스와 엥겔스의 저작, 크로폿킨(Pyotr Kropotkin)과 라브로프(Pyotr Lavrov), 톨스토이, 플레하노프(Georgii Plekhanov), 레닌, 그리고 다윈이나 스펜서 같은 진화론자와 '진보적' 사상가들의 저작을 읽는 데 사용했다. 아마도 소로킨은 신학교 시절 전체보다 오히려 감옥에서 더 많은 것을 배웠을 것이다.

감옥에서 소로킨은 처음으로 평범한 범죄자들을 만날 수 있었는데, 여기서의 경험은 그가 향후 상트페테르부르크대학 시절 범죄학과 교정학을 전공하는 데 영향을 주었다. 또한 그는 그의 생생한 경험을 학술적 지식으로 변화시켰다. 그의 첫 번째 저작 『죄와 벌, 서비스와 보상』(*Crime and Punishment, Service and Reward*)은 그가 처음 감옥에 들어간 지 7년 후에 출간되었다.

소로킨은 4개월을 감옥에서 보냈다. 비록 학교에서 출교당하고 말았지만, 대부분의 교사와 학생은 그를 혁명의 영웅으로 여겼다. 혁명가라는 낙인이 찍혔기 때문에 다른 학교에서도 받아들여지지 않았으며, 그 지역에서 어떠한 일자리도 찾을 수 없었다. 따라서 이전에 성상을 색칠하기 위해 떠돌아다녔던 것처럼 그는 혁명의 메시지를 전하는, 일종의 순회 설교자가 되었다. 경찰은 소로킨이 그들의 감시를 피해 탈출했으며 사라졌다고 여겼다. 하지만 익명의 '이반(Ivan) 동지'가 등장하여 볼가 지역을 다니면서 조직가, 연설가, 공장노동자들, 학생들과 농부들의 지도자로 활동했다. 그가 참여한 대부분의 회의, 연설, 집회는 대체로 평온했다. 그런데 한번은 대규모 사람들이 모였고, '이반 동지'는 나무 그루터기에 서서 열광적으로 정권의 무능함을 규탄했다. 이 집회는 경찰의 채찍과 칼에 의해 해산되었는데, 두 명의 노동자와 한 명의 경찰관이 사망했다. 많은 코사크족과 노동자, 경찰관들이 부상을 입었다. 이 사건 이후 친구들의 권유에 따라 '이반 동지'는 리미아의 코미 마을에 있는 이모의 집으로 피신했다. 그곳에서 두 달을 보내면서 농장 일을 돕고 소년 시절의 친구들을 만났다. 학업을 지속하거나 직장을 구할 희망이 없었기에, 1907년 가을 소로킨은 상트페테르부르크로 떠나기로 결심했다.

상트페테르부르크에서의 학생과 학자 시절

소로킨이 상트페테르부르크로 가기로 결심한 것보다 어려웠던 일은 그곳에 도달하는 방법을 찾는 일이었다. 볼로그다까지의 가장 싼 뱃값과 그곳부터 상트페테르부르크까지의 열차 비용은 약 16루블이었지만, 소로킨의 수중에는 단지 1루블밖에 없었다. 그는 두 농부의 집을 페인트칠하여 10루블가량을 벌어 이것으로 3등 객실의 뱃값을 지불할 수 있었다. 그러나 볼로그다에서 상트페테르부르크까지의 열차 가격이 그가 가진 것보다 5루블가량 비싸다는 점을 알게 되었다. 그래서 그는 볼로그다에서 멀지 않은 장소까지의 열차표를 구매했고, 나머지 거리는 무임승차(러시아에서 흔히 '토끼' 등급이라고 불리는)를 했다. 다행히 그는 친절하고 이해심 많은 승무원에게 발각되었다. 소로킨은 그가 공부하기 위해 수도로 간다고 이야기했고, 이 점을 참작하여 승무원은 운임을 받는 대신 소로킨에게 열차 청소를 시켰다. 소로킨은 이런 '실천'의 경험을 바탕으로 그의 이론연구를 지속했다. 그가 상트페테르부르크에 도착했을 때 수중에 남은 여분의 돈은 50코페이카가 전부였다.

소로킨은 가까스로 중앙전기센터 직원으로 진급한 사람의 두 아들을 가르치는 가정교사 자리를 얻을 수 있었고, 대학의 입학허가를 받으려고 했지만 이것은 결코 쉬운 일이 아니었다. 신학교에서 퇴학당한 데다 김나지움(중등학교)을 다니지 못했기 때문에 대학에 들어갈 수 있는 방법은 오로지 하나였다. 그것은 고난이도의 '졸업시험' 여덟 과목과, 김나지움을 졸업하지 않은 학생이었기 때문에 봐야 할 추가과목을 통과하는 것이다. 라틴어, 그리스어, 프랑스어, 독일어, 수학은 제대로 배우지 못했지만, 소로킨은 야간학교 학생들 중에서 이 시험을 통과한 유일한 학생이었다. 유명한 야간학교 교사 중 한 명은 코미 지역 출신의 최초의 대학 교수였다. 소로킨은 교수의 아파트에 찾아가 놀란 교수의 부인에게 그가 방금 코미에서 왔으며 코미 출신의 교수님을 뵙고 싶다고 이야기했다. 당사자인 자코프(K. F. Jakov) 교수는 소로킨에게 야간학교 입학허가서뿐만 아니라 당시 훌륭한 지식인과 교류할 수 있도록 자신의 집을 개방했고 대학 내의 철학, 문학, 예술 서클에 그를 소개시켜주었다. 코미 출신의 교수는 소로킨의 개인생활에도 큰 영향을 주었다. 소로킨은 자코프의 연회에서 미래의 부인도 만나게 되었다.

자코프의 추천서를 통해 소로킨은 추가적으로 교사 자리를 얻을 수 있었고, 이를 통해 야간학교에서 3학기를 배우는 동안 약간의 월급을 받을 수 있었다. 다른 러시아의 수많은 학교처럼 이 학교 역시 혁명의 열기로 가득했다. 소로킨은 그와 생각을 공유하는 동료들과 토론을 주고받으면서 정규수업에서 더 많은 것을 배울 수 있었다.

2년 동안의 공부와 상트페테르부르크의 문화 및 지적 자극에 노출된 이후, 소로킨은 마지막 시험을 준비하기 위해 아버지의 고향 벨리키우스튜크로 돌아왔다. 그가 돌아온 이유는 요즘의 비유처럼 뿌리로 돌아가려는 것이 아니라 그의 삼촌과 이모 집에서 보다 저렴한 비용으로 생활할 수 있었기 때문이었다. 1909년, 그는 모든 과목에서 '최우수' 성적으로 시험을 통과하게 되었다.

상트페테르부르크로 다시 돌아온 직후, 소로킨은 새로 개설한 정신신경연구소에서 근무했다. 당시 몇 가지 사항이 그의 선택에 영향을 주었다. 첫째, 연구소의 프로그램이 대학보다 훨씬 유연했다. 둘째, 대학에서는 사회학과가 개설되지 않았지만 당시 연구소에서는 코발렙스키(Maksim Kovalevsky)와 로베르티(Eugene de Roberty) 같은 사회학자들이 활동 중이었다. 마지막으로 연구소 학생들의 상당수는 농촌이나 하층계급 출신이었기에, 이들은 일반 대학생들보다 혁명 사상에 대해 보다 수용적이었다. 연구소에서 지낸 첫해, 소로킨은 그의 교수들과 학생들의 관심을 끌었던 가장 우수한 학생 중 한 명이었다. 대학생이 되어야 징집이 면제되었기 때문에 연구소 학생이었던 소로킨은 연구소를 떠나 대학에 입학하게 되었다. 하지만 이후 몇 년 동안 연구소와 밀접하게 연계했다. 소로킨은 코발렙스키의 비서이자 조교였으며 대학원 진학 첫해에 연구소의 사회학 강사로 임명되었다.

비록 대학에서 사회학을 공식적인 입학 과목으로 인정하지 않았지만, 이 과목은 법학, 경제학, 범죄학, 역사학의 하위 분야로 배우게 되었다. 대부분의 사회학 강의는 법학과 경제학 담당 교수에 의해 이루어졌다. 소로킨은 사회학을 자신의 전공으로 선택했고 당시 국제적으로 저명했던 경제학자 투간-바라놉스키(Mikhail Tugan-Baranovsky)와 고전연구자 로스톱체프(Michael Rostovtzeff) 밑에서 공부했다. 소로킨은 그의 탁월함을 증명했으며 학부생임에도 사회학, 인류학, 철학 논문을 출판하기도 했다. 앞서 언급한 그의 첫 단행본인,『죄와 벌, 서비스와 보상』은 그가 3학년 때 쓴 글이다.

비록 소로킨이 대학 초기 시절에 그의 학문적 업적을 쌓을 수 있는 행운을 얻었고, 상트페테르부르크의 다양한 지식인 그룹에 받아들여졌지만, 학업 때문에 혁명 활동이 소홀하지 않도록 신경 썼다. 사실 그가 집에 없을 때 경찰이 그의 집을 급습하여 체포하려고 하는 등 그의 학업활동이 잠시 방해받은 적도 있었다. 경찰의 관심을 피하기 위해 소로킨은 가짜 여권을 만들고 국립의학학교 학생장교 유니폼을 입었다. 그다음에 남성간호사로 변장하여 결핵으로 고통받는 동료 혁명가와 함께 리비에라로 떠났다. 이러한 흔치 않은 환경이 북쪽 숲의 지방 출신 청년에게 유럽의 상류문화를 엿볼 수 있는 기회를 제공해주었다. 심지어 그는 몬테카를로 카지노에서 도박으로 수백 프랑을 따기도 했다. 아마도 도박으로 얻은 돈으로 최근 번역된 짐멜의 사회학 책을 구입했을 것이다. 몇 주 후, 대학가의 학생 소요는 진정되었으며 경찰 역시 경계를 완화했다. 따라서 소로킨은 다시 수도로 돌아와서 그의 학업을 계속할 수 있었다.

1911년에는 가까스로 경찰의 체포를 피할 수 있었지만, 1913년에는 운이 좋지 못했다. 그는 로마노프 왕조 300주년 기념식에 대항하여 왕조가 저지른 범죄와 실정을 폭로하는 팸플릿을 작성했다. 하지만 그는 경찰 앞잡이의 배신 때문에 체포되고 말았다. 이 젊은 혁명가는 비교적 안락한 감옥에 수감되었고, 감옥의 도서관에서 그의 작업을 계속할 수 있었다. 그곳에서 그는 조금 가볍고 편안한 책들, 예를 들면 트웨인(Mark Twain)의 『미시시피 강의 생활』(*Life on the Mississippi*)도 접했다. 그는 이후 자서전에서 다음과 같이 썼다. "이러한 책들은 그때까지 접해보지 못했던 것들이다. 언젠가는 미니에폴리스의 강변 근처에서 살고 싶다." 하지만 그 당시는 그렇게 살 수 없었다. 소로킨이 팸플릿 작성에 연루됐다는 증거가 부족하고, 소로킨의 동료 교수의 탄원 덕분에 얼마 안 가서 경찰은 그를 석방시켰으며, 소로킨은 다시 한 번 정식 교육에 몰입할 수 있었다.

1914년 소로킨은 최고 성적의 학위로 대학을 졸업했으며, 이후 곧바로 '교수직 준비를 위해 대학에 남은 사람'이라는 직위를 제안받았다. 그는 기쁘게 이 직위를 수락했다. 왜냐하면 그것은 그의 동료 대부분이 익숙하게 받아온 것이기 때문이었다. 장학금은 4년 동안 지급되었으며 이 기간 동안 석사학위(magistey)와 강사직위(privatocent)를 준비할 수 있었다. 당시에 사회학은 공인된 학문분야가 아니었기 때문에 소로킨은 범죄학과 교정학을 전공으로 선택했으며 헌법을 부전공으로 선택했다.

러시아에서는 미국보다 석사학위가 훨씬 가치가 있었다. 사실 대부분의 학자는 석사학위만 소지하고 있었고 훌륭한 논문을 쓴 극소수의 뛰어난 학자들만이 박사학위를 받았다. 석사학위를 취득하기 위한 구술시험은 3일 동안 치러 더 중요하게 여겨졌다. 4일째는 출제자들이 선정한 주제로 중요한 에세이를 쓰는 데 전력해야 했다. 일반적으로 이 시험을 약 4년에 준비하지만 소로킨은 단지 2년 동안 공부하고 1916년 시험에 합격했다. 이제 그는 대학에서 강사직위를 위한 칭호를 받았다. 그러나 '형법석사학위'를 취득하기 위해서는 논문을 제출해야 했다. 그는 학교에서 임명된 공식 심사위원과 비공식 심사위원, 공론장의 상대들로부터 엄격한 심사를 받고 논쟁을 거쳐야만 했다. 소로킨은 그의 단행본인 『죄와 벌, 서비스와 보상』을 논문으로 제출했고, 지도교수도 이에 동의하며 1917년 3월로 논문심사일을 설정했다. 하지만 혁명은 이 심사를 방해했다. 1917년 3월 이후, 모든 대학 생활은 수년간 정지되었다. 소로킨은 1922년 4월까지 사회학 박사학위 취득을 위해 『사회학체계』(System of Sociology)에 관한 두 논문을 제출했는데, 이를 위해 오랜 시간을 기다려야만 했다.

혁명과 그 후

전쟁 기간에 소로킨은 차르 정권에 대한 반대를 결코 멈추지 않았다. 그럼에도 그는 사회민주주의의 선각자 플레하노프와 마찬가지로 다수의 사회혁명가 동지의 의견에 동의하여 전쟁 노력을 지지하고 (다소 비판적으로) 전쟁의 빠른 종료와 독일과 단독강화를 주장하는 좌파에 반대했다. 국제좌파 그룹은 소로킨과 그의 동료들을 사회주의 애국자라고 불렀다.

혁명이 발생했을 때 대부분의 정치 지도자는 진영을 막론하고 이 상황을 매우 놀라워했다. 사회주의 애국자들은 이 상황을 양면적인 태도로 맞이했다. 그들은 수년간의 지하활동을 통해 혁명을 갈망했지만, 혁명이 서구 동맹과 러시아의 전쟁수행 능력을 약화시키지 않을까 우려했다. 게다가 추상적으로 혁명을 갈망했던 많은 지식인은 이제 혁명의 구체적인 모습을 혐오하기 시작했다. 소로킨의 일기는 이 시기의 이러한 양면성을 선명하게 보여준다. 그가 구체제의 붕괴를 크게 기뻐한 것은 부정할 수 없는 사실이다. 하지만 한편으로 혁명이 발생시킨 혼란의 소용돌이에 빠져 있었다. 소로킨은 '무규범적인 군중들'과 '야만적인 사람들'을 경찰에게 밀고하는 사람들, 반혁명론자들, 정보제공자들, 관료들을 학살하는 것을 목격하면서 그가 사랑했던 상트페테르부르크가 폭도들의 원리에 지배되는 것에 깊은 분노를 느꼈다.

차르의 퇴위와 임시정부의 수립 이후 소로킨은 정신없이 활동에 몰두했다. 그는 사회혁명세력 신문의 편집자가 되는 데 동의했다. 그런데 편집자들이 사회주의 애국자와 국제주의자로 나뉘어 있는 것을 알게 되었다. 따라서 신문은 한 면에 실린 기사가 다른 면에서는 무자비하게 공격당하는 형세였다. 그는 여러 회의와 학회를 다니면서 당의 우익 세력을 붙잡기 위해 노력했다. 그는 전(全) 러시아농부 평의회를 조직하여 급진적인 노동자 평의회와 균형을 맞추려고 노력했다. 하지만 모든 것은 무익한 시도였다. 그는 결국 북부의 고향으로 돌아가 그곳의 농부들에게 임시정부를 지지할 것과 급진파를 적으로 삼는 것이 구원의 유일한 길임을 설득했다. 그는 그의 일기에서 다음과 같이 기록했다. "끊임없이 돌아다니는 군중들과 무질서, 더러움, 히스테리로 가득 찬 도시를 떠나 내가 사랑하는 고요함을 다시 얻을 수 있는 것이 큰 위안이 된다." 소로킨은 과거 그가 그토록 갈망했던 혁명의 모습을 대면하면서 환상과 미몽에서 완전히 깨어났다. 차르의 통치 시절 혁명은 얼마나 아름답게 비춰졌는가, 그리고 그 후 혁명은 얼마나 추악하게 변해버렸는가. 그는 일기에 "나는 때로는 내 자신이 길 잃은 개처럼 느껴진다"고 기록했다.

이처럼 정신없고 분주한 활동들은 소로킨이 페트로그라드에 돌아간 후에도 계속되었다. 그의 심신의 에너지는 고갈되어갔다. 그는 회의로 인해 피곤하고 지치기도 했지만, 동시에 흥분하기도 하고 명민함을 되찾기도 했다. 이러한 모든 과정 가운데 5월 말, 소로킨은 동료학생이자 식물학자인 바라틴스키(Elena Baratinsky)와 결혼했다. 교회에서의 혼인예식이 끝난 후 중요한 회의에 참가해야 했기 때문에 그의 새로운 부인과 친구들은 신랑을 위해 30분 이내로 점심식사를 마쳐야만 했고, 소로킨은 또 다른 '지긋지긋한 회의'에 참가하기 위해 서둘러야만 했다.

1917년 7월, 새로운 폭동 한복판에서 케렌스키(Aleksandr Kerenskii)의 임시정부는 생존을 위해 고군분투하고 있었다. 소로킨은 총리의 비서 역할을 수행하기로 결심했다. 하지만 그가 할 수 있는 일은 매우 제한적이었다. 볼셰비키는 정권을 잡기 위해 대기 중이었고 그들을 결코 멈출 수 없었다. 몇 달 후 볼셰비키는 케렌스키 정부를 전복시켰으며, 러시아 소비에트 공화국을 수립했다. 소로킨과 그의 동료들은 단명한 제헌의회와 여러 곳에서 열심히 싸웠지만 그들의 대의가 패배했다는 점을 깨달았다. 그들은 이제 자신들이 지난 수년간 투쟁해왔던 차르 시대의 관료 같은 '구체제의 사람들'로 취급됨을 알게 되었다.

내전 기간 중 기근과 탈진의 시기가 찾아왔을 때, 짧은 시간 동안 권력의 자리에 앉았던 소로킨은 많은 희생자 중 한 명이 되었다. 1918년 1월 초반, 소로킨은 자신이 편집하던 반(反)볼셰비키 신문 사무실에서 체포되었다. 두 달 후 풀려난 소로킨과 그의 부인은 반볼셰비키 집단을 부활시키려는 의도를 갖고 모스크바로 갔다. 그는 새로운 신문을 창간하려고 시도했지만 그가 첫 부를 발간하자마자 신문사는 공격당하고 말았다. 그 후 곧바로 북부 지역으로 되돌아가 가명으로 지하활동을 시작했다. 그는 아르한겔스크에 상륙한 영국 원정군의 도움으로 볼셰비키 정권이 붕괴하기를 희망했다. 하지만 영국군은 반혁명군에게 오직 제한적인 지원만을 했고, 반혁명 세력은 초기의 성공 이후 완전히 대패했다. 소로킨의 삶은 위험에 처했다. 그의 이름은 반혁명자의 수배명단에 올라가 있었으며 수배를 피해 이 마을 저 마을로 유랑했다. 그는 몇 달간 숲속에서 숨어서 살았다. 결국 그는 그의 가족과 쉴 곳이 있는 고향으로 되돌아왔지만, 그의 가족을 위험에 빠뜨리지 않기 위해 그곳에 오래 머물지 않았다. 소로킨은 비밀경찰의 지역 사무소인 체카(Checkha)에 찾아가 자수했다. 그는 벨리키우스튜크의 감옥에 수감되었으며 언제든지 처형될 수 있는 운명이었다. 하지만 1918년 12월, 소로킨은 레닌의 명령에 따라 석방되었다.

소로킨이 석방되기 며칠 전 레닌은 『프라우다』(Pravda) 신문에 한 편의 글을 기고했다. 레닌은 지식계급에 대한 정부 정책에 큰 변화를 발표했다. 그는 차르와 용감하게 싸웠으나 현 정부에는 적대적인 농촌출신의 지식인들의 충성을 얻는 것이 중요한 일이라고 주장했다. 레닌은 사회주의자들이 이들을 박해하는 것을 멈추어야 하며 이들을 동지로 만들어야 한다고 말했다. 소로킨이 풀려나 러시아로 갈 수 있었던 것은 이러한 새로운 명령 덕분이었다. 이후 밝혀진 바에 따르면, 당시의 정치위원이었던 소로킨의 옛 제자가 그가 잘 아는 레닌 내각의 요인에게 탄원을 했다는 것이다. 그들은 레닌과 대화를 했고, 최고지도자를 성공적으로 설득시킬 수 있었다. 『프라우다』의 글은 소로킨을 죽음에서 구원했으며 그의 석방을 지시했다. 1918년 말, 소로킨은 페트로그라드대학으로 돌아와서 그의 학문 활동을 계속했지만, 활동가로서의 삶은 끝나버렸다.

소로킨은 끼니를 거르는 등 개인적으로 가혹한 상황 속에서 살았음에도, 재개강한 대학에서 정규 강의만 한 것이 아니라 중요한 학술서적을 저술하기 시작했다. 그는 법학과 사회학 기초교재를 작성하면서도 저서『사회학체계』제1권과 제2권의 집필을 완료했다. 하지만 이 책을 출판하기 위해서는 집필을 위해 노력한 에너지만큼의 업무가 필요했다. 왜냐하면 이책들은 엄격한 사회주의의 검열을 통과하기가 어려웠기 때문이다. 일반출판사 한 곳과 국립출판사 두 군데에서 근무하는 소로킨의 친구들은 비밀리에 800쪽 이상을 출판했다. 표제지의 검열허가서는 위조되었고 각 권들은 만 부 이상 출판되었는데, 2~3주 만에 모두 판매되었다. 정부가 출판과판매를 알아차리고 이 책을 회수하려고 시도했지만 이미 판매가 완료되었기에 아무것도 회수할 수 없었다. 이 사건 직후에 소로킨은 새로 설립된 사회학부의 학장으로 취임했으며, 불법으로 출간된 두 권의 책을 교수회의에 그의 박사논문으로 제출했다. 평상시보다 오랜 토의 끝에 교수단은 소로킨의 논문이 대학이 요구하는 모든 사항을 충족시켰는지 만장일치로 투표를 하여 수용여부를 판단했다. 최종적으로 1922년 4월 22일 소로킨은 박사학위를 받을 수 있었다. 이것은 정말이지 멀고도 고통스러운 여정이었다. 그럼에도 당시 소로킨의 나이는 단지 서른셋에 불과했다. 많은 미국의 사회학도가 소로킨의 나이에 박사학위를 취득하지 못하는 것이 보통이다.

그가 기존에 계획했던 세 권의『사회학체계』중 두 권이 출판된 후, 소로킨은 그의 마지막 저서를 집필하는 작업을 연기했다. 그는 이 작업보다 사마라와 사라토프 지역에서 발생한 대규모 기근에 대한 첫 번째 연구에 집중했다. 이러한 지적 호기심의 결과물로서『인간행위 및 사회적 삶과 사회조직에 미치는 굶주림의 영향』(*The Influence of Hunger on Human Behavior, on Social Life and Social Organization*)이라는 저서가 1922년 5월 출간되었다. 하지만 검열 후 저서는 심각하게 훼손되었다. 많은 문단과 심지어 전체 장이 통째로 잘려나가기도 했다. 이 책은 최근 소로킨의 미망인이 죽기 직전에 영문판으로 재출간되었다.[34]

1922년, 비공산주의 지식인을 체포하는 새로운 파도가 페트로그라드대학에도 들이닥쳤다. 소로킨은 그가 잘 알려지지 않았던 모스크바로 탈출했다. 체포당한 모든 사람이 해외로 추방당한다는 사실을 들었을 때 그는 자발적으로 체카에 가서 자수했다. 며칠간 일상적인 삶이 지속된 후 그는 여권을 받았다. 1922년 9월 23일, 소로킨은 조국 러시아를 떠났으며 다시는 돌아가지 않았다.

미국에서의 초기 생활

마사리크 대통령(Tomáš Masaryk, 체코의 사회학자 겸 민족주의 지도자로 1918~35년에 대통령 자리에 앉았다 ― 옮긴이)의 제안에 따라 소로킨은 체코슬로바키아에서 1년가량 체류했다. 그 후 헤이스(Edward Hayes)와 로스의 제안에 따라 러시아혁명에 관한 내용을 강의하기 위해 미국으로 건너가게 되었다. 1923년 10월, 뉴욕에 도착한 소로킨은 영어 수업을 들었으며 여러 교회 예배에도 참석했다. 비록 완벽하지는 않지만 충분한 영어 실력을 습득한 후 그는 바서대학에서 처음으로 강의를 시작했다. 미국 정착 초기 시절, 그는 저서 집필에 몰두했다. 그는『혁명의 사회학』(*The Sociology of Revolution*)[35]과『러시아 일기의 편린』(*Leaves from a Russian Diary*)의 주요 부분을 작성했다. 소로킨은 일리노이대학과 위스콘신대학에서 러시아 혁명과 관련 사건들을 강의하면서 학문생활을 지속했다. 예측할 수 있듯이, 젊은 학자들은 소로킨을 배운 것 없는 일개 정치적 망명자로 취급했다. 하지만 소장학자들의 이러한 적대적인 태도는 쿨리, 로스, 기딩스 같은 당대의 유명한 사회학자들의 도움으로 말미암아 완화될 수 있었다. 소로킨은 여러 대학에서 강의를 이어나갔으며, 1924년 미네소타대학 사회학과장이었던 프랜시스 채핀(Francis Chapin)의 초대를 받아 여름학기 동안 공부를 가르쳤다. 여름학기 수업은 다음 해 소로킨에게 일반 교수 월급의 절반만 받을 수 있는 방문 교수 직위를 선사해주었다. 얼마 후 그는 일반 교수직위를 받을 수 있었지만 그의 월급은 그의 동료 미국인 교수들보다 훨씬 적었다. 미네소타대학에 재직하면서 소로킨은 훌륭한 학생 여럿을 가르쳤다. C. A. 앤더슨(C. A. Anderson), 테우버(Conrad Taeuber), 토머스 린

스미스(Thomas Lynn Smith)와 이후 농촌사회학에 큰 기여를 한 덩컨(Otis Duncan)도 여기에 포함된다.

그러는 동안 소로킨의 부인은 대학원 진학을 결심했으며 1925년 식물학 박사학위를 취득했다. 대학의 엄격한 정실주의 금지원칙이 그녀가 대학에서 강사직을 얻는 것을 허락하지 않았기 때문에 근처의 햄린대학에서 식물학 교수직을 얻었다.

미네소타대학에서 6년간 근무하면서 생산해낸 소로킨의 학문적 업적은 실로 대단한 것이었다. 『혁명의 사회학』은 1925년 출간되었다. 이 분야의 후속 연구들이 크게 의존하고 있는 『사회이동』(*Social Mobility*)[36]은 1927년 출간되었다. 그리고 1년 후 기념비적이며 선행 사회학자들을 비판적으로 검토한 『현대사회학이론』(*Contemporary Sociological Theories*)[37]이 출간되었다. 1929년에는 그의 평생 친구가 된 짐머만(Carle Zimmerman)과 함께 『농촌-도시사회학의 원리들』(*Principles of Rural-Urban Sociology*)[38]을 펴냈다. 1930년과 1932년 사이에는 짐머만, 갈핀(Charles Galpin)과 공저로 총 세 권으로 이루어진 『농촌사회학의 체계적 자료집』(*A Systematic Source-Book in Rural Sociology*)[39]을 발간했다. 사람들이 예측할 수 있듯이 소로킨은 영어를 완전히 숙달하지 못했지만 낯선 학계의 환경에 적응하기 위해 부단히 노력했으며 결국 훌륭한 성과를 거둘 수 있었다.

소로킨을 미국사회학계의 선두에 위치시킨 이 저서들에 대한 평가는 상반되었다. 어떤 사람들은 이것을 혹평했지만 이 분야의 권위자인 쿨리, 로스, 기딩스, 채핀, 서덜랜드(Edwin Sutherland)는 이 저서의 학문적 업적을 칭송했다. 그 결과 소로킨은 가장 좋은 두 대학에서 교수직을 제안받았지만 거부했다. 하지만 하버드대학의 로웰(Abbott Lowell) 총장이 그를 하버드대학 사회학과의 초대 학과장으로 초빙했을 때 이 제안을 승낙했다. 그는 하버드대학이 위치한 케임브리지에서 1930~55년에 교편을 잡았다. 그리고 1959년 그가 일흔 살이 되어 은퇴하기 전까지 하버드대학의 '창조적인 이타주의 연구센터'를 주도했다.

하버드대학 시절

하버드대학에 재직하는 동안 소로킨은 미국사회학에 중요하고 창조적인 기여를 할 수 있었다. 그가 하버드대학에 막 도착했을 당시 사회학부는 아직 존재하지도 않았기 때문에 소로킨은 경제학과에 배치되었다. 하지만 1930~31학년도 첫 학기에 사회학과의 분립이 승인되었고 다음 해 소로킨은 사회학과 학장에 취임했다. 1919~20년, 페트로그라드대학에서 사회학과를 설립한 인물이 12년이 지난 시점에 하버드대학 최초로 사회학과를 설립할 수 있는 기회를 잡게 된 것이다.

비록 학과의 규모는 작았지만, 사회학과는 순식간에 명성을 얻게 되었다. 소로킨은 미네소타대학에서 같이 활동했던 짐머만을 설득하여 초빙했고, 당시 경제학과에서 가르치고 있었던 파슨스를 사회학과 강사로 임명했다. 일반강좌와 특별강좌는 하버드대학의 유능한 학자들에 의해 이루어졌는데, 종교사회학의 녹(Arthur Nock), 법사회학의 파운드(Dean Pound), 범죄학의 글루크(Sheldon Glueck), 그리고 사회심리학의 올포트(Gordon Allport)가 참여했다. 또한 소로킨은 토머스, 위스콘신 출신의 하워드 베커(Howard Becker), 쾰른대학의 비제 같은 외부의 훌륭한 학자들도 초빙했다.

당시 『사회행동의 이론』(*Theory of Social Action*)을 집필 중이었던 파슨스는 사회학과에 취임한 직후부터 소로킨 다음으로 대학원생들에게 큰 영향을 주었다. 그 학생들은 하버드대학 대학원을 졸업하자마자 사회학계를 이끌어나갔다. 대표적으로 머튼, 무어(Wilbert Moore), 킹슬리 데이비스(Kingsley Davis)와 윌리엄스(Robin Williams) 등이 소로킨과 파슨스의 영향을 받았다. (사실 파슨스의 영향을 더 많이 받았다.) 또한 디누드(Neil DeNood), 티랴키안(Edward Tiryakian), 두워즈(R. DuWors)도 소로킨의 발자취를 따랐다.

소로킨은 특이한 설명방식과 내용 전달방식을 가진 조금은 독특한 교수였다. 그는 러시아 억양을 지니고 있었다. 또한 그가 단상에 올라 이야기할 때면 학생들은 강의를 듣는 것이 아니라 교회의 열렬한 설교를 듣는 것 같았다. '사회학의 원리'(공식적으로는 '사회학A'로 표기되었다) 수업은 하버

드대학 크림슨 비공개 설명서에 따르면, 일반적으로 소로킨A로 불렸다.[40]

당시 소로킨의 수업을 수강했던 사회학자 비어스테트(Robert Bierstedt)는 그의 수업방식을 다음과 같이 생생하게 묘사했다. "소로킨은 굉장히 과장되게 행동한 강의자였다. 그는 육체적으로 엄청나게 활력적이었다. 그는 종종 칠판을 때리기도 했으며 이 와중에 분필이 깨지는 일도 빈번하게 발생했다. 소로킨의 교실에는 칠판이 세 면에 부착되어 있었는데, 수업이 끝날 무렵에는 일반적으로 이 세 칠판 모두 상형문자로 가득했고, 분필가루는 교실 안을 가득 매웠다. 소로킨은 과장되게 행동하기도 했지만 또한 극단적이기까지 했다. 어떠한 미국의 사회학자도 소로킨으로부터 칭찬을 듣지는 못했으며 오히려 그 반대에 가까웠다. ……런드버그(Geroge Lundberg)에 대한 소로킨의 반응은 그야말로 전형적이었다. 그는 어느 날 아침 강의실에 들어와서 런드버그의 신간 중 하나를 흔들면서 말했다. '여기 내 친구인 런드버그의 논문이 있다. 하지만 불행하게도 그는 아는 것이 전혀 없다. 아마도 그 친구가 심각한 병이 있음에 틀림없다! 그는 이따위 글이나 쓰려고 이 세상에 태어난 것은 아닐 텐데 말이야.' 또 다른 때 소로킨은 나에게 이렇게 말했다. '존 듀이, 존 듀이, 존 듀이! 나는 존 듀이의 책을 한 번 읽어보았고, 나는 존 듀이의 또 다른 책을 읽어보았고, 나는 존 듀이의 세 번째 책을 읽어보았다! 하지만 책에는 아무런 내용도 없었다!'"[41]

하버드대학에 임용된 직후 소로킨은 1937~41년에 『사회문화적 동학』이라는 제목의 네 권짜리 연구서를 발간했다. 이 거대한 작업을 완료하기 위해서 소로킨은 러시아에서 망명 온 학자들과 그의 학생이었던 머튼이나 볼디레프(John Boldyreff)를 동료로 삼았다. 그들은 주로 데이터를 모으는 일, 통계를 분석하는 일, 참고문헌을 찾아보는 일 등의 기초적인 업무를 담당했다. 하버드대학은 이 프로젝트를 위해 4년 동안 총 1만 달러가량을 지원했다.

소로킨은 당시 학문의 정점에 이르렀지만 하버드대학에서의 생활은 엄청난 스트레스를 동반했다. 미국의 다른 대학들처럼 하버드대학의 학과장 직위 역시 권한이 강하지 않았다. 하지만 소로킨은 여전히 유럽식 모델을 갈망한 것 같다. 소로킨은 하버드대학에서 안정적인 지위를 구축했지만 학과 전체를 결코 혼자서 좌지우지할 수 없었다. 학생들로부터 존경받고 심지어 숭배의 대상이 되는 교수의 직위는 소로킨 혼자만의 것이 아니었다. 소로킨이 학과장이었을 때 파슨스는 젊은 강사에 불과했지만 이제는 그 자리를 어쩔 수 없이 파슨스와 나누어야만 했다. 파슨스와 소로킨은 몇 가지 공통점이 있었다. 이 둘은 문화적 상징이 사회 행동을 결정하는 데 핵심적 원리라는 것에서 유사했다. 그러나 그들은 그들의 관점을 결코 일치시킬 수는 없었다. 이 기간 그 두 사람은 냉랭하고 경쟁적이면서도 공존하는 관계였다고 할 수 있다. 소로킨이 하버드대학 사회학과를 독립시키고 설립한 것은 사실이지만, 그는 이후 이곳에 그만의 자취를 남기는 데는 실패했다.

소로킨은 점차 보수적으로 변해가고 있었다. 사실 이는 어쩌면 이해할 수 있는 사항이다. 그가 하버드대학의 교수로 임명되었을 때, 다양한 마르크스주의와 비마르크스 급진주의사상들이 번창했고 사회적으로는 위기상황이었다. 또한 코미 사람들은 어떤 면에서 분명 보수적이었다. 소로킨은 보수적인 자유주의자이자 기독교 무정부주의자로서, 또한 농부로서의 경험 때문에 중앙집권국가를 결코 신뢰하지 않았다. 그리고 러시아혁명의 경험을 통해 이러한 불신은 한층 더 강화되었다. 이 때문에 그는 미국의 동료들과 별다른 공통점을 가질 수 없었다. 소로킨의 학생이었던 아서 데이비스(Arthur Davis)는 흥미로운 일화를 들려주었다. 데이비스가 기업협회 노조의 전단을 나누어준 혐의로 보스턴 경찰에 체포되었을 때 치안판사는 그를 풀어주었지만 한 교수가 이러한 체포 경력은 학업을 위협할 수도 있다고 경고했다. 소로킨이 학과장으로서 이 이야기를 들었을 때 소로킨 자신은 차르 시절에 세 번, 볼셰비키 시절에 세 번, 총 여섯 번 수감되었다고 말하고 이를 무시했다.[42]

소로킨은 행정적인 의무를 결코 좋아하지 않았다. 그가 행정적 의무를 더 이상 담당하지 않도록 대학 행정당국에 요구했지만 두 번이나 묵살당하고 말았다. 몇 년 동안 그 일을 담당한 후 1942년, 소로킨의 사임이 허락되었다. 이후 파슨스가 학과 지위를 담당했고 사회관계학과로 재편되었다. 이때부터 소로킨은 하버드대학 사회학과의 발전과정에서 주변적인 역할로 밀려났다. 1950년대 사회학과 건물인 에머슨 홀의 내가 예상한 곳에서 소로킨의 연구실(즉 대부분의 연구가 이루어지는 곳)을 찾을 수 없었던 것을 기억한다. 소로킨과 짐머만의 연구실은 위층(나의 기억으로는 적막해 보이는)에 자리 잡고 있었다. 듣기 좋은 소리는 아니지만, 파슨스의 『사회체계』(*The Social System*)가 출간된 후 소로킨은 파슨스의 책에서 핵심적인 아이디어가 사실은 자신의 것을 베꼈다는 것을 증명하기 위해 사회학과 사무실 문턱 아래로 글(등사판으로 찍은)을 밀어 넣기도 했다.

학과 내에서 소로킨은 소외를 당했지만, 1940년대 말 '창조적인 이타주의 연구센터'를 세우면서 심적 우울함을 조금이나마 보상받을 수 있었다. 소로킨은 원래 재정적 지원과 연구원 없이 진행할 계획이었다. 하지만 기대치 않게 대형 제약회사의 대표이자 저명한 자선가인 릴리(Ely Lilly)가 소로킨의 연구에 흥미를 보였고 2만 달러를 지원했다. 소로킨이 그의 연구 결과 중 일부를 발표했을 때, 릴리는 소로킨과의 면담을 희망했다. 지원받은 2만 달러 중에서 오직 248달러만을 사용했다고 이야기하자, 릴리는 전형적인 미국인의 조급함을 보이면서 의문을 품었다. "좀더 이 일에 열의를 쏟을 수 없나요?"라며 소로킨의 동의와 함께 연구소에 5년 동안 10만 달러를 지원할 것을 약속했다. 나는 이 연구소의 논문들의 성과들을 평가하는 것이 조금 꺼려진다. 비록 모든 연구가 "이타적인 사람들이 이기적인 사람들보다 오래 산다"라는 깜짝 놀랄 만한 결과를 보여줬던 것은 아니었지만, 어쨌든 전반적으로 내가 느끼기에는 노력한 것에 비해 결과가 좋지 않았던 것 같다.

초창기 하버드대학에서 소로킨의 영향력은 매우 막강했다. 영국의 문학비평가 존 그로스(John Gross)가 그의 동료 리비스(Frank Leavis)에 대해 한 말은 소로킨의 상황에도 동일하게 적용될 수 있을 것 같다. "똑똑한 학생들은 그를 해방자로 환영했다. 그러고 나서 학생들은 그의 해방자적 영향력에서 벗어나기 위해 수년간 노력해야만 한다는 것을 알게 되었다."[43] 이것은 전적으로 사실이다. 『사회문화적 동학』을 출간한 후 소로킨의 학문세계는 편협하고 교조적으로 변했다. 그가 학술적 논문을 작성하는 것에서 벗어나 사회의 예언자 역할로 방향을 바꾸었을 때, 이 점은 더욱 두드러지게 나타났다. 1940년대 소로킨의 두 저작, 1943년 출간된 『사회문화적 인과성, 공간, 시간』[44], 1947년 출간된 『사회, 문화 그리고 개성』(*Society, Culture and Personality*)[45]은 여전히 그의 초기 저작의 핵심과 흐름을 유지하고 있었다. 하지만 40년대 이후 출간된 그의 책들은 멸망과 재난을 예견하는 선지자 역할을 훨씬 선호했다. 이 시기 출판된 책으로는 『우리 시대의 위기』(*Crisis of Our Age*, 1941), 『재앙에 빠진 인간과 사회』(*Man and Society in Calamity*, 1942), 『인간성의 재구축』(*Reconstruction of Humanity*, 1948), 『이타적인 사랑』(*Altruistic Love*, 1950), 『위기 시대의 사회사상』 (*Social Philosophies of an Age of Crisis*, 1950), 『이타적 사랑과 행동의 탐구』 (*Explorations in Altruistic Love and Behavior*, 1950), 『S. O. S. 우리 위기의 의미』(*S. O. S. The Meaning of Our Crisis*, 1951), 『사랑의 방법과 힘』(*The Ways and Power of Love*, 1954), 『미국의 섹스 혁명』(*The American Sex Revolution*, 1957), 『권력과 도덕』(*Power and Morality*, 1959)이 있다. 이러한 저서들이 동시대인의 잘못과 죄악에 대해 예언자로서 고발한 점에서 얼마나 가치가 있었는지는 논외로 하더라도, 이 저서들은 사회학이론에 별다른 공헌을 하지 못했다.

소로킨은 그의 말년에 딱 두 번, 이전보다 훨씬 엄격한 사회학적 분석을 통해 연구에 복귀했다. 그는 1956년 출간된 『현대사회학과 인접 학문에서의 유행과 약점』(*Fads and Foibles in Modern Sociology and Related Sciences*)[46] 이라는 책을 통해서 사회학계에서 일반적인, 특히 가장 경험적이고 통계적인 기법을 사용하는 논문들을 격렬하게 비판했다. 비록 이 책에서 경험적 연구방법을 잘못 사용하고 남용한 점을 설득력 있게 잘 관찰했음에도 불구하고, 모든 것을 포함하는 포괄적인 용어로 표현했기 때문에 그 장점을 잃어버렸다. 그 책은 또한 상당히 명확한 관찰에 근거하고 있지만 자신도 통계기법을 사용했던(때로는 대부분 통계학자들에게 의문시되는 방법을 사용하기도 하는) 저자가 모든 현대사회학이 수에 미쳐서 '양적주의' (quantophrenia)에 복종하고 있다고 규탄하는 것은 적절하지 않다. 결과적으로 그 책은 소로킨에게 헌신했던 옛 학생들에게도 당혹감을 심어주었다.

그의 유명한 저작 『현대사회학이론』의 속편으로, 『오늘날의 사회학이론』(*Sociological Theories of Today*)[47]이라는 제목의 저서는 보다 호의적인 환영과 평가를 받았다. 이 저서는 소로킨과 동시대를 살고 있는 학자들과 선배들에 대한 독설로 가득 차 있었다. 그럼에도 소로킨은 노년의 문턱에서, 그 자신이 전적으로 거부해온 사회학적 아이디어와 이론을 진지하게 대하고 비판할 수 있는 지적 능력을 보여주었다.

소로킨은 결코 자신의 능력을 과소평가하는 사람은 아니었다. 사실 그는 종종 그의 학문적 업적이 아리스토텔레스(Aristotle)와 필적한다는 소리를 듣기도 했다. 이런 점에 비춰 소로킨이 말년에 동시대의 사회학자보다 뒤떨어진다는 평가에 얼마나 고통을 받았는지 유추가 가능하다. 그럼에도 소로킨은 자신감을 상실하지 않았다. 코미의 시골청년은 상트페테르부르크의 멋쟁이들에게 거부당한 경험이 있었지만 결과적으로 그들 모두를 앞질렀다. 왜 그가 타락한 '감각' 문화의 대리자들에 의해서 소외당하는 것을 걱정할 필요가 있었겠는가. 소로킨은 자신의 길을 뚜벅뚜벅 걸어갔으며 문자 그대로 자신만의 정원을 가꾸었다. 윈체스터 교외에 화려한 정원을 가꾸어 원예협회에서 받은 상은 아마도 그가 받은 모든 상, 그의 동료인 미국사회학회 학회장이 수여한 상들만큼이나 자랑스러워했을 것이다. 어머니의 길을 따라 과학자가 된 그의 두 아들과 세계 도처에서 그를 존경하는 친구들은 소로킨의 말년에 그가 그토록 반복하여 강조했고 중요하다고 여겼던 사랑으로 둘러싸여 있는 것을 목격했다. 1968년 2월 11일 이 노년의 검투사가 세상을 떠났을 때, 생전에 그가 날카롭게 공격한 사람들조차도 소로킨 같은 학자는 아마 이 세상에 다시 등장하기 어려울 것 같다는 사실에 동의했다.

나는 야윈 노인이 브랜다이스대학의 최신식 강의실 강단에 서서, **감각적** 문화의 유혹과 덫에서 벗어나 자신들의 오류를 자각하고 **이상적인** 정의의 길로 되돌아올 것을 간절하게 설교하는 모습을 결코 잊지 못할 것이다. 소로킨의 이러한 모습은 나에게 마치 야생의 숲에서 죄 많고 부정한 농부들을 주님의 진실된 길로 인도하려는 순회설교자를 연상시켰다.

지적 배경

　소로킨의 주요한 저작들을 표면적으로만 살펴보아도 그가 백과사전처럼 넓은 주제를 다루었다는 사실을 알 수 있다. 그의 저서『현대사회학이론』에서 다룬 범위와 영역들을 살펴보면, 소로킨이 법학과 다양한 철학분야를 포함하여 인접 사회과학 대부분의 저서를 섭렵했음을 알 수 있다. 따라서 소로킨이 어떠한 학자들에게 익숙했고 누구로부터 영향을 받았는지를 서술하는 것 자체가 사실상 불가능하다. 하지만 이 책에서 다룬 거장들, 예를 들어 콩트, 베버, 마르크스, 짐멜, 파레토는 틀림없이 소로킨의 학문세계에 큰 영향을 주었다. 따라서 소로킨의 사상적 유산을 설명하는 데서 서구 학자들에게 오직 부분적으로만 알려진 19세기와 20세기 러시아의 주요 사상가들의 영향만을 서술하지 않는 것은 일면 타당하다고 할 수있다.

　소로킨은 러시아의 양대 지성사(대중적 이상주의와 실증적 · 결정적 행동주의)의 합류지점에 서 있었다. 이러한 두 지성의 전통은 다닐렙스키(Nikolai Danilevsky, 1822~85)로 대표되는 여러 역사철학자와 코발렙스키(1851~1916)처럼 인간 발달의 단계이론을 주장하는 사람들로서 분명 소로킨에게 광범위한 영향을 주었다. 하지만 이 영향을 절대적이라고 말할 수는 없다.

인민주의사상: 게르첸, 라브로프, 미하일롭스키 48

　19세기 차르에 반대한 혁명적인 '인민주의자'들은 '인민 속으로 들어가는 것'이야말로 세상을 구원할 유일한 길임을 열렬하게 설파했다. 그들을 단지 '이상주의자'로 여기는 것은 완전한 설명이라고 할 수 없다. 전부는 아니지만 이들 대부분은 과학적인 결정론과 실증주의 교리의 신봉자이기도 했다. 그들은 또한 역사 과정에서 주관적인 상황정의의 중요성을 중시하는 주체적 개인들이었지만, 동시에 객관적인 역사발전의 법칙을 숭배하기도 했다. 그들은 콩트와 칸트 사이를, 결정론적 실증주의와 초월적 또는 낭만적 이상주의 사이를 맴돌았다. 따라서 그들이 안정적인 사상적 기반을 형성하는 것은 어쩌면 불가능한 일이었는지도 모른다. 인민주의자들은 요동치는 다양한 사상의 파도에 잠겨 있었기 때문에, 독일과 프랑스 그리고 영국에서 불어온 교리의 바람에도 개방적이었다. 그럼에도 그들은 가장 우선적인 사상, 오직 구원은 **인민**(narod)에서만 찾을 수 있다는 것에 대해서 의견일치를 보았다. 인민주의자들은 상당수 귀족 출신이었지만, 그들은 자신들이 태어나고 자란 상류문화를 혐오했다. 그들은 자신들이 누리고 있는 문화가 사실은 농부들을 약탈해서 형성된 비인간적인 것이며, 그 문화의 중심은 완전히 부패했다고 여겼다. 그러므로 어느 한 귀족 출신의 인민주의자는 "우리를 시골로 가도록 하라! 인간을 믿는 모든 사람을 뭉치게 하라! 오직 위대한 인민들은 마을에 있고, **공동체**(obshchina)에서만 찾을 수 있으며, 그곳에서 구원을 얻을 수 있다"[49]고 이야기하기도 했다.

벌린의 평가에 따르면, "게르첸(Aleksandr Hertsen)은 디드로와 마찬가지로 그의 의견과 활동이 조국의 사회사상의 방향을 놓은, 신선한 천재였다."[50] 1848년, 프랑스혁명이 실패로 돌아가자 그는 매우 절망했으며 이후 러시아의 급진적 인민주의의 선구자가 되었다. 그는 자신이 지니고 있었던 신념, 예를 들면 이전의 유럽식 자유주의, 프랑스 사회주의 사상, 필연적인 진보와 계몽에 대한 믿음에서 멀어졌다. 게르첸은 오직 순수한 러시아 사람들의 공동체적인 제도의 힘이야말로 미완성에 그친 유럽식 급진주의 전통을 실현시킬 수 있다고 보았다. 그는 1848년의 실패 후, 그가 꿈꾸는 사회주의 인민사회가 실현되려면 일단 현존하는 러시아 농촌사회에 이것이 성공적으로 뿌리내려야 한다고 믿었다. 즉 게르첸은 부패하고 타락한 제국정부 통치의 뒤를 이어 새로운 러시아를 형성시킬 수 있는 것은 농촌공동체였던 **미르**라고 보았다.

　게르첸은 **미르**가 지니고 있는 훌륭한 세 가지 가치, 즉 모든 개인이 토지를 경작할 권리를 갖고 토지의 소유권은 공동체에 귀속되며 촌락공동체의 자율적 관리가 이루어지는 것을 높이 평가했다. 게르첸의 사상은 그의 일생 동안 다양한 변화를 거쳤다. 하지만 게르첸은 1848년 이후부터는 이 핵심적인 아이디어만을 고수했다. 게르첸은 마르크스주의자들뿐만 아니라 다른 역사결정론을 신봉하는 사람들로부터 극심한 공격을 받았다. 이들은 러시아가 더 높은 수준의 발전단계로 나아가기 위해서는 먼저 자본주의 경제발전단계를 경험해야 한다고 보았다. 게르첸은 역사의 가능성은 항상 열려 있다고 답변하면서 이들처럼 역사발전을 단선적으로 바라보는 것은 오류라고 지적했다. 그는 **미르**에 기반을 둠으로써 부르주아와 로마가톨릭의 더러운 손 없이도 러시아는 더 높은 발전단계로 곧장 나갈 수 있다고 보았다. 그리고 이러한 사회주의는 부패와 서구 자본주의사회를 피할 수 있으며, 또한 서구의 중앙집권적인 국가 중심의 사회주의의 부정적 영향도 피할 수 있을 것이라 여겼다. 게르첸은 오히려 러시아 사회주의는 농촌 전통에 깊게 뿌리내림으로써, 낙인찍히고 망가진 유럽식 프롤레타리아 사회주의와 공산주의에서 벗어나 탈중앙적인 공동체와 연방주의적인 사회주의를 건설할 수 있을 것이라고 전망했다.

　하지만 불행하게도 게르첸의 저서들은 논리적이지도 체계적이지도 못했다. 후대의 인민주의자들은 이러한 결점을 해결하기 위한 방도를 모색했지만 결국 성공하지 못했다.

　라브로프(1823~1900)는 러시아 최초의 인민주의자 겸 사회학자였다. 그 또한 게르첸만큼이나 **미르**의 이상을 신봉했다. 하지만 라브로프는 자신의 신념을 체계적인 역사사상에 위치시켰다. 그는 콩트, 다윈적 진화주의, 스펜서의 영향을 받았음에도 과학적 법칙이 역사의 타당성을 제대로 설명하지 못한다고 보았다. 그는 "역사는 정신적이고 도덕적인 목적, 모든 시대에 가장 발전된 성격, 가장 숭고한 목적으로 여겨지는 진실과 도덕적 이상에 의해 움직인다"고 보았다.[51] 라브로프는 진보에 무한한 믿음을 지니고 있었지만 인간의 개체성을 강조하고 자신의 이상을 실천할 자율적 능력을 갖고 있다고 본 칸트의 관점으로 균형을 맞추었다. 라브로프는 인류가 비록 역사적인 제약에 의해 종속되는 것은 사실이지만, 인간의 역사는 발전적인 과정이라고 보았다. 즉 인간은 자신들이 처한 곤경을 더욱 잘 이해함으로써 스스로 운명을 개척할 수 있는 권리를 부여받았다고 본 것이었다.

라브로프에 따르면, 의식적으로 깨어 있는 인간은 자신을 위해서 도덕적인 견지에서 목적을 선택한다. 따라서 그는 주관주의와 객관주의, 콩트와 칸트를 화해시킬 수 있다고 생각했다. 라브로프는 불가피한 역사의 진보를 믿었다. 그러나 이러한 진보는 인간의 주관적인 힘의 증대라는 측면에서, 예를 들면 "개성의 발전은 육체적·정신적·도덕적 발전과, 진실과 정의가 사회적 형태로 체화되는 것"으로 정의되기에 이르렀다.[52]

라브로프는 인간의 의식과 승리한 개인 그리고 역사적이고 사회적인 제약을 넘어서려는 자유에 대한 신념을 굳게 유지했다. 라브로프에게 국가란 비윤리적인 존재이며 폭력을 사용해 외면적인 질서를 유지시키는 존엄하지 못한 존재였다. 따라서 진보의 목적이란 국가의 힘을 최소화시키는 것이었다. 그는 다가올 미래에 러시아의 민속적이고 독특한 공동체문화에 기반을 둔 코뮌연방이 국가를 대신할 새로운 제도적 기반을 마련해줄 것이라고 보았다.

라브로프는 혁명에 적극적으로 개입했음에도 불구하고 혁명운동에 완전히 몰입하지 않았던 다소 초연한 인물이었다. 그의 이런 모습은 동시대를 살았던 미하일롭스키(Nicolai Mikhailovsky, 1842~1904)가 활발한 활동가로 행동하여 보다 직접적이고 강하게 인민주의운동에 영향을 주었던 것과는 상반된다. 그러나 러시아 최초의 사회학자로 불리는 라브로프처럼, 미하일롭스키 역시 인민주의운동을 이끈 선도적인 비(非)마르크스주의 사회학자가 되었다. 라브로프와 마찬가지로 미하일롭스키는 콩트에 상당히 의존했다. 그는 인간의 진화에서 세 가지 주요 단계에 대한 이론을 발전시켰다. 사실 이것은 상당 부분 콩트의 원형모델과 유사하지만 세 번째 단계만은 크게 달랐다. 그가 제시했던 세 번째 단계에서는 콩트의 테크노크라트적인 이념형과는 상이하게 '개인성의 절정'이 나타날 것으로 보았다.

미하일롭스키의 역사관에서는 개인들이 그들 자신이 되기 위해서 투쟁하는 것 외에 중요한 목적은 없었다. 그는 인간 발전의 세 번째 단계에서는 '인간성'이, 즉 인간이 만물의 척도라는 사상이 다시 힘을 얻을 것이라고 보았다. 또한 이 시기에는 과거 세대에서 달성할 수 없었던 자연에 대한 관리가 가능할 것이라고 보았다. 미하일롭스키는 세 번째 단계에서 '인간의 우애가 인간의 개인성의 초석이 될 것'이라고 여겼다. **미르**에 기반을 둔 사회에서는 유례가 없는 인간성의 발전을 가져올 것이며, 인간은 이를 통해 시장과 강압적인 국가권력의 제약으로부터 해방될 수 있을 것이라고 생각했던 것이다.

미하일롭스키의 사회사상에서는 라브로프처럼 사회학 연구에서 '객관적 방법'과 '주관적 방법' 모두가 필요함을 강조하는 부분이 존재한다. 이 두 학자는 사회와 역사적 사실을 설명하기 위해서는 물질과 사회적 · 심리학적 접근이 모두 필요하다고 가르쳤다. 왜냐하면 인간은 목적을 추구하는 동물이기 때문에 인간의 목표, 희망, 욕망에 대한 분석이 반드시 필요하며, 만약 이것이 결여될 경우 사회과학을 망쳐놓을 것이라고 생각했다. 이 때문에 미하일롭스키는 러시아의 사회진화주의 비판에 앞장섰다. 그는 인간사회를 연구하는 데서 우연변동과 자연선택설 같은 개념들은 갈등의 의미를 함축하고 있지 못하기 때문에 이를 적용시키는 것은 부적절하다고 주장했다. 그에 따르면, 인간의 불화와 갈등을 특징짓는 것은 목표와 목적이다. 따라서 미하일롭스키는 생물학적인 유기체가 아니라 인간의 사상, 감정, 욕망과 인성이 사회학적 이해의 중심에 놓여 있어야 하며, 이러한 개념들이야말로 진보를 측정할 수 있는 것이라고 보았다. 비록 관점에 많은 변화가 있었음에도 불구하고 미하일롭스키의 삶은 급진적인 휴머니스트로 남았다.

인민주의운동을 이끌었던 몇몇 대표자를 간략하게 살펴보았을 때, 그가 젊은 시절 열광했던 인민주의 전통이 소로킨의 학문세계에 큰 영향을 주었다는 것을 알 수 있다. 개혁가의 열망, 사회과학의 가치중립성에 대한 부정, 농촌문화와 결합된 열정적인 개인주의, 그리고 감각이 과잉된 도시문화에 대한 불신, 이것들과 그의 사상체계에 있는 다른 많은 요소는 소로킨이 의식적으로 인민주의 전통을 고수하게 만들었다. 그의 방대한 사상사 중 다른 조류의 영향을 받은 것들도 있는데, 그중에서 다닐렙스키가 가장 큰 위치를 차지하고 있다.

다닐렙스키와 단선적 진보에 대한 비판

다닐렙스키는 다양한 주제, 예를 들면 생물학, 경제학, 정치학, 언어학, 역사학에 대해 글을 썼던 박식한 사람이었다. 지금 그는 오직 친슬라브계의 러시아와 유럽 지역에서만 영향력이 있었던 책 『러시아와 유럽』(*Russia and Europe*)의 저자로 기억되고 있지만 철학사에 중대한 공헌을 한 인물이었다. 다닐렙스키는 일반적인 인민주의자들과는 매우 다른 사회적·문화적 환경에 속해 있었다. 비록 그는 젊었을 때 반(反)차르운동을 한 경험이 있었으며 러시아의 대문호인 도스토옙스키와 함께 페트라솁스키(Mikhail Petrashevsky) 사건에 연루되었음에도, 다닐렙스키는 농업부의 공무원으로 근무할 수 있었다. 그 후 그는 러시아어업위원회의 책임자로 근무했던 차르의 충실한 수하였다. 인민주의자들이 차르정부를 약화시키려고 노력했던 시간에, 다닐렙스키는 정권의 안정감을 강화시키기 위한 이데올로기적인 정당화를 제공하기 위해 분투했다.

비록 소로킨은 다닐렙스키의 정치적·이데올로기적 성향을 공유하지는 않았지만 그의 역사철학에 큰 영향을 받았다. 소로킨은 그의 책 『러시아와 유럽』에 대해 다음과 같이 언급했다. "가장 세련된 비판을 담은 정치적 팸플릿으로 시작하여 역사철학과 문화사회학 분야의 훌륭한 논문으로 격상되고 마침내 대단히 명민하고 정치적으로 예언자적이고 선지자적인 정확한 작품으로 마무리되었다."[53]

이 저서의 요지는 선형적인 진보와 진화를 비판하는 것이었다. 다닐렙스키는 인간 역사는 다양한 선(線)과 다양한 방향의 운동을 통해서 발전된다고 주장했다. 따라서 모든 인간사에 적용할 수 있는 일반적인 진화는 존재하지 않는다고 보았다. 왜냐하면 다양한 문명은 그들 자신의 특별한 역사적 궤도에 의해 종속되기 때문이다. 다닐렙스키는 인위적이고 단선적인 진화론에서 벗어나 이를 다른 종류의 조직, 다른 종류의 속(屬), 다른 종류의 종(種)으로 구분하고 대체할 때만 인간의 발전을 연구하는 학자가 진보를 이룩할 수 있다고 보았다. 각각의 문명 또는 역사문화적 종류들은 독특하고 특별한 성취를 생산해낸다. 인류 전체가 아닌, 이러한 각각의 유형들의 고유한 생명과 역사를 통해서 고대, 중세, 근대 단계의 발전에 대해 이야기할 수 있다.

다닐렙스키는 인류 전체의 문명을 크게 열 가지(이집트, 중국, 바빌론, 인도, 이란, 유대, 그리스, 로마-아라비아, 슬라브, 로마-게르만 또는 유럽)로 구분했다. 그는 적절한 시기에 슬라브 문명은 유럽 문명의 뿌리에서 떨어져 나갈 것이며, 다른 문명들이 부분적으로 지니고 발전시켜왔던 요소들을 결합시킬 것이라고 전망했다. 그러므로 유대 문명이 종교를 구축하는 데 크게 성공했고, 그리스는 미(美)의 문화를, 로마는 통치의 기술을, 유럽 문명은 정치와 문화를 러시아는 이 네 문명의 핵심적인 요소들을 유기적으로 결합시킨 최초의 문명이 될 것이라고 보았다. 그들은 유럽 문명의 일방향적인 과학과 유물론을 거부할 것이다. 또한 그들은 유물론에 기반을 둔 철학적 세계관과 종교개혁 이후 유럽을 지속적으로 괴롭혀왔던 종교적 무정부주의를 없앨 것이다. 또한 정치적 민주주의의 월권행위와 경제적 봉건주의를 극복할 것이다. 러시아가 슬라브 연방을 구축한다면, 이것은 다른 모든 문명의 등대가 되는 제3의 로마가 될 것이라고 보았다.

하지만 소로킨의 관심을 끈 것은 다닐렙스키의 정치적 시각은 아니었다. 오히려 소로킨이 다닐렙스키의 저작에 대한 언급에서 유추할 때, 그는 다닐렙스키가 다원주의와 게르만-로마 문명이 보편적인 인류 문명과 동일하다는 일반적인 견해를 거부하는 것에 대해 깊은 영감을 받았다. 또한 다닐렙스키가 지나친 유럽식 '유물론적' 문화의 과잉을 비판한 것에서도 큰 영향을 받았다.

다닐렙스키가 유사생물학적인 개념들을 사용했음에도, 모든 문명이 엄격한 발전법칙을 따른다고 주장한 슈펭글러의 오류에 빠지지 않았다는 점은 반드시 강조되어야 한다. 다닐렙스키는 문명들 고유의 스타일을 강조했지만 각각의 문명이 이웃의 영향을 받지 않고 독자적인 경로를 간다고 주장하지는 않았다. 오히려 식민화, 접목, 이종교배야말로 문화 확산의 주요한 방법이라고 보았다. 다만 문화적인 차용과 확산에도 불구하고 각각의 문명이 생존하고 창조적인 이상, 이들은 구체적이고 독특한 문화 스타일을 계속적으로 구현시킬 수 있다고 여겼다.

다닐렙스키의 저작이 소로킨에게 가장 크게 미친 영향은 아마도 특정 문명이 발전을 향해 나아갈 때 거치는 상이한 단계에 대한 견해일 것이다. 첫 번째 단계에서는 문명의 형태는 다양한 요소들의 일차적 응집을 통해 나타난다. 두 번째 단계에서는 문화와 정치의 독립이 이루어진다. 세 번째 단계에서는 모든 창조적인 잠재력이 현실화된다. 다닐렙스키는 마지막 만개 단계는 오직 몇 세기 동안만 지속된다고 주장했다. 반면 준비 단계는 천여 년간 지속되었는데, 사람들의 창조적인 힘이 고갈되었을 때 이 시기는 종료된다. 이 시기 이후는 화석화와 부패의 시기로, 무관심과 절망으로 가득 찬 시대가 된다. 사실 쇠퇴와 해체 시기는 종종 그런 조짐이 쉽게 관찰할 수 있을 때(동시대인이 자신들의 문화가 전성기에 이르렀다고 생각할 때)보다 먼저 시작된다. 즉 문명이 최고점에 있을 때도 문화의 노쇠는 이미 발생할 수 있다는 것이다.

소로킨은 다닐렙스키의 유사생물학적인 개념들과 범(汎)슬라브주의에는 별다른 흥미를 갖지 못했다. 하지만 다닐렙스키의 지식사회학과 과학적 접근방식은 소로킨의 사상에 큰 영향을 주었다. 다닐렙스키에 따르면, 사회의 핵심적인 특징들을 포함하고 있는 모든 문화적 생산물(cultural products)은 특정한 문화 환경에서 보편적이라고 할 수 있는 문화심성과 모든 문명이 반드시 통과해야만 하는 각각의 발전단계로부터 그 특질을 얻는다. 또한 외부적 추동요인과는 차이가 있는 소로킨의 문화의 내재적 변동론과 제한된 가능성의 원리는 다닐렙스키에게 상당수 의존하고 있다고 볼 수 있다.

여기서 언급된 학자의 저서들은 소로킨에게 독서를 통해 영향을 주었다. 소로킨에게 보다 직접적인 영향을 준 사람은 그의 교사와 동료들이었다.

상트페테르부르크의 교사들과 동료들

소로킨은 상트페테르부르크대학과 정신신경연구소에서 학술적으로 큰 도움을 받을 수 있었다. 당시는 많은 학자가 심리학과 사회학의 아이디어를 이제 막 학술적으로 확립하기 시작한 시기였다. 소로킨은 종전까지 미지의 영역이었던 인간의 마음과 인간의 사회조직을 이제 막 정복했다고 믿었던 선구자들로부터 배울 수 있었다. 이러한 학자들 중에서 코발렙스키는 객관적으로도 소로킨에게 영향을 주었던 최고의 학자였다.

코발렙스키는 사회역사가이면서 세계적으로 저명한 사회학자였다.[54] 그의 저서 제목들이 보여주듯이(『근대의 관습과 고대법』Modern Custom and Ancient Law, 『원시법』Primitive Law, 『코카서스 지방의 법과 관습』Law and Custom in the Caucasus, 『법학에서의 비교사적 방법』Comparative Historical Method in Jurisprudence, 『농업 공동체』Agrarian Communities) 코발렙스키는 진화론적 관점에서 사회제도 비교연구를 실시한 메인의 자취를 따랐다. 후기 작품인『유럽에서의 경제발전부터 자본주의의 등장까지』(The Economic Growth of Europe up to the Rise of Capitalism)도 같은 전통을 따랐다. 코발렙스키는 제1차 세계대전이 발발하기 1년 전 비교제도사에서 사회학으로 시선을 돌렸다. 이 과정에서 당대의 사회학이론에 대해 평가한『현대의 사회학자들』(Contemporary Sociologists)을 출판했다. 이 책에서는 사회학의 관점과 방법론에 대해 다루었다.

코발렙스키는 부유한 지주의 아들이었고 독립적인 생계수단이 마련되어 있었기 때문에 모스크바대학의 헌법학 교수 임금에 의존하지 않아도 괜찮았다. '헌법의 개정이 불가피하다'라는 견해가 널리 퍼지자 이에 놀란 정부가 1889년에 모스크바대학에서 그를 해임했을 때 코발렙스키의 부유한 경제적 조건은 그에게 큰 도움이 되었다. 어쨌든 이러한 결과로 인해 인민주의자도 혁명가도 아니었던 자유주의자 코발렙스키는 스스로 망명을 선택했다. 이후 15년간 독립적인 학자로 살면서 프랑스와 유럽의 많은 대학에서 교편을 잡았다. 그는 1904~1906년에 봉기가 발생한 후 러시아로 돌아와 상트페테르부르크대학의 교수가 되었으며 최초로 사회학과 정신신경연구소의 학장이 되었다.

단선적인 진화론은 코발렙스키 이론의 핵심을 이루는 것이었다. 그는 비록 몇몇 진화론자의 의견에는 비판적이었고 유기체적 사회이론에는 반대했지만, 결코 진화론에 대한 집착을 버리지 못했다. 수많은 의혹과 의구심에도 불구하고, 사회학의 기본적인 법칙은 단일한 진화론적인 진보라는 19세기의 낡은 사상을 고수하고 있었다. 그는 다음과 같이 언급했다. "경제적 상황의 유사성과……, 법률관계의 유사성과……, 지식수준의 유사성을 보면 다른 인종과 다른 시대에 속하는 사람들도 동일한 단계에서 발전을 시작했다는 사실을 알게 된다."[55] 또한 이후의 발전과정에서 서로 공통점이 없는 문화들 사이에서도 유사한 구조와 제도가 등장한다는 점을 들면서, 이것이 발전단계별 단일한 법칙이 작동하는 것을 증명해준다고 주장했다.

코발렙스키는 사회학의 주요한 과제는 사회조직들의 집단적 심성이 그 사회조직의 진화와 어떤 관련이 있는지를 밝히는 것이라고 주장했다. 코발렙스키는 콩트를 따라 사회학은 사회질서와 사회진보를 연구해야 한다고 주장했다. 그는 오직 기술(記述)에만 몰두하는 과학에서 벗어나 사회질서와 사회진보 모두가 뿌리내리고 있는 모든 원인을 찾아서 사회정책에 반드시 기여해야만 한다고 보았다. 진보는 사회구조와 경제구조의 점진적인 변화로 이루어져 있다. 따라서 사회학은 사회의 변화와 요구에 맞추어 제도를 조정할 수 있도록 객관적인 기준을 입법자들에게 제공해주어야 한다고 보았다.

코발렙스키가 역사적인 자료와 코카서스 지방 현지조사를 통해 만든 민속지들을 통해서 제시했던 전반적인 진화 전략은 지금의 우리들에게 별다른 시사점을 제공해주지 못한다. 이것은 스펜서와 모건 그리고 19세기 영국의 인류학자들이 제시했던 전략과 매우 닮아 있다. 그럼에도 코발렙스키의 연구에서 반복되는 주장은, 예를 들면 경제적인 요인이나 인구결정론에 의존하고 있는 모든 종류의 일원론적 이론은 거부해야 한다는 것이었다. 그는 다양한 인과적인 요소를 고려해야만 진화현상의 복잡성을 정확하게 설명할 수 있다고 가르쳤다. 실제로 그가 인구, 정치, 법, 경제 같은 많은 다른 요소의 상호관계를 진화단계의 발전과 관련하여 서술한 부분은 매우 설득력 있다. 비록 그는 다른 것보다 인구결정론에 집중했음에도 여전히 사회적 인과관계의 다원주의적인 입장을 신봉하고 있었다. 그는 항상 강조하기를, 인구학적인 요소가 설명의 결정적인 요소인 것처럼 보일 때조차도 이는 결코 독립적인 원인은 아닐 수 있다고 보았다. 왜냐하면 인구학적인 요소는 경제발전이나 중세의 흑사병 등에 영향을 받을 수 있기 때문이다.

소로킨은 러시아혁명의 쓰라린 경험 이후 스승이 신봉했던 진보와 진화의 장점들에 대한 믿음을 버렸다. 하지만 코발렙스키가 실시했던 거대한 규모의 역사적 일반화 작업, 구체적인 민속지, 기술된 세부사항들에 대한 철저한 점검 등은 당시 학생이었던 그에게 대단한 영향을 주었다. 코발렙스키가 사회조직이 사람들의 집합의식에 준 영향에 대해 강조한 것은 의심할 여지없이 소로킨 말년에 그가 지식사회학에 관심을 가질 수 있는 자극을 주었다. 소로킨은 사회학이 역사의 토대 위에서만 가능하기 때문에 역사학자와 사회학자들은 경쟁자가 아니라 동료라고 평생에 걸쳐 주장했다. 곤경에 처해 있는 인간의 비밀을 풀기 위한 소로킨의 시도는 분명 코발렙스키의 영향을 받았음이 틀림없다.

다른 스승들이 소로킨에게 미친 영향은 분명하지 않으며 이에 대한 정보도 많지 않다. 소로킨은 코발렙스키 다음으로 러시아의 법사회학 선구자였던 페트라지키(Leon Petrazycki, 1867~1931)[56]와 밀접하게 활동한 것으로 보인다. 페트라지키는 저명한 사회학자이자 이후 소르본대학의 교수가 되는 귀르비치(George Gurvitch)와 미국에서 법사회학을 가르쳤던 티마셰프(Nicholas Timasheff)의 스승이었다. 소로킨은 그의 글과 강의에서 자신이 페트라지키에게 받았던 영향을 강조하기도 했다. 페트라지키는 법학을 전공하는 학생들에게 그들이 형식적인 법을 공부하는 것에 그칠 것이 아니라 법이 뿌리내리고 있는 사회적·심리적 기반을 연구할 것을 주문했다. 그는 법이란 개인의 경험에 첫째로 그리고 가장 중요한 기반을 두고 있다고 주장했다. 페트라지키는 도덕적이고 법적인 감정이야말로 법의 근간이며 법보다는 감정이 인간의 행동을 지휘한다고 보았다. 게다가 국가가 법의 유일한 근원은 아니라고 주장했다. 대부분의 많은 법은 사실 '비공식적인 법'이다. 따라서 모든 사회는 일원적인 법체계로 구성되어 있는 것이 아니라 다원적인 법률을 지니고 있다. 법을 '인간화'시키려는 시도와 함께 페트라지키는 이상적인 사랑과 형제애를 법률과 화해시킨, 일종의 '법의 정치학'을 발전시키기를 원했다. 페트라지키는 법률에 대한 쾌락주의적이고 공리주의적인 관점을 거부하고, 어떤 부분에서는 셸러의 업적을 따라서 주관적이고 현상학적인 접근을 시도했다. 이러한 것들은 귀르비치가 러시아를 떠난 후에 시도한 것들이었다.

페트라지키가 주창한 법과 도덕 현상의 '심리학적 사회학'은 소로킨에게 매우 큰 영향을 미쳤다. 소로킨은 페트라지키의 이론에 대해 다음과 같이 언급했다. "상당히 독창적이며 특별하게 논리적임과 동시에 사실적이고 설득력 있다. 하지만 이보다 더 중요한 것은 그의 저작이 가장 복잡하고 구체적인 사회현상을 분석하는 데도 유용하다는 점이다."[57] 소로킨이 말년에 그가 의미의 구조와 문명의 단계를 측정하기 위해 집단심성을 연구하는 것이 중요한 것임을 강조한 것은 분명 페트라지키의 가르침의 영향을 받았기 때문일 것이다. 소로킨의 후기 저작은 이론뿐만 아니라 사랑과 이타주의의 실용적인 중요성까지도 다루었다. 이것을 살펴보면 인민주의자들의 사상이 소로킨에게 미쳤던 영향력만큼이나 페트라지키의 영향력도 상당했으리라고 유추해볼 수 있다.

비록 코발렙스키와 페트라지키가 정신-신경연구소에서 가르쳤더라도 연구소 내에서 그들의 영향력은 주변적인 것에 불과했다. 당시 연구소에 가장 막대한 영향력을 행사했던 인물은 실증주의적인 행동주의자였던 베흐테레프(Vladimir Bekhterev, 1857~1917)였다.[58] 상트페테르부르크대학에서 소로킨을 가르쳤던 파블로프(Ivan Pavlov)와 함께 베흐테레프는 현대 행동주의의 공동 설립자였다. 천재적인 신경학자이자 생리학자로서 베흐테레프가 실시한 '반사요법' 실험은 왓슨뿐만 아니라 파블로프의 업적에 큰 영향을 주었으며, 이후 유럽과 미국에서 실시된 모든 행동심리학 연구의 기반을 제공했다.

소로킨의 초기 연구에서는 철저한 행동주의적 접근방식을 통해 인간의 행동을 설명하려 했다. 그는 "인간의 행동은 매우 복잡한 현상이다. 이는 수없이 다양한 사건과 선천성 반사 및 자극에 의해 결정된다. 행동의 균형은 자기 절제 및 다양한 자극과 반응의 복잡한 갈등으로 이루어진다"고 언급하기도 했다.[59]

소로킨은 러시아혁명에 대한 자신의 환상이 좌절된 이후 행동주의, 실증주의와 완전히 결별했다. 소로킨이 보기에, 행동주의와 실증주의가 지니고 있는 인간의 행동에 대한 환원주의적 접근방식은 더 이상 적절하지 못한 것이었다. 하지만 소로킨이 말년에 정교한 통계적 탐구를 동반한 '통합주의' 철학에 관심을 가졌던 것은 최소한 부분적으로는 예전 상트페테르부르크대학에서 배웠던 실증적·과학주의적 행동주의자로서의 훈련 때문이었다고 보여진다. 더욱이 소로킨이 러시아는 이상주의와 실증주의 전통 사이에 상당한 간격이 있었다고 본 것은 잘못일 수 있다. 그들은 다양한 특징을 중복해서 지니고 있었는데, 사실 이런 것이 러시아만의 특수함은 아니었다.

이를 보다 확실하게 하기 위해 파블로프의 다음 문장을 살펴보자. "내가 지닌 깊고 변경할 수 없으며 지울 수 없는 확신은 조건반사 연구가 인간의 마음에 대한 가장 중요하고 마지막 문제를 풀 수 있는 최종적 승리의 길을 보장한다는 것이다. 이는 인간의 본성에 대한 법칙과 작동원리를 밝힐 수 있는 완전한 지식을 제공해줄 것이며, 이를 통해 인간은 완벽하고 진실된, 영원한 행복에 도달할 수 있을 것이다."[60] 이 문장에서 드러나듯이 이러한 파토스는 러시아 전통에 깊이 내장되어 있으며 소로킨의 저작에서도 살아 움직이고 있다.[61]

사회적 배경

유산된 혁명

소로킨은 러일전쟁의 패배와 1905년의 무산된 혁명 직후의 몇 년 동안 청년기를 보냈다.

1905년, 대중적인 불만이 러시아 전체를 휩쓸었다. 그해 10월 말에는 총파업이 제국을 마비시켰다. 파업위원회 대표들은 상트페테르부르크에 **소비에트**(soviet, 노동자위원회)를 설치했는데, 이는 잠시나마 권력을 장악하여 기존의 국가기관을 심각하게 위협했다. 당시 차르였던 니콜라이 2세 (Nikolai II)는 압력을 이기지 못해 **의회**(duma)의 선출과 사회적·정치적 자유의 보장을 약속했다. 차르는 이러한 양보를 통해 혁명의 에너지를 분산시킴으로써 대중적 불만을 가까스로 진정시킬 수 있었다. 질서는 재확립되었고, 농부들의 반란은 진정되었으며, 소비에트 권력은 사라졌다. 대부분의 러시아 자유주의자와 급진적인 지식인이 평가하기에, 혁명이 약간의 수확을 얻었음에도 이것은 분명 실패했다.

마르크스주의자들과 농촌에 기반을 둔 인민주의자들은 의회가 실질적으로 권력을 행사하지 못한다고 주장하며 선거를 보이콧했다. 자신들의 정당이 선거를 보이콧했음에도 인민주의자들 중 온건한 개혁가들과 노동자 단체의 회원들은 선거에 참여했고 의회를 장악했다. 지대한 영향을 가져올 개혁안이 고안되었는데, 특히 대규모 토지를 농민에게 분배하는 법안과 모든 정치범을 석방하는 안이 상정되기도 했다. 이 때문에 차르는 의회를 해산시켜버렸다. 두 번째 의회에서는 좌파들이 참여했으며, 이전보다 훨씬 급진적인 요구를 했다. 두 번째 의회는 1907년에 세 달 동안만 열렸으며 이후 해체되었다. 선거권이 대폭 제한된 새로운 선거권이 통과되었다. 이 법은 노동자와 농민들 그리고 비(非)러시아 국적 사람들의 참여를 제한하고 부유한 사람들을 대표하기 위해 고안되었다. 이에 따라 이후의 의회는 우파가 장악했고, 1905년의 희망과 약속들은 사실상 사라져버리고 말았다. 차르는 여전히 권좌에 앉아 있었다. 많은 러시아의 급진주의자와 자유주의자에게는 낙심과 우울함이 팽배해 있었다.

비록 민주주의를 확립시키는 못했지만, 새로운 정치체제는 이전의 정치체제와는 완전히 다른 것이었다. 열정적인 수상이었던 스톨리핀(Pyotr Stolypin)의 통치 아래, 정부는 아래로부터의 요구를 거부한 일종의 비스마르크식이라 할 수 있는 위로부터의 행정적 개혁을 달성하려고 노력했다. 정치적 정당과 노동조합은 법적으로 허용되었다. (비록 노동조합은 파업을 할 수 없었지만) 언론의 검열은 완화되었으며, 출판 검열은 사실상 종료되었다.

1908년부터 국가의 지원을 통해 경제는 상당한 발전을 이룰 수 있었다. 가장 중요한 점은 스톨리핀이 농업개혁을 실시하여 농촌지방에 큰 영향을 미쳤다는 것이다. 그는 전통적인 농촌공동체를 해체하고 사적소유제를 확립시키려 했다. 그의 정책은 독립적인 소유주가 됨으로써 주된 불만을 상당수 가라앉힐 수 있는 부농들과 토지를 소유하지 못한 농부들 사이의 깊은 갈등을 초래했다. 이 기간에 많은 사유지는 여전히 이전 주인들의 손에 남겨져 있었다. 또한 이들은 토지를 소유하지 못해 분노한 소작농의 공격으로부터 보호를 받고 있었다. 요약하자면 스톨리핀의 개혁안은 평등에 기초한 구(舊) 촌락체계를 해체하여 자본주의적이고, 이윤추구 원리에 기반을 둔 기업형태였으며, 부농과 중농의 욕심에 의존한 시장 중심적인 농업체계를 형성시키려고 노력한 것이었다.

스톨리핀의 농촌정책은 인민주의자와 사회혁명가들의 기반을 파괴하는 것이었으며, 민족문제와 관련한 그의 정책은 총체적인 러시아화를 통해 비러시아권 사람들의 힘을 약화시키는 것이었다. 혁명 전에 광범위하게 등장했던 비러시아계의 문화조직들은 와해되었으며, 초기 의회에서 자신들을 대표할 수 있었던 권리들도 급격하게 제한되었다. 당시에는 러시아 문화가 다른 모든 것에 비해 탁월하다는 것은 너무나 당연하게 여겨졌다. 따라서 스톨리핀의 개혁은 경제적으로는 성공을 가져왔을지 모르나 전쟁 이전 시기의 전반적인 사회갈등을 증폭시키고 있었다. 이러한 긴장은 결국 전쟁 시기에 혁명으로 폭발했다.

아마 다른 비러시아 국적의 지식인이나 제국의 대부분의 지식인처럼 소로킨 역시 자신 스스로를 '정권의 적'으로 여겼을 개연성이 매우 높다. 소로킨은 그가 자라온 농촌의 공동생활을 항상 마음 한구석에 놓고 그리워했기 때문에 정부의 친자본주의적인 농업정책에 반대했다. 비러시아계 사람들이 많았던 코미 지역 출신이고 자유와 민주주의를 목말라했던 지식인집단의 구성원이었기 때문에, 그가 스스로를 혁명가로 여기고 반차르 진영에 몸담았던 것은 사실상 예견된 일이었다.[62] 그러나 그는 매우 특별한 혁명가였다.

코미 사람들로부터 영원히 외톨이가 된 소로킨

그가 러시아와 미국에서 삶을 살아가는 동안 사회적인 제약과 이중성 때문에 고통을 받았던 외톨이로 지냈다는 점은 혁명 이전 시기의 소로킨의 정치적인 시각과 그의 이후 저작을 이해하는 데서 매우 중요한 실마리를 제공해준다. 비록 그가 영원한 방랑자로 살아왔고 그가 태어난 뿌리에서 멀어졌지만, 그의 문화는 분명 러시아적인 것이었다. 그는 농촌문화와 반(半)이교도적인 토속 종교 그리고 코미 마을 사람들의 단순함과 우직한 독실함을 사랑했다. 하지만 신학교로 떠나면서 소로킨은 그러한 가치들을 전혀 쓸모없는 과거의 잔재들로 여겼다.

이전의 베블런처럼 소로킨은 향락적이고 자극적인 도시의 생활양식에 대한 불신을 결코 누그러뜨리지 않았다. 소로킨은, 베블런이 그랬던 것처럼, 그 자신이 세련된 도시인임에도 불구하고 대도시와 도시의 문명을 바빌론의 매춘부로 여겼다. 그는 황망한 도시 속에서 공동사회를 지속적으로 갈망했는데, 그것은 그가 성장했던 조그만 공동체에 대한 향수였다. 하지만 사실 **공동사회**였던 그곳에서조차, 이후 큰 도시에서 경험하게 되는 것처럼, 소로킨은 (베블런과 유사하게) 주변적 위치에 머물러 있었다.

어머니를 어린 시절에 여읜 다른 사람들처럼, 소로킨은 그의 삶을 통해서 '어머니 품'처럼 인간을 포용할 수 있는 진실한 공동체를 갈망했던 것으로 보인다. 그리고 이는 그가 항상 갈망해왔던 것이다. 소로킨의 아버지는 한편으로는 가정적이었고, 다른 한편으로는 전제적인 인물이었다. 그래서 어린 소년이 아버지에 대한 이중적인 태도를 지닌 것은 결코 놀랄 일이 아니다. 흥미롭게도 어린 소로킨은 아마도 자신의 삶에 대한 실망을 보다 큰 사회현상으로 투영시켰을지도 모른다. 부모의 권위조차도 심지어 신뢰할 수 없을진대, 다른 권위들은 훨씬 믿을 만한 것이 못 되었을 것이다. 완벽하게 자신만을 의지하는 것이 훨씬 좋은 방법이기 때문에, 소로킨은 그 누구에게도 권위를 부여하지 않았다. 이러한 환경과 배경은 소로킨의 기질인 '확고한 공동체주의자이고 반(反)개인주의적 성향을 지니면서 동시에 거의 아나키적인 자유주의자'라는 이상한 조합을 어느 정도 설명할 수 있다.

그가 코미 사람들을 떠나 러시아 문화와 도시의 생활습관을 접할 때도, 소로킨은 아직 이전의 삶에 대한 선호와 존경을 철회하지 않았다. 확실히 그는 학생이면서도 지식인으로서 진화와 진보 그리고 계몽을 신봉했다. 하지만 그는 자신을 마르크스주의자로 여기기보다는 농민에 기반을 둔 분권주의적인 인민주의자라고 여겼다. 코미 출신의 이 남자는 중앙집권화된 국가와 이러한 중앙집권적 성격이 강화되는 것을 불신했다. 그는 잠시 동안 혁명가이자 사회주의자였지만, 결코 마르크스주의자는 아니었다.

소로킨이 학생 시절에 외롭거나 고립되었다는 확실한 증거는 없다. 몇 년이 지난 후에도 그는 여전히 상트페테르부르크의 친구들과 동료들의 따뜻함과 애정에 대해서 종종 이야기하기도 했다. 그럼에도 그의 자서전을 유심히 살펴보면 그 자신이 여전히 외부인으로 남아 있었다는 점을 발견할 수 있다. 배움에 대한 편집광적인 집착은 내부자들에게 외부자인 자신이 다양한 학문에서 내부자들을 압도할 수 있다는 것을 보여주기 위한 욕망이었다고 볼 수도 있을 것이다. 김나지움을 다닌 적이 없는 코미 출신의 소로킨은, 그 자신이 내부자의 문화를 그들보다 더 깊고 넓게 통달할 수 있다는 점을 보여주려 했다. 그의 새로운 문화를 수용하는 것과 그것에서 독립하려는 다소 이중적인 욕망은 소로킨의 삶에서 계속되었다. 그는 각주를 계속 써내려가면서 그 자신이 서구 문화의 보물창고에 있다는 점을 보여주려 했으면서도 당대의 사상가들을 비판적으로, 종종 폭력적으로 공격하기도 했다. 그는 자신의 동료들에게 자신이 과거와 당대의 사상가들의 주장에 정통한 사람인 동시에 독창적인 사람이라는 것을 보여주려 했다.

1917년의 혁명은 소로킨과 그의 동료들이 지니고 있었던 실증주의와 진화주의 그리고 과학적인 관점을 붕괴시켰다. 소로킨은 과두제, 무질서, 혁명의 비인간적인 면모 등 보다 높은 목표에서 본다면 결코 변명할 수 없는 사건들을 목격하면서 과거의 학문적 신념을 버리고 그의 후속 연구의 기반이 되는 반(反)감각적인 철학을 발전시켜나갔다. 어떤 면에서 혁명의 경험은 소로킨의 시각을 완전히 바꾸어놓았다. 이러한 사실에도 불구하고 몇몇 사람은 여전히 소로킨의 젊은 시절의 세계관과 그의 만년 시절의 주장 사이의 연속성을 강조하기도 한다. 소로킨의 지식 변화보다 특히 중요한 것은, 그가 혁명에 대한 미몽에서 깨어난 후는 물론이고 그 이전에도 그는 늘 이방인이라는 낙인, 다시 말해 코미에서는 반(半)외부인이었고, 러시아 지성인들 사이에서는 코미 출신의 이방인이었으며, 미국인들 사이에서는 러시아인으로서의 낙인에서 벗어나지 못했다는 점이다.

미국에서의 외톨이의 삶

이민자들의 삶은 결코 쉽지 않다. 낯선 사회와 외국 문화에 적응하고 살아가는 것은 항상 많은 부담과 제약이 뒤따른다. 심지어 주인으로부터 환대를 받은 이민자들조차 그 자신의 독특함과 차이점을 인식한다. 그것은 일종의 상(賞)이 될 수도, 과대평가될 수도 있는 것이다. 하지만 그럼에도 이민자는 자신들이 결코 지울 수 없는 상흔을 지니게 된다는 점을 인식한다. 원주민의 삶의 방식은 이민자의 그것과 다르며, 이민자가 그 복잡한 언어를 가까스로 숙달한다고 할지라도 사용하는 언어는 여전히 이질적이다. 이전의 가족과 친구들 그리고 자신이 충성했던 제도와 공동체적 유대감에서 단절된 이민자는 '외롭고 전에 경험하지 못했던 두려움'을 느끼곤 한다. 이러한 이민자들이 새로운 친구와 학우를 얻고 애정의 끈을 얻더라도 여전히 일부는 소외되어 있다. 예를 들어 대부분의 성인의 우정은 학교와 이웃 간의 공통적인 경험에 근거하고 있다. 따라서 이민자들은 영원히 이러한 연대성의 기초에서 배제되어 있다고 할 수 있다.

하지만 대부분은 아니더라도 상당수의 이민자는 일정 시간이 지난 후에는 사회로부터 거부당할지도 모른다는 공포감을 어느 정도 떨쳐내기도 하고 원주민의 공동체에 받아들여졌다는 기쁨을 느끼기도 한다. 하지만 이러한 상황은 소로킨과는 분명 거리가 있는 것이었다. 소로킨은 러시아에 있었을 때보다 미국에서 거주하면서 자신을 훨씬 주변적인 존재로 여겼다.

미국인들은 소로킨이 코미 출신이라는 점을 전혀 알지 못했고, 그를 러시아의 수많은 이민자 중 한 명으로 여겼다. 하지만 이와는 상관없이 소로킨은 미네소타대학과 특히 하버드대학 재직 시절 자신이 속한 공동체로부터 완전히 받아들여지지 못했다고 느꼈다. 그리고 자신을 그곳에 완벽하게 적응시키려고 하지도 않았다. 당시 그는 당대의 특출한 사회학자에게서 지속적인 지지와 격려를 얻기도 했다. 또한 소로킨은 열정적이고 공개적으로 반소비에트 관점을 표방했기 때문에 자유주의자들과 급진주의자들로부터는 **골수 반동분자**(bête noire)로 여겨지기도 했다. 소로킨의 책은 널리 읽히고 팔렸지만, 독자들에게서 지지를 얻기보다는 자주 공격을 받았다. 더 흥미로운 사실은 그의 저서가 대중적인 잡지에서는 지지를 받았지만, 전문 학술지에서는 미지근하거나 부정적인 반응을 얻었다는 점이다. 소로킨의 저서 『사회문화적 동학』에 대한 모든 서평을 찾아 분석한 팁스(Albert Tibbs)에 따르면, 총 일곱 개의 대중적인 잡지에 등재된 서평 중 오직 두 개의 서평, 후크와 멈퍼드(Lewis Mumford)의 글만이 비판적이었다. 이와는 대조적으로 사회학자를 제외한 전문가들이 작성한 여섯 개의 서평 중 네 편은 부정적이었고, 한 편은 중립적이었으며, 오직 한 편만이 소로킨의 저서에 대해 호의적인 평가를 내렸다. 하지만 미국사회학회의 공식 논문집인 『미국사회학회보』에 기재된 매키버(Robert MacIver)와 스파이어(Hans Speier)의 평가는 혹독했다. 또한 같은 학회보에 실린 비어스테트의 글은 앞의 두 사람의 글보다 훨씬 비판적이었다.[63] 소로킨은 그의 저서 『사회문화적 동학』의 집필을 완료한 후부터 자신을 혹독하게 비판한 동료 학자들을 더 이상 설득하지 않기로 마음먹었다. 그리고 점차 자신의 글에 보다 수용적인 태도를 보인 대중 독자를 향해 글을 쓰기 시작했다.

소로킨은 미국의 동료들 중 친구들을 만들기도 했지만, 그의 가장 가까운 친구들은 페트로그라드 시절부터 알고 지내온 러시아 이민자들이었다. 여기에는 작곡가인 쿠세비츠키(Serge Koussevitzky)와 역사가인 로스톱체프가 포함되며, 이 두 친구는 소로킨의 『사회문화적 동학』을 출판하는 데 기여하기도 했다. 소로킨은 자서전에서 자신이 애정을 가지고 있는 많은 미국인 남자와 여자에 대해서 이야기하기도 했지만, 그들은 결코 러시아 친구들만큼 친하지 않았다. 그가 이후 경험했던 하버드대학 친구들보다 미네소타대학에서 마음이 맞는 동료들(특히 채핀, 짐머만과 함께 오랫동안 캠핑여행을 다녀오기도 했다)을 만나 우정을 나눌 수 있었다. 중서부에서 경험했던 개방적이며 열린 마음과 우정은 하버드대학에서는 잘 찾을 수 없었다. 러시아 이민자의 인상과 억양, 그리고 인기 없는 의견들과 다소 이상한 특징들은 그를 하버드대학에서 영원히 고립시켰다. 하버드대학에서 일반적으로 통용되는 분위기는 소로킨이 속한 사회학과와 동료들에게도 동일하게 적용되었던 것이다. 미네소타대학 시절부터 하버드대학까지 소로킨의 동료였던 짐머만을 제외하고는, 사회학과 학장직을 맡기 전과 후 모두에서 같은 과 교수들과는 친밀하게 지내지 않았다. 그가 하버드대학 동료들에 대해 이야기할 때면 대부분 경제학자, 역사가, 과학자 또는 음악가였지 동료 사회학자 이야기는 거의 하지 않았다. 소로킨에게는 분명 학생들이 있었다. 하지만 그들이 지닌 초기의 열정에도 불구하고, 대부분의 학생은 소로킨의 제자가 되지 않았다.

소로킨은 하버드대학을 결코 집처럼 편안하게 여기지 못했고, 항상 방어적인 태도를 보이곤 했다. 소로킨은 이미 다른 사람의 연구성과를 매우 혹독하게 비판하는 성향이 있었다. 이러한 그의 성향으로 말미암아 하버드대학에서 튀는 존재가 되었으며, 심지어 기괴한 사람으로 여겨지기도 했다. 특히 학과장 자리에서 물러난 후부터는 학과의 모든 구성원과 끊임없이 전투를 벌였다. 이 과정에서 소로킨은 사회학 공동체에 속해 있었던 상당수의 동료를 잃어버리고 말았는데, 이들은 초기에 그에 대해 우호적이었으며 최소한 그의 사상을 잠재적으로 받아들일 수 있는 사람들이었다. 그의 비판의 결과로, 소로킨은 자신이 주장하는 멸망과 재난의 메시지를 들으려는 다른 관객들을 찾아나섰다.

소로킨이 새로운 독자들을 향해 눈을 돌린 또 다른 이유는 미국의 공황과 위기 때문이었다. 그가 미국에 머문 첫 몇 해 동안 미국사회는 전례가 없었던 호황을 누리고 있었기 때문에 사회문제는 별다른 주목을 받지 못했다. 이것은 소로킨이 미국사회의 문제에 대해 별다른 관심을 두지 않는 이유이기도 했다. 소로킨은 그 당시에도 러시아에서 경험했던 파괴적인 경험들과 그가 느낀 러시아혁명의 공포를 미국의 독자들에게 전달하는 일에 몰두하고 있었다. 그러나 한편으로는 미네소타대학에 근무하면서 사회이동, 사회학이론의 역사, 농촌사회학 같은 학문적인 저서들을 출간했다. 그러나 소로킨이 하버드대학에 막 부임했을 무렵 대공황은 극에 달해 있었고 사회문제가 가장 급박한 의제였다. 마르크스주의 좌익 사회사상 또는 마르크스주의의 다양한 사상적 조류가 학문의 숲을 침범하기 시작했다. 소로킨은 반(反)혁명적인 사상을 대중화시키고 자신만의 독창적인 사회정치적 메시지를 발전시키면서 문제를 해결하려 했다. 하버드대학 초기에는 학과장 일이 그의 시간을 빼앗았고, 그의 네 권으로 구성된 기념비적인 저작 『사회문화적 동학』을 집필하는 데 나머지 시간을 쏟아부었다. 그러나 저작 집필이 완료된 후 학과장을 그만두고 나서, 소로킨은 『우리 시대의 위기』를 시작으로 도덕과 정치적 훈계에 대한 글을 출판하기 시작했다. 게다가 앞부분에서 언급했듯이, 『사회문화적 동학』 그 자체도 사회문화적 변론이라는 느낌이 강하다. 소로킨이 우리 시대의 병에 대한 해결책이 외부에서 형성될 것이라고 여긴 이유는, 최소한 부분적으로는 시대와 장소에 자극을 받은 것으로 보인다.

요약

    소로킨의 고립과 배제는 분명 사실이었지만 결코 절대적인 것은 아니었다. 그는 수많은 유럽의 훌륭한 철학자와 역사가 그리고 윗세대의 비(非)미국계 사회학자들의 격려와 지지를 받았다. 토인비(Arnold Toynbee)는 소로킨을 높이 평가했으며, 이탈리아의 통계학자 지니(Corrado Gini)와 남아메리카의 저명한 사회학자 누네스(Lucio Núñez) 그리고 독일의 비제는 소로킨의 저작들에 지속적인 관심을 보냈다. 그러나 소로킨과 친밀하게 지내면서 비판적인 관점을 지속할 수 있는 친구와 동료의 수는 정말로 적었다. 그는 많은 학생과 함께했던 시절도 있었으며 항상 훌륭한 제자를 곁에 두었다. 그러나 소로킨 자신이 속한 지식공동체에서 지적 성취나 탁월함을 지닌 사람들의 수는 매우 적었다. 만일 그가 훌륭한 동료들과 함께 할 수 있었더라면 그의 사회학 저서들이 지니고 있는 많은 약점은 해결되었을지도 모른다. 그리고 어쩌면 그가 말년에 집필한 '예언자적'인 저서에서 확실하고 분명하게 나타나는 모순 또한 극복할 수 있었을 것이다. 지속적으로 비평해줄 수 있는 동료가 부재했기 때문에, 소로킨은 이원론처럼 점차적으로 세상을 친구와 적으로 구분했고 많은 미국사회학자를 적으로 간주했다. 과거 그의 학생들(머튼, 무어, 바버Bernard Barber, 티랴키안 등)은 그에게 남아 있었지만, 그들이 하버드대학을 떠난 이후에는 소로킨과 지적인 대화를 유지하지 못한 것처럼 보인다. 그러므로 콩트의 말년처럼 사회에서 배제됨과 동시에 자신을 사회연결망과 사회조직으로부터 배제시키면서, 소로킨의 목소리는 갈수록 날카로워졌고 관점은 갈수록 괴기해져만 갔다. 말년의 저작들은 정말로 읽기에도 너무나 고통스러운 것들이었다. 즉 그는 자신이 자초한 사회로부터의 고립과 지식의 고립에 대해 값비싼 대가를 치러야만 했다.

영원한 외톨이이자 사회의 내부자들에게 그들의 방법이 오류임을 보여주려던 이방인으로서의 삶은 소로킨 자신에게 동기와 감성적인 에너지를 부여해주었다. 이를 통해 그는 천재적인 학문적 기여를 할 수 있었다. 하지만 외톨이의 위치는 결국 그를 잠재적인 독자로부터 소외시키고 말았다. 소로킨의 영예를 기리는 두 개의 기념논문집이 출간되었던 것[64]과 그가 1963년 미국사회학회 학회장에 선출되었던 사실에도 불구하고, 말년에 그는 그의 인생처럼 잊힌 사람이 되어버리고 말았다.

나는 이 장을 통해 소로킨이 마땅히 놓여야 할 위치로 복원되었으면 하는 희망을 가지고 있다. 또한 나는 독자들이 소로킨의 기괴함과 지적인 자만심 그리고 부족한 사회성으로 유발된 독선적인 태도와 강한 고집 때문에 그가 엄청난 대가를 지불했다는 점도 알아주길 바란다.

윌리엄 토머스

William Isaac Thomas, 1863~1947

플로리안 즈나니에츠키

Florian Witold Znaniecki, 1882~1958

주요 이론 사회변동론, 사회심리학, 태도와 가치연구
주요 저서 『폴란드 농민』『이식된 구세계의 속성』『사회학 방법론』

토머스와 즈나니에츠키는 개인의 태도와 사회의 가치가
상호작용하는 방식을 깊이 탐구함으로써 사회심리학과 사회변동론을
연결시키는 데 크게 기여했다. 이들은 기념비적 저작 『폴란드 농민』에서
사회적 행위의 객관적 차원과 주관적 차원, 문화적 가치와
그것이 구현되는 제도의 연관을 분석함으로써 개성(personality) 연구를
제도와 공동체 연구에 결합시켰다. 이들은 정교한 문제의식,
탄탄한 방법론, 이론적 개념화, 자료의 수집 등 사회학 공동연구가
지향할 모범을 제시함으로써 지속적으로 큰 영향을 미쳤다.

"가치나 태도의 원인은 절대로 태도와
가치 하나에만 있지 않고 항상 그 둘의 결합에 있다."

_『폴란드 농민』

사상

　토머스(William Thomas)와 즈나니에츠키(Florian Znaniecki)라는 이름은『폴란드 농민』[1]이라는 공동의 걸작으로 인해 수세대에 걸친 학자들의 지성사에 오르게 되었다. 따라서 이 장에서는 그들을 함께 다룰 것이다. 그들의 사상, 심지어는 성격이 여러 측면에서 달랐지만 말이다. 그들의 사상은 사회학의 역사에서 긴밀히 연관되어 있으며, 그들의 삶은 대위법적 관계의 측면에서 가장 잘 이해될 것이다.

　그들의 공동작업에 대한 초점을 고려하여『폴란드 농민』을 먼저 언급할 것이다. 공동작업 전에 이미 두 저자, 그중에서도 특히 토머스는 다른 주목할 만한 업적을 남겼다. 상대적으로 안정감과 소속감이 남아 있는 고향에서 기반 없는 황무지인 미국의 도시로 이주하면서 중대한 사회변동에 휘말림에 따라 폴란드 시골 사람이 겪게 되는 경험에 대한 사회학적 분석을 글로 제공하는 것이『폴란드 농민』의 목적이었다.[2] 하지만 다른 장과 마찬가지로 여기서 나의 주안점은 이 저서의 내용을 세세히 분석하는 것이 아니다. 그보다는 본래의 저술 목적을 훨씬 능가하는 중요성을 이 저서에 부여한 주요한 이론적인 배경에 초점이 있다.

『폴란드 농민』-기념비적 저작

　『폴란드 농민』은 기념비적 업적으로서 미국사회학 연구의 상징적인 작품이다. 민족 정체성 및 민족 하위문화 이슈가 토머스와 즈나니에츠키 시대 이후 다시 한 번 주목받고 있다고 평가되는 지금, 이들 이슈를 중점적으로 다룬 이 저서에 각별한 관심을 가져야 한다.

이 책의 소재는 시카고에 거주하는 폴란드 이민자들의 생애에서 비롯했다(이는 지겨울 정도로 자세하게 알려졌다). 개인적인 편지, 자서전, 일기, 그리고 다른 개인적인 문서 등의 자료들은 매우 풍부한 특수성을 가진다. 여기서 나는 긴 분량을 할애하여 문서화된 자료를 파고들려는 것이 아니다. 그것도 가치 있는 일이겠지만, 대신 저자들이 일반화된 추상화 (abstraction)의 망 속에서 이들의 상세한 설명을 포착하는 데 성공하기도 하고 때로는 실패하기도 했던 방법들을 기술하려 한다.

토머스와 즈나니에츠키는 어떤 과학이든 사실의 축적으로 구성된다는 오류를 의식적으로 거부했다. 그들은 "사실 그 자체는 이미 추상화된 것이다. ……문제는 우리가 추상화의 과정을 방법론적으로만 수행하는지, 아니면 무엇을 왜 수용하거나 거절하는지를 명확히 아는지, 아니면 단순히 '상식'이라는 오래된 추상을 무비판적으로 받아들이는지를 인식하는 것에 있다"[3]고 썼다. 방법론적 추상화(methodical abstraction) 덕분에 그들은 자료를 공정하게 다루면서도 이를 초월할 수 있었고, 분석대상이 된 폴란드 자료와 뚜렷한 연관성이 없어 보이는 다른 자료들도 활용할 수 있는 이론적 틀을 갖출 수 있었다.

『폴란드 농민』 – 이론적 기초

『폴란드 농민』에 내재하는 이론의 개요는 사회학적 자료에 대한 순전히 개인적인 또는 주관주의적인 접근과, 그 안에서 행동하고 느끼고 생각하는 개인들이 어떤 분석적 관심도 받지 않는 사회적 삶과 사회변동에 대한 일반화된 '객관주의적인' 해석을 모두 넘어서려는 시도로 가장 잘 이해될 수 있다. 그들은 당대 기딩스의 저작에서 보였던 심리학적인 해석의 덫을 피하려고 했다. 기딩스의 저작에서는 인류의 고난이 '동류의식'과 비슷한 심리학적 구성물로 여겨졌던 것이다. 또한 그들은 지리, 기후, 인종 등의 요인을 강조하거나 천박한 마르크스주의가 중시했던 것과 같은 실증주의적 이론화를 피하려 했다. 즉 그들은 인간을 초월적인 힘의 노리개로 보는 것을 거부했다.

그들은 객관적이고 주관적인 요인을 모두 공평하게 다루려는 시도의 일환으로, 오직 개인의 태도와 객관적이고 문화적인 가치 간의 동시적 상호작용으로 인간의 행위를 적절하게 설명할 수 있는 사고틀을 발전시켰다. 그들은 태도를 "사회에서 개인의 실제적 또는 가능한 행동을 결정하는 개별적 의식의 과정"[4]으로 이해했다. 태도는 순전히 정신적인 내부 상태가 아니라 어떤 사회적 대상에 대해 행동하려는 경향이다. 한편 사회적 가치는 "사회집단의 구성원들이 접근 가능한 경험적인 내용과 행동의 목표가 되는 의미를 포함하는 어떤 데이터"[5]로 이해했다. 이들은 오직 특정한 부류의 가치들, 즉 행위의 규칙과 규범으로 구현되어 있는 것들만이 사회학의 연구 범위에 속한다고 구체화했다. 이 가치들은 "……집단이 보존하고 통제하며 구성원들 사이에서도 이에 상응하는 행동을 더욱 일반화하려는 다소 명시적이고 공식적인 행위 규칙으로 구성된다. 이 규칙들[은]……관습이자 의식이고, 법적이고 교육적인 규범이며, 의무적인 신념과 목적이다."[6]

그들 연구의 주된 초점은 사회변동이다. 그들은 이것이 항상 태도와 가치들 사이의 상호작용 결과임을 보여준다. 그들이 언급하는 것처럼, "사회적인 또는 개인적인 현상의 원인은 절대로 또 다른 개인적이거나 사회적인 현상 하나에만 있는 것이 아니라 항상 그 둘의 결합에 있다. 더 정확한 용어로 말하자면, 가치나 태도의 원인은 절대로 가치와 태도 하나에만 있지 않고 항상 그 둘의 결합에 있다."[7]

토머스와 즈나니에츠키는 이 기본적인 접근을, 예를 들면 "사회조직과 개인적인 생애조직 간의 상호의존성"[8]과 같은 방식으로 공식화했다. 어쨌든 사회적 행위의 객관적인 차원과 주관적인 차원의 결합적 탐구를 강조하는 일은 그들의 연구에서 계속 유지된다. 이 전반적인 경향이 사회심리학 및 미드와 쿨리의 사회학과 긴밀히 연관되어 있으며 그 뿌리가 제임스, 미드, 듀이의 실용주의 철학에 있음을 이 책의 이전 장에서 확인했을 것이다. 그보다는 덜 명확하지만, 사람들이 그들 나름의 역사를 만들지만 자신이 원하는 대로는 아니며, 행동의 현장에서 마주하는 사회적인 힘의 작용으로부터 제한을 받는다는 마르크스의 강조 역시 이와 긴밀하게 연관되어 있다. 또한 사회적 행동이 항상 사회적으로 구성되는 대안들에 대한 개인적인 선택으로 설명되어야 한다는 머튼의 후기 주장[9]과도 긴밀하게 관련되어 있다.

토머스와 즈나니에츠키에게 인간행위에 대한 외부적인 또는 객관적인 요소의 영향은 그것이 주관적으로 경험되는 한도에서만 중요성을 가지는 것으로 간주된다. 따라서 경험으로 형성된 주관적인 경향 또는 태도가 객관적 요소의 영향력에 대한 개인의 반응을 어떻게 결정하는지를 밝히는 것이 연구자의 일이다. 예를 들어 최근 이민자들의 일탈적인 행위를 결정하는 것은 도시 빈민가의 사회적 해체 탓이 아니다. 오히려 규범적 제약을 철저하게 지키지 않아도 되는 도시 빈민가에서의 경험이 빈민가 거주자 개인의 일탈적인 반응을 야기하는 것이다.

태도와 가치의 상호작용과 관련될 수 있는 기본적인 기질의 집합을 개념화하려는 노력에서, 저자들은 그 유명한 네 종류의 기본적인 인간 욕망(wishes)에 대한 분류를 발전시켰다. (1) 새로운 경험에 대한 욕구, (2) 인식에 대한 욕구, (3) 숙달에 대한 욕구, (4) 안전에 대한 욕구[10] 등이 그것이다. 이러한 구분이 『폴란드 농민』의 다른 어느 논의보다 자주 인용되지만, 이것은 저서에서 가치가 가장 덜한 편에 속하는 것으로 보인다. 이처럼 기본적인 욕망이나 욕구에 대한 목록을 작성하는 일은 쓸모없는 작업이다. 인간이라는 동물의 동기에 관한 복잡한 레퍼토리를 설명하는 데 똑같이 타당하고 똑같이 효과 없는 열 개 이상의 기본적 기질로 구성된 비슷한 목록을 수립한 다른 학자들도 있다(사실 후기에 들어 토머스와 즈나니에츠키 모두 『폴란드 농민』에서 언급된 이 방법론에 대해 꽤 회의적으로 변했다).[11]

이른바 기본욕망이론이라는 방법에 의해 일반심리학의 영역에 접근하려는 토머스와 즈나니에츠키의 시도는 실패로 돌아갔다. 반면 사회심리학의 기초를 발전시키려던 그들의 노력은 풍부한 성과를 낳기도 했다. 그들은 심리적 상태(psychical state)를 태도(attitude)와 구분하고 전자의 연구를 일반심리학에, 후자의 연구를 사회심리학에 맡겼다. 그들에 따르면, "태도가 심리적 상태와 구별되는 것은 그것이 행동 및 사회적 세계를 지향하고 있다는 데 있다. ……심리적 과정은……그 자체로 성찰적인 주의력으로 구별되는 대상으로서 무엇보다도 동일인의 다른 상태와의 관계가 가장 우선시된다. 태도는 주로 사회적 세계를 지칭하는 데서 가장 중요하게 여겨지는 정신적 과정이며, 무엇보다도 사회적 가치와의 관계가 중요하다. ……심리적 과정은 항상 기본적으로 **누군가의 상태**(state of somebody)인 반면, 태도는 늘 기본적으로 **무엇인가를 향한 태도**(attitude toward something)다."12

사회심리학을 사회적 태도에 대한 과학으로 간주하면서도 그 초점을 주로 개인의 태도로 한정하는 일은 여전히 가능하다. 어찌 되었든 이는 토머스와 즈나니에츠키의 의중에 있던 것은 아니었다. 그들은 다음과 같이 언급했다. "어떤 태도가 특정 사회집단 구성원들에게 더 일반적으로 공유될수록 또한 이것이 구성원의 일상에서 수행하는 비중이 커질수록, 이것이 사회심리학자들에게 불러일으키는 흥미도 강해진다. ……따라서 사회심리학 분야는 사실상 사회집단 구성원들 사이에 거의 일반적으로 발견되고, 개인들의 생애조직(life-organization)에 참된 중요성을 가지며, 이러한 개인들의 사회적 행위 속에서 뚜렷하게 나타나는 모든 태도로 우선 구성된다."13 즉 이들이 관심을 가지고 있던 것은 특정 개인의 특수한 반응이 아니다. 그보다는 이러한 개인들이 다양한 위치에 놓인 여러 집단의 다른 구성원들과 다소간 공유하고 있는 태도다. 이러한 관점에서 사회심리학은 "사회적 문화의 주관적인 측면을 다루는 과학"14이다.

한편 문화의 객관적 측면인 사회적 가치(social values)에 대한 연구는 사회학이 적절하게 다룰 영역이다. 사회적 가치는, 이를테면 개인의 외부에서 마주하는 객관적인 문화적 데이터다. "이러한 가치들은 사회심리학이 다룰 대상이 아니다. 이것들은 객관적인 문화적 데이터……행동 규칙들의 한 세트를 구성한다. 그리고 이를 준수하는지 여부에 대한 객관적 중요성과 관련하여 일반적으로 **사회제도**(social institution)라고 불리는 상호연결되고 조화로운 체계를 구성한다. 또한 특정한 사회집단 내부에서 확인되는 제도의 총체가 **사회조직**(social organization)을 구성한다. 이처럼 사회조직을 연구할 때는 태도(attitude)를 가치(values)에 종속시켜야 한다……."15

토머스와 즈나니에츠키가 문화적 가치와 그것이 구현되는 특정 제도의 객관적 성격을 똑같이 강조함으로써, 주관적으로 정의된 의미나 공유된 경험 및 태도에 대한 강조와 균형을 맞춘 것은 가히 천재적인 발상이었다. 일차집단과 가족구조 같은 미시사회학적 단위에 대한 고려에서 이들이 속하는 보다 큰 제도적(institutional) 배경으로 『폴란드 농민』의 분석이 옮겨간 이유가 바로 이것이다. 일차집단 연구를 보다 거대한 제도적 맥락에 연결지음으로써, 토머스와 즈나니에츠키는 일차집단 일반, 특히 가족과 친족 집단이 번성했던 공동체를 탐구했다. 그리고 나서 그들은 교육제도, 언론, 봉사기관 등을 포함하는 사회조직의 한층 넓은 틀에 대한 연구를 발전시켰다. 그들에 따르면, 이들을 각각 따로 연구해서는 안 되지만 각각이 사회적 가치들의 명확한 배열구조(arrangement)를 보여준다면 마치 태도의 지향성이 이로부터 구축되는 것처럼 여겨지는 어떤 대상을 드러낼 수 있다.

토머스와 즈나니에츠키가 반복적으로 두드리는 핵심 주제는 태도와 가치, 그리고 개인 또는 조직과 사회조직, 그리고 개인적 행동과 이를 규제하려는 사회적 규칙 간의 상호관계다. 그들에게 이것은 개인적인 적응뿐만 아니라 사회질서의 해체까지도 포함하는 지속적인 상호작용을 의미했다. 동시대인인 파크처럼, 그들은 개인적인 욕망과 사회적인 요구 간의 평형은 잘해야 주변적이고 예외적인 조건이라고 믿었다. 일반적으로 사회적 규제와 규범은, 사회조직으로부터 부과된 굴레를 허물려는 개인적인 노력을 완전히 억압하는 데 단 한 번도 성공하지 못했다. 사회변동의 변증법은 구성원들을 요구사항에 복종시키려는 집단 일부의 노력이면서 이러한 집단 규범으로부터 해방된 열망을 실현하기 위해 집단으로부터 부여된 제한을 허물려는 일부 개인들의 노력을 포함하는 것이다.

토머스와 즈나니에츠키는 범죄나 비행처럼 심각한 사회문제에 대한 광범위한 도덕주의 판단에 대항하려는 의도를 가지고 있었다. 이에 따라 문제들의 근원이 개인적 결함이 아닌 사회적 조건에 있다는 점을 강조했다. 따라서 사회 해체의 개념을 도입했을 때 그들은 이를 "행위에 대한 현존하는 사회적 규칙이 집단의 개별 구성원들에게 작용하는 영향력의 감소"[16]로 정의했다. 하지만 그들은 이 개념이 "주로 제도에 대한 것이고, 사람에 대해서는 부차적으로만 관련된다"[17]고 애써 강조했다. 즉 뒤르켐의 아노미 개념처럼, 사회해체라는 개념은 개인들의 조건보다 주로 사회의 무질서한 상태를 가리키는 것이다. 더불어 그들은 사회적 해체와 개인적 해체 간에는 일대일 관계가 전혀 없음을 지적했다. 예를 들면 어느 도시의 무질서한 지역에서도 어떻게 해서든 만족스럽게 자신의 삶을 설계하는 여러 가지 개인을 찾을 수 있다는 것이다. "[개인의 생애조직과 사회조직 간에 작용하는] 상호 영향의 [그] 본질은 각각의 특정한 경우에서 연구될 문제이지 미리 강조될 도그마가 아니다."[18] 토머스와 즈나니에츠키에게 사회해체는 정적인 조건을 의미하는 것이 전혀 아니고, 그보다는 범위와 영향의 수준에서 상당한 차이를 수반하는 사회적 과정이었다.

인간행위자들의 유형분류

사회조직과 개인적 태도 그리고 사회적 규제와 개인적 반응 간의 상호작용을 더욱 탐구하려는 노력에서, 토머스와 즈나니에츠키는 인간행위자들이 문화적 요구에 어떻게 반응하는가에 따라 세 가지 유형분류를 잠정적으로 제시했다. 이 분류체계는 기본적 욕망의 내용을 한정하려 했던 이전의 실패한 시도와 다르다는 점을 말해야겠다. 이는 리스먼[19]과 다른 현존하는 학자들의 후속 분류방식에 상당한 영향을 미쳤다.

토머스와 즈나니에츠키는 우선 **속물**(Philistine)을 묘사한다. 그는 "항상 순응주의적이며 가장 안정적인 요소들로 사회전통을 대체로 수용한다. ……이들에게 중요하면서도 예기치 않은 모든 삶의 조건 변화는 행동방식의 해체를 야기하는 것으로 받아들여진다"[20]고 언급했다. 이런 적응 유형은 매우 엄격해서 개인의 나이나 시대적 사회분위기에서 야기된 점진적 변화를 제외하고는 어떤 새로운 태도의 발전도 배격한다. 이와 정반대는 **보헤미안**(Bohemian)인데, "기질이 충분하게 굳어지지 않았다는 단순한 이유로 그의 변화 가능성이 열려 있는" 유형이다.[21] 이러한 유형에서는 "미확정적인 다양한 계획들이 가능하다."[22] 이 유형의 인간은 일관성이 없을 수도 있으나 **속물**들과 꽤 대조적으로 새로운 조건에 대한 적응력을 잘 보여줄 수도 있다."²³ 전자가 순응주의자라면, 후자는 반항자다. **창조자**(creative man)는 다양한 관심사를 드러내며 새로운 조건들에 잘 적응하는 혁신자다. 이들에게 관심의 다양성은 "행위의 일관성과 양립 가능하며, 사회적 가치를 불변하는 전제로 받아들이지 않고 특정한 목적에 따라 수정하고 확대하려는 경향에 기초하여 자신의 생애조직을 구축해갈 수 있기만 하다면 전통이 제공하는 일관성보다 더 우월할 수 있다"고 간주된다.²⁴ 이 **창조자**는 단순히 전통의 틀 안에서만 행동하지도 않고 사회적 요구에 대해 무분별하게 반항적이지도 않다. 대신 혁신과 전통을 신중하게 조합하여 관습의 숲에 새로운 길을 개척한다. 따라서 그는 사회변동을 야기하기 위한 노력의 창조적인 인도자가 된다.

토머스와 즈나니에츠키는 자신들이 기술하는 이런 유형화가 이념형으로서 어느 특정한 인격체에서도 완전하게 실현되지 않는다는 점을 명확히 했다. 그들은 다음과 같이 언급했다. "이러한 유형 중 인간 개인의 활동에 완벽하고 완전하게 실현되는 것은 하나도 없다. **보헤미안** 기질이 조금도 포함되지 않은 **속물**은 한 명도 없다. 어떤 점에서는 **속물**이 아닌 **보헤미안**도 없으며 완전하게 독창적인 **창조자**도 없다……."²⁵ 그들은 이러한 일반적인 유형들이 "무한한 수의 다양한 형태를……포함한다"²⁶는 점을 인식하고 있었다. 하지만 베버가 묘사한 더욱 정교하고 세련된 이념형처럼, 이러한 일반적인 유형은 사회생활의 요구에 대한 다양한 지향에 기초한 연속체 속에서 무한히 다양한 인간 개성을 분류하려는 노력의 대략적인 안내자가 될 수 있다. 왓슨과 다른 사람들이 인간존재를 사회환경에 의해 무한히 복제 가능한 것으로 인식했던 시기에, 토머스와 즈나니에츠키는 **속물**들이 어디에나 있고 **보헤미안**들은 헛된 반항에 지칠 수 있으나 나름의 한계를 인식하면서도 이상적인 이미지로 자신을 초월하려는 혁신적이고 창조적인 사람들도 있다는 점을 주장했다는 사실을 언급할 필요가 있다. 『폴란드 농민』에서 언급된 주제의 범위는 사실 넓다. 저자들은 구대륙과 신대륙을 모두 연구하면서 마주친 개성, 문화유형, 제도적 배열구조의 다양성에 대해 깊은 공감을 보였다. 미국에서 그들은 도시 정치와 성매매, 언론과 댄스홀, 가정불화와 잃어버린 가정에 대한 열망과 향수를 다루었다. 이들은 모두 폴란드의 배경조건과 대조적으로 다루어졌다. 그리고 전형적 행위에 대한 사회학적 연구의 일환으로, 그들은 항상 특정 개인이 곤경과 타협하는 다양한 방법에 대해 애정 어린 관심을 보였다. 그리고 주제의 다양성에도 불구하고 그들의 연구에는 강한 통일성이 있었다. 그들은 내내 근대 세계의 도시화와 산업화 그리고 근대화의 영향을 분석하고 기록하는 데 관심을 가졌다. 그들은 사회통제의 전통적인 형태가 근대적인 남성과 여성의 행동을 안내하려 시도하는 더욱 느슨하고 미약한 통제로 어떻게 대체되는지를 보여주었다. 친족지배(kin-dominated)적 문화로부터 도시적 관계나 느슨한 이웃 유대로 변하는 엄청난 변화도 기록했다. 때때로 세부사항이 많이 부족할 때도 있으나, 그들의 연구에는 마르크스부터 만하임까지 많은 근대사회학의 석학들을 움직인 것과 매우 유사한 관심사들이 계속 나타난다.

또한 많은 지성사적 선배와 동료 학자들처럼, 그들은 사회학을 분석적 학문일 뿐만 아니라 사회정책적 방향을 제시할 능력도 갖춘 것으로 보았다. 그들은 지난 수천 년간 의존해왔던 상식이 더 이상 사회통제의 적절한 기초가 아니라고 보았다. 자신들이 제시하려던 체계적 지식이 사회적 개입과 합리적 통제를 목적으로 하는 과학의 기초를 제공할 것이라고 믿었다. 그들은 다음과 같이 말하기까지 했다. "……과학의 유일하고도 확고하며 본질적인 기준을 구성하는 것은…… 그 지식이 궁극적으로 실용적인 적용 가능성을 지니는가에 달려 있다."[27]

언뜻 보기에 합리적 통제와 사회적 기술에 대한 토머스와 즈나니에츠키의 강조는 마치 그들이 모든 영역에서 계획을 중시하는 기술중시자의 이상에 빠져 있다는 느낌을 준다. 하지만 이는 전혀 사실이 아니다. 반대로 그들은 자신들의 분석과 발견으로 개인 주체가 소유하는 인식과 지식을 우선적으로 증대시킬 생각이었음을 강조했다. 하버마스(Jürgen Habermas) 등 동시대의 사회학자들이 썼다고 보아도 이상하지 않을 구절에서 그들은 다음과 같이 언급했다. "개인들이 의식적인 성찰을 통해 나름의 행동을 자의적으로 통제할 능력을 기르는 것이 바람직하다."[28] 그들은 행위자들의 자의식을 증가시키는 데 자신들의 전 연구를 바쳤다. 그들은 "예전에는 사회 자체가 엄격하고 특수주의적인 정의들을 '관습'이나 '풍습'이라는 형식으로 제공했던 것에 비해, 진보의 시대에는 개인이 자신 나름의 정의를 만들 수 있는 자유가 중시된다"[29]고 주장했다. 그들의 사회학적 분석은 이러한 발전을 심화하기 위한 것이었다.

그러나 『폴란드 농민』에서 나타난 이론화의 절묘함이 일부 결함을 가려서는 안 된다. 방법론적인 논의에 분명하게 나타나는 개념적인 구분은 많은 경우에 구체적인 설명에서 애매하게 처리되곤 했다. 태도와 가치 같은 주요 개념마저도, 나중에 저자들이 인식하게 되는 것처럼, 거의 서로 교환 가능한 형태로 종종 사용되었다. 객관적인 세계는 항상 주관적인 경험으로 수용되는 정도로만 다루어졌기 때문에, 종종 주관적인 요소와 이들의 객관적인 연관성이 잘 구분되지 않는다. 이러한 방법론적 비판은 이 저서에 대한 블루머의 철저한 비평에서 매우 정교하게 행해진 바 있다.[30] 하지만 블루머도 강조했듯이 이론적 지침과 실질적 기여 간에 상당한 불일치가 있다는 사실에도 불구하고, 『폴란드 농민』은 오랫동안 중요한 성과로 평가되어왔다. 이는 미국사회학 연구의 훌륭한 저작 중 하나로 남아 있으며, 일부 결함에도 불구하고 이 이론적인 틀은 더욱 발전된 이론적 도구를 원하는 사람들에게 여전히 좋은 자극이 된다.

토머스 – 민속지학자에서 사회심리학자까지

토머스의 충성스런 제자인 킴벌 영(Kimball Young)은 토머스에 대한 부고에서 그가 "기본적으로 자신을 전혀 이론가로 여기지 않았다"[31]고 했다. 이는 아마도 사실일 것이다. 하지만 그는 당연히 자신도 모르게 이론가였다. 게다가 그는 삶을 통틀어 사고의 고정된 준거를 따르기보다는 더욱 뛰어난 지적인 명료성과 분석적 깊이를 얻으려 시도했다. 그의 사상적 항해를 따르는 일은 매력적인 경험이다.

1907년에 출판된 『성과 사회』(*Sex and Society*)[32] 등 토머스의 초기 저작들은 여전히 당대 생물학주의적(biologistic) 편견을 뚜렷하게 보인다. 자신을 이러한 영향에서 해방시키려 했던 저자의 노력 또한 분명하게 보이긴 하지만 말이다. 오늘날에는 "형질상으로 남성의 발달은 여성보다 더 뚜렷하다. 인류학자들은······여성을 아이와 남성의 중간쯤으로 여긴다"[33]라는 언명을 역사적 맥락이 결여된 것으로 무시할 것이다. 이러한 언급은 이 저서에서 여성의 종속이 중단되기를 바라는 토머스의 절실한 갈망과 관련하여 이해되어야 한다. 그는 자신의 사상이 발전하는 과정에서 부분적으로 성차별적 논리의 틀 속에 있었을 수 있다. 하지만 그는 같은 책에서 이렇게 쓰기도 했다. "······여성의 뛰어난 지적능력뿐만 아니라 인내력까지 고려하면, 공평한 조건이 주어진다면 지성적 작업에서의 그들의 능력이 남성의 경우보다 더욱 우월하지 않을까 의문을 가질 법하다."[34] 책은 토머스의 옛 오류를 교정하는 데 도움을 줄법한 훌륭한 문장으로 마무리된다. "남성의 지능에 여성의 지능을 더하는 문명이 있다면 최상의 문명수준이 될 것은 확실하다."[35] 여성에 대한 그의 이러한 관점은 **대략적으로**(grosso modo) 인종 관계와 아프리카계 미국인에 대한 그의 다른 글들에도 적용 가능하다.

토머스의 초기 저작들에 나타나는 생물학주의적 편견과 마찬가지로 그의 심리학주의적(psychologistic) 편견도 무시될 수 없다. 그러나 그가 훗날 저작에서 이러한 편견을 극복했다는 점을 간과해서는 안 된다. 물론 초기의 토머스가 족외혼의 규범을 "의심할 여지없이 남성의 정동불안상태에서 기인"한다거나 "더 새로운 여성을 찾으려는"[36] 남성의 성향과 연결시키는 것을 보는 것은 여전히 불편하다. 이와 같은 제도적 배열구조에 대한 순진한 심리학주의적 해석을 이 책에서 찾기란 어렵지 않다. 하지만 이러한 **서투름**(gaucheries)과 나란히 보석 같은 사회학적 논증이 다음과 같이 덧붙여진다. "추상적 관념이 한 집단의 활동에 활용되는 정도는 활동의 복잡성과 집단 속 의식의 복잡성에 달려 있다."[37]

경력의 첫 단계에서 토머스는 독일의 **민족심리학** 전통에서 길러진 전통적 민속지학자에서 『폴란드 농민』과 뒤따르는 저서들로 뒷받침되듯 사회학자의 소질을 갖춘 정교한 사회심리학자로 차차 발전했다. 그의 초기 저작들은 그러한 발전도상의 디딤돌로서 읽혀야 한다. 『성과 사회』가 출판된 지 바로 1년 후 토머스의 『사회적 기원을 위한 교재』(*Source Book for*

Social Origins)[38]가 발표되었다. 사려 깊은 독자라면, 저자가 풍부한 민속지적 자료를 원천 자료로 제공하고 '주의'(attention)나 '습관'(habit) 등의 심리학적 개념을 여전히 활용하면서도, 생물학주의적이고 진화적인 대부분의 당대 학자들의 경향에 상대적으로 빚을 거의 지고 있지 않은 사회학적 해석을 발전시키는 중에 있다는 점을 깨달았을 것이다.

토머스의 천재성은 『폴란드 농민』에서 만개했다. 이 책은 생물학주의적이거나 심리학주의적인 편견에서 자유롭다. 또한 그의 초기 저작에서 때때로 나타나는 인종차별적인 색채에서도 자유롭다. 훗날의 저작들에서 토머스는 처음 『폴란드 농민』에서 개략적으로 소개된 사회심리학의 이론적 단서를 계속해서 발전시켜나갔다. 잠재의식적인 작업 분배로, 토머스의 관심이 태도 개념으로 특징지어지는 사회심리학적 접근에 주로 향해 있던 데 비해, 즈나니에츠키는 '문화적 실재'(cultural reality)라 부른 사회적 가치 개념을 그의 추후 저작에서 정교하게 발전시킨 것으로 볼 수 있다.

토머스의 상황분석

아마 토머스의 사회심리학 발전에서 가장 중요한 부분은 **상황정의**(the definition of the situation)[39]라는 유명한 개념을 정교화한 일일 것이다. 이 개념은 매우 중요해서 그의 글을 좀더 길게 인용하면 다음과 같다.

"……고등동물, 특히 인간은 그들이 이전에 따랐던 자극에 순종하기를 거부할 힘을 가진다. ……우리는 이 능력을 억제의 힘(the power of inhibition)이라 부른다. ……자기 결정적인 행위에 앞서 항상 검토와 숙고의 단계가 있다. 우리는 이를 **상황정의**라 부른다. ……구체적인 특정 행위만 상황정의에 의존하는 것이 아니라 개인의 개성과 인생 방침(life policy) 전체도 이러한 정의의 연쇄에서 나온다. 아이는 그들 사이에서 일어날 수 있는 상황의 모든 일반적인 유형이 이미 정의되고 이에 상응하는 행위 규칙이 발전되어 있는 사람들 속에서 태어난다. 또한 그 집단에서 자신 나름의 정의를 만들고 자기 욕망을 방해받지 않고 실현할 수 있는 기회를 갖지 못한다. ……따라서 조직화된 사회의 구성원들에 의해서 만들어진 자발적인 상황정의와 사회가 개인들에게 주입하는 정의 사이에는 항상 경쟁이 존재한다. 개인은 향락주의적인 행동 선택에 따라 쾌락(pleasure) 우선의 경향을 보인다. 반면 사회는 공리주의적 선택에 따라 안전(safety) 우선의 경향을 나타낸다. ……이 관계 속에서 도덕률의 문제가 출현한다. 이는 행동 규범에 대한 규칙의 집합으로 욕망의 표출을 규제하며 연속적인 상황정의로 강화된다. 실제로 남용(abuse)이 먼저 출현하고, 규칙(rule)은 이들의 재발을 방지하는 데 의미를 가진다."[40]

상황정의 개념은 토머스에게 직관주의적이고 생물학주의적인 모든 해석뿐만 아니라 왓슨의 조잡한 행동주의와 그 추종자들을 비판하는 데 최적의 논점을 제공했다. 정제되지 않은 감각의 데이터를 걸러내는 주관적인 방법에 대한 주의 깊은 분석적 태도만이, 그리고 인간 마음속의 중재적 기능에 대한 지속적인 관찰만이, 복수의 개인이 동일한 자극을 받았을 때 개개인이 매우 다른 방법으로 반응할 수 있다는 사실을 설명할 수 있다. 이것은 개인들 사이에서도, 그리고 문화적으로 다른 집단들 사이에서도 적용될 수 있다. 예를 들면 멋진 옷을 차려입은 한 여성에 대해 남성들은 성적 매력을 느끼겠지만 여성들은 의상 디자인에 관심을 가질 수 있다. 아이들에게 테디 베어는 보호용 부적일 수 있지만, 어른들에게는 그저 장난감일 뿐이다. 싫증난 도시인에게 녹음기는 여가 시간을 때우기 위한 도구겠지만, 원시인에게는 신의 음성일지도 모른다. 연구자들은 이러한 주관적 의미, 즉 상황정의에 관심을 가지지 않는 한 다른 인간과 문화를 이해할 수 없을 것이다.

또한 마음의 프리즘은 정의를 통해 지각적 경험을 요구하는데, 모든 의미가 이러한 정의에 의해 구성된다는 점을 우리가 알 때만 인간의 행동을 이해할 수 있다. 다음 문장을 꼼꼼히 생각해보라. 토머스가 평생 썼던 글 중에서 가장 설득력 있는 문장이다. "만약 사람들이 어떤 상황을 실재하는 것으로 정의한다면, 이것은 결과적으로도 실재하는 것이 될 것이다."[41]

토머스가 말했던 것은, 사람들이 상황의 객관적인 속성뿐만 아니라 상황이 그들에게 가지는 의미에 대해서도 종종 반응한다는 것이다. 한 번 어떤 의미가 수용되면, 뒤따르는 행동은 주어진 의미에 따라 달라진다.[42] 만약 사람들이 마녀를 믿으면, 이러한 믿음은 실재적인 결과를 가져온다. 예를 들면 그들은 마녀라고 의심되는 자들을 죽일 수 있다. 이것은 미정제된 감각 데이터를 범주화된 장치로 변환시키는 데 인간의 마음이 가지는 힘으로서, 자칫 우리 모두를 살인자로 만들 수도 있다. 베트남인이 'gook'이라 불리고 흑인이 'nigger', 유대인이 'kike'라 불리는 순간, 사회정의라는 특별한 마력을 통해 이제 이들은 편견과 차별, 폭력과 공격, 그리고 심지어는 살인의 대상이 되는, 완전히 '다른 사람'으로 바뀌는 것이다. 물론 이러한 상황정의의 결과가 긍정적일 수도 있고 부정적일 수도 있다는 것은 당연하다. 시골 처녀가 성인(聖人)이 될 수도 있고 고매한 정치인이 될 수도 있다. 어떤 경우든 결과에 상관없이 정의는 항상 경험을 구조화한다. 정의는 "애매한 것에 대한 결정이다."[43] 토머스의 개념이 낳은 무수한 파생물을 일일이 제시하는 일은 의미가 없을 것이다. 편견과 차별에 대해 글을 쓰는 사람이라면 누구든지 그의 이런 저작을 무시할 수 없다.

1920년대, 그리고 그의 경력 후반에 들어 토머스의 사상은 기본 동기 구조와 욕망에 대한 관심에서 매우 멀어졌다. 충분히 발전된 '상황정의' 개념과 보조를 맞추어 이제 그는 자신이 '상황분석'(situational analysis)이라 부른 것에 관심을 가졌다. 그는 이로써 자신이 미국사회학회 학회장단 연설에서 언급했던 것처럼, "특정한 행동 패턴과 총체적 개성은 개인이 인생에서 마주하는 일련의 경험과 상황 유형에 의해 지대한 영향을 받는다"[44]는 점을 강조했던 것이다.

『이식된 구세계의 속성』(원래 파크 외Robert Park et al.[45]의 저서로 출판되었으나 사실상 토머스에 의해 쓰였다),『부적응의 소녀』(The Unadjusted Girl),『미국의 아동』(The Child in America, 도로시 토머스Dorothy Thomas 공저) 그리고 『원초적 행위』(Primitive Behavior)[46]에서, 상황정의가 우선적인 지위를 부여받는 상황분석이 다양한 구체적인 주제에 적용됐다. 이 주제들 모두에서 토머스는 사회와 개인이 항상 상호작용 관계에 있다는 그의 입장을 고수했다. 그는 『부적응의 소녀』에서 다음과 같이 언급했다. "사회는 개인에게 없어서는 안 된다. 아이가 혼자서는 쌓을 수 없는 가치, 계획, 물질의 축적을 사회가 특정 시점에서 갖고 있기 때문이다. ……하지만 개인 또한 사회에 필수적이다. 개인은 행위와 창조성으로 모든 물질 가치와 문명을 창조하기 때문이다."[47] 쿨리는 개인과 사회가 쌍둥이로 태어났지만, 그것은 그들이 일란성 쌍둥이가 아님을 개인이 명확히 할 수 있을 때만 그렇다고 말했는데, 토머스는 이 금언에 동의할 준비가 되어 있었다. 그는 개인과 사회 간의 조화로운 상호작용을 가끔씩 방해하는 위기와 혼란에 대해 쿨리보다 더욱 자각하고 있었다.

후기 저작 역시 유형분류에 대한 토머스의 확장된 관심을 보여준다. 이와 관련하여 『이식된 구세계의 속성』[48]을 연상할 수 있는데, 여기서 그는 이민자의 유형을 다음과 같이 구분했다. 정착민(The Settler), 식민지 이주자(The Colonist), 정치적 이상주의자(The Political Idealist), 안주하는 자(The Allrightnik), 무례한 자(The Cafone), 지식인(The Intellectual) 등이 그것이다. 그가 말하길 이러한 유형들은 각자 다양하고 특정적인 방식으로 이민의 경험에 반응한다. 유형적 분류는 '이민자' 같은 포괄적인 범주를 주인 공동체에 대한 독특한 반응을 묘사하는 하위 범주로 나누는 데 가장 효과적이었다. 이러한 유형분류는 즈나니에츠키의 저작에서 더욱 발전했다.

즈나니에츠키 – 사회학자가 된 철학자[49]

토머스와 즈나니에츠키의 공저 『폴란드 농민』에서 보았듯이 태도와 가치의 쌍둥이 개념은 주요한 이론적 받침돌이 되었다. 하지만 이들은 후속 저작에서 이 개념에 만족하지 않았다. 토머스는 그의 태도 개념과 깊이 연계된 기본욕망이론을 점차 포기하고 기본적 동기욕구와는 무관한 상황분석에 대한 연구로 나아갔다. 한편 즈나니에츠키는 그의 저작에서 태도의 개념을 완전히 폐기했다.

일반적으로 『폴란드 농민』과 이를 특별히 소개한 「방법론적 노트」가 두 저자의 협동 산물이었지만, 여기서 태도에 대한 강조는 거의 토머스의 것이라는 점이 분명하다. 한편 가치를 강조한 것은 주로 즈나니에츠키였다. 그는 1910년 출판된 초기 철학 저작을 『철학에서의 가치문제』(*The Problem of Values in Philosophy*)[50]에 바쳤다. 철학적인 연구에서 사회학적인 것으로 옮겨왔지만, 토머스와 함께한 공동작업의 주된 영향 아래에서 그는, 영어로 출판된 첫 저서의 제목이자 주제이기도 한 『문화적 실재』(*Cultural Reality*)의 구조와 함께 여전히 가치들의 기능에 몰두했다.[51] 사회심리학은 영영 그의 **강점**(forte)이 되지 못했다.

『폴란드 농민』에서의 공동작업이 끝나고 몇 년 후, 즈나니에츠키는 공저에서 언급된 태도-가치 구분의 난점에 대해 성공적인 해법을 도출하고자 다양한 시도에 힘썼다. 이는 특히 블루머 같은 여러 비판가가 지적한 문제였다. 그는 『사회적 행위』(*Social Actions*)의 서문에서 10년 넘도록 심리학적 경향성에 대한 이론을 구축하느라 고민했다고 언급한 후, 이제 "사람의 모든 다양한 사회적 행위는 몇 개의 영원하고 기본적인 심리학적 영향력, 기본적인 태도, 소망, 욕망 등으로부터 연역된다"[52]는 전제를 포기했다고 밝혔다. 대신 그는 이러한 행위들을 "경험적인 구체성과 다양성 차원에서 배후의 어떤 심리학적 근원에 대한 선험적 전제 없이 있는 그대로 정리하려고 [시도]하는"[53] 이론적인 전략을 채택했다.

뒤에서 언급하겠지만, 즈나니에츠키는 사회적 행위의 결정에서 주관적인 의미가 차지하는 중요성을 결코 포기하지 않았다. 하지만 프랑켈(Hyman Frankel)이 언급한 것처럼, "[이제] 그는 사회적 행위를 구성하는 [주관적인] 요소를 심리적인 것으로 인식하지 않는다. 대신 주관적인 요소는 **사회적 데이터**(social data)로서 논리적으로 변환된다. 즉 즈나니에츠키가 귀납적으로 구성하고 연구하는 '사회체계'(social system)의 구성요소로서, 인간행위자의 '태도'와 '경향'은 가치, 규범, 사회적 행위의 규칙 같은 다른 사회적 데이터와 경험적인 내용에서 동일한 질을 가진다. 이렇게 하여 즈나니에츠키는 그가 사회체계에 심리학적 분석을 포함할 때의 논리적인 함정이라 여긴 오류를 피하려 했다."[54] 따라서 귀족의 노블레스 오블리주나 과학자의 호기심은 심리학적으로 설명될 필요가 없다. 오히려 이것은 특정 사회집단에서 차별화된 역할의 미덕을 따라 행동을 선택하게 만드는 구성요소로 볼 수 있다.

이 변화는 1934년 출판된 그의 저작인 『사회학 방법론』(*The Method of Sociology*)에서 이미 두드러지며, 추후의 저작에서 더욱 분명해진다. 즈나니에츠키는 사회심리학적인 편향으로부터, **사회집단**(social circles) 내에 작용하는 **사회적 역할**(social role)의 측면에서 **사회적 인간**(social persons)으로 행동하는 행위자를 넓게 이해하는, 순전히 사회학적인 시각으로 옮겨갔다. 그의 이론적 망에서 개성의 총체를 포착하려는 시도를 포기한 즈나니에츠키는, 개인을 인간 상호작용과 문화적 가치의 세계인 "사회생활과 문화"[55]의 참여자로 연구하는 사회학적 접근으로 자신을 제한했다.

파크와 버지스를 따라 그는 이제 (라틴어 'persona'라는 단어가 뜻하는 대로) **사람**(person)이라는 용어를 "자신의 역할에 대한 개인의 인식"으로 정의했다. 그리고 개인은 이 인식에 부합하여 행동하려 함을 밝혔다.[56] 연기자가 특유의 다양한 역할을 수행하는 것과 마찬가지로, 개인들은 자신들이 다양하게 참여하는 사회집단에 따라서 여러 가지 다른 사회적 역할을 연기한다. "어떠한 개인도 햄릿의 역할을 홀로 수행할 수 없다. 그는 여왕, 국왕, 호레이쇼(Horatio), 오필리아(Ophelia), 폴로니어스(Polonius) 등을 연기하는 다른 연기자들이 자신을 햄릿의 화신으로 인정해주는 하나의 집단에 속해야 한다."[57] 마찬가지로 "우리는 모든 사회적 역할에서 개인이 그러한 역할을 수행하게 만드는 사회집단을 찾아야 한다. 그를 수용하고 그와 협동하는 것은 행위자들의 집단이다."[58] "모든 사회적 역할은 행동하는 '사회적 인간'과 크고 작은 '사회집단' 사이에 양자 모두 긍정적으로 인식하는 가치의 집합체로 구성된 공통의 유대가 존재한다는 것을 상정한다."[59] 다시 말해 사회집단들은 그들이 옹호하고 강요하는 가치들의 집합으로 구분된다. 또한 이들 집단의 시각—연기자의 관중을 구성하는 사람들—에서 역할 수행자에게 긍정적으로든 부정적으로든 어떻게 반응하는지에 따라서도 구분된다.

즈나니에츠키에 의해 발전된 사회적 역할의 개념은 린턴과 그 이전의 여러 이론가에 의해 발전된 것과 주요한 내용에서 차이를 보인다. 즈나니에츠키의 시각에서 역할은 행동에 대한 일반적인 기대와 신분 지위에 고정되어 있는 것이 아니다. 대신 그의 개념은 역할 수행자들을 그들이 다양하게 얽혀 있는 집단으로 연결짓는 역동적인 관계에 대해 특별한 주의를 쏟는다. 헬레나 즈나니에츠키(Helena Znaniecki, 즈나니에츠키의 딸 — 옮긴이)는 "사회적 인간에 선행하든 그와 함께 도출되든, 사회집단은 역할 의무가 주어진 모든 사람과 그 기능의 수행을 용이하게 하는 권리를 인정하는 모든 사람을 포함한다. ……그들은 행위를 수행할 권리를 보장해야 한다. 마치 행위자의 특별한 행동이 없이는 공유되는 가치와 규범에 부합하는 방식으로 사회적 인간이 자신의 몫을 수행할 수 없을 것처럼 말이다"[60] 라고 언급했다.

즈나니에츠키에 의하면, "사회적 역할에 대한 모든 일반화는……다른 집단과의 협력 속에서 실제 각 개인들에 의해 수행되는 특정 역할에 대한 귀납적이고 비교적인 연구를 요구한다."[61] 그는 역할 수행의 개인적 다양성에 특별한 주의를 기울이기를 소망했고 행위자들이 역할 기대에 기계적으로 반응하는 것이 아님을 강조했다. 때때로 그들은 기량을 발휘하지 못하기도 하고 과잉으로 행동하기도 한다. 창조적인 개인들은 기대와는 크게 다른 중대한 일탈을 하고 새로운 종류의 역할을 출현시킬 수도 있다고 보았다. 이것은 그가 "개인이 특정한 역할을 수행하는 사회집단으로부터 수여받은 권리의 총체를 나타내기 위해"[62] 사용하던 지위개념을 후기 저작에서 버린 이유다. 그의 주장에 따르면, 지위개념은 "사람의 역할이 진화함에 따라 발생하는 사람의 가치변화 문제, 역할이 수행되는 집단을 확장하거나 축소하는 과정의 문제, 동일인과 다른 개인들의 동시적이고 연속적인 역할들 간의 역동적인 관계, 그리고 마지막으로 역사의 과정에서 새로운 기준이나 규범과 함께 새로운 역할들이 단계적으로 그리고 창조적으로 출현하는 문제를……외면하거나 해결하지 못한다."[63]

즈나니에츠키가 사회적 인간과 사회적 역할 그리고 사회적 관계와 사회집단에 대해 말할 때, 이러한 모든 개념이 문화적 기반, 공유된 지식, 규범, 가치에 전적으로 근거할 때만 이치에 맞는다는 점을 의미하는 것이다. 그는 다음과 같이 언급했다. "사회체제의 문화적 패턴은 구조의 참여자들이 서로를, 그리고 사회체제 전체를 평가하는 데 따르도록 되어 있는 특정한 가치철학적인 [가치] 기준을 포함한다. 그들이 이러한 기준과 규범을 수용하고 따르는 한, 사회체제는 가치규범적(axionormative)이라고 칭해질 수 있는 역동적인 내부 질서를 드러내 보인다.”[64]

만약 인간행위자들이 타인과의 교류에서 견지하는 가치들을 참고하지 않고서는 인간의 행위를 이해할 수 없는 것이 사실이라면, 인간의 의미에 충분한 주의를 쏟지 못하는 어떤 사회학적 분석도 잘못이라는 것이 당연하다. 즈나니에츠키는 이것을 ‘인간계수‘(human coefficient)라고 불렀다. 그가 설명하듯이, “문화적 수행자의 데이터는 항상 ‘누군가‘의 것이지 절대 ‘아무개‘의 데이터도 아닌 것은 아니다. 문화적 데이터의 이러한 기본적인 성격을 우리는 **인간계수**라고 부른다. 이러한 데이터가 수행자의 이론적 성찰의 대상으로서 이미 다른 누군가의 활동적인 경험에 속하기 때문이다. 또한 이 활동적인 경험이 이러한 데이터를 만들어낸다. 만약 인간계수가 철회되고 과학자들이 문화체제를 자연 시스템을 분석하듯이 연구하게 되면, 마치 체제는 인간의 경험 및 활동과 독립적으로 존재했던 것처럼 사라질 것이고 대신 자연적인 물체와 과정의 무질서한 집합체만 드러날 것이다. 이것은 그가 연구하려던 현실과는 아무런 유사성도 가지지 않을 것이다.”[65]

사상의 역사를 연구하는 학자에게는 모든 새로운 생각의 출현을 그 이전 사상가들의 ‘기대‘ 속에서 찾아내려는 직업병이 있을 수 있다. 그러나 즈나니에츠키의 사상은 이러한 직업병에 굴복하지 않고도 이해할 수 있을 것이다.[66] 어쨌든 인간계수에 대한 즈나니에츠키의 표현이, 사회학적 데이터에 대한 (오늘날 유행하는 표현으로) ‘성찰적‘(reflextive) 또는 현상학적 접근이라 불리는 주요 요소들을 이미 포함하고 있다는 점은 흥미롭다. 한 세대 이전까지 즈나니에츠키는 인간계수에 대한 강조가 자연주의적이고, 따라서 성찰적이지 않은 접근에 기초한 다른 분과의 과학으로부터 인간행위자에 대한 연구를 구분해준다는 기본 명제를 강조했다.

즈나니에츠키의 모든 사상이 세월의 시험을 통과한 것은 아니다. 나는 그가 폴란드어로 출판한 저작을 접할 수 없었다. 영어로 된 책들 중에서

『문화적 실재』가 사회학 논문이라기보다는 여전히 대체로 철학적 분석의 저작이라는 점은 분명하다. 그리고 분명히 『사회심리학의 법칙』(*The Laws of Social Psychology*)[67]은 그가 훗날의 저작에서 대체로 폐기하게 되는 생각들을 담고 있다. 『사회학 방법론』은 명료하게 쓰인 논문으로, 여기서 그는 자연과학과 사회과학의 주요 차이점을 상술하고, (자연이 아닌) 문화체제 연구에 적절한 방법론적 접근의 윤곽을 그린다. 당위가 아닌 실제를 연구하는 가치중립적 학문이라는, 즈나니에츠키의 설득력 있는 사회학에 대한 옹호도 여기서 발견할 수 있다. 이 방법론적 성찰은 현대사회학자들에게 많이 읽힐 가치가 있다. 한편 『사회학 방법론』으로 이어지는 『사회적 행위』는 대체로 다양한 유형의 사회적 행위를 분류하려는 시도다. 이미 다른 저작들에서 발전된 일반적인 경향을 넘어서 오늘날의 관심을 보장할 것들은 여기서 거의 보이지 않는다. 그의 마지막 저서인 『문화과학』(*Cultural Sciences*)[68]과 『근대민족』(*Modern Nationalities*)[69]은 박식하고 통찰력 있지만 그의 주요 저서에 거의 포함되지 않는다. 사후 출판된 『사회적 관계와 사회적 역할』(*Social Relations and Social Roles*)은 그의 역할이론에서 가장 구조적인 발전을 담고 있지만, 다르게 말하면 미완의 저서인 『체계적 사회학』(*Systematic Sociology*)의 미완성 스케치에 불과하다.

『지식인의 사회적 역할』(*The Social Role of the Man of Knowledge*)은 그의 명작으로 남아 있다. 이는 지식사회학에 대한 중대한 공헌일 뿐만 아니라, 그 특유의 사회학적 분석과 사회학자가 인간문화와 사회조직을 연구할 때 만들어낼 수 있는 공헌에 대한 그의 독특한 시각을 가장 예리하게 제시하고 있다.

즈나니에츠키의 지식사회학

『지식인의 사회적 역할』[70]에서 즈나니에츠키는 엄격한 자기 부정적 규율을 스스로 감당하기로 결심했다. 즉 그는 인식론적 문제를 다루려는 모든 유혹을 거부했다. 대신 엄격하게 과학적이고 실질적인 탐구에 집중했다. 그는 앞서 언급한 방법론에 따라 모든 사상가가 자신의 지식체계가 참이며 객관적으로 유효하다고 간주한다고 상정했다. 그가 생각하기에, 이러한 주장들을 살피거나 무효화하는 것은 사회학자의 일이 아니었다. "사회학자는 개인과 집단이 실제 행위에서 공유하는 지식에 적용되는 유효성의 기준을 무엇으로 주장하든 일단 현실로 인정해야 한다."[71] 연구에 영향을 미쳐야 하는 것은 연구자의 '상황정의'가 아니라 주체의 상황정의다. 지식체계가 참 또는 거짓으로, 또한 유효하거나 무효하다고 판정되는 것은 사회학자에게 아무런 상관이 없다. 사회학자는 이들의 근원과 결과를 추적하는 데 만족해야 한다. 즈나니에츠키는 이를 다음과 같이 명쾌하게 요약했다. "사람들의 사회생활을 연구할 때, 그들이 유효하다고 인식하는 지식과 관련하여, 연구자는 오직 그들만이 고려할 정당한 대상이라는 점을 인정해야 한다. 사회학자는 그들의 지식체계에 대한 권리의 한계를 부정할 권리가 없다. 무조건적인 겸양(modesty)의 방법론적 규칙으로부터 지배를 받기 때문이다. 그는 사람들이 수용하고 적용하는 지식체계를 다룰 때, 이론적 유효성에 대한 자신 나름의 기준을 포기해야 한다."[72]

즈나니에츠키는 모든 인식론적이고 형이상학적인 추측을 배제했다. 또한 스타크(Werner Stark)가 "지식의 미시사회학"[73]이라 부른 것에 그의 주의를 한정했다. 즉 그는 스스로 "사회의 지성적 분위기 총체" 또는 "사회구조의 역사적 동향 총체"[74]에 대해서는 관심을 갖지 않았다. 그는 지식의 창조자들과 보유자들의 사회적 역할, 그리고 그들이 기능하는 사회구조 또는 조직구조의 사회적 역할에 대한 연구로 자신을 더욱 겸허하게 제한했다.

즈나니에츠키는 쌍둥이 작업에 돌입했다. 하나는 지식인이 수행해온 다양하고 구체적인 사회적 역할에 대해 유형분류체계를 발전시키는 일이었다. 다른 하나는 그들의 행위를 관장하는 규범적인 패턴을 조사하는 일이었다. 두 문제를 연구하기 위한 주요 수단은, 사상가들이 말을 거는 청중이나 대중을 의미하는 '사회집단' 개념이다. 최소한 이질적인 사회에서는, 사상가들이 사회 전체가 아닌 선택된 부분 또는 대중에게 말을 건다고 즈나니에츠키는 말한다. 특정한 사회집단은 사상가에게 인식을 부여하고, 물질적이거나 정신적인 소득을 제공하며, 청중의 규범적인 기대를 내면화하는 사상가가 자아상을 형성하는 데 도움을 준다. 사상가들은 그들이 소속된 집단의 특정한 요구에 맞추어 살아가도록 기대되며, 이러한 요구는 결과적으로 특정한 권리와 면역을 그들에게 수여한다. 지식인은 대중의 이러한 기대를 예견하며, 이러한 실제 청중 또는 예상되는 청중의 차원에서 데이터와 문제를 규정하려 한다. 따라서 사싱가들은 그늘이 다양하게 얽혀 있는 사회적인 맥락과 자신들에게 예상되는 청중과 역할 수행의 차원에서 그들을 분류할 수 있다.

이 책의 주요 부분은 지식인이 수행할 수 있는 다양한 사회적 역할에 대한 즈나니에츠키의 유형화에 할애하고 있다. 그중에서도 그는 **기술적 조언자**(Technological Advisors), 집단의 집합적인 목표를 위해 이념적인 정당화를 제공하리라 기대되는 **현자**(Sages), 그리고 (결과적으로 '진실의 발견자'로부터 '지식의 살포자'까지, '체계화하는 자'와 '공헌자'로부터 '진실을 위한 전사'까지 다양한 하위 유형으로 나뉘는) **신성한 학자**(Sacred Scholars)와 **세속적인 학자**(Secular Scholars)를 구분한다. 또한 그는 결과적으로 **진상 조사원**(Fact-Finders) 또는 **문제 발견자**(Discoverers of Problems)가 되는 **지식의 창조자**(Creators of Knowledge)를 다룬다.

이는 무미건조한 분류작업이 결코 아니다. 즈나니에츠키는 지식인에게 수행하리라고 기대되는 구체적인 역할에 따라 그에 대한 사회적 집단의 요구가 달라진다는 점을 증명한다. 따라서 기술적 지도자에게는 사전에 계획된 활동의 정확성에 대한 믿음을 훼손할지도 모르는 새로운 사실을 찾는 일이 기대되지 않는다. 그들에게는 새로운 사실을 의심의 눈초리로 볼 것이 관습적으로 기대된다. 반면 **지식의 창조자**는 새로운 사실의 발견에 대해 보상을 받는다. 지식인이 상정하는 특정한 사회적 역할들은 각각 기대의 특정한 유형을 담고 있다. 그리고 각 사회집단은 특정한 유형의 지적 활동을 보상하거나 억압한다.

이 책이 출간되고 잠시 후 쓰인 리뷰에서 머튼이 인식했던 것처럼, 즈나니에츠키의 분류는 새로운 생각에 대한 환영이나 거부에 대한 연구에 중요한 실마리를 제공한다. 이는 "다양한 사회구조가 새로운 경험적인 데이터에 대한 특정한 태도의 채택을 요구하도록 압박하는 방법들"[75]을 구체화하도록 도와준다. 예를 들어 **현자**는 혁신가든 현존하는 질서의 옹호자든, 이미 답을 알고 있고 따라서 사람들을 동요하게 하는 것으로 판명될지도 모르는 새로운 사실을 탐구할 리가 없는 반면, **학자**는 "진정으로 새로운 사실에 대해, 학교 제도가 확립된 정도에 따라서 긍정적이거나 부정적인 태도를 가지게 된다. 학교 제도화의 초기단계에서는 새로운 사실들이 적어도 수용될 수는 있지만, 언젠가 제도가 충분히 형성되고 나면 학교에 포섭된 지식인이 새로운 발견에 대한 호의적인 태도를 갖기 어렵게 된다."[76] **네오포비아**(neophobia, 새것을 두려워하는 마음 ─ 옮긴이)의 구조적인 근원에 주의를 집중함으로써, 즈나니에츠키는 우리로 하여금 모든 조직과 사회구조가 필연적으로 보수적이고 혁신을 꺼린다는 전반적인 상식에서 상당히 멀어지도록 한다. 즈나니에츠키가 만약 오늘날에 이러한 글을 썼다면, 아마 그는 이것이 **네오필리아**(neophilia), 즉 새로운 것만을 편향적으로 강조하는 태도에 대한 보완적인 조건을 연구하는 데 도움이 되리라고 느꼈을 것이다. 오늘날, 이에 대한 강조는 싫증난 지식인에게 쉬지 않고 자극을 주고 심미적인 미각을 탐구하도록 청중으로부터 요구받는 특정한 무소속 지식인들 사이에서 가장 분명하게 표명된다.

즈나니에츠키는 단순히 지식인의 다양한 사회적 역할을 기술하는 데만 만족하지 않았다. 그는 이러한 역할들이 변형되고 대체되는 과정을 이해하는 데 중요한 단서들을 제공한다. 예를 들면 그는 종교사상을 가르치는 특정 학교들은 그 전문구성원들이 경쟁 학교들과 접촉하는 것을 차단하는 데 성공했을 때만 업무를 최대한 잘 수행할 수 있음을 보여준다. 성스러운 학교가 독점권을 상실하고 다른 학교들과 경쟁하도록 강제되면, 더 이상 검토되지 않은 믿음에 의존할 수 없고 합리적인 설득 방법을 발전시켜야만 한다. 갈등하는 신념체계의 도전은 신성한 지식의 주요 부분이 단계적으로 세속화되는 과정에 공헌한다. 그리고 이전에는 **신성한 학자**들에 의해 선취되었던 분야들이 단계적으로 그들의 **세속적인** 상대들에게 넘어간다. 언젠가 화이트헤드가 주장했듯이, 사상의 갈등은 재앙이 아니라 기회다. 즈나니에츠키도 이에 쉽게 동의했을 것이다. 이는 무엇보다 **지식 탐구자**(Explorers of Knowledge)의 열린 세계로 **현자**들의 폐쇄적인 정신세계를 대체하기 위한 기회다.

이처럼 지적 생활의 사회학에 대해 즈나니에츠키가 시도했던 독창적인 접근의 예시들 일부는, 내가 믿기로는 이 책의 독자들로 하여금 즈나니에츠키의 개념적 틀의 관점에서 조사될 가치가 있는 특정한 문제 영역에 대해 생각해보도록 마음을 움직일 것이다. 실제로 이 점은 그의 주된 장점이다. 그는 미래의 균형 잡힌 지식인 사회학을 위한 시사적인 단서들과 개념들이 담긴 보고를 제공한다.[77] 즈나니에츠키는 자신 나름의 점잖은 방식으로, 수많은 선배 학자처럼 모든 답을 제공하려 하지 않았다. 그의 방식은 추후 조정 가능한(open-ended) 학문적 작업이었다. 그리고 그의 역할은 **현자**라기보다는 **지식의 탐구자**의 것이었다. 그는 미래 독자들이 그의 학문이 아닌 그와 함께하는 탐구자가 되기를 소망했다.

개인적 배경

토머스와 즈나니에츠키는 수년간의 긴밀한 공동작업과 그 후 그들이 가졌던 높은 자존감에도 불구하고, 명백히 다른 성격의 소유자였으며 성장한 배경도 크게 달랐다. 그런 만큼 그들이 사상적으로 친밀한 관계를 쌓는 데 어려움이 있었다고 추정할 수 있다. 한 명은 투박하고 속이 트였으며 활력 있고 외향적인 남부 농민의 아들이었고, 다른 한 명은 신사적이고 고상하며 내향적이고 다소 융통성 없는 귀족적인 폴란드 지주 가문의 전형적인 후손이었다. 그럼에도 그들은 다른 개인적 배경과 사상적 입장을 극복했다. 남부 언덕 마을의 투박한 '실용주의자'와 폴란드 귀족 가문의 이론적이고 조직적인 인물이 만나 공동작업을 할 수 있었고 완벽하다 할 수는 없어도 공통의 산물을 창조해냈다.

토머스[78]

토머스는 1863년 8월 13일, 구 버지니아의 고립된 지방인 러셀카운티에서 태어났다. 그의 아버지인 타데우스 토머스(Thadeus Thomas)는 농사와 감리교 목회를 병행했다. 그의 아들, 윌리엄 토머스는 가장 가까운 철도역에서 20마일이나 떨어져 있는, 그가 자라온 사회적 환경이 마치 18세기와도 같다고 이야기했다. 그는 남부의 대학도시를 거쳐 중서부와 북부로의 잇따른 이주에서 자신이 "3세기에 걸쳐 단계적으로 높아지는 문화 지역으로 옮긴 것같다"고 느꼈다.

토머스는 이것이 가능했던 것은 "교육 기관 — 버지니아의 에머리앤드헨리대학 — 에 입학하겠다는 아버지의 막연한 결심 때문이었다"고 말했다. 그의 아버지의 아버지, 즉 토머스의 할아버지는 펜실베이니아에 사는 완강한 네덜란드인으로, 땅 부자였지만 문화적 지향에 대해 소농적 편견이 있었다. 그는 아들이 공부하려는 것에 반대해 유산을 줄이고 지리적으로 적당하지 않은 지역의 척박한 땅에서 농사를 짓도록 함으로써 혼을 냈다.

하지만 토머스의 아버지는 여전히 배움에 대한 생각에 매우 집착하고 있었다. 빈곤한 생계를 꾸리고 있는 지방 벽지에서는 그의 일곱 자녀들이 적절한 교육의 기회를 누리지 못한다는 것을 깨닫고, 그는 주립대학이 위치한 테네시 주의 녹스빌로 가족을 이주시켰다.

어린 토머스는 유년 시절과 이른 청소년기를 산악 지방 사람들과 사냥과 사격에 대한 열정적인 흥미를 공유하며 보냈다. 그는 다음과 같이 언급했다. "이에 대한 내 열정은 광적이었다. 나는 유년 시절 중 자그마치 7년을 숲속에서 홀로 사냥개 없이 표적을 소총으로 쏘고 큰 사냥감이 시야에서 사라지는 것을 아쉬워하며 인디언 또는 정복자 같은 삶을 살았다." 녹스빌의 새로운 도시 환경이 어린 산골 소년에게 어떤 영향을 주었는지는 기록되어 있지 않지만, 그가 커다란 충격 없이 문화적 전환을 거쳤던 것으로 보인다. 1880년, 테네시대학에 등록한 토머스는 문학과 고전을 공부하며 학업 면에서나 사회적인 면에서나 '캠퍼스의 거물'로 금세 학부생들의 으뜸이 되었다. 그는 웅변대회에서 상을 받았고, 가장 명망 있는 문학학회의 학회장이 되었으며, 대학의 관료양성기관 대표가 되었다.

대학에서의 첫 2년 동안 공부에 대한 토머스의 열정은 눈에 띄지 않았다. 하지만 그 후 알렉산더(Annie Alexander)와 니콜슨(J. H. Nicholson, 최초의 그리스 문학가로 나중에 동물학, 지질학 등 기타 자연과학을 가르친 진화론 추종자) 두 교수의 영향 아래서 토머스는 학자가 되기로 결심했다. 그는 "2학년에서 3학년으로 넘어가는 여름방학 중 8월의 더운 어느 날에 나는 일종의 전향을 겪었던 것으로 기억한다. 심오한 숙고……끝에 나는 학계에 들어서기로 결심했다"고 언급했다. 이 결정을 내리고 즉시 알렉산더 교수를 만나 자신의 인생 계획을 말했다. 또한 그 직후에 독일 장학금에 매료되어 독일의 대학에서 계몽사상에 전력하기로 다짐했다(당시 독일의 대학은 미국보다 우월한 대학원 과정을 제공하는 것으로 널리 알려져 있었다. 따라서 젊은 학자들은 독일 유학에 대한 선망적 분위기에 자극을 받았다). 친구들이 그의 미래 계획을 물었을 때 그는 다음과 같이 대답했다. "나는 독일에 갈 거야." 하지만 그 시간은 좀처럼 오지 않았다. 졸업 후 그는 같은 대학에서 그리스, 라틴, 독일, 프랑스 문학—그가 나중에 인정했듯이 대부분은 부적당한 영역이었지만—을 가르치는 전임 강사로 남았다. 이제 겸임교수라는 명예로운 직위를 얻은 그는 자연사 강의도 맡게 되었다. 전공의 전문화라는 최신 개념은 아직 테네시대학에는 도달하지 않은 상태였다.

이 기간에 열정과 야망이 넘치던 젊은 교수는 독일 유학에 대한 생각을 결코 버리지 않고 있었다. 그는 결국 1년간 안식년을 얻어 1888~89년에 베를린대학과 괴팅겐대학에서 연구를 했다. 그에게 이 시기는 미래의 지적 지향을 형성하는 데 결정적이었다. 그의 흥미가 자연사와 철학에서, 완전히 새로운 관심사는 아니라고 하더라도, 민족지학으로 바뀐 것이 바로 독일에 있을 때였다. 테네시대학에 있을 때부터 민족지학 단체의 보고서는 이미 그의 관심 대상이었다. 더욱이 과거 청소년기부터 그는 사냥감을 찾아 컴벌랜드와 스모키 산맥을 떠돌았고, 자전적 글에서 자신이 언급했듯 나중에는 "산악인들의 말에 남아 있는, 초서(Geoffrey Chaucer)와 셰익스피어의 작품에 나오는 단어 300개 목록"을 수집하기도 했다. 이러한 옛것에 대한 관심은 독일에서도 그로 하여금 독일 민속심리학자 라자루스와 슈타인탈의 저작에 몰입하고 분트의『민족심리학』에 주의를 집중하도록 이끌었다. 동시에 그는 몇몇 독일인 전문가가 담당한 영국 고어(古語), 프랑스 고어, 독일 고어 강의를 수강했다. 또한 그는 위대한 독일인 고전학자 빌라모비츠-묄렌도르프(Ulrich von Wilamowitz-Moellendorff) 아래서 그리스 문화에 대한 연구도 계속했다.

독일에서 돌아온 그의 문화적 지평은 결정적으로 확장되어 있었다. 그는 테네시대학으로 돌아가지 않고 대신 오벌린대학에서 영문학 교수직을 얻었다. 영문학은 물론 전통적인 과목이었지만, 토머스는 이를 주로 비교적인 틀 안에서 가르쳤다. 민족지학에 대한 관심으로 그는 스펜서의『사회학원리』를 정독하고 스펜서가 주장한 보다 심도 있는 비교연구를 수행했다. 오벌린대학에서의 3년은 그의 인생에서 가장 만족스러운 시기였다. 그는 훗날 이렇게 말했다. "나는 그때 완전히 어긋날 정도로 충분히 비종교적이지는 않았지만 참신한 학자가 되기에는 충분한 혁신을 경험했다."

그럼에도 시카고대학의 첫 미국사회학 학과 개설 소식을 듣게 되자 그는 안정적으로 보였던 오벌린대학에서의 경력을 포기하고 시카고대학의 대학원생이 되었다. 그는 사회학과와 인류학과의 교과목에 감명을 받았지만, 상대적으로 적은 정규 강의를 수강했다. 그리고 대부분 생물학, 생리학, 뇌 해부학처럼 사회학과 동떨어진 강의를 수강했다. 그의 지도교수인 스몰과 찰스 헨더슨에 대해 거의 관심을 두지 않고 학과 자료실보다 시카고라는 도시에 대한 탐험을 즐기는 것으로 보였지만, 토머스는 그의 지도교수들에게 깊은 인상을 주었을 것이 틀림없다. 정착한 지 고작 1년 후, 그는 1894년 여름학기에 사회학 강의를 처음으로 담당하게 되었다. 1895년에 그는 전임강사가 되었으며 그다음 해에는 박사과정을 졸업하고(그의 논문 제목은 「성별 간 신진대사의 차이에 대해서」On a Difference in the Metabolism of the Sexes였다) 조교수가 되었다. 1900년에는 부교수로 승진했고, 학과에서 저명한 입지를 굳힌 1910년에는 정교수가 되었다.

스몰의 수업은 이론적 쟁점과 역사적 데이터에, 헨더슨의 수업은 사회문제와 그 해결책에 초점을 맞춘 반면, 토머스의 관심은 주로 민족지학과 비교연구에 있었다. 당시 시카고대학의 체제는 사회학과 인류학의 연합학과였고, 토머스는 오늘날 문화인류학과 자연인류학이라 불리는 강좌들을 개설했다. 이러한 성향답게 그는 박사학위를 받자마자 즉시 유럽으로 돌아가서 다양한 문화적 배경을 경험했다. 그는 유럽의 여러 민족성에 대한 비교연구를 저술하기 위해 볼가 강까지 여행하기도 했다. 이 연구 계획은 보류되었지만, 1909년 즈음에 '이주 문제와 관련한 농민의 출신 배경을 연구하려는 목적으로' 유럽을 재방문했을 때 이 연구주제로 다시 돌아왔다.

1908년에 헐 하우스 창립자의 상속인 컬버(Helen Culver)는 토머스에게 이주 문제에 대한 5만 달러 예산의 연구용역을 맡겼다. 그 후 10년간 그는 인종심리학 연구를 위한 헬렌컬버기금을 총괄하면서 연구에 필요한 자금을 지원받았고, 결국 『폴란드 농민』을 출판했다. 이러한 전폭적인 지원이 없었다면 이 저작은 결코 출판되지 못했을 것이다. 이는 토머스로 하여금 관련 연구를 위해 폴란드를 수차례 답사하고 다른 연구비용까지도 충당할 수 있게 했다.

토머스는 원래 다양한 동유럽 이민 집단을 연구할 계획이었지만 이를 감당하기가 너무 부담스러운 탓에 포기했다. 대신 그는 시카고에서 가장 크고 눈에 띄는 민족 집단이면서 가정 해체부터 범죄까지 다양한 사회문제를 겪고 있는 것으로 보였던 폴란드인에 초점을 맞추었다. 그동안 이 남부 시골의 목사 아들이 시카고라는 도시 정글에서 거점을 확보하려 애쓰는 폴란드 거주민 자손들에게 특별한 동정을 느껴왔을 가능성도 충분히 있다.

토머스는 연구를 폴란드인 공동체에 집중하겠다고 결심한 후 민족지학적 훈련에 걸맞게, 그리고 인류학자들이 확립해놓은 과정을 따라 폴란드어를 완전히 익혔다. 그리고 그는 시카고의 폴란드인 공동체와 광범위한 접촉 관계를 발전시키면서 폴란드로 답사를 떠나는 일에 착수했다. 그 시점에서 여전히 토머스는 문자를 쓰지 않는 미개인 연구에서 발전되어왔던 연구방법을 활용했고 서면 정보를 수집할 생각은 하지 않았다.

어느 비 오는 아침에 집 뒤편의 골목을 따라 내려가던 토머스는, 누군가가 창밖으로 던지는 쓰레기가 담긴 가방을 옆으로 급히 움직여 피했다. 발 근처에서 터진 가방에서 편지 하나가 튀어나왔다. 그는 편지를 집어 들고 집으로 가져가서, 이것이 병원에서 훈육 과정을 밟고 있는 소녀에 의해 폴란드어로 쓰였다는 사실을 발견했다. 편지는 그녀의 아버지를 향한 것이었고 주로 가정문제와 불화에 대해 쓰여 있었다. 그리고 토머스는 이 편지에서 매우 많은 것을 배웠다. 이는 그의 업적으로 유명한 생활사 연구방법의 발전을 이끈 우연한 사건이었다. 이 사건을 '역사의 우연이론'의 확증으로 여길 필요는 없다. 발 근처에 떨어진 쓰레기 가방에 주의를 기울인 사건은 매우 특이한 부류의 남성에게 매우 특별한 선물과 기회를 가져다주었다.

이 사건 이후 10년 이상이 지나 토머스는 시카고와 구 자치주에 있는 폴란드인 마을들을 왕래하며 서면자료를 수집하여 구술정보를 보충했다.

2,244쪽의 최종 자료는 대체로 이 자료들을 가공함으로써 만들어졌다. 토머스는 시카고의 폴란드어 잡지의 광고를 통해 얻은 754개의 편지를 활용했는데, 폴란드에서 온 편지라면 무엇이든 10~20센트를 주며 얻어냈다. 그는 1909~10년의 첫 폴란드 방문 때 접촉했던 신문 기록에서 빌려온 문서 8,000개도 활용했다. 또한 그는 시카고의 폴란드 교구 역사 기록물, 이민자 기구, 자선단체와 합법 후원회의 서류철, 그리고 폴란드 이민자들의 일기(저자들에게 대가를 지불하고 얻음)에서 얻은 정보와 문서도 활용했다.

1913년 폴란드 여행 때, 토머스는 폴란드 이민자 보호단체의 이사인 즈나니에츠키를 만났다. 그는 폴란드 민족주의 개념에 몰두한 탓에 러시아령 폴란드에서 가르치는 것을 금지당한 젊은 철학자였다. 즈나니에츠키는 폴란드의 상류 지식인계층 사이에서는 흔치 않게 폴란드 농민의 삶에 대한 넓은 식견을 가지고 있음을 보여주었다. 그가 토머스를 위해 수집한 폴란드 이민자 보호단체의 기록 자료들은 매우 귀중했다. 다음 해 제1차 세계대전이 발발하고 독일이 폴란드를 침공했을 때, 즈나니에츠키는 고국을 떠나 토머스를 만나러 시카고로 갔다. 토머스가 예전에 그를 초청했는지 여부는 분명하지 않다. 하지만 중요한 사실은 토머스가 즉시 그에게 연구원으로 연구 프로젝트에 참여하기를 권유했다는 것이다. 그 직후 즈나니에츠키는 그의 공동저자가 되어 그 기념비적인 저서를 완성하기까지 그와 매우 가깝게 지내며 연구를 진행했다.

수년간 저서를 준비하는 동안 토머스와 1888년에 결혼한 그의 부인 해리엇 파크(Harriet Park)는 시카고의 사회적·사상적 삶에 적극적으로 참여했다. 그들은 다양한 사회복지기관과 긴밀한 관계를 가지고 있었고, 이 책의 앞 장들에서 언급했듯이 많은 사회변혁활동에 공감을 갖고 참여했다. 때때로 범죄와 비행 같은 사회문제에 대한 토머스의 '진보적 관점'은 기성 권력과 부합하지 않았다. 예를 들면 선의이기는 하나 소심한 국교 신봉 정신으로 설립된 시카고 부위원회(The Chicago Vice Commission)는, 위원회를 위해 상당한 연구를 해왔던 토머스의 몇몇 '진보적인' 제안을 두려움과 혐오감으로 지켜보았다. 토머스의 관점뿐만 아니라 그의 생활방식도 **보수주의자**(bien pensants) 일부를 불쾌하게 했다. 분명히 그는 당대에 지배적이었던 고루하고 소극적인 교수의 이미지에 순응하지 않았다. 그는 옷을 빼입고, 매력적인 여성들의 무리와 향락을 즐겼으며, 보헤미안 지구에서 어울리고, 화려한 식당과 클럽에서 식사를 했다. 사람들은 그가 말썽이 많은 인물이었다고 말했다. 기발한 생각과 대담한 생활방식은 그를 학생들에게는 매력적으로 보이게 했으나 교수 사회와 행정기관의 기성 구성원들 사이에서는 심한 반감과 심지어는 적대감까지도 불러일으켰다.

1918년에 그를 저격하려 비밀리에 모의했던 자들이 마침내 계획을 실행하려 했다. 교수들의 '불건전한 생각'에 오랫동안 시달려온 『시카고 트리뷴』(*The Chicago Tribune*)지는 어느 날 헤드라인으로 토머스가 연방수사국(FBI)에 체포되었다고 전했다. 혐의는 맨법(Mann Act, 젊은 여성들을 '부도덕한 목적'으로 주 경계를 넘어 이동시키는 것을 금지한 법) 위반 혐의와 허위 호텔 예약이었다. 이 혐의들은 결국 법원에서 다루어졌다. 하지만 그동안 그와 연관되었던 한 여성인 그레인저가 자신이 군 장교의 아내였고 프랑스에서 미군에 봉사해왔다고 보고한 이후 특히 대중의 주목이 커졌다. 연방수사국이 왜 이 사건에 개입했는지는 분명하지 않으나, 토머스의 아내가 평화주의운동으로 감시를 받고 있었고, 연방수사국이 남편의 신용을 떨어뜨리는 수단으로 그녀에게 모욕감을 주려고 했을 가능성이 주장되어 왔다. 이러한 분석이 수년 전에는 합당하지 않은 것으로 보였지만 이제는 그럴 수도 있을 것같다.

그다음에 일어난 일은 미국 대학의 역사에서 가장 치욕적인 사건 중 하나다. 이사회의 후원 아래 시카고대학의 총장 저드슨(Henry Judson)은 토머스를 파면했다. 학과장인 스몰은 토머스를 지키기 위해 사적인 도움을 주고 사무실에서 소중한 학생이자 동료를 잃은 것에 동정심을 표했지만 공식적인 보호는 전혀 제공하지 않았다. 교수 차원의 항의도 없었고 토머스의 직속 동료들만 겨우 목소리를 냈을 뿐이었다. 에버렛 휴스는 나에게 이러한 사건이 하버드대학에서는 일어날 수 없을 것이라고 썼다. 보스턴 지역 언론은 단 한 군데서도 하버드대학 교수가 연관된 사건을 언급하지 않았을 것이다. "시카고는 언론을 통제하기에는 너무 갑자기 유명해진 곳이었다."(개인적 서신, 1976년 4월 12일)

토머스의 경력은 쉰다섯 살에 산산조각 났고, 그는 다시는 어느 대학에서도 종신교수 자리를 얻지 못했다. 처음 『폴란드 농민』을 두 권으로 출판했던 시카고대학 출판부는 저자들과의 관계를 끊고 (나중에 무명 출판사 Richard G. Badger of Boston에서 출판된) 후속 시리즈 출간을 거절했다. 그의 20년간의 공로에도 불구하고, 시카고대학과 그 밑의 사람들은 그의 이름을 오웰(George Orwell)이 말했던 기억의 구멍(오웰의 『1984』에 서술된, 불경스럽고 불편한 문서나 자료들을 모두 삭제시키는 기계 — 옮긴이)에 빠뜨리기 위해 모든 가능한 일을 했다. 시카고대학의 기록에서조차 몇 개의 행정 서신을 제외하고는 토머스를 기억할 만한 것이 하나도 없다.

카네기재단도 마찬가지로 옳지 못한 처신을 했다. 재단은 예전에 토머스에게 자신들의 미국화 연구 시리즈 중 한 권을 쓸 것을 의뢰했었다. 하지만 불운한 사건 후에 『이식된 구세계의 속성』 원고가 도착하자 재단은 토머스의 이름을 저자로 표기하지 말 것을 요구했다. 이 책은 몇몇 소소한 작업을 했던 파크와 밀러(Herbert Miller)의 이름으로 출판되었다. 이 방법으로만 재단과 사회과학의 명예가 지켜질 수 있다고 고집했다. 토머스의 직원 채용에 대한 제안은 임원들에게 거절당했다. 이것은 속물들에게 널리 알려진 승리였다.

시카고에서의 역경 후에 토머스는 뉴욕으로 이주했다. 그는 베블런, 비어드, 래스키 등 비인습적 학자들의 피난처였던 사회연구 뉴스쿨대학(The New School for Social Research)에서 수년간 강의했다. 하지만 당시 이것은 여전히 주변적인 학문 기관에 불과했다. 1936~37년에 개성 강한 소로킨은 토머스를 알아보고 하버드대학의 방문교수직을 제공했다. 그곳에서 그는 대학원생과 강사들에게 명사로 대접받았다. 이것이 그의 마지막 학문적 지위였다.

뉴욕에서의 생활 중 토머스는 공적인 괴롭힘에도 불구하고 연구를 많이 할 수 있었다. 대부분은 그에 대한 지원을 아끼지 않은 시카고의 부유한 여성 박애주의자 더머 부인(W. F. Dummer)의 후원 덕택이었다. 훗날 그는 로라 스펠먼 록펠러 기념회(The Laura Spelman Rockefeller Memorial)와 사회위생국에서도 지원을 받았다. 30대 후반에는 잠시 사회과학 연구위원회에서 직원으로 일했으며 스톡홀름대학 사회과학 연구위원회와도 긴밀한 관계를 맺고 있었다.

이러한 이유로 대학에서의 정규 직위가 없어도 토머스에게는 연구를 계속할 기회가 주어졌다. 하지만 속물들은 쉽게 노여움을 풀지 않았다. 1926년 파크의 후원을 받은 사회학의 개혁파(Young Turks) 일부가 토머스가 미국사회학회 학회장을 맡아야 할 적기라고 주장했을 때, 중추 사회학자들과 그중에서도 좌장격인 엘우드(Charles Ellwood)는 이 주장이 부적절하며 미국사회학회의 명예를 훼손할 것이라고 말했다. 그의 이름이 후보로 올랐을 때, '기성 보수파'(old guard)는 그를 물리칠 적절한 후보자를 물색했다. 이러한 상황에서 토머스는 사퇴할 것을 고려했다. 그러나 워스, 런드버그, 스튜어트 채핀(Stuart Chapin), 라이스(Stuart Rice), 영 등의 개혁파가 후배들을 그의 편으로 동원할 것이라고 토머스에게 확언한 버지스의 설득으로 간신히 경쟁에 남았다. 그들은 실제로 그렇게 했고, 그는 큰 격차로 승리했다.

재판과 시련에도 불구하고, 버지니아 힐스의 거친 농부의 아들인 토머스는 결코 의욕을 잃지 않았던 것으로 보인다. 삶에 대한 열정은 그에게 큰 자산이었다. 그는 연구든 개인사든 자신을 시험한 어떤 문제도 그럭저럭 대처해냈다. 한때는 식사테이블의 마감에 불만족하여 더 나은 가구광택제를 발명하기도 했다. 언젠가는 질 낮은 골프공 대신 새로운 것을 개발하고 특허의 수익을 즐겼다. 1935년 그의 첫 결혼이 산산조각 난 후 이 일흔두 살의 노인은 훗날 인구학의 선구적인 학생이자 미국사회학회의 첫 여성 학회장이 되는 서른여섯 살의 동료 연구원 스웨인(Dorothy Swaine)과 결혼했다. 그 자체로 험난한 그의 인생에서 아무것도 토머스를 패배시킬 수 없었다. 마지막 비상근 시기에도 그는 뉴헤이븐대학과 버클리대학에서 연구를 계속했다. 그는 1947년 12월 여든네 살의 나이로 사망했다.

즈나니에츠키[79]

토머스에서 즈나니에츠키의 삶으로 옮겨오면서, 우리는 상당히 다른 사회적 배경과 개인적 경로를 마주한다.

즈나니에츠키는 그 역사가 15세기로 거슬러 올라가는 폴란드의 귀족 지주 가문에서 태어났는데, 꽤 복잡하고 국제적인 후손의 계보를 가진 가문이었다. 즈나니에츠키의 어머니는 색슨족의 전문직 가문 출신이며, 그녀의 조상 중에는 작센과 폴란드의 왕 아우구스투스 2세(August Ⅱ)의 주치의도 있었다. 그리고 즈나니에츠키의 삼촌 두 명은 독일 여성과 결혼한 프러시아 근위병 장교였다. 그의 외증조부는 터키의 문무교관이었다. 폴란드 애국주의의 전통이 가문 속에 깊이 흐르고 있었지만, 즈나니에츠키의 할아버지와 세 명의 삼촌은 보불전쟁 때 프러시아 경기병 장교로 싸웠다.

즈나니에츠키 가문은 가계의 국제적인 복잡성으로도 유명했다. 헬레나 즈나니에츠키는 그녀의 삼촌 중 한 명이 나치에 의해 죽기 전에 가족사를 추적했다고 말했다. 이 삼촌은 15세기 선대로 거슬러 올라가는 문서 세 개를 발굴했다. 첫 번째 문서에서는 한 남성이 문장(紋章)을 불법으로 새기고 'cki'로 끝나는 이름을 사용했다는 이유로 즈나니에츠키의 조상을 기소했던 사실이 드러난다. 그 남성은 모욕적인 사과를 해야 했다. 그는 식사 테이블 아래서 재판소를 향해 기어가면서 기소를 공식적으로 철회해야 했다. 두 번째 문서에서는 이 조상이 그 남성과 가족 모두가 피신했던 교회의 제단에서 그들 모두를 죽였다고 보고되어 있다. 세 번째 문서에서는 그 조상이 수년 전 암살을 실행했던 바로 그 지역에서 판사가 되었다는 사실을 알 수 있다.

즈나니에츠키는 1882년 독일령 폴란드의 스비아트니키 지방 근처에서 태어났다. 그의 부친은 즈나니에츠키가 몇 살밖에 되지 않았을 때 그의 영지를 상실했다. 그는 영지 경영능력 외에는 시장성 있는 기술을 갖고 있지 않았기 때문에 그의 친구들 중 한 명이 러시아령 폴란드에서 그러한 자리를 제공했다는 것은 매우 운이 좋은 일이었다. 자녀들(두 딸과 아들 플로리안)은 귀족들의 관습대로 유년 시절을 개인 교사와 함께 보냈다. 즈나니에츠키는 그의 어머니에게서 폴란드 문학을, 독일 여성 가정교사에게서 독일 문학을, 그리고 프랑스 가정교사에게서 프랑스 문학을 배웠다. 영국과 러시아 문학은 독학했으며, 그리스와 라틴 문학에 대한 지식은 쳉스트호

바와 바르샤바의 김나지움에서 배웠다.

즈나니에츠키는 이미 러시아의 폴란드 점령을 반대하기로 다짐할 정도로 반항적인 청소년이었다. 러시아 당국은 폴란드 학생들이 선동될 수 있는 과목들을 심하게 제한했기 때문에, 학생들은 금지된 과목을 공부하고자 지하학습단체를 결성했다. 즈나니에츠키는 그 '무리'의 철학 전문가가 되었고, 열여덟 살에는 이미 많은 서양 철학자의 성과를 이해하고 있었으며, 특히 칸트에 빠져 있었다. 친러시아적인 학교 당국은 이 젊은 학생지도자를 다루기 껄끄러워했다. 그는 항의하는 학생들 대표로서 교장실에 들어가고자 사적인 소환카드를 사용했다는 이유로 한 번 퇴학당하기도 했다. 하지만 교직원 사이에 그를 지지하는 사람들이 더러 있었다. 그가 수학 과목에서 낙제하고 졸업하지 못할 위기에 있을 때, 기자에 있는 거대한 피라미드를 지은 쿠푸(Khufu) 왕에 대해 그 조숙한 학생이 쓰고 출판했던 시집에 감명받았던 어느 교사가 조용히 탄원했다.

즈나니에츠키의 대학 경력은 그의 (김나지움) 학생 시절과 마찬가지로 다사다난하고 활기찼다. 바르샤바대학에서 첫 학위를 받은 후, 즈나니에츠키는 서부 유럽의 대학들에서 수학했다. 그는 제네바대학으로 가서 철학을 공부하고 석사학위에 준하는 과정을 마친 후에는 취리히대학과 소르본대학으로 가서 박사논문 작업을 계획했다. 그러나 그의 후원자가 갑자기 사망했고, 즈나니에츠키는 1909년 크라쿠프대학에서 철학박사학위를 받기 위해 폴란드로 돌아왔다.

여태까지의 내용만으로는 꽤 일반적인 학문 경력으로 보이지만 실제로는 그렇지 않았다. 제네바에 있을 때 즈나니에츠키는 그의 절친한 친구의 아내와 깊은 사랑에 빠져, 제네바 호숫가에 옷을 과감하게 버려두고 2년간 사라졌다. 이 절실한 젊은 남성은 프랑스 외인부대에 가담하기도 했으며 그의 모친조차 그가 살았는지 죽었는지 알지 못했다. 외인부대가 그의 낭만적인 기대에 미치지 못함을 발견한 그는, 경비 업무 중 총 위에서 잠이 들다가 입은 것으로 여겨지는 가슴과 엄지의 상처를 안은 채 명예제대했다. 이제는 다소 이성을 찾은 젊은 철학자가 연구로 돌아온 후, 프랑스 문학잡지의 편집인으로 일할 기회를 찾았다는 사실을 언급하는 것도 중요하다. 그는 일반적인 학문 경력을 거치지는 않았다.

박사 졸업을 한 후 4년 동안 즈나니에츠키는『철학에서의 가치문제』와 『휴머니즘과 지식』(*Humanism and Knowledge*) 두 권의 책을 출판하고 베르그송의『창조적 진화』(*Creative Evolution*)를 폴란드어로 번역했다. 하지만 애국적인 폴란드인인 그에게 러시아 점령하의 어느 대학에서든 교수직을 얻을 기회는 거의 없었다. 대신 즈나니에츠키는 폴란드 이민자 보호협회의 임원직을 승낙했다. 바로 이곳에서 1913년 토머스가『폴란드 농민』을 위한 자료를 수집하러 여행을 다닐 때 그를 만났던 것이다. 토머스는 폴란드 농민의 삶에 대한 즈나니에츠키의 조예 깊은 지식과 그가 협회의 기록보관소에서 제공할 수 있었던 자료들의 양에 감명을 받았다. 분명하지는 않지만 토머스는 즈나니에츠키에게 시카고로 와서 그의 심화 연구를 도울 것을 제의했던 것으로 보인다. 다음 해 제1차 세계대전이 발발하고 독일인들이 다시 한 번 러시아령 폴란드를 침략했을 때, 즈나니에츠키는 미국으로 떠나 토머스의 사무실에서 길을 찾기로 결심했다. 그는 주머니 속에 단돈 5센트밖에 갖고 있지 않았다. 사실 그에게는 부부 모두가 캠퍼스로 가기에 충분한 돈이 없었기 때문에 부인을 시카고 기차역에서 떠나보내야 했다.

이 시기에 즈나니에츠키는 사회학 연구에 흥미를 가지고 이주의 사회학에 대한 몇몇 연구를 해왔음에도, 기본적으로는 사회학 연구에 친숙하지 않았다. 그렇지만 토머스는 즉시 그를 연구원으로 참여시키고 바로『폴란드 농민』의 공저를 제안했다. 즈나니에츠키가 이미 많은 유럽 사회학자의 저작에 친숙했다는 점을 강조할 필요가 있다. 그는 토머스와 협력자들에게 연구방법을 배웠지만, 이 이른 시점에서조차 이론적 지식은 그의 스승보다 광범위했다. 그럼에도 즈나니에츠키는 사회학 박사과정을 밟으라는 토머스의 제안을 수용했다. 이것은 그가 새로운 철학체계를 발전시키려는 희망과 노력을 포기했다는 것을 보여준다. 박사과정 학생으로서 그는 세미나에 참석하고 토론에서 활발한 역할을 다했다. 하지만 그는 스스로 "한 달 뒤에 토머스는 나보고 그만 오라는 교수들의 요청이 있다는 사실을 전달했다"고 말했다. 왜 이런 일이 발생했는지는 오늘날까지도 미스터리로 남아 있다. 그러나 즈나니에츠키는 움츠러들지 않았고, 이제는 완전히 토머스와의 공동연구에 전념했다. 사회학적 규율에 불순종적으로 보일 위험을 감안한다면, 시카고대학 사회학 박사학위는 아마도 그의 기여에 별다른 도움이 되지 않았을 것이다.

미국에 도착하고 얼마 안 되어 즈나니에츠키의 첫 번째 아내가 급작스레 사망했다. 시카고에서 만난 그의 두 번째 아내 마클리(Eileen Markley)는 코네티컷에서 태어난 아일랜드계 법조인으로, 법조인이라는 당시에는 흔치 않은 직업을 스스로 선택했으며 그녀의 아버지 역시 법조인이었다. 그녀는 스미스대학에서 학사학위를, 컬럼비아대학에서 역사학 석사학위를, 그리고 1915년에는 시카고대학에서 법학 박사학위를 받았다. 결혼 후 그녀는 법률구조협회 일을 그만두고 즈나니에츠키의『폴란드 농민』작업을 도왔다. 즈나니에츠키는 토머스와 상의한 후 집으로 돌아와 손으로 생각을 정리하고는 했다. 그러면 부인은 영문을 수정하고 원고를 타이핑했다. 그녀는 즈나니에츠키의 일생 동안 이 작업을 계속하며, 어렵게 얻은 자신의 직업을 그를 위해 포기했다. 이것은 불행한 일이었지만 그의 일이 그녀의 경력을 위해서도 더 나았다.

즈나니에츠키는 당시 미국에 잘 정착할 수 있었다. 처가도 그가 그렇게 하기를 바란 것이 확실하다. 그는 시카고대학에서 정규 직업을 가질 수는 없었지만 폴란드의 역사와 제도를 가르쳤다. 그리고 시카고나 다른 곳에서의 정규직 전망은『폴란드 농민』이 출판되고 상당히 좋아졌다고 추측된다. 하지만 두 사건이 그를 떠나게 했다. 토머스가 앞서 언급한 끔찍한 상황에서 갑자기 대학에서 해고되었다. 그리고 바로 그때 즈나니에츠키는 포즈난의 새로운 폴란드대학에서 철학 부교수직을 제의받았다. 그 제의를 수용하겠다는 즈나니에츠키의 결정은 폴란드어를 할 줄 모르고 직장을 이미 그만두기까지 했던 부인에게는 힘든 일이었다. 이제 그녀는 시민권과 고국마저 포기해야 했다.

1920년 포즈난으로 가족이 이주한 직후, 즈나니에츠키는 추후 사회학과로 바뀐 철학과의 학과장이 되었다. 그는 새로 독립을 얻은 폴란드의 사상적 재건축 작업에 열성적으로 투신했다. 사회학은 그때까지 폴란드에서 교육되지 않았지만, 즈나니에츠키는 금방 열성적인 학생들을 주위에 모았다. 그들의 도움으로 그는 폴란드사회학회를 설립하고『폴란드사회학회보』(Polish Sociological Review)를 발간하기 시작했다. 그가 포즈난에 체류하는 동안 9명의 학생들이 사회학 박사학위를 받았고 대학원 과정의 학생 수가 6명에서 50명으로 늘었다.

안식년인 1932~34년에 즈나니에츠키는 미국으로 돌아와 친구 매키버가 학과장으로 있는 컬럼비아대학 사회학과의 교환교수로 있었다. 매우 고무적인 컬럼비아대학에서의 이 두 해 동안 즈나니에츠키는 여러 논문을 심사하고『사회학 방법론』을 출판했으며, 고향에 돌아온 지 얼마 안 되어 출판된『사회적 행위』의 주요 부분을 저술했다. 영어로 쓰인 이 책들은 폴란드어로 쓰인 두 개의 방대한 저작인『사회학개론』(Introduction to Sociology, 1922)과『교육사회학』(Sociology of Education, 1928~30)보다 늦게 나왔다.

즈나니에츠키가 기본적으로 이론가였고 주변적으로만 연구에 흥미를 가졌다는 잘못된 믿음이 여전히 남아 있지만, 폴란드에서의 그의 주요 작업은 연구자들을 교육하는 일에 치중되어 있었다. 학회와 지도 강의에서의 주된 강조는, 경험적 조사와 특히『폴란드 농민』의 패턴과 마찬가지로 연구 데이터의 원천으로서의 생활사에 있었다. 고등교육을 받은 폴란드인의 저술뿐만 아니라 노동자들과 농부들에 의해 마련된 많은 원고가 수년간 수집되었다. 노동자의 자서전 하나에 300개의 원고가 몰렸고, 학회는 그중 적어도 100개 이상을 출판했다. 이 1차 자료는 나중에 나치에 의해 소각되었다. 하지만 이들을 모으고 심사하는 과정에서 많은 젊은 사회학자들이 연구작업을 배웠고, 이들은 제2차 세계대전 이후 폴란드 사회학을 재건하는 데 도움을 주었다.

폴란드에서의 즈나니에츠키 가족의 일상은 미국에서와는 당연히 달랐다. 처음에 그들은 포즈난 외곽의 단지에서 거주했고, 그곳에서 1925년 태어난 딸은 즈나니에츠키가 대학 출근길에 매일 말을 탔던 것을 기억하고 있다. 말은 철도역 근처에 매어두고, 그다음에는 기차를 타고 도시로 나갔다. 즈나니에츠키와 부인은 근처 시골의 지인들을 방문할 때 종종 말을 타고는 했다. 결국 부인은 이 생활방식에 싫증을 냈고, 가족은 그녀가 고립감을 덜 느끼는 도시로 이주했다. 즈나니에츠키의 생활방식은 여러모로 특이했다. 일생 동안 그는 아침을 먹고 나서 8시부터 정오까지 침대 위에서 글을 썼다. 그동안 부인은 그가 이전에 썼던 것을 타이핑했다. 오후에는 그들 모두 대학에서 강의를 했다. 즈나니에츠키 부인은 정규 교수직은 얻지 못했지만 미국 문학과 역사 강의를 여럿 담당했다.

30대 후반에 즈나니에츠키 가족은 교외에 땅을 샀다. 그리고 즈나니에츠키가 1939년 여름 컬럼비아대학에서 일련의 강의를 제의받았을 때는 집의 건축을 감독하고 있었다. 부인과 딸은 집의 완성을 보기 위해 남아 있기로 결정했다. 그리고 얼마 안 되어 제2차 세계대전이 발발하고 독일이 폴란드를 점령했다. 부인과 딸은 나치의 강제수용소에 수용되었다. 대담한 여성이었던 즈나니에츠키 부인은 수용소의 사령관에게 자신이 미국의 중요 인물이라며 설득시켰고, 겁을 먹은 사령관은 그들을 놓아주었다(미국은 아직 전쟁에 개입하지 않은 상태였다). 그들은 겨우 이탈리아로 도망을 가서 나중에 미국으로 귀환했다.

컬럼비아대학에서의 여름 작업은 끝이 났고, 가족의 소식은 듣지 못한 채 즈나니에츠키는 친구들의 조언에 맞서 폴란드로 돌아가겠다고 주장했다. 항상 고집 센 남성인 그는 가족을 보기 위해서뿐만 아니라 폴란드의 독립투쟁에 대한 사회학적 역사를 저술하기 위해 유럽행 여객선에 올랐다. 운 좋게 그가 탑승한 여객선은 영국 잠수함에 가로막혀 영국의 항구로 보내졌다. 그가 폴란드로 돌아갈 수 없다는 것은 이제 분명해졌다. 폴란드는 그 시점에 독일과 러시아에 점령되었으며, 즈나니에츠키는 두 정부의 블랙리스트에서 저명한 인물이 되는 영광을 누렸다. 그는 미국으로 돌아가자마자 가족과 재회했다.

즈나니에츠키는 친구가 많이 있고 곧 『지식인의 사회적 역할』로 출판되는 강의들을 성공적으로 담당했던 컬럼비아대학에 남고 싶어 했을 것이 분명해 보인다. 하지만 컬럼비아대학에서는 빈자리가 없었기 때문에 일리노이대학 사회학과의 교수직 제안을 수용했다. 그는 7년의 활기찬 경력과 은퇴 전 마지막 나날을 어배너에서 보냈다. 동료들은 1953~54년 그를 미국사회학회 학회장으로 선출하며 그를 예우했다. 그는 어배너에서 두 개의 큰 저작과 여러 가지 작은 연구 서적을 출판했다. 그리고 1958년 3월 23일에 사망하기까지 자신이 반농담조로 『대표작-구조사회학』(*magnum opus-Systematic Sociology*)이라 부르기 좋아했던 작업에 열중했다. 이 일부는 그의 딸에 의해 사후 출판되었다.

나는 미국사회학회 학회장을 지내던 그를 만났을 때 키가 크고 빈약하며 다소 뻣뻣하면서도 수줍어하고 심지어는 어색해하기까지 했던 인상의 교수인 즈나니에츠키를 기억한다. 나에게 그는 유럽 학자의 완벽한 전형으로 보였다. 남들과 약간 거리를 두고 있고 어쩌면 회의의 번잡함에 낯설어하는 것 같은 그의 모습은, 학문 시장의 권모술수가들 사이에서 떨어진 얌전하고 고상한 이방인처럼 보였다. 이 인상이 어느 정도 참이라는 것이 다음 절에서 확인될 것이다.

지적 배경

토머스

토머스는 사회학과 사회심리학뿐만 아니라 인류학, 심리학, 생물학, 문학, 사학, 이집트학, 아시리아학 및 기타 관련 분야에 대한 책을 광범위하게 읽었다. 그럼에도 그는 이론적 체계를 아우르는 데는 전혀 매력을 느끼지 않았다. 특히 그는 사회적 삶에 대한 "설명을 제공하는 틀인 철학에 전혀 영향을 받지 않았다."[80] 동시대의 스펜서처럼 토머스도 많은 분야와 자료에서 정보를 얻었지만, 결코 스펜서처럼 자신만의 '체계'를 발전시키거나 자족적인 철학 또는 사회학 체계의 건설을 부러워한 사상가들에게 매력을 느끼지 않았다. 앞으로도 보겠지만, 이런 점에서 그는 즈나니에츠키와 확연하게 달랐다. 둘 다 실용철학에 매력을 느꼈지만, 토머스는 비(非)철학적 감각에서도 '실용적'이었다. 그는 자신의 목적에 '도움이 되는' 사실과 개념을 문헌에서 얻어내기를 원했다. 그는 다음과 같이 언급했다. "나는 어떠한 책도 완전히 읽을 필요는 없다고 생각한다." 그럼에도 토머스의 사상적 궤적에 일부 영향을 미친 것으로 보이는 동시대 또는 거의 동시대 인물들 중 몇몇의 이름이 두드러진다.

테네시대학의 교수들 다음으로 베를린대학과 괴팅겐대학에서 그에게 강의를 한 사람들도 토머스의 초기 사상에 중요한 영향을 미친 것으로 간주되어야 한다. 그들은 토머스의 초기 저작 대부분을 특징짓고 마지막 책인 『원초적 행위』에서 다시 나타나는 비교인류학적 연구의 길을 제시했다. 이 책의 뒤르켐 장에서 논의된 분트의 『민족심리학』과, 이와 관련된 라자루스와 슈타인탈의 비교민족지학은 특히 중요한 영향을 미쳤다.[81] 그는 문자가 없는 사회와 산업화 이전 유럽의 농업 문화에 대한 비교데이터를 수집하는 그들의 세심하고 과학적으로 공정한 방법에 깊은 인상을 받았다. 비교연구에 대한 그의 성향은 유럽에서 돌아온 후 스펜서의 저작에 몰입하며 강화되었다. 자신이 말했듯, 토머스는 "[스펜서의] 제도발전에 대한 진화적이고 인류학적 전망에 영향을 받았지만, ……결코 '스펜서주의자'가 되지는 [않았다.]" 주로 이것은 데이터를 기성의 이론적 틀에 넣으려는 스펜서의 경향을 그가 배격했기 때문이었다. "곤란한 데이터를 제외하고 편리한 데이터만 선택하는 것은 결코 정직하지 않았다."『기술사회학』에서 스펜서의 협력자들에 의해 수집된 데이터를『사회학원리』에서 나타나는 일반화와 비교하고, 토머스는 "그가 자신의 이론에 맞지 않는 데이터를 모두 무시했다"는 점을 발견했다. 이것은 틀림없이 모든 체계 수립자에 대한 토머스의 불신을 강화했을 것이다.

토머스는 시카고대학의 매력적인 사회학과 인류학 강의에 반해 대학원생이 되었다. 하지만 나중에 밝혀지듯이 학과장 스몰의 이론적·역사적 가르침은 그의 마음을 뜨겁게 하지 못했다. 헨더슨의 기독교적 사회개량론에는 더욱 매력을 느끼지 못했다. 대신에, 앞서 언급했듯이, 토머스는 사회학에서 주변적인 분야의 강의를 수강했다. 그는 인공단위생식(artificial parthenogenesis, 유성생식 대신 미수정란을 인공으로 발육시키는 생식)의 개척자인 러브와 함께 생리학과 실험생물학을 공부했다. 또한 그는 저명한 정신의학자이자 당시에는 뇌 해부학을 주로 강의한 마이어(Adolf Meyer)와 공동으로 연구를 하기도 했다. 이러한 과정은 토머스로 하여금 여전히 남아 있었던 초기의 기독교적 교육의 영향에서 벗어나 러브의 저서들 중 하나에서 제목을 빌리면, '삶의 기계론적[예를 들어 유물론적] 개념'을 신봉하게 만들었다.

시카고에 있을 때, 그리고 그 전에도 토머스는 '거장'(master)에 지배되지 않도록 각별한 주의를 쏟았다. 그는 베블런과 나중에 밀스가 자신들의 저작에서 애정을 깃들어 묘사하고 그렇게 되고자 애썼던, 스스로 거장을 두지 않은(masterless) 사람들 중 하나였다. 토머스는 다음과 같이 언급했다. "'거장'이나 다른 인물에서 주로 영향을 얻어내려는 것은 분명히 진리에 대한 잘못된 접근이다. 이런 방식은 일차집단 규범이 사회에 만연하고 뛰어난 인물이 학문과 추종자를 모아 종파와 학파를 만들던 당시의 진리관을 반영한다. 하지만 현재는 '위대한 사회'의 모형과 태도들이 가지각색인 것처럼 영향력의 자원도 다양하다. 우리는 특정한 인물보다는 사상과 방법론의 경향에 영향을 받고, 타인의 체계에 대한 공감 못지않게 거리감에 의해서도 영향을 받는다." 이 일반화가 맞든 틀리든 그 자신의 사상적 발전에는 분명히 사실이었다.

토머스가 듀이와 미드의 실용주의 철학에 일반적인 사고방식 전반을 신세지고 있었다는 것은 종종 언급되어왔고 상당 부분 사실이다. 그들은 토머스가 시카고대학에 있던 시절, 같은 곳에서 강의를 맡고 있었다. 하지만 토머스는 자신이 누구의 영향을 받았는지에 대한 정보를 구하던 버나드에게 1928년 보낸 편지에서 다음과 같이 언급했다. "나는 나에게 영향을 준 사람들의 이름으로 미드와 쿨리를 언급하면서도 듀이에 대해서는 아무 말도 하지 않았다. 그가 대학에 왔을 때 나는 이미 사회적 기원(Social Origins)에 대해 강의를 하고 있었다. 나는 그즈음에 듀이의 철학학회 학회장 연설에 활용된 자료들을 제공했다. 그리고 내가 그의 영향을 받았다기보다는 그가 나의 영향을 받았다고 하는 것이 더 정확하다고 생각한다. 내가 그의 사상에 관심을 가지고 수업에서 일부를 활용하려 했던 것은 사실이다. 하지만 듀이는 항상 나에게 기본적으로 신비주의자이자 형이상학자로 보였고, 나는 그가 말한 것의 거의 모든 것을 내가 부인하거나 무시하고 있다는 것을 발견했다. 그럼에도 아마 내가 기억하는 것보다 그가 나에게 더 많은 영향을 미쳤을 것이다. 미드에 대해서도 동일하다."[82]

이 글에는 약간의 모호함이 있다. 그리고 혹자는 토머스의 마지막 문장들에서 그가 듀이와 미드의 영향에 대한 자신의 평가가 다소 불충분하게 서술되었다는 것을 조심스럽게 인정했다고 느낄 수 있을 것이다. 하지만 그의 사상이 실용주의 전통의 궤도에서 움직이는 것으로 올바르게 분류됨에도 불구하고, 그가 결코 자신을 이것 또는 다른 철학체계에 헌신하기를 원하지 않았다는 것만은 분명하다.

토머스가 편지에서 언급했듯이, 동시대의 사회과학 인물 중 쿨리는 그에게 결정적인 영향을 주었다. 쿨리와는 다소 다른 의미로 사용되기는 하지만, '일차집단' 개념은 『폴란드 농민』 이후 그의 연구에서 상당한 역할을 수행했다. 대단한 능력이 없어도 토머스의 **상황정의** 개념에서 미드와 마찬가지로 쿨리의 영향을 찾아낼 수 있다. 분명히 왓슨에 영향을 받기는 했지만 토머스가 "결코 자신이 형식화한 대로 행동주의를 수용하지 않은" 이유들 중 하나가 미드와 쿨리의 사회적 행동주의라고 볼 수도 있을 것이다. 즉 그는 결코 왓슨의 조잡한 생리학적·반(反)심리주의적 입장에 굴복하지 않았다.

토머스가 함께 가까이 작업했던 사람들 가운데 파크와 즈나니에츠키는 당연히 그에게 가장 큰 영향을 주었다. 파크와의 중요한 만남 그리고 파크를 시카고로 보내려는 성공적인 시도(이 책의 파크 장을 참고하라) 이후 토머스는 "그와 함께 매우 길고 유익한 협력을 즐겼다." 그는 "파크는 늘 심사숙고하는 사람이었을 뿐만 아니라 그의 깊은 생각을 내게 전달했고 그것은 결과적으로 내게 큰 도움이 되었다"고 썼다. 이 장과 파크 장을 비교해보면, 파크가 훨씬 뛰어난 철학적 훈련을 받았지만, 경험적인 지향과 진보적 전통 속에서 미국의 개혁에 공헌하기 위해 사회적 경향과 현상을 해부하며 과학적 사회학을 창조하려 했던 열망이 매우 비슷한 이 두 남자 사이에 친밀한 선택적 친화력이 있었다는 것을 확인할 수 있다. 나는 즈나니에츠키가 미친 영향은 그를 설명하는 부분에서 말할 것이다.

구체적이지는 않더라도 토머스는 자신이 인류학자 보아스의 연구에서 영향을 받았다고 말했다. 인종주의적 사고에 대한 보아스의 단호한 공격이 토머스의 초기 저작에 담겨 있었던 인종적 편견의 작은 흔적조차 지워버리는 데 도움을 주었다고 추측할 수 있다. 더욱이 토머스의 초기 저작에서 볼 수 있듯이, 그가 이러한 관점과 단절하려 했을 때 스펜서의 단선적 사회진화론에 대한 보아스의 비판이 토머스에게 큰 도움이 되었다.[83]

마지막으로, 토머스가 저서에서 언급하지는 않았지만 내가 내용적인 증거에서 추론하는, 그가 상당한 빚을 지고 있는 두 가지 지적 흐름을 언급해야겠다. 앞서 보았듯이 토머스는 시카고대학에서 정신의학자 마이어와 강의를 함께 들었다. 그러나 이때 마이어는 자신을 현대 미국 정신의학의 위대한 정복자로 만든 중대한 연구에 아직 착수하지 않은 상태였다. 어쨌든 마이어의 후기 접근은 토머스가 전 스승의 연구를 따라가기 위한 노력으로 친숙해지지 않았으리라고는 믿기 힘든 수많은 유사점을 토머스와 공유하고 있다. 마이어는 그의 정신의학 연구를 '정신생물학'(psychobiology)이라고 이름 붙였다. 이 용어를 통해 그는 생물학적 단위로서의 인간이 심리학적 메커니즘에 의해 통합되는 존재로 이해될 수 있다는 점을 강조했다. 당시 널리 보급된 정신병에 대한 생물학적·생리학적 시각과 투쟁하며 마이어는 진단과 처방의 과정에서 심리학적 요소들이 의학적으로 타당한 것으로 고려되어야 한다고 강조했다. 인간에 대한 마이어의 시각은 건강과 질병 모두에 중대한 요인이 되는 사회적·문화적 요소에 주의를 집중했고, 정신질환을 '점진적 습관형성'으로 보았다. 또한 인격의 다양한 발전단계를 발견하고 추적하기 위해 그는 개인의 **생활사** 연구를 강조했다. 그가 강조하길, 개인은 자신 나름의 생애경험의 생산자이면서 피해자다. 미국 정신의학에 대한 마이어의 영향은 실제로 매우 깊었다. 그는 정신의학에 대한 기존의 집착과 뇌 손상 및 관련 개념에 대한 몰두의 속박에서 벗어나, 나중에 정신역학, 정신분석학적 방법이 다듬으려 했던 생애 경험과 사회문화적 요소들에 대한 강조를 개척했다. 생활사와 습관형성 그리고 생애경험에 대한 마이어의 강조에서 토머스가 덕을 보았다는 것은 명백해 보인다.

뉴욕에서 지내던 시절, 토머스는 미국 정신분석학 연구의 권위자들과 개인적으로 연락을 하게 되었다. 하버드대학에서 그의 세미나는 심층심리학(depth psychology)에 초점이 맞춰졌다. 정통 정신분석 그리고 리비도 이론과 에고(ego), 이드(id), 초자아(superego) 관계의 역동성이라는 이론에 그가 특별한 영향을 받았는지에 대해서는 근거를 찾을 수 없다. 사실 그는 오이디푸스 콤플렉스(Oedipus complex)에 비난조의 논평을 하기도 했다. 하지만 토머스는 상호작용주의와 대체로 미드적인 용어에서의 정신분석 사고를 재구성하려는, 마이어의 추종자를 자처한 설리번(Harry Sullivan)의 시도에 굉장히 공감하고 있던 것으로 보인다.

증명할 방법은 없지만, 나는 **개인심리학**(Individual-Psychologie)의 창시자인 알프레드 아들러의 사상이 토머스와 매우 유사했을 것이라고 본다.

이미 아들러는 정신분석학에 대한 프로이트의 강조를 거부하며 제1차 세계대전 이전에 그와 헤어진 상태였다. 대신 아들러는 생애경험과 환경적 자극에 대처하는 시도 가운데 형성되는 개인의 **생애설계**(Lebensplan)와 자아심리학 일반의 우선적 중요성을 가정한 학설을 발전시켰다. 여기서 다시 이 개념들과 토머스의 연구, 특히 후기의 연구 간에 유사점이 표명되고 토머스의 연구가 전적으로 독립적인 발전의 사례가 아니었던 것으로 볼 수 있다.

동물심리와 동물행동에 대한 연구가 토머스에게 미친 영향도 좀더 깊이 언급되어야 할 것이다. 이는 그의 전 스승 러브가 시작하고 추후 제닝스(Herbert Jennings), 버본(Max Vervorn) 등이 추구한 동물의 '향성'(tropism)에 대한 연구뿐만 아니라 여키스(Robert Yerkes)와 쾰러(Wolfgang Köhler)에 의한 동물 연구, 구체적으로는 유인원과 원숭이에 대한 연구 등이 토머스에게 영향을 주었다. 도로시 토머스와의 협력과 함께 이후 아동기의 행동에 대한 윌리엄 토머스의 참여, 그리고 아동기 발달에 대한 (라자스펠드의 교사이기도 했던) 뷜러(Charlotte Bühler)의 연구 등에서 도움을 받았음을 언급하는 것도 중요할 것이다. 어쨌든 토머스가 완전히 속박되지는 않으면서도 다양한 영향에 열린 자세로 있겠다는 젊은 시절의 결심을 그대로 지키고 있었다는 점을 시사하는 데는 이것으로 충분할 것이다.

생애 말기에 토머스는, 대부분이 제자인 젊은 사회학자들과 가장 지적으로 자극을 받는 만남을 갖게 되었다고 말했다. 대강 1920~35년에 미국 사회학을 지배했던 전 시카고대학 출신의 빛나는 인물들은 모두 토머스의 영향을 받고 크게 성장했다. 버지스는 그의 밑에서 수학했다. 로버트 패리스, 워스, 에버렛 휴스, 헬렌 휴스는 토머스가 쫓겨난 이후 주로 파크에 의해 훈련받기는 했지만 모두 토머스를 개인적으로 알고 있었다. 도널드 영(Donald Young), 킴벌 영, 코트렐, 로이터, 쇼(Clifford Shaw), 퀸(Stuart Queen)은 시카고대학 시절 토머스에게 영향을 받거나 원거리에서 그의 영향 아래 있었다. 집중적인 사회 관찰에 대한 토머스의 강조는 파크 그리고 1938년 이후에는 제2차 세계대전 이후 시카고대학에서 교편을 잡고 유명한 사회학자들의 또 다른 세대를 만들어낸 에버렛 휴스에 의해 계속되었다. 시카고대학과 나중에는 버클리대학에 있었던 블루머는 주로 미드에 신세를 지고 있기는 하지만, 토머스의 연구에 나오는 많은 요소를 담기도 했던 상징적 상호작용 관점을 발전시켰다.

토머스의 영향이 시카고대학의 관련 학자들에 한정되어 있었던 것도 아니다. 특히 머튼은 완전히 다른 학문적 뿌리를 갖고 있기는 하지만, 자신이 여러 차례 언급했듯이 토머스의 연구에 매우 큰 빚을 지고 있었다. '자기이행적 예언'(self-fulfilling prophecy)에 대한 머튼의 영향력 있는 논문은 사실상 토머스의 상황정의 개념에서 발전된 일련의 창조적 확장으로 구성되어 있으며, 토머스의 연구는 머튼의 준거집단 행위이론에 결정적인 건축용 벽돌을 제공했다.[84]

속물들은 토머스를 시카고에서 내쫓는 데 성공했다. 하지만 그들은 그의 사상적 영향의 확산을 막지 못했다. 그의 영향은 모든 세대의 미국사회학자들의 연구를 형성하는 데 결정적이었음이 증명되었다. 다시 한 번 펜의 힘이 마음의 경찰관이 휘두르는 검보다 강할 수 있음을 보여준 것이다.

즈나니에츠키

즈나니에츠키는 철학 교육을 받았고, 따라서 사회학자로서 토머스보다 훨씬 무거운 철학적 담론에 친숙했다. 또한 토머스가 자신만의 체계를 수립할 의지가 없었던 반면, 즈나니에츠키의 사상은 만약 체계지향적이지 않았다면 큰 주목을 받지 못했을 것이다.

첫 미국 방문 이후 즈나니에츠키는 영어로 출판된 첫 번째 책의 서문에서 다음과 같이 언급했다. "문화의 철학을 수립하려는 내 시도가 자리하고 있는 주된 자원은……폴란드의 역사적 이상주의다. 나중에 내가 진 빚 중 어느 것도 내가 스스로 속해 있다고 여기는 실용주의에 지고 있는 것보다 크지 않다."[85] 여기서 그가 자신의 철학 저작에 대해 말한 것은 '대략적으로' 후기의 사회학적 공헌에도 적용된다. 내가 보기에는 폴란드의 철학적 이상주의가 유래한 독일의 이상주의적 전통에 대해서도 강조할 필요가 있다.

즈나니에츠키가 이상주의적 전통에 진 빚은 많지만, 그의 연구를 통틀어 가장 강한 원칙은 인간행동에 대해 기계적이거나 결정론적인 설명을 배격하고 사회적 행위에 대한 '의식적인 합목적성'을 계속 고수하는 것이었다. 자연세계와 인간세계에 대한 칸트의 날카로운 구분, 인간은 문화의 영역에서 자유롭고 스스로 결정하는 행위자라는 기본적인 전제는(다른 물리적 존재와 마찬가지로 자연의 법칙에 결정받기는 하지만), 이것이 전통적인 이상주의와 정신과학에서 대부분의 19세기 독일 사상가에게 영향을 미친 것과 마찬가지로 즈나니에츠키의 사상에도 영향을 미치고 있다. 이 전통은 베버의 장에서 논의된 바 있다. 즈나니에츠키의 '인간계수' 개념, 어떤 인간존재도 인간행위자 스스로의 경험이라는 측면에서 고려되어야 한다는 강한 신념은, "이것이 자연적 데이터로서 '무엇인지'의 문제 때문이 아니라, 이것이 인본주의적 문화 데이터로서 무엇을 '의미하는지'의 문제 때문에"[86] 그를 바로 독일 이상주의적 전통과 딜타이, 신칸트학파 사상의 후예로 간주하게 한다.

이 전통이 문화를 자연뿐만 아니라 개인심리학과 분리된 영역으로 이해하려는 즈나니에츠키의 시각에 미친 영향은 쉽게 알아볼 수 있다. 이미 폴란드어로 쓰인 초기의 저작에서 즈나니에츠키는, 자연적 대상이나 순전히 주관적인 과정 중 어느 것으로도 축소시킬 수 없는 존재들의 가치에 문화의 세계가 놓인다는 논지를 지키려 했다. 즈나니에츠키는 니체의 저작에서 언급된 문화현상을 나타내기 위해 '가치' 개념을 사용했다고 말한 적이 있다.[87] 하지만 문화를 제3의 영역으로 정리한 그의 개념은, 자연적 대상의 세계와 개인적 주관 경험 모두와는 별개로 독일의 정신과학에 많은 빚을 지고 있다(이 구별이 포퍼Karl Popper의 저서에서 최근 부활했다는 것이 흥미롭다).[88]

즈나니에츠키가 이상주의적 전통과 그 후속 논의의 계승자로 이해될 수 있는 한편, 그가 다른 측면에서는 이를 거부했다는 사실도 중요하다. 그가 『문화적 실재』[89]에서 설명했듯이, 순전히 이론적으로는 공격할 여지가 없더라도 이 전통은 점점 그다지 쓸모없는 것으로 밝혀지고 있었다. 반면 현실주의적이고 자연주의적인 사상의 흐름은 인간에 대한 연구와 저작들에서 계속 실증적인 경험적 지식을 발전시켰다. 이 때문에 즈나니에츠키가 왓슨적인 행동주의나 다른 실증주의적 사상을 수용한 것은 아니다. 그는 이상주의와 실증적 자연주의가 새로운 통합으로 그 대립을 넘어서야 한다고 느꼈다. 이러한 통합은 사상의 영역이 어느 정도 인간 경험의 외부 세계에 위치한다는 극단적인 이상주의적 시각에 복종하지 않으면서도, 인간의 행동을 설명하는 과정에서 문화의 중요성을 강조한 것이었다. "만약 현대의 사상이 이상주의의 공허함과 자연주의의 자기부정을 배격하려 한다면 문화주의적 논지를 받아들여야 할 것이다. 이상주의에 대항해서는 모든 형태의 평가 이유와 기준이 진화하는 경험적 세계 속에(밖이 아니라) 있는 것이라고 주장해야 한다. 또한 자연주의에 대항해서는 인간이 자연 진화의 산물이 아니라 그 반대로, 어쨌든 자연이 수많은 측면에서 인간 문화의 산물이라고 주장해야 한다……."[90]

즈나니에츠키는 조잡한 실증적 자연주의와 극단적 이상주의를 초월하기 위해 실용주의적 사고와 직면하고 그 일반적인 경향을 대폭 수용했다. 즈나니에츠키는 "행위의 생물학적 개념이나 진실의 도구적 정의 등과 같은"[91] 세부적 실용주의적 입장을 받아들이지는 않았다. 그가 마음에 들어 한 것은 인간의 생각과 가치 및 행위 간의 긴밀한 관계에 대한 강조, 문화적 실재에 대한 상대론적 관점, 듀이의 표현을 빌리면, "모든 살아 있는 사고는 세계를 향해 던지는 몸짓이며, 우리가 연관된 실제 상황에 대해 취해진 태도"[92]라는 강조였다.

사상과 행위 그리고 사고와 실제 인간 공동체의 배경 간의 긴밀한 관계에 대한 실용주의적 개념의 주장과 세부 사항을 여기서 다룰 필요는 없을 것이다. 이 주제는 미드에 대한 장에서 언급되었다. 『지식인의 사회적 역할』에서 독특한 지식사회학을 발전시키려 했던 즈나니에츠키의 시도가 실용주의적 관점에서 가장 성공적으로 이루어졌다. 실용주의는 그로 하여금 문화적 데이터를 개인적인 주관 경험, 감각 인상, 우세한 반응 또는 조건반사적 자극에 대한 반응으로 축소하지 않고 탐험하도록 도와주었다.

정신과학에서의 독일 이상주의와 미국 실용주의 전통의 후속작업에 즈나니에츠키가 신세를 지고 있는 것은 부정할 수 없지만, 다른 영향들도 상당히 복잡하다. 그의 연구 대부분은 수많은 철학·사회학 연구자와 함께 고전 또는 동시대의 논의에 대한 주석으로 가득하다. 예를 들면 『사회학 방법론』에 대한 주석은 336쪽 중 57쪽 이상을 차지한다. 독일, 프랑스, 미국의 모든 사회학자가 즈나니에츠키의 주석에 나오며, 즈나니에츠키가 평생 인용하지 않은 철학자도 찾기 어렵다. 특히 즈나니에츠키가 이들 중 누구를 개인적으로 더 높이 평가했는지를 확인할 길이 없기 때문에 그들 중 일부를 언급하는 것은 의미가 없을 것이다.

하지만 영국 철학자 퍼디낸드 실러(Ferdinand Schiller)의 연구는 즈나니에츠키에게 매우 중요한 영향을 미쳤기 때문에 언급할 필요가 있다. 즈나니에츠키는 자신의 초기 저작들 중 하나인 『휴머니즘과 지식』에서, 수년 전 출판된 실러의 『휴머니즘 연구』(*Studies in Humanism*, London, 1907)에서 발전된 주장의 발자취를 세밀히 추적했다. 실러는 인간은 가치의 창조자이고 자신이 몰입된 '실재'의 제작자이자 재(再)제작자라고 주장한, 이상주의에 반대한 실용주의자이자 주의주의자였다. 실러는 자연주의와 행동주의를 배격했는데, 그것은 그가 주장하기로 그들이 경험에 의미를 부여하고 그에 따라 행동하는 인간존재의 능력을 무시했기 때문이었다. '문화적 실재'와 '인간계수' 개념에 대한 즈나니에츠키 후기의 발전은 실러의 연구에서 받은 자극에 상당히 신세를 지고 있다(아벨Theodore Abel과의 개인적 인터뷰, 1976년 5월 12일).

그가 진 사상적 신세와 관련하여 즈나니에츠키는 짧은 자전적 저술에서 다음과 같이 언급했다. "……나는 자수성가한 사회학자다. [시카고 인문대학에서 적어도 한 번 시도했던 적은 있지만] 나는 살면서 사회학 강의를 들은 적이 단 한 번도 없다. 철학에서도 나는 항상 반항아였다. 뒤르켐, 레비-브륄, 부글레, 토머스, 스몰 등의 사회학자들과 개인적으로 연락하며 자극을 받았다. 하지만 내가 아는 것은 모두 책과 사회학적 연구에서 배웠다."[93]

즈나니에츠키는 여기서 다소 공평하지 않은 것으로 보인다. 아마도 그는 첫 세 사람을 소르본대학 학생 시절 피상적으로만 알았을 것이며, 다른 곳에서 썼듯이 토머스와의 협력은 그에게 깊은 영향을 미쳤던 것이다. 그리고 명단에서 철저히 배제된 이름은 매키버로, 그는 미국에 체류하던 즈나니에츠키의 사상에 중대한 영향을 주었다. 『사회학 방법론』 서문에는 보다 균형 잡힌 서술이 나타난다. 여기서 그는 다음과 같이 언급했다. "사회학자로서 내 도의적 의무는 너무 많아 글로 쓸 수 없다. 하지만 여러 사람 중에서도 감사를 표하고 싶은 사람이 두 명 있다. ……첫째는 토머스로, 그와의 길고 친밀한 협력은 철학자가 사회학의 영역으로 들어갈 수 있도록 잘 안내했다. 또 다른 사람은 매키버……."[94]

『폴란드 농민』에서의 토머스와 즈나니에츠키의 협력은 몹시 긴밀했다. 물론 전반적인 저술의 시작은 즈나니에츠키를 만나기 오래전부터 작업을 하고 있던 토머스의 것이었다. 한편으로 「방법론적 노트」는 주로 태도와 욕망에 대한 토머스의 관심을 문화적 가치에 대한 자신의 연구와 결합하고 조화시키기 위해 즈나니에츠키가 쓴 것이었다. 이미 언급했듯이 나중에 즈나니에츠키는 태도와 욕망에 대한 토머스의 연구를 떠나 인간의 경험적 데이터에 대한 자신만의 해석을 발전시켰다. 그럼에도 분석적 귀납(전형적인 사례에 대한 연구)과 반대되는 단순 열거식 귀납(예를 들면 섬너와 스펜서의 저서에서 활용되는)의 열등한 가치에 대한 그의 방법론적 논의는, 여전히 거의 토머스의 사례연구 방법론에 의존하고 있다.[95]

매키버는 즈나니에츠키와 절친한 친구였다. 개인적인 친분이 상대의 사상에 꼭 영향을 주는 것은 아니지만, 즈나니에츠키의 '인간계수'와 매키버가 말한 '역동적 평가' 간의 친밀한 유사성은 매우 긴밀하여 이 두 친구가 대체로 동일한 학문적 경향을 공유했다고 보아야 할 정도다. 매키버는 『사회적 인과관계』(Social Causation)에서 다음과 같이 언급했다. "모든 의식적 행위에는……선택적 조직의 이중과정이 있다. ……내부적·주관적 체계는 역동적인 가치판단을 중요시한다. 그 과정에서 외부적·외면적 체계도 특히 '주목'을 받게 되는데, 단순한 외부성(externality)을 가치의 세계에 속하는 어떤 것으로 변화시키는 측면, 예컨대 가치획득을 위한 전달자, 부속품, 방해물, 비용과 같은 것을 중시하기 때문이다."[96] 용어의 차이를 제외하면 즈나니에츠키도 이것을 쓸 수 있었을 것이 매우 분명하다. 그들은 당연히 같은 생각을 공유하면서 연구했고, 지성적 교류 가운데 누가 누구에게 더욱 신세를 졌는지는 단정할 수 없다.

폴란드에서 많은 학문적 제자를 키워낸 즈나니에츠키는 미국에서는 (물론 『폴란드 농민』에서 강한 자극을 받은 사람들을 제외하고) 거의 제자를 키우지 못했다. 이는 순전히 사상적인 이유보다는 사회학적인 이유로 설명할 수 있다.

사회적 배경

토머스

　토머스가 자신의 정체성을 발전시키고 연구를 수행한 사회적 맥락은 파크와 미드의 장에서 언급된 것과 유사하다. 토머스는 진보의 시대에 살면서 연구했다. 그는 20세기 초반 미국을 휩쓸었던 개혁주의와 사회개량론적 신조의 영향으로 특징지어진 시대에 활동했다. 그리고 파크와 미드가 그러했듯, 시카고의 사회개혁 움직임에 깊이 몰입하고 있었다. 그는 도덕규범의 붕괴, 일탈, 범죄 등 도시해체문제에 대해 파크나 미드보다 더 특별하고 지속적인 관심을 가지고 있었다. 이들은 개인적인 강조점에는 차이가 있었어도 시각에서는 큰 이견이 없었다. 대체로 토머스, 파크, 미드는 도시화되는 미국이 겪는 성장통에 민감한 연구자로서 동일한 시점과 유사한 상황에 대해 동일한 사상과 가치의 세계를 공유했다.

　다만 한 가지 점만을 언급할 필요가 있다. 학문적 대중 이외의 사람들과 접촉하는 것에 대한 토머스의 집요한 거부다. 파크는 대중에게 시대의 사회문제를 알리려 시도하는 고발 언론인으로서 삶의 주요 기간을 보냈다. 심지어 쉰 살에 학술 연구자가 된 다음에도 그의 마음속에는 보다 넓은 층의 대중이 떠나지 않았다. 이제는 그가 많은 저술을 동료들과 사회과학 학생들을 대상으로 썼음에도 말이다. 미드에 대해서도 동일하게 말할 수 있다. 그는 답답한 스타일과 글을 수월하게 쓰지 못하는 단점을 가졌음에도, 자신의 변화하는 사상을 대학보다 넓은 층의 대중에게 전달하기 위해 최소한 어느 정도는 노력했던 것으로 보인다. 반면 토머스는 조직 개혁에 대한 자문위원으로 일하고 때때로 개혁적 대중 앞에서 연설을 하기도 했지만, 자신의 저작을 통해 학계 외부까지 도달하려는 시도는 거의 하지 않았다. 유연한 성격과 쉽게 설명하는 능력 그리고 개혁가의 열정과 활동적인 성향을 고려하면, 그에게는 학문적 동료나 학생들보다 넓은 층의 대중을 상대하는 사설을 더욱 자주 쓰는 것이 기대되었을 수도 있다. 하지만 『아메리칸 매거진』(*American Magazine*)에 「여자의 마음」(The Mind of Woman)과 「우생학: 번식하는 남성의 과학」(Eugenics: the Science of Breeding Men) 등의 주제에 대한 일련의 글을 투고한 1908~1909년을 제외하면, 토머스는 주로 사회과학자들을 대상으로 한 책들과 학술지에만 글을 썼다.

베블런이나 소로킨 등 다른 미국사회학자들이 대학 당국과 학자 동료들에게 퇴짜를 맞고 폭넓은 대중에게로 돌아왔던 것을 고려하면, 이것은 더욱 주목되는 점이다. 이런 측면에서 다른 누구보다 심각하게 고생했던 토머스였지만, 시카고대학에서 쫓겨난 이후에도 대중적인 매체에 나타나기를 거부했다. 전기적 또는 자전적 정보가 부족하기 때문에 우리는 이 이유를 단지 추론만 할 수 있을 뿐이다.

토머스는 배움에 가볍게 또는 쉽게 임하지 않았다. 시골 버지니아에서 온 산골 소년은 배움의 길에서 자갈밭을 만났다. 지식인이 되기로 언젠가 결심했을 때 그는 아마도 진지함을 동반한 학자의 삶이 편안하게 학문의 세계로 들어온 사람들보다 우월하다고 간주했던 것 같다. 이처럼 많은 것을 투자하고 강한 결심을 통해 얻은 것이기에, 그는 더욱 진지하고 소중하게 지키려 했던 것이다. 짐멜과 다른 학자들이 말했고 나중에 심리학적 연구가 확인했듯이, 우리는 목표의 가치가 높게 평가될 때만 열심히 싸우는 것이 아니라 목표를 위해 진지하게 노력했을 때, 우리로 하여금 이것을 쉽게 다루었을 때보다 더 높은 가치를 두게 만들기도 한다. 토머스는 학교의 주의를 끌기 위해 열심히 노력했고, 추방당했을 때조차 학문에 대한 헌신을 멈추지 않았던 것이다.

베블런과 소로킨 그리고 기타 사회학자들은 지식을 얻기 위해 노력하고 더 많은 대중을 찾아다녔다. 하지만 토머스에게는 그들이 가지고 있지 않았던 더욱 중요한 요소가 있었던 것으로 보인다. 베블런과 소로킨은 몇몇 추종자를 끌어들이기는 했으나 제자들은커녕 자신을 존경하는 학생들도 얼마 모으지 못했다. 반대로 토머스는 시카고에서의 경험 이후에도 전·현 학생들을 결코 잃지 않았다. 그들은 토머스와 함께했고, '특히' 다른 기성학자들의 저항을 무릅쓰고 그를 미국사회학회 학회장으로 만들었다. 이 사실은 아마도 토머스가 학문적 청중에 끈질기게 집착한 이유일 것이다. 전·현 학생들에게 도움과 헌신을 받고 자신의 연구에 대한 경의로 지지받은 토머스는 추방당한 이후에도 다른 대중에게 몸을 돌릴 필요를 느끼지 않았다. 더욱이 지지자들 중 일부가 다양한 재단 사무실과 연구기관의 주요 보직에 있었기 때문에 그들은 토머스가 이 기관들에 의해 지원과 응원을 받도록 신경을 썼다. 따라서 그에게는 학문적 또는 준(準) 학문적 연구자들 내부에 남는 것이 심리적으로 가능했다.

토머스의 저서 판매량이 아주 미미한 것을 보면 학문적 청중에 대한 그의 신의가 더욱 주목할 만하다. 20세기에 미국사회학자 수는 적었고, 그 수에 사회복지사나 다른 전문가들을 포함시킨다고 하더라도 저서 판매량을 어느 정도 유지할 정도로 넓은 대중을 확보할 수 없었다. 따라서 『폴란드 농민』 초판 1,500부는 출판 이후 8년이 지나도 완전히 팔리지 않았다. 부분적으로는 시카고대학 출판부에서 계약을 어겨 작은 출판사에서 출판된 탓이었을 것이다. 하지만 유명한 출판사 앨프리드 A. 크노프(Alfred A. Knopf)에서 출판된 재판도 10년 동안 1,500부밖에 팔리지 않았다. 『폴란드 농민』이 보다 넓은 사회학 저서로서 대중에게 잘 팔리게 된 것은 오늘날에 이르러서다. 1958년, 도버(Dover)에서 다시 출판된 재판은 3년 동안 3,000부 이상이 팔렸다. 토머스가 쓴 다른 책들의 판매 실적 기록을 가지고 있지는 않지만 많을 수는 없었으며, 시카고대학에서 쫓겨난 이후 시카고대학 출판부는 책을 절판되게 놔두고 재출판을 거절했다.[97] 『이식된 구세계의 속성』은 최근 들어서야 그 원래의 저자 이름으로 다시 출판되었다.

학문적 청중에 접근하려는 토머스의 완강한 집착 그리고 대중의 인정을 추구하는 것을 거부한 태도는 모두 주목할 만하다.

즈나니에츠키

즈나니에츠키의 성장배경과 사회적 맥락은 미국 독자들에게 토머스의 경우보다 훨씬 낯설다. 그는 미국에서 오래 살았지만 기질은 전형적인 폴란드인이었고, 따라서 폴란드 상류층과 지식인 전통의 뿌리는 미국에서의 후기 경력이 고려되기 이전에 먼저 검토되어야 한다.

만하임의 헝가리처럼 중세부터 폴란드사회는 중산층의 부재로 서유럽과는 구분되었다. 최근까지만 해도 폴란드문화는 거의 귀족과 상류층에 기초하고 있었다.[98] 농민의 대부분은 문화적 표현의 수단을 지니지 못했고, 귀족이 그 분야를 독점했다. 귀족들은 상업과 산업에 종사하는 것이 법과 관습으로 금지되어 오직 지주나 전사만 될 수 있었다. 매우 개인주의적이고 논쟁을 좋아하며 자신의 왕에게조차 종속의 굴레를 받아들이기 싫어하는, 한층 더 높은 위치에 있는 귀족과 상류층은 애국심과 국가적 자부심에 대한 명예 그리고 개인적 위엄의 정교한 감정을 배양했다. 하지만 그들은 조직적이고 단체로 공유된 정치적 사안에 참여할 수 없었다. 막강한 '리베룸베토'(liberum veto, 단 한 사람의 거부권으로도 모든 행위를 막을 수 있는 절차적 규칙)를 가진 상류층의 특이한 조직은 폴란드 상류층의 가치 척도 일부를 상징한다. 18세기 후반에 폴란드가 식민 지배를 받고 러시아, 독일, 오스트리아로 분할된 주요 원인 중 적어도 하나는 당연히 지배 계층의 정치적 기량 부족이었다.

외세의 지배를 받는 19세기에 농민층은 언어, 전통, 민속문화를 지켰지만, 외세의 멍에를 던져버리려는 주요한 노력은 상류층에 의존하고 있었다. 당시 폴란드에서는 귀족층 출신의 젊은이들이 연속적인 저항을 고무하고 북돋고 이끌고 실행했다. 그런데 19세기에는 토지 소유에 대한 상류층의 사회적 기반이 점진적으로 침식되고 있었다. 연속적인 봉기마다 발생하는 억압은 1864년 농민층의 참정권 획득과 함께 귀족 사유지의 단계적 감소와 그들의 익숙한 사회문화적 삶의 침식을 야기했다.

더욱 많은 상류층이 토지를 잃으면서 그들은 도시로 대량 이주했고 신생 전문직과 고위 사무직 대부분을 차지했다. 이러한 지위에서, 19세기 러시아의 독특한 특징이기는 했지만, 서구에는 없던 계층인 지식인 계층이 폴란드에서 단계적으로 발전했다. 지식인을 일컫는 '인텔리겐치아'라는 단어는 19세기 후반에서야 새로 나타난 계층을 묘사하기 위해 출현했다.

러시아 역사학자 코르닐로프(Alexander Kornilov)에 따르면, 이들의 실체는 "다양한 서열과 계급의 사람들로 구성된 지성인으로, 교육과 이상주의적 사상 그리고 자신만의 삶을 의식적으로 설계할 뿐만 아니라 자신의 생각과 시각에 따라 전체 국가의 발전에 영향을 미치려는 경향으로 특징지어진다."[99]

많은 인구가 문맹이거나 초보적인 문자해독 수준에 머물러 있는 국가에서, 교육은 개인을 돋보이게 하고 상층의 사회와 문화의 세계로 인도하는 자산이었다. 이것은 전문직 계층으로 진입하는 문을 열어줌과 동시에 전반적인 문화적 책임을 요구했다. 특히 폴란드에서 교육은 민족문화를 보존하기 위해 노력해야 할 의무를 포함했다. 따라서 대학의 학위는, 칭송받는 위엄이면서 문화적 의무에 대한 특유의 헌신이기도 한 **노블리스 오블리주**를 상징하는 작위와도 비슷했다.

이것이 19세기 후반 폴란드 지식인들이 예전에는 상류층의 손에 있었던 문화적 리더십과 도덕적 권위를 차지할 수 있었던 이유다. 그러나 지식인들은 주로 빈곤한 상류층 계급에서 지속적으로 충당되었다.

빌나와 바르샤바의 새로운 학문적 중심지에서 대학 교육을 받고 온 사람들은, 오스트리아나 독일의 지배를 받은 지역보다는 사정이 여러모로 나았던 러시아령 폴란드에서 자신들에게 열려 있는 러시아 공직이 거의 없다는 것을 발견했다. 비교적 낮기는 하지만 심지어 군대도 폴란드인에 대해 크게 포용적이지는 않았다. 그 결과 빈곤한 귀족의 후손들은 자신들로 하여금 전 지방 동료들이 보기에 높은 사회적 지위를 유지하면서 도시에 살 수 있도록 허용하는 전문직으로 몰려갔다. 이들로부터 19세기의 애국주의·자유주의 개혁자들의 집단이 처음으로 생겨났다. 민족적 독립과 자주권이 붕괴된 후로 그들은 민족문화를 방어하려는 노력의 대들보가 되었다. 첫 과학학회, 과학학회지, 폴란드어 사전, 박물관과 국보 컬렉션들은 모두 상류 지식인들에 의해 조직되고 주도되었다. 19세기 말에 이르기까지 이 계층은 신생 중산층, 유대인, 농민층의 유입으로 확장되었지만, 그 후에도 지식인층은 시작부터 자신을 특징지었던 가치와 생활방식의 지배를 유지했다.

무엇보다 생활방식을 특징지은 것은 지성적·귀족적 독창성에 대한 매우 높은 존경이었다. 어느 분야에서도 독창성은 그 자체로 가치 있을 뿐만 아니라 '폴란드 민족에 대한 봉사'인 것으로 여겨졌다. 이는 민족 정체성의 기초로 여겨진 것으로서, 사업, 산업, 정치에서의 성과보다 매우 높은 평가를 받았다. 신의, 명예, 자유와 함께 지성적·귀족적 성취는 검약, 검소, 사업의 성공, 노력 등과 같은 중산층의 특성보다 더욱 높이 칭송받았다.

세기가 바뀌자 지식인은 자신의 출신인 상류층에게서 국가를 이끌 권리를 빼앗았다. 이때는 즈나니에츠키가 성장하던 시기이기도 했다. 또한 당시 젊은 지식인들은 서서히 등장하던 노동자와 농민의 활동에 리더십을 가진 것으로도 여겨졌다.

상류층 출신의 빈곤한 지주의 아들인 즈나니에츠키는 자의식이 강한 지식인이었다. 문화적 가치의 핵심적인 중요성에 대한 오랜 강조, 학문적 우수성에 대한 깊은 헌신, 권력의 침해에 대항하는 정신을 가진 삶에 대한 철저한 유지, 개인적 생활방식과 확고한 개인주의, 교육과 시민권에 대한 오랜 관심은 모두 폴란드 지식인의 사회적 배경에 뿌리를 두고 있는 것으로 가장 잘 이해될 수 있다. 다른 국가에서 젊은 철학박사가 이민자 보호협회의 수장이 되는 것은 보기 힘들었을 것이다. 그러나 폴란드에서는 그렇지 않았다. 지식인들은 당시 가능한 어떤 방식으로든 폴란드 국민에게 봉사하는 것을 의무로 여겼다. 러시아의 금지령에 의해 대학에서 가르칠 수 없는 사람은 어쩌면 더욱 하찮아 보이는 다른 활동으로라도 국민을 섬겼다.

즈나니에츠키가 미국으로 온 지 얼마 안 되어, 그는 지식인들이 미국에서는 폴란드에서보다 높게 평가받지 않는다는 사실을 틀림없이 깨달았을 것이다. 미국의 연구자들은 국가 전체의 안내자나 교수가 되기 위해 특정한 대학이 부여한 의무에서 벗어나리라고 기대받지 않았다. 미국에 체류하며 즈나니에츠키는 국가지도자 양성을 위해 교육체계의 거대한 개혁을 두 차례 시도했다. 하지만 두 경우 모두 반향은 거의 없었다.

1931~33년, 컬럼비아대학의 교육대학에 근무하며 그는 '사회적 지도

자의 양성을 위한 학교나 기관'을 조직할 구체적인 계획과 함께 국가적 리더십에 대한 긴 제안서를 썼다. 제안서의 수신인이었던 교육대학의 학장 윌리엄 러셀(William Russell)은 자신이 "제안서의 논리에 설득"되었으며 실제로 그 같은 시험을 해보고 싶다고 답했다. 또한 그는 "당신의 실험을 처음으로 시행할 용기를 가진 국가는……세계 교육을 이끌 지도자의 자리를 얻을 것이다"[100]라고도 말했다. 교육대학의 스네든(David Snedden) 교수도 비슷한 맥락에서 즈나니에츠키에게 편지를 썼다. 하지만 그들은 그의 제안을 실행하기 위해서 명백하게 아무것도 하지 않았고, 즈나니에츠키 역시 어떤 종류의 행동을 위해서 거쳐야 하는 위원회의 심의라는 정글에서 이것을 밀고 나갈 교묘한 수완을 가지지 못했다.

수년 후 일리노이대학에서 즈나니에츠키는 『대학생의 사회적 역할』(*The Social Role of the University Student*)이라는 긴 원고를 썼다. 이것은 일리노이대학의 교육 서비스의 개혁 요구를 담고 있었다. 그러나 총장은 교육체계의 미비함에 대한 즈나니에츠키의 강조와 미국의 고등교육체계 전반에 대한 그의 비판을 사려 깊게 받아들이지 않았다. 그는 즈나니에츠키의 제안을 현실화하기 위한 아무런 노력도 들이지 않았다.[101]

국가적 지도력을 배양하는 폴란드 지식인의 요청에 부응하려는 즈나니에츠키의 시도는 미국에서 별다른 호응을 얻지 못했다. 권력과 권위를 가진 사람들은 국가적 지도력에 대한 지침을 제공하려 했을 것으로 추정되는 한 명의 교수, 그것도 외국인 교수의 이야기를 들을 준비가 거의 되어 있지 않았다.

즈나니에츠키는 평소 교수 활동이나 학문 활동에서도 여러 어려움을 겪었다. 시카고대학에 있을 때 토머스는 즈나니에츠키의 길을 순조롭게 해주었고, 즈나니에츠키는 금세 다른 교수들에게서 인정을 받았다. 하지만 그가 사회학 박사학위를 받으려 했을 때는 원인 불명의 강한 저항이 있었다. 더욱이 그의 후원자이자 협력자인 토머스가 추방되자 그의 입지는 줄어들었다.

이후 폴란드에서의 나날은 즈나니에츠키에게 매우 만족스러워 보였다. 고향에서 그는 자신의 지도와 교육을 수용한 많은 열정적인 학생과 후배를 모아 폴란드 사회학계를 형성하고 설립할 수 있었다. 하지만 미국으로 돌아온 후 일리노이대학에서는 이러한 이상적인 학생들을 거의 만나지 못했다. 그의 딸이 필자에게 썼듯이 "일리노이대학의 학생들은 세속적이었고, 즈나니에츠키는 그들에게 깊은 영향을 주지 못했다. 나는 학생들이 계속 주위에 모여 토론하고 논쟁하고 주로 교육 개혁을 통해 세상을 바꿀 수 있다고 여겼던 폴란드에서의 삶을 기억한다."[102] 이러한 학생들은 일리노이대학에는 별로 없었다. 그리고 여러 저술에서 증명되듯이 교수와 그 제자 간의 관계에 민감하고 이를 예민하게 의식했던 사람에게는 이것이 매우 견디기 힘들었을 것이다.

일리노이대학에서의 나날은 그에게 행복하지 않았다고 볼 수 있다. 그는 "교수로서 자유롭고 행복하며 생산적이었던 10년에 대한 감사의 표시로 일리노이대학에"『문화과학』을 헌정했다. 하지만 그의 딸이 썼듯이 그는 일리노이대학으로 오며 지위 상실을 경험했다. 폴란드에서 그는 큰 영향을 가지고 있었고, 지식인 계층과 행정계에 널리 알려져 있었다.[103] 그러나 그는 미국에서, 특히 일리노이대학에서는 이러한 이점을 하나도 누리지 못했다.

시카고대학 시절 이후 영어로 된 저작 중『사회학 방법론』과 『지식인의 사회적 역할』은 나머지를 월등히 능가한다. 두 책 모두 그가 매키버, 듀이, 카운츠(George Counts) 등의 동료와 긴밀한 사상적 우정을 유지하던 컬럼비아대학에서 쓰였다는 점이 주목할 만하다. 세미나와 토론집단에 참여하고 성미가 맞는 학문적 대중 앞에서 강의하는 일은 컬럼비아대학 동료들의 긴밀한 사회적 망 속의 상호교류로부터 즈나니에츠키에게 많은 이득을 주었다. 이런 점에서 그는 자신과 대등하다고 여기는 사람들과 사회적·비판적 소통을 할 수 있다는 사실에 고무되고 감사함을 느꼈다. 이 협력의 영향은 컬럼비아대학에서 쓰인 저서들의 명쾌하고 논리적인 구조 그리고 설득력 있는 논조와 명료한 스타일에 반영되어 있다. 마음에 잘 맞지 않는 환경에서 쓴 다른 책들은 비교적 뒤떨어진다.

필자는 그가 일리노이대학 시절의 동료들과 덜 긴밀한 관계를 가지고 있었으며, 그들은 컬럼비아대학의 동료들만큼의 역량을 갖추지 못했다고 느끼지 않을 수 없다. 비어스테트는 즈나니에츠키가 일리노이대학에서 다소 외로워했을 것이라는 필자의 생각이 잘못되었다고 썼다. 그는 즈나니에츠키가 "그곳에서 많은 따뜻한 친구를 가졌으며, 그와 마클리는 활발한 사회생활을 했고, 또한 그는 태프트(Donald Taft), 힐러, 알비그(William Albig) 등 학과 내 동료들뿐만 아니라 학과 외부에서도 많은 존경을 받았다"[104]고 말했다. 이것은 모두 사실로 보이지만 그의 딸이 "**뉴욕을 제외하고 나는 아버지가 이전에 어느 곳[필자의 예상으로는 미국]에서도 일리노이대학의 동료에게서보다 더 고립되었던 적은 없었다고 생각한다**"[105]고 쓴 것이 더 정확한 것으로 보인다.

그가 일리노이대학에서 완전히 고립되었던 것은 결코 아니다. 특히 젊은 비어스테트는 그와 지속적으로 지적인 대화를 나누었고, 즈나니에츠키는 그와 대화하기 위해 침대에서 아침을 보내는 버릇을 기꺼이 버릴 정도로 그 교류에 큰 가치를 두었다. 하지만 젊은 비어스테트의 총명함을 제외하면, 즈나니에츠키가 그토록 대화에 가치를 두었던 것은 단순히 자신이 그러한 자극을 주는 다른 상대를 거의 만나지 못했기 때문이었을 것이다. 전쟁 이후 다른 폴란드 지식인들이 어바나에 도착하여 즈나니에츠키를 친밀한 교류집단에 포함시켰지만, 이러한 관계는 대부분 향수병 탓이었던 것으로 보인다. 그의 딸은 다음과 같이 밝히고 있다. "아버지는 미국 시민권을 얻겠다고 주장했고, 이에 대해 매우 자랑스러워했다. 하지만 폴란드로의 복귀가 소련 공산주의로부터 힘겹게 얻은 자유에 큰 타격을 줄 것이라고 설득한 기딘스키(Joseph Gidynski) 같은 사람들이 아니었다면, 나는 그가 폴란드로 돌아가고 싶어 했을 것이라고 생각한다."[106]

일리노이대학 시절 내내 이전처럼 즈나니에츠키 가족은 매키버 가족과 마서스비니어드로 피서를 가고 팰리세이즈에 있는 집에서 카드게임을 하는 등 가까이 지냈다. 비어스테트 가족(베티 비어스테트Betty Bierstedt는 매키버의 딸이다)과도 가까운 친구로 지냈다. 수년간 즈나니에츠키는 그의 추천으로 컬럼비아대학에서 장학금을 받고 컬럼비아대학 사회학과 교직원이 된 적이 있는 전 제자 아벨과도 친하게 지냈다. 즈나니에츠키는 젊은 아벨이 관심을 철학에서 사회학으로 바꾸도록 설득하는 데 힘을 쏟았고,

아벨은 그의 지도 학생들 중 처음으로 포즈난대학에서 박사학위를 받은 학생이 되었다. 이 두 사람은 미국에서 가까운 친구로 남았다. 즈나니에츠키가 교육과 사회변동 이슈에 대한 2년간의 연구비 수혜자가 되어야 한다고 컬럼비아대학 교수들을 설득한 사람도, 이를 위해 즈나니에츠키의 '교육사회학'의 주요 부분을 번역까지 했던 사람도 아벨이었다. 또한 1939년 즈나니에츠키의 컬럼비아대학 방문과 그가 담당하던 하계 강좌를 마련했던 것도 아벨이었다. 이런 배려들이 나치가 폴란드를 침공했을 때 즈나니에츠키를 미국에 남게 함으로써 그를 살렸다고 할 수 있을 것이다.

하지만 스몰과 베커부터 머튼에 이르기까지 여러 미국 사회학자와 맺은 친밀한 관계와 그들에게서 받은 존경과 인정의 많은 징표에도 불구하고, 즈나니에츠키는 미국 학계에서 다소 이방인처럼 지냈다. 그가 미국사회학회 학회장으로 선출되었던 것은 분명하지만, 일흔여섯 살의 나이로 죽기 불과 5년 전인 1953년에야 이루어졌다는 점에서 약간 늦은 것이었다.

또 하나 언급할 것이 있다. 즈나니에츠키의 저서를 잠깐이라도 읽은 독자라면 그의 생각이 파슨스와 비슷하다는 인상을 틀림없이 받을 것이다. 둘 다 인간행동에 대한 반(反)실증주의적·반(反)심리주의적 개념을 공유하며 자원론적(voluntaristic) 행위이론에 헌신했다. 그리고 사회적 역할 개념이 핵심적인 사회학체계를 고안하려 시도했다. 또한 둘 다 유럽의 철학적·사회학적 유산을 흡수해야만 미국사회학이 비(非)이론적 사실확인과 경험론으로부터 보호될 수 있다는 신념을 가졌다. 하지만 파슨스는 미국사회학에 큰 영향을 미친 반면, 즈나니에츠키의 영향은 상대적으로 적었다. 그 이유 중 하나는 물론 즈나니에츠키가 열망하던 완전한 사회학체계를 한 번도 수립하는 데 성공한 적이 없었던 것이겠지만, 또 하나는 학계 일반과 사회학계 내에서 두 학자가 가졌던 지위에서 찾을 수 있다. 파슨스는 사회학 연구의 중심 중 하나인 하버드대학에 안정적인 자리를 가지고 있었던 반면, 즈나니에츠키는 변방에 있었다. (다음 장에서 언급되듯) 1930년 후반에 파슨스는 이미 총명한 학생들을 가르치기 시작한 반면, 즈나니에츠키는 폴란드에서 일류 대학원생들을 교육하기는 했지만 미국에서는 그 정도로 뛰어난 학생이 사실상 없었다. 파슨스는 사회학계의 아버지가 되었지만, 즈나니에츠키의 외침은 하나의 목소리로만 남았다. 타르드, 뒤르켐의 경우와 달리 중심부에 있는 학자의 연구가 변방에 있는 학자의 연구를 가렸던 것이다.

즈나니에츠키가 만약 다른 환경에서 태어났다면, 두 문화 사이를 오고 가도록 강요받지 않았다면, 학문적 지위가 중심부에 있었다면, 그는 실제로 한 것보다 더욱 중요한 연구를 할 수 있었을 것이다. 하지만 그의 독창성을 방해했던 요소들을 고려하면, 즈나니에츠키를 사회학의 거장 중 한 명으로 만든 풍부한 성과를 그가 어떻게든 성취했다는 것이 놀라울 따름이다.

요약

토머스와 즈나니에츠키는 매우 다른 배경에서 자랐고 개인적인 기질도 여러 면에서 달랐다. 하지만 그들은 의심할 여지없이 미국의 사회연구 발전에서 첫 번째 기념비적 저작인 『폴란드 농민』에서 조화로운 협동을 이루어냈다. 이 저작은 견고한 연구결과와 방법론적 접근뿐만 아니라 어쩌면 주로 저자들이 공동으로 제공한 이론적 틀로 오랫동안 기억될 것이다.

공동저서의 출판 이후 그들은 우호적 평판에 안주하지 않고 이전 저작에 맞먹는 개인적인 연구를 이루어냈다. 토머스는 사회적 태도에 대한 이전의 관심을 바탕으로, 지금까지도 사회학적 사고의 상당 부분에 영향을 미치는 '상황정의'라는 중심 개념에 기초한 정교한 사회심리학을 발전시켰다. 또한 즈나니에츠키는 구조적 개념에 대한 이전의 관심을 바탕으로 매우 흥미로운 역할이론을 발전시키는 데 착수했고, 『지식인의 사회적 역할』에서는 흔치 않은 매우 중요한 공헌을 미국의 지식사회학에서 이루어냈다.

이 두 사람이 아니었다면 미국사회학이 어떤 길을 갔을지 추측하기 어렵다. 단 이것 하나만큼은 확실하다. 이 거장들의 영향이 없었다면 미국사회학은 지금보다 훨씬 형편없었을 것이다.

미국사회학이론의 최근 동향

—

미국사회학은 고전적인 사회학 거장들의 사상적 유산을
이론적으로 정교화함으로써 크게 발전했다.
파슨스와 머튼, 레비 등은 구조기능주의 패러다임을 발전시켰는데,
특히 행위이론, 사회체계론, 아노미론, 사이버네틱스이론 등은
20세기 후반 사회과학계 전반에 큰 영향을 미쳤다.
미드의 유산은 호먼스와 고프먼 등으로 이어져 사회적 행위양식이
일상영역에서 구조화되고 변형되는 미시사회학이 발전했다.
또한 마르크스와 짐멜의 영향을 받은 갈등이론이
밀스와 다렌도르프 등에 의해 발전했다.

"이론은 우리가 아는 것을 정형화하는 것만이 아니라
우리가 알고 싶어 하는 것, 다시 말해 대답을
필요로 하는 질문들을 알려준다."

_ 탈코트 파슨스

이 장에서는 학계 전반에 중요하고 심대한 영향을 미친 미국사회학이론의 최근 경향을 중점적으로 살펴보려 한다.* 지면이 충분하지 않아 지난 수십 년간 이루어진 모든 이론을 다룰 수는 없다. 예를 들면 인구학이론이 이룬 발전이나 도시사회학에서 꽃핀 이론적 논의들은 다루어지지 못한다. 이처럼 의심할 여지없이 중요한 사상적 발전이 포함되지 않은 것에 실망하는 독자들도 있을 것이다. 나로서는 내 개인적 선호는 가급적 배제하고 1940~60년대의 사회학이론에 대해 전반적으로 인정되는 합의를 따르려고 노력하는 편이 더 낫다고 생각한다.

이 시기에 상대적으로 가장 두드러진 위상을 점했던 것이 기능주의분석(functional analysis)이므로 이 장은 기능주의부터 시작할 것이다. 다음으로 상징적 상호작용론과 고프먼(Erving Goffman)의 연극학적 접근, 낙인이론, 교환이론, '갈등이론', 그리고 다른 여러 흐름이 뒷부분에서 다루어질 것이다.

• 이 장은 *Annual Review of Sociology*, 1976년 가을호에 실렸던 "Sociological Theory from the Chicago Dominance to 1965"를 상당 부분 다시 쓰고 보완한 것이다. 여기서 나는 표준적인 인용방식을 취하여 저자와 출판 연도를 명시하였다. 책의 자세한 서지사항은 818쪽의 인용도서 목록에서 찾아볼 수 있다.

기능주의분석의 등장과 헤게모니

이 책의 앞 장에서 다룬 시기는 대체로 시카고학파가 미국사회학을 주
도했던 시대였다. 시카고학파 지배의 끝은 아마도 1935년 정도로 말할 수
있을 것이다. 시카고대학이나 시카고에서 훈련받은 학자들이 군림해오던
미국사회학회에서 마치 쿠데타가 일어나듯이 『미국사회학회보』라는 새
로운 학회지가 창간되고, 이어 시카고학파와의 공식적·비공식적 연결을
끊은 것이 이때였다. 여전히 시카고는 사회학 연구와 사회학적 훈련에서
명망과 영향력이 있는 곳이지만, 과거 미국사회학계에서 점했던 지배적인
위치를 되찾기는 어려울 것이다.

사회학의 새로운 흐름

파슨스의 『사회적 행위의 구조』(1937)는 출간하자마자 그 중요성을 바
로 인정받지는 못했다. 그러나 돌이켜보면 이 책은 미국사회학 전반, 특히
사회학이론의 발전에 새로운 분수령이 되었다. 이 저작은 이후 1940년대
초부터 60년대 중반까지의 이론적 발전을 주도할 기능주의분석이라는 새
로운 흐름의 이정표가 되었다.

기능주의분석은 일반적으로 사회현상이나 구조 속에 배태되어 있는 특
정 요소가 발생시키는 결과들 사이의 상호관계를 연구하는 이론적 관점을
의미한다. (이 정의는 머튼, 1968과 스틴치컴Arthur Stinchcombe, 1968의 서
술에 따른 것이다.) 관찰된 어떤 결과가 주어진 구조의 적응이나 조정에 도
움을 주는 경우, 이를 기능이라 할 수 있다. 역기능이란 이러한 조정과 적
응을 약화시키는 것으로 관찰되는 결과라 할 것이다. 기능분석은 어떤 행

동의 결과가 그 선행요인에 다시 영향을 미침으로써 그 요인이 수정되거나 강화되는 인과적 연결고리를 해명하는 것에 관심을 집중하는 것이다.

편하게 하는 말이겠지만, 일반적으로는 시카고학파가 군림하던 시절 미국사회학이 이론을 경시하는 경험주의에 빠져 있었는데, 파슨스가 대담하게 유럽의 사회학 전통을 종합적으로 재구성함으로써 그 한계에서 비로소 벗어날 수 있었다고 생각한다. 그러나 앞서 보았듯이 시카고학파에 속한 많은 학자도 유럽에서 공부했고 유럽의 사회학과 철학 사상에도 익숙했다. 몇몇 학자, 특히 스몰과 파크는 짐멜의 저작을 잘 알고 있었고 그의 저작을 미국의 학자들에게 소개하기까지 했다(러빈Donald Levine, 1976 참조). 파크와 버지스의 영향력 있는 교과서를 잠시 살펴보기만 하더라도 이들의 관심이 미국에 한정되어 있지 않으며, 유럽의 사회학사상을 소개하려고 노력하는 것을 알 수 있다.

그럼에도 시카고학파가 유럽의 사회학 연구성과를 부분적으로만 받아들인 것도 사실이다. 시카고학파의 학자들은 유럽의 저작에서 많은 부분을 차용했지만 체계적으로 그 사상을 이해하는 데는 성공하지 못했다. 바로 이 부족한 부분을 『사회적 행위의 구조』 출판과 함께 파슨스 지도하의 하버드대학 학자들이 채우게 된 것이다. 이 책은 미국사회학자들의 시각을 넓혀주었고, 유럽사회학의 값진 유산을 받아들일 수 있게 해주었다. 이 저작에서 파슨스는 뒤르켐, 베버, 파레토를 창의적으로 종합하여 '사회적 행위의 자유의지이론'을 정립하려고 했다. (초기에는 영국의 경제학자 마셜의 저작도 포함되었으나 이후 제외되었다.)

공리주의, 관념론, 실증주의의 주요 가정과 이론적 전제를 조사하고 이를 비판적으로 분석하는 가운데, 파슨스는 자신이 구축하려는 새로운 이론적 통합에 무엇이 도움이 될 것인지에 관심을 쏟았다. 공리주의로부터는 개인을 목적의식이 있는, 목적지향적인 존재로 보는 관점을 받아들이는 한편, 공리주의가 개인을 지나치게 합리적 지향을 가진 원자론적 존재로 간주함으로써 개인들의 목적지향적 행동을 제약하는 사회적 규범이 왜 생겨나는지를 설명할 수 없는 점을 비판했다. 실증주의는 개인의 행위를 생리학적·심리화학적·유전학적·지리학적 영향으로 설명하려는 환원론적 경향 때문에 비판의 대상이 되었고, 자유의지를 가지고 결정을 내리며 목표를 위해 노력하는 사회적 행위자들을 설명할 수 없다는 점이 지적됐다. 마지막으로 독일관념론 전통에 대해서는 그것이 관념이나 상징적 과정 같은 문화적 요소의 영향을 강조한 것은 긍정적으로 평가했으나, 사회구조와 관념세계 간의 복잡한 상호관계를 만족할 정도로 설명할 수 없다는 점을 비판했다. 파슨스에 따르면, 독일관념론 전통은 서로 다른 시대와 공간에 사는 사회적 행위자들이 왜 서로 다른 행동을 보여주는가 관념이나 문화의 변수로 설명될 수 있다는 문화결정론적 시각에 의존해 있다. 이러한 시각은 사회구조가 항상 관념의 세계로부터 비롯된다고 본다. 파슨스는 관념론적 이론화는 관념의 세계와 사회적 행위가 벌어지는 실제 세계 간의 긴장과 불일치를 설명할 수 없을 것이라고 보았다. 만약 관념과 사회구조가 역동적인 상호작용과 교환관계로 서로 연관되어 있다면 사회구조를 단순히 관념의 결과물로 보는 것은 부적절하다. 또한 특정한 사회의 성격이 그 사회의 가치와 정신에 의해 결정된다면 문화적 다양성을 넘어서는 인간행동의 일반화된 사회이론을 발전시키는 것은 불가능할 것이다. 이것이 바로 파슨스가 하려고 했던 일이다.

파슨스는 연구자를 특수성의 바다에 빠뜨릴 위험이 있는 무수히 많은 실증적 현상과 씨름할 필요 없이 모든 인간사회의 핵심 특성을 설명할, 추상적이면서도 분석적인 개념들을 발전시켰다. 그는 인간행동의 핵심적이고 체계적인 특성에 중점을 두고 싶었다.

『사회적 행위의 구조』에서 이런 핵심적 특성은 다음과 같은 기본 틀을 근간으로 한다. (1) 결코 외부자극에 단순반응하거나 무의식적으로 행동하는 존재가 아닌, 자기선택과 판단이 가능한 행위자들, (2) 이 행위자들이 달성하려는 목표, (3) 행위자들이 목표추구 과정에서 사용할 수 있는 대안적 방법과 이들 간의 선택, (4) 목표의 성취와 대안의 선택에 제약을 가하는, 생물학적이거나 환경적인 조건에서 오는 상황적 제약, (5) 행위자들이 목표와 방법을 선택하는 데 영향을 미치는 규범과 가치 등이다.

요약하면 다음과 같다. 인간행위자들은 일련의 행동을 선택할 수 있으나, 이 선택은 생물학적·환경적 조건과 파슨스가 중시했던 가치와 규범이 지배하는 사회구조에 의해 제약된다.

이러한 개념적 구상은 『사회적 행위의 구조』가 자세히 설명하고 있듯이 뒤르켐학파가 강조했던 구조적 결정요인과 집합의식, 베버학파가 강조했던 관념과 가치의 결정적 기능, 파레토학파가 강조했던 다양한 수준의 기본적 '잔기' 또는 우세한 힘을 가진 행위자들 간의 상호작용에서 나타나는 사회적 평형의 이동 등을 종합한 것이다. (후기에 들어서면 프로이트가 파레토를 대체했고, 말리노프스키와 래드클리프-브라운의 기능주의적 이론이 파슨스 종합이론체계의 주요 기반이 되었다.)

파슨스의 사상체계 후기에 이르러서는 개인차원의 사회적 행위 대신 상호작용이 더욱 중요한 비중을 점하게 되었다. 파슨스의 두 번째 주요 저작 『사회체계』(1951)에서는 개인의 행위가 아니라 이 행위를 제약하는 체계에 주목하는데, 이 체계는 개별 행위에 대한 제도화된 기대에 기초하여 안정적인 패턴을 나타낸다고 보았다. 이러한 관점의 변화로 인해 파슨스가 사회적 행위의 자발적 성격을 강조했던 초기의 시각이 약화되었다고 볼 수 있다. 하지만 파슨스는 체계를 구성하는 행위자들이 체계의 요구를 충족시켜줄 만큼 충분히 동기부여가 되어야만 사회체계가 작동할 수 있다는 것을 계속해서 주장했다.

『사회체계』에서 파슨스는 제도화된 가치와 규범, 차별화된 지위에 맞는 차별화된 사회적 역할의 중요성을 강조했다. 사회체계 또는 그 하위 체계의 바탕에는 사회적 상호작용의 네트워크 안에 연결되어 있는 다른 행위자들이 기대하는 역할을 수행할, 충분히 동기부여가 된 행위자들이 있다. 상대적으로 안정된 체계에서 특정 지위에 있는 역할수행자들은 그들의 기대와 부정적·긍정적 규제를 행할 수 있는 권력을 통해 다른 행위자를 제어한다. 체계의 주요 가치와 규범이 유지되려면 적절히 사회화된 행위자들이 역할 요구를 수행할 동기부여가 되어 있고, 다른 행위자와의 상호작용 속에서 이러한 제도화된 요구를 수호하고 방어할 의무감을 가져야 한다. 파슨스의 체계이론에서 가치와 규범이 이처럼 중요한 위상을 지니고 있기 때문에 그의 이론을 '규범적 기능주의'라고 부르는 데 큰 무리는 없다.

파슨스식의 체계이론은 이후 미국사회학에 지대한 영향을 미쳤다. 이 장의 후반부에서 파슨스 사상의 후기 발전에 대해 다시 다룰 것이다.

파슨스의 학문 활동은 하버드대학과 긴밀하게 연결되어 있는데, 앞의 장에서 다루었던 시기 이후의 일이다. 파슨스는 1931년 하버드대학에 사회학과가 생긴 지 1년 후, 강사로 부임하여 5년간 강사 자격으로 근무하게 된다. 사회학과의 창립자이자 초대 학장이었던 소로킨은 초기부터 파슨스의 저작에 매우 비판적이었다. 이 둘은 인간행위를 결정짓는 데 가치가 매우 중요하다는 점을 비롯한 몇몇 주요한 아이디어를 공유했으나 학문적인 관계는 그다지 좋지 않았다. 그럼에도 1930년대 하버드대학에 모인 매우 재능 있는 소수 엘리트학생그룹은, 그 정도는 달랐지만 소로킨과 파슨스 모두에게서 영향을 받았다. 제2차 세계대전 이전 하버드대학에서 가장 유능했던 사회학과 학생들로는 호먼스(하버드대학 주니어 펠로우Junior Fellow였다), 머튼, 킹슬리 데이비스, 무어, 윌리엄스 등이 있다. 이들 모두는 사회학사상의 발전에 길이 남을 족적을 남겼다.

이들에게 주요한 영향을 미쳤던 생리학자이자 파레토 전문가인 로런스 헨더슨에 대해서도 짧게 서술해야 할 것이다. 파레토에 관한 그의 유명한 세미나는 뛰어난 대학원생이었던 머튼, 호먼스, 데이비스뿐만 아니라 1930년대 초기의 하버드대학 교수진까지도 매료시켰다(바버, 1970과 이 책의 파레토 장 참조).

호먼스 호먼스는 헨더슨에게 많은 영향을 받았으며, 그의 첫 주요 저작 (1934, 커티스와 공저)은 파레토에 관한 소개였다. 그 후 호먼스는 영국사회사에 관심을 가졌고, 『13세기 영국의 마을사람들』(*English Villagers of the Thirteenth Century*, 1941)로 결실을 맺었다. 이 책은 역사학자들에게는 찬사를 받았으나 미국사회학에는 큰 영향을 주지 못했다. 하지만 그 후의 저작에서는 달랐다. 『인간집단』(*The Human Group*, 1950)에서는 이전 저작에서 다루었던 공장의 작업집단, 길거리의 불량배, 원시사회의 친족시스템, 쇠퇴하고 있는 뉴잉글랜드 공동체의 구조 같은 다양한 주제에 대한 이론적 재분석을 시도했다. 이 책에서 호먼스는 이전 연구에서 관찰된 규칙성을 바탕으로 상호 연관된 명제들을 이론적으로 체계화하려고 했다.

그는 파슨스와는 달리 귀납적 방법을 사용했다. 하지만 호먼스의 책 역시 파슨스의 저작과 마찬가지로 뒤르켐과 영국의 인류학자 말리노프스키와 래드클리프-브라운의 기능주의적 접근에 기반을 두고 있다. 호먼스의 연구전략은 조사를 통해 몇몇 이론을 추출하고 특정 이론이 들어맞을 조건을 찾아내는 데서 시작한다. 예를 들면 그는 개인 간의 상호작용 증가가 서로에 대한 호감을 증가시킨다는 명제가 충족되기 위한 조건은 개인들이 거의 동등한 지위와 위치를 점하고 한 사람이 다른 한 사람에 대해 월등한 권위를 갖지 않는다는 것을 발견했다. 『인간집단』까지는 신기능주의 관점을 따른다고 말할 수 있으나 호먼스의 후속 작업, 특히 그의 『사회행동, 그 기본적 형태』(Social Behavior, Its Elementary Forms, 1961)에서는 더 이상 기능주의적 접근을 따르지 않았다. 대신 스키너학파의 심리학적 행동주의와 고전효용경제이론에 기초한 교환이론을 강조하는 모습이 나타난다. 이 부분은 후술할 것이다.

머튼 머튼은 파슨스의 유일한 라이벌로서 파슨스와 소로킨의 제자였고, 이 시기 미국사회학의 이론적 발전에 중요한 역할을 한 사람이다. 그는 두 학자 모두에게 영향을 받았지만 파슨스의 영향이 더 컸다. 그는 소로킨과 파슨스가 소개한 여러 유럽 사상가에게서 영향을 받았으며, 특히 후에 『사회적 행위의 구조』로 이어진 파슨스의 강의에서 많은 영향을 받았다. 머튼의 이론은 크게는 이 책, 좀더 작게는 파슨스의 후속 저작들에 크게 의존하고 있다. 머튼의 과학사회학 저작은 일부 소로킨에게서 영감을 받기도 했으며, 후기의 기념비적 저작인 『사회문화적 동학』에서는 함께 작업하기도 했다.

하지만 머튼이 자신의 연구들을 종합하여 출간한, 영향력이 컸던 저작 『사회이론과 사회구조』(Social Theory and Social Structure, 1949; 1957; 1968)가 세상에 나올 즈음에는 이미 소로킨의 머튼에 대한 영향력이 뚜렷이 약해졌다. 또한 머튼은 자신의 기능분석방식을 보다 정교화하여 파슨스와는 다른 모습을 보이기 시작했다. 머튼 역시 자신의 사상의 뿌리를 파슨스가 주목했던 유럽의 사상가들에게 내리고 있었지만(머튼은 마르크스와 짐멜에게도 영향을 받았다), 모든 것을 아우르는 일반이론을 만들려는 파슨스의 노력을 거부했다. 대신 명백히 낮고 겸손한 목표를 설정했다. 즉 중범위 수준의 이론적 명제를 발전시키고 제한된 범위에서 현상을 실증적으로 설명하는 것을 주된 목표로 삼았다(파슨스, 1949; 미튼, 1968 참조). 머튼은 사회학 지식과 이론의 일반적 수준을 고려할 때 파슨스는 너무 꿈이 크다고 비판했다. 머튼에 따르면, 사회학계에는 아직 뉴턴은 고사하고 케플러(Johannes Kepler)도 없는 상황이므로 일반적 이론체계를 만들려는 노력은 실패할 수밖에 없는 시도였다. 하지만 중범위 수준의 다원적 이론들은 부분적으로는 현상을 실증적으로 설명할 수 있을 것이다. 이런 중범위이론을 바탕으로 하여 실증적 실험에는 취약할 수밖에 없는 보다 광범위한 이론이 체계적으로 통합될 수 있다고 보았다.

그렇다고 머튼이 단순히 제한된 몇몇 분야에서 구체적이고 세밀한 연구만 한 것은 아니다. 오히려 머튼에게는 매우 원대한 이론적 비전이 있었다. 스틴치컴(1975)의 말에 따르면, 그는 많은 선택지를 가진 사회구조상 서로 다른 위치를 점한 행위자들의 동기와 행동을 설명하려고 했다. 머튼은 자신의 모든 저작을 통해 사람들은 자신이 원하는 대로 행동할 수 있을 만큼 자유롭지 않지만, 대안적 행동방식을 선택하는 것은 가능하다는 점을 보여주려 했다. 대안적 행동방식은 구조적으로 패턴화되어 있으며 제도화되어 있다. 머튼의 저작 대부분은 대안의 선택 패턴에서 변형이 일어나는 구조적 원인을 설명하려고 한 것이다. 그의 가장 독특한 공헌은 이런 포괄적인 시각에서 비롯된 것이다. 예를 들면 아노미 연구나 과학사회학, 정당조직이나 준거집단의 기능분석 등이다. 당시 사회학 발전단계를 고려하여 파슨스학파의 시도, 즉 모든 것을 아우르고 설명할 일반이론을 세우려는 시도를 거부했지만, 머튼 자신도 그의 학생들에게 매우 다른 여러 가지 이론적 문제를 하나의 통합된 이론적 시각으로 바라볼 수 있는 기술을 가르치려 노력했다.

또한 머튼은 이전의 기능주의이론이 가지고 있던 편협함을 극복하기 위해 기능주의분석의 여러 접근법과 연구전략을 제시했다. 그는 기능 못지않게 역기능도 연구되어야 한다고 보았으며, 모든 사회현상은 필연적으로 기능적인 속성을 가지고 있다고 보는 말리노프스키의 가정에 의문을 제기했다. 사회의 모든 요소는 사회구조의 작동에 필수적인 기능을 담당한다는 보수적인 경향도 비판했다. 머튼은 기능적 대체물과 역기능이라는 쌍둥이 개념을 강조함으로써 존재하는 모든 것이 기능수행을 위해 최적화된 것이라는, 한없이 낙천적인 생각을 타파하는 데 훌륭한 공헌을 했다. 그는 사회의 무질서, 사회문화적 모순, 다변화된 가치가 오히려 특정한 사회구조에서 나타날 수 있음을 밝히는 데 크게 기여했다. 머튼에게서 사회적 행위자들은 항상 사회학적 양면성, 모호함, 충돌하는 기대, 선택의 딜레마를 마주하는 존재다. 사회는 하나의 통합된 전체가 아니다. 오히려 구조라는 틀로 사회를 명백히 통합된 하나의 전체로 보려는 가능성을 제한하는 불일치와 부조화가 특징인 것이 사회다(머튼, 1976).

머튼은 명시적 기능과 잠재적 기능(행위자가 의도했던 결과와 그렇지 않은 것)을 구분했고, 개인적 목적과 기능적 효과를 구분했다. 이러한 구별을 통해 그의 선학들과 동학들이 비판받아왔던 목적론적 함의를 극복할 수 있었다.

파슨스가 머튼의 이론화에 미친 자세한, 그리고 전반적인 영향을 굳이 세세하게 논할 필요는 없을 것이다. 하지만 머튼이 중범위이론을 강조한 것은 파슨스의 거대이론이 미친 영향보다 훨씬 더 크게 사회학의 실증적 연구에 영향을 미쳤다.

데이비스 데이비스는 머튼과 같은 해인 1936년 하버드대학에서 박사학위를 마쳤다. 비록 후에 그가 기능주의분석을 패권적이긴 하지만 특별할 것이 없는 것으로 서술하기도 했고(1959), 후기의 저작들은 인구학 분야의 특수한 주제들에 맞추어져 있지만, 그는 분명 1940년대와 50년대에 기능주의분석을 지배적인 이론적 경향으로 만든 여러 인물 중 하나로 기억되어야 마땅하다. 그의 저작 『인간사회』(*Human Society*, 1949)는 파슨스와 머튼의 시각에 기초하여 사회의 구조와 기능을 설명하려고 한, 가장 완벽하고도 체계적인 시도였다. 1960년에 들어서야 훨씬 상상력이 부족하고 파슨스와 머튼의 사상을 고지식하게 서술한 해리 존슨(Harry Johnson)의 저작 『사회학』(*Sociology*)이 이를 대체할 정도였다. 데이비스는 또한 가족사회학과 성매매사회학에서 기능주의분석이 얼마나 효과적인지를 그만의 명쾌한 문체로 분석했다. 비록 파슨스의 가르침에 신세를 지고 있기는 하지만, 이 저작들은 파슨스와 그의 거대한 실세를 따르기보다는 머튼식의 중범위전략을 지향하고 있다. 이 저작들은 아직도 기능주의 이론분석의 좋은 예가 되고 있다.

무어와 윌리엄스 하버드대학에서 1940년 박사학위를 받은 무어와 마찬가지로, 하버드대학에서 1943년 박사학위를 받은 윌리엄스는 기능주의분석이 1950년대와 60년대 초에 주류적 시각이 될 수 있도록 한 또 다른 주요 인물이다. 무어는 노사관계사회학(1951)과 근대화 및 사회변화에 관한 사회학(1963)에 대한 일련의 저작들로 기능주의분석에 힘을 보탰다. 기능주의분석에 대한 윌리엄스의 기여는 집단관계연구(1947), 스타우퍼 등과 협업한 『미국의 군인』(1949), 사회학 연구의 기념비적 저작이자 영향력 있는 저술이라 할 『미국사회』(*American Society*, 1951) 등에서 잘 나타난다. 이들 저작은 미국사회를 기능주의분석의 시각에서 바라보려는 최초의 시도로 간주된다.

레비 1951년 하버드대학에서 박사학위를 받은 레비(Marion Levy)는 파슨스와 비슷한 관점에서 기능주의분석의 집대성을 시도한 『사회의 구조』(*The Structure of Society*, 1953)를 출간했다. 중국가족연구(1949)와 근대화 이론에 관한 연구(1966)에서 파슨스와의 차별화를 시도했으나 여전히 그의 스승의 발자취를 따르고 있다.

1950년대의 하버드대학

1950년대에는 하버드대학에서 훈련받은 많은 학자가 이 전통을 이어갔다. 파슨스와 그의 동료들은 임상심리학, 사회심리학, 사회인류학과 사회학을 합병하여 사회학과(Department of Sociology)를 사회관계학과 (Department of Social Relations)로 바꾸었다. 파슨스는 이후 10년 동안 통합된 학과의 장을 맡았다. 파슨스의 모든 동료가 그를 전적으로 지지한 것은 아니었지만, 파슨스는 행정적·지적으로 학과를 장악했으며 이론화에 대한 자신의 스타일을 전파하는 데 힘을 썼다.

이 시기 초기에 파슨스의 제자들은 다른 대학에서 주도적인 위치를 담당했다. 예를 들면 컬럼비아대학(데이비스가 버클리대학으로 옮기기 이전에 교편을 잡았던 곳)에는 머튼, 코넬대학에는 윌리엄스, 프린스턴대학에는 무어와 레비가 있었다. 이외에도 하버드대학에서 훈련받은 많은 사회학자가 하버드대학의 전통에서 작업을 계속했다. 이후 시간이 지나면서 많은 사람이 파슨스의 거대한 분석시도에서 벗어나기 시작했다. 예를 들어 셀즈닉(Philip Selznick, 1949), 블라우(Peter Blau, 1975), 굴드너(Alvin Gouldner, 1955) 등 컬럼비아대학에 있던 머튼의 제자들은 머튼의 관점을 따라 연구를 수행했다. 구드(Erich Goode, 1963; 1973)나 닐 그로스(Neil Gross, 1958) 등의 저명한 사회학자들은 기능주의분석이 지배적이지 않은 곳에서 박사학위를 받았으나 파슨스나 머튼의 방식으로 작업했다. (구드는 펜실베이니아주립대학의 주요 이론가였던 데이비스 밑에서 연구했으나 해당 분과 자체는 데이비스의 관점과는 다른 곳이었다.) 1950년이 되어서야 이러한 관점은 미국사회학이론에서 주도적인 위치를 가지게 된다.

파슨스의 새로운 방향

이즈음 파슨스의 연구는 다소 새로운 방향으로 발전하고 있었다. 1951년 그는 실스(Edward Shils)와 함께 『행위의 일반이론』(Toward a General Theory of Action)을 출간했다. 이 둘은 모든 행위를 일반적으로 설명할 수 있는 체계적 개념들을 발전시켰다. 이들은 이를 유형변수라고 명명했는데, 이것이 사회체계의 규범순위, 개성의 지향, 문화체계의 가치유형에 두루 적용할 수 있다고 보았다. 기본적으로 퇴니스의 공동사회-이익사회 이분법을 정교화하고 수정한 것으로 볼 수 있는 이 유형변수는 크게 다섯 개의 이분법적 쌍으로 되어 있다. 즉 정감성 대 정감중립성, 집합지향성 대 개인지향성, 광범성 대 한정성, 귀속성 대 업적성, 특수성 대 보편성이라는 이분법적 대안으로 구성된다.

정감성 대 정감중립성은 상호작용 상황에 허용된 감정적 개입의 정도를 의미한다. 예를 들면 현대 의사들은 자신의 환자들에게 감정적으로 몰입하지 않는 것이 좋은 치료를 위해 필요하다고 보지만, 전근대의 치료종사자들에게는 높은 수준의 감정적 몰입이 성공의 필수적인 조건이 된다.

보편성 대 특수성의 이분법은 상대방을 보편적 인간(현대 관료제에서 취급되는 방식처럼)으로 다룰 것인가 아니면 특수한 개인(연인관계처럼)으로 대할 것인가에 적용되는 것이다. 이러한 분류는 처음에는 '학술적인' 차원에서 이루어진 것이었으나 점차 소수자 우대정책, 조직의 인사정책 등에서 활용되기 시작하면서 공공정책에 매우 중요하게 활용되었다.

광범성 대 한정성은 상호작용 상황에서 의무의 성격이 어떠한가에 관한 것이다. 즉 의무를 좁게 정의할 것인지(현대 노동계약처럼) 아니면 폭넓은 의무를 지닌 것으로 볼 것인지(결혼관계처럼)에 대한 것이다.

마지막으로 업적성과 귀속성의 구분은 특정한 사회적 지위보유자가 역할수행능력에 의해서 결정되는지 아니면 타고난 어떤 지위에 의해 결정되는지의 문제다. 현대의 공무원처럼 그들의 업무성과에 의해 평가되는 것이 업적성의 원칙이라면, 중세의 귀족처럼 그가 어떤 가문의 사람인가에 의해 평가되는지가 귀속성에 해당한다.

이러한 이분법적 유형변수는 개인들의 행위, 규범적인 요구, 가치지향 등에서 선택할 수 있는 대안을 설명하기 위한 틀이었다. 저자들은 이러한 유형변수의 짝이 사회화와 사회통제라는 두 쌍둥이 메커니즘을 통해 행위자에게 전달된다고 주장했다. 이 이론을 지지하는 입장에서는 이러한 변수들의 짝이 성격 시스템에 내면화되어 있어서 개인의 행동과 사회적 요구를 조화롭게 조율한다고 보았다. 사회적 행위자들은 유년기나 성인기의 사회화 과정을 통해 특정한 상호작용 상황에서 어떠한 지향의 조합이 적합한지를 배우게 된다. 이에 더하여 사회 통제를 통해 특정 구조 안의 행위자들이 규범적 요구에서 일탈하는 것을 최소화하고 특정 상황 조건에서 특정 지향을 유지할 수 있도록 한다고 본다.

『행위의 일반이론』(1951)이 출판된 지 2년 만에 파슨스는 실스 그리고 하버드대학에서의 첫 동료인 베일스(Robert Bales)와 함께 종전에 그가 내놓았던 분석 구상을 이론적으로 더욱 확장한 『행위이론의 연구들』(*Working Papers in the Theory of Action*, 1953)을 출판했다. 이전의 저작 『사회체계』에서의 발상과 베일스가 해온 소그룹 연구의 결과물을 기반으로 파슨스와 공저자들은 모든 체계는 지속되고 발전하기 위해서 네 가지 주요 문제들을 해결해야 한다고 주장했다. 우선 체계는 환경에서 충분한 자원을 확보해야 하며, 이 자원들을 체계 내에서 분배해야 하는데, 이것을 **적응**(Adaptation)이라 불렀다. 또한 이 자원들을 운용하여 체계의 목표를 성취하고 여러 목표 사이의 우선순위를 조정해야 한다. 이는 **목표달성**(Goal Attainment)이라고 했다. 다음으로 체계 내 여러 관계를 조직하고 조정하여 통합을 위한 메커니즘을 만들어야 하는데, 이는 **통합**(Integration)의 기능이다. 마지막으로 체계를 구성하는 행위자들이 충분히 동기부여가 되어 맡은 역할을 하고 내부 긴장을 관리(tension management)하는 메커니즘이 있어야 한다. 이를 유형유지(pattern mauahement)라 할 수 있는데, 이것은 **잠재적 기능**(Latent function)을 의미한다. (이 네 기능적 필수조건을 A.G. I. L.이라고 불렀다.) 사회학적 분석을 위한 핵심 항목들이 이제 이론적으로 제시되어 있으므로, 실제 체계가 이러한 일반적 필요요건을 위해 어떤 기능적 공헌을 하는지를 평가하는 방식의 분석이 이루어져야 한다고 이들은 주장했다.

지면이 좁아 1960년대에 출판된 저작에서 나타나는 파슨스의 놀랍도록 풍부한 사회학적 상상의 다른 측면들을 다루지는 못한다. 상호 연관된 논문들에서 파슨스는 그가 일반화된 교환의 매개라고 부르는, 돈과 권력 같은 것을 분석하는 데 집중했다. 그는 모든 종류의 교환거래는 상징적 매개를 통해 이루어진다고 주장했다. 더 이상 물물교환에 기반을 두지 않는 경제활동에서 재화를 사고팔기 위해서는 돈이 필요하고 이것이 거래를 용이하게 한다. 다수의 개인 예금주들이 은행에 예치한 돈은 은행이 시장에 더 많은 돈을 투자할 수 있게 함으로써 돈이 없었다면 불가능했을 경제적 거래를 확장시켰다. 비슷한 방식으로 개인 다수가 정치적 대표자와 정부 관리에게 선거라는 과정을 통해 자신을 대리하여 행위하도록 권한을 위임하면, 정부는 사회적·정치적 체계의 효용을 더욱 확장시킬 권력을 가질 수 있게 된다는 것이다(1963).

또한 일련의 논문에서 파슨스는 '사회통제의 사이버네틱(cybernetic) 위계'라는 개념을 통해 이상주의적인 사상을 전개했다(1970). 그는 모든 제도가 의사소통 시스템을 근간으로 하기 때문에 최종적인 분석에서는 상징적 과정이 사회구조적 요소보다 우위에 서야 한다고 주장했다. 사회체계 내부에서의, 그리고 체계 내의 다양한 요소 간의 거래와 교환은 돈, 권력, 영향력, 헌신 같은 상징적 매개물을 통해서 이루어진다. 이러한 매개물은 사회구조 내에서의 행위를 연결하고, 한계를 정하고, 확장시키는 등의 사이버네틱 통제를 한다고 볼 수 있다. 파슨스는 상징적 매개물이 모든 문화체계에서 핵심 요소이기 때문에 문화체계는 사회체계에 대한 통제력을 가지고 있다고 보았다. 이는 사회체계가 내부 행위자들의 개성체계를 통제하는 것과 마찬가지라고 보았다.

한때 스펜서의 사상을 전적으로 무용하다고 보았던 파슨스는 1960년대와 70년대 초가 되자 스펜서식 진화론의 구상으로 되돌아와 그를 비판했던 비평가들에게 오히려 맞서려고 했다. 그의 『사회들: 진화와 비교의 관점』(*Societies: Evolutionary and Comparative Perspectives*, 1966)에서 파슨스는 모든 인간사회와 특정 사회체계의 진화는 분화의 과정으로 설명할 수 있다고 주장했다. 인간 진화의 초기단계에서는 친족의 역할과 정치적·직업적 역할이 한 사람에게 통합되어 있었다. 예를 들면 가장이 마을 연장자로서의 정치적 권력을 행사했고 공동 농사의 관리자로서의 역할도 했다. 하지만 근대에는 이러한 역할들이 더 이상 한 사람의 것이 아니고 서로 다른, 기능적으로 특정한 역할 수행자들에게 분화되어 있다. 과거에 사제, 마술사, 수학자, 약사 등의 역할을 동시에 수행했던 개인은 분화된 직위를 가진 여러 개인으로 그 역할이 나뉘어 승계되었다. 이들은 이제 생각을 복잡하게 만드는 여러 역할의 중첩으로부터 홀가분하게 벗어나 자신만의 역할과 업무를 수행할 수 있다. 이러한 방식으로 근대사회는 환경에 대한 효율적인 통제가 가능한 고도로 분화된 구조로 진화했다. 이로 인해 근대사회는 진화 초기단계에서는 상상할 수 없었던 경제적·문화적 생산성을 얻게 되었다고 파슨스는 설명했다.

1950년대와 60년대에 파슨스의 저작은 비판과 공격의 대상이 되었다 (로크우드David Lockwood, 1956; 코저, 1956; 밀스, 1959; 다렌도르프, 1958; 굴드너, 1970). 순응을 일방적으로 중시하는 편향, 사회적 갈등에 대한 외면, 인간사에 가장 중요한 물질적 이해관계를 고려하지 못한 것, 너무 낙천적인 낙관론, 혁명적 변화나 혁신에는 관심 없이 오로지 통합에만 관심을 쏟는 불균형성 등이 비판가들의 도마에 올랐다. 이런 비판가들의 지속적인 공격도 중요했지만 이것만으로 지난 시기 파슨스 사상의 급속한 퇴조를 설명할 수는 없다. 구조기능주의분석의 총체적 틀과 파슨스이론에서 보이는 거시적인 사회학적·구조적 특성에 대한 관심이 줄어들었던 것도 그에 못지않게 파슨스이론의 종언에 기여했다.

미시사회학이론과 갈등이론의 부활

교환이론

호먼스가 『인간집단』(1959)에서 보여준 체계론 중심의 접근에서 벗어나『사회행동, 그 기본적인 형태』(1961)에서 새로운 관심을 보여준 것에서 변화의 조짐이 시작되었다. 『사회행동, 그 기본적 형태』에서 호먼스는 사회학의 체계론에 대해 전면적인 공격을 시작했다. 인간행동에 대한 포괄적 설명은 사회학 수준에서는 불가능하며 오히려 심리학 차원에서 진행되어야 한다고 주장했다. 공리주의와 고전경제학뿐만 아니라 하버드대학 동료였던 스키너가 발전시킨 특수한 행동주의이론에서 많은 도움을 받은 호먼스는, 개인적 이익의 추구야말로 지구를 돌게 만드는 가장 보편적인 동기라고 보았다. 인간은, 스키너학파의 비둘기와 마찬가지로, 주변 환경에서 주어지는 긍정적·부정적 강화조건에 따라 행동을 수정한다. 호먼스의 사회세계는 보상과 처벌을 교환하며 상호작용하는 개인들로 이루어져 있다. 경제적 인간의 19세기적 이미지와 다르게, 호먼스의 행동 인센티브에는 돈이나 상품뿐만 아니라 인정, 존경, 사랑, 애정 등 비물질적이거나 상징적인 요소들도 포함되어 있다. 호먼스의 인간은 기쁨과 고통을 이성적으로 계산하는, 언제나 이익을 최대화하고 손실을 최소화하려는 존재다. 호먼스는 연쇄적인 연역 추리를 통해 그의 주장을 전개했는데, '인간은 보상이 클수록 열심히 행동하는 존재'라는 격언을 사용했다. 호먼스는 여러 가지 논리적 추론과정을 통해 왜 사회적 환경이 제공하는 유인과 역유인(disincentive)이 특정한 개인들로 하여금 구체적인 환경에서 자신의 행동을 수정하게 만드는지를 설명했다.

호먼스는 그의 연역적 논리가 동어반복적이거나 임기응변식이라고 비판한 비평가들로부터 환원주의자라는 공격을 받았다. 특히 산업화 수준이나 문맹률처럼 기본적으로 중요한 사회학적 변수들이 호먼스의 환원주의 방식으로는 설명될 수 없다는 비판을 받았다. 또한 호먼스가 인간이 상징을 사용하는 능력을 무시했다고 비판하면서 인간의 행동을 결정하는 가치와 규범에 대한 설명이 부족하다는 비판을 가했다. 더 나아가 비평가들은 호먼스가 개인의 성격으로 환원할 수 없는 사회구조의 특성들을 무시했다고 비판했다.

호먼스의 저작에 많은 영향을 받은 블라우는 그의 『사회적 삶에서의 교환과 권력』(*Exchange and Power in Social Life*, 1964)에서 호먼스의 개념화가 부족했던 부분을 메우고 ― 블라우 자신의 저작에서 중요한 특징이었고 후에 그가 다시 관심을 가지게 되는 ― 구조적 관점과의 조화를 시도했다(블라우, 1975).

그의 책 첫 부분에서 블라우는 호먼스에 따라 '유무형의, 다소 수익이 되거나 비용이 드는, 두 사람 간의 교환 행동'에 대한 초보적인 모델을 발전시킨다. 블라우는 돈처럼 서로가 인정하는 교환의 매개물이 없는 한, 사람들의 교환에 대한 완전히 합리적인 모델을 세울 수 없다는 것을 호먼스보다 더 잘 알고 있었다. 블라우는 가치에 대한 표준화된 척도가 있지 않는 한, 교환이라는 개념은 그 정교한 의미를 상당 부분 잃을 수밖에 없다고 보았다.

블라우는 호먼스와 마찬가지로 돈과 더불어 사람들은 사회적 인정, 존경, 욕구의 충족을 원한다고 보았다. 행위자들은 항상 이러한 보상을 극대화하기 위해 다른 사람들과 경쟁하며, 그들의 경쟁적 교환은 보상을 주면 대가로 보상을 받기 마련이라는 가정하에서만 지속될 것이라고 보았다. 호먼스와 달리 블라우는 교환 상대자 사이에 상호성의 규범이 지배하지만, 실제로 이러한 규범은 조직적으로 위반되는 경우가 많으며, 이로 인해 불균형과 결핍 상태를 낳아 사회체계의 원만한 운영을 위협하게 된다고 보았다. 각자가 가진 자원이 다르면 차별을 낳고, 이는 권력의 기반이 되어 이러한 자원이 없는 사람들을 착취할 수 있다고 보았다. 블라우는 책의 첫 부분에서 호먼스의 기본적인 생각은 따르지만 균형과 평형에 대한 강조보다는 갈등과 논란이 생겨나는 뿌리를 더 강조하는 모습을 보인다.

그의 책 두 번째 부분에서 블라우는 그가 책의 첫 부분에서 제시했던 다소 암울한 홉스적 사회모델을 수정한다. 호먼스를 떠나 거시사회학적 관점으로 돌아와서, 블라우는 제도화의 과정, 가치헌신, 규범적 규제를 강조하고, 환원론적 시각에서는 사회의 작동을 설명할 수 없다고 주장했다. 그의 책 첫 부분이 이익의 극대화나 개인 간의 끌림과 배척이라는 초보적인 교환행위에 한정된 반면, 책의 두 번째 부분에서는 기능주의의 중요성이 강조되면서 거시사회학적 문제들이 미시사회학적 교환 과정을 대체한다. 이전에 억눌렸던 것들이 돌아오는 것처럼, 인간의 상징적 본성과 규범 및 가치의 세계에 대한 몰입이 다시금 분석의 관심 대상이 되고 있다. 인간행위자가 특정한 가치를 고수하는 까닭에 개인의 이익 극대화라는 목표를 일부분 포기할 수 있다는 것도 인정하게 되었다. 공유된 가치가 ─ 개인 간의 사적 계약도 기존에 확립된 규범 안에서만 유지될 수 있다는 뒤르켐의 구조분석과 마찬가지로 ─ 교환 관계를 통제할 수 있음이 강조되었다.

상징적 상호작용론

블라우의 저작에는 미시 수준의 교환모델을 우월하다고 보는 이론적 지향과 거시 수준에서 인간행동을 설명하려면 구조적 설명이 중요하다는 관점 사이의 긴장이 있다. 그러나 상징적 상호작용론에서는 구조 수준의 분석이 사라졌다. 즉 자신이 속한 구조, 가치와 규범 같은 사회문화적 환경, 제도적 조건과 무관하게 자신의 행동을 수정하며 상호작용할 수 있는 개인들을 중심으로 이론적 논의를 진행한다. 조너선 터너(Jonathan Turner, 1974, p. 178)는 다음과 같이 언급했다. "상징적 상호작용론자들은 인간의 사회적 상호작용을 마치 게임에 참여하는 선수들이 전략적으로 행동을 수정하거나 재수정하는 것처럼 이해하는 경향이 있다. 게임에는 규칙이 있기 마련인데, 상징적 상호작용론자들은 선수들이 상호작용 과정에서 어떻게 게임의 규칙을 만들고 유지하고 바꾸면서 상호작용하는지에 초점을 맞춘다."

상징적 상호작용론의 이론적 논의는 미드(그리고 일부는 듀이와 제임스)의 지적 전통을 조직화하고 정교화하는 형태로 전개되었다. 이 책의 이전 장에서 미드를 다룬 적이 있으므로 상징적 상호작용론에 대한 서술은 상대적으로 짧게 정리해도 될 것이다.

상징적 상호작용론의 기본적인 개념은 그 정신적 지주인 블루머(1969)와 동료들이 언급한 대로 다음과 같이 짧게 요약할 수 있다. 인간의 행동은 사회적 사물들의 고유한 성격에 반응하는 것이 아니라 개인이 그것에 부여하는 의미에 따르는 것이다. (이 개념화가 미드뿐만 아니라 토머스에게도 많은 빚을 지고 있기 때문에 앞의 내용은 토머스에 관한 장을 읽은 독자들은 분명하게 알 것이다.) 이 의미는 사회적 상호작용 과정에서 구성되고 재구성된다. 인간행동은 타자의 실제적 또는 예상되는 반응에 의해 구성되는 것이지 환경의 특징, 내적 충동, 구조적 요구 또는 외부적 자극 등으로는 설명될 수 없다. 유동적이면서 상호 연결된 개별 행위자들의 지속적인 협상의 결과가 사회적 실재다. 이 행위자들은 항상 가변적인 해석, 평가, 정의의 과정에 참가하고 있으며, 이러한 귀납적인 과정을 통해서만 인간의 행위를 설명할 수 있다. 예를 들어 두 젊은이가 첫 데이트를 하고 있는 상황을 보자. 미국의 일반적인 문화나 특정한 지위 그룹이 보유한 어떤 규범이 이들의 대면 상황을 지배할 것은 분명하지만, 이 두 젊은이가 실제로 어떤 행동을 하는지는 이러한 규범에 기반을 두어서는 설명될 수 없다. 이 두 젊은이는 복잡한 행동과 반응으로 둘 다 인정할 수 있고 행복할 수 있는 상호적 행동을 발전시켜나가는 협상을 진행할 것이다. 이렇게 상호작용하는 교환을 통해서만 이 둘은 상대자가 **실제** 어떤 사람인지에 대한 근사한 정의를 내릴 수 있고, 상대에게 어떤 행동을 하는 것이 적절할지를 알 수 있게 된다.

상징적 상호작용론에 따르면, 연역적으로 또는 법칙정립적인 사회학이론에 의거해서 인간행동을 이해하면 항상 변화하는 상황과 특수성이라는 거대한 벽에 부딪힐 수밖에 없다. 이런 의미에서 상징적 상호작용론은 지금 여기에서 일어나는 사회적 과정의 기이한 특성에 집중하려는 반이론적 경향을 바탕에 깔고 있다. 다시 말해 현재의 구체성을 초월하려는 이론적 시도에 반대하는 반이론적 사회학이론인 셈이다. 따라서 상징적 상호 작용론은 개념적 일반화와 추상화를 거부하고 감각적인 이해기능을 높이는 수준에서 개념을 사용하려고 한다. 사회적 세계는 개인 간의 거래에서 생겨나는 해석적 과정을 바탕으로 생겨나기 때문에, 이를 잘 설명하기 위해서는 이론적으로 잘 정의된 개념보다는 감각적 이해를 불러일으킬 세심한 묘사가 필요하다. 상상 속에서 타자의 역할을 취해보고 사회적 교환의 흐름 속에 개인을 대입해보는 것이야말로 사회학 연구자가 자료에서 추구할 수 있는 최선의 것이다. 블루머와 그의 동료들은 영구적이고 객관적이며 이론적인 구조를 세우려는 불가능한 목표에 매달렸던 사회학 이론가들에게 겸손이라는 교훈을 주고 싶어 했다. 또한 이론가들이 주관적 해석, 상황정의, 상호작용에서 생겨나는 의미들에 주목해야 한다는 것을 알려주고 싶어 했다.

여타의 사회학 이론가들과 마찬가지로 기능주의분석 연구자들도 미드와 그 후속 연구자들의 통찰력을 수용하여 사회심리학적 과정을 설명할 수 있었다. 그렇지만 상징적 상호작용론 특유의 편향성에 대해서는 거부감을 보여왔다. 그럼에도 상징적 상호작용론은 미국사회심리학 분야에서 하나의 큰 흐름으로 이어지고 있다. 지난 20년간 고프먼의 연극학적 분석과 레머트(Edwin Lemert), 베커, 그리고 이들의 제자와 후속 연구자들이 발전시킨 낙인이론에서 상당히 주목할 만한 연구결과들이 산출되었다.

연극학적 분석

캐나다에서 태어난 고프먼은 시카고대학에서 박사학위를 받았다. 그 자신이 독특한 접근법을 발전시킨 것은 사실이지만 토머스와 미드, 여타 상징적 상호작용론자들이 그의 저작에 미친 영향을 빼놓을 수는 없다. 고프먼은 사회심리학과 미시사회학을 다양한 방면에서 발전시켰는데, 그중에서도 연극학적 모델의 정교화를 통한 역할이론의 발전이 가장 독특하고도 중요한 공헌이다. 고프먼 이전의 많은 역할이론가들도 셰익스피어의 『뜻대로 하세요』(*As You Like It*)에 나오는 유명한 구절을 인용했다.

세상은 무대 위요,

남자들과 여자들은 단지 배우일 뿐.

모두는 나가는 길과 들어오는 길이 있고,

한 사람은 여러 역할을 맡는다.

하지만 역할이론을 다소 불명확한 유추의 차원에서 강력한 연극학적 이론으로 변화시킨 것은 고프먼이었다. 그의 가장 잘 알려진 저작『일상에서의 자아의 표현』(The Presentation of Self in Everyday Life, 1959)에서 고프먼은 남성과 여성이 중요한 타자와의 관계에서 자신에 대한 이미지를 형성하는 복잡한 방법에 대해 서술하고 분석했다. 그에 따르면, 무대 위의 연기자들처럼 우리는 우리가 만나는 다양한 사람에게 우리의 이미지가 어떻게 비춰질까를 끊임없이 염려한다. 우리의 행동과 몸가짐은 우리가 중요하다고 여기는 사람들의 마음에 긍정적인 인상을 남기려는 우리의 욕망에 의해 좌우된다. 이를 위해서 인정받지 못할 부분은 무대 뒤에 숨기고, 무대 위에서는 완벽한 이미지를 보여주려고 노력한다. 사회적 행위자들은 계속적으로 다른 사람과 만나는 상황을 겪게 되는데, 그들이 주는 인상이 자신의 청중에게 최대한의 영향을 주면서도 동시에 자기애를 충족시킬 정도의 호의적인 반응을 얻어낼 수 있도록 애쓴다. 숙련된 연기자들은 무대 위에서나 아래에서나 연기하는 것을 어렵게 여기지 않는다. 고프먼의 배우로서의 인간 모델은, 우리가 항상 연기를 하고 있기 때문에 **진짜** 인간의 모습이 무엇인지를 묻는 것은 무의미하다고 주장하는 것처럼 보인다. 우리가 타인에게 가장 진실되고 자발적인 반응을 하고 있다고 믿는 때도, 우리는 사실 무대 위에 서 있는 것이라고 고프먼은 주장한다. 자아의 행동은 여러 가지 다양한 연극학적 대면 상황에 의해 만들어지는 것이다. 실제로 우리는 교수와의 대면 상황에서는 공손한 학생의 역할을, 사랑하는 이에게는 열렬한 구혼자의 역할을, 부모님에게는 성실한 딸과 아들로의 역할을, 관료제 조직 내의 상사들에게는 좋은 인상을 줄 수 있는 야망 있는 젊은 간부의 역할을 하려고 노력한다. 고프먼에 따르면, 우리가 절대 될 수 없는 것은 그냥 인간, 아무런 개성이 없는 일반인이다. 우리는 자신이 그렇게 보이기를 원하는 그런 존재 자체다.

인상관리라는 영원한 익시온의 수레바퀴에 묶여 상황 논리와 상황적 결정요인의 틀에 갇힌 우리는 삶 속에서 희극과 비극을 연기할 수밖에 없다. 그리고 우리가 살아 있는 한, 연극은 계속되어야 한다. 종종 우리에게 주어진 대사가 아닌 '애드리브'를 하기도 하고 '역할 거리'를 두어 특성 행위와 역할에 매몰되지 않고 자아를 지키려고 시도할 수도 있다. 하지만 고프먼은 이러한 행동이 기껏 타자로부터의 압력이 참을 수 없게 되었을 때 안전밸브 역할을 하는 미미한 자유에 불과하다고 보았다. 고프먼에 따르면, 우리는 광인이 되어서도 타자의 존재와 타자의 기대에 따라 우리를 만들어가려는 경향성에서 도망칠 수 없다고 보았다. 사르트르(Jean Paul Sartre)는 타자가 곧 우리의 지옥이라고 주장한 적이 있다. 고프먼은 이러한 격렬한 언어는 사용하지 않았다. 그는 타자는 우리의 삶이라는 여행에서 항구적인 동반자이며 우리 중 그 누구도 같은 무대에 서 있는 타자의 개입 없이는 자아를 형성할 수 없다고 보았다. 햄릿을 왕과 왕비, 오필리아(Ophelia), 폴로니우스(Polonius), 그 외 다른 배역들과 따로 떼어놓고 생각할 수 없듯이, 우리는 우리의 삶이라는 여행에 함께하는 모든 사람과 우리의 행동을 맞춰가며 우리를 정의하고 타자에 의해 정의되는 것이다.

비평가들은 고프먼의 주장은 '타자 지향적인' 미국의 중산층, 전문직 계층의 사람들에게나 적용가능한 이야기일 뿐 미국의 다른 계층과 다른 문화, 다른 역사적 시대에는 맞지 않는다고 비판했다. 일견 맞는 이야기일 수 있다. 하지만 상호작용과 상호교환에 대한 고프먼의 놀랍도록 예리한 관찰과 다른 사람의 관찰하에 있는 인간행동의 미묘한 차이를 볼 수 있는, 믿기 어려울 만큼 잘 훈련된 사회학적 시각과 교환 행위의 복잡성을 풀어낼 수 있는 짐멜적인 능력은 미시사회학적 과정에 대한 우리의 지식을 풍부하게 해주었다. 고프먼식의 사회학이 성문화(codified)되어서 다른, 아마 고프먼보다는 재능이 덜한 분석가들에게 전달될 수 있을지는 시간만이 알 수 있다.

낙인이론

낙인이론은 고프먼뿐만 아니라 미드, 토머스, 블루머 같은 시카고적 전통에도 뿌리가 닿아 있다. 낙인이론이 가진 대부분의 공헌은 일탈이라는 한 가지 사회학의 작은 분야에만 연관되어 있기 때문에 여기서는 개략적으로만 설명할 것이다.

낙인이론 등장 이전에는 일탈에 관한 대부분의 이론이 다양한 일탈이 일어나는 원인과 그 결과에 관심을 가졌었다. 낙인이론은 일탈행동을 하는 사람이 아니라 특정 개인을 일탈자가 되도록 만드는 규칙을 제정하는 사람들에 주목했다. 시카고적 전통에 서 있는 낙인이론은 일탈행동만을 보는 것만으로는 일탈을 이해할 수 없으며 다른 사회적 행동들과 마찬가지로 상호작용하는 관계이기에 포괄적인 사회학적 분석이 필요하다고 보았다.

후에 낙인이론이라고 불리게 된 것의 시작은 레머트(1951)가 일차적 일탈과 이차적 일탈을 구분한 것이었다. 그는 일차적 일탈은 살인, 강도, 정신착란 같은 특수한 행위들을 지칭한다고 보았다. 반면 이차적 일탈은 일차적 일탈을 행한 사람들이 다른 사람들의 시각에서 살인자, 강도, 정신병자로 범주화될 때 일어난다고 보았다. 따라서 이차적 일탈은 어떠한 개인들을 같은 부류로 묶고 그들을 특수한 오명을 가진 집단으로 분류하는 행위를 포함한다. 또한 이렇게 범주화된 개인들은 다른 사람들이 자신에게 가진 판단을 내재화하여 스스로를 살인자, 도둑, 정신병자로 생각하면서 새로운 정체성을 갖게 된다고 보았다.

실제로 레머트는 낙인찍기라는 용어는 쓰지 않았다. 베커(1963)가 일탈 연구가 일탈행동 자체가 아니라 다른 사람을 일탈행위자로 규정짓는 '규범적 기제'(moral entrepreneurs)에 초점을 맞추어야 한다고 주장하면서 이 용어를 쓰기 시작했다. 무단횡단을 하는 사람들이나 자동차 강도들이 처벌되려면 법관들이 이러한 행동을 처벌할 만한 죄로 정하고 이들을 범죄자로 간주해야 한다는 점을 생각해보면, 일견 이러한 주장은 당연하고도 사소한 발견에 불과한 것처럼 보인다. 하지만 많은 사람이 정신적으로 불안정한 증상을 보이지만 특정한 비율의 사람들만이 정신과 의사의 관심

대상이 되고 정신병원에 수용되는 것을 생각해보면, 이는 결코 사소한 발견이라고 할 수 없다. 후자의 범주에서 보면, 정신병원에 수용되는 사람들은 다른 많은 사람과 같은 경향성을 보이지만, 그들의 친척이나 공무원 같은 타자들에 의해 정신병으로 낙인찍힌 사람들이다.

낙인이론의 사상가들은 일탈이 낙인찍힌 일탈자들과 그들을 낙인찍은 사람들 간의 상호작용의 결과라고 주장한다. 훔치는 행위 자체는 개인을 도둑으로 만들지 않는다. 개인은 범죄 과정에서 체포되고 낙인찍혀지는 경우에만 타자와 자신의 의식 속에서 도둑이 된다. 청소년이 하는 두 가지의 똑같은 행위가 도시 근교 중산층 지역에서는 '행동장애'가 되지만, 할렘에서는 청소년범죄가 된다. 동성애 행위를 하는 개인은 타자들이 그를 동성애자로 정의하고 그에게 동성애 정체성을 부여했을 때 동성애자가 된다. 일탈적 역할은 항상 특정한 유형의 행위 이상의 것을 포함한다. 즉 특정 행위를 일탈로 규정하는 공공의 낙인이 필요한 것이다.

낙인이론 사상가들은 일탈자들의 행동 자체가 아니라 이러한 행동에 대한 사회적 반응에 관심을 가지기 때문에, 비평가들은 낙인이론이 일탈의 객관적 정황을 무시하고 낙인을 찍고 오명을 씌우는 타자들에게만 관심을 가졌다고 비판한다. 레머트나 베커보다 숙련되지 않은 사람의 손에서 낙인이론은 마구잡이로 휘두르는 칼이 되어 규범에 반하는 행위라도 적발되지 않으면 일탈이 아니라는 이상한 결론에 도달하기도 한다(깁스, 1966). 고프먼의 연극학적 분석과 마찬가지로 낙인이론은, 현대사회학자들이 모든 사회적 행위는 인간의 상호작용을 수반하며 그들의 행위를 범주화하는 자와 실제 행위자 간의 주고받기로만 이해될 수 있다는 오래된 짐멜적 시각을 다시금 되돌아보게 만들었다. 인간의 행동 그 자체가 아니라 행동에 대한 반응이 일탈자들로 하여금 특별한 오명을 쓰거나 평가절하된 지위를 갖게 만드는 것이다.

갈등이론

상징적 상호작용론의 비평가들과 그 후예들은 이 이론이 권력의 구조나 계급갈등 같은, 거시사회학적 변수를 무시했다고 비판했다. 이런 주제는 '갈등학파'에 속한다고 주장하는 학자들에게는 최우선의 관심사였다. 이 학파에 속해 있다는 이야기를 듣는 나를 포함한 몇몇 사회학자는, 이런 견해보다는 좀더 유연한 방식으로 갈등학파를 이해한다. 일반인들 사이에서는 이 '학파'가 변화무쌍한 모습을 가지고 있다고 보거나 단순히 마르크스주의를 의미하는 어휘로 사용되기도 한다. 갈등이 들끓는 상호작용이 중요하다는 점을 강조하며 갈등에 관한 사회학적 연구를 했던 사회학자들을 가리키기도 한다. '갈등이론'은 코페르니쿠스이론에 반기를 들었던 프톨레마이오스의 천문학과 같은 포괄적인 이론적 틀을 의미하기도 하지만, 글루크먼(Max Gluckman, 1956)과 코저(1956, 1967)는 이와는 달리 특정 사회를 이해하는 데 필요한 중범위 수준의 이론들과 다양한 개념을 포함하는 사회학이론을 뜻한다고 본다.

밀스(1956, 1959)는 이 용어가 통용되기 이전에 유사한 연구를 했는데, 그의 저작도 '갈등이론'의 한 형태라고 할 수 있다. 밀스는 텍사스대학에서 학부 과정을 다니며 듀이와 미드의 실용적 철학에 영향을 받았다. 그리고 위스콘신대학으로 옮겨가 베버와 만하임의 전통에 푹 빠져 있던 독일 망명 학자인 거스(Hans Gerth)의 영향을 받았다. 그는 위스콘신대학과 메릴랜드대학 그리고 컬럼비아대학(1960년대 급작스러운 죽음을 맞기 전까지 교편을 잡았던)에서 자기만의 독특한 사회학 연구를 발전시켰지만, 그 또한 다양한 이론에서 영향을 받았다.

지식사회학에 대한 초기 저작은 만하임의 전통을 따랐지만 미국 실용주의와 문학비평가 버크에게 많은 빚을 지고 있다. 시간이 지남에 따라 밀스는 지식사회학에서 더 넓은 거시사회학적 주제로 관심을 바꾸어갔다. 후기 저작에서 밀스는 베블런과 베버 그리고 이탈리아 이론가인 파레토와 모스카에게 의존했던 것만큼 마르크스에게도 상당 부분을 빌려온 극단적인 관점을 정교하게 접맥시켰다.

밀스는 중서부 인민주의 흐름의 후예로 이해될 수 있다. 그는 기업과 군사 분야 엘리트의 '이익' 추구에 대항했다. 그는 미국의 초기 개척자 시대에 존재하던 참여민주주의 개념이 사라져버린 주식회사 미국의 타락상을 비판하려 했다. 밀스의 극단주의는 그가 마르크스적 관점보다 더 존경했던 베블런의 극단주의에 비견할 수 있다. 밀스의 가장 영향력 있고 길이 남을 저작 『권력 엘리트』는 계층화와 계급 분석에 대한 이전의 연구들에 강력하게 도전장을 던졌다. 이 책이 힘을 얻은 것은 이론적 도전 때문이었다기보다는 미국에서 상대적으로 강력하게 결속되어 있는 기업과 군사 엘리트 지도자들이 어떻게 다수로부터 주요한 의사결정권을 빼앗았는지를 보여주는 구체적 자료를 제시했기 때문이었다. 그는 사회이동의 통로나 지위분화의 상세한 내용을 분석하는 일에는 관심이 없었다. 대신 급소를 찌르는 그만의 감각으로 사회적 권력의 핵심 인물들 사이의 갈등과 논쟁을 부각시켰고, 지역과 대중의 손에서 군사지도자들과 기업관료제의 손으로 권력이 흘러가는 역사적 과정을 보여주었다. 밀스에게서 가치 있는 거시사회적 분석연구는 갈등하는 계급 간, 지배자와 피지배자 간, 힘을 가진 높은 자와 일반인 간의 권력을 위한 투쟁에 주목하는 것이다. 그의 논점은 종종 정확성을 결여하고 있으며, 그가 한 일반화의 많은 부분은 후속 연구의 검증에서 뒷받침되지 않았다. 하지만 거시사회적인 힘과 기업 행위자의 계급 간 권력갈등에 주목하는 그만의 독특한 '갈등이론'은 사회학 전통 내에서 오랫동안 잊혔던 급진적인 관점을 되살려내는 데 도움을 주었다.

2개 언어를 사용했던 독일 사회학자 다렌도르프의 초기 저작(1958, 1459)을 읽은 독자들은 전반적인 기능분석, 특히 파슨스 사상에 대한 그의 비판이 과격한 마르크스적 시각에서 기인했다고 잘못 판단하곤 했다. 하지만 곧 다렌도르프가 마르크스에게 영향을 받기는 했으나 그가 주장한 사회학사상에 대한 갈등론적 시각은 사회주의 전통보다는 19세기 고전주의적 자유주의에 더 가깝다는 것이 명백해졌다. 그의 비판은 기능주의분석과는 분명히 다른 일반사상체계를 구축하려는 시도였으며, 모든 인간사회가 권력과 권위를 위한 항구적인 투쟁의 장으로 이해되어야 한다는 전제를 갖고 있었다.

다렌도르프의 출발점은, 모든 사회조직은 권력을 가진 자의 압력을 중심으로 하고, 다양한 수단을 통해 권력이 없는 자에게 자신들이 기대하는 순응을 이끌어내는 권력 위계를 기반으로 두는 특징을 지닌다는 것이다.

권력과 권위는 희소한 자원이며 사회의 모든 구성원은 희소 자원의 분배를 놓고 영속적인 투쟁을 벌인다. 그들의 갈등은 잠재적이고 암묵적일 수 있으나 모든 사회구조에 존재한다. 사회는 항상 갈등 상황에 있으며 일부 인간행위자의 이익은 다른 행위자의 이익과 항상 충돌한다. 이러한 이익은 마르크스적 관점과는 달리 항상 경제적인 것은 아니며 권력의 배분을 두고 벌이는 싸움에 더 가깝다. 권력갈등에 대한 어떤 해결책도 다시 새로운 갈등의 씨앗이 되는 새로운 이익의 집합을 만들어내기 때문에 갈등은 근절될 수 없다는 것이 다렌도르프의 시각이다.

다렌도르프의 사상에서 이익갈등은 냉정하고도 필연적이다. 따라서 사회는 항상 끊임없는 변화를 겪으며, 이런 사회변동은 어느 사회에나 있는 특징이다. 파슨스 사상에서 보이는 것과 같은, 균형을 위한 사회적 기능을 강조하려는 시도는 보이지 않는다. 다렌도르프 저작들의 세부적인 내용은 다양한 구조적 요소의 개입을 논하는 방식으로 갈등적 상호작용을 악화시키거나 잠잠하게 하는 조건을 설명하고 있다. 그의 저작들에서 다렌도르프는 갈등이 다른 방향으로 변형되고, 제도화되고 비폭력적인 형태를 띤다고 하더라도 인간의 삶에서 사라질 수 없다고 주장했다. 권력과 권위는, 다렌도르프는 거부할 용어를 사용한다면, 모든 사회체계의 '기능적 전제조건'이다. 사회에 논쟁이나 갈등, 변화를 불러오는 핵심적인 요소라는 점에서 인간사를 설명하는 데 필수적인 결절점이기도 하다.

다렌도르프의 공헌을 짧게 평가해보면, 모든 사회에는 갈등이 핵심적이라는 그의 갈등론적 제국주의는 모든 사회가 통합을 핵심으로 한다는 파슨스의 기능론적 제국주의 못지않게 편파성의 문제가 있다. 그러나 그의 저작이 마르크스적 사회학자들과는 다른, 갈등이론가들의 저작과 마찬가지로 균형 모델에 집착하고 사회가 규범적 합의에 의해 통합되어 있다고 보았던 기능주의이론에 대한 커져가는 불만을 키우는 데 공헌했다고 볼 수 있다. 갈등이론 사상가들은 합의가 자연스럽게 귀결되는 것이 아니고 사회적 과정에 강압과 교묘한 조작 또는 권력을 갖지 못한 자들에 대한 권력을 가진 자들의 다양한 수단이 작용하는 것임을 강조했다.

사회적 갈등의 기능에 관한 나의 저작(1956, 1967)은 인간사회에서 갈등이 가지는 중요성을 강조하기는 했으나 갈등을 사회적 상호작용의 가장 기본적인 형태로 보는 것을 피하려 했다. 나는 그 대신 개인 간, 계급 간 갈등의 근원을 찾는 것이 합의의 근원을 찾는 것만큼 중요하다고 주장했다. 나의 '갈등이론'에 대한 공헌은 터너의 저작(1974)에서 볼 수 있다.

요약

이 장에서 논의한 이론적 경향에 대한 균형 잡힌 평가는 상당히 긴 시간이 지나야 가능할 것이다. 우리는 이러한 이론적 경향들과 너무 깊게 연관되어 있다. 겨우 열매를 맺기 시작한 어린 나무처럼 이러한 이론들은, 그 이론이 낳은 산물의 질에 대한 가치를 최종적으로 평가할 수 있는 세대가 평가해야 할 것이다. 몇몇 이론은 분명 쓸모없는 것으로 밝혀질 테지만, 다른 이론들은 풍족한 결실을 줄 수도 있을 것이다.

그럼에도 우리는 확신을 가지고 한 가지 결론을 내릴 수 있다. 미국사회학은 더 이상 임시방편의 설명이나 설익은 실증주의의 늪에 빠져 있지는 않다. 또한 이 장에서 논의한 이론의 영향을 받은 미국의 사회학은 근래에 발전한, 이 책에서는 미처 다루지 못한 새로운 것들을 포함하여 놀랄 만한 이론적 개념들로 무장되고 있다. 이러한 개념들은 미래에 우리 학문분야에서 창시자가 시초부터 꿈꿔온 원대한 목표에 중요한 기여를 할 것이 분명하다. 바로 인간이 지닌 딜레마(predicament)의 사회적 근원에 대한 합리적인 설명을 제공하는 일 말이다.

인용도서

Barber, B. (ed.) (1970) *L. J. Henderson on the Social System*. Chicago: The University of Chicago Press.

Becker, H. S. (1963) *Outsiders: Studies in the Sociology of Deviance*. NewYork: Free Press.

Blau, P. (1964) *Exchange and Power in Social Life*. New York: Wiley.

———— (ed.) (1975) *Approaches to the Study of Social Structure*. New York: Free Press.

Blumer, H. (1969) *Symbolic Interactionism: Perspective and Method*. Englewood Cliffs, N. J.; Prentice-Hall.

Coser, L. A. (1956) *The Functions of Social Conflict*. New York: Free Press.

———— (1967) *Continuities in the Study of Social Conflict*. New York: Free Press.

———— (ed.) (1975) *The Idea of Social Structure: Papers in Honor of Robert K. Merton*. New York: Harcourt Brace Jovanovich.

Dahrendorf, R. (1958) Out of utopia: Toward a reorientation of sociological analysis. *American Journal of Sociology*. 64: 115 – 127.

———— (1959) *Class and Class Conflict in Industrial Society*. Stanford, Calif.; Stanford University Press.

Davis, K. (1949) *Human Society*. New York: Macmillan.

———— (1959) The myth of functional analysis. *American Sociological Review*. 24: 757-772.

Gibbs, J. (1966). Conceptions of deviant behavior: The old and the new. *Pacific Sociological Review*. 9: 13.

Gluckman, M. (1956) *Custom and Conflict in Africa*. New York: Free Press.

Goffman, E. (1959) *The Presentation of Self in Everyday Life*. New York: Doubleday & Co.

Goode, W. (1963) *World Revolution and Family Patterns*. New York: Free Press.

———— (1973) *Explorations in Social Theory*. New York: Oxford University Press.

Gouldner, A. (1955) *Patterns of Industrial Bureaucracy*. New York: Free Press.

―――― (1970) *The Coming Crisis of Western Sociology*. New York: Basic Books.

―――― (1973) *For Sociology*. New York: Basic Books.

Gross, N. (1958) *Exploration in Role Analysis*. New York: Wiley.

Homans G. (1941) *English Villagers of the Thirteenth Century*. Cambridge Mass.: Harvard University Press.

―――― (1950) *The Human Group*. New York: Harcourt Brace Jovanovich.

―――― (1961) *Social Behavior: Its Elementary Forms*. New York: Harcourt Brace Jovanovich.

Homans G., and Curtis, C. P. (1934) *An Introduction to Pareto*. New York: Knopf.

Johnson, H. M (1960) *Sociology, a Systematic Introduction*. New York: Harcourt Brace Jovanovich.

Lemert, E. (1951) *Social Pathology*. New York: McGraw-Hill.

Levine, D. (1976) Simmel's influence on American sociology. *American Journal of Sociology*, 81, 4: 813-842 and 81, 5: 1112 – 1132.

Levy, M. (1949) *The Family Revolutionin China*. Cambridge, Mass.: Harvard University Press.

―――― (1953) *The Structure of Society*. Princeton, N. J.: Princeton University

―――― (1966) *Modernization and the Structure of Societies*. Princeton, N. J.: Princeton University Press.

Lockwood, D. (1956) Some remarks on "the social system" *British Journal of Sociology*. 7: 134 – 146.

Merton, R. K. (1968) *Social Theory and Social Structure*. New York: Free Press. Revised ed. Originally published in 1949 and revised in 1957.

―――― (1976) *Sociological Ambivalence and Other Essays*. New York: Free Press.

Mills, C. W. (1956) *The Power Elite*. New York: Oxford University Press.

―――― (1959) *The Sociological Imagination*. New York: Oxford University Press.

Moore, W. (1951) *Industrial Relations and the Social Order*. New York: Macmillan.

―――― (1963) *Social Change*, Englewood Cliffs, N. J.: Prentice-Hall.

Mullins, N. C. (1973) *Theories and Theory Groups in Contemporary American Sociology*. New York: Harper & Row.

Parsons, T. (1937) *The Structure of Social Action*. New York: McGraw-Hill.

―――― (1949) *Essays in Sociological Theory*. New York: Free Press.

―――― (1951) *The Social System*. New York: Free Press.

―――― (1963) On the concept of political power. *Proceedings of the American Philosophical Society*. 107: 232-262.

_____ (1966) *Societies: Evolutionary and Comparative Perspectives.* Englewood Cliffs, N. J.: Prentice-Hall.

_____ (1970) Some problems of general theory. In *Theoretical Sociology,* ed. J. C. McKinney, E. A. Tiryakian. New York: Appleton-Century.

Parsons, T., Shils, E. (eds.) (1951) *Toward a General Theory of Action.* Cambridge, Mass.: Harvard University Press.

Parsons, T., Bales, R., Shils, E. (1953) *Working Papers in the Theory of Action.* New York: Free Press.

Selznick, P. (1949) *TVA and the Grass Roots.* Berkeley: University of California Press.

Stinchcombe, A. (1968) *Constructing Social Theories.* New York: Harcourt Brace Jovanovich.

_____ (1975) Merton's theory of social structure. In *The idea of Social Structure: Papers in Honor of Robert K. Merton.* (ed.) L. A. Coser. New York: Harcourt Brace Jovanovich.

Stouffer, S. A. et al. (1949) *The American Soldier.* Princeton, N. J.: Princeton University Press.

Turner, J. H. (1974) *The Structure of Sociological Theory.* Homewood, Ill.: Dorsey.

Williams, R. M. (1947) *The Reduction of Intergroup Tensions.* New York: Social Science Research Council.

_____ (1951) *American Society.* New York: Knopf.

주註

머리말

1 Raymond Aron, *German Sociology*(New York, The Free Press, 1957).

2 Raymond Aron, *Main Currents in Sociological Thought*, 2vols.(New York, Basic Books, 1965 and 1967)

3 Pitirim Sorokin, *Contemporary Sociological Theories*(New York, Harper & Row, 1928); Pitirim Sorokin, *Sociological Theories of Today*(New York, Harper & Row, 1966).

4 Talcott Parsons, *The Structure of Social Action*(New York, The Free Press, 1949). 그리고 이와는 매우 다른 형태로 Robert Nisbet, *The Sociological Tradition*(New York, Basic Books, 1966).

5 Robert Merton, *Social Theory and Social Structure*, enlarged ed.(New York, The Free Press, 1968), Chapter 1.

6 몇 가지 예외를 든다면 Stuart Hughes, *Consciousness and Society*(New York, Vintage Books, 1961); John Staude, *Max Scheler*(New York, The Free Press, 1966); Arthur Mitzman, *The Iron Cage, An Historical Interpretation of Max Weber*(New York, Alfred A. Knopf, 1970); Arthur Mitzman, "Sociology and Disenchantment in Imperial Germany"(1963, 브랜다이스대학 박사학위논문) 등을 보라.

7 Harry Barnes, ed., *An Introduction to the History of Sociology*(Chicago, The University of Chicago Press, 1948); Nicholas Timasheff, *Sociological Theory*, 3rd ed.(New York, Random House, 1957).

8 Don Martindale, *Nature and Types of Sociological Theories*(Boston, Houghton Mifflin, 1960).

9 이 방향으로의 훌륭한 입문으로는 *Transactions of the Fourth World Congress of Sociology*, 특히 아롱(Raymond Aron)과 머튼(Robert Merton)의 논문을 보라.

10 예컨대 Erik Erikson, *Young Man Luther*(New York, Norton, 1958); Frank Manuel, *A Portrait of Isaac Newton*(Cambridge, Harvard University Press, 1968)

을 보라.

11 Florian Znaniecki, *The Social Role of the Man of Knowledge*, new ed., with an introduction by Lewis Coser(New York, Harper & Row, 1968).

12 내가 여기서 사용하려는 것보다 더 자세하고 완벽한 지식사회학 도식 은 Robert Merton, "The Sociology of Knowledge" in his *Social Theory and Structure*, enlarged ed.(New York, The Free Press, 1968), 특히 pp. 514 ff를 보라. Lewis Coser, *Men of Ideas*(New York, The Free Press, 1965)도 참조.

오귀스트 콩트

1 Auguste Comte, *The Positive Philosophy of Auguste Comte*, 3vols., trans. and cond. by Harriet Martaineau(London, Bell, 1896), I, p. 2. 나는 이 책에서 전반 적으로 이 마르테뉴(Harriet Martaineau)판을 사용했는데, 그것은 이 책이 대 부분의 대학 도서관에서 쉽게 찾아볼 수 있고, 콩트에게 개인적으로 인정받 았기 때문이다.

2 *Ibid*.

3 Auguste Comte, *The Positive Philosophy of Auguste Comte*, I, p. 4.

4 *Ibid.*, pp. 20, 21.

5 Auguste Comte, *The Positive Philosophy of Auguste Comte*, II, p. 215.

6 Auguste Comte, *The Positive Philosophy of Auguste Comte*, I, p. 216.

7 Auguste Comte, *The Positive Philosophy of Auguste Comte*, II, p. 240.

8 *Ibid.*, p. 213.

9 *Ibid.*, p. 151.

10 *Ibid.*, p. 153.

11 *Ibid.*, p. 152.

12 *Ibid.*, p. 243.

13 *Ibid.*, p. 245.

14 *Ibid*.

15 *Ibid.*, p. 246.

16 *Ibid*.

17 *Ibid.*, p. 248.

18 *Ibid.*, p. 249.

19 *Ibid.*, p. 250.

20 *Ibid*.

21 *Ibid.*, p. 251.

22 *Ibid*.

23 Auguste Comte, *Système de politique positive*, 4vols., 4th ed.(Paris, Crès, 1912), vol. IV, Appendix.

24 *Ibid.*, pp. 1, 2.

25 *Ibid.*, p. 149.

26 *Ibid.*

27 *Ibid.*, p. 148.

28 *Ibid.*

29 *Ibid.*, p. 143.

30 Auguste Comte, *The Positive Philosophy of Auguste Comte*, II, p. 307.

31 *Ibid.*, p. 305.

32 Auguste Comte, *The Positive Philosophy of Auguste Comte*, I, p. 6.

33 Auguste Comte, *The Positive Philosophy of Auguste Comte*, III, pp. 383, 384.

34 *Ibid.*

35 *Ibid.*

36 Auguste Comte, *The Positive Philosophy of Auguste Comte*, II, p. 261.

37 *Ibid.*, p. 225.

38 *Ibid.*, pp. 225, 226.

39 *Ibid.*, p. 218.

40 *Ibid.*, p. 219.

41 *Ibid.*, p. 222.

42 Auguste Comte, *The Positive Philosophy of Auguste Comte*, II, p. 281; *Système de politique positive*, II, p. 181.

43 Auguste Comte, *The Positive Philosophy of Auguste Comte*, II, p. 275.

44 *Ibid.*, p. 276.

45 *Ibid.*, p. 281.

46 Auguste Comte, *Système de politique positive*, II, p. 293.

47 *Ibid.*, p. 194.

48 Auguste Comte, *The Positive Philosophy of Auguste Comte*, II, p. 292.

49 *Ibid.*, p. 293.

50 *Ibid.*, p. 294.

51 *Ibid.*, p. 222.

52 이 절을 쓰는 데 사용한 주된 근거는 Henri Gouhier, *La Jeunesse d'Auguste Comte*, 3vols(Paris, Vrin, 1933~41)와 *La Vie d'Auguste Comte*(Paris, Gallimard, 1931)에 있다. 이에 못지않게 Frank Manuel, *The New World of Henri Saint-Simon*(Cambridge, Harvard University, Press, 1962); *The Prophets of Paris*(Cambridge, Harvard University, Press, 1962)의 콩트에 관한 장도 도움

이 많이 되었다. Émile Littré, *Auguste Comte et La Philosophie Positive*, 3rd ed.(Paris, Aux Bureaux de la Philosophie Positive, 1877)도 도움이 되었다.

53 데이탈(Gustave d'Eichthal)에게 보낸 편지, Émile Littré, *op. cit.*, pp. 150, 151 에서 인용.

54 Frank Manuel, *op. cit.*, p. 13.

55 *Ibid.*, p. 21에서 인용.

56 *Ibid.*, p. 62.

57 튀르고(Jacques Turgot)와 콩도르세(Marguis de Condorcet)에 대한 설명은 거의 Frank Manuel, *The Prophets of Paris*의 도움을 받은 것이다.

58 Auguste Comte, *Système de politique positive*, III, p. 605.

59 Vicomte de Bonald, *Oeuvres*(Paris, J. p. Migne, 1864), III, pp. 360, 361.

60 Vicomte de Bonald, *Théorie du pouvoir*, *La Jeunesse*, II, p. 339에서 인용.

61 Vicomte de Bonald, *Essai analytique sur les lois naturelles*(Paris, 1882), p. 15.

62 전통주의자들에 관해서는 Robert Nisbet, *The Sociological Tradition*(New York, Basic Books, 1996)과 여기에 인용된 그의 논문 그리고 *Tradition and Revolt*(New York, Random House, 1968)를 보라. 또한 Domminique Baggs, *Les Idées politiques en France sous la restauration*(Paris, Presses Universitaires, 1952); Jacqes Godechot, *La Contre révolution*(Paris, Presses Universitaires, 1961 참조, 날카로운 비판적 설명으로는 Roger Soltau, *French Political Thought in the 19th Century*(New York, Russel and Russel, 1959)를 보라.

63 Auguste Comte, *The Positive Philosophy of Auguste Comte*, II, p. 204.

64 *Ibid.*, p. 206.

65 Charles Gide and Charles Rist, *A History of Economic Doctrines*(Boston and New York, Heath, n. d.), p. 57.

66 *Ibid.*, p. 113.; Louis Girard, *Le Libéralisme en France de 1814 à1848*(Paris, Les Cours de La Sorbonne, n. d.), pp. 86 ff.

67 Louis Girard, *Ibid.*, p. 157.

68 Frank Manuel, *The New World of Henri Saint-Simon*, esp. pp. 133~136.

69 Frank Manuel, *The Prophets of Paris*, pp. 280, 281.

70 Auguste Comte, *Système de politique positive*, IV, Appendix.

71 George Sabine, *A History of Political Thought*(New York, Holt, Rinehart and Winston, 1961), p. 399.

72 Guillaume de Sauvigny, *The Bourbon Restoration*(Philadelphia, The University of Pennsylvania Press, 1966), pp. 223 ff.

73 Sébastien Charléty, *La Monarchie de Juillet*, vol. of Ernest Lavisse, ed.; *Histore de France contemporaine*(Paris, Hachette, 1921), p. 187.

74 *Ibid.*, p. 213.

75 Guillaume de Sauvigny, *op. cit.*, pp. 250~257.

76 Sébastien Charléty, *op. cit.*, p. 216.

77 Eric Hobsbawm, *The Age of Revolution* (New York, Mentor Books, 1967), p. 152.

78 *Ibid.*, pp. 145, 146.

79 Guillaume de Sauvigny, *op. cit.*, pp. 238, 239에서 인용.

80 *Ibid.*, pp. 239, 240.

81 Frederick Hayek, *The Counter Revolution of Science* (New York, The Free Press, 1952), pp. 110 ff.

82 *Ibid.*; Henri Gouhier, *La Jeunesse d'Auguste Comte*, I, pp. 146 ff.; *La Vie d'Auguste Comte*, p. 56.

83 Henri Gouhier, *La Jeunesse d'Auguste Comte*, I, p. 146에서 인용.

84 Sébastien Charléty, *La Restauration*, vol. IV of Ernest Lavisse, ed., *Histoire de France Contemporaine*, p. 223.

85 Henri Gouhier, *La Jeunesse d'Auguste Comte*, I, p. 152 참조.

86 Frederick Hayek, *op. cit.*, p. 113.

87 Henri Gouhier, *La Jeunesse d'Auguste Comte*, I, p. 219.

88 Henri Gouhier, *La Vie d'Auguste Comte*, p. 219.

89 *Ibid.*, pp. 218, 219.

90 *Ibid.*, p. 277.

91 Maxime Leroy, *Histoire des Doctrines Sociales en France* (Paris, Gallimard, 1954), vol. III, p. 234.

92 Émile Littré, *op. cit.*, pp. 600, 601.

93 Donald Charlton, *Positivist Thought in France During the Second Empire* (Oxford, Clarendon, 1959); Walter Simon, *European Positivism in the Nineteenth Century* (Ithaca, New York, Cornell University Press, 1963) 참조.

94 Auguste Comte, *Système de politique positive*, III, p. xxix.

카를 마르크스

1 Karl Marx, *Selected Writings in Sociology and Social Philosophy*, newly trans. by Thomas Bottomore (London, McGraw-Hill, 1964), p. 60. 나는 이 책을 줄곧 사용했다. 왜냐하면 이 책이 구하기 쉽기 때문이다. 손쉽게 구할 수 있는 다른 판, 예를 들면 모스크바판 Karl Marx and Friedrich Engels, *Selected Works*, 2vols (Moscow, Foreign Language Publishing House, 1962)와 같은 것도 연구자의 연구를 위해 널리 사용되고 있다.

2 Karl Marx, *Ibid.*

3 Karl Marx, *The Poverty of Philosophy*, Chapter II, p. 1.

4 Karl Marx and Friedrich Engels, *Selected Works*, I, p. 362.

5 나는 이 문단과 다음 문단에서 주로 *Encyclopedia of the Social Sciences*(New York, Macmillan, 1933)에 나오는 탁월한 논문인 Sidney Hook, "Materialism"에 의존했다.

6 Karl Marx and Friedrich Engels, *Selected Works*, II, p. 304. 이것은 후기의 주장이다. 초기의 진술은 경제적 요인의 우위성을 주장함에서 훨씬 독단적이다.

7 Karl Marx, *Selected Writings in Sociology and Social Philosophy*, p. 93.

8 *Ibid.*, p. 51.

9 *Ibid.*, p. 74.

10 *Ibid.*, p. 77.

11 *Ibid.*, p. 78.

12 Karl Marx and Friedrich Engels, *Selected Works*, I. p. 43.

13 Karl Marx, *Selected Writings in Sociology and Social Philosophy*, p. 147.

14 *Ibid.*, p. 133.

15 *Ibid.*, p. 232.

16 Karl Marx and Friedrich Engels, *Selected Works*, I, p. 34.

17 Karl Marx, *Selected Writings in Sociology and Social Philosophy*, p. 186.

18 Karl Marx and Friedrich Engels, *The German Ideology*(New York, International Publishers, 1930), pp. 48, 49.

19 Karl Marx, *Selected Writings in Sociology and Social Philosophy*, p. 178.

20 Raymond Aron, *Main Currents in Sociological Thought*(New York, Basic Books, 1965), vol. I, p. 135.

21 Karl Marx, *Selected Writings in Sociology and Social Philosophy*, p. 223.

22 *Ibid.*, p. 78.

23 앞에서 논의된 것들은 Lewis Coser, "Karl Marx and Contemporary Sociology", *Continuities in the Study of Social Conflict*(New York, The Free Press, 1967)에서 처음으로 발전시켰던 여러 사상을 사용한 것이다.

24 Karl Marx, *Early Writings*, ed. and trans. by Thomas Bottomore(New York, McGraw-Hill, 1964), p. 39.

25 *Ibid.*, p. 37.

26 *Ibid.*, p. 11.

27 *Ibid.*, p. 202.

28 *Ibid.*, p. 156.

29 *Ibid.*, p. 122.

30 *Ibid.,* p. 124.

31 *Ibid.,* pp. 124, 125.

32 *Ibid.,* p. 125.

33 *Ibid.,* p. 126.

34 *Ibid.,* p. 129.

35 Karl Marx, *Selected Writings in Sociology and Social Philosophy*, pp. 175, 176.

36 Karl Marx and Friedrich Engles, *The German Ideology*, p. 6.

37 Karl Marx, *op. cit.,* pp. 79, 80.

38 *Ibid.,* p. 164.

39 *Ibid.,* p. 79.

40 Karl Marx and Friedrich Engels, *Selected Works,* I, p. 52.

41 Karl Marx, *Selected Writings in Sociology and Social Philosophy*, p. 82.

42 *Ibid.,* p. 202.

43 Karl Mannheim, *Essays on the Sociology of Knowledge*(New York, Oxford University Press, 1952), p. 143.

44 Karl Marx and Friedrich Engels, *Selected Works,* II, p. 488.

45 이 부분에서는 Lewis Coser, "Sociology of Knowledge", *International Encyclopedia of the Social Sciences*(New York, Macmillan, 1968) 중 몇 문장을 사용했다. 마르크스의 지식사회학과 다른 사람들과의 비교에 관해서는 Robert Merton, *Social Theory and Social Structure*(New York, The Free Press, 1968), Chapter 14; 15를 보라.

46 Karl Marx, *op. cit.,* p. 53.

47 *Ibid.,* p. 61.

48 *Ibid.,* p. 62.

49 *Ibid.,* p. 52.

50 *Ibid.*

51 *Ibid.,* p. 53.

52 이 부분은 주로 여러 표준적인 전기에 입각해 쓰였는데, Franz Mehring, *Karl Marx: The Story of His Life*, trans. by Edward Fitzgerald(Ann Arbor, University of Michigan Press, 1967)이, 더 자세한 책들이 이후 계속 나왔지만, 가장 큰 도움이 되었다. E. H. Carr, *Karl Marx, A Study in Fanaticism*(London, Dent, 1934)에는 메링(Franz Mehring)에게서 볼 수 없었던 새로운 것들이 있으며, 메링의 숭배하는 듯한 태도에 대해 매우 회의적인 견해를 나타내고 있다. Isaiah Berlin, *Karl Marx, His Life and Environment*, 2nd ed.(New York, Oxford University Press, 1948)은 지금까지 영어나 기타 언어로 쓰인 것 중 가장 훌륭한 짧은 연구다. 나는 여기서 이 책에 많이 의존했다. 다른 것들은 중복되므로

(그리고 1940년대 이후 나온 마르크스에 관한 책들의 전 목록이 있기 때문에) 여기서는 언급하지 않는다.

53 Isaiah Berlin, *op. cit.*, p. 146.

54 *Ibid.*, p. 13.

55 Frank Manuel, *Shapes of Philosophical History*(Stanford, California, Stanford University Press, 1965), pp. 78 ff 참조.

56 Immanuel Kant, *On History*, trans. by Lewis Beck, Robert Anchor and Emil Fackenheim(Indianpolis, Bobbs-Merrill, 1963) 참조.

57 Georg Hegel, "Introduction", *The Philosophy of History*(New York, Bohn Library, n. d.), p. 34.

58 C. E. Vaughn and George Sabine, *A History of Political Thought*(New York, Holt, Rinehart and Winston, 1961), p. 580에서 인용.

59 Friedrich Schiller, *On the Aesthetic Education of Man in a Series of Letters*, ed. by Wilkinson and Willoughby(New York, Oxford University Press, 1967). Heinrich Popitz, *Der Entfremdete Mensch*(Basel, Verlag für Recht und Gesellschaft, 1953) 도 보라. 나는 주로 청년 마르크스의 사상에 관한 이 탁월한 소개들에 의존했다.

60 이 뒤로는 특히 Isaiah Berlin, *op. cit.*, pp. 35~60의 도움을 많이 받았다.

61 *Ibid.*, p. 52.

62 Sidney Hook, *From Hegel to Marx*(New York, Reynal and Hitchcock, 1936), p. 20 참조. 이 책은 마르크스와 청년 헤겔주의자들 간의 관계를 이해하는 데 필수다.

63 *Ibid.*, p. 221 참조.

64 *Ibid.*, p. 204.

65 Frank Manuel, *The New World of Henri Saint-Simon*(Cambridge, Massachusetts, Harvard University Press, 1956), p. 244.

66 Maximilien Rubel, "Introduction" to Karl Marx, *Selected Writings in Sociology and Social Philosophy*, *op. cit.*, p. 10에서 인용.

67 Joseph Schumpeter, *Capitalism, Socialism and Democracy*, 3rd ed.(New York, Harper & Row, 1950); *History of Economic Analysis*(New York, Oxford University Press, 1954); *Ten Great Economists: From Marx to Keynes*(New York, Oxford University Press, 1951)

68 Eric Hobsbawm, *The Age of Revolution*(New York, Mentor, 1967), pp. 210, 211; passim 참조.

69 Hannah Arendt, *The Origins of Totalitarianism*, new ed.(New York, Harcourt Brace Jovanovich, 1960), Chapter 3.

70 Edmund Wilson, *To the Finland Station*(New York, Harcourt Brace Jovanovich, 1940), p. 163에서 인용.

71 *Ibid.*, p. 221.

72 Karl Marx-Friedrich Engels, *Correspondence, 1845–1895*(New York, International Publishers, 1934).

73 Arnold Kuenzli, *Karl Marx: Eine Psychographie*(Wein, Europa Verlag, 1966), p. 377.

74 Edmund Wilson, *op. cit.*, p. 147.

75 *Ibid.*, p. 316.

허버트 스펜서

1 Richard Hofstadter, *The Progressive Historians*(New York, Alfred A. Knopf, 1968), p. 119.

2 Herbert Spencer, *An Autobiography*, 2vols(New York, Appleton, 1904), vol. II, p. 570.

3 Herbert Spencer, *The Study of Sociology*(New York, Appleton, 1891), p. 390.

4 Herbert Spencer, *The Evolution of Socity: Selections from Herbert Spencer's Principles of Sociology*. ed. and with an introduction by Robert Carneiro(Chicago, The University of Chicago Press, 1967), p. xvii. 이것은 이후에 단순화시킨 정의다. 더욱 정교한 정의를 보려면 Herbert Spencer, *First Principles*(New York, Appleton, 1898), pp. 370~373, 그 외 여러 곳을 보라.

5 Herbert Spencer, *Ibid.*, p. 337.

6 Herbert Spencer, *The Study of Sociology*, p. 394.

7 Herbert Spencer, *The Evolution of Socity: Selections from Herbert Spencer's Principles of Sociology*, p. 9에서 인용.

8 *Ibid.*, p. 10

9 *Ibid.*

10 *Ibid.*, p. 3.

11 *Ibid.*

12 *Ibid.*, pp. 4, 5.

13 *Ibid.*, p. 8.

14 *Ibid.*, p. 5.

15 *Ibid.*, p. 15.

16 *Ibid.*, p. 25.

17 *Ibid.*

18 *Ibid.*, p. 26.

19 *Ibid.*, p. 46.

20 *Ibid.*, p. 52.

21 *Ibid.*, p. 53.

22 *Ibid.*, pp. 58, 59.

23 Herbert Spencer, *The Principles of Sociology* (New York, Appleton, 1896), vol. I, p. 569.

24 *Ibid.*, p. 587.

25 Herbert Spencer, *The Study of Sociology*, pp. 402, 403.

26 Herbert Spencer, *Essays, Scientific, Political and Speculative* (New York, Appleton, 1892), vol. I, p. 19.

27 Herbert Spencer, *The Principles of Sociology*, I, p. 96.

28 *Ibid.*, p. 95.

29 *Ibid.*, p. 96.

30 *Ibid.*, p. 95.

31 Herbert Spencer, *The Principles of Sociology*, III, p. 331.

32 Herbert Spencer, *The Study of Sociology*, p. 329.

33 Herbert Spencer, *The Principles of Sociology*, III, p. 3.

34 Herbert Spencer, *The Study of Sociology*, p. 399.

35 *Ibid.*

36 Herbert Spencer, *The Evolution of Society*, p. 141.

37 Herbert Spencer, *The Principles of Ethics* (New York, Appleton, 1994), vol. I, p. 134.

38 Herbert Spencer, *Social Statics* (London Chapman, 1851), p. 16.

39 Herbert Spencer, *The Study of Sociology*, p. 52.

40 Herbert Spencer, *The Evolution of Society*, pp. 7, 8.

41 Herbert Spencer, *The Principles of Sociology*, I, p. 479.

42 Herbert Spencer, *Social Statics*, p. 42.

43 *Ibid.*, abridged and revised, together with *The Man Versus the state* (New York, Appleton, 1892), p. 359.

44 *Ibid.*, p. 117.

45 *Ibid.*, p. 404.

46 Marvin Harris, *The Rise of Anthropological Theory* (New York, Crowell Collier, 1968), p. 127에서 인용.

47 Herbert Spencer, *Social Statics*, p. 151.

48 Herbert Spencer, *The Study of Sociology*, p. 74.

49 John Burrow, *Evolution and Society*(Cambridge, England, Cambridge University Press, 1966), p. 179.

50 이 설명은 Herbert Spencer, *An Autobiography*; David Duncan, *Life and Letters of Herbert Spencer*, 2vols(London, Methuen, 1908); Hugh Eliot, *Herbert Spencer*(New York, Holt, Rinehart and Winston, 1917); the "Personal Reminiscences of James Collier", included in Josiah Royce, *Herbert Spencer*(New York, Fox, Duffield, 1904) 등에 의거했다.

51 Herbert Spencer, *An Autobiography*, I, p. 438.

52 *Ibid.*, p. 439.

53 John Collier in Josiah Royce, *op. cit.*, p. 208.

54 *Ibid.*, pp. 212, 213.

55 *Ibid.*, pp. 208, 209.

56 John Burrow, *op. cit.*, p. 188.

57 Herbert Spencer, *Essays, Scientific, Political and Speculative*, II, p. 125.

58 Herbert Spencer, *An Autobiography*, II, p. 309.

59 Herbert Spencer, *Essays, Scientific, Political and Speculative*, II, p. 137.

60 David Duncan, *op. cit.*, II, p. 315.

61 *Ibid.*, p. 322.

62 Herbert Spencer, *An Autobiography*, I, p. 578.

63 Herbert Spencer, *Essays, Scientific, Political and Speculative*, II, p. 135.

64 Herbert Spencer, *An Autobiography*, I, p. 517.

65 Herbert Spencer, *The Principles of Sociology*, I, p. 591.

66 David Duncan, *op. cit.*, p. 360.

67 Robert Carneiro, "Introduction" to *Herbert Spencer: The Evolution of Society*, p. ix에서 인용.

68 David Duncan, *op. cit.*, p. 85.

69 Robert Carneiro, *op. cit.*, p. xxx 참조.

70 Issiah Berlin, *The Hedgehog and the Fox*(New York, Mentor Books, n. d).

71 George Clark, *The Making of Victorian England*(Cambridge, Mass., Harvard University Press, 1962), p. 109.

72 Robert Evans, *The Victorian Age: 1815-1914*, 2nd ed. (New York, St. Martin's, 1968), p. 268.

73 이 설명은 George Clark, *op. cit.*; David Thomson, *England in the Nineteenth Century*(Baltimore, Penguin Books, 1950)에 의거했다.

74 George Clark, *op. cit.*, p. 39.

75 Herbert Spencer, *An Autobiography*, II, p. 502, 503.

76 Robert Merton, "Priorities in Scientific Discoveries: A Chapter in the Sociology of Science", *American Sociological Review*, XXII, pp. 635~659; "Resistances to the Systematic Study of Multiple Discoveries in Science", *European Journal of Sociology*, IV, 2, pp. 237~282. 또한 Robert Merton, "Singletons and Multiples in Scientific Discovery: A Chapter in the Sociology of Science", *Proceedings of American Philosophical Society*, CV(October, 1961), p. 5도 참조.

77 Herbert Spencer, *An Autobiography*, I, p. 422.

78 Richard Hofstadter, *Social Darwinism in American Thought*, rev. ed.(Boston, Beacon Press, 1955), p. 34.

79 Hugh Eliot, *op. cit.*, p. 46.

80 Herbert Spencer, *An Autobiography*, II, pp. 553, 554.

81 *The Positive Philosophy of Auguste Comte of August Comte*, trans. and cond. by Harriet Martineau(London, Bell, 1896), vol. I, p. viii.

82 John Burrow, *op. cit.*, p. 70에서 인용. 나는 이 다음 문장들에서 버로우(John Burrow)의 매우 훌륭한 이 책에 크게 의존했다.

83 John Burrow, *op. cit.*, pp. 98, 99.

84 *Ibid.*

85 Herbert Spencer, *Social Statics*(1892 ed.), p. 32.

86 John Burrow, *op. cit.*, p. 270에서 인용.

87 Herbert Spencer, *The Study of Sociology*, new ed.(Ann Arbor, The University of Michigan Press, 1961)

에밀 뒤르켐

1 Émile Durkheim, *The Rules of Sociological Method*(New York, The Free Press, 1950), p. 2.

2 *Ibid.*, p. 13.

3 Émile Durkheim, *Sociology and Philosophy*(New York, The Free Press, 1953), p. 55.

4 Talcott Parsons, "Émile Durkheim", *International Encyclopedia of the Social Sciences*(New York, Macmillan, 1968) 참조. George Sorel, "Les Théories de M. Durkheim", *Le Devenir Social*, I(1895), esp. p. 17도 이 점에 관해 자세히 관찰하고 있다.

5 Émile Durkheim, *The Rules of Sociological Method*, p. 110.

6 Émile Durkheim, *Suicide*(New York, The Free Press, 1951), p. 209.

7 *Ibid.*, p. 159.

8 Émile Durkheim, *The Division of Labor in Society*(New York, The Free Press, 1956), p. 129.

9 *Ibid.*, p. 130.

10 Émile Durkheim, *Suicide*, p. 248.

11 *Ibid.*

12 *Ibid.*, p. 250.

13 *Ibid.*, p. 254.

14 *Ibid.*

15 Robert Merton, *Social Theory and Social Structure*(New York, The Free Press, 1968), p. 186.

16 Émile Durkheim, *Suicide*, p. 212.

17 Robert Nisbet, *Émile Durkheim*(Englewood Cliffs, New Jersey, Prentice-Hall, 1965).

18 Talcott Parsons, *op. cit.*

19 Émile Durkheim, *The Elemetary Forms of Religious Life*(New York, The Free Press, 1954), p. 47.

20 *Ibid.*

21 Émile Durkheim, *Moral Education*(New York, The Free Press, 1961), p. 9.

22 Émile Durkheim, *The Elemetary Forms of Religious Life*, p. 444.

23 Harry Alpert, *Émile Durkheim and His Sociology*(New York, Columbia University Press, 1939), pp. 198~203.

24 Émile Durkheim, *The Elemetary Forms of Religious Life*, pp. 10, 11.

25 Émile Durkheim, *The Rules of Sociological Method*, p. 95.

26 *Ibid.*, p. 97.

27 *Ibid.*, p. 71.

28 Émile Durkheim, *The Division of Labor in Society*, p. 103.

29 Émile Durkheim, *Suicide*, p. xxxix.

30 "Individual and Collective Representations"와 앞의 두 논문은 *Sociology and Philosophy*에 영역(英譯)되어 있다. *Primitive Classification*은 최근 니드햄 (Rodney Needhan)에 의해 번역되었다(Chicago, The University of Chicago Press, 1963). 마지막 논문은 *L'Année Sociologique*, II(1897~98)에 실려 있다.

31 Harry Alpert, *Émile Durkheim and His Sociology*(New York, Columbia University Press, 1939), p. 62에서 인용. 이 책은 30년 전 발간됐지만 여전히 뒤르켐 생애에 관한 일반적인 설명을 담고 있는 것 중 가장 훌륭하며, 이 장도 주로 이 책에 의존했다. George Davy, "Émile Durkheim", *Revue de métaphysique et de morale*, XXVI(1919), pp. 181~198도 참조. 그의 *Émile*

Durkheim(Paris, Louis-Michaud, 1911)에는 뒤르켐과 고등사범대학에서의 언급들 그리고 소르본대학에서 강의를 듣는 청중들을 담은 몇 장의 훌륭한 사진이 실려 있다. Kurt Wolff, ed., *Émile Durkheim 1859-1917*(Columbus, The Ohio State University Press, 1960)의 여러 공헌도 무척 유익했다.

32 Talcott Parsons, "Émile Durkheim", in *International Encyclopedia of the Social Sciences*.

33 *Ibid.*

34 Émile Durkheim, *Montesquieu and Rousseau*(Ann Arbor, The University of Michigan Press, 1960), p. 83.

35 *Ibid.*, p. 57.

36 *Ibid.*, p. 56.

37 Robert Nisbet, *op. cit.*; *Tradition and Revolt*(New York, Random House, 1968), esp. Chapter 2 and 4; *The Sociological Tradition*(New York, Basic Books, 1966).

38 Robert Nisbet, *Émile Durkheim*, p. 25.

39 1969년 1월 5일의 개인적 대화.

40 Peter Bertocci, "Émile Boutroux", *Encyclopedia of Philosophy*(New York, Macmillan, 1967).

41 Harry Alpert, *op. cit.*, pp. 26, 27.

42 George Boas, "Charles Renouvier", *Encyclopedia of Philosophy*; John Scott, *Republican Ideas and the Liberal Tradition in France*(New York, Columbia University Press, 1951), Chapter I.

43 Terry Clark, "Gabriel Trade", in *International Encyclopedia of the Social Sciences*.

44 19세기와 20세기 초의 프랑스 철학의 전반적인 경향을 가장 잘 소개한 것은 J. Benrubi, *Les Sources de la philosophie contemporaine en France*, 2vols(Paris, Alcan, 1933)이다. 이 책은 이곳에서 언급된 모든 프랑스인의 저작에 대해 비판적인 논의를 하고 있을 뿐만 아니라 뒤르켐을 완전한 하나의 절로 하고 여러 항에 걸쳐 그의 중요한 제자들까지도 논하고 있다.

45 Emrys Peters, "William Robertson Smith", in *International Encyclopedia of the Social Sciences*.

46 Émile Durkheim, *Sociology and Philosophy*, pp. 44, 45.

47 Edwin Boring, "Wilhelm Wundt", *International Encyclopedia of the Social Sciences*.

48 Gordon Wright, *France in Modern Times*(New York, Rand McNally, 1960). 특별히 인용한 문장은 이 책 354쪽에 나온다.

49 혁명 이전의 프랑스 유대인들의 상태에 관해서는 Arthur Hertzberg, *The French Enlightenment and the Jews*(New York, Columbia University Press, 1968)

참조.

50 여기에 덧붙여 한 가지 더 고려해야 할 점은 프랑스 민족주의자들로부터 종 종 너무 독일문화에 가까운 자들이라고 비난받아오던 알자스-로렌 지방 주 민들의 적대감에 대한 것이다. 뒤르켐의 열렬한 애국심은 부분적으로는 그러 한 비난을 반박하려는 무의식적인 동기에 의해 자극되었을 것이다.

51 Hannah Arendt, *The Origins of Totalitarianism*, new ed.(New York, Harcourt Brace Javanovich, 1960), Chapter 3.

52 1967년 토론토에서 열렸던 미국역사학회에서 발표된 논문인 Leon Apt, "Émile Durkheim and French Social Thought" 참조.

53 Robert Merton, "Social Conflict over Styles of Sociological Work", *Traditions of the Fourth World Congress of Sociology*, III (1959), pp. 211~244.

54 *Ibid*.

55 Robert Bierstedt, *Émile Durkheim*(London, Weidenfeld and Nicolson, 1966), pp. 21, 22; Terry Clark, "The Structure and Functions of a Research Institute; *L' Année Sociologique*", *European Journal of Sociology*, IX (1968), pp. 72~91 참조.

56 Hubert Bourgin, *de Jaurès à Léon Blum*(Paris, Fayard, 1938), pp. 236, 237. 이 책 은 비록 저자가 반동적이고 반유대주의적 편향성이 있긴 하지만 뒤르켐 당시 의 지적·정치적 분위기를 이해하는 데서 가장 귀중한 자료다. 부르쟁(Hubert Bourgin)은 젊은 시절에는 사회주의자였고, *L'Année Sociologique*에 경제사회 학과 사회주의사상사 분야의 글을 기고했다. 그의 여러 연구 중에서도 특히 푸리에(Charles Fourier)에 관한 훌륭한 연구에 힘입은 바가 크다. 제1차 세계 대전 동안 그는 극단적인 애국자가 되었고, 양차 세계대전 사이의 기간에 극 우로 전향했다. 제2차 세계대전 동안 그는 나치에 협력하는 것을 그만두었 다. 위의 책 속에서 그는 증오와 원한에 가득 찬 필치를 구사했다. 그러나 그 는 언제나 뒤르켐을 무척 존경했으며, 따라서 뒤르켐과 그의 학파에 관한 한 그의 증거를 반박할 아무런 이유가 없다.

57 Agathon, *L'Esprit de la nouvelle Sorbonne*(Paris, Mercure de France, 1911), p. 98. 아가통(Agathon)은 마시(Henri Massis)와 알프레드 타르드(Alfred de Tarde)가 사용했던 필명이다.

58 Célestin Bouglé, *Bilan de la sociologie française*(Paris, Alcan, 1935), p. 168에서 인용.

59 Paul Nizan, *Les Chiens de garde*(Paris, Maspero, 1967), pp. 97, 98; pp. 144~150 도 참조. 이 책에서 니장(Paul Nizan)은 프랑스 교육체제에 미친 뒤르켐의 영 향을 확인하기 위해 수많은 사람의 글을 인용하고 있다. Albert Thibaudet, *La République des professeurs*(Paris, Grasset, 1927), p. 222도 참조.

60 Pierre Leguay, *La Sorbonne*(Paris, Grasset, 1910), p. 12.

61 Terry Clark, "Émile Durkheim and the Institutionalization of Sociology in the French University System", *European Journal of Sociology*, IX(1968), pp. 37~71. 이 논문은 내가 이 부분을 실질적으로 다 완성한 후에야 읽었는데, 세밀한 사실적 자료와 가치 있는 전기적 사례들이 풍부히 담겨 있었다. 클라크(Terry Clark) 교수는 곧 뒤르켐과 그의 학파에 관한 많은 자료를 담은 전면적인 프랑스 사회학사를 발간할 예정이다.

62 Émile Durkheim, *Education and Sociology*(New York, The Free Press, 1956), p. 104.

63 Pierre Leguay, *op. cit.*, p. 175.

64 Hubert Bourgin, *op. cit.*, pp. 223, 224.

65 *Republican Ideas*, p. 170에서 인용. 이 책에는 연대주의에 관한 우수한 장이 실려 있다. 이와 함께 Charles Gide and Charles Rist, *A History of Economic Doctrines*(Boston and New York, Heath, n. d.) Book V, Chapter 3 참조.

66 John Scott, *op. cit.*, p. 181; Pierre Leguay, *op. cit.*, pp. 174, 175.

67 Marcel Mauss, "Introduction" to Émile Durkheim, *Socialism and Saint-Simon*, ed. by Alvin Gouldner(Yellow Springs, Ohio, Antioch Press, 1958).

68 뒤르켐의 보수주의적 편향성에 대한 자세한 비판적 논의는 나의 *Continuities in the Study of Social Conflict*(New York, The Free Press, 1967)에 실려 있는 "Durkheim's Conservatism"을 보라.

69 뒤르켐학파의 업적과 영향에 관한 전반적인 연구는 Célestin Bouglé, *op. cit.* 참조.

게오르그 짐멜

1 Georg Simmel, *The Sociology of Georg Simmel*, ed. and trans. by Kurt Wolff(New York, The Free Press, 1950), p. 10.

2 *Ibid.*, p. 11.

3 *Ibid.*, p. 10.

4 *Ibid.*, pp. 21, 22.

5 Robert Merton and Alice Rossi, "Contributions to the Theory of Reference Group Behavior", in Robert Merton, *Social Theory and Social Structure*(New York, The Free Press, 1957), pp. 225~280.

6 Friedrich Tenbruck, "Formal Sociology", in Lewis Coser, ed., *Georg Simmel*(Englewood Cliffs, New Jersey, Prentice-Hall, 1965), p. 84.

7 Georg Simmel, "The Stranger" in Georg Simmel, *The Sociology of Georg Simmel*, pp. 402~408.

8 Georg Simmel, "The Poor" trans. by Claire Jacobson in *Social Problems*, XIII, 2(Fall, 1965), pp. 118~139. 곧 나올 나의 "The Sociology of Poverty"도 참조.

9 Randall Jarell, *Pictures from an Institution*(New York, Alfred A. Knopf, 1954), p. 110.

10 Georg Simmel, *Soziologie*(Leipzig, Duncker and Humblot, 1908), p. 40.

11 *Ibid.*, p. 41.

12 Georg Simmel, *Conflict and the Web of Group Affiliations*, trans. by Kurt Wolff and Reinhard Bendix(New York, The Free Press, 1956), pp. 22, 23.

13 Lewis Coser, *The Functions of Social Conflict*(New York, The Freee Press, 1956) 참조.

14 Georg Simmel, *The Sociology of Georg Simmel*, p. 186

15 *Ibid.*, pp. 87~177.

16 *Ibid.*, p. 124.

17 Theodore Caplow, *Two Against One: Coalitions in Triads*(Englewood Cliffs, New Jersey, Prentice-Hall, 1969), esp. Chapter 2, "In Praise of Georg Simmel" 참조.

18 Georg Simmel, *The Sociology of Georg Simmel*, *op. cit.*, p. 96.

19 *Ibid.*

20 Georg Simmel, *Soziologie*, p. 419.

21 *Ibid.*, p. 411.

22 Georg Simmel, "Der Begriff und die Tragödie der Kultur", in *Philosophische Kultur*(Potsdam, Gustav Kiepenheuer Verlag, 1923), p. 236.

23 *Ibid.*, p. 260.

24 *Ibid.*, p. 264.

25 Georg Simmel, *Philosophie des Geldes*(Leipzig, Duncker und Humblot, 1900), p. 492.

26 *Ibid.*, p. 484.

27 이 항은 주로 Lewis Coser, ed., *Georg Simmel*에 쓴 나의 서문에서 적절한 문장들을 뽑아 쓴 것이다. 여기서 다루지는 않았지만 짐멜(Georg Simmel)의 일반적 철학에 대한 연구로는 Rudolph Weingartner, *Experience and Culture*(Middletown, Connecticut, Wesleyan University Press, 1962) 참조.

28 Nicholas Spykman, *The Social Theory of Georg Simmel*, new ed.(New York, Atherton, 1966).

29 Ferdinand Toennies and Friedrich Paulsen, *Briefwechsel, 1876-1908*(Kiel, Ferdinand Hirt, 1961), p. 290.

30 Walter Benjamin, *Illuminations*(New York, Schocken Books, 1969), p. 208.

31 Rudolph Weingartner, *Experience and Culture*, p. 7; Kurt Gassen and Michael Landmann, eds., *Buch des Dankes an Georg Simmel*(Berlin, Duncker und Humblot, 1958)에서 인용. 이 책은 짐멜이 그의 청중에게 미친 영향을 확인하는 데 중요한 자료가 된다.

32 Rudolph Weingartner, *op. cit.*, p. 4에서 인용.

33 정교수가 되는 평균 연령은 마흔 살이었으나 이때 짐멜의 나이는 이미 쉰여섯 살이었다. Christian Ferber, *Die Entwicklung des Lehrekörpers der deutschen Universitäten*(Göttingen, Vandenhoeck und Ruprecht, 1956), p. 132를 보라.

34 Georg Simmel, *The Sociology of Georg Simmel*, p. xxi에서 인용.

35 Gassen and Landmann, eds., *op. cit.*, p. 13에서 인용.

36 Lewis Coser, *Georg Simmel*, p. 24에서 인용.

37 Robert Merton, *op. cit.*, p. 404.

38 완전한 짐멜의 전기가 없으므로, 이 항은 여러 자료에서 뽑아 구성할 수밖에 없었다. 앞서 언급한 책들 외에 Kurt Wolff, "Introduction", Georg Simmel, *The Sociology of Georg Simmel*; 짐멜에 대한 Michael Landmann, "Einleitung"; *Das Individuelle Gesetz*(Frankfurt, Suhrkamp, 1968); Kurt Wolff, ed., *Georg Simmel, 1858-1918*(Columbus, Ohio, Ohio State University Press, 1959)에 실린 여러 논문; Nicholas Spykman, *The Social Theory of Georg Simmel*(Chicago, University of Chicago Press, 1952) 중 전기적인 장; Michael Landmann, ed., "Einleitung", *Georg Simmel-Bruecke und Tor*(Stuttgart, Koehler, 1957); Michael Landmann, "Bausteine zur Biographhie", *Buch des Dankes* 등을 보라.

39 Georg Simmel, *Ueber Sociale Differenzierung*(Leipzig, Duncker und Humblot, 1890), Chapter 6.

40 Georg Simmel, *Philosophie des Geldes*, p. 420.

41 Paul Honigsheim, "The Time and Thought of the Young Simmel", in Kurt Wolff, ed., *Georg Simmel*, pp. 167~174; Georg Simmel, *Einfuehrung in die Moralwissenschaft*(Berlin Wilhelm Hertz, 1892), I, pp. 116~118 참조.

42 Paul Honigsheim, "A Note on Georg Simmel's Anthropological Interests", in Kurt Wolff, ed., *Georg Simmel*, pp. 175~179; Georg Simmel, *Einfuehrung in die Moralwissenschaft*, I, pp. 379, 380 참조.

43 Maurice Mandelbaum, "Simmel", in *The Problem of Historical Knowledge*(New York, Harper Torchbooks, 1967) 참조.

44 *Ibid.*; Ernst Troeltsch, "Simmel", in *Der Historismus und seine Problem*(Tuebingen, J. C. B. Mohr, 1922), pp. 572~596 참조.

45 Kurt Wolff, ed., *Georg Simmel*, p. 316.

46 *Ibid.*, p. 337 ff.

47 *Ibid.*, p. 338.

48 *Ibid.*, p. 310.

49 *Ibid.*, p. 169.

50 Ralf Dahrendorf, "The New Germanies-Restoration, Revolution, Recon-struction", *Encounter*, XXII, 4(April, 1964), p. 50.

51 만(Thomas Mann)의 아들이 쓴 훌륭한 역사책인 Golo Mann, *Deutsche Geschichte des 19. und 20. Jahrhunderts*(Frankfort, S. Fischer, 1958), p. 548; Arthur Rosenberg, *The Birth of the German Republic*(New York, Oxford University Press, 1931) 참조.

52 Stuart Hughes, *Consciousness and Society*(New York, Vintage Books, 1961), p. 45.

53 Golo Mann, *op. cit.*, p. 550. Fritz Ringer's *The Decline of the German Mandarins*(Cambridge, Massachusetts, Harvard University Press, 1969)은 독일 학자들의 정치 운동과 사회적 역할을 다룬 아주 중요한 책이다.

54 1909~10년 독일 대학의 강사 중 12퍼센트 가까이가 유대인이었던 데 비해, 정식 교수 중 3퍼센트만이 유대인이었다. Fritz Ringer, *op. cit.*, p. 136; Arthur Mitzman, "Sociology and Disenchantment in Imperial Germany", Ph. D dissertation(Brandeis University, 1963) 참조.

55 Paul Honigsheim, *op. cit.* 참조. 조지(Stefan George)와 '반문화'를 대표하는 다른 사람들에 대해서는 Peter Gay, *Weimar Culture*(New York, Harper & Row, 1968)를 보라.

56 Friedrich Meinecke, *Strassburg/Freiburg/Berlin 1901-1919: Erinner-ungen*(Stuttgart, Koehler, 1946), p. 145.

57 Georg Simmel, *The Sociology of Georg Simmel*, p. xix.

58 Marianne Weber, *Max Weber, Ein Lebensbild*(Tuebingen, J. C. B Mohr, 1926), p. 361 참조. *Buch des Dankes*, pp. 127 ff에 수록된 막스 베버(Max Weber)에게 보낸 짐멜의 편지도 보라.

59 *American Journal of Sociology*, LXIII, 6(May, 1958), pp. 641, 642.

60 Friedrich Meinecke, *op. cit.*, pp. 102, 103.

61 Helmuth Plessner, "Zur Soziologie der Modernen Forschung", in Max Scheler, ed., *Versuche zu einer Soziologie des Wissens*(Munich, Duncker und Humblot, 1924), pp. 407~425; Logan Wilson, *The Academic Man*(New York, Oxford University Press, 1942).

62 Helmuth Plessner, *op. cit.*, p. 422.

63 Robert Merton, *op. cit.*, pp. 369 ff. 머튼은 역할집합을 "일정한 사회적 지위를 소유함으로써 한 개인이 가지게 되는 역할 관계의 집합"이라 했다.

64 Logan Wilson, *op. cit.*, p. 192.

65 Florian Znaniecki, *The Social Role of the Man of Knowledge*(New York, Columbia University Press, 1940) 참조.

66 예를 들어 Emil Ludwig, "Simmel auf dem Katheder", *Die Schaubuehne*, X(April, 1914), pp. 411~413; Theodor Tagger, "Georg Simmel", *Die Zukunft*, LXXXIX(October, 1914), pp. 36~41; Paul Fechter, *Menschen und Zeiten*(Gütersloh, Berdelsmann, 1948), pp. 52~56.

67 Paul Fechter, *op. cit.*, pp. 52~56.

68 Theodor Tagger, *op. cit.*

69 Paul Fechter, *op. cit.*

70 Erich Rosenthal and Kurt Oberlaender, "Books, Papers and Essays by Georg Simmel", *American Journal of Sociology*, XL(November, 1945), pp. 238~247.

71 볼프(Kurt Wolff)는 참고도서 목록으로 짐멜이 비학술잡지에 기고한 20편의 글과 학술지에 기고한 단 2편의 글을 들고 있다.

72 정기간행물에 발표된 짐멜의 글들에 대해 정당하게 주장할 수 있는 것을 짐멜의 저서에 대해서도 똑같이 말할 수 있다는 것을 증명할 수도 있을 것이다. 그러나 이 작업은 좀 복잡한 내용 분석이 필요할 것이며, 지금은 그것이 불가능하다. 그러나 참고도서 목록을 대충 훑어만 보더라도 짐멜의 학술적이고 조직적인 업적은 주로 초기에 발표된 것임을 알 수 있을 것이다.

73 Georg Simmel, *The Sociology of Georg Simmel*, pp. 402~408.

74 Robert Merton, "Priorities in Scientific Discovery"(American Sociological Society의 1957년 8월에 열린 연례 모임에서 한 회장 연설), *American Sociological Review*, XXIX(Decemver, 1957), p. 6.

75 Robert Merton, "Social Structure and Anomie", *Social Theory and Social Structure*, 특히 pp. 140, 141을 보라.

76 이 항은 전에 발표된 나의 "Georg Simmel's Style of Work: A Contribution to the Sociology of the Sociologist", *American Journal of Sociology*, LXIII, 6(May, 1958), pp. 635~641에 기초하여 쓰였다.

77 Robert Nisbet, "What is an Intellectual?" in *Commentary*, XI, 6(December, 1965), pp. 93~101.

78 Theodore Caplow, *op. cit.*; Theodore Mills, "Some Hypotheses on Small Groups From Simmel", Lewis Coser, ed., *George Simmel* 참조.

막스 베버

1 Raymond Aron, *Main Currents in Sociological Thought*(New York, Basic Books,

1967), vol. 2, p. 181 중 베버에 대한 논평에서 이 표현을 취했다. 이 부분
은 이 책과 Raymond Aron, *German Sociology*(New York, The Free Press,
1964)에서 상당 부분 참조했다. 파슨스(Talcott Parsons)의 베버에 대한 해
석도 마찬가지로 중요했다. 특히 Talcott Parsons, *The Structure of Social
Action*(New York, The Free Press, 1949); Max Weber, *The Theory of Social and
Economic Organization*(New York, The Free Press, 1947)에서 Talcott Parsons,
"Introduction"을 보라. Julien Freund, *The Sociology of Max Weber*(New York,
Pantheon, 1968); Reinhard Bendix, *Max Weber, An Intellectual Portrait*(Garden
City, New York, Doubleday, 1960)도 큰 도움이 되었고, Hans Gerth and
Charles Mills, "Introduction", *From Max Weber: Essays in Sociology*(New York,
Oxford University Press, 1946)도 매우 중요했다.

2 Raymond Aron, *German Sociology*, p. 67.

3 Karl Mannheim, *Man and Society in an Age of Reconstruction*(New York,
Harcourt Brace Jovanovich, 1951), p. 52.

4 Hans Gerth and Charles Mills, eds., *op. cit.*, p. 55.

5 Edward Shils and Henry Finch, eds., *Max Weber on the Methodology of the
Social Science*(New York, The Free Press, 1949), p. 72.

6 Max Weber, *Basic Concepts in Sociology*(New York, The Citadel Press, 1964), p.
29.

7 Talcott Parsons, *The Structure of Social Action*(New York, The Free Press, 1958), p.
594.

8 Edward Shils and Henry Finch, eds., *op. cit.*, p. 54.

9 Hans Gerth and Charles Mills, eds., *op. cit.*, p. 152.

10 *Ibid.*, p. 155.

11 Edward Shils and Henry Finch, eds., *op. cit.*, p. 90.

12 Julien Freund, *op. cit.*, p. 69.

13 Raymond Aron, *Main Currents in Sociological Thought*, p. 204.

14 예를 들면 Friedrich Jonas, *Geschichte der Soziologie*(Reinbeck bei Hamburg,
Rowohlt, 1969), vol. 4, p. 43과 그의 책 여러 곳에서 베버를 다루고 있는 부분
을 보라.

15 Edward Shils and Henry Finch, eds., *op. cit.*, p. 24.

16 Raymond Aron, *Main Currents in Sociological Thought*, p. 193.

17 Edward Shils and Henry Finch, eds., *op. cit.*, p. 180.

18 Hans Gerth and Charles Mills, eds., p. 181; *op. cit.*, p. 181.

19 *Ibid.*, p. 184.

20 *Ibid.*, p. 180.

21 *Ibid.*

22 *Ibid.*

23 Reinhard Bendix, *op. cit.*, p. 421.

24 *Ibid.*에서 인용.

25 *Ibid.*, pp. 421, 422.

26 J. p. Mayer, *Max Weber and German Politics*, 2nd ed.(London Faber and Faber, 1956), pp. 126, 127에서 인용.

27 이 부분에 대해서는 중요한 자료가 3가지 있다. Marianne Weber, *Max Weber: Ein Lebensbild*(Tuebingen, J. C. B. Mohr, 1926)는 그 후 모든 전기의 기초자료다. Edward Baumgarten, *Max Wever: Werk und Person*(Tuebingen, J. C. B. Mohr, 1964)는 개인적인 편지와 발간되지 않은 다른 기록을 갖고 있는 베버의 친족 중 한 명이 한 가치 있는 설명이다. 그는 마리안 베버(Marianne Weber)가 충분히 밝히지 못했던 막스 베버의 인생에 대한 많은 면을 새롭게 밝히고 있다. Arthur Mitzman, *The Iron Cage: An Historical Interpretation of Max Weber*(New York, Alfred A. Knopf, 1970)는 당시 독일의 사회·경제 구조와 그의 많은 고통의 원인이었던 가족관계에 비춰서 베버의 업적을 뛰어나게 평가하고 있다.

　 Hans Gerth and Charles Mills, eds., *op. cit.*에는 가장 좋은 간략한 전기를 포함한 좋은 서문이 있다. 기념비적인 Wolfgang Mommsen, *Max Weber und die deutche Politik*(Tuebingen, J. C. B. Mohr, 1959)는 베버와 당시 독일의 정치적 상황과의 관계를 살피는 데 빠뜨릴 수 없는 자료이다. Jacob Mayer, *Max Weber and German Politics*도, 비록 상당히 피상적이기는 하지만, 이 문제를 다루고 있다. 최근 번역된 Paul Honigsheim, *On Max Weber*(New York, The Free Press, 1968)는 베버의 하이델베르크대학 교우에 대한 우수한 자료다.

28 Arthur Mitzman, *op. cit.* 참조. 미츠먼(Arthur Mitzman)은 바움가르텐(Edward Baumgarten)의 자료에 기초하고 있다. 바움가르텐은 아직 발간되지 않은 가족 간의 서신을 많이 갖고 있으며, 미츠먼에게 그 자료를 보여주었다.

29 편의상 나는 이 저술을 거스(Hans Gerth)가 영어로 번역한 제목에 따라 적었다. 이는 모두 The Free Press가 출판했다.

30 Hans Gerth and Charles Mills, eds., *op. cit.*, p. 115.

31 *Ibid.*

32 Talcott Parsons, *The Structure of Social Action*, p. 474.

33 *Ibid.*, p. 477.

34 딜타이(Wilhelm Dilthey)에 대해서는 Herbert Hodges, *Wilhelm Dilthey*(London, Trubner, 1944); *The Philosophy of Dilthey*(London, Routledge, 1952); *The International Encyclopedia of the Social Science*에서 딜타이에 대

해 쓴 항목 참조. Stuart Hughes, *Consciousness and Society*(New York, Vintage Books, 1961); Fritz Ringer, *The Decline of the German Mandarins*(Cambridge, Harvard University Press, 1969)에서 딜타이에 대해 설명한 것도 참조.

35 Maurice Mandelbaum, *The Problem of Historical Knowledge*(New York, Harper & Row, 1967), p. 121에서 인용. 나는 이 책에서 Mandelbaum의 Rickert에 대한 좋은 서술에서 많은 것을 얻었다. Stuart Hughes, *op. cit.*도 참조.

36 독일의 역사경제학파에 대해서는 Ben Seligman, *Main Currents in Modern Economics*(New York, The Free Press, 1962); Fritz Ringer, *The Decline of the German Mandarins* 참조.

37 Stuart Hughes, *op. cit.*, p. 303에서 인용.

38 Max Weber, *The Theory of Social and Economic Organization*, p. 88.

39 *Ibid.*

40 Hans Gerth and Charles Mills, eds., *op. cit.*, p. 280.

41 Max Scheler, *Ressentiment*, trans. by Wolfgang Holdheim, cond. by Lewis Coser(New York, The Free Press, 1961).

42 Edward Baumgarten, *op. cit.*, pp. 554, 555.

43 초연한 관심의 개념은 머튼과 그 계열의 학자, 특히 폭스(Renée Fox)의 저작에 기원을 두고 있다. Robert Merton, George Reader and Patricia Kendall, eds., *The Student Physician*(Cambridge, Mass, Harvard University Press, 1957 참조.

44 Edward Baumgarten, *op. cit.*, p. 627.

45 Morris Freilich, "The National Triad in Kinship and Complex Systems", *American Sociological Review*, XXIX, 4(1964, 8), pp. 530 ff 참조.

46 Talcott Parsons, *Essays in Sociological Theory*, rev. ed.(New York, The Free Press, 1954), pp. 104 ff.

47 *Ibid.*, p. 109.

48 이때 독일의 정치적·사회적 상황에 대한 더 완전한 설명은 짐멜에 대한 이전 장을 보라.

49 *Verhandlungen des 15ten Deutschen Soziologentags*(Tuebingen, J. C. B. Mohr-Siebeck, 1965), pp. 19 ff.

50 Rose Coser, "Role Distance, Sociological Ambivalence and Transitional Status System", *American Journal of Sociology*, LXXVII, 2(1966. 9), pp. 173~187.

51 Karl Jaspers, *Max Weber, Politiker, Forscher, Philosoph*(Munich, R. Piper, 1958), p. 8.

소스타인 베블런

1 앞의 두 용어는 Daniel Aaron, "Thorstein Veblen: Moralist and Rhetorician", *Men of Good Hope*(New York, Oxford University Press, 1951)에서 따왔으며, 세 번째 용어는 Morton White, *Social Thought in America*(New York, The Viking Press, 1952), Chapter 6에서 따옴.

2 Joseph Dorfman, *Thorstein Veblen and His America*(New York, The Viking Press, 1934), p. 247에서 인용.

3 Thorstein Veblen, *The Theory of the Leisure class*(New York, Modern Library, 1934), p. 97.

4 *Ibid.*, p. 183.

5 Daniel Aaron, *op. cit.*, pp. 258 ff 참조.

6 Max Lerner, ed. and with an introduction, *The Portable Veblen*(New York, The Viking Press, 1948), p. 20. 나는 이 장 전체에 쉽게 구할 수 있는 이 책을 참고 했다.

7 *Ibid.*, p. 232.

8 *Ibid.*, p. 233.

9 *Ibid.*, p. 263.

10 Thorstein Veblen, *The Place of Science in Modern Civilization*(New York, W. B. Huebsch, 1919), p. 436.

11 Lev Dobriansky, *Veblenism: A New Critique*(Washington, D. C., Public Affairs Press, 1957), p. 159에서 인용.

12 Thorstein Veblen, *Absentee Ownership*(New York, The Viking Press, 1938), p. 101.

13 Thorstein Veblen, *The Theory of the Leisure class*, p. 188.

14 *Ibid.*

15 Joseph Dorfman, *op. cit.*, p. 248에서 인용.

16 *Ibid.*, p. 298.

17 Thorstein Veblen, *The Theory of the Leisure class*, p. 246.

18 *Ibid.*, p. 283.

19 Max Lerner, ed. and with an introduction, *The Portable Veblen*, p. 338.

20 Thorstein Veblen, *The Theory of the Leisure class*, pp. 30, 31.

21 *Ibid.*, p. 31.

22 *Ibid.*, p. 75.

23 *Ibid.*, p. 76.

24 *Ibid.*, p. 81.

25 *Ibid.*, p. 84.

26 *Ibid.*, p. 105.

27 Thorstein Veblen, *The Place of Science in Modern Civilization*, p. 392.

28 *Ibid.*, p. 105.

29 *Ibid.*, p. 47.

30 *Ibid.*, p. 48.

31 Thorstein Veblen, *The Theory of the Leisure class*, p. 239.

32 Thorstein Veblen, *The Place of Science in Modern Civilization*, p. 105.

33 Thorstein Veblen, *The Theory of the Leisure class*, pp. 382. ff.

34 Robert Merton, *Social Theory and Social Structure*(New York, The Free Press, 1968), 특히 "Manifest and Latent Functions"에 대한 장.

35 *Ibid.*, pp. 123 ff.

36 Thorstein Veblen, *The Theory of the Leisure class*, p. 90.

37 *Ibid.*, p. 191.

38 *Ibid.*, p. 207.

39 Max Lerner, ed. and with an introduction, *The Portable Veblen*, p. 365.

40 *Ibid.*

41 *Ibid.*, p. 367.

42 *Ibid.*, p. 373.

43 *Ibid.*, p. 375.

44 *Ibid.*, p. 374.

45 *Ibid.*, p. 375.

46 Max Lerner, ed. and with an introduction, *The Portable Veblen*, p. 475.

47 베블런의 생애에 대한 이 설명은 기념비적이고 결정적인 Joseph Dorfman, *Thorstein Veblen and His America*에 전적으로 의존하고 있다. 비록 베블런의 인격에 대한 리스먼(David Riesman)의 정신분석적인 설명들을 확신하지는 못하지만, 그의 *Thorstein Veblen and His America*에서도 도움을 받았다. 베블런이 스탠포드대학 시절을 즐겁게 회상한 것에 대한 Robert Duffus, *The Innocents at Cedro*(New York, Macmillan, 1944)도 참조.

48 Bernard Rosenberg, *The Values of Veblen*(Washington, D. C., Public Affairs Press, 1956), p. 5.

49 Joseph Dorfman, *op. cit.*, p. 311.

50 *Ibid.*, p. 68.

51 *Ibid.*, p. 250.

52 *Ibid.*, p. 423.

53 Richard Hofstadter, *The Progressive Historians*(New York, Alfred A. Knopf, 1968), p. 220.

54 Joseph Dorfman, *op. cit.*, p. 68.

55 Daniel Aaron, *op. cit.*, p. 103에서 인용.

56 *Ibid.*, p. 118.

57 Lewis Coser and Henry Jacoby, "Utopia Revisited", *Common Cause*, IV, 7(1951. 2), pp. 370~378.

58 Morton White, *op. cit.*, p. 11.

59 *Ibid.*, p. 6.

60 *Ibid.*, p. 25.

61 독일의 역사학파 경제학에 대해서는 Ben Seligman, *Main Currents in Modern Economics*(New York, The Free Press, 1962) 참조. 이 책에는 베블런의 경제학에 대한 좋은 장이 있다.

62 Joseph Dorfman, *op. cit.*, p. 115.

63 Henry Commager, *The American Mind*(New York, Yale University Press, 1950), p. 238. 필요하지만 이 이하의 장에는 각주를 달지 않았다. 여기에 언급된 사실들은 다른 적당한 교과서에서 쉽게 볼 수 있다.

64 Joseph Dorfman, *op. cit.*, p. 196

65 *Ibid.*, p. 237.

66 Daniel Aaron, *op. cit.*, p. 242.

67 Joseph Dorfman, *op. cit.*, p. 235.

68 *Ibid.*, p. 196.

찰스 쿨리

1 Charles Cooley, *Social Organization*(New York, Schocken, 1962), p. 5.

2 Charles Cooley, *Human Nature and the Social Order*(New York, Schocken, 1964), pp. 37, 38.

3 *Ibid.*, p. 5.

4 *Ibid.*, p. 182.

5 *Ibid.*, p. 184.

6 *Ibid.*

7 George Mead, "Cooley's Contribution to American Social Thought", in Human Nature, p. xxx.

8 Charles Cooley, *Life and the Student*(New york, Alfred A. Knopf, 1927), pp. 200, 201.

9 *Ibid.*

10 Charles Cooley, *Social Process*(Carbondale, Southern Illinois University Press,

1966), p. 28.

11 *Ibid.*, p. 417.

12 Charles Cooley, *Social Organization*, p. xxi.

13 *Ibid.*, p. 23.

14 *Ibid.*, pp. 23, 24.

15 *Ibid.*, p. 30.

16 Philip Rieff, "Introduction" to *Human Nature and the Social Order*, p. xvii.

17 George Mead, *op. cit.*, p. xxxvi.

18 Charles Cooley, *Social Organization*, p. 347.

19 *Ibid.*, p. 343.

20 *Ibid.*, p. 347.

21 Charles Cooley, *Social Process*, p. 418.

22 Talcott Parsons, "Cooley and the Problem of Internalization", in Albert Reiss Jr, ed., *Cooley and Social Analysis*(Ann Arbor, University of Michigan Press, 1968), p. 66.

23 Charles Cooley, *Human Nature and the Social Order*, pp. 119, 121.

24 Charles Cooley, *Sociological Theory and Social Research*(New York, Holt, Rinehart and Winston, 1930), p. 290.

25 *Ibid.*, p. 294.

26 Charles Cooley, *Social Process*, p. 318.

27 Charles Cooley, *Social Organization*, p. 121.

28 *Ibid.*, p. 122.

29 *Ibid.*, p. 123.

30 Charles Cooley, *Social Process*, p. 379.

31 *Ibid.*

32 *Ibid.*, p. 39.

33 *Ibid.*, p. 295.

34 *Ibid.*, p. 302.

35 Paul Holman, "Institutional Economics", *Encyclopedia of the Social Science*(New York, Macmillan, 1935).

36 찰스 쿨리(Charles Cooley)의 생애에 대한 이러한 설명은 주로 Edward Jandy, *Charles Cooley: His Life and His Social Theory*(New York, The Dryden Press, 1942); Robert Angell, "Introduction", in Albert Reiss, Jr., ed., *Cooley and Social Analysis*에 기초했다. 에인절(Robert Angell)의 쿨리에 관한 다른 책들, 특히 *International Encyclopedia of the Social Science*(New York, Macmillan, 1968)에 실린 쿨리에 관한 논문도 도움이 되었다. 좀더 자세한 정보들은 친절하게도

이 부분을 읽고 에인절 교수에게 편지를 보내주었던(1969. 5. 14.) 쿨리의 딸 메리 쿨리(Mary Cooley)에게서 얻은 것이다. 에인절 교수는 그 편지를 내게 보여주었다.

37 Edward Jandy, *op. cit.*, p. 21.

38 *Ibid.*, p. 71.

39 에인절과의 개인적 담설, 1969년 3월 23일.

40 Edward Jandy, *op. cit.*, p. 73.

41 Charles Cooley, *Life and Student*, p. 181.

42 Edward Jandy, *op. cit.*에 나오는 그의 사망일은 잘못된 것이다. 나는 이 정보를 메리 쿨리에게 들었다.

43 Talcott Parsons in Albert Reiss Jr, ed., *op. cit.*, p. 59.

44 Charles Cooley, *Sociological Theory and Social Research*, p. 4.

45 *Encyclopedia of Philosophy*(New York, Macmillan, 1967)에 실린 모런(Michael Moran)의 에머슨(Ralph Emerson)에 관한 논문에서 인용.

46 Charles Cooley, *Social Process*, p. 402.

47 Charles Cooley, *Sociological Theory and Social Research*, p. 5

48 *Ibid.*, p. 263.

49 *Ibid.*, pp. 266~269.

50 Edward Jandy, *op. cit.*, p. 86.

51 스미스(Adam Smith)와 스티븐(Leslie Stephen)의 저작에서 찾아볼 수 있는 영 상자아 개념의 원초적 형태에 관해서는 Robert Merton, *Social Theory and Social Structure*, Enlarged Edition(New York, The Free Press, 1968), p. 19를 보라.

52 David Noble, *The Paradox of Progressive Thought*(Minneapolis, University of Minnesota Press, 1958), p. 92.

53 Charles Cooley, *Human Nature and the Social Order*, p. 104.

54 Talcott Parsons in Albert Reiss Jr, ed., *op. cit.*, p. 59 참조.

55 *International Encyclopedia of the Social Science*에 실린 펠란(William Phelan)의 제임스(William James)에 관한 논문에서 인용. 나는 이 단락 전체에서 제임스 의 자아개념에 대한 그의 설명을 그대로 따랐다.

56 Charles Cooley, *Human Nature and the Social Order*, p. 125.

57 Edward Jandy, *op. cit.*, p. 110.

58 Charles Cooley, *Sociological Theory and Social Research*, p. 8.

59 David Noble, *op. cit.*, p. 116에서 인용.

60 Roscoe Hinkle, "Introduction" to Charles Cooley, *Social Process*, p. xvii.

61 *Ibid.*, p. xxxii.

62 Richard Hofstadter, *The Progressive Historians*(New York, Alfred A. Knopf,

1968).

63 Charles Cooley, *Sociological Theory and Social Research*, p. 10.

64 *Ibid.*

65 *Ibid.*

66 Charles Cooley, *Life and the Student*, p. 185.

67 *Ibid.*, p. 180.

68 *Ibid.*, p. 184.

69 메리 쿨리에게 받은 정보.

70 Charles Cooley, *Life and the Student*, p. 187.

71 *Ibid.*, p. 184.

72 메리 쿨리에게 받은 정보.

73 Walton Hamilton, "Charles Cooley", *Social Forces*, VIII (December, 1930); Read Bain, "Cooley a Great Teacher", *Social Forces*, VIII (December, 1930); 그리고 위에서 인용한 에인절의 쿨리에 대한 여러 글 참조.

74 Charles Cooley, *Sociological Theory and Social Research*, p. 12.

75 Charles Cooley, *Life and Student*, p. 173.

76 *Ibid.*, pp. 172, 173.

77 *Ibid.*, p. 174.

78 Edward Jandy, *op. cit.*, p. 60.

79 *Ibid.*, p. 61.

80 *Ibid.*

81 *Ibid.*, p. 290.

82 Herbert Mead, *op. cit.*, p. xxxv.

83 Roberts Angell, *op. cit.*

84 Charles Cooley, *Human Nature and the Social Order*, p. 134.

85 Luther Bernard, "Conflict Between Primary Group Attitudes and Derivative Group Ideals in Modern Society", *American Journal of Sociology*, XLI, 5 (March, 1936), pp. 611~624; Ellsworth Faris, "The Primary Group: Essence and Accident", in his *Nature of Human* (New York, McGraw-Hill, 1937).

86 이 연구와 그 후의 연구에 대해서는 Edward Shils, "The Study of Primary Groups" in Daniel Lerner and Harold Lasswell, eds., *The Policy Sciences* (Stanford, California, The Stanford University Press, 1951) 참조.

87 Samuel Stouffer et al., *The American Soldier* (Princeton, New Jersey, Princeton University Press, 1949), vols. I and II.

88 Paul Lazarsfeld et al., *The People's Choice* (New York, Columbia University Press, 1948), Second Ed.; Bernard Berelson, Paul Lazarsfeld and William McPhee,

Voting: A Study of Opinion Formation in a Presidential Campaign(Chicago, The University of Chicago Press, 1954); Elihu Katz and Paul Lazarsfeld, *Personal Influence*(New York, The Free Press, 1955).

89 Robert Merton, *op. cit.*, p. 158.

90 Herbert Hyman and Eleanor Singer eds., *Reading in Reference Group Theory and Research*(New York, The Free Press, 1968) 참조.

91 A. Paul Hare et al., *Small Groups: Studies in Social Interaction*, Rev. Ed.(New York, Alfred A. Knopf, 1965) 참조.

92 Charles Cooley, *Life and Student*, p. 159.

조지 미드

1 John Dewey, "George Herbert Mead", *The Journal of Philosophy*, XXVIII, 12(June 4, 1931), p. 310.

2 John Dewey, "Prefactory Remarks", in George Mead, *The Philosophy of the Present*(La Salle, Illinois, Open Court, 1959), p. xxxvi.

3 George Mead, *Mind, Self and Society*(Chicago, The University of Chicago Press, 1934).

4 George Mead, *Selected Writings*, ed. by Andrew Reck(Indianapolis, Indiana, Bobbs-Merrill, 1964).

5 George Herbert Mead, *The Philosophy of the Present*.

6 George Herbert Mead, *The Philosophy of the Act*(Chicago, The University of Chicago Press, 1938).

7 George Mead, *Movements of Thought in the Nineteenth Century*(Chicago, The University of Chicago Press, 1936).

8 George Mead, *op. cit.*, pp. 6, 7.

9 *Ibid.*, p. 1.

10 *Ibid.*

11 다음의 설명은 미드(George Mead)의 사회사상에 대한, 특히 다음 몇 개의 분석과 설명에 도움을 많이 받았다. Tomatsu Shibutani, "George Herbert Mead" in *International Encyclopedia of the Social Sciences*(New York, Macmilan, 1968); Herbert Blumer, "Sociological Implications of the Thought of George Herbert Mead", *American Journal of Sociology*, LXXI, 5(March 1966), pp. 535~544; Maurice Natanson, *The Social Dynamics of George H. Mead*(Washington, D. C., Public Affairs Press, 1956); Andrew Reck, "Introduction" to *Selected Writings*. 나는 이 모든 저작에서 많은 것을 빌려 썼다.

12 George Mead, *op. cit.*, p. 73

13 *Ibid.*

14 Herbert Blumer, *op. cit.*, p. 537.

15 George Mead, *op. cit.*, p. 10.

16 *Ibid.*, p. 149.

17 *Ibid.*, p. 150.

18 *Ibid.*, p. 151.

19 *Ibid.*

20 *Ibid.*, pp. 153, 154.

21 *Ibid.*, p. 152.

22 *Ibid.*, p. 155.

23 Maurice Natanson, *op. cit.*, p. 13.

24 *Ibid.*

25 *Ibid.*

26 John Dewey, "George Herbert Mead", p. 313.

27 George Mead, *op. cit.*, p. 175.

28 *Ibid.*, p. 197.

29 *Ibid.*, p. 177.

30 *Ibid.*, p. 178.

31 *Ibid.*, p. 182.

32 *Ibid.*, p. 2; Maurice Natanson, *op. cit.*, p. 17.

33 George Mead, *op. cit.*, p. 186.

34 *Ibid.*, p. 202.

35 *Ibid.*, p. 178.

36 Charles Morris, *Sings, Language and Behavior* (New York, Prentice-Hall, 1946), pp. 42~45 참조.

37 George Mead, *op. cit.*, p. 7.

38 *Ibid.*, p. 46.

39 *Ibid.*, p. 307.

40 Robert Merton, *Social Theory and Social Structure*, Enlarged Ed. (New York, The Free Press, 1968), pp. 292, 293 참조.

41 George Mead in Charles Cooley, *Human Nature and Social Order* (New York, Schoken, 1962), pp. xxxiv~xxxv.

42 미드에 대한 전기 자료가 극히 적기 때문에 나는 소수의 자료에 의존할 수밖에 없었다. 그러나 이 자료들도 예를 들면 베블런과 쿨리의 경우에 가능했던 것과 같은 자세한 정보를 제공해주지 않았다. 가장 도움이 되었던 것은 다음

과 같다. H.C.A.M.(Henry Mead) "Biographical Notes" in *The Philosophy of the Act*; David Wallace, "Reflections on the Education of George Herbert Mead", *American Journal of Sociology*, LXXII, 4(January 1967), pp. 396~408; Andrew Reck, "Introduction" to Karl Marx, *Selected Writings in Sociology and Social Philosophy*; Anselm Strauss, "Introduction" to *George Herbert Mead on Social Psychology*(Chicago, The University of Chicago Press, 1964). 그중에서 가장 도움을 받은 것은 미드의 생존해 있는 수제자이자 해석자인 블루머(Herbert Blumer)와의 인터뷰였다. 그는 관대하게 인간과 사상가로서의 미드에 대한 그의 방대한 지식을 나에게 나누어주었다.

43 Robert Faris, *Chicago Sociology 1920-1932*(San Francisco, Chandler, 1967), 특히 p. 20 이하 참조. 새로운 대학으로서의 시카고대학 설립 과정에 대한 정보와 시카고대학에 대한 자세한 것은 이 저작에 의거함. 또한 Linoln Steffens, *The Shams of the Cities*(New York, McClure, 1904), 특히 p. 163을 보라.

44 Richard Hofstadter, *Social Dawinism in American Thought*(Boston, Beacon Press, 1955), p. 135에서 재인용.

45 듀이(John Dewey) 밑에서의 시카고대학 철학과와 진보적 교육 및 헐 하우스에 대해서는 Charles Mills, *Sociology and Pragmatism*(New York, Paine-Whitman, 1964), pp. 298~313을 보라.

46 John Dewey, "George Herbert Mead', p. 309.

47 Herbert Blumer, 1969년 4월 9일의 대화.

48 Herbert Blumer, 1969년 4월 9일의 대화; Strauss, *op. cit.*, p. xi.

49 John Dewey, "George Herbert Mead", p. 311.

50 George Mead, *Selected Writing*, p. 302

51 T. V. Smith, "The Social Psychology of George Herbert Mead", *American Journal of Sociology*, XXXVII, 3(1931. 11.), p. 369.

52 Herbert Blumer, 1969년 4월 9일의 대화.

53 George Mead, *Seleted Writings*, p. 357.

54 T. V. Smith, *op. cit.*, p. 369에서 재인용.

55 John Dewey, "George Herbert Mead", p. 312.

56 *Ibid*.

57 George Mead, *Movements of Thought in the Nineteenth Century*, p. 345.

58 George Mead, *Seleted Writings*, p. 328.

59 George Mead, *Movements of Thought in the Nineteenth Century*, p. 364.

60 *Ibid*., p. 346. 이 구절은 Andrew Reck, "Introduction" to Karl Marx, *Selected Writings in Sociology and Social Philosophy*, p. xvi에서 자유롭게 빌려 썼다.

61 George Mead, *op. cit.*, p. 166.

62 *Ibid.*

63 *Ibid.*

64 *Ibid.*, p. 167.

65 *Ibid.*, pp. 167, 168.

66 *Ibid.*, p. 87.

67 *Ibid.*, p. 89.

68 *Ibid.*, p. 125.

69 George Mead, *Mind, Self and Society*, p. 42.

70 George Mead, *Selected Writings*, p. 109.

71 T. V. Smith, *op. cit.*, pp. 378, 379.

72 George Mead, *Movements of Thought in the Nineteenth Century*, p. 292.

73 *Ibid.*, p. 325.

74 John Dewey, "George Herbert Mead", p. 313.

75 Charles Morris, "Introduction" to *Mind, Self and Society*, p. xi.

76 Henry Mead, in *The Philosophy of the Act*, p. lxxix.

77 George Mead, *Selected Writings*, pp. 361, 362.

78 *Ibid.*, p. 222.

79 위의 대부분은 Anselm Strauss, "Introduction" to *George Herbert Mead on Social Psychology*, p. ix 참조.

로버트 파크

1 Howard Odum, *American Sociology*(New York, Longmans, Green, 1951), pp. 132, 133에서 인용.

2 Everett Hughes, "Robert E. Park" in T. Raison, ed., *The Founding Fathers of Social Science*(Harmondsworth, England, Penguin, 1969), p. 169.

3 Robert Park and Ernest Burgess, *Introduction to the Science of Sociology*(Chicago, The University of Chicago Press, 1921), p. 42.

4 이 절은 Ralph Turner, ed., *Robert E. Park on Social Control and Collective Behavior*(Chicago, The University of Chicago Press, 1967)에서 훌륭하게 쓴 Ralph Turner, "Introduction"의 도움을 많이 받았다.

5 Robert Park and Ernest Burgess, *op. cit.*, p. 42.

6 Robert Park, *Human Communities*(New York, The Free Press, 1952), p. 157.

7 Robert Park and Ernest Burgess, *op. cit.*, p. 42.

8 *Ibid.*, p. 665.

9 *Ibid.*, p. 505.

10 *Ibid.*, p. 507.

11 *Ibid.*

12 *Ibid.*

13 *Ibid.*

14 *Ibid.*, p. 574.

15 *Ibid.*, pp. 574, 575.

16 *Ibid.*, p. 665.

17 *Ibid.*, p. 735.

18 Robert Park, *Race and Culture* (New York, The Free Press, 1950), p. 257.

19 *Ibid.*

20 *Ibid.*, p. 259.

21 *Ibid.*, p. 230.

22 *Ibid.*, p. 231.

23 *Ibid.*, pp. 231, 232.

24 *Ibid.*, p. 232.

25 *Ibid.*

26 *Ibid.*, p. 233.

27 *Ibid.*, p. 260.

28 Robert Park and Ernest Burgess, *op. cit.*, p. 866.

29 *Ibid.*, p. 868.

30 *Ibid.*

31 *Ibid.*, p. 790.

32 *Ibid.*, p. 869.

33 *Ibid.*; Robert Park, "aus Watertown, S. D., U. S. A.", *Masse und Publikum* (Bern, Switzerland, Lack und Grunau, 1904); passim (Park's Heidelberg dissertation.).

34 Robert Park, *Society* (New York, The Free Press, 1955), p. 176.

35 Robert Park, *Human Communities*, p. 148.

36 *Ibid.*

37 *Ibid.*, p. 151.

38 *Ibid.*, p. 152.

39 Everett Hughes, "Introduction" to *Human Communities*, p. 6 참조.

40 Robert Park, *op. cit.*, p. 151.

41 *Ibid.*, p. 223.

42 *Ibid.*, pp. 180, 181.

43 Robert Park, *Race and Culture*, p. 249.

44 Robert Park, *Society*, pp. 285, 286.

45 Robert Park and Ernest Burgess, *op. cit.*, p. 55.

46 Robert Park, *Race and Culture*, p. 356.

47 *Ibid.*, p. 376.

48 *Ibid.*, p. 356.

49 라우셴부시(Winifred Raushenbush)가 전기를 준비 중이라는 것을 알고 있기는 하지만, 지금으로서는 파크(Robert Park)의 전기가 없기 때문에 이 부분의 집필을 위해서 몇 가지 전거(典據)에서 자료를 모으지 않을 수 없었다. 주로 사용된 전거들은 다음과 같다. Helen Hughes, "Robert E. Park", *International Encyclopedia of the Social Sciences*(New York, MacMillan, 1968); Everett Hughes, "Robert E. Park", pp. 162~169; Robert Faris, *Chicago Sociology, 1920-1930*(San Francisco, Chandler, 1967); Ellsworth Faris, "Robert E. Park", *American Sociological Review*, IX, 3(June 1944), pp. 322~325; Ernest Burgess, "Robert E. Park", *American Journal of Sociology*, XLIX, 5(March 1994) p. 478; Ernest Burgess, "Social Planning and Race and Relations", in *Race Relations: Problems and Theory, Essays in Honor of Robert E. Park*, ed. by J. Masuoka and Preston Valien(Chapel Hill, North Carolina, the University of North Carolina Press, 1961), pp. 17~25. 그리고 다음에 나오는 파크의 세 권으로 된 전집에 대한 휴스(Everett Hughes)의 서문과 무엇보다 Robert Park, "An Autobiographical Note" in his *Race and Culture*, pp. v~ix.

50 Robert Park, "An Autobiographical Note", p. vi.

51 *Ibid.*

52 *Ibid.*; Pitirim Sorokin, *Contemporary Sociological Theories*(New York, Haper & Row, 1928), p. 492.

53 Robert Park, "An Autobiographical Note", pp. v~vi.

54 *Ibid.*, p. vi.

55 Ernest Burgess, in *Race Relations*, p. 15.

56 Robert Park, *op. cit.*, p. vii.

57 *Ibid.*, p. viii.

58 이 문단과 바로 앞 문단의 정보에 대한 전거는 Ellsworth Faris, *op. cit.*, pp. 29~30임.

59 Robert Park, *The Immigrant Press and Its Control*(New York, Harper & Row, 1922).

60 Robert Park, *Race and Culture*; *Human Communities*; *Society*. 이 세 권의 책은 모두 휴스와 그의 동료들에 의해 편집되었음.

61 Robert Park and Ernest Burgess, *Introduction to the Science of Sociology*.

62 Robert Park and Hebert Miller, *Old World Traits Transplanted*(New York,

Harper & Row, 1921).

63 Ernest Burgess, in *Race Relations*, p. 17.

64 Robert Park, "An Autobiographical Note", p. ix.

65 Everett Hughes, "Preface" to *Race and Culture*, p. viii.

66 Robert Park, "Lebenslauf", in *Masse und Publikum*, pp. 111, 112.

67 Georges Gurvitch, "Bogdan A. Kystiakovsky", in *Encyclopedia of the Social Sciences*(New York, MacMillan, 1938) 참조. 앞서 인용한 것처럼 소로킨(Pitirim Sorokin)은 키스티아콥스키(Bogdan Kystiakovsky)의 상호작용에 대한 시각을 강조한 반면, 귀르비치(Georges Gurvitch)는 그의 법사회학에 대한 중요성을 지적하고 있다. 또 소로킨은 그의 이름에 I를 사용하고 있는 반면, 귀르비치 는 Y를 사용하고 있다.

68 Robert Park and Ernest Burgess, *Introduction to the Science of Sociology*, pp. 8~10에 있는 빈델반트(Wilhelm Windelband)의 인용문 참조.

69 *Ibid.*, p. 11.

70 Everett Hughes, "Preface" to *Society*.

71 Robert Park, *Race and Culture*, p. v.

72 Robert Park, *Soceity*, pp. 100, 101에서 인용.

73 *Ibid.*, p. 102.

74 *Ibid.*, p. 79.

75 Robert Park and Ernest Burgess, *Introduction to the Science of Sociology*에 대한 "Preface"는 이 편집자가 토머스(William Thomas)에게 이 책의 '관점과 조직 의 틀'을 배웠다는 점을 강조하고 있다.

76 이 아래는 주로 Robert Faris, *op. cit.*와 William Thomas and Morris Janowitz, ed., *W. I. Thomas on Social Organization and Social Personality*(Chicago, The University of Chicago Press, 1966)에 있는 Morris Janowitz, "Introduction"에 근거하고 있다.

77 휴스는 개인적인 담화(1966. 9. 24.)에서 다음과 같이 언급했다. "내가 대학원 학생이었을 때 토머스가 시카고를 지나갈 기회가 있자 워스(Louis Wirth)는 토머스를 만나기 위해 저녁을 준비한 적이 있다. ……이 나이 많은 학생은 그 에게 네 가지 소원에 관한 문제를 물었다. 토머스는 '이제 어떠한 소원을 *The Polish Peasant in Europe and America*의 서문에 마지막으로 사용할 것인가?' 하고 물었다. 그는 그것들을 옹호하는 데는 전혀 관심이 없어 보였으나 즈나 니에츠키(Florian Znaniecki)가 언제나 체계적일 것을 주장했다는 점을 보여 주었다."

78 William Thomas and Florian Znaniecki, *The Polish Peasant in Europe and America*(New York, Alfred A. Knopf, 1927), vol. I, p. 37.

79 Robert Dubin, *Theory Building*(New York, The Free Press, 1969), title page에서 인용.

빌프레도 파레토

1 이 장은 주로 파슨스와 아롱의 파레토(Vilfredo Pareto) 사상 해석에 의존했으며, 다음 책들의 도움 없이는 쓰지 못했을 것이다. Talcott Parsons, *The Structure of Social Action*(New York, The Free Press, 1949), Chapters 5 to 7; Talcott Parsons, "Pareto's Central Analytical Scheme" in James Meisel, ed., *Pareto and Mosca*(Englewood Cliffs, New Jersey, Prentice-Hall, 1965), pp. 71~88; Raymond Aron, *Main Currents in Sociological Thought*(New York, Basic Books, 1967), vol. II, pp. 99~176. 나는 또한 Samuel Finer, "Introduction" to Samuel Feiner, ed., *Vilfredo Pareto, Sociological Writings*(New York, Praeger, 1966)에서 도움을 받았다. 짤막하게 요약된 것으로는 Talcott Parsons, "Vilfredo Pareto" in *The International Encyclopedia of the Social Sciences*(New York, MacMillian, 1968)을 보라.

2 George Homans and Charles Curtis, Jr., *An Introduction to Pareto*(New York, Alfred A. Knopf, 1934), p. 291에서 인용.

3 파레토는 그의 *The Treatise on General Sociology*를 2,612개의 번호를 붙인 문단으로 분류했다. 이 번호는 독자로 하여금 리빙스턴(Arthur Livingston)이 번역하고 *The Mind and Society*, 4vols.라고 이름 붙여진 판본과 최근 출판된 Joseph Lopreato, ed., *Vilfredo Pareto: Selections from his The Treatise on General Sociology*(New York, Crowell Collier, 1965); Samuel Finer, *op. cit.*가 모든 번역을 참조하는 데 도움이 될 것이므로, 앞으로의 인용문에는 모두 이 번호를 달도록 했다. 파이너(Samuel Finer)의 책은 *The Treatise on General Sociology*뿐만 아니라 다른 저서들도 포함하고 있으며, 그는 *The Mind and Society*의 번역보다는 머핀(Derick Mirfin)의 번역을 사용하고 있다. 이 후자의 책은 *The Treatise on General Sociology*(New York, Dover, 1963)라는 원제로 재출간되었다.

4 Lawrence Henderson, *Pareto's General Sociology*(Cambridge, Havard University Press, 1935), p. 10 외 여러 곳 참조.

5 Vilfredo Pareto, *The Treatise on General Sociology*, p. 2080.

6 *Ibid.*, p. 148.

7 *Ibid.*, p. 150.

8 *Ibid.*

9 *Ibid.*, p. 162.

10 *Ibid.*, p. 161.

11 *Ibid.*, p. 253.

12 Raymond Aron, *op. cit.*, p. 120.

13 Vilfredo Pareto, *op. cit.*, pp. 850, 851.

14 Raymond Aron, *op. cit.*, p. 121.

15 Talcott Parsons, *The Structure of Social Action*, pp. 199, 200.

16 Vilfredo Pareto, *op. cit.*, p. 1859.

17 *Ibid.*, p. 854.

18 *Ibid.*, p. 1416.

19 *Ibid.*, pp. 1455~56.

20 *Ibid.*, p. 173.

21 이 부분은 주로 파슨스의 해석에 의존하고 있다.

22 Vilfredo Pareto, *op. cit.*, p. 2143.

23 *Ibid.*, p. 249.

24 Index-Summary IIu in *The Mind and Society*.

25 Vilfredo Pareto, *op. cit.*, p. 2027.

26 *Ibid.*, p. 2031.

27 *Ibid.*, p. 2032.

28 *Ibid.*, pp. 2035, 2036.

29 *Ibid.*, pp. 2052~54.

30 *Ibid.*, p. 2179.

31 *Ibid.*, p. 2227.

32 *Ibid.*, p. 2235.

33 *Ibid.*, p. 2133.

34 *Ibid.*

35 *Ibid.*, p. 2134.

36 *Ibid.*

37 이 부분에 대한 정보는 다음의 책에서 얻었다. Georges-Henri Bousquet, *Vilfredo Pareto: Savie et son oeuvre*(Paris, Payot, 1928); Samuel Finer, "Biographical Summary" in Samuel Finer et., *Vilfredo Pareto Sociological Writings*(New York, Praeger, 1966); Franz Borkenau, *Pareto*(New York, Wiley, 1936); Werner Stark, "In Search of the True Pareto" in James Meisel, ed., *Pareto and Mosca*(Englewood Cliffs, New Jersey, Prentice-Hall, 1965). 파레토 말년의 생활양식에 관한 훌륭한 설명은 Manon Einaudi, "Pareto As I Knew Him", *Atlantic Monthly*, CLVI(July~December 1935), pp. 336~346을 보라.

38 Vincent Tarascio, *Pareto's Methodological Approach to Economics*(Chapel Hill,

North Carolina, University of North Carolina Press, 1966), p. 7.

39 Jean-Charles Biaudet, "Pareto à Lausanne", in *Cahiers Vilfredo Pareto*, V(1965), p. 42에서 인용.

40 Maurice Allais, "Pareto, Vilfredo Contributions to Economics", *International Encyclopedia of the Social Sciences*에서 인용.

41 Georges-Henri Bousquet, *op. cit.*, p. 19에서 인용.

42 Franz Borkenau, *op. cit.*, p. 18.

43 Stuart Hughes, *Consciousness and Society*(New York, Vintage Books, 1961), p. 272에서 인용.

44 이곳에서 내가 도움을 받은 이탈리아 사회사상에 관한 훌륭한 묘사로는 Friedrich Jonas, *Geschichte der Soziologie*(Reinbeck bei Hamburg, Rowohlt, 1969), III, pp. 92 ff 참조.

45 Samuel Finer, "Introduction", *op. cit.*, pp. 16, 17 참조.

46 Georges-Henri Bousquet, *op. cit.*, p. 205 참조.

47 Vilfredo Pareto, *op. cit.*, p. 828.

48 *Ibid.*

49 *Ibid.*, p. 6.

50 *Ibid.*, pp. 286~288.

51 *Ibid.*

52 *Les Système de politique positives socialistes*, 2nd. ed., vol. II, p. 194, as quoted by Frank Manuel, *The New World of Henri Saint-Simon*(Cambridge, Harvard University Press, 1956), pp. 3, 372.

53 *Ibid.*, p. 302.

54 Vilfredo Pareto, *The Mind and Society*, p. 1477.

55 James Meisel, ed., *op. cit.*, pp. 5, 6에서 인용.

56 *Ibid.*

57 James Meisel, "Introduction" to *Ibid.*, p. 15 참조.

58 Stuart Hughes, *op. cit.*, pp. 255~257.

59 Samuel Finer, "Introduction", *op. cit.*, p. 117. 또한 Talcott Parsons, *op. cit.*, p. 179도 보라.

60 Vilfredo Pareto, *The Treatise on General Sociology*, p. 351.

61 Georges-Henri Bousquet, *op. cit.*, p. 206.

62 Benedetto Croce, *A History of Italy: 1871-1915*(Oxford, The Clarendon Press, 1929), pp. 1, 2. 이하 부분은 크로체(Benedetto Croce) 외에도 Margot Hentze, *Pre-Fascist Italy*(London, George Allen and Unwin, 1939)와 RenéAlbrecht-Carrié, *Italy from Napoleon to Mussolini*(New York, Columbia University Press,

1950 참조.

63 Margot Hentze, *op. cit.*, p. 164.

64 Samuel Finer, *op. cit.*, pp. 3 ff 참조.

65 Arthur Livingston, "Biographical Note", *The Mind and Society*, p. xvi.

66 Jean-Charles Biaudet, p. 43에서 비아데(Jean-Charles Biaudet)의 논문은 내가 파레토의 로잔대학 시절을 쓰는 데 주된 자료가 되었다. 이하의 모든 인용은 이 책에서 따온 것이다.

67 James Meisel, "Introduction", p. 24에서 인용.

68 *Ibid.*, p. 23. 헨더슨(Lawrence Henderson) 자신도 한 동료로서 파레토에게 소개되었다. 휠러(William Wheeler)의 곤충사회에 대한 연구는 인간사회의 본능적 결정인에 대한 관심을 더욱 촉진시켰다. Cynthia Russett, *The Concepts of Equilibrium in American Social Thought*(New Haven, Conn., Yale University Press, 1966), p. 111 참조.

69 George Homans, *Sentiments and Activities*(New York, The Free Press, 1962), p. 4; Barbara Heyl, "The Havard Pareto Circle", *Journal of the History of the Behavioral Sciences*, IV(1968), pp. 316~334; Bernard Barber, "Introduction" to *L. J. Handerson on the Social System*(Chicago, the University of Chicago Press, 1970) 참조.

70 George Homans and Charles Curtis, Jr., *op. cit.*, p. 10에서 인용.

71 James Meisel, "Introduction", p. 14에서 인용.

72 *Ibid.*, p. 14.

73 *Ibid.*, p. 27.

74 *Ibid.*, p. 26.

75 George Homans and Charles Curtis, Jr., *op. cit.*, p. 10.

76 Talcott Parsons, *op. cit.*, p. 300.

77 Talcott Parsons, "Vilfredo Pareto", in *The International Encyclopedia of the Social Sciences*.

78 Fritz Roethlisberger and William Dickson, *Management and the Worker*(Cambridge, Massachusetts, Harvard University Press, 1939).

79 John Goldthrope, "Vilfredo Pareto", in Timothy Raison, *The Founding Fathers of Social Science*(Harmondsworth, England, Penguin Books, 1969), pp. 116~118 참조.

80 특히 Harold Laswell et al., *The Comparative Study of Elites*(Stanford, Stanford University Press, 1952) 참조.

81 Charles Mills, *The Power Elite*(New York, Oxford University Press, 1959).

82 Suzanne Keller, *Beyond the Ruling Class*(New York, Random House, 1963)

83 Thomas Bottomore, *Elites and Society*(New York, Basic Books, 1964).

84 Samuel Finer, *op. cit.*

85 Joseph Lopreato, ed., *op. cit.*

86 Raymond Aron, *op. cit.*

87 Urs Jaeggi, *Die Gesellschaftliche Elite*(Berlin, 1960)

88 Gottfried Eisermann, *Vilfredo Paretos System der Allgemeinen Soziolo-gie*(Stuttgart, Enke, 1968).

카를 만하임

1 Karl Mannheim, *Ideology and Utopia*(New York, Harcourt Brace Jovanovich, 1936), p. 27.

2 *Ibid.*, p. 26.

3 Kurt Wolff, "The Sociology of Knowledge and Sociological Theory" in Llewellyn Gross, ed., *Symposium on Sociological Theory*(New York, Row, Peterson, 1959), p. 571.

4 *Ibid.*, p. 572.

5 Karl Marx and Friedrich Engles, *The German Ideology*(New York, International Publishers, 1939), p. 6.

6 Karl Mannheim, *op. cit.*, p. 3.

7 *Ibid.*, p. 244.

8 *Ibid.*, p. 240.

9 *Ibid.*

10 *Ibid.*, p. 130.

11 *Ibid.*, p. 245.

12 Robert Merton, *Social Theory and Sowal Structure*(New York, The Free Press, 1957), pp. 498, 499. Robert Merton, "Karl Mannheim and the Sociology of Knowledge"의 모든 장은 나에게 절대적으로 필요한 도움을 주었다.

13 Karl Mannheim, "Conservative Thought" in *Essays on Sociology and Social Psychology*(New York, Oxford University Press, 1953), p. 121.

14 Karl Mannheim, "The Problems of Generations" in *Essays on the Sociology of Knowledge*(New York, Oxford University Press, 1952), p. 291.

15 *Ibid.*, p. 304.

16 *Ibid.*

17 Karl Mannheim, *Ideology and Utopia*, p. 239.

18 Otto Dahlke, "The Sociology of Knowledge" in Barnes, Becker and Becker, ed., *Contemporary Social Theory*(New York, Appleton, 1940), p. 87.

19 다음 논문 중 공간(公刊) 되지 않은 그의 원고에서 인용, David Kettler, "Sociology of Knowledge and Moral Philosophy: The Place of Traditional Problems in Mannheim's Thought", *Political Science Quarterly*, LXXXII, 3(September 1967), pp. 399~426.

20 Karl Mannheim, *op. cit.*, p. 4.

21 *Ibid.*, p. 256.

22 지식사회학에 대한 만하임(Karl Mannheim)의 대부분의 저작과 마찬가지로 *Ideology and Utopia*에 없는 모든 논문은 다른 그의 저서들에 실렸다. *Essays on Sociology and Social Psychology; Essays on the Sociology of Knowledge; Essays on the Sociology of Culture*(New York, Oxford University Press, 1956).

23 Isaiah Berlin, *Four Essays on Liberty*(New York, Oxford University Press, 1969), p. liii.

24 Karl Mannheim, *Man and Society in an Age of Reconstruction*(London, Routledge and Kegan Paul, 1940), p. 25.

25 *Ibid.*, p. 46.

26 *Ibid.*, p. 53.

27 *Ibid.*, p. 55.

28 *Ibid.*, p. 59.

29 *Ibid.*

30 Karl Mannheim, *Diagnosis of Our Time*(London, Routledge and Kegan Paul, 1943), p. 38.

31 *Ibid.*, p. 93.

32 Karl Mannheim, *Freedom, Power and Democratic Planning*(New York, Oxford University Press, 1950), p. 312.

33 *Ibid.*, p. 313.

34 Karl Mannheim, *Diagnosis of Our Time*, p. 29.

35 Karl Mannheim, *Freedom, Power and Democratic Planning*, pp. 95, 96.

36 *Ibid.*, p. 69.

37 Karl Mannheim, *Man and Society in an Age of Reconstruction*, p. 359.

38 *Ibid.*

39 이 부분을 쓰는 데 도움을 준 또 다른 해석으로는 Gunter Remmling, *Wissenssogiologie und Gesellschaftsplanung: Das Werk Karl Mannheims* (Dortmunt, Ruhfus, 1968) 참조.

40 만하임 초기의 헝가리 환경에 대한 나의 설명은 주로 이에 대한 자세한 연구인 David Kettler, *Marxismus und Kultur*(Neuwied und Berlin, Luchterhand,

1967)와 현재 케틀러(David Kettler) 교수가 집필 중인 만하임에 대한 전신상적 연구의 1장에 기초를 두었다. 나는 케틀러 교수의 저서와 원고들에서 많은 도움을 받았다. 또한 Zoltan Horvath, *Die Jahrhundertwende in Ungarn*, 독역(Neuwied und Berlin, Luchterhand, 1966)라는 헝가리 역사가의 전쟁 전 헝가리 지식인에 대한 저서에서 도움을 받았다. *Soviet Survey*(January~March; April~June; July~September 1958, January~March 1959)에 실린 와트닉(Morris Watnick)의 루카치(Georg Lukacs)에 대한 훌륭한 연구도 참조.

41 Zoltan Horvath, *op. cit.*, p. 353.

42 Kurt Wolff; *Studies on the Left*, III, 3 (Summer 1963)에 번역.

43 Paul Kecskemeti, 개인편지(March 11, 1969).

44 Karl Mannheim, *Essays on Sociology and Social Psychology*, Chapter I.

45 *Ibid.*, Chapter II.

46 Jean Floud, "Karl Mannheim" in Timothy Raison, ed., *The Founding Fathers of Social Science*(Harmondsworth, England, Penguin Books, 1969), p. 204.

47 *Ibid.*, p. 213.

48 Edward Shils, "Karl Mannheim" in *International Encyclopedia of Social Sciences*(New York, Macmillan, 1968).

49 Karl Mannheim, *Diagnosis of Our Time*, pp. 100~165.

50 이 강의의 독일어 번역은 Kurt Wolff, ed., Karl Mannheim, *Wissens-soziologie*(Neuwied und Berlin, Luchterhand, 1964), pp. 66~84에 포함되어 있다.

51 *Ibid.*, p. 74.

52 *Ibid.*, p. 84.

53 다음 서술은 Paul Kecskemeti, "Introduction" to Karl Mannheim, *Essays on the Sociology of Knowledge*에서 큰 도움을 받았다.

54 Karl Mannheim, *Ibid.*, p. 84.

55 *Ibid.*, pp. 84, 85.

56 Karl Mannheim, *Essays on Sociology and Social Psychology*, Chapter I.

57 Karl Mannheim, *Essays on the Sociology of Knowledge*, p. 167.

58 *Ibid.*, p. 180.

59 *Ibid.*, p. 34.

60 다음 서술은 Paul Kecskemeti, "Introduction" to Karl Mannheim, *Essays on Sociology and Social Psychology*에서 큰 도움을 받았다.

61 Karl Mannheim, *Man and Society in an Age of Reconstruction*, p. 206.

62 Karl Mannheim, *Ideology and Utopia*, p. 143.

63 Istvan Deak, *Weimar Germany's Left-Wing Intellectualls*(Berkeley, California,

University of California, 1968) 참조.

64 Peter Gay, *Weimar Culture*(New York, Harper & Row, 1969).

65 Émile Durkheim, *The Elementary Forms of Religious Life*(New York, The Free Press, 1947), p. 210.

피티림 소로킨

1 Pitirim Sorokin, *Society, Culture and Personality*(New York, Harper, 1947), p. 47.

2 *Ibid.*, p. 63.

3 *Ibid.*, Chapter I to V.

4 Pitirim Sorokin, *Social and Cultural Dynamics*, 4vols(New York, American Book Co., 1937~41).

5 Louis Schneider, "Toward Assessment of Sorokin's View of Change" in George Zollschan and Walter Hirsch, ed., *Explorations in Social Change*(Boston, Houghton Mifflin, 1964), pp. 371~499.

6 Pitirim Sorokin, *Social and Cultural Dynamics*, I, p. 32.

7 Pitirim Sorokin, *Social and Cultural Dynamics*, IV, p. 743.

8 나는 헤겔(Georg Hegel) 논리의 특징을 다음 책에서 차용했다. Carl Schorske, "Cultural Hothouse", *New York Review of Books*(December 11, 1975) 참조.

9 Hans Speier, "The Ideas of Pitirim A. Sorokin's Integralist Sociology" in Henry Barnes, ed., *An Introduction to the History of Sociology*(Chicago, The University of Chicago Press, 1948), p, 891.

10 Claude Levi-Strauss, "The Bear and the Barber", *Journal of the Royal Anthropological Institute*, vol. 93(1963), pp. 1~11.

11 Pitirim Sorokin, *Social and Cultural Dynamics*, II, p. 5.

12 Robert Merton, *Social Theory and Social Structure*, enlarged ed.(New York, The Free Press, 1968), p. 520. 또한 소로킨의 지식사회학에 대해서는 머튼과 바버(Bernard Barber)의 논의 참조. Philip Allen, ed., *Pitirim A. Sorokin in Review*(Durham, N. C., Duke University Press, 1963).

13 Pitirim Sorokin, *Social and Cultural Dynamics*, IV, p. 283.

14 *Ibid.*, p. 182.

15 Pitirim Sorokin, *Sociocultural Causality, Space, Time*(Durham, N. C., Duke University Press, 1943) 참조. 또한 Pitirim Sorokin and Robert Merton, "Social Time: A Methodological and Functional Analysis", *American Journal of Sociology*, XXXXII42(1937), pp. 615~629를 볼 것.

16 Pitirim Sorokin, *op. cit.*, p. 146.

17 *Ibid.*, p. 146.

18 Basil Bernstein, *Class, Codes and Control*(New York, Schocken, 1975 참조.

19 Pitirim Sorokin, *op. cit.*, p. 147.

20 *Ibid.*, p. 188.

21 *Ibid.*, pp. 196, 197.

22 Pitirim Sorokin, *Social and Cultural Mobility*(New York, The Free Press, 1959), p. 4.(이 책은 1927년 *Social Mobility*라는 제목으로 출간되었다.)

23 *Ibid.*, p. 5.

24 *Ibid.*, p. 11.

25 *Ibid.*, p. 11.

26 *Ibid.*, p. 128.

27 *Ibid.*, p. 134.

28 *Ibid.*, p. 207.

29 *Ibid.*, p. 100.

30 Pitirim Sorokin, *A Long Journey*(New Haven, Conn., College and University Press, 1963). p. 324.

31 *Ibid.*, p. 325.

32 *Ibid.*, p. 325.

33 *Ibid.*, p. 106. 이 부분은 소로킨의 세 전기에 기반을 두었다. *A Long Journey*에 덧붙여서 *Leaves from a Russain Diary*(New York, E. p. Dutton, 1924); Philip Allen, "Sociology of My Mental Life"을 참조. 소로킨과 레닌(Vladimir Lenin)의 관계를 부가적인 정보와 조금 다른 관점에서 서술한 글은 소로킨에 대한 리뷰인 Jean Floud, *Fads and Foibles in British Journal of Educational Studies*, VI, I(November 1957), pp. 84~86 참조.

34 Pitirim Sorokin, *Hunger as a Factor in Human Affairs*, ed. and with an introduction by Elena Sorokin(Gainsville, Fla., The University Presses of Florida, 1975).

35 Pitirim Sorokin, *The Sociology of Revolution*(Philadelphia, Lippinoctt, 1925).

36 Pitirim Sorokin, *Social Mobiliy*(New York, Harper, 1927).

37 Pitirim Sorokin, *Contemporary Sociological Theories*(New York, Harper, 1928).

38 Pitirim Sorokin with Carle Zimmerman, *Principle of Rural-Urban Sociology*(New York, Holt, 1929).

39 Pitirim Sorokin with Carle Zimmerman and Charles Galpin, *A Systematic Source-Book in Rural Sociology*, 3vols(Minneapolis, University of Minnesota Press, 1930~32).

40 Arthur Davis, "Lessons from Sorokin" in Edward Tiryakian, ed. *Sociological Theory, Values, and Sociocultural Change, Essays in Honor of Pitirim A. Sorokin*(New York, The Free Press, 1963), pp. 1~7.

41 Robert Bierstedt, *Power and Progress*(New York, McGraw-Hill,1974), p. 2.

42 Arthur Davis, *op. cit.*

43 John Gross, *The Rise and Fall of the Man of Letters*(London, Weidenfeld and Nicholson, 1969), p. 284.

44 Pitirim Sorokin, *Sociocultural Causality, Space, Time*(Durham, N. C., Duke University Press, 1943).

45 Pitirim Sorokin, *Society, Culture and Personality*(New York, Harper, 1947).

46 Pitirim Sorokin, *Fads and Foibles in Modern Sociology and Related Sciences*(Chicago, Regnery, 1956).

47 Pitirim Sorokin, *Sociological Theories of Today*(New York, Harper & Row, 1966).

48 나는 인민주의자들이 다음 두 저작에 큰 영향을 받았을 것이라 생각한다. Thomas Masaryk, *The Spirit of Russia*, vols. 1 and 2(New York, Macmillan, 1955); Franco Venturi, *The Roots of Revolution*(New York, Knopf, 1960) 참조.

49 V. S. Prugavin, quoted in James Billington, *Mikhailovsky and Russian Populism*(Oxford, Oxford University Press, 1958), p. 94. 이 책은 미하일롭스키(Nicolai Mikhailovsky)뿐만 아니라 다른 인민주의사상가들에 대한 유용한 정보를 제공해준다.

50 Isaiah Berlin, "Introduction" to Alexander Herzen, *My Past and Thought*(London, Chatto and Windous, 1968), p. XIII.

51 James Billington, *op. cit.*, p. 37.

52 *Ibid.*, p. 12.

53 Pitirim Sorokin, *Social Philosophies in an Age of Crisis*(Boston, Beacon Press, 1950), p. 71.

54 Nicholas Timasheff, "The Sociological Theories of Maksim M. Kovalesky" in Henry Barnes, ed., *An Introduction to the History of Sociology*(Chicago, The University of Chicago Press, 1948), pp. 441~457 참조.

55 *Ibid.*에서 인용.

56 George Gurvitch, "Leon Petrazycki" in *Encyclopadedia of the Social Sciences*(New York Macmillan, 1928), vol. XII, pp. 103, 104 참조.

57 Pitirim Sorokin, "Russian Sociology in the Twentieth Century." *Publication of the American Sociological Society*, XXI(1926), pp. 57~69.

58 Gregory Razran, "Vladmir Bekhterev" in *International Encyclopadedia of the Social Sciences*(New York Macmillan, 1968), vol. II, p. 45 참조.

59 Pitirim Sorokin, *The Sociology of Revolution*(Philadelphia, Lippincott, 1925), p. 31.

60 다음을 참조하여 인용했음. Gregory Razran, "Ivan Pavlolv" in *International Encyclopedia of the Social Sciences*(New York, Macmillan, 1968), vol. II, p. 45.

61 혁명 이전 러시아 지식인들에 대한 사회학적인 설명은 Lewis Coser, *Men of Ideas*(New York, The Free Press, 1965) 참조.

62 제1차 세계대전 발발 전의 러시아 역사에 관한 서술을 위해 다음 두 저작을 참조. B. H. Sunner, *Survey of Russian History* 2nd ed.(Londong, Duckworth, 1948); G. Vernadsky and M. Karpovich, *A History of Russia*, 4vols.(New Haven, Yale University Press, 1943~59).

63 이 자료의 출처는 Albert Tibbs, "Book Reviews of Social and Cultrual Dynamics, A Study in Wissenssoziologie", *Social Forces*, XXI(May 1943), pp. 473 ff.

64 Philip Allen, ed., *Pitirim A. Sorokin in Review*(Durham, N. C., Duke University Press, 1963); Edward Tiryakian, ed., *Sociological Theory, Values, and Sociocultural Change, Essays in Honor of Pitirim A. Sorokin*(New York, The Free Press, 1963) 참조.

윌리엄 토머스, 플로리안 즈나니에츠키

1 William Thomas and Florian Znaniecki, *The Polish Peasant in Europe and America*, 2vols.(Dover, 1958). First edition in 5 vols.,(Boston, Richard Badger, 1918~20); 첫 두 권은 원래 1918년 The University of Chicago Press에서 출판되었다.

2 이 부분은 다음에서 많은 부분을 참조. Morris Janowitz, "Introduction" to Morris Janowitz, ed., *William I. Thomas on Social Organization and Social Personality*(Chicago, The University of Chicago Press, 1966); Robert Bierstedt, "Introduction" to Robert Bierstedt, ed., *Florian Znaniecki on Humanisitic Sociology*(Chicago, The University of Chicago Press, 1969); Hyman Frankel, *The Sociological Theory of Florian Znaniecki*, 미발행된 박사학위논문(University of Illinois, 1958); John Madge, *The Origins of Scientific Sociology*(New York, The Free Press, 1962), Chapter III.

3 William Thomas and Florian Znaniecki, *The Polish Peasant in Europe and America*, I, p. 37.

4 *Ibid.*, p. 22.

5 *Ibid.*, p. 21.

6 *Ibid.*, p. 31.

7 *Ibid.*, p. 44.

8 *Ibid.*, p. 1128.

9 Arthur Stinchcombe, "Merton's Theory of Social Structure" in Lewis Coser, ed., *The Idea of Social Structure: Papers in Honor of Robert Merton* (New York, Harcourt Brace Jovanovich, 1975), p. 14 이하 참조.

10 William Thomas and Florian Znaniecki, *op. cit.*, p. 73.

11 휴스는 개인적인 서신에 다음과 같이 언급했다(1969년 9월 24일). "내가 대학원생이었던 시기에 워스는 토머스가 시카고에 있을 때 그를 한번 만나려고 저녁을 준비했다. ……나보다 나이가 있는 학생들은 4가지 소망에 대한 여러 질문을 했다. 토머스는 반문했다. '지금 우리는 결국『폴란드 농민』의 서문 중에서 어떤 소망을 사용했나?' 그는 그들의 방어에 아랑곳하지 않은 것으로 보였다. 하지만 즈나니에츠키가 항상 구조적인 것을 주장했다는 점을 시사하기는 했다."

12 William Thomas and Florian Znaniecki, *op. cit.*, p. 22.

13 *Ibid.*, p. 29.

14 *Ibid.*, p. 31.

15 *Ibid.*, pp. 32, 33.

16 William Thomas and Florian Znaniecki, *The Polish Peasant in Europe and America*, II, p. 1128.

17 *Ibid.*, p. 1127.

18 *Ibid.*, p. 1128.

19 David Riesman et al., *The Lonely Crowd* (New Haven, Yale University Press, 1950).

20 William Thomas and Florian Znaniecki, *op. cit.*, p. 1853.

21 *Ibid.*, p. 1853.

22 *Ibid.*, p. 1855.

23 *Ibid.*, p. 1855.

24 *Ibid.*, pp. 1855, 1856.

25 *Ibid.*, p. 1856.

26 *Ibid.*, p. 1857.

27 William Thomas and Florian Znaniecki, *The Polish Peasant in Europe and America*, I, p. 20.

28 *Ibid.*, p. 72.

29 *Ibid.*, p. 72.

30 Hubert Blumer, *An Appraisal of Thomas and Znaniecki: The Polish Peasant in*

Europe and America(New York, Social Science Research Council, 1946)

31 Kimball Young, "William I. Thomas", *American Sociological Review*, XIII, 1(1948), p. 104.

32 William Thomas, *Sex and Society*(Chicago, The University of Chicago Press, 1907).

33 *Ibid.*, p. 18.

34 *Ibid.*, pp. 312, 313.

35 *Ibid.*, p. 314.

36 *Ibid.*, p. 57.

37 *Ibid.*, p. 267.

38 William Thomas, *Source Book for Social Origins*(Chicago, The University of Chicago Press, 1909).

39 이 개념은 원래 *The Polish Peasant in Europe and America*, I, p. 68에서 가볍게 언급되었다. 그리고 나중에 정교화 과정을 거쳤다.

40 William Thomas, *The Unadjusted Girl*(Boston, Little, Brown, 1923), pp. 41~43.

41 William Thomas(with Dorothy Swaine Thomas), *The Child in America*(New York, Alfred A. Knopf, 1928).

42 이 서술의 많은 부분은 Robert Merton, "Thomas Theorem", *Social Theory and Social Structure*, *op. cit.*, pp. 475, 476에 있는 논의에서 왔다.

43 William Thomas, *The Unadjusted Girl*, p. 81.

44 William Thomas, "Situational Analysis: The Behavior Pattern and the Situation" in Janowitz, *op. cit.*, pp. 154~167.

45 Robert Park and Herbert Miller, *Old World Traits Transplanted*(New York, Harper, 1921). 이 저서는 주로 토머스에 의해 쓰였다.

46 William Thomas, *Primitive Behavior: An Introduction to the Social Sciences*(New York, McGraw-Hill, 1937).

47 William Thomas, *The Unadjusted Girl*, pp. 233, 234.

48 Robert Park and Herbert Miller, *Old World Traits Transplanted*, Chapter V.

49 나는 여러 자료에 대해서 즈나니에츠키의 딸인 헬레나 즈나니에츠키(Helena Znaniecki)에게 많은 빚을 지고 있다. 대체로 이 부분은 그녀의 논문인 "Florian Znaniecki: Creative Evolution of a Sociologist"(등사본)에서 왔다. 이 논문은 1972년 12월 15~16일 폴란드 포즈난에서 개최된 '플로리안 즈나니에츠키와 그의 사회학에서의 역할'(Florian Znanecki and his Role in Sociology) 회담에서 처음 제시되었다. 이 회담은 아담미키에비치대학 사회학연구소 및 폴란드사회학회의 포즈난 지부가 주최했다. 논문은 추후 확대 개정되었다.

50 Florian Znaniecki, *Zagadnienie wartosciw filozofji*(The Problem of Values in Philosophy), Warsaw, 1910; *The Philosophical Review* 발행.

51 Florian Znaniecki, *Cultural Reality*(Chicago, The University of Chicago Press, 1919).

52 Florain Znaniecki, *Social Actions*(New York, Farrar and Rinehart, 1936), p. VIII.

53 *Ibid.*

54 Hyman Frankel, *op. cit.*, pp. 79, 80.

55 Florian Znaniecki, *Social Relations and Social Roles*(San Francisco, Chandler, 1965), p. 202.

56 *Ibid.*, p. 202.

57 *Ibid.*, p. 203.

58 *Ibid.*, p. 203.

59 Florian Znaniecki, *The Social Role of the Man of Knowledge*, with a new introduction by Lewis Coser(New York, Harper Torchbooks, 1968), pp. 14, 15.

60 Helena Znaniecki, *op. cit.*, p. 15.

61 Florian Znaniecki, *Social Relations and Social Roles*, p. 207.

62 *Ibid.*, p. 207.

63 *Ibid.*, p. 208.

64 Florain Znaniecki, "Sociometry and Sociology", *Sociometry* V, 3(1943), pp. 225~253; Helena Znaniecki, *op. cit.*, pp. 5, 6에서 재인용.

65 Florian Znaniecki, *The Method of Sociology*(New York, Rinehart, 1934), p. 37.

66 Robert Merton, *op. cit.*, p. 8 이하 참조.

67 Florian Znaniecki, *The Laws of Social Psychology*(Chicago, The University of Chicago Press, 1925).

68 Florian Znaniecki, *Cultural Sciences*(Urbana, Ill., University of Illinois Press, 1952).

69 Florian Znaniecki, *Modern Nationalities*(Urbana, Ill., University of Illinois Press, 1952).

70 다음 장들은 Florian Znaniecki, *The Social Role of the Man of Knowledge*에 있는 내 서문을 다시 쓴 것이다.

71 Florian Znaniecki, *The Social Role of the Man of Knowledge*, p. 5.

72 *Ibid.*, p. 6.

73 Werner Stark, *The Sociology of Knowledge*(London, Routledge and Kegan Paul, 1958).

74 *Ibid.*, p. 30.

75 *American Sociological Review* VI, 1(1941), pp, 111~115. Lewis Coser and Bernard Rosenberg, Charles Cooley, *Sociological Theory and Social Research*(New York, Macmillan, 1957), pp. 351~355에서 다시 출판되었다. 이 인용구는 재판 353쪽에 있다.

76 *Ibid.*, pp. 353, 354.

77 즈나니에츠키의 범주를 활용하기 위해서는 Lewis Coser, *Men of Ideas, A Sociologist's View*(New York, The Free Press, 1965) 참조.

78 이 부분은 Morris Janowitz, "Introduction", *op. cit.*; William Thomas, "Life History" published by Paul Baker in *American Journal of Sociology*, vol. 79, 2(September 1973), pp. 243~250을 기초로 하고 있다. 이 자서전은 야노비츠 (Morris Janowitz)가 서문을 쓰던 당시 공개되지 않아 볼 수 없는 상태였다. 토머스와 야노비츠의 설명이 다른 경우에는 토머스를 따랐다.

79 이 부분은 헬레나 즈나니에츠키의 도움이 없었더라면 쓸 수 없었을 것이다. 그녀의 글(추후 인용) 외에도 자전적 설명인 Helena Znaniecki, "A Life Record of an Immigrant", *Society*, November~December 1975, vol. 13, I, pp. 64~71 과 그녀가 공개해준 1945년 2월 27일 즈나니에츠키가 아버지 물바네이 즈나니에츠키(Mulvaney Znaniecki)에게 쓴 자전적 서신에서 많은 도움을 받았다.

80 모든 인용구의 출처는 "Life History" ed. by Paul Baker, *op. cit.*.

81 미국사회심리학에 대한 슈타인탈(Heymann Steinthal)과 라자루스 (Moritz Lazarus)의 영향은 Fay Karpf, *American Social Psychology: Its Origin, Development and European Background*(New York, McGraw-Hill, 1932), pp. 41~51 참조.

82 편지는 Paul Baker, *op. cit.*에 실렸다.

83 토머스가 보아스에게 진 빚은 George Stocking, *Race, Culture, and Evolution*(New York, Free Press, 1968), pp. 260~264 참조.

84 토머스의 사상적 후계자에 대한 이 설명은 *The Polish Peasant in Europe and America*에서 지배적이었던 방식을 생활사 연구방법에 활용한 후배 연구자들에게 미쳤던 이 책의 영향을 배제한다. 그 영향은 여기서 다루기에는 너무 많다. 하지만 이 방법론을 성문화하고 평가하려 시도했던 세 권의 책을 나열할 가치는 있을 것이다. John Dollard, *Criteria for the Life History*(New York, Peter Smith, 1949); Gordon Allport, *The Use of Personal Documents in Psychological Sciences*(New York, Social Science Research Council, Bulletin 49, 1942); Louis Gottschalk et al., *The Use of Personal Documents in History, Anthropology and Sociology*(New York, Social Science Research Council, Bulletin 53, 1945). 특히 에인절이 쓴 사회학 장 참조.

85 Florian Znaniecki, *Cultural Reality*, pp. XIII~XIV.

86 Florian Znaniecki, *Social Actions*, p. 13.

87 Florian Znaniecki, *The Method of Sociology*, p. 84.

88 Paul Schlipp, ed., *The Philosophy of Karl Popper*(La Salle, Ind., Library of Living Philosophy, 1974) 참조.

89 Florian Znaniecki, *Cultural Reality*, p. I ff.

90 *Ibid.*, p. 21.

91 *Ibid.*, p. XIV.

92 John Dewey, *German Philsophy and Politics*(New York, Holt, 1915), p. 7; Hyman Frankel, *op. cit.*에서 재인용.

93 아버지 물바네이 즈나니에츠키에게 쓴 편지, *op. cit.*

94 Florian Znaniecki, *The Method of Sociology*, *op. cit.*, p. IX

95 *Ibid.*, Chapter VI.

96 Robert MacIver, *Social Causation*(New York, Ginn, 1942), p. 292.

97 Morris Janowitz, *op. cit.*에서 출판 기록을 참조.

98 폴란드 상류층과 지식인에 대해서는 Alexander Hertz, "The Case of an Eastern European Intelligentsia", *Journal of Central European Affairs* XI, I(January~April, 1951), pp. 10~26; Jan Szczepanski, *Polish Society*(New York, Random House, 1970) 참조.

99 Alexander Hertz, *op. cit.*에서 재인용.

100 1933년 6월 22일 러셀이 즈나니에츠키에게 쓴 편지와 1933년 8월 1일 스네든(David Snedden)이 즈나니에츠키에게 쓴 편지의 사본(헬레나 즈나니에츠키 제공).

101 Helena Znaniecki, *Florian Znaniecki*, *op. cit.*

102 1976년 1월 20일 헬레나 즈나니에츠키의 개인적 서신.

103 *Ibid.*

104 1975년 11월 15일 비어스테트(Robert Bierstedt)의 개인적 서신.

105 1976년 1월 20일 헬레나 즈나니에츠키의 개인적 서신.

106 *Ibid.*

참고문헌

Stanislav Andreski, ed., *Herbert Spencer: Structure, Function and Evolution* (London, Joseph, 1971).
적실성 있는 스펜서 사회학 저작들을 선별하여 간결한 설명을 더한 훌륭한 선집.

Shlomo Arineri, *The Social and Political Thought of Karl Marx* (Cambridge, Cambridge University Press, 1968).
해당 주제에 관한 주목할 만한 연구.

Reinhard Bendix and Guenther Roth, *Scholarship and Partisanship: Essays on Max Weber* (Berkeley, University of California Press, 1971).
베버의 사회사상·정치사상과 그 영향을 주로 다룬, 관련성 높은 논문들로 구성되어 있는 책. 미국의 뛰어난 두 명의 베버 연구자가 수행한 훌륭한 재평가작업이자 해설서.

Dominick La Capra, *Emile Durkheim: Sociologist and Philosopher* (Ithaca, New York, Cornell University Press, 1972).
30대 초반의 젊은 지성사 연구자가 쓴, 뒤르켐에 대한 다소 비정통적인 연구.

Terry Clark, *Prophets and Patrons: The French University and the Emergence of the Social Sciences* (Cambridge, Mass., Harvard University Press, 1973).
뒤르켐 학파의 발전과정이 놓인 사회적·정치적·지적 맥락에 대한 훌륭한 연구.

Anthony Giddens, ed., *Emile Durkheim/Selected Writings* (Cambridge, Cambridge University Press, 1972).
선별된 뒤르켐 저작들에 대한 새로운 번역에 유용한 정보가 담긴 소개문도 덧붙은 편저.

Anthony Giddens, *The Class Structure of the Advanced Societies*(New York, Barnes and Noble, 1973).
마르크스와 베버의 사회계급 이론에 대한 매우 흥미로운 비판적 평가.

Donald Levine, ed., *Georg Simmel on Individuality and Social Forms: Selected Writings*(Chicago, The University of Chicago Press, 1971).
반드시 들어가야 할 짐멜의 글들을 모아 정교한 설명을 덧붙인, 뛰어난 짐멜 연구자의 편저.

Stephen Lukes, *Emile Durkheim: His Life and Work*(New York, Harper & Row, 1972).
뒤르켐에 관한 지적 전기의 결정판. 대단히 훌륭한 저작.

David McLellan, *Karl Marx: His Life and Thought*(New York, Harper & Row, 1974).
포괄적이고도 종합적인 마르크스의 지적 전기에 대한 연구, 앞선 세대의 저작들을 능가한다.

Robert Nisbet, *The Sociology of Emile Durkheim*(New York, Oxford University Press, 1974).
매우 뛰어난 뒤르켐 입문서.

Bertell Ollman, Alienation: Marx's Conception of Man in Capitalist Society(Cambridge, Cambridge University Press, 1971).
서술은 다소 과장되어 있지만 마르크스의 철학적 전제들을 면밀하게 재검토한 저작.

J. D. Y. Peel, ed., *Herbert Spencer on Social Evolution: Selected Writings*(Chicago, The University of Chicago Press, 1972).
편자의 유용하고도 포괄적인 소개가 더해진 뛰어난 선집.

J. D. Y. Peel, *Herbert Spencer: The Evolution of a Sociologist*(New York, Basic Books, 1971).
비판적으로 스펜서를 바라본 지적 전기로 매우 우수한 저작.

W. G. Runciman, A Critique of Max Weber's Philosophy of Social Sciences

(Cambridge, Cambridge University Press, 1972).
비트겐슈타인 철학의 세례를 받은 영국 사회학자가 쓴 베버의 방법론에 관한 매우 정교한 비판서.

Otto Stammer, ed., *Max Weber and Sociology Today* (New York, Harper Torchbooks, 1972).
베버 탄생 100주년을 기념하여 하이델베르크에서 열린 제15회 독일사회학회 당시 발표된 논문들을 번역한 책. 가장 뛰어난 베버 연구자들의 논문들이 들어 있다.

Marrianne Weber, *Max Weber, A Biography*, trans. by Harry Zohn (New York, Wiley, 1975).
오랜 시간의 기다림 끝에 번역된, 베버의 아내가 쓴 베버 전기의 고전. 이후의 모든 작업들은 이 글에 기초하고 있다.

Kurt Wolff, ed., *From Karl Mannheim* (New York, Oxford University Press, 1971).
만하임의 글들을 포괄적으로 묶은 책. 뛰어난 만하임 연구자인 편자가 저작들을 면밀하게 소개하고 있다.

찾아보기

옮긴이의 말

이 책은 코저 교수의 *Masters of Sociological Thought*(1971)의 1977년 재판(Second Edition)을 번역한 것으로, 미국을 비롯한 세계 학계에서 사회학의 사상적 발전과정을 지성사와 사회사의 맥락에서 서술한 대표적인 저작 중 하나로 꼽힌다. 이 책은 사상이나 이론을 추상적으로 독립시켜 분석하는 대신 그런 지향이 배태된 사회적 조건과 지적 배경 그리고 개인적 경험과의 관련을 참신하게 밝혀냄으로써, 훌륭한 교과서인 동시에 역사와 사상 그리고 지성인의 삶에 관심 있는 고급 교양인의 서재에 매우 잘 어울리게 되었다. 이 책을 정독하는 독자라면 근대화가 낳은 여러 문제에 진지하게 대응하고 그 해결을 위해 고투했던 사회학 거장들의 삶에서 지적인 교훈과 인간적인 감동을 느낄 것이다.

이 책은 21세기를 사는 한국인에게도 살아 있는 아이디어와 교훈을 준다. 사회적 조건에서 유래하는 문제들, 그것을 규정하는 지적 환경, 지식인의 위치와 역할, 그리고 각 개인의 열망과 헌신이 어떻게 맞물려 변화와 발전을 이룩하는지를 세밀하게 보여주기 때문이다. 또한 이 책은 지식인으로서의 존재감과 사회적 성취, 역사적 사명감이 가족의 사랑, 동료의 인정, 제도적 경쟁 같은 일상의 평범한 조건들과도 밀접하게 연관되어 있었음을 보여준다. 문화와 문학에도 박식한 코저 교수는 두 차례의 세계대전과 전후질서 재편이라는 세계사의 큰 변화가 현대사상의 성격과 기능에 어떤 영향을 미쳤는지를 총체적이고 입체적으로 보여주었다. 개인과 사회와 역사가 어떻게 복잡하게 상호작용하는지를 이해하고 최선의 지적 대응력을 확보하는 것은 변화의 속도가 유달리 빠른 21세기 한국사회에 특히 요구되는 인문학적 소양이다.

코저 교수는 1913년 독일의 베를린에서 독일계 유대인의 가정에서 태어나 그곳에서 중고등학교 교육을 받았다. 나치가 집권하자 그는 부모를 따라 프랑스 파리로 이주하여 그곳에서 1938년에 소르본대학을 졸업했다. 이후 나치가 프랑스를 침공하자 1941년 미국으로 이주했다. 1948년에 미국 시민으로 귀화함과 동시에 컬럼비아대학에 등록하여 머튼(Robert Merton)과 밀스(Charles Mills)의 지도를 받고 마흔한 살의 만학으로 1954년에 사회학 박사학위를 취득했다. 코저는 1951년부터는 마르쿠제(Herbert Marcuse)와 함께 브랜다이스대학의 전임교수직을 맡았으며, 1960~68년까지 이 대학에서 사회학 정교수로 재직했다. 코저는 1968년에 대학을 옮겨 스토니브룩 뉴욕주립대학의 사회학 교수로 재직하면서 이 책을 저술했다. 코저 교수의 생애와 학문경력이 말해주듯이, 그는 베를린-파리-뉴욕-보스턴을 경유하며 서구문명의 정수가 무엇인가를 배우고 탐구한 학자였다.

원래 이 책의 국제판(International Edition)을 1979년에 번역했다. 하지만 국제판에는 소로킨(Pitirim Sorokin), 토머스와 즈나니에츠키(William Thomas, Florian Znaniecki), 그리고 미국사회학사상의 주류를 다룬 세 장이 빠져 있다. 이번에 재판을 판본으로 새로이 번역하면서 이 세 장이 새로 포함되었고, 문장도 전면적으로 다듬을 기회를 가졌다. 문화와 문명에 대한 관심, 사회심리학의 중요성, 구조기능주의의 이론적 특징과 전망 등을 다룬 세 장이 21세기 오늘날에 얼마나 중요한 내용을 담고 있는지 새삼 절감하면서, 분량이 늘어나는 부담에도 불구하고 이들을 포함시킬 수 있어서 매우 기뻤다. 이렇게 될 수 있었던 데에는 무엇보다도 한길사의 김언호 대표의 도움이 컸다. 한국어 번역본의 판권문제를 해결함과 동시에 재판으로 새로이 출간하는 데 흔쾌히 동의해주셨기 때문이다. 서강대학교의 이재혁 교수는 꼼꼼하게 이전 번역에서 문제가 되는 부분들을 지적해주어 큰 도움이 되었다. 새로이 포함된 세 장의 초고 작성에는 서울대학교 대학원의 노현종, 박진흠, 이정현이 수고를 해주었다. 한자가 많이 사용되었던 초기 국제판을 전면 한글판으로 새로 출판할 수 있도록 도와준 당시 한림대 대학원생 마영선 양의 수고는 이 자리에서 다시 한 번 언급해야겠다. 이 책의 마지막 윤문과 편집에는 서울대학교 대학원의 권동국, 박해남과 한길사 편집부의 도움이 컸다.

코저 교수의 이 책에 대해 머튼 교수는 "어조는 비판적이고 범위는 포괄적이며 세심한 주의를 기울여 성실하게 쓰였다"고 평가했다. 비판적이고 포괄적이며 성실한 저작이라는 평가는 모든 저술가가 견지하고 싶어 하는 원칙이다. 서구문명의 유산을 보다 정확하고도 비판적으로 수용하고 이해하며 자원화할 필요가 있는 우리로서는, 코저 교수의 이 『사회사상사』에서 서구문명의 지적 유산의 정수를 잘 깨우칠 수 있으리라 생각된다. 또한 서구근대의 역사 속에서 배태되고 전개된 사회학사상의 특질을 이해함으로써 비서구사회와 한국사회의 특수성과 보편성을 창의적으로 포착할 지혜를 얻어야 할 것이다. 사회학적 시각을 활용하여 동양의 사상적 유산과 동북아 근대의 역사적 궤적 그리고 탈냉전 이후의 사상적 조류들까지 포괄된 한국의 사상사, 지성사가 머지않은 미래에 저술될 것을 기대한다. 독자적 입장이 있는 한국의 독자들이 이 책을 통해 시대와 사회에 책임의식을 갖는 지성인으로 산다는 것이 무엇인지 깊은 깨달음을 얻게 되기를 기대한다.

2016년 9월
옮긴이

루이스 코저 Lewis Coser

1913년 독일 베를린의 유대인 집안에서 태어나 1933년 프랑스로 이주,
소르본대학교에서 비교문학과 사회학을 전공했다.
이후 미국으로 귀화하여 컬럼비아대학교에서 머튼(Robert Merton)과
밀스(Charles Mills)의 지도를 받아 사회학 박사학위를 취득했다.
코저는 갈등과 사회체계의 기능분석에 대한 독자적인 이론체계를 구축했다.
1951년부터 마르쿠제(Herbert Marcuse)와 함께 브랜다이스대학교
전임교수가 되었고, 1960~68년 이 대학에 사회학과 정교수로 재직했다.
1960년 미국 동부지역 사회학회장을 역임했고, 1968년부터 스토니브룩
뉴욕주립대학교 사회학과 교수로 재직했다. 2003년 89세의 나이로 세상을 떠났다.
저서로는 *The Functions of Social Conflict*(1956),
Refugee Scholars in America(1984), *Conflict and Consensus*(1984),
Voices of Dissent(1992) 등이 있다.

신용하 愼鏞廈

1937년 출생. 서울대학교에서 사회학을 전공하고 하버드대학교에서
수학했으며 서울대학교 대학원에서 사회학 박사학위를 취득했다.
1965~2003년 서울대학교 교수로 재직했고, 현재 서울대학교 명예교수와
울산대학교 석좌교수로 재직 중이다. 대한민국학술원 회원이며
한국사회학회장, 한국사회사학회장, 독도학회장을 역임했다.
저서로는 『독립협회연구』 『한국근대사회사연구』 『한국의 독도영유권 연구』
『고조선 국가형성의 사회사』 등이 있다.

박명규 朴明圭

1955년 출생. 서울대학교에서 사회학을 전공하고 동 대학교 대학원에서
사회학 박사학위를 취득했다. 1994년부터 서울대학교 교수로 재직 중이다.
하버드대학교 엔칭연구소 방문연구원, 캘리포니아대학교
어바인 캠퍼스·버클리캠퍼스 객원교수를 지냈고,
서울대학교 사회발전연구소장과 통일평화연구원장을 역임했다.
저서로는 『한국근대국가형성과 농민』 『국민, 인민, 시민』 『남북경계선의 사회학』
『연성복합통일론』 등이 있다.

HANGIL GREAT BOOKS 152

사회사상사

지은이 루이스 코저
옮긴이 신용하 · 박명규
펴낸이 김언호

펴낸곳 (주)도서출판 한길사
등록 1976년 12월 24일 제74호
주소 10881 경기도 파주시 광인사길 37
홈페이지 www.hangilsa.co.kr
전자우편 hangilsa@hangilsa.co.kr
전화 031-955-2000~3 **팩스** 031-955-2005

부사장 박관순 **총괄이사** 김서영 **관리이사** 곽명호
영업이사 이경호 **경영이사** 김관영 **편집주간** 백은숙
편집 박희진 노유연 최현경 이한민 박홍민 김영길
마케팅 정아린 **관리** 이주환 문주상 이희문 원선아 이진아
디자인 창포 031-955-2097
CTP출력·인쇄 예림 **제본** 경일제책사

제1판 제1쇄 2016년 9월 30일
개정판 제1쇄 2018년 2월 15일
개정판 제5쇄 2023년 3월 27일

값 40,000원
ISBN 978-89-356-6467-2 94080
ISBN 978-89-356-6427-6 (세트)

• 잘못 만들어진 책은 구입하신 서점에서 바꿔드립니다.

한길그레이트북스 인류의 위대한 지적 유산을 집대성한다

●한길그레이트북스는 계속 간행됩니다.